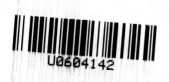

中國古代史學叢書

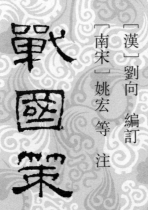

［漢］劉向 編訂
［南宋］姚宏 等 注

戰國策

上

圖書在版編目(CIP)數據

戰國策 / (漢) 劉向編訂 ; (南宋) 姚宏等注. --
上海 : 上海古籍出版社, 2025. 1.
(中國古代史學叢書)
ISBN 978-7-5732-0580-3

Ⅰ. ①戰… Ⅱ. ①劉… ②姚… Ⅲ. ①中國歷史—戰國時代—史籍②《戰國策》—注釋 Ⅳ. ①K231. 04

中國國家版本館 CIP 數據核字(2023)第 011469 號

中國古代史學叢書
戰國策
(全二册)
(漢) 劉　向　編訂　(南宋) 姚　宏　等注
上海古籍出版社出版發行
(上海市閔行區號景路 159 弄 1-5 號 A 座 5F　郵政編碼 201101)
(1) 網址: www. guji. com. cn
(2) E-mail: guji1@guji. com. cn
(3) 易文網網址: www. ewen. co
上海展强印刷有限公司印刷
開本 850×1168　1/32　印張 37　插頁 11　字數 718,000
2025 年 1 月第 1 版　2025 年 1 月第 1 次印刷
ISBN 978-7-5732-0580-3
K・3312　定價: 268. 00 元
如有質量問題,請與承印公司聯繫
電話: 021-66366565

出版説明

戰國策簡稱國策。相傳原係戰國時期各國史官或策士輯録，有國策、國事、事語、短長、長書等不同名稱。西漢時，劉向進行了整理，按戰國時期秦、齊、楚、趙等十二國次序，删去重複，編訂爲三十三篇，并定名爲戰國策。東漢高誘曾爲之作注。流傳到北宋，正文和注解都有散佚，曾鞏作了校補。到了南宋，在曾鞏校補的基礎上，出現了兩種新本子：一種是姚宏的續注本；另一種是鮑彪的重定次序的新注本。元吴師道在鮑本基礎上，又作了補正。

這部書主要記載當時謀臣、策士游説各國或互相辯論時所提出的政治主張和鬥爭策略。它反映了戰國時期各個國家、各個集團之間尖鋭複雜的矛盾和鬥爭，文字生動流暢，是研究戰國歷史的重要材料。現以姚本爲底本，將鮑、吴諸人注文以及清黄丕烈的戰國策札記彙集起來，整理出版。由于鮑本篇章次序和姚本（據劉向本）有所不同，鮑本的篇章編排係打亂劉向校訂的舊有章節安排，以王繫事，重新編定章次，爲了方便讀者閲讀，并瞭解姚本和鮑本的原來面目，這次出版，增編了姚本鮑本篇目分合對照表和鮑本戰國策篇目次序表，以備查檢。同時，對本書初版時的一些標點錯誤作了改正。屬於版本問題而造成的文字訛錯，因原整理時的原則爲衹點不校，故這次出版仍維持原狀。一九七三年馬王堆三號漢墓出土的帛書戰國策釋文（後題名爲戰國縱横家書。）也附在後面，供讀者研究參考。

二〇二四年七月

標點説明

一、版本：這次整理所用底本，是清嘉慶八年（公元一八〇三年）黄丕烈刊刻的姚宏本，即士禮居叢書本。彙注所用鮑本，是四部叢刊影印元至正年間刊刻的鮑注吴校本。所用札記，是士禮居叢書本。

二、分章、章名：姚本和鮑本的分章略有不同。現參照姚、鮑，根據文義，對少數篇章重新作了分合，并附校記。總計爲四百九十七章，比姚本的四百八十六章多了十一章，比鮑本的四百九十四章多了三章。以每章正文第一句爲章名。對一些較著名篇章的通稱，則另列一表附於附録之後。

三、彙注：爲了便於讀者研究、參考，本書彙集了姚本、鮑本、札記中的各家校注。姚本的注文全部保留，札記中注文凡與姚本、鮑本重複的地方均删略。少數地方作了必要的重複，以保持注文的連貫性。注式分字注、句注、段注、篇注四種。注文中的「曾」、「錢」、「劉」、「集」，是姚宏引録所見到的幾種本子的簡稱。所謂「續」，即姚宏的注。「正曰」、「補曰」則是吴師道補正鮑注的注語。另外，鮑彪對姚宏所根據的本子的正文曾未加説明地作了不少改動，之後，吴師道作補正時也没有在注中一一明確指出。爲了正確反映鮑彪改字的情況，便於讀者研究，我們在注文鮑本條目中，加了「補某字」、「無某字」、「某字作某字」、「某字作某字，又改爲某字」等注字，并在注字後加圈號（〇），以與原注有所區别。

戰國策總目 四百九十七篇

出版説明……一
標點説明……一
戰國策卷一　東周二十八篇
秦興師臨周而求九鼎……一
秦攻宜陽……四
東周與西周戰……七
東周與西周争……七
東周欲爲稻……八
昭獻在陽翟……九
秦假道於周以伐韓……一〇
楚攻雍氏……一一
周最謂石禮……一二
周相吕倉見客於周君……一三
周文君免士工師藉……一三
温人之周……一五
或爲周最謂金投……一六
周最謂金投……一七
石行秦謂大梁造……一八
謂薛公……一九
齊聽祝弗……二一
蘇厲爲周最謂蘇秦……二二
謂周最曰仇赫之相宋……二三
爲周最謂魏王……二四
謂周最曰魏王以國與先生……二六

趙取周之祭地……二八
杜赫欲重景翠於周……二八
周共太子死……二九
三國隘秦……三一
昌他亡西周……三二
昭翦與東周惡……三三
嚴氏爲賊……三四

戰國策卷二　西周十七篇

薛公以齊爲韓魏攻楚……三七
秦攻魏將犀武軍於伊闕……四〇
秦令樗里疾以車百乘入周……四一
雍氏之役……四三
周君之秦……四五
蘇厲謂周君……四六
楚兵在山南……四八
楚請道於二周之間……四九
司寇布爲周最謂周君……五〇
秦召周君……五二
犀武敗於伊闕……五二
韓魏易地……五五
秦欲攻周……五六
宮他謂周君……五七
謂齊王……五八
三國攻秦反……五九
犀武敗……六〇

戰國策卷三　秦一十三篇

衛鞅亡魏入秦……六二
蘇秦始將連横……六五
秦惠王謂寒泉子……七五
泠向謂秦王……七七
張儀説秦王……七八
張儀欲假秦兵以救魏……九三
司馬錯與張儀争論於秦惠王前……九四
張儀之殘樗里疾……九八

張儀欲以漢中與楚……九九
楚攻魏張儀謂秦王……一〇一
田莘之爲陳軫説秦惠王……一〇二
張儀又惡陳軫於秦王……一〇四
陳軫去楚之秦……一〇六

戰國策卷四　秦二十六篇

齊助楚攻秦……一一〇
楚絶齊齊舉兵伐楚……一一五
秦惠王死公孫衍欲窮張儀……一一九
義渠君之魏……一一九
醫扁鵲見秦武王……一二二
秦武王謂甘茂……一二三
宜陽之役馮章謂秦王……一二六
甘茂攻宜陽……一二七
宜陽未得……一二九
宜陽之役楚畔秦而合於韓……一二九
秦王謂甘茂……一三〇
甘茂亡秦且之齊……一三一
甘茂相秦……一三三
甘茂約秦魏而攻楚……一三四
陘山之事……一三五
秦宣太后愛魏醜夫……一三九

戰國策卷五　秦三十七篇

薛公爲魏謂魏冉……一四〇
秦客卿造謂穰侯……一四一
魏謂魏冉……一四四
謂魏冉曰和不成……一四六
謂穰侯……一四七
謂魏冉曰楚破秦……一四七
五國罷成睪……一四九
范子因王稽入秦……一五〇
范雎至秦……一五三
應侯謂昭王……一六四
秦攻韓圍陘……一六六

應侯曰鄭人謂玉未理者璞……一六七
天下之士合從相聚於趙……一六八
謂應侯曰君禽馬服乎……一七〇
應侯失韓之汝南……一七一
秦攻邯鄲……一七四
蔡澤見逐於趙……一七六

戰國策卷六　秦四 十篇

秦取楚漢中……一八五
薛公入魏而出齊女……一八七
三國攻秦入函谷……一八八
秦昭王謂左右……一九〇
楚魏戰於陘山……一九三
楚使者景鯉在秦……一九五
楚王使景鯉如秦……一九六
秦王欲見頓弱……一九八
頃襄王二十年……二〇一
或爲六國説秦王……二一四

戰國策卷七　秦五 八篇

謂秦王……二一八
秦王與中期争論……二二三
獻則謂公孫消……二二四
樓許約秦魏……二二五
濮陽人吕不韋賈於邯鄲……二二六
文信侯欲攻趙以廣河間……二三一
文信侯出走……二三四
四國爲一將以攻秦……二四一

戰國策卷八　齊一 十七篇

楚威王戰勝於徐州……二四七
齊將封田嬰於薛……二四八
靖郭君將城薛……二五〇
靖郭君謂齊王……二五一
靖郭君善齊貌辨……二五二
邯鄲之難……二五七
南梁之難……二五九

成侯鄒忌爲齊相……二六一
田忌爲齊將……二六二
田忌亡齊而之楚……二六四
鄒忌事宣王……二六五
鄒忌脩八尺有餘……二六六
秦假道韓魏以攻齊……二六九
楚將伐齊……二七二
秦伐魏……二七三
蘇秦爲趙合從説齊宣王……二七七
張儀爲秦連横齊王……二八一

戰國策卷九　齊二八篇

韓齊爲與國……二八五
張儀事秦惠王……二八七
犀首以梁爲齊戰於承匡而不勝……二九〇
昭陽爲楚伐魏……二九二
秦攻趙……二九三
權之難齊燕戰……二九四
秦攻趙長平……二九五
或謂齊王……二九七

戰國策卷十　齊三十二篇

楚王死……二九九
齊王夫人死……三〇五
孟嘗君將入秦……三〇六
孟嘗君在薛……三〇八
孟嘗君奉夏侯章……三一〇
孟嘗君讌坐……三一一
孟嘗君舍人有與君之夫人相愛者……三一三
孟嘗君有舍人而弗悦……三一五
孟嘗君出行國至楚……三一六
淳于髡一日而見七人於宣王……三一九
齊欲伐魏……三二〇
國子曰秦破馬服君之師……三二一

戰國策卷十一　齊四十一篇

齊人有馮諼者……三二五

孟嘗君爲從……三三一
魯仲連謂孟嘗……三三三
孟嘗君逐於齊而復反……三三五
齊宣王見顏斶……三三六
先生王斗造門而欲見齊宣王……三四二
齊王使使者問趙威后……三四五
齊人見田駢……三四七
管燕得罪齊王……三四八
蘇秦自燕之齊……三四九
蘇秦謂齊王……三五〇
戰國策卷十二　齊五 一篇
蘇秦說齊閔王……三五二
戰國策卷十三　齊六 十篇
齊負郭之民有孤狐咺者……三六九
王孫賈年十五事閔王……三七二
燕攻齊取七十餘城……三七二
燕攻齊齊破……三八〇
貂勃常惡田單……三八二
田單將攻狄……三八五
濮上之事……三八八
齊閔王之遇殺……三八九
齊王建入朝於秦……三九二
齊以淖君之亂……三九三
戰國策卷十四　楚一 二十篇
齊楚搆難……三九六
五國約以伐齊……三九七
荆宣王問群臣……三九九
昭奚恤與彭城君議於王前……三九九
邯鄲之難……四〇〇
江尹欲惡昭奚恤於楚王……四〇二
魏氏惡昭奚恤於楚王……四〇二
江乙惡昭奚恤……四〇三
江乙欲惡昭奚恤於楚……四〇四
江乙說於安陵君……四〇四

江乙爲魏使於楚……四〇七
郢人有獄三年不決……四〇八
城渾出周……四〇九
韓公叔有齊魏……四一一
楚杜赫説楚王以取趙……四一二
楚王問於范環……四一三
蘇秦爲趙合從説楚威王……四一五
張儀爲秦破從連横……四一八
張儀相秦……四二四
威王問於莫敖子華……四二六

戰國策卷十五　楚二九篇

魏相翟强死……四三三
齊秦約攻楚……四三四
術視伐楚……四三五
四國伐楚……四三六
楚懷王拘張儀……四三七
楚王將出張子……四三九
秦敗楚漢中……四四〇
楚襄王爲太子之時……四四〇
女阿謂蘇子……四四四

戰國策卷十六　楚三十篇

蘇子謂楚王……四四五
蘇秦之楚三日……四四六
楚王逐張儀於魏……四四七
張儀之楚貧……四四七
楚王令昭雎之秦重張儀……四五〇
張儀逐惠施於魏……四五一
五國伐秦……四五二
陳軫告楚之魏……四五四
秦伐宜陽……四五五
唐且見春申君……四五六

戰國策卷十七　楚四十三篇

或謂楚王……四五八
魏王遺楚王美人……四六〇

楚王后死……四六一
莊辛謂楚襄王……四六一
齊明説卓滑以伐秦……四六七
或謂黄齊……四六七
長沙之難……四六九
有獻不死之藥於荆王者……四六九
客説春申君……四七〇
天下合從……四七四
汗明見春申君……四七五
楚考烈王無子……四七八
虞卿謂春申君……四八三

戰國策卷十八　趙一 十七篇

知伯從韓魏兵以攻趙……四八六
知伯帥趙韓魏而伐范中行氏……四八八
張孟談既固趙宗……四九三
晉畢陽之孫豫讓……四九六
魏文侯借道於趙攻中山……五〇〇
秦韓圍梁燕趙救之……五〇〇
腹擊爲室而鉅……五〇一
蘇秦説李兑……五〇二
趙收天下且以伐齊……五〇五
齊攻宋奉陽君不欲……五一〇
秦王謂公子他……五一二
蘇秦爲趙王使於秦……五一六
甘茂爲秦約魏以攻韓宜陽……五一七
謂皮相國……五一八
或謂皮相國……五二〇
趙王封孟嘗君以武城……五二一
謂趙王曰三晉合而秦弱……五二二

戰國策卷十九　趙二 七篇

蘇秦從燕之趙始合從……五二七
秦攻趙……五三三
張儀爲秦連横説趙王……五三九
武靈王平晝閒居……五四二

王立周紹爲傅……五五三
趙燕後胡服……五五七
王破原陽……五五八

戰國策卷二十　趙三二十三篇

趙惠文王三十年……五六一
趙使机郝之秦……五六四
齊破燕趙欲存之……五六五
秦攻趙藺離石祁拔……五六六
富丁欲以趙合齊魏……五六八
魏因富丁且合於秦……五七〇
魏使人因平原君請從於趙……五七一
平原君請馮忌……五七二
平原君謂平陽君……五七三
秦攻趙於長平……五七四
秦攻趙平原君使人請救於魏……五八〇
秦趙戰於長平……五八一
秦圍趙之邯鄲……五八三
説張相國……五九〇
鄭同北見趙王……五九一
建信君貴於趙……五九三
衛靈公近雍疸彌子瑕……五九五
或謂建信君之所以事王者……五九六
苦成常謂建信君……五九七
希寫見建信君……五九八
魏魀謂建信君……五九九
秦攻趙鼓鐸之音聞於北堂……六〇〇
齊人李伯見孝成王……六〇一

戰國策卷二十一　趙四十九篇

爲齊獻書趙王……六〇二
齊欲攻宋……六〇四
齊將攻宋而秦楚禁之……六一〇
五國伐秦無功……六一三
樓緩將使伏事辭行……六一九
虞卿請趙王……六二〇

燕封宋人榮蚠爲高陽君……六二二
三國攻秦趙攻中山……六二五
趙使趙莊合從……六二六
翟章從梁來……六二七
馮忌爲廬陵君謂趙王……六二七
馮忌請見趙王……六二八
客見趙王……六二九
秦攻魏取寧邑……六三一
趙使姚賈約韓魏……六三四
魏敗楚於陘山……六三五
秦召春平侯……六三六
趙太后新用事……六三七
秦使王翦攻趙……六四一

戰國策卷二十二　魏一 二十八篇

知伯索地於魏桓子……六四三
韓趙相難……六四四
樂羊爲魏將而攻中山……六四五
西門豹爲鄴令……六四六
文侯與虞人期獵……六四七
魏文侯與田子方飲酒而稱樂……六四八
魏武侯與諸大夫浮於西河……六四八
魏公叔痤爲魏將……六五一
魏公叔痤病……六五二
蘇子爲趙合從説魏王……六五三
張儀爲秦連横説魏王……六五八
齊魏約而伐楚……六六一
蘇秦拘於魏……六六二
陳軫爲秦使於齊……六六三
張儀惡陳軫於魏王……六六五
張儀欲窮陳軫……六六六
張儀走之魏……六六七
張儀欲以魏合於秦韓……六六八
張子儀以秦相魏……六六九
張儀欲并相秦魏……六七〇

魏王將相張儀……………………六七一
楚許魏六城……………………六七二
張儀告公仲……………………六七三
徐州之役……………………六七四
秦敗東周……………………六七五
齊王將見燕趙楚之相於衛……………………六七六
魏令公孫衍請和於秦……………………六七七
公孫衍爲魏將……………………六七八

戰國策卷二十三　魏二十八篇

犀首田盼欲得齊魏之兵以伐趙……………………六七九
犀首見梁君……………………六八〇
蘇代爲田需説魏王……………………六八一
史舉非犀首於王……………………六八三
楚王攻梁南……………………六八四
魏惠王死……………………六八四
五國伐秦……………………六八七
魏文子田需周宵相善……………………六九二
魏王令惠施之楚……………………六九三
魏惠王起境内衆……………………六九三
齊魏戰於馬陵……………………六九四
惠施爲韓魏交……………………六九六
田需貴於魏王……………………六九七
田需死……………………六九七
秦召魏相信安君……………………六九九
秦楚攻魏圍皮氏……………………七〇二
龐葱與太子質於邯鄲……………………七〇三
梁王魏嬰觴諸侯於范臺……………………七〇四

戰國策卷二十四　魏三十一篇

秦趙約而伐魏……………………七〇八
芒卯謂秦王……………………七〇九
秦敗魏於華走芒卯而圍大梁……………………七一一
秦敗魏於華魏王且入朝於秦……………………七一六
華軍之戰……………………七一八
齊欲伐魏……………………七二〇

秦將伐魏……七二一
魏將與秦攻韓……七二四
葉陽君約魏……七三二
秦使趙攻魏……七三三
魏太子在楚……七三四

戰國策卷二十五　魏四二十七篇

獻書秦王……七三九
八年謂魏王……七四一
魏王問張旄……七四三
客謂司馬食其……七四三
魏秦伐楚……七四四
穰侯攻大梁……七四五
白珪謂新城君……七四六
秦攻韓之管……七四七
秦趙搆難而戰……七四八
長平之役……七四九
樓梧約秦魏……七五〇
芮宋欲絶秦趙之交……七五一
爲魏謂楚王……七五二
管鼻之令翟强與秦事……七五三
成陽君欲以韓魏聽秦……七五四
秦拔寧邑……七五四
秦罷邯鄲……七五五
魏王欲攻邯鄲……七五六
周肖謂宫他……七五七
周冣善齊……七五八
周冣入齊……七五八
秦魏爲與國……七五九
信陵君殺晉鄙……七六一
魏攻管而不下……七六二
魏王與龍陽君共船而釣……七六五
秦攻魏急……七六六

秦王使人謂安陵君……七六九

戰國策卷二十六　韓一 二十五篇

三晉已破智氏……七七二
大成午從趙來……七七三
魏之圍邯鄲……七七四
申子請仕其從兄官……七七四
蘇秦爲楚合從説韓王……七七五
張儀爲秦連横説韓王……七七八
宣王謂摎留……七八一
張儀謂齊王……七八三
楚昭獻相韓……七八三
秦攻陘……七八四
五國約而攻秦……七八五
鄭彊載八百金入秦……七八六
鄭彊之走張儀於秦……七八七
宜陽之役……七八八
秦圍宜陽……七九〇
公仲以宜陽之故仇甘茂……七九一
秦韓戰於濁澤……七九一
顔率見公仲……七九四
韓公仲謂向壽……七九五
或謂公仲曰聽者聽國……七九八
韓公仲相……八〇一
王曰向也子曰天下無道……八〇二
或謂魏王王儆四彊之内……八〇三
觀鞅謂春申……八〇四
公仲數不信於諸侯……八〇六

戰國策卷二十七　韓二 二十二篇

楚圍雍氏五月……八〇七
楚圍雍氏韓令冷向借救於秦……八〇九
公仲爲韓魏易地……八一二
錡宣之教韓王取秦……八一三
襄陵之役……八一三
公叔使馮君於秦……八一五

謂公叔曰公欲得武遂於秦……八一五
謂公叔曰乘舟……八一六
齊令周最使鄭……八一七
韓公叔與幾瑟爭國鄭强爲楚王使於韓……八一八
韓公叔與幾瑟爭國中庶子强謂太子……八一九
齊明謂公叔……八二〇
公叔將殺幾瑟……八二一
公叔且殺幾瑟……八二一
謂新城君曰……八二二
胡衍之出幾瑟於楚……八二三
幾瑟亡之楚……八二四
冷向謂韓咎……八二五
楚令景鯉入韓……八二六
韓咎立爲君而未定……八二六
史疾爲韓使楚……八二七
韓傀相韓……八二八

戰國策卷二十八　韓三 二十三篇

或謂韓公仲……八三六
或謂公仲……八三八
韓人攻宋……八三九
或謂韓王……八四一
謂鄭王……八四二
韓陽役於三川而欲歸……八四七
秦大國……八四七
張丑之合齊楚講於魏……八四九
或謂韓相國……八四九
公仲使韓珉之秦求武隧……八五〇
韓相公仲珉使韓侈之秦……八五一
客卿爲韓謂秦王……八五二
韓珉相齊……八五五
或謂山陽君……八五六
趙魏攻華陽……八五七

秦招楚而伐齊……八五八
韓氏逐向晉於周……八五九
張登請費緤……八六〇
安邑之御史死……八六〇
魏王爲九里之盟……八六一
建信君輕韓熙……八六二
段産謂新城君……八六三
段干越人謂新城君……八六四

戰國策卷二十九　燕一 十四篇

蘇秦將爲從北説燕文侯……八六六
奉陽君李兑甚不取於蘇秦……八六八
權之難燕再戰不勝……八七〇
燕文公時……八七一
人有惡蘇秦於燕王者……八七三
張儀爲秦破從連横謂燕王……八七六
宮他爲燕使魏……八七八
蘇秦死其弟蘇代欲繼之……八七九
燕王噲既立……八八三
初蘇秦弟厲因燕質子而求見齊王……八八六
燕昭王收破燕後即位……八八八
齊伐宋宋急……八九一
蘇代謂燕昭王……八九四
燕王謂蘇代……八九八

戰國策卷三十　燕二 十三篇

秦召燕王……八九九
蘇代爲奉陽君説燕於趙以伐齊……九〇五
蘇代爲燕説齊……九一一
蘇代自齊使人謂燕昭王……九一二
蘇代自齊獻書於燕王……九一四
陳翠合齊燕……九一六
燕昭王且與天下伐齊……九一八
燕饑趙將伐之……九一九
昌國君樂毅爲燕昭王合五國之兵

而攻齊……九二〇
或獻書燕王……九二六
客謂燕王……九二九
趙且伐燕……九三一
齊魏争燕……九三二

戰國策卷三十一　燕三五篇

齊韓魏共攻燕……九三四
張丑爲質於燕……九三五
燕王喜使栗腹以百金爲趙孝成王壽……九三六
秦并趙北向迎燕……九四〇
燕太子丹質於秦亡歸……九四二

戰國策卷三十二　宋衛十五篇

齊攻宋宋使臧子索救於荆……九五五
公輸般爲楚設機……九五六
犀首伐黄……九五九
梁王伐邯鄲……九六〇
謂大尹曰……九六二
宋與楚爲兄弟……九六三
魏太子自將過宋外黄……九六四
宋康王之時有雀生䲰……九六五
智伯欲伐衛……九六七
智伯欲襲衛……九六八
秦攻衛之蒲……九六九
衛使客事魏……九七〇
衛嗣君病……九七二
衛嗣君時胥靡逃之魏……九七三
衛人迎新婦……九七四

戰國策卷三十三　中山十篇

魏文侯欲殘中山……九七六
犀首立五王……九七七
中山與燕趙爲王……九八〇
司馬憙使趙……九八三
司馬憙三相中山……九八四

陰姬與江姬爭爲后……九八五
主父欲伐中山……九八七
中山君饗都士……九八八
樂羊爲魏將……九九〇
昭王既息民繕兵……九九〇

附録

相關序跋資料輯録……九九七
劉向書録……九九七
曾子固序……一〇〇一
孫元忠書閣本戰國策後……一〇〇三
孫元忠記劉原父語……一〇〇四
姚宏題……一〇〇四
姚寬書……一〇〇六
鮑彪序附兩則……一〇〇九
吴師道序……一〇一〇
吴師道識……一〇一四
重刻剡川姚氏本戰國策并札記序……一〇一五
戰國策注三十三卷孔昭焕家藏本提要……一〇一六
鮑氏戰國策注十卷内府藏本提要……一〇一八
戰國策校注十卷紀昀家藏本提要……一〇二〇
于鬯戰國策年表……一〇二一
戰國策人名索引……一〇五四
戰國策部分篇章通用篇名與本書篇名對照一覽……一一〇五
馬王堆漢墓出土帛書戰國策釋文……一一一〇
姚本鮑本篇目分合對照表……一一三六
鮑本戰國策篇目次序表……一一四四

戰國策卷一

東　周〔一〕

鮑本「東周」　漢志，河南鞏，東周君所居。正曰：東周當從舊，居卷首，説見前。大事記云，東周惠公班秉政洛陽，采邑在鞏。漢志説非。餘見前。

〔一〕此卷鮑本列爲卷二，而將西周列爲卷一。

秦興師臨周而求九鼎

秦興師臨周〔一〕而求九鼎，周君患之，以告顔率〔二〕。顔率曰：「大王勿憂，臣請東借救於齊。」顔率至齊，謂齊王〔三〕曰：「夫秦之爲〔四〕無道也，欲興兵臨周而求九鼎，周之君臣，内自盡〔五〕計〔六〕，與秦，不若歸之大國〔七〕。夫存危國〔八〕，美名也；得九鼎，厚寶〔九〕也。願大王圖之。」齊王大悦〔一〇〕，發師五萬人，使陳臣思〔一一〕將以救周，而秦兵罷。

〔一〕**姚本**續：周顯王，後語。

〔二〕**姚本**續：率，名也。當如字。或云，力出切，後語注。　**鮑本**周人。

〔三〕**姚本**續：齊宣王，後語。　**鮑本**閔。正曰：大事記云，姚氏考春秋後語，周顯王、齊宣王也。今附載於顯王三十三年宋太丘社亡之前。

〔四〕**鮑本**「爲」作「於」。○

〔五〕**姚本**劉、曾、集，一作「畫」，錢作「盡」。　**鮑本**盡其心思。

〔六〕**鮑本**計，猶謀。

〔七〕**鮑本**謂齊。

〔八〕**鮑本**周有秦兵，危。

〔九〕**鮑本**厚，猶重。　**札記**今本「寶」作「實」，鮑本作「寶」。

〔一〇〕**鮑本**無「悦」字。○　補曰：一本「大説」。

〔一一〕**鮑本**即後田臣思，凡陳、田皆齊公族。

齊將求九鼎，周君又患之。顏率曰：「大王勿憂，臣請東解之〔一〕。」顏率至齊，謂齊王曰：「周賴大國之義，得君臣父子相保也，願獻九鼎，不識大國何途之〔二〕從而致之齊？」齊王曰：「寡人將寄徑〔三〕於梁。」顏率曰：「不可。夫梁之君臣欲得九鼎，謀之暉臺〔四〕之下，少海〔五〕之上，其日久矣。鼎入梁，必不出。」齊王曰：「寡人將寄徑於楚〔六〕。」對曰：「不可。楚之君臣欲得九鼎，謀之於葉庭之中〔七〕，其日久矣。若入楚，鼎必不出。」王曰：「寡人終何塗之從而致之齊？」顏率曰：「弊邑固竊爲大王患之。夫鼎者，非效醯壺醬甀〔八〕耳，可懷挾提挈以至齊者；非效鳥集烏飛，兔興馬逝〔九〕，灕然止〔一〇〕於齊者。昔周之伐〔一一〕殷，得〔一二〕九鼎，凡一鼎而〔一三〕九萬人輓〔一四〕之，九九八十一萬人，士卒師徒〔一五〕，器械被具〔一六〕，所以〔一七〕備者稱此〔一八〕。今大王縱有其人，何途之從而出？臣竊〔一九〕爲大王私憂之。」齊王曰：「子之數來〔二〇〕者，猶無與耳〔二一〕。」顏率曰：「不敢欺大國，疾定所從出，弊邑遷鼎以待命。」齊王乃止〔二二〕。

〔一〕**鮑本**東之齊，解免之。

〔二〕**鮑本**問其路所從出。禮，「遂上有徑，澮上有塗」。

〔三〕**鮑本**徑，步道也。猶言假涂。

〔四〕**鮑本**臺名曰暉。故孟子稱「梁有臺池之樂」。

〔五〕**鮑本**「少」作「沙」。○　補曰：「少」當作「沙」。九域圖，開封有沙海，引此。**札記**丕烈案：此不當輒改。

〔六〕**鮑本**楚非適齊之途，既不可入梁，亦無從至楚。其云然不可曉也。

〔七〕**姚本**續：後語作「章華之庭」。注云，徐廣曰，華容有章華亭。**鮑本**即南陽葉也。

〔八〕**姚本**一作「瓿」。**鮑本**「醯壺」作「壺醯」，「甀」作「瓿」。○　壺，昆吾圜器。瓿，甂也。補曰：一本「醯壺」，此文殽次。

〔九〕**姚本**曾、集作「鳧逝」。**鮑本**并喻其輕疾。

〔一〇〕**姚本**「止」一作「可至」。**鮑本**集韻，灕，滲流貌。

〔一一〕**鮑本**「伐」作「代」。○

〔一二〕**姚本**一本「得」上有「凡」字。

〔一三〕**姚本**一本無「凡一」二字,「鼎而」作「而鼎」。

〔一四〕**鮑本**輓,引也。

〔一五〕**鮑本**士,一人也。二千五百人爲師。徒,步行者。正曰:左傳注,步卒七十二人,甲士三人。又百人爲卒。徒,衆也。此「士卒師徒」,亦大概言之耳。

〔一六〕**鮑本**「器械」作「械器」。○械,器之總名。被具,士卒所服用之具。

〔一七〕**鮑本**「以」作「已」。○

〔一八〕**鮑本**備人之所應用,使稱足此八十一萬人。正曰:稱此者,彼此均等,猶史言他物稱是。謂士衆賫械具備輓鼎之役者,又且八十一萬也。

〔一九〕**鮑本**「竊」作「切」。○

〔二〇〕**鮑本**「來」下無「者」字。○

〔二一〕**鮑本**言許之而實不與也。

〔二二〕**鮑本**補曰:洪氏邁,原策首載此,以爲奇謀,此特兒童之見爾,疑必無是事,而好事者飾之。愚按,左氏嘗載楚子問鼎事,當時爭欲得鼎,以見其强,不可以爲無。

秦攻宜陽

秦攻宜陽〔一〕,周君謂趙累〔二〕曰:「子以爲何如?」對曰:「宜陽必拔也。」君曰:「宜陽城方八里，材士〔三〕十萬，粟支數年，公仲之軍二十萬，景翠〔四〕以楚之衆，臨山而救之〔五〕，秦必無功。」對曰：「甘茂〔六〕，羈旅〔七〕也，攻宜陽而有功，則周公旦〔八〕也；無功，則削迹於秦〔九〕。秦王不聽群臣父兄之義〔一〇〕而攻宜陽，宜陽不拔，秦王耻之。臣故曰拔。」君曰：「子爲寡人謀〔一一〕，且奈何？」對曰：「君謂景翠曰：『公爵爲執圭，官爲柱國〔一二〕，戰而勝，則無加焉矣〔一三〕；不勝，則死。不如背秦援宜陽〔一四〕。公進兵，秦恐公之乘〔一五〕其弊也，必以實事公；公中〔一六〕慕公之爲己乘秦也，亦必盡其寶。』」

〔一〕鮑本韓邑，屬弘農。秦武三年攻宜陽，赧之七年也。　補曰：大事記云，今河南有福昌縣，城東南北三面，峭絶天險，黽池、二殽皆在境内，蓋控扼之地。此據甘茂傳文。年表，拔宜陽在次年。宜陽之役，五月而不拔，凡涉兩歲也。通鑑、大事記皆於赧七年書伐，八年書拔。景翠救韓在八年。

〔二〕鮑本「趙」作「周」。○　補曰：一本「趙累」。大事記引。

〔三〕鮑本士之有材武者。

〔四〕鮑本楚將。

〔五〕鮑本楚與韓鄰而與秦相圖，故救之。

〔六〕鮑本甘茂，下蔡人，仕秦。補曰：「茂」一作「戊」，後多有。説苑作「戊」，古字通。

〔七〕鮑本集韻，羈旅，寓也。

〔八〕鮑本言且相秦。

〔九〕鮑本言不得留。

〔一〇〕鮑本「義」作「議」。○

〔一一〕札記今本「爲」誤「曰」。

〔一二〕鮑本楚卿。

〔一三〕姚本集、曾作「耳」，劉、錢作「矣」。

〔一四〕鮑本翠時蓋援宜而有秦私，故說之云。補曰：秦策，馮章許楚漢中，楚歡而不進，所說有秦私者。竊謂，此策上既言秦之必拔，翠之不勝則死，而又曰「不如背秦援宜陽」，意殊不類。恐此句有缺誤，「背」下或有「之」字，或「秦」下復有「秦」字，「援」字或作「拔」。勸之避秦兵，待秦既拔，然後進兵乘其敝。當秦懼之，韓德之，而交得賂以爲利。下文秦拔宜陽，景翠果進兵，「果」字可見。又秦策，「楚畔秦而合於韓」句，意似與此同。然彼指翠未救時言之爾。其後韓、楚雖合，楚不爲韓氏，謂先戰，固已預知之矣。札記丕烈案：吳說是也。此必「背」下有脫，但不詳何字。

〔一五〕鮑本乘，謂因而攻之。

〔一六〕鮑本「中」作「仲」。○札記今本「中」作「仲」。

秦拔宜陽，景翠果進兵。秦懼，遽效煮棗〔一〕，韓氏果亦效重寶。景翠得城於秦，受寶於韓，而德〔二〕東周。〔三〕

〔一〕鮑本屬濟陰宛句。

〔二〕鮑本德，恩之也。

〔三〕鮑本補曰：「爲寡」、「爲己」之「爲」，去聲。餘如字。

東周與西周戰

東周與西周戰，韓救西周。爲東周謂〔一〕韓王〔二〕曰：「西周者，故天子之國也，多名器重寶。案〔三〕兵而勿出，可以德東周，西周之寶可盡矣。」〔四〕

〔一〕姚本集本改作「謫」，一作「謂」。

〔二〕鮑本襄。

〔三〕鮑本「案」作「按」。○ 按，下，與舉反。

〔四〕鮑本欲韓出兵，故賂之。紀八年有。

東周與西周爭〔一〕

〔一〕此篇姚本與東周與西周戰連篇，鮑本另列一篇。據文義，從鮑本。

東周與西周爭，西周欲和於楚、韓〔二〕。齊明〔三〕謂東周君曰：「臣恐西周之與楚、韓寶，令之爲己求地於東周也。不如謂楚、韓曰，西周之欲入寶，持二端〔三〕。今東周之兵不急西周，西周之寶不入楚、韓。楚、韓欲得寶，即且趣我攻西周〔四〕。西周寶出，是我爲楚、韓取寶以德之也〔五〕，西周弱矣。」

〔一〕鮑本和二國以爲己援。

〔二〕鮑本疑楚人。兩見楚策。正曰：無明徵。注例，以國姓者，皆其國人，齊明豈不可爲齊人邪？故大事記止云當時之辯士也。

〔三〕鮑本言東兵急則入，不急則已。

〔四〕鮑本趣，疾也。督使疾戰。我，謂東周。

〔五〕鮑本言有恩於楚、韓。

東周欲爲稻

東周欲爲〔一〕稻，西周不下水〔二〕，東周患之。蘇子〔三〕謂東周君曰：「臣請使西周下水可乎？」乃往見西周之君曰：「君之謀過矣！今不下水，所以富東周也。今其民皆種麥〔四〕，無他種矣。君若欲害之，不若一爲下水，以病其所種。下水，東周必復種稻；種稻而復奪之。若是，則東周之民可令一仰〔五〕西周，而受命於君矣。」西周君曰：「善。」遂下水〔六〕。蘇子亦得兩國之金也〔七〕。

〔一〕鮑本爲，謂種之。

〔二〕鮑本稻宜濕，西周居河之上流。正曰：未知專指河否？

〔三〕鮑本非代則厲。

〔四〕鮑本麥宜燥也。

〔五〕鮑本有望於上則仰。補曰：爲，去聲。仰，疑向反。

〔六〕鮑本無「遂下水」三字。○

〔七〕鮑本彪謂：此策不可行。東、西周壤地相接，豈不能候其所種？蘇子，東人也，爲東游説而豈得不疑？且今下水，安能保其不奪？雖一爲下，何補哉！正曰：據此策，則西人可以制周，必不疑於其説。蘇子公爲反復以得金，豈顧其復奪哉？大事記云，其微如此，其所争又如此，可不哀哉！然則又何足深辨也。

昭獻在陽翟

昭獻在陽翟〔一〕，周君將令相國往〔二〕，相國將不欲。蘇厲爲之謂周君曰：「楚王與魏王遇也，主君令陳封之楚〔三〕，令向公之魏。楚、韓之遇〔四〕也，主君令許〔五〕公之楚，令向公之韓。今昭獻非人主也，而主君令相國往；若其王在陽翟，主君將令誰往〔六〕？」周君曰：「善。」乃止其行。

〔一〕鮑本屬潁川。補曰：韓策，楚昭獻相韓。

〔二〕鮑本往與獻會。

〔三〕鮑本此言疇昔之事。陳、向、許皆仕周，而位在相下。

〔四〕鮑本亦其王遇。

〔五〕鮑本「許」作「葉」。○ 札記今本「許」作「葉」。

〔六〕姚本曾作「誰往周」，集、劉、錢無「周」字。 鮑本言必君自往。

秦假道於周以伐韓〔一〕

〔一〕此篇姚本與昭獻在陽翟章連篇，鮑本另列一篇。據文義，從鮑本。

秦假道於周以伐韓，周恐假之而惡於韓，不假而惡〔一〕於秦。史黶〔二〕謂周君曰：「君何不令人謂韓公叔〔三〕曰：『秦敢絶塞〔四〕而伐韓者，信東周也。公何不與周地，發重使〔五〕使之楚，秦必疑〔六〕，不信周，是韓不伐〔七〕也。』又謂秦王〔八〕曰：『韓强〔九〕與周地，將以疑周於秦，寡人不敢弗〔一〇〕受。』秦必無辭而令周弗受，是得地於韓而聽於秦也。」〔一一〕

〔一〕姚本續：史記兩「惡」作「畏」。

〔二〕姚本一作「史厭」。 鮑本韓史。疑即「厭」。補曰：「黶」，正義云，烏減、於點二反。

〔三〕鮑本韓公族。

〔四〕鮑本絶，横渡。塞，障也。爲垣壘以遮止鄰國往來。

〔五〕鮑本使周發使。

〔六〕鮑本秦、楚相圖之國也，周使使楚，故秦疑其圖己。

〔七〕鮑本不受秦伐。

〔八〕**鲍本**武。

〔九〕**鲍本**補曰：强，巨兩反。

〔一〇〕**姚本**集：一去「弗」字。

〔一一〕**鲍本**紀，八年。彪謂：戰國之士，設心措辭，無不出於詐，若此者君子之所恕也。下章次之。正曰：鮑意尊周，故謂行詐免難所可恕。與前注爲伍得章失同。

楚攻雍氏

楚攻雍氏〔一〕，周粻〔二〕秦、韓，楚王〔三〕怒周，周之君患之。爲周謂楚王曰：「以王之强而怒周，周恐，必以國合於所與粟之國，則是勁〔四〕王之敵也。故王不如速解周恐〔五〕，彼前得罪而後得解，必厚事王矣。」

〔一〕**鲍本**此亦赧之十五年也。

〔二〕**鲍本**粻，食米也。時秦救韓，周以米餉之。正曰：詩傳，糧也。音張。

〔三〕**鲍本**懷。

〔四〕**鲍本**勁，强也。

〔五〕**鲍本**周以楚怒之，故恐。

周最謂石禮

周最謂石禮〔一〕曰：「子何不以秦攻齊？臣請令齊相子〔二〕，子以齊事秦，必無處〔三〕矣。子因令〔四〕周最居魏以共〔五〕之，是天下制於子也。子東重於齊，西貴於秦，秦、齊合，則子常重矣。」

〔一〕**鮑本**「石」作「呂」。○凡呂皆齊人。禮以秦昭十三年奔魏，十九年復歸秦，其相齊在薛公歸薛後，見孟嘗傳，蓋赧二十一年後也。正曰：呂皆齊人，此類無據，當缺。晉有呂錡、呂相，本魏氏，不必呂尚後也。注「奔魏」，據秦紀。按，穰侯傳，冉相秦，欲誅呂禮，禮出奔齊。大事記從之。「歸秦」，據秦紀及穰侯傳。按，秦紀下接齊破宋之文，年表破宋在秦昭二十一年，則紀誤矣。按，呂禮相齊，孟嘗君遺穰侯書，勸秦伐齊而禮亡，事當在齊滅宋前。大事記書於赧王二十九年之首（即秦昭二十一年），則禮自奔齊至去齊，首尾九年。然解題亦據紀爲說，謂後六年來歸，則未改也。　**札記**丕烈案：「呂」字是也。

〔二〕**鮑本**秦攻齊，禮使之也。齊欲免攻，故可使之相禮。

〔三〕**鮑本**「處」作「慮」。○正曰：前後章有此字，義當同。　**札記**丕烈案：後策文有「必不處矣」，又有「請謂王聽東方之處」。吳氏指此也。

〔四〕**鮑本**「令」下衍「周」字。○

〔五〕**鮑本**與齊俱事秦。

周相吕倉見客於周君

周相吕倉見客於周君〔一〕。前相工師藉恐客之傷己〔二〕也，因令人謂周君曰：「客者，辯士也，然而所以不可〔三〕者，好毁人。」〔四〕

〔一〕**鮑本**言之於君，使得見。補曰：見，賢遍反。

〔二〕**鮑本**「藉」作「籍」，下同。○ 傷，猶毁。此即後工陳籍。

〔三〕**鮑本**不可聽用。

〔四〕**鮑本**彪謂：工師籍，非端人也。德義不愆，何恤人之言？

周文君免士工師藉〔一〕

〔一〕此章姚本與周相吕倉見客於周君連篇，鮑本另列一章。據文義，從鮑本。

周文君〔一〕免士〔二〕工師藉，相吕倉，國人不説也〔三〕。君有閔閔之心。

〔一〕**鮑本**史書東周略甚，豈惠公後有此君邪？不然，則惠公别稱也。鴻烈道應訓亦稱周昭文君。此後書訓，皆鴻烈也。

〔二〕**姚本**集、曾，一去「士」字。**鮑本**「免」下衍「士」字。○ 補曰：疑衍。**札記**丕烈案：楚策，韓求相工陳籍，即此也。「陳」乃「師」字形近之訛。

〔三〕**鮑本**亦不説也。

謂周文君曰：「國必有誹〔一〕譽，忠臣令誹在己，譽在上。宋君奪民時以爲臺，而民非之〔二〕，無忠臣以掩蓋之也。子罕釋相爲司空〔三〕，民非子罕而善其君。齊桓公宮中七〔四〕市，女閭七百〔五〕，國人非之。管仲故爲三歸之家〔六〕，以掩桓公，非自傷於民也〔七〕？春秋記臣弑君者以百數，皆大臣見譽者也。故大臣得譽，非國家之美也〔八〕。故衆庶成彊〔九〕，增積成山〔一〇〕。」周君遂不免〔一一〕。

〔一〕**鮑本**誹，謗也。

〔二〕**鮑本**見襄十一年。

〔三〕**鮑本**司空主土工。傳言子罕親執朴以行築者，是也。

〔四〕**鮑本**「七」作「女」。〇

〔五〕**鮑本**閭，里中門也。爲門爲市於宮中，使女子居之。正曰：宮中爲七市，女閭此七百也。

〔六〕**鮑本**婦人謂嫁曰歸，夫家曰家。仲蓋三取女也。

〔七〕**鮑本**管仲爲此，人皆毁之。仲非樂於毁也，其意欲掩蓋桓公耳。一説仲欲掩公之非，寧自毁也。

〔八〕**鮑本**彪謂：此言掩君之非可耳！而齒見譽者於殺君之列，則後世名卿賢相，何道而可以安於朝廷之上？不仁哉此言也！補曰：漢高帝繫治蕭何，曰，「吾聞李斯相秦，有善歸主，有惡自與」云云。王衛尉曰，「秦以不聞其過，亡天下。李斯之分過，又何足法哉」？

〔九〕**鮑本**「彊」作「强」。〇　言師籍之得衆。　**札記**今本「彊」誤「疆」。

〔一〇〕**鮑本**「成」作「如」。○

〔一一〕**鮑本**卒相倉也。

温人之周

温〔一〕人之周，周不納〔二〕。客即對〔三〕曰：「主人〔四〕也。」問其巷〔五〕而不知也，吏因囚之。君使人問之曰：「子非周人，而自謂非客何也？」對曰：「臣少而誦詩，詩曰：『普天之下，莫非王土；率土之濱，莫非王臣〔六〕。』今周君天下，則我天子之臣，而又爲客哉？故曰主人。」君乃使吏出之。

〔一〕**鮑本**温，時爲西邑，綦母恢請之也。正曰：西周得温囿耳。

〔二〕**鮑本**并東周。

〔三〕**姚本**一本，「周不内，問曰：客耶？對曰」。續：韓非子文與一本同。

〔四〕**鮑本**矯稱東人。

〔五〕**鮑本**補曰：韓非子作「巷人」。

〔六〕**鮑本**小雅北山詩。普，遍；率，從也。

或爲周最謂金投

或爲周最謂金投〔一〕曰：「秦以周最之齊疑天下〔二〕，而又知趙之難子〔三〕齊人戰，恐〔四〕齊、韓之合〔五〕，必先合於秦。秦、齊合，則公之國虛〔六〕矣。公不如救齊，因佐秦而伐韓、魏，上黨長子〔七〕趙之有〔八〕。公東收寶於秦〔九〕，南取地於韓〔一〇〕，魏因以因〔一一〕，徐爲之東〔一二〕，則有合矣〔一三〕。」

〔一〕**鮑本**蓋趙人之不善齊者。

〔二〕**鮑本**周使最之齊，秦以此疑周、齊與天下合而謀己。正曰：無考。

〔三〕**姚本**曾本作「予」，集本改作「予」，劉作「子」。　**鮑本**不敢違投。

〔四〕**鮑本**秦既疑齊，投又不善齊，故齊懼伐。

〔五〕**鮑本**「齊」下衍「韓」字。〇　補曰：疑衍。　**札記**丕烈案：此不衍，謂秦恐齊、韓之合也。下文云必先合秦者，必先合齊於秦也。故下文即云秦、齊合。鮑誤以「恐」字屬上句讀，所解全謬。吳氏依之，亦非。

〔六〕**鮑本**言趙必破而爲墟。「墟」，「虛」字同，大丘也。

〔七〕**鮑本**屬上黨，蓋韓地。

〔八〕**鮑本**二國有秦兵，故趙得取其邊地。

〔九〕**鮑本**佐秦故。

〔一〇〕**鮑本**韓，魏唇齒之國故也。

〔一一〕**鮑本**「因」作「困」。〇　**札記**今本下「因」字作「困」。

〔一二〕鮑本爲，猶謀也。東謂齊。

〔一三〕鮑本齊合趙也。始時趙與齊隙，無合理。今得秦、韓，故齊懼而合。其實，最時相齊，慮有趙患，故爲最謀者，侈之韓、魏也。

周最謂金投〔一〕

〔一〕此篇姚本與或爲周最謂金投連篇，鮑本另列一篇。據文義，從鮑本。

周最謂金投曰：「公負令〔一〕秦與强齊戰。戰勝〔二〕，秦且收齊而封〔三〕之，使無多割〔四〕，而聽天下之戰〔五〕；不勝，國大傷〔六〕，不得不聽秦〔七〕。秦盡韓、魏之上黨太原〔八〕，西〔九〕止〔一〇〕秦之有已〔一一〕。秦地，天下之半也，制齊、楚、三晉之命〔一二〕，復〔一三〕國且身危〔一四〕，是何計之道〔一五〕也。」〔一六〕

〔一〕姚本錢、劉作「全」。　鮑本負，猶失也，其失在此。正曰：負，持也。「令」字疑「合」。

〔二〕鮑本勝齊。

〔三〕鮑本封，謂疆理之。

〔四〕鮑本割，謂出地。

〔五〕鮑本諸國求地於齊，齊不多割，則必戰。此秦弱齊之計。正曰：此秦制齊之命。

〔六〕鮑本趙傷也。時趙令秦與齊戰，戰不勝，則秦必咎趙，能無傷乎？正曰：趙恃合於秦以與齊戰，不勝，則國大傷而聽命於秦矣。

〔七〕鮑本趙聽也。

〔八〕鮑本魏地，後爲秦郡。

〔九〕姚本曾、錢、集作「西」。錢，一作「而」。

〔一〇〕鮑本「止」作「土」。〇 札記丕烈按：此有誤，但所改未是。

〔一一〕鮑本秦之所難者，齊也。已收齊，則韓、魏不守。

〔一二〕鮑本趙以大傷，故亦見制。

〔一三〕鮑本「復」作「覆」。〇 補曰：「覆」通。

〔一四〕鮑本覆，如覆器然。國，趙也。身，謂投。

〔一五〕鮑本言非計。

〔一六〕鮑本此策，最爲齊使趙拒秦也。

石行秦謂大梁造

石行秦〔一〕謂大梁造〔二〕曰：「欲決霸王之名，不如備〔三〕兩周辯知之士。」謂周君〔四〕曰：「君不如令辯知之士，爲君爭於秦。」〔五〕

〔一〕姚本劉本作「右行楚」。鮑本周人。正曰：無考。一本「石」作「右」。右行，秦官也。

〔二〕姚本續：商子作「大梁造」。鮑本秦爵，「梁」作「良」。秦孝十年衛鞅，惠文五年公孫衍，昭襄十五年白起，皆爲之。

此蓋起也。正曰：無考。

〔三〕鮑本備，謹待之。

〔四〕鮑本行秦謂之。

〔五〕鮑本秦欲卑周，争者争此也。既謹待之，則争必得矣。補曰：王應麟云，周赧王卒於乙巳。明年丙午，秦遷西周君，而東周君猶存。壬子，秦遷東周君，而周遂不祀。作史者當自丙午至壬子繫周統於七國之上，乃得春秋存陳之義。大事記，周赧後即繫秦，朱子以爲未當。綱目以七國如楚、漢并書之。今按解題云，自赧王降，周統已絶，東周雖未亡，特邾、莒附庸之類耳。所以存而未論也。朱子雖以七國并書，而赧王之後，亦不以東周繫統者，其意亦不異。綱目之成，在乾道壬辰，而淳熙辛丑吕子卒，大事記始出，非矯之也。

謂薛公〔一〕

〔一〕此篇姚本與石行秦謂大梁造曰連篇，劉本題起「謂」字，鮑本另列一篇。據文義，從鮑本。

謂〔一〕薛公〔二〕曰：「周最於齊王〔三〕也而逐之〔四〕，聽祝弗〔五〕，相吕禮者，欲取秦〔六〕。秦、齊合〔七〕，弗與禮重〔八〕矣。有周〔九〕齊〔一〇〕，秦必輕君。君弗如急北兵趨趙〔一一〕以秦、魏〔一二〕，收周最以爲後行〔一三〕，且反齊王之信〔一四〕，又禁天下之率〔一五〕。齊無秦，天下果〔一六〕，弗必走，齊王誰與爲其國〔一七〕？」〔一八〕

〔一〕姚本劉本題起「謂」字。

〔二〕鮑本田文。　札記今本「公」誤「君」。

〔三〕鮑本「王」下有「厚」字。○　閔王。　札記今本「王」下有「厚」字。丕烈案：有者當是。

〔四〕鮑本補曰：史，秦亡將呂禮相齊，欲困蘇代，代乃謂云云。史，周最於齊王至厚也，而齊王逐之。策文省而勝。

〔五〕姚本續：史記作「親弗」，注云，人姓名。索隱引戰國策作「祝弗」，蓋「祝」爲得也。　鮑本齊人。補曰：「祝弗」史作「親弗」，索隱謂策得之。一本「况弗」。　札記丕烈案：鮑本當不作「祝弗」，故吴校如此。詳姚校云，索隱引戰國策作「祝弗」，疑亦本不作「祝弗」也，今無可考。

〔六〕鮑本無下「秦」字，「取秦」下補「也秦」二字。○　札記今本「取秦」下有「也」字，乃誤涉鮑也。鮑本「秦」字不重。

〔七〕鮑本上章所謂以齊事秦。　正曰：注據史補二字。然言齊合則秦自見，省文爾。下章齊合亦然。

〔八〕鮑本與，猶如也。言二國合，則齊所重無如禮者。　正曰：史，「親弗與呂禮重矣」，言二國合，則二人重。策，「齊合，弗與禮重矣」，言齊與秦合，則一人重於齊。視史語簡而勝。上文「秦」字省，尤可見。

〔九〕鮑本「有」下衍「周」字。○　補曰：史作「用」。　札記今本無「周」字，乃誤涉鮑也。

〔一〇〕鮑本秦有之。　正曰：有用齊者，言二子用齊。

〔一一〕鮑本亦與趙攻秦。

〔一二〕鮑本能左右之曰「以」。以，猶使。　正曰：從史，「以」下有「和」字是。「急北兵」讀，「秦、魏」句。是時秦怒齊，齊、趙交惡，秦欲合魏。前章，魏貴合秦以攻齊，趙難與齊戰；下章，齊合則趙恐伐，可見皆一時事也。秦、趙、魏合，爲攻齊也。故云「急北兵趨趙以和秦、魏」也。趨，即趣，促也。謂不如急北方之兵，促趙之應秦、魏，而相與以攻齊也。魏策，周最入齊，秦讓魏，魏謂秦曰，「大國欲急兵，則趨趙而已」。趨，即趣也。此語正同。雖時有後先，而事理不誤爾（魏策載周最入齊，知在後）。史載此策，在文謝病歸薛後，文從其計。而呂禮嫉害，文乃勸秦伐齊。呂禮亡，其後齊滅宋，文乃奔魏。且文在齊，豈敢召穰侯之兵哉？召秦伐齊，必文也去齊，而史失之也。此策云，「收周最，反齊王」，則亦文奔魏之後，召秦兵之前乎？

〔一三〕**鮑本**齊初逐最，欲取秦合也；今攻秦，收最用之，可圖後舉。行，猶舉。正曰：當從史，無「爲」字，「後」作「厚」。行，下孟反。最本厚於齊，今齊逐之，故收最以厚其行。上文「厚」字，同義。

〔一四〕**鮑本**齊前與秦合，今與趙攻之，信反也。正曰：齊用禮以合秦取信，今反之，使不合也。

〔一五〕**鮑本**率，猶從也。謂從齊。補曰：「率」，史作「變」。索隱云，齊、秦合則弗、禮用；用則輕孟嘗。二説皆通。**札記**今本「又」誤「以」。

〔一六〕**鮑本**果，猶決也。走，去音，趨之也。言不趨齊。正曰：史，齊無秦，則天下集齊，親弗必走。此「果」字，當從史作「集」。謂齊無秦合，而秦、趙、魏合，則天下之兵集於齊，祝弗必走。言弗而不及禮者，齊聽弗而相禮，弗走，禮不待言矣。

〔一七〕**鮑本**言必重文。孟嘗傳有。

〔一八〕**鮑本**正曰：以章參之，史可以互正。如弗乃祝弗名，易知，而注乃釋以他説，其誤甚矣。

齊聽祝弗〔一〕

〔一〕此篇姚本與石行秦謂大梁造連篇，劉本題起「齊」字，鮑本另列一篇。據文義，從鮑本。

齊〔一〕聽祝弗，外周最。謂齊王〔二〕曰：「逐周最、聽祝弗、相呂禮者，欲深取〔三〕秦也。秦得天下，則伐齊深〔四〕矣。夫齊合〔五〕，則趙恐伐〔六〕，故急兵以示秦〔七〕。秦以趙攻〔八〕，與之〔九〕齊伐趙，其實同理〔一〇〕，必不處矣〔一一〕。故用祝弗，即天下之理〔一二〕也。」

〔一〕姚本劉本題起「齊」字。

〔二〕鮑本閔。

〔三〕鮑本補曰：「深取」之「深」，恐因下文衍。

〔四〕鮑本秦得齊，則益强，故能得天下；得天下，則亦不能存齊。

〔五〕鮑本「夫」下補「秦」字。○正曰：説見上。此下云「急兵以示秦」，則無「秦」字尤明矣。**札記**今本「夫」下有「秦」字，乃誤涉鮑也。鮑補「秦」字，吴氏有正。

〔六〕鮑本秦伐之。

〔七〕鮑本趙兵攻齊。

〔八〕鮑本攻齊。

〔九〕鮑本之，猶趨。

〔一〇〕鮑本以趙攻齊則得齊，趨齊受趙亦得趙。故其理同。

〔一一〕鮑本處，猶據也。秦不據齊，理同。而獨不據齊，齊無兵而趙已出兵故也。正曰：注難通，「處」義未詳。

〔一二〕鮑本理在受兵於趙。正曰：言天下必將歸秦。

蘇厲爲周最謂蘇秦

蘇厲爲周最謂蘇秦〔一〕曰：「君不如令王〔二〕聽最，以地〔三〕合於魏、趙，故〔四〕必怒〔五〕合於齊〔六〕，是君以合〔七〕齊與强楚吏産子〔八〕。君若欲因最之事〔九〕，則合齊者，君也；割地者，

最也。」〔一〇〕

〔一〕鮑本「秦」作「子」。○札記丕烈案：此有誤，但所改未是。
〔二〕鮑本君，謂蘇子。王，周君也。此時與赧俱王，其稱公，後避秦也。正曰：尤繆。
〔三〕鮑本地，周地。
〔四〕姚本曾無「故」字。
〔五〕姚本「怒」，一作「恐」。鮑本稱故者，特爲之。怒，蘇子怒最。
〔六〕鮑本怒最而反其所合。
〔七〕姚本一作「全以」。
〔八〕鮑本時齊與楚善，合齊則得與楚爲與國，可至再世。産子，言易世也。與，黨與也。補曰：劉辰翁云，「吏」字當作「更」，平聲。
〔九〕鮑本與最同合魏、趙，此厲本謀也，前皆游辭耳。故爲，爲周最。
〔一〇〕鮑本補曰：最欲合趙、魏，而蘇秦欲合齊，厲爲最，故言若不發最之事，則君合齊，而最合趙、魏也。

謂周最曰仇赫之相宋

謂周最曰：「仇赫〔一〕之相宋，將以觀秦之應趙、宋〔二〕，敗三國〔三〕。三國不敗，將興趙、宋合於東方〔四〕以孤秦。亦將觀韓、魏之於齊也。不固，則將與宋敗三國〔五〕，則賣趙〔六〕、宋於三國〔七〕。公何不令人謂韓、魏之王〔八〕曰：『欲秦、趙之相賣〔九〕乎？何不合周最兼相〔一〇〕，視之不可離〔一一〕，則秦、趙必相賣以合於王也。』」

〔一〕姚本續：史記，机郝。　鮑本補曰：「赫」，一本作「郝」。
〔二〕鮑本絶句。
〔三〕鮑本韓、魏、齊也。魏紀，哀二十一年，與韓、齊敗秦函谷，蓋此時秦欲敗之，反爲所敗也。赧十八年。正曰：「哀」當作「襄」，下同。「十八」當作「十七」，年表文，大事記從之。
〔四〕鮑本即三國。
〔五〕鮑本此應秦也。
〔六〕鮑本「賣」下無「趙」字。○　補曰：一本「則賣趙、宋」。
〔七〕鮑本此應三國也。以國情輸之曰賣。言赫不忠於宋，不應秦則應三國。以此知赫本非宋人。
〔八〕鮑本韓襄、魏哀。
〔九〕鮑本此賣猶欺。
〔一〇〕鮑本使韓、魏皆相之。
〔一一〕鮑本視，示字。二國同相最，可見其交之固。補曰：離，去聲。

爲周最謂魏王

爲周最謂魏王〔一〕曰：「秦知趙之難與齊戰也〔二〕，將恐齊、趙之合也，必陰勁〔三〕之。趙不敢戰〔四〕，恐秦不已收〔五〕也，先合於齊。秦、趙爭齊〔六〕，而王無人〔七〕焉，不可。王不去周最〔八〕，合與收齊〔九〕，而以兵之急〔一〇〕則伐齊，無因事〔一一〕也。」〔一二〕

〔一〕**鮑本**哀。正曰：襄。

〔二〕**鮑本**難，言其不和。正曰：難，畏阻意。

〔三〕**姚本**曾，集改「勁」作「助」。　鮑本勁趙以兵，使之强。

〔四〕**鮑本**難先戰。

〔五〕**鮑本**違其勁之之意。

〔六〕**鮑本**齊固秦所欲合，故其勁趙謂之陰勁。正曰：秦欲伐齊，趙欲合齊，故云「爭齊」。

〔七〕**鮑本**無主其事與齊者。

〔八〕**鮑本**最時在魏，欲之齊，故此士爲之言，使得去。

〔九〕**鮑本**與，即謂齊。齊，魏之與國。

〔一〇〕**鮑本**「之急」作「急之」，「急之」下重「急之」。○　原作「之急」，急之以兵，則非合矣。

〔一一〕**鮑本**「也」作「矣」。○

〔一二〕**鮑本**言秦見齊有魏兵必伐之。有此有彼曰「因」，猶言無他事矣。齊敗魏馬陵，宜爲魏讎，因此言「合與」，蓋其國形宜相依也。正曰：「而以」止「伐齊」句。因，猶依也。言今不合與收齊，而以秦兵之急則伐齊（下章秦欲合魏伐齊，可見），是無可依之事矣。

謂周最曰魏王以國與先生〔一〕

〔一〕此篇姚本與爲周最謂魏王連篇，鮑本另列一篇。據文義，從鮑本。

謂周最曰：「魏王〔一〕以國與先生〔二〕，貴〔三〕合於秦以伐齊。薛公〔四〕故主〔五〕，輕忘其薛，不顧其先君之丘墓〔六〕，而公獨修虛信〔七〕爲〔八〕茂〔九〕行，明群臣〔一〇〕據故主〔一一〕，不與〔一二〕伐齊者〔一三〕，產以忿强秦〔一四〕，不可。公不如謂魏王、薛公曰『請爲王入齊，天下不能傷齊〔一五〕。而有變〔一六〕，臣請爲救之〔一七〕；無變，王遂伐之〔一八〕。且臣〔一九〕爲齊奴〔二〇〕也，如累王之交於天下〔二一〕，不可〔二二〕。王爲臣賜厚矣，臣入齊，則王亦無齊之累〔二三〕也。』」〔二四〕

〔一〕鮑本哀。正曰：昭。

〔二〕鮑本以德齒尊稱之也。與，謂相之。正曰：孟子注，學士年長者，謂之先生。

〔三〕鮑本貴，猶欲。

〔四〕鮑本田文。

〔五〕鮑本齊閔王也。最嘗仕齊，故稱之然。正曰：「故主」上恐缺一字。

〔六〕鮑本謂齊王、田文欲去國以避秦兵。正曰：此田文相魏時也，下文「謂魏王、薛公」可見。文激於祝弗、呂禮之故，勸秦伐齊。蓋言文猶背齊，以起下文「最不與伐齊」之意。大事記，赧王二十九年，魏以田文爲相，謂其去齊相魏，在齊滅宋之前。史在滅宋後，非。

〔七〕鮑本最本善齊，固不背齊。然今相魏，魏有以秦伐齊之形，猶爲虛信。信，謂親之。

〔八〕姚本曾，「爲」下有「物」字。劉無。
〔九〕鮑本茂，盛美也。
〔一〇〕鮑本明，猶示也。臣，魏臣。
〔一一〕鮑本據，仗持也，猶言爲之。此言最在魏，示朝臣以爲齊王，不欺之，此所謂「茂行」。正曰：「修虚信爲茂行」句，「明群臣據故主」句。
〔一二〕鮑本與，去音。正曰：與，如字，許也。
〔一三〕鮑本「齊」下無「者」字。〇
〔一四〕鮑本産，猶生也。魏欲伐齊，已獨不與，猶生此節目也。違秦不伐齊，故秦忿。
〔一五〕鮑本最之知略，足以全齊。
〔一六〕鮑本萬一有傷齊者。
〔一七〕鮑本此則非虚信矣。
〔一八〕鮑本伐秦。
〔一九〕鮑本「臣」作「秦」。〇
〔二〇〕鮑本爲，去音。言其爲之如奴事主。
〔二一〕鮑本累者，事相連及，猶誤也。交，謂齊、魏。
〔二二〕鮑本此言非人之情。
〔二三〕鮑本此累，猶患。
〔二四〕鮑本正曰：按魏策，周最入齊，秦王怒，令姚賈讓魏王，魏王爲之謂秦王曰，「魏之所以爲王通天下者，以周最也。今最遁寡人入齊，齊無通於天下矣。敝邑之事，王亦無齊累矣」。最入齊，則正與此章相首尾。所謂「敝邑之事，王亦無齊累」語，又與此合。曰「請爲王入齊，天下不能傷齊」者，最自許其足以全齊。「有變」，謂秦伐齊，齊急則請魏之救；「無變」，謂秦不能伐，則王遂伐之。此厚齊之説也。「且臣爲齊奴」以下，以爲魏言之。「爲齊奴」，爲齊奴隸也。交，指秦也。累，連及也。不可以最故，使魏惡於秦。王使最得入齊爲賜厚矣。最入齊，則秦無疑於魏，是魏不爲齊所累也。補曰：「爲王」、「爲救」之「爲」，去聲。餘如字。

趙取周之祭地

趙取周之祭地，周君患之，告於鄭朝〔一〕。鄭朝曰：「君勿患也，臣請以三十金〔二〕復取之。」周君予之，鄭朝獻之趙太卜，因告以祭地事。及王病，使卜之。太卜譴之〔三〕曰：「周之祭地爲祟〔四〕。」趙乃還之。

〔一〕鮑本凡鄭，皆鄭人。

〔二〕鮑本一斤爲一金。正曰：正義云，秦以一鎰爲一金。孟康云，二十四兩。國語注同。趙岐云，二十兩。

〔三〕鮑本譴，謫問也。

〔四〕鮑本神禍也。

杜赫欲重景翠於周

杜赫〔一〕欲重景翠於周，謂周君曰：「君之國小，盡君子〔二〕重寶珠玉以事諸侯，不可不察〔三〕也。譬之如張羅者，張於無鳥之所，則終日無所得矣；張於多鳥處，則又駭鳥〔四〕矣；必張於有鳥無鳥之際，然後能多得鳥矣。今君將施於大人，大人輕君；施於小人，小人無可以求，又費財焉〔五〕。君必施於今之窮士，不必且爲大人者〔六〕，故能得欲矣。」〔七〕

〔一〕**鮑本**周人。正曰：楚策云，楚杜赫。

〔二〕**鮑本**「子」作「之」。○ **札記**今本「子」作「之」。

〔三〕**鮑本**國小，必賂以求援。不可勝賂，故宜察。

〔四〕**鮑本**多鳥處，有觸羅者，傍鳥必覺，覺則群驚而去矣。

〔五〕**鮑本**均之，費財。而小人多，則多費也。

〔六〕**鮑本**不必，猶不可知也。言不終窮，或且爲大人者，此指翠也。

〔七〕**鮑本**齊策、楚策皆有杜赫。在齊則威王時，於周顯王背也。自顯、威至是八十年矣，疑「赫」字誤。景翠實此時人。正曰：按齊策，田忌亡齊之楚，鄒忌代相，恐其以楚權復齊，杜赫曰，「臣請爲留楚」。忌出奔，實宣王時。宣王二年，忌有馬陵之戰，其奔必後此（史以爲威王時者誤，説見齊策）。楚策，五國伐秦，魏欲和，杜赫云云，在楚懷王十一年，當慎靚王三年。大事記據韓世家注，赧王三年，書楚景翠圍韓雍氏。自宣王二年至赧王三年，爲三十年。自慎靚王三年至此爲七年。則翠之與赫，何不相及之有？

周共太子死〔一〕

〔一〕此篇鮑本列在西周策。

周共太子死〔一〕，有五庶子，皆愛之，而無適〔二〕立也。司馬翦〔三〕謂楚王〔四〕曰：「何不封公子咎〔五〕，而爲之請太子〔六〕？」左成〔七〕謂司馬翦曰：「周君不聽，是公之知困而交絶於周也。不如謂周君曰：『孰欲立也？微告翦，翦今〔八〕楚王資〔九〕之以〔一〇〕地。』公若欲爲太子〔一一〕，因令人謂相國御展子〔一二〕、廧〔一三〕夫空曰：『王類欲令若爲之〔一四〕，此健士〔一五〕也，居中〔一六〕不便〔一七〕於相國〔一八〕。』」相國令之爲太子。〔一九〕

〔一〕**姚本**續：史記，西周武公之共太子死。徐廣云，惠王，公之長子。今乃編在東周。**鮑本**周紀云，西周武公之共太子死。正曰：策原在東周，鮑據周紀改此，恐有誤，而下注周紀之文，以存疑。

〔二〕**鮑本**適，猶定也，故與莫反。正曰：適，專主也。

〔三〕**鮑本**司馬，楚卿，疑即昭翦。

〔四〕**姚本**一本無「楚」字。**鮑本**懷。

〔五〕**姚本**「咎」一作「右」。**鮑本**周君別子。

〔六〕**鮑本**請於周，請立爲太子。

〔七〕**姚本**「左」一作「右」。**鮑本**楚人。正曰：此類當因舊注，凡有明徵者可定。其生地不可考而仕國可見者，則當曰「某國臣」。正義注此正作「楚臣」。高注亦多作臣。後放此。

〔八〕**鮑本**「今」作「令」。〇**札記**丕烈案：史記作「令」。

〔九〕**姚本**「資」一作「奉」。

〔一〇〕**鮑本**封之以爲之資。

〔一一〕**鮑本**此左成告翦之辭。爲，皆去音，猶助也。

〔一二〕鮑本楚相之御，姓展。
〔一三〕鮑本「嗇」，「嗇」字同，小臣也，空其名。
〔一四〕鮑本王，楚王。類，猶似。若，汝也。言楚王之意然。
〔一五〕鮑本此亦左成喻翦之言。健，猶悍也。正曰：此亦成作翦語，語展子者。
〔一六〕鮑本國中。
〔一七〕姚本「便」，劉作「使」。曾云，恐作「便」。
〔一八〕鮑本二士居中與國事，以其悍，故相國不之便；若出而使周，則不居中用事，相國之所欲也。故以此説之，相國必從。
〔一九〕鮑本此策，周紀有。原在東周。正曰：見上。補曰：「共」，「恭」同。適，丁歷反。咎，音皋。

三國隘秦

三國隘秦〔一〕，周令其相之秦，以秦之輕〔二〕也，留其行〔三〕。有人謂相國曰：「秦之輕重，未可知也。秦欲知三〔四〕國之情，公不如遂見秦王〔五〕曰：『請謂〔六〕王聽東方之處〔七〕。』秦必重公。是公重周，重周〔八〕以取秦也〔九〕。齊重故有周〔一〇〕，而已取齊〔一一〕，是周常不失重〔一二〕國之交也。」

〔一〕鮑本赧十八年，注見前。隘，謂隔絶之。正曰：「八」當作「七」。補曰：策「隘」、「厄」字通。此當乙革反。

〔二〕鮑本見其隘於三國。

〔三〕鮑本不進。

〔四〕姚本曾、集、劉、錢作「亡」。

〔五〕鮑本昭王。

〔六〕鮑本「謂」作「爲」。○札記丕烈案：史記作「爲」。

〔七〕鮑本聽，偵候之。東，三國也。處，其所爲。

〔八〕鮑本衍「重周」二字。札記丕烈案：鮑衍非也。此有脱誤。

〔九〕鮑本秦重相，則周重矣。

〔一〇〕鮑本齊重，天下重之也。故，猶舊也。有，言善之。

〔一一〕鮑本此時秦、齊爲天下重，已善秦，不可忽齊，故又勸之取齊。正曰：有，謂收己也。取，謂得於彼也。齊爲重國，故能收有周，而周已取之矣。今復取秦，是周常不失重國之交。

〔一二〕鮑本補曰：凡「輕重」字，自然重者，上聲，重之者，去聲。此章「輕重」、「齊重」、「重國」之「重」，上聲。餘去聲。

昌他亡西周

昌〔一〕他亡西周〔二〕，之東周，盡輸〔三〕西周之情於東周。東周大喜，西周大怒。馮且〔四〕曰：「臣能殺之。」君予金三十斤。馮且使人操金與書，間遺昌他書〔五〕曰：「告昌他，事可成，勉成之；不可成，亟〔六〕亡來亡來〔七〕。事久且泄，自令身死〔八〕。」因使人告東周之候〔九〕

曰：「今夕有姦人當入者矣。」候得而獻東周〔一〇〕，東周立殺昌他。

〔一〕鮑本「昌」作「宫」。○ 元作「昌」，下同。此書作「宫」，不一。正曰：且當依本文。

〔二〕鮑本以罪去國曰亡。

〔三〕鮑本輸，言委以告之。

〔四〕鮑本「且」作「雎」。○ 元作「且」，「雎」之省也，猶「趙」作「肖」，「齊」作「立」。故後唐且，史作「雎」。裴駰亦曰，「唐雎以華顛悟秦也」。此西人，下同。正曰：且當依本文。札記今本「且」作「雎」，下同，乃誤涉鮑也。

〔五〕鮑本「昌他」下無「書」字。○ 爲反間書以遺之。札記今本無「書」字，改「昌」爲「宫」，乃誤涉鮑也。

〔六〕鮑本亟，急也。

〔七〕姚本一本止一「亡來」字。

〔八〕鮑本事泄露則死，而不亟來，自取之也。正曰：本文明白，注少「久」字，似不必。

〔九〕鮑本偵候之吏。揚雄曰，「西北一候」。

〔一〇〕鮑本得其人與書。

昭翦與東周惡

昭翦與東周惡，或謂照〔一〕翦曰：「爲公畫陰〔二〕計。」照翦曰：「何也？」「西〔三〕周甚憎東周，嘗〔四〕欲東周與楚惡，西周必令賊賊公，因宣〔五〕言東周也，以西周〔六〕之於王〔七〕也。」照翦

曰：「善。吾又恐東周之賊己〔八〕而以輕西周惡之於楚〔九〕。」遽和東周。〔一〇〕

〔一〕**鮑本**「照」作「昭」，下同。○　**札記**今本「照」作「昭」。丕烈案：「昭」字是也。
〔二〕**鮑本**爲人謀者，畫之以籌。
〔三〕**鮑本**「西」上補「曰」字。○　正曰：古書多如此，不必補。
〔四〕**鮑本**「嘗」作「常」。○　補曰：當作「常」，古通。
〔五〕**鮑本**集韻，宣揚也。
〔六〕**鮑本**「西周」作「以惡」。○　補曰：字有訛，未詳。
〔七〕**鮑本**王，楚懷王。
〔八〕**鮑本**此翦自計。
〔九〕**鮑本**翦惡東必善西，西善翦，則楚亦因重西矣。東欲壞其交，故賊翦，翦死則西無内主於楚，東因得使楚惡之。
〔一〇〕**鮑本**彪謂：周衰，君臣唯貪利而畏禍，故一切趨避變亂於游談之口，而無有持操。翦之慮死如此，其能復固其所守乎？

嚴氏爲賊〔一〕

〔一〕此篇鮑本列在西周策。

嚴氏爲賊，而陽豎〔一〕與焉。道周〔二〕，周君留之十四日，載以乘車駟馬〔三〕而遣之。韓使人讓〔四〕周，周君患之。客謂周君〔五〕曰：「正語之曰：『寡人〔六〕知嚴氏之爲賊，而陽豎與之，故留之十四日以待命〔七〕也。小國不足亦〔八〕以容賊，君之使又不至，是以遣之也。』」〔九〕

〔一〕**姚本**曾，一作「堅」。**鮑本**嚴仲殺韓相傀，列侯三年，書殺俠累是也。殺人不以道曰賊。於此爲五年。正曰：韓策，陽堅，此作「豎」，字有訛。索隱曰，紀年，韓山堅賊其君哀侯。韓山堅即韓嚴，非嚴遂使聶政殺俠累事也。說見上及韓策。鴻烈人間訓注，豎，小使也。韓策名「堅」。

〔二〕**鮑本**出亡過周。

〔三〕**鮑本**乘，四馬也。一車駕四馬，所謂駟馬車。

〔四〕**鮑本**讓，譙責也。然則此時周之令已不行於諸侯矣。正曰：此東周君也。策文明曰「小國」。

〔五〕**鮑本**「客謂周君曰」作「客謂周君正語之曰」。○使以留之之情告之。補曰：一本「客謂周君曰正語之」。「正」，猶直也。

〔六〕**鮑本**孤、寡、不穀，王侯之稱。

〔七〕**鮑本**待韓之命。

〔八〕**鮑本**「足」下衍「亦」字。○補曰：疑在「不」字上。一本無。**札記**今本無「亦」字，乃誤涉鮑也，鮑衍「亦」字。

〔九〕**鮑本**原在東周策，時周未分也。彪謂：客之辯雖足以文周，而周君實爲天下逋逃主，所謂欲蓋而彰者，何以示天下乎！正曰：考其時則烈王五年，王都東周，若以王都爲尊，則舊卷首東周是矣。

戰國策卷二

西周

鮑本西周　漢志，河南、洛陽、穀城、平陰、偃師、鞏、緱氏，皆周地也。正曰：按大事記，周貞定王二十八年考王初立，封其弟揭於河南，是爲河南桓公。河南即郟鄏。武王遷九鼎，周公營以爲都，是爲王城。洛陽，周公所營下都，以遷頑民，是爲成周。平王東遷，定都王城。王子朝之亂，敬王徙都成周。至是考王以王城故地封桓公焉。平王東遷之後，所謂西周者，豐鎬也；東周者，東都也。威烈王以後，所謂西周者，河南也；東周者，洛陽也。何以稱河南爲西周？自洛陽下都視王城，則在西也。何以稱洛陽爲東周？自河南王城視下都，則在東也。河南桓公卒，子威公立。威公卒，子惠公立。考王十五年，河南惠公復自封其少子班於鞏以奉王，號東周，没亦謚惠。是時東、西周雖未分治，河南惠公既號奉王者爲東周，亦必自號西周矣。顯王二年，趙與韓分周爲二，於是東西各爲列國。顯王雖在東周，特建空名。是後史傳所載致伯賜胙之類，周王也。徵伐謀策稱東、西周君者，皆謂二周也。周本紀云，赧王時，東、西周分治，非也。赧王特徙都西周耳，當以趙世家爲正（以上并大事記文）。按高誘注，西周王城，今河南；東周成周，今洛陽。世本云，西周桓公名揭，居河南；東周惠公名班，居洛陽。及索隱、正義所載甚詳。獨邵子經世書紀赧王爲西周君，與東周惠公并，而不紀西周公，仍舊誤也。鮑考之不精，即以西周爲王，謂之正統，謂東不得先於西，亂易舊次，此開卷第一繆。近時陳振孫書録，特舉其首西周爲美，亦失考，所當改正從舊。又考春秋，書王城、成周。公羊傳曰：王城者何？西周也；成周者何？東周也。説亦甚明。昭二十六年，天王入於成周。左傳以十二月入王城，三十二年，城成周。蓋敬王定遷，在既城之後，而孫莘老、胡康侯皆以成周即京師，亦未考王城、成周之實，而誤合爲一也。要之，此文古今説者，多以迷瞀致誤。故大事記辨之甚詳，且實因鮑氏而發。近有著東西周辨者，其説亦然，而不引吕子，豈未之見邪？徐廣云，周地亡，凡七縣，河南止緱氏。此是合東、西周地言之。今總注，蓋因正統之説而誤者。

薛公以齊爲韓魏攻楚

薛公〔一〕以齊爲韓、魏攻楚〔二〕，又與韓、魏攻秦〔三〕，而藉兵乞食於西周〔四〕。韓慶〔五〕爲西周〔六〕謂薛公曰：「君以齊爲韓、魏攻楚，九年而〔七〕取宛、葉〔八〕以北以〔九〕强韓、魏，今又攻秦以益之〔一〇〕。韓、魏南無楚憂，西無秦患，則地廣而益重〔一一〕，齊必輕矣〔一二〕。夫本末更〔一三〕盛，虚實有時〔一四〕，竊爲君危之〔一五〕。君不如令弊邑〔一六〕陰合於〔一七〕秦而君無攻〔一八〕，又無藉兵乞食〔一九〕。君臨函谷而無攻〔二〇〕，令弊邑以君之情〔二一〕謂秦王〔二二〕曰：『薛公必〔二三〕破秦以張〔二四〕韓、魏，所以進兵者，欲王令楚割東國以與齊也〔二五〕。』秦王出楚王以爲和〔二六〕，君令弊邑以此忠〔二七〕秦，秦得無破〔二八〕，而以楚之東國〔二九〕自免也，必欲之。楚王出，必德齊〔三〇〕，齊得東國而益强〔三一〕，而薛世世無患。秦不大弱〔三二〕，而處之三晉之西〔三三〕，三晉必重齊〔三四〕。」薛公曰：「善。」因令韓慶入秦，而使三國無攻秦，而使不藉兵乞食於西周。〔三五〕

〔一〕姚本薛，齊邑也。齊公子田嬰也，孟嘗君田文之父也。封於薛，號靖郭毛君，今屬魯國也。鮑本靖郭君田嬰之子孟嘗君田文也。襲其父封薛。薛屬魯國。
〔二〕鮑本楚懷二十六年，齊、韓、魏攻楚，此十二年也。
〔三〕鮑本齊閔二十六年爲韓、魏攻秦，此十七年也。正曰：此據史。按通鑑、大事記，赧王二年，當閔王元年。此當作十六年。
〔四〕姚本食，糧也。鮑本藉，猶借。
〔五〕姚本韓慶，西周臣也。鮑本凡韓皆韓人，其在周，去韓仕周也。凡非本國人，皆自其國求仕者也。
〔六〕姚本續：史記，蘇代爲西周。
〔七〕鮑本「年」下無「而」字。○「九」字誤，當云「六」或「五」。
〔八〕鮑本二縣屬南陽。補曰：宛，於袁反，鄧州縣。葉，舒涉反，汝州縣。
〔九〕鮑本「以」作「爲」。○補曰：一本「而取宛、葉以北以强韓、魏」。札記丕烈案：史記作「以」，無「而」字。
〔一〇〕姚本益韓、魏之强也。鮑本益其强。
〔一一〕姚本廣，多也。重，尊也。
〔一二〕姚本益韓、魏，韓、魏重而齊輕也。
〔一三〕鮑本更，猶迭。
〔一四〕鮑本言不可常。
〔一五〕姚本謂薛公。危，不安也。鮑本并言齊、薛，今雖善韓、魏復或爲患。
〔一六〕鮑本周也。
〔一七〕姚本陰，私也。鮑本「於」作「爲」。○札記丕烈案：史記作「於」。

〔一八〕**姚本**無攻秦也。　**鮑本**但出兵臨秦，不用攻也。

〔一九〕**姚本**勿示秦以少兵少糧也。　**鮑本**勿示秦以弱。

〔二〇〕**姚本**臨，猶守也。函谷，關名也，在弘農城北，今在新安東。無攻秦。　**鮑本**臨，言以兵至其地。補曰：正義云，陝州桃林縣西南有洪溜澗，古函谷也。今屬靈寶縣。

〔二一〕**鮑本**心所欲也。

〔二二〕**鮑本**昭襄。

〔二三〕**鮑本**「必」下補「不」字。〇　補曰：史，下有「不」字，是。

〔二四〕**姚本**張，强也。　**鮑本**張，去音，大之也。

〔二五〕**鮑本**「也」作「而」。〇　補曰：史作「而」。楚之東地，即楚策「下東國」云。

〔二六〕**姚本**出，歸也。是時張儀誘楚懷王令召秦，秦使質之，故曰歸楚王以爲和。　**鮑本**懷。楚懷三十年，張儀誘楚王會秦，秦留之。此十六年也。

〔二七〕**鮑本**「忠」作「患」。〇　**札記**今本「忠」作「惠」，鮑本作「患」。丕烈案：史記作「惠」。

〔二八〕**鮑本**「破」作「攻」。〇　秦得無攻，周之力也。　**札記**丕烈案：史記作「破」。「破秦」，上文有。鮑改誤甚。

〔二九〕**姚本**楚東國，近齊南境者也。

〔三〇〕**鮑本**齊出之，齊之恩也。

〔三一〕**姚本**恩德齊，使得歸，楚王必以東國與齊也。

〔三二〕**鮑本**無三國之兵故。

〔三三〕**姚本**三晉，晉三卿韓氏、魏氏、趙氏分晉而君之，故曰三晉也。

〔三四〕**鮑本**秦居晉西，不弱而善齊，三晉畏秦，故齊重。

〔三五〕**鮑本**孟嘗傳有。今按楚記，三國攻楚，秦救之，引去。與此言取宛、葉小駁。正曰：大事記，潁濱蘇氏云，秦昭王欺楚懷王，要之割地。諸侯孰視，無敢一言問秦者。惟田文怨秦，借楚爲名，與韓、魏伐秦，自山東難秦，未有若此其壯者也。惜其聽蘇代之計，臨函谷而無攻，以求楚東國，而名義索然以盡。由此觀之，秦惟不遇桓、文之君，故横行而莫之制，世豈有以大義而屈於不義者哉？「爲强」、「爲和」之「爲」，如字，餘去聲。

秦攻魏將犀武軍於伊闕

秦攻魏將犀武軍於伊闕〔一〕，進兵而攻周〔二〕。爲周最謂李兑〔三〕曰：「君不如禁〔四〕秦之攻周。趙之上計，莫如令秦、魏復戰〔五〕。今秦攻周而得〔六〕之，則衆必多傷矣。秦欲待〔七〕周之得，必不攻魏；秦若攻周而不得，前有勝魏之勞，後有攻周之敗，又必不攻魏。今君禁之，而秦未與魏講〔八〕也。而〔九〕全趙令其止，必不敢不聽，是君却〔一〇〕秦而定周也。秦去周，必復攻魏，魏不能支〔一一〕，必因君而講〔一二〕，則君〔一三〕重矣。若魏不講，而疾支之，是君存周而戰秦、魏也。重亦盡在趙。」

〔一〕**鮑本**唐志，爲縣，屬河南。注，北有伊闕故關。此役秦昭十四年，此二十二年。補曰：正義云，水經注，禹疏龍門以通水，兩山相對若闕，故謂之伊闕。今洛南猶謂之龍門也。諸本「犀」作「犀」，當正。**札記**丕烈案：「犀」即「犀」別體耳。後策文殺犀武，史記作「扑師武」，集解引此作「犀師」。「犀」者，聲之轉也。

〔二〕**姚本**秦攻魏將犀武軍於伊闕，秦遂進攻周。伊闕，在洛陽西南六十里，禹所辟也，水所由此流入於洛川也。

〔三〕姚本李兑，趙將也。　鮑本趙司寇。

〔四〕姚本禁，止也。

〔五〕鮑本趙，魏鄰也。魏有秦兵，則趙無事。

〔六〕鮑本得，猶勝。正曰：得其土地人民也。

〔七〕鮑本「待」作「持」。○　補曰：字有訛。　札記今本「待」作「持」。

〔八〕姚本講，和也。一曰「戰」。　鮑本講，和解也。補曰：史甘茂傳索隱云，鄒氏「講」讀曰「媾」。又曰漢、史「媾」、「講」兩字常雜。愚按，「搆」、「構」、「購」（韓世家有）亦然。今凡爲和解之義者，定讀從「媾」；爲交結之義者，字當從「扌」。後放此。

〔九〕姚本曾，一作「攻」，劉作「而」。

〔一〇〕鮑本却，猶退。

〔一一〕鮑本支，猶拒。

〔一二〕鮑本與秦和也。

〔一三〕姚本君，謂李兑也。　鮑本凡言重，皆制人而不制於人者也。

秦令樗里疾以車百乘入周

秦令樗里疾〔一〕以車百乘入周，周君迎之以卒〔二〕，甚敬〔三〕。楚王〔四〕怒，讓周，以其重秦客〔五〕。游騰〔六〕謂楚王曰：「昔智伯欲伐厹由〔七〕，遺之大鍾，載以廣〔八〕車，因隨入以兵，厹由卒亡，無備故〔九〕也。桓公伐蔡〔一〇〕也，號〔一一〕言伐楚，其實襲〔一二〕蔡。今秦者〔一三〕，虎狼之國也〔一四〕，兼有吞〔一五〕周之意；使樗里疾以車百乘入周，周君懼焉，以蔡、厹由戒〔一六〕之，故使長兵在前〔一七〕，强弩在後，名曰衛〔一八〕疾，而實囚之也〔一九〕。周君豈能無愛國哉？恐一日之亡國〔二〇〕，而憂大王〔二一〕。」楚王乃悦。〔二二〕

〔一〕**姚本**疾，秦公子名也。其里有大樗樹，因號樗里子也。　**鮑本**秦惠王弟。其居在渭南陰鄉樗里，故號樗里子。後相武王。

〔二〕**姚本**百人爲卒。

〔三〕**姚本**甚敬，敬樗里疾也。

〔四〕**姚本**楚王，懷王也。一曰頃襄王之子，懷王之孫也。

〔五〕**姚本**怒周敬重秦客，故責讓之也。　**鮑本**謂疾。

〔六〕**姚本**續：後語，游勝。游騰，周臣也。　**鮑本**周人。　正曰：高注作「臣」。

〔七〕**姚本**智伯，晉卿智襄子孫也。厹由，狄國，或作仇首也。　**鮑本**夷國，屬臨淮。漢志，「由」作「猶」。又九域圖，并州有仇猶城，引此。正曰：高注狄國。括地志云，并州盂縣外城，俗名原仇山。史樗里傳作「仇猶」，韓子「仇繇」，吕春秋、劉外紀「夙繇」。高注「或作仇首」。漢志，臨淮，乃泗之連水。羅氏路史謂，非智伯所伐者。厹，音求，字又作「叴」、「叽」。　**札記**丕烈案：「夙」是「厹」形近之訛。「厹」、「仇」同字。

〔八〕**姚本**廣大車也。　**鮑本**欲開道也。

〔九〕**姚本**厹由貪大鍾之賂，開道至晉以受鍾，智伯隨入兵伐而取之也。　**鮑本**受其鍾，不防以兵。

〔一〇〕**姚本**桓歸蔡姬，未絶；蔡人嫁之，故伐蔡也。不欲令蔡知，故詐言誅楚也。　**鮑本**僖三年，蔡姬沈舟蕩公，公怒，歸之，未絶也。蔡嫁之，故伐之。蔡，蔡叔度所封，屬汝南，後徙封下蔡。

〔一一〕**鮑本**號，聲言也。以伐楚號衆。

〔一二〕**鮑本**無鐘鼓曰襲。正曰：此據左氏説。陸氏纂例，掩其不備曰襲。

〔一三〕**鮑本**「秦」下無「者」字。○ **札記**丕烈案：史記無。

〔一四〕**姚本**秦欲吞滅諸侯，故謂虎狼國也。 **鮑本**喻其貪殘。

〔一五〕**姚本**吞，滅也。 **札記**丕烈案：史記無。

〔一六〕**姚本**戒，以二國爲戒也。 **鮑本**「戒」作「惑」。○ 一本「戒之」。 **札記**丕烈案：史記作「以仇猶、蔡觀焉」，與策文不同。

〔一七〕**鮑本**戈矛之屬。

〔一八〕**鮑本**衛，行列爲護也。

〔一九〕**鮑本**「之」下無「也」字。○ 補曰：一本有「也」字。 **札記**丕烈案：史記無。

〔二〇〕**姚本**錢、劉一無「國」字。 **鮑本**恐秦亡之。

〔二一〕**姚本**恐不敬其使，一日之中以滅亡國，而爲大王憂也。 **鮑本**爲楚王憂。

〔二二〕**鮑本**補曰：樗里傳有。

雍氏之役

雍氏之役〔一〕，韓徵甲與粟於周〔二〕。周君患之，告蘇代〔三〕。蘇代曰：「何患〔四〕焉？代能爲君令韓不徵甲與粟於周，又能爲君得高都〔五〕。」周君大悦曰：「子苟能，寡人請以國聽〔六〕。」蘇代遂往見韓相國公中〔七〕曰：「公不聞楚計乎？昭應〔八〕謂楚王〔九〕曰：『韓氏罷〔一〇〕於兵，倉廩空，無以守城，吾收〔一一〕之以饑，不過一月必拔之。』今圍雍氏五月不能拔〔一二〕，是楚病也〔一三〕。楚王始不信昭應之計矣，今公乃徵甲及粟於周，此告〔一四〕楚病也。昭應聞此，必勸楚王益兵守雍氏，雍氏必拔。」公中曰：「善。然吾使者已行矣。」代曰：「公何不以高都與周。」公中怒曰：「吾無徵甲與粟於周，亦已多矣。何爲與高都？」代曰：「與之高都，則周必折〔一五〕而入於韓，秦聞之必大怒，而焚周之節〔一六〕，不通其使，是公以弊高都得完周也，何不與也？」公中曰：「善。」不徵甲與粟於周而與高都，楚卒不拔雍氏而去。〔一七〕

〔一〕**姚本**雍，韓別邑也。楚攻韓，圍雍氏，故曰役。役，事也。　**鮑本**周紀注，陽翟有雍氏城。韓紀注，赧王三年、十五年，楚再圍雍氏。此十五年也。

〔二〕**姚本**韓召兵及糧於周也。　**鮑本**徵，猶索。

〔三〕**姚本**蘇代，蘇秦兄也。　**鮑本**秦之弟，洛陽人。

〔四〕**姚本**患，憂。

〔五〕**姚本**高都，韓邑。今屬上黨。　**鮑本**屬上黨。正曰：水經云，伊水徑郲鄍亭，又北徑高都。杜預云，河南新城有郲鄍亭。括地志云，高都故城在洛州伊闕縣北。京相璠云，非在上黨者。

〔六〕**姚本**聽，從也。　**鮑本**以國事從之。

〔七〕**姚本**公中，韓公侈，爲相國也。　**鮑本**「中」作「仲」。○韓公族。正曰：古「仲」字省。補曰：索隱云，公仲侈。裴駰云，相國，秦官。韓亦有相國，仿秦也。

〔八〕**姚本**昭應，楚將也。　**鮑本**昭、屈、景皆楚之族姓。

〔九〕**鮑本**懷王。

〔一〇〕**鮑本**「罷」，「疲」同，勞也。

〔一一〕**鮑本**「收」作「攻」。〇　補曰：一本「收之」。

〔一二〕**鮑本**得城曰拔，如拔物然。

〔一三〕**姚本**病，困也。

〔一四〕**鮑本**猶以飢疲告之。

〔一五〕**姚本**折，屈也。　**鮑本**入，猶歸。

〔一六〕**姚本**節，符信也。　**鮑本**節，符信也，行者所執。焚之者，不通周也。周官，通達於天下必有節，無節則不達。

〔一七〕**鮑本**紀有而略，周君爲東周。　補曰：正義，雍，於恭反。

周君之秦

周君之秦。謂周最〔一〕曰：「不如譽秦王〔二〕之孝也，因以應爲太后養地〔三〕。秦王、太后必喜，是公有秦也〔四〕。交善〔五〕，周君必以爲公〔六〕功；交惡，勸周君入秦者，必有罪矣。」〔七〕

〔一〕**姚本**謂，有人謂周最，姓名不見也。最，周公子也。　**鮑本**最時從王。

〔二〕**鮑本**秦昭。

〔三〕**姚本**原，周邑也。太后，秦昭王母也。**鮑本**「應」作「原」。○ 補曰：史同。徐注，潁川父城縣應鄉。**札記**今本「應」作「原」。丕烈案：史記作「應」。考索隱云，案戰國策作「原」。原，周地。小司馬依高注爲説，則作「原」爲是，因史記而譌爲「應」也。吴氏引姚本云史同，失考索隱耳。

〔四〕**鮑本**有，言得其意。

〔五〕**鮑本**周、秦之交。

〔六〕**姚本**公，周最也。

〔七〕**鮑本**紀四十五年有。

蘇厲謂周君

蘇厲〔一〕謂周君曰：「敗韓、魏，殺犀武〔二〕，攻趙，取藺、離石、祁者，皆白起〔三〕。是攻用兵，又有天命〔四〕也。今攻梁〔五〕，梁必破，破則周危，君不若止之。謂白起曰：『楚有養由基者，善射〔六〕；去柳葉者百步而射之，百發〔七〕百中。左右皆曰善。有一人過曰，善射，可教射也〔八〕矣。養由基曰，人皆〔九〕善〔一〇〕，子乃曰可教射，子何不代我射之也。客曰，我不能教子支左屈右〔一一〕。夫射柳葉者，百發百中，而不已善息〔一二〕，少焉氣力倦，弓撥矢鉤〔一三〕，一發不中，前功盡〔一四〕矣。今公破韓、魏，殺犀武，而北攻趙，取藺、離石、祁者，公也。公之功甚多。今公又以秦兵出塞，過〔一五〕兩周，踐〔一六〕韓而以攻梁，一攻而不得，前功盡滅〔一七〕，公不若稱病

不出也。』〔一八〕

〔一〕鮑本亦秦之弟。

〔二〕姚本犀武，魏將。

〔三〕姚本白起，秦將也。殺犀武於伊闕。藺、石，本屬西河；祁，本屬太原也。

〔四〕姚本是，實也；攻，巧玄也。白起用兵，又有天命之助也。鮑本攻，功字，言善巧也。正曰：「攻」、「工」字通借。

〔五〕鮑本魏都。

〔六〕姚本養，姓；由基，名。楚善射人也。鮑本楚共王將。

〔七〕鮑本發，發矢。

〔八〕姚本集、劉、錢無「也」字。鮑本意欲其息。

〔九〕姚本劉、錢下有「曰」字。

〔一〇〕鮑本善，善我。

〔一一〕姚本支左屈右，善射法也。鮑本支，去竹之支也。蓋取其直左右臂。正曰：列女傳云，左手如拒，右手如附枝，右手發之，左手不知，此射之道也。

〔一二〕姚本「已」，錢、劉作「以」。鮑本「已」作「以」。○百中善也，此時宜息。札記丕烈案：史記作「以」。

〔一三〕鮑本「鉤」作「拘」。○補曰：「拘」有鉤音，古或通。札記丕烈案：「拘」當是。此亦因史記而訛爲「鉤」耳。

〔一四〕鮑本盡，猶滅。

〔一五〕姚本曾一作「週」，集、劉作「過」。

〔一六〕鮑本踐，履也，猶過。

〔一七〕姚本滅，没也。

〔一八〕**鮑本**周紀三十四年有。補曰：「射之」、「射柳」之「射」，食亦反。

楚兵在山南

楚兵在山南〔一〕，吾得〔二〕將，爲楚王〔三〕屬怒〔四〕於周。或謂周君曰：「不如令太子將軍正迎吾得於境〔五〕，而君自郊迎，令天下皆知君〔六〕之重吾得也。因泄〔七〕之楚，曰：『周君所以事吾得者，器必〔八〕名曰謀〔九〕楚。』王必求之〔一〇〕，而吾得無效也〔一一〕，王必罪之〔一二〕。」

〔一〕**姚本**在周之山南也。　**鮑本**山，吴岳，屬扶風。禮所謂岳山也。正曰：岍山，秦地，非此所指。

〔二〕**姚本**吾得，楚將也。「吾」當爲「五」，楚五將者也。　**鮑本**「吾」作「伍」。○　補曰：「吾」字訛，當作「伍」。　**札記**丕烈案：鮑改吴補皆非，高注可證。

〔三〕**鮑本**頃襄。

〔四〕**鮑本**「怒」作「怨」。○　屬，連也，猶結。

〔五〕**姚本**或，猶有人謂周君也。使太子與軍正於境迎吾得也。　**鮑本**周太子也。將，去音。軍正，猶卒正，軍之率也。正曰：此謂將軍而正迎也。史穰且傳「軍正」無注。

〔六〕**鮑本**「君」作「軍」。○

〔七〕**姚本**泄，猶使楚聞之也。　**鮑本**微漏其言，使楚知之。

〔八〕**姚本**一無「必」字。

〔九〕**姚本**曾、集作「謀」，錢、劉作「某」。　**鮑本**此以間得於楚，言與得之器，其款識云然。

〔一〇〕**鮑本**楚王。
〔一一〕**姚本**效，致也。**鮑本**得實未嘗得器，故無以效。
〔一二〕**鮑本**以其欺也。彪謂：此謀雖不出於正，而免國於難可也。正曰：鮑以此爲尊周，繆矣。

楚請道於二周之間

楚請道於二周之間〔一〕，以臨〔二〕韓、魏，周君患之。蘇秦〔三〕謂〔四〕周君曰：「除道屬〔五〕之於河〔六〕，韓、魏必惡〔七〕之。齊、秦恐楚之取九鼎也〔八〕，必救韓、魏而攻楚。楚不能守方城之外〔九〕，安能道二周之間。若四國〔一〇〕弗惡，君雖不欲與〔一一〕也，楚必將自取之矣。」

〔一〕**鮑本**以假道請。
〔二〕**姚本**臨，猶伐也。
〔三〕**鮑本**「秦」作「子」。○秦字季子，洛陽人，其死時，東、西周未分，此當爲代若厲，諸如此處不一。正曰：東、西周見前。史不曰蘇秦東周洛陽人乎？
〔四〕**姚本**曾一作「調」。集、劉作「謂」。
〔五〕**姚本**屬，猶至也，通也。**鮑本**除，去穢也。
〔六〕**鮑本**夏紀注，河出金城、積石。蓋道行兩周之間，使楚所假連及之。正曰：河，東過洛、汭，在鞏縣東，洛邑北望有河。
〔七〕**鮑本**惡楚。

〔八〕**鮑本**道廣可以出鼎。
〔九〕**姚本**方城，楚塞也。外，北也。
〔一〇〕**姚本**四國，齊、秦、韓、魏也。
〔一一〕**鮑本**與之道。正曰：謂鼎也。

司寇布爲周最謂周君

司寇布〔一〕爲周最謂周君曰：「君使人告齊王以周最不肯爲太子也〔二〕，臣爲君不取也。函冶氏爲齊太公〔三〕買良劍，公不知善，歸其劍而責之金。越人請買之千金，折而不賣〔四〕。將死，而屬〔五〕其子〔六〕曰：『必無獨知〔七〕。』今君之使最爲太子〔八〕，獨知之契〔九〕也，天下未有信之者也。臣恐齊王之爲君實立果〔一〇〕而讓〔一一〕之於最，以嫁之齊也〔一二〕。君爲多巧〔一三〕，最爲多詐〔一四〕，君何不買信貨哉〔一五〕？奉養無有愛〔一六〕於最也，使天下見之」。〔一七〕

〔一〕**姚本**布，周臣也。　**鮑本**司寇，周官，布其名。
〔二〕**鮑本**閔王善最，欲其爲太子，以賂進之。最時讓立，周以最不肯立告齊。正曰：閔王説見前章，此并無據。
〔三〕**姚本**齊太公，田常孫田和也，始代呂氏爲齊侯，號曰太公。函，姓；冶，官名也。因以爲氏。知鑄冶，曉鐵理，能相劍。太公不知其劍善，故歸之而責其買劍金。
〔四〕**姚本**雖顧千金，猶未盡其本價也，故折其（錢、劉下有「劍」字），不賣與越人也。　**鮑本**折，折劍。正曰：高注云，「雖千金，猶未盡其本價，故折其錢而不賣」。則「折」作「折闕」義，若作「斷折」，則於下文不通。

〔五〕**鮑本**「屬」，「囑」同。集韻，託辭。

〔六〕**姚本**函冶氏屬其子曰。

〔七〕**姚本**必無以語人，獨知其利。　**鮑本**無以告人，自知其良。正曰：因高注。愚意，「必無獨知」當作一句，言凡有售，必使衆知其良，不可獨知也。

〔八〕**鮑本**周雖以最不肯立告齊，猶欲立之，特未定耳。

〔九〕**鮑本**契，約也。當兩知之，今則獨。補曰：禮記「右契」注，一書兩札，同而别之。

〔一〇〕**姚本**果，周太子也。　**鮑本**「爲」作「謂」。〇　補曰：策「爲」、「謂」通借，此當作「謂」。亦周子也。　**札記**丕烈案：「謂」、「爲」非通借，乃寫者亂之，後仿此。

〔一一〕**鮑本**讓，飾説也。

〔一二〕**姚本**嫁，賣。　**鮑本**「之」下補「於」字，「齊」下無「也」字。〇　言欺齊。

〔一三〕**鮑本**巧，猶詐。

〔一四〕**鮑本**心欲之而言不肯。

〔一五〕**鮑本**可信之貨，非獨知也。

〔一六〕**鮑本**愛，猶吝。

〔一七〕**鮑本**然則立最信矣。從周紀，皆當爲楚王。正曰：使衆見之而信最之當立。從周紀改楚，非。補曰：「爲周」、「爲君」、「爲齊」之「爲」，去聲。

秦召周君

秦召周君，周君難往〔一〕。或爲周君謂魏王〔二〕曰：「秦召周君，將以使攻魏之南陽〔三〕。王何不出〔四〕於河南〔五〕？周君聞之，將以爲辭於秦而不往〔六〕。周君不入秦，秦必不敢越〔七〕河而攻南陽。」

〔一〕鮑本意不欲往。

〔二〕姚本史記作韓王。鮑本安釐。正曰：無考。

〔三〕姚本南陽，魏邑也。

〔四〕鮑本「出」下有「兵」字。○札記丕烈案：史記有。

〔五〕姚本史記作南陽。鮑本河南，洛陽也。時未爲郡，言河之南耳。正曰：河南即西周郟鄏。考王封弟河南，其名久矣。

〔六〕姚本以魏兵在河南爲辭，不往詣秦也。

〔七〕鮑本越，度也。

犀武敗於伊闕

犀武敗於伊闕，周君之魏求救〔一〕，魏王〔二〕以上黨之急辭之〔三〕。周君反，見梁囿而樂之也〔四〕。綦母恢〔五〕謂周君曰：「温囿不下此〔六〕，而又近〔七〕。臣能爲君〔八〕取之。」反見魏王，王曰：「周君怨寡人乎？」對曰：「不怨。且誰怨王？臣爲王有患〔九〕也。周君，謀主也〔一〇〕。而設以國爲王〔一一〕扞〔一二〕秦，而王無之扞也〔一三〕。臣見其必以國事秦也，秦悉塞外之兵，與周之衆，以攻南陽〔一四〕，而兩上黨絶矣〔一五〕。」魏王曰：「然則奈何？」綦母恢曰：「周君形不小利，事秦而好小利〔一六〕。今王許戍〔一七〕三萬人與温囿，周君得以爲辭於父兄百姓〔一八〕，而利温囿以爲樂〔一九〕，必不合於秦。臣嘗聞温囿之利，歲八十金〔二〇〕，周君得温囿，其以事王者，歲百二十金〔二一〕，是上黨每〔二二〕患〔二三〕而羸四十金〔二四〕。」魏王因使孟卯〔二五〕致温囿於周君而許之戍〔二六〕也。〔二七〕

〔一〕**姚本**秦將白起敗魏將犀武於伊闕，遂進攻，周君故求救於魏也。　**鮑本**補曰：大事記，秦怒東周助韓、魏，故攻之。按策文當作西周。

〔二〕**鮑本**昭。

〔三〕**姚本**故不救周。　**鮑本**意者有趙或韓兵也。正曰：趙兵無考。周、韓、魏共伐秦，此時韓、魏必和。

〔四〕**姚本**梁，魏惠王之都也。畜禽曰苑囿，有林池曰園也。　**鮑本**陳留浚儀注，魏惠王自安邑徙大梁，有林池曰囿。正曰：囿者，蕃育鳥獸之所。

〔五〕**姚本**綦母恢，周臣也。

〔六〕**姚本**温囿，今在河内，是時屬魏。下，猶減也。此，□梁囿（一作梁）也。温囿近周，□能爲君取□温囿也。　**鮑本**温屬河内。言其樂不在梁下。

〔七〕**鮑本**近周。

〔八〕**札記**今本脱「君」字。

〔九〕**姚本**患，憂也。　**鮑本**「怨王」作「怨乎」。○

〔一〇〕**姚本**周，天子也，故曰謀主也。　**鮑本**猶爲天子故。　正曰：韓世家，使公孫喜率周、魏伐秦，敗伊闕，緣是，故稱謀主。比周君也。

〔一一〕**鮑本**「王」作「乎」。○　**札記**今本「王」作「乎」。

〔一二〕**姚本**扞，禦也。傳曰，扞禦北狄也。　**鮑本**設，施陣。扞，衛也。

〔一三〕**姚本**言魏爲周無所扞禦也。

〔一四〕**姚本**南陽，魏邑。

〔一五〕**鮑本**言趙、韓援魏之路絶。　正曰：是時魏上黨被兵，若周、秦攻南陽，則魏又當禦其攻，而上黨必絶。後云「上黨無患」，言得并力於此也。

〔一六〕**姚本**形，勢也。小利，謂温囿也。　**鮑本**「不」下有「好」字。○　國小多憂，其勢宜不得游觀。　**札記**今本「不」下有「好」字。丕烈案：此「小」字因下文而衍，讀以「秦」字句絶。鮑本有「好」字，乃讀「利」字爲句，所解全謬。今本依之，非也。

〔一七〕**姚本**戍，守也。　**鮑本**戍，守邊也，許爲周扞秦。

〔一八〕**鮑本**云得戍卒之援。

〔一九〕**姚本**「利」，錢作「私」。私，愛也。　**鮑本**「利」作「私」。○　補曰：作「利」字，則與上協。得戍公也，得囿私也。　**札記**丕烈案：吴氏説非是，詳高注。姚校皆作「私」。秦策「而私商於之地」，亦其證。

〔二〇〕**鮑本**「歲」上有「計」字。○　魏人貢其上之數。

〔一一〕鮑本周許魏之數。

〔一二〕鮑本「每」作「無」。○ 札記今本「每」作「無」。

〔一三〕鮑本周善事魏，則趙、韓必不加兵。

〔一四〕姚本温囿貢於魏王八十金耳，周君得之則貢百二十金，故曰「是贏四十金」。鮑本贏，有餘賈利也。

〔一五〕鮑本鴻烈汎論訓注，齊人，即芒卯。

〔一六〕鮑本「戉」下無「也」字。○

〔一七〕鮑本彪謂：周君非賢君也，秦兵在境，而樂於囿，其志荒矣。恢雖能得囿，非君子所以事其君者也。補曰：「爲辭」、「爲樂」之「爲」，如字，餘去聲。

韓魏易地

韓、魏易地〔一〕，西周弗利〔二〕。樊餘〔三〕謂楚王〔四〕曰：「周必亡矣。韓、魏之易地，韓得二縣，魏亡二縣〔五〕。所以爲之者〔六〕，盡包二周〔七〕，多於二縣，九鼎存焉〔八〕。且魏有南陽、鄭地、三川〔九〕而包二周，則楚方城之外危〔一〇〕；韓兼兩上黨以臨趙，即趙羊腸〔一一〕以上危。故易成之曰〔一二〕，楚、趙皆輕。」楚王恐，因趙以止易也〔一三〕。

〔一〕鮑本韓策書此在楚圍雍氏後。

〔二〕姚本利，便也。

〔三〕姚本樊餘，周臣也。曾，下有「爲周」字。
〔四〕姚本爲周謂楚王。楚王，懷王。
〔五〕鮑本易地，則魏亦有得；而獨言亡者，亡多於得也。
〔六〕鮑本魏雖多亡，然且爲之。
〔七〕鮑本東、西。
〔八〕鮑本漢志，武王遷九鼎於郟鄏。郟鄏屬河南，爲東周。正曰：說見前。
〔九〕鮑本河内修武注，晉始啓南陽是也。京兆、山陽皆有鄭，河南有新鄭。此在楚、魏之間，新鄭也。河南郡注，秦三川郡也。周紀「三川震」注，涇、渭、洛。補曰：杜注，在晉山南河北，故曰南陽。鄭本在西都畿内咸林。武公得虢、檜之地，乃徙其封，是爲新鄭。咸林今華州鄭縣，新鄭今鄭州。正曰：三川，河、洛、伊。張儀所謂天下朝市，秦武王所謂車通以窺周室者也。秦拔成皋、滎陽，初置三川郡。
〔一〇〕鮑本南陽郡注，葉公邑，號方城。補曰：正義云，方城山在葉縣西。
〔一一〕姚本羊腸，趙險塞名也。山形屈璧（錢作辟），狀如羊腸。今在太原晉陽之西北也。鮑本上黨壺關有羊腸坂。此皆以所近之國强故危。
〔一二〕鮑本「曰」作「日」。〇札記今本「曰」作「日」。丕烈案：舊「日」字多寫爲「曰」字者。
〔一三〕鮑本「趙」下有「兵」字，「易」下無「也」字。〇補曰：一本「因趙以止易也」。

秦欲攻周

秦欲攻周，周最謂秦王〔一〕曰：「爲王之國計者〔二〕，不攻周。攻周，實不足以利國，而聲畏天下〔三〕。天下以聲畏秦，必東合於齊。兵弊〔四〕於周，而合天下於齊，則秦孤而不王矣。是天下欲罷〔五〕秦，故勸王攻周。秦與天下俱罷〔六〕，則令不横行〔七〕於周矣。」〔八〕

〔一〕鮑本昭。
〔二〕鮑本「王之國」作「國之」。○ 札記丕烈案：史記作「爲王計者」。
〔三〕鮑本聲，猶名也。周，天子也，今見攻，故天下畏秦。正曰：畏，猶惡也。周地狹不足以利國，而有攻天子之惡名，見畏惡於天下。與司馬錯説同意。
〔四〕姚本弊，罷也。鮑本攻雖勝，不無傷失。
〔五〕鮑本「罷」、「疲」同。下同。
〔六〕鮑本天下合齊而與秦戰，戰則必疲。
〔七〕姚本横行，東行。鮑本横行，無畏忌也。
〔八〕鮑本紀有。

宫他謂周君

宫他〔一〕謂周君曰：「宛恃秦而輕晉〔二〕，秦饑而宛亡〔三〕。鄭恃魏而輕韓，魏攻蔡而鄭亡〔四〕。邾〔五〕、莒亡於齊〔六〕，陳、蔡亡於楚〔七〕。此皆恃援〔八〕國而輕近敵也。今君恃韓、魏而輕秦，國恐傷矣。君不如使周最〔九〕陰合於趙以備秦，則不毁。」

〔一〕**姚本**宮他，周臣也。　**鮑本**周人。

〔二〕**鮑本**宛屬南陽，故申伯國。南陽，三晉時屬韓。韓釐五年，秦拔我宛。蓋宛亡在春秋之晉。三晉分晉，乃屬韓也。

〔三〕**姚本**穀不熟曰饑。亡，滅也。　**鮑本**此下皆恃遠輕近而亡。秦饑不暇救宛，故晉滅之。其亡不經見。

〔四〕**姚本**韓哀侯滅亡鄭。　**鮑本**鄭，河南新鄭。鄭君乙二十一年，韓哀侯滅之。

〔五〕**姚本**錢、劉下有「臣」字。

〔六〕**姚本**爲齊所滅亡。　**鮑本**魯騶縣，故邾也。邾，曹姓國，二十九世，楚滅之。莒屬城陽國，故盈姓國，三十世，楚滅之。蓋恃齊也。

〔七〕**姚本**爲楚所滅亡。　**鮑本**陳，舜後，漢淮陽國。楚惠王十年滅陳，四十二年滅蔡。皆不見所恃。蓋即恃楚，不備之也。

〔八〕**鮑本**援，引也。故有助意。

〔九〕**鮑本**「最」原作「早」，又改作「最」。○　補曰：姚本正作「最」。

謂齊王

謂齊王〔一〕曰：「王何不以地齎周最以爲太子〔二〕也。」齊王令司馬悍〔三〕以賂〔四〕進〔五〕周最於周。左尚〔六〕謂司馬悍曰：「周不聽，是公之知困而交絕於周也。公不如謂周君曰：『何欲置〔七〕？令人微告悍，悍請〔八〕令王進之以地。』」左尚以此得事〔九〕。

〔一〕**鮑本**凡言「謂」、言「爲」而不人，失之也，猶言「或爲」、「或謂」。王，閔王。正曰：周最，屢見東、西周策。「謂周最曰，仇赫之相宋」云云，事在赧王十七年；「周最於齊王厚也，而逐之，聽祝弗相呂禮」云云，禮之相，在赧王二十九年，此則正當齊閔之世；周紀，赧王四十五年，「周君之秦，客謂周最以應爲太后養地」；五十八年，有「周聚以收齊」，則正當頃襄王之世。相距凡四十年，不可定爲閔王時也。按策，西周兩章皆云最爲太子，而東周又出最名，無曰太子云者，疑或自是二人，然無所考。

〔二〕**姚本**齎，進也。周最爲周之太子。**鮑本**齎，持遺也。最，周之庶子。凡周皆周之族。正曰：鮑意此即上章事，而上有五庶子之文爾，無明據。

〔三〕**姚本**劉，一作「稈」。**鮑本**齊人。

〔四〕**姚本**續：一作「地」。

〔五〕**鮑本**進，猶薦。

〔六〕**鮑本**齊人。

〔七〕**姚本**置，立也。欲立誰爲太子也。

〔八〕**鮑本**「悍」下無「請」字。○補曰：一本「悍請令」。

〔九〕**姚本**左尚以教司馬悍勸王齎周最地，以此得尊寵之職。**鮑本**以教悍得齊王意，故委任之。疑此即上章「楚王」、「楚人」。補曰：最，史作聚。索隱云，「最」，古「聚」字。説文同。趙策顔最，史亦作顔聚。

三國攻秦反

三國〔一〕攻秦反〔二〕，西周恐魏之藉〔三〕道也。爲西周謂魏王〔四〕曰：「楚、宋不利秦之德三國〔五〕也，彼且攻王之聚〔六〕以利秦〔七〕。」魏王懼，令軍設舍速東〔八〕。

〔一〕**姚本**三國，魏、韓、齊也。
〔二〕**姚本**反，還也。
〔三〕**鮑本**「藉」亦「借」。
〔四〕**鮑本**哀。正曰：此據史。按通鑑、大事記，顯王三十五年，乃魏惠王後元年；慎靚王三年，當魏襄元年。說見魏策。此當作襄，事在二十一年。
〔五〕**鮑本**「德」作「聽」。○ 聽，猶順從。三國近楚、宋，秦聽之則强而害楚、宋，故不利也。正曰：三國不攻秦而解，故秦德之；秦德之則和，而不利於楚、宋。
〔六〕**鮑本**楚、宋攻魏之廩庫。正曰：邑落曰聚。如惲狐聚、陽人聚之類。
〔七〕**鮑本**若爲秦報魏王。
〔八〕**鮑本**舍，軍次也。魏東還，必道周，周必賓之，故恐。今速東，則無賓之之費矣。

犀武敗

犀武敗，周使周〔一〕足〔二〕之秦。或謂周足曰：「何不謂周君曰：『臣之秦，秦、周之交必惡〔三〕。主君〔四〕之臣，又秦重〔五〕而欲相〔六〕者，且惡臣於秦〔七〕，而臣爲不能使矣〔八〕。臣願免而行〔九〕。君因相之，彼得相，不惡周於秦矣。』君重秦〔一〇〕，故使相往，行而免，且〔一一〕輕秦也，公必不免〔一二〕。公言是而行，交善於秦〔一三〕，且公之成事也〔一四〕；交惡於秦，不善於公〔一五〕且誅〔一六〕矣。」

〔一〕**姚本**集、曾、錢，一無下「周」字。劉有。
〔二〕**鮑本**周相。
〔三〕**鮑本**皆美惡之惡。正曰：左傳，周、鄭交惡，杜注，兩相疾惡。據此，則皆當烏故反。
〔四〕**鮑本**主君稱周君。
〔五〕**鮑本**秦之所重。
〔六〕**鮑本**欲得周相。
〔七〕**鮑本**此人欲代足相周，故敗其使事，此二國所以必惡。
〔八〕**鮑本**「臣」下「爲」字在「能」字下。○
〔九〕**鮑本**免己之相，以順欲者。
〔一〇〕**鮑本**此下或人復説足也。
〔一一〕**鮑本**「且」作「是」。○
〔一二〕**鮑本**雖以免自請，勢不可免也。
〔一三〕**姚本**爲秦所善。
〔一四〕**鮑本**「且」作「是」，「成事」作「事成」。○　補曰：恐當作「事成」。
〔一五〕**鮑本**「公」下補「者」字。○　**札記**今本「公」下有「者」字，乃誤涉鮑也。鮑補「者」字。
〔一六〕**鮑本**意其惡足於秦也。

戰國策卷三

秦一

鮑本秦 蘇、張説，外自弘農故關以西，京兆、扶風、馮翊、北地、上郡、西河、安定、天水、隴西皆秦地。南有巴、蜀、廣漢、犍爲、武都，西有金城、武威、張掖、酒泉、燉煌，又西南有牂牁、越嶲、益州，皆屬焉。

衛鞅亡魏入秦

衛鞅〔一〕亡魏入秦〔二〕，孝公以爲相，封之於商〔三〕，號曰商君。商君治秦，法令至行〔四〕，公平無私，罰不諱强大〔五〕，賞不私親近〔六〕，法及太子〔七〕，黥劓其傅〔八〕。期年之後，道不拾遺〔九〕，民不妄取〔一〇〕，兵革〔一一〕大强，諸侯畏懼。然刻深寡恩〔一二〕，特以强服之耳。

〔一〕鮑本衛之庶孽公子，姓公孫氏。

〔二〕姚本衛鞅，衛公子叔痤之子也。痤仕魏，相惠王。痤病，惠王視之曰，「若疾不諱，誰可與爲國者」？痤曰，「臣庶子鞅可也」。王不聽。又曰，「王若不能用，請殺之，無令他國得用也」。鞅由是亡奔秦，秦孝公封之於商，曰商鞅。衛公之後孫也，或曰公孫鞅也。鮑本鞅事魏相公叔痤爲庶子，見魏策。正曰：此據史。愚謂，公孫，衛之公孫也。庶孽公子，恐非。蓋因爲中庶子而生此文。

〔三〕鮑本屬弘農。補曰：盧藏用後語注，今商州上洛之地。又見後章注。

〔四〕姚本至，猶大也。鮑本至，猶極。

〔五〕姚本諱，猶辟也。詩云，仲山甫不辟强禦，不侮鰥寡。此其一隅也。鮑本諱，猶避也。强宗大族。

〔六〕姚本私，猶曲也。

〔七〕姚本太子卒爲惠王。

〔八〕姚本太子犯法，刑之不赦，故曰「法及太子」，并罪其傅。刻其顙，以墨實其中，曰黥；截其鼻，曰劓也。鮑本墨涅其顙，曰黥；截鼻，曰劓。太子犯法，鞅曰，「法之不行，自上犯之。太子，君嗣也，不可刑，刑其傅公子虔，黥其師公孫賈」。

〔九〕姚本遺物在道，不敢拾也。

〔一〇〕姚本民非其物，不敢取也。

〔一一〕姚本革，猶甲也。鮑本革，甲也，以革爲札。

〔一二〕姚本刻，急也；寡，少也；深，重也。言少恩仁也。鮑本刻，猶深也。刻金木者，有深而已。

孝公行之〔一〕八年，疾且不起，欲傳〔二〕商君〔三〕，辭不受。孝公已死，惠王代後〔四〕，莅政有頃〔五〕，商君告歸〔六〕。

〔一〕姚本一本下有「十」字。
〔二〕姚本劉作「欲傳」。
〔三〕姚本傳，猶禪也。「傳」，或作「傅」也。　鮑本傳位與之。
〔四〕姚本惠王，孝公太子也。
〔五〕姚本莅，臨也。有頃，言未久。　鮑本莅，臨也。集韻，頃，少選。
〔六〕姚本懼惠王誅之，欲還歸魏也。　鮑本懼誅歸商。

人説惠王曰：「大臣太重者國危，左右太親者身〔一〕危。今秦婦人嬰兒〔二〕皆言商君之法，莫言大王之法〔三〕。是商君反爲主，大王更〔四〕爲臣也。且夫商君，固大王仇讎也〔五〕，願大王圖之〔六〕。」商君歸還〔七〕，惠王車裂之，而秦人不憐〔八〕。

〔一〕鮑本君之身。
〔二〕鮑本集韻，女曰嬰，男曰兒。補曰：釋名，人始生曰嬰。嬰，胸前也。投之胸前乳養，故曰嬰。
〔三〕姚本莫，無也。
〔四〕鮑本補曰：更，平聲。
〔五〕鮑本「王」下有「之」字。○
〔六〕姚本圖，謀也。
〔七〕鮑本時自商欲歸魏，不得，故還秦。
〔八〕姚本商君懼誅，欲之魏，商人禁之曰，「商君之法急」。不得出，窮而還。一曰，魏以其譎公子卬而没其軍，魏人怨而不納。故（曾下有「還而」字）惠王車裂之也。　鮑本無念之者。

蘇秦始將連橫

蘇秦始將連橫〔一〕説秦惠王曰：「大王之國，西有巴、蜀、漢中之利〔二〕，北有胡貉、代〔三〕馬之用〔四〕，南有巫山〔五〕、黔中之限〔六〕，東有肴、函之固〔七〕。田肥美，民殷富〔八〕，戰車萬乘，奮擊百萬〔九〕，沃野千里〔一〇〕，蓄積饒多，地勢形便〔一一〕，此所謂天府〔一二〕，天下之雄〔一三〕國也。以大王之賢，士民之衆，車騎之用〔一四〕，兵法之教〔一五〕，可以并諸侯，吞天下〔一六〕，稱帝而治。願大王少留意，臣請奏其效〔一七〕。」

〔一〕**姚本**合關東從，通之於秦，故曰連橫者也。　**鮑本**文穎曰，關東爲從，西爲橫。孟康曰，南北爲從，東西爲橫。瓚曰，以利合曰從，以威勢相脅曰橫。　正曰：高注，連關中之爲橫，合關東之爲從。大事記取。

〔二〕**姚本**利，饒也。　**鮑本**三郡并屬益州。

〔三〕**鮑本**胡，樓煩、林胡之類。集韻，貉似狐。代，幽州郡。

〔四〕**姚本**用，用武也。

〔五〕**鮑本**在南郡巫。　補曰：正義云，夔州巫山縣。

〔六〕**姚本**皆有塞險要也，故曰「之限」也。　**鮑本**黔，故楚地。秦地距此二郡耳，故言「限」。秦昭三十年始定爲黔中郡，後爲武陵郡。見後志。　補曰：大事記，今黔、辰、施、元等州。　正曰：高注，皆有塞險，故謂「之限」。

〔七〕**姚本**肴，在澠池西。函關，舊在弘農城北門外，今在新安東。固，牢堅，難攻易守也。　**鮑本**始皇紀注，殽，二殽；函，函關也。在弘農。　補曰：左氏，殽有二陵。杜注，在澠池縣西。函，見周策。

〔八〕姚本殷，盛也。

〔九〕鮑本士之能奮擊者。

〔一〇〕姚本關中沃野千里，故田美民富。　鮑本沃，言其肥潤。

〔一一〕姚本攻之不可得，守之不可壞，故曰形便也。　鮑本地勢與形便於攻守。

〔一二〕姚本府，聚也。　鮑本言蓄聚之富，非人力也。

〔一三〕鮑本物之雄者强。

〔一四〕鮑本騎士之便馬者。

〔一五〕姚本教，習也。

〔一六〕姚本呑，滅也。

〔一七〕姚本奏，事。效，驗也。　鮑本奏，進。效，功也。

秦王曰：「寡人聞之，毛羽不豐滿者不可以高飛，文章〔一〕不成者不可以誅罰〔二〕，道德不厚者不可以使民〔三〕，政教不順〔四〕者不可以煩大臣〔五〕。今先生儼然不遠千里而庭教之，願以異日〔六〕。」

〔一〕鮑本文章，法令也。

〔二〕姚本文章，旌旗文章。青與赤謂之文，赤與白謂之章也。

〔三〕姚本厚，猶大也。

〔四〕鮑本逆人之心。

〔五〕姚本煩，勞也。　鮑本逆人心，則行之難，故大臣勞。

〔六〕**姚本**儼然，矜莊貌。不以千里之道爲遠而來在秦庭，寡人願以他日敬承之也。**鮑本**教之於廣庭。異，猶他也。俟成順然後承教，以此知爲惠王初。補曰：史，時方誅商鞅，疾辯士弗用。

蘇秦曰：「臣固疑大王之不能用也。昔者神農伐補遂〔一〕，黄帝伐涿鹿而禽蚩尤〔二〕，堯伐驩兜〔三〕，舜伐三苗〔四〕，禹伐共工〔五〕，湯伐有夏，文王伐崇，武王伐紂〔六〕，齊桓任戰而伯天下〔七〕。由此觀之，惡有不戰者乎〔八〕？古者使車轂擊馳〔九〕，言語相結〔一〇〕，天下爲一〔一一〕；約從連横，兵革不藏〔一二〕；文士并餝〔一三〕，諸侯亂惑〔一四〕；萬端俱起，不可勝理〔一五〕；科條〔一六〕既備，民多僞態；書策稠濁〔一七〕，百姓不足；上下相愁，民無所聊〔一八〕；明言章理，兵甲愈起〔一九〕；辯言偉服，戰攻不息〔二〇〕；繁稱文辭〔二一〕，天下不治〔二二〕；舌弊耳聾，不見成功；行義約信，天下不親〔二三〕。於是，乃廢文任武，厚養死士〔二四〕，綴甲厲兵，效勝於戰場〔二五〕。夫徒處而致利，安坐而廣地〔二六〕，雖古五帝、三王、五伯〔二七〕，明主賢君，常欲坐而致之，其勢〔二八〕不能，故以戰續之〔二九〕。寬則兩軍相攻，迫則杖戟相橦〔三〇〕，然後可建大功〔三一〕。是故兵勝於外，義强於内〔三二〕；威立於上，民服於下。今欲并天下，凌萬乘，詘敵國〔三三〕，制海内，子元元〔三四〕，臣諸侯〔三五〕，非兵不可〔三六〕！今之嗣主〔三七〕，忽於至道，皆惽〔三八〕於教，亂於治，迷於言，惑於語，沈於辯，溺於辭〔三九〕。以此論之，王固不能行也〔四〇〕。」

〔一〕**姚本**神農，炎帝號也，少典之子也。補遂，國名也。續：後語，輔遂。

〔二〕**姚本**蚩尤，九黎民之君子（子，劉、錢作好兵）也。**鮑本**涿鹿，屬上谷。蚩尤，九黎氏之後，事見史。

〔三〕姚本翼善傳聖曰「堯」。　鮑本書止言憂之，豈嘗伐之而不服邪？正曰：書，放驩兜。又堯伐驩兜，禹伐共工，見荀子。此游士之辭。下言五帝、三王，不能坐而致地，故以戰續之，此不過欲售其攻戰之說耳。凡戰國言帝王事，類如此，皆不足辨。後放此。

〔四〕姚本仁聖盛明曰「舜」。驩兜、三苗皆國名。　鮑本國名，縉雲氏之後。正曰：事見書，不必泛引。

〔五〕姚本共工，官名也，霸於水火之間，任知訓（一無訓字）刑之後子孫也。　鮑本伐，乃流之。

〔六〕姚本夏桀爲無道，故成湯伐之。崇侯虎爲紂卿士，道紂爲惡，故文王伐之。紂淫虐，故武王伐之。

〔七〕姚本齊桓公小白，僖公之子也。用兵戰而尚仁義，師諸侯朝天子，故曰「伯天下」。　鮑本任，猶用也。作内政，寄軍令是也。

〔八〕姚本惡，安也。

〔九〕鮑本轂，輻所湊也。相擊而馳，言其衆。補曰：轂擊，説見齊策。

〔一〇〕姚本錢、劉本無「語」字。　鮑本約親也。補曰：後語注，結，音吉，此古韻協也。下文悉然。横，黄；態，替；濁，殰玉反；聊，留；服，蒲北反；信，新；兵，聊莛反。

〔一一〕姚本擊一也。兵車之轂比相當，馳傳言語相約結，使天下知同爲一。

〔一二〕姚本藏，戢也。

〔一三〕姚本一作「飭」。餝，巧也。　鮑本文，謂辨也。「餝」、「飭」同。

〔一四〕姚本惑，疑也。

〔一五〕姚本理，治也。

〔一六〕鮑本科，程也。集韻，條，件也。

〔一七〕姚本稠，多。濁，亂也。　鮑本策，簡也，大事書之。稠，多也，言有司文書多，閲者昏亂。

〔一八〕**姚本**上下，君臣也。刑罰失中故相愁。愁（錢、劉作「愁怨」）則民無所聊賴者也。**鮑本**集韻，聊，賴也。

〔一九〕**姚本**愈，益也。**鮑本**文章，法理。正曰：章亦明也。謂明著之言，章顯之理。下句「文辭」，謂辭之文者。三語文勢同。

〔二〇〕**姚本**息，休。**鮑本**偉，奇也。補曰：偉，一作「僞」。

〔二一〕**鮑本**游説也。正曰：明言者，教令；辯言者，游説；文辭者，書策。明言章理，即科條既備；辯言偉服，即言語相結；繁稱文辭，即書策稠濁。

〔二二〕**姚本**去本事末，多攻文辭以相加誣，故曰，天下不治也。

〔二三〕**姚本**不能使天下相親也。

〔二四〕**姚本**死士，勇戰之士也。**鮑本**敢死之士。

〔二五〕**姚本**綴，連也。厲，利也。利其兵器，致其勝功於戰鬭之場也。**鮑本**集韻，厲，嚴也。正曰：厲，即礪。效，致其功也。

〔二六〕**姚本**徒處，安坐，不修其兵事，欲以利國廣地，不可得者也。**鮑本**徒，猶空也。言無所爲。

〔二七〕**姚本**劉、錢無「五伯」字，集有。

〔二八〕**姚本**勢，力也。

〔二九〕**姚本**續，猶備其勢也。

〔三〇〕**姚本**攻，擊。橦，刺。**鮑本**「橦」作「撞」。○迫，近也。杖，如杖劍。戟，謂持戟，戟有支矛。撞，手擣也。正曰：杖，持執也，直亮反。戟有支兵。

〔三一〕**姚本**建，立。

〔三二〕**姚本**故仁義而行，故强於內也。**鮑本**論戰故獨言義。

〔三三〕**姚本**詘，服也。　**鮑本**集韻，淩，侵尚也，當從仌。

〔三四〕**姚本**子，愛也。元元，善也。錢、劉止一「元」字。　**鮑本**元，善也，民之類善故稱元。

〔三五〕**鮑本**言敵國，又言諸侯，則侯非其敵者。

〔三六〕**姚本**傳曰，天生五材，民并用之，廢一不可，誰能去兵？兵之設久矣。聖人以興，亂人以廢，廢興存亡，皆兵之由也。故服諸侯，非兵不可也。

〔三七〕**鮑本**時君，皆繼世者也。

〔三八〕**姚本**惛，不明也。

〔三九〕**鮑本**沈，猶溺。溺，謂爲所冒沒。

〔四〇〕**姚本**固，必也。必不能行霸事。

説秦王書十上而說不行〔一〕。黑貂之裘弊〔二〕，黄金百斤盡〔三〕，資〔四〕用乏絶，去秦而歸〔五〕。羸縢履蹻〔六〕，負書擔橐〔七〕，形容枯槁，面目犂黑〔八〕，狀有歸〔九〕色。歸至家，妻不下紝〔一〇〕，嫂不爲炊〔一一〕，父母不與言。蘇秦喟〔一二〕嘆曰：「妻不以我爲夫，嫂不以我爲叔，父母不以我爲子，是皆秦之罪也。」乃夜發書，陳篋〔一三〕數十，得太公陰符〔一四〕之謀，伏而誦之，簡練以爲揣摩〔一五〕。讀書欲睡，引錐〔一六〕自刺其股，血流至足。曰：「安有説人主不能出其金玉錦繡，取卿相之尊者乎？」期年揣摩成，曰：「此真可以説當世之君矣！」

〔一〕**姚本**蘇秦之説，不見用也。

〔二〕**姚本**弊，壞也。　**鮑本**貂，鼠屬，大而黄黑，出丁零國。

〔三〕姚本蘇秦仕趙，趙王資貂裘、黄金，使説秦王，破關中之横，使與趙同從，從則相親也。秦王不肯從，故蘇秦用金盡，而貂裘壞弊也。

〔四〕鮑本資，貨也。

〔五〕姚本歸洛陽也。

〔六〕鮑本「羸」作「羸」。○方言，「擔」，齊、楚、陳、宋曰「攍」，通作「羸」。縢，緘也。蹻，屐也。正曰：一本「羸縢」，是。「羸」與「縲」、「纍」字通用，倫追反。易，「羸其角」，「羸其瓶」。孔穎達云，拘纍纏繞也。詩「邪幅在下」注，如今行縢，即禮所謂偪也。注説下與履蹻不倫，而擔囊又已言矣。

〔七〕姚本橐，囊也。無底曰囊，有底曰橐。鮑本「橐」作「囊」。○高注，橐，囊也。然則此字原作「橐」。從此説，則上「縢」字當從巾，囊也。橐無底，囊有底。正曰：一本作「橐」。高注，「橐」、「囊」通言。

〔八〕鮑本「犂」作「黧」。○集韻，黧，黑黄色。正曰：黧，黑色，集韻誤，見魏策。補曰：古字「黧」、「犂」通借。

〔九〕姚本歸當終愧。愧，慚也。音相近，故作歸耳。鮑本「歸」作「愧」。○補曰：當作「愧」。札記丕烈案：此不得輒改，高注即其證矣。

〔一〇〕鮑本機縷也。不下，言自若。

〔一一〕姚本不炊飯也。

〔一二〕鮑本「喟」下有「然」字。○喟，太息也。札記今本「喟」下有「然」字。

〔一三〕鮑本篋，藏也。

〔一四〕鮑本漢志有陰符經。正曰：陰符經恐非此所指。索隱云，陰符是太公兵法。

〔一五〕姚本簡，汰也。練，濯，濯治（劉、錢無「濯治」二字，集、曾有）。陰符中奇異之謀，以爲揣摩。揣，定也。摩，合也。定諸侯使讎其術，以成六國之從也。鮑本簡，猶擇；練，湅帛也。取其熟。揣，量；摩，研也。游説之術，或量其情，或研切之。

〔一六〕**鮑本**錐，鋭也，鍼之類。

於是乃摩燕烏集闕〔一〕，見説趙王〔二〕於華屋之下〔三〕，抵〔四〕掌而談。趙王大悦，封爲武安君〔五〕。受相印，革車〔六〕百乘，綿繡千純〔七〕，白璧〔八〕百雙，黄金萬溢〔九〕，以隨其後，約從散横，以抑强秦〔一〇〕。

〔一〕**姚本**闕塞名也。　**鮑本**摩，言切近過之。闕名未詳。

〔二〕**鮑本**肅侯。

〔三〕**姚本**華，夏。　華屋（錢、劉作「華屋，夏屋」），山名也。言趙王屋清高似山也。　**鮑本**見説，見而説也。華，高麗也。

〔四〕**姚本**抵，據也。　**鮑本**集韻，抵，側擊也。

〔五〕**姚本**武安，趙邑，今屬廣平。　**鮑本**補曰：正義云，潞州武安縣。

〔六〕**姚本**革車，兵車。

〔七〕**姚本**純，束也。　**鮑本**集韻，四端曰純。正曰：徒本反。

〔八〕**鮑本**「壁」作「璧」。○　補曰：璧，玉環也。肉倍好曰璧。

〔九〕**姚本**萬溢，萬金也。二十兩爲一溢也。　**鮑本**「溢」作「鎰」。○　一鎰四十四兩。

〔一〇〕**姚本**約合關東六國之從，使相親也。散關中之横，使秦賓服也。故曰抑强秦也。

故蘇秦相於趙而關不通〔一〕。當此之時，天下之大，萬民之衆，王侯之威，謀臣之權，皆欲決蘇秦之策〔二〕。不費斗糧，未煩一兵，未戰一士，未絶一弦，未折一矢，諸侯相親，賢〔三〕於兄弟。夫賢人在而天下服，一人用而天下從。故曰：式〔四〕於政，不式於勇；式於廊廟〔五〕之内，不式於四境之外。當秦之隆〔六〕，黄金萬溢〔七〕爲用〔八〕，轉轂連騎〔九〕，炫熿〔一〇〕於道，山東之國，從風而服〔一一〕，使趙大重〔一二〕。且夫蘇秦特窮巷掘門〔一三〕、桑户棬〔一四〕樞〔一五〕之士耳〔一六〕，伏軾〔一七〕撙銜，横歷天下〔一八〕，廷説〔一九〕諸侯之王〔二〇〕，杜〔二一〕左右之口，天下莫之能伉〔二二〕。

〔一〕**鮑本**六國之關不通秦也。正曰：即所謂秦兵不敢窺函谷關者。

〔二〕**鮑本**決，言用之不疑。策，謀也。

〔三〕**姚本**賢，猶厚也。　**鮑本**賢，猶勝。

〔四〕**姚本**式，皆用也。

〔五〕**鮑本**廊，東西序。廟，以尊先祖。人君之居，謂之巖廊廟堂，尊嚴之稱。正曰：文穎云，廊，殿下外屋。顔師古云，堂下周廂，又巖廊高屋也。愚按，此言宮與廟也。「廟堂」字見徐樂梅福傳。劉向九嘆王逸注，人君爲政、舉事告宗廟，議於明堂。今人稱宰相爲廟堂，蓋誤。

〔六〕**姚本**隆，盛。　**鮑本**蘇秦隆盛之時。

〔七〕**鮑本**補曰：此書「溢」、「鎰」通。

〔八〕**姚本**經用。

〔九〕**鮑本**後車之盛。正曰：車騎之盛。

〔一〇〕**姚本**炫熿也，猶焜光也。　**鮑本**光耀也。

〔一一〕**姚本**風，化也。　**鮑本**以草偃爲喻也。

〔一二〕姚本重，尊也。使天下諸王侯尊趙王也。鮑本爲從主，諸侯尊之。

〔一三〕鮑本鑿垣爲門。補曰：掘即窟，古字通。齊策「掘穴窮巷」。鄒陽書「伏死掘穴」。楚策亦有。

〔一四〕札記今本「棬」誤「捲」。

〔一五〕鮑本樞，門牝也，揉木爲之，如棬。棬，屈木盂也。

〔一六〕姚本棬，揉桑條假以爲户樞耳。

〔一七〕鮑本車前横木。

〔一八〕姚本銜，勒也。歷，行也。鮑本集韻，撙，挫也，蓋猶頓。銜，勒也。歷，遇也，猶横行。

〔一九〕鮑本猶庭教云。

〔二〇〕鮑本「王」作「主」。○札記今本「王」誤「士」。

〔二一〕鮑本杜，猶塞。

〔二二〕姚本伉，當。錢、劉，一作「抗」。鮑本「之」下無「能」字。○集韻，匹也。正曰：姚云，錢、劉作「抗」，當也。一本「天下莫之能伉」。「伉」、「抗」，古字通。

將説楚王〔一〕，路過洛陽〔二〕，父母聞之，清〔三〕宫除道，張樂設飲，郊迎〔四〕三十里〔五〕。妻側目而視，傾耳而聽；嫂蛇行匍伏〔六〕，四拜自跪而謝〔七〕。蘇秦曰：「嫂，何前倨〔八〕而後卑也？」嫂曰：「以季子〔九〕之〔一〇〕位尊而多金。」蘇秦曰：「嗟乎！貧窮則父母不子〔一一〕，富貴則親戚畏懼。人生世上，勢位富貴，蓋可忽乎哉〔一二〕！」〔一三〕

〔一〕鮑本威。

〔二〕鮑本漢爲河南郡。

〔三〕鮑本清，汛掃也。

〔四〕鮑本迎於郊。

〔五〕姚本張，施也。設，置也。施樂置酒，遠迎上郊邑培也。

〔六〕姚本蛇行匍匐，勾曳地也。鮑本蛇不直行。伏，音匐。匍匐，伏地也。

〔七〕姚本謝前不炊之過也。鮑本集韻，跪，小拜也。既拜復膝地。

〔八〕鮑本倨，不避也。

〔九〕鮑本譙周曰，秦字季子。正曰：司馬貞曰，此嫂呼小叔爲季子，未必字也。

〔一〇〕鮑本無「之」字。○

〔一一〕姚本不以爲己子也。

〔一二〕姚本信不可輕忽，故曰「乎哉」。鮑本「可」下有「以」字。○忽，輕也。

〔一三〕鮑本此策，史略同。合從，在趙肅侯十六年，此四年。彪謂：秦之自刺，可謂有志矣。而志在於金玉卿相，故其所成就，適足誇嫂婦。而此史極口稱頌之，是亦利禄徒耳，惡睹所謂大丈夫之事哉？正曰：按史，秦出游數歲，困歸，兄弟嫂妹妻妾，竊笑之。於是得周書陰符讀之，以出揣摩。乃求説周顯王，弗信。至秦説惠王，弗用。乃之趙，奉陽君弗説之。去就燕，文侯資之。至趙，奉陽君死，乃説肅侯合從。説楚後，還過洛陽，顯王除道郊勞。與策小異。

秦惠王謂寒泉子

秦惠王謂寒泉子〔一〕曰：「蘇秦欺〔二〕寡人，欲以一人之智，反復東山〔三〕之君，從以欺〔四〕

秦。趙固負〔五〕其衆，故先使蘇秦以幣帛約〔六〕乎諸侯。諸侯不可一〔七〕，猶連鷄之不能俱止於棲之〔八〕明矣〔九〕。寡人忿然，含怒日久〔一〇〕，吾欲使武安子起〔一一〕往喻〔一二〕意焉。」寒泉子曰：「不可。夫攻城墮〔一三〕邑，請使武安子。善我國家〔一四〕使諸侯，請使客卿張儀〔一五〕。」秦惠王曰：「受命〔一六〕。」〔一七〕

〔一〕姚本秦惠王，孝公子也。寒泉子，秦處士也。
〔二〕鮑本欺，詐也。言以虛聲恐之。
〔三〕姚本東山，山東。鮑本「東山」作「山東」。〇補曰：當作「山東」。札記丕烈案：鮑改、吴補皆非也。高注即其證矣。
〔四〕姚本欺，詐也。
〔五〕姚本負，恃也。
〔六〕姚本約，謀約也。
〔七〕姚本一，同也。
〔八〕鮑本「之」作「亦」。〇札記今本下「之」字作「亦」。
〔九〕姚本續：李善引作「俱上於棲亦明矣」。鮑本連，謂繩繫之。棲，鷄所宿也。
〔一〇〕姚本含，懷也。
〔一一〕姚本武安子起，秦將白起。
〔一二〕鮑本「喻」、「諭」同，告也。告諸侯以不可一之意。
〔一三〕姚本墮，壞也。鮑本敗城邑曰墮。

〔一四〕**鮑本**稱國家之美。 正曰：能美善我國家。
〔一五〕**姚本**張儀，魏人也，仕秦以爲客卿。 **鮑本**魏人，仕秦。 惠五年爲客卿。
〔一六〕**姚本**受寒泉子之教。
〔一七〕**鮑本**按，起以昭二十九年爲武安君，自合從至是五十七年矣。所稱武安子起，謬也。正曰：起，號武安君。此云武安子，必別一人。上既言武安子起，而下止言武安子，蓋「起」字屬下文。李牧亦封武安君。如此名不一。且張儀死於秦武王時，與白起戰勝攻取時不相及。補曰：使諸侯之「使」，去聲，餘如字。

泠向謂秦王〔一〕

〔一〕此篇姚本與秦惠王謂寒泉子連篇，鮑本另列一篇，據文義，從鮑本。

泠向〔一〕謂秦王曰：「向欲以齊事王，使〔二〕攻宋也〔三〕。宋破，晉國危，安邑王之有也〔四〕。燕、趙惡齊、秦之合，必割地以交於王矣〔五〕。齊必重於王〔六〕，則向之攻宋也，且以恐齊而重王〔七〕。王何惡〔八〕向之攻宋乎？向以王之明爲先知之，故不言〔九〕。」

〔一〕**姚本**泠，姓；向，名也。秦臣也。 **鮑本**高注，秦人。今詳爲齊人。正曰：高注秦臣，韓、趙策亦有此人。
〔二〕**姚本**一作「故」。
〔三〕**姚本**以，猶使也。
〔四〕**姚本**晉國，魏都大梁也。宋在其東，若齊攻宋破之，則大梁危，不能復獲其安邑。安邑在河東，近秦，秦可兼取，故安邑王之有也。

〔五〕姚本割，猶分也。交齊也。

〔六〕鮑本秦多得地，齊畏其强，故重之。

〔七〕鮑本燕、趙交於秦，故齊必恐。

〔八〕鮑本惡，皆去音。

〔九〕姚本向言以秦王之聰明爲先自知之，故不言道也。　鮑本言秦自知攻宋之利。

張儀説秦王

張儀〔一〕説秦王〔二〕曰：「臣聞之，弗知而言爲不智，知而不言爲不忠〔三〕。爲人臣不忠當死，言不審〔四〕亦當死。雖然〔五〕，臣願悉〔六〕言所聞，大王裁〔七〕其罪。臣聞，天下陰燕陽魏〔八〕，連荆〔九〕固齊〔一〇〕，收餘韓〔一一〕成從，將西南〔一二〕以與秦爲難〔一三〕。臣竊笑之。世有三亡，而天下得之，其此之謂乎〔一四〕！臣聞之曰，『以亂攻治者亡，以邪攻正者亡，以逆攻順者亡』。今天下之府庫〔一五〕不盈，囷倉〔一六〕空虛，悉其士民，張軍〔一七〕數千百萬〔一八〕，白刃在前，斧質在後，〔一九〕而皆去走，不能死〔二〇〕，罪〔二一〕其百姓不能死也〔二二〕，其上不能殺也〔二三〕。言賞則不與，言罰則不行，賞罰不行，故民不死也〔二四〕。

〔一〕鮑本無「張儀」二字。○　補曰：誤，當作「韓非」。

〔二〕姚本秦惠王也。續：韓非子第一篇初見秦文與此同。鮑本此上原有「張儀」字，而所說皆儀死後事，故删去。「説」云者，猶西周謂齊王之比。正曰：王應麟云，姚氏謂韓非子第一篇，吕成公麗澤集文取此。鮑失考。愚按，集文所謂非上書請破天下從，即此。非以韓王安稱藩使秦，始皇十三年也。次年見殺。今以韓子考其言，而策文義勝者，不復。札記丕烈案：此當各依本書。劉向次第在此，而高注云秦惠王。詳其意，皆不以爲韓非也。

〔三〕姚本知可言利國安君而不言，故曰不忠。

〔四〕鮑本審，悉也。補曰：韓子「審」作「當」，勝。不當，即上云不智也。

〔五〕鮑本言己未能如言。

〔六〕鮑本悉，詳盡也。

〔七〕姚本裁，制也。

〔八〕姚本陰，小。陽，大。鮑本陰，北。陽，南。

〔九〕鮑本楚也。始皇諱其父名，故稱曰荆。知此書始皇時人作。

〔一〇〕鮑本時由東國齊、楚爲大，故從。人連結之，恃以爲固。

〔一一〕鮑本韓時弱，多喪地，今存者，其餘也。

〔一二〕鮑本補曰：韓作「面」，是，下文有。

〔一三〕姚本難，猶敵也。鮑本赧五十九年，與諸侯從，此五十一年。

〔一四〕鮑本此，謂從。補曰：韓子作「亡亡」，無「以逆攻順者」一句。札記丕烈案：今韓子是「三」字。

〔一五〕鮑本府，文書藏；庫，兵車藏。今詳凡有藏者，皆得稱也。正曰：府庫藏貨財，對下「囷倉藏穀粟」言。

〔一六〕鮑本囷，圓廩。正曰：高注，圓曰囷，方曰倉。

〔一七〕姚本曾作「張軍聲」。鮑本張，去音。正曰：平聲亦通。

〔一八〕鮑本補曰：韓此下云，「其頓首戴羽爲將軍，斷死於前，不至千人，皆以言死」。札記丕烈案：此當各依本書。
〔一九〕鮑本誅不進戰者，故在後。
〔二〇〕姚本一本有「也」字。鮑本不戰也。補曰：韓，「怯而却走，不能死也」。
〔二一〕鮑本「罪」作「非」。○言亦殺之。補曰：韓正作「非」。一本「而皆去之不能死」。韓「而却走，不能死也」。皆當從韓，勝。
〔二二〕姚本錢、劉本無此七字。曾、集有。
〔二三〕鮑本無「其上不能殺也」六字。○補曰：一本「其上不殺也」，韓「上不能故也」。皆當從韓，勝。
〔二四〕姚本民不爲盡節致死。傳曰「賞罰無章，何以沮勸」，此之謂也。

「今秦出號令而行賞罰，不攻無攻〔一〕相事也〔二〕。出其父母懷衽之中〔三〕，生未嘗見寇也，聞戰，頓足徒裼〔四〕，犯白刃，蹈煨炭〔五〕，斷死於前者比是也〔六〕。夫斷死與斷生也不同〔七〕，而民爲之者是貴奮也〔八〕。一可以勝十〔九〕，十可以勝百，百可以勝千，千可以勝萬，萬可以勝天下矣。今秦地形，斷長續短，方數千里，名師數百萬〔一〇〕，秦之號令賞罰，地形利害，天下莫如也〔一一〕。以此與天下〔一二〕，天下不足兼而有也。是知秦戰未嘗不勝，攻未嘗不取，所當〔一三〕未嘗不破也。開地數千里，此甚大功也。然而甲兵頓〔一四〕，士民病〔一五〕，蓄積索〔一六〕，田疇荒〔一七〕，囷倉虛，四鄰諸侯不服〔一八〕，伯王之名不成，此無異故〔一九〕，謀臣皆不盡其忠也。

〔一〕姚本曾作「有功無功」。
〔二〕鮑本「不攻」下補「耳」字，「攻相」作「相攻」。○言秦有不攻耳，無敢與相攻者。正曰：韓作「有功無功相事也」。

〔三〕鮑本衽，衣衿。札記丕烈案：「不」當作「又」，形近之訛，策文多用「又」爲「有」。
〔四〕鮑本此頓，下也。集韻，徒，空手。裼，袒也。正曰：頓，踴也。徒，謂空，露袒；裼，露臂也。
〔五〕鮑本煨，盆中火。補曰：韓，「鑪炭」。
〔六〕鮑本「比」下補「比」字。○以死自斷。比，次也。言如是者，相次不一。正曰：韓作「皆」，是。「比」蓋「皆」之訛。
〔七〕姚本死生異也。鮑本言死難。補曰：「斷死生」之「斷」，都玩反；「斷長」之「斷」，睹緩反。前後同。
〔八〕姚本奮，勇也。鮑本奮，言勇不顧死。補曰：韓，「貴奮死也」。札記丕烈案：「死」字，策文當無。高注可證。
〔九〕鮑本「勝」作「合」。○與敵合鬭。補曰：四「合」字，一本皆作「勝」。韓作「對」，當也，義長。
〔一〇〕鮑本名，言有勇決之稱。
〔一一〕鮑本秦有斷死之利，諸侯有不死之害，故不如秦。正曰：利害是總言。
〔一二〕鮑本與，言與之爭。
〔一三〕姚本當，敵。鮑本當，相值也。
〔一四〕鮑本此頓，言其勞弊。
〔一五〕姚本病，困也。
〔一六〕姚本索，盡也。
〔一七〕姚本墾不治也。鮑本疇，耕治之田。
〔一八〕姚本威德不能懷也。
〔一九〕姚本異，怪。鮑本猶言無他事。

「臣敢言往昔。昔者〔一〕齊南破荆，中破宋〔二〕，西服秦〔三〕，北破燕〔四〕，中使韓、魏之君〔五〕，地廣而兵强，戰勝攻取，詔令天下〔六〕，濟清河濁〔七〕，足以爲限〔八〕，長城、鉅坊〔九〕，足以爲塞。齊，五戰之國也〔一〇〕，一戰不勝而無齊〔一一〕。故由此觀之，夫戰者萬乘之存亡也〔一二〕。

〔一〕**鮑本**補曰：韓，「臣敢言之往者」，蓋兩「昔」字，因「者」字訛衍。當從韓，勝。

〔二〕**鮑本**閔二十八年。補曰：韓，「東破」，是。

〔三〕**鮑本**荆，秦事未詳。正曰：「齊南破荆」以下以地勢言之，非以年之先後也。齊宣王二十五年與五國攻秦，湣王十六年與韓、魏伐秦，十一年與韓、魏伐楚，十三年與秦、韓、魏敗楚。

〔四〕**鮑本**十五年。正曰：齊宣王二十九年，伐燕取之。

〔五〕**鮑本**兩國從其役。

〔六〕**鮑本**以詔令令天下，時未稱詔，此秦史之言耳。正曰：詔告命令也。下文「詔之」，及後策「趙王之教，詔之使者」、「明詔」之類。

〔七〕**姚本**濟水清，河水濁。一作「詔令天下，齊清濟濁河」。**鮑本**補曰：韓作「齊之清濟濁河」，與下文協，語勝。**札記**丕烈案：燕策云，「吾聞齊有清濟濁河」。亦見史記蘇秦傳，皆可證也。

〔八〕**姚本**限，難也。**鮑本**東郡壽張注，泲上有朐城。又平原有鬲津、般河，皆近齊。正曰：書蔡傳，濟水自鄭以東，貫滑、曹、鄆、齊、濟、青以入於海。自鄆以下皆齊地也。正義云，黄河從洛、魏二州界北流入海，亦齊西北界。左傳，「齊履西至於河」。

〔九〕**姚本**錢、劉「坊」作「防」。**鮑本**「坊」作「防」。○蘇秦傳注，濟北盧縣有防門，又有長城，東至海。後志注，防門，即鉅防。補曰：長城西頭在濟州平陰縣界。太山記云，太山西有長城，緣河，經太山，餘一千里，至琅琊臺入海。**札記**丕烈案：韓子是「防」字。史記同。

〔一〇〕**鮑本**上所謂「南破」、「中破」之類。正曰：謂四面及中受兵。
〔一一〕**鮑本**燕昭入臨淄事。
〔一二〕**姚本**勝則存，敗則亡。勝敗若此，故曰「萬乘之存亡也」。

「且臣聞之曰：『削株掘根，無與禍鄰，禍乃不存。』秦與荆人戰，大破荆，襲郢，取洞庭、五都〔一〕、江南〔二〕。荆王〔三〕亡奔〔四〕走〔五〕，東伏於陳〔六〕。當是之時，隨荆以兵，則荆可舉〔七〕。舉荆，則其民足貪也，地足利也。東以强齊、燕〔八〕，中〔九〕陵三晉〔一〇〕。然則是一舉〔一一〕而伯王之名可成也，四鄰諸侯可朝也〔一二〕。而謀臣不爲〔一三〕，引軍而退，與荆人和〔一四〕。今〔一五〕荆人收亡國，聚散民，立社主〔一六〕，置宗廟，令帥天下西面以與秦爲難，此固已無〔一七〕伯王之道一矣。天下有比志〔一八〕而軍華下〔一九〕，大王以詐破〔二〇〕之，兵至梁郭〔二一〕，圍梁數旬〔二二〕，則梁可拔。拔梁，則魏可舉〔二三〕。舉魏，則荆、趙之志〔二四〕絶。荆、趙之志絶，則趙危〔二五〕。趙危而荆孤。東以强〔二六〕齊、燕，中陵三晉，然則是一舉而伯王之名可成也，四鄰諸侯可朝也。而謀臣不爲，引軍而退，與魏氏和，令魏氏收亡國，聚散民，立社主，置宗廟，此固已無伯王之道二矣。前者穰侯之治秦也，用一國之兵，而欲以成兩國之功〔二七〕。是故兵終身暴靈於外，士民潞〔二八〕病於内，伯王之名不成，此固已無伯王之道三矣。

〔一〕**姚本**續：史記引戰國策作五渚。
〔二〕**姚本**郢，楚都也。洞庭、五都、江南，皆楚邑也。**鮑本**揚州記，太湖，一名湖亭，一名震澤，一名洞庭。按，熊繹都丹陽。文王徙江陵，是爲郢都。昭王徙鄀，所謂故郢。又自郢徙鄀，與鄢爲五。史多言鄢、郢。齊策「鄢、郢者，楚之柱國」，知鄢亦爲都。江南，即漢志楚地所謂江南地遠者也。補曰：大破荆，在昭王二十九年，楚頃襄之二十一年。正曰：洞庭在巴陵，見楚、魏策，即此。路史，熊繹初封丹陽，今秭歸。武徙枝江，亦曰丹陽。楚文都南郢，即江陵，又謂故郢。昭王避吴遷鄀，今宜城，爲北郢，即郢州。惠王遷鄢，在宜城。曾氏謂屈瑕亂鄢以濟者，鄀、鄢非久都。故惠王末，墨翟重繭趨郢。宣王時，王宫遇盜，郢軍見黜。懷王入秦，齊使郢中立王，皆昭、惠後。愚按，楚辭哀郢，莊辛説襄王，郢都必危，白起拔郢，始徙陳。知懷、襄之世，亦仍都南郢也。考烈王徙壽春，命曰郢。又年表考烈徙都鉅陽。大事記謂，春申君用朱英策，自陳徙壽春，不云自鉅陽也。據此，楚不止五都，鮑因誤文。又以其時在徙陳前，故徙陳以下不論，而其説亦不明，故爲正之。正義云，江南在豫章、長沙南楚之地。韓「五都」作「五湖」。史蘇秦傳五渚注引策文洞庭、五渚，謂此「渚」乃「湖」之訛。燕策亦有「五渚」字。按策既言襲郢，而五都郢在其中，「都」字必誤，當從韓。「五湖」説不一。索隱云，具區、洮滆、彭蠡、青草、洞庭；又説，太湖、射陽、青草、丹陽、宫亭。宫亭即彭蠡。張勃吴録謂，太湖别名，或説太湖中自有五湖。札記丕烈案：吴説未是。此策五都即燕策及蘇秦傳之五渚。「都」、「渚」同字也。五渚説在集解、索隱。

〔三〕**鮑本**頃襄。

〔四〕**姚本**曾作「亡命」。

〔五〕**鮑本**無「奔」字。○　**札記**丕烈案：韓子作「荆王君臣亡走」。

〔六〕**鮑本**見白起傳。

〔七〕**鮑本**拔其國如舉物然，言易也。

〔八〕**姚本**言（錢、劉下有「秦」字）以强於齊、燕也。　**鮑本**强於二國。正曰：韓「强」作「弱」，是。下有。

〔九〕**姚本**劉，下有「以」字。

〔一〇〕姚本三晉，趙、韓、魏也。
〔一一〕鮑本舉，猶行。
〔一二〕姚本可使韓、魏。　鮑本使之朝秦。
〔一三〕姚本不爲此謀也。
〔一四〕姚本和，平也。
〔一五〕姚本一作「令」。　鮑本「令」作「令」。○　札記丕烈案：韓子是「令」字。
〔一六〕鮑本爲木主社。
〔一七〕鮑本補曰：韓「無」作「失」，下并同。
〔一八〕鮑本比，密也。言其志親。
〔一九〕姚本華下，華山之下也。　鮑本即華陽之戰。
〔二〇〕鮑本補曰：「詐」，韓作「詔」，是。下同。
〔二一〕鮑本「郭」作「都」。○　正曰：韓本文。
〔二二〕姚本梁，大梁，魏王所都也。
〔二三〕鮑本梁以都言，魏全國也。
〔二四〕鮑本魏居二國之中，而爲與國。故舉魏，則二國不通。
〔二五〕鮑本趙尤近秦。
〔二六〕鮑本補曰：見上。
〔二七〕姚本穰國（錢、劉本無「國」字）侯，魏人也。治，猶相也。穰侯相秦，欲與秦而安魏。故曰欲成兩國之功也。　鮑本秦及穰侯所封也，如封剛壽以廣陶之類。

〔二八〕**姚本**潞，贏於內。**鮑本**「靈」作「露」。○ 潞，即露耳，故高注爲贏。補曰：韓作「疲」。**札記**今本「靈」作「露」，鮑本作「露」。丕烈案：策文作「靈」，不與韓子同，韓子是「露」字。此當各依本書。策文下句言「潞病」，「潞」、「露」同字，此句不得更言暴露。「靈」者，「零」之假借；「暴」謂「日」，「靈」謂「雨」也。

「趙氏，中央之國也，雜〔一〕民之所居也。其民輕〔二〕而難用〔三〕，號令不治，賞罰不信，地形不便〔四〕，上非能盡其民力。彼固亡國之形也，而不憂民氓〔五〕，悉其士民，軍於長平之下，以爭韓之上黨〔六〕，大王以詐〔七〕破之〔八〕，拔武安〔九〕。當是時，趙氏上下不相親也〔一〇〕，貴賤不相信〔一一〕，然則是邯鄲不守，拔邯鄲，完河間〔一二〕，引軍而去，西攻修武，逾羊腸〔一三〕，降代、上黨〔一四〕。代三十六縣，上黨十七縣〔一五〕，不用一領甲，不苦一民〔一六〕，皆秦之有也。代、上黨不戰而已〔一七〕爲秦矣〔一八〕，東陽〔一九〕河外〔二〇〕不戰而已反爲齊矣〔二一〕，中呼池〔二二〕以北〔二三〕不戰而已爲燕矣〔二四〕。然則是舉趙則韓必亡，韓亡則荆、魏不能獨立〔二五〕。荆、魏不能獨立，則是一舉而壞韓，蠹〔二六〕魏，挾〔二七〕荆，以東〔二八〕弱齊、燕，決白馬之口〔二九〕，以流〔三〇〕魏氏〔三一〕。一舉而三晉亡，從者敗〔三二〕。大王拱手以須〔三三〕，天下遍隨而伏〔三四〕，伯王之名可成也。而謀臣不爲，引軍而退，與趙氏爲和。以大王之明，秦兵之强，伯王之業〔三五〕，地〔三六〕尊〔三七〕不可得，乃取欺於亡國〔三八〕，是謀臣之拙也。且夫趙當亡不亡，秦當伯不伯，天下固量秦之謀臣一矣。乃復悉卒〔三九〕乃〔四〇〕攻邯鄲，不能拔也，棄甲兵怒，戰慄而却〔四一〕，天下固量秦〔四二〕力二矣。軍乃引退，并於李下〔四三〕，大王又并軍而致〔四四〕與戰，非能厚〔四五〕勝之也，又交罷却〔四六〕，天下固量秦〔四七〕力三矣。內者量吾謀臣，外者極吾兵〔四八〕力。由是觀之，臣以天下之從〔四九〕，豈其難矣。內者吾甲兵頓，士民病〔五〇〕，蓄積索，田疇荒，囷倉虛〔五一〕；外者天下比志甚固。願大王有以慮之也〔五二〕。

〔一〕**鮑本**補曰：韓子注，趙都邯鄲，燕之南，齊之西，魏之北，韓之東，故曰中央。兼四國之人，故曰雜。

〔二〕**鮑本**輕，則其志不堅。

〔三〕**鮑本**「用」下有「也」字。○**札記**丕烈案：韓子有。

〔四〕**姚本**趙王都邯鄲，無險固，故曰不便。**鮑本**無險隘故。正曰：非無險隘。上云「中央之國」，此云「不便」，此以大勢言之。

〔五〕**姚本**野民曰氓。

〔六〕**鮑本**馮亭事。

〔七〕**鮑本**補曰：「詔」字。

〔八〕**姚本**劉，下有「兵」字。

〔九〕**姚本**趙括封於武安，（曾更有「武安」字）君將趙四十萬衆拒秦，秦將白起坑括四十萬衆於長平下，故曰武安。**鮑本**此殺趙括事，在四十七年。

〔一〇〕**姚本**上下，君臣也。

〔一一〕**姚本**貴，謂卿；賤，謂士。

〔一二〕**鮑本**冀州國。完之者，欲急取修武、上黨諸郡置之去也。正曰：韓作「筦山東河間」。

〔一三〕**姚本**修武，趙邑（一本有「也」字），合屬河內。羊腸，塞名也。**鮑本**補曰：「逾羊腸，降代」，韓作「逾華絳」。**札**

記丕烈案：策文「羊腸」，高注可證。

〔一四〕姚本代屬趙。上黨屬韓。

〔一五〕鮑本補曰：「三十六」，韓作「四十六」；「十七」，韓作「七十」。

〔一六〕姚本甲，鎧。苦，勞。

〔一七〕姚本曾，下有「反」字。

〔一八〕姚本爲，猶屬也。

〔一九〕鮑本屬清河。

〔二〇〕鮑本滹沱河之外。正曰：蘇秦説趙云，「東有清河」；張儀説趙告齊使興師，「渡清河，軍邯鄲之東」，即此河也。東陽既屬清河，不得爲他説矣。

〔二一〕鮑本此本趙所得齊地，今趙弱，故齊復取之；取之，則益弱矣。

〔二二〕姚本「池」，續作「沲」。鮑本「池」作「沱」。◯正曰：古「沱」通。史弟子傳「滂池」。補曰：韓「中山呼池」。札記丕烈案：今韓子是「池」字。

〔二三〕鮑本中，言中分之呼池。在代鹵城。

〔二四〕鮑本燕乘敗取之。

〔二五〕鮑本無「荆魏不能獨立」六字。◯

〔二六〕姚本蠹，害也。鮑本蠹者，病其中也。

〔二七〕鮑本補曰：韓作「拔」。札記丕烈案：「拔」字誤，「挾」當是「狹」。後策文「省攻伐之心」，新序作「挾戰功之心」，字與此同。

〔二八〕鮑本補曰：韓作「東以弱齊强燕」。

〔二九〕**姚本**白馬，津名。　**鮑本**張儀傳「守白馬之津」。津在東郡。

〔三〇〕**鮑本**補曰：韓作「沃」。　**札記**丕烈案：策文「流」，高注可證。

〔三一〕**姚本**魏氏，今魏郡縣也。流，灌也。

〔三二〕**姚本**從者，山東六國。從敗，不成也。　**鮑本**合從者。

〔三三〕**鮑本**「須」、「胥」同，待也。

〔三四〕**鮑本**「遍」作「編」。〇　補曰：韓作「敗也」。編，言衆隨而伏降矣。以繩次物曰編。　**札記**吳氏補曰，韓作「敗也」、「須之」、「編隨而服矣」。丕烈案：此類皆當各依本書。

〔三五〕**鮑本**謂先世所創。

〔三六〕**姚本**劉作「伯王業也」。

〔三七〕**鮑本**地與相王之尊。正曰：韓「尊」作「曾」。劉辰翁謂，「地」猶「第」。皆失考。

〔三八〕**姚本**亡國，謂趙也。　**鮑本**亡國，以長平之敗，言趙。

〔三九〕**鮑本**無「卒」字。〇　補曰：韓此下有「士卒」字。

〔四〇〕**姚本**一作「以」。　**鮑本**「乃」作「以」。〇　**札記**丕烈案：韓子是「以」字。

〔四一〕**姚本**却，退也。　**鮑本**且怒且懼而退。補曰：韓作「棄甲負弩，戰竦而郤天下」。　**札記**策文有「却」，高注可證。

〔四二〕**姚本**錢本有「之」字。

〔四三〕**姚本**李下，邑名，在河内也。　**鮑本**後志，河内有李城，趙封李同之父於此。補曰：韓作「孚下」。　**札記**丕烈案：策文「李」，高注可證。

〔四四〕**姚本**一作「至」。　**鮑本**致，言極力。　**札記**今本「致」作「至」。丕烈案：作「至」，即與姚校矛盾也。韓子是「至」字。

〔四五〕姚本厚，大也。
〔四六〕鮑本交，言秦與趙俱罷兵而退。
〔四七〕姚本一本有「之」字。
〔四八〕鮑本極，言度其力之所至。
〔四九〕鮑本合從也。
〔五〇〕姚本頓，罷也。病，困也。
〔五一〕姚本圓曰囷，方曰倉。虛，不實（一本下有「也」字）。
〔五二〕姚本慮，謀也。

「且臣聞之，戰戰慄栗，日慎一日。苟慎其道，天下可有也〔一〕。何以知其然也？昔者紂爲天子〔二〕，帥天下將〔三〕甲〔四〕百萬，左飲於淇谷〔五〕，右飲於洹水〔六〕，淇水竭而洹水不流，〔七〕以與周武爲難。武王將素〔八〕甲三千領，戰一日〔九〕，破紂之國，禽其身，據其地，而有其民，天下莫不〔一〇〕傷〔一一〕。智伯帥三國之衆〔一二〕，以攻趙襄主於晉陽〔一三〕，決水灌之，三年〔一四〕，城且拔矣〔一五〕。襄主錯〔一六〕龜，數策占兆〔一七〕，以視利害，何國可降〔一八〕，而使張孟談〔一九〕。於是潛行而出，反智伯之約〔二〇〕，得兩國之衆，以攻智伯之國，禽其身，以成襄子〔二一〕之功〔二二〕。今秦地斷長續短，方數千里，名師數百萬，秦國號令賞罰，地形利害，天下莫如也〔二三〕。以此與天下，天下可兼而有也〔二四〕。

〔一〕姚本苟，誠也。

〔二〕**鮑本**元作「下」。補曰：韓作「子」。

〔三〕**鮑本**無「甲」字。○　補曰：一本「將甲」。

〔四〕**札記**丕烈案：韓子作「將帥天下，甲兵百萬」。

〔五〕**鮑本**河内共，淇水所出。

〔六〕**鮑本**蘇秦傳注，出林慮。項紀注，在安陽縣北。前、後志，在良鄉東南。

〔七〕**鮑本**亦竭也。

〔八〕**鮑本**絹素爲之，非金革也。正曰：素，以色言。

〔九〕**姚本**一日，甲子之日也。太公望爲號，到牧野，便尅紂，故曰「一日」。　**鮑本**以甲子日戰，遂克之。

〔一〇〕**姚本**劉，無「不」字。

〔一一〕**姚本**傷，愍也。　**鮑本**傷殷之亡耳。正曰：韓作「莫傷」。

〔一二〕**姚本**三國，晉（曾、集「晉」作「智」）、韓、魏也。

〔一三〕**姚本**襄主，趙襄子也。大夫稱主。晉陽，趙氏邑也。

〔一四〕**鮑本**補曰：韓作「三月」。趙策亦兩云「三年」。

〔一五〕**姚本**且，將也。

〔一六〕**鮑本**「錯」，「措」同，置也。補曰：「錯」，韓作「鑽」。

〔一七〕**姚本**策，蓍也。兆，占龜兆也。　**鮑本**灼龜折處曰兆。

〔一八〕**姚本**何國可降，使爲反間。　**鮑本**三國中，孰爲可降。

〔一九〕**姚本**張孟談，趙襄子臣也。　**鮑本**趙之謀臣。

〔二〇〕**鮑本**使韓、魏背之。

〔二一〕**鮑本**「子」作「主」。○　**札記**今本「子」作「主」。丕烈案：韓子作「以復襄主之初」。

〔二二〕**姚本**潛行，私行。兩國，韓、魏也。智伯與韓、魏攻襄子，張孟談辭於韓、魏，魏與趙同，故曰「反智伯之約」也。國猶軍，（一本有「攻」字）智伯之軍，而破以殺其身，故曰「以成襄主之功」也。

〔二三〕**姚本**無如秦國安固者也。

〔二四〕**姚本**與天下争，可并而有。

「臣昧死〔一〕望〔二〕見大王，言所以舉〔三〕破天下之從〔四〕，舉趙亡韓〔五〕，臣荆、魏，親齊、燕〔六〕，以成伯王之名〔七〕，朝四鄰諸侯之道。大王試聽其説，一舉而天下之從不破，趙不舉，韓不亡，荆、魏不臣，齊、燕不親，伯王之名不成，四鄰諸侯不朝，大王斬臣以徇於國〔八〕，以主爲謀〔九〕不忠者〔一〇〕。」

〔一〕**鮑本**自言不知死所。

〔二〕**姚本**劉，作「臣願望」。

〔三〕**姚本**一本無「舉」字。　**鮑本**補曰：韓無此字。　**札記**丕烈案：策文當本作「一舉」，脱「一」字。「一舉」下文有。

〔四〕**鮑本**舉，謂一舉。

〔五〕**鮑本**舉，亦拔也。　補曰：非言及於亡韓，是豈可不爲寒心？甚矣，其忍也！斬臣以徇於國，以主不忠於國者，亡韓之言當如之。

〔六〕**鮑本**二國去秦遠，未可加兵，故親之以寬兵力。　其後秦滅諸國，二國獨後亡，此故也。

〔七〕**姚本**成，立也。

〔八〕**鮑本**徇行以示人也。

〔九〕**姚本**曾，恐當作「主謀」。**鮑本**無「爲謀」兩字，「忠」下有「於國」二字。○補曰：韓「以爲爲王謀不忠者」。**札記**丕烈案：今韓子不重「爲」。

〔一〇〕**鮑本**主言以爲首惡。彪謂：此士論事，深切著明，孫卿不如。秦所以取天下，蓋行其説也。而史失其人，猥以張儀名之，惜哉！所稱謀臣，范睢也。正曰：韓非，師荀卿者也。其術不主於卿，卿論兵以附民爲要，以仁義爲本，以禁暴除害爲務，非而有是言歟？大意不過欲極威怒，而務攻取耳。鮑既考之不精，且謂卿不如，謬矣。補曰：蘇氏論荀卿歷詆天下之賢人，以自是其愚。李斯以其學亂天下，其高談異論，有以激之也。韓非此書歷詆秦之謀臣，蓋指魏冉、范睢之徒。他日謂申不害徒術無法，公孫鞅徒法無術，張儀以秦徇韓、魏，甘茂以秦徇周，穰侯、應侯攻他國以成其私封，所詆者，亦非一人。其剛愎不孫，自許太過，則亦卿之風也。終以忤李斯、姚賈而殺其身。太史公謂非知説之難，而不能自脱，可以爲騁説者之戒矣。

張儀欲假秦兵以救魏

張儀欲假秦兵以救魏〔一〕。左成謂甘茂曰：「子不〔二〕予之。魏不反秦兵〔三〕，張子不反秦〔四〕。魏若反秦兵，張子得志於魏，不敢反於秦矣〔五〕。張子不去秦〔六〕，張子必高子〔七〕。」

〔一〕**鮑本**時將相魏。

〔二〕**鮑本**「子不」作「不如」。○**札記**今本「子不」作「不如」。

〔三〕**鮑本**謂敗而死傷多。

〔四〕**姚本**言魏以秦兵戰，死亡之而不反，則張儀亦懼誅，不敢反秦也。**鮑本**謂秦以喪兵誅之。

〔五〕姚本魏用秦兵戰，得反之，則張儀有功於魏，故得志。得志於魏，亦不反於秦也。鮑本懼秦疑其厚魏。
〔六〕鮑本去，猶舍也。儀雖爲魏，猶有得秦之心。
〔七〕姚本高，貴也。子，謂甘茂也。鮑本高，貴重也。高之者，欲茂以秦資之。正曰：劉辰翁云，不去秦，萬一不行救魏也，亦必高茂之誼，高茂之忠。

司馬錯與張儀爭論於秦惠王前

司馬錯〔一〕與張儀爭論於秦惠王前。司馬錯欲伐蜀，張儀曰：「不如伐韓。」王曰：「請聞其說〔二〕。」

〔一〕鮑本秦人。
〔二〕姚本錢云，「聞」舊作「問」。曾、劉、集亦作「問」。

對曰：「親魏善楚，下兵三川〔一〕，塞轘〔二〕轅、緱氏之口〔三〕，當屯留之道〔四〕，魏絶南陽〔五〕，楚臨南鄭〔六〕，秦攻新城、宜陽〔七〕，以臨二周之郊〔八〕，誅周主〔九〕之罪，侵楚、魏之地。周自知不救，九鼎寶器必出〔一〇〕。據九鼎，按圖籍〔一一〕，挾天子以令天下〔一二〕，天下莫敢不聽，此王業也〔一三〕。今夫蜀，西辟之國，而戎狄之長也〔一四〕，弊兵〔一五〕勞衆不足以成名〔一六〕，得其地不足以爲利。臣聞：『爭名者於朝，爭利者於市。』今三川、周室，天下之市朝也，而王不爭焉，顧〔一七〕争於戎狄，去王業〔一八〕遠矣。」

〔一〕姚本三川，宜陽也。下兵，出兵也。

〔二〕姚本塞，斷。　鮑本補曰：轘，胡貫反。

〔三〕鮑本高紀注，轘轅、緱氏，險道，屬河南。補曰：瓚云，轘轅，險道，在緱氏東南。索隱云，緱氏以山爲名。

〔四〕姚本屯留，今上黨縣。　鮑本屬上黨。補曰：正義云，屯留，潞州縣。道，即太行羊腸坂道也。

〔五〕姚本魏與南陽絶也。　鮑本秦使之絶。

〔六〕姚本鄭，今河南新鄭也。

〔七〕鮑本新城屬河南。補曰：左傳僖六年注，新城，鄭新密。今滎陽密也。大事記「白起繫韓新城」引正義云，在洛州伊闕縣。又「秦、韓會新城」云，兩周間。地名注引正義云，許州襄城縣，古新城縣也。按，芈戎華陽君又號新城君，則華陽在密者。此策以宜陽并言，地必連近，當是伊闕爾。

〔八〕姚本二周，東周、西周也。

〔九〕姚本周主，周君。　鮑本誅，討也。補曰：周主謂二君。

〔一〇〕姚本自知不可復救，必出其寶器，不敢愛惜也。

〔一一〕鮑本土地之圖，人民金穀之籍。

〔一二〕姚本令，教。　鮑本號令指麾之。

〔一三〕姚本錢本作「此不世之業也」。

〔一四〕姚本續云：新序「長」字作「偷」，後語作「倫」字。

〔一五〕鮑本「兵」作「名」。〇補曰：一本「名」作「兵」。　札記丕烈案：史記、新序皆作「兵」。

〔一六〕姚本辟遠，不足以成伯王之名。

〔一七〕**姚本**顧，反也。**鮑本**顧，還視也，故爲反義。

〔一八〕**姚本**曾、錢、劉無「業」字。

司馬錯曰：「不然。臣聞之，欲富國者〔一〕，務〔二〕廣其地；欲强兵者，務富其民；欲王者，務博其德。三資者備〔三〕，而王隨之矣〔四〕。今王之地小民貧，故臣願從事於易。夫蜀，西辟之國也，而戎狄之長也，而有桀、紂之亂。以秦攻之，譬〔五〕如使豺狼逐群羊也。取其地，足以廣國也；得其財，足以富民；繕兵〔六〕不傷衆，而彼已服矣。故拔一國，而天下不以爲暴；利盡西〔七〕海，諸侯不以爲貪。是我一舉而名實兩附〔八〕，而又有禁暴正亂之名。今攻韓劫〔九〕天子，劫天子，惡名也，而未必利也，又有不義之名〔一〇〕，而攻天下之所不欲〔一一〕，危！臣請謁〔一二〕其故：周，天下之宗〔一三〕室也；齊〔一四〕、韓，周之與國也。周自知失九鼎，韓自知亡三川，則必將二國〔一五〕并〔一六〕力合謀，以因於齊、趙，而求解乎楚、魏〔一七〕。以鼎與楚，以地與魏，王不能禁〔一八〕。此臣所謂『危』，不如伐蜀之完也〔一九〕。」惠王曰：「善！寡人聽子〔二〇〕。」

〔一〕**姚本**曾、錢、集本，「富國」作「國富」。

〔二〕**鮑本**務，趣也。正曰：務，專力也。

〔三〕**鮑本**三者於國，如人之有資貨。

〔四〕**姚本**隨，從也。

〔五〕鮑本「譬」作「避」。○　札記丕烈案：史記、新序皆作「譬」。
〔六〕鮑本繕，補也。正曰：左傳隱元年「繕甲兵」注，治也，訓切。
〔七〕鮑本「西」作「四」。○　言四方之物蜀兼有之，故蘇秦於巴、蜀、漢中獨曰利。補曰：一本「西海」，新序同。札記丕烈案：史記亦作「西」，「四」字誤。
〔八〕鮑本不貪暴，名也；得國，實也。
〔九〕鮑本劫，脅止也。
〔一〇〕鮑本韓無罪而伐之，不義也。
〔一一〕鮑本天下皆有尊周之志。正曰：史，「攻天下之所不欲，危矣」。新序同。按，下文云「此臣所謂危」是也。今無「矣」字，則以「欲」字句；而「危」字自爲句，亦奇。
〔一二〕姚本謁，白。
〔一三〕鮑本宗，尊也。
〔一四〕鮑本補曰：「齊」字恐衍。札記丕烈案：吴説非也。史記作「齊，韓之與國也」。新序同。讀以「齊」字逗，當是。策文衍「周」字。
〔一五〕姚本二國，周、韓也。
〔一六〕鮑本并，并也。
〔一七〕鮑本解免秦兵。
〔一八〕姚本禁，止也。
〔一九〕姚本必不傷敗，故曰完也。鮑本不虞傷敗。
〔二〇〕姚本子，司馬錯也。

卒起兵伐蜀，十月取之，遂定蜀。蜀主更號爲侯，而使陳莊〔一〕相蜀〔二〕。蜀既屬〔三〕，秦益强富厚〔四〕，輕諸侯〔五〕。

〔一〕**姚本**續：新序作陳叔。

〔二〕**姚本**陳莊，秦臣也。

〔三〕**鮑本**屬，猶附。

〔四〕**姚本**厚，大也。

〔五〕**鮑本**儀傳有，在前十年前，而表在後九年。謂前年議伐，後年取之。而取之，書十月，知爲一年事也。今從表。補曰：秦紀與表合。按甘茂傳云，張儀西并巴、蜀，當儀與錯議不同。故紀表并言錯定蜀，而茂傳之言如此，何也？水經云，秦自石牛道使張儀、司馬錯尋路伐蜀，滅之。華陽國志云，蜀王伐苴侯，苴侯奔巴，求救於秦，惠文王使張儀、司馬錯伐蜀，滅之。是二人同往也。

張儀之殘樗里疾

張儀之殘〔一〕樗里疾也，重而使之楚〔二〕。因令楚王〔三〕爲之請相於秦〔四〕。張子謂秦王曰：「重樗里疾而使之者，將以爲國交也〔五〕。今身〔六〕在楚，楚王因爲請相於秦。臣聞其言〔七〕曰：『王〔八〕欲窮儀於秦乎？臣請助王〔九〕。』楚王以爲然〔一〇〕，故爲請相也。今王誠聽之，彼〔一一〕必以國事楚王〔一二〕。」秦王大怒，樗里疾出走〔一三〕。

〔一〕姚本殘，害也。
〔二〕鮑本重，猶貴。貴之者，欲使楚亦貴重之。
〔三〕鮑本懷。
〔四〕姚本請使秦用樗里疾爲相也。
〔五〕鮑本結兩國之交。
〔六〕鮑本疾之身。
〔七〕鮑本聞疾之言，蓋誣之也。
〔八〕鮑本楚王。
〔九〕姚本斯言，樗里子言也，張儀誣樗里疾以自解說也。
〔一〇〕鮑本補曰：「爲然」之「爲」，如字，餘去聲。
〔一一〕姚本彼，謂樗里疾也。
〔一二〕姚本錢、劉作「楚矣」。
〔一三〕姚本走，奔也。

張儀欲以漢中與楚

張儀欲以漢中與楚〔一〕，請〔二〕秦王曰：「有漢中，蠹〔三〕。種樹不處〔四〕者，人必害之；家有不宜之財，則傷〔五〕本〔六〕。漢中南邊爲楚利，此國累也〔七〕。」甘茂謂王曰：「地大者，固〔八〕多憂乎！天下有變〔九〕，王割漢中以爲〔一〇〕和楚〔一一〕。楚必畔〔一二〕天下而與王〔一三〕。王今以漢中與楚，即天下有變，王何以市楚也？」

〔一〕**鮑本**惠十三年，取楚漢中。
〔二〕**鮑本**補曰：「請」當是「謂」字。
〔三〕**姚本**蠹，害也。　**鮑本**蠹，木中蟲也。言爲國害。
〔四〕**鮑本**言非其所。
〔五〕**姚本**傷，亦害也。　**鮑本**非所宜得，得之，必有禍。
〔六〕**鮑本**「本」作「今」。〇　正曰：自「有漢」止「傷本」有殽舛。疑當云，「種樹不處則傷本，家有不宜之財者，人必害之」。　**札記**今本「本」作「今」，乃誤涉鮑也。鮑改「本」爲「今」。丕烈案：此有誤，但所改未是。吴氏正讀「本」字上屬。以爲自「有漢」止「傷本」有殽舛，亦未是。
〔七〕**姚本**累，憂也。
〔八〕**姚本**固，必也。　**鮑本**言不然。
〔九〕**鮑本**謂害於秦。
〔一〇〕**姚本**一本無「爲」字。
〔一一〕**鮑本**「以爲和楚」作「以楚和」。〇　補曰：一本「王割漢中以爲和楚」，姚注一無「爲」字，此作「以楚和」，殽次也。
〔一二〕**鮑本**畔，猶背。
〔一三〕**姚本**與王相親也。

楚攻魏張儀謂秦王

楚〔一〕攻魏。張儀謂秦王〔二〕曰："不如與魏以勁之〔三〕，魏戰勝，復聽於秦〔四〕，必入西河之外〔五〕；不勝，魏不能守，王必取之〔六〕。"

〔一〕**姚本**楚威王也。

〔二〕**姚本**秦惠王也。

〔三〕**姚本**與，猶助也。勁，强也。

〔四〕**姚本**錢、劉作"魏戰勝，德於秦"。

〔五〕**姚本**西河，魏邑。之外，近秦，故必以與秦也。**鮑本**禹貢，西河屬雍州，此時屬魏。"子夏老於西河之上"是也。補曰：蓋主冀之西而言。正義云，同、華等州。

〔六〕**姚本**取之河西。**鮑本**自取河外。

王用儀言，取皮氏〔一〕卒萬人，車百乘，以與魏。犀首〔二〕戰勝威王〔三〕，魏兵罷弊〔四〕，恐畏秦，果獻〔五〕西河之外〔六〕。

〔一〕**姚本**皮氏，魏邑。**鮑本**皮氏屬河東，魏地也。今秦於此取卒與車，豈喪地七百里時入秦邪？補曰：正義云，皮氏在絳州龍門縣西。

〔二〕**姚本**犀首，公孫衍也。**鮑本**公孫衍也，陰晉人。司馬彪曰，犀首，魏官，若今虎牙將軍。補曰：按年表，陰晉人犀首爲大良造，則非官名。而韓策，樛留以犀首、張儀并言，何爲一人獨以官稱乎？恐犀首或姓名也。魏亦有犀武。

說又見衛策。

〔三〕鮑本楚。

〔四〕鮑本「罷」，「疲」同。

〔五〕姚本獻，致也。

〔六〕鮑本魏襄五年，入秦河西地，此前八年也，儀時爲客卿。魏七年納上郡，此前十年也，儀時爲相。正曰：惠後五年。補曰：此章稱楚威王，威王在位凡十一年，攻魏事，史無見。年表，十一年，魏敗我陘山，因喪來伐。是歲，秦取魏皮氏。明年入上郡於秦，而西河濱洛之地盡。皆楚威死後也。陘山前一年，魏入少梁河西地於秦，豈是時楚、魏已搆兵乎？

田莘之爲陳軫說秦惠王

田莘〔一〕之爲陳軫〔二〕說秦惠王曰：「臣恐王之如郭君〔三〕。夫晉獻公欲伐郭，而憚舟之僑〔四〕存。荀息〔五〕曰：『周書有言，美女破舌〔六〕。』乃遺之女樂，以亂其政。舟之僑諫而不聽，遂去〔七〕。因而伐郭，遂破之。又欲伐虞〔八〕，而憚宮之奇〔九〕存。荀息曰：『周書有言，美男破老〔一〇〕。』乃遺之美男，教之惡宮之奇。宮之奇以諫而不聽，遂亡〔一一〕。因而伐虞，遂取之。今秦自以爲王〔一二〕，能害王者〔一三〕之國者，楚也。楚智〔一四〕横〔一五〕君之善用兵〔一六〕，用兵與陳軫之智，故驕〔一七〕張儀以五國〔一八〕。來，必惡〔一九〕是二人〔二〇〕。願王勿聽也。」張儀果來辭，因言軫也，王怒而不聽。

〔一〕**鮑本**「莘」作「華」。○補曰：一本「田莘」。

〔二〕**姚本**陳軫，夏人，仕齊亦仕楚也。　**鮑本**二皆齊姓。

〔三〕**姚本**古文言虢也。　**鮑本**郭，虢同。屬扶風。正曰：路史云，北虢，仲後也，在大陽，今陝州西。西虢，仲之封，在岐。東遷自此之上陽爲南虢。東虢，叔之封制也，今鄭之滎陽。按此策所指者北虢也。

〔四〕**姚本**舟之僑，郭大夫也。　**鮑本**憚，難之也。

〔五〕**姚本**荀息，晉大夫也。

〔六〕**鮑本**破，壞其事。舌，指諫臣。

〔七〕**姚本**傳曰，舟之僑諫而不從，以其孥適西山（一本有「也」字）。　**鮑本**閔二年奔晉。

〔八〕**鮑本**屬河東大陽。

〔九〕**姚本**宮之奇，虞大夫也。

〔一〇〕**鮑本**老成人。補曰：汲冢周書，「美男破老，美女破舌，武之毀也」。注云，所以毀敵也。修文御覽引周書作「美男破產，美女破居」。

〔一一〕**姚本**亡去適秦。　**鮑本**左氏不言其亡。

〔一二〕**姚本**惠王，孝公子也。始僭尊號爲王，故曰「自以爲王」。　**鮑本**時亦未王，謂其欲之。

〔一三〕**姚本**一本無「者」字。　**鮑本**因其有自王之志，故稱之曰「王者」。

〔一四〕**姚本**一本作「知」字。　**鮑本**「智」作「知」。○

〔一五〕**姚本**一本有「門」字。橫門君，秦將。　**鮑本**原作「橫君」，注有「門」字，知爲脱文。蓋秦將也。　**札記**「橫」下有「門」字。

〔一六〕姚本錢、劉只一「用兵」字。　鮑本下衍「用兵」二字。

〔一七〕姚本驕，寵也。

〔一八〕鮑本言楚使韓、魏、趙、燕、齊以事屬之，以重其權。　按儀初游楚，楚相笞之，後相楚，乃爲秦間耳。楚無驕之之事，今云然，因其自楚來，間之耳。

〔一九〕鮑本惡，言其惡也。

〔二〇〕姚本二人，横門君、陳軫也。

張儀又惡陳軫於秦王〔一〕

〔一〕此篇姚本與田莘之爲陳軫説秦惠王連篇，鮑本另列一篇，據文義，從鮑本。

張儀又惡陳軫於秦王，曰：「軫馳楚、秦之間〔一〕，今楚〔二〕不加善秦而善軫〔三〕，然則是軫自爲而不爲國也。且軫欲去秦而之楚，王何不聽乎〔四〕？」

〔一〕姚本一本作「馳走秦、楚之間」。錢、劉作「馳楚」。　鮑本「楚秦」作「秦楚」。○札記丕烈案：史記作「秦、楚」。

〔二〕鮑本「楚」作「遂」。○補曰：一本「今楚不加」。　札記丕烈案：史記作「楚」。

〔三〕鮑本言楚善之。

〔四〕姚本聽，察也。　鮑本聽，猶許。

王謂陳軫曰：「吾聞子欲去秦而之楚，信乎？」陳軫曰：「然。」王曰：「儀之言果信也。」

曰：「非獨儀知之也，行道之人皆知之。曰：『孝己〔一〕愛其親，天下欲以爲子；子胥〔二〕忠乎〔三〕其君，天下欲以爲臣。賣僕妾售〔四〕乎閭巷者，良〔五〕僕妾也；出婦嫁鄉曲〔六〕者，良婦也。』吾不忠於君，楚亦何以軫爲忠乎〔七〕？忠且見棄，吾不之楚，何適乎？」秦王曰：「善。」乃必之也〔八〕。〔九〕

〔一〕**姚本**孝己，殷王高宗戊丁之子也。　**鮑本**世紀，殷高宗有賢子孝己，母早死，高宗惑後妻之言，放之而死。補曰：尸子云，孝己事親，一夜而五起，視衣厚薄、枕之高下也。

〔二〕**姚本**子胥，楚王大夫伍奢之子。平王殺伍奢，子胥奔吴，爲闔閭、夫差臣。　**鮑本**伍子胥，楚人，平王殺其父奢，胥奔吴。吴王夫差敗越於夫椒，越王勾踐求委國爲臣妾，夫差將許之，胥諫不聽。後吴伐齊，胥諫請釋齊先越，太宰嚭讒之，賜劍以死。

〔三〕**姚本**錢、劉無「乎」字，集有。

〔四〕**鮑本**售，賣去乎也。

〔五〕**鮑本**良，善也。

〔六〕**鮑本**曲，里之一曲，如韋曲、杜曲。

〔七〕**姚本**錢、劉本無「乎」字。

〔八〕**鮑本**「必」作「止」，無「也」字。○　**札記**今本「必」作「止」。

〔九〕**鮑本**軫傳有。

陳軫去楚之秦

陳軫去楚之秦〔一〕。張儀謂秦王〔二〕曰：「陳軫爲王臣，常以國情輸楚〔三〕。儀不能與從事，願王逐之。即復之楚，願王殺之。」王曰：「軫安敢之楚也。」

〔一〕鮑本言「去楚」者，本其始。仕秦之時，自楚來也，自爲「輸楚」張本。
〔二〕姚本秦惠王也。
〔三〕姚本輸，語也。鮑本情，謂國事之隱者。補曰：情，實也。輸，寫也。輸寫以告之。

王召陳軫告之曰：「吾能聽子言〔一〕，子欲何之〔二〕？請爲子車約〔三〕。」對曰：「臣願之楚。」王曰：「儀以子爲之楚，吾又自知子之楚。子非楚，且〔四〕安之也！」軫曰：「臣出，必故之楚，以順〔五〕王與儀之策〔六〕，而明臣之楚與不〔七〕也。楚人有兩妻者，人誂〔八〕其長者〔九〕，詈〔一〇〕之；誂其少者，少者許之。居無幾何〔一一〕，有兩妻者死。客謂誂者曰：『汝取長者乎？少者乎〔一二〕？』『取長者〔一三〕。』客曰：『長者詈汝，少者和〔一四〕汝，汝何爲取長者？』曰：『居彼人之所，則欲其許我也。今爲我妻，則欲其爲我〔一五〕詈人也〔一六〕。』今楚王〔一七〕明主也，而昭陽賢相也〔一八〕。軫爲人臣，而常以國〔一九〕輸楚王〔二〇〕，王必不留臣，昭陽將不與臣從事矣。以此明臣之楚與不〔二一〕。」

〔一〕鮑本無「言」字。〇

〔二〕姚本言欲何之適也。曾作「子欲何適」。

〔三〕姚本約，具也。鮑本「車約」作「約車」。○約，纏束之。正曰：高注，具也。蓋約束戒令之。策多有。札記今本「車約」作「約車」。丕烈案：「約車」是也。

〔四〕鮑本「且」作「宜」。○補曰：一本「且安之也」。

〔五〕姚本順，從。

〔六〕姚本策，謀。鮑本策，謂其所籌度。

〔七〕鮑本「不」作「否」。○此「之」即所謂以國情輸楚。正曰：「故之楚」之「之」，往也；「之楚與否」之「之」，語助也。下同。

〔八〕姚本續：後語作「挑」。鮑本誂，相呼誘也。補曰：後語作「挑」，徒了反。

〔九〕姚本一本更有「長者」二字。

〔一〇〕鮑本詈，罵也。

〔一一〕鮑本時不久也。

〔一二〕姚本一本有「曰」字。

〔一三〕鮑本誂者對也。

〔一四〕鮑本和，猶應。

〔一五〕鮑本無「我」字。○

〔一六〕鮑本以國情輸楚，猶許者也。軫誠有此，則今之楚，楚必不欲也。補曰：「許我」、「詈之」云云，後漢馮衍傳有。

〔一七〕鮑本懷。

〔一八〕姚本昭陽，姓名也，楚懷王之相也。

〔一九〕鮑本「國」下補「情」字。○　補曰：「國」下當有「情」字。

〔二〇〕姚本「王」，劉作「楚」。　鮑本「王」作「楚」。○　札記屬下讀。

〔二一〕鮑本之，亦猶於。

軫出，張儀入，問王曰：「陳軫果安之？」王曰：「夫軫天下之辯士也，孰〔一〕視寡人曰：『軫必之楚。』寡人遂無奈何也。寡人因問曰：『子必之楚也，則儀之言果信矣！』軫曰：『非獨儀之言也〔二〕，行道之人皆知之。昔者子胥忠其君，天下皆欲以爲臣；孝己愛其親，天下皆欲以爲子。故賣僕妾不出里巷而取者，良僕妾也；出婦嫁於鄉里者，善婦也。臣不忠於王，楚何以〔三〕軫爲〔四〕？忠尚見棄〔五〕，軫不之楚，而何之乎〔六〕？』」王以爲然，遂善待之〔七〕。

〔一〕鮑本「孰」作「熟」。○　補曰：「孰」、「熟」通。說文「生熟」字，本但作「孰」，後人加「火」以別之。

〔二〕鮑本無「也」字。○

〔三〕姚本欲爲臣乎。

〔四〕姚本一本更添一「忠」字。

〔五〕鮑本「尚」作「且」，「且」上補「忠」字。○　補曰：史復有「忠」字，是。　札記丕烈案：鮑、吴皆非。史記陳軫傳所載乃上一篇，與此文不同也。讀此，當以「楚何以軫爲」作一句，「忠尚見棄」別爲一句。高注云「欲爲臣」，是上句之解，當本在下，錯在「軫」字上，遂不可曉。注末有一「乎」字，或本在正文「爲」字下，今本初刻誤以此四字皆入正文，改刻仍皆作注。

〔六〕姚本集與此本同。曾，「臣不忠於王，楚何以爲臣乎？軫爲忠見棄，軫不之楚，而何之乎」？

〔七〕鮑本此一事再出，著書者以所聞駁異也。彪謂：軫之辯類捷給，而其所稱譬，皆當於人心，不詭於正論。周衰，辯士未有若軫之絶倫離群者也。正曰：秦爲無道，魯仲連不肯帝，孔子順義不入，彼誠豪傑之士已。軫往來其間，其居秦也，又與張儀争寵，鄙哉。雖其爲楚謀也多，而終不能以善楚也。「之楚」之對，辯給不詭於正，猶爲彼善於此耳。補曰：大事記，顯王四十一年，秦陳軫奔楚。解題引策文自「賣僕妾」以下止「之乎」，云軫居秦期年，惠王終相張儀，而軫奔。

戰國策卷四

秦二

齊助楚攻秦

齊助楚攻秦，取曲沃〔一〕。其後，秦欲伐齊〔二〕，齊、楚之交善〔三〕，惠王患之，謂張儀曰：「吾欲伐齊，齊、楚方歡，子爲寡人慮之，奈何〔四〕？」張儀曰：「王其爲臣約車并幣〔五〕，臣請試之〔六〕。」

〔一〕姚本曲沃，晉桓叔所封也，在今弘農縣東三十五里，道北曲沃城是。戰國時秦兼有之，故齊助楚攻秦取之也。鮑本晉桓叔所封，漢屬河東，爲聞喜。此時屬秦，與上取皮氏卒同義。

〔二〕姚本伐齊，報曲沃也。

〔三〕姚本善，猶親也。

〔四〕**姚本**慮，計也。

〔五〕**鮑本**言并，則幣非一物。正曰：并，合也。

〔六〕**姚本**約，具也。幣，貨。試，猶嘗視也。　**鮑本**不自必之辭。

張儀南見楚王〔一〕曰：「弊邑之王所説〔二〕甚者，無大〔三〕大王〔四〕；唯儀之所甚願爲臣者，亦無大大王〔五〕。弊邑之王所甚憎者，亦〔六〕無先〔七〕齊王〔八〕；唯儀之〔九〕甚憎者，亦無大〔一〇〕齊王。今齊王之罪，其於弊邑之王甚厚〔一一〕，弊邑欲伐之，而大國與之歡〔一二〕，是以弊邑之王不得事令〔一三〕，而儀不得爲臣也。大王苟能閉關絶齊〔一四〕，臣請使秦王獻商於之地〔一五〕，方六百里。若此，齊必弱〔一六〕，齊弱則必爲王役〔一七〕矣。則是北弱齊，西德於秦〔一八〕，而私商於之地以爲利也〔一九〕，則此一計而三利俱至。」

〔一〕**姚本**楚懷王也。

〔二〕**姚本**説，敬也。

〔三〕**鮑本**大，猶過。

〔四〕**姚本**大王，楚王也。

〔五〕**姚本**唯，獨也。願爲王臣，無有與大王比者也。　**鮑本**唯，辭也。傳稱往相楚是也。

〔六〕**鮑本**衍「亦」字。補曰：疑衍。　**札記**丕烈案：史記無「亦」字。

〔七〕**鮑本**「先」作「大」。〇　**札記**丕烈案：「大」字當是。

〔八〕**姚本**齊威王也。　**鮑本**閔。

〔九〕鮑本「甚」上補「所」字。○ 札記今本「甚」上有「所」字，乃誤涉鮑也。丕烈案：史記有。

〔一〇〕札記今本「大」作「先」。丕烈案：史記四字皆作「先」，當是。與策文皆作「大」者不同也。

〔一一〕姚本厚，重也。鮑本言得罪於秦重也。

〔一二〕姚本歡，猶合也。

〔一三〕姚本令，善也。不得善事於楚王也。鮑本事，猶聽從。

〔一四〕姚本苟，誠也。關，楚北方城之塞也。絶齊歡合之交也。

〔一五〕姚本商於，秦邑。獻，貢也。鮑本楚記注，在今順陽郡南鄉、丹水二縣，有商城在於中，故名。弘農商縣是也。

〔一六〕姚本齊無援必弱也。鮑本失楚援故。

〔一七〕鮑本「役」作「没」。○ 補曰：役，言爲楚役使。

〔一八〕鮑本秦因楚絶齊，得報曲沃之役，楚之惠也。

〔一九〕姚本曾，一作「已利」。錢、劉，一作「利」也。德，恩也。楚與齊絶，爲施恩德於秦，私得秦地以爲己利也。

楚王大説，宣〔一〕言之於朝廷，曰：「不穀得商於之田，方六百里。」群臣聞見者畢賀〔二〕，陳軫〔三〕後見，獨不賀。楚王曰：「不穀不煩一兵，不傷一人，而得商於之地六百里，寡人自以爲智矣！諸士大夫皆賀，子獨不賀，何也？」陳軫對曰：「臣見商於之地不可得，而患必至也，故不敢妄賀〔四〕。」王曰：「何也？」對曰：「夫秦所以重王者，以王有齊也。今地未可得而齊先絶，是楚孤也〔五〕，秦又〔六〕何重孤國？且先出地絶齊，秦計必弗爲也。先絶齊後責地，且必受欺於張儀〔七〕。受欺於張儀，王必惋之〔八〕。是西生秦患，北絶齊交，則兩國〔九〕兵必至矣。」楚王不聽，曰：「吾事善矣！子其弭口無言〔一〇〕，以待吾事〔一一〕。」楚王使人絶齊，使者未來〔一二〕，又重絶之。

〔一〕姚本宣，偏也。

〔二〕姚本畢，盡。　鮑本「田」作「地」。○

〔三〕姚本軫仕楚，爲楚懷王臣。　鮑本時去秦在楚。

〔四〕姚本妄，猶空也。

〔五〕鮑本無援故。

〔六〕姚本曾、錢、劉「夫秦有」。

〔七〕姚本言張儀必欺王也。　鮑本言儀必背約。

〔八〕鮑本惋，猶恨。

〔九〕姚本兩國，秦與齊也。

〔一〇〕姚本弭，止。　鮑本集韻，彌，止也，通作「弭」。

〔一一〕鮑本軫之策此，可謂明矣，而懷王不聽，愚而好自用者也。其死秦，宜哉！

〔一二〕姚本來，猶還也。

張儀反〔一〕，秦使人使齊，齊、秦之交陰合〔二〕。楚因使一將軍受地於秦。張儀至〔三〕，稱病不朝。楚王曰：「張子以寡人不絶齊乎？」乃使勇士往詈齊王〔四〕。張儀知楚絶齊也，乃出見使者曰：「從某至某，廣從〔五〕六里。」使者曰：「臣聞六百里，不聞六里。」儀曰：「儀固以小人〔六〕，安得六百里？」使者反報楚王，楚王大怒，欲興師伐秦。陳軫曰：「臣可以言乎〔七〕？」王曰：「可矣。」軫曰：「伐秦非計也，王不如因而賂之一名都〔八〕，與之伐齊〔九〕，是我亡於秦而取償於齊也〔一〇〕。楚國不尚全事〔一一〕。王今已絶齊，而責欺於秦，是吾合齊、秦之交也，固〔一二〕必大傷〔一三〕。」

〔一〕**姚本**反，還也。　**鮑本**絶句。

〔二〕**姚本**陰，私也。

〔三〕**鮑本**前反而今至也。

〔四〕**姚本**詈，罵也。

〔五〕**姚本**錢、劉作「從」。曾一作「衮」。　**鮑本**横度爲廣，直爲從。

〔六〕**鮑本**小人，貧寠之稱，言不能多與。

〔七〕**姚本**王初使弭口，今可以言未也。

〔八〕**姚本**名，大也。都，邑。　**鮑本**無「因而」二字。○　都邑有聞於時者。　**札記**丕烈案：史記「不如因賂之一名都」。

〔九〕**姚本**與秦俱伐齊也。

〔一〇〕**姚本**言失邑於秦，而大得報償於齊也，故曰「是我亡於秦也」。　**鮑本**償，還也。言勝齊則得地，雖亡所賂，足以相償。

〔一一〕**姚本**不尚，尚也。全，空也。「事」，一云「乎」。　**鮑本**不尚，尚也，言無所喪。正曰：高注，「事」一云「乎」，「乎」字是。

〔一二〕**姚本**曾「固」作「國」。　**鮑本**「固」作「國」。○　補曰：史作「國」。

〔一三〕**姚本**傷，病也。

楚王不聽〔一〕，遂舉兵伐秦〔二〕。秦與齊合，韓氏從之〔三〕。楚兵大敗於杜陵〔四〕。故楚之土壤士民非削弱，僅〔五〕以救亡者，計失於陳軫〔六〕，過〔七〕聽於張儀〔八〕。

〔一〕**鮑本**是亦明計也而不聽，是以知楚王之悍也。彼豈能用屈原哉！

〔二〕**鮑本**正曰：史云「使屈匄將」。

〔三〕**姚本**韓王見齊、秦合爲一，故復合之也。

〔四〕**姚本**杜陵，楚邑。　**鮑本**屬京兆。

〔五〕**鮑本**集韻，僅，劣也。

〔六〕**姚本**僅，猶裁。得不滅大者，坐不從陳軫之計故也。

〔七〕**姚本**過，誤也，聽於張儀之欺六百里地。

〔八〕**鮑本**記懷十六年有，此十二年也。補曰：張儀商於之欺，雖竪子猶能知之，以陳軫之智，固不爲難也。儀之肆意而無忌者，知懷王之愚，而軫之言必不入也。不然，他日楚之請，儀將懼其甘心焉。而儀請自往，卒不能害，豈非中其所料也哉！　洪邁云，賂秦攻齊，策尤乖謬不義。齊本與國，宜割地致幣，卑詞謝罪，復求其援，而反欲攻之，軫說謬矣。「子爲」、「爲臣」之「爲」，「使者」、「使齊」之「使」，并去聲。

楚絶齊齊舉兵伐楚

楚絶齊，齊舉兵伐楚。陳軫謂楚王〔一〕曰：「王不如以地東解於齊，西講〔二〕於秦。」

〔一〕**鮑本**懷。

〔二〕**鮑本**補曰：講，當從「媾」讀，說見前。

楚王使陳軫之秦，秦王謂軫曰：「子秦人也〔一〕，寡人與子故也〔二〕，寡人不佞〔三〕，不能親國事也〔四〕，故子棄〔五〕寡人事楚王。今齊、楚相伐〔六〕，或謂救之便，或謂救之不便〔七〕，子獨不可以忠爲子主計〔八〕，以其餘爲寡人乎〔九〕？」陳軫曰：「王獨不聞吳人之游〔一〇〕楚者乎？楚王〔一一〕甚愛之，病〔一二〕，故使人問之〔一三〕，曰〔一四〕：『誠病乎？意亦思乎〔一五〕？』左右曰：『臣不知〔一六〕其思與不思，誠思則將吳吟〔一七〕。』今軫將爲王吳吟〔一八〕。王不聞夫管與之說乎〔一九〕？有兩虎諍〔二〇〕人而鬬者〔二一〕，管莊子將刺之〔二二〕，管與止之曰：『虎者，戾蟲〔二三〕；人者，甘餌也〔二四〕。今兩虎諍人而鬬，小者必死，大者必傷。子待傷虎而刺之，則是一舉而兼〔二五〕兩虎也。無刺一虎之勞，而有刺兩虎之名〔二六〕。』齊、楚今戰，戰必敗〔二七〕。敗〔二八〕，王起兵救之，有救齊之利，而無伐楚之害〔二九〕。計聽知覆逆者〔三〇〕，唯王可也。計者，事之本也；聽者，存亡之機〔三一〕。計失而聽過，能有國者寡也〔三二〕。故曰：『計有一二者難悖也〔三三〕，聽無失本末者難惑〔三四〕。』」〔三五〕

〔一〕**姚本**軫先仕於秦，故言秦人也。

〔二〕**姚本**故，舊。

〔三〕**鮑本**佞，高才也。

〔四〕**姚本**親，猶知也。　**鮑本**弟親治國。

〔五〕姚本棄，去也。

〔六〕鮑本軫傳言韓、魏。

〔七〕姚本便，利也。

〔八〕鮑本主，懷王。

〔九〕姚本以餘計爲寡人計也。

〔一〇〕姚本游，仕也。

〔一一〕鮑本楚先王。

〔一二〕鮑本吳人。

〔一三〕鮑本楚王使問。

〔一四〕鮑本使者還，主問之。

〔一五〕姚本思，思吳乎？

〔一六〕鮑本「不」作「又」。〇注家説「有」爲「又」，則「又」亦「有」也。此言有以知之。正曰：劉辰翁云，「又知」猶「安知」。愚謂，終缺「安」字。按姚本作「不知」，是。

〔一七〕姚本吟，歌吟也。　鮑本作吳人呻吟。

〔一八〕鮑本言不忘秦。

〔一九〕姚本曾「管」作「卞」。管，姓也。説，言也。　鮑本軫傳作「館豎子」。

〔二〇〕姚本一作「争」。　鮑本「諍」作「争」。〇補曰：字與「争」通，下同。　札記丕烈案：史記作「争」。

〔二一〕鮑本無「者」字。〇

〔二二〕鮑本傳「管」作「卞」。刺，有傷也。補曰：索隱引策作「館」。館，謂逆旅舍，其人字莊子。　札記丕烈案：今史記作「辨」。索隱又云，或作「卞」。吴氏所引索隱，困學紀聞引同。今王震澤本如此，與單本不同，單本不引戰國策正文，即作「館莊子」。此文下「管與止之」，史記作「館竪子止之」。當依單本爲是。乃史記作「館」，策文作「管」也。

〔二三〕**姚本**戾，貪也。　**鮑本**戾，猶暴。

〔二四〕**鮑本**無「也」字。○　以餅餌喻之。

〔二五〕**姚本**兼，得也。

〔二六〕**姚本**刺，殺也。

〔二七〕**鮑本**必有一敗。

〔二八〕**姚本**錢、劉，一無下「敗」字。

〔二九〕**姚本**害，危也。　**鮑本**今詳秦王言「爲子主計」，則以齊、楚正相伐故也。今軫言「無伐楚」，亦并以忠爲主也。

〔三〇〕**鮑本**能計善聽，知二國之覆逆。覆逆，言不順於理。正曰：覆，謂反復；逆，謂逆料。「覆」即下文「一二」；「逆」即下文「本末」。

〔三一〕**姚本**機，要也。　**鮑本**機主發矢，喻事之要也、先也。

〔三二〕**姚本**寡，少也。

〔三三〕**姚本**悖，誤也。一本無「也」字。　**鮑本**無「也」字。○　「一二」，言反復計之。集韻，悖，亂也。

〔三四〕**姚本**惑，亂也。　**鮑本**軫傳有。無「計聽」。補曰：蒯通説韓信曰，「聽者事之候也，計者事之機也。聽過計失而能久安者鮮矣。聽不失一二者不可亂以言，計不失本末者不可紛以辭」。

〔三五〕**鮑本**軫爲是媾於秦，而勸秦收齊、楚之敝，豈所以忠爲主哉？或疑史作韓、魏者，是。考秦惠時，唯十三年，韓舉趙護帥師與魏戰，敗績。去楚絶齊時遠甚，他不見韓、魏相攻事。且策言甚明。竊意楚已遣人解齊，軫之媾秦，欲其不助齊耳。當識其意，不可泥於辭也！

秦惠王死公孫衍欲窮張儀

秦惠王死，公孫衍〔一〕欲窮〔二〕張儀。李讎〔三〕謂公孫衍曰：「不如召甘茂於魏，召公孫顯〔四〕於韓，起〔五〕樗里子於國。三人者，皆張儀〔六〕之讎也〔七〕，公用之，則諸侯必見張儀之無秦矣！」〔八〕

〔一〕姚本公孫衍，魏人也，仕於秦，當六國時號曰犀首。
〔二〕姚本窮，困也。
〔三〕姚本李讎，秦人也。　鮑本秦人。正曰：李讎，據高注，此無據。
〔四〕鮑本秦人。
〔五〕姚本起，猶舉也。
〔六〕鮑本「儀」作「子」，下句同。〇
〔七〕姚本讎，仇也。
〔八〕姚本公，謂公孫衍。用此三人，則諸侯知張儀無權寵於秦（一下有「也」字）。

義渠君之魏

義渠君〔一〕之〔二〕魏，公孫衍謂義渠君曰：「道遠，臣不得復過矣〔三〕，請謁事情〔四〕。」義渠君曰：「願聞之。」對曰：「中國無事於秦〔五〕，則秦且燒焫獲君之國〔六〕；中國爲有事〔七〕於秦，則秦且輕〔八〕使重幣，而事君之國也〔九〕。」義渠君曰：「謹聞令〔一〇〕。」

〔一〕姚本義渠，西戎之國名也。　鮑本西戎也，北地郡有義渠道。
〔二〕姚本之，至也。
〔三〕姚本過，見也。　鮑本不復相過。
〔四〕姚本謁，告也。情，實也。言義渠君道里長遠，不能復得相（「相」一本作「數」）見也，請告事之情實。　鮑本謁，白也。情，猶實。
〔五〕姚本無徵伐之事於秦也。
〔六〕姚本燒焫，猶滅壞。滅壞君國也（錢止一「滅壞」字）。　鮑本焫，亦燒也。言火其國以得其地。補曰：「焫」即「爇」。
〔七〕鮑本事，皆謂戰。
〔八〕鮑本輕，言其行疾。
〔九〕姚本將致重幣，求援助於義渠國也。　鮑本此事君之事。
〔一〇〕姚本聞，猶受也。令，教也。　鮑本令，猶命。

居無幾何，五國伐秦〔一〕。陳軫謂秦王曰：「義渠君者〔二〕，蠻夷之賢君，王不如賂之以撫〔三〕其心。」秦王曰：「善。」因以文繡千匹，好女百人，遺〔四〕義渠君。

〔一〕姚本五國，齊、宋、韓、魏、趙也。　鮑本後七年，韓、趙、魏、燕、齊共攻秦。
〔二〕鮑本無「者」字。○　札記丕烈案：史記有。

〔三〕姚本撫，安也。

〔四〕鮑本遺，贈也。

義渠君致〔一〕群臣而謀曰：「此乃公孫衍之所謂〔二〕也。」因起兵襲秦，大敗秦人於李帛〔三〕之下。〔四〕

〔一〕鮑本致之使至。

〔二〕姚本謂，猶言也。

〔三〕姚本李帛，秦邑。　鮑本史張儀傳末有此策，「帛」作「伯」，地缺。平原傳注，河内成皋有李城。豈秦兵與諸國遇於此而見敗邪？正曰：正義云，懷州温縣本李城也，李同父所封。按，趙救邯鄲時，同戰死，封其弟爲李侯。意者因此號李城，事在後。且此云李帛，必非。秦既攻五國，不勝而走，秦兵不應至懷。是時諸侯連匈奴，秦恐義渠因而有變，故賂以和之。義渠之襲，必次於五國之後，恐非與諸國遇時也。

〔四〕鮑本補曰：按史，犀首相魏，張儀去，犀首聞儀復相秦，害之，乃謂義渠君云云。且五國伐秦，事在惠文後七年，次年魏因儀請成於秦，仍復相秦，則此時儀未爲秦相也。儀自惠文後三年出相魏，至今在魏，衍不相，則儀必不去也。故大事記謂，伐秦之役，儀在魏，陰爲秦用；而又謂衍與義渠語，其相魏之後，蓋亦不能無疑。豈儀去魏之秦，犀首知其必相而害之歟？又按，秦紀書韓、趙、魏、燕、齊帥匈奴伐秦；年表，韓、魏、趙、楚、燕五國伐秦不勝；楚世家書蘇秦約從六國共攻秦，楚懷王爲從長，至函谷關，秦擊之，六國皆引歸，齊獨後。互有不同。通鑑據年表，大事記據楚世家。按楚世家特詳者，以從長故，當以爲正。年表諸國皆書不勝，齊獨後而不敗，故略不書歟？紀不書楚者，豈以世家文已明歟？修魚之戰，虜韓申差，年表在次年，而紀於此連書之，則紀誠有誤也。高注五國作齊、宋、韓、魏、趙，尤誤。

醫扁鵲見秦武王

醫扁鵲〔一〕見秦武王〔二〕，武王示〔三〕之病，扁鵲請除〔四〕。左右曰：「君之病，在耳之前，目之下，除之未必已也，將使耳不聽，目不明。」君以告扁鵲。扁鵲怒而投其石〔五〕：「君與知之〔六〕者謀之，而與不知者敗之。使此〔七〕知秦國之政也，則君一舉而亡國矣。」〔八〕

〔一〕**姚本**扁鵲，盧人也，字越人。　**鮑本**盧人，字越人。　正曰：鮑本高注。史，渤海郡鄭人，姓秦氏，名越人。徐廣云，鄭當爲鄚。正義云，又家於盧，號盧醫。按周禮釋文引史記，姓秦，名少齊，越人。今史無「少齊」字，恐釋文爲是，彼時所見本未缺也。「越人」似非名字。

〔二〕**姚本**武王，惠王子也。

〔三〕**姚本**示，語也。

〔四〕**姚本**除，治也。　**鮑本**欲去其病。

〔五〕**姚本**劉本「石」下有「曰」字。投，棄也。石，砭；所以砭彈人臃腫也（「臃」曾作「癰」）。　**鮑本**「石」下補「曰」字。○砭也，所以砭彈臃腫。　正曰：此亦本高注。石針曰「砭」，所以刺病。投，棄擲也。

〔六〕**姚本**一本無「之」字。

〔七〕**鮑本**此，如此。

〔八〕**鮑本**按：扁鵲與趙簡子同時，至是百三十年矣。　正曰：簡子在晉昭、頃、定公時，周景王、敬王之世也。秦武王元年當赧王五年，相去二百餘年，名字必差。

秦武王謂甘茂

秦武王謂甘茂曰：「寡人欲車通三川，以闚周室〔一〕，而寡人死不杇乎〔二〕？」甘茂對曰：「請之魏，約伐〔三〕韓。」王令向壽〔四〕輔〔五〕行。

〔一〕姚本三川，義陽川。周室，洛邑，王城也，今河南縣也。　鮑本闚，窺同，小視也。周室，洛邑。蓋欲取之，不正言爾。言三川，知其志不止鎬京也。正曰：三川，宜陽。説見周策。大事記，蓋控阨之地，故秦武云云。

〔二〕姚本「乎」一作「矣」。　鮑本補曰：「乎」史作「矣」。　札記今本「杇」作「朽」。

〔三〕札記今本「伐」誤「代」。

〔四〕鮑本宣太后外族。

〔五〕姚本輔，副介也。　鮑本輔，猶副。

甘茂至魏，謂向壽：「子歸告王曰：『魏聽〔一〕臣矣，然願王勿攻也。』事成，盡以爲子功〔二〕。」向壽歸以告王，王迎甘茂於息壤〔三〕。

〔一〕姚本聽，從。

〔二〕鮑本補曰：茂欲壽告王勿攻，王必疑其故，而茂得以薦其言，故曰「事成盡以爲子功」。大事記云，壽，武王所親幸，故茂以誘之。

〔三〕姚本息壤，秦邑也。　鮑本山海經，鯀竊息壤以堙洪水；時則訓，於中央言息壤堙洪水之州；而柳子厚言永州有之。則息壤非一處，此秦地也。

甘茂至，王問其故〔一〕。對曰：「宜陽，大縣也，上黨、南陽〔二〕積之久矣〔三〕，名爲縣，其實郡也〔四〕。今王倍〔五〕數險，行千里〔六〕而攻之，難矣。臣聞張儀西并〔七〕巴、蜀之地，北取西河之外，南取上庸〔八〕，天下不以爲多張儀〔九〕而賢先王〔一〇〕。魏文侯令樂羊將，攻中山〔一一〕，三年而拔之，樂羊反而語功〔一二〕，文侯示之謗書一篋，樂羊再拜稽首曰：『此非臣之功，主君之力也。』今臣羈旅之臣也〔一三〕，樗里疾、公孫衍〔一四〕二人者，挾韓而議〔一五〕，王必聽之，是王欺魏，而臣受公仲侈〔一六〕之怨也。昔者曾子處費〔一七〕，費人有與曾子同名族〔一八〕者而殺人，人告曾子母曰：『曾參殺人。』曾子之母曰：『吾子不殺人。』織自若〔一九〕。有頃焉，人又曰：『曾參殺人。』其母尚織自若也。頃之，一人又告之曰：『曾參殺人〔二〇〕。』其母懼，投杼〔二一〕逾墻而走〔二二〕。夫以曾參之賢，與母之信也，而三人疑之〔二三〕，則慈母不能信也〔二四〕。今臣之賢不及曾子，而王之信臣又未若曾子之母也，疑臣者〔二五〕不適〔二六〕三人，臣恐王爲〔二七〕臣之投杼也。」王曰：「寡人不聽也〔二八〕，請與子盟。」於是與之盟於息壤。

〔一〕**鮑本**勿攻之故。

〔二〕**鮑本**此屬修武。

〔三〕**鮑本**二縣財賦歸之。

〔四〕**鮑本**此時韓都平陽。春秋傳，上大夫受郡，下大夫受縣。則郡縣之稱久矣。正曰：大事記云，春秋時郡屬於縣，趙簡子所謂上大夫受縣，下大夫受郡是也。戰國時縣屬於郡，所謂上郡十五縣者是也。魏惠十年後，方孝公商鞅時，并小鄉爲大縣，縣一令，尚未有郡及守稱。故魏納上郡之後十餘年，秦紀始書漢中郡。或者山東諸侯先變古制而秦效之歟？

〔五〕**鮑本**倍，背同。

〔六〕**鮑本**「行」下有「數」字。○補曰：一本「行千里」。　**札記**丕烈案：史記、新序皆無。

〔七〕**鮑本**并，猶兼。

〔八〕**姚本**上庸，楚邑，今漢中東縣也。　**鮑本**屬漢中。補曰：大事記云，本庸國，今房州竹山縣，漢中要地也。

〔九〕**姚本**錢、劉本作「不以多張子」。　**鮑本**衍「爲」字。補曰：姚氏云，錢、劉本無此字。　**札記**丕烈案：史記無。

〔一〇〕**姚本**先王，謂惠王也。　**鮑本**惠文。

〔一一〕**姚本**中山，狄都，今盧奴中山也。　**鮑本**冀州國。後志云，一名中人亭。補曰：見中山策。

〔一二〕**姚本**語，言也。拔（一本拔上有「言」字）中山之功也。

〔一三〕**姚本**甘茂，本齊人，故曰羈旅也。

〔一四〕**鮑本**補曰：「衍」，史并作「奭」，新序作「公孫子」，謂皆秦諸公子。　**札記**丕烈案：索隱引此正作「衍」，但此與犀首別一人，即公孫郝，公孫赫也，亦云公孫顯。疑「衍」字有誤。

〔一五〕**鮑本**媒孽之也。

〔一六〕**鮑本**「侈」作「朋」。○　朋，公仲名。此書後或名朋，或名侈，「朋」、「侈」字近，故誤。史并作「侈」，然韓策言「公仲侈」，又言「韓侈」，爲兩人。今定公仲名，明別韓侈也。正曰：史田齊世家「韓馮」，徐廣云，即「公仲侈」。大事記取「韓」，又有「韓明」、「韓侈」。「馮」、「朋」音混，而「侈」、「明」、「朋」字訛故也。且當各存舊文，辯見各條。　**札記**丕烈案：甘茂傳與此同，作「侈」。徐廣曰，一作「馮」。

〔一七〕**姚本**費，邑名也。　**鮑本**魯邑，屬東海。

〔一八〕**姚本**名，字。族，姓。

〔一九〕姚本若，如故也。
〔二〇〕姚本一本無以上十九字。
〔二一〕鮑本機之持緯者。
〔二二〕姚本踰墻逃走也。
〔二三〕姚本疑，猶惑也。　鮑本使其母疑。
〔二四〕姚本信，猶保也。
〔二五〕鮑本疑之於王。
〔二六〕姚本適，音翅。　鮑本「適」，「啻」同。
〔二七〕姚本一本「爲」上有「之」字。
〔二八〕姚本聽，受也。

果攻宜陽，五月而不能拔也。樗里疾、公孫衍二人在〔一〕，爭之王，王將聽之，召甘茂而告之。甘茂對曰：「息壤在彼。」王曰：「有之。」因悉起兵，復使甘茂攻之，遂拔宜陽。〔二〕

〔一〕姚本「在」，續：新序作「讒」。　鮑本言在中也。
〔二〕鮑本在三年，茂傳有。

宜陽之役馮章謂秦王

宜陽之役〔一〕，馮章〔二〕謂秦王曰：「不拔宜陽，韓、楚乘吾弊〔三〕，國必危矣！不如許楚漢中以歡之〔四〕。楚歡而不進，韓必孤，無奈秦何矣〔五〕！」王曰：「善。」果使馮章許楚漢中，而拔宜陽〔六〕。楚王〔七〕以其言責漢中於馮章，馮章謂秦王曰：「王遂亡臣〔八〕，固〔九〕謂楚王曰：『寡人固無地而許楚王。』」〔一〇〕

〔一〕**姚本**役，事也。　**鮑本**役，猶戍役。
〔二〕**鮑本**秦人。
〔三〕**姚本**弊，極也。
〔四〕**姚本**與楚漢中以喜之也。　**鮑本**使楚説也。
〔五〕**姚本**韓失楚援，故孤，無如秦何。
〔六〕**姚本**宜陽，韓邑也。
〔七〕**鮑本**懷。
〔八〕**鮑本**詐爲逐之。　**札記**今本「遂」誤「逐」。
〔九〕**鮑本**「固」作「因」。○　**札記**今本「固」作「因」。
〔一〇〕**鮑本**彪謂：此策可以無出地矣，如後不可爲約何！正曰：戰國變詐多此類，豈暇慮後邪！懷王親受商於之欺而猶不悟，昏於貪故也。

甘茂攻宜陽

甘茂攻宜陽，三鼓〔一〕之而卒不上〔二〕。秦之右將有尉〔三〕對曰：「公不論兵〔四〕，必大困。」

甘茂曰：「我羈旅而得相秦者，我以宜陽餌王〔五〕。今攻宜陽而不拔，公孫衍〔六〕、樗里疾挫〔七〕我於內，而公中〔八〕以韓窮我於外，是無伐之日已〔九〕！請明日鼓之而不可下，因以宜陽之郭爲墓〔一〇〕。」於是出私〔一一〕金以益〔一二〕公賞。明日鼓之，宜陽拔〔一三〕。

〔一〕**鮑本**鼓以進軍。
〔二〕**姚本**卒，士也。士不上攻也。　**鮑本**上，猶前。
〔三〕**鮑本**軍尉。
〔四〕**鮑本**言不以兵法治士。
〔五〕**姚本**餌，猶喜也。　**鮑本**以釣喻也。
〔六〕**鮑本**補曰：「衍」，史作「奭」，下章同。　**札記**丕烈案：史記無此文，吳以意言之耳。已見上，不當更出也。
〔七〕**姚本**挫，猶毀也。　**鮑本**挫，摧也。
〔八〕**姚本**公中，韓侈也。　**鮑本**「中」作「仲」。〇
〔九〕**鮑本**戰功曰「伐」，言後不復立功。正曰：一本作「無茂」，是，蓋字訛。
〔一〇〕**姚本**墓，葬也。　**鮑本**示必死也。
〔一一〕**札記**今本「私」誤「利」。
〔一二〕**姚本**益，助也。
〔一三〕**姚本**拔，得也。　**鮑本**「宜」上有「而」字。〇　補曰：一本「鼓之，宜陽拔」。

宜陽未得

宜陽未得〔一〕，秦死傷者衆，甘茂欲息兵〔二〕。左成謂甘茂曰：「公内攻於樗里疾、公孫衍〔三〕，而外與韓侈〔四〕爲怨，今公用兵無功，公必窮矣。公不如進兵攻宜陽，宜陽拔，則公之功多矣〔五〕。是樗里疾、公孫衍無事也〔六〕，秦衆盡怨之深矣〔七〕。」

〔一〕**姚本**「得」一本作「拔」。宜陽，韓邑，韓武子所都也。

〔二〕**姚本**甘茂，秦將也。息，休也。

〔三〕**姚本**惡甘茂譖毀之於内，故曰内攻於疾、衍（一本下有「也」字）。　**鮑本**二人毀之，如攻國然。

〔四〕**姚本**韓侈，韓相。　**鮑本**「侈」作「明」。〇

〔五〕**姚本**戰功曰多也。

〔六〕**姚本**無事，樗里疾、公孫衍無以復攻毀甘茂之事也。　**鮑本**不得事權。

〔七〕**姚本**秦死傷衆，盡怨樗里疾、公孫衍之造謀伐宜陽，怨深之重也。　**鮑本**謂死傷多，使茂久攻，二人持之故也。

宜陽之役楚畔秦而合於韓

宜陽之役，楚畔秦而合於韓。秦王〔一〕懼。甘茂曰：「楚雖合韓，不爲韓氏先戰〔二〕；韓亦恐戰而楚有變其後〔三〕。韓、楚必相御也〔四〕。楚言與韓，而不餘怨於秦〔五〕，臣是以知其

御也〔六〕。」

〔一〕**姚本**秦武王也。
〔二〕**姚本**言楚不能爲韓氏先與秦戰也。
〔三〕**姚本**恐楚作變難，伐其後也。　**鮑本**變，背約也。楚時助韓，兵在韓後。正曰：言其後有變也。
〔四〕**姚本**御，猶相瞰望也（「瞰」，錢、劉作「詹」）。　**鮑本**御，猶制也。二國雖合猶相疑，故自相制。
〔五〕**鮑本**楚之與韓，有言而已；而其於秦，不見多怨。正曰：聲言與韓，而不遺怨於秦。
〔六〕**姚本**楚雖與韓合，不有餘怨於秦，無怨亦可復合也，故曰「以是知其相御」。

秦王謂甘茂

秦王謂甘茂曰：「楚客來使者多健〔一〕，與寡人争辭，寡人數窮焉〔二〕，爲之奈何？」甘茂對曰：「王勿患也〔三〕！其健者來使者〔四〕，則王勿聽〔五〕其事；其需〔六〕弱者來使，則王必聽之。然則需弱者用，而健者不用矣！王因而制之〔七〕。」

〔一〕**姚本**健者，强也。　**鮑本**言其强辯。
〔二〕**鮑本**辭屈也。
〔三〕**姚本**患，憂也。
〔四〕**鮑本**補曰：「者」字疑衍。　**札記**丕烈案：據下句「使」下無「者」字也。

〔五〕姚本聽，從也，受也。

〔六〕鮑本集韻，需，音儒，韋柔滑貌。補曰：「需」即「濡」。

〔七〕姚本制，御也。　鮑本弱者易制，因可制。

甘茂亡秦且之齊

甘茂亡秦，且之齊〔一〕，出關遇蘇子〔二〕，曰：「君聞夫江上之處女乎〔三〕？」蘇子曰：「不聞。」曰：「夫江上之處女，有家貧而無燭者，處女相與語，欲去之〔四〕。家貧無燭者將去矣，謂處女曰：『妾以無燭，故常先至，掃室布席，何愛〔五〕餘明之照四壁者？幸以賜妾，何妨於處女？妾自以有益於處女，何爲去我？』處女相語以爲然而留之。今臣不肖，棄逐於秦而出關〔六〕，願爲足下掃室布席，幸無我逐也。」蘇子曰：「善。請重公於齊〔七〕。」

〔一〕姚本且，將也。　鮑本茂傳，昭元年，擊魏皮氏，未拔，去。

〔二〕姚本遇，見也。蘇子，蘇代也。　鮑本代也。代傳，侍燕太子質於齊，將適秦。

〔三〕鮑本女在室者。

〔四〕姚本去，猶遺之也，遺無燭者。　鮑本遺之使去。

〔五〕鮑本「愛」下有「於」字。〇

〔六〕姚本甘茂言，我不肖，爲秦所棄逐也。

〔七〕**姚本**重，尊也。言將使齊尊重公。

乃西説秦王曰：「甘茂，賢人，非恒〔一〕士也。其居秦累世重矣〔二〕，自殽塞、溪谷，地形險易盡知之〔三〕。彼若以齊約韓、魏，反以謀秦，是非秦之利也〔四〕。」秦王曰：「然則奈何？」蘇代曰：「不如重其贄〔五〕，厚其禄以迎之。彼來則置之槐谷〔六〕，終身勿出〔七〕，天下何從圖秦。」秦王曰：「善」。與之上卿，以相迎之〔八〕齊。

〔一〕**鮑本**恒，常也。

〔二〕**鮑本**茂事惠、武、昭三王。

〔三〕**姚本**言周、秦之地悉知也。

〔四〕**姚本**約，結也。以齊之强，合韓、魏，還以圖秦，能傾之，故曰「非秦之利也」。

〔五〕**姚本**劉作「重贄」。**鮑本**集韻，「贄」與「摯」通，握持也。言多持物往遺之。

〔六〕**姚本**續：後語槐谷注，槐里之谷，今京兆始平之地。或作鬼谷，大非。**鮑本**扶風有槐，史云鬼谷，注，在陽城。補曰：按史，谿谷、槐谷并作鬼谷。故前則徐注在陽城，後則劉伯莊云在關内雲陽，皆不明。**札記**吴氏補曰，按史，谿谷、槐谷并作鬼谷。丕烈案：「槐」、「鬼」者，聲之轉也。此必在關内。徐廣注史記以陽城之鬼谷説之，自誤。而後語注因云「或作鬼谷，大非」，亦未然。

〔七〕**鮑本**代知茂必留齊，故言此爾，不爲茂游説也。正曰：代以此言激秦王，與之上卿，以相迎之，使齊亦重茂，豈非游説也？

〔八〕**姚本**錢一作「相印迎之」。**鮑本**迎之於齊。

甘茂辭不往，蘇秦〔一〕僞謂〔二〕王〔三〕曰：「甘茂，賢人也。今秦與之上卿，以相迎之〔四〕，茂德王之賜，故不往，願爲王臣。今王何以禮之？王若不留，必不德王〔五〕。彼以甘茂之賢，得擅用强秦之衆，則難圖也！」齊王曰：「善。」賜之上卿，命〔六〕而處〔七〕之。〔八〕

〔一〕**姚本**「秦」一作「代」。　**鮑本**「秦」作「子」。○　補曰：姚氏云，一作「代」。按，史同。

〔二〕**姚本**一作「僞謂齊湣王曰」。　**鮑本**「謂」作「爲」。○　補曰：「僞爲」二字，疑是「爲謂」，蓋上卿之事誠有，何得言「僞」？「爲」，一本作「謂」。

〔三〕**鮑本**「王」上補「齊」字。○　王，閔。　**札記**丕烈案：史記作「蘇代謂齊湣王曰」。

〔四〕**姚本**劉作「以相印迎之齊」。

〔五〕**姚本**德，恩也。

〔六〕**鮑本**命，猶入命之「命」。　茂傳有。

〔七〕**姚本**處，居也。　續：後語，「而厚處之」。

〔八〕**鮑本**補曰：列女傳，齊女徐吾與鄰婦合燭夜績，辭亦相類。史通謂，游士假設之辭，遽以名字加之者。

甘茂相秦〔一〕

〔一〕此篇姚本與甘茂亡秦且之齊連篇，鮑本另列一篇，據文義，從鮑本。

甘茂相秦。秦王愛公孫衍，與之間有所立〔一〕，因自謂之曰：「寡人且相子〔二〕。」甘茂之吏道而聞之〔三〕，以告甘茂。甘茂因入見王曰：「王得賢相，敢再拜賀。」王曰：「寡人託國於子，焉更得賢相？」對曰：「王且相犀首〔四〕。」王曰：「子焉聞之？」對曰：「犀首告〔五〕臣。」王怒於犀首之泄也，乃逐〔六〕之〔七〕。

〔一〕鮑本請間之。間，暇隙也。因暇與語，將置相也。

〔二〕姚本子，公孫衍也。

〔三〕姚本劉無「道而」二字。鮑本聞之於道。補曰：姚注，劉本無「道而」二字。按韓非子「道而」作「道穴」，云，秦王欲將犀首，樗里疾恐代之將也，鑿穴於王之所常隱語者，王果與犀首計之，境内盡知之，蓋樗里疾道穴聽之矣。札記丕烈案：韓子在外儲説右上，事與策同。其樗里疾事，以「一曰」爲别，吴合爲一事者誤。

〔四〕姚本犀首，公孫衍也。

〔五〕姚本告，語也。

〔六〕姚本言甘茂知之，且不欲使公孫衍得相而分（一本無「而」字）其寵也，故言「犀首告臣」，欲王逐之也。鮑本補「逐」，逐衍也。曰告人足矣，不必告己。補曰：「告人」之云，機更深險。

〔七〕鮑本「逐」下無「之」字。〇札記丕烈案：韓子有。

甘茂約秦魏而攻楚

甘茂約秦、魏而攻楚。楚之相秦者屈蓋〔一〕，爲楚和於秦，秦啓關而聽楚使。甘茂謂秦王曰：「怵〔二〕於楚而不使魏制〔三〕和，楚必曰『秦鬻〔四〕魏〔五〕』。不悦而合於楚，楚、魏爲一，國恐傷〔六〕矣。王不如使魏制和，魏制和必悦〔七〕。王不惡於魏，則寄地〔八〕必多矣。」

〔一〕**姚本**屈蓋，楚臣也，楚仕於秦，使秦相之也。**鮑本**凡屈皆楚人。楚任之於秦，使爲秦相。

〔二〕**鮑本**「怵」作「訹」。◯ 補曰：策「訹」、「怵」字通。訹，誘也；若怵，則驚耳。

〔三〕**鮑本**制，謂主之。

〔四〕**鮑本**以鬻魏之言告魏。鬻，賣也，如賣友云。言始約而終背之。

〔五〕**鮑本**「魏」下補「魏」字。◯ 補曰：恐缺一「魏」字。

〔六〕**姚本**傷，害也。

〔七〕**鮑本**絶句。

〔八〕**鮑本**言魏且割地與秦。時地未入，故言「寄」。

陘山之事

陘山之事〔一〕，趙且與秦伐齊。齊懼，令田章以陽武合於趙〔二〕，而以順子爲質〔三〕。趙王〔四〕喜，乃案兵告於秦曰：「齊以陽武賜弊邑而納順子，欲以解伐〔五〕。敢告下吏〔六〕。」

〔一〕**姚本**陘山，蓋趙井陘塞也。事，役也。**鮑本**穰侯傳，魏背秦與齊從親，秦使穰侯攻趙、韓、魏於華陽下，且益趙以兵伐齊，則此役也。陘山在密。後志注云，史記，秦破魏華陽，地亦在縣。則此策書陘山，史書華陽，一役也。事在三十四年。正曰：大事記，華陽之役，秦救韓而擊趙、魏。年表、列傳或云得三晉將，或云攻趙、韓、魏，皆記者之誤。按大事記，赧王四十一年，魏背秦與齊從親，秦魏冉伐魏，拔四城。明年，趙、魏伐韓，秦魏冉救韓，敗趙、魏，且與趙觀津，益趙以兵伐齊。補曰：陘山見前。大事記，華陽，亭名，在密陽。

〔二〕姚本陽武，齊邑也。合，和也。　鮑本屬河南，此時屬齊。正曰：此指開封。陽武非齊地，當考。

〔三〕姚本順子，齊公子。質，保也。

〔四〕鮑本惠文。

〔五〕姚本解趙，使不與秦俱伐齊。

〔六〕姚本下吏，秦吏。　鮑本不斥王，故言告吏。

秦王使公子他之趙，謂趙王曰：「齊與大國救魏而倍約〔一〕，不可信恃，大國不義〔二〕，以告弊邑〔三〕，而賜之二社〔四〕之地，以奉祭祀。今又〔五〕案兵，且欲合齊而受其地〔六〕，非使臣之所知也。請益甲四萬，大國裁之。」

〔一〕鮑本齊背二國。

〔二〕姚本「不」一作「弗」。錢、劉一作「不以爲義」。續：若下注作「弗」，則上當作「弗義」。大國，趙也。弗義，不以爲義也。　鮑本趙以齊倍之爲不義。

〔三〕姚本弊邑，秦自謂也。　鮑本告以伐齊。

〔四〕鮑本邑皆有社。二社，二邑也。正曰：未詳戰國之制。

〔五〕姚本劉、錢「又」作「有」。續：古人「有」多作「又」。

〔六〕姚本地，陽武也。

蘇代爲齊獻書穰侯〔一〕曰：「臣聞往來之者言〔二〕曰：『秦且益趙甲四萬人以伐齊。』臣竊必之弊邑之王〔三〕曰：『秦王明而熟於計，穰侯智而習於事，必不益趙甲四萬人以伐齊。』是何也？夫三晉相結，秦之深〔四〕讎也。三晉百背秦，百欺秦，不爲不信，不爲無行。今破齊以肥趙，趙〔五〕，秦之深讎〔六〕，不利於秦。一也。秦之謀者必曰：『破齊弊晉〔七〕，而後制晉、楚之勝〔八〕。』夫齊，罷〔九〕國也，以天下擊之，譬猶以千鈞之弩〔一〇〕潰癰也。秦王安能制晉、楚哉〔一一〕！二也。秦少出兵，則晉、楚不信〔一二〕；多出兵，則晉、楚爲制於秦。齊恐，則必〔一三〕不走於秦且走晉、楚〔一四〕。三也。齊割地以實晉、楚，則晉、楚安。齊舉兵而爲之頓劍〔一五〕，則秦反受兵。四也。是晉、楚以秦破齊〔一六〕，以齊破秦〔一七〕，何晉、楚之智而齊、秦之愚〔一八〕！五也。秦得安邑〔一九〕，善齊以安之，亦必無患矣。秦有安邑，則韓、魏必無上黨哉〔二〇〕。夫取三晉之腸胃〔二一〕與出兵而懼其不反也，孰利？故臣竊必之〔二二〕弊邑之王曰：『秦王明而熟於計，穰侯智而習於事，必不益趙甲四萬人以伐齊矣。』」〔二三〕

〔一〕**姚本**蘇代，蘇秦弟。穰侯，秦相也。

〔二〕**姚本**錢、劉一作「往來之言者」。**鮑本**「之者」作「者之」。○補曰：宜作「者之」。史無「之」字。

〔三〕**鮑本**必者，意其然。王，襄王。

〔四〕**姚本**深，重也。

〔五〕**姚本**史記有「趙趙」二字。曾、劉無。

〔六〕**鮑本**此二十七年敗趙，取伐光狼。

〔七〕鮑本此晉，趙也。以趙破齊，齊破，趙亦敝。

〔八〕鮑本二國破敝，秦無後慮，可以南制楚。

〔九〕鮑本罷，疲同。

〔一〇〕鮑本天能制人，必其威武足以屈人。今攻罷國，勝之，非武也，安能制人。

〔一一〕鮑本不信其伐齊。

〔一二〕姚本錢、劉「弩」下有「射」字。　鮑本補曰：史作「決潰癰」。

〔一三〕鮑本無「必」字。〇

〔一四〕鮑本兵多，則非獨齊見制，懼晉、楚亦見制。齊畏秦，故不趨秦；而與晉、楚同患，故趨晉、楚。

〔一五〕鮑本二國惡秦，而齊先伐，故既合，則齊爲二國出兵。頓，下也。此以小言之。

〔一六〕鮑本「破」作「伐」。〇　晉亦趙也，初與秦伐齊。

〔一七〕鮑本爲之頓劍是也。

〔一八〕姚本齊，秦爲晉、楚所帥，故謂之愚也。

〔一九〕鮑本此攻華陽時得之。安邑，魏地，亦屬韓，猶上黨兩屬也。白起傳，取韓安邑。正曰：按起傳，取韓安邑以東到乾河，在取魏城六十邑前一年，昭王之十七年也。索隱云，韓故地。又魏以安邑入秦，在昭王二十一年。恐非此時得之。

〔二〇〕姚本「哉」，劉作「矣」。秦將取之，故曰「無上黨哉」也。　鮑本言可取。

〔二一〕姚本腸胃，喻腹心也。　鮑本安邑、上黨如之。

〔二二〕姚本曾、集「之」上有「爲」字。

〔二三〕鮑本穰侯傳有。補曰：於是穰侯不行，引兵而歸。「爲齊」、「爲之」之「爲」，「使臣」之「使」，兩「走」字，并去聲。

秦宣太后愛魏醜夫

秦宣太后〔一〕愛魏醜夫〔二〕。太后病將死，出令曰：「爲我葬，必以魏子爲殉〔三〕。」魏子患之。庸芮〔四〕爲〔五〕魏子説太后〔六〕曰：「以死者爲有知乎？」太后曰：「無知也。」曰：「若太后之神靈，明知死者之無知矣，何爲空以生所愛，葬於無知之死人哉！若死者有知，先王積怒〔七〕之日久矣，太后救過不贍，何暇乃〔八〕私魏醜夫乎？」太后曰：「善。」乃止〔九〕。

〔一〕**姚本**惠王之后，昭襄王母，故曰太后也。

〔二〕**鮑本**魏人，仕秦。

〔三〕**姚本**殉，殺人以葬。　**鮑本**以人從葬曰「殉」。

〔四〕**姚本**庸芮，秦臣也。　**鮑本**秦人。　正曰：高注「臣」。

〔五〕**鮑本**補曰：「爲魏」之「爲」，去聲。

〔六〕**姚本**續：十二國史作「虞其爲醜夫説太后」。

〔七〕**姚本**怒，訴。

〔八〕**姚本**「乃」，曾、錢、劉作「及」。　**鮑本**補曰：元無「乃」字。

〔九〕**姚本**止，不以魏醜夫爲殉者也。　**鮑本**后死在四十二年。

戰國策卷五

秦　三

薛公爲魏謂魏冉

薛公〔一〕爲魏謂魏冉曰：「文聞秦王欲以呂禮收齊〔二〕，以濟天下，君必輕矣。齊、秦相聚以臨三晉，禮必并相之〔三〕，是君收齊以重呂禮也。齊免於天下之兵，其讎君必深〔四〕。君不如勸秦王令弊邑〔五〕卒攻齊之事。齊破，文請以所得封君。齊破晉强〔六〕，秦王畏晉之强也，必重君以取晉〔七〕。齊予晉弊邑〔八〕，而不能支秦〔九〕，晉必重君以事秦。是君〔一〇〕破齊以爲功，操〔一一〕晉以爲重也。破齊定封，而秦、晉皆重君；若齊不破，呂禮復用〔一二〕，子必大窮矣。」

〔一〕鮑本田文。

〔二〕鮑本收，猶取也。禮時相齊，親禮所以取齊。昭十三年，禮奔魏。其相齊，見周策及孟嘗傳。後至十九年歸秦，明年齊伐宋，伐宋後，文乃相魏。此事合在禮歸秦之前。此時文未相魏，其言爲魏，意親之矣。正曰：失考，辨并見周策。

〔三〕**鮑本**相齊及秦。

〔四〕**鮑本**齊讎冉也，欲得陶故。故下章曰「攻齊不成，陶爲鄰恤」。然齊未免於兵，亦不敢爾。正曰：齊無兵患，則可以肆志於冉，與「秦得天下則伐齊深」文意同，但言其事理當爾。

〔五〕**鮑本**薛也。文以此十三年奔薛。

〔六〕**鮑本**晉，謂魏。

〔七〕**鮑本**文親魏而重冉，故欲取晉，必重冉。

〔八〕**鮑本**「予」作「與」。○ 薛雖文舊封，而屬齊，齊破畏魏，且取薛予魏。

〔九〕**鮑本**魏得薛，秦必害之，而魏實弱，不能當秦。

〔一〇〕**姚本**一本無「君」字。

〔一一〕**鮑本**「操」作「採」。○ 補曰：姚本「操晉」，是。「採」字訛，義不通。**札記**丕烈案：史記是「挾」字。

〔一二〕**鮑本**禮雖亡秦之齊，秦方以禮收齊，則復親之。今齊不破，是秦收齊之功遂也。禮爲有功於秦，秦必用之，并相齊、秦也。

秦客卿造謂穰侯

秦客卿造〔一〕謂穰侯曰：「秦封君以陶〔二〕，藉君天下〔三〕數年矣。攻齊之事成，陶爲萬乘〔四〕，長小國，率〔五〕以朝天子，天下必聽，五伯之事也；攻齊不成，陶爲鄰恤〔六〕，而莫之據也〔七〕。故攻齊之於陶也，存亡之機也。

〔一〕鮑本造，其名。
〔二〕鮑本冉別封也。越記注，陶，今濟陰定陶。補曰：説見趙策。
〔三〕鮑本借以制天下之權。
〔四〕鮑本國大也。
〔五〕鮑本無「率」字。○
〔六〕鮑本言近於憂。
〔七〕鮑本無綏國可持。正曰：言攻齊不成，則陶且有爲鄰國得之之憂。

「君欲成之，何不使人謂燕相國曰：『聖人不能爲時〔一〕，時至而〔二〕弗失。舜雖賢，不遇堯也，不得爲天子；湯、武雖賢，不當桀、紂不王。故以舜、湯、武之賢，不遭時不得帝王。令〔三〕攻齊，此君之大時也已〔四〕。因天下之力，伐讎國之齊，報惠王〔五〕之恥，成昭王之功〔六〕，除萬世之害，此燕之長利，而君〔七〕之大名也。書〔八〕云，樹德莫如滋〔九〕，除害莫如盡。吴不亡越，越故亡吴；齊不亡燕，燕故亡齊〔一〇〕。齊亡於燕，吴亡於越，此除疾不盡也。以非〔一一〕此時也，成君之功，除君之害，秦卒〔一二〕有他事而從齊，齊、趙〔一三〕合，其讎君必深矣。挾君之讎〔一四〕以誅於燕〔一五〕，後雖悔之，不可得也已。君悉燕兵而疾僭〔一六〕之，天下之從君也，若報父子之仇。誠能亡齊，封君於河南〔一七〕，爲萬乘，達途於中國，南與陶爲鄰，世世無患。願君之專志於攻齊，而無〔一八〕他慮也〔一九〕。』」

〔一〕鮑本時，天時，非人所能爲。

〔二〕鮑本無「而」字。○

〔三〕鮑本「令」作「今」。○

〔四〕鮑本得時之利無大於此。

〔五〕鮑本田單破燕，燕惠王之初。

〔六〕鮑本燕昭王二十八年，樂毅伐齊，入臨淄。三十二年，下齊七十餘城。明年，田單復之。補曰：「惠王」，字疑有誤，且不當在昭王前。札記丕烈案：吳説非也，此不誤，便文而不依世次也。

〔七〕鮑本君，謂燕相。

〔八〕鮑本「書」作「詩」。○ 逸詩。補曰：泰誓，「樹德務滋，除惡務本」。札記丕烈案：吳氏云泰誓，非也。東晉古文以爲泰誓耳。策文當本作「詩」，後人誤依古文，改作「書」也。此與范睢稱詩曰「木實繁者披其枝」，黄歇稱詩云「大武遠宅不涉」，趙武靈王稱詩云「服難以勇，治亂以知，事之計也。立傅以行，教少以學，義之經也」，及謂秦王稱詩云「行百里者，半於九十」同例。「詩」字皆有訛。「遠宅不涉」者，周書大武「遠宅不薄」也。高誘注逸詩，當亦有誤。

〔九〕鮑本滋，益也。

〔一〇〕鮑本齊閔八年，蘇代爲齊説燕噲讓子之，燕幾亡矣，而不卒功，故有樂毅臨淄之役。正曰：齊宣二十七年。注「讓子之」下，宜云「於是燕亂，齊伐之」云云。

〔一一〕鮑本「以非」作「非以」。○ 正曰：「以非」至「之害」句，或「以」「已」字通，屬上句，上下文兩有此。

〔一二〕鮑本卒，猝同，忽也。

〔一三〕鮑本「趙」作「秦」。○

〔一四〕鮑本讎，謂齊。

〔一五〕鮑本使燕誅相。

〔一六〕鮑本「僭」作「攻」。○正曰：字誤，當作「攻」，下文可證。　札記今本「僭」作「攻」，乃誤涉鮑也。

〔一七〕鮑本亦河之南，非郡，此蓋寓封。

〔一八〕姚本「無」一作「毋」。

〔一九〕鮑本補曰：後「爲萬乘」之「爲」，去聲。

魏謂魏冉

魏〔一〕謂魏冉〔二〕曰：「公聞東〔三〕方之語乎？」曰：「弗聞也。」曰：「辛、張陽、毋澤〔四〕説魏王〔五〕、薛公〔六〕、公叔也，曰：『臣戰〔七〕，載主契國〔八〕以與王約〔九〕，必無患矣。若有敗之者，臣請挈領〔一〇〕。然而臣有患也〔一一〕。夫楚王之以其臣請挈領然而臣有患也〔一二〕。夫楚王〔一三〕之以其國依冉也，而事臣之主〔一四〕，此臣之甚患也〔一五〕。』今公東而因言於楚〔一六〕，是令張儀〔一七〕之言爲禹〔一八〕，而務敗公之事也〔一九〕。公不如反公國〔二〇〕，德楚〔二一〕而觀薛公之爲公也〔二二〕。觀三國之所求於秦而不能得者，請以號三國以自信也〔二三〕。觀張儀〔二四〕與澤之所不能得於薛公者也〔二五〕，而公請之以自重也〔二六〕。」

〔一〕姚本曾、錢本有「文」字。　鮑本「魏」上補「爲」字。○

〔二〕**鮑本**楚人，宣太后弟，後封穰侯。傳言其用事武王時，此時冉欲如楚，魏恐其合也。

〔三〕**鮑本**東，山東。

〔四〕**鮑本**辛，疑韓人。張，張儀。毋澤，疑齊人。正曰：此章多難通，此類尤難知。下文云，「觀張儀與澤」，又不云「毋澤」，當闕。

〔五〕**鮑本**哀。正曰：襄。

〔六〕**鮑本**田嬰。

〔七〕**鮑本**與楚戰。

〔八〕**鮑本**主，木主，軍行載之，禱且告焉。契，言以國爲約。

〔九〕**鮑本**王，魏王。

〔一〇〕**鮑本**領，項也。言欲請誅，持其項以受鈇鉞。

〔一一〕**鮑本**患楚與秦合。下衍十六字。

〔一二〕**姚本**一無以上十六字。

〔一三〕**鮑本**懷。

〔一四〕**鮑本**事，徵伐也。臣，辛、張陽；主，韓、魏、齊也。此二人之辭，非説冉者，故名冉。

〔一五〕**鮑本**「之」下有「所」字。〇　此下乃説者之辭。

〔一六〕**鮑本**公，謂冉。東，東之楚也。因與楚好言。

〔一七〕**姚本**一本無「儀」字。

〔一八〕**鮑本**儀以武二年死，故此章必次之此。禹善謨，今儀言楚依冉，而冉果與楚合，是儀之謀侔於禹也。

〔一九〕**鮑本**三國是儀之説，必欲敗冉合楚之事。

〔二〇〕鮑本謂秦。

〔二一〕鮑本但施恩惠，而不之楚。

〔二二〕鮑本觀其於冉如何。

〔二三〕鮑本爲韓、魏、齊請其所欲於秦，因宣言之，所以信於三國。

〔二四〕姚本一本無「儀」字。

〔二五〕鮑本衍「也」字。補曰：恐衍。

〔二六〕鮑本薛公所不與儀者，冉爲之請而得，則儀重冉。儀時相魏，爲儀請，亦所以爲魏，魏亦重冉也。補曰：「爲公」之「爲」，去聲。

謂魏冉曰和不成

謂魏冉曰：「和不成〔一〕，兵必出。白起者，且〔二〕復將。戰勝，必窮公；不勝，必事趙從公。公又輕〔三〕，公不若毋多〔四〕，則疾到〔五〕。」

〔一〕鮑本與趙和秦也。此二十七年白起擊趙，因伐光狼。正曰：無考。

〔二〕鮑本無「且」字。○

〔三〕鮑本不能窮冉，故從冉而和。然先和，則冉重；今不勝而和，故輕。

〔四〕鮑本謂專志於和，毋他務也。

〔五〕姚本續云：「到」，恐作「封」字。鮑本趙歸我也。此蓋冉欲和，而起欲戰也。起，冉所薦，其言「窮公」，起似不爾。

補曰：語不可曉，有缺誤。

謂穰侯

謂穰侯曰：「爲君慮封〔一〕，若〔二〕於除宋罪，重齊怒〔三〕；須殘伐亂宋〔四〕，德强齊，定身封。此亦百世之時也已〔五〕！」

〔一〕**鮑本**謀所以定其封。

〔二〕**鮑本**「若」作「苦」。○　補曰：此連下，有缺誤。　**札記**丕烈案：「除」乃「陶」字誤，句絶。「若」上當有「莫」字，鮑所説全謬。趙策云，「莫若於宋」，是其證。

〔三〕**鮑本**宋，齊所惡也，故除宋罪則齊怒，齊怒則冉之封不定，故以爲苦。除，解免也。

〔四〕**鮑本**補曰：「須殘」字有衍誤。趙策作「宋罪重，齊怒深，殘伐亂宋」云云；又作「宋之罪重，齊之怒深，殘亂宋」云云。凡兩見。彼言爲奉陽君定封，説見彼策。　**札記**丕烈案：「須」即「深」字誤，句絶。

〔五〕**鮑本**「時」上有「一」字，「時」下無「也」字。○　**札記**今本「時」上有「一」字。

謂魏冉曰楚破秦

謂魏冉曰：「楚破秦〔一〕，不能與齊縣衡矣〔二〕。秦三世積節於韓、魏〔三〕，而齊之德新加〔四〕

與〔五〕。齊、秦交争，韓、魏東聽〔六〕，則秦伐矣。齊有東國之地，方千里。楚苞九夷〔七〕，又方千里，南有符離之塞〔八〕，北有甘魚〔九〕之口。權縣宋、衛〔一〇〕，宋、衛乃當阿、甄耳〔一一〕。利有千里者二〔一二〕，富擅越隸〔一三〕，秦烏能與齊縣衡韓、魏〔一四〕，支分方城膏腴之地〔一五〕以薄〔一六〕鄭〔一七〕？兵休復起，足以傷秦，不必待齊。」

〔一〕**鮑本**「秦」下補「秦」字。○ 正曰：「秦」下宜復有「秦」字。

〔二〕**鮑本**懸衡，輕重等也。此言秦輕於齊。

〔三〕**鮑本**節，猶事也。言累有戰伐之事。正曰：劉辰翁云，積往來之節也。

〔四〕**鮑本**加於韓、魏。

〔五〕**姚本**「與」一作「焉」。

〔六〕**鮑本**衍「秦」上「齊」字，「韓魏」下復有「韓魏」字。○ 正曰：姚本「齊秦交争，韓魏東聽」，自通。**札記**今本重「韓魏」，乃誤涉鮑也。鮑本有「魏」字，補「韓」字，衍「秦」上「齊」字，吴氏有正。丕烈案：「與」字本上屬，鮑誤下屬也。

〔七〕**鮑本**補曰：索隱曰，屬楚之夷。

〔八〕**鮑本**屬沛。

〔九〕**鮑本**未詳，疑爲濟陰高魚。正曰：王應麟云，鮑説非，左氏昭十三年傳「次於魚陂」注，竟陵縣城西北甘魚陂。

〔一〇〕**鮑本**言較其輕重。

〔一一〕**鮑本**莊十三年注，阿，今濟北東阿，齊之阿邑。甄，屬濟陰。莊十四年會於鄄，史作甄。此言二國如齊邑爾。補曰：鄄本濮州鄄城。

〔一二〕**鮑本**謂齊、楚。正曰：恐非，此句正指楚。

〔一三〕**鮑本**越，勾踐國。隸，猶禮之秋官肆隸，徵伐所獲之民也。擅，專有之事。正曰：越有三，皆屬楚。隸，徒隸，賤稱。此言楚之强。

〔一四〕**鮑本**無「魏」字。○ 正曰：此句與策首不同，當與上「權縣宋、衛」爲比。一本「權縣韓、魏」者，是。「支分」字上或缺「楚」字。如此，義乃稍通。

〔一五〕**鮑本**支，言細散取之。腴，腹肥也。言肥沃如之。

〔一六〕**鮑本**薄，猶迫也。

〔一七〕**鮑本**鄭屬長安，在秦、漢之間。正曰：西都咸林，鄭舊封，去方城遠。新鄭滎陽，是時已爲韓。策凡言鄭者，韓也。

五國罷成睪

五國罷成睪〔一〕，秦王欲爲成陽君〔二〕求相韓、魏，韓、魏弗聽。秦太后〔三〕爲魏冉〔四〕謂秦王曰：「成陽君以王之故，窮而居於齊，今王見其達而收之，亦能翕其心乎〔五〕？」王曰：「未也。」太后曰：「窮而不收，達而報之，恐不爲王用；且收成陽君，失韓、魏之道也〔六〕。」

〔一〕**鮑本**「睪」作「皋」。○ 屬河南。詳見趙策惠文十三年，此二十一年也。史不書。補曰：「皋」，姚本作「睪」。前漢志，皋，故虎牢，亦名制，左傳所謂巖邑也。正義引括地志云，成皋故縣在洛州汜水縣西南。「汜」音似。**札記**今本「睪」作「皋」。丕烈案：「睪」即「皋」字也。

〔二〕**鮑本**以趙、魏策知爲韓人。此十七年入朝時在其國。

〔三〕**鮑本**宣。

〔四〕鮑本冉，后弟，時主五國之成，後恐成陽害其事，故爲之言。
〔五〕鮑本翕，猶收也。言收之晚。
〔六〕鮑本其窮在齊，亦必韓、魏所惡。

范子因王稽入秦

范子〔一〕因王稽〔二〕入秦，獻書昭王曰：「臣聞明主莅正〔三〕，有功者不得不賞，有能者不得不官；勞大者其祿厚，功多者其爵尊，能治衆者其官大。故不能者不敢當其職焉，能者亦不得蔽隱。使以臣之言爲可，則行而益利其道〔四〕；若將弗行，則久留臣無爲也〔五〕。語曰：『人主〔六〕賞所愛，而罰所惡。明主則不然，賞必加於有功，刑必斷於有罪。』今臣之胸不足以當椹質〔七〕，要不足以待斧鉞〔八〕，豈敢以疑事嘗〔九〕試於王乎？雖以臣爲賤而輕辱臣，獨不重任臣者後無反復於王前耶〔一〇〕！

〔一〕鮑本名睢，字叔，後封應侯。凡范，皆晉舊姓，故史云魏人。補曰：睢，音雖。按「范睢」，經學界考證應爲「范雎」，後「范睢」之「睢」皆徑改「雎」不出注。
〔二〕鮑本秦謁者令，時使魏還。
〔三〕鮑本史作「政」，字通。
〔四〕鮑本利，猶達。

〔五〕鮑本「爲」作「謂」。○　札記丕烈案：史記作「爲」，鮑改誤。
〔六〕姚本後語作「庸主」。　鮑本補曰：姚云後語作「庸主」，史同。
〔七〕鮑本集韻，「椹，斫木鑕」。鑕，鐵椹。質，鑕同。
〔八〕鮑本鉞，亦斧也。
〔九〕鮑本嘗，亦試也。
〔一〇〕鮑本「王前」作「前者」。○　保任人必保其後，後不如言，則爲反復。此任人者所重也，王豈得輕之。　札記丕烈案：「後」，史記作「之」，無「前」字，連上句讀。

「臣聞周有砥厄，宋有結緑，梁有懸黎，楚有和璞〔一〕。此四寶者，工之所失也〔二〕，而爲天下名器。然則聖王之所棄者，獨不足以厚國家乎〔三〕？

〔一〕鮑本卞和之璞。皆美玉名。
〔二〕鮑本失，謂不能別之。故卞和三刖也。
〔三〕鮑本厚，言使之重。

「臣聞善厚家者，取之於國；善厚國者，取之於諸侯〔一〕。天下有明主，則諸侯不得擅厚矣。是何故也〔二〕？爲其凋榮〔三〕也。良醫知病人之死生，聖主明於成敗之事，利則行之，害則舍之，疑則少嘗之，雖堯、舜、禹、湯復生，弗能改已〔四〕！語之至者，臣不敢載之於書；其淺者又不足聽也。意者，臣愚而不闔〔五〕於王心耶！已〔六〕其〔七〕言臣者，將賤而不足聽耶！非若是也，則臣之志〔八〕，願少賜游觀之間〔九〕，望見足下〔一〇〕而入之。」

〔一〕鮑本皆取其人。

〔二〕鮑本無「故」字。○札記丕烈案：史記無。

〔三〕姚本「凋榮」，曾、錢、劉一作「凋弊」。史記，「割榮」。後語，「害榮」。鮑本凋，傷也。榮，草華也，此喻厚重。彼有擅之，則此無有。

〔四〕鮑本補曰：睢云「聖主明於成敗之事」，而曰「疑則少嘗之」，語既反復，又引舜、禹，舜、禹豈嘗疑事者哉？所謂游士之言。

〔五〕姚本史記，「闔」作「概」。鮑本「闔」，「合」同。補曰：「闔」，史作「概」。索隱引策作「闕」。

〔六〕姚本「已」，錢作「亡」；一作「以」；一作「抑」；曾作「亡」。鮑本「已」作「亡」。○補曰：姚云，錢作「亡」。史同。

〔七〕鮑本亡其，猶得亡。補曰：亡其，猶亡乃。

〔八〕鮑本絶句。正曰：史，「自非然者，臣願」云云。按，「自非然者」即策「非若是也」，「臣願」即策「則臣之志願」云云。「志」字句絶，雖奇，非文義。札記丕烈案：此史記不與策文同。

〔九〕鮑本間，暇隙也。

〔一〇〕鮑本不斥王，故指其足下之人，猶陛下也。

書上，秦王説之，因謝王稽説〔一〕，使人持車召之。〔二〕

〔一〕姚本一無「説」字。鮑本且謝且説，説其未用之故。正曰：謝其得人，而説其欲見之意。姚云，一本無「説」字。史同。

〔二〕鮑本睢傳有。補曰：「爲其」之「爲」，去聲。「説之」之「説」，音悦。

范雎至秦

范雎至秦，王庭迎，謂范雎曰〔一〕：「寡人宜以身受令久矣。今者義渠之事急〔二〕，寡人日自請太后。今義渠之事已，寡人乃得以身受命〔三〕。躬竊閔然不敏〔四〕，敬執賓主之禮。」范雎辭讓。

〔一〕**鮑本**無「謂」字。○ 補曰：一本「謂范雎」。**札記**丕烈案：考史記，「謂」或「謝」字誤也。

〔二〕**鮑本**蓋修李帛之怨。補曰：大事記，赧王四十四年，秦滅義渠。漢匈奴傳，秦昭王時，義渠戎王與宣太后亂，有二子，太后計殺王於甘泉。

〔三〕**鮑本**無「得」字。○ **札記**丕烈案：史記作「乃得受命」。

〔四〕**鮑本**閔，猶傷。敏，疾也。自傷其見雎之晚。

是日見范雎，見者〔一〕無不變色易容者。秦王屏左右〔二〕，宮中虛無人，秦王跪而請曰〔三〕：「先生何以幸教寡人〔四〕？」范雎曰：「唯唯。」有間〔五〕，秦王復請，范雎曰：「唯唯。」若是者三。

〔一〕**鮑本**下「見」，賢遍反。

〔二〕**鮑本**博雅，屏，除也。此謂去之。

〔三〕**鮑本**「請」作「進」。○ **札記**丕烈案：史記作「請」。

〔四〕鮑本以教之爲寵。

〔五〕鮑本亦隙也。正曰：閒，猶頃也。孟子爲「閒」，如字。

秦王跽〔一〕曰：「先生不幸教寡人乎？」

〔一〕鮑本跽，長跪也。

范睢謝曰：「非敢然也。臣聞始時呂尚之遇文王也，身爲漁父而釣於渭陽之濱耳〔一〕。若是者，交疏也〔二〕。已一説而立爲太師〔三〕，載與俱歸者〔四〕，其言深也。故文王果收功於呂尚，卒擅天下而身立爲帝王。即使文王疏呂望〔五〕而弗與深言，是周無天子之德，而文、武無與成其王也。今臣，羈旅之臣也，交疏於王，而所願陳者，皆匡君之〔六〕之事，處人骨肉之間〔七〕，願以陳臣之陋忠，而未知王心也，所以王三問而不對者是也。臣非有所畏而不敢言也，知今日言之於前，而明日伏誅於後，然臣弗敢畏也。大王信行臣之言，死不足以爲臣患，亡不足以爲臣憂，漆身而爲厲〔八〕，被髮而爲狂，不足以爲臣耻。五帝之聖〔九〕而死，三王之仁〔一〇〕而死，五伯之賢〔一一〕而死，烏獲之力〔一二〕而死，奔、育〔一三〕之勇焉而死〔一四〕。死者，人之所必不免也〔一五〕。處必然之勢，可以少有補於秦，此臣之所大願也，臣何患乎？伍子胥橐載〔一六〕而出昭關〔一七〕，夜行而晝伏，至於蔆水〔一八〕，無以餌其口，坐行蒲服〔一九〕，乞食於吴市〔二〇〕，卒興吴國，闔廬爲霸。使臣得進謀如伍子胥，加之以幽囚，終身不復見〔二一〕，是臣説之行也，臣何憂乎？箕子、接輿〔二二〕，漆身而爲厲，被髮而爲狂，無益於殷、楚。使臣得同行於箕子、接輿，漆身〔二三〕可以補所賢之主，是臣之大榮也〔二四〕，臣又何耻乎？臣之所恐者，獨恐臣死之後，天下見臣盡忠而身蹶也〔二五〕，是以杜口裹足，莫肯即秦耳〔二六〕。足下上畏太后之嚴，下惑奸臣之態；居深宮之中，不離保傅〔二七〕之手；終身暗惑，無與照姦；大者宗廟滅覆，小者身以孤危。此臣之所恐耳！若夫窮辱之事，死亡之患，臣弗敢畏也。臣死而秦治，賢於生也。」

〔一〕**鮑本**渭水出隴西首陽，此渭水之陽。詩注，在咸陽之地。補曰：正義引呂氏春秋云，太公釣於兹泉。酈道元云，磻溪中有兹泉水，源出岐州岐山縣西南凡谷，北流十二里，注於渭。

〔二〕**鮑本**絶句。

〔三〕**姚本**曾作「已而立爲太師」。

〔四〕**鮑本**「俱」下補「南」字。○ 補曰：姚本無「南」字，史同。

〔五〕**札記**今本「望」誤「尚」。丕烈案：史記作「尚」。

〔六〕**姚本**「臣」字。 **鮑本**「之」作「臣」。○ **札記**丕烈案：史記無「臣」字。

〔七〕**鮑本**處，猶在也。謂欲言太后及穰侯等。

〔八〕**鮑本**音賴，惡疾也。補曰：豫讓傳索隱云：凡漆，有毒，近之者多患瘡腫，若賴然。故以漆塗身，令若癩然。厲、賴聲近，古多借。

〔九〕**姚本**錢，「聖」下有「焉」字。

〔一〇〕**姚本**錢，「仁」下有「焉」字。

〔一一〕姚本錢，「賢」下有「焉」字。

〔一二〕姚本錢，「力」下有「焉」字。　鮑本秦紀，烏獲，武王力士。然自孟子時稱之，則其以力聞久矣。

〔一三〕鮑本史注，孟奔、夏育皆勇士，育之力能舉千鈞。補曰：皆衛人。

〔一四〕鮑本無「焉」字。○札記丕烈案：史記有，上四句亦有。

〔一五〕鮑本無「也」字。○札記丕烈案：史記有。

〔一六〕鮑本補曰：後語注云，韋橐。

〔一七〕鮑本楚關名。

〔一八〕姚本史記作「陵水」。　鮑本「蔆水」作「菱夫」。○地缺。正曰：索隱云，即溧水。

〔一九〕鮑本匍匐同。飢困故。

〔二〇〕鮑本胥傳，在丹陽溧陽。

〔二一〕鮑本無「終身」二字。○札記丕烈案：史記有。

〔二二〕鮑本高士傳，楚人陸通，字接輿。

〔二三〕姚本一本無「漆身」字。

〔二四〕鮑本二子無補於時，猶爲之；今爲而有補，故特以爲榮。正曰：接輿固辟世之士，箕子之心豈睢所能知？鮑順文爲說，謬矣！

〔二五〕鮑本蹶，僵也。

〔二六〕鮑本即，就也。補曰：「即」一作「鄉」。　札記丕烈案：史記作「鄉」。

〔二七〕鮑本女保、女傅，非大臣也。

秦王跽曰：「先生是何言也！夫秦國僻遠，寡人愚不肖，先生乃幸至此，此天以寡人慁〔一〕先生，而存先王之廟也。寡人得受命於先生，此天所以幸先王〔二〕而不棄其孤也。先生奈何而言若此！事無大小，上及太后，下至大臣，願先生悉以教寡人，無疑寡人也。」范睢再拜，秦王亦再拜。

〔一〕姚本「慁」，後語作「授」。　鮑本慁，溷同，亂也，濁貌。

〔二〕札記今本「王」誤「生」。

范睢曰：「大王之國，北有甘泉、谷口〔一〕，南帶涇、渭〔二〕，右隴、蜀〔三〕，左關、阪〔四〕；戰車千乘，奮擊百萬〔五〕。以秦卒之勇，車騎之多，以當諸侯，譬若馳〔六〕韓盧〔七〕而逐蹇兔也〔八〕，霸王之業可致。今反閉〔九〕而不敢窺兵於山東者，是穰侯爲國謀不忠，而大王之計有所失也。」

〔一〕鮑本文紀注，在雲陽。雲陽屬馮翊。

〔二〕鮑本涇水出安定涇陽。

〔三〕鮑本隴西有隴坻，即隴阪。

〔四〕鮑本「阪」作「坂」。○函谷關、隴坂。

〔五〕姚本劉，「萬」下有「馳」字。

〔六〕姚本一本無「馳」字。

〔七〕鮑本俊犬名。博物志，韓有黑犬，名盧。

〔八〕鮑本「馳」作「施」，「蹇」作「駑」。○駑，言其不俊。補曰：「馳」、「蹇」，史同。

〔九〕姚本續：李善引有「關」字。　鮑本「閉」下有「關」字。○補曰：史，「閉」下有「關」字。

王曰：「願聞所失計。」

雎曰：「大王越韓、魏而攻强齊，非計也。少出師，則不足以傷齊；多之則害於秦。臣意王之計〔一〕欲少出師〔二〕，而悉韓、魏之兵則不義矣〔三〕。今見與國之不可親〔四〕，越人之國而攻，可乎？疏於計矣！昔者，齊人伐楚〔五〕，戰勝，破軍殺將，再辟千里〔六〕，膚寸之地無得者〔七〕，豈齊不欲地哉，形弗能有也。諸侯見齊之罷露〔八〕，君臣之不親，舉兵而伐之〔九〕，主辱軍破，爲天下笑。所以然者，以其伐楚而肥韓、魏也。此所謂藉賊兵而齎盗食者也。王不如遠交而近攻〔一〇〕，得寸則王之寸，得尺亦王之尺也。今舍此而遠攻，不亦繆乎？且昔者，中山之地〔一一〕，方五百里，趙獨擅之〔一二〕，功成、名立、利附，則〔一三〕天下莫能害〔一四〕。今韓、魏，中國之處，而天下之樞也〔一五〕。王若欲霸，必親中國而以爲天下樞，以威楚、趙。趙彊則楚附，楚彊則趙附〔一六〕。楚、趙附則齊必懼，懼必卑辭重幣以事秦，齊附而韓、魏可虚也〔一七〕。」

〔一〕姚本劉，一作「以」。鮑本以意測之。
〔二〕姚本曾、錢，一作「臣計王之少出師」。
〔三〕鮑本義，宜也。已少出師，而使人悉出，非宜。
〔四〕姚本錢作「可親」。鮑本「與」，謂韓、魏。
〔五〕鮑本閔二十三年，敗楚重丘，大有功。正曰：十三年。
〔六〕鮑本辟，拓地也。
〔七〕姚本「者」一作「也」。鮑本集韻，側手曰扶，通作「膚」。春秋傳，「膚寸而合」。

〔八〕鮑本罷，疲同。在野曰露。
〔九〕鮑本魏昭十二年，與秦、趙、韓、燕伐齊，敗之。
〔一〇〕鮑本補曰：遠交近攻，秦卒用此術破諸侯，并天下。
〔一一〕鮑本「中山」作「山中」。〇 補曰：當作中山。 札記丕烈案：史記作「中山之國」。
〔一二〕鮑本武靈二十七年，亡中山。
〔一三〕鮑本「則」作「焉」。〇 補曰：恐當從史作「焉」。
〔一四〕鮑本此言近攻之利。
〔一五〕鮑本言出入來往所由。
〔一六〕鮑本言雖不能兼制，必有一附。
〔一七〕鮑本可使爲丘墟。

王曰：「寡人欲親魏，魏多變之國也，寡人不能親。請問親魏奈何？」范睢曰：「卑辭重幣以事之。不可，削地而賂之。不可，舉兵而伐之〔一〕。」於是舉兵而攻邢丘〔二〕，邢丘拔〔三〕而魏請附。

〔一〕鮑本彪謂：遠交近攻，睢之策當矣。語未卒而復欲親之，既親之又欲伐之，立談之間，矯亂如此，使人主何適從乎？若曰某策爲上，某次之，其可也。正曰：大事記，親魏者豈誠愛魏哉？孤韓黨耳！
〔二〕鮑本在河南平皋。補曰：史，廩丘、鄄丘，即邢丘也。正義云，漢置平皋縣，在懷州武德縣南。
〔三〕鮑本四十一年夏，取邢丘。

曰〔一〕：「秦、韓之地形，相錯如繡。秦之有韓，若木之有蠹，人之病心腹。天下有變，爲秦害者莫大於韓。王不如收韓〔二〕。」王曰：「寡人欲收韓〔三〕，不聽，爲之奈何？」

〔一〕**鮑本**睢復説也。
〔二〕**鮑本**無「王不如收韓」五字。○　**札記**丕烈案：史記有。
〔三〕**姚本**劉下更有一「韓」字。　**鮑本**「韓」下補「韓」字。○　補曰：姚云，劉本有。史同。

范睢曰：「舉兵而攻滎陽〔一〕，則成睪之路不通；北斬太行之道〔二〕則上黨之兵不下；一舉而攻滎陽〔三〕，則其國斷而爲三。魏、韓見必亡〔四〕，焉得不聽？韓聽而霸事可成也。」王曰：「善。」〔五〕

〔一〕**鮑本**「滎」作「榮」。○　屬河南。　**札記**丕烈案：史記作「滎」。
〔二〕**鮑本**河内山陽。唐有此山，晉隘也。
〔三〕**鮑本**「滎陽」作「宜陽」。○　補曰：「宜」，一本作「滎」，史同。是時宜陽之拔久矣。　**札記**今本「榮」作「滎」。
〔四〕**鮑本**衍「魏」字。　補曰：字疑衍。　**札記**丕烈案：史記作「夫韓」爲是。
〔五〕**鮑本**睢傳有。按史，拔邢丘在親魏説後二年，此三十八年也。攻宜陽説亦在拔邢丘前，則此「邢丘拔」，要終言之也。正曰：大事記，秦昭王三十六年，范睢爲客卿，三十九年拔懷，四十一年拔邢丘。史拔邢丘後，睢復説攻韓，則此自是兩節，策附載爲一章也。昭王四十四年攻韓，取南陽，絶太行道，皆行睢之謀也。

范睢曰：「臣居山東，聞齊之内〔一〕有田單〔二〕，不聞其王〔三〕。聞秦之有太后、穰侯、涇陽〔四〕、華陽〔五〕，不聞其有王。夫擅國之謂王〔六〕，能專利害之謂王，制殺生之威之謂王。今太后擅行不顧〔七〕，穰侯出使不報〔八〕，涇陽、華陽擊斷無諱〔九〕，四貴備而國不危者，未之有也。爲此四者，下乃所謂無王已。然則權焉得不傾，而令焉得從王出乎？臣聞：『善爲國者，内固其威，而外重其權。』穰侯使者操王之重，決裂諸侯〔一〇〕，剖符於天下〔一一〕，徵敵伐國，莫敢不聽。戰勝攻取，則利歸於陶；國弊，御於諸侯〔一二〕；戰敗，則怨結於百姓，而禍歸社稷。詩曰：『木實〔一三〕繁者披〔一四〕其枝，披其枝者傷其心〔一五〕。大其都者危其國〔一六〕，尊其臣者卑其主。』淖齒〔一七〕管齊之權〔一八〕，縮閔王之筋，縣之廟梁，宿昔而死〔一九〕。李兑用趙，減食主父〔二〇〕，百日而餓死〔二一〕。今秦，太后、穰侯用事，高陵〔二二〕、涇陽〔二三〕佐之，卒無秦王，此亦淖齒、李兑之類已〔二四〕。臣今見王獨立於廟朝矣，且臣將恐後世之有秦國者，非王之子孫也。」

〔一〕**姚本**一無「内」字。

〔二〕**姚本**「單」，後語一作「文」。**鮑本**齊之疏族，後爲相，封安平君。史云田文，非也。文去齊，至是已二十餘年，不得近舍單，遠論文也。補曰：姚氏云，後語亦作「文」。愚謂舉齊事言，不必一時。

〔三〕**鮑本**「王」上有「有」字。○**札記**今本「王」上有「有」字。鮑本有。丕烈案：史記有。詳此句，當以「不聞其王」爲是。其者，其齊也。下句當云「不聞有王」，衍「其」字。王，即秦王也。史記二句皆云「其有」，各誤衍一字。

〔四〕**鮑本**昭王母弟。

〔五〕**鮑本**補曰：正義云，華陽，亭名，在洛州密縣，故華城在鄭州管城縣南。杜注，新城，密也，故戎又號新城君。涇陽，雍州縣。高陵屬京兆。四貴者，穰侯、涇陽、華陽、高陵也。史「涇陽、華陽擊斷無諱」下有「高陵進退不請」一句。策下文「出高陵」，則此有缺文。又「走涇陽」下，姚云曾有「華陽」字。史同。**札記**丕烈案：此文史記作「穰侯、華陽、高陵、涇陽」。

〔六〕**鮑本**擅，專也。

〔七〕**鮑本**不顧王也。

〔八〕**鮑本**報，猶白也。言不白王，而擅遣使於外。

〔九〕**姚本**曾，下有「高陵進退不請」六字。**鮑本**擊斷，謂刑人。無諱，言不避王。

〔一〇〕**鮑本**謂分剖其地。

〔一一〕**鮑本**剖，猶分；符，信也，謂軍符。漢制，以竹長六寸，分而相合。正曰：竹長六寸，説文説也。漢文紀云，郡國守相爲銅虎符、竹使符。索隱云，漢舊儀，銅虎符，發兵；竹使符，出入徵發。此「剖符」，承上「決裂」而言，謂擅封爵也。

〔一二〕**鮑本**國，謂秦。御，言爲諸侯所制。補曰：下章「利盡歸於陶，國之幣帛」云云，恐此有缺誤。**札記**丕烈案：史記文同。小司馬讀「幣御於諸侯」爲句，當如吳氏讀「陶」字句絶者爲是。

〔一三〕**鮑本**實，木子。

〔一四〕**鮑本**披，謂褫之。正曰：披，折也，普靡反。

〔一五〕**鮑本**逸詩。

〔一六〕**鮑本**此因詩申之也。補曰：恐此四語皆詩，非必逸詩，古有此語爾。

〔一七〕**鮑本**楚將，楚使救齊，因相之。

〔一八〕**鮑本**管，猶管搉之管，專之也。

〔一九〕**鮑本**集韻，宿，夜也，通作「昔」。事在閔四十年。正曰：三十年。

〔二〇〕鮑本減主父食。
〔二一〕鮑本趙惠文四年。
〔二二〕鮑本亦昭王母弟。
〔二三〕姚本曾，下有「華陽」二字。
〔二四〕鮑本「已」作「也」。○ 札記丕烈案：史記作「也」。

秦王懼，於是乃廢太后，逐穰侯，出高陵，走〔一〕涇陽〔二〕於關外〔三〕。

〔一〕姚本一無「走」字。
〔二〕姚本曾，下有「華陽」二字。
〔三〕鮑本此四十一年。補曰：按睢傳，睢相在昭王四十一年。秦紀，明年太后薨，葬芷陽驪山。九月，穰侯出之陶。是太后初未嘗廢，穰侯雖免相而未就國，太后葬後，始出之陶。此辯士增飾非實之辭。故大事記從邵氏皇極經世書，免魏冉相國，奪宣太后權，以客卿范睢爲丞相，封應侯。其下書華陽君羋戎、王弟涇陽君市出就封。華陽蓋高陵別名，此書爲實。綱目書秦君廢其母不治事，逐魏冉、羋戎、公子市、公子悝云云，亦失考。札記吴氏補曰，史有「華陽」字。丕烈案：上策文「高陵、涇陽佐之」，史記作「高陵、華陽、涇陽佐之」。此文，史記作「逐穰侯、高陵、華陽、涇陽君於關外」也。

昭王謂范睢曰：「昔者，齊公得管仲，時以爲仲父。今吾得子，亦以爲父。」〔一〕

〔一〕鮑本睢傳有。補曰：睢欲言太后、穰侯，先已摩切秦王。王曰，「上及太后，下至大臣，願先生悉心以教寡人」。宜可言矣。而且陳遠交近攻之策，至是始極所欲言，此策士之深術也。史所謂未敢言内先言外，以觀秦王之俯仰是矣。

而乃謂左右多竊聽者，雎恐故爾，則未然也。雎豈不能屏左右言乎？

應侯謂昭王

應侯謂昭王曰〔一〕：「亦聞恒思〔二〕有神叢〔三〕與？恒思有悍少年，請與叢博〔四〕，曰：『吾勝叢，叢籍我神三日〔五〕；不勝叢，叢困我。』乃左手爲叢投〔六〕，右手自爲投〔七〕，勝叢，叢籍其神。三日，叢往求之，遂弗歸。五日而叢枯，七日而叢亡。今國者，王之叢；勢者，王之神。籍人以此，得無危乎？臣未嘗聞指大於臂，臂大於股，若有此，則病必甚矣。百人輿瓢而趨〔八〕，不如一人持而走疾〔九〕。百人誠輿瓢，瓢必裂〔一〇〕。今秦國，華陽用之，穰侯用之，太后用之，王亦用之。不稱瓢爲器，則已〔一一〕；已〔一二〕稱瓢爲器，國必裂矣。臣聞之也：『木實繁者枝必披，枝之披者傷其心。都大者危其國，臣强者危其主。』其令邑中自斗食以上〔一三〕，至尉、内史〔一四〕及王左右，有非相國之人者乎〔一五〕？國無事，則已；國有事，臣必聞見王獨立於庭也〔一六〕。臣竊爲王恐，恐萬世之後有國者，非王子孫也。」

〔一〕鮑本補曰：秦紀，應亭，索隱云在河東臨晉。又，應爲太后養地。徐云，潁川父城縣應鄉，又作大城。按括地志之應鄉，在汝州魯山縣東。後策「應侯失韓之汝南」，説者謂與應鄰，則在汝者爲是。昭王奪太后養地以封雎，亦惡矣。應，於陵反。

〔二〕鮑本地缺。

〔三〕鮑本灌木中有神靈託之。正曰：黑〔墨〕子，建國必擇木之修茂者以爲叢位。史，叢祠。索隱云，高誘注云，神祠；叢，樹也。今高注本缺。

〔四〕鮑本局戲也，六著十二棋。

〔五〕鮑本「籍」作「藉」，下同。○以神靈借我。

〔六〕鮑本班固奕指曰，博懸於投，不必慧巧。騳曰，投，投瓊。

〔七〕鮑本右强而便，欲自取勝。正曰：尚左，尊神也。

〔八〕鮑本負之如輿載物。正曰：輿，載也。

〔九〕姚本曾、錢、劉，一無「疾」字。

〔一〇〕鮑本以争持者衆。

〔一一〕鮑本稱，猶等也。謂比國於瓢。

〔一二〕鮑本下「已」字無。○

〔一三〕鮑本「其」作「且」。○漢官表，歲俸不滿百斛，計日而食一斗二升。

〔一四〕鮑本秦有郡縣，有内史。郡國官也。

〔一五〕鮑本相國，穰侯。

〔一六〕鮑本無「聞」字。○札記今本無「聞」字。

「臣聞古之善爲政也，其威内扶〔一〕，其輔外布〔二〕，四〔三〕治政不亂不逆，使者直道而行，不敢爲非。今太后使者分裂諸侯，而符布天下，操大國之勢，强徵〔四〕兵，伐諸侯。戰勝攻取，利盡歸於陶；國之幣帛，竭入太后之家；竟内之利，分移華陽。古之所謂『危主滅國之道』必從此起。三貴竭國以自安〔五〕，然則令何得從王出，權何得毋分，是我〔六〕王果處三分之一也。」〔七〕

〔一〕鮑本扶，猶持也。言不顛仆。
〔二〕鮑本輔，謂股肱之臣。
〔三〕鮑本「四」作「而」。○ 補曰：字誤，宜作「而」言。
〔四〕鮑本「强徵」作「徵强」。○
〔五〕鮑本據上文，不及涇陽、高陵。
〔六〕姚本劉本無「我」字。鮑本衍「我」字。
〔七〕鮑本彪謂：人君生事之所嚴，有母而已。范睢説昭王，乃以太后爲稱首，忍哉。君子所以進其身，豈舍此獨無説乎？

秦攻韓圍陘

秦攻韓，圍陘〔一〕。范睢謂秦昭王曰：「有攻人者，有攻地者。穰侯十攻魏而不得〔二〕傷者，非秦弱而魏强也，其所攻者，地也。地者，人主所甚愛也。人主者，人臣之所樂爲死也。攻人主之所愛，與樂死者鬭，故十攻而弗能〔三〕勝也。今王將攻韓圍陘，臣願王之毋獨攻其地，而攻其人也。王攻韓圍陘，以張儀爲言〔四〕。張儀之力多，且削〔五〕地而〔六〕以自贖於王，幾割地而韓不盡；張儀之力少，則王逐張儀，而更與不如張儀者市〔七〕。則王之所求於韓者，言可得也〔八〕。」〔九〕

〔一〕鮑本僖四年「次於陘」注，楚地。潁川召陵南有陘亭，此時屬韓。韓桓惠九年，秦拔我陘。此四十三年也。正曰：召陵陘亭者，陘山也，説見前，非此陘。史韓世家，秦拔我陘城汾旁。正義云，陘故城在絳州曲沃縣西北汾水之旁。白起傳作邢丘，亦誤。大事記據世家爲文。

〔二〕姚本「得」，一作「能」。

〔三〕鮑本無「能」字。○

〔四〕鮑本儀死至睢之相，四十四年矣，儀亦未嘗在韓，此必誤。

〔五〕鮑本「削」作「割」。○　補曰：疑即下文「割」字。

〔六〕姚本錢、劉本無「而」字。

〔七〕鮑本無「張」字。○　智不如耳，非力也。札記「張」，鮑本無。丕烈案：無者當是，上文「張」字皆有訛。

〔八〕鮑本「言」作「盡」。○　札記今本「言」作「盡」。

〔九〕鮑本補曰：更，平聲。此章有舛誤，未詳。

應侯曰鄭人謂玉未理者璞

應侯曰：「鄭人謂玉未理者璞〔一〕，周人謂鼠未臘者朴。周人懷璞〔二〕過鄭賈曰：『欲買朴乎？』鄭賈曰：『欲之。』出其朴，視之，乃鼠也〔三〕。因謝不取〔四〕。今平原君〔五〕自以賢，顯名於天下，然降〔六〕其主父沙丘而臣之〔七〕。天下之王尚猶尊之，是天下之王不如鄭賈之智也〔八〕，眩〔九〕於名，不知其實也。」

〔一〕**札記**今本「璞」誤「樸」。

〔二〕**鮑本**「樸」作「朴」。○　補曰：當作「朴」。　**札記**丕烈案：此當與下「出其朴」互易，作「懷朴」。

〔三〕**鮑本**無「視之」二字。○　補曰：一本「出其朴，視之，乃鼠也」。　**札記**丕烈案：此當與上「懷璞」互易，作「出其璞，視之」。

〔四〕**鮑本**謝，辭去也。　說亦見尹文子及漢應奉傳。

〔五〕**鮑本**趙公子勝。　惠文王弟，後相孝成。　見魏無忌傳。　正曰：趙記書公子成、李兑，非平原也。「平原」字必有誤。

〔六〕**鮑本**降，貶損之也。

〔七〕**鮑本**鉅鹿有沙丘亭。　趙記不書此，未詳。

〔八〕**鮑本**無「也」字。○

〔九〕**鮑本**眩，目無常主也，故爲惑。

天下之士合從相聚於趙

天下之士，合從相聚於趙，而欲攻秦。秦相應侯曰：「王勿憂也，請令廢之。秦於天下之士非有怨也，相聚而攻秦者，以己欲〔一〕富貴耳。王見大王之狗，臥者臥，起者起，行者行，止者止，毋相與鬭者；投之一骨，輕起相牙者〔二〕，何則？有争意也。」於是〔三〕唐雎載音樂，予之五十〔四〕金，居武安〔五〕，高會〔六〕相與飲，謂：「邯鄲〔七〕人誰來取者？」於是其謀者固未可得予也〔八〕，其可得與者〔九〕，與之昆弟矣〔一〇〕。

〔一〕**鮑本**「欲」作「有」。○ 補曰：一本「有」作「欲」。
〔二〕**鮑本**輕，猶忽也。牙，言以牙相噬。
〔三〕**鮑本**「唐」上補「使」字。○
〔四〕**鮑本**「十」作「千」。○ **札記**今本「十」作「千」。丕烈案：「千」字是也。下「復載五十金」同。
〔五〕**鮑本**屬魏郡。趙奢傳注，在邯鄲西。正曰：武安，説見前。
〔六〕**鮑本**高紀注，大會也。
〔七〕**鮑本**邯鄲，趙國都。
〔八〕**鮑本**用金少，故未能動謀者。
〔九〕**鮑本**「與」作「子」。○
〔一〇〕**鮑本**謀人之昆弟。正曰：言與之和好若昆弟矣。此下有缺文。**札記**丕烈案：此當讀「與之」上屬，而缺在「昆弟矣」上。

「公與秦計功者〔一〕，不問金之所之，金盡者功多矣。今令人復載五十金隨公。」唐雎行，行〔二〕至武安，散不能三千金，天下之士，大相與鬭矣。〔三〕

〔一〕鮑本應侯教唐雎云。

〔二〕鮑本「行」字不重。○

〔三〕鮑本士得金復爲秦，故其謀不協。補曰：六國猶連鷄，群士如鬭狗，所以虎狼秦張顧哆其口。秦記，尉繚説秦王曰，「願大王毋愛財物，賂其豪臣，以亂其謀，不過亡三十萬金，則諸侯可盡」。大事記云，前此范睢之散合從，後此陳平之間項羽，同出一術。蓋亂世風俗貪鄙，故此術每中。有言禮義廉耻於多事之際，必以爲迂闊，不知撥亂之策莫要於此。愚謂，郭開之間李牧，晉鄙客之讒信陵，后勝之勸王建，秦卒亡此三國者，皆應侯之術也。高祖購陳豨將，亦陳平之故智歟？

謂應侯曰君禽馬服乎

謂應侯曰：「君禽馬服〔一〕乎？」曰：「然。」「又即圍邯鄲〔二〕乎？」曰：「然。」「趙〔三〕亡，秦王王矣，武安君爲三公。武安君所以〔四〕爲秦戰勝攻取者七十餘城，南亡鄢、郢、漢中〔五〕，禽馬服之軍，不亡一甲，雖周〔六〕吕望之功，亦不過此矣。趙亡，秦王王，武安君爲三公，君能爲之下乎？雖欲無爲之下，固不得之矣。秦嘗攻韓邢〔七〕，困於上黨，上黨之民皆返爲趙〔八〕。天下之民，不樂爲秦民之日固久矣。今攻趙，北地入燕，東地入齊，南地入楚、魏，則秦所得不一幾何〔九〕。故不如因而割之〔一〇〕，因以爲武安功〔一一〕。」

〔一〕鮑本「馬服」下補「君」字。○趙括也，襲其父稱。補曰：史白起傳，昭王四十八年，秦復定上黨，分軍爲二，王齕攻虎牢，拔之；司馬梗定太原。韓、趙恐，使蘇代説應侯。大事記引服虔曰，馬服，猶言服馬也。崔浩曰，馬服，官名，言服武事也。札記今本「服」下有「君」字。丕烈案：史記作「武安君禽馬服子乎」，此文「君」上有脱。

〔二〕**鮑本**四十八年十月。

〔三〕**鮑本**「趙」上補「曰」字。○ **札記**丕烈案：史記無。

〔四〕**姚本**一無「以」字。

〔五〕**鮑本**南郡宜城注，故鄢。江陵注，郢都，又郢，故郢。正曰：詳見後「五都」注。

〔六〕**姚本**錢、劉下有「召」字。**鮑本**補曰：姚云，錢、劉本此下有「召」字。

〔七〕**姚本**一本下有「丘」字。劉本無「邢丘」二字。**鮑本**趙國襄國注，故邢國，此字當作「郢」。補曰：上章秦攻韓圍陘。史桓惠王九年，秦拔我陘汾旁。十年，秦擊我太行，我上黨郡守以郡降趙。事正相次也。**札記**丕烈案：史記作「邢丘」，鮑説未是。

〔八〕**鮑本**馮亭事。

〔九〕**姚本**劉改「不一」作「無幾何」。**鮑本**「一」作「能」。○ 正曰：字誤。史作「所得民亡幾何」，此蓋「亡」字誤分。**札記**今本「一」作「能」，乃誤涉鮑也。

〔一〇〕**鮑本**許趙割地來和。

〔一一〕**鮑本**如是則起無大功，雎不爲之下。補曰：史「無以爲」，此「因」字非。史又云，「於是應侯言於秦王，王聽之，割韓垣、雍，趙六邑以和，武安君由是與應侯有隙」，下接「復欲伐趙」云云。

應侯失韓之汝南

應侯失韓之汝南〔一〕。秦昭王謂應侯曰：「君亡〔二〕國，其憂乎？」應侯曰：「臣不憂。」王曰：「何也？」曰：「梁人有東門吴者，其子死而不憂，其相室〔三〕曰：『公之〔四〕愛子也〔五〕，天下無有，今子死不憂〔六〕，何也？』東門吴曰：『吾嘗無子，無子之時不憂；今子死，乃即與無子時同也。臣奚憂焉？』臣亦嘗爲子〔七〕，爲子時不憂；今亡汝南，乃與即爲〔八〕梁餘子同也〔九〕。臣何爲憂？」

〔一〕**鮑本**梁州郡。近應國，應侯嘗取得之。

〔二〕**姚本**一本下有「汝南」二字。

〔三〕**鮑本**室家之相，此女也。男曰「家老」。

〔四〕**鮑本**「之」作「子」。○

〔五〕**鮑本**衍「也」字。

〔六〕**鮑本**「死」下有「而」字。○

〔七〕**鮑本**此「臣」，應侯。子，餘子也。此時無地。

〔八〕**姚本**劉一無「即爲」二字。　**鮑本**「與即」作「即與」。○　補曰：當作「即與」。

〔九〕**鮑本**大司徒可任之餘，爲餘子。正曰：周禮「小司徒致餘子」注，餘子，謂羨也。傳，晉有公族、餘子。杜云，嫡子之母弟也。呂氏春秋，張儀，魏氏餘子。索隱云，支庶也。又，季子也。莊子注，不應丁夫爲餘子。趙策亦有餘子字。按，梁餘子，恐是雎入秦而亡其餘子之在梁者。「臣亦嘗爲子」，言己亦若東門吴；「乃即與爲梁餘子同」，言亡地與亡子同。

秦王以爲不然，以告蒙傲〔一〕曰：「今也，寡人一城圍，食不甘味，卧不便席，今應侯亡地而言不憂，此其情〔二〕也〔三〕？」蒙傲曰：「臣請得其情。」

〔一〕鮑本秦人。補曰：「傲」恐即「鶩」。始皇七年死，此時相及。札記丕烈案：李善注求自試表引作「鶩」。「傲」、「鶩」同字。

〔二〕姚本一本下有「何」字。

〔三〕鮑本問其心誠然否？

蒙傲〔一〕乃往見應侯，曰：「傲欲死。」應侯曰：「何謂也？」曰：「秦王師君，天下莫不聞，而況於秦國乎！今傲勢得秦爲王〔二〕將，將兵，臣以韓之細也，顯逆〔三〕誅，奪君地，傲尚奚生？不若死。」應侯拜蒙傲曰：「願委之卿。」蒙傲以報於昭王。

〔一〕鮑本無「蒙傲」二字。○

〔二〕姚本一本無「爲」字。鮑本「爲王」作「王爲」。○補曰：當作「王爲」。姚云，一本無「爲」字，是。

〔三〕鮑本言其國小而逆節著。正曰：顯逆亂之誅。又作「顯違誅戮」，義亦通。

自是之後，應侯每言韓事者，秦王弗聽也，以其爲汝南虜〔一〕也〔二〕。

〔一〕姚本錢一無「虜」字。

〔二〕鮑本汝南民爲韓虜獲者。補曰：「以爲」、「爲憂」、「爲將」之「爲」，如字。依姚本句，則「爲秦」之「爲」，亦如字。

秦攻邯鄲

秦攻邯鄲，十七月不下。莊〔一〕謂王稽曰：「君何不賜軍吏乎？」王稽曰：「吾與王也，不用人言。」莊曰：「不然。父之於子也，令有必行者，必不行者。曰『去貴妻，賣愛妾』，此令必行者也；因曰『毋敢思也』，此令必不行者也。守閭嫗〔二〕曰，『其夕，某懦子〔三〕內某士〔四〕』。貴妻已去，愛妾已賣，而心不有〔五〕。欲教之者，人心固有〔六〕。今君雖幸於王，不過父子之親〔七〕；軍吏雖賤，不卑於守閭嫗〔八〕。且君擅主輕下之日久矣。聞『三人成虎〔九〕，十夫楺椎〔一〇〕。衆口所移，毋翼而飛』。故曰，不如賜軍吏而禮之。」王稽不聽。軍吏窮，果惡王稽、杜摯以反〔一一〕。

〔一〕**鮑本**人名也。

〔二〕**鮑本**嫗，母也。正曰：廣韻，老嫗也。此引説文，不切。

〔三〕**姚本**曾云，恐作「孺」。劉作「孺」。**鮑本**「其」作「某」。○ 孺子，乳也，婦之嘗乳者。亦婦人之美稱，齊策，「王有七孺子」。

〔四〕**鮑本**內，私之也。言嫗之言亦有必行者。

〔五〕**鮑本**有，猶欲之也。言父雖令之，而非其所欲，故令之勿思，則必不行。

〔六〕**鮑本**教，猶告也。孺子內士，人心固欲其告，雖非至親，令必行也。

〔七〕**鮑本**言王之令，亦能奪其所貴愛，有不必行者。

〔八〕**鮑本**言且告稽。

〔九〕**鮑本**即魏策龐葱所稱者。

〔一〇〕**鮑本**楺，屈申木也。

〔一一〕**鮑本**摯，稽之副也。　雎傳言稽與諸侯通。則此所惡，亦其實也。

秦王大怒，而欲兼誅范雎〔一〕。范雎曰：「臣，東鄙之賤人也〔二〕，開罪於楚〔三〕、魏，遁逃來奔。臣無諸侯之援，親習之故〔四〕，王舉臣於羈旅之中，使職事〔五〕，天下皆聞臣之身與王之舉也。今遇惑〔六〕或與罪人同心〔七〕，而王明誅之，是王過舉〔八〕顯於天下，而爲諸侯所議也。臣願請藥賜死，而恩以相葬臣〔九〕，王必不失臣之罪〔一〇〕，而無過舉之名。」王曰：「有之〔一一〕。」遂弗殺而善遇之。

〔一〕**鮑本**稽始薦雎，雎後任稽守河東。補曰：史，王稽爲河東守，三歲不上計。鄭安平降趙，應侯請罪。秦法，任人而所任不善者，以其罪罪之。於是應侯當收三族，昭王恐傷其意，加賜益厚。後二歲，稽與諸侯通，坐誅，應侯益以不懌。昭王臨朝嘆息，應侯懼，不知所出。此策「雎曰」云云，當在此時。所謂「秦王大怒而欲兼誅雎」者則非，當從史。然王益厚賜而善遇之者，所以愧之也。

〔二〕**鮑本**魏在秦東。

〔三〕**鮑本**開，言始得罪。衍「楚」字。補曰：恐衍。

〔四〕**鮑本**習，猶狎，故舊也。言非王近習之舊。

〔五〕**鮑本**職，猶主。

〔六〕鮑本「今」作「令」，「遇」作「愚」。○補曰：當作「愚」。札記今本「遇」作「愚」，乃誤涉鮑也。
〔七〕鮑本罪人，謂王稽。衍「或」字。補曰：衍。札記今本無「或」字，乃誤涉鮑也。
〔八〕鮑本過，猶誤也。昔舉而今誅之，是舉之誤。
〔九〕鮑本既殺之而加恩，以國相禮葬之。
〔一〇〕鮑本已殺之。
〔一一〕鮑本然其過舉之言。

蔡澤見逐於趙

蔡澤〔一〕見逐於趙，而入韓、魏，遇奪釜鬲於塗〔二〕。聞應侯任鄭安平〔三〕、王稽〔四〕，皆負重罪，應侯内慚，乃西入秦。將見昭王，使人宣言以感怒應侯曰：「燕客蔡澤，天下駿雄弘辯之士也。彼一見秦王，秦王必相之而奪君位。」

〔一〕鮑本燕人。
〔二〕姚本劉無「鬲」字。鮑本人奪之也。爾雅，鬲，鼎也。
〔三〕鮑本魏齊困范雎，安平匿之。時安平擊魏，以二萬人降趙。
〔四〕鮑本通諸侯也。

應侯聞之，使人召蔡澤。蔡澤入，則揖應侯，應侯固不快，及見之，又倨。應侯因讓之曰：「子常〔一〕宣言〔二〕代我相秦，豈有此乎？」對曰：「然。」應侯曰：「請聞其說。」蔡澤曰：「吁！何君〔三〕見之晚也。夫四時之序，成功者去。夫人生手足堅强，耳目聰明聖知，豈非士之所願與？」應侯曰：「然。」蔡澤曰：「質〔四〕仁秉義，行道施德於天下，天下懷樂敬愛，願以爲君王，豈不辯智之期與〔五〕？」應侯曰：「然。」蔡澤復曰：「富貴顯榮，成理〔六〕萬物，萬物各得其所；生命壽長，終其年而不夭傷；天下繼其統〔七〕，守其業，傳之無窮，名實純粹〔八〕，澤流千世，稱之而毋絶，與天下終〔九〕。豈非道之符〔一〇〕，而聖人所謂吉祥善事與？」應侯曰：「然。」澤曰：「若秦之商君，楚之吴起〔一一〕，越之大夫種〔一二〕，其卒亦可願矣〔一三〕。」應侯知蔡澤之欲困己以說，復曰：「何爲不可？夫公孫鞅事孝公，極身毋二〔一四〕，盡公不還私〔一五〕，信賞罰以致治，竭智能，示情素〔一六〕，蒙怨咎〔一七〕，欺舊交，虜魏公子卬〔一八〕，卒爲秦禽將破敵軍，攘地千里。吴起事悼王，使私不害公，讒不蔽忠，言不取苟合，行不取苟容，行義不固〔一九〕毀譽，必有〔二〇〕伯主强國，不辭禍凶。大夫種事越王，主離困辱〔二一〕，悉忠而不解〔二二〕，主雖亡絶，盡能而不離〔二三〕，多功而不矜，貴富〔二四〕不驕怠。若此三子者，義之至，忠之節也。故君子殺身以成名，義之所在，身雖死，無憾悔〔二五〕，何爲〔二六〕不可哉？」蔡澤曰：「主聖臣賢，天下之福也；君明臣忠，國之福也；父慈子孝，夫信婦貞，家之福也。故比干忠〔二七〕，不能存殷；子胥知〔二八〕，不能存吴；申生孝，而晉惑〔二九〕亂。是有忠臣孝子，國家滅亂，何也？無明君賢父以聽之。故天下以其君父爲戮辱〔三〇〕，憐其臣子。夫待死而後可以立忠成名，是微子不足仁，孔子不足聖，管仲不足大也。」於是應侯稱善。

〔一〕鮑本「常」作「嘗」。○　札記丕烈案：史記作「常」。
〔二〕姚本一本下有「欲」字。
〔三〕姚本劉一作「君何」。　鮑本「何君」作「君何」。○　札記丕烈案：史記作「君何」。
〔四〕鮑本質，猶禮。
〔五〕鮑本期，猶志也。辨智者志期得此。
〔六〕鮑本理，治也。
〔七〕鮑本統，絶也。
〔八〕鮑本言其兩全美。
〔九〕鮑本無「與天下終」四字。○　補曰：一本此下有「與天下終」一句。　札記丕烈案：史記有，作「與天地終始」。
〔一〇〕鮑本言行道之效。
〔一一〕鮑本衛人，仕魏，後相楚而死。
〔一二〕鮑本姓文，越王勾踐之相。
〔一三〕鮑本「矣」作「與」。○　補曰：「矣」，史作「歟」。
〔一四〕鮑本極身，猶竭己。
〔一五〕鮑本還，反顧也。
〔一六〕鮑本素，其所蓄積。　正曰：「素」，「愫」通，誠也。
〔一七〕鮑本集韻，蒙，覆也。「蒙」，「冒」同。鞅嘗刑太子之傅，知必見怨咎，猶冒爲之。
〔一八〕鮑本卬，則鞅之舊也。

〔一九〕姚本「固」，曾一作「顧」。　鮑本「固」作「顧」。○　札記丕烈案：史記作「不避難」。徐廣曰，一云「不困毀譽」。「固」或「困」字誤耳。

〔二〇〕鮑本「有」作「欲」。○　札記今本「有」作「欲」，乃誤涉鮑也。丕烈案：史記「必有」作「然爲」。

〔二一〕鮑本「主」作「王」。○　「離」，「罹」同。集韻，遭也。

〔二二〕鮑本解，懈同。

〔二三〕鮑本離，猶去。

〔二四〕鮑本「貴富」作「富貴」。○　札記丕烈案：史記作「貴富」。

〔二五〕姚本劉一作「身雖無，咸無悔」。

〔二六〕鮑本「爲」下有「而」字。○　札記丕烈案：史記無。

〔二七〕姚本錢「忠」下有「而」字。

〔二八〕姚本錢本有「而」字。

〔二九〕姚本「惑」一作「國」。　鮑本僖五年。

〔三〇〕姚本曾本有「而」字。　鮑本戮，殺也。賤之如刑戮詬辱之人。

蔡澤得少間〔一〕，因曰：「商君、吳起、大夫種，其爲人臣，盡忠致功〔二〕，則可願矣。閎夭事文王，周公輔成王也，豈不亦忠〔三〕乎？以君臣論之〔四〕，商君、吳起、大夫種，其可願孰與閎夭、周公哉？」應侯曰：「商君、吳起〔五〕、大夫種不若也。」蔡澤曰：「然則君之主，慈仁任〔六〕忠，不欺舊故，孰與秦孝公、楚悼王〔七〕、越王乎？」應侯曰：「未知何如也。」蔡澤曰：「主固親忠臣，不過秦孝、越王、楚悼。君之爲主〔八〕，正亂、批〔九〕患、折難，廣地殖〔一〇〕穀，富國、足家，强主，威蓋海内，功章萬里之外，不過商君、吴起、大夫種。而君之禄位貴盛，私家之富過於三子，而身不退，竊爲君危之。語曰：『日中則移，月滿則虧。』物盛則衰，天之常數也；進退、盈縮、變化，聖人之常道也。昔者，齊桓公九合諸侯〔一一〕，一匡天下，至葵丘〔一二〕之會，有驕矜之色，畔者九國〔一三〕。吴王夫差無適於天下〔一四〕，輕諸侯，凌齊、晉〔一五〕，遂以殺身亡國。夏育、太史啓〔一六〕叱〔一七〕呼駭三軍，然而身死於庸夫。此皆乘至盛不及〔一八〕道理也。夫商君爲孝公平權衡、正度量、調輕重，決裂阡陌，教民耕戰，是以兵動而地廣，兵休而國富，故秦無敵於天下，立威諸侯。功已成〔一九〕，遂以車裂。楚地持戟百萬，白起率數萬之師，以與楚戰，一戰舉鄢、郢，再戰燒夷陵〔二〇〕，南并蜀、漢，又越韓、魏攻强趙，北坑馬服，誅屠四十餘萬之衆〔二一〕，流血成川，沸聲若雷，使秦業帝〔二二〕。自是之後，趙、楚懾服〔二三〕，不敢攻秦者，白起之勢也。身所服者，七十餘城。功已成矣，賜死於杜郵〔二四〕。吴起爲楚悼罷無能，廢無用，損不急之官，塞私門之請，壹楚國之俗，南攻楊越〔二五〕，北并陳、蔡，破横散從，使馳説之士無所開其口。功已成矣，卒支解〔二六〕。大夫種爲越王墾草剏〔二七〕邑，辟地殖〔二八〕穀，率四方士〔二九〕，上下之力，以禽勁吴，成霸功。勾踐終棓而殺之〔三〇〕。此四子者，成功而不去〔三一〕，禍至於此。此所謂信而不能詘，往而不能反者也。范蠡知之，超然避世，長爲陶朱〔三二〕。君獨不觀博者乎？或欲分〔三三〕大投〔三四〕，或欲分功〔三五〕。此皆君之所明知也。今君相秦，計不下席，謀不出廊廟，坐制諸侯，利施三川，以實宜陽，決羊腸之險〔三六〕，塞太行之口，又斬范、中行之途〔三七〕，棧道千里〔三八〕於蜀、漢〔三九〕，使天下皆畏秦。秦之欲得矣，君之功極矣。此亦秦〔四〇〕之分功之時也！如是〔四一〕不退，則商君、白公、吳起、大夫種是也。君何不以此時歸相印，讓賢者授之，必有伯夷之廉；長爲應侯，世世稱孤，而有喬、松之壽〔四二〕。孰與以禍終哉！此則君何居焉？」應侯曰：「善。」乃延入坐爲上客。

〔一〕**鮑本**間，言有隙可乘。

〔二〕**鮑本**「功」作「力」。○**札記**丕烈案：史記作「功」。

〔三〕**姚本**一本有「聖」字。

〔四〕**鮑本**「君臣」二字作「聖」。○**札記**丕烈案：史記作「君臣」。

〔五〕**姚本**一本有「與」字。

〔六〕**鮑本**任，猶信。

〔七〕**鮑本**無「公」字、「王」字。○**札記**丕烈案：史記有。

〔八〕**姚本**曾本作「令主」。

〔九〕**鮑本**批，[扌毘]同，匹齊切，擊也。集韻，[扌毘]或作批，又蒲結切。

〔一〇〕**鮑本**植，種也。

〔一一〕**鮑本**無「九合諸侯」四字。○補曰：一本有「九合諸侯」一句。**札記**丕烈案：史記有。

〔一二〕**鮑本**杜注，陳留外黄東有葵丘。

〔一三〕**鮑本**僖九年。

〔一四〕**鮑本**「適」作「敵」。○正曰：史作「敵」，「適」通。適，人開反。

〔一五〕鮑本「淩」作「陵」。○ 正曰：「陵」通。史「淩雲」，漢書「陵雲」。 札記今本「淩」作「陵」，乃誤涉鮑也。丕烈案：史記作「陵」。

〔一六〕姚本「啓」，曾作「嗷」。 鮑本太史，周官，其人未詳。史作「太史激」，豈君王后之父耶？

〔一七〕鮑本叱，訶也。

〔一八〕鮑本「及」作「近」。○ 札記丕烈案：史記作「返」。

〔一九〕鮑本「成」下補「矣」字。○ 補曰：史有。

〔二〇〕鮑本屬南郡。

〔二一〕鮑本屠，言殺之酷。

〔二二〕鮑本有帝之業。

〔二三〕鮑本懾，失氣也。

〔二四〕鮑本起傳注，在咸陽西門十里。

〔二五〕鮑本「楊」作「揚」。○ 越屬揚州。 札記丕烈案：史記作「楊」。

〔二六〕鮑本斷其四支。按起傳，宗戚大臣射刺起死。

〔二七〕姚本錢、劉一作「仞」。曾一作「入」。 鮑本墾，耕。刱，造也。

〔二八〕鮑本殖，植同。

〔二九〕鮑本「方」下補「之」字，「士」下補「專」字。○ 補曰：史，「方」下有「之」字，「士」下有「專」字。恐此有缺。

〔三〇〕鮑本「棓」作「掊」。○ 「掊」，「戛」同，櫟也。蓋逼之。楚記言「賜劍死」。 札記丕烈案：史記作「負」。「負」，「棓」聲之轉也。

〔三一〕鮑本「成功」作「功成」。○ 札記丕烈案：史記作「功成」。

〔三二〕鮑本居陶，易姓朱。

〔三三〕姚本一本無「分」字。　鮑本衍「分」字。　札記史記無此，因下衍耳。

〔三四〕鮑本大，言全勝也。

〔三五〕鮑本分勝者所獲。

〔三六〕鮑本「決」上補「以」字。〇　補曰：一本及史無此字。

〔三七〕鮑本斬，謂絶之。此言斷三晉之路。

〔三八〕鮑本棧，棚也，施於險絶，以濟不通。

〔三九〕鮑本「於」上補「通」字。〇　補曰：史，「於」上有「通」字。

〔四〇〕鮑本秦，秦人也。

〔四一〕鮑本「是」作「時」。〇　補曰：史作「是」。

〔四二〕鮑本喬，王子喬。松，赤松子。皆不死。

後數日，入朝，言於秦昭王曰：「客新有從山東來者蔡澤，其人辯士。臣之見人甚衆，莫有及者，臣不如也。」秦昭王召見，與語，大説之，拜爲客卿。

應侯因謝病〔一〕，請歸相印。昭王彊起應侯，應侯遂稱篤〔二〕，因免相。昭王新説蔡澤計畫，遂拜爲秦相〔三〕，東收周室。

〔一〕鮑本因病辭去。

〔二〕鮑本篤，猶甚。

〔三〕鮑本在五十二年。

蔡澤相秦王數月，人或惡之，懼誅，乃謝病歸相印，號爲剛成君〔一〕。秦〔二〕十餘年，昭王〔三〕、孝文王、莊襄王，卒事始皇帝。爲秦使於燕，三年〔四〕而燕使太子丹入質於秦〔五〕。

〔一〕鮑本補曰：水經云，雁門子（于）延水東徑罡成南。澤，燕人，疑此即其所邑與？

〔二〕姚本一本有「居」字。鮑本「秦」上補「居」字。○補曰：史同。

〔三〕鮑本「昭」上補「事」字。○正曰：史，「昭」上有「事」字。

〔四〕鮑本居燕三年。

〔五〕鮑本澤傳有。彪謂：周衰，辯士皆矜材角智，趣於利而已。唯澤爲近道德明哲保身之策，故其得位不數月引去，優游於秦，以封君令終，美矣！「非苟知之，亦允蹈之」，澤之謂乎！正曰：澤知范雎内慚，故西入秦，志在奪相。楊雄所謂「搤其咽，抗其氣，拊其背，而奪其位」，乃矜材角智，趣利之尤者；相秦數月，懼誅歸印，亦智巧之尤。無功而退，既無當於道德之旨、明哲保身之義，彼何足以知之哉！補曰：「爲主」、「爲君」、「爲孝」、「爲楚」、「爲越」、「爲秦」之「爲」，去聲。

戰國策卷六

秦 四

秦取楚漢中

秦取楚漢中，再戰於藍田，大敗楚軍。韓、魏聞楚之困，乃南襲至鄧，楚王引歸。後三國〔一〕謀攻楚，恐秦之救也，或説薛公：「可發使告楚曰：『今三國之兵且去楚，楚能應而共攻秦，雖〔二〕藍田豈難得哉〔三〕！況於楚之故地〔四〕？』楚疑於秦之未必救己也，而今三國之辭去〔五〕，則楚之應之也必勸〔六〕，是楚與三國謀出秦兵矣〔七〕。秦爲知之，必不救也〔八〕。三國疾攻楚，楚必走秦以急〔九〕；秦愈不敢出〔一〇〕，則是我離秦而攻楚也〔一一〕，兵必有功〔一二〕。」

〔一〕**姚本**齊、韓、魏。

〔二〕**鮑本**無「秦取楚漢中再戰於藍田大敗楚軍韓魏聞楚之困乃南襲至鄧楚王引歸後三國謀攻楚恐秦之救也或説薛公可

發使告楚曰今三國之兵且去楚楚能應而共攻秦雖」六十六字。○ 補曰：姚氏本章首有此六十六字。 札記丕烈案：無者脱。

〔三〕姚本去，舍也。舍楚而往攻秦。藍田，秦邑也，攻秦則得之矣，故曰「豈難得哉」。藍田，今長安東南。鮑本屬京兆。此策上有脱簡，蓋三國攻楚，楚求秦救，薛公時在魏，説者欲使薛公遣使之楚，告以舍楚攻秦，以疑秦使不救楚。此言三國既舍楚攻秦，藍田可得也。

〔四〕鮑本藍田，秦近邑也，尚可得，而况楚地？謂秦且以漢中予楚。

〔五〕鮑本「去」作「云」。○ 三國攻楚，史不書。「辭云」，上所言者也。補曰：當作「云」。

〔六〕姚本應，和也。勸，進也。 鮑本勸，樂之也，言樂從，從三國攻秦。此一説也。

〔七〕鮑本出兵敵三國也，其謀自楚。

〔八〕姚本知楚與三國謀，故必不肯救之（一無「肯」、「之」二字）。

〔九〕姚本一本以下有「告」字。走，去也。告急求救也。 鮑本趨秦告急。

〔一〇〕姚本秦益疑，故不敢出兵。 鮑本畏三國也，此又一説。

〔一一〕鮑本我，三國也。離，言絶其交。

〔一二〕姚本離，絶也。使秦疑楚而不救也。三國得專勢攻楚，故兵出必有功也。

薛公曰：「善。」遂發重使之楚，楚之應之果勸〔一〕。於是三國并力攻楚，楚果告急於秦，秦遂不敢出兵。大臣〔二〕有功〔三〕。〔四〕

〔一〕姚本果，竟。

〔二〕姚本「臣」，曾作「勝」。 鮑本衍「臣」字。 補曰：姚氏云，曾作「勝」。高注亦作「大勝」。

〔三〕姚本三國伐楚大勝有功也。

〔四〕鮑本此章應屬齊若魏，然附之齊，則薛公時在魏；附之魏，則無薛公事。以其事不完不明，而齊、魏無所適屬也，故次之此。正曰：秦惠王後十三年，取楚漢中，非薛公在魏時事。鮑不見脱簡文，故其説妄謬而次之此。

薛公入魏而出齊女〔一〕

〔一〕此篇姚本與秦取楚漢中連篇，鮑本另列一篇。據文義，從鮑本。

薛公入魏而出齊女〔一〕。韓春謂秦王曰：「何不取爲妻，以齊、秦劫〔二〕魏〔三〕，則上黨，秦之有也〔四〕。齊、秦合而立負蒭，負蒭立，其母在秦，則魏，秦之縣也〔五〕已。呡〔六〕欲以齊、秦劫〔七〕魏〔八〕而困薛公〔九〕，佐欲定其弟〔一〇〕，臣請爲王因呡與佐也〔一一〕。魏懼而復之〔一二〕，負蒭必以魏殁世事秦〔一三〕。齊女入魏而怨薛公〔一四〕，終以齊奉事王矣〔一五〕。」

〔一〕姚本婦人大歸曰「出」。鮑本魏公子負芻之母，薛公惡齊，故逐之。

〔二〕鮑本「劫」，「刼」同。

〔三〕姚本秦王，昭王也。勸使取魏所出齊女以爲妻，而與齊并勢攻魏。

〔四〕姚本攻魏則并得上黨也。鮑本此上黨屬魏。

〔五〕姚本負蒭即魏公子，其母即魏所出齊女也。欲令秦王取之，故曰「其母在秦」，故云「魏，秦之縣也」。鮑本言負芻以母故必事秦。

〔六〕**姚本**呡，魏之臣也。　**鮑本**「呡」作「珉」。○　下同。字書無之。而韓呡，韓策作「珉」，今并從之。此魏人也。正曰：「已」字句，今連作「已珉」，非。「呡」、「珉」，策字通，恐即「韓珉」也。**札記**今本「呡」作「珉」，乃誤涉鮑也。

〔七〕**姚本**劫，脅也。

〔八〕**鮑本**無「劫魏」二字。○　爭魏權故。補曰：一本「欲以齊、秦劫魏而困薛公」。

〔九〕**姚本**薛公在魏，故欲困苦之也。

〔一〇〕**姚本**佐，負蒻兄也，故欲定其弟。　**鮑本**負芻庶兄也。定，定其立。

〔一一〕**姚本**臣，韓春自謂也。呡欲困薛，故言請爲王因呡與佐也。　**鮑本**因二人可以劫魏困薛。

〔一二〕**姚本**復之齊女。　**鮑本**反齊女。

〔一三〕**姚本**世，身。

〔一四〕**姚本**入，還也。齊女還，怨薛公出己也。

〔一五〕**姚本**王，秦王也。韓春設此言，言齊女以齊奉事王矣。秦王不慊韓春計，故其事無效。　**鮑本**齊女德秦，而齊，其父母國也，齊又與薛公隙，故女能得之以事秦。

三國攻秦入函谷

三國攻秦，入函谷〔一〕。秦王謂樓緩〔二〕曰：「三國之兵深矣，寡人欲割河東而講〔三〕。」對曰：「割河東，大費也；免〔四〕於國患，大利也。此父兄之任也〔五〕。王何不召公子池〔六〕而問焉？」

〔一〕姚本三國，齊、韓、魏也。　鮑本魏記，哀二十一年，與齊、韓共攻秦，此九年也。正曰：「哀」當作「襄」。

〔二〕鮑本趙人，見穰侯傳。此九年，相秦而免。

〔三〕姚本深，猶盛也。割，分。講，成也。（一「也」字下有「分」字）河東地以卑三國，與之成。　鮑本大河之東，非地名。

補曰：「講」、「媾」通，說見前。

〔四〕鮑本「免」作「勉」。○　補曰：策「免」、「勉」通。

〔五〕姚本曾云，大利，不入三國；大費，失土。大利不亡國，故曰「父兄之任也」。　鮑本謂公族。

〔六〕鮑本「池」作「他」。○　正曰：「池」即「他」，且當從本文。

王召公子池而問焉〔一〕，對曰：「講亦悔，不講亦悔。」王曰：「何也？」對曰：「王割河東而講，三國雖去，王必曰：『惜矣〔二〕！三國且去，吾特以三城從之〔三〕。』此講之悔也〔四〕。王不講，三國入函谷，咸陽必危〔五〕，王又曰：『惜矣！吾愛三城而不講。』此又不講之悔也。」王曰：「鈞〔六〕吾悔也，寧亡三城而悔，無危咸陽而悔也。寡人決〔七〕講矣。」卒使公子池以三城講於三國，之兵〔八〕乃退。〔九〕

〔一〕鮑本「焉」作「之」。○

〔二〕姚本惜河東地也。　鮑本悔其失地。

〔三〕姚本且，將也。特，獨也。三城，河東三縣也。

〔四〕姚本悔，恨也。

〔五〕姚本咸陽，秦都也。今長安都渭橋西北咸陽城是也。　鮑本咸陽，秦都。扶風渭城也。補曰：大事記，山南曰陽，水北亦曰陽。其地在渭水之北，九嵕諸山之南，故曰咸陽。

〔六〕**鮑本**「鈞」，「均」同。平也。

〔七〕**姚本**決，必。　**鮑本**決，斷也，猶必。

〔八〕**鮑本**「之兵」上補「三國」二字。○　補曰：宜復有「三國」二字。

〔九〕**鮑本**緩時相秦，對以池之言，豈爲侵官哉！而曰「此父兄之任」，焉用彼相矣。補曰：緩之不自言，池以兩悔言，皆箝其主之術也。　周策，韓慶爲西周説薛公，令臨函谷而無攻楚，割東國以與齊，而秦出楚王以爲和，薛公從之，會公子池來媾，遂罷兵。大事記説見彼章，當參照。按三城者，武遂與韓，封陵與魏，齊城與齊，武遂、封陵在河東，齊城無考。事在年表秦昭九年。下十一年，書韓與齊魏擊秦，與我武遂。大事記謂即此年事，誤分也。通鑑綱目以爲樓緩、公子池之對者，誤。

秦昭王謂左右〔一〕

〔一〕此篇姚本與三國攻秦入函谷連篇。鮑本另列一篇。據文義，從鮑本。

秦昭王謂左右曰：「今日韓、魏，孰與始强〔一〕？」對曰：「弗如也〔二〕。」王曰：「今之如耳〔三〕、魏齊〔四〕，孰與孟嘗〔五〕、芒卯之賢〔六〕？」對曰：「弗如也。」王曰：「以孟嘗、芒卯之賢，帥强韓、魏之兵以伐秦，猶無奈寡人何也！今以無能之如耳、魏齊，帥弱韓、魏以攻秦，其無奈寡人何，亦明矣！」左右皆曰：「甚〔七〕然〔八〕。」

〔一〕姚本始，初也。言韓、魏初時强耶？今時强也？

〔二〕姚本言不如始時强也。

〔三〕姚本如耳，韓臣。　鮑本魏人。　正曰：高注，韓臣。按，「如」，姓，魏有如姬。

〔四〕姚本魏齊，魏臣也。　鮑本魏相。

〔五〕鮑本先時相魏。

〔六〕鮑本不言韓人，魏主兵也。　札記今本「與」誤「如」。

〔七〕姚本甚，謂誠也。

〔八〕鮑本無「左右皆曰甚然」六字。○　補曰：姚本有。　札記丕烈案：史記有，韓子有，「皆」作「對」。説苑有，作「左右皆曰然」。無者非也，高注亦可證。

中期〔一〕推琴〔二〕對曰：「三〔三〕之料〔四〕天下過〔五〕矣。昔者六晉〔六〕之時，智氏最强，滅破范、中行〔七〕，帥韓、魏〔八〕以圍趙襄子於晉陽〔九〕。決晉水〔一〇〕以灌晉陽，城不沈者三板耳〔一一〕。智伯出行〔一二〕水，韓康子御，魏桓子〔一三〕驂乘〔一四〕。智伯曰：『始，吾不知水之可亡〔一五〕人之國也，乃今知之。汾水利以灌安邑〔一六〕，絳水利以灌平陽〔一七〕。』魏桓子肘韓康子〔一八〕，康子履魏桓子，躡其踵〔一九〕。肘足接於車上〔二〇〕，而智氏分矣〔二一〕。身死國亡，爲天下笑〔二二〕。今秦之强，不能過智伯；韓、魏雖弱，尚賢在晉陽之下也〔二三〕。此乃方其用肘足時也，願王之勿易也〔二四〕。」〔二五〕。

〔一〕姚本中期，秦臣也。　鮑本武王時已出此人，至是四十四、五年矣。　補曰：「期」，史作「旗」。説苑，「申旗」。　札記丕烈案：「申」即「中」訛耳。「期」、「旗」同字。

〔二〕**姚本**續：史記「中旗憑琴」注，引戰國策作「推琴」。後語，「中旗伏琴」。韓子作「推瑟」。説苑作「伏琴」。**鮑本**補曰：史，「憑琴」。索隱引後語，「伏琴」。韓子，「推瑟」。説苑，「伏瑟」。愚謂，此記其推琴而起對，猶論語記「舍瑟」也。莊子云，「孔子推琴」。**札記**丕烈案：「推」或「憑」字之訛，「憑」，「伏」聲之轉，與論語、莊子義不同也。吳氏所説未是。

〔三〕**鮑本**「三」作「王」。○ **札記**今本「三」作「王」。鮑本作「王」。丕烈案：「王」字是也。

〔四〕**姚本**料，數也。**鮑本**料，量也。

〔五〕**姚本**過，謬也。

〔六〕**姚本**六卿分晉。智氏、范、中行氏、魏、韓氏、趙氏，乘周之衰，僭號皆曰諸侯，謂六晉也。曾、劉皆作六晉者，無咎滅趙氏、魏氏。**鮑本**智、范、中行、韓、魏、趙，晉卿也，實分晉國。

〔七〕**姚本**范、中行氏，於晉最薄而苛峭，故智伯瑶先破滅也。

〔八〕**鮑本**「帥」上有「又」字。○ **札記**丕烈案：史記、説苑有。韓子作「而從韓、魏」。

〔九〕**姚本**智伯殺范、中行氏，志意驕盈，求地於諸侯，趙襄子不與地，故帥韓、魏二君伐趙氏，圍晉陽。晉陽，趙襄子邑。

〔一〇〕**鮑本**出晉陽。補曰：正義引括地志云，晉水出并州晉陽縣西，東南流注汾水。

〔一一〕**姚本**沈，没也。廣二尺曰板。**鮑本**板，高二尺。

〔一二〕**鮑本**行，去音。按視也。

〔一三〕**姚本**説苑、韓子作魏宣子。

〔一四〕**姚本**三人共載曰「驂乘」。**鮑本**徐無鬼疏，在左爲驂，在右爲御。

〔一五〕**姚本**亡，滅。

〔一六〕姚本安邑，魏桓子邑。　鮑本汾水，出汾陽，屬河東。補曰：漢志，汾水出太原汾陽縣北山，至河東汾陽縣入河。正義云，安邑，在絳州夏縣。汾水東北歷安邑、西河入河。

〔一七〕姚本平陽，韓康子邑。　鮑本絳水、平陽并屬河東。正曰：晉遷新田，今絳縣。謂平陽爲故絳。正義引括地志云，絳水一名白水，今名弗泉，源出絳山。

〔一八〕鮑本不敢正語，以肘築之。

〔一九〕鮑本躡，蹈。踵，跟也。

〔二〇〕姚本曾、劉本云，「魏桓子肘韓康子，康子躡其踵，踵、肘接於車上」。

〔二一〕姚本韓、魏兆其肘、踵之謀，破智伯於車上。智氏貪暴滅亡，三家卒共分之，故曰「智氏分也」。

〔二二〕姚本智伯身死，爲襄子所殺也。身死，國爲三家所分，天下共笑也。

〔二三〕姚本賢於趙襄子見圍於晉陽也。賢，猶勝也。　鮑本「在」上有「其」字。○　札記丕烈案：史記、説苑有。韓子作「未至如其在晉陽之下也」。

〔二四〕姚本勿，無。易，輕也。

〔二五〕鮑本彪謂：此賢人君子之言也，人君閑暇，宜數聞之。魏釐十一年有，此四十一年也。以在取邢丘下，故不可先范睢事。正曰：秦自孝公商鞅以來，政俗彌惡，當時動以遺禮義，棄仁恩，虎狼目之。是以魯連、孔順義所不臣，蓋聖賢之徒之所絶也。凡委質於其國者，雖有忠言嘉謨，皆不得在君子之科。

楚魏戰於陘山

楚、魏戰於陘山〔一〕。魏許秦以上洛〔二〕，以絶秦於楚〔三〕。魏戰勝，楚敗於南陽〔四〕。秦責〔五〕賂於魏，魏不與〔六〕。營〔七〕淺〔八〕謂秦王曰：「王何不謂楚王〔九〕曰，魏許寡人以地，今戰勝，魏王〔一○〕倍寡人也。王何不與寡人遇〔一一〕。魏畏秦、楚之合，必與秦地矣。是魏勝楚而亡地於秦也〔一二〕；是王以魏地〔一三〕德寡人〔一四〕，秦之楚者多資矣〔一五〕。魏弱，若不出地〔一六〕，則王攻其南，寡人絶〔一七〕其西，魏必危〔一八〕。」秦王〔一九〕曰：「善。」以是告楚。楚王揚言〔二○〕與秦遇，魏王聞之恐，效上洛於秦〔二一〕。

〔一〕**鮑本**魏記蘇秦傳注，在密縣。密屬河南。楚記，威王卒，魏因喪取我陘山。魏襄六年伐楚，敗之陘山，在此前九年。正曰：徐廣云，召陵有陘亭，密縣有陘山。正義云，括地志云在鄭州新鄭縣西南。大事記取鮑氏所引召陵。韓策引正義，又謂楚北有汾陘之塞，即此，皆一地也。愚恐「汾」字有誤，因「韓陘城汾旁」訛也。説見彼條。從通鑑，在惠後六年，高注作惠。

〔二〕**鮑本**洛，屬弘農。

〔三〕**姚本**魏許賂秦以上洛，絶秦使不助楚。　**鮑本**使不助楚。

〔四〕**姚本**南陽，陘山所在也。　**鮑本**荆州郡。非修武所謂。

〔五〕**鮑本**責，求也。

〔六〕**姚本**賂，上洛也。不與上洛也。

〔七〕**姚本**曾「營」或作「管」。

〔八〕**鮑本**秦人。

〔九〕**鮑本**懷。

〔一○〕**鮑本**襄。正曰：惠。

〔一一〕姚本遇，合也。　鮑本遇，猶會。

〔一二〕姚本謂失上洛。

〔一三〕鮑本無「魏」字。○　補曰：一本「以魏地德寡人」。

〔一四〕鮑本秦因楚會得地，楚之惠也。

〔一五〕姚本之，至也。資，財幣也。　鮑本之，往也。言將以厚幣往結楚好。

〔一六〕鮑本補曰：劉辰翁云，多「弱」字，即「若」。愚謂，以「弱」句，義亦善。

〔一七〕鮑本「絶」作「攻」。○

〔一八〕姚本危，亡。

〔一九〕姚本昭王也。

〔二〇〕鮑本揚，顯言之。

〔二一〕姚本魏惠王。效，致也。

楚使者景鯉在秦〔一〕

〔一〕此篇姚本與楚魏戰於陘山連篇，鮑本另列一篇，據文義，從鮑本。

楚使者景鯉在秦，從秦王與魏王〔一〕遇於境〔二〕。楚怒秦合，周最爲楚王曰：「魏請無與楚遇而合〔三〕於秦〔四〕，是以鯉與之遇也。弊邑之於與遇善之〔五〕，故齊不合也。」楚王因不罪景鯉而德周、秦〔六〕。〔七〕

〔一〕**鮑本**襄。正曰：惠。

〔二〕**姚本**遇，合。境，秦界也。　**鮑本**此下脱簡，有秦使周最解説與魏所以遇之意。見高注。而楚策有其事。補曰：按鮑所謂楚策原在韓。曰齊、楚之交善，秦與魏遇，且以善齊而絶齊乎？楚景鯉之秦，與於遇，楚王怒，恐秦以楚爲有陰於秦、魏也，且罪鯉云云。

〔三〕**姚本**遇之合也。

〔四〕**鮑本**無「楚怒秦合周冣爲楚王曰魏請無與楚遇而合於秦」二十字。○補曰：別本以此足缺文，在「是以鯉與之遇也」句上，即高注「秦使周最解説」者。姚本「楚怒秦合」、「冣爲楚王曰」、「魏王遇於境」、「楚使者」、「是以」云云，其文缺誤，不如別本明白。　**札記**此二十字鮑本無，吴氏補有。「合」作「令」，「冣」作「最」，「爲」作「謂」。丕烈案：「令」字、「謂」字是也，「冣」作「最」者非。吴氏所稱姚本，與影抄梁溪安氏本合，乃姚氏一本耳。

〔五〕**鮑本**加好於魏。正曰：敝邑，秦自稱。謂鯉與秦、魏遇此以爲善。蓋二國之遇，將以善齊，而絶齊於楚，而楚使在焉，故齊疑之而不與合也。

〔六〕**姚本**秦使周最解説楚王與魏遇之意，故不罪景鯉，而弟德周與秦也。

〔七〕**鮑本**齊，魏讎也，好魏故齊不合。齊，楚敵也，齊不合故楚説。正曰：以齊、楚交善章考之，其失可見。

楚王使景鯉如秦

楚王〔一〕使景鯉如秦。客謂秦王曰：「景鯉，楚王使景〔二〕所甚愛，王不如留之以市地〔三〕。楚王聽，則不用兵而得地；楚王不聽，則殺景鯉，更〔四〕不〔五〕與不如景鯉留〔六〕，是使〔七〕計也。」

秦王乃留景鯉。

〔一〕鮑本懷。

〔二〕姚本一本無「使景」二字。　鮑本衍「使景」二字。

〔三〕姚本市，求也。　鮑本市，買賣所之也。言使楚以地贖鯉如之。

〔四〕鮑本補曰：更，平聲。

〔五〕鮑本衍「不」字。　補曰：疑衍。　札記今本無上「不」字，乃誤涉鮑也。

〔六〕姚本「留」，曾、劉一作「者」。　鮑本「留」作「者」。○　補曰：姚云，「留」，曾、劉作「者」，是。

〔七〕鮑本使，猶利安。

景鯉使人説秦王曰：「臣見王之權輕天下〔一〕，而地不可得也。臣之來使也，聞齊、魏皆且割地以事秦。所以然者，以秦與楚爲昆弟國。今大王留臣，是示天下無楚也，齊、魏有何重於孤國也〔二〕。楚知秦之孤，不與地，而外結交諸侯〔三〕以圖〔四〕，則社稷必危，不如出臣。」秦王乃出之〔五〕。〔六〕

〔一〕鮑本權，猶勢也。天下所輕。

〔二〕姚本言留臣，則秦（一本下有「與楚」二字）絶，秦無楚援，則爲孤國，故齊、魏不復尊重秦也。　鮑本「有」，猶「又」。補曰：二字古通用，後策陳軫云「又何重孤國」，即此文。

〔三〕鮑本無「諸侯」二字。○

〔四〕鮑本圖秦。

〔五〕姚本出，遣景也。景鯉還楚也。

〔六〕鮑本補曰：「來使」之「使」，去聲。

秦王欲見頓弱

秦王〔一〕欲見頓弱〔二〕，頓弱曰：「臣之義不參拜，王能使臣無拜，即可矣〔三〕。不，即不見也。」秦王許之。於是頓子曰：「天下有〔四〕其實而無其名者，有無其實而有其名者，有無其名又無其實者。王知之乎？」王曰：「弗知。」頓子曰：「有其實而無其名者，商人是也。無把銚推耨之勢〔五〕，而有積粟之實，此有其實而無其名者也。無其實而有其名者，農夫是也。解凍而耕，暴背而耨，無積粟之實，此無其實而有其名者也。無其名又無其實者，王乃是也。已立爲萬乘，無孝之名；以千里養，無孝之實。」秦王悖然而怒〔六〕。

〔一〕姚本秦王，始皇趙正也。即位二十六年，乃稱帝，故曰秦王。

〔二〕鮑本秦人。

〔三〕鮑本「即」作「則」。○ 札記「即」，鮑本作「則」，下「從成，即楚王」同。

〔四〕姚本一本「有」字下更有「有」字。 鮑本「有」下補「有」字。○ 正曰：一本有，姚同。

〔五〕姚本銚，芸苗器也，音括。續：銚，姚、調二音，古田器。 鮑本「勢」作「勞」。○ 銚，芸苗器。耨，耨器。 補曰：徐按詩傳，錢銚也，七遥反，字與「鍬」同。耨，亦芸田器，莊子作「鎒」。

〔六〕鮑本悖，艴同，語色艴如也。補曰：艴如，説文文。今論語作「勃」。

頓弱曰：「山東戰國有六，威不掩於山東，而掩於母〔一〕，臣竊爲大王不取也。」秦王曰：「山東之建國〔二〕可兼〔三〕與？」頓子曰：「韓，天下之咽喉；魏，天下之胸腹。王資〔四〕臣萬金而游〔五〕，聽之韓、魏〔六〕，入〔七〕其社稷之臣於秦〔八〕，即韓、魏從。韓、魏從〔九〕，而天下可圖也〔一〇〕。」秦王曰：「寡人之國貧，恐不能給也〔一一〕。」頓子曰：「天下未嘗無事也，非從即横也。横成，則秦帝；從成，即楚王。秦帝，即以天下恭養〔一二〕；楚王，即王雖有萬金，弗得私也〔一三〕。」秦王曰：「善。」乃資萬金，使東游韓、魏，入其將相。北游於〔一四〕燕、趙，而殺李牧〔一五〕。齊〔一六〕王入朝〔一七〕，四國〔一八〕必〔一九〕從，頓子之説也。〔二〇〕

〔一〕姚本秦王，名正也。以母姪通於嫪毐，閉之於雍門宮，故頓弱曰不能掩威於六國，而掩威於母也。　鮑本始皇母，帝太后也。本吕不韋姬，通不韋，又通繆毐，人告之，王怒，九年遷雍。

〔二〕鮑本「建」作「戰」。〇

〔三〕姚本兼，并。

〔四〕姚本資，給。　鮑本「資」、「齎」同。

〔五〕姚本游，行。

〔六〕鮑本時不通諸國，故請王聽其往也。

〔七〕姚本入，納也。

〔八〕鮑本説之使歸秦。

〔九〕鮑本「韓魏從」不重。○補曰：一本叠此三字。

〔一〇〕姚本從於秦。圖，取。

〔一一〕姚本給，供。

〔一二〕鮑本且敬且養。

〔一三〕姚本私，愛也。

〔一四〕鮑本衍「於」字。

〔一五〕姚本李牧，趙將。鮑本趙良將，遷王七年殺之。此十八年。

〔一六〕鮑本無「王」字。○補曰：一本此下有「王」字。

〔一七〕姚本朝於秦也。

〔一八〕姚本四國，燕、趙、韓、魏。鮑本齊、魏、燕、趙也。殺牧時已虜韓。正曰：高注「燕、趙、韓、魏」，是，上已言齊矣。殺牧，是要終言之。

〔一九〕鮑本「必」作「畢」。○補曰：疑「畢」。札記今本「必」作「畢」，乃誤涉鮑也。丕烈案：鮑改吴補皆非也。古或借「必」爲「畢」字。

〔二〇〕鮑本説始皇在十年還太后前，此要終言之。彪謂：頓子之義高於范雎，而其説過之遠矣，惜其不知擇木！焉有仁人君子而爲始皇用哉？魯連視之蔑矣！正曰：大事記，茅焦説秦王曰，秦方以天下爲事，而大王有遷母太后之名，恐諸侯聞之由此倍秦。頓子告始皇，山東戰國有六，威不掩於山東，而掩於母。始皇所重者獨兼并諸侯耳，茅焦所以能復太后者，特以諸侯背秦恐之，非能以母子天性感悟之也。愚按：頓弱雖有「威掩於母」之一言，其下即説以「兼併」行許，未嘗正諫遷母之失，又非茅焦比。二人雖異於范雎，於義皆不足取。

頃襄王二十年

頃襄王二十年，秦白起拔楚西陵，或拔鄢、郢、夷陵，燒先王之墓。王徙東北，保於陳城。楚遂削弱，爲秦所輕。於是白起又將兵來伐。

楚人有黃歇者，游學博聞，襄王以爲辯，故使於秦。說昭王曰：

「天下莫强於秦、楚，今聞大王欲伐楚，此猶兩虎相鬬而駑犬受其弊，不如善楚。臣請言其說。臣聞之〔一〕：『物至〔二〕而反，冬夏是也〔三〕。致〔四〕至〔五〕而危，累棋是也。』今大國之地半天下，有二垂〔六〕，此從生民以來，萬乘之地未嘗有也〔七〕。先帝〔八〕文王〔九〕、莊王〔一〇〕，王之身，三世〔一一〕而不接地於齊〔一二〕，以絶從親之要〔一三〕。今王三使盛橋〔一四〕守〔一五〕事於韓，成橋以北入燕〔一六〕。是王不用甲，不伸威，而出〔一七〕百里之地，王可謂能矣。王又舉甲兵而攻魏，杜〔一八〕大梁〔一九〕之門，舉〔二〇〕河内〔二一〕，拔燕、酸棗、虛、桃人〔二二〕，楚、燕之兵〔二三〕云翔不敢校〔二四〕，王之功亦多矣〔二五〕。王申〔二六〕息衆二年，然後復之〔二七〕，又取蒲、衍、首垣〔二八〕，以臨仁、平兵〔二九〕，小黃、濟陽嬰城〔三〇〕，而魏氏服矣。王又割濮、磨〔三一〕之北屬之燕，斷齊、秦之要，絶楚、魏之脊。天下五合、六聚而不敢救也〔三二〕，王之威亦憚矣〔三三〕。王若能持功守威〔三四〕，省〔三五〕攻伐之心而肥仁義之誡〔三六〕，使無復後患〔三七〕，三王不足四，五伯不足六也〔三八〕。

〔一〕**姚本**續：此段首有闕文。史記、新序、後語皆有之，文亦小異。今以後語聊足此段之闕。**鮑本**無「頃襄王二十年」至「臣聞之」一百十字，有「説秦王曰」四字。○ 按史，此春申君未封時，書在擊芒卯後，此三十四年也。補曰：案，此當下接「物至」云云，而章首「説秦王曰」四字已在此段内，當爲衍文。**札記**丕烈案：吴説非也。策文但當作「説秦王曰，物至而反」云云，并無闕文。高注「秦王」云，秦王名正，不以爲黄歇説昭王，與史記不同。新序、後語皆本於史，不據此。以爲此段首有闕文者，出於姚氏，其實不得高意。李善注文選辨亡論引「楚、魏之兵，雲翔而不敢校」，以爲頓子説秦王，蒙上章爲説，必戰國策舊讀。且策文即實爲黄歇説，亦止當駁高注耳。正文作「説秦王曰」自足，前後多如此例。

〔二〕**鮑本**至，猶極。

〔三〕**姚本**秦王名正，莊王楚之子。冬至生，夏至殺，故曰反也。

〔四〕**鮑本**致，言取物置之物上。

〔五〕**姚本**至，極也。

〔六〕**鮑本**邊陲。

〔七〕**姚本**未嘗有地也。

〔八〕**姚本**今之王，古之帝，故咸言先帝。　**鮑本**尊稱之耳，時未爲帝。

〔九〕**鮑本**惠文王。非孝文。

〔一〇〕**鮑本**「莊」作「武」。○ 按史，秦輕楚頃襄王，歇乃上書説秦昭王，則史與此策書此爲「莊王」，謬也。補曰：「莊」當作「武」。**札記**丕烈案：鮑改、吴補皆非也，高注可證。史記亦是「莊」字。新序無此以下三句，或以其不合而削之也。

〔一一〕**姚本**文王，始皇祖。莊王，始皇父。故曰三世。

〔一二〕**鮑本**不與通也。

〔一三〕**鮑本**要，約也。

〔一四〕**鮑本**無「三」字，「盛」作「成」。○秦人。補曰：劉伯莊云，「橋」音「矯」。**札記**今本無「三」字，「盛」作「成」。丕烈案：史記、新序皆無「三」，當衍也；皆作「盛橋」。此下文云「成橋」，當是策文作「成」，史記作「盛」。「成」、「盛」同字。新序出史記。

〔一五〕**鮑本**守，猶待。

〔一六〕**姚本**燕入朝秦也。**鮑本**「以」作「已」。○使燕入朝於秦。正曰：「以」、「已」通。補曰：史作「盛橋以其地入秦」，爲是。新序同。此言韓入地，下言取魏地也。

〔一七〕**鮑本**出，言割地。燕入秦，必割地予秦，秦使之出也。

〔一八〕**鮑本**「杜」作「社」。○補曰：姚本作「杜」，是。**札記**丕烈案：鮑本誤。因讀上屬，謬甚。

〔一九〕**姚本**大梁，魏惠王所都也。今陳留浚儀西大梁城是也。

〔二〇〕**姚本**舉，猶得也。

〔二一〕**鮑本**屬司隸。正曰：正義云，即懷州也。在河南之北，西河之東，東河之西。

〔二二〕**姚本**拔，取也。燕，南燕。酸棗，今屬陳留。桃人，邑名，處則未聞。虚，空也。**鮑本**燕，南燕，屬東郡。酸棗屬陳留。徐注，始皇五年，取酸棗、燕、虚。又蘇代曰，決宿、胥之口，魏無虚、頓丘。按此，則虚，魏地也。桃人，史作桃，注，燕縣有桃城。今按任城有桃聚。補曰：燕，張儀傳注，滑州胙城縣。酸棗，正義云，故城在滑州酸棗縣北，古酸棗縣南。虚，正義云，謂殷虚，今相州所理。大事記解，始皇紀引正義云，姚虚在濮州雷澤縣東，二地不同。按高注作「虚」，文協。

〔二三〕**鮑本**補曰：史作「魏之兵」。意此上皆魏地，當作「魏之兵」。不然，「燕楚」以來援者言之。**札記**丕烈案：李善引

「燕」作「魏」。史記、新序皆作「邢魏之兵」，「邢」當作「荆」。徐廣曰，平皋有邢丘者，非，即策文之楚也。史記上文桃人，「人」字誤作「入」，乃連「入邢」爲讀。新序「人」作「仁」，「人」、「仁」同字。可知劉向時，史記不作「入」也。俗本新序，乃反依今史記改作「入」，誤之甚矣。唯予家所有北宋刻本新序未誤。

〔二四〕**姚本**云翔，史作「雲翔」，猶解散。**鮑本**「云」作「雲」，「不」上有「而」字。〇 雲翔，散也。論語注包曰，校，報也。正曰：爾雅「其飛也翔」注，布翅翱翔。按，翔有高起貌。漢書言翔貴，古人每言高翔。**札記**丕烈案：李善引作「雲翔而」。史記、新序皆同。

〔二五〕**姚本**不與秦校戰，故曰王之功亦多矣。

〔二六〕**姚本**申，洛也。**鮑本**「申」作「休甲」。〇 元作「申」，無「休」字，今從史。正曰：史文雖順，此作「重」義，自通。**札記**丕烈案：史記、新序，「休甲」，與策文不同。

〔二七〕**姚本**休衆二年而後復用之。

〔二八〕**鮑本**河東蒲坂注，故蒲。蘇代曰，北有河外、卷、衍，注不地。今按屬魏。故魏記書拔我卷、垣、蒲陽、衍。而張儀説魏王，秦據卷、衍。又南陽有杜衍。「垣」原作「恒」。河東有首山、首垣。正曰：徐廣及索隱皆云，此「蒲」在衛之長垣蒲鄉。索隱云，衍在河南，與卷近。卷，丘權反。正義云，屬鄭州。「恒」，姚本作「垣」。索隱云，「首」蓋「牛首」，「垣」即「長垣」，非河東之垣也。長垣，開封縣。**札記**「垣」，鮑本作「恒」，改作「垣」。丕烈案：史記、新序作「垣」。

〔二九〕**鮑本**「兵」作「丘」。〇 補曰：「兵」，從史文作「丘」。**札記**丕烈案：新序作「丘」。

〔三〇〕**姚本**當戰國時，皆魏邑也。**鮑本**地并屬陳留。嬰，猶縈也，蓋二邑環兵自守。補曰：按燕策，決白馬之口，魏無黄、濟陽。史作外黄。正義云，故黄城，在曹州考城縣東。濟陽故城在曹州冤朐縣西南。大事記云，水經注，河水舊在白馬縣南，泆通黄溝。趙世家，拔魏黄城。正義引括地志云，故黄城在魏州冠氏縣南十里，因黄溝爲名。舊注陳留外黄者，非。

〔三一〕**鮑本**周紀注，在江、漢之南。楚紀注，建寧邵南有濮夷。後志當陽縣注，荆州記沮水西有磨城，子胥所造。正曰：江、漢南之濮，乃書所謂彭濮之濮，沮水、磨城遠不相涉。下文比屬之燕，可見濮即衛之濮上，水出東郡濮陽，南入鉅野者也。索隱云，磨，地近濮。按史表有磨侯程黑。索隱云，表作歷。歷縣在信都，地、邑并無磨。愚按，此字作「磨」與「歷」通，猶樂毅書「磨室」之類。新序正作「濮歷」，則其字甚明。**札記**丕烈案：「磨」者「歷」字之誤。顔氏家訓所謂「容成造歷」，以「歷」爲「確磨」之「磨」者也。

〔三二〕**姚本**天下五合，六國集聚，不敢救助。

〔三三〕**姚本**憚，難也。六國諸侯皆有畏難秦王之威也。**鮑本**補曰：「憚」，史作「單」，是。新序同。「殫」，盡也。**札記**丕烈案：此不與策文同，高注可證。

〔三四〕**鮑本**補曰：「守威」疑「守成」。**札記**丕烈案：史記、新序皆作「威」，吳説未是。

〔三五〕**姚本**省，減。

〔三六〕**姚本**肥，猶厚也。地，猶道。厚宣仁義之道，則天下皆仰之。「誠」字一本作「誠」字。**鮑本**高注「地猶道」，則此「誠」字原作「地」也。補曰：史「誠」作「地」，新序同。**札記**丕烈案：此「地」作「誠」，必不知者所改耳。高注甚明，鮑氏亦引高，而反不改爲「地」以正之，何也？

〔三七〕**姚本**復何（一本「何」字下有「後」字）患之有，故曰使無復後患。

〔三八〕**姚本**言不足小畜之也。

「王若負〔一〕人徒之衆，材兵甲之强〔二〕，壹毀魏氏之威〔三〕，而欲以力臣天下之主〔四〕，臣恐有後患。詩云：『靡不有初，鮮克有終〔五〕。』易曰：『狐濡其尾〔六〕。』此言始之易，終之難也〔七〕。何以知其然也？智氏見伐趙之利，而不知榆次〔八〕之禍也〔九〕；吳見伐齊之便，而不知干隧〔一〇〕之敗也〔一一〕。此二國者，非無大功也，設〔一二〕利於前，而易〔一三〕患於後也〔一四〕。吴之信越也，從而伐齊〔一五〕，既勝〔一六〕齊人於艾陵〔一七〕，還爲越王禽於三江之浦〔一八〕。智氏信韓、魏，從而伐趙，攻晉陽之城，勝有日矣〔一九〕，韓、魏反之，殺智伯瑶於鑿臺〔二〇〕之上。今王妬〔二一〕楚之不毁〔二二〕也，而忘毁楚之强魏〔二三〕也。臣爲大王慮而不取〔二四〕。詩云：『大武遠宅不涉〔二五〕。』從此觀之，楚國，援〔二六〕也；鄰國，敵〔二七〕也。詩云：『他人有心，予忖度之。躍躍毚兔，遇犬獲之〔二八〕。』今王中道〔二九〕而信韓、魏之善王也，此正吴信越〔三〇〕也。臣聞，敵不可易，時不可失。臣〔三一〕恐韓、魏之卑辭慮患〔三二〕，而實欺大國也。此何也〔三三〕？王既無重〔三四〕世之德於韓、魏，而有累〔三五〕世之怨矣〔三六〕。韓、魏父子兄弟接踵而死於秦者，百世矣〔三七〕。本國殘，社稷壞，宗廟隳，刳腹折〔三八〕頤〔三九〕，首身分離，暴〔四〇〕骨草澤，頭顱僵仆〔四一〕，相望於境；父子老弱繫虜〔四二〕，相隨於路；鬼神狐祥〔四三〕無所食〔四四〕，百姓不聊〔四五〕生，族類離散，流亡爲臣妾〔四六〕，滿海内矣。韓、魏之不亡，秦社稷之憂也。今王之攻楚，不亦失乎！是〔四七〕王攻楚之日，則惡〔四八〕出兵？王將藉路於仇讎之韓、魏乎！兵出之日而王憂其不反〔四九〕也，是王以兵資於仇讎之韓、魏。王若不藉路於仇讎之韓、魏〔五〇〕，必攻陽、右壤〔五一〕。隨陽、右壤，此皆廣川大水，山林溪谷不食之地，王雖有之，不爲得地〔五二〕。是王有毁楚之名，無得地之實也。

〔一〕姚本負，恃也。

〔二〕**姚本**一本無「材」字。　**鮑本**「材」作「恃」,「兵甲」作「甲兵」。○　補曰:元作「材」,史作「仗」。　**札記**丕烈案:史記作「仗兵革」。此「材」者「杖」之訛。新序無此字。

〔三〕**姚本**毀,敗也。　**鮑本**「壹」作「一」。○　前勝魏有威矣,今自挫毀,不持守也。補曰:史作「乘」,新序同。正曰:從「乘」字,義明。

〔四〕**姚本**臣,服也。主,謂諸侯。

〔五〕**姚本**詩大雅之首章。靡,無也(一本「也」字下有「鮮少也」三字)。

〔六〕**鮑本**未濟注,小狐不能涉大川,雖濟而無餘力,將濡其尾,不能終也。

〔七〕**姚本**言人初始無不爲誠信,少能有終也。言秦强,威可以克定天下,恐不能終持之,若狐濡其尾,故難在後也,故曰終之難也。

〔八〕**鮑本**榆次屬太原,智伯葬處。正曰:索隱云,敗於榆次。正義云,屬并州縣。

〔九〕**姚本**一本無「也」字。　智伯瑶但貪趙襄子晉陽之地,而不知襄子與韓、魏之陰謀,卒殺於鑿臺之上,葬之於榆次。謂(一本無「謂」字)設利於前,而禍隨其後也(一本無「也」字)。

〔一〇〕**鮑本**干隧,吴地。蘇秦、春申傳并不注。道應注,干隧在臨淮,豈此耶?蓋或越王逐北至是。正曰:正義云,出萬安山西南一里太湖,即夫差自剄處,在蘇州吴縣西北四十里。

〔一一〕**姚本**一本無「也」字。吴王夫差自見服越王爲前,而心復廣貪齊之寶而伐之,又欲取伯名於晉,而越奄殺之於干隧,亦貪利前而凶在後也。

〔一二〕**姚本**「設」字,劉本一作「没」字。　**鮑本**「設」作「没」。○　没,猶溺。　**札記**丕烈案:史記、新序作「没」。

〔一三〕**鮑本**補曰:易,音亦。前之利易後之患也。

〔一四〕**姚本**設,貪(一本下有人字)也。但見目前之利而問伐,不見後患,故曰易患於後也。

〔一五〕姚本從，合也。信越人之卑服，舍之，北師伐齊曰干隧也。

〔一六〕鮑本「既勝」作「遂攻」。○　札記丕烈案：史記、新序作「既勝」。

〔一七〕姚本艾陵，邑也。　鮑本補曰：艾陵在兖州博縣南。

〔一八〕姚本還自黄也，爲越所殺（「殺」字一本作「禽」字）也。流尾（「流尾」一本作「浦厓」字）也，即干隧也。　鮑本禮，揚州其川三江。浦，水濱也。高注，即干隧。正曰：書蔡傳，婁江、東江、松江也。

〔一九〕姚本曰，謂明當勝也。　鮑本其日可期。

〔二〇〕姚本晉陽下臺名。鑿地作渠，以灌晉陽城，因聚土爲臺而止其上，故曰鑿臺也。　鮑本史注，在榆次。

〔二一〕姚本「妬」字，曾本一作「姤」字。

〔二二〕鮑本謂無傷。

〔二三〕鮑本楚毀不能侵之，故强。考下文，宜有「韓」字。補曰：史作「韓、魏」，新序同。

〔二四〕鮑本補曰：史「取」下有「也」字，文順。　札記丕烈案：新序有。

〔二五〕姚本逸詩。　鮑本逸詩。武，足迹。宅，猶居也。言地之居遠者，雖有大足，不涉之也。正曰：威武之大者，遠安定之，不必涉其地也。

〔二六〕姚本援，助。

〔二七〕姚本敵，讎。

〔二八〕姚本詩巧言之四章。他人有毀害之心，己忖度之。躍躍，跳走也。毚，狡也。喻狡兔騰躍躍（一本無躍字），以爲難得也，或時遇犬獲之。喻讒人如毀傷人，遇明君則治女罪也。　鮑本大雅巧言詩。忖，亦度也。躍躍是也。毚，狡也。言兔雖善走，或時遇犬，犬能得之；人心難知，或可忖度。補曰：躍，天力反。

〔二九〕鮑本中道，在前後間。

〔三〇〕姚本越不可信，而吴信之。

〔三一〕札記今本「臣」誤「正」。

〔三二〕鮑本以慮患，故卑辭。

〔三三〕鮑本無「此何也」三字。○札記丕烈案：史記、新序無。

〔三四〕鮑本重，猶累。

〔三五〕姚本累，猶重也。

〔三六〕鮑本「怨」下有「焉」字，「矣」作「夫」。○札記丕烈案：史記、新序皆作「焉夫」。「矣」或「夫」字訛也。

〔三七〕姚本「百」，一作「累」。鮑本補曰：「百世」，史作「將十世」。新序同。

〔三八〕姚本折，斷。

〔三九〕鮑本頤，頷也。

〔四〇〕鮑本暴，日乾也。

〔四一〕鮑本顱，首骨。僵，僨。仆，倒也。

〔四二〕鮑本繫纍爲虜。虜，獲也。

〔四三〕鮑本狐之爲妖者。正曰：史「狐傷」，是。新序作「潢洋」二字。楚辭、後語注，潢，户廣反；洋，音養。

〔四四〕鮑本無人爲之依也。

〔四五〕姚本聊，賴。

〔四六〕鮑本男爲人臣，女爲妾。

〔四七〕鮑本「是」作「且」。○札記丕烈案：史記、新序作「且」。

〔四八〕鮑本惡，安也。

〔四九〕姚本反，還。

〔五〇〕鮑本無「王若不藉路於仇讎之韓魏」十一字。○ 札記丕烈案：史記、新序有。無者脱耳。

〔五一〕姚本一本「攻」下有「隨」字。隨陽、右壤，皆楚邑也。 鮑本「攻」下有「隨」字，無下「隨陽右壤」四字。○ 補曰：一本「隨陽右壤」疊一句。新序同，「陽」作「水」。索隱云，楚都陳，隨水之右壤，蓋在隨之西多山林者是也。 札記丕烈案：俗本新序亦誤脱一句，吳引與北宋刻本正合。

〔五二〕姚本與不得地無異。

「且王攻楚之日，四國〔一〕必應〔二〕悉起應王。秦、楚之〔三〕構〔四〕而不離，魏氏將出兵而攻留〔五〕、方與、銍、胡陵〔六〕、碭、蕭、相〔七〕，故宋必盡〔八〕。齊人南面，泗北〔九〕必舉。此皆平原四達，膏腴之地也〔一〇〕，而王使之獨攻〔一一〕。王破楚於〔一二〕以肥韓、魏於中國而勁齊，韓、魏之强足以校〔一三〕於秦矣。齊南以泗爲境，東負〔一四〕海，北倚河，而無後患〔一五〕，天下之國，莫强於齊。齊、魏得地葆〔一六〕利，而詳事〔一七〕下吏〔一八〕，一年之後，爲帝若未能，於以禁〔一九〕王之爲帝有餘〔二〇〕。夫以王壤土之博，人徒之衆，兵革之强〔二一〕，一舉衆〔二二〕而注地於楚〔二三〕，詘〔二四〕令韓、魏，歸帝重於齊〔二五〕，是王失計也。

〔一〕姚本四國，趙、韓、魏、齊也。 鮑本齊、趙、韓、魏也。方言南攻，故不及燕，應言以兵從之，蓋躡秦也。

〔二〕姚本一本無「應」字。 鮑本「必」下無「應」字。○ 補曰：姚云一本無，史同。 札記丕烈案：新序無。

〔三〕鮑本「之」下補「兵」字。○ 補曰：史「之」下有「兵」字。 札記丕烈案：新序同。

〔四〕姚本構，連。

〔五〕**鮑本**屬楚國。

〔六〕**鮑本**方與、胡陵屬山陽。

〔七〕**鮑本**碭屬梁國，餘屬沛。

〔八〕**姚本**七邑，宋邑也。宋，戰國時屬楚，故言「故宋必盡」也。　**鮑本**七國故皆宋也。

〔九〕**鮑本**濟陰乘氏注泗水入淮。　魯國卞縣注入沛。　補曰：書蔡傳，泗水出魯國卞縣桃墟西北陪尾山，四源皆導，因名。西南過彭城，又東南過下邳，入淮。卞，今泗水縣。

〔一〇〕**姚本**廣平曰原，野也，爲膏潤腴美也。

〔一一〕**鮑本**秦與楚戰，不暇救七邑及泗北。二國攻之，兵勢無所分也。

〔一二〕**姚本**劉本無「於」字。　**鮑本**楚史、新序同。

〔一三〕**姚本**校，猶亢也。　**鮑本**「校」、「較」同，直也。言與之敵。

〔一四〕**姚本**以泗水爲南界。負，背也。　**鮑本**負，與抱反，背也。

〔一五〕**姚本**倚，猶依也。患，難也。

〔一六〕**鮑本**「葆」、「保」同。

〔一七〕**姚本**事，治。

〔一八〕**鮑本**「下」作「不」。○　補曰：「不吏」，姚本「下吏」，是。詳其事以下於吏，慎重之意，應上葆利言。　**札記**丕烈案：史記、新序作「下」，「不」字訛。

〔一九〕**鮑本**禁，制也。

〔二〇〕**姚本**劉本「餘」字下有「矣」字。　言齊、魏未能爲帝也，然强大足以禁秦，使不得爲帝，有餘力也。

〔二一〕**姚本**衆，多也。强，盛也。

〔二二〕**鮑本**無「一舉衆」三字。○　**札記**丕烈案：史記、新序「衆」作「事」，此「衆」字必不知者所改耳。高注云，事，戰事也。其字甚明。鮑無此三字者，非。

〔二三〕**姚本**事，戰事也。注，屬。　**鮑本**注，猶屬。言地廣。正曰：注瀉之注。補曰：史作「樹怨於楚」。新序同。姚本「一舉衆而注地」。

〔二四〕**姚本**詘，反。

〔二五〕**鮑本**正曰：魏句。詘命令於韓，魏，歸爲帝之重於齊。言齊、韓、魏皆强，而齊尤甚也。

「臣爲王慮，莫若善楚。秦、楚合而爲一，臨以〔一〕韓，韓必授首〔二〕。王襟〔三〕以山東之險，帶〔四〕以河曲之利，韓必爲關中之候〔五〕。若是，王以十成鄭，梁氏寒心〔六〕，許、鄢陵〔七〕嬰城，上蔡、召陵〔八〕不往來也〔九〕。如此，而魏亦關内候〔一〇〕矣〔一一〕。王一善楚，而關内二萬乘之主注地於齊〔一二〕，齊之右壤〔一三〕可拱〔一四〕手而取也。是王之地一任〔一五〕兩海〔一六〕，要〔一七〕絶天下也。是燕、趙無齊、楚〔一八〕，無燕、趙也。然後危動燕、趙〔一九〕，持齊、楚〔二〇〕，此四國者，不待痛而服矣〔二一〕。」〔二二〕

〔一〕**姚本**劉本「臨以」作「以臨」。　**鮑本**「臨以」作「以臨」。○

〔二〕**鮑本**「授」作「受」。○　言其服而請誅。　**札記**丕烈案：史記作「斂手」，新序作「拱手」。古或借「首」爲「手」，「授」、「受」二字皆有誤也。

〔三〕**姚本**劉本，「襟」字作「施」字。曾作「襟」。　**鮑本**蔽障如襟。

〔四〕**鮑本**圍繞如帶。

〔五〕**姚本**爲秦察諸侯動静也。　**鮑本**比之候吏。

〔六〕姚本梁氏，魏也。寒心，懼也。鮑本「十」下補「萬」字，「戍」作「戍」。○ 補曰：史「十」下有「萬」字，是。新序同。「戍」史作「戍」，是。新序作「伐」。札記今本「十」下有「萬」字，「戍」作「戍」，乃誤涉鮑也。

〔七〕鮑本并屬潁川。

〔八〕鮑本并屬汝南。

〔九〕姚本不往來於魏也。鮑本韓、魏不通。補曰：史，「上蔡」上有「而」字。新序同。從此，則上以「嬰城」句。

〔一〇〕札記今本「候」誤「侯」。

〔一一〕姚本魏爲秦察諸侯動静也。

〔一二〕鮑本「齊」作「秦」。○ 補曰：當作「秦」。札記丕烈案：鮑改、吴補皆非也。史記「注地於齊」，索隱曰，謂以兵裁之也，新序作「注入地於齊」，皆可證此字之不當作「秦」。

〔一三〕姚本壤，地。

〔一四〕鮑本拱，斂手。

〔一五〕鮑本「任」作「注」。○ 補曰：史作「經」，是。札記今本「任」作「經」。丕烈案：新序作「桎」。

〔一六〕姚本一注「東海」。鮑本東南。正曰：索隱云，西海至東海。

〔一七〕姚本要，取。鮑本要，謂中。

〔一八〕鮑本補「齊楚」二字。○ 補曰：宜從史叠「齊楚」字，是。新序同。

〔一九〕鮑本以危亡之事恐動之。

〔二〇〕鮑本持，劫之也。補曰：史「直摇齊、楚」。新序同。通鑑綱目從之。

〔二一〕姚本痛，急也。不待急攻而服從也。鮑本痛，言攻伐之酷。春申傳有。補曰：史，昭王曰善，於是止白起，而謝韓、魏，發使賂楚，約爲與國。

〔二二〕鮑本惡，音烏。重世之「重」，平聲。藉，音僭。方與音房預。爲王之「爲」，去聲。

或爲六國說秦王

或爲六國說秦王〔一〕曰：「土廣不足以爲安，人衆不足以爲强。若土廣者安，人衆者强，則桀、紂之後將存〔二〕。昔者，趙氏亦嘗〔三〕强矣。曰趙强何若〔四〕？舉左案齊〔五〕，舉右案魏，厭案〔六〕萬乘之國，二國，千乘之宋也〔七〕。築剛平〔八〕，衛無東野〔九〕，芻牧薪采〔一〇〕莫敢窺東門〔一一〕。當是時，衛危於累卵，天下之士相從謀曰：『吾將還其委質〔一二〕，而朝於邯鄲之君乎！』於是天下有稱伐邯鄲者，莫不令朝行〔一三〕。魏伐邯鄲〔一四〕，因退爲逢澤之遇〔一五〕，乘夏車〔一六〕，稱夏〔一七〕王，朝爲〔一八〕天子，天下皆從〔一九〕。齊太公〔二〇〕聞之，舉兵伐魏，壤地兩分〔二一〕，國家大危〔二二〕。梁王身抱質〔二三〕執璧，請爲陳侯臣〔二四〕，天下乃釋梁。郢威王聞之，寢不寐，食不飽，帥天下百姓，以與申縛〔二五〕遇於泗水之上〔二六〕，而大敗申縛。趙人聞之至枝桑〔二七〕，燕人聞之至格道〔二八〕。格道不通，平際〔二九〕絕。齊戰敗不勝，謀則不得，使陳毛釋劍掫〔三〇〕，委南聽罪〔三一〕，西說趙〔三二〕，北說燕，內喻其百姓，而天下乃齊釋〔三三〕。於是夫〔三四〕積薄而爲〔三五〕厚，聚少而爲〔三六〕多，以同言郢威王於側紂之間〔三七〕。臣豈以郢威王爲政衰謀亂以至於此哉？郢爲强〔三八〕，臨天下諸侯，故天下樂伐之也！」〔三九〕

〔一〕**姚本**王，王正也。已爲始皇帝。

〔二〕**姚本**言王者以仁義爲安强，雖土廣人衆而無仁義，猶將危亡，故桀、紂不能自存也。

〔三〕**姚本**曾作「嘗亦」。

〔四〕**鮑本**「何若」作「若何」。○ 曰，猶言。

〔五〕**鮑本**言舉兵於左，則齊下。案，下也。

〔六〕**鮑本**厭，言案之不一。正曰：厭，益涉反，培壓也，又伏也。

〔七〕**鮑本**宋於七國時爲千乘，今使齊、魏如之。

〔八〕**鮑本**趙地，缺。趙敬侯四年築剛平以侵衛，五年，齊、魏爲衛取我剛平，皆不注。正曰：正義云，蓋在河北。

〔九〕**鮑本**詳此，則剛平，趙取之衛也。

〔一〇〕**鮑本**芻，草也，以食馬。牧，養牛人也。大者薪，小者采。正曰：芻，草也。牧，牧人也。

〔一一〕**姚本**剛平，衛地。趙築之以爲邑，故衛無東野。故衛人芻牧不敢出於東門。

〔一二〕**鮑本**還，反。言改事也。僖二十三年注，委質，屈膝也。正曰：彼注不明，此强節入。「質」、「贄」通，即下文「抱質」，孟子「傳質」是也。委，致也。

〔一三〕**鮑本**「令」上補「夕」字。○ **札記**今本「令」上有「夕」字，乃誤涉鮑也。丕烈案：此當衍「不」字。「莫」，即「暮」字也。

〔一四〕**鮑本**魏惠三十年伐趙，趙告急齊，是以有馬陵之敗。正曰：在後。

〔一五〕**姚本**遇，會。　**鮑本**開封東北有逢池，或曰宋之逢澤。

〔一六〕**鮑本**夏，取其文。禮有夏篆。正曰：乘夏車者，言中夏之車，下文可徵。夏，亥雅反。禮注，夏，赤也。孤東、夏篆，非天子之車。

〔一七〕**鮑本**夏，中國也。

〔一八〕**鮑本**「朝」上補「一」字。○　正曰：朝，音潮，即驅十二諸侯朝天子者。「爲」字疑衍。　**札記**今本「朝」上有「一」字，乃誤涉鮑也。

〔一九〕**姚本**皆從其化。

〔二〇〕**姚本**太公，田和也，始伐（「伐」一本作「代」字）呂氏齊侯，謚爲太公，齊威王之祖父也。　**鮑本**「太公」作「宣王」。○　太公和時無此事。　補曰：二字有誤。　**札記**丕烈案：策文本作「太公」，高注即其證矣。鮑改、吴補皆非其意。

〔二一〕**姚本**兩分魏之壤地。

〔二二〕**鮑本**無「壤地兩分國家大危」八字。○　補曰：一本此下有「壤地兩分國家大危」八字。　**札記**丕烈案：高注可證，無者脱耳。

〔二三〕**鮑本**「質」，「贄」同，羔雁之屬。

〔二四〕**姚本**陳侯，齊侯也。陳氏簒，呂氏絶，故曰陳侯也。　**鮑本**齊陳敬仲之後，故稱陳侯。趙成侯二十二年，魏拔邯鄲，齊亦敗魏於桂陵，不至如此所稱，故定爲宣王馬陵之役。正曰：按大事記，周顯王十六年，魏惠十八年，齊威二十六年，趙成侯二十二年，魏拔趙邯鄲，服十二諸侯，遂稱王。齊乘其敝，敗之桂陵。二十七年，秦孝公會諸侯於逢澤以朝王。策謂魏伐邯鄲，遂爲逢澤之遇。按魏既克邯鄲，即爲齊、楚所襲，天下未嘗皆從。當據史書周顯王三十八年，魏惠三十年，齊宣二年，魏伐韓，齊伐魏以救韓，敗魏於馬陵。魏世家書魏伐趙乃往歲事，是時亦田忌、孫臏將，而桂陵、馬陵易混故爾。其後惠王用惠施之言，朝齊以怒楚。魏策有。顯王三十六年，魏惠後二年，齊宣十年，楚成六年，楚伐齊，大敗申縛於泗上。今以此考之，伐邯鄲乃魏惠十八年事，逢澤之遇，秦爲之，非魏也。敗魏馬陵，而魏朝之者，齊宣王也。「舉兵伐魏」一語，在會逢澤後，則亦指馬陵之役。而上文伐邯鄲，乃敗桂陵時事。天下皆從，指服泗上十二諸侯言之，亦未免記舛也。大事記又謂，魏爲逢澤之遇，天下皆從，又梁君驅十二諸侯以朝天子，語雖不可盡信，但魏自拔邯鄲後稱王，則無可疑者。

〔二五〕**札記**今本「縳」作「縛」。丕烈案：「縳」即「縛」字，下同。申縛見齊策。

〔二六〕**姚本**威王，懷王父也。郢，楚都也。怒齊人之臣伏魏王，故帥百姓以與申縛遇，而敗之也。申縛，齊將也。　**鮑本**郢，楚都也。亦避始皇父諱。楚威七年伐齊敗之徐州。縛，齊將。揚之水注，申，諸姜。

〔二七〕**鮑本**地缺。　趙記注，「根桑」一曰「平桑」，疑即此。此魏地也，蓋赴魏之難。

〔二八〕**姚本**燕、趙怒齊之臣魏王，故出兵至枝桑、格道，將伐也。

〔二九〕**姚本**一本無「際」字。　**鮑本**二地缺。

〔三〇〕**鮑本**掫，夜戒，有所擊引也。釋二者，不自衛，示卑也。補曰：掫，側侯反。

〔三一〕**姚本**聽罪於楚子也。　**鮑本**委去南面之尊。正曰：聽罪於楚。

〔三二〕**鮑本**說，使人解之。

〔三三〕**姚本**釋，舍。　**鮑本**不攻齊也。

〔三四〕**鮑本**「夫」作「天」，「天」下補「下」字。〇　正曰：一本「於是夫」，「天」即「夫」之訛。　**札記**今本「夫」作「天下」二字，乃誤涉鮑也。

〔三五〕**姚本**曾、劉本無「爲」字。

〔三六〕**姚本**曾、劉本無「爲」字。

〔三七〕**姚本**「紂」當爲「牖」，聲之誤也。

〔三八〕**鮑本**絕句。

〔三九〕**鮑本**補曰：「同言郢威王」云云，言天下又欲謀楚也。此章先言趙强而魏伐之，魏强而齊伐之，齊强而楚伐之，楚强而諸侯又謀之。言强者之不足恃，召天下之所惡，而欲共攻之者也。言此欲以止秦之攻，故云「爲六國說也」。

戰國策卷七

秦五

謂秦王

謂秦王〔一〕曰："臣竊惑王之輕齊易楚，而卑畜韓也。臣聞，王兵勝而不驕〔二〕，伯主約而不忿〔三〕。勝而不驕，故能服世；約而不忿，故能從鄰〔四〕。今王廣〔五〕德魏、趙，而輕失齊，驕也；戰勝宜陽，不恤楚交，忿也〔六〕。驕忿非伯主〔七〕之業也〔八〕。臣竊爲大王慮之而不取也。

〔一〕**姚本**秦始皇也。

〔二〕**姚本**驕，驕慢。

〔三〕**姚本**忿，怨也。伯主約儉勞謙，故不有所忿怨。**鮑本**主天下之要約。正曰：斂約也。

〔四〕**姚本**王者德大不驕逸，故能服鄰國（一本作「服世從鄰」）。服，慊也。**鮑本**使鄰國服從。

〔五〕**姚本**曾一作「得」。劉一作「失」。　**鮑本**大施恩惠。
〔六〕**姚本**恤，顧。　**鮑本**言不以交楚爲意。
〔七〕**鮑本**「主」作「王」。○
〔八〕**姚本**業，事。

「詩云：『靡不有初，鮮克有終〔一〕。』故先王之所重者，唯始與終〔二〕。何以知其然？昔智伯瑶殘范、中行，圍逼晉陽，卒爲三家笑〔三〕；吴王夫差棲越於會稽〔四〕，勝齊於艾陵〔五〕，爲黄池〔六〕之遇，無禮於宋〔七〕，遂與〔八〕勾踐禽，死於干隧〔九〕；梁君伐楚勝齊，制趙、韓〔一〇〕之兵，驅十二諸侯以朝天子於孟津〔一一〕，後子〔一二〕死，身布冠〔一三〕而拘於秦〔一四〕。三者非無功也，能始而不能終也〔一五〕。

〔一〕**鮑本**大雅蕩詩。
〔二〕**姚本**先王，聖王也。敬始慎終，故曰「唯始與終」也。　**鮑本**「始」、「終」互易，「然」下有「也」字。○　補曰：一本「唯始與終，何以知其然」。
〔三〕**姚本**智伯，智襄子也。殘，滅也。范，范吉射，昭子也。中行，中行寅，文子也。二子之後，以苛爲察，以克下爲功，於晉六卿中，薄德前衰。智伯滅而兼之，志意驕盛，求地於趙襄子，襄子不與，故率韓圍晉陽，以伐趙氏。趙氏與韓、魏通謀，韓、魏爲反間，令趙氏□得殺智伯，故曰「三家笑」也。　**鮑本**無「逼」字。○　范吉射、中行寅，晉兩卿。趙、魏、韓三家也。事見韓策。晉出公十七年。晉陽屬太原，故許唐國。補曰：大事記，晉陽，漢太原郡所治，龍山在西北，晉水所出。北齊分晉陽，置龍山縣，隋改龍山曰晉陽，而以晉陽爲太原縣。正曰：大事記，晉出公十七年，晉荀瑶與趙、韓、魏氏分范、中行之地，反攻，出公奔齊，道死。晉哀公四年，趙約韓、魏攻荀瑶，滅之。

〔四〕**鮑本**故越國，揚州郡，亦山名。事見哀元年。

〔五〕**鮑本**杜注，齊地。哀十一年。補曰：正義云，艾山在兖州博縣南。

〔六〕**鮑本**陳留外黄注，縣有黄溝。又魏内黄注，吴會諸侯於黄池。今黄溝是。哀十三年。正曰：哀十三年杜注，陳留封丘縣南有黄亭，近濟水。按，外黄、小黄、封丘皆屬陳留。外黄有黄溝，故指爲黄池；而内黄隸相者，亦有黄溝。水經注所謂河水決通濮、濟、黄溝者也。相與封丘殊遠，當以杜注爲正。路史同杜注。

〔七〕**鮑本**并哀十三年。吴欲伐宋，殺其大夫，囚其婦人。

〔八〕**鮑本**「與」作「爲」。〇補曰：當作「爲」。

〔九〕**姚本**「隧」，一作「隊」。〇吴王夫差伐越，勝之。勾踐奔走，棲於會稽山之上。遂北伐齊，勝長求平。勾踐起兵伐其國，遽救之，越人殺之干隧。干隧，邑名。**鮑本**無「於干隧」三字。〇補曰：一本「死於干遂」。勾踐禽死，二十二年。

〔一〇〕**鮑本**「趙韓」作「韓趙」。〇

〔一一〕**姚本**梁君，梁惠王也。伐楚、齊，勝之，制御趙、韓之兵，驅使十二諸侯魯、衛、曹、宋、鄭、陳、許之君，朝天子於孟津。**鮑本**在河内河陽縣南。魏記，惠王二年，敗韓於馬陵，敗趙於懷。十五年，魯、衛、宋、鄭君來朝。二十八年，中山君爲相。不見齊、楚及朝天子事。正曰：年表，二十九年。

〔一二〕**鮑本**太子申也。三十年齊敗魏馬陵，虜申。

〔一三〕**鮑本**以喪禮自居也。

〔一四〕**姚本**後東伐齊，敗於馬陵，太子見殺，故「布冠」而拘執於秦也。**鮑本**拘，猶制。

〔一五〕**姚本**終，終難也。

「今王破宜陽，殘三川〔一〕，而使天下之士不敢言〔二〕；雍〔三〕天下之國，徙兩周之疆〔四〕，而世主不敢交〔五〕陽侯之塞〔六〕；取黃棘〔七〕，而韓、楚之兵不敢進。王若能爲此尾〔八〕，則三王不足四，五伯不足六〔九〕。王若不能爲此尾，而有後患〔一〇〕，則臣恐諸侯之君，河、濟〔一一〕之士，以王爲吴、智之事也〔一二〕。

〔一〕**姚本**初秦昭王滅東、西周，置宜陽及三川郡，故曰「破宜陽，殘三川」也。

〔二〕**姚本**言，議。

〔三〕**姚本**雍，有也。　**鮑本**「雍」、「擁」同，言據有之。

〔四〕**姚本**兩周，東、西周也。　杆宜陽界而東之，故曰「徙兩周之疆」也。　**鮑本**侵逼之。

〔五〕**姚本**世主，謂諸侯也。　**鮑本**「交」作「窺」。〇

〔六〕**姚本**諸侯慴怖畏秦，不敢交會。陽侯，諸侯（一下有「之」字）。塞，隘處也。　**鮑本**河東陽注：陽侯國。

〔七〕**鮑本**秦紀、楚記，懷王與昭王盟於黃棘，皆不地。正曰：正義云，蓋在房、襄二州。

〔八〕**姚本**尾，後也。　**鮑本**言善其後。正曰：尾，終也。即上文能終之説。

〔九〕**姚本**言王爲策討之，始得之矣。如能終卒没，則王伯之道立也。故曰「三王不足四，五伯不足六」。

〔一〇〕**姚本**有滅亡之患也。

〔一一〕**鮑本**濟水在温西北，此言中國爾。正曰：濟水出絳州垣曲縣王屋山，伏流至孟州濟源縣，出二源，合流，至温縣入河，出河南溢而爲滎，自鄭以東貫滑、曹、鄆、濟、齊、青入於海。

〔一二〕**姚本**吴，吴王夫差。智，智伯也。事，滅亡之事。

「詩云：『行百里者，半於九十。』此言末路之難〔一〕。今大王皆有驕色，以臣之心觀之，天下之事，依〔二〕世主之心〔三〕，非楚受兵，必秦也〔四〕。何以知其然也？秦人援魏以拒楚，楚人援韓以拒秦〔五〕，四國之兵敵〔六〕，而未能復戰也〔七〕。齊、宋在繩墨之外以爲權〔八〕，故曰先得齊、宋者伐秦〔九〕。秦先得齊、宋，則韓氏鑠〔一〇〕；韓氏鑠，則楚孤而受兵也〔一一〕。楚先得齊〔一二〕，則魏氏鑠；魏氏鑠，則秦孤而受兵矣〔一三〕。若隨此計而行之，則兩國〔一四〕者必爲天下笑矣。」〔一五〕

〔一〕**姚本**逸詩言之。百里者，已行九十里，適爲行百里之半耳。譬若强弩至牙上，甫爲上弩之半耳。終之尤難，故曰「末路之難」也。

〔二〕**鮑本**依，猶據。

〔三〕**姚本**心，驕約之心也。

〔四〕**姚本**言不伐楚，則伐秦也。秦、楚之驕侈故也。　**鮑本**皆驕强故。

〔五〕**姚本**援，助。　**鮑本**「秦」下有「王」字。○

〔六〕**鮑本**秦、楚、韓、魏也。韓、魏雖弱，以得援，故與之敵。

〔七〕**姚本**敵，强弱等也。未，無也。　**鮑本**敵，故不敢輕戰。

〔八〕**姚本**權，援助之勢也。　**鮑本**外，言四國不以爲意。權，言能輕重四國。

〔九〕**鮑本**此言魏、韓得之。正曰：下文楚先得齊可見。

〔一〇〕**姚本**鑠，消鑠也。言其弱。　**鮑本**以銷金喻。

〔一一〕**姚本**韓弱而楚失援，故孤而受兵。

〔一二〕鮑本「齊」作「之」。○

〔一三〕姚本魏爲秦與國。魏弱，故秦失援而孤，受諸侯兵也。

〔一四〕姚本兩國，秦、楚也。

〔一五〕鮑本彪謂：此策，孟軻之徒也，惜其不名。正曰：孟子曰，仲尼之徒，無道桓、文之事者，五伯者三王之罪人。今策云伯王之業，五伯不足六，孟子而有是言歟？驕者必敗，亦論之常。其言先得齊、宋與失之，揣量事勢，計較强弱，不過以力服人而已！豈可與孟子同日語哉？補曰：「爲大」之「爲」去聲。

秦王與中期争論

秦王與中期〔一〕争論，不勝。秦王大怒，中期徐行而去。或爲〔二〕中期説秦王曰：「悍人〔三〕也。中期適遇明君故也，向者遇桀、紂，必殺之矣〔四〕。」秦王因不罪〔五〕。

〔一〕姚本中期，秦辨士也。

〔二〕鮑本「爲」作「與」。○

〔三〕鮑本悍，勇也。勇者多迕。補曰：當曰「中期悍人也」，有錯文。札記丕烈案：中期下屬爲句，吴説未是。

〔四〕姚本有人爲中期説，言遭遇明君，不罪勝己臣，故不見誅也。若其遇桀、紂，則必（一下有「誅」字）殺也。

〔五〕姚本言桀殺逢蒙，紂殺比干，惡其勝己也。秦王耻襲桀、紂之闕，故不罪。

獻則謂公孫消

獻則〔一〕謂公孫消〔二〕曰：「公，大臣之尊者也，數伐有功〔三〕。所以不爲相者，太后〔四〕不善公也〔五〕。辛戎〔六〕者，太后之所親也〔七〕。今亡於楚，在東周〔八〕。公何不以秦、楚之重，資而相之於周乎〔九〕？楚必便之矣〔一〇〕。是辛戎有秦、楚之重，太后必悦公，公相必矣〔一一〕。」

〔一〕**鮑本**楚人，爲羋戎游説者。

〔二〕**姚本**皆公孫消。　**鮑本**秦人。

〔三〕**姚本**公，謂公孫消也。尊，重也。數行戰伐有功勞也。　**鮑本**伐，戰伐。

〔四〕**鮑本**宣太后。

〔五〕**姚本**不爲秦相者，不爲羋太后不善者也。

〔六〕**姚本**辛戎，楚人，自楚亡在東周。　**鮑本**「辛」作「羋」。○　補曰：當作「羋」，下同。　**札記**丕烈案：此形近之訛。韓策，「謂羋戎曰，廢公叔」，不誤。

〔七〕**姚本**太后，楚女，孝文皇后，莊襄王母也，號華陽夫人者也。　**鮑本**穰侯傳，后同父弟羋戎爲華陽君。凡羋皆楚人。

〔八〕**姚本**東周，洛陽成周也。

〔九〕**姚本**使辛戎爲周相也。

〔一〇〕**鮑本**戎雖以罪去楚，楚既與秦共資之，必爲楚用，故楚利之。

〔一一〕**姚本**言必見用爲秦相也。

樓許約秦魏〔校一〕

〔校一〕此篇鮑本列在魏策。

樓許〔一〕約秦、魏，魏太子爲質〔二〕，紛彊欲敗之〔三〕。謂太后曰：「國與還者也〔四〕，敗秦而利魏，魏必負之〔五〕。負秦之日，太子爲糞矣〔六〕。」太后坐王而泣〔七〕。王因疑於太子〔八〕，令之留〔九〕於酸棗。樓子患之。昭衍爲周之梁，樓子告之〔一〇〕。昭衍見梁王，梁王曰：「何聞？」曰：「聞秦且伐魏〔一一〕。」王曰：「爲期〔一二〕與我約矣〔一三〕。」曰：「秦疑於王之約，以太子之留酸棗而不之秦。秦王〔一四〕之計曰：『魏不與我約，必攻我；我與其處而待之見攻，不如先伐之。』以秦强折節而下與國〔一五〕，臣恐其害於東周〔一六〕。」

〔一〕**姚本**續：許，管子七臣七主篇云「事無常而法令申，不許則國失勢」。注，「許」，古「伍」字，謂偶合也。言雖申布法令，於事不合。他字書無之。**鮑本**「許」作「啎」。〇 魏人。後又作「梧」。補曰：一本作「許」，姚同。愚按，玉篇無「許」字，有「啎」字，五故反，觸也，逆也。策後作「梧」。韻書，啎、忤；梧、午。荀子，「午其軍蘁」。莊子，「啎」。燕策，「韓於迕」。前漢，走逜、還梧、牾、捂、梧、枝梧，凡十一字，典籍往往通借，上、去聲。**札記**丕烈案：此「許」，「梧」同字，吴補詳之矣。

〔二〕**姚本**質於秦也。**鮑本**此十一年朝秦。正曰：世家，襄王十二年，太子朝於秦，秦來拔我皮氏，未拔而解。此策云太子爲質，既而留於酸棗，昭衍説後，不云復遣，當缺。

〔三〕**姚本**紛彊，魏臣也。敗，害也。

〔四〕**姚本**還，周旋於利也。**鮑本**還，猶反也。兩國相與好惡，循環不定。

〔五〕**姚本**負，昔也。**鮑本**負，言魏得利而强，將不事秦，所謂還反。

〔六〕**鮑本**即所謂糞之。正曰：糞，棄除也。

〔七〕**鮑本**使王坐而泣於前。**札記**今本「王而」誤「而王」。

〔八〕**姚本**疑，不欲令太子質秦。**鮑本**不決遣。

〔九〕**姚本**留，止。

〔一〇〕**姚本**告昭衍魏太子止酸棗意。

〔一一〕**姚本**梁，魏都也。故將伐魏。

〔一二〕**姚本**「期」，曾作「其」。

〔一三〕**鮑本**言期以太子結約而不遣，爲此故伐邪？正曰：言與我結約矣，何爲而伐？

〔一四〕**鮑本**昭。正曰：無考。

〔一五〕**鮑本**與與國共伐魏。

〔一六〕**姚本**昭衍不欲正言害魏也，故詭言恐害東周也。秦來伐，必徑東周故也。**鮑本**不欲正言魏受伐。魏與周鄰，言周，則魏可知。元在秦策。正曰：交載秦、魏事，從舊可。補曰：「爲周」之「爲」，去聲。

濮陽人呂不韋賈於邯鄲

濮陽〔一〕人呂不韋賈於邯鄲，見秦質子異人〔二〕，歸而謂父〔三〕曰：「耕田之利幾倍？」曰：

「十倍。」「珠玉之贏[四]幾倍？」曰：「百倍。」「立國家之主贏幾倍？」曰：「無數[五]。」曰：「今力田疾作，不得暖衣餘[六]食；今建國立君，澤可以遺世[七]。願往事之[八]。」

[一] 鮑本屬東郡。

[二] 姚本異人，秦莊襄王之孫，孝文之子，昭王時質於趙，時不韋賈邯鄲而見也。　鮑本子楚初名，孝文王子。

[三] 姚本曾本有「母」。

[四] 姚本贏，利。

[五] 姚本多不可數也。

[六] 姚本餘，饒。

[七] 姚本世，後世也。　鮑本遺，猶貽。世，後世。

[八] 鮑本事，猶爲。　補曰：不韋鄙耕田珠玉之小贏，而圖建國立君之大利，自以爲計得矣！徙蜀飲酖之時，能無悔乎？

秦子異人質於趙，處於𢨋城[一]。故往説之曰：「子傒[二]有承國之業，又有母在中[三]。今子無母於中，外託於不可知之國[四]，一日倍約，身爲糞土[五]。今子聽吾計事[六]，求歸，可以有秦國。吾爲子使秦，必來請子[七]。」

[一] 姚本𢨋城，趙邑。　鮑本趙地，缺。　補曰：字書無「𢨋」字。龍龕手鑑云，音脚。　札記丕烈案：史記吕不韋傳正義引此作「聊」。

[二] 姚本子傒，秦太子也，異人之異母兄弟。　鮑本異人異母兄。　札記今本「傒」誤「徯」。

[三] 姚本中，猶内也。　鮑本異人母曰夏姬，無寵，如無母然。

〔四〕姚本謂秦託子於趙，安危吉凶不可知也。　鮑本史言趙不禮之，故禍福未可知也。
〔五〕鮑本棄死且賤也。
〔六〕姚本事，治。　鮑本以求歸爲事。　正曰：劉辰翁云，計事，猶謀事。　求歸，别句。
〔七〕姚本子，異人也。　言必使秦來請子於趙。

乃說秦王后〔一〕弟陽泉君曰：「君之罪至死，君知之乎〔二〕？君之門下無不居高尊位，太子〔三〕門下無貴者。君之府藏珍珠寶玉，君之駿馬盈外廄，美女充後庭。王之春秋高〔四〕，一日山陵崩，太子用事〔五〕，君危於累卵，而不壽於朝生〔六〕。說有可以一切〔七〕而使君富貴千萬歲，其〔八〕寧於太山四維〔九〕，必無危亡之患矣〔一〇〕。」陽泉君避席〔一一〕，請聞其說。不韋曰：「王年高矣，王后無子，子傒有承國之業，士倉又輔〔一二〕之。王一日山陵崩，子傒立，士倉用事，王后之門，必生蓬蒿。子〔一三〕異人賢材也，棄在於趙，無母於內，引領西望，而願一得歸。王后〔一四〕誠請而立之，是子異人無國而有國，王后無子而有子也。」陽泉君曰：「然。」入說王后，王后乃請趙而歸之。

〔一〕姚本秦王后，孝文皇帝華陽夫人也，時昭王時也，或言后耳。
〔二〕姚本不韋云，君有不遠圖之罪，知不？
〔三〕姚本太子，子傒。
〔四〕姚本言昭王年老也。　鮑本春秋，舉成歲。　此言其年高。
〔五〕姚本一日，猶一旦也。　山陵，喻尊高也。　崩，死也。　用事，即位治國事。　鮑本山陵，喻高且固。　崩，喻死。

〔六〕姚本君，謂陽泉君也。累卵，至危也。朝生，木堇也，朝榮夕落。真爲短命不壽也，命將不至終日也。鮑本木槿也，朝榮夕死。令又不如。

〔七〕鮑本權宜也。

〔八〕鮑本衍「其」字。

〔九〕姚本四維，持之也。鮑本四方之隅，不可移也。正曰：以太山爲四維。

〔一〇〕姚本患，憂。

〔一一〕鮑本離席前請。

〔一二〕姚本輔，猶助也。

〔一三〕姚本子，異人名。

〔一四〕姚本王后，華陽夫人耳。札記今本「西」誤「四」。

趙未之遣，不韋説趙曰：「子異人，秦之寵子也，無母於中，王后欲取而子之〔一〕。使秦而欲屠趙，不顧一子以留計〔二〕，是抱空質也〔三〕。若使子異人歸而得立，趙厚送遣之，是不敢倍德〔四〕畔施，是自爲德講〔五〕。秦王老矣，一日晏駕〔六〕，雖有子異人，不足以結〔七〕秦。」趙乃遣之〔八〕。

〔一〕姚本欲爲己子。

〔二〕鮑本留，不決也。

〔三〕姚本抱，持。鮑本此質本以交好，今不能然，故曰「空」。

〔四〕姚本德，恩。

〔五〕姚本講，誠。曾本作「誠講」。鮑本必以恩德講好於趙。正曰：講，即「媾」字。

〔六〕姚本晏，晚也。日暮而駕歸大陰也，謂死亡也。鮑本天文志，天子當早作，而方崩隕，臣子之心猶謂宮車晚出。

〔七〕姚本結，固。

〔八〕鮑本不韋傳，秦圍邯鄲，趙欲殺子楚，子楚脱亡歸，與此駁。札記丕烈案：此策文與史記多不同，詳在小司馬索隱也。

異人至，不韋使楚服〔一〕而見。王后悦其狀〔二〕，高其知〔三〕，曰：「吾楚人也。」而自子之〔四〕，乃變其名曰楚。王使子誦〔五〕，子曰：「少棄捐在外，嘗無師傅所教學，不習〔六〕於誦。」王罷之，乃留止〔七〕。間〔八〕曰：「陛下嘗軔車於趙矣〔九〕，趙之豪桀，得知名者不少〔一〇〕。今大王反國，皆西面〔一一〕而望。大王無一介之使以存〔一二〕之，臣恐其皆有怨心。使邊境早閉晚開〔一三〕。」王以爲然，奇其計。王后勸立之。王乃召相，令之曰：「寡人子莫若楚。」立以爲太子。

〔一〕姚本楚服，盛服。鮑本以王后楚人，故服楚制以説之。

〔二〕姚本狀，皃。

〔三〕姚本高，大。

〔四〕姚本夫人，楚女也，故曰「吾楚人」。而自子之，以異人爲己子。

〔五〕姚本誦經。鮑本誦所習書。

〔六〕姚本習，曉。鮑本補曰：大事記，不習於誦，此焚書之兆也。愚按，昭王問荀卿，儒無益於人之國，其來久矣。

〔七〕姚本止，曾作「請」。鮑本止宮中。

〔八〕姚本間，須臾也。鮑本間政事之隙。

〔九〕**姚本**陛下，謂孝文王也。昔嘗質趙。軔車，止仕也。不欲言其質，故住車，故止於趙敢國。**鮑本**高紀五年注「陛者」云云。軔，碾車木。

〔一〇〕**鮑本**以名見知於王。

〔一一〕**姚本**面，向。

〔一二〕**姚本**存，勞問也。**鮑本**昭二十八年注，一介，單使也。存，問也，問其存亡。

〔一三〕**鮑本**有警則然。

子楚立〔一〕，以不韋爲相，號曰文信侯，食藍田十二縣〔二〕。王后爲華陽太后，諸侯皆致秦邑〔三〕。

〔一〕**鮑本**是爲莊襄王。

〔二〕**姚本**官禄。

〔三〕**鮑本**致邑，爲太后養地也。按，此是子楚以孝文王立後，不韋説使歸之。不韋傳則言孝文爲安國君時歸，與此駁。彪謂：不韋，賈人也，彼安能知義？欲圖嬴而奪嫡立庶，秦國之不亂敗者幸也！以是得嬴，而飲酖於蜀，於是知有天道矣！凡不韋所立，於時皆喪身滅國之事。周衰，士之陰險傾邪，無輩於不韋者。不足筭也，不足筭也！子楚之計平平耳，孝文稱爲奇而立之，非老悖乎？

文信侯欲攻趙以廣河間

文信侯欲攻趙以廣河間，使剛成君蔡澤事燕三年，而燕太子〔一〕質於秦。文信侯因請張唐〔二〕相燕〔三〕，欲與燕共伐趙，以廣河間之地〔四〕。張唐辭曰：「燕者必徑〔五〕於趙，趙人得唐者，受百里之地。」文信侯去而不快〔六〕。少庶子甘羅〔七〕曰：「君侯何不快甚也？」文信侯曰：「吾令剛成君蔡澤事燕三年，而燕太子已入質矣。今吾自請張卿〔八〕相燕，而不肯行。」甘羅曰：「臣行之〔九〕。」文信君叱去〔一〇〕曰：「我自行之而不肯，汝安能行之也？」甘羅曰：「夫項橐〔一一〕生七歲而爲孔子師，今臣生十二歲於茲矣！君其試臣，奚以遽言叱也〔一二〕？」

〔一〕**姚本**太子，燕僖王之子子丹也。

〔二〕**鮑本**秦人。

〔三〕**姚本**曾作「往相燕」。

〔四〕**鮑本**無「欲與燕共伐趙以廣河間之地」十二字。○ **札記**丕烈案：無者是也。策文在首，史記取之而移於此。有者，乃依史記添入而誤複耳。

〔五〕**鮑本**徑者，道所出也。

〔六〕**姚本**快，樂。

〔七〕**姚本**少庶子，官名。甘羅，文相家臣也。**鮑本**禮，庶子，掌諸侯卿大夫之庶子。羅，茂之孫。正曰：索隱引策甘羅事呂不韋爲庶子，即指此也。注以周制言秦官，誤。庶子説，又見後。

〔八〕**姚本**張卿，即唐。

〔九〕**姚本**一本「臣」下有「請」字。

〔一〇〕**姚本**曾作「曰去」，劉作「去曰」。**鮑本**「君」作「侯」。○ 正曰：以羅所事言，故稱君。**札記**丕烈案：史記作「文信侯叱曰去」。

〔一一〕姚本續：史記作大項橐，司馬貞音「託」。尊其道德，故曰「大」。　鮑本「橐」作「槖」。○　列子有問日出者，豈其人乎？正曰：無稽。　札記丕烈案：「橐」字是也。史記作「槖」。

〔一二〕姚本奚，何。叱，呵。

甘羅見張唐曰：「卿之功，孰與武安君〔一〕？」唐曰：「武安君戰勝攻取，不知其數；攻城墮邑，不知其數〔二〕。臣之功不如武安君也。」甘羅曰：「卿明知功之不如武安君歟？」曰：「知之。」「應侯之用秦也〔三〕，孰與文信侯專〔四〕？」曰：「應侯不如文信侯專。」曰：「卿明知爲不如文信侯專歟？」曰：「知之。」甘羅曰：「應侯欲伐趙，武安君難之，去咸陽七里，絞而殺之〔五〕。今文信侯自請卿相燕，而卿不肯行，臣不知卿所死之處矣〔六〕！」唐曰：「請因孺子而行〔七〕！」令庫具車，廄具馬，府具幣〔八〕，行有日矣。甘羅謂文信侯曰：「借臣車五乘，請爲張唐先報〔九〕趙。」

〔一〕姚本武安君，秦將白起。

〔二〕姚本言衆多不可數知也。

〔三〕鮑本見用於秦。

〔四〕姚本專，權重也。

〔五〕姚本難應侯，二萬衆還歸於鄘陽（曾作「二萬衆解於鄘陽」），賜死於杜郵也。　鮑本起傳言賜劍。

〔六〕姚本言白起死於杜郵，但未知卿死何處（「處」一作「所」）。

〔七〕姚本請，聽也。言行（「行」一作「因」）之燕也。　鮑本因之請於文信。離婁注，孺子，童子。

〔八〕姚本幣，貨財也。
〔九〕姚本報口也，往爲張唐先説趙王也。

見趙王〔一〕，趙王郊迎。謂趙王曰：「聞燕太子丹之入秦與？」曰：「聞之。」「聞張唐之相燕與？」曰：「聞之。」「燕太子入秦者，燕不欺秦也。張唐相燕者，秦不欺燕也。秦、燕不相欺，則伐趙，危矣。燕、秦所以不相欺者，無異故〔二〕，欲攻趙而廣河間也。今王齎臣五城以廣河間，請歸燕太子，與强趙攻弱燕。」趙王立割五城以廣河間，歸燕太子。趙〔三〕攻燕，得上谷〔四〕三十六縣，與秦什一〔五〕。

〔一〕鮑本悼襄。
〔二〕姚本異，怪。
〔三〕鮑本「趙」上補「與」字。○ 札記丕烈案：史記無，鮑補誤。
〔四〕鮑本幽州郡。
〔五〕姚本續：史記，得上谷三十城，令秦有十一。後語，三十餘城，令秦有其十二。鮑本以十之一與秦也，羅傳有。補曰：史云，得上谷二十城，令秦有十一。索隱云，謂以十一城予秦也。二説未知孰是？

文信侯出走〔一〕

〔一〕此篇鮑本列在趙策。

文信侯出走〔一〕，與司空馬〔二〕之趙，趙以爲守相〔三〕。秦下甲而攻趙〔四〕。

〔一〕**鮑本**始皇十年免相就國，十二年徙蜀，飲酖死。

〔二〕**鮑本**不韋吏也。補曰：「與」字疑衍。**札記**吴氏補曰「與」字疑衍，是也。

〔三〕**姚本**守相，假也。**鮑本**守，假官也，馬爲之。

〔四〕**姚本**甲，兵。

司空馬說趙王曰：「文信侯相秦，臣事之，爲尚書〔一〕，習秦事。今大王使守〔二〕小官，習趙事。請爲大王設秦、趙之戰〔三〕，而親觀其孰勝。趙孰與秦大？」曰：「不如。」「民孰與之衆？」曰：「不如。」「金錢粟孰與之富？」曰：「弗如。」「國孰與之治？」曰：「不如。」「相孰與之賢？」曰：「不如。」「將孰與之武？」曰：「不如。」「律令孰與之明？」曰：「不如。」司空馬曰：「然則大王之國，百舉而無及秦者，大王之國亡。」趙王曰：「卿不遠趙，而悉教〔四〕以國事，願於因計〔五〕。」司空馬曰：「大王裂趙之半以賂秦，秦不接刃而得趙之半，秦必悅。內惡趙之守〔六〕，外恐諸侯之救，秦必受之〔七〕。秦受地而郄〔八〕兵，趙守半國以自存。秦銜賂以自强，山東必恐；亡趙自危〔九〕，諸侯必懼。懼而相救，則從事可成〔一〇〕。臣請大王約〔一一〕從。從事成，則是大王名亡趙之半，實得山東以敵秦，秦不足亡〔一二〕。」趙王曰：「前日秦下甲攻趙，趙賂以河間十二縣，地削兵弱，卒不免秦患。今又割趙之半以强秦，力不能自存，因以亡矣。願卿之更計〔一三〕。」司空馬曰：「臣少爲秦刀筆〔一四〕，以官長而守小官〔一五〕，未嘗爲兵〔一六〕

首〔一七〕，請爲大王悉趙兵以遇〔一八〕。」趙王不能將〔一九〕。司空馬曰：「臣效愚計，大王不用，是臣無以事大王，願自請〔二〇〕。」

〔一〕鮑本秦官，屬少府。
〔二〕姚本「守」，一作「臣」。
〔三〕鮑本設者，無其事，施陳爲之。
〔四〕鮑本「悉」作「惠」。○　札記今本「教」誤「敵」。
〔五〕姚本因，猶受也。　鮑本因，非正爲之，猶秦王謂陳軫「以其餘爲寡人計」也。
〔六〕鮑本秦雖説於得地，趙猶有守之者，秦所患也。
〔七〕姚本「之」，一作「地」。　鮑本患於有守有救，則其受之，不得不急。
〔八〕姚本「郄」，一作「却」。　鮑本「郄」作「却」。○　補曰：此書「郤」，通。姚本作「郄」，同。
〔九〕姚本亡，失。　鮑本趙亡，則五國有脣亡之憂。
〔一〇〕姚本山東六國相親，從（一上有「則」字）事可成。　鮑本「可」作「有」。○
〔一一〕姚本約，結。　鮑本「請」下有「爲」字。○
〔一二〕姚本言輕之也（一「言」上有「不足」二字）。
〔一三〕鮑本「卿」下無「之」字。○　更，猶易。補曰：王之言是，馬之計非。「更」，如字可。
〔一四〕姚本一本作「奉筆」。　鮑本謂爲尚書也。筆以書札；刀，削其不當者。
〔一五〕鮑本「官」作「吏」。○　其官之長任之屬吏。
〔一六〕鮑本爲，猶治也。馬謙言。

〔一七〕鮑本「首」作「百」，又改爲「臣」。○　補曰：姚本作「首」，當屬上文。札記吴氏補曰「當屬上文」，是也。
〔一八〕姚本遇秦敵也。　鮑本與秦接戰。
〔一九〕姚本趙不（一本「趙」下有「王」字）能用司馬（一作司空馬）爲將。　鮑本不用馬爲將。
〔二〇〕姚本自請而去。　鮑本猶乞骸骨。

司空馬去趙，渡平原。平原津令〔一〕郭遺勞而問：「秦兵下趙，上客〔二〕從趙來，趙事何如？」司空馬言其爲趙王計而弗用〔三〕，趙必亡。平原令曰：「以上客料〔四〕之，趙何時亡？」司空馬曰：「趙將武安君，期年而亡〔五〕；若殺武安君，不過半年。趙王之臣有韓倉者，以曲〔六〕合於趙王，其交甚親，其爲人疾賢妬功臣。今國危亡，王必用其言，武安君必死〔七〕。」

〔一〕鮑本列女傳有趙津吏，蓋此官也。
〔二〕姚本上客，尊客。
〔三〕鮑本「弗」作「勿」，又改爲「不」。○　補曰：一本作「弗勝」。
〔四〕姚本料，數。
〔五〕姚本武安君，李牧也。趙若用之爲將，可期而亡。
〔六〕姚本曲，邪。　鮑本曲，不正也。
〔七〕姚本韓倉必讒殺武安君也。

韓倉果惡之〔一〕，王使人代〔二〕。武安君至，使韓倉數之〔三〕曰：「將軍戰勝，王觴將軍〔四〕。將軍爲壽於前〔五〕而捍匕首〔六〕，當死。」武安君曰：「繓〔七〕病鉤〔八〕，身大臂短，不能及地，起居不敬〔九〕，恐懼死罪於前〔一〇〕，故使工人爲木材以接手〔一一〕。上若不信，縕請以出示。」出之袖中，以示韓倉，狀如振梱〔一二〕，纏之以布。「願公入明之。」韓倉曰：「受命於王，賜將軍死，不赦。臣不敢言〔一三〕。」武安君北面再拜賜死〔一四〕，縮劍將自誅〔一五〕，乃曰：「人臣不得自殺宮中。」遇司空馬門〔一六〕，趣甚疾〔一七〕，出諔〔一八〕門也。右舉劍將自誅〔一九〕，臂短不能及，銜劍徵之於柱以自刺〔二〇〕。武安君死。五月趙亡〔二一〕。

〔一〕**鮑本**惡牧。

〔二〕**姚本**人代武安君爲將也。**鮑本**「使」作「令」。○使趙葱、顏聚代牧。

〔三〕**姚本**數，讓。**鮑本**數列其罪。

〔四〕**姚本**觴，酒爵也。

〔五〕**鮑本**上趙王壽。

〔六〕**姚本**「捍」，劉一作「捭」。**鮑本**匕首，刃名，蓋其首如匕。漢鹽鐵論，「荆軻懷數年之謀而事不就者，尺八匕首不足恃也」。捍，衛也。誣其以匕首自衛，如欲刺王然。補曰：姚本注，捍，劉一作「捭」。按，李善注文選引此。說文，捭，兩手擊也，希買反。匕，短劍也，補履反。捍，捍衛匕首也。**札記**丕烈案：此謝靈運之郡初發都詩注。李，希買反。「捭」字是也。作「捍」者，形近之譌耳。

〔七〕**姚本**縕，李牧名。**鮑本**牧名。補曰：此因高注。縕，子活反。說文，結也。

〔八〕**鮑本**短傴如鉤。正曰：病鉤，即所謂臂短也。

〔九〕**鮑本**起居，問王起居也。不及地爲不敬。

〔一〇〕**鮑本**不敬者其罪死，故以死懼。

〔一一〕**姚本**接，續。

〔一二〕**姚本**「捆」，曾作「槶」。　**鮑本**「捆」作「梱」。〇梱就也。蓋爲木接手，可以就地，因以舉身也。集韻，梱，門橛也，又槶柎也，與「楎」同，音衮，犂轅也。疑此木類此，故名。正曰：一本作「梱」。集韻以「因」爲「梱」。今鮑本作「梱」，而説乃作「梱」，恐刊本誤。「梱」乃木名，鮑先據「梱」字，以就地因舉身，爲説迂曲；又以爲「梱」，苦本反，門橛也，此字頗近而通。既又引「梱」「楎」爲言，則汨矣。「楎」，呼歸反；「槶」，自爲胡本反也。蓋牧右臂短，故爲木材接之，如振動梱橛也。匕首挾以刺人，牧爲壽王前，不敢出，其振梱有若捍匕首，故以挾匕首罪。　**札記**丕烈案：吴説亦非也。此「捆」字乃「捆」字形近之訛，讀當以「捆纏之以布」爲句。「狀如振」，「振」，乃狀木材所如之物者，其字亦有訛，當闕。

〔一三〕**姚本**言不敢明將軍。

〔一四〕**鮑本**拜賜死之命。

〔一五〕**姚本**縮，取。　**鮑本**「縮」，當作「搐」。集韻，引也，抽也。

〔一六〕**姚本**劉，一作「過司馬門」。　**鮑本**「遇」作「過」，衍「空」字。〇門，宮門。

〔一七〕**鮑本**「趣」作「趨」。〇此言牧之知禮也。而史言牧不受命，捕得斬之。不知遷舍此何所聞而云乎？補曰：大事記，牧之恭如此，傳乃謂牧不受命，趙使人徵捕得斬之，非也。使不受命，韓倉安得不數之。豈非因廉頗不受代事而誤載乎？愚按，下章亦明。

〔一八〕**鮑本**「諔」作「訮」，又改爲「誃」。〇誃，別也。補曰：未詳。　**札記**今本「諔」作「誃」，乃誤涉鮑也。「諔」，鮑本作「訮」，鮑改「訮」爲「誃」。吴氏補曰「未詳」，是也。

〔一九〕**姚本**「誅」，一作「殺」。

〔二〇〕**鮑本**徵，猶驗也。口銜劍，不自知其可死，即柱以爲驗也。正曰：銜劍於口，因柱以自刺，驗其手之不能及也。

〔一一〕姚本亡，滅也。上所謂「不過半年」，秦將王翦破趙爲郡也。　鮑本此七年誅牧，八年邯鄲爲秦。補曰：終上文之旨。

平原令見諸公，必爲言之曰〔一〕：「嗟嗞〔二〕乎，司空馬！」又以爲司空馬逐於秦，非不知也〔三〕，去趙，非不肖也。趙去司空馬而國亡〔四〕。國亡者，非無賢人，不能用也。〔五〕

〔一〕鮑本「言之」作「之言」。○　補曰：一本「言之」。

〔二〕姚本劉，一無「嗞」。　鮑本嗞，亦嗟也。　札記今本「嗞」誤「玆」。

〔三〕鮑本「爲」作「謂」，「知」作「智」。○

〔四〕鮑本「國亡」作「亡國」。○　補曰：一本「而國亡」。

〔五〕鮑本彪謂：從横之説，皆有所偏，而從人欲合六弱，以攻一强，其勢若可爲也，患諸侯之不一耳！使諸侯而明於事變，不惑小利，不修小怨，并力合慮而西，雖不可以大有爲，其於蹙秦有餘。惜乎當時不知此也！自蘇秦死，從終不堅，秦兵四出，諸侯挫於走北，其氣奪矣。司空馬欲以此時割趙之半説秦，而反其兵，因以復合天下之從，豈不謬哉！夫以全趙猶惴惴不自保，安能守半趙以自存乎？秦有并吞天下之心，雖得半趙，不盡不止，而何以説之？諸侯勢去，自春申不能從以難秦，司空馬獨能之乎？故趙幽之亡，罪在用韓倉而殺李牧，無與司空馬。平原令非篤論也。補曰：秦策，秦王資頓弱以金，北游燕、趙，而殺李牧。史稱，秦多與趙王寵臣郭開金，爲反間，而殺牧。而廉頗傳稱，頗之仇郭開與使者金，使毁頗。及張釋之傳云，趙用李牧幾霸，會趙王遷立，其母倡也，遷用郭開讒，卒誅李牧。列女傳云，趙悼后者，邯鄲倡女，前嫁，亂一宗族。既寡，悼襄王以其美而娶之，李牧諫云云，不聽。後生子遷，立爲幽閔王。后通於春平君，多受秦賂，而使王誅其良將李牧。趙亡後，大夫怨倡后之譖太子嘉殺李牧，乃殺倡后，滅其家。諸説皆可互考。但史因廉頗不受代事而誤以爲牧，恐郭開、韓倉亦有差互耳。　三「請爲」、「其爲」、「必爲」之

「爲」，去聲。

四國爲一將以攻秦

四國〔一〕爲一，將以攻秦。秦王召群臣賓客六十人而問焉，曰：「四國爲一，將以圖秦，寡人屈於內〔二〕，而百姓靡〔三〕於外，爲之奈何？」群臣莫對。姚賈〔四〕對曰〔五〕：「賈願出使四國，必絶〔六〕其謀，而安〔七〕其兵。」乃資車百乘，金千斤，衣以其衣〔八〕，冠舞以其劍〔九〕。姚賈辭行，絶其謀，止其兵，與之爲交以報秦。秦王大悦。賈封〔一〇〕千户，以爲上卿。

〔一〕**姚本**四國，燕、趙、吴、楚也。史記無此篇。後引史記注，別見。　**鮑本**荆、齊、燕、代，見下文。

〔二〕**姚本**屈，客。　**鮑本**財力困也。

〔三〕**姚本**靡，盡。

〔四〕**姚本**「姚」，劉、曾本皆作「桃」。　**鮑本**魏安。

〔五〕**姚本**姚賈，譏周公誅管、蔡不仁不知者，在孟子之篇也。

〔六〕**姚本**絶，斷。

〔七〕**姚本**安，止。　**鮑本**「安」作「案」。○。　**札記**正曰：息也。丕烈案：鮑改誤也，高注即其證也。

〔八〕**鮑本**以王衣衣之，寵之也。

〔九〕**姚本**「舞」，劉本作「帶」。　**鮑本**無「冠」字。○　古者飲則以劍舞，今以王劍賜之，使爲舞時用。　**札記**丕烈案：齊策有「冠舞其劍」，正同。「舞」者，「帶」字俗作「帶」而訛也。

〔一〇〕姚本劉一作「封賈」。

韓非知之〔一〕，曰：「賈以珍珠重寶，南使荆、吴〔二〕，北使燕、代之間三年，四國之交未必合也，而珍珠重寶盡於内。是賈以王之權，國之寶〔三〕，外自交於諸侯，願王察之。且梁監門子〔四〕，嘗盜於梁，臣於趙而逐〔五〕。取世監門子〔六〕，梁之大盜，趙之逐臣，與同知社稷之計，非所以厲群臣也〔七〕。」

〔一〕**姚本**「知」，一作「短」。韓非，韓公子也，著刑名之書十餘萬言。是時在秦，故知之也（「知」一作「短」）。終死於譖姚賈也。續云：史記注引戰國策曰，姚賈，韓非短之。**鮑本**韓之諸公子，秦王見其書，恨不及見之。攻韓，韓遣之使秦，秦王説之。賈與李斯毁之死。

〔二〕**鮑本**「吴」作「齊」。○此章無吴事。此四國，後亡者也。三晉滅久矣。正曰：無考，當從舊。**札記**丕烈案：韓詩外傳云，昔吴、楚、燕、代爲一，舉而欲伐秦。姚賈，監門之子也，爲秦往使之。是策文本如此。

〔三〕**鮑本**無「國之寶」三字。○補曰：一本此下有「國之寶」三字。

〔四〕**鮑本**監門卒也。賈其子。

〔五〕**姚本**嘗盜竊於大梁，爲趙臣而見逐者。

〔六〕**姚本**父死子繼，曰世。言世世監門卒子耳。

〔七〕**鮑本**厲，礪同，䃺也。

王召姚賈而問曰：「吾聞子以寡人財交於諸侯，有諸？」對曰：「有〔一〕。」王曰：「有何面目復見寡人？」對曰：「曾參孝其親，天下願以爲子；子胥忠於君，天下願以爲臣；貞女工巧〔二〕，天下願以爲妃〔三〕。今賈忠王而王不知也。賈不歸四國，尚焉之？使賈不忠於君，四國之王尚焉用賈之身？桀聽讒而誅其良將〔四〕，紂聞〔五〕讒而殺其忠臣〔六〕，至身死國亡〔七〕。今王聽讒，則無忠臣矣。」

〔一〕**姚本**劉作「有之」。
〔二〕**鮑本**有婦功也。
〔三〕**鮑本**妃，匹也。補曰：妃，當音配。「曾參」止「之身」云云，即陳軫之說。
〔四〕**姚本**殺關龍逢也。
〔五〕**鮑本**「聞」作「聽」。○
〔六〕**姚本**剖比干之心。
〔七〕**姚本**亡，失天下。

王曰：「子監門子，梁之大盜，趙之逐臣〔一〕。」姚賈曰：「太公望，齊之逐夫〔二〕，朝歌之廢屠〔三〕，子良之逐臣〔四〕，棘津之讎不庸〔五〕，文王用之而王〔六〕。管仲，其鄙人之賈人也〔七〕，南陽之弊幽，魯之免囚〔八〕，桓公用之而伯。百里奚，虞之乞人，傳賣以五羊之皮，穆公相之而朝西戎〔九〕。文公用中山盜，而勝於城濮〔一〇〕。此四士者，皆有詬醜〔一一〕，大誹天下〔一二〕，明主用之，知其可與立功〔一三〕。使若卞隨、務光、申屠狄，人主豈得其用哉〔一四〕！故明主不取其汙，不聽其非，察其爲己用〔一五〕。故可以存社稷者，雖有外誹者不聽；雖有高世之名，無咫〔一六〕尺之功者不賞。是以群臣莫敢以虛願望於上〔一七〕。」

〔一〕姚本言韓非譖。

〔二〕姚本太公呂尚望，爲老婦之逐。鮑本婦逐之也，不經見。

〔三〕姚本賣肉於朝歌，肉上生臭不售，故曰廢屠。鮑本朝歌屬河内。賣肉不售，故曰「廢」。補曰：楚辭，「師望在肆昌何識，鼓刀揚聲后何喜」。集注云，「呂望鼓刀在列肆，文王親往問之，望曰，『下屠屠牛，上屠屠國』。文王喜，載與俱歸」。此與獵渭濱而得之説不同，蓋當時好事者之言，猶伊尹、百里奚自鬻之比。惜乎孟子時無問者，不得并掊擊之也。

〔四〕姚本子良不用，而斥逐也。鮑本未聞。

〔五〕姚本釣魚於棘津，魚不食餌；賣庸作，又不能自售也。鮑本後志，琅邪西海，太公所出，又釣於棘津，今存。讎，售同。蓋嘗求售與人爲庸，不見用也。

〔六〕姚本王有天下也。

〔七〕姚本「賈人」，一無「人」字。爲市賣儈，求其小利於其鄙人。鄙人，邑名。鮑本五鄰爲鄙，蓋鄰鄙之人爲賈者。仲嘗與鮑叔賈。補曰：「鄙」下「人」字疑衍。札記丕烈案：吴説非也。高注即其證矣。

〔八〕姚本弊，隱也。幽，潛。不見升用，貧賤於南陽，故曰「南陽之弊幽」。於公子糾不死其難，爲魯所束縛而歸齊，故曰「魯之免囚」也。鮑本修武，南陽也。仲，潁上人，嘗以貧困隱此。敝，困。幽，隱也。見莊九年。

〔九〕姚本百里奚，虞臣。虞君不用，傳之門，自鬻於秦，號五羊大夫。於穆公，伯西方，戎來朝也。傳曰，「五羖用而秦霸。此之謂也。鮑本奚，虞臣也，不見用，自鬻於秦養牲者，以五羖羊皮鬻之。補曰：説見上。説苑，鄒子説梁王曰，管仲故成陰之狗盗也，天下之庸夫也；太公望故老婦之出夫也，朝歌之屠佐也，棘津迎客之舍人也，云云。亦此類。

〔一〇〕**姚本**傳曰，晉文公用咎犯之謀，破楚成王於城濮。此云中山之盗，則未聞也。**鮑本**僖二十八年，晉文公用咎犯之謀，破楚成王於城濮，與此不同。杜注城濮及史注，止云衛地。正曰：文公用中山盗而勝於城濮，與上句穆公相之而朝西戎，文意同。此但言用人不問其出於賤惡，而卒有如是之功耳。按，文公有寺人披斬袪、竪頭須竊藏二事。鄒陽書，「文公親其讎而强伯諸侯」，注以爲寺人勃鞮。新序，文公用其盗，以爲里鳧須，即竪頭須也。二事皆可通。

〔一一〕**姚本**詬，辱。醜，耻。

〔一二〕**姚本**曾作「於天下」。

〔一三〕**姚本**立，成功也。**鮑本**「功」下有「也」字。○

〔一四〕**姚本**卞隨、務光，湯時隱士。湯伐桀以天下讓之，二人曰，「爾爲不義，欲以慢我也」，自沉於清泠之淵。申屠不忍見紂之無道，抱石自沉於淵水。故曰「人主豈得用哉」！**鮑本**卞隨、務光，并湯時人，辭湯之聘；申屠狄，紂時人，自沉於淵。并見莊子。

〔一五〕**鮑本**污者、非者，雖不取不聽，知其爲用，則或聽取。察，言聽取之。

〔一六〕**鮑本**八尺曰咫。

〔一七〕**姚本**明主爲明君，賞有功，不賞有高名虚空無功用於國者。不敢望賞於君者也。**鮑本**無功而願賞，虚願也。補曰：魏無知之論陳平曰，今有尾生、孝己之行，而無益勝負之數，王何暇用之乎！即姚賈之説也。燕策蘇秦、蘇代之説，亦此類。

秦王曰：「然。」乃可〔一〕復使姚賈而誅〔二〕韓非。〔三〕

〔一〕**姚本**劉無「可」字。　**鮑本**衍「可」字。補曰：一本無。

〔二〕**姚本**誅，殺也。賞功不賞名者也（一無「者也」二字）。

〔三〕**鮑本**高誘，妄人也。注此書，謬妄非一處。如此策以姚賈爲陳賈，齊策以伐燕爲齊宣王，初不考其歲月。賈乃與李斯同時，安得見於孟子之書？宣、閔皆嘗伐燕，而之、噲之役，實閔王也。誘之率意如此，愚天下後世甚矣。彪之校注，蓋爲此發憤，故其所稱皆必有依據，懼獲罪於後人也。正曰：鮑注是書，謂高氏以姚賈爲孟子書陳賈，以伐燕爲齊宣王，爲是憤發，凡策之書宣者，悉據史記改從閔，大詆高氏，而以此爲稱首。夫學者考訂於千載之上，義理事徵而已。歲月名字之差互者，當博取徵驗，而折以事理之是非，信其可徵者。或彼此有據，則并存之可也。擇焉不精，憑私臆決，妄詆前人，輒改舊文，何鮑氏之果哉？考之趙策，趙使姚賈約韓、魏，時雖不可考，其云趙使，則趙臣也。魏策，周最入齊，秦王怒，令姚賈讓魏王。秦武、魏襄時也。其云秦令，則秦臣也。此策姚賈，梁監門子，則魏人。仕秦，并始皇、李斯時者，殆非一姚賈矣。姚以舜姓得爲陳，高不爲無據。使誠孟子書所稱，當與秦武、魏襄相及，并始皇、李斯者，則非。然未知的爲一人？而高輒以此姚賈爲孟子書譏周公不仁不智者，固非矣。唯之、噲之役，則有可言者。史記年表，齊宣王立十九年，卒，湣王立。燕噲七年，當湣王十年，書噲、子之皆死，惟孟子以爲宣王，而策之文與之合。此通鑑所據也。通鑑，宣王二十九年伐燕，視史記下移十年。宣王伐燕，即薨。次年，湣王立。宣、閔之年，或亂而失次。通鑑必有所據。而大事記亦從之。伐燕之事，莫詳於孟子，莫著於國策。史記年表無明文，齊世家不書，特燕世家剟取國策而易宣以湣耳。安得據史記之略，而廢孟子、國策之詳且明哉？傳曰，所見異辭，所聞異辭，所傳聞異辭。宣王伐燕，孟子所見也，史記所傳聞者也，安得據所傳聞而廢所見者哉？或謂荀卿嘗事宣王，爲之諱也。孟子之書，幸有國策明徵，不然，則非孟之徒，得以肆其説矣。策文書宣，非出高氏，豈爲率意繆妄？鮑之詆高氏，乃所以自謂也。高注呂氏春秋陰康氏，據漢書改爲陶唐氏，昔人譏其不視古今人表，妄改本文。鮑之失正，類此。學者之所以慎於傳疑也。

戰國策卷八

齊一

鮑本齊　東有菑川、東萊、琅邪、高密、膠東；南有泰山、城陽；北有千乘，清河以南，勃海之高樂、高城、重合、信陽；西有濟南、平原。

楚威王戰勝於徐州

楚威王〔一〕戰勝於徐州〔二〕，欲逐嬰子〔三〕於齊〔四〕。嬰子恐，張丑〔五〕謂楚王曰：「王戰勝於徐州也，盼子〔六〕不用也。盼子有功於國〔七〕，百姓爲之用。嬰子不善〔八〕，而用申縛〔九〕。申縛者，大臣與〔一〇〕百姓弗爲用〔一一〕，故王勝之也。今嬰子逐〔一二〕，盼子必用。復整其士卒以與王遇，必不便〔一三〕於王也。」楚王因弗逐〔一四〕。

〔一〕姚本威王，楚元王之子，懷王之父也。

〔二〕姚本徐州，或作舒州，是時屬齊。鮑本「徐」作「徐」，下同。○後志，魯之薛，六國時曰徐州，事在楚威七年，此十年。補曰：徐，詞余反。正義云，紀年梁惠王三十年，下邳遷於薛，改名徐州。「徐」，左氏作「舒」，說文作「郐」。札記丕烈案：史記作「徐」，徐州是也，多誤爲「徐」者。正義在孟嘗君列傳。

〔三〕姚本嬰子，田嬰也，號爲靖郭君，而封於薛也。

〔四〕鮑本逐，使齊逐之。田嬰時未封，故曰嬰子，猶盼子。

〔五〕姚本張丑，齊臣也。鮑本齊人。正曰：丑又見韓、魏、燕、中山等策。

〔六〕姚本盼子，田盼子也。

〔七〕姚本一「國」下有「而」字。

〔八〕鮑本不與盼善。

〔九〕姚本史記作申紀。嬰子不善盼子，故不用之而用申縛。鮑本「縛」作「縛」。○

〔一〇〕姚本一本作「弗與」。鮑本「與」上有「弗」字。○札記丕烈案：史記作「大臣不附」。

〔一一〕姚本言大臣與百姓不爲申縛致力盡用也。

〔一二〕姚本「逐子」，曾本，「今王逐嬰子矣」。

〔一三〕姚本遇，敵也。便，利也。

〔一四〕姚本弗逐田嬰。鮑本楚記七年有。

齊將封田嬰於薛

齊將封田嬰於薛〔一〕。楚王〔二〕聞之，大怒，將伐齊。齊王有輟〔三〕志。公孫閈〔四〕曰：「封之成與不，非在齊也，又將在楚。閈説楚王，令其欲封公也又甚於齊〔五〕。」嬰子曰：「願委之於子〔六〕。」

〔一〕**鮑本**定封在此三年。正曰：宣王二十年。又説見後。補曰：索隱云，嬰，諸田之别子，非宣王弟也。
〔二〕**鮑本**懷。
〔三〕**姚本**輟，止也。
〔四〕**姚本**公孫閈，齊之公孫田氏也。
〔五〕**姚本**公，謂田嬰也。使楚王欲封公甚於齊之欲封公也。
〔六〕**姚本**委，付也。子，公孫閈也。

公孫閈爲〔一〕謂楚王曰：「魯、宋事楚而齊不事者，齊大而魯、宋小。王獨利魯、宋之小，不惡齊大何也？夫齊〔二〕削〔三〕地而封田嬰，是其所以弱〔四〕也。願勿止〔五〕。」楚王曰〔六〕：「善。」因不止〔七〕。

〔一〕**姚本**劉無「爲」字。
〔二〕**鮑本**「齊」下有「之」字。○
〔三〕**姚本**削，分。
〔四〕**姚本**弱，小也。
〔五〕**姚本**齊分薛以封田嬰，則所以使齊小，故曰「勿止」。
〔六〕**札記**今本脱「曰」字。

〔七〕**姚本**不復止齊封田嬰。**鮑本**彪謂：此説不可行也。嬰，齊相也，雖得薛，不決裂於外，猶齊地耳。齊、薛爲一，如穰侯、應侯之於秦也，何弱小乎其初哉！正曰：史，齊襄王立，而孟嘗君中立爲諸侯。王畏君，與連和。後卒，諸子爭立，齊、魏共滅之。鮑謂分封不足以弱齊，未睹末流之害也。

靖郭君將城薛

靖郭君〔一〕將城薛，客多以諫〔二〕。靖郭君謂謁者，無爲客通〔三〕。齊人有請者曰：「臣請三言而已矣！益一言，臣請烹〔四〕。」靖郭君因見之。客趨而進曰：「海大魚。」因反走〔五〕。君曰：「客有於此〔六〕。」客曰：「鄙臣不敢以死爲戲〔七〕。」君曰：「亡〔八〕，更言之。」對曰：「君不聞大魚乎？網不能止〔九〕，鈎不能牽〔一〇〕，蕩而失水〔一一〕，則螻蟻得意焉〔一二〕。今夫齊，亦君之水也。君長〔一三〕有齊陰〔一四〕，奚〔一五〕以薛爲？夫齊〔一六〕，雖隆薛之城到於天，猶之無益也〔一七〕。」君曰：「善。」乃輟〔一八〕城薛。

〔一〕**鮑本**田嬰謚。正曰：此據史文。索隱云，靖郭或封邑號，漢齊王舅父駟鈞，封靖郭侯。
〔二〕**姚本**諫，止之也。
〔三〕**姚本**無通欲諫者也。
〔四〕**姚本**已，止也。益，猶過也。過言請烹。烹，煮，謂死。**鮑本**所謂鼎鑊之誅。
〔五〕**姚本**反，還。

〔六〕姚本於此，止無走也。鮑本言此，言外應復有。

〔七〕姚本續：淮南子，「戲」作「熙」。

〔八〕姚本亡，無。鮑本亡，無同。言無此也。

〔九〕姚本止，禁。

〔一〇〕姚本牽，引。續：韓非子，「繳不能絆」。

〔一一〕鮑本集韻，蕩，放也。言自放肆。

〔一二〕姚本得意者，飽滿也。鮑本螻，螻蛄，一曰螌，天螻。得意，飫飽也。

〔一三〕鮑本雄長之長。正曰：見下。

〔一四〕姚本別本無「陰」字。鮑本無「有」字、「陰」字。○正曰：一本「君長有齊」。札記丕烈案：韓子作「君長有齊」，新序作「君已有齊」，與策文不同。此有者，當讀「陰」爲「蔭」。

〔一五〕姚本奚，何。

〔一六〕鮑本正曰：姚氏「奚以薛爲夫齊」句，按新序作「無齊雖隆」云云，是蓋「夫」、「無」音訛，又因上「夫齊」字混。札記丕烈案：吴説非也，「夫」乃「失」字形近之訛。韓子作「君失齊」。淮南人間訓亦同。

〔一七〕姚本隆，高也。到，至也。高薛城至於天，猶無益也。

〔一八〕姚本輟，止。

靖郭君謂齊王

靖郭君謂齊王〔一〕曰：「五官之計〔二〕，不可不日聽〔三〕也而數覽〔四〕。」王曰：「説五而厭之〔五〕。」今〔六〕與靖郭君〔七〕。

〔一〕**姚本**齊王，威王也，宣王之父。

〔二〕**姚本**計，簿書也。　**鮑本**曲禮，司徒、司空、司馬、司士、司寇，典司五衆，計其事之凡也。正曰：注家謂此，殷制，非策所指。按記曾子問，諸侯出，命國家五官而後行。注云，五官，五大夫典事者。

〔三〕**姚本**聽，治也。

〔四〕**姚本**覽，視。　**鮑本**正曰：「也」字當在「覽」下。

〔五〕**姚本**一本作：「王曰：『日説五官吾厭之。』」　**鮑本**「五」作「吾」。〇言汝既説我，則不得自厭，故以委之。正曰：「王曰説吾」有缺誤。通鑑云，「不可不日聽而數覽也。王從之，已而厭之，悉以委嬰。嬰由是得專齊權」。

〔六〕**姚本**「今」，一作「令」。

〔七〕**姚本**與靖郭君，使聽治也。　**鮑本**以五官之計委之。

靖郭君善齊貌辨

靖郭君善齊貌辨〔一〕。齊貌辨之爲人也多疵〔二〕，門人弗説。士尉〔三〕以證〔四〕靖郭君，靖郭君不聽〔五〕，士尉辭而去。孟嘗君〔六〕又竊〔七〕以諫，靖郭君大怒曰：「剗而類，破吾家〔八〕。苟可慊齊貌辨者，吾無辭爲之〔九〕。」於是舍之上舍〔一〇〕，令長子御〔一一〕，旦暮〔一二〕進食。

〔一〕**姚本**續：昆辯。古今人表作昆辯。師古曰，齊人也，靖郭君所善，見戰國策。而吕覽作劇貌辯。元和姓纂，昆，夏諸侯昆吾氏之後，齊有昆弁，見戰國策。**鮑本**齊人。補曰：按一本標云，修文御覽、北堂書鈔同。札記丕烈案：今在太平御覽三百六十八卷，作「昆辨」。吳引姚校，而以此十四字自注於古今人表下，謂其同作「昆」也。今刻本誤入正文，吳本注中有注，刻時多誤混，讀者每不察，附著於此。

〔二〕**姚本**疵，闕病也。續：「疵」作「訾」，見呂覽。**鮑本**疵，病也，謂過失。補曰：此人蓋有奇節而不修細行者。

〔三〕**鮑本**齊人。

〔四〕**姚本**證，諫也。

〔五〕**姚本**聽，受。

〔六〕**姚本**孟嘗君，田嬰子田文也，號孟嘗君。**鮑本**嬰子文。補曰：孟子，嘗，邑名，在薛旁。按詩「居常與許」，即此嘗也。

〔七〕**鮑本**竊，猶私。

〔八〕**姚本**剗，滅也。而，汝也。言汝破吾家。續：呂覽「揆吾家」，高誘注云，揆度吾家，試可以足齊貌辨者，吾不辭也。**鮑本**集韻，剗，翦也。以翦草爲喻。而，汝也。類，族類。

〔九〕**姚本**慊，猶善也。善齊貌辨者，吾不辭爲之。**鮑本**集韻，慊，愜也。言有可滿貌辨之意，雖家族破滅，猶爲之不辭也。

〔一〇〕**姚本**上舍，上傳也。一曰甲第也。**鮑本**猶甲第。正曰：此本高注。按田文傳「傳舍、幸舍、代舍」，索隱云，并當上、中、下三等之客所舍之名。以此推之，則代舍乃上舍也。

〔一一〕**姚本**御，侍也。**鮑本**「御」下有「之」字。○集韻，御，侍也。正曰：爲之御也。札記丕烈案：呂氏春秋無。

〔一二〕**姚本**旦暮，朝夕也。

數年，威王薨，宣王〔一〕立。靖郭君之交，大不善於宣王〔二〕，辭而之薛，與齊貌辨俱留。

無幾何〔三〕，齊貌辨辭而行〔四〕，請見宣王。靖郭君曰：「王之不説嬰甚，公往必得死焉。」齊貌辨曰：「固〔五〕不求生也，請必行。」靖郭君不能止。

〔一〕**姚本**宣王，孟軻所見以羊易釁鐘之牛者也。　**鮑本**「威王」作「宣王」，「宣王」作「閔王」，下同。○嬰之封薛在閔王初。下言之薛，則此不得言宣王立也。正曰：説見下。　**札記**丕烈案：呂氏春秋作「威」、「宣」。

〔二〕**姚本**宣王不善之也。

〔三〕**姚本**貌辨、靖郭君俱止於薛，無幾何。

〔四〕**姚本**行，去也；去至齊也。

〔五〕**姚本**固，必。

齊貌辨行至齊，宣王聞之，藏〔一〕怒以待之。齊貌辨見宣王，王曰：「子〔二〕，靖郭君之所聽愛夫〔三〕！」齊貌辨曰：「愛則有之，聽則無有。王之方爲太子之時，辨謂靖郭君曰：『太子相不仁，過頤豕視〔四〕，若是者信反〔五〕。不若廢太子，更立衛姬嬰兒郊師〔六〕。』靖郭君泣而曰：『不可，吾不忍也。』若聽辨而爲之，必無今日之患也〔七〕。此爲一。至於薛，昭陽〔八〕請以數倍之地易薛，辨又曰：『必聽之〔九〕。』靖郭君曰：『受薛於先王〔一〇〕，雖惡於後王〔一一〕，吾獨謂〔一二〕先王何乎〔一三〕！且先王之廟在薛〔一四〕，吾豈可以先王之廟與楚乎！』又不肯聽辨。此爲二〔一五〕。」宣王大息〔一六〕，動〔一七〕於顔色，曰：「靖郭君之於寡人一至此乎！寡人少，殊不知此〔一八〕。客肯爲寡人來靖郭君乎〔一九〕？」齊貌辨對曰：「敬諾〔二〇〕。」

〔一〕**姚本**藏，懷。

〔二〕**鮑本**「王」字不重，「曰子」作「子曰」。○　補曰：當作「曰子」。　**札記**丕烈案：「王」字不重，是也。呂氏春秋不重，太平御覽引此亦不重。

〔三〕**姚本**夫，辭。　**鮑本**愛而聽用其言。

〔四〕**鮑本**過，謂豐頤過人。豙多反視。補曰：呂氏春秋「過頤豙視」注，頤豙，不仁之人，其説未詳。劉辰翁云，「過頤」，即俗所謂耳後見腮；「豙視」，即相法所謂下邪偷視。　**札記**丕烈案：吳氏讀呂氏春秋，誤也。高彼注云，「過，甚也。太子不仁甚於頤豙，視如此者倍反，不循道理也」。讀「豙」句絶，「視」下屬。此文亦當同。

〔五〕**姚本**反，叛。　**鮑本**始信後反。　**札記**「信」即「倍」字僞。太平御覽引此作「背」，是其證也。

〔六〕**姚本**郊師，衛姬之子，宣王庶弟。

〔七〕**姚本**患，謂不見善，出走薛也。

〔八〕**姚本**昭陽，楚將。

〔九〕**姚本**聽與楚易地也。

〔一〇〕**姚本**先君王也。　**鮑本**封嬰於薛，閔王也。而曰「受於先王」，蓋宣王有旨封之。正曰：史以田嬰之封在湣王三年，從通鑑則在宣王二十二年。按，嬰自威王時任職用事，而文之言曰，「君用事相齊至今三王矣」。三王者，威、宣、閔也。故大事記以嬰卒文立，附見於閔王元年。此策曰，「受薛於先王」，「先王之廟在薛」，則是威王之世，嬰已受封，史亦不合。索隱引紀年，梁惠後元十三年四月，齊威王封田嬰於薛，十月齊城薛，十四年薛子嬰來朝，十五年齊威王薨。考之史，梁惠王後元十三年，在今封嬰前一年，不得爲威王之世，亦皆不合，惟梁惠前十三年則正當威王時。疑此處有差互，而嬰之封薛，則實威王之世也。

〔一一〕**姚本**言爲後王（劉無此四字）。言爲後王小惡。

〔一二〕姚本謂，猶奈何也。

〔一三〕鮑本「何」下無「乎」字。○　言無以告於先王。　札記丕烈案：吕氏春秋有。

〔一四〕姚本起威王之廟在薛。

〔一五〕姚本二不聽辨也。

〔一六〕鮑本長出氣也。

〔一七〕姚本動，猶發也。

〔一八〕姚本少，小也。殊不知也。

〔一九〕姚本肯，猶可也。能爲寡人致靖郭君身來不乎也。

〔二〇〕姚本一曰「必能使靖郭君來」。

靖郭君〔一〕衣威王之衣，冠舞〔二〕其劍〔三〕，宣王自迎靖郭君於郊，望之而泣。靖郭君至，因請相之〔四〕。靖郭君辭，不得已而受〔五〕。七日，謝病强辭〔六〕。靖郭君辭〔七〕不得，三日而聽〔八〕。

〔一〕姚本從薛至齊也。

〔二〕姚本「舞」，劉作「帶」。

〔三〕鮑本先時所賜。

〔四〕姚本請以爲相也。

〔五〕姚本受相印也。　鮑本「受」下有「之」字。○　札記丕烈案：吕氏春秋無。

〔六〕姚本以病謝相位。　强，猶固。

〔七〕**鮑本**無「靖郭君辭」四字。○ **札記**丕烈案：吕氏春秋無「靖郭君辭不得」六字，爲是。

〔八〕**鮑本**王聽其辭。

當是時，靖郭君可謂能自知人矣！能自知人，故人非之不爲沮〔一〕。此齊貌辨之所以外生〔二〕樂患趣難者也〔三〕。〔四〕

〔一〕**姚本**沮，止。

〔二〕**鮑本**以生爲外物，無所愛也。

〔三〕**姚本**外，猶賤生，謂觸難而行見宣王也。樂解人之患，趣救人之難，令宣王相靖郭君也。**鮑本**補曰：趣，即趨。

〔四〕**鮑本**彪謂：知人之難，貴於知其心。齊人曰，辯之爲人多疵，論其迹也；靖郭君獨深善之不可奪，知其心也。士爲知己者死，此辯所以不求生歟？正曰：心迹之論未當。說見章首條下。

邯鄲之難

邯鄲〔一〕之難，趙求救於齊〔二〕。田侯〔三〕召大臣而謀曰：「救趙孰與勿救？」鄒子〔四〕曰：「不如勿救。」段干綸〔五〕曰：「弗救，則我〔六〕不利。」田侯曰：「何哉〔七〕？」「夫魏氏兼〔八〕邯鄲，其於齊何利〔九〕哉！」田侯曰：「善。」乃起兵，曰〔一〇〕：「軍於邯鄲之郊〔一一〕。」段干綸曰：「臣之求利且〔一二〕不利者，非此也。夫救邯鄲，軍於其郊，是趙不拔而魏全也〔一三〕。故不如南攻襄陵以弊魏〔一四〕，邯鄲拔而承魏之弊〔一五〕，是趙破而魏弱也。」田侯曰：「善。」乃起兵南攻襄陵。七月，邯鄲拔。齊因承魏之弊，大破之桂陵〔一六〕。

〔一〕**姚本**邯鄲，趙都。

〔二〕**姚本**難，爲魏所攻，故求救於齊。　**鮑本**趙成侯二十一年，魏圍邯鄲。此二十五年。

〔三〕**姚本**田侯，齊侯也。　田成子殺簡公，吕氏絶祀，田氏有之，故曰田侯。宣王也。

〔四〕**姚本**鄒子，齊臣鄒忌。　**鮑本**名忌，二十一年相，明年封下邳，號成侯。

〔五〕**姚本**段干，姓。綸，名也。齊臣且將。　**鮑本**補曰：史作「朋」，後語作「萠」。

〔六〕**鮑本**我，我齊。

〔七〕**鮑本**下有「對曰」二字。○　補曰：史有「對曰」二字。

〔八〕**姚本**兼，猶并也。

〔九〕**姚本**一無「利」字。

〔一〇〕**鮑本**「曰」作「甲」。○　補曰：一本「甲」作「曰」。是言將屯於其郊，故後云，乃起兵南攻。　**札記**今本「曰」作「甲」。

〔一一〕**姚本**軍，屯也。郊，境也。　**鮑本**以軍法陳之於此。正曰：高注，軍，屯也。愚謂，凡言軍於某地者，猶言師於某也。成列則云陳於某。

〔一二〕**鮑本**且，猶與。

〔一三〕**鮑本**兩國不戰故。

〔一四〕**姚本**襄陵，魏邑也，河東縣。弊，罷也。　**鮑本**襄陵屬河東，魏邑也。攻之使魏困。

〔一五〕鮑本承，言繼其後。

〔一六〕姚本桂陵，魏邑名。　鮑本諸注止言魏地。齊記有，云二十六年。正曰：正義云，桂陵在曹州乘氏縣東北。又説見後。

南梁之難

南梁之難〔一〕，韓氏請救於齊。田侯〔二〕召大臣而謀曰：「早救之，孰與晚救之〔三〕便？」張丏對曰：「晚救之，韓且折〔四〕而入於魏，不如早救之。」田臣思〔五〕曰：「不可。夫韓、魏之兵未弊，而我救之，我代韓而受魏之兵，顧反聽命於韓也。且夫魏有破韓之志，韓見且亡，必東愬〔六〕於齊。我因陰〔七〕結韓之親，而晚承〔八〕魏之弊，則國可重，利可得，名可尊矣。」田侯曰：「善。」乃陰告〔九〕韓使者而遣之。

〔一〕姚本梁，韓邑也，今南河梁也。大梁，魏都，在北，故曰南梁也。難，魏攻之也。　鮑本魯國蕃縣有南梁水。此二年，魏伐趙，趙與韓共擊魏，趙不利，敗於南梁。正曰：正義引括地志云，故梁在汝州西南，稱南梁者，別於大梁、少梁。大事記，此魏伐韓也。謂伐趙者，往歲桂陵之戰，與此混而誤爾。

〔二〕鮑本猶上陳侯。

〔三〕姚本早，速也。晚，徐也。

〔四〕姚本折，分也，猶從也。

〔五〕姚本田臣思，齊臣。鮑本補曰：索隱云，策作田期思，必別本也。紀年謂之徐州子期即田忌也。札記丕烈案：「臣」當是「巨」字訛。「巨」、「期」、「忌」同字也。説在嘉定錢先生大昕史記考異。吴氏以爲別本者，非是。周策陳臣思，同此。

〔六〕姚本愬，告。

〔七〕姚本陰，私。

〔八〕姚本承，受。鮑本承，繼其後也。

〔九〕鮑本告者，許之也。

韓自以專有齊國〔一〕，五戰五不勝〔二〕，東愬於齊，齊因起兵擊魏，大破之馬陵〔三〕。魏破韓弱〔四〕，韓、魏之君因田嬰〔五〕北面而朝田侯〔六〕。

〔一〕鮑本無「專」字。○

〔二〕姚本自恃有齊國之助，故五與魏戰而五不勝。

〔三〕鮑本補曰：虞喜云，馬陵在濮州鄄城東北六十里，有澗深峻，可以置伏，龐涓敗即此。徐廣云，在魏州元城縣東南。司馬彪引杜預説，亦然。按齊使田忌將直達大梁，龐涓聞之，去韓而歸，齊軍已過而西，則從汴州、外黄退至濮州東北六十里是也，豈合更渡河至元城哉？

〔四〕姚本馬陵，齊邑也。齊殺魏將龐涓，虜魏太子申，故曰魏破韓弱也。

〔五〕姚本劉，無「田嬰」二字。

〔六〕姚本田侯，齊宣王也。鮑本齊記有，爲兩章，一爲桓公、臣思，一爲宣王、孫子。彪謂：臣思之策，則幸中矣，非仁義舉也。孟子謂「行一不義而得天下不爲也」，況朝韓、魏乎？正曰：今按桓公、田臣思事，自與邯鄲之難及韓齊爲與國二章相亂，非此章也。説見後章。

成侯鄒忌爲齊相

成侯鄒忌爲齊相〔一〕，田忌爲將，不相説。公孫閈〔二〕謂鄒忌〔三〕曰：「公何不爲王謀伐魏？勝，則是君之謀也〔四〕，君可以有功〔五〕；戰不勝，田忌不進，戰而不死，曲撓而誅〔六〕。」鄒忌以爲然，乃説王而使田忌伐魏。

〔一〕**姚本**成，邑。侯，爵也。鄒忌封也。　**鮑本**補曰：高注，成，齊邑。按史曰，封以下邳，號爲成侯。
〔二〕**鮑本**齊人。補曰：「閈」，史作「閱」。
〔三〕**札記**丕烈案：索隱云，戰國策作公孫閱。
〔四〕**姚本**用君之謀而得勝也。
〔五〕**姚本**有勝魏之功也。
〔六〕**姚本**誅，戮。　**鮑本**曲撓，言師不直前而敗。

田忌三戰三勝，鄒忌以告公孫閈，公孫閈乃使人操十金〔一〕而往卜於市，曰：「我田忌之人也，吾三戰而三勝，聲威天下〔二〕，欲爲大事〔三〕，亦吉否？」卜者出〔四〕，因令人捕〔五〕爲人卜者，亦〔六〕驗〔七〕其辭於王前。田忌遂走〔八〕。

〔一〕姚本二十兩爲一金。
〔二〕姚本聲，勢。威，震。鮑本天下畏其威聲。正曰：其聲畏懼天下。
〔三〕鮑本反齊而王。
〔四〕鮑本田忌之人。補曰：公孫閈所使者。
〔五〕鮑本捕，取也。
〔六〕姚本一無「亦」字。
〔七〕姚本驗，信。
〔八〕鮑本齊記三十五年有。彪謂：齊威，賢王也！其知章子，察阿、即墨大夫明矣，獨於是失之。然忌之走，亦非威王譴之也。正曰：史以公孫閈爲鄒忌云云，附戰桂陵之前，文小異。操十金卜市以下，在威王三十五年。下云，田忌聞之，率其徒襲攻臨淄，求成侯，不勝而奔，宣王召復位，遂有馬陵之戰。按策言，忌伐魏，三戰三勝。忌戰可見者桂陵、馬陵二役，策并言之也。後章記，忌繫太子申，禽龐涓，孫子謂忌曰，「若是則齊君可正，成侯可走」。忌不聽，遂不入齊。又記，田忌亡齊之楚，楚封之江南，則忌之出奔，在戰馬陵後宣王之世明矣，史載其奔在前，故謂召復位。忌既襲齊，豈得再復？成侯猶在，豈宜并列？而馬陵後，忌無可書之事，知其必有誤也。以威王之明，成侯、公孫閈之詐，豈能行其間？其爲宣王無疑也。大事記謂桂陵、馬陵二事，多混而書，忌出奔在威王時，亦仍史之舊耳。

田忌爲齊將

田忌爲齊將〔一〕，繫梁太子申，禽龐涓〔二〕。孫子〔三〕謂田忌曰：「將軍可以爲大事〔四〕乎？」

田忌曰：「奈何？」孫子曰：「將軍無解兵而入〔五〕齊。使彼罷弊於先〔六〕弱守於主〔七〕。主者，循軼之途也〔八〕，鍺擊摩車而相過〔九〕。使彼罷弊先〔一〇〕弱守於主，必一而當十〔一一〕，十而當百，百而當千。然後背太山〔一二〕，左濟，右天唐〔一三〕，軍重踵高宛〔一四〕，使輕車鋭騎衝雍門〔一五〕。若是，則齊君可正〔一六〕，而成侯〔一七〕可走。不然，則將軍不得入於齊矣。」田忌不聽〔一八〕，果不入齊。〔一九〕

〔一〕**鮑本**此二年，召復位。正曰：説見前。

〔二〕**姚本**申，梁惠王太子也。龐涓，魏將也。田忌與戰於馬陵，而繫獲之也。故梁惠王謂孟子曰，「寡人東伐，敗於馬陵，太子死，龐涓禽」。此之謂也。

〔三〕**姚本**孫子，孫臏也，齊將也。　**鮑本**臏也。齊人，武之孫，爲田忌軍師。

〔四〕**姚本**大事，兵事。傳曰，「國之大事在祀與戎」。

〔五〕**姚本**入，還。

〔六〕**姚本**彼，謂魏也。「先」，曾作「老」。　**鮑本**罷，疲同。彼，謂齊。齊軍已與魏戰，雖勝亦罷，今使當前。

〔七〕**鮑本**弱，弱卒也。忌所自將，使齊不疑也。主，地缺，蓋齊險隘。補曰：姚云，曾本「先」皆作「老」。愚恐上句多「於」字，謂以罷敝老弱守險敵衆，而以精兵攻齊，下云「輕車鋭騎」者也。

〔八〕**姚本**軼，途轍之道也。　**鮑本**軼，轍同。車迹也。言其險狹，不得方軌適相循耳。

〔九〕**姚本**鍺，轂閡也。摩，猶比也。　**鮑本**鍺，舝同，車軸耑鍵也。路狹車密，故相擊相摩。

〔一〇〕**姚本**「先」，曾作「老」。

〔一一〕**鮑本**得地利故。

〔一二〕鮑本在太山博縣西北。
〔一三〕鮑本蓋盼子所守，所謂高唐，屬平原。
〔一四〕姚本天，大也。唐，防也。踵，至也。高宛，縣名也，今屬樂安也。鮑本重，輜重也。後志，高宛屬樂安。
〔一五〕姚本輕，便；鋭，利；衝，突。雍門，齊西門名也。鮑本始皇紀注，在高陵。正曰：高注，雍門，齊西門名。按，左傳襄十八年有。雍，去聲。
〔一六〕鮑本正，猶制治。
〔一七〕姚本成侯，鄒忌也。田忌所不説。
〔一八〕姚本聽，從。
〔一九〕鮑本彪謂：臏非武流也。武雖運奇用詭，豈嘗語人以是乎？忌不聽，忌賢也。補曰：使田忌無間於齊，孫子曷爲而有是言？必公孫閈、成侯讒構之時也。

田忌亡齊而之楚

田忌亡齊而之楚，鄒忌代之相〔一〕。齊恐田忌欲以楚權復〔二〕於齊，杜赫曰：「臣請爲〔三〕留〔四〕楚〔五〕。」

〔一〕鮑本補曰：前云鄒忌爲相，田忌爲將。田忌走，此云代之相，恐有差誤。
〔二〕姚本權，勢也。復，還也。鮑本復，猶返。
〔三〕姚本一「爲」下有「君」字。

〔四〕**姚本**一「留」下有「之」字。
〔五〕**姚本**君，謂鄒忌。留之楚，爲鄒忌留田忌於楚，不使得來也。　**鮑本**爲鄒留田於楚。

謂楚王〔一〕曰：「鄒忌所以不善楚者，恐田忌之以楚權復於齊也。王不如封田忌於江南，以示田〔二〕忌之不返〔三〕齊也，鄒忌以〔四〕齊厚〔五〕事楚。田忌亡人也，而得封，必德〔六〕王。若復於齊，必以齊事楚〔七〕。此用二忌之道也。」楚果封之於江南〔八〕。

〔一〕**鮑本**成。
〔二〕**鮑本**無「田」字。○
〔三〕**姚本**返，還。
〔四〕**鮑本**「以」上有「必」字。○　補曰：當有缺字。
〔五〕**姚本**厚，重也。
〔六〕**姚本**德，恩。
〔七〕**姚本**田忌後日若得還齊，亦必以重事楚。　**鮑本**言此，示不爲鄒忌游説也。
〔八〕**姚本**從杜赫之言也。

鄒忌事宣王

鄒忌事宣王，仕人衆〔一〕，宣王不悦〔二〕。晏首〔三〕貴而仕人寡，王悦之〔四〕。鄒忌謂宣王曰：「忌聞以爲有一子之孝，不如有五子之孝。今首之所進仕者，以〔五〕幾何人〔六〕？」宣王因以晏首壅塞之〔七〕。

〔一〕姚本衆，多也。　鮑本薦於王使之仕。

〔二〕姚本嫌其作威福，故不悦也。書曰，「無有作威作福」。

〔三〕鮑本齊人。

〔四〕姚本悦，不作威福也。

〔五〕姚本「以」，一作「亦」。

〔六〕姚本一「人」下有「矣」字。

〔七〕姚本壅，弊。塞，斷。弊斷仕者而不進也。　鮑本言其不薦達人。

鄒忌脩八尺有餘

鄒忌脩〔一〕八尺有餘，身體昳麗〔二〕。朝服衣冠窺鏡〔三〕，謂其妻曰：「我孰與城北徐公美〔四〕？」其妻曰：「君美甚，徐公何能及公〔五〕也！」城北徐公〔六〕，齊國之美麗者也。忌〔七〕不自信，而復〔八〕問其妾曰：「吾孰與徐公美？」妾曰：「徐公何能及君也！」旦〔九〕日，客從外來，與坐談，問之客曰〔一〇〕：「吾與徐公孰美？」客曰：「徐公不若君之美也〔一一〕！」

〔一〕姚本脩，長。

〔二〕姚本昳，讀曰逸。鮑本「身體」作「而形貌」。○昳，徒結切，日側也，故有光艷意。又疑作「佚」。

〔三〕姚本自窺視於鏡也。

〔四〕姚本美，好也。續：十二國史作「徐君平」。

〔五〕姚本一無「公」字。鮑本「公」作「君」。○

〔六〕札記今本「徐」誤「齊」。

〔七〕姚本一無「忌」字。

〔八〕姚本一無「復」字。

〔九〕鮑本旦，明也。

〔一〇〕姚本一無「客」字。鮑本無「客曰」二字。○補曰：一本「問之客曰」。

〔一一〕姚本一無以上三字。

明日，徐公來。孰視之，自以爲不如；窺鏡而自視，又〔一〕弗如遠〔二〕甚。暮，寢而思之曰：「吾妻之美我者，私〔三〕我也；妾之美我者，畏我也〔四〕；客之美我者，欲有求〔五〕於我也。」

〔一〕姚本一無「又」字。

〔二〕姚本遠，猶多也。

〔三〕姚本私，愛。鮑本私，猶親。

〔四〕姚本畏而愛之。

〔五〕姚本求，索。

於是〔一〕入朝見威〔二〕王曰：「臣誠知不如〔三〕徐公美，臣之妻私臣，臣之妾畏臣，臣之客欲有求於臣，皆以美於徐公。今齊地方千里，百二十城，宮婦左右，莫不私王；朝廷之臣，莫不畏王；四境之內，莫不有求於王。由此觀之，王之蔽甚〔四〕矣！」王曰：「善。」乃下令：「群臣吏民，能〔五〕面刺寡人之過者，受上賞〔六〕；上書諫寡人者，受中賞；能謗議〔七〕於市朝，聞寡人之耳者，受下賞。」

〔一〕姚本一無「於是」二字。
〔二〕姚本一無「威」字。
〔三〕姚本劉作「臣知情不如」。
〔四〕姚本下人蔽王甚矣。
〔五〕姚本一無「能」字。
〔六〕姚本刺，舉也。舉寡人之過失者，與重賞也。
〔七〕鮑本「議」作「譏」。〇

令初下，群臣進諫〔一〕，門庭若市。數月之後，時時而間進。〔二〕期年之後〔三〕，雖欲言，無可進者〔四〕。燕、趙、韓、魏聞之，皆朝於齊。此所謂戰勝於朝廷〔五〕。〔六〕

〔一〕姚本一無「諫」字。
〔二〕鮑本進諫者有暇隙。
〔三〕鮑本「期」作「朞」。〇

〔四〕姚本改循（「循」，曾作「脩」）端嚴，無可復諫者也。

〔五〕姚本言與敵國戰勝之於朝廷之内也。老子曰，「脩之身，其德乃真」，此之謂也。故能使四國盡來朝之。鮑本坐朝廷之上，四國朝之，不待兵也。

〔六〕鮑本彪謂：鄒忌嘗以詐走田忌，則其人亦傾險士耳。唯此言者，萬世之言也。補曰：大事記，威烈王二十二年。按外紀，宋昭公出亡，謂其御曰云云，事與此類。又新序，齊有田巴先生，賢，王聘而問政，巴改製新衣，拂飾冠帶，顧謂其妾云云。恐與鄒忌事有訛舛。

秦假道韓魏以攻齊

秦假道韓、魏以攻齊〔一〕，齊威王使章子將而應之〔二〕。與秦交和而舍〔三〕，使者數相往來，章子爲變其徽章〔四〕，以雜秦軍〔五〕。候者〔六〕言章子以齊入秦〔七〕，威王不應〔八〕。頃之〔九〕間〔一〇〕，候者復言章子以齊兵降秦，威王不應。而此者三〔一一〕。有司請曰：「言章子之敗者，異人而同辭〔一二〕。王何不發〔一三〕將而擊之？」王曰：「此不叛寡人明矣〔一四〕，曷爲〔一五〕擊之！」

〔一〕姚本自秦往齊，路出韓、魏，故假之也。

〔二〕姚本應，擊。

〔三〕姚本交，俱。鮑本孫子，兩軍相對曰交和。楚記注，軍門曰和。

〔四〕姚本徽，幟名也。傳曰，揚徽者，公徒也。鮑本徽，幟也。以絳帛著於背，章其別也。補曰：此引説文。又左傳

「揚徽」注，若今救火衣。又按，王莽傳「殊徽幟」注，通謂旌旗屬。

〔五〕姚本通白曰章幅（「幅」一作「幟」），變易之使與秦旗章同，欲以襲秦。

〔六〕鮑本齊之偵者。

〔七〕姚本候軍者以章子爲然。

〔八〕姚本應，答。

〔九〕鮑本衍「之」字。

〔一〇〕鮑本正曰：有頃之間也。句奇。下「頃間」變文。

〔一一〕姚本而，如也。如此者三。

〔一二〕札記今本脱「之」字，誤重「辭」字。

〔一三〕姚本發，遣。　鮑本「發」作「廢」。○　廢，謂罷之。補曰：「廢」一本作「發」。是既降矣，安用廢爲？

〔一四〕姚本明，審。

〔一五〕鮑本「爲」下有「而」字。○

頃間，言齊兵大勝，秦軍〔一〕大敗，於是秦王拜〔二〕西藩之臣〔三〕而謝於齊〔四〕。左右曰：「何以知之？」曰：「章子之母啓〔五〕得罪其父，其父殺之而埋馬棧之下〔六〕。吾〔七〕使〔八〕者〔九〕章子將也，勉之曰：『夫子之强，全兵而還，必更葬將軍之母。』對曰：『臣非不能更葬先妾也。臣之母啓得罪臣之父。臣之父未教〔一〇〕而死。夫不得父之教而更葬母，是欺死父也〔一一〕。故不敢〔一二〕。』夫爲人子而不欺死父，豈爲人臣欺生君哉〔一三〕？」〔一四〕

〔一〕鮑本「軍」作「兵」。○

〔二〕鮑本「拜」作「稱」。○

〔三〕鮑本按威王與秦獻公、孝公同時，齊雖强而秦不弱，此語未詳。

〔四〕姚本秦惠王之子武王也。謝，謝攻齊之罪。

〔五〕鮑本其母名。

〔六〕姚本馬棧，床也。鮑本棧，爲棚以立馬。正曰：高注，棧，床也。補曰：章子，通國稱不孝。孟子以爲父子責善而不相遇者，恐因此事也。後語，「馬屎之中」。

〔七〕姚本一「吾」下有「之」字。

〔八〕鮑本下衍「者」字。

〔九〕姚本一無「者」字。

〔一〇〕姚本「教」，劉作「葬」。鮑本未有教命。補曰：後語，「未赦」。

〔一一〕姚本死父欲使之説也。

〔一二〕鮑本彪謂：君父一也，雖無父命，而以君命更葬，何損於義？凡章子之孝皆過，所謂過孝。正曰：此是章子言所以不更葬之故，未見其終拒威王之命。

〔一三〕姚本威王以此知章子之情，故曰，豈欺生君哉？

〔一四〕鮑本彪謂：周衰，齊威不世之主也。列子曰，君非自知我也，以人之言賜我，其罪我又將以人之言，故人君於其臣，欲其自知之也。威王之於章子有焉。夫如是，雖百市虎不摇也，豈以三告而投杼乎哉？

楚將伐齊

楚將伐齊，魯親之〔一〕，齊王患之〔二〕。張丐〔三〕曰：「臣請令魯中立〔四〕。」乃爲齊見魯君〔五〕。魯君曰：「齊王懼乎？」曰：「非臣所知也，臣來弔足下。」魯君曰：「何弔〔六〕？」曰：「君之謀過矣〔七〕。君不與〔八〕勝者而與不勝者〔九〕，何故也？」魯君曰：「子以齊、楚爲孰勝哉？」對曰：「鬼且不知也。」「然則子何以弔寡人？」曰：「齊，楚之權敵〔一〇〕也，不用有魯與無魯。足下豈如令〔一一〕衆而合二國之後哉！楚大勝齊，其良士選卒〔一二〕必殪〔一三〕，其餘兵足以待天下；齊爲勝，其良士選卒亦殪。而君以魯衆合戰勝後，此其爲德也亦大矣〔一四〕，其見恩德亦其大也〔一五〕。」魯君以爲然，身〔一六〕退師〔一七〕。

〔一〕**姚本**魯親楚也。
〔二〕**姚本**患，憂。
〔三〕**鮑本**齊人，疑即張丑。
〔四〕**姚本**魯中立，言能使魯不親楚而絶齊也。　**鮑本**於兩國之間，無所親疏。
〔五〕**鮑本**康公。正曰：無考。
〔六〕**鮑本**「弔」下有「乎」字。○
〔七〕**姚本**過，失。
〔八〕**姚本**與，猶助之。

〔九〕鮑本楚時未敗，而云然者，蓋楚有勝齊之勢。楚雖勝，士卒多死，魯合齊以兩國擊之，楚必敗，故言其不勝。

〔一〇〕鮑本補曰：言其力適均。

〔一一〕姚本「令」一作「全」。　鮑本「令」作「全」。○

〔一二〕鮑本材武見選者。

〔一三〕鮑本殪，死也。

〔一四〕姚本全衆爲中立，無以爲助也。觀二國交戰之後，勝者其良士選卒治一，君以全衆助負敗者擊之。　鮑本合，合敗者也。勝者雖合之，不必見德。今以全衆合敗者，彼勝者既士卒多死，可勝也，敗者因見德矣。

〔一五〕姚本「其」，曾作「甚」。　鮑本「德」下有「也」字，「其」作「甚」，「也」作「矣」。○　敗者德之。

〔一六〕鮑本「身」作「乃」。○　札記今本「身」作「乃」。

〔一七〕姚本退師，不復親楚也。　鮑本補曰：「爲齊」之「爲」，去聲。

秦伐魏

秦伐魏，陳軫合三晉而東謂齊王〔一〕曰：「古之王者之伐也，欲以正天下而立功名，以爲後世也。今齊、楚、燕、趙、韓、梁六國之遞〔二〕甚也，不足以立功名，適足以强秦而自弱也，非山東之上計也。能危山東者，强秦也。不憂强秦，而遞相罷弱〔三〕，而兩歸其國於秦〔四〕，此臣之所以爲山東之患〔五〕。天下爲秦相割〔六〕，秦曾不出〔七〕力；天下爲秦相烹〔八〕，秦曾不出薪〔九〕。何秦之智而山東之愚耶？願大王之察也。

〔一〕**姚本**軫時仕魏，故合三晉而東也。去著（續：「去著」二字，古本作「走齊」）而宣王也（一本作「齊王」）。

〔二〕**姚本**遞，更。**鮑本**遞，言其更相伐。

〔三〕**鮑本**「罷」，「疲」同。

〔四〕**鮑本**兩，彼我也。

〔五〕**姚本**患，憂。

〔六〕**姚本**割，分也。自相剥割，以附益强秦。**鮑本**以割肉喻其相伐。

〔七〕**姚本**秦不自出力，用力也。**鮑本**補曰：北山何先生標大事記云，「力」，一作「刀」。**札記**丕烈案：「刀」字是也，此形近之訛。

〔八〕**鮑本**煮也。

〔九〕**姚本**爲秦自相烹置，秦則不出薪然火也。**鮑本**喻秦無所事。

「古之五帝、三王、五伯之伐也〔一〕，伐不道者。今秦之伐天下不然，必欲反之〔二〕，主必死辱，民必死虜〔三〕。今韓、梁之目未嘗乾〔四〕，而齊民獨不也，非齊親而韓、梁疏也，齊遠秦而韓、梁近。今齊將近矣！今秦欲攻梁絳、安邑〔五〕，秦得絳、安邑以東下河，必表裏河〔六〕而東攻齊，舉齊屬之海〔七〕，南面而孤楚、韓、梁〔八〕，北向而孤燕、趙〔九〕，齊無所出其計矣〔一〇〕。願王熟慮之〔一一〕！

〔一〕**姚本**五帝，黄帝、顓頊（一本無「顓頊」字）、高辛、帝嚳、堯帝（一無「帝」字）、舜也。三王，夏、殷、周也。五伯，昆吾、大彭、豕韋、齊桓、晉文者（一無「者」字）也。

〔二〕**姚本**反之，反五帝、三王、五伯之伐也。**鮑本**反古。

〔三〕**姚本**秦欲肆虎狼之心以吞諸侯，故曰，主必死辱，民必死虜也。**鮑本**死於辱。

〔四〕**姚本**乾，燥也。目不燥，言悲泣也。**鮑本**戰死者多也。

〔五〕**鮑本**絳屬河東。

〔六〕**鮑本**「河」下補「山」字。○**札記**丕烈案：此表裏專就河言之，與左氏傳文迥不相涉。鮑所補乃準彼，謬甚矣。

〔七〕**姚本**舉，得。屬，至。**鮑本**舉，言得其地。

〔八〕**姚本**面向南。**鮑本**三國在秦之南。孤，謂稱孤以臣之。正曰：諸國勢不得合，故曰孤。

〔九〕**鮑本**絶句。

〔一〇〕**姚本**出，猶生也。

〔一一〕**姚本**慮，度。

「今三晉已合矣，復爲兄弟〔一〕約，而出鋭師以戍梁絳、安邑〔二〕，此萬世之計也。齊非急以鋭師合三晉，必有後憂。三晉合，秦必不敢攻梁，必南攻楚。楚、秦構難〔三〕，三晉怒齊不與己也，必東攻齊。此臣之所謂齊必有大憂，不如急以兵合於三晉。」

〔一〕**姚本**言兄弟相親也。

〔二〕**姚本**鋭，精鋭。戍，守也。

〔三〕**姚本**構，連。

齊王敬諾，果以兵合於三晉〔一〕。〔二〕

〔一〕姚本從陳軫策也。

〔二〕鮑本秦惠後七年，韓、趙、魏、燕、齊共攻秦，此六年。正曰：按大事記，顯王四十七年，當秦惠後三年，魏惠後十三年。齊宣二十一年，秦伐魏，取曲沃、平周，距此四歲。解題，軫說齊不知在何年，以其說明切，附見於此。軫與張儀相惡，去秦事楚，而懷王合六國伐秦，距此四歲。軫說或在此時，未可知也。愚嘗按，趙策謂趙王章、韓策或謂韓王章、燕策或獻書燕王章，皆勸三晉諸國合從。其論秦之情與從國事勢，曉暢深切，如虎即禽、魚比目、引車、同舟之譬，說殊而義合。如秦之欲伐韓、梁，東窺周室甚，惟寐忘之；如約山東，皆以銳師戍韓、梁；如秦見三晉之堅，必南伐楚。其言皆合，是必一時之事，一人之言也。考之此策，秦伐魏，陳軫合三晉而東謂齊王，其論山東之愚，秦之智，爲秦相割而秦不出力，爲秦相烹而秦不出薪，則亦三策之取譬也。秦欲攻梁絳、安邑，今三晉已合約，出銳師以戍梁，三晉合，秦必南攻楚，則亦三策所言之事也。況策無說楚、魏之辭，而說四國者，皆有戍梁之約，攻楚之料，於是竊信其并爲陳軫之言無疑也。楚懷王受張儀商於之欺，軫諫不聽，諫攻秦又不聽，其後懷王入秦，屈平、昭睢諫而軫無言，意其必已去楚矣。今言楚王入秦，正誘會武關之時，而軫力爲魏說諸侯，是時固在魏也。軫善楚者，約從獨遺楚，又勸三晉之移禍於楚，豈略不爲楚計哉？蓋其知楚謀之不可爲，入秦之不可止，而諸國之擯秦，非特爲魏，所以爲楚，所謂陽擠而陰助之者歟！蘇氏兄弟稱說，多浮辭，數策非軫不能。大事記既著軫說，附於顯王四十七年。於韓策，謂論秦最得其情，因其言梁絳、安邑，附見於赧王二十九年魏獻安邑之後，皆不能的指其時。今徵以楚王入秦一言，當在赧王十六年。蓋秦取曲沃、平周，距五國伐秦前四年。愼靚王三年，五國合從，實懷王爲長，蘇秦之約，而無與於軫也。懷王入秦，次年田文合韓、魏伐秦，猶能成一戰之功，未必不因軫之說也。反覆參合，可決其爲軫矣。獨燕策言秦伐韓而中山亡，此事據史乃中山未亡四年之前，且年表滅中山在主父死後，而出家先一年。大事記取世家史遷所紀，固不能無失。趙武靈王十九年，初胡服。二十年，二十一年，二十三年，二十五年，連歲攻中山，略地得城邑；二十六年，復攻中山，攘地北至燕、代，西至雲中、九原；二十七年，傳國子何稱主父，欲略胡地，襲咸陽，遂詐入秦。是後已不言攻中山矣。惠文三年，乃書滅中山，遷其王於膚施。意者攘地之時，中山已定，而未廢其君，後四年始遷其君。如西周既滅，次年遷其君于𢾾狐之類。通鑑綱目，武靈二十五年書中山君奔齊。而魏策云，齊、魏伐楚，而趙亡中山，正是年事。則是其國已亡，特其君未得，後乃得之。燕策所謂中山亡，非舛也。故愚并著其説，以俟知者考焉。中山餘見燕策。

蘇秦爲趙合從説齊宣王

蘇秦爲趙合從〔一〕，説齊宣王曰：「齊南有太山，東有琅邪〔二〕，西有清河〔三〕，北有渤海〔四〕，此所謂四塞之國也〔五〕。齊地方二千里〔六〕，帶甲數十萬，粟如丘山。齊車之良，五家之兵〔七〕，疾如錐矢〔八〕，戰如雷電〔九〕，解如風雨〔一〇〕，即有軍役，未嘗倍太山、絶清河、涉渤海也。臨淄之中〔一一〕七萬户，臣竊度之〔一二〕，下〔一三〕户三男子，三七二十一萬，不待發於遠縣，而臨淄之卒，固以〔一四〕二十一萬矣。臨淄甚富而實，其民無不吹竽〔一五〕、鼓瑟〔一六〕、擊筑〔一七〕、彈琴、鬭鷄、走犬、六博、蹹踘者〔一八〕；臨淄之途〔一九〕，車轂擊〔二〇〕，人肩摩〔二一〕，連衽成帷〔二二〕，舉袂成幕〔二三〕，揮汗成雨〔二四〕；家敦〔二五〕而富，志高而揚〔二六〕。夫以大王之賢與齊之强，天下不能當〔二七〕。今乃西面事秦，竊爲大王羞之。

〔一〕**姚本**合山東六國之親也。**鮑本**趙肅侯十七年，此當十年。

〔二〕**鮑本**徐州郡。補曰：孟子注，琅邪，齊東南境上邑。

〔三〕**姚本**清河，今甘陵，漢改也。**鮑本**冀州郡。補曰：正義云，今貝州。

〔四〕**鮑本**幽州郡。補曰：正義云，今滄州。

〔五〕**姚本**言牢固也。**鮑本**言四方皆有險固。

〔六〕**鮑本**補曰：史，三千餘里。

〔七〕**姚本**五家，五國。**鮑本**管仲軍令，始於五家爲軌。

〔八〕**姚本**錐矢，小矢。喻勁疾也。**鮑本**錐，鋭也。補曰：呂氏春秋，「所貴錐矢者，爲其應聲而至」。

〔九〕**姚本**雷電，喻威大也。

〔一〇〕**姚本**風雨，喻解散速疾。

〔一一〕**姚本**臨淄，齊鄙。**鮑本**屬齊郡。補曰：青州臨淄縣，古營丘地，城臨淄，故云。見正義及水經注。渤海，後語北海，今青州北海是也。

〔一二〕**姚本**度，計。

〔一三〕**鮑本**補曰：史無「下」。

〔一四〕**鮑本**「以」作「已」。〇　**札記**今本「以」作「已」。丕烈案：史記作「已」。

〔一五〕**鮑本**似笙，三十六簧。

〔一六〕**鮑本**似琴，二十五弦。

〔一七〕**鮑本**以竹曲五弦之樂。

〔一八〕**鮑本**「蹹」作「鞠」。〇　劉向別録，蹵鞠，黄帝作，蓋因娛戲以練武士。「蹹」，即「蹵」也。補曰：王逸云，投六箸，行六棊，謂之六博。「蹹」，史作「蹋」。説文，徒盍反，即「蹹」字。**札記**丕烈案：史記作「鞠」。

〔一九〕**姚本**塗，道。

〔二〇〕**姚本**「轚」，劉作「轂」。擊，相當。**鮑本**「轚」作「轂」。○ 正曰：「轚」者「轚」之訛。説文，轚，車轄相擊也。周禮，「舟車轚互」。穀梁傳，「轚者不得入」。釋文音計，又古的反。此章史作「轂擊」。按秦策，「車轂擊馳」。説苑，「齊人好轂擊」。揚雄書，「辨者轂擊」。讀亦通。**札記**丕烈案：「轚擊」不誤，「轚」者「轂」之別體字，猶「穀」字之別體作「槃」也。「轚」、「擊」同字，不得叠見。吴云，「轚」者「轚」之訛，其説非也。秦策讀當以「使車轂擊」爲一句，「馳言相結」爲一句。「言」下有「語」字者，誤本也。姚校云，錢、劉本無，是矣。

〔二一〕**姚本**摩，相摩。

〔二二〕**鮑本**帳屬，在旁者。

〔二三〕**鮑本**袂，袖也。

〔二四〕**姚本**揮，振也，言人衆多。

〔二五〕**鮑本**補曰：史作「殷」。**札記**丕烈案：史記作「家殷人足，志高氣揚」，與策文不同。

〔二六〕**姚本**高，大也。揚，發揚。

〔二七〕**姚本**當，敵。

「且夫韓、魏之所以畏秦者〔一〕，以與秦接界也。兵出而相當〔二〕，不至十日，而戰勝存亡之機決矣〔三〕。韓、魏戰而勝秦，則兵半折〔四〕，四境不守；戰而不勝，以亡隨其後。是故〔五〕韓、魏之所以重與秦戰而輕爲之臣也。

〔一〕**鮑本**無「之」字，補「以」字。○ 補曰：史此有「以」字。**札記**丕烈案：「之」，史記有。

〔二〕**姚本**「當」，劉作「攻」。

〔三〕**姚本**機，要。

〔四〕鮑本折，猶敗。以秦敵强，雖勝，猶爲失半也。

〔五〕鮑本「故」作「後」。〇 補曰：姚本作「故」，是。史同。札記丕烈案：「後」乃因上訛耳。

「今秦攻齊則不然，倍韓、魏之地〔一〕，至闈〔二〕陽晉之道〔三〕，徑亢父之險〔四〕，車不得方軌〔五〕，馬不得并行，百人守險，千人不能過也。秦雖欲深入，則狼顧〔六〕，恐韓、魏之議其後也。是故恫疑虛猲〔七〕，高躍〔八〕而不敢進，則秦不能害齊，亦已明矣〔九〕。夫不深〔一〇〕料秦之不奈我何也，而欲西面事秦，是群臣之計過也〔一一〕。今無臣事秦之名〔一二〕，而有强國之實，臣固〔一三〕願大王之少留計〔一四〕。」

〔一〕鮑本倍，言二國在其後。

〔二〕姚本「至闈」一作「過衛」。鮑本「闈」作「衛」。〇 補曰：史作「衛」。

〔三〕鮑本魏襄十六年，秦拔魏蒲坂、陽晉。張儀傳，劫取衛陽晉。注皆不地。蓋衛地，時屬魏也。正曰：正義云，衛曹、濮等州。陽晉在曹州乘氏縣西北。

〔四〕姚本亢父，今任城縣也。鮑本屬東平。補曰：亢，音剛，又苦浪反。高注，任城縣南。

〔五〕姚本車兩輪間爲軌。鮑本爾雅，方舟，并兩舟，則此亦兩也。軌，車轍。

〔六〕鮑本驚貌。正曰：狼性怯，走常還顧。

〔七〕姚本猲，喘息，懼貌。鮑本「猲」作「喝」。〇 恫，痛也。言疑之甚。集韻，喝，呵也。補曰：史作「喝」。索隱云，亦作「猲」，并呼合反。竊謂，作「恐猲」亦通。又注見趙策。

〔八〕鮑本補曰：史作「驕矜」。

〔九〕鮑本無「已」字。○ 札記丕烈案：史記無。

〔一〇〕鮑本無「深」字。○ 札記丕烈案：史記有。

〔一一〕鮑本無「也」字。○ 補曰：一本此有「也」字。 札記今本「計過」誤「過計」。丕烈案：史記「計過也」。

〔一二〕鮑本「無臣」作「臣無」。○ 札記今本「無臣」作「臣無」。丕烈案：史記「無臣」。

〔一三〕鮑本「固」作「故」。○ 正曰：策「固」、「故」通。 札記丕烈案：史記作「臣是故」。

〔一四〕鮑本留意計之。

齊王曰：「寡人不敏〔一〕，今主君〔二〕以趙王之教詔之〔三〕，敬奉社稷以從。」〔四〕

〔一〕鮑本此「敏」，謂猶明，明則疾於事。補曰：一本注，晁本此下有云，「僻遠守海，窮道東境之國也，未嘗得聞餘教」。札記吳補，一本注，晁本此下有「僻遠守海，窮道東境之國也，未嘗得聞餘教」。丕烈案：史記有此十七字。

〔二〕姚本主君，謂蘇秦也。 鮑本補曰：主君，稱蘇秦，恐衍「主」字。史作「足下」。 札記丕烈案：吳說非也。高注可證。後策文，楚、魏、韓、燕皆云「今主君」。史記韓、魏、楚同。小司馬曰，主君，稱蘇秦也。禮，卿大夫稱主。今嘉蘇子合從諸侯，褒而美之，故稱曰「主君」。其字不誤甚明，吳失檢耳。

〔三〕姚本詔，告。 鮑本「教詔」作「詔告」。○ 札記丕烈案：史記作「詔詔」。此策文當作「教詔」，高注可證。

〔四〕鮑本凡蘇秦從橫之說，本傳皆有。此在說燕、趙、韓、魏後。

張儀爲秦連橫齊王

張儀爲秦連橫〔一〕齊〔二〕王曰：「天下强國無過齊〔三〕者，大臣父兄殷〔四〕衆富樂，無過齊者。

然而爲大王計者，皆爲一時說而不顧〔五〕萬世之利。從人〔六〕說大王者，必謂齊西有强趙，南有韓、魏，負海之國也，地廣人衆，兵强士勇，雖有百秦，將無奈我何！大王覽〔七〕其說，而不察其至實。

〔一〕姚本張儀，魏氏之餘子，仕爲秦相也。連關中之謂横，合關東之謂從。說齊王也。鮑本儀傳，連横，在鄭袖出儀後，說楚，說韓、齊、趙，卒說燕，歸報而惠王死。則此當秦十四年。此十三年。正曰：湣王二年。

〔二〕鮑本「齊」上補「說」字。〇　補曰：此處當有「說」字。

〔三〕姚本齊宣王也。强，大。

〔四〕姚本殷，盛。

〔五〕姚本顧，念。

〔六〕姚本從人，合關東六國爲從，謂蘇秦也。

〔七〕姚本覽，受。

「夫從人朋黨比周〔一〕，莫不以從爲可。臣聞之，齊與魯三戰而魯三勝，國以危，亡隨其後〔二〕，雖有勝名而有亡之實，是何故也？齊大而魯小。今趙之與秦也，猶齊之於魯也。秦、趙戰於河漳〔三〕之上，再戰而再勝〔四〕秦；戰於番吾之下〔五〕，再戰而再勝秦。四戰之後，趙亡卒數十萬，邯鄲僅〔六〕存。雖有勝秦之名，而國破矣！是何故也？秦强而趙弱也。今秦、楚嫁子取婦，爲昆弟之國〔七〕；韓獻宜陽，魏效河外〔八〕，趙入朝黽池〔九〕，割河間以事秦〔一〇〕。大王不事秦，秦驅韓、魏攻齊之南地，悉趙涉河關〔一一〕，指摶〔一二〕關〔一三〕，臨淄、即墨〔一四〕非王之有也。國一日被攻，雖欲事秦，不可得也。是故願大王熟計之。」

〔一〕**鮑本**比周，親周相比也，與論語意異。補曰：猶傳言「相與比周」。

〔二〕**鮑本**魯戰勝齊，史傳不書。時魯故在，有亡形耳。正曰：此取譬之說，猶孟子言鄒人與楚人戰，與下文不同。

〔三〕**姚本**河漳，漳水。　**鮑本**史不書。說文，濁漳，出上黨長子鹿谷山，東入清漳。清漳，出沾山大黽谷，入河南。漳出南郡。

〔四〕**鮑本**絶句。正曰：誤。當以「勝秦」句，下同。

〔五〕**鮑本**不書。蘇秦傳注，常山有蒲吾。

〔六〕**姚本**僅，裁。

〔七〕**鮑本**儀說懷王亦云然。

〔八〕**姚本**河外，河南。

〔九〕**姚本**趙入秦，朝於黽池也。　**鮑本**屬弘農。補曰：今河南府黽池縣。水經注，穀水，出崤東馬頭山穀陽谷東北，流歷黽池川。漢景帝因崤、黽之地以爲縣。黽，彌盡、彌兖二反。

〔一〇〕**鮑本**據此，則說趙當在齊前。

〔一一〕**鮑本**悉，悉起其兵。河關，屬金城，史作清河是也。正曰：河之關亦通。

〔一二〕**姚本**「摶」，曾作「博」。　**鮑本**「摶」作「博」。○　**札記**丕烈案：史記作「博」。

〔一三〕**鮑本**蘇秦傳注，齊威六年，晉伐齊，至博陵。東郡有博平，以爲博關。今按，泰山有博，亦近齊也。補曰：後語注云，今兖州博城縣有古關，是博關。司馬貞云，在博州。

〔一四〕**鮑本**屬膠東國。補曰：今萊州即墨縣。

齊王曰："齊僻陋隱居，託〔一〕於東海之上，未嘗聞社稷之長〔二〕利。今大客〔三〕幸而教之，請奉社稷以事秦。"獻魚鹽之地三百〔四〕於秦也〔五〕。

〔一〕姚本託，附。
〔二〕姚本長，久。
〔三〕姚本大客，謂張儀也。　鮑本禮，大行人掌大客之儀。
〔四〕姚本曾有"里"字。　鮑本三百里也。補曰：一本有"里"字。"爲秦"之"爲"，去聲。
〔五〕鮑本無"也"字。○

戰國策卷九

齊二

韓齊爲與國

韓、齊爲與國〔一〕。張儀以秦、魏伐韓〔二〕。齊王〔三〕曰：「韓，吾與國也。秦伐之，吾將救之。」田臣思〔四〕曰：「王之謀過矣，不如聽〔五〕之。子噲與子之國〔六〕，百姓不戴，諸侯弗與。秦伐韓，楚、趙必救之，是天下〔七〕以燕賜我〔八〕也。」王曰：「善。」乃許韓使者而遣〔九〕之。

〔一〕**姚本**相與爲黨與也，有患難相救助也。

〔二〕**鮑本**儀復相時。補曰：「伐韓」下有缺文，必著韓之請救，以下文許韓使者知之。

〔三〕**姚本**宣王也。

〔四〕**姚本**田臣思，齊臣也。

〔五〕**姚本**聽伐韓也。

〔六〕**姚本**子噲，燕易王子，昭王之父也。子之，其相也。蘇代爲子之説之於子噲曰，「堯以天下讓許由，許由不受，堯有讓天下之名」。子噲慕之，故與子之國也。**鮑本**子噲，燕王。之，燕相。

〔七〕**姚本**劉無「下」字。**鮑本**補曰：「下」字衍。一本無。大事記從之。

〔八〕**姚本**我，臣思自謂也。**鮑本**我，我齊。

〔九〕**鮑本**「遺」作「還」。○補曰：一本作「遺」，是。

韓自以得交於齊，遂與秦戰。楚、趙果遽起兵而救韓，齊因起兵攻燕，三十日而舉燕國〔一〕。〔二〕

〔一〕**姚本**舉，拔也。孟子曰，子噲無王命而與子之國，子之無王命擅受子噲國，故齊宣王伐而取之也。

〔二〕**鮑本**燕噲七年，此十年。補曰：此齊宣王所謂五旬而舉之者。大事記改「三」爲「五」。補曰：按史田齊世家，桓公五年，秦、魏攻韓，韓求救於齊。桓公召大臣而謀，騶忌曰，「不若勿救」。段干朋曰，「不救，則韓且折而入於魏」。田臣思曰，「秦、魏攻韓，楚、趙救之，是天以燕與齊也」。因襲燕取桑丘。策即本章。齊威王一十六年，魏圍邯鄲，趙求救於齊。威王召大臣而謀，騶忌曰，「不如勿救」。段干朋曰，「不救則不義且不利」云云，「不如南攻襄陵以弊魏，邯鄲拔而乘魏之敝」。王從其計，敗魏桂陵。策邯鄲之難章。「威王」作「田侯」，「段干朋」作「綸」，餘略同。宣王二年，魏伐趙，「趙」當作「韓」，説見前。趙與韓親，共擊魏。趙不利，戰於南梁，韓請救於齊，宣王召大臣而謀。騶忌子曰，「不如勿救」。田忌曰，「不如早救之」。孫子曰云云。宣王曰，「善」。起兵擊之，敗之馬陵。策南梁之難，韓請救於齊，田侯召大臣而謀，張丐曰，「不如早救」，田臣思曰云云。餘皆略同。史凡三節，與策三章互有同異。邯鄲之難與威王條合。南梁之難與宣王條合。但史爲張丐、田臣思，策爲騶忌、孫子。唯桓公取桑丘，與威王伐魏、宣王伐燕相亂。按威王二十一年，鄒忌始相，上距桓公取桑丘之歲二十餘年，忌豈得已爲大臣？史誤以邯鄲一章剿入之，明矣。田臣思即田忌，宣王二年戰馬陵，後出奔。至二十九年之、噲之役，凡二十七年，不應復見。使忌果在齊，則王安得棄之而將章子？策或誤載其名也。且桓公時，秦、魏攻韓，楚、趙救之，齊不救，因而襲燕。宣王時，秦、魏伐韓，楚、趙救之，齊不救，因而舉燕。何其事之吻合如此？是必可疑。考之桓公時，秦、魏攻韓事無見。年表，魏、韓、趙伐齊至桑丘。齊伐燕取桑丘，意者齊取桑丘，而韓、魏、趙伐之。韓且與趙、魏攻齊，則與求救於齊之文戾。且田臣思之辭曰「是天以燕與齊」，而僅爲取桑丘乎？是史亦誤以宣王伐燕章附之桓公也。故大事記書韓、魏、趙伐田齊至桑丘，而不書齊取桑丘。於宣王伐燕，則引策之文；謂秦伐韓，楚、趙救韓，即岸門之戰。而齊之取燕，雖因之、噲之亂，亦由諸侯連兵不解，無與競者也。故愚具列史、策所載，而著大事記之説，俾覽者得以考正焉。正義云，桑丘在易州遂城縣東。　**札記**丕烈案：此當各依本書，改者非。

張儀事秦惠王

張儀事秦惠王〔一〕。惠王死，武王立。左右惡張儀，曰：「儀事先王不忠。」言未已〔二〕，齊讓又至〔三〕。

〔一〕**姚本**惠王，秦孝公之子也。

〔二〕**姚本**已，畢也。

〔三〕**姚本**齊王使赴（劉無「赴」字）責於秦武王任用張儀之罪（一罪下有「也」字），又使至（一無「又使至」字）。　**鮑本**儀嘗曰，「儀之所甚憎無大齊王」。則儀，齊所惡也，而秦任之，故齊以此責秦。

張儀聞之〔一〕，謂武王曰：「儀有愚計，願效〔二〕之王。」王曰：「奈何？」曰：「爲社稷計者，東方有大變〔三〕，然後王可以多割地〔四〕。今齊王甚憎張〔五〕儀，儀之所在，必舉兵而〔六〕伐之。故儀願乞不肖身而之梁〔七〕，齊必舉兵而〔八〕伐之。齊、梁之兵連於城下〔九〕，不能相去〔一〇〕，王以其間伐韓，入三川，出兵函谷〔一一〕而無伐，以臨周，祭器必出〔一二〕，挾天子，案圖籍，此王業也〔一三〕。」王曰：「善。」乃具革車〔一四〕三十乘，納之梁〔一五〕。

〔一〕**鮑本**無「聞之」二字。○　補曰：一本有「聞之」字。　**札記**丕烈案：史記作張儀懼誅，乃因謂秦武王曰。
〔二〕**姚本**效，致。
〔三〕**鮑本**言有兵。
〔四〕**姚本**割，取。　**鮑本**割諸侯地。
〔五〕**姚本**一無「張」字。　**鮑本**衍「張」字。　**札記**丕烈案：史記無。
〔六〕**鮑本**無「而」字。○　**札記**丕烈案：史記無。
〔七〕**姚本**梁，魏都也。
〔八〕**鮑本**無「而」字。○　**札記**丕烈案：史記「而伐梁」。
〔九〕**姚本**於梁城下。　**鮑本**連，謂不解。
〔一〇〕**姚本**去，離。
〔一一〕**姚本**三川，宜陽邑也，從函谷關東出也。函谷在弘農城北，故言出函谷關。
〔一二〕**鮑本**周有先周宗社禮器，諸侯所不備，今必出以賂秦。
〔一三〕**姚本**周，西周王城也，天子所都。以兵臨之，祭器可出，而挾天子，案其圖籍，故曰此王業也。

〔一四〕**姚本**革車，兵車也。

〔一五〕**姚本**納張儀於梁也。

齊果舉兵伐之。梁王大恐〔一〕。張儀曰：「王勿患，請令罷齊兵〔二〕。」乃使其舍人馮喜之楚，藉使之齊。齊、楚之事〔三〕已畢，因謂齊王：「王甚憎張儀，雖然，厚矣王之託儀於秦王也。」齊王曰：「寡人甚憎儀〔四〕，儀之所在，必舉兵伐之，何以託儀也？」對曰：「是乃王之託儀也。儀之出秦，因〔五〕與秦王約曰：『爲王計者，東方有大變，然後王可以多割地。齊王甚憎儀，儀之所在，必舉兵伐之。故儀願乞不肖身〔六〕而之梁，齊必舉兵伐梁。梁、齊之兵連於城下不能去，王以其間伐韓，入三川，出兵函谷而無伐，以臨周，祭器必出，挾天子，案圖籍，是王業也。』秦王以爲然，與革車三十乘而納儀於梁。而果伐之，是王內自罷〔七〕而伐與國，廣鄰敵以自臨，而信儀於秦王也〔八〕。此臣之所謂託儀也。」王曰：「善。」乃止〔九〕。〔一〇〕

〔一〕**鮑本**補曰：後語作魏襄王。　**札記**丕烈案：史記作哀王。恐史記之哀王，世本謂之襄王，後語依世本也。此秦武元年，魏襄九年。

〔二〕**姚本**患，憂也。言令能令齊兵罷去也。

〔三〕**鮑本**事，使事。

〔四〕**鮑本**「儀」上有「張」字。○　**札記**丕烈案：史記無。

〔五〕**姚本**「因」，劉作「固」。

〔六〕**鮑本**「身」上有「之」字。○　**札記**丕烈案：史記有。

〔七〕鮑本罷，音疲，勞師故。
〔八〕姚本使儀言信於秦王也。
〔九〕姚本止，不伐梁也。
〔一〇〕鮑本儀傳有。彪謂：此計之必售，策之必行者也。儀之所謨，於時有妾婦之所羞，市人之所不爲者。若譽南后以取金，欺商於以賣楚，皆可鄙也。唯此爲文無害，儀亦明年死矣，宜其言之善歟！補曰：大事記，秦惠王死，公孫衍欲窮張儀，見秦策。儀之逐，其衍之力歟！正曰：鮑謂將死言善爾！反覆詭詐之術，死猶未已，何善之可稱？

犀首以梁爲齊戰於承匡而不勝

犀首〔一〕以梁〔二〕爲〔三〕齊戰於承匡〔四〕而不勝。張儀謂梁王〔五〕不用臣言以危國。梁王〔六〕因〔七〕相儀〔八〕，儀以秦、梁之齊合横親〔九〕。犀首欲敗〔一〇〕，謂衛君〔一一〕曰〔一二〕：「衍非有怨於儀也〔一三〕，值所以爲〔一四〕國者不同耳。君必解衍〔一五〕。」衛君爲告儀，儀許諾，因與之參〔一六〕坐於衛君之前。犀首跪行，爲儀千秋之祝〔一七〕。明日張子行，犀首送之至於齊疆。齊王聞之，怒於儀，曰：「衍也吾讎〔一八〕，而儀與之俱〔一九〕，是必與衍〔二〇〕鬻吾國矣。」遂不聽〔二一〕。〔二二〕

〔一〕姚本犀首，公孫衍也。
〔二〕姚本梁，魏惠王所都。
〔三〕鮑本「爲」作「與」。〇

〔四〕**姚本**承匡，邑名。　**鮑本**本宋地，見陳留襄邑注。補曰：大事記，襄陵，故宋之承匡、襄牛之地，宋襄公所築，故曰襄陵。

〔五〕**鮑本**哀。正曰：襄。

〔六〕**姚本**曾、劉作「魏王」。

〔七〕**姚本**「因」，一本作「困」。

〔八〕**鮑本**魏九年，此十四年。正曰：此四年。

〔九〕**姚本**合秦之横，與山東六國從親也。　**鮑本**補曰：猶言從親。

〔一〇〕**姚本**欲敗張儀合横親之事也。

〔一一〕**鮑本**嗣君。

〔一二〕**鮑本**時儀過衛。

〔一三〕**鮑本**無「也」字。○

〔一四〕**姚本**爲，理。　**鮑本**值，適當也。

〔一五〕**姚本**解説衍於張儀也。　**鮑本**解説衍於儀，使之釋怨。

〔一六〕**姚本**參，三人并也。　**鮑本**三人合坐。

〔一七〕**姚本**祝，祈。

〔一八〕**姚本**讎，仇。　**鮑本**衍嘗與齊戰故。

〔一九〕**姚本**俱，偕。

〔二〇〕**鮑本**「衍」作「儀」。○　補曰：一本「與衍」。

〔二一〕**姚本**一本「聽」下有「也」字。鬻，賣。

〔一二〕鮑本彪謂：此一時岌乎殆哉！一言一動，盡爲機阱，豈可與同群哉！此在衍術中而不悟，是以知儀之疏也。故其智，暗於秦；其辨，屈於軫；而此謀敗於衍也。補曰：「爲義」之「爲」，如字。

昭陽爲楚伐魏

昭陽〔一〕爲楚伐魏，覆軍殺將得八城〔二〕，移兵而攻齊。陳軫爲齊王使〔三〕，見昭陽，再拜賀戰勝，起而問：「楚之法，覆軍殺將，其官爵何也？」昭陽曰：「官爲上柱國，爵爲上執珪。」陳軫曰：「異貴於此者何〔四〕也？」曰：「唯令尹耳〔五〕。」陳軫曰：「令尹貴矣！王〔六〕非置兩令尹也，臣竊爲公譬可也〔七〕。楚有祠者〔八〕，賜其舍人〔九〕卮〔一〇〕酒。舍人相謂曰：『數人飲之不足，一人飲之有餘。請畫地爲蛇，先成者飲酒。』一人蛇先成，引酒且飲之〔一一〕，乃左手持卮，右手畫蛇，曰：『吾能爲之足。』未成，一人之蛇成，奪其卮曰：『蛇固無足，子安能爲之足。』遂飲其酒。爲蛇足者，終亡其酒。今君相楚而攻魏，破軍殺將得八城，不弱兵〔一二〕，欲攻齊，齊畏公甚，公以是爲名居〔一三〕足矣，官之上非可重也。戰無不勝而不知止者，身且死，爵且後歸〔一四〕，猶爲蛇足也。」昭陽以爲然，解軍而去〔一五〕。

〔一〕姚本昭陽，楚懷王將。

〔二〕姚本覆魏將，得八城。鮑本楚懷六年，此元年。正曰：宣王二十年。

〔三〕鮑本衍「使」字。史言軫爲秦使齊，齊問之，爲齊見陽。札記丕烈案：讀以使字句。史記云，陳軫適爲秦使齊，是其證。鮑誤。

〔四〕鮑本問此外復有貴者不？

〔五〕姚本言獨令尹最貴耳。　鮑本楚相也。

〔六〕鮑本「王」作「主」。○

〔七〕姚本「也」，劉作「乎」。公，昭陽。譬，喻。

〔八〕姚本祠，祭。　鮑本祠，春祭。

〔九〕鮑本始皇紀注，主厩内小史，或云侍從賓客者。正曰：顏師古曰，舍人，親近左右之通，後遂以爲私屬官號。

〔一〇〕鮑本卮，器也。

〔一一〕鮑本無「之」字。○

〔一二〕鮑本言恃其强。

〔一三〕姚本一本去「居」字。　鮑本「居」作「亦」。○正曰：因下「足」字衍而訛。

〔一四〕鮑本言身死後，爵歸於國，故史言爵奪。

〔一五〕鮑本楚記同。彪謂：此策雖其指爲齊，亦持勝之善。正曰：「爲楚」、「爲齊」、「爲公」之「爲」，去聲。

秦攻趙

秦攻趙。趙令樓緩以五城求講於秦〔一〕，而與之伐齊。齊王恐，因使人以十城求講於秦。樓子恐，因以上黨二十四縣許秦王〔二〕。趙足〔三〕之齊，謂齊王曰：「王欲秦、趙之解乎？不如從合於趙，趙必倍秦。倍秦則齊無患矣。」

〔一〕姚本五城，趙邑。講，和。

〔二〕鮑本惠文。

〔三〕鮑本凡趙皆趙人。

權之難齊燕戰

權之難〔一〕，齊、燕戰。秦使魏冉之趙〔二〕，出兵助燕擊齊。薛公使魏處之趙〔三〕，謂李向〔四〕曰：「君助燕擊齊，齊必急。急必以地和於燕，而身與趙戰矣。然則是君自爲燕東〔五〕兵，爲燕取地也〔六〕。故爲君計者，不如按兵勿出。齊必緩〔七〕，緩必復與燕戰。戰而勝，兵罷〔八〕弊，趙可取唐〔九〕、曲逆〔一〇〕；戰而不勝，命懸〔一一〕於趙。然則吾〔一二〕中立而割窮齊與疲燕也〔一三〕，兩國之權，歸於君〔一四〕矣。」

〔一〕姚本權，地名（一下有也字）。齊、燕所戰，故曰「之難」也。鮑本後志南郡編注，闞駰以權叛。又當陽注，縣東南有權城，楚地也。蓋燕自北進，齊自東進，而戰於楚境。燕策爲文公時。正曰：大事記，燕、齊交兵，必非此地。按，記合燕策并載而取鮑三説，文公末年云云，并屬中山云云，燕、齊合云云。故於此條著其説，而斥其非者，不著鮑氏，取長棄短之意也。

〔二〕 鮑本冉傳言，自王惠時任事，然則此役文公末年也。

〔三〕 姚本薛公，田嬰也。魏處，人名（一本有「之主也」三字）。 鮑本嬰，時未封，後人稱之耳。嬰傳言自威王時任職。

〔四〕 鮑本趙人。 正曰：大事記，趙用事者也。

〔五〕 鮑本「東」作「束」。〇 束，猶斂。燕、齊和成，斂兵不戰。 札記今本「東」作「束」。

〔六〕 鮑本取齊地。

〔七〕 鮑本趙之助燕不力，故齊無危急之勢。

〔八〕 鮑本「罷」，「疲」同。

〔九〕 姚本唐，今盧奴北盧縣也。

〔一〇〕 姚本曲逆，今蒲陰也。是時屬燕，故勸取之。 鮑本并屬中山國。言二國戰，不暇北顧，趙可以其間取中山也。

〔一一〕 鮑本懸，繫也。

〔一二〕 鮑本吾，吾趙。

〔一三〕 鮑本割，割齊地。 正曰：割齊、燕地。

〔一四〕 姚本君，李向也。

秦攻趙長平

秦攻趙長平〔一〕，齊、楚救之。秦計曰：「齊、楚〔二〕救趙，親〔三〕，則將退兵；不親，則且遂攻之。」

〔一〕姚本一本無「長平」二字。　鮑本此五年。　札記今本「攻」誤「破」。

〔二〕姚本一本無「楚」字。

〔三〕鮑本其交親。

趙無以食，請粟於齊，而齊不聽。蘇秦〔一〕謂齊王曰：「不如聽之以却秦兵，不聽則秦兵不却，是秦之計中〔二〕，而齊、燕〔三〕之計過矣〔四〕。且趙之於燕、齊〔五〕，隱蔽也〔六〕，齒〔七〕之有脣也，脣亡則齒寒。今日亡趙，則明日及齊、楚矣。且夫救趙之務〔八〕，宜若奉漏壅，沃焦釜〔九〕。夫救趙，高義也；却秦兵〔一〇〕，顯名也。義救亡趙，威却强秦兵，不務爲此，而務愛粟，則爲國計者過矣〔一一〕。」〔一二〕

〔一〕姚本續：史記，周子，齊之謀臣，史失其名。戰國策以周子爲蘇秦，而「楚」字皆作「燕」，然此時蘇秦死久矣。　鮑本「秦」作「子」。○　補曰：字誤，史作「周子」。　札記丕烈案：此不與策文同。

〔二〕姚本中，得。

〔三〕鮑本「燕」作「楚」。○　補曰：史作「楚」，通鑑從之。　札記丕烈案：鮑改誤甚。索隱引此文云，而「楚」字皆作「燕」。可見此文上「齊、楚救之」，「秦計曰，齊、楚救趙」，下則「明日及齊、楚矣」，三「楚」字皆本作「燕」。不知者，以史記改之耳。

〔四〕姚本過，失。

〔五〕鮑本「燕齊」作「齊楚」。○　補曰：史作「齊、楚」。　札記丕烈案：此同上。

〔六〕**姚本**一本無「也」字。隱蔽，蕃蔽。

〔七〕**鮑本**「齒」上有「猶」字。○ 趙居二國西北。秦攻二國，必先徑趙。趙存，則二國得以自隱，而有蔽障。 **札記**丕烈案：史記有。

〔八〕**鮑本**務，趣也，事也。

〔九〕**鮑本**喻救之急。

〔一〇〕**姚本**高，大。劉本無「兵」字。

〔一一〕**姚本**過，誤失也。

〔一二〕**鮑本**齊記有云，周子謂最，是也，此最時三十餘年矣。正曰：索隱云，周子蓋齊之謀臣，史失其名，不必强爲之説。

或謂齊王

或謂齊王曰：「周、韓西有强秦，東〔一〕有趙、魏。秦伐周、韓之西，趙、魏不伐〔二〕，周、韓爲割〔三〕，韓却周害也〔四〕。及韓却周割〔五〕之〔六〕，趙、魏亦不免與秦爲患矣〔七〕。今齊〔八〕、秦伐趙、魏，則亦不果於趙、魏之應秦而伐周、韓〔九〕。令〔一〇〕齊入於秦而伐趙、魏，趙、魏亡之後，秦東面而伐齊，齊安得救〔一一〕天下乎！」〔一二〕

〔一〕**鮑本**「東」下有「北」字。○

〔二〕**鮑本**不從秦伐周、韓。

〔三〕**鮑本**割地與趙、魏。正曰：割地與秦。

〔四〕**鮑本**言趙、魏徒不伐而不救韓，則韓兵必却而周有秦害。

〔五〕**鮑本**「割」作「害」。〇　正曰：「害」、「割」，字恐有誤混。

〔六〕**鮑本**「之」下補「後」字。〇

〔七〕**鮑本**秦以其不應己，又無周、韓之捍，秦伐必及。

〔八〕**鮑本**「齊」下補「應」字。〇　補曰：「今齊」下恐有缺字。

〔九〕**鮑本**趙、魏近秦，其應秦不得不果；齊則遠矣，應秦必不果矣。

〔一〇〕**鮑本**令，就令也。入，言應之果。正曰：「令」恐亦「今」字。

〔一一〕**鮑本**「救」下補「於」字。〇　補曰：一本有「救」字，是；下無「於」字，非。**札記**丕烈案：吳說未是。此猶魏策云，雖欲行數千里，而助人可得乎也！「救天下」不誤。

〔一二〕**鮑本**此言趙、魏近秦，畏之不得不應，齊不可以其應而伐之也。正曰：此士之策，正謂秦伐周、韓，趙、魏雖不應秦，然周、韓既割，而趙、魏亦不免。況齊可以不應秦。今應秦伐趙、魏，趙、魏既亡，而齊亦不免矣！所以言此者，欲齊之援趙、魏也！

戰國策卷十

齊　三

楚王死

楚王死〔一〕，太子在齊質〔二〕。蘇秦〔三〕謂薛公〔四〕曰〔五〕：「君何不留楚太子，以市其下東國〔六〕。」薛公曰：「不可。我留太子，郢中〔七〕立王，然則是我抱空質〔八〕而行不義於天下也。」蘇秦曰：「不然。郢中立王，君因謂其新王曰：『與我下東國，吾爲王殺太子。不然，吾將與三國共立之〔九〕。』然則下東國必可得也。」

〔一〕姚本懷王也。爲張儀所欺，西與秦昭王會武關，秦脅與歸，而死於秦也。

〔二〕鮑本楚二十九年，使太子質於齊，名橫，是爲頃襄王。按史，楚三十年，懷王入秦，秦留之，明年頃襄王立，立三年懷王乃死。與此駁。

〔三〕**鮑本**「秦」作「子」。○　秦死至是二十年矣，此非代則厲也。補曰：字誤，下并同。

〔四〕**姚本**薛公，田嬰也，田文之父。　**鮑本**田文。

〔五〕**札記**今本誤重「曰」字。

〔六〕**姚本**市，猶求也。下東國，楚東邑，近齊也。　**鮑本**楚策云，「與我東地」。蓋楚國之東，其地近齊，楚地高而此下。

〔七〕**姚本**郢，楚都也。

〔八〕**姚本**楚自立王，質之無益，故曰「抱空質」也。

〔九〕**鮑本**齊嘗與秦、韓、魏敗楚，三國謂此。重立。

蘇秦之事〔一〕，可以請行；可以令楚王〔二〕亟入〔三〕下東國；可以益割〔四〕於楚；可以忠太子而使楚益入地；可以爲楚王走太子；可以忠太子使之〔五〕亟去；可以惡蘇秦於薛公；可以爲蘇秦請封於楚；可以使人說〔六〕薛公以善蘇子；可以使蘇子自解於薛公。

〔一〕**鮑本**此著書者敘說。

〔二〕**鮑本**并新王。

〔三〕**姚本**亟，速也。入，猶致也。

〔四〕**姚本**益，多。割，取。

〔五〕**姚本**一本無「之」字。

〔六〕**姚本**一本無「人說」二字。

蘇秦謂薛公曰：「臣聞謀泄者事無功，計不決者名不成。今君留太子〔一〕者，以市下東國也。非亟得下東國者，則楚之計變，變則是君抱空質而負名於天下也〔二〕。」薛公曰：「善。爲之奈何？」對曰：「臣請爲君之楚，使亟入下東國之地。楚得成〔三〕，則君無敗矣。」薛公曰：「善。」因遣之〔四〕。

〔一〕**姚本**太子，懷王太子也。　**鮑本**「太」上有「楚」字。○

〔二〕**姚本**變，改也。負天下不義之名。

〔三〕**鮑本**得，猶與也。齊求地而楚與之，爲得成。

〔四〕**姚本**故曰「可以請行」也（曾，此七字不作注）。**鮑本**「之」下有「故曰可以請行也」七字。○元作注字。此類亦著書者敘説。補曰：敘説者分其文而屬之，故以此著例。

謂楚王〔一〕曰：「齊欲奉太子而立之〔二〕。臣觀薛公之留太子者，以市下東國也。今王不亟入下東國，則太子且倍〔三〕王之割而使齊奉己〔四〕。」楚王曰：「謹受命。」因獻下東國。故曰可以使楚亟入地也。

〔一〕**鮑本**以爲懷王，則上言已死；以爲頃襄，則頃襄即太子也；以爲新立王，則頃襄外無他王。未詳。

〔二〕**姚本**蘇秦請行至楚，説楚王曰，所立頃襄王也。言楚所欲立懷王。

〔三〕**鮑本**倍，多於前。

〔四〕**姚本**己，太子也。使齊奉己，立以爲王也。

謂薛公曰：「楚之勢可多割也。」薛公曰：「奈何？」「請告太子其故〔一〕，使太子謁之君〔二〕，以忠太子〔三〕，使楚王聞之，可以益入地。」故曰可以益割於楚。

〔一〕**鮑本**謂告蘇子辭也，告以楚獻地之故。
〔二〕**鮑本**君，薛公也。使太子白以亦欲割地。
〔三〕**姚本**告，致。致故，謂太子倍割楚以許齊也。謁，告。告齊君也。齊得割則歸太子，故曰「以忠太子」。

謂太子曰：「齊奉太子而立之，楚王請割地以留太子，齊少其地〔一〕。太子何不倍楚之割地而資〔二〕齊，齊必奉太子。」太子曰：「善。」倍楚之割而延齊〔三〕。楚王聞之恐，益割地而獻之，尚恐事不成。故曰可以使楚益入地也。

〔一〕**姚本**割地與齊，使留太子，齊嫌其少也。
〔二〕**姚本**資，與。
〔三〕**姚本**延，猶饒也，及也。　**鮑本**延，長行也，故有饒益意。

謂楚王曰：「齊之所以敢〔一〕多割地者，挾太子也。今已得地而求不止者，以太子權〔二〕王也。故臣能去太子〔三〕。太子去，齊無辭，必不倍〔四〕於王也〔五〕。王因馳〔六〕強齊而爲交，齊辭〔七〕，必聽王。然則是王去讎〔八〕而得齊交也。」楚王大悅，曰：「請以國因〔九〕。」故曰可以爲楚王使太子亟去也。

〔一〕**鮑本**無「敢」字。○
〔二〕**姚本**權，重。　**鮑本**權者，輕重所在。

〔三〕**鮑本**使人去齊。

〔四〕**鮑本**多割。

〔五〕**姚本**齊無立太子辭，必不倍求地於王也。

〔六〕**鮑本**馳，亟往。

〔七〕**姚本**一作「而爲交於齊，齊辭」。　**鮑本**齊之説。

〔八〕**姚本**讎，爲太子。

〔九〕**鮑本**因蘇子交齊。

謂太子曰：「夫剬〔一〕楚者王也，以空名市者太子也，齊未必信太子之言也，而楚功見矣〔二〕。楚交成，太子必危矣。太子其圖之。」太子曰：「謹受命。」乃約車而暮去。故曰可以使太子急去也。

〔一〕**鮑本**剬，斷齊也，猶制。補曰：剬，本多丸反。史、漢作「制」字。正義論字例云。

〔二〕**姚本**齊未必信太子言也，而楚便致地，故曰「楚功見」。　**鮑本**功，謂入地。

蘇秦使人請薛公曰：「夫勸留太子者蘇秦也。蘇秦非誠以爲君也，且以便楚也〔一〕。蘇秦恐君之知之，故多割楚以滅迹也〔二〕。今勸太子者〔三〕又蘇秦也，而君弗知，臣竊爲君疑之。」薛公大怒於蘇秦。故曰可〔四〕使人惡蘇秦於薛公也。

〔一〕**鮑本**太子去楚之便也。

〔二〕鮑本没其便楚之迹。

〔三〕鮑本「者」上補「去」字。○補曰：一本標晁本有。

〔四〕鮑本「可」下有「以」字。○

又使人謂楚王曰：「夫使薛公留太子者蘇秦也，奉王而代立楚太子者〔一〕又蘇秦也，割地固〔二〕約者又蘇秦也，忠王而走太子者又蘇秦也。今人惡蘇秦於薛公，以〔三〕其爲齊薄而爲楚厚也。願王之〔四〕知之。」楚王曰：「謹受命。」因封蘇秦爲武貞君〔五〕。故曰可以爲蘇秦請封於楚也。

〔一〕鮑本代太子立爲王。

〔二〕鮑本「固」作「因」。○因爲之約齊。補曰：一本「固約」。

〔三〕鮑本「以」上有「之」字。○

〔四〕姚本劉無「之」字。

〔五〕姚本武貞，楚邑。　鮑本封以美名，非邑。

又使景鯉〔一〕請薛公曰：「君之所以重於天下者，以能得天下之士而有齊權也〔二〕。今蘇秦天下之辯士也，世與少有〔三〕。君因〔四〕不善蘇秦，則是圍塞天下士而不利説途也〔五〕。夫不善君者且奉蘇秦，而於君之事殆矣〔六〕。今蘇秦善於楚王，而君不蚤親，則是身與楚爲讎也〔七〕。故君不如因而親之，貴而重之，是君有楚也。」薛公因善蘇秦。故曰可以爲蘇秦説薛

公以善蘇秦〔八〕。〔九〕

〔一〕**姚本**景，姓；鯉，名也。楚懷王相也。

〔二〕**姚本**言薛公所見重於天下者，能得天下士之心，故有齊國權勢也。

〔三〕**鮑本**言如之者少。

〔四〕**姚本**劉作「固」。

〔五〕**姚本**途，道。

〔六〕**姚本**於，治。曾本無此二字注。　**鮑本**於，猶與。

〔七〕**鮑本**此亦非薛公之恐。楚王立，未能自定，安能難齊哉？故彪於楚策謂蘇子以此策干薛公，不見用，世猶載其語也。正曰：謂不親楚則與楚爲讎，以事理言爾。於薛公不用，世猶載其語，亦臆度之辭。

〔八〕**姚本**蘇秦巧辭反覆，且在此以上也。

〔九〕**鮑本**按：此則懷王死，楚立新王，太子卒不得立。而頃襄非太子也。史不謂然，故其書東國之事亦略。補曰：史稱懷王入秦，而頃襄立；策獨以爲懷王死，而頃襄立，前後屢見。竊以事勢言之，楚人知懷王之必不歸，而秦要之以割地，故立王以絶君。而喪君有君，所以靖國，頃襄之立，非懷王死後明矣。史謂，當時以詐赴之，策猶仍之爾，特所謂新王及太子不可曉。然以逐節考之，皆有事實，又非飾説也。或者太子未返之時，郢中立王邪！姑缺所疑。「爲之」、「爲交」、「爲武」、「爲讎」之「爲」，如字。

齊王夫人死

齊王〔一〕夫人死，有七孺子〔二〕皆〔三〕近〔四〕。薛公欲知王所欲立〔五〕，乃獻七珥〔六〕，美其一，

明日視美珥所在，勸王立爲夫人〔七〕。〔八〕

〔一〕姚本齊威王子宣王也。
〔二〕姚本孺子，幼艾美女也。
〔三〕鮑本「皆」上有「者」字。○ 札記丕烈案：韓子作「中有十孺子，皆貴於王」。
〔四〕姚本近，幸也。 鮑本言其親幸。
〔五〕姚本立爲夫人。
〔六〕鮑本瑱也，所以充耳。
〔七〕姚本服美珥，則知王之所愛矣，故勸王立之也。
〔八〕鮑本補曰：與楚策謂昭魚云云類，韓非子、淮南子皆有。

孟嘗君將入秦

孟嘗君〔一〕將入秦〔二〕，止者千數而弗聽。蘇秦〔三〕欲止之，孟嘗曰〔四〕：「人事者，吾已盡知之矣；吾所未聞〔五〕者，獨鬼事耳。」蘇秦曰：「臣之來也，固不敢言人事也，固且以鬼事見君。」

〔一〕姚本一作孟嘗。
〔二〕姚本孟嘗君，薛公田嬰號靖郭君，子（「子」一作「又」）文號孟嘗君也。 鮑本傳言，秦昭王聞其賢，求見之，故將入。

〔三〕鮑本「秦」作「代」。○補曰：字誤，宜作「代」，下同。後語并作「代」。札記今本「秦」作「代」，乃誤涉鮑也。丕烈案：風俗通祀典引此文亦作「秦」。鮑以史記孟嘗君列傳改爲「代」，未是也。李善注文選引蘇秦説孟嘗君曰「秦四塞之國」，高誘注云「四面有山關之固，故曰四塞之國也」，在此篇，亦其證。説苑載作「客」，當是改也。

〔四〕鮑本「曰」上有「君」字。○

〔五〕姚本聞，知。

孟嘗君見之。謂孟嘗君曰：「今者〔一〕臣來，過於淄上〔二〕，有土偶人〔三〕與桃梗〔四〕相與語。桃梗謂土偶人曰：『子，西岸之土也，挺〔五〕子以爲人，至歲八月，降雨下〔六〕，淄水至，則汝殘〔七〕矣。』土偶曰：『不然。吾西岸之土也，土則〔八〕復西岸耳。今子，東國之桃梗也，刻削子以爲人，降雨下，淄水至，流子而去，則子漂漂者將何如耳〔九〕。』今秦四塞之國〔一〇〕，譬若虎口，而君入之，則臣不知君所出矣。」孟嘗君乃止〔一一〕。〔一二〕

〔一〕鮑本無「者」字。○札記丕烈案：風俗通引作「臣之來也」。説苑同。

〔二〕鮑本淄水出太山萊蕪原。

〔三〕鮑本偶，相人也，比土爲之。正曰：索隱云，偶，類於人也。

〔四〕姚本東海中有山，名曰度朔，上有大桃，屈槃三千里，其卑枝間東北曰鬼門，萬鬼所由往來也。上有二神人，一曰荼與，一曰鬱雷，主治害鬼。故使世人刻此桃梗，畫荼與與鬱雷首，正歲以置門户，辟號之門。荼與、鬱雷，皆在東海中，故曰「東國之桃梗」也。鮑本集韻，梗，略也，荒也。正曰：梗，枝梗也。趙策蘇秦説李兑作「土梗」、「木梗」。謂木梗曰，「汝非木之根，則木之枝」。是枝、根皆可言梗。此謂刻桃木爲人也。史及説苑作「土偶人」、「木偶人」。

索隱謂，以土偶比涇陽君，木偶比孟嘗君。時秦昭王使涇陽君爲質以求孟嘗。高誘注，「荼」一本作「余」。

〔五〕姚本挺，治。鮑本挺，拔也，拔於土中。正曰：挺，他鼎反，有也。藝文類聚及晁本作「埏」。札記今本「挺」誤「梃」。丕烈案：風俗通引作「埏」。此字當作「挻」。「挻」、「埏」同字，形近而訛作「挺」耳。説苑作「持」，亦誤字。

〔六〕鮑本降，大雨自上下也，異於飄灑。

〔七〕姚本殘，壞。

〔八〕姚本一作「吾殘則」。

〔九〕鮑本「何如」作「如何」。○　如，往也。不知其所在。正曰：如，恐止是語助。札記丕烈案：風俗通引「將何如矣」。

〔一〇〕姚本四面有山關之固，故曰「四塞之國」也。

〔一一〕鮑本「若」作「如」。○　札記丕烈案：風俗通引作「若」。

〔一二〕姚本止，猶還也。

〔一三〕鮑本傳有。補曰：此時不行，其入秦蓋在後。

孟嘗君在薛

孟嘗君在薛〔一〕，荆人攻之。淳于髡爲齊使於荆，還反過薛。而孟嘗〔二〕令人體〔三〕貌而親〔四〕郊迎之。謂淳于髡曰：「荆人攻薛，夫子弗憂，文〔五〕無以復侍矣〔六〕。」淳于髡曰：「敬聞命〔七〕。」

〔一〕鮑本史言文代立在薛，時未相也。補曰：代立在薛，歸老亦在薛，此不可知爲何時。
〔二〕姚本一作「孟嘗君」。鮑本「而孟嘗」作「孟嘗君」。○札記丕烈案：吕氏春秋作「孟嘗君」。
〔三〕姚本「體」一作「禮」。劉作「體」。鮑本有禮容也。
〔四〕鮑本無「親」字。○札記丕烈案：吕氏春秋有。
〔五〕姚本文，孟嘗君名也。
〔六〕鮑本言且死。
〔七〕姚本下一有「矣」字。

至於齊，畢報〔一〕。王曰：「何見於荆？」對曰：「荆甚固〔二〕，而薛亦不量其力。」王曰：「何謂也？」對曰：「薛不量其力，而爲先王〔三〕立清廟〔四〕。荆固而攻之，清廟必危。故曰薛不量力，而荆亦甚固。」齊王〔五〕和其顔色曰：「譆〔六〕！先君之廟在焉！」疾興兵救之。

〔一〕鮑本以使事悉報齊王。
〔二〕鮑本言其不通。
〔三〕姚本先王，威王。
〔四〕鮑本詩注，祭有清德之宮。正曰：按本文，有清明之德者之宮。
〔五〕姚本齊宣王也，威王之子。
〔六〕鮑本集韻，痛也。正曰：徐云，痛而呼之言也。和其顔色，聽其言也；痛而呼之，傷宗廟也。初不相礙。

顛蹶之請〔一〕，望拜之謁〔二〕，雖得則薄矣〔三〕。善説者，陳其勢，言其方〔四〕，人之急也〔五〕，若自在隘〔六〕窘之中，豈用强力哉〔七〕！

〔一〕鮑本此著書者詞也。言善説者，不勞而功。顛，倒；蹶，僵也。言其請救之遽。

〔二〕鮑本望而拜之，言謁之恭。

〔三〕姚本言雖顛蹶而走，請救於齊，望仰而訴告之，而得齊救，比淳于之辭，則爲薄也。　鮑本言他人請，謂雖有得，不如髡之厚。

〔四〕鮑本方，大略也。

〔五〕鮑本言應之疾。

〔六〕鮑本隘，險也。

〔七〕姚本言辯者之説，人急其如己自在阸窘之中，欲速免脱也。故曰「豈强力也哉」！

孟嘗君奉夏侯章

孟嘗君奉夏侯章〔一〕以四馬百人之食〔二〕，遇之甚歡。夏侯章每言未嘗不毁〔三〕孟嘗君〔四〕也。或以告孟嘗君，孟嘗君曰：「文有以事夏侯公矣，勿言〔五〕，董之。」繁菁〔六〕以問夏侯公，夏侯公曰：「孟嘗君重〔七〕非諸侯也，而奉我四馬百人之食。我無分寸之功而得此，然吾毁之以爲之也〔八〕。君所以得爲長者〔九〕，以吾毁之者也〔一〇〕。吾以身爲孟嘗君，豈得持言也〔一一〕。」〔一二〕

〔一〕鮑本齊人。正曰：無考。下同。
〔二〕鮑本言饗之厚。
〔三〕姚本毀，謗。
〔四〕鮑本「孟嘗君」三字作「之」。〇
〔五〕姚本言，道也。鮑本言事之厚，彼不害我。
〔六〕姚本「菁」，曾作「青」。鮑本「繁」作「蘩」。〇齊人。
〔七〕姚本重，尊。
〔八〕姚本欲以爲分寸之功也。
〔九〕鮑本賢有容之稱。高祖曰，爲其母不長者。
〔一〇〕姚本以吾毀之無憾言，故得爲長者。鮑本無下「者」字。〇補曰：一本「以吾毀之者也」。「者」字，恐是「長者」字下脱衍在此。
〔一一〕姚本劉作「豈特言也哉」。鮑本「持」作「待」。〇補曰：「持」者「待」之訛，「得」者「待」之訛衍。
〔一二〕鮑本彪謂：君子所以報知我者，亦多術矣，豈必毀之而後爲之哉？此其説有似侯嬴而不及嬴，非正議也。

孟嘗君讌坐

孟嘗君讌〔一〕坐，謂三先生〔二〕曰：「願聞先生有〔三〕以補〔四〕之〔五〕闕者〔六〕。」一人曰：「訾天下之主〔七〕，有侵君者〔八〕，臣請〔九〕以臣之血湔〔一〇〕其衽。」田瞀〔一一〕曰：「車軼〔一二〕之所能至，請掩足下之短者〔一三〕，誦足下之長；千乘之君與萬乘之相，其欲有〔一四〕君也，如使而弗及也〔一五〕。」勝瞀〔一六〕曰：「臣願以足下之府庫財物，收天下之士，能爲君決疑應卒〔一七〕，若魏文侯之有田子方、段干木也〔一八〕。此臣之所爲君取矣〔一九〕。」

〔一〕**鮑本**讌，合語也。正曰：「讌」即「燕」。
〔二〕**姚本**先生，長老，先己以生者也。
〔三〕**姚本**劉無「有」字。
〔四〕**姚本**一本有「文」字。
〔五〕**鮑本**「之」作「文」。○
〔六〕**姚本**願聞賢者之善言，常補己缺失也。**鮑本**「者」下有「也」字。○
〔七〕**鮑本**訾，不稱意也。言孟嘗有不得意於諸侯。
〔八〕**鮑本**侵，凌之也。
〔九〕**姚本**「請」，集、曾、劉作「輕」。
〔一〇〕**姚本**湔，污也。湔灑。**鮑本**「湔」，「濺」同。集韻，水激也。
〔一一〕**姚本**瞀，晉、鄭游眅。續：「瞀」恐作「⿱般目」。春秋傳，鄭游眅字子明，或作「⿱般目」。
〔一二〕**姚本**軼也。轍曰軼。
〔一三〕**鮑本**無「者」字。○　補曰：疑當在「至」字下。
〔一四〕**姚本**「有」或作「又」。　**鮑本**有，言欲得之。
〔一五〕**鮑本**若有使之，如恐弗及。

〔一六〕鮑本「勝」作「滕」,「瞀」作「臀」。〇 字書無之,亦可作「股」,齊人。補曰:姚云,恐作「督」。 札記丕烈案:姚校在上「田瞀」下,乃據高注。吳誤以當此「瞀」字,亦有誤。但所改未是。

〔一七〕鮑本與「猝」同。

〔一八〕姚本文敬交田子方,而敬段干木也。 鮑本二人文侯師友。

〔一九〕鮑本求以此爲孟嘗所取。 正曰:爲孟嘗取此人也。

孟嘗君舍人有與君之夫人相愛者

孟嘗君舍人有與君之夫人〔一〕相愛〔二〕者。或以問〔三〕孟嘗君曰:「爲君舍人而內與夫人相愛,亦甚不義矣,君其殺之〔四〕。」君曰:「睹貌而相悅者,人之情也,其錯〔五〕之勿言也。」

〔一〕鮑本夫人,姬媵之過稱,非其配也。與下十妃同。

〔二〕姚本愛,猶通也。

〔三〕姚本曾作「聞」。 問,告。

〔四〕姚本傳曰,淫爲大罰。故曰殺之。

〔五〕姚本錯,置。 鮑本「錯」,「措」同也。

居期年,君召愛夫人者而謂之曰:「子與文游久矣,大官未可得,小官公又弗欲。衛君〔一〕與文布衣交〔二〕,請具車馬皮幣〔三〕,願君以此從衛君游。」於〔四〕衛甚重。

〔一〕**鮑本**嗣君。
〔二〕**鮑本**言交於未貴時。
〔三〕**姚本**皮，鹿皮。幣，束帛也。　**鮑本**皮，羔狐之屬。宗伯，孤執皮帛。正曰：羔乃生贄，狐皮無據。禮注，皮帛者，束帛而表以虎豹皮爲飾。宗伯之制，恐難引以言此。
〔四〕**鮑本**「於」上補「舍人游」三字。○

齊、衛之交惡〔一〕，衛君甚欲約天下之兵以攻齊。是人謂衛〔二〕君曰：「孟嘗君不知臣不肖，以臣欺君〔三〕。且臣聞齊、衛先君，刑馬壓羊〔四〕，盟曰：『齊、衛後世無相攻伐，有相攻伐者，令其命如此〔五〕。』今君約〔六〕天下之兵以攻齊，是足下倍先君盟約而欺孟嘗君也。願君勿以齊爲心〔七〕。君聽臣則可；不聽臣，若臣不肖也〔八〕，臣輒以頸血湔足下衿〔九〕。」衛君乃止。

〔一〕**姚本**惡，不睦也。
〔二〕**鮑本**無「衛」字。○
〔三〕**鮑本**欺者，己不肖，而孟嘗言其賢也。
〔四〕**姚本**殺馬、羊，唾出其血，以相盟誓也。壓，亦殺也。　**鮑本**殺馬歃其血，又壓羊殺之以盟，使諭者如此。
〔五〕**姚本**如此馬與羊也。
〔六〕**姚本**約，結。
〔七〕**姚本**無以伐齊爲心。
〔八〕**鮑本**言或以此人爲不肖。補曰：「若」疑「者」字訛。
〔九〕**鮑本**交衽也。

齊人聞之曰：「孟嘗君可語〔一〕善爲事矣，轉禍爲功〔二〕。」〔三〕

〔一〕**姚本**集、劉作「謂」。　**鮑本**言可與語。正曰：姚云，「語」，劉作「謂」，宜至「矣」字句。

〔二〕**姚本**不殺其舍人，是轉禍；使齊不伐，是爲功。

〔三〕**鮑本**彪謂：周衰，禮義消亡，以若孟嘗者，爲能愛士。愛則愛矣，然非禮之愛也。以若舍人者，爲能强争。强則强矣，然亦非義之强也。補曰：事亦可醜，而論著者以爲美談邪！袁盎從史事類此。

孟嘗君有舍人而弗悦

孟嘗君有舍人而弗悦〔一〕，欲逐之。魯連〔二〕謂孟嘗君曰：「猿獮猴錯木據水〔三〕，則不若魚鼈〔四〕；歷險乘危，則騏驥不如狐狸〔五〕。曹沫之〔六〕奮三尺之劍，一軍不能當〔七〕；使曹沫釋其三尺之劍，而操銚鎒與農夫居壠畝之中〔八〕，則不若農夫。故物舍其所長，之〔九〕其所短，堯亦有所不及矣〔一〇〕。今使人而不能，則謂之不肖；教人而不能，則謂之拙。拙則罷之，不肖則棄之，使人有棄逐，不相與處〔一一〕，而來害相報者〔一二〕，豈非世之立教首也哉〔一三〕！」孟嘗君曰：「善。」乃弗逐。〔一四〕

〔一〕**姚本**悦，敬。

〔二〕**鮑本**齊人仲連。

〔三〕**姚本**錯，置也。據，處也。猿彌猴置木而處於水，則不如魚鼈之便也。　**鮑本**言自置木上。據，猶處。補曰：「錯木據水」一句。錯，舍置也。

〔四〕**鮑本**「鼈」下有「處」字。○　補曰：姚本無。或上「據」字訛而脱在此，作「處水」勝。　**札記**丕烈案：此高注字之誤入正文者。

〔五〕**姚本**各有所宜。

〔六〕**姚本**曹沫，魯莊公士也。傳曰，曹劌也。　**鮑本**衍「之」字。

〔七〕**鮑本**魯記，莊公與齊桓公會柯，沫執匕首劫桓公，歸魯侵地。

〔八〕**鮑本**壠，田埒。補曰：銚，七遥反，與鍬同。鎒，呼高反，説文，拔去田草也，即薅。

〔九〕**鮑本**之，猶於。

〔一〇〕**姚本**舍，收也。之，猶用也。收所長者，用所短者，故堯有所不能及爲也。

〔一一〕**鮑本**言黨友以此士見棄逐，不屑與處。

〔一二〕**鮑本**棄逐者必之他國，自彼來而害我，報其棄逐之怨。

〔一三〕**鮑本**言後人視此爲戒。

〔一四〕**鮑本**彪謂：仲連，立言士也，言必有中。

孟嘗君出行國至楚

孟嘗君出行國〔一〕，至楚，獻象床〔二〕。郢之登徒〔三〕，直使送之，不欲行〔四〕。見孟嘗君門人公孫戍〔五〕曰：「臣，郢之登徒也，直送象床。象床之直千金，傷此若髮漂〔六〕，賣妻子不足償之。足下〔七〕能使僕無行，先人有寶劍，願得獻之。」公孫〔八〕曰：「諾〔九〕。」

〔一〕**鮑本**按，行，之。行，兼相他國故。正曰：行，當去聲。

〔二〕**鮑本**象齒爲床。

〔三〕**鮑本**楚官也。好色賦登徒子注，以爲姓，非。正曰：屈平爲左徒，考烈王以左徒爲令尹。鮑見此，故以「登徒」爲官名，未見所據。然彼云大夫登徒子，則非官名。

〔四〕**姚本**直，當，曰「直使」也。登徒直使，不欲行送象床。

〔五〕**鮑本**「戍」作「戌」。○ 補曰：戌，音恤。**札記**丕烈案：吴氏音恤者非。

〔六〕**姚本**續：別本「髮標」。通鑑「毫髮」。**鮑本**「漂」，「飄」同，言其細若絲髮。

〔七〕**姚本**足下，謂公孫戍。

〔八〕**鮑本**「孫」下補「戍」字。○

〔九〕**姚本**獻，獻公孫戍也。故曰「諾」。

入見孟嘗君曰：「君豈受楚象床哉？」孟嘗君曰：「然。」公孫戍曰：「臣願君勿受。」孟嘗君曰：「何哉？」公孫戍曰：「小國〔一〕所以皆致相印於君者，聞君於齊能振達貧窮，有存亡繼絶之義。小國英桀〔二〕之士，皆以國事累君〔三〕，誠〔四〕説君之義，慕君之廉也。今君到楚而受象床，所未至之國，將何以待君〔五〕？臣戍願君勿受。」孟嘗君曰：「諾。」

〔一〕**鮑本**補曰：「小國」疑當作「大國」。後語作「五國」，蓋首句作「出行五國」也。

〔二〕姚本才勝萬人曰「英」，千人曰「桀」。

〔三〕姚本累，屬。　鮑本累，猶諉。諉之以事，所以累之。

〔四〕鮑本無「誠」字。○

〔五〕姚本待，猶共也。

公孫戍趨而去。未出，至中閨〔一〕，君召而返之，曰：「子教文無受象床，甚善〔二〕。今何舉足之高，志之揚也？」公孫戍曰：「臣有大喜三，重〔三〕之寶劍一。」孟嘗君曰：「何謂也？」公孫戍曰：「門下百數，莫敢入諫，臣獨入諫，臣一喜；諫而得聽，臣二喜；諫而止君之過，臣三喜。輸〔四〕象床，郢之登徒不欲行，許戍以先人之寶劍。」孟嘗君曰：「善。受之乎？」公孫戍曰：「未敢。」曰：「急受之。」因書門版曰：「有能揚文之名，止文之過，私得寶於外者，疾入諫。」〔五〕

〔一〕姚本閨，閤也。　鮑本特立之户，上圜下方。

〔二〕姚本善，快。

〔三〕鮑本重，言三喜外，復有此。

〔四〕鮑本輸，亦送也。

〔五〕鮑本彪謂：孟嘗君於是能立德矣！吾知欲止吾過而已，彼得寶，於我庸何傷？且諫者，士之所難，因得寶而摧折之，後孰敢以過聞乎吾哉？

淳于髡一日而見七人於宣王

淳于髡〔一〕一日而見七人〔二〕於宣王。王曰：「子來，寡人聞之，千里而一士，是比肩而立〔三〕；百世而一聖，若隨踵而至〔四〕也〔五〕。今子一朝而見七士，則士不亦衆乎？」淳于髡曰：「不然。夫鳥同翼者而聚居，獸同足者而俱〔六〕行〔七〕。今求柴葫、桔梗於沮澤〔八〕，則累世不得一焉。及之睪黍、梁父之陰〔九〕，則郄車而載耳〔一〇〕。夫物各有疇〔一一〕，今髡賢者之疇也。王求士於髡，譬〔一二〕若挹〔一三〕水於河，而取火於燧〔一四〕也。髡將復見之，豈特七士也〔一五〕。」〔一六〕

〔一〕**鮑本**齊人，見滑稽傳。

〔二〕**姚本**人，一作士。

〔三〕**鮑本**比，謂肩相次也。言士難得，千里有一，猶爲并肩也。

〔四〕**姚本**曾，「至」一作「生」。劉作「主」。

〔五〕**姚本**言雖中也。

〔六〕**姚本**俱，侣。

〔七〕**鮑本**補曰：後語，鳥同翼者聚飛，獸同足者俱亡。

〔八〕**姚本**桔梗，山生之草也（曾作「生山之上也」，集作「山之中」）。於沮澤求之，雖累世不能得其一也。**鮑本**二草，山生。而沮，水也，故求不可得。孟子注，沮澤，生草者。水名，出漢中。正曰：沮澤，但言漸濕之地，如漢書所謂生於沮澤之中者，不必因下文求地名以實之。

〔九〕**姚本**罣黍、梁父皆山名也。山北曰陰，桔梗生焉。言饒多也，故曰郄車載也。**鮑本**地缺。疑爲負黍，蓋此與梁父皆東地也。梁父在泰山。山北曰陰。補曰：高注，罣黍、梁父皆山名。愚按，「皋」字或作「罣」。

〔一〇〕**鮑本**「郄」，「却」同。言多獲，車重不前。

〔一一〕**姚本**疇，類。**鮑本**耕治之田，禾所聚也，故爲類。

〔一二〕**鮑本**無「譬」字。〇

〔一三〕**鮑本**挹，酌也。

〔一四〕**鮑本**夫燧，鑒也。

〔一五〕**姚本**言將復見士於王也。

〔一六〕**鮑本**補曰：兩「見」字，賢遍反。

齊欲伐魏

齊欲伐魏。淳于髡謂〔一〕齊王曰：「韓子盧者，天下之疾犬也。東郭逡〔二〕者，海内之狡〔三〕兔也。韓子盧逐東郭逡，環〔四〕山者三，騰山者五，兔極於前，犬廢於後，犬兔俱罷，各死其處。田父見之，無勞倦之苦〔五〕，而擅〔六〕其功。今齊、魏久相持，以頓〔七〕其兵，弊其衆，臣恐强秦大楚承其後，有田父之功。」齊王懼，謝〔八〕將休士也〔九〕。〔一〇〕

〔一〕鮑本「謂」作「爲」。〇　補曰：此書「爲」、「謂」字通用。
〔二〕鮑本逡，㕙同，狡兔名。
〔三〕鮑本集韻，狡，獪也，疾也。
〔四〕姚本環，旋。
〔五〕姚本苦，勤。
〔六〕鮑本擅者，無與争也。
〔七〕鮑本頓，亦勞敝。
〔八〕鮑本謝，辭去之，言不用也。
〔九〕鮑本無「也」字。〇
〔一〇〕鮑本補曰：此與蘇代鷸蚌、陳軫虎争人之説，異而同者也。逡，七倫反。

國子曰秦破馬服君之師〔一〕

〔一〕此篇姚本與齊欲伐魏連篇，鮑本另列一篇。據文義，從鮑本。

國子〔一〕曰：「秦破馬服君〔二〕之師，圍邯鄲。齊、魏亦佐秦伐邯鄲，齊取淄鼠，魏取伊是〔三〕。公子無忌〔四〕爲天下循便計〔五〕，殺晉鄙〔六〕，率魏兵以救邯鄲之圍，使秦弗有而失天下〔七〕。是齊入於魏而救邯鄲之功也〔八〕。安邑者，魏之柱國也〔九〕；晉陽者，趙之柱國也；鄢郢者，楚之柱國也。故三國欲〔一〇〕與秦壤界〔一一〕，秦伐魏取安邑，伐趙取晉陽，伐楚取鄢郢矣。福〔一二〕三國之君〔一三〕，兼二周之地，舉韓氏取其地，且〔一四〕天下之半。今又劫趙、魏，疏〔一五〕中國，封〔一六〕衛之東野〔一七〕，兼魏之河南〔一八〕，絶趙之東陽，則趙、魏亦〔一九〕危矣。趙、魏危，則非齊之利也。韓、魏、趙、楚之志，恐秦兼天下而臣其君，故專兵一志以逆〔二〇〕秦。三國之與秦壤界而患〔二一〕急，齊不與秦壤界而患緩。是以天下之勢，不得不事齊也。故秦得齊，則權重於中國；趙、魏、楚得齊，則足以敵秦。故秦〔二二〕、趙、魏得齊者重，失齊者輕。齊有此勢，不能以重於天下者何也？其用者過也。」〔二三〕

〔一〕**姚本**國子，齊大夫也。

〔二〕**姚本**馬服君，趙括也。秦將白起阬括四十萬衆於長平，而進圍邯鄲。括父奢，將有功，賜號馬服，因以爲氏，故曰馬服君之師也。

〔三〕**姚本**淄鼠、伊是，皆趙邑也。　**鮑本**「是」作「氏」。○　皆趙地，缺。　**札記**丕烈案：「是」、「氏」同字。「伊是」即「伊氏」，不知者乃改之。

〔四〕**鮑本**魏信陵君。

〔五〕**鮑本**循，行順也。正曰：行便宜之計，言竊符奪兵事。補曰：齊、魏佐秦伐，因取二地。今云公子無忌云云，魏實救趙者，不應先佐之伐，恐當時無忌雖急於平原之請，而魏王實畏秦，如立晉鄙壁鄴，未欲真欲救趙，或先取其地也。

〔六〕**鮑本**魏將。

〔七〕**姚本**秦圍邯鄲，魏使晉鄙帥師救趙，畏秦不敢進軍，軍次蕩陰。趙國急，平原君勝使責信陵君公子無忌。無忌乃竊魏王所與晉鄙符信，以攝取其軍。晉鄙疑之，不肯授。乃使朱亥椎殺晉鄙，取軍救趙。故爲天下備循計（曾無此七字，劉「循」作「脩」），解邯鄲圍。故曰「使秦不有而失天下」也。**鮑本**魏安釐二十年，使鄙將以救趙。畏秦，不敢進。趙急，平原君使責無忌。無忌盜晉鄙兵符伐之，將進兵，秦軍解去。補曰：按史年表、魏世家、公子無忌傳，公子矯殺晉鄙，破秦兵，皆在安釐王二十年。通鑑以矯殺晉鄙在前一年。大事記以晉鄙留軍壁鄴在前一年，謂以傳修。今按，傳亦止作一年事也。當考。

〔八〕**鮑本**齊與魏親，初雖佐秦，今魏救趙，亦同救也。

〔九〕**姚本**柱國，都也。　**鮑本**言其於國如室有柱。

〔一〇〕**鮑本**衍「欲」字。　補曰：疑「欲」字即「故」字，而上衍「故」字。故者，舊也。　**札記**今本無「欲」字，乃誤涉鮑也。

〔一一〕**姚本**界，猶比也。　**鮑本**壤，土；界，境也。言其地相接。

〔一二〕**姚本**曾一作「覆」。劉一作「逼」。　**鮑本**「福」作「覆」。○　補曰：愚按，「福」乃「偪」之訛。「偪」義長。

〔一三〕**鮑本**「君」作「軍」。○

〔一四〕**鮑本**且，猶幾。

〔一五〕**鮑本**疏，言離其友。

〔一六〕**姚本**封，續：用。別本改作「封」，下同。封，取。　**鮑本**封，割也。正曰：封，疆之也。　**札記**今本「封」誤「封」。

〔一七〕**鮑本**東野，猶東地。

〔一八〕**鮑本**「南」作「內」。○

〔一九〕**姚本**一本「亦」下有「已」字。

〔二〇〕**姚本**逆，距。　**鮑本**逆，謂拒之。

〔二一〕**姚本**三國，趙、魏、楚。界，比也。患，憂也。

〔二二〕鮑本「秦」下補「楚」字。○正曰：疊句。上文宜有「楚」。札記丕烈案：上文「楚」字在「魏」下。

〔二三〕鮑本補曰：三策大概略同。謂三晉諸國爲齊之屏蔽，相依爲唇齒。秦攻諸國而齊不救，諸國滅亡，勢必及齊。第三章謂，三國與秦界而患急，齊不與秦壤而患緩；秦得齊則權重，趙、魏、楚得齊，則足以敵秦，説尤明切。初策，攻長平時；次策，周、韓未亡時；三策，則韓既亡後也。始皇十八年滅韓。自秦人行遠交近攻之術，善齊而不加兵，君王后謹事秦，王建不修戰備，不助五國，其墮秦計中久矣。長平之戰，當王建五年。滅韓，當三十五年。三十餘年間，士之爲齊謀者，其智非不及此，而卒不用，宜其及於亡也！

戰國策卷十一

齊 四

齊人有馮諼者

齊人有馮諼〔一〕者，貧乏不能自存，使人屬〔二〕孟嘗君，願寄食門下。孟嘗君曰：「客何好？」曰：「客無好也。」曰：「客何能？」曰：「客無能也。」孟嘗君笑而受之曰：「諾。」左右以君賤之也，食以草具〔三〕。

〔一〕鮑本「諼」作「煖」。○ 補曰：即「諼」。故「諼」或作「喧」。札記丕烈案：史記作「驩」。集解云，復作「煖」。鮑本當出此注也。

〔二〕鮑本「屬」，「囑」同。

〔三〕鮑本草，不精也。具，饌具。正曰：草，菜也。陳平傳「惡草具」注，去肴肉云云。

居有頃，倚柱彈其〔一〕劍〔二〕，歌曰：「長鋏歸來乎〔三〕！食無魚。」左右以告。孟嘗君曰：「食之，比門下之客〔四〕。」居有頃，復彈其鋏，歌曰：「長鋏歸來乎！出無車。」左右皆笑之，以告。孟嘗君曰：「爲之駕，比門下之車客〔五〕。」於是乘其車，揭〔六〕其劍，過其友曰：「孟嘗君客我〔七〕。」後有頃，復彈其劍鋏，歌曰：「長鋏歸來乎！無以爲家〔八〕。」左右皆惡之，以爲貪而不知足。孟嘗君問：「馮公有親乎？」對曰：「有老母。」孟嘗君使人給其食用，無使乏。於是馮諼不復歌。

〔一〕**姚本**一本無「其」字。
〔二〕**鮑本**補曰：以下文例之，疑當有「鋏」字。　**札記**丕烈案：此文三句各不同，吳説未是。
〔三〕**鮑本**鋏，劍把也。欲與俱去。補曰：莊子音義，鋏，從稜向刃。
〔四〕**姚本**一本「客」上有「魚」字。　**鮑本**補曰：列士傳，孟嘗君厨有三列，上客食肉，中客食魚，下客食菜。一本「比門下之魚客」。
〔五〕**鮑本**乘車之客。
〔六〕**鮑本**集韻，揭，舉也，擔也。
〔七〕**鮑本**待我以客。
〔八〕**鮑本**補曰：吳氏韻補，家，叶工乎反。

後孟嘗君出記〔一〕，問門下諸客：「誰習計會〔二〕，能爲文收責〔三〕於薛者乎？」馮諼署〔四〕曰：「能。」孟嘗君怪之，曰：「此誰也？」左右曰：「乃歌夫長鋏歸來者也。」孟嘗君笑曰：

「客果有能也〔五〕，吾負之，未嘗見也。」請而見之，謝曰：「文倦於事〔六〕，憒於憂〔七〕，而性懧〔八〕愚，沉〔九〕於國家之事，開罪於先生〔一〇〕。先生不羞，乃有意欲爲收責於薛乎？」馮諼曰：「願之。」於是約車治裝，載券契〔一一〕而行，辭曰：「責畢收，以何市而反？」孟嘗君曰：「視吾家所寡有者。」

〔一〕**鮑本**記，疏也。
〔二〕**鮑本**計會，會，總合也。正曰：會，古外反。周禮「司會」注，大計也。小宰「要會」注，計最之簿書，月計曰要，歲計曰會。
〔三〕**鮑本**「責」，「債」同。集韻，逋財也。
〔四〕**鮑本**署，書也。
〔五〕**鮑本**言果，則孟嘗固意其能也。
〔六〕**鮑本**「事」作「是」。○是，謂國事。正曰：一本「是」作「事」，蓋因音而訛。說閔王章「則是」作「則事」，亦此類。
〔七〕**鮑本**「憒」，「貴」同。憒，亂也，以憂思昏亂。
〔八〕**鮑本**「懧」，當作「儜」。集韻，弱也。
〔九〕**鮑本**補曰：沉，没溺也。下「沉於」義同。
〔一〇〕**鮑本**得罪於煖，自我啓之。
〔一一〕**鮑本**券，亦契。契別書之，以刀判其旁。

驅而之薛，使吏召諸民當償者，悉來合券。券遍合〔一〕，起〔二〕矯命〔三〕以責賜諸民，因燒其券，民稱萬歲〔四〕。

〔一〕鮑本凡券，取者、與者各收一。責則合驗之，徧合矣，乃來聽命。

〔二〕鮑本「起」作「赴」。○ 補曰：一本「赴」作「起」，則「起」屬下文。謂作起而矯命也。「合」讀，「起」句，亦通。

〔三〕鮑本汲黯傳注，矯，託也。託言孟嘗之命。

〔四〕鮑本祝孟嘗也。

長驅到齊〔一〕，晨而求見。孟嘗君怪其疾也，衣冠而見之，曰：「責畢收乎？來何疾也！」曰：「收畢矣。」「以何市而反〔二〕？」馮諼曰：「君云『視吾家所寡有者』。臣竊計，君宮中積珍寶，狗馬實外廄，美人充下陳〔三〕。君家所寡有者以義耳！竊以爲君市義。」孟嘗君曰：「市義奈何？」曰：「今君有區區之薛，不拊〔四〕愛子其民，因而賈利之。臣竊矯君命，以責賜諸民，因燒其券，民稱萬歲。乃臣所以爲君市義也。」孟嘗君不〔五〕說，曰：「諾，先生休〔六〕矣！」

〔一〕鮑本行不留也。

〔二〕鮑本孟嘗問也。

〔三〕鮑本陳，猶列。

〔四〕鮑本拊，循，猶摩也。

〔五〕鮑本「不」作「乃」。○ 補曰：一本作「不」。

〔六〕鮑本休，息也。

後期年，齊王謂孟嘗君曰：「寡人不敢以先王之臣爲臣〔一〕。」孟嘗君就國於薛，未至百里，民扶老攜幼，迎君道中〔二〕。孟嘗君顧謂馮諼〔三〕：「先生所爲文市義者，乃今日見之。」馮諼曰：「狡兔有三窟，僅〔四〕得免其死耳。今君〔五〕有一窟，未得高枕而卧也。請爲君復鑿二窟。」孟嘗君予車五十乘，金五百斤，西游於梁，謂惠〔六〕王曰：「齊放其大臣孟嘗君於諸侯〔七〕，諸侯先迎之者，富而兵强。」於是，梁王虚上位，以故相爲上將軍〔八〕，遣使者，黄金千斤，車百乘，往聘孟嘗君。馮諼先驅誡孟嘗君曰：「千金，重幣也；百乘，顯使也。齊其聞之矣。」梁使三反，孟嘗君固辭不往也。齊王聞之，君臣恐懼，遣太傅〔九〕賫黄金千斤，文車〔一〇〕二駟，服劍〔一一〕一，封書〔一二〕謝孟嘗君曰：「寡人不祥，被於宗廟之祟，沉於諂諛之臣，開罪於君，寡人不足爲也。願君顧先王之宗廟，姑反國統〔一三〕萬人乎？」馮諼誡孟嘗君曰：「願請先王之祭器，立宗廟於薛〔一四〕。」廟成，還報孟嘗君曰：「三窟已就，君姑〔一五〕高枕爲樂矣。」

〔一〕**鮑本**補曰：此遺其就國而爲之辭，猶漢世所謂列侯，亦無由教訓其民。

〔二〕**鮑本**「中」下有「正日」二字，又改「正」作「終」。○補曰：一本無此二字。

〔三〕**姚本**劉作「顧謂馮諼曰」。

〔四〕**鮑本**「僅」作「今」。○補曰：姚本「今」作「僅」。

〔五〕**鮑本**無「君」字。○

〔六〕**鮑本**「惠」作「梁」。○昭。正曰：文奔魏，在昭王時。此固辭不往，事必在前。史作秦王。

〔七〕鮑本此非當時所稱，追書云爾。

〔八〕鮑本補曰：徙故相爲上將軍，而虛相位以待孟嘗也。

〔九〕鮑本本周官，此齊大臣也。

〔一〇〕鮑本文，綵繪也。

〔一一〕鮑本王所自佩者。

〔一二〕鮑本「書」下有「一」字。○補曰：一本「書」下無「一」字，則上當以「封」字句。札記丕烈案：「封書」連文，吳說未是。

〔一三〕鮑本集韻，統，攝理也。

〔一四〕鮑本前自靖郭君時既立廟矣，今又請立，則所謂宗廟者，非一王也。

〔一五〕姚本集、曾本無「姑」字。

孟嘗君爲相數十年，無纖介〔一〕之禍者，馮諼之計也〔二〕。

〔一〕鮑本介，獨也。獨則不衆，故爲微細之詞。一説喻草芥也。正曰：「介」、「芥」通。

〔二〕鮑本孟嘗傳有。彪謂：能者客之，人孰不能？客無能者，孟嘗於是爲不可幾也！煖之市義賢矣，而爲之營窟，則亦聲利之客耳！嗟乎，氣俗之移，人莫覺悟也！以煖之賢而不能自擢於衆，況不賢者乎？補曰：史文稍異，末無三窟之説爲勝。正曰：馮公自言無能，非真無能也。孟嘗蓋已知之。故聞其署，則曰「客果有能也」。魏子予粟，馮公焚券，孟嘗卒蒙其力。百乘之家，不畜聚斂之臣，豈迂也哉？「食以」、「食之」之「食」，音嗣。「爲君」、「爲文」、「足爲」之「爲」，去聲。

孟嘗君爲從

孟嘗君爲從〔一〕。公孫弘〔二〕謂孟嘗君曰：「君不〔三〕以〔四〕使人先觀秦王〔五〕？意者〔六〕秦王帝王之主也，君恐不得爲臣〔七〕，奚暇從以難之？意者秦王不肖之主也，君從以難之，未晚。」孟嘗君曰：「善，願因請公往矣。」

〔一〕**鮑本**文以襄王初中立爲諸侯。楚頃襄二十三年，天下合從。此八年。正曰：文以襄王五年中立爲諸侯，其後遂卒。襄王八年，諸侯無合從事。此閔王十六年，文怨秦，約韓、魏伐秦事也，當秦昭九年。鮑見策有薛地百里之文，遂以爲文中立爲諸侯時，誤矣。

〔二〕**鮑本**齊人。

〔三〕**姚本**劉本作「君何不使人先觀秦王」。

〔四〕**鮑本**「以」作「如」。○ **札記**今本「以」作「如」，乃誤涉鮑也，鮑改「以」爲「如」。丕烈案：呂氏春秋作「若」。

〔五〕**鮑本**昭。

〔六〕**鮑本**設疑之辭。

〔七〕**鮑本**爲秦臣。

公孫弘敬諾，以車十乘之秦。昭王聞之，而欲媿〔一〕之以辭。公孫弘見，昭王曰：「薛公之地，大小幾何？」公孫弘對曰：「百里。」昭王笑而曰：「寡人地數千里，猶〔二〕未敢以有難也〔三〕。今孟嘗君之地方百里，而因欲〔四〕難寡人，猶可乎？」公孫弘對曰：「孟嘗君好人〔五〕，大王不好人。」昭王曰：「孟嘗君之好人也，奚如？」公孫弘曰：「義不臣〔六〕乎天子，不友乎諸侯，得志不慚爲人主，不得志不肯爲人臣，如此者三人；而治〔七〕可爲管、商〔八〕之師，說義聽行〔九〕，能致其〔一〇〕如此者五人；萬乘之嚴主也，辱其使者，退而自刎〔一一〕，必以其血洿其衣，如臣者十人。」昭王笑而謝之，曰：「客胡爲若此，寡人直與客論耳！寡人善孟嘗君，欲客之必諭寡人之志也〔一二〕！」公孫弘曰：「敬諾。」

〔一〕**鮑本**「媿」作「愧」。○ 使弘愧。 **札記**丕烈案：呂氏春秋作「醜」。「媿」即「醜」字。無鹽醜女，武梁祠堂畫像作「媿女」，是其證。鮑本作「愧」者誤。

〔二〕**鮑本**「猶」作「由」。○ 下同。補曰：「由」、「猶」通。 **札記**丕烈案：呂氏春秋作「猶」，下同。

〔三〕**鮑本**爲人之難。

〔四〕**鮑本**「欲」下補「以」字。○

〔五〕**鮑本**人，賢人。

〔六〕**姚本**臣，曾本作「不恧」，劉本作「不恧」。此武后字，恐非劉校。

〔七〕**鮑本**補曰：「而」字疑衍。「治」，當屬下句；或「而」字上有缺文。 **札記**丕烈案：吴說未是。呂氏春秋作「能」。「而」、「能」同字。

〔八〕**鮑本**管仲、商鞅。

〔九〕**鮑本**所說有義，或能聽而行之。

〔一〇〕**鮑本**「能致其」下補「主霸王」三字。○ **札記**丕烈案：有者是也。呂氏春秋作「其能致主霸王」。

〔一一〕**鮑本**集韻，刎，斷也。

〔一一〕鮑本以己之志曉告孟嘗。

公孫弘可謂不侵矣〔一〕。昭王，大國也。孟嘗，千乘也。立千乘之義而不可陵，可謂足〔二〕使矣。〔三〕

〔一〕鮑本著書者美其不可侵辱。

〔二〕鮑本足，猶能。

〔三〕鮑本彪謂：公孫所陳，亦士之一概爾。自曹沬劫桓公，辨説士莫不以藉口，彼蓋未學禮也。夾谷之會，孔子詔之，士付之有司耳矣！豈厓柴若世之猘狗然哉？帝曰，曉人不當如是乎？此説者之所當知也。

魯仲連謂孟嘗

魯仲連謂孟嘗〔一〕：「君好士也〔二〕！雍門〔三〕養椒亦，〔四〕陽得子養〔五〕，飲食、衣裘與之同之〔六〕，皆得其死〔七〕。今君之家富於二公〔八〕，而士未有爲君盡游者也〔九〕。」君曰：「文不得是二人故也〔一〇〕。使文得二人者〔一一〕，豈獨不得盡？」對曰：「君之廐馬百乘，無不被繡衣而食菽粟者，豈有騏麟〔一二〕騄耳哉？後宮十妃，皆衣〔一三〕縞紵〔一四〕，食粱肉，〔一五〕豈有毛廧、西施哉？色與馬取於今之世，士何必待古〔一六〕哉？故曰君之好士未也。」〔一七〕

〔一〕姚本續：別本有「君曰」二字。

〔二〕**鮑本**「士」下補「未」字，「君」上有「君曰」二字。○　補曰：一本「謂孟嘗好士也」，一本「謂孟嘗君曰好士也」。**札記**今本「士」下有「未」字，乃誤涉鮑也。鮑補「未」字。丕烈案：此讀以魯仲連謂孟嘗爲一句，孟嘗即孟嘗君也。上文有「君好士也」四字，别爲一句。「也」、「邪」同字，與下「君之好士未也」不相涉。鮑誤用下補耳。

〔三〕**鮑本**「門」下補「子」字。○　此士以所居爲稱。正曰：雍門下有缺文。説苑有雍門子秋、雍門子周。今曰雍門子，則亦無考。雍門見前。　**札記**丕烈案：此多脱字，但所補未是。

〔四〕**鮑本**養，猶公養之養。椒，姓；亦，名。雍門子之所養。正曰：未知果椒姓亦名不？

〔五〕**鮑本**此下脱所養人。

〔六〕**鮑本**「同」下無「之」字。○

〔七〕**鮑本**并未詳。

〔八〕**鮑本**雍門、陽得。

〔九〕**鮑本**游，猶友也。言不盡於交游之道。

〔一〇〕**鮑本**椒亦等。

〔一一〕**鮑本**「人」下無「者」字。○

〔一二〕**鮑本**「騏」作「麒」。○　**札記**今本「麟」作「驎」。

〔一三〕**鮑本**無「衣」字。○

〔一四〕**鮑本**縞，鮮色繒也。纻，蒜屬細者。正曰：書注，縞，白也。

〔一五〕**鮑本**粱，米名。本草注，青粱，粟類。正曰：粱米之善者，有黄、青、白三種。按：梁，同粱。

〔一六〕**鮑本**補曰：「君之廄馬」至此，與王斗云云合。正曰：連上章有孟嘗君，序次亦不當在此。

〔一七〕**鮑本**補曰：孟嘗君之門，高者如馮驩、魏子，能免難市譽而已。昔人譏其未嘗得士，特鷄鳴狗盗之雄，世以爲名言。今觀魯連曰，君之好士未也，則當時已有是論矣。仲連之言，亦引以自謂，而非區區於孟嘗者。鷄鳴狗盗之出其門，宜仲連之不止也。

孟嘗君逐於齊而復反

孟嘗君逐於齊而復反〔一〕。譚拾子〔二〕迎之於境，謂孟嘗君曰：「君得無有所怨〔三〕齊士大夫？」孟嘗君曰：「有。」「君滿意殺之乎〔四〕？」孟嘗君曰：「然。」譚拾子曰：「事有必至，理有固然，君知之乎？」孟嘗君曰：「不知。」譚拾子曰：「事之必至者，死也；理之固然者，富貴則就之，貧賤則去之。此事之必至，理之固然者。請以市諭。市，朝則滿，夕則虚，非朝愛市而夕憎之也，求存故往〔五〕，亡故去。願君勿怨。」孟嘗君乃取所怨五百牒〔六〕削去之，不敢以爲言。〔七〕

〔一〕鮑本此三十年，孟嘗奔薛，此言復反。傳言「王召之，因謝病，老於薛」，與此駁。正曰：二十年。

〔二〕鮑本齊人。

〔三〕鮑本「怨」下有「於」字。〇

〔四〕鮑本拾子借以殺之爲慊乎？

〔五〕鮑本所求者存，故往趨之。

〔六〕鮑本牒，札也，書所怨人。

〔七〕鮑本馮驩傳略同。以此策及驩傳考之，蓋反而後謝病也。

齊宣王見顔斶〔一〕

〔一〕此篇姚本與孟嘗君逐於齊而復反連篇，鮑本另列一篇，據文義，從鮑本。

齊宣王見〔一〕顔斶〔二〕，曰：「斶前！」斶亦曰：「王前！〔三〕」宣王不悦。左右曰：「王，人君也。斶，人臣也。王曰『斶前』，亦〔四〕曰『王前』，可乎？」斶對曰：「夫斶前爲慕勢，王前爲趨士。與使斶爲趨〔五〕勢，不如使王爲趨士。」王忿然作色曰：「王者貴乎？士貴乎？」對曰：「士貴耳，王者不貴。」王曰：「有説乎？」斶曰：「有。昔者秦攻齊，令〔六〕曰：『有敢去柳下季〔七〕壟五十步而樵采者，死不赦。』令曰：『有能得齊王頭者，封萬户侯，賜金千鎰。』由是觀之，生王之頭，曾不若死士之壟也。」宣王默然不悦。

〔一〕**鮑本**補曰：見，賢遍反。

〔二〕**鮑本**集韻音觸，引呂春秋，齊有顔斶。補曰：春秋後語作王蠋。**札記**丕烈案：古今人表中上作顔歜，其王歜别在後，未知後語何據乃以爲一人也。

〔三〕**鮑本**并使之即己。

〔四〕**鮑本**「亦」上有「斶」字。○ **札記**今本「亦」上有「斶」字。

〔五〕**鮑本**「趨」作「慕」。○ 趨，就也。

〔六〕**鮑本**無「曰」字。○

〔七〕**鮑本**魯展禽字季，食采柳下，亦云居之。壟，其家埒。秦伐齊，先徑魯，故云。

左右皆曰：「斶來，斶來！大王據千乘之地，而建千石〔一〕鐘，萬石簴〔二〕。天下之士，仁義〔三〕皆來〔四〕役處〔五〕；辯知并進，莫不來語；東西南北，莫敢不服。求〔六〕萬物不〔七〕備具，而百〔八〕無不親附。今夫士之高者，乃稱匹夫，徒步而處農畝，下則鄙野〔九〕、監門、閭里〔一〇〕，士之賤也，亦甚矣！」

〔一〕**鮑本**一石，百二十斤。

〔二〕**鮑本**「簴」作「簾」。○ 鐘鼓之柎。 **札記**今本「簴」誤「簾」。

〔三〕**鮑本**無「仁義」二字。○ 補曰：姚本，「天下之士仁義皆來役處」。恐「仁義」字當在「之士」上。

〔四〕**鮑本**「來」作「爲」。○

〔五〕**鮑本**役，爲之使。處，在其位。

〔六〕**鮑本**「服求」作「來服」。○ 補曰：「求」屬下句。

〔七〕**札記**今本「不」上有「無」字。

〔八〕**鮑本**「百」下有「姓」字。○ **札記**今本「百」下有「姓」字。

〔九〕**鮑本**五酇爲鄙，郊外曰野，亦所處也。補曰：鄙，五百家。

〔一〇〕**鮑本**閭，在鄉；里，在野。并五百家，皆有門。正曰：周禮大司徒，五家爲比，五比爲閭。遂人，五家爲鄰，五鄰爲里。閭、里皆二十五家。鄉謂之閭，遂謂之里，二十五家共有巷，巷首有門。

斶對曰：「不然。斶聞古大禹之時，諸侯萬國。何則？德厚之道，得貴士之力也〔一〕。故舜起農畝，出於野鄙，而爲天子。及湯之時，諸侯三千。當今之世，南面稱寡者，乃二十四。由此觀之，非得失之策與〔二〕？稍稍誅滅，滅亡無族〔三〕之時，欲爲監門、閭里，安可得而有乎〔四〕哉？是故易傳不云乎：『居上位，未得其實，以〔五〕喜其爲名者，必以驕奢爲行。据〔六〕慢驕奢，則凶從〔七〕之。是故無其實而喜其名者削〔八〕，無德而望其福者約〔九〕，無功而受其祿者辱，禍必握〔一〇〕。』故曰：『矜功不立〔一一〕，虛願不至〔一二〕。』此皆幸樂其名，華〔一三〕而無其實德者也。是以堯有九佐〔一四〕，舜有七友〔一五〕，禹有五丞〔一六〕，湯有三輔〔一七〕，自古及今而能虛成名於天下者，無有。是以君王無羞亟〔一八〕問，不媿下學〔一九〕；是故〔二〇〕成其道德而揚功名於後世者，堯、舜、禹、湯、周文王是也。故曰：『無形〔二一〕者，形之君也。無端〔二二〕者，事之本也。』夫上見其原，下通其流，至聖人〔二三〕明學〔二四〕，何不吉之有哉！老子曰：『雖貴，必以賤爲本；雖高，必以下爲基。是以侯王稱孤、寡、不穀。是其賤之本與？』非〔二五〕夫〔二六〕孤寡者，人之困賤下位也，而侯王以自謂，豈非下人〔二七〕而尊貴士與？夫堯傳舜，舜傳禹，周成王任周公旦，而世世稱曰明主，是以明乎士之貴也。」

〔一〕**鮑本**言能貴士，故德厚。

〔二〕**鮑本**昔諸侯多，由得策也；今失策，故誅滅而寡。得策，貴士也。

〔三〕**姚本**晁去「滅亡無族」四字，三本同。一有四字，集無。

〔四〕**鮑本**「乎」作「也」。○

〔五〕**鮑本**「以」作「而」。○　補曰：恐當作「而」。

〔六〕**鮑本**補曰：「倨」、「据」通借。

〔七〕**鮑本**「從」上有「必」字。○

〔八〕**鮑本**削地也。正曰：削弱也。

〔九〕**鮑本**約，窮也。

〔一〇〕**姚本**續云：高士傳作「渥」。　**鮑本**言禍辱隨之不捨也。

〔一一〕**鮑本**言徒有矜大好功之志而不爲，故功不立。

〔一二〕**鮑本**不求、不爲而欲得之，虚願也，物不自至。

〔一三〕**鮑本**無「華」字。○

〔一四〕**鮑本**九官也。

〔一五〕**姚本**續云：陶元亮集聖賢群輔録引戰國策，舜有七友，雄陶、方回、續牙、伯陽、東不訾、秦不虚、靈甫。　**鮑本**雄陶、方回、續牙、伯陽、東不訾、秦不虚、靈甫見陶淵明四八目。正曰：雄陶云云，又見皇甫謐逸士傳，不訾或云不識，不虚或云不空。尸子無靈甫。愚謂，此類皆不可深考，或後人所妄造。

〔一六〕**鮑本**楚辭，八師三后外，有益、稷、皋陶、垂、契。

〔一七〕**鮑本**商書，伊、虺二相外，有誼伯、仲伯、咎單，豈此？未詳。

〔一八〕**鮑本**亟，猶數。

〔一九〕**鮑本**學於臣下。

〔二〇〕**姚本**「故」下曾、劉本有「能」字。

〔二一〕鮑本「形」作「刑」。○　無形，謂削約之未著者。補曰：當作「形」，下同。古書字通。「形民之力」，家語作「刑」。朱子謂當從家語。

〔二二〕鮑本正曰：無形、無端，皆指實德言。

〔二三〕鮑本衍「人」字。　札記今本無「人」字，乃誤涉鮑也，鮑衍「人」字。

〔二四〕鮑本明學，學之明者。言上見下，通聖明之事。

〔二五〕姚本曾本無「非」字。

〔二六〕鮑本猶言非邪。補曰：疑「非」字當在「歟」字上。而「夫」音「扶」，屬下句，與下文「豈非下人而尊貴士歟？夫堯」云云同。一本作「本歟」，無「非」字，義明。

〔二七〕鮑本以身下人。

宣王曰：「嗟乎！君子焉可侮哉，寡人自取病耳〔一〕！及今聞君子之言，乃今聞細人〔二〕之行，願請受〔三〕爲弟子。且顔先生與寡人游，食必太牢〔四〕，出必乘車，妻子衣服麗都〔五〕。」

〔一〕鮑本補曰：自取病，謂斶言士貴王賤。

〔二〕鮑本細人，王自稱。正曰：細人，前所謂無實德不貴士者。

〔三〕姚本劉本無「受」字。

〔四〕鮑本牛、羊、豕具爲太牢。

〔五〕鮑本皆美稱。

顔斶辭去曰：「夫玉生於山，制〔一〕則破焉，非弗寶貴矣，然夫〔二〕璞不完。士生乎鄙野，推選則禄焉，非不得〔三〕尊遂〔四〕也，然而形神不全。斶願得歸，晚食以當肉〔五〕，安步以當車，無罪以當貴，清静貞正以自虞〔六〕。制言〔七〕者王也，盡忠直言者斶也。言要道已備矣，願得賜歸，安行而反臣之邑屋。」則再拜而〔八〕辭去也〔九〕。

〔一〕**姚本**曾本作「制取」，集無「取」。　**鮑本**制，裁斷之。

〔二〕**鮑本**「夫」作「大」。

〔三〕**鮑本**無「得」字。〇

〔四〕**鮑本**遂，猶達。

〔五〕**鮑本**晚，言饑而食也，其美比於食肉。補曰：當，敵也，如字。

〔六〕**鮑本**「虞」，「娱」同，樂也。

〔七〕**鮑本**言，謂命令。

〔八〕**鮑本**無「而」字。〇

〔九〕**鮑本**無「也」字。

斶〔一〕知足矣，歸〔二〕反撲〔三〕，則終身不辱也〔四〕。〔五〕

〔一〕**鮑本**「斶」上有「曰」字，又補「君子」二字。〇

〔二〕**鮑本**「歸」下有「真」字。〇

〔三〕**鮑本**「撲」作「璞」。〇

〔四〕**鮑本**無「也」字。〇

〔五〕鮑本正曰：「曰」者，臅既辭而又自言也。上言大璞不完，以喻士之形神不全，故曰歸反璞云云。文意甚明，添字謬。

先生王斗造門而欲見齊宣王

先生王斗〔一〕造門而欲見齊宣王，宣王使謁者延入〔二〕。王斗曰：「斗趨見王爲好勢，王趨見斗爲好士，於王何如？」使者復還報。王曰：「先生徐之〔三〕，寡人請從〔四〕。」宣王因趨而迎之於門，與入，曰：「寡人奉先君之宗廟，守社稷，聞先生直言正諫不諱。」王斗對曰：「王聞之過〔五〕。斗生於亂世，事亂君，焉敢直言正諫。」宣王忿然作色，不說。

〔一〕鮑本齊人。補曰：一本標文樞鏡要作「王升」。札記丕烈案：「升」字當是也。古今人表中上作「王升」。今高士傳作「王斗」，亦非。
〔二〕鮑本謁者，掌賓贊受事。延，引也。
〔三〕鮑本使待其至。正曰：使無趨至。
〔四〕鮑本就之也。
〔五〕鮑本不如所聞。

有間，王斗曰：「昔先君桓〔一〕公所好者〔二〕，九合諸侯，一匡天下，天子受〔三〕籍〔四〕，立爲大伯〔五〕。今王有四焉。」宣王說，曰：「寡人愚陋，守齊國，唯恐失〔六〕抎〔七〕之，焉能有四焉？」王斗曰：「否〔八〕。先君好馬，王亦好馬。先君好狗，王亦好狗。先君好酒，王亦好酒。先君好色，王亦好色。先君好士，是〔九〕王不好士〔一〇〕」。宣王曰：「當今之世無士，寡人何好？」王斗曰：「世無騏驎騄耳〔一一〕，王〔一二〕駟已備矣。世無東郭俊〔一三〕、盧氏之狗，王之走狗已具矣。世無毛嬙、西施，〔一四〕王宮已充矣。王亦不好士也，何患無士？」王曰：「寡人憂國愛民，固願得士以治之。」王斗曰：「王之憂國愛民，不若王愛尺縠〔一五〕也。」王曰：「何謂也？」王斗曰：「王使人爲冠，不使左右便辟〔一六〕而使工者何也？爲能之也〔一七〕。今王治齊，非左右便辟無使也，臣故曰不如愛尺縠也。」

〔一〕**鮑本**此桓公雖非田氏之先，斗，齊人也，得稱爲先。

〔二〕**鮑本**「者」下補「五」字。○ 補曰：一本標文樞鏡要有「五」字。**札記**丕烈案：有者當是也。説苑，淳于髡曰「古者所好四」，可爲證。

〔三〕**鮑本**「受」作「授」。○ 補曰：當作「授」，字通借。

〔四〕**鮑本**土地人民之籍。猶賜履也。

〔五〕**鮑本**二伯之伯。

〔六〕**姚本**曾、集本作「夫」字。**鮑本**「失」作「夫」。○

〔七〕**鮑本**抎，失也。春秋傳，「抎子辱矣」。

〔八〕**鮑本**無「否」字。○

〔九〕**姚本**劉本無「是」字，曾有。**鮑本**「是」作「而」。○

〔一〇〕**鮑本**補曰：「先王好馬」以下，説苑以爲淳于髡之言，小異。

〔一一〕**姚本**劉本有「之馬」字，集無。**鮑本**字書不説，騏驎不載。唯玉篇云，馬，黑脊，亦不言良馬。陸璣疏，「麒麟行中律呂」，則此馬以麒麟比也。騄耳，八駿之一。正曰：玉篇單言「驎」爾。此二字單言，如詩及説文、爾雅不一。

〔一二〕**鮑本**「王」下有「之」字。○

〔一三〕**鮑本**補曰：一本作「逡」。前有。

〔一四〕**鮑本**莊子疏，毛嬙，越王嬖妾。西施，越女，吳王姬。

〔一五〕**鮑本**縠，細縳也。正曰：增韻，縠，縐紗。齊三「服官輕綃」注，今紗。下章「曳綺縠」，又章「帝省齊冰紈方空縠」，知齊産善也。説文，縠，細縳。恐此注字誤。

〔一六〕**鮑本**便，順其所好；辟，避其所惡。

〔一七〕**姚本**集本無「也」字。三同。

宣王謝曰：「寡人有罪國家。」於是舉士五人任官，齊國大治。〔一〕

〔一〕**鮑本**彪謂：王斗之義無所取，出門求見，自卑甚矣。而徒以趨見於咫尺之間以爲高，此孟子所謂「不能三年而緦小功之察」者也。抑其陳誼迂而不切，獨所謂學縠者可知耳。然不若魏牟之言之愨，而彪爲序，舍牟而取斗，爲牟之言出於斗也。正曰：王斗造門求見，徒以趨見於咫尺之間爲高，鮑論當矣。其言王不好士，不可謂不切也。特桓公好狗馬酒色之説，亦管仲不害霸之意。此其所以爲辯士之言，而非君子之正爾。學縠之言與魏牟合，又何不若之有？戰國論説相類者甚多，牟豈果出於斗乎？補曰：宣王喜文學游説之士，賜列第爲上大夫者七十六人，不治而議論，稷下學士至數百千人，士非不盛也。然鄒衍、淳于髡之徒，類皆詼誕無實，不治而議，所養非所用，國何賴焉？故顔斶勸以貴士，王斗譏其不好士，有以也！然若斗與斶者，亦未知其何如也。有一孟子而不能用，安用彼數百千人哉！

齊王使使者問趙威后

齊王使使者問趙威后〔一〕。書未發〔二〕，威后問使者曰：「歲亦無恙耶〔三〕？民亦無恙耶？王亦無恙耶？」使者不說，曰：「臣奉使使威后，今不問王，而先問歲與民，豈先賤而後尊貴者乎？」威后曰：「不然。苟無歲，何以〔四〕有民？苟無民，何以有君？故有問〔五〕舍本而問末者耶？」乃進而問之曰：「齊有處士曰鍾離子〔六〕，無恙耶？是其爲人也，有糧者亦食，無糧者亦食；有衣者亦衣，無衣者亦衣。是助王養其民也〔七〕，何以至今不業也〔八〕？葉陽〔九〕子無恙乎？是其爲人，哀鰥寡，卹孤獨，振困窮，補不足。是助王息〔一〇〕其民者也，何以至今不業也？北宮之女嬰兒子無恙耶？徹〔一一〕其環瑱，至老不嫁，以養父母。是皆率民而出於孝情〔一二〕者也，胡爲至今不朝也〔一三〕？此二士弗〔一四〕業，一女不〔一五〕朝，何以王齊國，子萬民乎？於陵子仲尚存乎〔一六〕？是其爲人也，上不臣於王，下不治其家，中不索交諸侯。此率民而出於無用者，何爲至今不殺乎？」〔一七〕

〔一〕**鮑本**惠文后，孝威太后。
〔二〕**鮑本**補曰：未發其封。
〔三〕**鮑本**恙，憂也。
〔四〕**姚本**劉本有兩「以」字。　**鮑本**無兩「以」字。○

〔五〕姚本一無「問」字。

〔六〕鮑本鍾離屬九江。正曰：路史云，沂之承（音懲）有鍾離城，乃魯、吳會處。成十五年杜云，淮南縣。今屬濠州者非。應劭云，鍾離子國在九江，蓋其後徙於此，吳滅之。補曰：鍾離，姓也，非地。漢有鍾離眛，蓋以地氏者。

〔七〕鮑本「也」上補「者」字。○

〔八〕鮑本言不得在位，成其職業。

〔九〕鮑本諸書葉陽皆不地。范睢傳注，「華」一作「葉」。補曰：正義云，葉陽今許州葉縣。又見魏策。

〔一〇〕鮑本息，生也。

〔一一〕鮑本集韻，撤，去也，通作「徹」。

〔一二〕鮑本情，猶誠。

〔一三〕鮑本命婦則朝。

〔一四〕札記今本「弗」誤「不」。

〔一五〕姚本「不」一作「弗」。

〔一六〕鮑本於陵屬濟南。皆以所居爲號，此自一人。若孟子所稱，已是七八十年矣。補曰：路史，於陵，今淄之長山。正曰：此言於陵仲子之行與孟子所稱者合，恐即此人也。趙惠文王與齊閔王同時，惠文后用事，實孝成之世，其在惠文時，則仲子猶相及。

〔一七〕鮑本彪謂：威后賢矣，其是非乃不詭於聖！齊有此數士不能察，至使鄰國老女子愧之，王建不足道也。時君王后故無恙，胡爲亦無察乎？正曰：問王而不及后，必非君王后、王建時。鮑因策言謂后爲賢智，故曲説至此。「王使」之「使」，如字。瑱，它典、它甸二反。

齊人見田駢

齊人見田駢〔一〕，曰：「聞先生高議〔二〕，設爲不宦〔三〕，而願爲役〔四〕。」田駢曰：「子何聞之？」對曰：「臣聞之鄰人之女。」田駢曰：「何謂也？」對曰：「臣鄰人之女，設爲不嫁，行年三十而有七子，不嫁則不嫁，然嫁過畢〔五〕矣。今先生設爲不宦，訾〔六〕養千鍾〔七〕，徒〔八〕百人，不宦則然矣，而富過畢也〔九〕」。田子辭〔一〇〕。

〔一〕**鮑本**齊處士。

〔二〕**鮑本**補曰：恐是「義」字。　**札記**今本「議」誤「誼」。

〔三〕**鮑本**設者，虛假之辭。

〔四〕**鮑本**爲駢給使。

〔五〕**鮑本**畢，猶已。言過於嫁已矣。

〔六〕**鮑本**「訾」，「資」同。所資所養也。

〔七〕**鮑本**昭三年注，四豆爲區，自四以登至於釜，十則鍾。又㮚氏注，四升爲豆，則鍾凡六斛四斗也。　**札記**今本「鍾」誤「鐘」。

〔八〕**鮑本**徒，從車者。

〔九〕**鮑本**「也」作「矣」。○

〔一〇〕**鮑本**謝之也。

管燕得罪齊王

管燕〔一〕得罪齊王，謂其左右曰：「子孰而〔二〕與我赴諸侯乎？」左右嘿然莫對。管燕連〔三〕然流涕曰：「悲夫！士何其易得而難用也！」田需〔四〕對曰：「士三食不得饜〔五〕，而君鵝鶩有餘食〔六〕；下宮糅羅紈〔七〕，曳綺縠〔八〕，而士不得以爲緣。〔九〕且財者君之所輕，死者士之所重，君不肯以所輕與士〔一〇〕，而責士以所重事君，非士易得而難用也。」〔一一〕

〔一〕**鮑本**齊人。正曰：無考。新序作燕相。　**札記**丕烈案：新序當有誤。
〔二〕**姚本**一本無「而」字。　**鮑本**而，辭也。
〔三〕**鮑本**「連」與「漣」同，泣下也。
〔四〕**鮑本**補曰：田需，見魏策，與公孫衍并相者，豈即此人歟？
〔五〕**鮑本**飽也。
〔六〕**鮑本**鶩，舒鳧。
〔七〕**鮑本**下宮，後宮下列。　糅，雜；紈，素也。
〔八〕**鮑本**綺，文繒。
〔九〕**鮑本**緣，衣純。
〔一〇〕**札記**今本「士」誤「亡」。
〔一一〕**鮑本**補曰：說苑，宗衛相齊罷歸，召田饒等問，饒對亦與此合。　**札記**丕烈案：韓詩外傳云，宋燕相齊見逐，罷歸之舍，召門尉陳饒等二十六人。此策文當有誤。

蘇秦自燕之齊

蘇秦〔一〕自燕之齊〔二〕，見於華章〔三〕南門〔四〕。齊王曰：「嘻〔五〕！子之來也。秦使魏冉致帝〔六〕，子以爲何如？」對曰：「王之問臣也卒〔七〕，而患之所從生〔八〕者微〔九〕。今不聽，是恨秦〔一〇〕也；聽之，是恨天下也。不如聽之以卒〔一一〕秦，勿庸〔一二〕稱也以爲天下。秦稱之，天下聽之，王亦稱之，先後之事，帝名爲無傷也〔一三〕。秦稱之，而天下不聽，王因勿稱，其〔一四〕於以收天下，此大資也。」〔一五〕

〔一〕**鮑本**「秦」作「子」。〇史作「代」，是。補曰：字誤。　**札記**丕烈案：史記作蘇代自燕來入齊。

〔二〕**鮑本**此三十六年。正曰：二十六年。

〔三〕**鮑本**「華章」作「章華」。〇補曰：姚及一本作「華章」。

〔四〕**鮑本**史作「東門」。注，齊都賦「小城北門」，不知是一門，非也。補曰：括地志，齊城東有閭門、武鹿、章華之門。

〔五〕**鮑本**集韻，有所多大之聲。正曰：嘆聲。

〔六〕**鮑本**致帝號於齊。

〔七〕**鮑本**與「猝」同。

〔八〕**鮑本**「生」作「往」。〇補曰：一本作「生」，是。　**札記**丕烈案：史記作「來」。

〔九〕**鮑本**患在後，故言「從往」，與「從來」異也。今未著，故言微。

〔一〇〕**鮑本**違秦，秦恨之。

〔一一〕鮑本「卒」作「爲」。○　猶善。正曰：卒成秦之事。
〔一二〕鮑本庸，用也。
〔一三〕鮑本雖稱有先後，無害於帝。
〔一四〕姚本一本無「其」字。　鮑本衍「其」字。　札記丕烈案：史記無「其於」二字。
〔一五〕鮑本齊記三十六年有。彪謂：此策自爲智則明，爲人謀則忠，蘇、張之巨擘也。正曰：受帝號以順秦，而不稱以收天下，無非詐謀耳！補曰：「子以爲」之「爲」，如字。

蘇秦謂齊王〔一〕

〔一〕此篇姚本與蘇秦自燕之齊連篇，鮑本另列一篇，據文義，從鮑本。

蘇秦〔二〕謂齊王曰〔三〕：「齊、秦立爲兩帝，王以天下爲尊秦乎？且尊齊乎？」王曰：「尊秦。」「釋帝則天下愛齊乎？且愛秦乎？」王曰：「愛齊而憎秦。」「兩帝立，約伐趙〔三〕，孰與伐宋之利也〔四〕？」對曰：「夫約然〔五〕與秦爲帝，而天下獨尊秦而輕齊；齊釋帝，則天下愛齊而憎秦；伐趙不如伐宋之利。故臣願王明釋帝，以就天下；倍〔六〕約儐〔七〕秦，勿使爭重；而王以其間舉宋。夫有宋則衛之陽城〔八〕危；有淮北〔九〕則楚之東國危；有濟西〔一〇〕則趙之河東〔一一〕危；有陰〔一二〕、平陸則梁門〔一三〕不啓。故釋帝而貳之以伐宋之事〔一四〕，則國重而名尊，燕、楚以形服〔一五〕，天下不敢不聽，此湯、武之舉也。敬秦以爲名，〔一六〕而後使天下憎之，此所

謂以卑易尊者也！願王之熟慮之也！」〔一七〕

〔一〕鮑本「秦」作「子」。○　補曰：字誤。史作「代」。　札記丕烈案：史記無此句，吳以意言之耳。當在上，入此者非。

〔二〕鮑本蘇子問。

〔三〕鮑本亦問辭。

〔四〕姚本劉本有「王曰，不如伐宋」。　鮑本「也」下有「對曰伐宋利」五字。○　札記丕烈案：史記有「王曰，伐桀宋利」。

〔五〕姚本一本無「然」字。　鮑本然其伐宋之約。　補曰：史作「夫約鈞然」，言齊、秦俱相約如此。一本無「然」字。愚恐「鈞」，「約」字訛，無「然」字，而以「約與」連下文讀爲是。　札記丕烈案：史記，「夫約鈞」句絶，「然」下屬。此當有誤。

〔六〕鮑本「倍」，背同。

〔七〕鮑本「儐」，「擯」同。集韻，棄也。補曰：「擯」、「儐」、「賓」，古通用。策多有，後仿此。　札記丕烈案：史記作「賓」。

〔八〕鮑本汝南、潁川皆有。正曰：非衛地。史作「陽地」，注，濮陽之地。

〔九〕鮑本淮水之北。淮出平氏桐柏。正曰：淮出南陽平氏縣胎簪山。禹自桐柏導之，東會泗、沂入海。

〔一〇〕鮑本莊十八年注，濟水之西。

〔一一〕鮑本趙河之東，非郡也。

〔一二〕鮑本陰屬南陽。正曰：陰即陶，説見趙策。　札記丕烈案：史記作陶。

〔一三〕鮑本大梁之門。

〔一四〕鮑本貳，不與秦合也。秦約伐趙，而此伐宋。

〔一五〕鮑本「形」作「刑」。○　刑，猶威也。言畏威而服。　札記丕烈案：史記作「形」。

〔一六〕鮑本非實敬之。

〔一七〕鮑本齊記與上爲一章。今詳上章猶欲聽秦，此章決欲儐之，非一日之談，爲二章可也。

戰國策卷十二

齊　五

蘇秦說齊閔王

蘇秦〔一〕說齊閔王曰：「臣聞用兵而喜先天下者〔二〕憂，約結而喜主怨者孤〔三〕。夫後起者藉〔四〕也，而遠怨者時〔五〕也。是以聖人從事，必藉於權〔六〕而務興於時。夫權藉者，萬物之率〔七〕也；而時勢者，百事之長也。故無權籍，倍〔八〕時勢，而能事成者寡矣。

〔一〕**姚本**一本無「蘇秦」二字。　**鮑本**「秦」作「子」。○　補曰：字誤。說見後。　**札記**今本「秦」作「子」，乃誤涉鮑也。鮑改「秦」爲「子」。吳氏補曰，此策舊爲蘇秦，實誤。前章代誤爲秦，或遂以此爲代，則亦不然。一本無章首二字者是矣。丕烈案：吳說甚詳此，最是。今本乃反依鮑改，致爲誤也。

〔二〕**鮑本**爲天下先。

〔三〕**鮑本**爲約以結與國而伐人，人必怨之。又爲之主，衆所不與也，故孤。

〔四〕**鮑本**藉，言有所資權是也。

〔五〕**鮑本**得其時也。人怨之，則雖欲乘時不能也。

〔六〕**鮑本**權者，事之宜，重之所在也。上言「後起者藉」，藉此而已。

〔七〕**鮑本**率，帥同，猶長也。

〔八〕**鮑本**倍，背同。

「今雖干將、莫邪〔一〕，非得人力，則不能割劌〔二〕矣。堅箭利金，不得弦機之利，則不能遠殺矣。矢非不銛〔三〕，而劍非不利也，何則？權藉不在焉。何以知其然也？昔者趙氏襲衛，車舍人〔四〕不休傳〔五〕，衛國城割平〔六〕，衛八門土而二門墮〔七〕矣，此亡國之形也。衛君跣行，告遡〔八〕於魏。魏王〔九〕身被甲底〔一〇〕劍，挑趙索戰。邯鄲之中騖〔一一〕，河、山之間亂。衛得是藉也，亦收餘甲而北面，殘剛平，墮中牟〔一二〕之郭。衛非〔一三〕强於趙也，譬之衛矢而魏弦機也，藉力〔一四〕魏而有河東之地〔一五〕。趙氏懼，楚人救趙而伐魏，戰於州西〔一六〕，出〔一七〕梁門，軍舍林中〔一八〕，馬飲於大河。趙得是藉也，亦襲魏之河北〔一九〕燒棘溝〔二〇〕，墜黄城〔二一〕。故剛平之殘也，中牟之墮也，黄城之墜〔二二〕也，棘溝〔二三〕之燒也，此皆非趙、魏之欲也。然二國勸行之者，何也？衛明於時權之藉也。今世之爲國者不然矣。兵弱而好敵强，國罷而好衆怨〔二四〕，事敗而好鞠〔二五〕之，兵弱而憎下人也〔二六〕，地狹而好敵大，事敗而好長〔二七〕詐。行此六者而求伯，則遠矣。

〔一〕**鮑本**博物志，干將，陽龍文；莫邪，陰漫理。此二劍，吴王使干將作。干將，越人；莫邪，其妻，亦善作劍。
〔二〕**鮑本**劌，利傷也。
〔三〕**鮑本**集韻，利也。
〔四〕**鮑本**主車者。
〔五〕**鮑本**「傳」作「傳」。○　傳，驛遞也，言其警急。　**札記**「傳」，今本作「傳」。
〔六〕**鮑本**言城中割地求成。平，成也。
〔七〕**鮑本**補曰：隳，許規反。
〔八〕**鮑本**遡，愬同。
〔九〕**鮑本**補曰：魏武侯也。時未稱王，此辯士之詞，猶下稱孝公爲秦王。
〔一〇〕**姚本**一作「砥」。　**鮑本**底，砥同，礪也。
〔一一〕**鮑本**騖，亂馳也。
〔一二〕**鮑本**中牟，屬河南，趙獻侯自耿徙此。趙記注詳。正曰：此據地理志，瓚及索隱以爲非。正義云，中牟，趙邑，在相州蕩陰縣西，有牟山，邑在山側。
〔一三〕**姚本**一本「非」下有「有」字。
〔一四〕**姚本**曾，「力」下有「於」字。
〔一五〕**鮑本**趙敬侯四年，築剛平以侵衛。五年，齊、魏爲衛敗我剛平。
〔一六〕**鮑本**州屬河内。
〔一七〕**姚本**一本「出」下有「於」字。
〔一八〕**鮑本**魏記注，宛有林鄉。

〔一九〕**鮑本**屬河東。

〔二〇〕**鮑本**「溝」作「蒲」，下同。○ 補曰：史趙世家作「蒲」。敬侯六年借兵楚，取魏棘蒲，不注。宣二年注，大棘，在陳留襄邑南。蒲，南蒲，蒲坂也，謂此。正曰：正義云，今趙州平棘縣，古棘蒲邑。

〔二一〕**鮑本**八年，拔魏黃城，陳留外黃是。正曰：正義云，括地志，故黃城在魏州冠氏縣南十里，因黃溝爲名。按，陳留外黃城，非隋所別也。大事記從上說，當考。

〔二二〕**鮑本**「墜」作「隊」。○

〔二三〕**札記**今本「棘」、「溝」誤倒。

〔二四〕**鮑本**罷，疲同音，下同。樂與衆爲怨。

〔二五〕**鮑本**鞠，窮也，言遂事。

〔二六〕**姚本**曾本無「也」字。 **鮑本**無「也」字。○

〔二七〕**鮑本**長，益之。

「臣聞善爲國者，順民之意，而料兵之能，然後從〔一〕於天下。故約不爲人主怨，伐不爲人挫强〔二〕。如此，則兵不費，權不輕，地可廣，欲可成也。昔者，齊之與韓、魏伐秦、楚也〔三〕，戰非甚疾也，分地又非多韓、魏也〔四〕，然而天下獨歸咎於齊者，何也？以其爲韓、魏主怨也〔五〕。且天下遍用兵矣，齊、燕戰，而趙氏兼中山，秦、楚戰韓、魏不休，而宋、越專用其兵。此十國者，皆以相敵爲意，而獨舉心於齊者，何也？約而好主怨，伐而好挫强也。

〔一〕**鮑本**從，謂後之。

〔二〕鮑本不以兵爲人挫强敵。

〔三〕鮑本無「秦」字。○ 正曰：齊閔王十一年，楚懷二十六年，齊與韓、魏爲楚負其從親而合秦，遂共伐楚。閔王十六年，合韓、魏以伐秦，秦昭王九年也。

〔四〕鮑本言得地等耳。

〔五〕鮑本是楚懷二十六年，此二十一年。正曰：此十一年。

「且夫强大之禍，常以王人爲意〔一〕也；夫〔二〕弱小之殃，常以謀人爲利也〔三〕。是以大國危，小國滅也。大國之計，莫若後起而重伐不義〔四〕。夫後起之籍與多而兵勁〔五〕，則事〔六〕以衆强適〔七〕罷寡也，兵必立也〔八〕。事不塞天下之心，則利必附矣。大國行此，則名號不攘〔九〕而至，伯王不爲而立矣。小國之情，莫如僅〔一〇〕静而寡信諸侯〔一一〕。僅静，則四鄰不反；寡信諸侯，則天下不賣。外不賣，内不反，則檳禍朽腐〔一二〕而不用，幣帛矯蠹〔一三〕而不服矣〔一四〕。小國道此〔一五〕，則不祠而福矣，不貸〔一六〕而見足矣。故曰：祖仁者王，立義者伯，用兵窮者亡。何以知其然也？昔吴王夫差以强大爲天下先，强〔一七〕襲郢而棲越，身從諸侯之君〔一八〕，而卒身死國亡，爲天下戮者，何也？此夫差平居而謀王，强大而喜先天下之禍也。昔者萊〔一九〕、莒好謀，陳、蔡好詐，莒恃越而滅，蔡恃晉而亡〔二〇〕，此皆内長詐，外信諸侯之殃也。由此觀之，則强弱大小之禍，可見於前事矣。

〔一〕鮑本欲爲人王。

〔一〕**姚本**一無「夫」字。

〔三〕**鮑本**補曰：恃謀人以爲利而致殃。

〔四〕**鮑本**不義雖可伐，亦不可輕。正曰：主於後起藉權，不以伐不義爲急也。

〔五〕**鮑本**人與之多。

〔六〕**姚本**「事」，劉本作「是」字。　**鮑本**「事」作「是」。○

〔七〕**鮑本**「適」作「敵」。○　補曰：「適」、「敵」通。

〔八〕**鮑本**補曰：疑有缺字。

〔九〕**鮑本**攘，猶取。

〔一〇〕**鮑本**「僅」作「謹」。○　補曰：「僅」字訛，疑「謹」，下同。

〔一一〕**鮑本**信，猶恃也。莒、蔡是矣。

〔一二〕**鮑本**「櫝禍」作「稸積」。○　補曰：改「稸積」亦當是「積稸」。此書多「稸」字。

〔一三〕**鮑本**矯，揉箭箝也，故有變意。此言變其初也。蠹，猶蝕。正曰：別本注，「矯」一作「燆」，去堯切，火行也。　**札記**丕烈案：此以「矯」爲「槁」字也，作「燆」非。

〔一四〕**鮑本**無「而不服矣」四字。○　正曰：姚及別本皆有「而不服矣」一句，文義明白，今添。

〔一五〕**鮑本**道，猶行。

〔一六〕**鮑本**貸，音代，從人求物也。

〔一七〕**姚本**曾本無「强」字。

〔一八〕**鮑本**諸侯從之。

〔一九〕**鮑本**東萊，故萊子國。補曰：春秋，齊侯滅萊。傳，萊恃謀也。

〔二〇〕**鮑本**莒、蔡皆恃遠忽近而亡。正曰：策但言有恃。

「語曰：『麒〔一〕驥之衰也，駑馬先之；孟賁之倦也，女子勝之。』夫駑馬、女子，筋骨力〔二〕勁，非賢於騏驥、孟賁也。何則？後起之借也。今天下之相與也不并滅〔三〕，有而〔四〕案兵而後起，寄〔五〕怨而誅不直，微用兵而寄於義〔六〕，則亡〔七〕天下可蹻〔八〕足而須也。明於諸侯之故，察於地形之理者，不約親，不相質〔九〕而固，不趨而疾，衆事〔一〇〕而不反，交割〔一一〕而不相憎，俱彊而加以親。何則？形同憂而兵趨利也〔一二〕。何以知其然也？昔者齊、燕〔一三〕戰於桓之曲〔一四〕，燕不勝，十萬之衆盡。胡人襲燕樓煩〔一五〕數縣，取其牛馬〔一六〕。夫胡之與齊非素親也，而用兵又非約質而謀燕也，然而甚於相趨者，何也？何則〔一七〕形同憂而兵趨利也。由此觀之，約於同形則利長，後起則諸侯可趨役也〔一八〕。

〔一〕**鮑本**「麒」作「騏」。〇　**札記**今本「麒」作「騏」。

〔二〕**鮑本**「骨力」作「力骨」。〇

〔三〕**鮑本**「與」，猶恃也。言與之相恃，亦不皆亡，在所處耳。

〔四〕**鮑本**「而」作「能」。〇　補曰：字或誤衍。　**札記**丕烈案：鮑改、吳補皆非。「而」、「能」同字，策文多以「而」爲「能」。如上文「子孰而與我赴諸侯乎」，下文「而解此環不」之屬是也。

〔五〕**鮑本**寄，言假手於人，不爲主也。

〔六〕**鮑本**猶假也。補曰：「寄怨而誅不直」者，使人誅之而已不主怨，即所謂「重伐不義」也。「微用兵而寄於義」者，隱其用兵之真情，而寄寓於義以爲名也。

〔七〕札記今本「亡」誤「霸」。
〔八〕鮑本跼，不伸也。
〔九〕鮑本質，質子。
〔一〇〕鮑本衆事，猶共事。
〔一一〕鮑本交，言彼此割地。
〔一二〕鮑本補曰：衆事宜多反復，交割地者宜相憎，俱强者宜不相下。今皆不然，以其同憂趨利故也。
〔一三〕鮑本「齊燕」作「燕齊」。○
〔一四〕鮑本家語所謂桓山，蓋在齊、魯之間。
〔一五〕鮑本樓煩，屬雁門。
〔一六〕鮑本此蓋之、噲敗時。
〔一七〕鮑本無下「何」字。○
〔一八〕鮑本可使趨我，而爲我役。

「故明主察相〔一〕，誠欲以伯王也〔二〕爲志，則戰攻非所先。戰者，國之殘也〔三〕，而都縣之費也〔四〕。殘費已先，而能從諸侯者寡矣。彼戰者之爲殘也，士聞戰則輸私財而富軍市〔五〕，輸飲食而待死士，令折轅〔六〕而炊之，殺牛而觴士〔七〕，則是路君之道也〔八〕。中人禱祝〔九〕，君翳釀〔一〇〕，通都小縣置社，〔一一〕有市之邑莫不止〔一二〕事〔一三〕而奉王，則此虛中之計也。夫戰之明日，尸〔一四〕死扶傷，雖若有功也，軍出費，中哭泣，則傷主心矣。死者破家而葬，夷傷者空財而共藥〔一五〕，完者内酺〔一六〕而華〔一七〕樂，故其費與死傷者鈞〔一八〕。故民之所費也，十年之田而不償也。軍之所出，矛〔一九〕戟折，鐶弦〔二〇〕絶，傷弩，破車，罷馬，亡矢之大半。甲兵之具，官〔二一〕之所私出也，士大夫之所匿，廝〔二二〕養士之所竊，十年之田而不償也。天下有此再費者，而能從諸侯寡矣。攻城之費，百姓理襜蔽〔二三〕，舉衝櫓〔二四〕，家雜總〔二五〕，身窟穴〔二六〕，中罷於刀金〔二七〕。而士困於土功，將不釋甲，期數〔二八〕而能拔城者爲亟耳。上倦於教，士斷〔二九〕於兵，故三下城而能勝敵者寡矣。故曰：彼戰攻者，非所先也。何以知其然也？昔智伯瑤攻范、中行氏，殺其君，滅其國，又西圍晉陽，吞兼〔三〇〕二國，而憂一主〔三一〕，此用兵之盛也。然而智伯卒身死國亡，爲天下笑者，何謂也？兵先戰攻，而滅二子〔三二〕患〔三三〕也。日〔三四〕者，中山悉起而迎燕、趙，南戰於長子，敗趙氏；北戰於中山，克燕軍，殺其將。夫中山千乘之國也，而敵〔三五〕萬乘之國二，再戰北〔三六〕勝，此用兵之上節也〔三七〕。然而國遂亡，君臣〔三八〕於齊者〔三九〕，何也？不嗇〔四〇〕於戰攻之患也。由此觀之，則戰攻之敗，可見於前事〔四一〕。

〔一〕**鮑本**相之明察者。

〔二〕**姚本**劉本作去「也」字。　**鮑本**衍「也」字。

〔三〕**鮑本**有害於國。

〔四〕**鮑本**隱元年注，邑有宗廟之主曰都。周制，二千五百家爲縣。正曰：周禮，四甸爲縣，四縣爲都。又五鄙爲縣。又禮，小曰邑，大曰都。

〔五〕**鮑本**士衆所聚，有市井焉。

〔六〕**姚本**集本作「折轅」，曾本作「析骸」。　**鮑本**轅，軜也。

〔七〕**鮑本**觶實曰觴，蓋以飲之。

〔八〕**鮑本**「路」疑作「露」，言國中所有，悉出於路。又疑作「路寢」，言財用窘於道路。正曰：正是道路之路。**札記**丕烈案：此皆非也。路，羸也。下作「露」。秦策用「潞」字，又用「露」字。鄭箋詩，「串夷載路」。趙岐注孟子，「是率天下而路也」。字同此。「君」是「軍」字之誤。下文是「虛中之計也」，二句文相對。下文又云「軍出費，中哭泣」，亦以「軍」與「中」相對，可爲證。

〔九〕**鮑本**國中之人爲行者祈。

〔一〇〕**鮑本**翳，華蓋也，故有隱義。言釀於中以待飲至。

〔一一〕**鮑本**戮不用命者。正曰：亦言禱祀之事。

〔一二〕**鮑本**「止」作「正」。〇

〔一三〕**鮑本**事，謂財賦警備之事。

〔一四〕**鮑本**「尸」作「屍」。〇 屍，未殮也。

〔一五〕**鮑本**夷，亦傷。共，供同。

〔一六〕**鮑本**酺，大飲也。

〔一七〕**鮑本**華，猶奢。

〔一八〕**鮑本**與「均」同。

〔一九〕**鮑本**矛，酋矛也，兵車所建。補曰：詩「二矛」注，酋矛長二丈，夷矛長二丈四尺。戟，注見前。

〔二〇〕**鮑本**「弦」作「鉉」。〇 鐶，刀鐶。

〔二一〕**鮑本**「官」作「宮」。〇 宮，如父子異宮之宮。古者寓兵於農，故私家出之。**札記**丕烈案：「宮」，誤字也，鮑所說全謬。

〔二二〕鮑本廝，析薪養馬者。

〔二三〕鮑本襜，衣蔽前者。襜蔽，疊言也。言士作苦，衣易敝，故亟治之。

〔二四〕鮑本衝，陷陣車。正作輴。補曰：城上露屋爲櫓，戰陣高巢車亦爲櫓。此與衝并言，亦車也。

〔二五〕鮑本全家并作。

〔二六〕鮑本謂地道。　札記今本「窟」誤「屈」。丕烈案：此以「窟」爲「掘」字。連下「中」字讀者非。

〔二七〕鮑本兵器也。

〔二八〕鮑本數，數月。

〔二九〕鮑本斷，音短，截也。

〔三〇〕鮑本「兼」作「并」。〇

〔三一〕鮑本趙襄子。

〔三二〕鮑本有「之」字。〇　札記今本「子」下有「之」字，乃誤涉鮑也。鮑補「之」字。

〔三三〕鮑本患在滅二子。

〔三四〕姚本一作「昔」。　鮑本「日」作「昔」。〇

〔三五〕鮑本「敵」作「攻」。〇

〔三六〕姚本「北」一作「比」。　鮑本比，相次。

〔三七〕鮑本節，猶等。

〔三八〕姚本三本同作「恧」。

〔三九〕鮑本此二十九年，書佐趙滅中山。補曰：説見前及燕策。

〔四〇〕鮑本嗇，吝也。

〔四一〕**鮑本**補「矣」字。○補曰：「事」下或有缺字。**札記**今本「事」下有「矣」字，乃誤涉鮑也。鮑補「矣」字。

「今世之所謂善用兵者，終〔一〕戰比勝，而守不可拔〔二〕，天下稱爲善，一國得而保之〔三〕，則非國之利也。臣聞戰大勝者，其士多死而兵益弱；守而不可拔者，其百姓罷而城郭露〔四〕。夫士死於外，民殘於内，而城郭露於境，則非王之樂也。今夫鵠的〔五〕非咎〔六〕罪於人也，便〔七〕弓引弩而射之，中者則善〔八〕，不中則愧，少長貴賤，則同心於貫之者，何也？惡其示人以難也〔九〕。今窮戰比勝，而守必不拔，則是非徒示人以難也，又且害人者也，然則天下仇之必矣。夫罷士露國，而多與天下爲仇，則明君不居也；素用強兵而弱之〔一〇〕，則察相不事〔一一〕。彼明君察相者，則五兵不動〔一二〕而諸侯從，辭讓而重賂至矣。故明君之攻戰也，甲兵不出於軍而敵國勝，衝櫓不施而邊城降，士民不知而王業至矣。彼明君之從事也，用財少，曠日遠而爲〔一三〕利長者〔一四〕。故曰：兵後起則諸侯可趨役也。

〔一〕**鮑本**終，謂窮兵。

〔二〕**鮑本**守城期於不拔。

〔三〕**鮑本**得所稱爲善者保恃之。

〔四〕**鮑本**外無居人，故暴露。

〔五〕**姚本**一作「杓」。　**鮑本**的，即鵠也，所謂侯中。補曰：栖皮曰鵠。

〔六〕**姚本**一作「柩」。劉，「咎」作「喜」。　**鮑本**補曰：按，吕氏春秋亦有「柩罪於先王」之語。

〔七〕**鮑本**便，謂巧。審弓得便巧乃發。

〔八〕**鮑本**人善之。補曰：一云，劉作「喜」。
〔九〕**鮑本**的以難中，人争欲貫之，如惡之然。人如的者，人所惡也。
〔一〇〕**鮑本**素，猶常也。言兵常用，雖强必弱。
〔一一〕**鮑本**不從事於此。補曰：「事」下當有「也」字。
〔一二〕**鮑本**「五戎」注，刀、劍、矛、戟、矢。正曰：此據淮南子注。今按，諸説不一。周禮司右「政令」注，弓矢、殳、矛、戈、戟；司兵「車」注，戈、殳、戟、夷矛、酋矛。穀梁注，矛、戟、鉞、楯、弓矢。
〔一三〕**鮑本**無「爲」字。○
〔一四〕**鮑本**曠，闊也。日雖闊遠，其利不窮。

「臣之所聞，攻戰之道非師者〔一〕，雖有百萬之軍，比之堂上〔二〕；雖有闔閭、吴起之將〔三〕，禽之户内；千丈之城，拔之尊俎〔四〕之間；百尺之衝，折之衽〔五〕席之上〔六〕。故鐘鼓竽瑟之音不絶，地可廣而欲可成；和樂倡優〔七〕侏儒〔八〕之笑不之，〔九〕諸侯可同日而致也。故名配天地不爲尊，利制海内不爲厚〔一〇〕。故夫善爲王業者，在勞天下而自佚，亂天下而自安，諸侯無成謀〔一一〕，則其國無宿憂也〔一二〕。何以知其然〔一三〕？佚〔一四〕治在我，勞亂在天下，則王之道也。鋭兵來則〔一五〕拒之，患至則趨〔一六〕之，使諸侯無成謀，則其國無宿憂矣。何以知其然矣〔一七〕？昔者魏王〔一八〕擁土千里，帶甲三十六萬，其〔一九〕强而拔邯鄲〔二〇〕，西圍定陽〔二一〕，又從十二諸侯朝天子，以西謀秦。秦王〔二二〕恐之，寢不安席，食不甘味，令於境内，盡堞〔二三〕中爲戰具，竟〔二四〕爲守備，爲死士置將，以待魏氏。衛鞅謀於秦王曰：『夫魏氏其功大，而令行於天下，有十二諸侯而朝天子，其與必衆。故以一秦而敵大魏，恐不如。王何不使臣見魏王，則臣請必北魏矣。』秦王許諾。衛鞅見魏王曰：『大王之功大矣，令行於天下矣。今大王之所從十二諸侯，非宋、衛也，則鄒、魯、陳、蔡，此固大王之所以鞭箠〔二五〕使也，不足以王天下。大王不若北取燕，東伐齊，則趙必從矣；西取秦，南伐楚，則韓必從矣。大王有伐齊、楚心，而從天下之志〔二六〕，則王業見矣。大王不如先行王服〔二七〕，然後圖齊、楚。』魏王説於衛鞅之言也，故身廣公宮，制丹衣柱〔二八〕，建九斿〔二九〕，從七星之旟〔三〇〕。此天子之位也，而魏王處之。於是齊、楚怒，諸侯奔齊，齊人伐魏，殺其太子，覆其十萬之軍。魏王大恐，跣〔三一〕行按兵於國，而東次於齊〔三二〕，然後天下乃舍之。當是時，秦王垂拱受〔三三〕西河之外〔三四〕，而不以德魏王。故曰〔三五〕衛鞅之始與秦王計也，謀約不下席，言於尊俎之間，謀成於堂上，而魏將以〔三六〕禽於齊矣；衝櫓未施，而西河之外入〔三七〕於秦矣。此臣之所謂比之堂上，禽將户内，拔城於尊俎之間，折衝席上者也。」〔三八〕

〔一〕**鮑本**師，旅也。言不用師。

〔二〕**鮑本**言謀之於堂，彼自敗也。補曰：「比」當作「北」。諸本皆作「比」，不知何故？此注亦作敗釋矣。章本字同。

〔三〕**鮑本**闔閭將孫武也。此以君臣互言之。正曰：將若闔閭之善用兵。

〔四〕**鮑本**俎，肉在豆上。

〔五〕**姚本**一無「衽」字。**鮑本**鄭玄記注，衽，卧席也。

〔六〕**姚本**一無「之」字。

〔七〕鮑本倡優，倡樂也。

〔八〕鮑本侏儒，短小人。

〔九〕鮑本「之」作「乏」。○札記今本末「之」字作「乏」。

〔一〇〕鮑本言其功德之崇。雖名利若此，猶不足稱也。

〔一一〕鮑本圖我之謀不成。

〔一二〕鮑本言無一夕之憂。正曰：宿，留也，猶宿諸。

〔一三〕鮑本「然」下有「也」字。○補曰：上文例，宜有「也」字。

〔一四〕姚本一無「佚」字。

〔一五〕姚本一本以「則」爲「而」。

〔一六〕姚本「則趨」一作「而移」。鮑本趨，言往應之。

〔一七〕鮑本「矣」作「也」。○補曰：上文例，當作「也」。札記今本「矣」作「也」，乃誤涉鮑也。鮑改「矣」爲「也」。

〔一八〕鮑本惠。

〔一九〕鮑本「其」上補「恃」字。○

〔二〇〕鮑本十八年。札記今本「其」上有「恃」字，乃誤涉鮑也。鮑補「恃」字。丕烈案：此亦以「而」爲「能」字。鮑補謬甚。

〔二一〕鮑本屬上黨。

〔二二〕鮑本此孝公也。此史，秦人故尊稱之。正曰：説見前。

〔二三〕鮑本堞，城上女墻。

〔二四〕鮑本「竟」作「競」。○補曰：即上文「境」字也。堞中爲戰具，境内爲守備。

〔二五〕鮑本箠，馬策。

〔二六〕鮑本使天下從。

〔二七〕鮑本王者服飾。

〔二八〕鮑本以丹帛爲柱衣。正曰：丹柱猶衣之也。

〔二九〕鮑本旗旒。

〔三〇〕鮑本鳥隼爲旗，又繪星焉。正曰：按考工記并注，龍旂九斿，諸侯所建；鳥旟七斿，鳥隼爲旟，州里所建；弧旌枉矢，畫枉矢。此與曲禮合。龍旂即青龍，鳥隼即朱雀，枉矢恐即招摇，注所謂畫七星者。又禮，百官載旟。此言七星之旟，而又以天子言，戰國不可以古制準也。

〔三一〕鮑本跣，足親地也。

〔三二〕鮑本過信爲次，往服齊也。

〔三三〕鮑本「受」上有「而」字。○

〔三四〕鮑本垂衣拱手，言無所事。西喪地於秦，謂此歟？

〔三五〕姚本一無「曰」字。　鮑本無「曰」字。○

〔三六〕姚本一作「已」。　鮑本「以」作「已」。

〔三七〕鮑本「入」上有「已」字。○

〔三八〕鮑本彪謂：此策輾轉皆中事機，而不詭於聖，雖鐘竽倡樂，非所以啓人主者，亦孟子色貨之比。閔王驕不能聽，以及鼓里之禍，百世之戒也！正曰：此策談兵主於後起，藉權不爲人主怨。其云「案兵而後起，寄怨而誅不直，微用兵而寄於義」，最其術之深者。是豈仁義之師，正大之論乎？雖其後極言戰之害，何救於失哉！鐘鼓倡樂之云，視孟子與民同樂之意不類。鮑之不察甚矣。補曰：蘇秦佯爲得罪燕而亡走齊，説湣王厚葬以明孝，高宮室大苑囿以明得，意欲敝齊而爲燕。蘇代繼之，實祖秦之故智。大事記云，齊之伐宋也，蘇代實啓之。秦之救宋也，蘇代復止之。代爲燕反間，驕其君，勞其民，而速其亡也。其説燕曰，「齊王長主也，而自用也，南攻楚五年，蓄積散，西困秦三年，民憔悴，士罷弊，又以餘兵舉五千乘之勁宋，而包十二諸侯，此其君之欲得也，其民力竭也」云云。此策之謀既中，而勸燕伐齊也。此策舊爲蘇秦，實誤。前章代誤爲秦，或遂以此爲代，則亦不然。代之謀如彼，豈能勸齊王後戰哉？一本無章首二字者是矣。抑是言也，當在滅中山後，取淮北滅宋侵三晉之前。此士之明，蓋已逆知閔王之敗矣。策文甚佳，首以「用兵後起」、「約結遠怨」二端爲言，而以「權藉時勢」明之。「今雖干將」以下止「求霸則遠矣」，言先天下之禍，後藉之得也。「臣聞善爲國」以下止「好挫强也」，言遠怨之得，主怨之禍也。「且夫」以下至「强弱大小之禍，可見於前事矣」爲一節。「語曰」以下至「戰攻之敗，可見前事」爲一節。「今世所謂善用兵」以下至篇終爲一節。三節皆推言用兵不爲天下先之意，而不主怨之意在其中，錯綜起應，變化不窮。只「何以知其然也」一語六用，而不覺其複。剸，姑衛反。分，扶問反。鵠，工毒反。射，食亦反。「爲人」、「爲韓」、「爲死」之「爲」，「王天下」之「王」，去聲。

戰國策卷十三

齊　六

齊負郭之民有孤狐咺者

齊負〔一〕郭之民有孤狐咺者〔二〕，正議閔王，斮之檀衢〔三〕，百姓不附。齊孫室子〔四〕陳舉直言，殺之東閭，宗族離心。司馬穰苴爲政者也〔五〕，殺之，大臣不親。以故燕舉兵，使昌國君〔六〕將而擊之。齊使向子〔七〕將而應〔八〕之。齊軍破，向子以〔九〕輿一乘亡。達子收餘卒，復振，與燕戰，求所以償〔一〇〕者，閔王不肯與，軍破走。

〔一〕**鮑本**負，猶背。

〔二〕**姚本**續云：古今人表，狐爰。師古曰，即狐咺也，齊人，見戰國策。**鮑本**補曰：孤狐咺，「孤」因「狐」字誤衍，大事記去之。呂氏春秋貴直論狐援云云，即謂此正議也。古今人表作狐爰。**札記**今本「咺」誤「喧」。丕烈案：咺、援、爰，皆聲之轉也。

〔三〕**鮑本**𨻳，斬也。檀衢，蓋齊市名。

〔四〕**鮑本**公孫家子，猶宗室云。

〔五〕**姚本**續雲：子由古史以此爲閔王時事，删史記穰苴傳。通鑑全引此段，不入穰苴事。**鮑本**田完之裔，爲景公將，去此時遠甚，蓋誤其名。正曰：大事記引蘇氏，謂史稱齊景公時，晉伐阿鄄，燕侵河上，晏子薦穰苴斬監軍莊賈，因以成功。春秋左氏無此事，意穰苴嘗爲閔王却燕、晉，而戰國雜記妄以爲景公時。

〔六〕**鮑本**樂毅，魏樂羊之後。

〔七〕**鮑本**及下達子，史不書。補曰：吕氏春秋作觸子。

〔八〕**鮑本**後起爲應。

〔九〕**鮑本**無「以」字。○

〔一〇〕**鮑本**「儥」作「賞」。○ 補曰：吕氏春秋作「賞」。**札記**今本「儥」作「賞」，乃誤涉鮑也。丕烈案：此以「儥」爲「賞」字耳，不當輒改。

王奔莒〔一〕，淖齒數之曰：「夫千乘〔二〕、博昌之間〔三〕，方數百里，雨血沾衣，王知之乎？」王曰：「不知。」「嬴、博〔四〕之間，地坼至泉，王知之乎？」王曰：「不知。」「人有當闕〔五〕而哭者，求之則不得，去之則聞其聲，王知之乎？」王曰：「不知〔六〕。」淖齒曰：「天雨血沾衣者，天以告也；地坼至泉者，地以告也；人有當闕而哭者，人以告也。天地人皆以告矣，而王不知戒焉，何得無誅乎？」於是殺閔王於鼓里〔七〕。

〔一〕**鮑本**此四十年。正曰：三十年。

〔二〕**鮑本**青州郡。

〔三〕**鮑本**屬千乘。

〔四〕**鮑本**二縣屬太山。補曰：禮檀弓注，今泰山縣。

〔五〕**鮑本**闕，門觀。

〔六〕**鮑本**補曰：三「不知」字，春秋後語皆作「知之」。通鑑從之。

〔七〕**鮑本**莒中里也。

太子〔一〕乃解衣免服，逃太史之家爲溉園〔二〕。君王后，太史氏女〔三〕，知其貴人，善事之。田單以即墨之城，破亡餘卒，破燕兵，紿騎劫〔四〕，遂以復齊〔五〕，遽迎太子於莒，立之以爲王〔六〕。襄王即位〔七〕，君王后以爲後，生齊王建。〔八〕

〔一〕**鮑本**名法章，是爲襄王。

〔二〕**鮑本**溉，灌注。

〔三〕**鮑本**「氏」上有「后」字。○「后」，姓也。以其姓「后」，不可曰「后后」，故曰「君王后」也。正曰：姚本作「太史氏女」，無「后」字。後策正云「太史氏」。

〔四〕**鮑本**紿，敗也。劫，燕將，代樂毅者。毅傳言，單設詐誑燕軍。

〔五〕**鮑本**襄五年。

〔六〕**鮑本**時立五年矣，迎而立之齊耳。

〔七〕**姚本**一作「立」。**鮑本**「位」下有「立」字。○補曰：「位」下有缺字。

〔八〕**鮑本**補曰：「雨」，音預；「爲溉」之「爲」，去聲。

王孫賈年十五事閔王

王孫賈年十五，事閔王。王出走，失王之處。其母曰：「女朝出而晚來，則吾倚門而望；女暮出而不還，則吾倚閭而望。女今事王，王出走，女不知其處，女尚何歸〔一〕？」

〔一〕**鮑本**責其親王不如我之親女。

王孫賈乃〔一〕入市中，曰：「淖齒亂齊國，殺閔王〔二〕，欲與我誅者，袒右〔三〕！」市人從者四百人，與之誅淖齒，刺而殺之。〔四〕

〔一〕**姚本**一本添「反」字。

〔二〕**鮑本**無「閔」字。〇　正曰：追書之辭。

〔三〕**鮑本**右肩。

〔四〕**鮑本**補曰：袒，蕩旱反，今循習作徒案反。説文，裼也。露臂。

燕攻齊取七十餘城

燕攻齊，取七十餘城，唯莒、即墨不下〔一〕。齊田單以即墨破燕，殺騎劫。

〔一〕鮑本「不」作「未」。○

初，燕將〔一〕攻下聊城〔二〕，人或讒之〔三〕。燕將懼誅，遂保守聊城，不敢歸。田單攻之歲餘，士卒多死，而聊城不下。

〔一〕鮑本史亦不名。

〔二〕鮑本屬東郡。高紀注，在平原。正曰：括地志云，故聊城在博州聊城縣西。

〔三〕姚本三同。集無此「初燕將攻下聊城人或讒之」十一字。史記有。鮑本補曰：姚氏曰，三同，集無「初燕」止「讒之」十一字，則知此章首有誤脱。正曰：自「燕攻齊」止「殺騎劫」二十五字，或他策脱簡。而「初燕將」止「讒之」十一字，亦他本所無也。札記丕烈案：史記無「燕攻齊」至「殺騎劫」，有「燕將攻下聊城，人或讒之」，當是。策文本與史記不同，校者以史記文記其異同，遂羼入也。吳所説甚詳，然仍多不可通者，不若衍其羼入，餘均依舊，以存策文與史記之異説。

魯連乃書〔一〕，約之矢〔二〕以射城中，遺燕將曰：「吾聞之，智者不倍〔三〕時而棄利，勇士不怯〔四〕死而滅名，忠臣不先身而後君。今公行一朝之〔五〕忿，不顧燕王〔六〕之無臣，非忠也；殺身亡聊城，而威不信於齊，非勇也；功廢名滅，後世無稱，非知也。故知者不再計，勇士不怯死〔七〕。今死生榮辱，尊卑貴賤，此其一時也〔八〕。願公之詳計而無與俗同也。且楚攻南陽〔九〕，魏攻平陸〔一〇〕，齊無南面之心〔一一〕，以爲亡南陽之害，不若得濟北之利，故定計而堅守之。今秦人下兵〔一二〕，魏不敢東面〔一三〕，横秦之勢合〔一四〕，則楚國之形危。且〔一五〕棄南陽，斷右壤〔一六〕，存濟北，計必爲之。今楚、魏交退〔一七〕，燕救不至〔一八〕，齊無天下之規〔一九〕，與聊城共據〔二〇〕朞年之弊，即臣見公之不能得〔二一〕也。齊必決之於聊城，公無再計。彼燕國大亂，君臣過計〔二二〕，上下迷惑，栗腹〔二三〕以百萬〔二四〕之衆，五折於外，萬乘之國，被圍於趙，壤削主困，爲天下戮〔二五〕，公聞之乎？今燕王方寒心獨立，大臣不足恃，國弊旤多，民心無所歸。今公又以弊聊〔二六〕之民，距全齊之兵〔二七〕，朞年不解，是墨翟之守也〔二八〕；食人炊骨，士無反北之心，是孫臏、吴起之兵也。能以〔二九〕見於天下矣！

〔一〕**鮑本**「書」上補「爲」字。〇　**札記**今本「書」上有「爲」字，乃誤涉鮑也。丕烈案：史記有。

〔二〕**鮑本**纏束書於矢上。

〔三〕**鮑本**倍，背同。

〔四〕**鮑本**補曰：史記作「却」。　**札記**丕烈案：單本索隱是「却」字，王震澤本是「怯」字。

〔五〕**姚本**一作「亡」。

〔六〕**鮑本**惠王。

〔七〕**姚本**錢、劉，「勇士不再劫」。　**鮑本**補曰：一本云，晁本無此「故智者不再計，勇士不怯死」二句，而云「此三者，世主不臣，説士不載」。　**札記**丕烈案：史記作「三者，世主不臣，説士不載，故智者不再計，勇士不怯死」。

〔八〕**鮑本**此釋上「不再計」，故史云「時不再至」。

〔九〕**鮑本**史云，「齊之南陽」。然則此荆州郡，時屬齊。　補曰：索隱云，「南陽即齊淮北、泗上之地也」。

〔一〇〕**鮑本**補曰：平陸，見前。

〔一一〕**鮑本**楚、魏在齊之南，齊有燕難，不急此二縣，故不南面與争。　補曰：正義云，「齊無南面攻楚、魏之心，以爲南陽、平陸之害小，不如聊城之利大」。

〔一二〕鮑本此時齊善秦，故下兵救之。

〔一三〕鮑本不攻齊也。

〔一四〕鮑本齊善秦爲横。

〔一五〕姚本一本添「齊」字。

〔一六〕鮑本謂平陸。斷亦棄也。

〔一七〕鮑本言其皆退。

〔一八〕鮑本不救聊城。

〔一九〕鮑本規，猶謀也。秦救之，而楚、魏退，無謀齊者。

〔二〇〕鮑本據，相持也。

〔二一〕姚本錢、劉一作「待」。　鮑本不能勝齊。

〔二二〕鮑本過，猶失。

〔二三〕鮑本燕將。

〔二四〕鮑本「百」作「十」。○　札記丕烈案：史記作「十」。

〔二五〕鮑本按：燕王喜四年，趙孝成十五年，廉頗圍破燕，殺栗腹，在齊襄、燕惠聊城事二十八年。以爲此時，則自騎劫敗死外，不書他將及趙國也。正曰：説見章末詳之。

〔二六〕鮑本「弊聊」作「聊城」。○　補曰：一本以「敝聊」。　札記丕烈案：史記作「敝聊」。

〔二七〕鮑本距，拒同，捍也。

〔二八〕鮑本墨子曰，「公輸般爲雲梯，將以攻宋。墨子聞之，見般，以帶爲城，以牒爲械。般九設機變，墨九距之。般之械盡，墨之守固有餘」。

〔二九〕**鮑本**「以」作「已」。○ **札記**丕烈案：史記無此字。

「故爲公計者〔一〕，不如罷兵休士，全車甲，歸報燕王，燕王〔二〕必喜。士民見公，如見父母，交游攘臂而議於世〔三〕，功業可明矣。上輔孤主，以制群臣；下養百姓，以資說士〔四〕。矯國革俗於天下〔五〕，功名可立也。意者〔六〕，亦捐〔七〕燕棄世，東游於齊乎？請裂地定封，富比陶、衛〔八〕，世世稱孤寡〔九〕，與齊久存〔一〇〕，此亦一計也。二者顯名厚實也，願公孰計而審處一也〔一一〕。

〔一〕**鮑本**無「者」字。○ **札記**丕烈案：史記有。

〔二〕**姚本**三本同一「燕王」字。

〔三〕**鮑本**攘，言推臂前也。正曰：漢書鄒陽傳「攘袂」，顏云「猶今人言將臂」。按，「攘臂」字見孟子，即此義。

〔四〕**鮑本**辯說之士，資以借口。正曰：資給說士。

〔五〕**鮑本**矯革，言變其國俗。

〔六〕**姚本**曾無「意者」字，史記有。

〔七〕**鮑本**捐亦棄。

〔八〕**姚本**續：延篤注戰國策云，陶，陶朱公也；衛，衛公子荆也。非也。王邵曰，魏冉封陶，商君姓衛。富比陶、衛，謂此。**鮑本**陶，穰侯邑。衛，自梁襄王後稱君。正曰：索隱引延篤云，陶，陶朱；衛，衛公子荆。非也。

〔九〕**姚本**錢作「寡人」。**鮑本**無「孤」字。○ 補曰：一本「稱孤寡」。**札記**丕烈案：史記無「寡」字。

〔一〇〕**姚本**劉作「左齊據右」。

〔一一〕**鮑本**補曰：下無歷數之辭，疑「一」字訛或衍。　**札記**丕烈案：吳誤讀也，指上所云「三者」。史記作「而審處一焉」，可證。

「且吾聞，效小節者不能行大威，惡小耻者不能立榮名。昔管仲射桓公中鉤，篡也；遺〔一〕公子糾而不能死，怯也；束縛桎桔〔二〕，辱身也。此三行者，鄉里不通也，世主不臣也。使管仲終窮抑，〔三〕幽囚而不出，慚耻而不見，窮年没壽，不免爲辱人賤行矣。然而〔四〕管子并〔五〕三行之過，據齊國之政，一匡天下，九合諸侯，爲五伯首，名高天下，光照鄰國。曹沫爲魯君將，三戰三北，而喪地千里。使曹子之足不離陳，計不顧後，出必死而不生〔六〕，則不免爲敗軍禽將。曹子以敗軍禽將，非勇也；功廢名滅，後世無稱，非知也。故去三北之耻，退而與魯君計也，曹子〔七〕以爲遭〔八〕。齊桓公有天下，朝諸侯〔九〕。曹子以一劍之任，劫桓公於壇位之上，顏色不變，而辭氣不悖。三戰之所喪，一朝而反之，天下震動〔一〇〕驚駭，威信吴、楚，傳名後世。若此二公者，非不能行小節，死小耻也，以爲殺身絶世，功名不立，非知也。故去忿恚〔一一〕之心，而成終身之名；除感忿之耻，而立累世之功。故業與三王争流，名與天壤相敝也〔一二〕。公其圖之！」

〔一〕**鮑本**遺，忘也。

〔二〕**鮑本**「桔」作「梏」。○ 桎，足械；梏，手械。　**札記**今本「梏」誤「梧」。鮑本作「梏」。

〔三〕鮑本抑，按也。人所按，故爲困。

〔四〕鮑本無「而」字。○

〔五〕鮑本補曰：一本云「并」，晁作「棄」。

札記丕烈案：史記作「兼」。

〔六〕鮑本出，計所出也。

〔七〕姚本曾無「也曹子」三字。

〔八〕鮑本正曰：「遭」字句。謂曹沬忍恥，而與魯君計，以爲遭遇也。史無此句則尤明。

〔九〕鮑本此霸者之事。欲興霸則可責以義，故沬與魯君計言此。正曰：說見上。補曰：「有天下」，「有」字恐誤。史作「朝天下，會諸侯」。「朝天下」，謂率天下朝王也。

〔一〇〕姚本續：別本有「諸侯」二字。

〔一一〕鮑本恚，恨也。

〔一二〕鮑本言天壤敝，此名乃敝。

燕將曰：「敬聞命矣！」因罷兵到讀〔一〕而去。故解齊國之圍，救百姓之死，仲連之說也〔二〕。

〔一〕鮑本「到讀」作「倒韣」。○ 韣，弓衣。倒，示無弓。正曰：未詳，或誤字衍文。札記今本「讀」作「櫝」。丕烈案：鮑改、吳補皆非也。「到」即「倒」字，又以「讀」爲「櫝」字耳。不當輒改。

〔二〕鮑本仲連傳有。彪按：此書以齊閔爲宣王，蘇代爲蘇秦，事時不合如此者甚衆，得爲後人傳録之誤？至於此章引栗腹之事說聊城之將，則非後人謬矣。蓋好事者聞約矢之說，惜其書不存，擬爲之以補亡；而其人意氣橫溢，肆筆而成，不暇檢校細處。太史公亦愛其千里，而略其牝牡驪黃。至於今二千歲，莫有知其非者也！又按：燕昭二十八年，書齊之不下者，惟聊、莒、即墨。聊即聊城也。徐廣注，此栗腹事去長平十年，而不論其在聊城事後。蘇氏古史亦因之疏矣。故備論之。正曰：魯仲連説燕將下聊城，史不著年。其書引栗腹之敗，此事在其後，故通鑑、大事記載於秦孝文元年，當燕王喜五年，齊王建十五年。自赧王三十一年，燕率五國伐齊，閔王死，襄王立；三十六年，燕昭王卒；明年，惠王立。越武成王、孝王而至王喜，凡三十四年。此蓋二事誤亂爲一。自「燕攻齊」止「殺騎劫」二十五字，或他策脱簡；而「初燕將」止「讒之」十一字，亦他本所無也。且單由即墨起七十餘城，即復爲齊，不聞聊城尚爲燕守。以齊之事勢，豈有舍之三十餘年而不攻，單之兵力，三十餘年而不能下歟？今曰「攻之歲餘不下」，可見爲此時燕將守聊城事也。史稱，毅破齊不下者，獨莒、即墨；單縱反間，亦言二城。而燕世家書聊、莒、即墨，策亦有三城不下之言，果一時事，則聊城亦爲齊守，而非燕將爲燕守者。此誤因聊城不下，而引與莒、即墨亂也。考之單傳，自復齊之後，無可書之事。齊襄王十九年，當趙孝成王元年，趙割地求單爲將；次年遂相趙，必不復返齊矣。距聊城之役，凡十六年，單豈得復爲齊將哉？此因「歲餘不下」之言，聊、莒、即墨之混，而誤指以爲單也。夫仲連之言，正謂栗腹敗，燕國亂，聊城孤守，齊方併攻，勢將必拔。其言初不涉湣、襄、昭、惠之際。所謂「楚攻南陽，魏攻平陸」，閔王時，楚取淮北，單復齊後，蓋已復之，不聞楚、魏交攻之事，二事必在後也。燕將被讒懼誅，連書亦無此意，此因樂毅而訛也。史又稱，燕將得書自殺，單遂屠聊城，尤非事實。齊前所殺燕將，惟騎劫爾，不聞其他，此因騎劫而訛也。連之大意，在於罷兵息民。而其料事之明，勸以歸燕降齊，亦度其計之必可者。排難解紛，又素所蓄積也！迫之於窮，而致之於死，豈其心哉？夫其勸之，正將以全聊城之民，而忍坐視屠之哉！燕將死，聊城屠，連何功美之稱，而齊欲爵之哉？策所云解兵而去者，當得其實，而史不可信也。故論此事者，一考之仲連之書，則史、策之舛誤殽混者，皆可得而明矣。鮑不此之察，見其不通，遂謂好事者聞約矢之説，惜其書不存，擬之以補亡，二千餘年，莫有覺者，何其謬哉？史誤因策，通鑑、大事記稱田單誤因史。真文忠公反據鮑氏爲斷，而謂魯連之説不可爲訓，皆失考也。

燕攻齊齊破

燕攻齊，齊破。閔王奔莒，淖齒殺閔王。田單守即墨之城，破燕兵，復齊墟。襄王爲太子徵〔一〕。齊以〔二〕破燕，田單之立疑，〔三〕齊國之衆，皆以田單爲自立也。襄王立，田單相之。

〔一〕鮑本徵，猶信也。太子初易姓名爲庸，人疑之，至是始有狀可信也。
〔二〕鮑本「以」作「已」。○
〔三〕鮑本人疑單也。

過菑〔一〕水，有老人涉菑〔二〕而寒，出不能行，坐於沙中。田單見其寒，欲使後車分〔三〕衣，無可以分者，單解裘而衣之。襄王惡之，曰：「田單之施，將欲以取我國乎？不早圖〔四〕，恐後之〔五〕。」左右顧無人，巖下〔六〕有貫珠者〔七〕，襄王呼而問之曰：「女聞吾言乎？」對曰：「聞之。」王曰：「女以爲何若？」對曰：「王不如因以爲己善。王〔八〕嘉單之善，下令曰：『寡人憂民之饑也，單收而食之；寡人憂民之寒也，單解裘而衣之；寡人憂勞百姓，而單亦憂之，稱寡人之意〔九〕。』單有是善而王嘉之，善單之善，亦王之善已〔一〇〕。」王曰：「善！」乃賜單牛酒，嘉其行。

〔一〕鮑本菑，淄同。
〔二〕姚本曾一作「菑水」。

〔三〕**姚本**一本下有「之」字。

〔四〕**鮑本**「圖」下有「之」字。○

〔五〕**鮑本**恐單先發。

〔六〕**姚本**續：别本「巖」字作「聲」，句絶。通鑑作「巖下」。

〔七〕**姚本**續：元和姓纂引戰國策，「齊有貫珠」。則貫姓珠名，非貫珠者。**鮑本**齊人。

〔八〕**姚本**劉，「曰：奈何？曰」。

〔九〕**鮑本**稱，猶副。

〔一〇〕**札記**今本「已」誤「也」。

後數日，貫珠者復見王曰：「王至朝日，宜召田單而揖之於庭，口勞之。乃布令求百姓之饑寒者，收穀〔一〕之。」乃使人聽於閭里，聞丈夫之相□與語，舉□□□□曰〔二〕：「田單之愛人！嗟，乃王之教澤也！」〔三〕

〔一〕**鮑本**穀，猶養。

〔二〕**姚本**「相」下空一字，「舉」下空四字。○**鮑本**「舉」字在「與」字上。○補曰：此因「與」字誤衍在此，姚本在「曰」字上。**札記**今本不空，鮑本不空。丕烈案：所空，疑本有姚氏校語而删去者。

〔三〕**鮑本**彪謂：單之取疑，所謂威震主者歟？襄王亦不明甚矣！使單有異志，闔城陽而王，孰敢不聽，豈俟今日哉？貫珠者，可謂君子人矣！爲是言也，上足以掩王之非，下足以救單之死，一言而齊國定。君子哉！補曰：斯人者，又能免其身。不然，王懼其以前言告單，必殺之矣。

貂勃常惡田單

貂勃〔一〕常惡田單，曰：「安平〔二〕君，小人也。」安平君聞之，故爲酒而召貂勃，曰：「單何以得罪於先生，故常見譽〔三〕於朝〔四〕？」貂勃曰：「跖之狗吠堯〔五〕，非貴跖而賤堯也，狗固吠非其主也。且今使公孫子賢，而徐子不肖。然而使公孫子與徐子鬬，徐子之狗，猶時〔六〕攫公孫子之腓〔七〕而噬之也〔八〕。若乃得去不肖者，而爲賢者狗，豈特攫其腓而噬之耳哉？」安平君曰：「敬聞命。」明日，任之於王〔九〕。

〔一〕鮑本貂勃，齊人。
〔二〕鮑本補曰：徐廣云，此海東安平。正義云，在青州臨淄縣東，古紀國之酅邑。索隱云，單初起安平，故以爲號。
〔三〕姚本曾一作「惡」。
〔四〕鮑本不欲正言其毀。
〔五〕鮑本跖，柳下季之弟盗跖。正曰：此莊生寓言，惠、跖時不相及。蒯通之言出於此。
〔六〕鮑本「猶」作「由」，「時」作「將」。〇　補曰：「由」、「猶」通。一本作「猶」。
〔七〕姚本錢、劉一作「軞」。
〔八〕鮑本攫，持。腓，脛腨。噬，啗也。正曰：噬，齧也。
〔九〕鮑本白王使任用之。

王有所倖臣九人之屬，欲傷安平君，相與語於王曰：「燕之伐齊之時，楚王〔一〕使將軍〔二〕

將萬人而佐齊。今國已定，而社稷已安矣，何不使使者謝於楚王？」王曰：「左右孰可？」九人之屬曰：「貂勃可〔三〕。」貂勃使楚。楚王受而觴之，數日不反。九人之屬相與語於王曰：「夫一人〔四〕身，而牽留萬乘者，豈不以據勢也哉〔五〕？且安平君之與王也，君臣無禮〔六〕，而上下無別。且其志欲爲不善〔七〕。內牧〔八〕百姓，循撫其心，振〔九〕窮補不足，布德於民；外懷戎翟、天下之賢士〔一〇〕，陰結諸侯之雄俊豪英。〔一一〕其志欲有爲也〔一二〕。願王之察之。」異日，而王曰：「召相單來。」田單免冠徒跣肉袒而進〔一三〕，退而請死罪。五日，而王曰：「子無罪於寡人，子爲子之臣禮，吾爲吾之王禮而已矣。」

〔一〕**鮑本**頃襄。
〔二〕**鮑本**淖齒也。
〔三〕**鮑本**欲去單之助。
〔四〕**姚本**一本下有「之」字。
〔五〕**鮑本**言勃據單勢。正曰：言單據勢。
〔六〕**鮑本**補曰：通鑑，「君臣無異」。
〔七〕**鮑本**謂反畔。
〔八〕**鮑本**「牧」作「收」。〇
〔九〕**鮑本**振，舉救也。
〔一〇〕**鮑本**懷翟與士。

〔一一〕鮑本諸侯之人。

〔一二〕鮑本爲不善。

〔一三〕鮑本肉袒，露肢體，示欲受刑。正曰：袒，即裼也。去上衣曰裼。

貂勃從楚來，王賜諸前〔一〕，酒酣〔二〕，王曰：「召相田單而來。」貂勃避席稽首曰：「王惡得此亡國之言乎？王上者孰與周文王？」王曰：「吾不若也。」貂勃曰：「然，臣固知王不若也。下者孰與齊桓公？」王曰：「吾不若也〔三〕。」貂勃曰：「然，臣固知王不若也。然則周文王得呂尚〔四〕以爲太公，齊〔五〕桓公得管夷吾以爲仲父，今王得安平君而獨曰『單』。且自天地之闢〔六〕，民人之治〔七〕，爲人臣之功者，誰有厚於安平君者哉？而王曰『單，單』。惡得此亡國之言乎？且王不能守先〔八〕王之社稷，燕人興師而襲齊墟，王走而之城陽〔九〕之山中。安平君以惴惴〔一〇〕之即墨，三里之城，五里之郭，敝卒七千，禽其司馬〔一一〕，而反千里之齊，安平君之功也。當是時也，闔城陽而王〔一二〕，城陽、天下〔一三〕莫之能止。然而計之於道，歸之於義，以爲不可，故爲棧道木閣〔一四〕，而迎王與后於城陽山中，王乃得反，子臨百姓。今國已定，民已安矣，王乃曰『單〔一五〕』。且嬰兒之計不爲此。王不亟殺此九子者以謝安平君，不然，國危矣！」王乃殺九子而逐其家，益封安平君以夜〔一六〕邑萬户。

〔一〕鮑本補曰：一本「王觴賜諸前」，愚恐「賜」乃「觴」之訛。

〔二〕鮑本酣，酒樂。

〔三〕**鮑本**無下「貂勃曰然臣固知王不若也」十一字。〇 補曰：此下姚本有。

〔四〕**鮑本**「尚」作「望」。〇

〔五〕**鮑本**無「齊」字。〇

〔六〕**鮑本**開也。

〔七〕**姚本**曾作「始」字。

〔八〕**鮑本**「先」作「乎」。〇

〔九〕**鮑本**城陽，兖州國，莒其縣也。

〔一〇〕**鮑本**惴惴，憂懼也。

〔一一〕**鮑本**主兵之官，謂騎劫。

〔一二〕**鮑本**不通王而自王。補曰：春秋後語，「闔」作「舍」。

〔一三〕**鮑本**城陽與天下之人。正曰：「城陽」二字因上文衍。

〔一四〕**鮑本**木閣，棧道，皆以通險。

〔一五〕**鮑本**補增一「單」字。〇 正曰：與前連舉不同。**札記**今本「單」下復有「單」字，乃誤涉鮑也。

〔一六〕**姚本**「夜」一作「劇」。**鮑本**「夜」，一作「劇」，屬淄川。又東萊有掖，有不夜。疑「夜」字爲「掖」不全，或「不夜」省「不」。補曰：括地志，劇城在青州壽光縣南三十里。顏師古云，齊地記，古有日夜出，見於東萊，故萊子立此邑，以不夜爲名。「使者」、「使楚」之「使」，去聲。

田單將攻狄

田單將〔一〕攻狄〔二〕，往見魯仲子〔三〕。仲子曰：「將軍攻狄，不能下也。」田單曰：「臣以五里之城，七里之郭，破亡餘卒，破萬乘之燕，復齊墟。攻狄而不下，何也？」上車弗謝而去。遂攻狄，三月而不克之也。

〔一〕鮑本爲大將。

〔二〕鮑本狄，北胡。正曰：史，田儋，狄人。徐廣注，今樂安臨淄縣。正義云，淄州高苑縣西北，狄故城。札記今本「狄」誤「翟」。

〔三〕鮑本連也。

齊嬰兒謠曰：「大冠若箕〔一〕，修劍拄頤，攻狄不能〔二〕，下壘枯丘〔三〕。」田單乃懼，問魯仲子曰：「先生謂單不能下狄，請聞其說。」魯仲子曰：「將軍之在即墨，坐而織蕢〔四〕，立則丈插〔五〕，爲士卒倡〔六〕曰：『可〔七〕往矣！宗廟亡矣！云曰尚矣〔八〕！歸於何黨矣〔九〕！』當此之時，將軍有死之心，而士卒無生之氣，聞若言〔一〇〕，莫不揮泣奮臂而欲戰，此所以破燕也。當今將軍東有夜邑〔一一〕之奉，西有菑上之虞，黄金横帶，而馳乎〔一二〕淄、澠〔一三〕之間，有生之樂，無死之心，所以不勝者也。」田單曰：「單有心，先生志之矣。」明日，乃厲〔一四〕氣循〔一五〕城，立於矢石之所，乃〔一六〕援枹鼓〔一七〕之，狄人乃下。〔一八〕

〔一〕鮑本箕，簸器。

〔二〕姚本續云：能，音泥。

〔三〕姚本續云：丘，音谿，古葉音。鼂改作「壘於梧丘」。説苑同。鮑本壘，軍壁也。言大不能降一壘，小不能枯一丘。

言無人物。補曰：吳氏韻補，能，叶年題反。丘，叶法(祛)其反。廬陵劉氏，「請壘枯丘」，謂空守一丘爲壘。説苑，「攻狄不能下，壘於梧丘」。齊景公田於梧，地名也。一本引北堂書鈔同説苑，無「能」字。一本「壘枯骨成丘」。通鑑從之。各有不同，似「梧丘」義長。

〔四〕**鮑本**蕢，草器。

〔五〕**鮑本**「丈」作「杖」。○ 插，鍤同，刺土器。

〔六〕**鮑本**倡，導也。

〔七〕**札記**今本「可」誤「何」。

〔八〕**姚本**一作「去日」。**鮑本**「云曰」作「亡日」。○ 尚，猶久也。言見亡之兆，其日已久。**札記**今本「云曰」作「亡日」。丕烈案：此「曰」字當作「白」。「云白」者，「魂魄」之省文。尚，讀爲懺，即説苑之「魂魄喪矣」也。作「亡日」者，非。

〔九〕**姚本**續：別本無「可往矣，宗廟亡矣，今日尚矣，歸何黨矣(叶音，「往」、「尚」皆有平聲，「黨」亦當平讀)」。説苑，「宗廟亡矣，魂魄喪矣，歸何黨矣」。**鮑本**黨，猶鄉也。言無所歸。

〔一〇〕**鮑本**若，如此也。

〔一一〕**姚本**説苑作「掖邑」。

〔一二〕**姚本**説苑作「馳聘」。

〔一三〕**鮑本**昭十二年注，澠水出臨淄，入時水。

〔一四〕**鮑本**厲，激昂也。

〔一五〕**姚本**一作「脩」。

〔一六〕**姚本**劉本作「及」。

〔一七〕**鮑本**枹，擊鼓杖。

〔一八〕**鮑本**補曰：馬謖對諸葛亮曰，「用兵之道，攻心爲上，攻城爲下」。其言出於此。「夜」，説苑作「掖」，溷音黽，枹音浮。按史，趙孝成王元年，田單將攻燕，拔中陽；又攻韓注，又拔之。次年，單爲相。孝成之元年，齊襄之十九年也，趙王新立，秦攻趙，求救於齊，齊人使以長安君爲質，齊師乃出，秦師退。又策云，趙王割濟東三城城邑市五十七與齊，求安平君爲將攻燕，亦是年事。蓋齊、趙方睦也。考之史，單自復齊之後，唯有伐狄之戰。大事記併書於一年。而襄王十年，趙、燕、周取齊昌國、高唐。十三年，藺相如伐齊，至平邑，秦客卿竈暨楚，仍歲攻剛壽。以單之在齊而喪地被兵，不聞其却戰而克敵也。而一爲趙用，遂以立功。意者，單以功高被讒，齊襄雖爲之殺譖者，所以任單者，不能展盡歟？不然，則單之懼禍持怯而自晦也。秦策云，田單將齊之良，横行於中十四年，終身馳於封内。考之殺騎劫之歲，至襄王十八年，凡十四年。次年，而單爲趙將。是年，襄王死，單不復返齊。明年，遂爲相。然單之在趙，自二戰之後，不聞他功。蓋既試其端，而亦終不忍背宗國以爲趙用也！單之心亦可見矣！

濮上之事

濮上〔一〕之事，贅子死，章子〔二〕走，盼子〔三〕謂齊王曰：「不如易〔四〕餘糧於宋，宋王〔五〕必説，梁氏不敢過宋伐齊。齊固〔六〕弱，是以餘糧收宋也。齊國復强，雖復責之宋〔七〕，可〔八〕；不償，因以爲辭而〔九〕攻之，亦可。」〔一〇〕

〔一〕**鮑本**此東郡濮水之上，實衛地。

〔二〕**鮑本**皆以名子之，猶嬰子、文子。章，匡章。

〔三〕鮑本田盼也。威王言使守高唐者，併齊將。

〔四〕鮑本易，移與之。

〔五〕鮑本辟公。正曰：辟公説，見宋策。桓公未嘗稱王，宋偃十一年稱王，當齊宣王二十五年，此非威王時。

〔六〕鮑本固，猶信。

〔七〕姚本劉添「不」字。

〔八〕鮑本可責其償。

〔九〕鮑本無「而」字。○

〔一〇〕鮑本盼子，威王臣。威自九年後，未嘗敗撓。此言二子死，蓋九年前也。正曰：盼子雖見稱於威王，宣王二年馬陵之役，盼爲將；十年，楚敗齊，令齊逐田嬰，張丑説楚王云，「嬰逐，盼子必用」，則盼尤著於宣王之世。伐燕之役，章子將兵，亦宣王時。且策有「齊國復强」之言，決非威王時也。

齊閔王之遇殺〔一〕

〔一〕此篇姚本與濮上之事連篇，鮑本另列一篇。據文義，從鮑本。

齊閔王之遇殺，其子法章變姓名，爲莒太史家庸夫〔二〕。太史敫〔三〕女，奇法章之狀貌，以爲非常人，憐而常竊衣食之，與〔三〕私焉。莒中及齊亡臣〔四〕相聚，求閔王子，欲立之。法章乃自言於莒。共立法章爲襄王。襄王立，以太史氏女爲王后，生子建。太史敫曰：「女無謀〔五〕而嫁者，非吾種也，污吾世矣。」終身不睹。君王后〔六〕賢，不以不睹之故，失人子之禮也。

〔一〕鮑本傭，庸同，均直也。

〔二〕姚本劉作「徼」。

〔三〕姚本曾添「之」字。鮑本敫，音躍。補曰：徐廣云，一音皎。

〔四〕鮑本臣之出亡者。

〔五〕姚本一作「媒」。

〔六〕姚本劉下更有「君王后」三字。

襄王卒，子建立爲齊王。君王后事秦謹，與諸侯信，以故建立四〔一〕十有餘年不受兵〔二〕。

〔一〕鮑本衍「四」字。

〔二〕鮑本正曰：此要其終而言之，「建立」字可見。建四十四年爲秦虜。補曰：秦遠交齊而善之，故齊事秦謹，不悟其計也。與諸侯信，此恐未然。史稱齊亦東邊海上，秦日夜攻三晉、燕、楚，五國各自救，以故四十餘年不受兵，此實録也。齊與諸侯信，則安得不助五國乎？

秦始皇〔一〕嘗使〔二〕使者遺君王后玉連環〔三〕，曰：「齊多知，而〔四〕解此環不？」君王后以示群臣，群臣不知解。君王后引椎〔五〕椎破之，謝秦使曰：「謹以解矣。」

〔一〕鮑本「始皇」作「昭王」。○按后卒於莊襄之元，不逮始皇也。補曰：字誤。

〔二〕**鮑本**「使」作「遣」。○

〔三〕**鮑本**兩環相貫。

〔四〕**姚本**别本作「能」。

〔五〕**鮑本**「椎」作「錐」。○

及君王后病且卒，誡建曰：「群臣之可用者某。」建曰：「請書之。」君王后曰：「善。」取筆牘〔一〕受言。君王后曰：「老婦已亡矣〔二〕！」

〔一〕**鮑本**牘，書版也。

〔二〕**鮑本**「亡」作「忘」。○ 詳其指，蓋怒建之不心受，託以病昏耳。**札記**今本「亡」作「忘」。丕烈案：趙策有此「亡」字。

君王后死，後后勝〔一〕相齊，多受秦間金玉，使賓客入秦，皆爲變辭〔二〕，勸王朝秦，不修攻戰之備。〔三〕

〔一〕**鮑本**疑即后之族。

〔二〕**鮑本**變詐之辭。蓋使者還，以恐動王也。

〔三〕**鮑本**彪謂：君王后，賢智婦人也，惜其不能正始。乃其父，正烈男子也，義不能疚，利不能回，其斯人乎？正曰：策云，君王后賢，不失人子之禮；又秦王令解環，以齊多智爲言。故鮑以賢贊之。不能正始，既不足言賢；信秦之謀，不助諸侯，又何智之有？

齊王建入朝於秦

齊王建入朝於秦，雍門司馬前曰：「所爲立王者，爲社稷耶？爲王立王耶？」王曰：「爲社稷。」司馬曰：「爲社稷主王，王何以去社稷而入秦？」齊王還車而反。

即墨大夫與〔一〕雍門司馬諫而聽之，則以爲可可〔二〕爲謀〔三〕，即入見齊王曰：「齊地方數千里，帶甲數百〔四〕萬。夫三晉大夫，皆不便秦，而在阿、鄄之間者百數，王收而與之百〔五〕萬之衆，使收三晉之故地，即臨晉〔六〕之關可以入矣；鄢、郢大夫，不欲爲秦〔七〕，而在城〔八〕南下者百數，王收而與之百萬之師，使收楚故地，即武關〔九〕可以入矣。如此，則齊威可立，秦國可亡。夫舍南面之稱制〔一〇〕，乃西面而事秦，爲大王不取也。」齊王不聽。

〔一〕**姚本**一作「聞」。　**鮑本**「與」作「聞」。○　**札記**丕烈案：此當作「以」，互易下文。

〔二〕**姚本**一作「以」。　**鮑本**無下「可」字。○　**札記**丕烈案：此當作「與」，誤作「以」，互易上文。校者改作「與」，因形近而又訛爲「可」。

〔三〕**鮑本**又疑「可爲謀」本注字。

〔四〕**鮑本**「百」作「十」。○

〔五〕**鮑本**「百」作「十」。○　補曰：通鑑作「數」，下同。　**札記**丕烈案：通鑑亦改耳。

〔六〕**鮑本**臨晉，屬左馮翊。

〔七〕**鮑本**不屬之也。

〔八〕鮑本齊城。

〔九〕鮑本始皇紀注：武關，秦南關，在陝西弘農東。

〔一〇〕鮑本「夫」作「矣」。〇 此亦秦人之辭，時未有此。正曰：謂其棄王而爲臣也。　札記今本無「夫」字。

秦使陳馳〔一〕誘齊王内之，約與五百里之地〔二〕。齊王不聽即墨大夫而聽陳馳，遂入秦。處之共〔三〕松柏之間，餓而死。先是齊爲之歌曰：「松邪！柏邪！住建共者，客耶〔四〕！」

〔一〕鮑本齊客之入秦者。正曰：上章謂「齊賓客入秦，皆爲變辭」。又陳爲齊姓，故云。然不可考。

〔二〕鮑本蓋僞許之。

〔三〕鮑本共，屬河内。補曰：衛州共城縣。

〔四〕姚本續：史記，「松耶！柏耶！住建共者，客耶」！司馬貞音「邪」，謂是建之「邪客」，説王狂言，遂致失策，令建遷共。地理志，河内有共縣。柏，古音逋莫切。客，古音恪，古音亦叶。史記，歌云云，疾建用客之不詳也。　鮑本客，謂陳馳。自秦稱之，曰客。彪謂：建之聽雍門似矣，而不卒於即墨，惟不明故也。不明以亡國，有國家者，可不以正心誠意爲先乎？正曰：專指陳馳，非自齊稱之曰客爾。史謂，建聽姦人、賓客以亡。秦策，秦王資頓弱以遊齊王入朝，知客非一也。忽出「正心誠意」一語，論雖正而不切。上言「不明」，而此曰「以爲先」，烏睹大學之序？

齊以淖君之亂〔一〕

〔一〕此篇鮑本在楚策。

齊以淖君之亂〔一〕秦。其後秦欲取齊〔二〕，故使蘇涓〔三〕之楚，令〔四〕任固之齊。齊明謂楚王曰：「秦王〔五〕欲楚，不若其欲齊之甚也。其使涓來，以示齊之有楚〔六〕，以資固於齊〔七〕。齊見〔八〕楚，必受固。是王〔九〕之聽涓也，適爲固驅以合齊、秦也〔一〇〕。齊、秦合，非楚之利也。且夫涓來之辭〔一一〕，必非固之所以之齊之辭也〔一二〕。王不如令人以涓來〔一三〕之辭謾固於齊〔一四〕，齊、秦必不合。齊、秦不合，則王重矣。王欲收齊以攻秦，漢中可得也。王即欲以秦攻〔一五〕齊，淮、泗之間亦可得也。」〔一六〕

〔一〕**姚本**一本添「讎」字。　**鮑本**「秦」上有「事」字。○　**札記**丕烈案：鮑所補謬甚，與下文全不合。此有脱，但未詳。

〔二〕**鮑本**與齊合。

〔三〕**鮑本**涓、固皆秦人。

〔四〕**姚本**三本同作「合」。

〔五〕**鮑本**昭。

〔六〕**鮑本**以有楚之親示齊。

〔七〕**鮑本**爲任固資。

〔八〕**姚本**一作「有」。　**鮑本**見其納涓。

〔九〕**鮑本**「王」作「楚」。○　補曰：一本此有「王」字。

〔一〇〕**鮑本**所謂資固。

〔一一〕**鮑本**無「之辭」二字。○　補曰：一本此下有「之辭」二字。

〔一二〕**鮑本**涓之辭必厚楚而薄齊，固之辭必厚齊而薄楚。

〔一三〕**鮑本**無「來」字。○

〔一四〕**鮑本**謾，欺也。以涓薄齊之辭告齊，則固言厚齊者非實，齊必以固爲欺己。

〔一五〕**鮑本**補「攻」字。○ 補曰：一本有「攻」字。

〔一六〕**鮑本**原在齊策。正曰：從舊可。

戰國策卷十四

楚一

鮑本楚　今之南郡、江夏、零陵、桂陽、武陵、長沙、漢中、汝南，皆其分也。江陵故郢都，西通巫、巴，東有雲夢之饒。

齊楚構難

齊、楚構難，宋請中立。齊急宋〔一〕，宋許之。子象〔二〕爲楚謂宋〔三〕王〔四〕曰：「楚以緩失宋，將法齊之急也。齊以急得宋，後將常急矣。是從齊而攻楚，未〔五〕必利也。齊戰勝楚，勢必危宋；不勝，是以弱宋干强楚也〔六〕。而令兩萬乘之國，常以急求所欲，國必危矣。」

〔一〕鮑本告急於宋。補曰：「請」字宜在「急」下，殺脱於此。中立豈待請耶？

〔二〕鮑本楚人。

〔三〕鮑本無「宋」字。○

〔四〕姚本劉作楚王。一作宋王。　鮑本公剔成。正曰：剔成未嘗稱王。此偃也，與懷、襄相接。

〔五〕鮑本「未」上有「之」字。○

〔六〕鮑本言以助齊犯楚之怒。補曰：將法齊之急，言楚今結於宋；齊後將常急，言楚之攻齊未已；齊戰勝楚，勢必危宋，言齊强必併宋。

五國約以伐齊

五國約以伐齊〔一〕。昭陽謂楚王曰：「五國以破齊〔二〕秦，必南圖〔三〕楚。」王〔四〕曰：「然則奈何？」對曰：「韓氏輔國〔五〕也，好利而惡難。好利，可營也〔六〕；惡難，可懼也。我厚賂之以利，其心必營。我悉兵以臨之，其心必懼我〔七〕。彼懼吾兵而營我利，五國之事必可敗也。約絶之後，雖勿與地可。」

〔一〕姚本劉作「約秦」。　鮑本「齊」下有「秦」字，原注「衍齊字」。○　秦惠後七年，趙、韓、魏、燕、齊共攻秦，此十一年。補曰：「齊」字疑誤衍。五國伐秦可考，策并言齊，不可考。懷王爲從長，率五國伐秦之明年，齊敗魏、趙於觀津，即策所謂齊反趙、魏者歟？

〔二〕鮑本無「齊」字，「以」作「已」。○

〔三〕鮑本圖楚。

〔四〕**鮑本**補曰：楚句。

〔五〕**姚本**錢、集「轉國」。　**鮑本**言可爲楚之助。

〔六〕**鮑本**營，猶求。可使求我。

〔七〕**鮑本**無「我」字。○

楚王曰：「善。」乃命大公事〔一〕之韓，見公仲曰：「夫牛闌之事〔二〕，馬陵之難〔三〕，親王之所見也〔四〕。王苟無以五國用兵，請效列城五，請悉楚國之衆也〔五〕，以廧〔六〕於齊。」

〔一〕**鮑本**楚人。補曰：無考。一本「大」作「太」。

〔二〕**鮑本**未詳。

〔三〕**鮑本**魏三十年，齊破魏馬陵。正曰：注缺「惠王」字。

〔四〕**鮑本**「王」作「主」。○　主謂公仲。此言齊强不可使益强。補曰：「親」字疑當在「見」字上。一本「主」作「王」。

〔五〕**鮑本**衍「也」字。

〔六〕**鮑本**「廧」作「圖」。○　補曰：字訛，當作「圖」，上有「圖楚」。　**札記**今本「廧」作「圖」，乃誤涉鮑也。

齊〔一〕之〔二〕反趙、魏之後，而楚果弗與地，則五國之事困也。

〔一〕**鮑本**此下著書者云。

〔二〕**鮑本**「之」作「人」。○

荆宣王問群臣

荆[一]宣王問群臣曰：「吾聞北方之畏昭奚恤也，果誠何如？」群臣莫對。江一[二]對曰：「虎求百獸而食之，得狐。狐曰：『子無敢食我也。天帝使我長百獸，今子食我，是逆天帝命也。子以我爲不信，吾爲子先行，子隨我後，觀百獸之見我而敢不走乎？』虎以爲然，故遂與之行。獸見之皆走。虎不知獸畏己而走也，以爲畏狐也。今王之地方五千里，帶甲百萬，而專屬之昭奚恤；故北方之畏奚恤也，其實畏王之甲兵也，猶百獸之畏虎也。」[三]

〔一〕**姚本**劉，一無「荆」字。

〔二〕**鮑本**「一」作「乙」。○ **札記**今本「一」作「乙」。

〔三〕**鮑本**補曰：大事記，江乙之言如此，則昭奚恤爲敵國所畏可知。一本標十二國史、春秋後語「食我」作「噉我」。又云，人臣見畏者，君威也，君不用，而威亡矣。注，尹文子有。**札記**丕烈案：新序有此文，作「食我」，末有「故人臣而見畏者，是見君之威也，君不用，則威亡矣」。

昭奚恤與彭城君議於王前

昭奚恤與彭城君[一]議於王前，王召江乙而問焉。江乙曰：「二人之言皆善也，臣不敢言其後〔二〕。此謂慮賢也〔三〕。」

〔一〕**鮑本**彭城屬楚，知爲楚人。

〔二〕**姚本**一本下更有「言其後」三字。

〔三〕**鮑本**慮，猶疑也。賢者言善，己復言之，將使王疑彼思慮之也。正曰：謂使我疑慮賢者。爲疑詞以兩傾之也。

邯鄲之難

邯鄲之難〔一〕，昭奚恤謂楚王曰：「王〔二〕不如無救趙，而以强魏〔三〕。魏强，其割趙必深矣。趙不能聽，則必堅守，是兩弊也〔四〕。」

〔一〕**姚本**劉，連。（按：劉，謂劉敞本；連，謂此篇與昭奚恤與彭城君議於王前連篇。）**鮑本**趙成侯二十一年，魏拔邯鄲，此十六年。補曰：大事記，昭奚恤爲相，附宣王十五年，謂此章争論，乃明年事。按史年表，圍邯鄲在此年；拔邯鄲，齊敗魏，在次年。

〔二〕**鮑本**「王」作「里」，又改作「王」。〇

〔三〕**鮑本**使魏爲强。

〔四〕**鮑本**兩國相持必俱敝。

景舍曰：「不然。昭奚恤不知也。夫魏之攻趙也，恐楚之攻其後〔一〕。今不救趙，趙有

亡形，而魏無楚憂，是楚、魏共趙也〔一〕，害必深矣〔二〕！何以兩弊也？且魏令兵以深割趙〔四〕，趙見亡形，而有〔五〕楚之不救己也〔六〕，必與魏合而以謀楚。故王不如少出兵，以爲趙援。趙恃楚勁，必與魏戰。魏怒於趙之勁，而見楚救之不足畏也，必不釋趙。趙、魏相弊，而齊、秦應楚〔七〕，則魏可破也。」

〔一〕鮑本「後」下有「也」字。○

〔二〕鮑本如與魏共攻之。

〔三〕鮑本趙之害。

〔四〕鮑本無「深」字。○ 補曰：一本「以深割趙」。

〔五〕姚本「有」，劉作「知」。

〔六〕鮑本言雖有楚而不見救。正曰：「見」、「有」二字恐殽亂，上下文可證。

〔七〕鮑本應，言乘此起兵耳，非與楚合也。

楚因使景舍起兵救趙。邯鄲拔〔一〕，楚取睢、濊之間〔二〕。

〔一〕鮑本楚兵少故。

〔二〕鮑本後志梁國睢陽注，徵北記，南淮有睢陵，梁國有濊陽，南臨濊水。補曰：大事記，取濊陽，作睢陽。濊，呼外、烏外反。

江尹欲惡昭奚恤於楚王

江尹〔一〕欲惡昭奚恤於楚王，而力不能〔二〕，故爲梁山陽君〔三〕請封於楚。楚王曰：「諾。」昭奚恤曰：「山陽君無功於楚國，不當封。」江尹因得山陽君與之共惡昭奚恤〔四〕。

〔一〕鮑本乙也。
〔二〕姚本曾下有「之」字。
〔三〕鮑本山陽屬魏，知爲魏人。正曰：策文明曰梁山陽君，注贅。
〔四〕鮑本知其無功，奚恤必諫，而山陽怨，可以爲黨。

魏氏惡昭奚恤於楚王〔校一〕

〔校一〕姚本此篇與江尹欲惡昭奚恤於楚王連篇，鮑本另列一篇。據文義，從鮑本。

魏氏惡昭奚恤於楚王〔一〕，楚王告昭子。昭子曰：「臣朝夕以事聽命〔二〕，而魏入吾君臣之間〔三〕，臣大懼。臣非畏魏也！夫泄吾君臣之交，而天下信之，是其爲人也近苦矣〔四〕。夫苟不難爲之外〔五〕，豈忘爲之内乎？臣之得罪無日矣〔六〕。」王曰：「寡人知之，大夫何患？」

〔一〕鮑本以山陽君故。補曰：疑即山陽君。

〔二〕鮑本言其親近。

〔三〕鮑本以惡奚恤之言入。

〔四〕鮑本苦，猶惡也。此指江乙。

〔五〕鮑本爲其泄外，謂魏也。

〔六〕鮑本無幾日也。

江乙惡昭奚恤

江乙惡昭奚恤，謂楚王曰：「人有以其狗爲有執〔一〕而愛之。其狗嘗溺〔二〕井。其鄰人見狗之溺井也，欲入言之。狗惡之，當門而噬之。鄰人憚之，遂不得入言。邯鄲之難，楚進兵大梁，取〔三〕矣。昭奚恤取魏之寶器，以〔四〕居魏知之，故昭奚恤常惡臣之見王〔五〕。」

〔一〕鮑本執，言善守。

〔二〕鮑本溺，去音。正曰：奴吊反。

〔三〕姚本曾作「拔」。

〔四〕姚本曾作「以臣」。鮑本「以」作「臣」。○

〔五〕鮑本此言邯鄲事，在乙居魏時。

江乙欲惡昭奚恤於楚

江乙欲惡昭奚恤於楚，謂楚王曰：「下比周，則上危；下分争，則上安〔一〕。王亦知之乎？願王勿忘也。且人有好揚人之善者，於王何如？」王曰：「此君子也，近之。」江乙曰：「有人好揚人之惡者，於王何如？」王曰：「此小人也，遠之。」江乙曰：「然則且有子殺其父，臣弑其主者，而王終已〔二〕不知者，何也？以王好聞人之美而惡聞人之惡也。」王曰：「善。寡人願兩聞之〔三〕。」

〔一〕**鮑本**分則不比，争則不周，爲揚惡張本。

〔二〕**姚本**「已」，曾、劉作「己」。

〔三〕**鮑本**彪謂：兩聞之，是也，然必以明。夫苟不明，則適爲江乙讒口之資耳。補曰：大事記曰，乙之言，術數家之論也。下比周，上固危矣。苟下皆紛争，如齊之田闞，唐之牛、李，上亦豈能安乎？愚按，此與前章言諸侯云云意同。

江乙説於安陵君

江乙説於安陵君〔一〕曰：「君無咫尺之地〔二〕，骨肉之親，處尊位，受厚禄，一國之衆，見君莫不斂衽而拜，撫委而服〔三〕，何以也？」曰：「王過舉而已〔四〕。不然，無以至此。」

〔一〕姚本新序作「纏」。　鮑本名壇，失其姓，楚之倖臣。按魏記注，召陵有安陵，應屬楚。而魏策亦有同號者，别一人也。正曰：按説苑作「安陵纏」，藝文類聚同。「壇」，「纏」字有訛。彼以爲得幸於楚共王，今次之宣王，非也。正義云，鄢陵故城，在許州鄢陵縣西北。李奇謂，六國時爲安陵。按鄢陵、召陵皆屬魏。又按元和姓纂，安陵，小國，後氏之。安陵纏，楚王妃，則以爲女子。札記丕烈案：説苑在權謀。姚校所云新序作「纏」，即其誤。新序無此文。「壇」、「纏」同字。古今人表中下有「安陵繵」。師古曰，「繵」即「纏」字，可爲證。

〔二〕鮑本「地」作「功」。○

〔三〕鮑本撫物，委物，必下其手，皆卑下意。正曰：撫，猶傴也；委，曲也。補曰：袡，衣衿也。

〔四〕姚本曾，「已」作「己」。一作「色」。　鮑本「而已」作「以色」。○　言謬以色見舉。正曰：一本「而已」。姚云「已」一作「色」。按，「已」、「以」通，「色」、「已」字類，恐當作「而以色」爲文。

江乙曰：「以財交者，財盡而交絶；以色交者，華落而愛渝〔一〕。是以嬖女不敝席〔二〕，寵臣不避軒〔三〕。今君擅楚國之勢，而無以深〔四〕自結於王，竊爲君危之。」安陵君曰：「然則奈何？〔五〕」「願君必請從死，以身爲殉，如是必長得重於楚國〔六〕。」曰：「謹受令。」

〔一〕鮑本華，菁華。渝，變也。

〔二〕鮑本「女」作「色」。○　嬖，賤而幸者。席不及敝而愛弛。

〔三〕姚本續：不敝席，言不久之意。不「避」，是「敝」字無疑。真誥曰，「女寵不弊席，男愛不盡輪」，或出於此。「軒」、「輪」相近。　鮑本避，猶退。軒，曲輈藩車也。車敝則退去，今不及然。

〔四〕鮑本無「深」字。○

〔五〕姚本曾下有「江乙曰」三字。

〔六〕**鮑本**此乙辭。

三年而弗言。江乙復見曰：「臣所爲君道，至今未效〔一〕。君不用臣之計，臣請不敢復見矣。」安陵君曰：「不敢忘先生之言，未得間也。」

〔一〕**姚本**三同，「未有效」。

於是，楚王游於雲夢〔一〕，結駟千乘〔二〕，旌旗蔽日〔三〕，野火之起也若雲蜺〔四〕，兕〔五〕虎嗥之聲若雷霆，有狂兕牂〔六〕車依〔七〕輪而至，王親引弓而射，壹〔八〕發而殪〔九〕。王抽旃旄〔一〇〕而抑兕首，仰天而笑曰：「樂矣，今日之游也。寡人萬歲千秋之後，誰與樂此矣〔一一〕？」安陵君泣數行〔一二〕而進曰：「臣入則編〔一三〕席，出則陪乘〔一四〕。大王萬歲千秋之後，願得以身試〔一五〕黃泉，蓐螻蟻〔一六〕，又何如得此樂而樂之。」王大說，乃封壇爲安陵君。

〔一〕**鮑本**澤名，在南郡華容。補曰：楚辭集注，「雲夢，澤名，方八九百里，跨江兩岸。雲在江北，今玉沙、監利、景陵等縣是也。夢在江南，今公安、石首、建寧等縣是也」。夢，音蒙，亦作去聲。

〔二〕**鮑本**補曰：結，連也。四馬曰駟。

〔三〕**鮑本**「日」作「天」。

〔四〕**鮑本**蜺，虹也。

〔五〕**鮑本**兕，若牛而青。補曰：一角重千斤。**札記**今本「兕」誤「兒」。

〔六〕**鮑本**「牂」作「跘」。○集韻，跘，音詳，趨行也。若牂則羊耳。補曰：字書有「牂」字，茲郎反。又「戕」與「牂」通，杙也。　札記今本「牂」作「跘」，乃誤涉鮑也。

〔七〕札記今本「依」誤「衣」。

〔八〕鮑本「壹」作「一」。○

〔九〕鮑本補曰：宋玉招魂，「青驪結駟兮齊千乘，懸火延起兮玄顏烝」云云，「與王趨夢兮課後先，君王親發兮憚青兕」，文頗與此合。

〔一〇〕鮑本旃，曲柄旗。旄，幢也。補曰：爾雅，旄，牛尾箸竿頭。

〔一一〕鮑本問安陵與誰。

〔一二〕鮑本「行」下有「下」字。○

〔一三〕鮑本編，次簡也。言與王相次如之。

〔一四〕鮑本陪，重乘也。此言二人同車。

〔一五〕姚本錢、劉，「試」一作「式」。曾云，又作「式」。

〔一六〕姚本續：李善引「願得式黃泉，蓐螻蟻」。延叔堅戰國策論曰，「為王先用填黃泉，為王作蓐以御螻蟻」。藝文類聚引「安陵君纏拭黃泉，驅螻蟻」。　鮑本願為蓐以辟二物。蓐，陳草也。

君子聞之曰：「江乙可謂善謀，安陵君可謂知時矣。」〔一〕

〔一〕鮑本彪謂：此非君子之言也。安陵君，妾婦也。江乙為之謀，又其卑者。安有君子而美此流哉？

江乙為魏使於楚

江乙為魏使於楚〔一〕，謂楚王曰：「臣入竟，聞楚之俗，不蔽人之善，不言人之惡，誠有之乎？」王曰：「誠有之。」江乙曰：「然則白公之亂，得無遂〔二〕乎？誠如是，臣等之罪免矣。」楚王曰：「何也？」江乙曰：「州侯相楚，貴甚矣而主斷〔三〕，左右俱曰『無有』〔四〕，如出一口矣。」

〔一〕**鮑本**乙，魏人，時居魏，後乃仕楚。故其譖昭奚恤曰「臣居魏知之」。正曰：據居魏語以爲魏人，未知果不？

〔二〕**鮑本**遂，猶成。白公，太子建子勝。哀十六年，建以讒奔鄭，鄭殺之。勝請伐鄭，子西不從。勝殺子西，劫惠王。

〔三〕**鮑本**謂其專決。

〔四〕**鮑本**言世無如之。

郢人有獄三年不決

郢人有獄三年不決者，故令〔一〕請其宅，以卜其罪〔二〕。客因爲之謂〔三〕昭奚恤曰：「郢人某氏之宅，臣願之。」昭奚恤曰：「郢人某氏，不當服罪，故其宅不得〔四〕。」

〔一〕**鮑本**「令」下有「人」字。○

〔二〕**鮑本**有罪則宅入官，故可請卜測知之也。

〔三〕**姚本**錢，「客因謂」。劉，「客因請之」。**鮑本**「爲之謂」三字作「請之」。○　補曰：依姚本，則此上訛一字，此下缺一字。

〔四〕**姚本**一作「不可得」。

客辭而去。昭奚恤已而悔之，因謂客曰：「奚恤得事公，公何爲以故〔一〕與奚恤？」客曰：「非用故也。」曰：「謂〔二〕而不得，有說色，非故如何也〔三〕？」

〔一〕**鮑本**故，謂設事以探己意。

〔二〕**姚本**「謂」，曾、劉作「請」。　**鮑本**「謂」作「請」。○

〔三〕**鮑本**無「故」字。○　補曰：如，猶而。

城渾出周

城渾〔一〕出周〔二〕，三〔三〕人偶行〔四〕，南游於楚，至於新城〔五〕。

〔一〕**鮑本**周人。

〔二〕**鮑本**自周出。　正曰：「出周」下連「三人」之文，疑爲人名，有誤字，故大事記止云「城渾南遊於楚」。

〔三〕**鮑本**「三」作「二」。○　補曰：「二」字恐有誤。

〔四〕**鮑本**偶，耦同。二人曰耦，兩也。　此蓋一人先，二人後。

〔五〕**鮑本**莊六年注，新城，鄭新密，今滎陽密也。　漢北海、河南皆有。　此屬楚，蓋河南密也。　正曰：「僖」作「莊」，誤。新城，說見秦策。　下章言新城、陽人，陽人在汝州，當是與此近者。

城渾說其令〔一〕曰：「鄭、魏者，楚之耎〔二〕國；而秦，楚之强敵也。鄭、魏之弱，而楚以上梁〔三〕應之；宜陽〔四〕之大也，楚以弱新城圍〔五〕之。蒲反〔六〕、平陽相去百里，秦人一夜而襲之，安邑不知〔七〕；新城、上梁相去五百里，秦人一夜而襲之，上梁亦不知也。今邊邑之所恃者，非江南泗上也〔八〕。故〔九〕楚〔一〇〕王何不以新城爲主郡也〔一一〕，邊邑甚利之〔一二〕。」

〔一〕**鮑本**補曰：周顯王十九年，秦置令丞。趙策「受馮亭上黨」亦云「千户封縣令」。今楚亦有此稱，變古者非特秦矣。

〔二〕**鮑本**集韻，耎，弱也。補曰：而兖反。

〔三〕**鮑本**此山陽、濟陽，故梁，近楚故也。正曰：故梁在汝州西南，說見齊策。此云上梁，非是。

〔四〕**鮑本**時秦已得之。

〔五〕**鮑本**「圍」作「圖」。○

〔六〕**鮑本**「反」作「阪」。○　**札記**丕烈案：蒲反，蒲坂也。見漢書地理志。

〔七〕**鮑本**此言百里之地不相知，況於五百里邪？

〔八〕**鮑本**漢志，楚分野。言江南地廣，云此皆遠哉，故非所恃。漢志言楚分野，云江南平地，故知其稽。正曰：策語難曉，注强解尤甚。

〔九〕**姚本**「故」，劉作「則」。

〔一〇〕**鮑本**衍「楚」字。

〔一一〕**鮑本**主，猶守也。爲郡，則士馬盛，可以備秦。正曰：大事記，郡者，縣之主，故謂之主郡。又郡縣說見秦策。

〔一二〕**鮑本**此渾言，其欲說楚王大意。

新城公〔一〕大說，乃爲〔二〕具駟馬乘車五百金之楚〔三〕。城渾得之，遂南交於楚，楚王〔四〕果以新城〔五〕爲主郡。

〔一〕**鮑本**楚縣尹稱公。

〔二〕**鮑本**「爲」下有「王」字，原注「衍王字」。〇

〔三〕**鮑本**「楚」下有「盡」字，原注「衍盡字」。〇 補曰：賮也，字通借。

〔四〕**姚本**曾、錢，一無「王」。

〔五〕**鮑本**「城」，舊作「成」。補曰：當作「城」，從改文。

韓公叔有齊魏

韓公叔有齊、魏〔一〕，而太子有楚、秦〔二〕以争國〔三〕。鄭申爲楚使於韓，矯以新城、陽人〔四〕予太子。楚王怒，將罪之。對曰：「臣矯予之，以爲國也。臣爲太子得新城、陽人，以與公叔争國而得之〔五〕。齊、魏必伐韓。韓氏急，必懸命於楚，又何新城、陽人之敢求？太子不勝〔六〕，然〔七〕而不死，今將倒冠而至〔八〕，又安敢言地？」楚王曰：「善。」乃不罪也。〔九〕

〔一〕**鮑本**得二國之援。

〔二〕**鮑本**太子，幾瑟也。韓襄十二年蘇代曰，公叔、伯嬰恐秦、楚之納幾瑟是也。此二十九年。

〔三〕**鮑本**補曰：公叔主咎，公仲主幾瑟也。伯嬰，説見韓策。

〔四〕**鮑本**秦紀注，南陽縣有陽人聚。補曰：正義引括地志云，陽人在汝州葉縣西。

〔五〕鮑本得其國事。

〔六〕鮑本不勝公叔。

〔七〕鮑本「然」作「幸」。○

〔八〕鮑本言其歸楚之疾。

〔九〕鮑本韓襄策語同。

楚杜赫説楚王以取趙

楚杜赫説楚王以取趙。王且予〔一〕之五大夫〔二〕，而令私行。

〔一〕鮑本「且予」作「曰與」。○　補曰：一本作「且與」。

〔二〕鮑本楚官。

陳軫謂楚王曰：「赫不能得趙，五大夫不可收也，得〔一〕賞無功也。得趙而王無加焉，是無善也〔二〕。王不如以十乘行之，事成，予之五大夫。」王曰：「善。」乃以十乘行之〔三〕。

〔一〕姚本「得」，一作「是」。　鮑本「得」作「是」。○

〔二〕鮑本不賞其善，如不有之。

〔三〕鮑本無「事成予之五大夫王曰善乃以十乘行之」十六字。○

杜赫怒而不行。陳軫謂王曰：「是不能得趙也。」

楚王問於范環

楚王問於范環〔一〕曰：「寡人欲置相於秦，孰可？」對曰：「臣不足以知之〔二〕。」王曰：「吾相〔三〕甘茂可乎？」范環對曰：「不可。」王曰：「何也？」曰：「夫史舉，上蔡之監門也〔四〕。大不如〔五〕事君，小不如〔六〕處室，以苛〔七〕廉聞於世，甘茂事之順焉〔八〕。故惠王之明，武王之察，張儀之好譖，甘茂事之，取十官而無罪，茂誠賢者也，然而不可相秦。秦之有賢相也，非楚國之利也。且王嘗用滑〔九〕於越而納句章〔一〇〕，昧之〔一一〕難，越亂，故楚南察瀨胡〔一二〕而野江東〔一三〕。計王之功所以能如此者，越亂而楚治也。今王以用之於越矣，而忘之於秦，臣以爲王鉅〔一四〕速忘矣。王若欲置相於秦乎？若公孫郝〔一五〕者可。夫公孫郝之於秦王〔一六〕，親也。少與之同衣，長與之同車，被王衣以聽事〔一七〕，真大王之相已〔一八〕。王相之，楚國之大利也。」〔一九〕

〔一〕**姚本**續：史記作「范蜎」。徐廣，一作「蠉」。**札記**丕烈案：索隱曰，戰國策云，作「蝝」也。考此「蝝」字當是「蠉」字誤。小司馬以徐廣云一作「蠉」而云然也。蠉、蜎同字，壞作「環」耳。韓子作「干象」，不與此同。

〔二〕**鮑本**補曰：史，楚懷王新與秦婚而歡。秦聞甘茂在楚，使人謂楚王曰，願還甘茂於秦云云。

〔三〕**姚本**一作「吾欲相」。

〔四〕**鮑本**補曰：「上蔡」，史俱作「下蔡」。**札記**丕烈案：索隱曰，戰國策及韓子皆云，史舉，上蔡監門。

〔五〕**姚本**「如」，一作「知」。**鮑本**「如」作「知」。○**札記**丕烈案：韓子無此字。史記作「爲」，下句同。

〔六〕**姚本**「如」，一作「知」。

〔七〕**鮑本**苛，小草。

〔八〕**鮑本**言大不失其意。

〔九〕**鮑本**「滑」上補「召」字。○召滑，見甘茂傳。補曰：史作「召滑」。**札記**今本「滑」上有「召」字，乃誤涉鮑也。丕烈案：韓子有「邵」字。滑，即召滑，不當補。李善注文選過秦論「召滑」，引韓子、史記，而不引策，策本無「召」字，其明證也。賈誼新書作「召滑」。秦本紀作「昭滑」。後策作「卓滑」。趙策作「淖滑」。「召」、「昭」、「卓」、「淖」，聲之轉。

〔一〇〕**鮑本**屬會稽。

〔一一〕**鮑本**昧，唐昧，楚將。此二十八年，秦、齊、韓、魏共攻楚，殺昧。

〔一二〕**鮑本**「胡」作「湖」。○察，猶治也。言楚有而治之。南陽有「厲」，音「賴」。正曰：察賴湖。史作塞厲門。地皆未詳，恐有誤字。「察」作「塞」勝。**札記**丕烈案：徐廣曰，一作「瀨胡」。「厲」、「瀨」同字，「胡」、「門」形相近也。

〔一三〕**鮑本**以江之東爲野。此言楚雖有唐昧之難，而能得越地，以召滑亂之也。

〔一四〕**鮑本**鉅，大也。正曰：鉅，詎通。

〔一五〕**鮑本**補曰：史作「向壽」。**札記**丕烈案：韓子云，「不如相共立」。一云公子赫。

〔一六〕**鮑本**昭。

〔一七〕**鮑本**言其素重。

〔一八〕**鮑本**秦相，而曰「王之相」，蓋楚相之，必右楚也。

〔一九〕**鮑本**甘茂傳有，人地小異。補曰：末云，楚使使請秦相向壽，茂竟不得入，卒於魏。

蘇秦爲趙合從說楚威王

蘇秦爲趙合從〔一〕，說楚威王曰：「楚，天下之强國也。大王，天下之賢王也。楚地西有黔中、巫郡〔二〕，東有夏州〔三〕、海陽〔四〕，南有洞庭〔五〕、蒼梧〔六〕，北有汾陘之塞〔七〕、郇陽〔八〕。地方五千里，帶甲百萬，車千乘，騎萬匹，粟支十年，此霸王之資也。夫以楚之强與大王之賢〔九〕，天下莫能當也。今乃欲西面而事秦，則諸侯莫不南〔一〇〕面而朝於章臺〔一一〕之下矣。秦之所害於天下莫如楚，楚强則秦弱，楚弱則秦强，此其勢不兩立。故爲王至〔一二〕計，莫如從親以孤秦。大王不從親，秦必起兩軍：一軍出武關；一軍下黔中。若此，則鄢、郢〔一三〕動矣。臣聞治之其未亂，爲之其未有也；患至而後憂之，則無及已〔一四〕。故願大王之早計之。

〔一〕**鮑本**此在連橫儀入秦後，當爲七或八年。正曰：大事記，在威七年。

〔二〕**鮑本**屬南郡。補曰：徐廣云，黔中，今武陵；巫郡，南郡之西界。

〔三〕**鮑本**車胤云，夏口城上有洲，曰夏州。補曰：左傳，楚莊伐陳，鄉取一人焉以歸，謂之夏州。即此。正義云，夏水口，在荆州江陵縣。一本標盧藏用注後語云，屈原離騷「過夏口而西浮」，蓋是山也。

〔四〕**鮑本**海之南耳，非遼西郡也。正曰：盧藏用云，在廣陵東，今揚州海陵縣。劉氏云，楚之東境。

〔五〕**鮑本**補曰：洞庭，在今巴陵。

〔六〕鮑本交州郡。正曰：正義云，蒼梧山，在道州南。按，此乃楚粵窮邊處。交州蒼梧，則粵地也。

〔七〕姚本錢、劉作「陘」，集作「陸」。鮑本陘，召陵陘亭。補曰：陘，見秦策。汾陘乃韓地。此句有誤，四字連郇陽讀，亦不順。史作「陘塞」，是。大事記亦謂，即陘山也。札記丕烈案：徐廣云，一本「北有汾陘之塞」也。

〔八〕鮑本徐注，今順陽，屬汝南。正曰：正義云，順陽故城，在鄧州穰縣西。索隱云，郇，音荀；郇陽，當汝南潁川之界，當是新陽，聲近字變爾。汝南有新陽縣，在新水之陽。徐說蓋疏。

〔九〕鮑本無「與」字。○　補曰：一本「與大王」。札記丕烈案：史記有。

〔一〇〕鮑本「南」作「西」。○　札記丕烈案：史記作「西」。

〔一一〕鮑本秦臺。在咸陽，見楚記。

〔一二〕鮑本「王至」作「大王」。○　札記丕烈案：史記作「大王」。

〔一三〕鮑本補曰：鄢、郢，見前。

〔一四〕鮑本「已」作「矣」。○　札記丕烈案：史記作「已」。

「大王誠能聽臣，臣請令山東之國，奉四時之獻，以承〔一〕大王之明制，委社稷宗廟〔二〕，練士厲兵，在大王之所用之。大王誠能聽臣之愚計，則韓、魏、齊、燕、趙、衛〔三〕之妙音美人，必充後宮矣。趙〔四〕、代良馬橐他〔五〕，必實於外厩。故從合則楚王，橫成則秦帝。今釋霸王之業，而有事人之名，臣〔六〕竊爲大王不取也。

〔一〕姚本一作「奉」。

〔二〕鮑本言諸侯輕去其國以從楚。正曰：委置其宗廟社稷以託於楚。

〔三〕鮑本無「衛」字。○　札記丕烈案：史記有。

〔四〕姚本一作「燕」。

〔五〕鮑本「他」作「駝」。○ 匈奴奇畜。 札記丕烈案：史記作「駝」。

〔六〕鮑本無「臣」字。○ 札記丕烈案：史記有。

「夫秦，虎狼之國也，有吞天下之心。秦，天下之仇讎也，横人皆欲割諸侯之地以事秦，此所謂養仇而奉讎者也。夫爲人臣而割其主之地，以外交强虎狼之秦，以侵天下，卒有秦患，不顧其禍。夫外挾强秦之威，以内劫其主，以求割地，大逆不忠，無過此者。故從親，則諸侯割地以事楚；横合，則楚割地以事秦。此兩策者，相去遠矣，有億兆之數。兩者大王何居焉？故弊邑趙王〔一〕，使臣效愚計，奉明約，在大王命之。」

〔一〕鮑本肅侯。

楚王曰：「寡人之國，西與秦接境，秦有舉巴蜀、并漢中之心。秦，虎狼之國，不可親也。而韓、魏迫於秦患，不可與深謀〔一〕，恐反人以入於秦，故謀未發而國已危矣。寡人自料，以楚當秦，未見勝焉。内與群臣謀，不足恃也。寡人卧不安席，食不甘味，心摇摇如懸旌〔二〕，而無所終薄〔三〕。今君〔四〕欲一天下，安諸侯，存危國〔五〕，寡人謹奉社稷以從。」〔六〕

〔一〕姚本史記、集、劉下更有「與深謀」三字。曾無。 鮑本重「與深謀」三字。○ 札記丕烈案：史記復有。

〔二〕鮑本旌，析羽注竿首，以精進士卒。

〔三〕鮑本「薄」，「泊」同。

〔四〕姚本曾作「今主君」。　札記今本「今」誤「令」。

〔五〕札記今本「危」誤「亡」。

〔六〕鮑本傳有，在説五國後。彪謂：五國之聽蘇子也，革面而已，非能深究横、從之利害也。唯威王雅有難秦之心，念之熟矣。異夫患諸國之不可合，徒稱從命者也！補曰：大事記取。

張儀爲秦破從連横

張儀爲秦破從連横，説楚王〔一〕曰：「秦地半天下，兵敵四國〔二〕，被〔三〕山帶河，四塞〔四〕以爲固。虎賁〔五〕之士百餘萬，車千乘，騎萬匹，粟如丘山。法令既明，士卒安難樂死〔六〕。主嚴以明，將知以武。雖無出兵甲，席卷常山〔七〕之險，折天下之脊，天下後服者先亡。且夫爲從者，無以異於驅群羊而攻猛虎也。夫虎之與羊，不格〔八〕明矣。今大王不與猛虎而與群羊，竊以爲大王之計過矣。

〔一〕鮑本在鄭袖出儀後。

〔二〕鮑本四方之國。

〔三〕鮑本被，寢衣也，喻其亘延。

〔四〕鮑本無「四塞」二字。○補曰：姚及别本有「四塞」字，史同。此脱。

〔五〕鮑本漢官儀，虎賁戴鶡冠，屬中郎將。正曰：牧誓注，若虎賁獸，言其猛也。周禮有「虎賁氏」，非始漢。

〔六〕**鮑本**死難，兵革之事。
〔七〕**鮑本**收取之，如席捲之易，無遺也。恒山屬趙之元氏，此作「常」，劉向避文帝諱也。補曰：正義云，常山在鎮州西。正曰：史記已作「常」，漢時傳寫所改。
〔八〕**鮑本**格，猶敵。

「凡天下强國，非秦而楚，非楚而秦。兩國敵侔〔一〕交争，其勢不兩立。而大王不與秦，秦下甲兵，據宜陽，韓之上地〔二〕不通；下河東，取成皋，韓必入臣於秦。韓入臣〔三〕，魏則從風而動。秦攻楚之西，韓、魏攻其北，社稷豈得無危哉？

〔一〕**鮑本**侔，齊等也。
〔二〕**鮑本**上流之地。補曰：後語作「上黨地」。**札記**丕烈案：史記作「上地」。
〔三〕**姚本**錢作「臣秦」。

「且夫約從者，聚群弱而攻至强也。夫以弱攻强，不料敵而輕戰，國貧而驟舉兵，此危亡之術也。臣聞之，兵不如者，勿與挑戰；粟不如者，勿與持〔一〕久。夫從人者，飾〔二〕辯虚辭，高主之節行，言其利而不言其害，卒有楚〔三〕禍，無及爲已，是故願大王之熟計之也。

〔一〕**鮑本**持，相持。
〔二〕**鮑本**飾，緣飾，非實也。
〔三〕**姚本**曾，一作「秦」。**鮑本**秦伐楚之禍。史作「秦禍」，意同。

「秦西有巴蜀，方船積粟，起於汶山〔一〕，循江而下，至郢三千餘里。舫船〔二〕載卒，一舫載五十人，與三月之糧，下水而浮，一日行三百餘里；里數雖多，不費馬汗〔三〕之勞，不至十日而距扞關〔四〕；扞關驚，則從竟陵已東〔五〕，盡城守矣，黔中、巫郡非王之有已。秦舉甲出之武關，南面而攻，則北地〔六〕絕。秦兵之攻楚也，危難在三月之內。而楚恃諸侯之救，在半歲之外，此其勢不相及也。夫恃弱國之救，而忘强秦之禍，此臣之〔七〕所以爲大王之患也。且大王嘗與吳人五戰〔八〕三勝而亡之，陳〔九〕卒盡矣；有〔一〇〕偏守新城〔一一〕而居民苦矣。臣聞之，攻大者易危，而民弊者怨於上。夫守易危之功，而逆强秦之心，臣竊爲大王危之。

〔一〕**鮑本**居貧切。屬蜀都湔氐道，即岷山。故唐志茂州汶山注有岷山。

〔二〕**姚本**劉，一作「方舡」。　**鮑本**舫，平音，并舟也。正曰：舫，甫望切。

〔三〕**鮑本**「馬汗」作「汗馬」。○　**札記**今本「馬汗」作「汗馬」。丕烈案：史記作「汗馬」。

〔四〕**鮑本**距，本鷄足，故訓至。楚記，晉伐楚，楚爲扞關以距之，儀傳注，巴郡魚復有扞水關。正曰：徐廣云，魚復有扞水關。史楚肅王四年，蜀伐楚，取茲方，於是楚作扞關拒之。

〔五〕**鮑本**「已」作「以」。○　**札記**丕烈案：史記作「則從境以東」。

〔六〕**鮑本**北境之地，非幽州郡。

〔七〕**鮑本**無「之」字。○　**札記**丕烈案：史記無。

〔八〕**鮑本**史不書。

〔九〕**姚本**「陳」，曾作「陣」。　**鮑本**陳，猶故。正曰：「陳」，古「陣」字。

〔一〇〕**姚本**一本無「有」字。

〔一一〕**鮑本**一偏之戍，繕築之城。

「且夫秦之所以不出甲於函谷關十五年以攻諸侯者，陰謀有吞天下之心也〔一〕。楚嘗與秦構〔二〕難，戰於漢中。楚人不勝，通侯〔三〕、執珪死者七十餘人，遂亡漢中。楚王大怒，興師襲秦〔四〕，戰於藍田，又郤〔五〕。此所謂兩虎相搏者也。夫秦、楚相弊，而韓、魏以全制其後，計無過〔六〕於此者矣，是故願大王熟計之也。

〔一〕**鮑本**補曰：攻大，即下「功」字。攻諸侯，自當作「攻」。不出甲函谷關十五年，此辯士夸詞，非實。史作「攻齊、趙」。按此前二年、五年、六年，皆有攻趙之事，而攻齊則無之。若云不攻齊，則猶可通也。「陰謀」，一本無「謀」字。**札記**吴補，一本無「謀」字。丕烈案：史記有。

〔二〕**姚本**一本作「角」。

〔三〕**鮑本**徹侯，漢諱武帝作「通」。此亦劉向所易也。正曰：說見前。

〔四〕**鮑本**無「興師襲秦」四字。○補曰：諸本有此四字，今依諸本增。**札記**丕烈案：史記作「興兵襲秦」。

〔五〕**鮑本**秦惠王十三年，取漢中，又敗之藍田，此十七年。此處與上章所稱楚王，皆後人追書耳。

〔六〕**姚本**一本作「危」。

「秦下兵攻衛、陽晉，必開〔一〕扃天下之匈〔二〕，大王悉起兵〔三〕以攻宋，不至數月而宋可舉。舉宋而東指，則泗上十二諸侯，盡王之有已。

〔一〕姚本一作「晉必大開」。曾，「大開」一作「關」。鮑本「開」作「關」。○補曰：史同。按諸本多作「開」，或作「大開」，不若「關」義長。札記丕烈案：史記作「必大關天下之匈」。徐廣曰，「關」一作「開」，此當是。策文作「必扃天下之匈」。「開」、「關」字，皆所記史記異文而誤入者。「關」、「扃」同義。

〔二〕鮑本上二邑，天下之中也，故喻之匈。秦下兵，二邑必拒之，則閉不通，故楚可以此時舉宋。正曰：索隱云，以常山爲天下脊，則衛及陽晉當天下匈。其地是秦、晉、齊、楚之交道也，據之是關天下匈，他國不得動也。

〔三〕姚本集無「兵」字。三同。

「凡天下所信約從親堅者蘇秦，封爲武安君而相燕，即陰與燕王謀破齊共分其地。乃佯有罪，出走〔一〕入齊，齊王〔二〕因受而相之。居二年而覺，齊王大怒，車裂蘇秦於市〔三〕。夫以一詐僞反復之蘇秦，而欲經營天下，混一諸侯，其不可成也亦明矣。

〔一〕鮑本「走」作「奔」。○札記丕烈案：史記作「走」。

〔二〕鮑本閔。

〔三〕鮑本按史，秦事覺，在其死後，儀以此明其以詐死耳。補曰：蘇秦爲客所刺，設計以取賊，故車裂而得賊。今儀言如此，蓋借事爲說破從親也。

「今秦之與楚也，接境壤界，固形親之國也〔一〕。大王誠能聽臣，臣請秦太子入質於楚，楚太子入質於秦，請以秦女爲大王箕箒〔二〕之妾，效萬家之都，以爲湯沐之邑，長爲昆弟之國，終身無相攻擊。臣以爲〔三〕計無便於此〔四〕者。故敝邑秦王〔五〕，使使臣獻書〔六〕大王〔七〕之從車下風〔八〕，須以決事。」

〔一〕鮑本其勢當親。

〔二〕鮑本帚，糞也。以灑掃之役自居。補曰：大事記，其説諸侯皆曰事秦，獨楚曰云云，以楚最强故爾。

〔三〕鮑本「爲」作「謂」。○札記丕烈案：史記作「爲」。

〔四〕姚本續：史記此後有屈原諫止之辭。

〔五〕鮑本惠。

〔六〕鮑本書，國書，非此書。

〔七〕鮑本無「大王」二字。○

〔八〕鮑本將迎之際，必有風焉。不敢當立，故言下風。

楚王曰：「楚國僻陋，託東海之上。寡人年幼〔一〕，不習國家之長計。今上客幸教以明制〔二〕，寡人聞之，敬以國從。」乃遣使車百乘，獻鷄駭之犀〔三〕、夜光之璧〔四〕於秦王。〔五〕

〔一〕鮑本言其爲從時。

〔二〕鮑本秦王之制詔。

〔三〕鮑本抱朴子，通天犀中有一白理如綫，置米其上以飼，鷄見之驚，故名「駭鷄犀」。

〔四〕鮑本鄒陽言，魏文侯歸白圭夜光之璧。

〔五〕鮑本傳，在諸國之先。補曰：大事記，六國連衡，魏先聽儀説事秦。故楚赦儀之後，所説止五國。儀説楚王與秦和親，楚王既得張儀而重出黔中地，欲許之，屈平諫不聽，卒許儀。遂説韓、齊、趙、燕，皆聽儀。歸報未至，惠王薨，而約亦解。「爲秦」、兩「爲大」之「爲」，去聲。「挑」，上聲。

張儀相秦

張儀相〔一〕秦，謂昭雎曰：「楚無鄢、郢、漢中，有所更得乎〔二〕？」曰：「無有。」曰：「無昭雎〔三〕、陳軫，有所更得乎〔四〕？」曰：「無所更得。」張儀曰：「爲儀謂楚王逐昭雎〔五〕、陳軫，請復鄢、郢、漢中〔六〕。」昭雎歸報楚王〔七〕，楚王説之。

〔一〕**鮑本**復相時。
〔二〕**鮑本**此皆楚之要地，無此則危亡，安能有他。
〔三〕**鮑本**「雎」作「過」。○
〔四〕**鮑本**二臣，楚之良也。無此二臣，不能復得良臣。此儀爲秦謀去楚謀臣也。
〔五〕**鮑本**「雎」作「過」。○
〔六〕**鮑本**秦惠王十三年取漢中，故至是許復之。鄢、郢，此時不書。此策，儀知楚王重地輕人，故使雎言之。二人逐，則楚無良臣，雎必得其處也。
〔七〕**鮑本**雎蓋畔楚善儀者。

有人謂昭雎〔一〕曰：「甚矣，楚王不察於争〔二〕名者也。韓求相工陳籍〔三〕而周不聽；魏求相綦母恢而周不聽，何以也？周是〔四〕列縣畜我〔五〕也。今楚，萬乘之强國也；大王，天下之賢主〔六〕也。今儀曰逐君與陳軫而王聽之，是楚自行〔七〕不如周，而儀重於韓、魏之王也。且儀之所行，有功名者秦也〔八〕，所欲貴富者魏也〔九〕。欲爲攻於魏〔一〇〕，必南伐楚。故攻有道，外絶其交〔一一〕，内逐其謀臣。陳軫，夏〔一二〕人也，習於三晉之事，故逐之，則楚無謀臣矣。今君能用楚之衆，故亦逐之，則楚衆不用矣。此所謂内攻之者也，而王不知察。今君何不見臣於王，請爲王使齊交不絶。齊交不絶〔一三〕，儀聞之，其效鄢、郢、漢中必緩矣〔一四〕。是昭雎之言不信也，王必薄之。」

〔一〕**鮑本**「雎」作「過」。〇　**札記**丕烈案：三「雎」字皆作「過」者爲是。下文三「君」字皆稱「過」也，故下文云「是昭雎之言不信也」。若謂「雎」，何得云爾？可爲明證。作「雎」者，相涉致誤耳。

〔二〕**鮑本**無「争」字。〇

〔三〕**鮑本**周策，「陳」作「師」，求周使相之。

〔四〕**姚本**一作「周曰是」。　**鮑本**「周」下補「曰」字。〇

〔五〕**鮑本**待我如縣吏。

〔六〕**鮑本**「主」作「王」。〇

〔七〕**鮑本**「行」作「待」。〇　補曰：當是「待」字。　**札記**今本「行」作「待」，乃誤涉鮑也。

〔八〕**鮑本**欲立功名於秦。

〔九〕**鮑本**取富貴於魏。

〔一〇〕**鮑本**爲魏伐人。

〔一一〕**鮑本**交，謂與國。

〔一二〕**鮑本**夏，中國也。

〔一三〕**鮑本**「齊交不絶」四字不重。〇

〔一四〕鮑本齊、楚，大國也，儀惡其合。今合而與之地，則楚益勁，儀必不爲也。

威王問於莫敖子華

威王問於莫敖〔一〕子華曰：「自從先君文王以至不穀之身，亦有不爲爵勸，不爲祿勉，以憂社稷者乎？」莫敖子華對曰：「如華〔二〕不足〔三〕知之矣。」王曰：「不於大夫，無所聞之？」莫敖子華對曰：「君王將何問者也？彼有廉其爵，貧其身，以憂社稷者；有崇其爵，豐其祿，以憂社稷者；有斷脰〔四〕決腹，壹〔五〕瞑〔六〕而萬世不視，不知所益〔七〕，以憂社稷者；有勞其身，愁其志，以憂社稷者〔八〕；亦有〔九〕不爲爵勸，不爲祿勉，以憂社稷者。」王曰：「大夫此言，將何謂也〔一〇〕？」

〔一〕鮑本楚官。
〔二〕姚本孫本「華」作「章」。
〔三〕鮑本「足」下有「以」字。○
〔四〕鮑本脰，項也。　札記今本「脰」誤「頭」，下同。
〔五〕鮑本「壹」作「一」，下同。○
〔六〕鮑本瞑，不視也，謂死。
〔七〕鮑本志於死耳，不求利也。

〔八〕**鮑本**無「有勢其身愁其志以憂社稷者」十二字。○

〔九〕**鮑本**無「有」字。○

〔一〇〕**鮑本**言謂誰。

莫敖子華對曰：「昔令尹子文〔一〕，緇帛〔二〕之衣以朝，鹿裘以處；未明而立於朝，日晦而歸食；朝不謀夕，無一月〔三〕之積。故彼廉其爵，貧其身，以憂社稷者，令尹子文是也。

〔一〕**鮑本**鬭穀於菟。

〔二〕**札記**今本「帛」誤「布」。

〔三〕**鮑本**「月」作「日」。○　**札記**今本「月」作「日」，乃誤涉鮑也。

「昔者葉公子高〔一〕，身獲於表薄〔二〕，而財於柱國〔三〕；定白公之禍〔四〕，寧楚國之事；恢先君以揜方城之外〔五〕，四封不侵〔六〕，名不挫於諸侯。當此之時也，天下莫敢以兵南鄉。葉公子高，食田六百畛〔七〕，故彼崇其爵，豐其祿，以憂社稷者，葉公子高是也。

〔一〕**鮑本**名諸梁。

〔二〕**鮑本**表，野外。薄，林也。言其初賤。

〔三〕**鮑本**財，材同。柱國以子高爲材。

〔四〕**鮑本**見哀公十六年。

〔五〕**鮑本**恢，大也。集韻，揜，覆取也。言取地以大先君之封。

〔六〕**鮑本**「侵」作「廉」。○　封，封城。廉，猶禮六廉。言無事故不察治。補曰：一本「四封不侵」。正曰：「廉隅」之

「廉」。謂四境完固，不見廉隅也。

〔七〕鮑本畛，井田間陌。補曰：周禮，十夫有溝，溝上有畛。朱子曰，溝間千畝，畛爲阡。

「昔者吳與楚戰於柏舉〔一〕，兩御〔二〕之間夫〔三〕卒交。莫敖大心撫其御之手，顧而大息曰：『嗟乎子〔四〕乎，楚國亡之月〔五〕至矣！吾將深入吳軍，若扑〔六〕一人，若捽〔七〕一人，以與大心者也，社稷其爲庶幾〔八〕乎？』故斷脰決腹，壹瞑而萬世不視，不知所益，以憂社稷者，莫敖大心是也。〔九〕

〔一〕鮑本定四年注，楚地。

〔二〕鮑本「御」作「軍」。○札記今本「御」作「軍」，乃誤涉鮑也。

〔三〕鮑本「千夫」、「百夫」之「夫」。

〔四〕鮑本一本「子」作「予」。

〔五〕姚本「月」，一作「日」。

〔六〕鮑本若，猶。扑，擊也。正曰：若，發語辭。扑，普卜反。

〔七〕鮑本捽，持發也。

〔八〕鮑本無「爲」字。○以是爲可以厲衆也。

〔九〕鮑本傳不書。正曰：左傳，柏舉之戰，楚大夫史皇以其乘廣死，司馬沈尹戌傷而死，句卑剄而裹之。司馬戌，即大心也，葉公諸梁之父也。王氏應麟謂鮑失考。

「昔吳與楚戰於柏舉，三戰入郢。寡君〔一〕身出，大夫悉屬，〔二〕百姓離散。棼冒勃蘇〔三〕

曰：『吾被堅執鋭〔四〕，赴强敵而死，此猶一卒也，不若奔諸侯。』於是贏糧潛行，上崢山〔五〕，逾深溪，蹠穿膝暴〔六〕，七日而薄秦王〔七〕之朝。雀立〔八〕不轉，晝吟宵哭。七日不得告。水漿無入口，瘨而殫悶〔九〕，旄〔一〇〕不知人。秦王聞而走之〔一一〕，冠帶不相及，左奉其首，右濡其口，勃蘇乃蘇〔一二〕。秦王身問之：『子孰誰也？』棼冒勃蘇對曰：『臣非異〔一三〕，楚使〔一四〕新造盩〔一五〕棼冒勃蘇。吴與楚人戰於柏舉，三戰入郢，寡君身出，大夫悉屬，百姓離散。使下臣來告亡，且求救。』秦王顧令不〔一六〕起：『寡人聞之，萬乘之君，得罪一士，社稷其危，今此之謂也。』遂出革車千乘，卒萬人，屬之子滿〔一七〕與子虎，下塞以東，與吴人戰於濁水〔一八〕而大敗之，亦聞於遂浦〔一九〕。故勞其身，愁其思，以憂社稷者，棼冒勃蘇是也。

〔一〕**鮑本**昭王。

〔二〕**鮑本**屬連俱亡。

〔三〕**鮑本**定四年以爲申包胥。補曰：棼冒，即蚡冒。勃蘇、包胥聲近。豈蚡冒之裔歟？蚡：符分反。冒，亡北反。索隱云，「蚡」，古本作「羒」，音憤，亦符分反。**札記**丕烈案：吴説本困學紀聞，是也。申包胥爲蚡冒氏，猶鬭子文之言若敖氏。

〔四〕**鮑本**堅，甲；鋭，兵也。

〔五〕**鮑本**崢嶸之山。

〔六〕**鮑本**蹠，足下。暴，傷也。

〔七〕**鮑本**襄公。

〔八〕**鮑本**雀立，踴也。

〔九〕**鮑本**瘨，狂。殫，氣絶也。正曰：詩「瘨我」注，病也。非「癲狂」之「癲」。

〔一〇〕**鮑本**旄，眊同。無目也。正曰：「旄」、「眊」、「耄」，字通，并昏也。

〔一一〕**鮑本**走，去音，疾趨也。

〔一二〕**鮑本**蘇，死更生也。

〔一三〕**鮑本**言非它人。

〔一四〕**鮑本**去音。

〔一五〕**鮑本**楚官。正曰：鮑見秦官有上造、大良造，遂爲此謬説。按字書，盩，張留反，引擊也。山曲曰盩，此無義。盩，音戾，字通。又音列，罪也。當是此字。新造盩，似言始搆難，今降戾之云。文當有訛舛，或在「吳」字下。

〔一六〕**鮑本**「不」作「之」。○補曰：字誤或衍。

〔一七〕**鮑本**補曰：子滿，左傳「子蒲」。

〔一八〕**鮑本**出齊郡廣之嫣山東。蓋齊、楚壤界。

〔一九〕**鮑本**楚地。缺，或是夫遂也。蓋聞一説在彼，一在此。補曰：云在稷與沂。注楚地，當考。夫遂，見前秦策。

「吳與楚戰於柏舉，三戰入郢。君王身出，大夫悉屬，百姓離散。蒙穀〔一〕給〔二〕鬭於宮唐〔三〕之上，舍鬭奔郢曰：『若有孤〔四〕，楚國社稷其庶幾乎？』遂入大〔五〕宮，負雞次〔六〕之典以浮於江，逃於雲夢之中。昭王反郢，五官〔七〕失法，百姓昏亂；蒙穀獻典，五官得法，而百姓大治。此蒙穀之功，多與存國〔八〕相若，封之執圭，田六百畛。蒙穀怒曰：『穀非人臣，社稷之臣，苟社稷血〔九〕食，餘豈悉〔一〇〕無君乎？』遂自棄於磨山〔一一〕之中，至今無冒〔一二〕。故不爲爵勸，不爲禄勉，以憂社稷者，蒙穀是也〔一三〕。」

〔一〕鮑本楚將。

〔二〕鮑本「給」作「結」。○ 結，猶交。　札記今本「給」作「結」。

〔三〕鮑本宫唐，豈高唐耶？

〔四〕鮑本時未知昭王存亡，故意其子。

〔五〕姚本曾，一無「大」字。

〔六〕姚本一本作「離」。　鮑本楚國法也。「雞」，一作「離」，是所以治離局者。正曰：是時典守者皆離其局，故負其典以逃。

〔七〕鮑本補曰：五官見齊策。

〔八〕札記今本「國」誤「田」。

〔九〕鮑本血，謂牲牢。

〔一〇〕姚本一作「余豈患」。　鮑本「悉」作「患」。○ 補曰：「餘」當作「余」。

〔一一〕姚本漢注引歷山。　鮑本後志，磨城，子胥所造。蓋以此山名城也。正曰：「磨」字，説見秦策。

〔一二〕鮑本冒，謂犯法。正曰：一本「無位」。

〔一三〕姚本續：漢李通傳論曰，「昔蒙穀負書，不徇楚難」。注引戰國策吴、楚戰於柏舉，蒙穀奔入宫，負離次之典，浮江逃於雲夢之中云云，「苟利社稷血食，余豈患無君乎」？遂棄於歷山也。

王乃大息曰：「此古之人也。今之人，焉能有之耶？」

莫敖子華對曰：「昔者先君靈王好小要，楚士約〔一〕食，馮〔二〕而能立，式〔三〕而能起。食之可欲，忍而不入；死之可惡，然〔四〕而不避。章〔五〕聞之，其君好發〔六〕者，其臣抉拾〔七〕。君王直不好，若君王誠好賢，此五臣者，皆可得而致之。」

〔一〕**鮑本**「要」作「腰」。○約，猶節。

〔二〕**鮑本**馮，依也。

〔三〕**鮑本**式，小低貌。補曰：軾，車前横木，有所敬則俯馮之。據而後能立，馮而後能起，言以約食，故無力也。或疑士不當言細腰。荀子云，「楚莊王好細腰，故朝有餓人」。一本標墨子云，「楚靈王好士細腰，故其臣皆三飯爲節，脅息而腹帶，淵墻而後起」。尹文子、韓非子皆言，「一國有饑色餓人」。今按，墨子三卷中無此文，三卷者，别本也。古墨子篇數不止此。

〔四〕**姚本**一作「就」。

〔五〕**鮑本**「章」作「華」。○補曰：當作「華」。**札記**丕烈案：鮑改、吴補皆非也。章，當是子華之名。上文「如華」，姚校云，孫本作「章」，是其證。

〔六〕**鮑本**發，發矢。

〔七〕**鮑本**「抉」作「決」。○車攻注，決，鉤弦。拾，遂也；遂，發也。正曰：詩注無此三字。決，以象骨爲之，著於右手大指，所以鉤弦闓體。拾，以皮爲之，著於左臂以遂弦，亦名「遂」。

戰國策卷十五

楚　二

魏相翟强死

魏相翟强死。爲甘茂謂楚王曰：「魏之幾相者〔一〕，公子勁也〔二〕。勁〔三〕也相魏，魏、秦之交必善〔四〕。秦、魏之交完，則楚輕矣。故王不如與齊約，相甘茂於魏。齊王〔五〕好高人以名，今爲其行人〔六〕請魏之相，齊必喜。魏氏不聽，交惡於齊；齊、魏之交惡，必争事楚。魏氏聽，甘茂與樗里疾，貿首〔七〕之讎也；而魏、秦之交必惡〔八〕，又交重楚也。」

〔一〕鮑本言危欲相之。
〔二〕鮑本秦人。
〔三〕姚本劉，一無下「也」字。

〔四〕**鮑本**勁，秦人而魏相之故。正曰：俱無考。
〔五〕**鮑本**閔。
〔六〕**鮑本**楚爲齊請如其使者。
〔七〕**鮑本**貿，言欲易取其首。《禮》，行人使適四方。
〔八〕**鮑本**疾相秦，茂相魏故。

齊秦約攻楚

齊、秦約攻楚，楚令景翠以六城賂齊〔一〕，太子爲質〔二〕。昭雎謂景翠曰：「秦恐且因景鯉、蘇厲而效地於楚。公出地以取〔三〕齊，鯉與厲且以收地取秦〔四〕，公事必敗〔五〕。公不如令王重賂景鯉、蘇厲，使入秦〔六〕，秦〔七〕恐〔八〕，必不求地〔九〕而合於楚。若齊不求，是公與約也。」〔一〇〕

〔一〕**姚本**一本下有「以」字。
〔二〕**鮑本**此二十九年，太子横。
〔三〕**姚本**「取」一作「收」，別本作「牧」。　**鮑本**取，猶收，猶悦。
〔四〕**鮑本**收前所效者。蓋二人之辭。曰楚出地取齊，楚既弱矣，何足與地。秦收所效，必悦二人也。正曰：景鯉乃楚臣，秦可因之以責地。見楚弱，而勸秦收所效之地，恐非。

〔五〕**鮑本**楚不得秦地，景翠賂齊，楚必怨翠。

〔六〕**鮑本**二人得楚賂，不復爲秦收地矣。

〔七〕**姚本**一本下有「齊」字。　**札記**吴氏正曰，「秦」字疑當作「齊」，是也。

〔八〕**鮑本**以齊、楚合故。

〔九〕**鮑本**不收所效。

〔一〇〕**鮑本**兩國各不取地而止攻，是約者復和也。與，如與國之與，和好也。言翠能和兩國之約。正曰：戰國之時，秦之割地希矣，惟赧王十七年割三城和齊、韓、魏一事爾。懷王末年，楚益以弱，雖合齊，秦未必遽懼而割也。效地於楚者，令楚效地。恐者，恐或如此之辭也。景翠必與景鯉、蘇厲不合者，故雎言翠既以地賂齊，則秦恐或且因蘇厲、景鯉而令楚效地，是翠出地取齊，而二人收所出之地以取秦，翠事豈不敗乎？今不如重賂二人，使入秦爲解，則秦恐或必不求地而與楚合。齊見秦、楚之合，若不求地，則是公能和好結約也。「秦恐必不求地」，「秦」字疑當作「齊」字。謂重賂二人入秦，則齊和。秦、楚之和，恐不敢求所賂地。若果不求，是公能和好結約也。説亦通。

術視伐楚

術視〔一〕伐楚，楚令昭鼠以十萬軍漢中。昭雎勝秦於重丘〔二〕，蘇厲謂宛公昭鼠〔三〕曰：「王〔四〕欲昭雎之乘〔五〕秦也，〔六〕必分公之兵以益之。秦知公兵之分也，必出漢中〔七〕。請爲公令辛戎〔八〕謂王〔九〕曰：『秦兵且出漢中。』則公之兵全矣。〔一〇〕」

〔一〕**鮑本**秦人。

〔二〕姚本別本「丘」作「兵」。　鮑本屬平原。正曰：恐非。

〔三〕鮑本鼠爲宛尹。

〔四〕鮑本王，楚王。

〔五〕鮑本乘，猶淩。

〔六〕鮑本無「也」字。○

〔七〕鮑本出兵伐此。

〔八〕鮑本「辛」作「芈」。○　戎，楚人，貴於秦。補曰：當作「芈」。

〔九〕鮑本如以私告楚王者。

〔一〇〕鮑本欲其備秦，故不分其兵。

四國伐楚〔一〕

〔一〕姚本此篇與術視伐楚連篇，鮑本另列一篇。據文義，從鮑本。

四國伐楚〔一〕，楚令昭雎將以距〔二〕秦。楚王欲擊秦，昭侯〔三〕不欲。桓臧爲昭雎謂楚王曰：「雎戰勝〔四〕，三國惡楚之强也，恐秦之變而聽楚也，必深攻楚以勁秦〔五〕。秦王〔六〕怒於戰不勝，必悉起而擊楚，是王與秦相罷〔七〕，而以〔八〕利三國也。戰不勝秦，秦進兵而攻。不如益昭雎之兵，令之示秦必戰。秦王惡與楚相弊而令天下〔九〕，秦可以少割而收害也〔一〇〕。秦、楚之合，而燕、趙、魏不敢不聽，三國可定也。」

〔一〕鮑本楚記，二十八年，秦、齊、韓、魏共攻楚。

〔二〕鮑本拒同。

〔三〕鮑本「侯」作「睢」。○

〔四〕姚本一本下有「秦」字。

〔五〕鮑本堅其伐楚之心。

〔六〕鮑本昭。

〔七〕鮑本音疲。

〔八〕姚本一本無「以」字。

〔九〕鮑本「下」下補「利」字。○　正曰：謂以相弊，令以天下使知。　札記今本「下」下有「利」字，乃誤涉鮑也。丕烈案：「令」乃「全」字之訛，吴説亦未是。

〔一〇〕鮑本秦見楚將必戰，必割地與楚和，戰伐之害可息也。收，猶息。正曰：秦惡與楚相敝而不戰，則楚可以少割地而收秦。一本無「害」字，是。　札記吴氏正曰，一本無「害」字，是。丕烈案：此因上文「割」字而誤衍。「害」、「割」同字。

楚懷王拘張儀

楚懷王拘張儀〔一〕，將欲殺之。靳尚〔二〕爲儀謂楚王曰：「拘張儀，秦王必怒。天下見楚之無秦也，楚必輕矣。」又謂王之倖夫人鄭袖曰：「子亦自知且賤於王乎？」鄭袖曰：「何也？」尚曰：「張儀者，秦王〔三〕之忠信有功臣也。今楚拘之，秦王欲出之。秦王有愛女而美，又簡擇宮中佳翫麗好翫習音者〔四〕，以懽從之；資之金玉寶器，奉以上庸六縣爲湯沐邑〔五〕，欲因張儀內之楚王。楚王必愛，秦女依强秦以爲重，挾寶地以爲資，勢〔六〕爲王妻以臨於楚。王惑於虞樂，必厚尊敬親愛之而忘子，子益賤而日疏矣。」鄭袖曰：「願委之於公，爲之奈何？」曰：「子何不急言王，出張子。張子得出，德子無已時，秦女必不來，而秦必重子。子內擅楚之貴，外結秦之交，畜張子以爲用，子之子孫必爲楚太子矣，此非布衣之利也。〔七〕」

鄭袖遽說楚王出張子。〔八〕

〔一〕**鮑本**以其欺楚以商於故。

〔二〕**鮑本**楚人。

〔三〕**鮑本**惠。

〔四〕**鮑本**原注衍上「翫」字。○　好翫，人之可好可翫者。書曰，「翫人喪德」。習音，所謂懽也，以從愛女。補曰：一本無上「翫」字。正曰：習於音聲者。

〔五〕**鮑本**以邑爲女湯沐之具。

〔六〕**鮑本**「勢」下補「必」字。○　補曰：此下疑有缺字。　**札記**丕烈案：鮑、吴皆非。此無缺，讀以「勢爲王妻以臨於楚」八字爲一句。

〔七〕**鮑本**利在爲王。

〔八〕**鮑本**此十八年。補曰：史，楚願得張儀而獻黔中，秦王欲遣之，口弗忍言。儀請行，曰，「臣善靳尚，尚得事鄭袖，袖所言皆從」。遂使楚。儀固已料是謀之必中矣。

楚王將出張子

楚王將出張子，恐其敗己也〔一〕，靳尚謂楚王曰：「臣請隨之。儀事王不善，臣請殺之。」

〔一〕**姚本**「敗」一作「欺」。

楚小臣，靳尚之仇也，謂張旄〔一〕曰：「以張儀之知，而有秦、楚之用，君必窮矣。君不如使人微要靳尚而刺之〔二〕，楚王必大怒儀也。彼儀窮，則子重矣。楚、秦相難，則魏無患矣。」

〔一〕**鮑本**魏之用事者。

〔二〕**鮑本**「刺」作「殺」。○　微，不顯也，使若儀殺之。

張旄果令人要靳尚刺之。楚王大怒，秦構〔一〕兵而戰。秦、楚爭事魏，張旄果大重。〔二〕

〔一〕**鮑本**「構」上補「楚」字。○

〔二〕**鮑本**彪謂：張旄欲窮儀，則如殺儀斯已矣。今不殺儀，顧從說者殺尚，以儀之智，爲足以免於死也。補曰：大事記，靳尚之出張儀，欲以求福也，反以殺身。事變之來，亦安可迎隨哉？此可爲小人之戒。屈原曰，「前大王見欺於張儀，儀至，臣以爲大王烹之」。吁！豈惟屈原，雖庸人孰不謂然？懷王聽靳尚，隨袖之言而出之。既出之，又恐其欺己，而使尚隨之，不悟其詐。尚之見殺，則雖怒而終不能誅儀也。杜忠言，惑邪説，玩弄於儀掌股之上，召寇衄師，喪國亡身，死有餘責。特以爲秦人詐誘天下，反從而憐之，計其愚暗强愎，六國之主，無與輩也。

秦敗楚漢中

秦敗楚漢中〔一〕。楚王入秦，秦王〔二〕留之。游騰爲楚謂秦王曰：「王挾楚王，而與天下攻楚，則傷行矣。不與天下共攻之，則失利矣。王不如與之盟而歸之。楚王畏〔三〕，必不敢倍〔四〕盟。王〔五〕因與三國攻之，義也。」〔六〕

〔一〕鮑本此三十年，秦伐我，取八城，宜得漢中。
〔二〕鮑本昭。
〔三〕鮑本畏，畏秦。
〔四〕鮑本「倍」作「背」。〇
〔五〕鮑本「王」下補「背盟」二字。〇　補曰：宜復有「背盟」二字。
〔六〕鮑本彪謂：此言亦可聽也。而秦志在亂楚，不爲之動，所以卒并天下。後人守此。

楚襄王爲太子之時

楚襄王爲太子之時，質於齊。懷王薨，太子辭於齊王〔一〕而歸。齊王隘〔二〕之：「予我東地五百里，乃歸子。子不予我，不得歸。」太子曰：「臣有傅，請追〔三〕而問傅。」傅慎子曰：「獻之地，所以爲身也。愛地不送死父，不義。臣故曰，獻之便〔四〕。」太子入，致命齊王曰〔五〕：「敬獻地五百里。」齊王歸楚太子。

〔一〕**鮑本**閔。

〔二〕**鮑本**隘，猶阻。未即許，求地也。補曰：隘，從厄音，下同。

〔三〕**鮑本**「追」作「退」。○ 補曰：「退」字訛。 **札記**今本「追」作「退」，乃誤涉鮑也。

〔四〕**姚本**「便」一作「使」。曾作「便」。

〔五〕**鮑本**致命，歸誠之言。正曰：送致命令，如項羽使人致命懷王。

太子歸，即位爲王。齊使車五十乘，來取東地於楚。楚王告慎子曰：「齊使來求東地，爲之奈何？」慎子曰：「王明日朝群臣，皆令獻其計。」

上柱國子良入見。王曰：「寡人之得求反〔一〕，王〔二〕墳墓、復〔三〕群臣、歸社稷也，以東地五百里許齊。齊令〔四〕使來求地，爲之奈何？」子良曰：「王不可不與也。王身出玉聲，許强萬乘之齊而不與，則不信，後不可以約結諸侯。請與而復攻之。與之信，攻之武。臣故曰與之。」

〔一〕**鮑本**求反國而得。

〔二〕**鮑本**「王」作「主」。○ **札記**今本「王」作「主」。

〔三〕**鮑本**復，見之。

〔四〕姚本「令」一作「今」。

子良出，昭常入見。王曰：「齊使來求東地五百里，爲之奈何？」昭常曰：「不可與也。萬乘者，以地大爲萬乘。今去東地五百里，是去戰國之半也，有萬乘之號而無千乘之用也，不可。臣故曰勿與。常請守之」。

昭常出，景鯉入見。王曰：「齊使來求東地五百里，爲之奈何？」景鯉曰：「不可與也。雖然，楚不能獨守。王身出玉聲，許萬乘之强齊也而不與，負不義於天下。楚亦不能獨守〔一〕。臣請西索救於秦。」

〔一〕姚本曾圈去「王身」至「獨守」二十七字。

景鯉出，慎子入，王以三大夫計告慎子曰：「子良見寡人曰：『不可不與也，與而復攻之。』常見寡人曰：『不可與也，常請守之。』鯉見寡人曰：『不可與也，雖然，楚不能獨守也，臣請索救於秦。』寡人誰用於三子之計？」慎子對曰：「王皆用之。」王怫然作色〔一〕曰：「何謂也？」慎子曰：「臣請效其說，而王且見其誠然也。王發上柱國子良車五十乘，而北獻地五百里於齊。發子良之明日，遣昭常爲大司馬，令往守東地。遣昭常之明日，遣景鯉車五十乘，西索救於秦。」王曰：「善。」乃遣子良北獻地於齊。遣子良之明日，立昭常爲大司馬，使守東地。又遣景鯉西索救於秦。

〔一〕**鮑本**佛，鬱也。正曰：佛，音拂，當與孟子「艴然」之「艴」同義，怒變色也。

子良至齊，齊使人以甲受東地。昭常應齊使曰：「我典主東地，〔一〕且與死生〔二〕。悉五尺至六十，三十餘萬弊甲鈍兵，願承下塵〔三〕。」齊王謂子良曰：「大夫來獻地，今常守之何如？」子良曰：「臣身受命弊邑之王，是常矯也。王攻之。」齊王大興兵，攻東地，伐昭常。未涉疆，秦以五十萬臨齊右壤。曰：「夫隘楚太子弗出，不仁；又欲奪之東地五百里，不義。其縮甲則可〔四〕，不然，則願待戰。」齊王恐焉。乃請子良南道楚，西使秦，解齊患。士卒不用，東地復全。〔五〕

〔一〕**鮑本**典，猶職。主，猶守。

〔二〕**鮑本**地有則生，無地死之。

〔三〕**鮑本**凡人相趨則有塵，戰亦有塵。不敢與齊抗，故言下。

〔四〕**鮑本**縮，蹙也。蓋東之。

〔五〕**鮑本**彪謂：此四臣皆國士也。襄王無若人，豈能反國？慎子能兼用之，其最優乎？方之晉五臣，其舅犯歟？此書三書懷王薨而太子歸。史記獨謂「太子歸而王乃薨」，又謂「王逃歸不達，薨」。夫秦能劫留之，豈不能衛之？孟嘗之逃，先以計免，猶危不脫。楚王何以能逃？可疑也。楚王亡死，太子在外，郢中必立王以絶秦望。太子以齊之重，歸義嗣也，其誰敢干之？於是王乃定。齊策乃云，「忠王而走太子」，則是太子卒不得位，亦非也。蓋郢中立王時，蘇子以此策干田文，而語人以九可，文不之用，世猶載其語也。正曰：頃襄之辭於齊，齊隘之以割地，雖不讎，非不信也。齊使之來，當直拒之，昭常之不與，是矣。然不知出地而較計於大小之間，抑末矣。子良之與而復攻，繆矣。景鯉爲之索救於秦，夫不共戴天之讎，在所當絶，尚忍乞哀而求援哉！鯉罪特甚也。慎子不知擇其是非，決以大義，請皆用之，則兼其失矣。且秦之責齊曰，「隘楚太子不仁，奪東地不義」。斯言也，出於讎國之口，而四人皆無一語及之，尚何足稱乎？餘説并見齊策。春秋、戰國之時，在他國而逃歸者多矣，豈無衛之者邪？以此疑懷王之逃不可也。補曰：「使車」、「使人」之「使」，如字。「爲身」之「爲」，去聲。

女阿謂蘇子

女阿謂蘇子曰〔一〕：「秦栖楚王〔二〕，危太子者，公也。今楚王歸〔三〕，太子南〔四〕，公必危。公不如令人謂太子曰：『蘇子知太子之怨己也，必且務不利太子。太子不如善蘇子，蘇子必且爲太子入矣〔五〕。』」蘇子乃令人謂太子。太子復請善於蘇子〔六〕。

〔一〕鮑本未詳。補曰：疑此乃齊策「蘇子説薛公」章脱簡。首「女阿」二字，又他章錯脱。又「説薛公」策末，欠蘇子自解於薛公一節，此爲蘇子自解於太子也。疑亦有差舛。札記丕烈案：吴説誤。女阿者，太子之阿，内則所謂可者，與齊策不相涉。

〔二〕姚本「栖」，别本作「西」。鮑本懷王見劫，客秦如栖。

〔三〕鮑本以此書及史考之，王皆不歸。今此蓋其喪歸。正曰：此謀度之言。

〔四〕鮑本自齊歸楚爲南。

〔五〕鮑本入，言其歸之之深。正曰：使太子得入也。

〔六〕鮑本詳此，亦無走太子之事。

戰國策卷十六

楚　三

蘇子謂楚王

蘇子謂楚王曰：「仁人之於民也，愛之以心，事之以善言。孝子之於親也，愛之以心，事之以財。忠臣之於君也，必進賢人以輔之。今王之大臣父兄，好傷賢以爲資〔一〕，厚賦斂諸臣百姓，使王見疾於民，非忠臣也。大臣播王之過於百姓，多賂諸侯以王之地，是故退王之所愛〔二〕，亦非忠臣也，是以國危。臣願無聽群臣之相惡也，慎大臣父兄〔三〕；用民之所善，節身之嗜欲，以〔四〕百姓。人臣莫難於無妬而進賢。爲主死易，垂沙之事〔五〕，死者以千數〔六〕。爲主辱易，自令尹以下，事王者以千數。至於無妬而進賢，未見一人也。故明主之察其臣也，必知其無妬而進賢也。賢〔七〕之事其主也，亦必無妬而進賢。夫進賢之難者，賢者用且

使己廢，貴且使己賤，故人難之。」〔八〕

〔一〕**鮑本**爲己資借。
〔二〕**鮑本**王所愛者，必不播割，與大臣異趣，故大臣退之。
〔三〕**鮑本**言不輕用之。
〔四〕**鮑本**「以」下補「與」字。○　補曰：此下有缺文。　**札記**今本「以」下有「與」字，乃誤涉鮑也。
〔五〕**鮑本**未詳。兵略訓，「楚兵殆於垂沙」，亦不注。
〔六〕**鮑本**補曰：「爲主死易」止「千數」，下句同。如此則意明。
〔七〕**鮑本**「賢」下有「臣」字。○
〔八〕**鮑本**此策本次蘇秦之楚之上，知蘇子，秦也。然不可先於之楚，故次之此。彪謂：此策，人主所當先務，人臣之上節也。蘇氏弟兄言之若此者，二三策而已。正曰：蘇子未知果秦否？序次無據。進賢之説，而出於蘇氏，不過欲時君用己而發，言是而意則非也。

蘇秦之楚三日

蘇秦之楚，三日〔一〕乃得見乎王。談卒，辭而行。楚王曰：「寡人聞先生，若聞古人。今先生乃不遠千里而臨寡人，曾不肯留，願聞其説。」對曰：「楚國之食貴於玉，薪貴於桂，謁者難得見如鬼，王難得見如天帝。今令臣食玉炊桂，因鬼見帝。」王曰：「先生就舍，寡人聞

命矣。」〔二〕

〔一〕鮑本補曰：一本標後語、十二國史皆作「三年」。

〔二〕鮑本正曰：一本標類要引北堂書鈔作「宣王」。

楚王逐張儀於魏

楚王逐張儀於魏〔一〕。陳軫曰：「王何逐張子？」曰：「爲臣不忠不信。」曰：「不忠，王無以爲臣；不信，王勿與爲約。且魏臣不忠不信，於王何傷？忠且信，於王何益？逐而聽則可，若不聽，是王令困也。且使萬乘之國免其相，是城下之事也〔二〕。」

〔一〕鮑本使魏逐之。儀初相魏時，此七年。

〔二〕鮑本此言魏恥之。桓十三年，主城下之盟，諸侯所恥。正曰：十二年。

張儀之楚貧

張儀之楚，貧〔一〕。舍人怒而〔二〕歸。張儀曰：「子必以衣冠之敝，故欲歸。子〔三〕待我爲子見楚王。」當是之時，南后〔四〕、鄭襃〔五〕貴於楚。

〔一〕**鮑本**初至，王未之重。
〔二〕**鮑本**「而」下有「欲」字。○
〔三〕**鮑本**無「子」字。○
〔四〕**鮑本**懷王后。
〔五〕**鮑本**美人。補曰：「袖」，「褏」同。周紫芝楚辭説云，「鄭國之女多美而善舞。楚懷王幸姬鄭袖，當是善舞，故名。袖者，所以舞也」。

張子見楚王，楚王不説〔一〕。張子曰：「王無所用臣，臣請北見晉君。」楚王曰：「諾。」張子曰：「王無求於晉國乎？」王曰：「黃金珠璣〔二〕犀象出於楚，寡人無求於晉國。」張子曰：「王徒不好色耳？」王曰：「何也？」張子曰：「彼鄭、周之女，粉白墨黑〔三〕，立於衢閭，非知而見之者，以爲神。」楚王曰：「楚，僻陋之國也，未嘗見中國之女如此其美也。寡人之獨何爲不好色也〔四〕？」乃資之以珠玉。

〔一〕**鮑本**前嘗欲逐之於魏。正曰：彼此前後不可考。疑此爲初見楚王時事，當在前。
〔二〕**鮑本**璣，珠不圓者。
〔三〕**姚本**別本作「黛黑」。**鮑本**黑，言其髮。正曰：墨，別本作「黛」，畫眉墨也。
〔四〕**鮑本**「之」上補「見」字。○補曰：此當有「見」字。**札記**今本「之」上有「見」字，乃誤涉鮑也。丕烈案：鮑、吳皆非，讀以十字爲一句。

南后、鄭褏聞之大恐。令人謂張子曰：「妾聞將軍之晉國，偶有金千斤，進之左右，以供芻秣〔一〕。」鄭褎亦以金五百斤。

〔一〕**鮑本**秣，飼馬。

張子辭楚王曰：「天下關閉〔一〕不通，未知見日也，願王賜之觴。」王曰：「諾。」乃觴之。張子中飲〔二〕，再拜而請曰：「非有他人於此也，願王召所便習而觴之〔三〕。」王曰：「諾。」乃召南后、鄭褎而觴之。張子再拜而請曰：「儀有死罪於大王。」王曰：「何也？」曰：「儀行天下徧矣，未嘗見人如此其美也〔四〕。而儀言得美人，是欺王也。」王曰：「子釋〔五〕之。吾固以爲天下莫若是兩人也。」〔六〕

〔一〕**鮑本**「關閉」作「閉關」。○

〔二〕**鮑本**正曰：上林賦「酒中樂酣」注，飲酒半醉半醒也。中，直衆反。

〔三〕**鮑本**便，所安者。習，所昵者。補曰：便習，猶便嬖。便，毗連反。

〔四〕**鮑本**無「也」字。○

〔五〕**鮑本**釋，猶置。

〔六〕**鮑本**儀自辱於楚相，未嘗至楚。其至楚在復相秦之四歲，此十六年。正曰：不可考。補曰：大事記引蘇氏云，儀之所以求用者，其術至此！此所以言必信而功多也，可不悲乎？愚謂，此正孟子所謂妾婦之道；莊生所謂所治愈下，則所得愈多者也。策南后、鄭褎爲二人，蘇氏止爲鄭褎一人。「爲子」之「爲」，去聲。

楚王令昭雎之秦重張儀

楚王令昭雎之秦重張儀〔一〕。未至，惠王死。武王逐張儀。楚王因收昭雎以取齊〔二〕。桓臧〔三〕爲雎謂楚王曰：「横親之不合也〔四〕，儀貴惠王〔五〕而善雎也。今惠王死，武王立，儀走，公孫郝、甘茂貴。甘茂善魏，公孫郝善韓。二人固不善雎也，必以秦合韓、魏。韓、魏之重儀〔六〕，儀有秦而雎以楚重之。今儀困秦而雎收楚〔七〕，韓、魏欲得秦，必善二人者〔八〕。將收韓、魏輕儀而伐楚〔九〕，方城必危。王不如復雎〔一〇〕，而重儀於韓、魏。儀據楚勢，挾魏重，以與秦争。魏不合秦〔一一〕，韓亦不從〔一二〕，則方城無患。」

〔一〕**鮑本**説秦，使重之。

〔二〕**鮑本**無「楚」字。○ 收，捕繫之也。雎善儀而齊惡儀，秦既逐儀，楚故捕繫雎以外儀而合於齊。補曰：以收爲捕繫，則與「收韓、魏」字義頓異，恐有差誤。

〔三〕**鮑本**楚人。

〔四〕**鮑本**「横」作「從」。○ **札記**丕烈案：鮑改誤甚。此横親，指秦、韓、魏也。

〔五〕**鮑本**爲王所貴。

〔六〕**鮑本**言昔重之。

〔七〕**鮑本**困，謂見逐於秦。

〔八〕**姚本**一本有兩「二人」字。　**鮑本**「者」下補「二人者」三字。○

〔九〕鮑本以楚嘗重儀故。

〔一〇〕鮑本復其位。

〔一一〕鮑本絶句。

〔一二〕姚本「韓」，三同。舊作「王」。鮑本「韓」作「王」。○鮑本不從秦。補曰：姚云，「王」，三本同作「韓」。愚謂此義長。

張儀逐惠施於魏

張儀逐惠施於魏〔一〕。惠子之楚，楚王受之。

〔一〕鮑本儀時隙秦相魏。此十九年。

馮郝〔二〕謂楚王曰：「逐惠子者，張儀也。而王親與約〔三〕，是欺儀也，臣爲王弗取也。惠子爲儀者來〔三〕，而惡王之交於張儀，惠子必弗行也〔四〕。且宋王〔五〕之賢惠子也，天下莫不聞也。今之不善張儀〔六〕也，天下莫不知也。今爲事之故〔七〕，棄所貴於讎人〔八〕，臣以爲大王輕矣。且爲事耶〔九〕？王不如舉惠子而納之於宋，而謂張儀曰：『請爲子勿納也。』儀必德王〔一〇〕。而惠子窮人，而王奉之，又必德王。此不失爲儀之實，而可以德惠子。」楚王曰：「善。」乃〔一一〕奉惠子而納之宋。

〔一〕**鮑本**楚人。
〔二〕**鮑本**與施相結。
〔三〕**鮑本**「者來」作「來者」。○　**札記**今本「者來」作「來者」，乃誤涉鮑也。
〔四〕**鮑本**此設辭也。施以儀逐之而來，必有惡儀之言。使施善儀，爲儀而來，豈行此惡儀之言哉？正曰：謂逐惠施者張儀，而王與施結約，則是欺儀，臣所以爲王不取。惠施爲儀逐，來歸，而使王與儀交惡，施亦不必行此。
〔五〕**鮑本**君偃。
〔六〕**鮑本**今，謂施。
〔七〕**鮑本**今爲楚國事。
〔八〕**鮑本**貴謂儀，讎謂施不善儀也。楚王嘗貴儀，而今受施，是爲儀之讎而棄儀也。
〔九〕**鮑本**誠有意爲國事者。
〔一〇〕**鮑本**「儀」作「今」。○　今，謂儀。補曰：一本「儀必君王」。
〔一一〕札記今本脱「乃」字。

五國伐秦

五國伐秦。魏欲和〔一〕，使惠施〔二〕之楚。楚將入之秦〔三〕而使行和。

〔一〕**鮑本**補曰：大事記，此六國既敗，求和於秦之事也。
〔二〕**鮑本**魏相。

〔三〕**鮑本**納施於秦。

杜赫謂昭陽曰：「凡爲伐秦者楚也〔一〕。今施以魏來，而公入之秦，是明楚之伐而信魏之和也。公不如無聽惠施，而陰使人以請聽秦〔二〕。」昭子曰：「善。」因謂惠施曰：「凡爲攻秦者魏也，今子從楚爲和，楚得其利〔三〕，魏受其怨。子歸，吾將使人因魏而和。」

〔一〕**鮑本**據此，則楚時與伐，非燕也。正曰：「凡爲伐秦者楚也」，指爲從長而言。餘説見秦策義渠君章。

〔二〕**姚本**「聽」，劉作「德」。**鮑本**以請和於秦而聽其命。

〔三〕**鮑本**「得」作「將」。○ 補曰：當作「得」，大事記改。

惠子反，魏王〔一〕不説。杜赫謂昭陽曰：「魏爲子先戰，折兵之半〔二〕，謁病不聽，請和不得，魏折而入齊、秦〔三〕，子何以救之〔四〕？東有越纍〔五〕，北無晉，而交未定於齊、秦，是楚孤也。不如速和〔六〕。」昭子曰：「善。」因令人謁和於魏。〔七〕

〔一〕**鮑本**哀。正曰：襄。

〔二〕**鮑本**補曰：折閲之折，減損也。

〔三〕**鮑本**此折，猶屈。

〔四〕**鮑本**救其折。

〔五〕**鮑本**「纍」作「累」。○ 此言越有傷楚之心，越近楚故。正曰：此書纍、累通。

〔六〕**鮑本**赫此言，蓋兩忠楚、魏。正曰：赫陳楚陰請秦之謀以誑魏，今恐魏之折入秦，而復爲是説，非有忠魏之心也。

〔七〕**鮑本**正曰：「爲子」之「爲」，去聲。

陳軫告楚之魏

陳軫告〔一〕楚之魏。張儀惡之於魏王曰〔二〕：「軫猶善楚，爲求地甚力。」左爽〔三〕謂陳軫曰：「儀善於魏王，魏王甚信之，公雖百説之，猶不聽也。公不如以儀之言爲資〔四〕，而得復楚〔五〕。」陳軫曰：「善。」因使人以儀之言聞於楚。楚王喜，欲〔六〕復之。〔七〕

〔一〕**鮑本**「告」作「去」。○　補曰：恐當作「去」。　**札記**今本「告」作「去」，乃誤涉鮑也。

〔二〕**鮑本**哀。正曰：當是惠王。

〔三〕**鮑本**未詳。

〔四〕**鮑本**儀言己爲楚，因以其言聞之楚。

〔五〕**鮑本**楚聞其爲楚，故復之。

〔六〕**姚本**劉作「果欲」。

〔七〕**鮑本**補曰：魏策有，同。

秦伐宜陽

秦伐宜陽〔一〕。楚王謂陳軫曰：「寡人聞韓侈〔二〕巧士也，習諸侯事，殆能自免也〔三〕。爲其必免，吾欲先據之以加德焉。」陳軫對曰：「舍之，王勿據也。以韓侈之知，於此困矣。今山澤之獸，無黠於麋〔四〕。麋知獵者張罔，前而驅己也，因還走而冒人〔五〕，至數〔六〕。獵者知其詐，僞舉罔而進之〔七〕，麋因得矣。今諸侯明知此多詐，僞舉罔而進者必衆矣。舍之，王勿據也。韓侈之知，於此困矣。」楚王聽之，宜陽果拔。陳軫先知之也。〔八〕

〔一〕**鮑本**此二十一年。

〔二〕**鮑本**「侈」作「朋」。○

〔三〕**鮑本**免於危亡也。公仲時守宜陽。

〔四〕**鮑本**鹿屬。補曰：黠，慧也。慧者，儇敏也。

〔五〕**鮑本**蒙犯即人，不趨網。

〔六〕**鮑本**數，音朔。

〔七〕**鮑本**僞舉網，使其進而即人，乃以網網之。

〔八〕**鮑本**此策亦可作韓侈。以公仲實守宜陽，故作「朋」。正曰：說見秦、韓等策。

唐且見春申君

唐且〔一〕見〔二〕春申君〔三〕曰：「齊人飾身修行得爲益，〔四〕然臣羞而不學也。不避絶江河〔五〕，行千餘里來，竊慕大君之義〔六〕，而善君之業。臣聞之，賁、諸懷錐刃〔七〕而天下爲〔八〕勇，西施衣褐〔九〕而天下稱美。今君相萬乘之楚，禦中國之難，所欲者不成，所求者不得，臣等少也。夫梟棊〔一〇〕之所以能爲〔一一〕者，以散棊佐之也〔一二〕。夫一梟之不如〔一三〕不勝五散〔一四〕，亦明矣。今君何不爲天下梟，而令臣等爲散乎？」

〔一〕**鮑本**「且」作「雎」。○ 今從秦策。

〔二〕**鮑本**「見」上有「旦」字。○

〔三〕**鮑本**黄歇，楚相。

〔四〕**鮑本**益，謂有禄位。

〔五〕**鮑本**言雖險不避。

〔六〕**鮑本**大，言其高義。

〔七〕**鮑本**孟賁、專諸。諸，吴人，刺王子慶忌者。言二人不待盛兵而後稱勇。

〔八〕**鮑本**補曰：「爲」當作「謂」。

〔九〕**鮑本**褐，粗衣。補曰：説文，編枲韈，一曰粗衣。詩豳風、孟子注、貢禹傳注并云「毛布」。

〔一〇〕**姚本**一無「棊」字。**鮑本**補曰：正義云，博頭有刻梟鳥形者。

〔一一〕鮑本「能爲」作「爲能」。○

〔一二〕鮑本散，謂衆棋。

〔一三〕姚本劉無「不如」二字。

〔一四〕鮑本獨善不如衆智。補曰：當云「一梟之不勝，不如五散」。

戰國策卷十七

楚四

或謂楚王

或謂楚王曰：「臣聞從者欲合天下以朝大王，臣願大王聽之也〔一〕。夫因詘爲信〔二〕，舊患有成〔三〕，勇者義之。攝〔四〕禍爲福，裁少爲多，知者官之〔五〕。夫報報之反〔六〕，墨墨之化〔七〕，唯大君能之。禍與福相貫〔八〕，生與亡爲鄰，不偏於死〔九〕，不偏於生〔一〇〕，不足以載〔一一〕大名。無所寇艾〔一二〕，不足以橫〔一三〕世。夫秦捐德絶命之日久矣，而天下不知。今夫橫人嚂口利機〔一四〕，上干主心，下牟〔一五〕百姓，公舉〔一六〕而私取利，是以國權輕於鴻毛，而積禍重於丘山〔一七〕。」

〔一〕**鮑本**燕昭末年，用蘇代說，復約從。此二十二年。春申遂爲從長。正曰：此策時不可考，以爲春申合從，無明據，與下章不同。

〔二〕鮑本詘，謂懷王劫死。正曰：不專指此。

〔三〕鮑本「舊」作「奮」。○奮於患難，以能有成。札記今本「舊」作「奮」。

〔四〕鮑本補曰：攝，收也。

〔五〕鮑本官，尊榮之稱。正曰：栽之，謂制其宜也；官之，謂主其事也。

〔六〕鮑本報，猶反也。言屈申禍福，相反不一。

〔七〕鮑本墨，默同。化，猶治也。言治之其未著。正曰：報報之反，言反復相尋。墨墨之化，言變化無形。惟大君能之者，言其轉旋變化之妙，又非勇智者所可及也。新序，「晉平公謂師曠，甚矣，子之墨墨也。曠曰，天下有五墨墨」。史商君傳，「殷紂墨墨以亡」。漢書竇嬰傳，「墨墨不得意」。皆同。此字義或有異。

〔八〕鮑本貫，猶通。

〔九〕鮑本偏，猶專也。死，謂患難。

〔一〇〕鮑本專於衛生，加兩臂重於天下者。

〔一一〕姚本「載」一作「戴」。鮑本正曰：載，承也。不專一於致死，不專一於求生者，不足以承載大名。

〔一二〕鮑本寇，外兵。艾，已所懲創。正曰：寇，猶賊害。艾即刈。不遭賊害而懲創，則不足以横行於世。

〔一三〕鮑本横，言莫之敵。

〔一四〕鮑本集韻，嚂，聲也。言聲説所利之事。正曰：嚂，力暫切，食貌。利機者，利其發動之機。

〔一五〕鮑本牟，取也。

〔一六〕鮑本舉，謂舉措。

〔一七〕鮑本補曰：此主從而黜横者之説。然意多未詳。

魏王遺楚王美人

魏王〔一〕遺楚王美人，楚王說之。夫人鄭褏知王之說新人也，甚愛新人。衣服玩好，擇其所喜而爲之；宮室卧具，擇其所善〔二〕而爲之。愛之甚於王。王曰：「婦人所以事夫者，色也；而妬者，其情也。今鄭褏知寡人之說新人也，其愛之甚於寡人，此孝子之所以事親，忠臣之所以事君也。」

〔一〕鮑本哀。正曰：無考。
〔二〕姚本「善」一作「喜」。

鄭褏知王以己爲不妬也，因謂新人曰：「王愛子美矣。雖然，惡子之鼻。子爲見王，則必掩子鼻〔一〕。」新人見王，因掩其鼻。王謂鄭褏曰：「夫新人見寡人，則掩其鼻，何也？」鄭褏曰：「妾知也。」王曰：「雖惡必言之。」鄭褏曰：「其似惡聞君王之臭也〔二〕。」王曰：「悍哉！」令劓之，無使逆命〔三〕。

〔一〕鮑本爲此惡鼻故。正曰：爲，如字。
〔二〕鮑本無「君」字。〇王蓋有臭疾。札記丕烈案：韓子無。
〔三〕鮑本不通新人之言。補曰：「雖惡」之「惡」，如字。

楚王后死

楚王后死〔一〕，未立后也。謂昭魚曰：「公何以不請立后也？」昭魚曰：「王不聽，是知〔二〕困而交絕於后〔三〕也。」「然則〔四〕不買〔五〕五雙珥，令其一善而獻之王，明日視善珥所在，因請立之。」〔六〕

〔一〕**鮑本**自張儀拘時，獨言鄭褎，則后死久矣。正曰：無據。使真爲懷王，鄭褎必不待視珥所在矣。
〔二〕**鮑本**「知」作「智」。○
〔三〕**鮑本**「於」作「立」。○　補曰：一本「立」作「於」。新所立后。
〔四〕**鮑本**說者辭。
〔五〕**鮑本**補曰：「不買」上宜有「何」字。
〔六〕**鮑本**補曰：說見齊策。此等何足記載！

莊辛謂楚襄王

莊辛謂楚襄王〔一〕曰：「君王左州侯，右夏侯，輦從鄢陵君與壽陵君〔二〕，專淫逸侈靡，不顧國政，郢都必危矣。」襄王曰：「先生老悖乎〔三〕？將以爲楚國祆祥乎？」莊辛曰：「臣誠見其必然者也，非敢以爲國祆祥也。君王卒幸四子者不衰，楚國必亡矣。臣請辟於趙，淹〔四〕

留以觀之。」莊辛去，之趙，留五月，秦果舉鄢、郢、巫、上蔡、陳之地〔五〕，襄王流揜於城陽〔六〕。於是使人發騶〔七〕，徵〔八〕莊辛於趙。莊辛曰：「諾。」莊辛至，襄王曰：「寡人不能用先生之言，今事至於此，爲之奈何？」

〔一〕**姚本**荀子，「莊辛謂楚莊王」。　**鮑本**楚人。補曰：元和姓纂，莊辛，楚莊王之後，以謚爲號。

〔二〕**鮑本**皆楚之寵倖臣也。輦從，謂輦出則二人從之。

〔三〕**鮑本**悖，背道也。正曰：悖，亂也，言老而耄亂也。

〔四〕**鮑本**淹，亦留。

〔五〕**鮑本**此二十一年，白起拔郢，置南郡。

〔六〕**鮑本**「城」作「成」。○流，謂走；揜，覆也，謂自匿。成陽，屬汝南；若城陽，乃齊也。補曰：史，「東北保於陳城」，當是指此城爾。

〔七〕**鮑本**騶，車御也。

〔八〕**鮑本**徵，謂召也。

莊辛對曰：「臣聞鄙語曰：『見兔而顧犬，未爲晚也；亡羊而補牢〔一〕，未爲遲也。』臣聞昔湯、武以百里昌，桀、紂以天下亡。今楚國雖小，絕長續短，猶以數千里，豈特百里哉？

〔一〕**鮑本**牢，閉養之圈。

「王獨不見夫蜻蛉〔二〕乎？六足四翼，飛翔乎天地之間，俛啄蚉虻而食之，仰承甘露而飲之，自以爲無患，與人無争也。不知夫五尺童子，方將調鈆〔二〕膠絲〔三〕，加己乎四仞之上，而下爲螻蟻食也。蜻蛉其小者也〔四〕，黄雀因是以。俯噣〔五〕白粒，仰棲茂樹，鼓翅〔六〕奮翼，自以爲無患，與人無争也。不知夫公子王孫，左挾彈，右攝丸〔七〕，將加己乎十仞之上，以其類爲招〔八〕。晝游乎茂樹，夕調乎酸鹹〔九〕，倏忽之間，墜於公子之手〔一〇〕。

〔一〕**鮑本**蟲，一名「桑根」。

〔二〕**鮑本**「鈆」作「飴」。○　補曰：「鈆」當作「飴」。飴，米蘖所煎，調以餌之。又施膠於絲以繫之。正曰：顔師古急就章注，「以蘖消末，取汁而煎之，渜弱者爲飴，形怡怡然。此謂調以膠絲也」。淮南子，「柳下惠見飴曰，『可以養老』；盜跖見飴曰，『可以黏牡』」。吕氏春秋，「仁人得飴，以養疾侍老；跖、蹻得飴，以開閉取楗，皆以黏也」。　**札記**今本「鈆」作「飴」，乃誤涉鮑也。

〔三〕**鮑本**補曰：一本標「膠」或作「繆」，言糾繆纏繞也。　**札記**丕烈案：新序作「膠絲竿」。

〔四〕**鮑本**無「蜻蛉其小者也」六字。○　**札記**丕烈案：新序有。

〔五〕**鮑本**噣，啄也。蓋以喙啄。補曰：一本「噣」作「囑」。　**札記**丕烈案：新序作「啄」。

〔六〕**鮑本**翅，强羽。

〔七〕**鮑本**攝，引持也。

〔八〕**鮑本**補曰：一本標後語云「以其頸爲的」。「的」，或爲「招」。　**札記**丕烈案：「類」字形近之譌也。李善注詠懷詩引作「以其頸爲的」。「的」、「招」同義。齊策所謂「今夫鵠的」，魏策所謂「兵爲招質」者也。

〔九〕**鮑本**以爲饌也。

〔一〇〕**姚本**三同。集無以上十字。曾本云，一本有此十字。

「夫雀〔一〕其小者也，黄鵠〔二〕因是以。游於江海，淹乎大沼，俯噣鰷〔三〕鯉，仰嚙蔆衡〔四〕，奮其六翮〔五〕，而凌清風，飄摇乎高翔，自以爲無患，與人無争也。不知夫射者，方將修其⿱艹弁盧〔六〕，治其繒繳〔七〕，將加己乎百仞之上。彼礛磻〔八〕，引微繳，折清風而抎〔九〕矣。故晝游乎〔一〇〕江河，夕調乎〔一一〕鼎鼐〔一二〕。

〔一〕**姚本**一本，「夫黄雀」。

〔二〕**鮑本**鵠，鴻也。正曰：水鳥也。

〔三〕**鮑本**「鰷」作「鱔」。○字書無「鰷」字。**札記**丕烈案：新序作「鰋鯉」。

〔四〕**鮑本**衡，香草。正曰：周禮，「蔆，芰蔆」。「蓤」、「蔆」字通。凡將篇，「蓤，從遴，今俗書作菱」。武陵記云，「四角、三角曰芰，兩角曰菱」。衡與菱並言即荇，接余，水草也。

〔五〕**鮑本**翮，羽本。

〔六〕**鮑本**「⿱艹弁」作「碆」。○字書無「⿱艹弁」字。「碆」與「⿱艹弁」聲近。集韻，「碆」可爲鏃。「盧」，「旅」同，黑弓也。正曰：下文「磻」，即「碆」，此不當復有「黑弓」之注，恐是此字形聲訛。**札記**「⿱艹弁」作「碆」，乃誤涉鮑也。丕烈案：「⿱艹弁」當讀爲「蒲」。左氏所謂「董澤之蒲」也。新序作「修其防翳」，不與此同。

〔七〕**鮑本**「繒」作「矰」。○正曰：「矰」通，見三輔黄圖。矰，弋射矢。繳，生絹縷。補曰：繳，音灼。**札記**今本「繒」作「矰」，乃誤涉鮑也。丕烈案：新序是「繒」字。

〔八〕**姚本**續：「磻」，補左、補何二切。以石維繳也。**鮑本**「礛」作「⿰監刂」。○「⿰監刂」，利也。集韻，磻，以石着維繳也。正曰：廣韻，礛，力甘反，治玉之石。**札記**丕烈案：新序作「揚微波」。「波」、「磻」同字。

〔九〕**鮑本**以繫矢，從高。集韻，抎，下也，如折然。補曰：抎，羽粉反。徐按吕氏春秋，與「隕」同。

〔一〇〕姚本集，一無「乎」字。

〔一一〕姚本集，一無「乎」字。

〔一二〕鮑本鼒，鼎之絶大者。

「夫黄鵠其小者也，蔡聖侯〔一〕之事因是以。南游乎高陂〔二〕，北陵乎巫山，飲茹谿流〔三〕，食湘波之魚〔四〕，左抱幼妾，右擁嬖女，與之馳騁乎高蔡之中〔五〕，而不以國家爲事。不知夫子發方受命乎宣王〔六〕，繫己以〔七〕朱絲而見之也〔八〕。

〔一〕鮑本「聖」作「靈」。○ 春秋及史無「聖侯」。補曰：「聖」當作「靈」，或者古通稱歟。下同。札記丕烈案：吴説非，見下。新序作「蔡侯」。詠懷詩注引作「蔡聖侯因是已」。延叔堅戰國策論曰，「因是已，因事已，復有事也」。依此，當讀「以」字句絶，連下者誤。上下句盡同。

〔二〕鮑本陂，阪也。正曰：池也。此引説文上一句。

〔三〕姚本續：後語「飲茹溪之流」注云，茹溪，巫山之溪。鮑本茹，飲馬也。故與吐反。

〔四〕鮑本湘水，出零陵，屬長沙。

〔五〕鮑本即上蔡。

〔六〕鮑本「宣」作「靈」。○ 補曰：「宣」當作「靈」。札記丕烈案：吴氏説非，新序作「宣」。此策文本作「聖侯」、「宣王」，非春秋蔡靈侯、楚靈王事。子發事楚宣，高誘注淮南子有其證。

〔七〕姚本三同，無「以」字。

〔八〕鮑本昭十一年，楚子誘蔡侯般，殺之於申。經傳不書子發，蓋使子發召之。楚子，靈王。若宣王，蔡滅八十年矣。道應訓「子發伐蔡，宣王郊迎」，人間訓又言「獲罪威王」者，皆失考也。

「蔡聖侯之事其小者也，君王之事因是以。左州侯，右夏侯，輦從鄢陵君與壽陵君〔一〕，飯封禄之粟〔二〕，而戴方府之金〔三〕，與之馳騁乎雲夢之中，而不以天下國家爲事。不〔四〕知夫穰侯方受命乎秦王〔五〕，填黽塞之内〔六〕，而投己乎黽塞之外。」

〔一〕**姚本**一無此「輦」字。　**鮑本**「輦」作「輂」。○　補曰：「鄢陵」，新序作「新安」。　**札記**今本「輦」作「輂」。

〔二〕**鮑本**所封之禄。

〔三〕**鮑本**「戴」作「載」。○　方，四方。金，其所貢。　**札記**今本「戴」作「載」。

〔四〕**鮑本**「不」上有「而」字。○　**札記**丕烈案：新序無。

〔五〕**鮑本**昭。

〔六〕**鮑本**填，兵滿也。江夏有鄳，即魏策鄳隘之塞。　補曰：策本韓，鮑改作魏，故云。然燕策亦有。案，左氏定四年，左司馬戌謂子常「直轅、冥阸」注，漢東隘道。史春申傳，秦踰黽隘之塞而攻楚。蘇秦傳，塞鄳阸。正義云，申州羅山縣，本漢鄳縣，州有清平關，蓋古鄳縣之阸塞。又云，石城山，楚母家涉鄳塞。亦指此。而正義誤以爲河東太陽鄍城，初不與楚相涉，何遽忘前説也？大事記作「鍾山縣」。按唐志，申州有鍾山、羅山兩縣。申州，今信陽軍也。黽、鄳字同，謨萌反。隘，當從阸音。

襄王聞之，顔色變作，身體戰慄。於是乃以執珪而授之爲陽陵君〔一〕，與淮北之地也〔二〕。〔三〕

〔一〕**姚本**一本無「以」字。曾，「爲」上有「封之」二字。

〔二〕**鮑本**無「也」字。○

〔三〕鮑本彪謂：此策，天下之善規也。襄王雖失之東隅，而收之桑榆。故其季年保境善鄰，差爲無事，此策爲有力焉。補曰：「與淮北」云云句上有缺文。新序曰，「身體悼栗，曰『謹受令』。乃封莊辛爲城陵君而用計焉。與舉淮北之地十二諸侯」。後語云，「而與謀秦，復取淮北之地」。大事記，頃襄既失郢都，復召莊辛，聞其言，至於色變體慄，此其所以能稍復故地也。復取江南十五邑，在頃襄二十三年。新序又載，楚襄用莊辛計，舉淮北之地十二諸侯。蓋喪亂之後，補敗扶傾之計，皆出於辛，特不能大有所爲耳。劉辰翁極詆辛小人，謂何策之有？皆失考。

齊明說卓滑以伐秦

齊明說卓滑〔一〕以伐秦，滑不聽也。齊明謂卓滑曰：「明之來也〔二〕，爲樗里疾卜交也。明說楚大夫以伐秦，皆受明之說也，唯公弗受也，臣有辭以報樗里子矣。」卓滑因重之〔三〕。

〔一〕鮑本疑即淖滑。

〔二〕鮑本蓋自秦來。

〔三〕鮑本此明因敗爲成之說也。樗里，滑之所欲交也。滑不聽明，明懼見輕，爲善於疾，而言以此報疾，故滑重之。

或謂黃齊

或謂黃齊曰：「人皆以謂公不善於富摯〔一〕。公不聞老萊子〔二〕之教孔子事君乎？示之其齒之堅也〔三〕，六十而盡相靡也〔四〕。今富摯能〔五〕，而公重〔六〕不相善也，是兩盡也〔七〕。諺曰〔八〕：『見君之乘，下之〔九〕；見杖，起之〔一〇〕。』今也，王愛富摯，而公不善也，是不臣也。」〔一一〕

〔一〕**鮑本**皆楚人。

〔二〕**鮑本**楚有道之士。

〔三〕**姚本**一本「齒」下有「曰齒」二字。

〔四〕**鮑本**「靡」，「摩」同，研也。

〔五〕**鮑本**有材能。

〔六〕**鮑本**重，猶甚。

〔七〕**鮑本**補曰：謂兩强俱斃，若齒之相摩，以就盡也。

〔八〕**鮑本**傳言曰「諺」。

〔九〕**鮑本**乘，馬也。在車則下。

〔一〇〕**鮑本**在坐則起。補曰：「下」，音户。「起」，音去，上聲。

〔一一〕**鮑本**彪謂：王之所愛，誠善人也，正人也。尊之敬之，禮也。如不善不正，方當爲王力排而亟去之。今曰王愛之亦愛，何義也？此正盍以富摯能爲足愛也。夫能之不善不正亦多矣，不可不察也。補曰：説苑，「常從告老子曰，『舌之存也，豈非以其治之柔邪？齒之亡也，豈非以其剛邪？』」孔叢子云，「老萊子謂子思曰，『子不見夫齒乎？雖堅剛，卒盡相摩；舌柔順，終以不敝』」。按史記及漢志並云，孔子與老子、老萊子同時，孔叢子所記，舛也。

長沙之難

長沙〔一〕之難，楚太子橫爲質於齊。楚王死，薛公歸太子橫，因與韓、魏之兵，隨而攻東國。太子懼〔二〕。昭蓋曰：「不若令屈署以新〔三〕東國爲和於齊以動秦。秦恐齊之敗東國〔四〕，而令行於天下也，必將救我。」太子曰：「善。」遽令屈署以東國爲和於齊〔五〕。秦王〔六〕聞之懼，令辛〔七〕戎告楚曰：「毋與齊東國，吾與子出兵矣。」

〔一〕**鮑本**長沙，荆州國。懷二十九年，秦大破楚，楚王恐，使太子質齊。楚蓋破於此。

〔二〕鮑本本其初言之，亦明此非新立王也。

〔三〕**鮑本**「新」字疑衍。

〔四〕**鮑本**上言齊興兵攻故地，此恐其敗。

〔五〕**鮑本**此即子良之策，蓋與署偕。

〔六〕**鮑本**昭。

〔七〕**鮑本**「辛」作「芈」。○　補曰：當作「芈」。

有獻不死之藥於荆王者

有獻不死之藥於荆王者，謁者操以入。中射之士〔一〕問曰：「可食乎？」曰：「可。」因奪而食之。王怒，使人殺中射之士。中射之士使人説王曰：「臣問謁者，謁者曰可食，臣故食之。是臣無罪，而罪在謁者也。且客獻不死之藥，臣食之而王殺臣，是死藥也。王殺無罪之臣，而明人之欺王。」王乃不殺。〔二〕

〔一〕鮑本射人之在中者。正曰：韓非子注，中射士，官，有上、中、下。

〔二〕鮑本彪謂：此謾上，乃不可不殺。荆王赦之，以不能答之也。於答是也何有？謁者曰「可食」，非謂「汝可食」也。藥之能不死者，平人耳，非能使刑者不死。且人以獻王，何與汝？而問之，是安得無罪也。正曰：人獻藥於王，奪而食之，固不得爲無罪，而罪不至於死者。世豈有不死之藥哉？明臣之欺王，此士之欲以悟王也，其志則忠矣。鮑謂不可不殺，悖哉！補曰：自齊威宣、燕昭使人入海求三神山而方士盛，楚臣有獻不死之藥者，知當時此術蔓延浸淫，不獨燕、齊然也。屈平遠游之篇曰，「一氣孔神兮於中夜存，虚以待之兮無爲之先」。長生久視之方，無以易此。惜乎楚王之不知也。此策時亦無考。

客説春申君

客説春申君曰：「湯以亳〔一〕，武王以鄗〔二〕，皆不過百里以有天下。今孫子〔三〕，天下賢人也，君籍之以百里勢〔四〕，臣竊以爲不便於君。何如？」春申君曰：「善。」於是使人謝孫子。孫子去之趙，趙以爲上卿〔五〕。

〔一〕鮑本皇覽，今梁穀熟。補曰：史正義引括地志云，宋州穀熟縣西南南亳故城，即湯都。宋州北大蒙城爲景亳，湯所盟地，所謂北亳。河東偃師爲西亳，帝嚳及湯所都。盤庚亦徙都云。湯即位後，都南亳，後徙西亳。

〔二〕**鮑本**「鄗」作「鎬」。○ 屬京兆。正曰：「鄗」、「鎬」通。史，復都豐鄗。國語，社伯射王於鄗。鄗，一音黑各反。公羊桓十五年，公會齊侯於鄗。常山有邑名鄗是也，故與鎬異。案，鄠縣上林。即今長安縣昆明池北鎬陂。

〔三〕**鮑本**荀卿。補曰：「荀」作「孫」，避宣帝諱也。孫子時爲蘭陵令。

〔四〕**鮑本**「勢」上補「之」字。○ **札記**丕烈案：韓詩外傳有。

〔五〕**姚本**續：荀子未嘗爲上卿。後語作「上客」，當是。 **鮑本**史言孫子，春申君死而貧困，家蘭陵，不言之趙。

客又説春申君曰：「昔伊尹〔一〕去夏入殷，殷王而夏亡。管仲去魯入齊，魯弱而齊强。夫賢者之所在，其君未嘗不尊，國未嘗不榮也。今孫子，天下賢人也。君何辭之？」春申君又曰：「善。」於是使人請孫子於趙。

〔一〕**鮑本**無「尹」字。○ 補曰：缺「尹」字。 **札記**丕烈案：外傳有。

孫子爲書謝曰：「癘人憐王〔一〕，此不恭之語也。雖然〔二〕，不可不審察也。此爲劫弑死亡之主言也。夫人主年少而矜材，無法術以知姦，則大臣主斷國〔三〕私以禁誅於己也〔四〕，故弑賢長而立幼弱，廢正適而立不義。春秋戒之曰：『楚王子圍聘於鄭，未出竟，聞王病，反問疾，遂以冠纓絞王，殺之，因自立也〔五〕。齊崔杼之妻美，莊公通之。崔杼帥其君黨而攻。莊公請與分國〔六〕，崔杼不許；欲自刃於廟，崔杼不許。莊公走出，踰於外墻，射中其股，遂殺之，而立其弟景公〔七〕。』近代所見：李兑用趙，餓主父於沙丘，百日而殺之；淖齒用齊，擢〔八〕

閔王之筋，縣於其廟梁，宿夕而死。夫厲雖癰腫胞疾〔九〕，上比前世，未至絞纓射股〔一〇〕；下比近代，未至擢筋而餓死也。夫劫弑死亡之主也，心之憂勞，形之困苦，必甚於癘矣。由此觀之，癘雖憐王可也。」因爲賦曰〔一一〕：「寶珍隋珠〔一二〕，不知佩兮〔一三〕。褘布與絲〔一四〕，不知異兮。閭姝子奢〔一五〕，莫知媒兮。嫫母〔一六〕求之，又甚喜之兮。以瞽爲明，以聾爲聰，以是爲非，以吉爲凶。嗚呼上天，曷惟其同〔一七〕！」詩曰：「上天甚神，無自瘵也。」〔一八〕

〔一〕**姚本**續：韓非子，「諺曰，癘憐王」。**鮑本**癘雖惡疾，猶愈於劫弑，故反憐王。補曰：癘，癩也。劉辰翁曰，此韓非語，孫不應用。不知非正用孫語也。

〔二〕**鮑本**補曰：一本此下有「古無虛諺」四字。

〔三〕**鮑本**專斷其國。

〔四〕**鮑本**察其私，則恐人誅己，故主斷以禁之。

〔五〕**鮑本**昭元年。

〔六〕**鮑本**重「莊公」二字。○**札記**丕烈案：韓子作「而攻公，公入室，請與之分國」。

〔七〕**鮑本**襄三十二年。

〔八〕**鮑本**擢，引也。

〔九〕**鮑本**補曰：癰，委勇切。胞，當皮交切。

〔一〇〕**札記**今本「絞纓」誤「纓絞」。丕烈案：韓子及外傳皆作「絞頸」。

〔一一〕**姚本**續：亦見荀子賦篇、韓詩外傳。**鮑本**補曰：「賦曰」以下，即佹詩，文小異。

〔一二〕**鮑本**隋侯見大蛇傷，療而愈之，蛇銜明珠報之。世之所寶所珍。

〔一三〕鮑本「佩」作「俾」。○ 札記丕烈案：荀子、外傳皆作「佩」。

〔一四〕姚本「緯」，孫作「褋」。 鮑本禮，后服。褘衣謂畫袍。 札記今本「絲」誤「縣」。丕烈案：荀子、外傳皆作「錦」。

〔一五〕鮑本姝，好也。奢，即子都，美人也。補曰：荀子作「閭娵」。韋昭云，梁王魏嬰之美女。楚辭注云，「奢」或作「都」，故以爲鄭之美人。 札記丕烈案：外傳作「閭娵，子都」。「姝」、「娵」、「奢」、「都」，皆同字。

〔一六〕鮑本嫫母，都醜也。正曰：醜婦人。楚辭注云，黄帝妻。

〔一七〕鮑本言舉世皆然。正曰：朱子謂，此言衰亂之極，人懷私意，乖異反易，至於如此。故呼天而問之曰，何爲而可使之同乎？同則合乎天理之公，是非善惡，皆當於理，而天下治矣。明天意悔禍，則轉禍爲福，撥亂反正不難矣。

〔一八〕鮑本瘵，病也。言天理甚明，如是者必有患禍。彪謂：春申君之愚昏甚矣！人惟不知賢，故不能用。豈有知之，以一人言去之，又以一人言召之，其持操安在也？荀卿絶之宜哉！卿書有與趙孝成王論兵，而史不言之趙，失之。

卿，禮義人也，使卿而在楚，春申必無李園之禍。此書蓋知之矣。補曰：按「詩曰」以下，荀子無之。二句乃菀柳之辭。「神」，詩作「蹈」，傳謂當從策；「也」，詩作「焉」。本言人誰不欲朝事王，而王甚神，朝之無不自取病。今借以言天之威神甚可畏，不可不畏天而自取禍也。朱子謂，黄歇，亂人，卿乃以爲託身行道之所，則已誤矣。愚謂，卿雖非孟子比，然以詩書禮義言治，禁暴除害言兵，要爲異於戰國之士者。此篇不載於其書，賦即佹詩末章。其言弑賢良而立幼弱，廢正適而立不義，遠引楚圍、崔杼，近述李兑、淖齒，劘切春申，甚然。首以法術知姦爲言，則亦出申、商，可謂惑流俗而不篤於自信者也。策獨載此而不及其他，其人又可知矣。史，「荀卿年五十始遊學於齊，襄王時，最爲老師，齊尚修列大夫之缺，而卿三爲祭酒」。劉向曰，「方齊宣王、威王之時，聚天下賢士於稷下，尊寵之。若鄒衍、田駢、淳于髡之屬，號曰列大夫。是時荀卿年十五，始游學至。襄王時，最爲老師，齊尚修列大夫之缺，而卿三爲祭酒焉」。據二書之文，則襄王時三爲祭酒也。大事記取史文，書「卿爲列大夫祭酒，在襄王五年」，是也。朱子采劉向而文稍異，曰，「卿少游學於齊，歷威、宣至襄王，三爲稷下祭酒」。按史，「春申君死而卿家蘭陵」。春申之死在考烈王二十五年，齊王建之二十七年也。上歷襄王二十九年，湣王、宣王通五十九年，乃及威王之世。自王建二十九年至宣王元年，已爲一百有五年，卿之不逮事威王明矣。蓋向之言，但爲歷叙威、宣之多士，其言猶先宣而後威，不主爲卿言也。祭酒者，古人飲食必祭，席中之尊者一人當祭，後因以爲官號。髡、衍爲列大夫之時，卿年尚小。其徒既死，齊修其秩，而卿與焉。故卿在襄王時，最爲老師，而三處衆士之上也。向之言，視史猶明，朱子偶未之察耳。史云「五十始游學」，向云「十五」，史字倒置無疑，朱子改之當矣。**札記**丕烈案：「詩曰」以下，外傳有之，「神」作「蹈」，「也」作「焉」。考此，必韓氏詩作「神」、作「也」，與毛氏詩作「蹈」、作「焉」不同。今外傳有誤字。

天下合從

天下合〔一〕從。趙使魏加〔二〕見楚春申君曰：「君有將乎？」曰：「有矣，僕欲將臨武君〔三〕。」魏加曰：「臣少之時好射，臣願以射譬之，可乎？」春申君曰：「可。」加曰：「異日者，更羸〔四〕與魏王處京〔五〕臺之下，仰見飛鳥。更羸謂魏王曰：『臣爲王〔六〕引弓虛發而下鳥。』魏王曰：『然則射可至此乎？』更羸曰：『可。』有間，雁從東方來，更羸以虛發而下之。魏王曰：『然則射可至此乎？』更羸曰：『此孽也〔七〕。』王曰：『先生何以知之？』對曰：『其飛徐而鳴悲。飛徐者，故瘡痛也；鳴悲者〔八〕，久失群也，故瘡未息，而驚心未至也〔九〕。聞弦音，引〔一〇〕而高飛，故瘡隕也〔一一〕。』今臨武君，嘗爲秦孽〔一二〕，不可爲拒秦之將也。」

〔一〕**姚本**「合」，曾作「舍」。

〔二〕鮑本趙人，全晉舊姓。正曰：鮑見策云趙使，故云爾，無據。

〔三〕鮑本未詳。補曰：荀子議兵篇「臨武君與卿議兵於趙孝成王前」注，楚將。劉向稱「卿至趙，與孫臏議兵於孝成王前」。臏爲齊宣王軍師，世遠，非是。

〔四〕鮑本更嬴，人姓名。

〔五〕鮑本京，高也。正曰：或臺名。

〔六〕鮑本「王」作「君」。○

〔七〕鮑本有隱痛於身，猶孽子。正曰：徐鍇曰，「妾隸之子曰孽。孽之言蘖也，女没廢而有所生，若木既伐而生枿。故於文，『子辥』爲『孽』。孽者，罪也」。按此，則取廢而復生之義，以譬傷弓之鳥。

〔八〕札記今本「鳴悲」誤倒。

〔九〕鮑本「至」作「去」。○ 補曰：一本「未忘」。札記今本「至」作「去」。

〔一〇〕鮑本「音引」二字作「者音烈」三字。○ 烈，猛也。高飛欲避箭。補曰：姚及一本無「者」字，「烈」作「引」，其義爲是。「者」，「音」之訛而衍也。「烈」，「引」之訛也。札記丕烈案：「烈」者，「裂」之誤，當本在「瘡」字下，云「故瘡裂而隕也」。各本皆有錯脱。

〔一一〕鮑本以瘡痛而墜。

〔一二〕鮑本嘗敗於秦。未詳。

汗明見春申君

汗明〔一〕見春申君，候問〔二〕三月，而後得見。談卒，春申君大説之。汗明欲復談，春申君曰：「僕已知先生，先生大息矣〔三〕。」汗明憱〔四〕焉曰：「明願有問君而恐固〔五〕。不審君之聖，孰與堯也？」春申君曰：「先生過矣，臣何足以當堯？」汗明曰：「然則君料臣孰與舜？」春申君曰：「先生即舜也。」汗明曰：「不然，臣請爲君終言之。君之賢實不如堯，臣之能不及舜。夫以賢舜事聖堯，三年而後乃相知也。今君一時〔六〕而知臣，是君聖於堯而臣賢於舜也。」春申君曰：「善。」召門吏爲汗先生著客籍〔七〕，五日一見。

〔一〕**鮑本**未詳。

〔二〕**姚本**一作「候間」。

〔三〕**鮑本**異於小休。

〔四〕**姚本**「憱」，劉作「慨」。　**鮑本**「憱」作「蹙」。○　補曰：即「蹴」。字書無「憱」字。蹙踖，驚貌。正曰：蹴，不安貌。踧踖之踧，非蹙。

〔五〕**鮑本**固，陋也。

〔六〕**鮑本**「時」作「旦」。○

〔七〕**鮑本**著者，書此語也。正曰：著其名字於賓客之籍。

汗明曰：「君亦聞驥乎？夫驥之齒至〔一〕矣，服〔二〕鹽〔三〕車而上太行。蹄申〔四〕膝折，尾湛胕潰〔五〕，漉汁灑地〔六〕，白汗〔七〕交流，中〔八〕阪遷延〔九〕，負轅不能上〔一〇〕。伯樂〔一一〕遭之，下車攀而哭之，解紵衣以冪〔一二〕之。驥於是俛而噴，仰而鳴，聲達於天，若出金石聲〔一三〕者，何也〔一四〕？彼見伯樂之知己也。今僕之不肖，阨於州部〔一五〕，堀穴窮巷〔一六〕，沈洿〔一七〕鄙俗之日久矣，君獨無意湔拔僕也〔一八〕，使得爲君高鳴屈於梁乎〔一九〕？」

〔一〕**鮑本**至，言可服乘之時。

〔二〕**鮑本**服，在車前。

〔三〕**鮑本**「鹽」作「檻」。○ 補曰：字訛，當作「鹽」。

〔四〕**鮑本**申，猶展，皆用力故然。

〔五〕**鮑本**「湛」，「沉」同，汗多故然。「胕」，當作「肤」，與「膚」同。亦汗出於膚如漬。

〔六〕**鮑本**「汁」作「汗」。○ 滲漉之汗。正曰：下有「汗」字，「汁」與「汗」對，言其重者。

〔七〕**鮑本**白汗，不緣暑而汗也。正曰：白，言其色。

〔八〕**姚本**「中」，一作「外」。 **鮑本**「中」作「外」。○

〔九〕**鮑本**阪，坡也。遷延，不進貌。

〔一〇〕**姚本**續：索隱引戰國策改「棘」作「轅」。 **鮑本**「轅」作「棘」，「不」上有「而」字。○ 負，所戴也。棘，言步蹇。正曰：負在背，姚本作「負轅」是。 **札記**今本「轅」作「棘」。

〔一一〕**鮑本**補曰：伯樂，姓孫名陽，秦穆公時人。

〔一二〕**鮑本**冪，覆也。

〔一三〕**鮑本**補曰：此「聲」字宜衍。

〔一四〕**鮑本**問其聲何以然。

〔一五〕**鮑本**集韻，部，統也，界也。

〔一六〕**姚本**三同，「堀」上有「陪」字。 **鮑本**堀，窟也，以窮巷爲窟穴。

〔一七〕**鮑本**洿，濁溽也。

〔一八〕**姚本**湔，音薦。　**鮑本**「拔」作「祓」。○　湔，手浣也。祓，去惡也。　**札記**丕烈案：「祓」誤也，李善引作「拂」。「拂」、「拔」同字。

〔一九〕**鮑本**聲已之屈。梁，南梁。彪謂：世之懷材抱德之士，陸沒於時，若此驥者不少。而伯樂之不世有，長鳴之無其時，可不爲之大哀邪？故招延不可不博，試用不可不詳也。　補曰：高鳴屈於梁，疑明嘗困於梁者。　一本標云，類要「高鳴」作「長鳴」。　李善注廣絕交論曰，「翦拂使其長鳴」，引策云。

楚考烈王無子

楚考烈王無子〔一〕，春申君患之，求婦人宜子者進之，甚衆，卒無子。

〔一〕**鮑本**補曰：此時無子也。古史云，「楚幽王悍卒，同母弟猶立。猶庶兄負芻之徒，襲殺猶而立負芻」。司馬貞云，「猶有庶兄負芻及昌平君」。劉向列女傳，「猶乃考烈王遺腹子」。

趙人李園，持其女弟，欲進之楚王，聞其不宜子，恐又〔二〕無寵。李園求事春申君爲舍人。已而謁歸，故失期〔二〕。還謁〔三〕，春申君問狀〔四〕。對曰：「齊王遣使求臣女弟〔五〕，與其使者飲，故失期。」春申君曰：「聘入乎？」對曰：「未也。」春申君曰：「可得見乎？」曰：「可。」於是園乃〔六〕進其女弟，即幸於春申君。知其〔七〕有身，園乃與其女弟謀。

〔二〕**姚本**曾，「又」作「久」。

〔二〕鮑本後於所期日。
〔三〕鮑本自趙還，入謁。
〔四〕鮑本狀，事狀。
〔五〕鮑本詭言王遣。
〔六〕姚本一無「乃」字。
〔七〕姚本一無「其」字。

園女弟承間說春申君曰：「楚王之貴幸君，雖兄弟不如。今君相楚王〔一〕二十餘年，而王無子，即百歲後將更立兄弟。即楚王更立〔二〕，彼亦各貴其故〔三〕所親，君又安得長有寵乎？非徒然也？君用事久，多失禮於王兄弟，兄弟誠立〔四〕，禍且及身，奈何以保相印、江東之封乎〔五〕？今妾自知有身矣，而人莫知。妾之幸君未久，誠以君之重而進妾於楚王，王必幸妾。妾賴天而有男，則是君之子爲王也，楚國封盡可得〔六〕，孰與其臨不測之罪乎？」春申君大然之。乃出園女弟謹舍，而言之楚王。楚王召入，幸之。遂生子男，立爲太子，以李園女弟立爲王后。楚王貴李園，李園用事。

〔一〕姚本一無「王」字。
〔二〕鮑本王，後王。
〔三〕鮑本無「故」字。○札記丕烈案：史記有。
〔四〕鮑本補曰：「兄」上恐亦當有「王」字，疊上文。札記丕烈案：史記無，吳說未是。

〔五〕**姚本**一無「奈」字。**鮑本**補曰：後語云，江東十二縣之封。湖州圖經有春申君封邑。

〔六〕**姚本**一無「盡」字。**鮑本**四封之内。

李園既入其女弟爲王后，子爲太子，恐春申君語泄而益驕，陰養死士，欲殺春申君以滅口〔一〕，而國人頗有知之者。

〔一〕**姚本**續：越絶書記：昔楚考烈王相春申君也，吏李園。園女弟環謂園曰：「我聞王老無嗣，可見我於春申君。我欲假於春申君。我得見於春申君，徑得幸於王矣。」園曰：「春申君，貴人也，千里佐，吾胡敢託言？」女環曰：「即不見我，汝求謁於春申君：『才人告有遠道客，因請歸待之。』彼必問汝：『汝家何等遠道客者？』因對曰：『園有女弟，聞之使，使來求之園，才人使告園也。』彼必問汝：『女弟何能？』對曰：『能鼓音，讀詩書，通一經。』故彼必見我。」園曰：「諾。」明日，辭春申君：「才人有遠道客，請歸待之。」春申君果問：「汝家何等遠道客？」對曰：「園有女弟，魯相聞之，使使來求之。」春申君曰：「何能？」對以鼓音，讀詩書，通一經。春申君曰：「可得見乎？」園曰：「可。」「明日使待於離亭。」園曰：「諾。」既歸，告女弟環曰：「吾辭於春申君，與我明日夕於離亭。」女環曰：「園宜先供待之。」春申君到，園馳人呼女環到。黄昏，女環至，大縱酒，鼓琴。曲未終，春申君重言「善」。女環鼓琴而歌，春申君大悦。留宿。明日，女環謂春申君曰：「妾聞王老無嗣，屬邦於君。君外淫不顧政事，使王聞之，君上負於王，使妾兄下負於夫人，爲之奈何？無泄此口，君召而戒之。」春申君以告官屬莫有聞淫女也，皆諾。與女環通，未終月，女環謂春申君曰：「妾聞王老無嗣，今懷君子一月矣。可見妾於王。幸産子男，君即王公也，何爲而佐乎？君試念之。」春申君曰：「諾。」念之五日而道之：「邦中有好女，中相呼屬嗣者。」烈王曰：「諾。」即召而可之。烈王大悦，取之，十月産子男。烈王死，幽王嗣立。女環使園相春申君。相之三年，然後告園，以吴封春申君，使備東邊。園曰：「諾。」即封春申君於吴。幽王後懷王，使張儀詐殺之。懷王子頃襄王，秦始皇帝使王翦滅之。越絶書又云：春申君，楚考烈王相也。烈王死，幽王立，封春申君於吴。三年，幽王徵春申君爲楚令尹，春申君自使其子親爲假君。治十一年，幽王徵假君與春申君，并殺之。二君治吴凡十四年。

春申君相楚二十五年，考烈王病。朱英謂春申君曰〔一〕：「世有無妄之福〔二〕，又有無妄之禍。今君處無妄之世，以事无妄之主，安不有無妄之人乎？」春申君曰：「何謂無妄之福？」曰：「君相楚二十餘年矣，雖名爲相國，實〔三〕楚王也。五子皆相諸侯。今王疾甚，旦暮且崩，太子衰弱，疾而不起，而君相少主，因而代立當國〔四〕，如伊尹、周公。王長而反政，不〔五〕，即遂南面稱孤，因而有楚國。此所謂無妄之福也。」春申君曰：「何謂無妄之禍？」曰：「李園不治國〔六〕，王之舅也。不爲兵將，而陰養死士之日久矣。楚王崩，李園必先入，據本議制斷君命〔七〕，秉權而殺君以滅口。此所謂無妄之禍也。」春申君曰：「何謂無妄之人？」曰：「君先仕臣爲郎中，君王崩〔八〕，李園先入，臣請爲君剸其胸殺之〔九〕。此所謂無妄之人也。」春申君曰：「先生置之，勿復言已〔一〇〕。李園，軟弱人也，僕又善之，又何至此？」朱英恐，乃亡去。

〔一〕**鮑本**楚人。正曰：後語云，觀人朱英。注，觀地在河北平原。史，觀津人朱英。班志，信都國觀津縣。觀，古玩反。正義以爲「魏州觀城縣觀音館」者，非是，又見韓策「觀鞅」章。鮑移在魏，作「魏鞅」。

〔二〕**鮑本**無妄，言可必。正曰：朱子解易「無妄」，云史作「無望」。謂無所期望而有得焉者，義亦通。

〔三〕**姚本**一本「實」下有「如」字。

〔四〕鮑本立，謂攝也。
〔五〕鮑本不，不反政。
〔六〕姚本錢、劉下有「而」字。　鮑本言非將相。
〔七〕鮑本據，言不移。議，欲殺春申君也。制斷，矯也。君，楚王也。
〔八〕鮑本此章唯「楚王更立」、「楚王」可曰楚王，餘皆後人稱之。正曰：策中有「當曰王」、「當曰楚王」，亦有兩稱皆通者。
〔九〕鮑本補曰：「剸」，玉篇作「剸」，尺庸反，刺也。「爲君」之「爲」，去聲。
〔一〇〕鮑本「已」作「也」。○

後十七日，楚〔一〕考烈王崩，李園果先入，置死士，止於棘門之内〔二〕。春申君後入，止棘門。園死士夾刺春申君，斬其頭，投之棘門外。於是使吏盡滅春申君之家。而李園女弟初幸春申君有身而入之王所生子者，遂立爲楚幽王也。

〔一〕鮑本無「楚」字。○
〔二〕鮑本宫門，以棘衛之。

是歲，秦始皇立九年矣。嫪毐〔一〕亦爲亂於秦〔二〕。覺，夷三族，而呂不韋廢。〔三〕

〔一〕鮑本呂不韋所進，以説始皇母帝太后者也。
〔二〕鮑本不韋傳，毐與太后私亂，生子二人，與后謀曰，「王即薨，以子爲後」。補曰：策於章末並敍嫪毐之事，豈無意哉？二國宗姓已滅絕，呂政雖一天下，世僅再傳，奚異楚幽也。趙與秦同姓，王遷母倡，族類不正，亦以滅亡。蓋倫紀瀆亂，其不永也固宜。抑諸國運盡祚窮，乖戾併於一時也歟？

〔三〕鮑本彪謂：春申君所以至於此，錮寵而暗於事也。使萬有一如李氏女所陳者，歸相印而老江東之封，不已優乎？春申於楚，非若商君之於惠文。又如不可，則杖策而去，扁舟五湖，爲世陶朱抑可矣！春申不爲此，而計出於滅宗，蓋小人患失之禍，勢必有此，不可不戒也。朱英之言深矣，然未聞道也。春申之納女，前日事耳。英不以此時，匡之以大臣之義，而以一卒自任，雖多言亦何救於亂哉？正曰：凡鮑氏責春申以歸老江東，杖策扁舟之事，在未納女之前可也。既納之後，又入其乘間之言，禍根已牢，異時縱欲歸印杖策，禍亦隨之，豈有脱理邪？其論朱英以未聞道，尤謬。納女事秘，人豈知之？英之事敷又淺，觀其説而不聽，可見責以匡正大臣之義，豈其然乎？

續：越絶書，隋經籍志稱爲子貢作。今雜記秦、漢事，疑後人所羼，不敢盡信。史記、戰國策、列女傳，不載女環之名，止見於此。其畫策終始，信如此，皆出於女環，尤爲異也。至言烈王死後，李園相春申君，方封於吴，又立其子爲假君，皆與史記、國策不合。聊記於此，以廣異聞。〔一〕

〔一〕「續：越絶書」篇次，姚本在卷十七楚策之後，卷十八趙策之前，作爲附録另爲一篇；鮑本在篇注之末「吴氏補曰」的注中。現仍作附録，但篇次放在楚考烈王無子之後。

虞卿謂春申君

虞卿〔一〕謂春申君曰：「臣聞之春秋〔二〕，於安思危，危則慮安。今楚王之春秋高矣，而君之封地，不可不早定也。爲主君慮封者，莫如遠楚。秦孝公封商君，孝公死，而後〔三〕不免殺之。秦惠王封冉子〔四〕，惠王死，而後王奪之。公孫鞅，功臣也；冉子，親姻也。然而不免奪死者，封近故也。太公望封於齊，邵公奭〔五〕封於燕，爲其遠王室矣。今燕之罪大而趙怒深〔六〕，故君不如北兵以德趙，踐〔七〕亂燕，以定身封，此百代之一時也〔八〕。」

〔一〕**鮑本**史不書何所人。

〔二〕**鮑本**補曰：此二字恐因下文衍。

〔三〕**鮑本**「後」下補「王」字。○

〔四〕**鮑本**穰侯也，宣太后弟。子，男子。

〔五〕**鮑本**「奭」作「鄭」。○

〔六〕**鮑本**「怒」作「怨」。○趙自燕王喜以栗腹之謀伐趙，起燕四年至十二年，無歲不戰。十二年，此二十一年。正曰：不可考。補曰：一本「趙怒深」。

〔七〕**鮑本**踐奄之踐。

〔八〕**鮑本**補曰：此數語，與秦策謂穰侯章，趙策齊將攻宋章、齊攻宋章，皆相類。

君曰：「所道攻燕，非齊則魏。魏、齊新怨楚〔一〕，楚君〔二〕雖欲攻燕，將道何哉？」對曰：「請令魏王可〔三〕。」君曰：「何如？」對曰：「臣請到魏，而使所以信之〔四〕。」

〔一〕**鮑本**景陽救燕之役。正曰：燕策，齊、韓、魏共攻燕，楚使景陽救之。景攻魏雍丘，以與宋云云。時猶有宋，去此時遠甚。鮑指以爲懷王二十七年。此爲考烈王二十一年。就使果然，則相去亦皆遠。策固云「魏、齊新怨楚」，豈得爲彼時事哉？

〔二〕鮑本「君」作「軍」。〇

〔三〕鮑本景閔王。可，聽其道魏。

〔四〕鮑本爲所可信者。

廼謂魏王曰：「夫楚亦强大矣，天下無敵，乃且攻燕。」魏王曰〔一〕：「鄉也，子云天下無敵；今也，子云乃且攻燕者，何也？」對曰：「今爲〔二〕馬多力則有矣，若曰勝千鈞〔三〕則不然者，何也？夫千鈞非馬之任也。今謂楚强大則有矣，若越趙、魏而鬬兵於燕，則豈楚之任也我〔四〕？非楚之任而楚爲之，是敝楚也。敝楚見强魏也〔五〕，其於王孰便也？」〔六〕

〔一〕鮑本補曰：「王曰」以下脱簡，誤衍在前章。

〔二〕鮑本「爲」作「謂」。〇丕烈案：楚策作「謂」。

〔三〕鮑本鈞，三十斤。

〔四〕姚本「我」一作「哉」。鮑本「我」作「哉」。〇札記丕烈案：楚策作「哉」。

〔五〕姚本一本「敝楚見强魏也」作「强楚敝楚」。鮑本「見」作「是」。〇

〔六〕姚本曾云，此下恐欠。鮑本補曰：按史考烈王元年，封歇春申君，賜淮北地。後十五年，以地邊齊，言於王以爲郡，請封江東，因城吴故墟。大事記謂利吴之安富也。此策言楚王春秋高，君之封地不可不早定，則在未封之前，頃襄之時乎？頃襄之三十四年，趙嘗伐燕。豈或此時勸以踐燕定封，亦欲其取地於他國如魏冉乎？淮北邊齊猶難之，況燕地乎？亦非計之便也。然遠楚徙封，卒用於城吴之時，皆斯言有以啓之也。

戰國策卷十八

趙一

鮑本趙　初分晉，得趙國。北有信都、真定、常山、中山，又得涿郡之高陽、鄚、州鄉。東有廣平、鉅鹿、清河、河間、渤海之東平舒、中邑、文安、束州、成平、章武，河以北。南至浮水、繁陽、内黄、斥丘。西有太原、定原、上黨。

知伯從韓魏兵以攻趙

知伯從韓、魏兵〔一〕以攻趙，圍晉陽而水之，城下〔二〕不沉者三板。郄疵〔三〕謂知伯曰：「韓、魏之君必反矣。」知伯曰：「何以知之？」郄疵曰：「以其人事知之。夫〔四〕從韓、魏之兵〔五〕而攻趙，趙亡，難必及韓、魏矣。今約勝趙〔六〕而三分其地。今城不没者三板，臼竈生鼃，人馬相食，城降有日，而韓、魏之君無憙〔七〕志而有憂色，是非反如〔八〕何也？」

〔一〕**鮑本**二國兵從之。

〔二〕**鮑本**「下」作「之」。○　補曰：疑衍，或是「之」字。

〔三〕**姚本**元和姓纂，郄，己姓，青陽氏之後，趙有郄疵。　**鮑本**晉人。補曰：郄，刺黎反，孫本作「郗」，説文作「絺」。

〔四〕**鮑本**「夫」作「矣」。○　一本作「夫」，「夫」當屬下句。

〔五〕**鮑本**「兵」作「君」。○

〔六〕**姚本**四本無「勝趙」二字。

〔七〕**鮑本**「憙」作「喜」。○

〔八〕**鮑本**補曰：猶而。

明日，知伯以告韓、魏之君曰：「郄疵言君之且反也。」韓、魏之君曰：「夫勝趙而三分其地，城今且將拔矣。夫三〔一〕家雖愚〔二〕，不棄美利於前，背信盟之約，而爲危難不可成之事，其勢可見也。是疵爲趙計矣，使君疑二主之心〔三〕，而解〔四〕於攻趙也。今君聽讒臣之言，而離二主之交，爲君惜之。」趨而出。郄疵謂知伯曰：「君又何以疵言告韓、魏之君爲？」知伯曰：「子安知之？」對曰：「韓、魏之君視疵端而趨疾〔五〕。」

〔一〕**姚本**錢、劉作「二」。　**鮑本**「三」作「二」。○

〔二〕**鮑本**補曰：「愚」下恐當有「必」字。　**札記**丕烈案：吴説未是。

〔三〕**鮑本**二主自稱曰「主」，亦非當時語。

〔四〕**鮑本**「解」，「懈」同。

〔五〕鮑本視端，畏之；趨疾，避之。恐疵要之與見知伯而辭屈也。

郄疵知其言之不聽，請使於齊，知伯遣之。韓、魏之君果反矣。〔一〕

〔一〕鮑本彪謂：智伯至是，眩於得而不顧其禍，殆天奪其魄者。至以謀人之言，質人以反，夫非狂昏痴瞢，孰肯自承其反哉？

知伯帥趙韓魏而伐范中行氏

知伯帥趙、韓、魏而伐范中行氏〔一〕，滅之。休數年，使人請地於韓。韓康子欲勿與，段規〔二〕諫曰：「不可。夫知伯之爲人也，好利而鷙〔三〕復〔四〕，來請地不與，必加兵於韓矣。君其與之。與之〔五〕彼狃〔六〕，又將請地於他國，他國不聽，必鄉之以兵；然則韓可以免於患難，而待事之變。」康子曰：「善。」使使者致萬家之邑一於知伯。知伯說，又使人請地於魏，魏宣〔七〕子欲勿與。趙葭〔八〕諫曰：「彼請地於韓，韓與之。請地於魏，魏弗與，則是魏内自强，而外怒知伯也。然則其錯兵於魏必矣！不如與之。」宣子曰：「諾。」因使人致萬家之邑一於知伯。知伯說，又使人之趙，請蔡〔九〕、皋狼之地；趙襄子弗與。知伯因〔一〇〕陰結韓、魏，將以伐趙。

〔一〕鮑本補曰：范氏，士會之後。荀林父將中行，後因以官爲氏。

〔二〕**鮑本**韓人。晉舊姓，故魏亦有。補曰：姓譜，段，鄭共叔段之後。

〔三〕**鮑本**鶩，殺鳥也，喻其殘忍。

〔四〕**姚本**四本只作「復」，劉作「愎」。**鮑本**補曰：韓子作「鶩愎」。

〔五〕**鮑本**「與之」不重。○**札記**丕烈案：韓子復有。

〔六〕**鮑本**狃，犬性驕也。補曰：狃，習也。

〔七〕**鮑本**「宣」作「桓」。○補曰：韓子、説苑亦並作「宣」，恐「桓」字譌，下同。

〔八〕**鮑本**魏人，亦晉舊姓。

〔九〕**鮑本**「蔡」作「藺」。○蔡非趙地，皋狼屬西河。補曰：恐名偶同。漢志，西河郡有皋狼縣，又有藺縣。或「藺」字譌。**札記**丕烈案：韓子作「蔡」。

〔一〇〕**鮑本**無「因」字。○**札記**丕烈案：韓子有。

趙〔一〕襄子召張孟談而告之曰：「夫知伯之爲人，陽親而陰疏〔二〕，三使韓、魏，而寡人弗與焉，其移兵寡人必矣。今吾安居而可？」張孟談曰：「夫董閼安于，簡主〔三〕之才臣也，世治晉陽，而尹澤〔四〕循〔五〕之，其餘政教猶存，君其定居晉陽。」君〔六〕曰：「諾。」乃使延陵王〔七〕將車騎先之晉陽，君因從之。至，行城郭，案〔八〕府庫，視倉廩，召張孟談曰：「吾城郭之完，府庫足用，倉廩實矣，無矢奈何？」張孟談曰：「臣聞董子之治晉陽也，公宮之垣〔九〕，皆以狄蒿苫楚廧之〔一〇〕，其高至丈餘，君發而用之。」於是發而試之，其堅則箘簬〔一一〕之勁不能過也。君曰：「足〔一二〕矣，吾銅少若何？」張孟談曰：「臣聞董子之治晉陽也，公宮之室，皆以煉銅爲柱質〔一三〕，請發而用之，則有餘銅矣。」君曰：「善。」號令以定，備守以具。

〔一〕**姚本**曾、錢無「趙」字。

〔二〕**鮑本**他日陰疏，今則顯矣。

〔三〕**鮑本**「主」作「子」。○　補曰：一本作「主」。　**札記**丕烈案：韓子作「主」。

〔四〕**鮑本**「尹」作「君」。○　君澤，趙臣，繼安于者。　補曰：大事記，晉陽，漢太原郡所治，龍山在西北，晉水所出。一本「尹澤」。大事記謂「澤」字誤，韓子、國語作「尹鐸」。　**札記**丕烈案：「澤」、「鐸」同字耳。

〔五〕**姚本**曾、錢皆作「修」。

〔六〕**鮑本**君，謂襄子。

〔七〕**鮑本**「王」作「君」。○　此襄子臣，不得稱王。「王」當作「生」。正曰：韓子云，趙襄子召延陵生令將云云。浚儀王氏謂鮑失考。　**札記**今本「王」作「君」，乃誤涉鮑也。

〔八〕**鮑本**「案」，「按」同。行也。

〔九〕**鮑本**垣，牆也。

〔一〇〕**鮑本**「狄」作「荻」。○　荻，萑葦屬。爾雅「蕭荻」注，即蒿。又蘩醜，秋爲蒿。苫，蓋也。楚，荊也。以是爲牆。「廧」，「牆」同。　**札記**今本「苦」作「楛」，「之」下有「有楛」二字。丕烈案：韓子作「皆以荻蒿楛楚牆之，有楛高至於丈」。此「苦」字當作「苦」，即韓子之「楛」字。韓子「有楛」二字依此，策文當衍。今本反依之添入，誤也。

〔一一〕**鮑本**補曰：箘，音窘。簬，即簵，見禹貢。

〔一二〕**鮑本**「足」上有「矢」字。○　**札記**丕烈案：韓子作「吾箭已足矣」。

〔一三〕**鮑本**質，礎也。

三國之兵乘晉陽城，遂戰。三月不能拔，因舒軍而圍之，決晉水而灌之。圍晉陽三年，城中巢居而處，懸釜而炊，財食將盡，士卒病羸。襄子謂張孟談曰：「糧食匱，城〔一〕力盡，士大夫病，吾不能守矣。欲以城下〔二〕，何如？」張孟談曰：「臣聞之，亡不能存，危不能安，則無爲貴知士也。君釋此計，勿復言也。臣請見韓、魏之君。」襄子曰：「諾。」

〔一〕鮑本「城」作「財」。○札記丕烈案：韓子作「財」。

〔二〕鮑本謂將降。

張孟談於是陰見韓、魏之君曰：「臣聞脣亡則齒寒，今知伯帥二國之君伐趙，趙將亡矣，亡則二君爲之次矣。」二君曰：「我知其然。夫知伯爲人也，麁中〔一〕而少親，我謀未遂而知，則其禍必至，爲之奈何？」張孟談曰：「謀出二君之口，入臣之耳，人莫之知也。」二君即與張孟談陰約三軍，與之期曰〔二〕，夜〔三〕，遣入晉陽。張孟談以報襄子，襄子再拜之。

〔一〕鮑本「麁」作「麤」。○「麤」，「粗」同，疏也。正曰：相厲少仁愛。札記丕烈案：韓子作「麤」。

〔二〕鮑本無「曰」字，補「日」字。○札記丕烈案：韓子有，作「日」。

〔三〕鮑本曰既夜。

張孟談因朝〔一〕知伯而出，遇知過〔二〕轅門之外〔三〕。知過入見知伯曰：「二主殆將有變。」君〔四〕曰：「何如？」對曰：「臣遇張孟談於轅門之外，其志矜，其行高。」知伯曰：「不然。吾與二主約謹矣，破趙三分其地，寡人所親之〔五〕，必不欺也。子釋之，勿出於口。」知過出見二主，入說知伯曰：「二主色動而意變，必背君，不如令殺之。」知伯曰：「兵箸〔六〕晉陽三年矣，旦暮當拔之〔七〕而饗其利，乃有他心？不可，子慎勿復言。」知過曰：「不殺則遂親之。」知伯曰：「親之奈何？」知過曰：「魏宣子之謀臣曰趙葭，康子〔八〕之謀臣曰段規，是皆能移其君之計。君其與二君約，破趙則封二子者各萬家之縣一，如是則二主之心可不變，而君得其所欲矣。」知伯曰：「破趙而三分其地，又封二子者各萬家之縣一，則吾所得者少，不可。」知過見君之不用也，言之不聽，出，更其姓爲輔氏，遂去不見。

〔一〕**鮑本**兵交，使在其間，胡得朝之？

〔二〕**姚本**一云「知果」。　**鮑本**「過」，一作「果」，智伯之族。　補曰：晉語「智宣子將以瑶爲後，知果曰：『不如宵也。』弗聽」。　知果，別族於太史，爲輔氏。　通鑑取此，與策先後不同。

〔三〕**鮑本**以車爲門，而轅外向。

〔四〕**鮑本**君，智伯。

〔五〕**鮑本**言親與二國約。

〔六〕**鮑本**箸，言附其城。

〔七〕**鮑本**無「之」字。○　**札記**丕烈案：韓子有。

〔八〕**鮑本**「宣」上有「桓」字，「康」上補「韓」字。○　補曰：恐缺「韓」字。　**札記**丕烈案：韓子有。　**鮑本**二謚皆非當時語。

張孟談聞之，入見襄子曰：「臣遇知過於轅門之外，其視有疑臣之心，入見知伯，出更其姓〔一〕。今暮不擊，必後之矣。」襄子曰：「諾。」使張孟談見韓、魏之君曰〔二〕：「夜期殺守堤之吏，而決水灌知伯軍。」知伯軍〔三〕救水而亂，韓、魏翼而擊之〔四〕，襄子將卒犯其前，大敗知伯軍而禽知伯。

〔一〕**鮑本**恐智伯以過之去之決，有感動矣。

〔二〕**鮑本**「曰」作「日」。○ **札記**丕烈案：韓子作「至於期日之夜」。

〔三〕**鮑本**原無「軍」字，補「軍」字。○ **札記**丕烈案：韓子有。

〔四〕**鮑本**左右夾擊。

知伯身死，國亡地分，爲天下笑，此貪欲無厭也。夫不聽知過，亦所以亡也。知氏盡滅，唯輔氏存焉。〔一〕

〔一〕**鮑本**彪謂：段規之策，智伯、智過之察，孟談皆如在其目中，可謂明也已矣。此一時三晉、智氏皆有士，三晉之應之如響，智氏獨不用之而亡，則士豈非天下之重寶乎？雖然，水灌晉陽，城之不沈者三板，於此時，使智伯殺韓、魏之君，亦難聽矣。其次，欲其分封二子，是豈不可爲與？智伯惟没於利，故昏於智，故孟子之説曰「何必曰利」？

張孟談既固趙宗

張孟談〔一〕既固趙宗，廣〔二〕封疆，發五百〔三〕，乃稱簡之塗〔四〕以告襄子曰：「昔者，前國地君之御〔五〕有之曰：『五百之所以致天下者，約〔六〕兩〔七〕主勢能制臣，無令臣能制主。故貴爲列侯者，不令在相位，自將軍以上，不爲近大夫。』今臣之名顯而身尊，權重而衆服，臣願捐〔八〕功名去權勢以離衆。」襄子恨然曰：「何哉？吾聞輔主者名顯，功大者身尊，任國者權重，信忠在己而衆服焉。此先聖之所以集國家，安社稷乎〔九〕！子何爲然？」張孟談對曰：「君之所言，成功之美也。臣之所謂，持國之道也。臣觀成事，聞往古，天下之美同〔一〇〕，臣主之權均之〔一一〕能美，未之有也。前事之不忘，後事之師。君若弗圖，則臣力不足。」愴然有決〔一二〕色。襄子去之。臥三日，使人謂之曰：「晉陽之政，臣下不使者〔一三〕何如〔一四〕？」對曰：「死僇〔一五〕。」張孟談曰：「左司馬〔一六〕見使於國家，安社稷，不避其死，以成其忠，君其行之〔一七〕。」君曰：「子從事。」乃許之〔一八〕。張孟談〔一九〕便厚以便名〔二〇〕，納地釋事以去權尊，而耕於負親之丘〔二一〕。故曰，賢人之行，明主之政也〔二二〕。

〔一〕**鮑本**補曰：「談」，史作「同」，太史公避父諱也。

〔二〕**鮑本**「廣」作「廟」。○補曰：一本「廟」作「廣」，是。

〔三〕**鮑本**「百」作「霸」。○下同。伯業不振，今復發之。補曰：即「伯」，古通。

〔四〕**鮑本**稱者，舉其説也。此土國地君之御。**札記**丕烈案：此策文多不可通，當闕。

〔五〕**鮑本**國地猶武安之類，御則之塗。

〔六〕**鮑本**約者，自斷之辭。

〔七〕**鮑本**衍「兩」字。補曰：恐字有誤。**札記**今本無「兩」字，乃誤涉鮑也。

〔八〕鮑本「捐」作「損」。○　補曰：一本作「捐」。
〔九〕姚本劉改作「也」。
〔一〇〕鮑本有美而同，必相嫉。
〔一一〕鮑本補曰：外記「之」作「而」。　札記丕烈案：此外記改耳。
〔一二〕鮑本雖欲決去，而猶愴然，明不得已也。一説，決，猶别。
〔一三〕鮑本不爲國用。
〔一四〕札記今本「何如」誤「如何」。
〔一五〕鮑本「僇」，「戮」同。
〔一六〕鮑本失其名。
〔一七〕鮑本行，猶用也，疑當作「任」。補曰：左司馬，恐孟談自謂之辭。行之者，許之，僇之，推□也。
〔一八〕鮑本使談自從其所欲之事，以其薦賢自代，故許其去。
〔一九〕鮑本此下著書者美之也。
〔二〇〕鮑本便，安。厚，重也。去權所以安其重，損名所以安其名。
〔二一〕鮑本趙地，缺。
〔二二〕鮑本此美襄子。

耕三年，韓、魏、齊、燕〔一〕負親以謀趙〔二〕，襄子往見張孟談而告之曰：「昔者知氏之地，趙氏分則多十城，復來〔三〕，而今諸侯孰〔四〕謀我，爲之奈何？」張孟談曰：「君其負劍而御臣以之國〔五〕，舍臣於廟，授吏大夫〔六〕，臣試計之。」君曰：「諾。」張孟談乃行，其妻之楚〔七〕，長子

之韓，次子之魏，少子之齊。四國疑而謀敗〔八〕。〔九〕

〔一〕鮑本「燕」作「楚」。○　補曰：下文有楚無燕，必有一誤。

〔二〕鮑本言五國昔約親，今背之。正曰：上言「負親之丘」，不應此義頓異。恐「負親」字衍，或上有缺文。

〔三〕鮑本言分地多自與，韓、魏嘗以爲言矣，今復來也。正曰：「復來」字恐舛誤在上。當云「而今諸侯復來」，句似順。

〔四〕鮑本衍「孰」字。補曰：孰爲我謀。　**札記**今本無「孰」字，乃誤涉鮑也。

〔五〕**鮑本**君自爲御。

〔六〕**鮑本**授談之吏以爲大夫，示尊顯之也。

〔七〕**鮑本**使妻之楚。

〔八〕**鮑本**談，趙之謀臣，而其妻子分適四國，故四國更相疑，以爲厚趙也。

〔九〕**鮑本**彪謂：孟談，有道之士也。國有危難，不顧萬死，出入行陣，以就其謀，功成事遂，則委而去之。已去而復出，以銷國家之難。非有道，孰能出處語默若是之裕哉？范蠡始終之際賢矣，方之孟談猶一間也。正曰：孟談可謂謀智之士，有道則未也。

晉畢陽之孫豫讓〔一〕

〔一〕此篇姚本與上篇張孟談既固趙宗連篇，鮑本分爲兩篇。現據文義，從鮑本。

晉畢陽〔一〕之孫豫讓，始事范中行氏而不説，去而就知伯，知伯寵之。及三晉分知氏，趙襄子最怨知伯，而將其頭以爲飲器〔二〕。豫讓遁逃山中，曰：「嗟乎！士爲知己者死，女爲悅己者容〔三〕。吾其報知氏之讎矣。」乃變姓名，爲刑人，入宮塗廁，欲以刺襄子。襄子如廁，心動，執問塗者，則豫讓也。刃其扞〔四〕，曰：「欲爲知伯報讎！」左右欲殺之。趙襄子曰：「彼義士也，吾謹避之耳。且知伯已死，無後，而其臣至爲報讎，此天下之賢人也。」卒釋之。豫讓又漆身爲厲〔五〕，滅鬚去眉，自刑以變其容，爲乞人而往〔六〕乞，其妻不識，曰：「狀貌不似吾夫，其音何類吾夫之甚也。」又吞炭爲啞，變其音。其友謂之曰：「子之道甚難而無功，謂子有志則然矣，謂子智則否。以子之才，而善事襄子，襄子必近幸子；子之得近而行所欲，此甚易而功必成。」豫讓乃笑而應之曰：「是爲先知報後知，爲故君賊新君，大亂君臣之義者無〔七〕此矣。凡吾所謂爲此者，以明君臣之義，非從易也。且夫委質而事人，而求弒之，是懷二心以事君也。吾所爲難，亦將以愧天下後世人臣懷二心者。」

〔一〕**鮑本**畢萬之後。正曰：無明據。晉語，伯宗索士庇州犂，得畢陽。及欒弗忌之難，諸大夫害伯宗，畢陽實送州犂於荆。讓乃其孫，義烈有自來矣。

〔二〕**鮑本**補曰：史，漆其頭。説苑，異日智伯與襄子飲，而灌襄子之首，後敗智伯，漆其首爲飲器。索隱云，案大宛傳，匈奴以月氏王頭爲飲器。裴氏引韋昭云「椑榼也」，晉灼曰「虎子也」，皆非。椑榼所以盛酒，非用飲者。皆以韓子、吕氏春秋并云「漆智伯頭以爲飲器」故也。

〔三〕**鮑本**修其容色。補曰：司馬子長用此語，「死」作「用」。

〔四〕**姚本**曾本作「扞」。**鮑本**「扞」，「銲」同。集韻，矛鐏謂之銲。刃，施刃其端。

〔五〕**鮑本**補曰：索隱曰，癩，惡瘡。凡漆有毒，近之多患疥腫，若癩病然。故讓以漆塗身，令若癩。「厲」、「癩」，聲近假借。

〔六〕**鮑本**補曰：史作「行」。　**札記**丕烈案：史作「行乞於市」，與此策文多不同也。

〔七〕**鮑本**補曰：「無」字下恐有缺字。

居頃之，襄子當出，豫讓伏所當〔一〕過橋下。襄子至橋而馬驚。襄子曰：「此必豫讓也。」使人問之，果豫讓。於是趙襄子面數豫讓曰：「子不嘗事范中行氏乎？知伯滅范中行氏，而子不爲報讎，反委質事知伯。知伯已死，子獨何爲報讎之深也？」豫讓曰：「臣事范中行氏，范〔二〕中行氏以衆人遇臣，臣故衆人報之；知伯以國士〔三〕遇臣，臣故國士報之〔四〕。」襄子乃喟然嘆泣曰：「嗟乎，豫子！豫〔五〕子〔六〕之爲知伯，名既成矣，寡人舍子，亦以〔七〕足矣。子自爲計，寡人不舍子。」使兵環之。豫讓曰：「臣聞明主不掩人之義，忠臣不愛死以成名。君前已〔八〕寬舍臣，天下莫不稱君之賢。今日之事，臣故〔九〕伏誅，然願請君之衣而擊之，雖死不恨。非所望也〔一〇〕，敢布腹心。」於是襄子義之，乃使使者〔一一〕持衣與豫讓。豫讓拔劍三躍，呼天擊之〔一二〕曰：「而可以報知伯矣〔一三〕。」遂伏劍而死。死之日，趙國之士聞之，皆爲涕泣。〔一四〕

〔一〕**鮑本**「所當」二字作「以」。○ 補曰：一本「伏所當過」。　**札記**丕烈案：史記作「所當」。

〔二〕**鮑本**原無「范」字，補「范」字。○ **札記**丕烈案：史記有。

〔三〕**鮑本**國士，名蓋一國者。

〔四〕**鮑本**爲國士所爲以報之。

〔五〕**姚本**劉去「豫」字。　**鮑本**無「豫」字。○　**札記**丕烈案：史記無。

〔六〕**鮑本**衍「子」字。　**札記**丕烈案：史記有。

〔七〕**鮑本**「以」作「已」。○　**札記**丕烈案：史記作「已」。

〔八〕**札記**今本「已」誤「以」。

〔九〕**鮑本**補曰：「故」、「固」通。

〔一〇〕**鮑本**言有此心，望不及此。

〔一一〕**札記**今本「者」下誤衍「者」字。

〔一二〕**姚本**錢無「呼天」二字，劉作「呼天而擊之」。

〔一三〕**鮑本**而，自呼也。

〔一四〕**姚本**續云：司馬貞引戰國策，「衣盡血，襄子回車之輪，未周而亡」。此不言衣出血者，太史公恐涉怪妄，故略之耳。今本無此，乃後人所删。說苑，「襄子自置車庫中，水漿不入口三日，以禮豫讓」。　**鮑本**刺客傳有。彪謂：襄子、豫子皆千載人也。豫子能報舊君，能厲天下後世之爲臣。使他人爲之，必一失於此矣。或以其無成事爲空自苦。夫壯士能行其志而已，成不成則有命焉，吾何以必之哉？智伯有如此臣，以國士遇之，而不免於亡，殆與郭君善善爲輩者歟！補曰：讓，義士也，史遷列之刺客，而蘇轍氏古史亦謂之非賢，失之矣。朱子綱目附見於三晉始命之下，則以其事在前，不得特書以表之爾。大事記解題略見，而記不書，未知吕子之旨。按索隱引策云，「衣盡出血，襄子回車，車輪未周而亡」。今無此文，或以其怪而删之歟。

魏文侯借道於趙攻中山

魏文侯借道於趙攻中山〔一〕。趙侯將不許。趙利曰：「過矣。魏攻中山而不能取，則魏必罷〔二〕，罷則趙重。魏拔中山，必不能越趙而有中山矣。是用兵者，魏也；而得地者，趙也。君不如許之，許之大勸，彼將知矣〔三〕利之也，必輟。君不如借之道，而示之不得已。」

〔一〕**鮑本**魏十七年，此元年。

〔二〕**鮑本**音疲。

〔三〕**姚本**劉無「矣」字。　**鮑本**「矣」作「趙」。〇　補曰：此本「趙利」又舉人姓名，皆難解，疑有舛誤。　**札記**丕烈案：韓子有此事，云「彼將知君利之也」。「趙」字當是，吴氏失考也。

秦韓圍梁燕趙救之〔一〕

〔一〕此篇鮑本在魏策。

秦、韓圍梁〔二〕，燕、趙救之。謂山陽君〔三〕曰：「秦戰而勝三國，秦必過周、韓而有梁。三國而勝秦，三國之力，雖不足以攻秦，足以拔鄭〔四〕。計〔五〕者不如構三國攻秦。」

〔二〕**鮑本**衍「韓」字。　秦獻公二十三年戰少梁，此九年。　正曰：據鮑説以爲魏敗韓、趙於澮之年。　少梁，即獲公叔痤之戰，不聞燕、趙之救也，時方敗趙，趙豈得救之？此皆無據之言。且策云圍梁，不云少梁，圍梁必惠王徙都大梁後，不可考矣。徙都大梁在惠王三十一年。

〔二〕**鮑本**楚宣策言此人，正同時也。

〔三〕**鮑本**新鄭。鄭近梁，故云。正曰：韓哀侯二年已滅鄭，此鄭即謂韓。

〔四〕**鮑本**爲梁計。

〔五〕**鮑本**原在趙策。正曰：證據不明，且當從舊。

腹擊爲室而鉅

腹擊〔一〕爲室而鉅，荆敢〔二〕言之主。謂腹子曰：「何故爲室之鉅也？」腹擊曰：「臣羈旅也，爵高而祿輕，宮室小而帑不衆〔三〕。主雖信臣，百姓皆曰：『國有大事，擊必不爲用。』今擊之鉅宮〔四〕，將以取信於百姓也。」主君曰：「善。」〔五〕

〔一〕**鮑本**他國人，仕趙。

〔二〕**鮑本**楚人，仕趙。正曰：無據。荆軻，衛人，荆豈專爲楚姓？

〔三〕**鮑本**帑，金幣所藏。正曰：「帑」、「孥」通。詩注，子孫也。金幣與「衆」義不協。

〔四〕**姚本**曾改作「室」。

〔五〕**鮑本**此曰「主」、曰「主君」，主父故在也。然則上章「王」當作「主」。正曰：齊侯使高張唁公，稱「主君」。子家子曰「齊卑君矣。主君，大夫之稱也」。秦策，甘茂引樂羊曰「主君之功」。魏策，魯侯擇言稱「主君之尊」云云，蓋三晉以大夫爲諸侯，故猶仍之。趙稱襄主、簡主是也。策後亦多稱「主」，武靈自稱「主父」，與稱「主」者不同。此策時不可考。鮑妄置於惠文時，故爲之説。又齊、韓、魏攻秦，在惠文元年。滅中山在三年。大事記從世家，以年表爲誤。愚考中山亡，實在前。見齊策。主父死在四年，上章五年，自有所指，初不與此相涉，安得以此改彼文也？補曰：鉅宮以信百姓，誑主甚矣。

蘇秦説李兑

蘇秦〔一〕説李兑曰：「雒陽〔二〕乘軒車〔三〕蘇秦〔四〕，家貧親老，無罷車駑馬〔五〕，桑輪蓬篋羸〔六〕縢，負書擔橐〔七〕，觸塵埃，蒙霜露，越漳、河〔八〕，足重繭〔九〕，日百而舍〔一〇〕，造外闕，願見於前，口道天下之事。」李兑曰：「先生以鬼之言見我則可，若以人之〔一一〕事，兑盡知之矣。」蘇秦對曰：「臣固以鬼之言見君，非以人之言也。」李兑見之。蘇秦曰：「今日臣之來也暮，後郭門〔一二〕，藉〔一三〕席無所得，寄宿人田中，傍有大叢〔一四〕。夜半，土梗〔一五〕與木梗鬭曰：『汝不如我，我者〔一六〕乃土也。使我逢疾風淋〔一七〕雨，壞沮〔一八〕，乃復歸土。今汝非木之根，則木之枝耳。汝逢疾風淋雨，漂入漳、河，東流至海，氾濫無所止。』臣竊以爲土梗勝也〔一九〕。今君殺主父而族之〔二〇〕，君之立於天下，危於累卵。君聽臣計則生，不聽臣計則死。」李兑曰：「先生就舍，明日復來見兑也。」蘇秦出。

〔一〕**鮑本**「秦」作「子」。○ 補曰：字誤，下同。 **札記**丕烈案：吴氏補曰，字誤，下同。非也。又曰，太史公所謂異時事有類之者皆附之蘇秦，其此類邪？是也。策文本如此。

〔二〕**姚本**元和姓纂，洛陽，蘇秦之後，今無聞。

〔三〕**鮑本**補曰：一本「乘軒里」。既曰「乘軒車」，而下又云：「無罷車駑馬」，則此作「里」字爲是。河南志，洛陽城東御道北孝義里西北隅，有蘇秦冢。 **札記**丕烈案：史記正義引策云，「蘇秦，洛陽軒里之人也」。則張守節所見本是「里」字，可證一本之善也。

〔四〕**鮑本**「秦」作「某」。○ **札記**丕烈案：鮑改誤甚，策文無作「某」之例。

〔五〕**鮑本**「罷」，「疲」同。猶敝也。車勞敗敝。

〔六〕**鮑本**「羸」作「贏」。○ 正曰：説見秦策蘇秦章。

〔七〕**鮑本**「槖」作「囊」。○

〔八〕**鮑本**「漳河」作「河漳」。○ 補曰：濁漳合清漳，東北至阜城，入北河。漢初，漳猶入河，其後河徙日東，而漳自入海。策中凡言「漳河」、「河漳」者，以漳入河相連也。此下又有「漳河」字。

〔九〕**鮑本**繭，足胝也。

〔一〇〕**鮑本**日行百里乃就舍。

〔一一〕**鮑本**無「之」字。○

〔一二〕**鮑本**郭門後至，不及其開時。

〔一三〕**鮑本**藉，謂借。

〔一四〕**鮑本**補曰：叢，見秦策。

〔一五〕**鮑本**土亦言梗，因木爲類也。補曰：説見齊策。

〔一六〕**姚本**曾去「者」字。　**鮑本**補曰：愚謂有「者」字語勝。
〔一七〕**鮑本**淋，言其大能沃物。
〔一八〕**鮑本**「沮」作「阻」。○　**札記**丕烈案：「阻」字誤。
〔一九〕**鮑本**此喻不切於兑之事，蓋以鬼事發其言耳。
〔二〇〕**鮑本**殺在四年，言族，則其宗多死者。

李兑舍人謂李兑曰：「臣竊觀君與蘇公談也，其辯過君，其博過君，君能聽蘇公之計乎？」李兑曰：「不能。」舍人曰：「君即不能，願君堅塞兩耳，無聽其談也。」明日復見，終日談而去。舍人出送蘇君，蘇秦謂舍人曰：「昨日我談粗而君動，今日精而君不動，何也？」舍人曰：「先生之計大而規高，吾君不能用也。乃我請君塞〔一〕兩耳，無聽談者。雖然，先生明日復來，吾請資先生厚〔二〕用。」明日來，抵掌而談。李兑送蘇秦明月之珠〔三〕，和氏之璧〔四〕，黑貂之裘，黄金百鎰〔五〕。蘇秦得以爲用，西入於秦。〔六〕

〔一〕**鮑本**「塞」上有「堅」字。○
〔二〕**鮑本**言使兑厚而用之。正曰：用，財費也。
〔三〕**鮑本**覽冥訓注，隋侯珠云。　**札記**今本「月」誤「日」。
〔四〕**鮑本**卞和所獻楚文王者。補曰：趙得楚和氏璧，秦昭王欲以十五城易之。李兑所送必非。
〔五〕**鮑本**「鎰」作「溢」，又改作「鎰」。○
〔六〕**鮑本**補曰：蘇秦之死在慎靚王四年，去主父見殺時遠甚。此策言殺主父事，非秦明矣。其代、厲與？首尾亦與秦策蘇秦章類，抑本秦言事，而剿入後事歟？土梗、木梗之喻，與齊策止田文說同。彼亦秦死後事，而指爲秦皆不合。太史公所謂異時事有類之者皆附之蘇秦，其此類耶？

趙收天下且以伐齊

趙收天下，且以伐齊。蘇秦〔一〕爲〔二〕齊上書說趙王曰：「臣聞古之賢君，德行非施於海内也，教順慈愛，非布於萬民也，祭祀時享，非當於鬼神也。甘露降，風雨時至〔三〕，農夫登〔四〕，年穀豐盈，衆人喜之〔五〕，而賢主惡〔六〕之。今足下功力〔七〕，非數痛加於秦國，而怨毒積惡，非曾深凌於韓也〔八〕。臣竊外聞大臣及下吏之議，皆言主前專據〔九〕，以秦爲愛趙而憎韓。臣竊以事觀之，秦豈得愛趙而憎韓哉？欲亡韓吞兩周之地，故以韓爲餌〔一〇〕，先出聲於天下，欲鄰國聞而觀之也〔一一〕。恐其事不成，故出兵以佯示〔一二〕趙、魏。恐天下之驚覺，故微韓以貳之〔一三〕。恐天下疑己，故出質以爲信。聲德於與國，而實伐空韓〔一四〕。臣竊觀其圖之也，議〔一五〕秦以謀計，必出於是。

〔一〕**鮑本**「秦」作「厲」。○ 補曰：史作「厲」。

〔二〕**鮑本**補曰：去聲。

〔三〕**鮑本**無「至」字。○ **札記**丕烈案：史記作「時雨至」。

〔四〕**鮑本**穀熟曰登。

〔五〕**鮑本**「喜」作「善」。○　補曰：一本「喜之」。　**札記**丕烈案：史記作「善」。

〔六〕**鮑本**惡，心不安也。以其無以致之故。

〔七〕**鮑本**謂戰伐。

〔八〕**姚本**曾本，「非素深於韓、齊也」。　**鮑本**補曰：「曾」恐即「增」。

〔九〕**鮑本**言行之不疑。

〔一〇〕**鮑本**趙時惡韓，故秦以亡韓悦趙，趙遂以爲愛己也。補曰：秦兩「憎韓」及「以韓爲餌」之「韓」，史並作「齊」，説見後。且亡韓吞兩周，文義明，作「齊」則不順。

〔一一〕**鮑本**觀其愛趙。

〔一二〕**鮑本**虚以伐韓示之。

〔一三〕**鮑本**「微」下補「伐」字。○　補曰：「微」下有缺文，史作「徵兵於韓以威之」。貳，猶疑。　**札記**今本「微」下有「伐」字，乃誤涉鮑也。

〔一四〕**鮑本**如上文，則伐韓非秦所急也。此言實伐者，韓之在秦掌握中物耳，故不急於伐。恐趙不以爲德，故終伐之。其伐之，亦欲以吞周而非愛趙也。正曰：實欲伐空虚之韓。

〔一五〕**鮑本**議，猶意。正曰：一本「議以爲秦計謀」。

「且夫説士之計，皆曰韓亡三川，魏滅晉國〔一〕，恃〔二〕韓未窮，而禍及於趙〔三〕。且物固有勢異而患同者，又有勢同而患異者。昔者，楚人久伐而中山亡〔四〕。今燕盡韓之河南〔五〕，距沙丘，而至鉅鹿〔六〕之界三百里〔七〕；距於扞關，至於榆中千五百里〔八〕。秦盡韓、魏之上黨，則地與國都〔九〕邦屬而壤挈者〔一〇〕七百里。秦以三軍强弩坐羊唐〔一一〕之上，即地去邯鄲二十里。

且秦以三軍攻王之上黨而危其北，則句注之西〔一二〕，非王之有也。今魯〔一三〕句注禁常山而守〔一四〕，三百里通於燕之唐、曲吾〔一五〕，此代馬胡駒〔一六〕不東，而崐山之玉〔一七〕不出也。此三寶者，又非王之有也。今從於彊秦國〔一八〕之伐齊，臣恐其禍出於是矣。昔者〔一九〕，五國〔二〇〕之王，嘗合横而謀伐趙，參分趙國壤地，著之盤盂〔二一〕，屬之讎柞〔二二〕。五國之兵有日矣，韓〔二三〕乃西師以禁〔二四〕秦國，使秦發令素服而聽〔二五〕，反温、枳〔二六〕、高平〔二七〕於魏，反三公、什清〔二八〕於趙，此王之明知也。夫韓事趙宜正爲上交〔二九〕；今乃以抵〔三〇〕罪取伐，臣恐其後事王者之〔三一〕不敢自必也。今王收〔三二〕天下，必以王爲得〔三三〕。韓危〔三四〕社稷以事王，天下必重王。然則韓〔三五〕義王以天下就之〔三六〕，下至韓慕王以天下收之〔三七〕，是一世之命，制於王已。臣願大王深與左右群臣卒計而重謀，先事成慮而熟圖之也。」〔三八〕

〔一〕**鮑本**晉國，謂安邑。

〔二〕**鮑本**「恃」作「是」。○　補曰：恃，非所恃也。　**札記**今本「恃」作「是」，乃誤涉鮑也。丕烈案：史記作「市朝未變，而禍已及矣」，與策文不同。

〔三〕**鮑本**三晉，脣齒之國，故韓亡則魏滅，魏滅而禍及於趙，不待韓滅盡也。

〔四〕**鮑本**此言楚受秦伐，趙無秦患，故破中山滅之。　故秦昭八年，再敗楚，遂言趙破中山。正曰：大事記，中山恃魏，楚、魏久連兵，中山失助而亡。　今詳此言亦失考。　年表，武靈王二十五年攻中山，而秦、韓、魏、齊擊楚，敗唐眛，亦此時也。　說見燕、魏等策。

〔五〕**鮑本**盡，言得其地。　補曰：「盡韓之河」，史作「燕盡齊之北地」。

〔六〕**鮑本**鉅鹿，冀州郡。

〔七〕**鮑本**自此皆言近趙。

〔八〕**鮑本**衍「千」字。榆中屬金城。補曰：「距於」云云，史作「秦之上郡，近扞關，至於榆中，千五百里」。榆中、上郡見前。自上郡至榆中，則千五百里爲是。楚有扞關，説見前策。大事記云，扞者，扞敵之扞，非關名也。此趙扞敵之關，非獨楚有之。趙之扞關，陸地之關；楚之扞關，水道之關也。

〔九〕**鮑本**國，謂趙。

〔一〇〕**鮑本**言爲秦所取。挈，言取之易。

〔一一〕**鮑本**「唐」作「腸」。○　**札記**鮑改「唐」爲「腸」。丕烈案：因史記有羊腸之西而改耳。此多不同，未是也。

〔一二〕**鮑本**屬雁門。補曰：括地志云，句注山在雁門縣西北。

〔一三〕**鮑本**「魯」作「踰」。○　補曰：字義未詳。**札記**今本「魯」作「踰」，乃誤涉鮑也。丕烈案：史記作「踰句注，斬常山而守之」。

〔一四〕**鮑本**守，猶閉。

〔一五〕**鮑本**「吾」作「遇」。○　正曰：當作「曲逆」。遇，音顒。史注，中牟、曲遇、聚，鄭州縣，非此所指。按齊策權之難章云，燕戰勝兵罷，趙可以取唐、曲逆。唐，即唐縣；曲逆，蒲陰縣。並屬中山。此「曲」下必「逆」字也，一本止作「唐曲」，亦缺誤。**札記**今本「吾」作「遇」，乃誤涉鮑也。丕烈案：「吾」、「逆」聲之轉也，當存舊。史記無「之唐曲吾」四字，文不同。

〔一六〕**鮑本**補曰：「胡駒」，史作「胡犬」。郭璞云，胡地野犬，似狐而小也。

〔一七〕**鮑本**後志，金城臨羌有崐山。正曰：禹貢，雍州貢球琳、琅玕。爾雅，崐崘虛之璆琳、琅玕。李斯傳，崐山之玉。正義云，崐岡在于闐國東北，出玉。按，武帝以于闐山出玉，故號玉所出曰崐崘。

〔一八〕鮑本「國」作「與」。○ 札記今本「國」作「與」，乃誤涉鮑也。丕烈案：史記作「王久伐齊，從强秦攻韓」。

〔一九〕鮑本無「昔者」二字。○

〔二〇〕鮑本齊、楚、魏、韓、燕。

〔二一〕鮑本「參」作「三」。○ 盤盂，取太公爲武王作盤盂之銘。補曰：言其日見而不忘。

〔二二〕鮑本「讎柞」，「酬酢」同。言其相屬伐趙於酬酢之間。

〔二三〕鮑本「韓」作「齊」。○ 下并同。正曰：專據史文輒改，大不然也。

〔二四〕鮑本禁，閉拒之。

〔二五〕鮑本今令其國素服者，兵敗以喪禮自居也。史不書。

〔二六〕姚本一作「根柔」。鮑本「枳」作「軹」。○ 並屬河内。

〔二七〕鮑本高平，屬臨淮，安定亦有。正曰：括地志云，高平故城，在懷州河陽縣西。言臨淮者，繆。安定，秦地，亦非。温、枳皆河内，故當以懷州者爲正。

〔二八〕姚本續云：史記改「三公、什清」作「巠分、先俞」。鮑本「公」字疑誤。安定有三水，朔方有三封，勃海有三户，皆近趙。張儀塞什谷之口，當屯留之道，則什近屯留。後志中牟注有清口，皆趙地也。正曰：「三公」二字有誤。史云，反高平、根柔於魏，反巠分、先俞於趙。根柔未詳，文已明。括地志云，句注山一名正陘山。爾雅云，陵西踰、鄢門。疑此巠分乃巠山，先俞即西俞也。札記丕烈案：徐廣注云，一作「王公」，即出於此。當各依本文。吴氏專以張守節説爲據，未是也。

〔二九〕鮑本「韓」作「齊」，無「正」字。○ 以其有志爲趙閉秦。札記今本「韓」上有「齊」字，乃誤涉鮑也。鮑改「韓」爲「齊」。今本兩存，尤誤之甚者也。今本無「正」字，鮑本無。丕烈案：史記無。

〔三〇〕鮑本「抵」作「邸」。○「邸」，「抵」同，坐也。正曰：姚本作「抵」，當也。札記丕烈案：史記作「抵」。

〔三一〕**鮑本**無「者之」二字。○ 補曰：一本「事王者之」云云。 **札記**丕烈案：史記有。

〔三二〕**鮑本**「收」下補「齊」字。○ **札記**丕烈案：史記作「今王毋與天下攻齊，天下必以王爲義」。

〔三三〕**鮑本**「得」下「韓」作「齊」。○

〔三四〕**姚本**「危」，曾作「抱」。 **鮑本**「危」上補「齊」字。○ **札記**鮑改「韓」爲「齊」，讀上屬。丕烈案：鮑讀誤也。史記作「齊抱社稷以厚事王」。史記「齊」，即此文「韓」，不得上屬。

〔三五〕**鮑本**「韓」作「齊」。○

〔三六〕**鮑本**趙得天下之交而屈就齊，故齊以爲義。

〔三七〕**鮑本**「韓」作「齊」。○ 就之，上也，故收言下。正曰：就者，屈就之；收者，收結之。 **札記**鮑改「韓」爲「齊」。丕烈案：吴氏有正，見上。史記作「王以天下善秦，秦暴，王以天下禁之」。此策文有誤字。

〔三八〕**姚本**此段與史記文多不同，蓋訛謬，當用史記全篇觀之。 **鮑本**趙惠文十六年有。正曰：史趙世家，惠文十五年，燕昭王與趙、韓、魏、秦共擊齊，齊敗走，燕獨深入，取臨淄。十六年，秦復與趙數擊齊，齊人患之，蘇厲爲齊遺趙王書云云，於是趙乃輟，謝秦不擊齊。大事記，是時齊地皆入燕，獨莒、即墨僅存。蘇厲之書皆不及之，恐非此時事。按策多爲韓言，乃趙將擊韓，而厲爲韓止之者，其間事實，皆明爲韓，而首云伐齊，爲齊殊不合，決有誤。而史一切以「韓」爲「齊」，抑馬遷之所改歟？然趙伐韓事，亦不知在何時，其文及地名亦多舛異不同，强爲之説。鮑專據史文輒改，大不然也。 **札記**丕烈案：吴説是也。策文本皆作「韓」，或以史記「齊」字亂之。

齊攻宋奉陽君不欲

齊攻宋，奉陽君不欲。客請奉陽君曰：「君之春秋高矣，而封地不定，不可不熟圖也。

秦之貪，韓、魏危，衛〔一〕、楚正〔二〕，中山之地薄，宋罪重，齊怒深，殘伐亂宋，定身封，德强齊，此百代之一時也。」〔三〕

〔一〕鮑本「衛」作「燕」。○ 正曰：上章作「燕」。 札記丕烈案：鮑依後公孫衍説文也。

〔二〕鮑本「正」作「僻」。○ 蓋「僻」、「匹」聲近，「匹」又訛作「正」字。補曰：宜注原文下。 札記丕烈案：鮑依後公孫衍説文也。

〔三〕鮑本正曰：趙策説奉陽君取陰之辭，自「宋罪重」以下至「百世之一時」已，凡兩見，而秦策亦有之，以爲謂穰侯。趙策又曰，「魏冉必妬君之有陰」。按陰即陶，宋地，冉所封也。秦記，昭王十二年，樓緩免，穰侯魏冉爲相；十六年，冉免，封公子市宛，公子悝鄧，魏冉陶，爲諸侯。冉傳云，免樓緩而魏冉相，冉謝病免，以燭壽爲相；燭免，復相冉，乃封於穰，後益封陶，號曰穰侯。大事記先書穰侯魏冉爲相，從本；後書復以魏冉爲丞相，封於穰與陶，謂之穰侯，又封公子市爲宛侯，公子悝爲鄧侯，從傳。又謂三子之封，皆取於鄰國。秦去年取宛，今年取鄧，穰、陶雖不載何年得之，蓋亦近歲。按赧王十四年，秦伐韓取穰，大事記已書之矣。獨以陶爲近歲所取，則昡於史文，未考其實。且據秦紀，則冉始相已封穰，後相封陶。於傳則復相時封穰，後益以陶，已有不合。大事記從之，亦偶未察，獨見於策者可考。李兑約五國伐秦，後欲取陰定封，説穰侯者亦勸之。策文容有復混，而其事實並一時。是時齊欲攻宋，秦禁之，齊欲與趙，故説者勸李兑，上距冉復相秦五歲爾。使冉已封陶，兑安得欲之，而言者亦安得云「冉妬君之有陰」？因此言而知冉之未封陶而欲得之也。其後，齊滅宋兩年而爲五國所破，趙既不取陶，而齊亦卒不能有。穰侯之取陶在此時歟？或謂魏策謂穰侯云，「君攻楚取宛、穰，以廣陶封」，以封陶在前。竊謂秦之取穰、冉之封穰，固無疑矣。獨取陶定封，歲月不載。而史所謂後益封陶，號曰穰侯者，辭亦不明。意者陶之封大而入厚，冉國於陶，如取剛壽之類，皆云廣陶封，故魏策之言如此。而宛亦非冉封，不足據信。使冉封陶，當曰陶侯，而稱穰侯，知始封穰必非誤也。

秦王謂公子他

秦王〔一〕謂公子他曰：「昔歲殽下之事〔二〕，韓爲中軍，以與諸侯攻秦。韓與秦接境壤界，其地不能千里，展轉〔三〕不可約。日者秦、楚戰於藍田〔四〕，韓出鋭師以佐秦，秦戰不利，因轉與楚，不固信盟，唯便是從。韓之在我，心腹之疾。吾將伐之，何如？」公子他曰：「王出兵韓〔五〕，韓必懼，懼則可以不戰而深取割。」王曰：「善。」乃起兵，一軍臨熒陽〔六〕，一軍臨太行。

〔一〕**鮑本**昭。

〔二〕**鮑本**即秦惠七年，五國攻函谷事。函、殽地近，故云。補曰：按趙世家，孝成二年，受韓上黨。長平之敗，在七年。秦惠七年，五國攻秦，至孝成二年，凡五十四年。秦惠十三年，敗楚藍田，距此四十九年。又韓襄王十四年，與齊、魏共擊秦於函谷，河渭絶一日，距孝成二年爲三十五年，稍近。然遠引前事者，只欲言韓之不可不伐耳。年表，破長平在孝成六年，與世家異。

〔三〕**鮑本**展轉，猶反復。

〔四〕**鮑本**秦惠文後十三年。

〔五〕**鮑本**軍於其地。

〔六〕**鮑本**「熒」作「滎」。○

韓恐，使陽城君入謝於秦〔一〕，請效上黨之地以爲和。令韓陽告上黨之守靳黈〔二〕曰：「秦起二軍以臨韓，韓不能有〔三〕。今王〔四〕令韓興兵〔五〕以上黨入和於秦，使陽言之太守〔六〕，太守其效之。」靳黈曰：「人有言：挈瓶之知〔七〕，不失守器〔八〕。王則有令，而臣太守〔九〕，雖王與子，亦其猜焉〔一〇〕。臣請悉發守〔一一〕以應秦，若不能卒，則死之〔一二〕。」韓陽趨以報王，王曰：「吾始已諾於應侯矣，今不與，是欺之也。」乃使馮亭代靳黈。

〔一〕**鮑本**「恐」上無「韓」字，補「韓」字。○ 疑當作「成陽」，秦昭十七入朝者也。**札記**丕烈案：鮑以爲秦本紀昭十七年，城陽君入朝者。今考集解、索隱無説，正義亦不以爲韓。鮑所説，殊無據，其繆多此類。

〔二〕**鮑本**「黈」作「鞋」。○ 黈，字書無此字，下同。**札記**今本「黈」作「鞋」，乃誤涉鮑也。丕烈案：此字有誤，但所改未是。

〔三〕**鮑本**「有」作「支」。○ **札記**今本「有」作「支」。

〔四〕**鮑本**桓惠。

〔五〕**鮑本**恐守不效地故。

〔六〕**鮑本**補曰：索隱云，漢景時始稱太守，「太」者衍字。愚按，史文止一稱太守，故索隱云然。此策凡五言之，決非衍，當時已有此稱矣。

〔七〕**鮑本**挈瓶之人之智。

〔八〕**鮑本**所守之器，謂瓶。

〔九〕**札記**今本「太」誤「失」。丕烈案：此吴所數之一，不得改去。

〔一〇〕**鮑本**「亦其」作「其亦」。○ 嫌其不能守。

〔一一〕**鮑本**發兵。正曰：悉發守兵。

〔一二〕**鮑本**言戰敗不終事。

馮亭守三十日，陰使人請趙王曰：「韓不能守上黨，且以與秦，其民皆不欲爲秦，而願爲趙。今有城市之邑七十〔一〕，願拜内之於王，唯王才〔二〕之。」趙王喜，召平原君〔三〕而告之曰：「韓不能守上黨，且以與秦，其吏民不欲爲秦，而皆願爲趙。今〔四〕馮亭令使者以與寡人，何如？」趙豹對曰：「臣聞聖人甚禍無故之利〔五〕。」王曰：「人懷吾義，何謂無故乎？」對曰：「秦蠶食韓氏之地，中絶不令相通，故自以爲坐受上黨也。且夫韓之所以内趙者，欲嫁其禍也。秦被其勞，而趙受其利，雖强大不能得之於小弱，而小弱顧能得之强大乎？今王取之，可謂有故乎？且秦以牛田〔六〕，水通糧，其死士皆列之於上地〔七〕，令嚴政行，不可與戰。王自圖之！」王大怒曰：「夫用百萬之衆，攻戰〔八〕踰年歷歲，未見一城也。今不用兵而得城七十，何故不爲？」趙豹出。

〔一〕**鮑本**補曰：史作「十七」，下同。

〔二〕**鮑本**「才」，「財」、「裁」同。

〔三〕**鮑本**「平原君」作「平陽君」。○　史作「平陽君」，趙豹是也。若果平原，下文不應復云召趙勝。補曰：「原」當作「陽」。

〔四〕**札記**今本「今」誤「令」。

〔五〕**鮑本**無「臣聞」二字。○　無故得利，聖人以爲禍。　**札記**丕烈案：史記無。

〔六〕**姚本**錢、劉作「甲」。　**鮑本**牛田，秦地，缺，因其水爲漕。正曰：牛耕積穀，水漕通糧。秦從渭水漕運入河洛。或以爲漢世始用牛耕。竊以爲古用木耜，未有金耜，用人耕未用牛耕。耦耕者，二人並耕，或一人一牛亦可。漢始專用牛耕也。字書，「犂」從牛。冉耕字伯牛，司馬牛名犂，不可謂牛耕非古也。

〔七〕**鮑本**韓之上流。正曰：地之上者。

〔八〕**姚本**三本同作「齊」。

王召趙勝、趙禹而告之曰：「韓不能守上黨，今其守以與寡人，有城市之邑七十。」二人對曰：「用兵踰年，未見一城，今坐而得城〔一〕，此大利也。」乃使趙勝往受地。

〔一〕**鮑本**「城」下補「七十」二字。○　補曰：史此有「七十」二字。

趙勝至曰：「敝邑之王，使使者臣勝，太〔一〕守有詔〔二〕，使臣勝謂曰：『請以三萬户之都封太守，千户封縣令〔三〕，諸吏皆益爵三級，民能相集者，賜家六金。』」馮亭垂涕而勉〔四〕曰：「是吾處三不義也：爲主守地而不能死，而以與人，不義一也；主内之秦，不順主命，不義二也；賣主之地而食〔五〕之，不義三也。」辭封而入韓〔六〕，謂韓王曰：「趙聞韓不能守上黨，今發兵已取之矣。」

〔一〕**鮑本**「太」上補「告」字。○　**札記**今本「太」上有「告」字，乃誤涉鮑也，鮑補「告」字。丕烈案：史記無此句。策文本如此，不誤，述馮亭所云也。下文「使臣勝謂曰」，方是告馮亭。鮑補誤甚。

〔二〕**鮑本**詔，告也，謂太守有告。有詔，秦人語耳。

〔三〕**鮑本**補曰：縣令，説見楚策。

〔四〕**鮑本**「勉」作「免」。○　免，辭也。補曰：此書「勉」、「免」通。　**札記**丕烈案：此以「勉」爲「俛」字也，吴説未是。

〔五〕**鮑本**食，食封户也。

〔六〕鮑本補曰：漢書，趙封馮亭爲華陽君，與趙將括距秦，戰死長平，與此異。

韓告秦曰：「趙起兵取上黨。」秦王怒，令公孫起、王齮〔一〕以兵遇趙於長平。〔二〕

〔一〕鮑本補曰：公孫起即白起。史王齕非齮，秦將有桓齮，此恐訛舛。札記丕烈案：吴説非也。白起傳曰，「乃陰使武安君白起爲上將軍，而王齕爲尉裨將」。秦始皇紀「王齮、麃公」等，徐廣注，一作「齕」。索隱曰，「王齮即王齕。昭王二十九年，代大夫陵伐趙者」。六國表，「秦莊襄王三年，王齕擊上黨」。徐廣亦注，一作「齕」。是王齮即王齕，其證甚明，與桓齮迥不相涉。吴偶失考也。王震澤本索隱，「齕」作「騎」，單本並删去「王齕」二字，皆誤。

〔二〕鮑本趙記四年有，馮亭下。彪謂：平陽嫁禍之言，豈不易曉，而孝成怒之，昏於利也。勝、禹入而順旨，以濟其欲，不幾於一言而喪邦歟？故爲邦者以遠佞人爲急。正曰：勝、禹淺謀，非佞也。

蘇秦爲趙王使於秦

蘇秦爲趙王使於秦〔一〕，反，三日不得見。謂趙王曰：「秦乃者過柱山〔二〕，有兩木焉。一蓋呼侶〔三〕，一蓋哭。問其故〔四〕，對曰：『吾已大矣，年已長矣，吾苦夫匠人，且以繩墨案規矩刻鏤我。一蓋曰：『此非吾所苦也，是故吾事也〔五〕。吾所苦夫鐵鉆〔六〕然，自入而出夫人者〔七〕。』今臣使於秦，而三日不見，無有〔八〕謂〔九〕臣爲鐵鉆者乎？」

〔一〕鮑本本傳不書。

〔二〕**鮑本**蓋砥柱。正曰：無考。

〔三〕**鮑本**招其徒。

〔四〕**姚本**一本「秦問其故」。

〔五〕**鮑本**事，猶分。補曰：「故」，「固」通。

〔六〕**鮑本**「鈷」作「銛」，下同。○ 銛，言鐵之利。若鈷，則鐵鉗也，義不合此。正曰：鈷，玉篇，其沾、敕淹二反。鉗，音鑷。後漢章帝詔有「鈷」、「鑽」字。蒼頡篇，鈷，持也。蓋字與鉗同，以鐵有所劫束也。**札記**丕烈案：吴氏正以爲「蓋字與鉗同」者亦非也。聞諸金壇段先生玉裁云，「鈷」與「櫼」同，説文「楔」也。其説得之矣。下文「自入而出夫人者」爲一句，言櫼入而木出也。故云「謂臣爲鐵鈷者」，秦言其人自入而出，臣有似於楔也者。

〔七〕**鮑本**人，謂木屑，自鐵言之爲人。正曰：難通，其義未詳。

〔八〕**鮑本**無有，言得無有也。

〔九〕**姚本**集、錢、劉作「爲」。**鮑本**「謂」作「爲」。○

甘茂爲秦約魏以攻韓宜陽

甘茂爲秦約魏以攻韓宜陽〔一〕，又北之趙，冷向謂强國〔二〕曰：「不如令趙拘甘茂，勿出，以與齊、韓、秦市。齊王〔三〕欲求救宜陽，必效縣狐氏〔四〕。韓欲有〔五〕宜陽，必以路涉〔六〕、端氏〔七〕賂趙。秦王〔八〕欲得宜陽，不愛名寶〔九〕，且拘茂也，且以置公孫赫、樗里疾〔一〇〕。」

〔一〕**鮑本**秦武王三年，此十八年。

〔二〕鮑本趙人。

〔三〕鮑本閔。

〔四〕鮑本地缺。

〔五〕鮑本「有」作「存」。○

〔六〕鮑本地缺。

〔七〕鮑本屬河東。

〔八〕鮑本武。

〔九〕鮑本實之名世者。齊、韓之賂，欲拘茂，敗其約也；秦賂，則欲出之。

〔一〇〕鮑本茂不還秦，則二人用。

謂皮相國

謂皮相國〔一〕曰：「以趙之弱而據〔二〕之建信君〔三〕，涉孟之讎〔四〕然者〔五〕何也？以從爲有功也。齊不從〔六〕，建信君知從〔七〕之無功。建信者〔八〕安能以無功惡秦〔九〕哉？不能以無功惡秦，則且出兵助秦攻魏，以楚、趙分齊〔一〇〕，則是强畢矣〔一一〕。建信、春申〔一二〕從，則無功而惡秦〔一三〕。秦分齊〔一四〕，齊亡魏〔一五〕，則有功而善秦〔一六〕。故兩君者〔一七〕，奚擇有功之〔一八〕無功爲知哉？」

〔一〕鮑本趙相。

〔二〕鮑本據，猶任。

〔三〕鮑本建信，趙倖臣。

〔四〕鮑本蓋爲横者，與建信異趣，故趙讎之。補曰：「涉孟之讎」四字未詳，或言建信、涉孟二人，以其反有害於趙，故以讎稱。

〔五〕鮑本補曰：「然者」，下章亦有此文法，當至「也」字句。札記丕烈案：下章在平原君請馮忌見彼下。

〔六〕鮑本正曰：句。

〔七〕鮑本此「從」如字。

〔八〕姚本一作「君」。

〔九〕鮑本惡，猶害也。從有功乃能害秦爾。

〔一〇〕鮑本爲從無功，則反助秦，不則分齊。齊雖不爲從，然與秦爭衡，故助秦則分齊之地。分，分其地。

〔一一〕鮑本言建信圖强之計盡於此。補曰：謂不能害秦，則可助秦攻魏。怒齊之不從，則合楚以分齊。二策必居一焉。則圖强之計，畢於此矣。

〔一二〕鮑本春申，悼襄四年主從約，發議於此時也。

〔一三〕鮑本言楚、趙合，則雖未見功，有害秦之形。

〔一四〕鮑本「分」作「合」。○　秦見二國合，亦與齊合。

〔一五〕鮑本正曰：「秦分齊，齊亡魏」，語不可解，疑有舛誤。當是「分齊亡魏」，而衍「秦齊」二字。蓋曰建信、春申從，則雖無功而其勢可以惡秦，此合楚、趙之策也。分齊亡魏則有功，而可以善秦，此助秦之策也。札記丕烈案：吴説是也。上文「則且出兵助秦攻魏，以楚、趙分齊」，即其事。

〔一六〕鮑本齊本不從建信，今秦來合，故助之攻魏以善之。

〔一七〕鮑本兩，齊、趙也。趙知據建信，而不知其不合楚不能成功。齊不從建信，而不知其合楚足以成功。不知所擇也。正曰：兩君，指皮相國、建信君，或指建信君、涉孟，將何所擇於有功無功二者而爲智哉。

〔一八〕鮑本「之」下補「與」字。○ 補曰：「之」字疑當在「無功」下。

或謂皮相國

或〔一〕謂皮相國曰：「魏殺呂遼〔二〕而衛兵〔三〕，亡其北〔四〕陽〔五〕而梁危，河間封不定〔六〕而齊〔七〕危，文信不得志〔八〕，三晉倍之憂也〔九〕。今魏恥未滅〔一〇〕，趙患又起〔一一〕，文信侯之憂大矣〔一二〕。齊不從〔一三〕，三晉之心疑矣〔一四〕。憂大者不計而構〔一五〕，心疑者事秦急。秦、魏之構，不待割而成〔一六〕。秦從楚、魏攻齊，獨吞趙〔一七〕，齊、趙必俱亡矣。」〔一八〕

〔一〕鮑本無「或」字。○

〔二〕鮑本魏臣，秦所重者。正曰：魏臣無考。後章作呂遺，未知孰是？又言收河間，何異殺呂遺，則呂爲秦重者。

〔三〕鮑本正曰：衛兵，句。

〔四〕姚本一作「比」。　鮑本「北」作「比」。○ 正曰：一本「比」作「北」。

〔五〕鮑本屬南陽。衛附秦者也。故魏殺秦重，衛爲之亡魏之鄙以危之。正曰：衛附魏者也。衛兵，衛被兵也。兵，秦兵也。

〔六〕鮑本時魏、趙欲以封文信，而不果。正曰：秦策所謂不果攻趙，趙賂以河間十二縣，在前事也。戰國封地，往往取之他國。是時秦以河間地封不韋，秦策稱不韋欲攻趙以廣河間，是也。時趙方與諸侯合從，欲收河間，故言封不定。

〔七〕**鮑本**「齊」作「趙」。○　正曰：河間近齊，後言攻齊，必此時併欲攻齊。

〔八〕**鮑本**文信，呂不韋也。莊襄元年封，此十七年也。未得河間，故不得志。正曰：按史，封文信侯，食河南洛陽十萬户，河間後封。

〔九〕**鮑本**文信欲得河間，必伐趙。韓、魏，趙之與國，故其憂倍。正曰：倍，猶背也。三晉之憂也。「倍」字，疑「信」字訛衍。

〔一〇〕**鮑本**言嘗分魏之憂。正曰：見上文。

〔一一〕**鮑本**患文信也。

〔一二〕**鮑本**文信爲三晉之憂。補曰：文信之憂未詳，恐有字誤。

〔一三〕**鮑本**不與山東約從。

〔一四〕**鮑本**疑從之不可合。

〔一五〕**鮑本**「構」作「講」，下同。○　言趙必求和於秦，不待計也。正曰：下文言秦、魏無趙。

〔一六〕**鮑本**凡講，必割地。今急於成，不待已割蓋先講也。

〔一七〕**鮑本**趙近秦，秦攻之，不待楚、魏。

〔一八〕**鮑本**此説欲趙以河間廣文信封也，下有一章合此。

趙王封孟嘗君以武城

趙王封孟嘗君以武城〔一〕。孟嘗君擇舍人以爲武城吏，而〔二〕遣之曰：「鄙語豈不曰，借車者馳之〔三〕，借衣者被〔四〕之哉？」皆對曰：「有之。」孟嘗君曰：「文甚不取也。夫所借衣車者，非親友，則兄弟也。夫馳親友之車，被兄弟之衣，文以爲不可。今趙王不知文不肖，而封之以武城，願大夫之往也，毋伐樹木，毋發〔五〕屋室，訾然使趙王悟而知文也〔六〕。謹使〔七〕可全而歸之。」

〔一〕**鮑本**屬清河，即下東武城。此當田文奔薛後。正曰：無考。
〔二〕**札記**今本「而」誤「之」。
〔三〕**鮑本**借車與衣，固將馳且被也。今云然，蓋常常馳被而弗愛也。
〔四〕**姚本**被，平聲叶音。**鮑本**補曰：被，姚叶音披。
〔五〕**鮑本**補曰：一本標御覽「發」作「廢」。
〔六〕**鮑本**無「也」字。○訾，不思稱意也，言其不期得知而見知，知其善任人也。補曰：一本「知文也」。
〔七〕**鮑本**遣吏之辭。正曰：「謹使」，屬下句。使，如字。補曰：一本標御覽「謹」作「僅」。

謂趙王曰三晉合而秦弱

謂趙王曰：「三晉合而秦弱，三晉離而秦强，此天下之所明〔一〕也。秦之有燕而伐趙，有趙而伐燕；有梁而伐趙，有趙而伐梁；有楚而伐韓，有〔二〕韓而伐楚；此〔三〕天下之所明見也。然山東不能易其路〔四〕，兵弱也。弱而不能相壹，是何楚〔五〕之知，山東之愚也。是臣所爲山東之憂也。虎將即禽〔六〕，禽不知虎之即己也，而相鬬兩罷〔七〕，而歸其死於虎。故使禽知虎之即己，決不相斗矣。今山東之主不知秦之即己也，而尚相鬬兩敝，而歸其國於秦，知不如禽遠矣。願王熟慮之也。

〔一〕**鮑本**補曰：「明」下疑有缺字。

〔二〕**鮑本**補曰：有者，善之也。

〔三〕**札記**今本「此」誤「而」。

〔四〕**鮑本**言易横秦之路，以合三晉。正曰：山東六國，不能易其合秦之道以合。

〔五〕**鮑本**「楚」作「秦」。〇補曰：當作「秦」。**札記**今本「楚」作「秦」，乃誤涉鮑也。

〔六〕**鮑本**走獸總名。

〔七〕**鮑本**補曰：音疲。

「今事有可急者，秦之欲伐韓、梁，東闚於周室甚，惟寐亡〔一〕之。今南攻楚者，惡三晉之大合〔二〕也。今攻楚休而復之〔三〕，已五年矣〔四〕，攘地千餘里。今謂楚王〔五〕：『苟來舉玉趾而見寡人，必與楚爲兄弟之國〔六〕，必爲楚攻韓、梁，反楚之故地。』楚王美秦之語，怒韓、梁之不救己，必入於秦。有謀故殺〔七〕使之趙，以燕餌趙〔八〕，而離三晉〔九〕。今王美秦之言，而欲攻燕，攻燕，食未飽而禍已及矣。楚王入秦，秦、楚爲一，東面而攻韓。韓南無楚，北無趙〔一〇〕，韓不待伐，割挈馬兔〔一一〕而西走〔一二〕。秦與韓爲上交，秦禍〔一三〕安〔一四〕移於梁矣。以秦之强，有楚、韓之用，梁不待伐矣〔一五〕。割挈馬兔而西走，秦與梁爲上交，秦禍案攘於趙矣〔一六〕。以强秦之有韓、梁、楚，與燕之怒〔一七〕，割必深矣〔一八〕。國之舉此〔一九〕，臣之所爲來。臣故曰：事有可急爲者。

〔一〕**姚本**劉本作「忘」。

〔二〕**鮑本**「大」作「相」。○ **鮑本**「亡」作「忘」。○ **札記**丕烈案：此以「亡」爲「忘」字耳。

〔三〕**鮑本**休，罷兵。復，復攻。補曰：復，扶又反。

〔四〕**鮑本**先是秦取漢中，取召陵，又敗之重丘。

〔五〕**鮑本**懷。

〔六〕**鮑本**楚懷三十年，秦昭云然。此二十七年。

〔七〕**姚本**劉作「發」。 **鮑本**「有謀」上補「秦」字，「殺」作「發」。○ **札記**今本「秦」下復有「秦」字。乃誤涉鮑也。鮑補「秦」字，改「殺」爲「發」。丕烈案：此讀「有謀」連下，以「有」爲「又」字也，鮑補於「謀」字句，誤甚。

〔八〕**鮑本**言欲與趙攻燕。

〔九〕**鮑本**韓、魏時不合秦，而趙合之，必不善趙。

〔一〇〕**鮑本**美秦反地餌燕之説，故不救韓，亦離三晉之策也。

〔一一〕**姚本**曾作「免」。 **鮑本**補曰：一本作「免」，下同。

〔一二〕**鮑本**割地挈而走秦，疾於馬兔。

〔一三〕**鮑本**禍，兵禍。

〔一四〕**姚本**續云：改「安」作「案」。荀子「上不能好其人，下不能隆禮，安特將學雜識志，順詩書而已耳，則末世窮年，不免爲陋儒而已」注，「安」，語助，猶言抑也，或作「案」。荀子多用此字。禮記三年問作「焉」。戰國策謂趙王曰，「秦與韓爲上交，秦禍按移於梁矣」，「秦與梁爲上交，秦禍按攘於趙矣」。呂氏春秋吴起謂商文曰，「今置質爲臣，其主安重；釋璽辭官，其主安輕」。蓋當時人通以「安」爲語助，或方言耳，特猶言直也。雜志記之，書百家之説，言既不能好其人，又不能隆禮，直學雜説順詩書而已，豈免爲陋儒乎？言不知通變也。**鮑本**安，言其不勞。

〔一五〕**姚本**一無「矣」字。**鮑本**衍「矣」字。

〔一六〕**鮑本**「攘於」作「環中」。○「案」，「安」同，故荀卿書多用「案」字。此言秦視趙在其度内，如物在環中。「環中」一作「移於」字可也。正曰：姚本「案攘於趙」，愚以「攘」即「移」字訛，當作「移於」。鮑本説是。**札記**「攘於」鮑本作「環中」。吴氏正曰，愚以「攘」即「移」字譌，當作「移於」。丕烈案：吴説未是。楊倞荀子注引作「攘」字。

〔一七〕**鮑本**秦有三國，趙之患也，燕又怒之。

〔一八〕**鮑本**秦割趙地。

〔一九〕**鮑本**國，謂趙。舉，猶行。

「及楚王之未入也，三晉相親相堅〔一〕，出鋭師以戍韓、梁西邊，楚王聞之，必不入秦，秦必怒而循攻楚〔二〕，是秦禍不離楚也，便於三晉。若楚王入，秦〔三〕見三晉之大合而堅也，必不出楚王〔四〕，即多割〔五〕，是秦禍不離楚也，有利於三晉。願王之熟計之也急〔六〕！」

〔一〕**鮑本**堅其約。

〔二〕**鮑本**循前而攻。

〔三〕**鮑本**「秦」下補「秦」字。○ **札記**丕烈案：此讀「入」句絶。魏策支期曰，「王視楚王，楚王入」；又曰，「楚王不入」。皆可爲證。鮑補誤也。

〔四〕鮑本恐其合晉。
〔五〕鮑本楚求出故。
〔六〕鮑本重言急以促之。補曰：一本無「急」字，是。此下蓋敍述者之辭。

趙王因起兵南戍〔一〕韓、梁之西〔二〕邊。秦見三晉之堅也，果不出楚王印〔三〕，而多求地〔四〕。

〔一〕鮑本「南」下有「伐山戎」三字。○戎近秦，伐之以偪秦。補曰：姚本有「戍」，無「伐山戎」三字，是。
〔二〕鮑本「西」作「惡」，又改作「西」。○補曰：一本作「西」。
〔三〕姚本劉改「印」作「印」。鮑本衍「印」字。補曰：字誤衍，姚云，劉改作「印」，亦難通。札記丕烈案：此與上文「即多割」，「即」、「印」二字皆有誤，但衍者未是。
〔四〕鮑本彪謂：從横之説，未有善於此者也。趙少嘗之，其效已見，是以知張儀之可折也。爲其效不大見於後，則是諸侯之不一也，是其計之不明不智也。吁，惜哉！補曰：此策自「割必深矣」以上，其論從横之利害當矣。自「事有可急者」以下，勸三晉之相堅，而移禍於楚，亦未得爲盡善。蓋陳軫不得已之計也。愚考齊策秦伐魏陳軫合三晉而東章及韓、燕策與此章多合。此章言楚王入秦，正秦誘懷王武關之歲，在赧王十六年，詳見齊策。「所爲」、「爲楚」、「爲來」之「爲」，去聲。

戰國策卷十九

趙　二

蘇秦從燕之趙始合從

蘇秦從燕之趙〔一〕，始合從，説趙王曰：「天下之卿相人臣，乃至布衣之士，莫不高賢大王之行義，皆願奉教陳忠於前之日久矣。雖然，奉陽君妬〔二〕，大王不得任事，是以外〔三〕賓〔四〕客遊談之士，無敢盡忠於前者。今奉陽君捐館舍〔五〕，大王乃今然後得與士民相親，臣故敢獻其愚，效愚忠〔六〕。爲大王計，莫若安民無事，請無庸有爲也。安民之本，在於擇交〔七〕。擇交而得則民安，擇交不得則民終身〔八〕不得安。請言外患：齊、秦爲兩敵〔九〕，而民不得安；倚秦攻齊，而民不得安；倚齊攻秦，而民不得安。故夫謀人之主，伐人之國，常苦〔一〇〕出辭斷絶人之交〔一一〕，願大王慎無出於口也。

〔一〕鮑本此十六年。
〔二〕鮑本秦傳言肅侯令其弟成爲相，號奉陽君。妬，嫉賢也。正曰：奉陽君，説見後。
〔三〕鮑本外，疏之也。
〔四〕姚本錢、劉去「賓」字。
〔五〕鮑本禮，婦人死曰捐館舍，蓋亦通稱。
〔六〕鮑本「獻」作「進」，無「效愚」二字。○札記丕烈案：史記作「進其愚慮」。此策文當是「獻其愚」下脱「慮」字。「效愚忠」三字別爲句。
〔七〕鮑本與諸侯交。
〔八〕鮑本終趙王身。
〔九〕鮑本爲趙敵。
〔一〇〕鮑本苦，言其力。
〔一一〕鮑本橫人蓋然。

「請屏左右，曰〔一〕言所以異，陰陽〔二〕而已矣。大王誠能聽臣，燕必致氈裘狗馬之地，齊必致海隅魚鹽之地，楚必致橘柚雲夢之地，韓、魏皆可使致封地〔三〕湯沐之邑，貴戚父兄皆可以受封侯。夫割地效實〔四〕，五伯之所以覆軍禽將而求也；封侯貴戚，湯、武之所以放殺而爭也〔五〕。今大王垂拱而兩有之，是臣之所以爲大王願也。大王與秦，則秦必弱韓、魏；與齊，則齊必弱楚、魏。魏弱則割河外〔六〕，韓弱則效宜陽〔七〕。宜陽效則上郡絶〔八〕，河外割則道不通。楚弱則無援。此三策者，不可不熟計也。夫秦下軹道〔九〕則南陽動〔一〇〕，劫韓包周則趙自銷鑠，據衛取淇則齊必入朝。秦欲已得行〔一一〕於山東，則必舉甲而向趙。秦甲涉河踰漳，據番吾〔一二〕，則兵必戰於邯鄲之下矣。此臣之所以爲大王患也。

〔一〕**鮑本**「曰」作「白」。○補曰：史作「請別白黑所以異」。大事記謂，當從策。按索隱引策作「白言」，尤明。**札記**丕烈案：此「曰」即「白」之譌。

〔二〕**鮑本**陰陽，言事只有兩端，指謂從横。

〔三〕**鮑本**封内之地。正曰：下文封侯之類。

〔四〕**鮑本**實，如氈裘之類。

〔五〕**鮑本**此非所以言湯、武，蓋游士之詞。

〔六〕**鮑本**補曰：正義云，河外，同華等地，此即西河之外也。

〔七〕**鮑本**皆以地與秦。

〔八〕**鮑本**并州郡。正曰：正義云，上郡在同州西北。則屯廣記云，今鄜、延安、丹、坊部，銀、夏、綏德、保安之地。

〔九〕**鮑本**秦紀注，亭名，在霸陵。正曰：故軹城在懷州濟源縣東南，以下言修武之南陽知之。按大事記，顯王十一年，韓使計息以枳道易鹿於魏。水經注，年表，赧王三十六年，秦伐魏至軹，取城大小六十一，皆魏之軹也。「軹」、「枳」通。策又作「咫」。蘇秦傳云，秦下軹道則南陽危。又云，我下軹道、南陽，封冀。亦指此。其言秦者在雍州萬年縣東北，去霸水百步。軹道亭，秦王降處也。蘇代云，楚得枳而國亡，則巴郡之枳也。

〔一〇〕**鮑本**修武者。

〔一一〕**姚本**錢、劉去「行」字。

〔一二〕**鮑本**補曰：正義云，番，音婆，又音蒲、音盤。徐廣云，常山蒲吾縣。淇、常山、河、漳、清河皆見前。

「當今之時，山東之建國，莫如趙强。趙地方二千里〔一〕，帶甲數十萬，車千乘，騎萬匹，粟支十年；西有常山，南有河、漳，東有清河，北有燕國。燕固弱國，不足畏也。且秦之所畏害於天下者，莫如趙〔二〕。然而秦不敢舉兵甲而伐趙者，何也？畏韓、魏之議其後也。然則韓、魏，趙之南蔽也。秦之攻韓、魏也，則不然。無有名山大川之限，稍稍蠶食之，傅之國都而止矣〔三〕。韓、魏不能〔四〕支秦，必入臣。韓、魏臣〔五〕於秦，秦無韓、魏之隔，禍中〔六〕於趙矣。此臣之所以爲大王患也。

〔一〕**鮑本**「二」作「三」。○**札記**丕烈案：史記作「二千餘里」。

〔二〕**鮑本**言秦於天下，獨畏趙害己。

〔三〕**鮑本**「傅」，「附」同。止，兵止於此。

〔四〕**姚本**錢、劉本無「能」字。

〔五〕**鮑本**無「韓魏臣」三字。○**札記**丕烈案：史記無。

〔六〕**鮑本**「中」上有「必」字。○猶射中的。**札記**丕烈案：史記有。

「臣聞，堯無三夫之分，舜無咫尺之地，以有天下。禹無百人之聚，以王諸侯〔一〕。湯、武之卒不過三千人，車不過三百乘，立爲天子。誠得其道也。是故明主外料其〔二〕敵國之强弱，內度其士卒之衆寡、賢與不肖，不待兩軍相當，而勝敗存亡之機節〔三〕，固已見於胸中矣，豈掩〔四〕於衆人之言，而以冥冥決事哉！

〔一〕**鮑本**一夫有田百畝。此未爲唐侯時。正曰：此説士無據之辭。且舜，顓頊後，有國於虞。其側微，特在下爾。禹乃崇伯鯀子，亦有國土者。今曰云云，豈足信哉？枚乘書「舜無立錐之地，禹無十户之聚」，李善注又引韓子云云，皆此類。

〔二〕**姚本**一本無「其」字。

〔三〕**姚本**一本無「節」字。　**鮑本**節，節目。

〔四〕**姚本**錢、劉作「闇」。　**鮑本**掩，猶蔽。

「臣竊以天下地圖案之。諸侯之地五倍於秦，料諸侯之卒，十倍於秦。六國并力爲一，西面而攻秦，秦〔一〕破必矣。今見破於秦〔二〕，西面而事之，見臣於秦。夫破人之與破於人也，臣人之與臣於人也，豈可同日而言之哉！夫横人者，皆欲割諸侯之地以與秦成。與秦成，則高臺〔三〕，美宫室，聽竽瑟〔四〕之音，察五味之和，前有軒轅〔五〕，後有長庭〔六〕，美人巧笑，卒〔七〕有秦患，而不與其憂。是故横人日夜務以秦權恐猲〔八〕諸侯，以求割地。願大王之熟計之也。

〔一〕**鮑本**原無「秦」字，「破」上補「秦」字。〇　補曰：一本復有「秦」字。　**札記**丕烈案：史記有。

〔二〕**姚本**一本無此「見破於秦」四字。　**鮑本**無「今見破於秦」五字，補「今」字。〇　補曰：一本「今見破於秦西面」云云。　**札記**丕烈案：史記有「今」字，無「見破於秦」四字。

〔三〕**鮑本**「臺」下補「榭」字。〇　臺有木曰榭。補曰：史作「臺榭」。

〔四〕**鮑本**「竽」下有「笙琴」二字。〇　補曰：一本無「笙琴」字。　**札記**丕烈案：史記無。

〔五〕**鮑本**天文志，「權軒轅，象後宫」。此言美人之所處也。

〔六〕**姚本**一本改「庭」作「姣」。

〔七〕**鮑本**「卒」,「猝」同。

〔八〕**鮑本**「猲」作「喝」。○　正曰:「喝」、「猲」通。見齊策。此章史作「愒」,相恐脅也。前漢王子侯表,「坐恐猲」,並許葛反。

「臣聞,明王絶疑去讒,屏流言之迹,塞朋黨之門,故尊主廣地强兵之計,臣得陳忠於前矣。故竊爲大王計,莫如一韓、魏、齊、楚、燕、趙,六國從親〔一〕,以儐〔二〕畔秦。令天下之將相,相與會於洹水〔三〕之上,通質刑白馬以盟之。約曰:秦攻楚,齊、魏各出鋭師以佐之,韓絶食道,趙涉河、漳,燕守常山之北。秦攻韓、魏,則楚絶其後,齊出鋭師以佐之,趙涉河、漳,燕守雲中〔四〕。秦攻齊,則楚絶其後,韓守成皋,魏塞午道〔五〕,趙涉河、漳、博關〔六〕,燕出鋭師以佐之。秦攻燕,則趙守常山,楚軍武關,齊涉渤海,韓、魏出鋭師以佐之。秦攻趙,則韓軍宜陽,楚軍武關,魏軍河外,齊涉渤海,燕出鋭師以佐之。諸侯有先背約者,五國共伐之。六國從親以擯〔七〕秦,秦必不敢出兵於函谷關以害山東矣!如是則伯業成矣!」

〔一〕**札記**今本「親」誤「國」。

〔二〕**札記**丕烈案:此句「儐」字,當是因下句而衍。史記無。

〔三〕**鮑本**補曰:洹水,見秦策。

〔四〕**鮑本**并州郡。

〔五〕**鮑本**王莽傳注:「今京城直南山有谷,通漢、梁道者,名子午谷。又宜州西、慶州東有山名子午嶺,南北直相當。此則北山是子，南山是午，共爲子午道。」詳此，則午道，秦南道也。塞之使不得通。莽所通者因秦也。正曰：索隱云，當在趙東齊西。午道，地名也。鄭玄云，「一從一横爲道，謂交道也。」按下張儀説趙王章亦有。

〔六〕鮑本補曰：博關見齊策。

〔七〕鮑本「擯」作「儐」。○「儐」元作「擯」，無異義，今並從前作「儐」。正曰：説已見前。札記丕烈案：史記作「賓」。

趙王曰：「寡人年少，莅國之日淺，未嘗得聞社稷之長計。今上客有意存天下，安諸侯，寡人敬以國從。」乃封蘇秦爲武安君，飾車百乘，黄金千鎰，白璧百雙，錦繡千純，以約諸侯。〔一〕

〔一〕鮑本秦傳有，在説燕後。彪謂：從約者，天下之心，亦其勢也。夫秦有吞天下之心，不盡不止。諸侯皆病之，而欲儐之，此其心也。同舟遇風，胡、越之相救，如手足於其頭目，此其勢也。以天下之心，行天下之勢，如水之就下，孰能禦之？故謂之從。從者，從也，順也。其所不可者，諸侯之心不一。夫其心不一者，非明計智算也，或見少利而相侵，或修小怨而相伐，或眩於名實而爲横人之所恐喝。此張儀所以投隙而起。使諸侯之智少靈於連雞，則秦人自保之不給，安能圖併吞之舉耶！儀謂秦地形勢便，兵强士武，足以横天下，然則天時、人和，道德之威，仁義之澤，舉無與於興亡之數乎？雖然，一從一横，皆一偏之論，有王者作，則從横皆廢，而天下定，而非所以論於此時也。補曰：璧、純，並見秦策。

秦攻趙〔一〕

〔一〕此篇鮑本在秦策。

秦攻趙，蘇子爲〔一〕謂秦王曰：「臣聞明王之於其民也，博論而技藝〔二〕之，是故官無乏事而力不困；於其言也，多聽而時用之，是故事無敗業而惡不章。臣願王察臣之所謁，而效之於一時之用也。臣聞懷重寶者，不以夜行；任大功者，不以輕敵。是以賢者任重而行恭，知者功大而辭順〔三〕。故民不惡其尊，而世不妬〔四〕其業。臣聞之：百倍之國者〔五〕，民不樂後也〔六〕；功業高世者，人主不再行也〔七〕；力盡之民，仁者不用也；求得而反靜〔八〕，聖主〔九〕之制也；功大而息民，用兵之道也。今用兵終身不休，力盡不罷，趙怒〔一〇〕必於其己邑〔一一〕，趙僅存哉〔一二〕！然而四輪〔一三〕之國也，今雖〔一四〕得邯鄲，非國之長利也。意者，地廣而不耕，民羸而不休，又嚴之以刑罰〔一五〕，則雖從而不止矣〔一六〕。語曰：『戰勝而國危者，物不斷也〔一七〕。功大而權輕者，地不入也〔一八〕。』故過任之事，父不得於子〔一九〕；無已之求，君不得於臣。故〔二〇〕微之爲著者强，察乎息民之爲用者伯，明乎輕之爲重者王〔二一〕。」

〔一〕**姚本**一本無「爲」字。　**鮑本**無「爲」字。〇

〔二〕**鮑本**試之以事。

〔三〕**鮑本**皆不伐也。

〔四〕**鮑本**「妬」作「妬」。〇　補曰：訛，當作「妬」。

〔五〕**鮑本**謂地廣也。

〔六〕**鮑本**爭先附之。正曰：地既廣矣，民不樂其後之復有事也。

〔七〕**鮑本**一舉成之，不待後。正曰：大功不再。

〔八〕**鮑本**復於無事。

〔九〕**鮑本**「主」作「王」。○

〔一〇〕**鮑本**「趙怒」作「怒趙」。○　補曰：當作「怒趙」。　**札記**丕烈案：此有誤字。

〔一一〕**鮑本**必欲戰服，使爲己邑。

〔一二〕**鮑本**言所存無幾。

〔一三〕**鮑本**輪，猶通，言其民於適四方，無所不通。故下言「從而不止」。正曰：姚本作「四輪」，是言四面輪寫之國。　**札記**今本「輪」作「輸」。丕烈案：作「輪」者，姚別本。

〔一四〕**鮑本**時攻邯鄲不拔，故曰「今雖」。

〔一五〕**鮑本**新民未服故。

〔一六〕**鮑本**言且去之。

〔一七〕**鮑本**物，事也。斷，猶止。言戰事不止。

〔一八〕**鮑本**補曰：戰勝國宜安，而愈戰則國危。功大權宜重，而愈求功則權輕。危，故物不止。輕，故地不入。不斷、不入，因上文「用兵不休」與「雖從而不止」言之。

〔一九〕**鮑本**雖父責之其子使必爲，不可得也。

〔二〇〕**鮑本**補曰：此下當有缺字，以下文推之可見。

〔二一〕**鮑本**不伐人，人所輕也，重莫大焉。

秦王曰：「寡人案兵息民，則天下必爲從，將以逆秦。」

蘇子曰：「臣有以知天下之不能爲從以逆秦也。臣以田單、如耳爲大過也〔一〕。豈獨田單、如耳爲大過哉？天下之主亦盡過矣！夫慮收亡〔二〕齊〔三〕、罷〔四〕楚、敝魏與不可知之趙〔五〕，欲以窮秦折韓，臣以爲至愚也。夫齊威、宣〔六〕，世之賢主也，德博而地廣，國富而用民〔七〕，將武而兵强。宣王用之，後富〔八〕韓威魏，以南伐楚，西攻秦〔九〕，爲齊兵困於殽塞〔一〇〕之上〔一一〕，十年攘〔一二〕地，秦人遠迹不服〔一三〕，而齊爲虚戾〔一四〕。夫齊兵之所以破，韓、魏之所以僅存者，何也〔一五〕？是則伐楚攻秦，而後受其殃也。今〔一六〕富非有齊威、宣之餘也，精兵非有富韓勁魏之庫也，而將非有田單、司馬〔一七〕之慮也。收破齊、罷楚、弊魏、不可知之趙，欲以窮秦折韓，臣以爲至誤。臣以〔一八〕從一〔一九〕不可成也。客有難者〔二〇〕，今臣〔二一〕有患於世。夫刑名之家〔二二〕，皆曰『白馬非馬』也。已如白馬實馬，乃使有白馬之爲也〔二三〕。此臣之所患也〔二四〕。

〔一〕**鮑本**補曰：如耳，見前。此時必二人欲爲從，故云然。
〔二〕**姚本**曾改「亡」作「破」。
〔三〕**鮑本**言世主志慮欲爾。補曰：「亡齊」，指其嘗亡於燕言之。下作「破齊」。
〔四〕**鮑本**並音疲。
〔五〕**鮑本**未亡而有亡形。正曰：言其存亡不可知。
〔六〕**鮑本**「宣」下有「者」字。〇
〔七〕**鮑本**「用民」作「民用」。〇　民爲之用。補曰：當作「民用」。
〔八〕**鮑本**「富」作「破」。〇　補曰：字因下誤，疑爲「逼」。
〔九〕**鮑本**「秦」下補「秦」字。〇　補曰：宜復有「秦」字。

〔一〇〕**鮑本**「塞」作「函」。○

〔一一〕**鮑本**補曰：按秦惠後七年，五國擊秦，齊師獨後不敗，他戰無考。一本「殽塞之上」。

〔一二〕**鮑本**攘，推也，猶拓。

〔一三〕**鮑本**遠迹，畏而避之也，然終不服。

〔一四〕**鮑本**戰敗，其地爲虚，其民爲戾。戾，疾也。按齊記及表不書秦敗齊。唯秦記惠十三年，東攻齊；昭二十二年，伐齊河東，取九縣；三十六年，攻齊，取剛壽，不至是也。此樂毅入臨淄之役也，秦與五國共敗之。補曰：趙策亦有「社稷爲虚戾」之語。莊子，「國爲虚厲」。釋文，「虚，如字，又音墟。李云，居宅無人曰虚，死而無後爲厲」。恐此「戾」即「厲」也。

〔一五〕**鮑本**破韓、魏，宜能强，而適足自存者何？正曰：齊宜强而反遭破，韓、魏宜亡而乃僅存，何也？故下文言齊之受殃。注讀句誤。

〔一六〕**鮑本**今，謂世主。

〔一七〕**鮑本**司馬穰苴。以齊言之耳，非威、宣將。正曰：説見齊策。

〔一八〕**鮑本**「以」下有「爲」字。○

〔一九〕**鮑本**合從爲一。正曰：當作「一不可成」。下文「從之一成」可見。

〔二〇〕**鮑本**難者，如刑名家，蘇子所患也。

〔二一〕**鮑本**「臣」作「人」。○

〔二二〕**鮑本**申、韓之徒。

〔二三〕**鮑本**如使白馬實馬，必有白馬之爲，而天下之馬不皆爲白馬，故曰非馬。

〔二四〕**鮑本**言難者皆無端若此，故可患。而今非若此也。

「昔者，秦人下兵攻懷〔一〕，服其人，三國從之〔二〕。趙奢、鮑佞〔三〕將〔四〕，楚有四人〔五〕起而從之。臨懷而不救，秦人去而不從〔六〕。不識三國之憎秦而愛懷邪？忘〔七〕其〔八〕憎懷而愛秦邪？夫攻而不救，去而不從，是以〔九〕三國之兵困，而趙奢、鮑佞之能也〔一〇〕。故裂地以敗於齊〔一一〕。田單將齊之良，以兵横行於中十四年，終身不敢設兵以攻秦折韓也，而馳於封内，〔一二〕不識從之一成惡存也。」

〔一〕**鮑本**屬河内。
〔二〕**鮑本**趙，趙奢；齊，鮑佞；并楚爲三。
〔三〕**姚本**一作「接」。
〔四〕**鮑本**絶句。
〔五〕**鮑本**不名告之。
〔六〕**鮑本**趙、鮑、楚四人，本起救懷而不救，又聽秦之自去，不隨擊也。
〔七〕**鮑本**「忘」作「亡」。〇
〔八〕**鮑本**「亡其」，猶「亡亦」云。正曰：「亡其」前有，似不必注。
〔九〕**鮑本**「以」下補「知」字。〇 補曰：此下或有缺文。
〔一〇〕**鮑本**以不救不從爲能，知秦之不可當也。
〔一一〕**鮑本**此下申言上殽、函之敗。正曰：裂地敗齊，當是指五國伐齊之事。三國之不救懷，卒裂地以敗齊，皆言從之不能合。
〔一二〕**鮑本**言不出戰，所謂横行於中。

於是秦王解兵不出於境，諸侯休，天下安，二十九年不相攻。〔一〕

〔一〕鮑本以此策爲蘇秦合從時，則所稱趙奢，惠文、孝成將也，蘇秦不當稱之。自昭訖始皇定天下，無年不戰，則天下不相攻之説，不可曉也。今定爲孝成九年邯鄲圍後，説是。後秦獨攻取兩周，猶息兵五六年。前此後此，皆無解兵之事。補曰：二十九年不相攻，必有誤字。辯士增飾之辭固多，然不應如此之甚。原在趙策，爲趙而説也，當從。

張儀爲秦連横説趙王

張儀爲秦連横，説趙王曰：「弊邑秦王〔一〕使臣敢獻書於大王御史〔二〕。大王收率天下以儐秦，秦兵不敢出〔三〕函谷關十五年矣。大王之威，行於天下山東〔四〕。弊邑恐懼懾伏，繕〔五〕甲厲兵，飾車騎，習馳射，力田積粟，守四封之内〔六〕，愁居懾處，不敢動摇，唯大王有意督〔七〕過之也。今秦以大王之力〔八〕，西舉巴蜀，并漢中，東收兩周而西遷九鼎〔九〕，守白馬之津。秦雖辟遠，然而〔一〇〕心忿悁〔一一〕含怒之日久矣。今宣〔一二〕君有微〔一三〕甲鈍兵，軍於澠池，願渡河踰漳，據番吾，迎戰邯鄲之下。願以甲子之日合戰，以正殷紂之事。敬使臣先以聞於左右。

〔一〕鮑本惠。

〔二〕鮑本周宗伯屬官，秦因之，而趙亦有。言此者，不斥王也。補曰：御史，周官，以中士、下士爲之，特小臣之傳命者。戰國其職益親，故此云云。秦、趙之會，御史書事，而淳于髡亦云「御史在前」，掌記事糾察之任也。秦益重矣。

〔三〕鮑本「出」作「去」。○　補曰：疑「出」字。札記丕烈案：史記作「出」。

〔四〕鮑本補曰：一本無「山東」字。札記丕烈案：史記作「行於山東」。

〔五〕姚本一作「綴」。

〔六〕姚本三本同，無「之內」字。

〔七〕鮑本高紀注，督，視責也。

〔八〕鮑本因畏趙而飾兵故。

〔九〕鮑本史不書。正曰：遷鼎之說，大言之也。

〔一〇〕姚本三本同，無「而」字。

〔一一〕鮑本悁，亦忿。

〔一二〕鮑本「宣」作「寡」。○　補曰：字訛，當作「寡」。

〔一三〕鮑本「微」作「㴊」。○　補曰：史作「㴊」。

「凡大王之所信以爲從者，恃蘇秦之計。熒〔一〕惑諸侯，以是爲非，以非爲是，欲反覆齊國而不能，自令車裂於齊之市〔二〕。夫天下之不可一亦明矣。今楚與秦爲昆弟之國，而韓、魏稱爲東蕃之臣〔三〕，齊獻魚鹽之地，此斷趙之右臂也。夫斷右臂而求與人鬭，失其黨而孤居，求欲無危，豈可得哉？今秦發三將軍，一軍塞午道〔四〕，告齊使興師度清河，軍於邯鄲之東；一軍軍於成皋，敺〔五〕韓、魏而軍於河外〔六〕；一軍軍於澠池。約曰，四國爲一以攻趙，破趙而四分其地。是故不敢匿意隱情，先以聞於左右。臣切〔七〕爲大王計，莫如與秦遇於澠池，面相見而身相結也。臣請案兵無攻，願大王之定計。」

〔一〕鮑本「熒」上補「秦」字。○ 熒，火光也，猶眩。補曰：史有「蘇秦」字。

〔二〕鮑本補曰：説見楚策。

〔三〕鮑本「爲」作「於」，「蕃」作「藩」，無「之臣」二字。○ 補曰：一本「東藩之臣」，史同。 札記丕烈案：史記作「爲」。

〔四〕鮑本補曰：説見前章。

〔五〕鮑本「敺」，「驅」同。

〔六〕鮑本補曰：正義云，河外，謂鄭滑州，北臨河。

〔七〕鮑本「切」作「竊」。○ 札記丕烈案：史記作「竊」。

趙王曰：「先王之時，奉陽君〔一〕相，專權擅勢，蔽晦先王，獨制官事。寡人宮居，屬於師傅，不能與國謀。先王棄群臣，寡人年少，奉祠祭之日淺，私心固竊疑焉。以爲一從不事秦，非國之長利也。乃且願變心易慮，剖地謝前過以事秦。方將約車趨〔二〕行，而適聞使者之明詔。」於是乃以車三〔三〕百乘入朝澠池，割河間以事秦。〔四〕

〔一〕鮑本補曰：奉陽君，説見後。

〔二〕鮑本「趨」，「趣」同。

〔三〕鮑本「三」作「二」。○

〔四〕鮑本傳在楚、韓、齊後，蓋此十五六年。彪謂：約從以難秦者趙也。使秦得諸侯力，足以制趙，不告趙也。告之者，是力不足也。此時，諸侯惑於橫人之説，皆辭屈，貌從心不與也。使季子可作，則三國橫約可立解而坐破也。武靈此時血氣未定，而蘇氏兄弟適不在趙，故儀得以售其恐喝之說。加之數年，如議服之時，其必有以折儀也。燕昭末年，蘇代重燕而從約復舉，豈非天下之心之勢矣哉？

武靈王平晝閒居

武靈王平晝〔一〕閒居，肥義〔二〕侍坐，曰：「王慮世事之變，權〔三〕甲兵之用，念簡、襄之迹，計胡、狄之利乎〔四〕？」王曰〔五〕：「嗣立不忘先德，君之道也；錯〔六〕質務明主之長，臣之論也。是以賢君靜而〔七〕有道民便事之教，動〔八〕有明古先〔九〕世之功。爲人臣者，窮有弟〔一〇〕長辭讓之節，通有補民益主之業。此兩者，君臣之分也。今吾欲繼襄主〔一一〕之業，啓胡、翟之鄉，而卒世〔一二〕不見也。敵弱者〔一三〕，用力少而功多，可以無盡百姓之勞，而享往古之勳。夫有高世之功者，必負遺俗之累〔一四〕；有獨知之慮者，必被庶人之恐〔一五〕。今吾將胡服〔一六〕騎射以教百姓，而世必議寡人矣〔一七〕。」

〔一〕**鮑本**無事之日，猶平日。

〔二〕**鮑本**趙相也，餘並公族。正曰：鮑指公子成、王孫緤、趙文、趙造言。文、造無他據。元和姓纂引策云，肥義，趙賢人。

〔三〕**鮑本**權，猶度。

〔四〕**姚本**曾本添「乎」字。**鮑本**無「乎」字。○

〔五〕**姚本**曾本添「曰」字。
〔六〕**鮑本**錯，猶委。
〔七〕**姚本**一本無「而」字。
〔八〕**鮑本**「動」下補「而」字。○
〔九〕**鮑本**先，猶高。
〔一〇〕**鮑本**弟，順也。
〔一一〕**鮑本**「主」作「王」。○　**札記**丕烈案：「王」誤也，史記作「主」。
〔一二〕**鮑本**卒世，猶舉世，言舉世無能察此。　正曰：正義云，卒，盡也。　愚謂，猶言没世。
〔一三〕**鮑本**與弱爲敵，謂胡、翟。
〔一四〕**鮑本**不與俗同，俗所遺也。
〔一五〕**鮑本**所謂黎元懼焉。　補曰：一本標「恐」。　劉作「怨」。　**札記**丕烈案：史記作「任鷔民之怨」。
〔一六〕**鮑本**補曰：正義云，胡服，今時服，廢除裘裳也。
〔一七〕**姚本**曾本改「矣」字作「奈何」二字。

肥義曰：「臣聞之，疑事無功，疑行無名。今王即定〔一〕負遺俗之慮，殆毋顧天下之議矣。夫論至德者，不和於俗；成大功者，不謀於衆。昔舜舞有苗〔二〕，而禹袒入裸國〔三〕，非以養欲而樂志也，欲以論德而要功也。愚者闇於成事，智者見於未萌，王其遂行之。」王曰：「寡人非疑胡服也，吾恐天下笑之。狂夫之樂，知者哀焉；愚者之笑，賢者戚焉〔四〕。世有順我者，則胡服之功〔五〕未可知也。雖敺世以笑我，胡地〔六〕中山吾〔七〕必有之。」

〔一〕鮑本定，言自定於心，不爲俗移。

〔二〕鮑本不用兵而舞干羽，欲以服人，亦異於俗。正曰：舞羽非爲服苗，苗格非因舞羽，舜修德教，苗至，適當其時。

〔三〕鮑本非中國之禮。

〔四〕鮑本以此異趣，知俗必見遺。

〔五〕札記「功」，鮑本作「攻」。丕烈案：誤也，史記作「功」。

〔六〕鮑本元作「服」。補曰：姚本作「地」，史同。依「服」字，則句。

〔七〕鮑本「吾」作「我」。○札記丕烈案：史記作「吾」。

王遂胡服。使王孫緤告公子成曰：「寡人胡服，且將以朝，亦欲叔之服之也。家聽於親，國聽於君，古今之公行也；子不反親，臣不逆主，先王之通誼也。今寡人作教易服，而叔不服，吾恐天下議之也。夫制國有常，而利民爲本；從政有經，而令行爲上。故明德在於論賤，行政在於信〔一〕貴。今胡服之意，非以養欲而樂志也。事有所出〔二〕，功有所止〔三〕。事成功立，然後德且〔四〕見也。今寡人恐叔〔五〕逆從政之經，以輔公叔之議。且寡人聞之，事利國者行無邪，因貴戚者名不累。故寡人願募〔六〕公叔之義，以成胡服之功。使緤謁之叔〔七〕，請服焉。」

〔一〕鮑本「信」，「伸」同。所謂行法自近始。正曰：「信」，如字，言必行於貴者。

〔二〕姚本曾本「出」改作「止」。

〔三〕姚本曾本「止」改作「出」。鮑本止，猶至。補曰：姚云，曾本改互「出」、「止」字。愚按，此據史文。

〔四〕鮑本「且」作「可」。○

〔五〕鮑本補曰：「叔」字疑衍。　札記丕烈案：吴説非也，史記有。

〔六〕鮑本「募」作「慕」。○　札記丕烈案：史記作「慕」。

〔七〕鮑本補曰：索隱，句。

公子成再拜曰：「臣固聞王之胡服也，不佞寢疾，不能趨走，是以不先進。王今命之，臣固敢竭其愚忠。臣聞之，中國者，聰明叡知之所居也，萬物財用〔一〕之所聚也，賢聖之所教也，仁義之所施也，詩書禮樂之所用也，異敏〔二〕技藝之所試也，遠方之所觀赴也，蠻夷之所義行也〔三〕。今王釋此，而襲遠方之服，變古之教，易古之道，逆人之心，畔學者，離中國，臣願大王圖之。」

〔一〕鮑本「用」作「貨」。○　札記丕烈案：史記作「用」。

〔二〕鮑本異，出類。敏，疾於事也。

〔三〕鮑本以中國爲有義有行。補曰：自「中國者」至此，似周官大司徒文。

使者報王。王曰：「吾固聞叔之病也。」即之公叔成家，自請之曰：「夫服者，所以便用也；禮者，所以便事也。是以聖人觀其鄉而順宜，因其事而制禮，所以利其民而厚其國也。被〔一〕髮文身，錯臂左衽〔二〕，甌〔三〕越〔四〕之民也。黑齒雕題〔五〕，鯷冠秫縫〔六〕，大吴之國也。禮服不同，其便一也。是以鄉異而用變，事異而禮易。是故聖人苟可以利其民，不一其用；果可以便其事，不同其禮。儒者一師而禮異，中國同俗而教離，又況山谷之便〔七〕乎？故去就之變，知者不能一；遠近之服，賢聖不能同。窮鄉多異〔八〕，曲學多辨，不知而不疑〔九〕，異於己而不非者，公於求善也。今卿〔一〇〕之所言者，俗也。吾之所言者，所以制俗也。今吾國東有河、薄洛之水〔一一〕，與齊、中山同之，而無舟檝之用。自常山以至代、上黨，東有燕、東胡之境，西有樓煩、秦、韓之邊〔一二〕，而無騎射之備。故寡人且聚舟檝之用，求水居之民，以守河、薄洛之水；變服騎射，以備其〔一三〕參胡〔一四〕、樓煩、秦、韓之邊〔一五〕。且昔者簡主不塞〔一六〕晉陽，以及上黨，而襄王〔一七〕兼戎取代〔一八〕，以攘諸胡，此愚知之所明也。先時中山負齊之强兵，侵掠吾地，繫累〔一九〕吾民，引水圍鄗〔二〇〕，非社稷之神靈，即鄗幾不守。先王忿之，其怨未能報也。今騎射之服，近可以備上黨之形，遠可以報中山之怨。而叔也順中國之俗以逆簡、襄之意，惡變服之名，而忘國事之恥，非寡人所望於子！」

〔一〕**姚本**「被」，三本同作「祝」。**鮑本**補曰：「被」字，史作「剪」。

〔二〕**姚本**錢、劉無「錯臂」二字。「錯臂」一作「拃面」。孔衍作「右臂左衽」，右祖其臂也。**鮑本**以兩臂交錯而立，言無禮容。補曰：索隱云，錯臂，亦文身，謂以丹青錯畫其臂。孔衍作「右臂」，謂右祖其臂也。愚謂，既言文身，則畫臂爲複，恐後説是。「錯」或「祖」字訛。姚云，劉無「錯臂」字，一作「拃面」。吴世家「斷髮文身」，應劭注，常在水中，故以象龍子，不見傷害。劭注本説苑。**札記**吴氏補曰，「錯」或「祖」字僞。丕烈案：吴説未是，史記作「錯」。

〔三〕**姚本**「甌」一作「林」。

〔四〕**姚本**後語作「臨越」。注云，臨，亦百越之一名也。戰國策作「林」，今俗尚稱「林奴」。臨林，今雷州左側。**鮑本**即漢東甌、閩、粵。補曰：漢東甌、閩中地。輿地志，交阯，周爲駱越，秦爲西甌。索隱云，今珠厓、儋耳謂之甌人，是有甌越。文選「三越」注，吴越、南越、閩越。東甌，即閩越。駱越，甌人，即南越也。

〔五〕**鮑本**史注，以草染齒爲黑。雕題者，刻其肌，以丹青涅之。

〔六〕**姚本**曾作「鯷冠秫縫」，一作「鮭冠黎緤」。史記作「却冠秫絀」，注，戰國策作「秫縫」，亦「縫紩」之別名。鉥者，綦鍼也。古字多假借，故作「秫絀」耳。蓋言女工鍼縷之粗拙也。**鮑本**鯷，大鮎，以其皮爲冠。秫，綦針也。言女工之拙。補曰：「秫」，即「鉥」字通借，時橘反。鯷，太計反。

〔七〕**姚本**「便」，孫作「士」。

〔八〕**鮑本**異，異俗。

〔九〕**鮑本**言各不知其異而不疑之。

〔一〇〕**札記**今本「卿」誤「鄉」。丕烈案：史記作「叔」。

〔一一〕**鮑本**史記，安平涇縣西有漳水，津名薄洛津。後志，安定烏枝谷名。補曰：淮南子，「嶢山崩而薄洛之水涸」，注謂薄洛在馮翊臨晉。今按本文，謂在趙東，與齊、中山同之，恐皆非。此所指未詳。

〔一二〕**鮑本**補曰：正義云，東胡，烏丸之先也，後爲鮮卑，在匈奴東，故曰東胡。括地志云，東胡，漢初冒頓滅之，餘保烏丸山，因號烏丸。又曰，林胡樓煩即嵐、勝之北也。嵐、勝以南石州、離石、藺等，趙邊邑也，秦隔河也。晉、洛、潞、澤等州皆七國時韓地，趙西境也。

〔一三〕**鮑本**「其」作「燕」。〇補曰：史作「燕」，姚引。

〔一四〕**姚本**續云：史，備燕、三胡、秦、韓之邊。

〔一五〕**鮑本**言參錯居其邊地。正曰：「參」，史作「三」，因音而訛也。據上文，則「參」當作「東」，字訛。

〔一六〕**鮑本**「不塞」者，志在遠略。

〔一七〕鮑本「王」作「主」。○　札記丕烈案：「主」字是也。史記作「主」。

〔一八〕姚本集、劉、錢作「簡主實晉陽，而襄主兼戎取代」。

〔一九〕鮑本「累」，「纍」同。

〔二〇〕鮑本屬常山。補曰：光武即位於此，改高邑。

公子成再拜稽首曰：「臣愚不達於王之議，敢道世俗之間〔一〕。今欲繼簡、襄之意，以順先王之志，臣敢不聽今〔二〕。」再拜。乃賜胡服。

〔一〕姚本一作「聞」。鮑本「間」作「聞」。○　補曰：一本「聞」作「間」，與下文同。札記丕烈案：史記作「聞」。

〔二〕鮑本「今」作「令」。○　札記丕烈案：「令」字是也，史記作「命」。

趙文進諫曰：「農夫勞〔一〕而君子養焉，政之經也。愚者陳意而知者論焉，教之道也。臣無隱忠，君無蔽〔二〕言，國之祿〔三〕也。臣雖愚，願竭其忠。」王曰：「慮無惡擾〔四〕，忠無過〔五〕罪，子其言乎。」趙文曰：「當〔六〕世輔俗，古之道也。衣服有常，禮之制也。修〔七〕法無愆，民之職也。三者，先聖之所以教。今君釋此，而襲遠方之服，變古之教，易古之道，故臣願王之圖之。」王曰：「子〔八〕言世俗之間〔九〕。常民溺於習俗，學者沉於所聞。此兩者，所以成官而順政也，非所以觀遠而論始也〔一〇〕。且夫三代不同服而王，五伯不同教而政〔一一〕。知者作教，而愚者制焉。賢者議俗，不肖者拘焉。夫制於服之民，不足與論心；拘於俗之衆，不足與致意。故勢與俗化，而禮與變俱，聖人之道也。承教而動，循法無私〔一二〕，民之職也。知學之人，能與聞遷〔一三〕；達於〔一四〕禮之變，能與時化。故爲己者不待人，制今者不法古，子其釋之。」

〔一〕鮑本「勞」下補「力」字。○正曰：「勞」下恐有缺字。

〔二〕鮑本蔽，猶伏。

〔三〕鮑本禄，猶福。

〔四〕鮑本「惡」作「變」。○言能定慮，則不亂於物。

〔五〕鮑本過者，罪之小者。

〔六〕鮑本當，猶順。

〔七〕鮑本「修」作「脩」，又改作「循」。○補曰：姚云一作「循禮」。商君傳正作「循」。朱子韓文考異著方氏説云，唐人書「脩」近「循」，楚辭亦有誤者，則此字古已混矣。下文兩有「循法」字，爲「循」無疑。

〔八〕鮑本「子」作「卿」。○

〔九〕鮑本言其所言不能出俗。

〔一〇〕鮑本若今胡服自我始也。

〔一一〕鮑本政，言治行於下。

〔一二〕鮑本不敢有私意。

〔一三〕鮑本有所聞，則改前之爲。

〔一四〕姚本一無「於」字。

趙造諫曰：「隱忠不竭，姦之屬也。以私誣國，賤〔一〕之類也。犯姦者身死，賤〔二〕國者族宗〔三〕。反〔四〕此兩者，先聖〔五〕之明刑，臣下之大罪也。臣雖愚，願盡其忠，無遁其死。」王曰：「竭意不諱〔六〕，忠也。上無蔽言，明也。忠不辟危，明不距人。子其言乎。」

〔一〕**姚本**劉改「賤」作「賊」。　**鮑本**賤，謂輕國。
〔二〕**姚本**劉改「賤」作「賊」。
〔三〕**鮑本**族滅其宗。
〔四〕**姚本**劉本無「反」字。　**鮑本**「反」作「有」。○
〔五〕**鮑本**「聖」作「王」。○
〔六〕**鮑本**「諱」作「讓」。○　補曰：一本「讓」作「諱」。

趙造曰：「臣聞之，聖人不易民而教，知者不變俗而動。因民而教者，不勞而成功；據〔一〕俗而動者，慮徑〔二〕而易見也。今王易初不循俗，胡服不顧世，非所以教民而成禮也。且服奇者志淫，俗辟者亂民。是以莅國者不襲奇辟之服，中國不近蠻夷之行，非所以教民而成禮者也。且循法無過，脩〔三〕禮無邪，臣願王之圖之。」

〔一〕**鮑本**據，猶依。
〔二〕**鮑本**徑以步道，喻其省便。
〔三〕**姚本**「脩」，一作「循」。　**札記**吳氏補曰，商君傳作「循」。

王曰：「古今不同俗，何古之法？帝王不相襲，何禮之循？宓戲〔一〕、神農教而不誅，黃帝、堯、舜誅而不怒。及至三王，觀時而制法，因事而制禮，法度制令，各順其宜；衣服器械，各便其用。故禮世〔二〕不必〔三〕一其〔四〕道〔五〕，便國不必法古。聖人之興也，不相襲而王。夏、殷之衰也，不易禮而滅。然則反古未可非，而循禮未足多也。且服奇而志淫，是鄒、魯無奇〔六〕行也〔七〕；俗辟而民易，是吳、越無俊民也〔八〕。是以聖人利身之謂服，便事之謂教，進退之謂節，衣服之〔九〕制，所以齊常民，非所以論賢者也〔一〇〕。故聖與俗流〔一一〕，賢與變俱。諺曰：『以書爲御者，不盡於〔一二〕馬之情。以古制今者，不達於〔一三〕事之變。』故循法之功，不足以高世；法古之學，不足以制今。子其勿反也。」〔一四〕

〔一〕**鮑本**「宓戲」作「伏羲」。　**札記**丕烈案：史記作「虙戲」。

〔二〕**姚本**「禮」一作「理」。　**鮑本**禮施於世。補曰：宜從商君傳作「治世」。

〔三〕**鮑本**無「必」字。○

〔四〕**姚本**一本無「其」字。

〔五〕**姚本**劉作「後世不一其道」。　**札記**丕烈案：史記作「禮也不必一道」。

〔六〕**姚本**錢改「奇」作「衺」。

〔七〕**姚本**曾、集無「也」字。

〔八〕**鮑本**鄒屬魯國。言二國雖無奇服，不無奇行。正曰：趙造言「服奇者志淫，俗辟者亂民，蒞國者不襲奇辟之服，中國不近蠻夷之行」，故此舉其言而詰之。按索隱云，「鄒、魯好長纓，是奇服也。服非其志，皆淫辟也。而有孔門顏、冉之屬，豈無奇行哉？方俗僻處山谷，而人皆改易，不通大化，則是吳、越無秀士，何得有季札、大夫種之屬哉」？今欲略改云「方俗僻陋」，删「處山谷」三字。

〔九〕**鮑本**「服之」下有「謂」字。○

〔一〇〕**鮑本**此謂「進退」以下。補曰：史「進退之節，衣服之制」，無兩「謂」字，接下文爲是。

〔一一〕**鮑本**言其順俗。

〔一二〕**鮑本**無「於」字。○

〔一三〕**鮑本**無「於」字。○　**札記**丕烈案：史記無。

〔一四〕**鮑本**趙記十九年有，無二趙諫詞。彪謂：拓地開邊，非有國之所先也。不得已而有攘却之事，嚴兵而已。兵嚴而士用命，雖不胡服，其無成功？如其不然，雖易服變古，何救於敗哉！孟子曰，「行一不義而得天下，不爲也」。武靈之志，欲得中山、胡地而已，遂舉國而夷，甚矣其不權於輕重小大之差也！且其所稱反古之説，皆鈎金一輿羽之類，古所謂以辯言亂舊政者也，何足取哉？而史無譏，故備論之。補曰：史衛鞅傳與此章多同，今考列於後：

衛鞅曰：「疑事無功，疑行無名。」

肥義曰：同。

「有高人之行者，固見非於世；有獨知之慮者，必見敖於民。」

王曰：「有高世之功者，必有遺俗之累；有獨智之慮者，必被庶人之恐。」

「愚者暗於成事，智者見於未萌。論至德者不和於俗，成大功者不謀於衆。」

肥義曰：同。

「聖人苟可以强國，不法其故；苟可以利民，不循其禮。」

王曰：「聖人苟可以利其民，不一其用；果可以便其事，不同其禮。」

甘龍曰：「聖人不易民而教，智者不變法而動。因民而教者，不勞而成功，緣法而治者，吏習而民安之。」

趙造曰：「聖人不易民而教，智者不變法而動。因民而教者，不勞而成功，據俗而動者，慮徑而易見。」

衛鞅曰：「龍之所言，世俗之言也。常人安於故俗，學者溺於所聞，以此兩言居官守法可也，非所以論於法之外也。三代不同禮而王，五伯不同法而霸。智者作法，愚者制焉。賢者更禮，不肖者拘焉。」

王曰：「卿言世俗之間，常民溺於習俗，學者沉於所聞，此兩者所以成官而順政也，非所以觀遠而論始也。且夫三代不同服而王，五伯不同教而政。智者作教，而愚者制焉。賢者議俗，不肖者拘焉。」

杜摯曰：「法古無過，循禮無邪。」

趙造曰：「循法無過，脩禮無邪。」

衛鞅曰：「治世不一道，便國不法古。湯、武不循古而王，夏、殷不易禮而亡。反古者不可非，而循禮者不足多。」

王曰：「禮世不一其道，便國不必法古。聖人之興也，不相襲而王。夏、殷之衰也，不易禮而滅。然則反古未可非，而循禮不足多也。」

衛鞅、趙武靈所稱「民不可慮始，治不必相襲」者，初不全非，但所以行是言者悖耳。商君傳語，策具有之，唯「民不可與慮始，而可與樂成」語，不襲用，而用其意也。史遷於趙世家所不載者，二趙諫詞耳。二事皆變古者也。當時紀載與遷所録，固不能無混歟？然商君傳文法而簡，策文錯以他語，奇而肆，可以參觀。漢韓安國、王恢議伐匈奴辯難之辭，亦類此，亦間采其數語。史云，趙文、趙造、周紹、趙俊皆諫。按周紹，即後章周紹傳王子何者，紹辭傅而未嘗諫易服也；趙俊，即趙燕後服者，王讓之即受服。史謬云諫也。牛贊嘗有諫而史不言。

王立周紹爲傅

王立周紹爲傅，曰：「寡人始行〔一〕縣，過番吾，當子爲子之時，踐石〔二〕以上者皆道子之孝。故寡人問子以璧〔三〕，遺子以酒食，而求見子。子謁〔四〕病而辭。人有言子者曰：『父之孝子，君之忠臣也。』故寡人以子之知慮，爲辨足以道人，危〔五〕足以持難，忠可以寫〔六〕意，信可以遠期〔七〕。詩〔八〕云：『服難以勇，治亂以知，事之計也。立傅以行〔九〕，教少以學，義之經也。循計之事〔一〇〕，失〔一一〕而〔一二〕累；訪議之行，窮而不憂〔一三〕。』故寡人欲子之胡服以傅王乎〔一四〕。」

〔一〕**鮑本**補曰：去聲。

〔二〕**鮑本**踐石，謂能騎乘者。禮「洗王石」注，乘馬石。

〔三〕**鮑本**問，以禮遺之。

〔四〕**鮑本**「謁」作「謂」。○

〔五〕**鮑本**危，言有危苦之節。正曰：危，高狀也。

〔六〕**鮑本**寫，猶宣。

〔七〕**鮑本**久而不渝。

〔八〕**鮑本**「詩」作「諺」。○

〔九〕**鮑本**去音。

〔一〇〕**鮑本**先計而順行之。

〔一一〕**鮑本**「失」作「佚」。○

〔一二〕**鮑本**「而」下補「不」字。○　補曰：以下句例之，此恐缺「不」字。　**札記**今本「而」下有「不」字，乃誤涉鮑也。

〔一三〕**鮑本**窮，言盡事之情。正曰：此言勇智爲事之計，指胡服言。行學爲事之經，指立傅言。循計謀之事，雖有故失而無累。訪謀議之行，雖有窮急而不憂。「訪義」，又疑「放義」，謂放於義也。

〔一四〕鮑本「乎」作「子」。○ 補曰：「乎」當作「子」，大事記改。札記今本「乎」作「子」，乃誤涉鮑也。

周紹曰：「王失論矣，非賤臣所敢任也。」王曰：「選子莫若父，論臣莫若君。君，寡人也。」周紹曰：「立傅之道六。」王曰：「六者何也？」周紹曰：「知慮不躁達於變，身行寬惠達於禮，威嚴不足以易於位〔一〕，重利不足以變其心，恭於教而不快〔二〕，和於下而不危。六者，傅之才，而臣無一焉。隱中不竭〔三〕，臣之罪也。傅〔四〕命僕〔五〕官，以煩有司，吏之恥也。王請更論。」

〔一〕鮑本素位而行，不爲威嚴所移。

〔二〕鮑本快，謂縱逸。

〔三〕鮑本「竭」作「謁」。○ 隱，自匿也。中，謂情實。此疑與趙造諫本一說。補曰：「不謁」，一作「不竭」。「中」，一作「忠」。即趙造語。

〔四〕鮑本「傅」，「附」同。比也。

〔五〕鮑本僕，猶辱。

王曰：「知此六者，所以使子。」周紹曰：「乃國未通於王〔一〕胡服。雖然，臣，王之臣也，而王重命之，臣敢不聽令乎？」再拜，賜胡服。

〔一〕鮑本「王」下補「之」字。○

王曰：「寡人以王子爲子任，欲子之厚愛之，無所見醜。御道之以行義，勿令溺苦於學〔一〕。事君者，順其意，不逆其志。事先〔二〕者，明其高，不倍其孤。故有臣可命，其國之祿也。子能行是，以〔三〕事寡人者畢矣。書云：『去邪無疑，任賢勿貳〔四〕。』寡人與子，不用人矣。」遂賜周紹胡服衣冠，具帶〔五〕黄金師比〔六〕，以傅王子也〔七〕。〔八〕

〔一〕**鮑本**溺、苦，皆勞也。勞於學，以無導之者故也。正曰：醜，言惡事也。學，言誦習也。謂厚愛教之，毋使見醜事。以行義導之，毋沉溺困苦於誦習之末也。武靈安知行義，蓋習聞古語，猶紹之論立傅爾。方務胡服騎射，宜以誦習爲溺苦也。秦異人不習於誦，而王罷之。當時氣習類是，焚書之禍兆矣。

〔二〕**鮑本**先，先君。

〔三〕**鮑本**「以」上補「所」字。○

〔四〕**鮑本**禹謨。

〔五〕**鮑本**帶飾之備也，猶具劍。補曰：淮南子云，趙武靈王具帶鵕鸃而朝。此以「具」作「貝」。漢書佞幸傳，孝惠時，郎、侍中皆冠鵕鸃貝帶，注，「以貝飾帶」。**札記**今本「具」作「且」。

〔六〕**姚本**續云：史記匈奴傳，漢遺單于有黄金飾貝帶一飾。漢書音義曰，腰中大帶，黄金胥紕一。徐廣曰，或作「犀毗」。注引戰國策「趙武靈王賜周紹貝帶黄金師比」。延篤云，胡革帶鉤也。則此帶鉤，亦名「師比」。則「胥」、「犀」與「師」並相近，而説各異耳。**鮑本**未詳，蓋衣章。主術訓「武靈王貝帶鵕鸃而朝」注，鵕鸃，讀曰「私鈚頭」。三字與此小異。正曰：漢書「黄金犀比」，師古云，胡帶之鈎也。延篤説同，大事記引又謂「師比」。史記「胥紕」。「師」、「犀」、「胥」一也。

〔七〕**鮑本**無「也」字。○

〔八〕鮑本補曰：大事記書趙惠后卒，使周紹胡服傅王子。解題云，惠后，吴娃也。娃方死，憐其子而將立之，廢長立少之意已見於此。而其論傅時，有古之遺言。愚謂，命胡服而誦古之遺言，豈其然乎？

趙燕後胡服

趙燕後胡服〔一〕，王令讓之曰：「事主之行，竭意盡力，微諫而不嘩〔二〕，應對而不怨，不逆上以自伐，不立私以爲名。子道順而不拂，臣行讓而不争。子用私道者家必亂，臣用私義者國必危。反親以爲行，慈父不子；逆主以自成，惠〔三〕主不臣也。寡人胡服，子獨弗服，逆主罪莫大焉。以從政〔四〕爲累，以逆主爲高，行私莫大焉。故寡人恐親〔五〕犯刑戮之罪，以明有司之法。」趙燕再拜稽首曰：「前〔六〕吏命胡服，施及賤臣，臣以失令過期，更〔七〕不用侵辱教〔八〕，王之惠也。臣敬循〔九〕衣服，以待今日〔一〇〕。」

〔一〕鮑本服後於衆。
〔二〕鮑本讙也。
〔三〕鮑本惠，猶慈。
〔四〕鮑本政，胡服之政。
〔五〕鮑本燕，公族也，故稱親。正曰：親身犯之也。
〔六〕鮑本前，前日。

〔七〕**姚本**一作「史」。 **鮑本**更，猶反。正曰：更，改也。
〔八〕**鮑本**侵辱，刑也。言己宜服刑，王反不刑而教之。正曰：侵辱教，刑也。
〔九〕**姚本**一作「修」。
〔一〇〕**鮑本**「令」作「令」。○ 令，善也。補曰：施，以豉反，更，居行反。 **札記**今本「今日」作「令甲」。

王破原陽

王破〔一〕原陽〔二〕，以爲騎邑〔三〕。牛贊〔四〕進諫曰：「國有固籍〔五〕，兵有常經。變籍則亂，失經則弱。今王破原陽，以爲騎邑，是變籍而棄經也。且習其兵者輕其敵〔六〕，便其用者〔七〕易〔八〕其難。今民便其用而王變之，是損〔九〕君而弱國也。故利不百者不變俗〔一〇〕，功不什者不易器。今王破卒散兵，以奉騎射，臣恐其攻獲之利，不如所失之費也。」

〔一〕**鮑本**正曰：破者，破卒散兵以爲騎。
〔二〕**鮑本**屬雲中。
〔三〕**鮑本**居騎士於此。
〔四〕**鮑本**趙人。
〔五〕**鮑本**固，言不變。籍，猶令甲。正曰：「固」，「故」通。
〔六〕**鮑本**習於敵人之兵，則玩而易之。

〔七〕**鮑本**此言本國械用。

〔八〕**鮑本**補曰：易，以豉反。

〔九〕**姚本**一作「捐」。

〔一〇〕**鮑本**補曰：此亦商君傳杜摯語，「俗」作「法」。

王曰：「古今異利，遠近易〔一〕用。陰陽不同道，四時不一宜。故賢人觀時，而不觀於時〔二〕；制兵，而不制於兵。子知官府之籍，不知器械之利；知兵甲之用，不知陰陽之宜〔三〕。故兵不當於用，何兵之不可易？教不便於事，何俗之不可變？昔者先君襄主與代交〔四〕地，城境封之〔五〕，名曰無窮之門，所以昭〔六〕後而期遠也。今重甲循〔七〕兵〔八〕，不可以踰險；仁義道德，不可以來朝〔九〕。吾聞信不棄功，知不遺時。今〔一〇〕子以官府之籍，亂寡人之事，非子所知〔一一〕。」

〔一〕**鮑本**易，入音。

〔二〕**鮑本**時，猶俗也。視俗而變，不爲俗所窺。

〔三〕**鮑本**趙居胡之南，陽也，欲攻胡而用趙兵，非其宜也。正曰：陰陽之宜，言天地氣化之運，人事剛柔之節。其詳則若范蠡之所以答越王者，語見國語。大事記解題，周元王元年載之。

〔四〕**鮑本**交，猶接。

〔五〕**鮑本**築城境上，爲之封域。

〔六〕**鮑本**「昭」作「詔」。○

〔七〕**姚本**一作「修」。

〔八〕**鮑本**趙甲重，不若新甲之輕。循，言其因舊。正曰：循，行也。言被重甲執兵而行，不可以踰險，不若胡服之騎射便利。

〔九〕**鮑本**此言胡也。

〔一〇〕**札記**今本「今」誤「令」。

〔一一〕**鮑本**「知」作「智」。〇

牛贊再拜稽首曰：「臣敢不聽令乎？」至〔一〕遂胡服，率騎入胡，出於遺遺之門〔二〕，踰九限之固，絶五徑〔三〕之險，至榆中〔四〕，辟地千里。〔五〕

〔一〕**姚本**集、劉作「王」。　**鮑本**「至」作「王」。〇

〔二〕**鮑本**此門義取胡者古今所遺。正曰：無據而謬。　**札記**丕烈案：所標姚氏列遺逸有之，見後附録。

〔三〕**鮑本**「徑」作「徑」。〇　**札記**丕烈案：此當是「陘」之假借耳。

〔四〕**鮑本**「榆」作「胡」。〇　補曰：「胡中」，一本「榆中」，世家二十年，王西略胡地至榆中。正義云，勝州所治榆林。

〔五〕**鮑本**補曰：大事記謂，賜周紹胡服衣冠，具帶黄金師比，此胡服也。又引水經注、竹書紀年，邯鄲命將軍、大吏、適子、代吏皆貂服。即胡服之事，按胡廣曰，趙武靈王改胡服，以金璫飾前，前摇貂尾爲貴職。或以北土多寒，胡人以貂皮温額，後代效之。亦曰惠文。漢曰武弁，曰女冠，武官冠之。侍中、中常侍加黄金璫，附蟬爲文，貂尾爲飾。漢官儀又名「鵕鸃冠」。愚謂，貂服者，此類也。今之靴，亦武靈所製云。一本標春秋後語云，武靈王十九年春正月，大朝信武宫，乃召肥義與議天下事，五日而畢。遂北略中山，登黄華之上。注云，黄華，山名也。戰國策云，武靈王游於大陵，夢見處女，鼓瑟而歌，登黄華之上。今按史，十六年，游大陵，夢處女；十九年大朝信武宫，召肥義議事，略中山至房子之代地，至無窮，西至河，登黄華之上。先後不同。所載戰國策云云者，今缺，姑記以廣異聞。

〔三〕鮑本時勢，則萬國、七國之異。

〔四〕姚本續云：荀子注引作「吴干將之劍」。鮑本吴王使干將鑄之，故云。

〔五〕鮑本匜，盥器。補曰：荀子作「劙盤盂」。注，銅器，引策文。

〔六〕鮑本薄，猶迫。補曰：薄，音搏。

〔七〕鮑本質，以石爲鑕。

〔八〕鮑本「類」作「謂」。○補曰：言劍雖利，然薄之於柱，質之於石而擊之，則不敵於柱石之堅，必折且碎。一本，「之謂」作「之類」。荀子注引「吴干將」。

〔九〕鮑本材，謂脊脾之類，不易得也。

〔一〇〕鮑本「毋」作「無」○　補曰：「無」通。札記丕烈案：吴補亦未是也。下句乃以「無」爲「毋」。「難」字屬此句讀，連上者非。

〔一一〕鮑本脾，近刃處。

〔一二〕鮑本「兩」作「二」。○

〔一三〕姚本曾作「頃」，下同。鮑本「鈞」作「鈎」。「罕」作「穿」，又改作「竿」。○鈎，劍頭鐶。竿，與「桿」同。集韻，柄也。鐔，珥鼻也。蒙須，疑爲劍繩，猶蒯緱也。爾雅，「草有夫須」，蓋以草爲繩。正曰：鈎，亦劍屬。一本作「罕」，是，下同。「罕」即「咢」字，「鍔」同，刃鋒也。姚云，曾本「須」作「頃」，亦未詳。補曰：鐔，徐心反。札記今本「鈞」作「鈎」。

〔一四〕鮑本正曰：恐即上文「萬」字。札記丕烈案：吴説非是也，此不當改。

〔一五〕姚本集作「三丈」。

〔一六〕鮑本集，言平時團集，非烏合也。

〔一七〕鮑本「能」上補「不」字。○

〔一八〕鮑本言以三萬拒數十萬，必敗亡也。齊嘗爲燕昭所破，故云。正曰：「能具」云云，即下云齊以二十萬衆攻荆五年之事。
〔一九〕鮑本此言雖衆猶不亟得志，况三萬乎？
〔二〇〕鮑本方，猶比，猶敵。
〔二一〕鮑本兩國或圍或攻。
〔二二〕鮑本索，猶求。
〔二三〕鮑本言城大兵少，曾不處城之一角，豈能合圍？
〔二四〕鮑本既不能圍，亦不可戰。
〔二五〕鮑本至，猶及也，言慮不及此。彪謂：兵不期少多，商敵爲數耳。單也以少擊衆，奇兵也。奢也以衆敵衆，正兵也。論兵者當以正爲常，而用之則務出奇。奇不可論也。單也狃於即墨之勝，欲以奇爲常而廢正，此其論所以屈也。補曰：兵不期少多，商敵爲數，此論是矣。而有所未盡，以其論兵而不論將也。單之破燕，蓋乘衆之憤懈，而設奇駭之。奢之救閼與，曰道遠險狹，猶兩鼠鬬穴中，將勇者勝。其後卒以計敗秦。而長平之役，括以四十五萬之衆，而不免於白起。將善則能以少而勝，不善則雖多而亦敗爾。雖然，人知少之害而未知多之累。曹操以八十萬而敗於赤壁，將非不善也。故韓信之論高帝曰，「不過能將十萬」，而多多益辦，獨信能之。論兵者可以不知將哉？

趙使机郝之秦

趙使机郝〔一〕之秦，請相魏冉。宋突〔二〕謂机郝曰：「秦不聽，樓緩必怨公〔三〕。公不若陰辭〔四〕樓子曰：『請無急秦王〔五〕。』秦王見趙之相魏冉之不急也〔六〕，且不聽公言也〔七〕，是事而不成〔八〕，魏冉固德公矣。』〔九〕

〔一〕**鮑本**「机郝」作「仇赫」。○ 下同。史作「仇液」。補曰：「仇」訛。**札記**丕烈案：東周策有「仇赫之相宋」，鮑所據也。此文史記作「仇液」。索隱曰，戰國策作「机郝」。蓋一人而記別也。考後策有「齊人戎郭、宋突謂仇郝曰」，又有「令仇郝相宋」，即此。「机」者，「杌」之別體，於「仇」爲同字。「郝」、「赫」、「液」，聲之轉也。

〔二〕**鮑本**齊人，郝客。正曰：無據。史作「宋公」，索隱引策云「宋交」。

〔三〕**鮑本**秦時已相緩。

〔四〕**鮑本**辭，告之也。

〔五〕**鮑本**昭王。言爲緩故，請之不力。

〔六〕**鮑本**無「也」字。○

〔七〕**鮑本**公，謂郝。

〔八〕**鮑本**「成」下補「以德樓子事成」六字。○ 以史補此六字。補曰：史此下有「以德樓子事成」六字，恐策有缺文。

〔九〕**鮑本**穰侯傳有，云秦昭七年。此二十六年。補曰：史，趙人樓緩來相秦，數不利，乃使仇液云云。於是仇液從之，而秦果免樓緩，而魏冉相。

齊破燕趙欲存之

齊破燕〔一〕，趙欲存之。樂毅謂趙王曰：「今無約而攻齊，齊必讎趙〔二〕。不如請以河東易燕地於齊〔三〕。趙有河北，齊有河東〔四〕，燕、趙必不争矣。是二國親也。以河東之地强齊〔五〕，以燕以〔六〕趙輔之〔七〕，天下憎之〔八〕，必皆事王以伐齊。是因天下以破齊也。」王曰：「善。」乃以河東易齊，楚、魏憎之，令淖滑、惠施之趙，請伐齊而存燕。〔九〕

〔一〕**鮑本**之、噲之亂。燕七年，此十二年。

〔二〕**鮑本**不約與國而獨攻齊，故齊怨。若有與同攻，則怨有所分矣。

〔三〕**鮑本**齊破燕，所謂地近趙，趙以河東易之。

〔四〕**鮑本**此二非郡。

〔五〕**鮑本**言齊得河東則益强。

〔六〕**姚本**劉去「以」字。

〔七〕**鮑本**與之易地，是助之也。

〔八〕**鮑本**害其强。

〔九〕**鮑本**補曰：大事記，按樂毅傳，毅賢好兵，趙人舉之。及武靈王有沙丘之亂，乃去趙適魏。毅嘗事趙也。又云，趙納公子職於燕，世家不書其立，蓋燕人不受也。

秦攻趙藺離石祁拔

秦攻趙，藺、離石、祁拔。趙以公子部〔一〕爲質於秦，而請内焦〔二〕、黎〔三〕、牛狐之城〔四〕，以易藺、離石、祁於趙〔五〕。趙背秦，不予焦、黎、牛狐。秦王〔六〕怒，令公子繒請地。趙王乃令鄭朱對曰：「夫藺、離石、祁之地，曠遠於趙，而近於大國。有先王之明與先臣之力，故能有之。今寡人不逮〔七〕，其社稷之不能恤，安能收恤藺、離石、祁乎？寡人有不令之臣，實爲此事也，非寡人之所敢知。」〔八〕卒倍秦。

〔一〕**鮑本**補曰：音吾。
〔二〕**姚本**一作「應」。**鮑本**弘農郡有焦城。正曰：大事記據此。愚疑非此地。
〔三〕**鮑本**東郡有黎，即黎陽。
〔四〕**鮑本**地缺。
〔五〕**鮑本**「趙」作「秦」。〇**札記**今本「趙」作「秦」，乃誤涉鮑也。
〔六〕**鮑本**昭。
〔七〕**鮑本**不及先王。
〔八〕**鮑本**補曰：鄭朱之對，辭氣類左氏。

秦王大怒，令衛胡易〔一〕伐趙，攻閼與〔二〕。趙奢將救之〔三〕。魏令公子咎以鋭師居安邑，以挾秦〔四〕。秦敗於閼與，反攻魏幾〔五〕，廉頗救幾，大敗秦師。〔六〕

〔一〕**鮑本**史無「易」字。補曰：秦紀，「中更胡傷」，説見後。**札記**丕烈案：「易」當作「昜」，「昜」、「傷」同字。
〔二〕**鮑本**後志，上黨涅有閼與。補曰：大事記，潞州銅鞮縣西北，閼與震。閼，阿葛切。與，音預。
〔三〕**鮑本**此二十九年，破趙閼與下。

〔四〕鮑本挾，牽制之。正曰：夾持之。

〔五〕鮑本魏將。正曰：幾，邑名。正義云，或屬齊，或屬魏，當在相、潞之間。幾音機，一音祈。

〔六〕鮑本補曰：按西周策，蘇厲謂周君曰，敗韓、魏，殺犀武，攻趙，取藺、離石、祁者，皆白起。則此舉乃起將也。按顯王四十一年，秦敗趙，殺趙相，取離石。赧王二年，秦拔趙藺，虜趙莊藺引。而此言取二城，在伊闕戰後，史載於赧王三十四年。豈戰國地里不常，後復屬趙，而今爲秦所拔歟？赧之三十四年，當惠文十八年。前一年秦拔我兩城，是年秦拔我石城。豈即此三邑，而石城即離石邪？末言戰閼與攻幾事，皆因此。按史，趙奢攻秦閼與，在惠文二十九年，廉頗攻幾，在惠文二十三年。今策戰閼與而後攻幾，前後不同。大事記謂，幾本屬魏，廉頗取之，自是遂屬趙。秦師既爲趙奢所敗，師還，因擊幾，故下文稱救幾也。又按，秦紀，中更胡傷攻趙閼與，在趙奢破秦次年。年表，秦擊我閼與，城不拔，是再攻閼與也。與策亦舛。大事記從史書之而不辨，當詳之。

富丁欲以趙合齊魏

富丁〔一〕欲以趙合齊、魏，樓緩欲以趙合秦、楚。富丁恐主父之聽樓緩而合秦、楚也。

〔一〕鮑本趙人。

司馬淺〔一〕爲富丁謂主父曰：「不如以順齊〔二〕。今我不順齊伐秦，秦、楚必合而攻韓、魏〔三〕。韓、魏告急於齊，齊不欲伐秦〔四〕，必以趙爲辭〔五〕，則〔六〕伐秦者趙也，韓、魏必怨趙。齊之兵不西〔七〕，韓必聽秦違齊〔八〕。違齊而親〔九〕，兵必歸於趙矣。今我順而齊不西，韓、魏必絶齊，絶齊則皆事我。且我順齊，齊無而西〔一〇〕。日者〔一一〕，樓緩坐魏〔一二〕三月，不能散齊、魏之交〔一三〕。今我順而齊、魏果西，是罷〔一四〕齊敝秦也，趙必爲天下重國。」主父曰：「我與三國攻秦〔一五〕，是俱敝也」。曰：「不然。我約三國而告之秦〔一六〕，以未構〔一七〕中山也〔一八〕。三國欲伐秦之果也，必聽我，欲和我〔一九〕。中山聽之，是我以王因〔二〇〕饒中山而取地也〔二一〕。中山不聽，三國必絶之，是中山孤也。三國不能和我，雖少出兵可也。我分兵而孤樂〔二二〕中山，中山必亡〔二三〕。我已亡中山，而以餘兵與三國攻秦，是我一舉而兩取地於秦、中山也。」〔二四〕

〔一〕**鮑本**趙人。

〔二〕**鮑本**齊本欲伐秦，今順之。

〔三〕**鮑本**無齊之難，因得取其鄰也。

〔四〕**鮑本**上言順齊伐秦，此又言齊不欲伐者，前時秦、楚未合，今合故也。

〔五〕**鮑本**以趙不順齊伐秦告二國。

〔六〕**鮑本**「則」下補「不」字。○　補曰：「則」下宜有「不」字。

〔七〕**鮑本**不伐秦。

〔八〕**鮑本**畏秦故。

〔九〕**鮑本**秦親韓。

〔一〇〕**鮑本**「而」作「不」。○　補曰：字訛，或上文有誤。　**札記**今本「而」作「不」，乃誤涉鮑也。

〔一一〕**鮑本**言昔日。

〔一二〕**鮑本**時欲離齊、魏。坐，言有所待。

〔一三〕**鮑本**言二國本親，宜與之伐秦。
〔一四〕**鮑本**「罷」，「疲」同。
〔一五〕**鮑本**韓、魏、齊爲三。
〔一六〕**鮑本**衍「秦」字。補曰：恐衍。
〔一七〕**鮑本**「構」作「講」。〇元作御名。
〔一八〕**鮑本**此言可以少出兵也。此二十七年，趙破中山，未滅也，趙宜自備。
〔一九〕**鮑本**使趙與中山講。
〔二〇〕**鮑本**「王因」作「三國」。〇補曰：當作「三國」，字訛。
〔二一〕**鮑本**饒，猶益也。以三國欲和我，故益得取地於中山。
〔二二〕**鮑本**衍「欒」字。補曰：字誤，或衍。
〔二三〕**鮑本**「亡」作「之」。〇之，猶去。補曰：一本「之」作「亡」，是。
〔二四〕**鮑本**補曰：中山，説見齊策。此策當在上章之前，多誤字。「爲富」之「爲」，去聲。

魏因富丁且合於秦〔一〕

〔一〕此篇姚本與富丁欲以趙合齊魏連篇，鮑本另列一篇，據文義，從鮑本。

魏因富丁且合於秦〔二〕，趙恐，請效地於魏而聽薛公〔三〕。教子欬〔三〕謂李兑曰：「趙畏橫之合也〔四〕，故欲效地於魏而聽薛公。公不如令主父以地資周最，而請相之於魏。周最以天下辱〔五〕秦者也，今相魏，魏、秦必虛矣〔六〕。齊、魏雖勁，無秦不能傷趙。魏王〔七〕聽，是輕齊也〔八〕。秦、魏雖勁，無齊不能得趙。此利於趙而便於周最也。」

〔一〕**鮑本**丁本欲以趙合齊、魏，今魏欲因以合秦，趙不聽故。

〔二〕**鮑本**文，時合齊、魏。

〔三〕**鮑本**或者「教之豥」，趙人。正曰：無考。

〔四〕**鮑本**合秦，故言横。

〔五〕**鮑本**「辱」作「厚」。○**札記**丕烈案：「厚」字誤。

〔六〕**鮑本**厚秦而舍之相魏，秦必惡之，故三國不合。虛，言其不合也。

〔七〕**鮑本**哀。正曰：襄。

〔八〕**鮑本**齊亦重最故。正曰：最於齊厚，語見周策。魏用齊所厚以爲相，是輕齊也。

魏使人因平原君請從於趙

魏使人因平原君請從於趙。三言之，趙王不聽。出遇虞卿曰：「爲〔一〕入必語從。」虞卿入，王曰：「今者平原君爲魏請從，寡人不聽。其於子何如？」虞卿曰：「魏過矣。」王曰：「然，故寡人不聽。」虞卿曰：「王亦過矣。」王曰：「何也？」曰：「凡强弱之舉事，强受其利，弱受其害。今魏求從，而王不聽，是魏求害，而王辭利也。臣故曰，魏過，王亦過矣〔二〕。」

〔一〕鮑本爲，爲我。

〔二〕鮑本「過」下無「矣」字。○虞卿傳有。彪謂：虞卿之言，爲皆不倍道，非反覆揣摩爲人緩頰人也。從之利害正爾。雖微平原之説，卿亦必云爾。終之趙利魏亦利矣。惟不能必趙聽己，從而先有輕發，則是有受害之形也。

平原君請馮忌

平原君請〔一〕馮忌〔二〕曰：「吾欲北伐上黨，出兵攻燕，何如？」馮忌對曰：「不可。夫以秦將武安君公孫起〔三〕乘七勝之威〔四〕，而與馬服之子戰於長平之下，大敗趙師，因以其餘兵，圍邯鄲之城。趙以亡敗之餘衆，收破軍之敝守〔五〕，而秦罷於邯鄲之下，趙守而不可拔者〔六〕，以〔七〕攻難而守者易也。今趙非有七克之威也，而燕非有長平之禍也。今七敗之禍未復，而欲以罷〔八〕趙攻强燕，是使弱趙爲强秦之所以攻，而使强燕爲弱趙之所以守。而强秦以休兵〔九〕承趙之敝，此乃强吴之所以亡，而弱越之所以霸。故臣未見燕之可攻也。」平原君曰：「善哉！」

〔一〕姚本劉本，「請」作「謂」。　鮑本「請」作「謂」。○

〔二〕鮑本後稱「外臣」，知非趙人。

〔三〕鮑本補曰：即白起，前有。

〔四〕鮑本勝趙。

〔五〕**鮑本**敝守，守邯鄲。

〔六〕**鮑本**「者」上有「然」字。○　言所以然。　**札記**丕烈案：「然者」，上有。

〔七〕**鮑本**無「以」字。○

〔八〕**鮑本**罷，音疲。

〔九〕**鮑本**休息之兵。

平原君謂平陽君

平原君謂平陽君曰：「公子牟〔一〕游於秦，且東〔二〕，而辭應侯〔三〕。應侯曰：『公子將行矣，獨無以教之乎？』曰：『且微君之命命之也，臣固且有效於君。夫貴不與富期，而富至；富不與粱肉期，而粱肉至；粱肉不與驕奢期，而驕奢至；驕奢不與死亡期，而死亡至。累世以前，坐此者多矣。』應侯曰：『公子之所以教之者厚矣。』僕〔四〕得聞此，不忘於心。願君之亦勿忘也。」平陽君曰：「敬諾。」〔五〕

〔一〕**鮑本**魏公子。　即下魏牟。　若莊子所稱中山者，不與應侯同時。　正曰：按莊子，「中山公子牟謂瞻子」下云，「魏牟，萬乘之公子也」。　是中山公子牟，即魏牟，非二人也。　又云「公孫龍問於魏牟」。　公孫龍，平原君之門，正應侯同時也。史，赧王四十九年，范雎爲相，封應侯。　赧王之元年，之、噲死，莊子書及稱之、噲。　則魏牟之上及莊子，下及應侯，無疑。

〔三〕鮑本東歸魏。

〔三〕鮑本正曰：説苑載此，以爲公子牟謂穰侯。

〔四〕鮑本僕，平原自稱。

〔五〕鮑本彪謂：此言者，富貴之金石也。有能書諸紳，銘之几杖，勒之盤盂，則何亡國敗家之有？補曰：魏牟嘗言身居江海，心在魏闕。瞻子告以重生則利輕，則曰雖知而未能自勝，於是又得夫重傷之説焉。故莊子許其雖未至道，可謂有其意，其人可知矣。所以告范雎者，亦以富貴驕奢警之。是時，雎方擅秦權，廣身封，快意恩讎，沉於富貴。公子特自其所急者言之，其微旨固非雎所得聞也。正曰：此五章平原君，皆當與平原君不受封諸章相次，舊策所載是矣。

秦攻趙於長平

秦攻趙於長平，大破之，引兵而歸。因使人索六城於趙而講〔一〕。趙計未定。樓緩新從秦來，趙王與樓緩計之曰：「與秦城何如？不與何如？」樓緩辭讓曰：「此非人〔二〕臣之所能知也。」王曰：「雖然，試言公之私。」樓緩曰：「王亦聞夫公甫文伯母乎？公甫文伯官於魯，病死。婦人爲之自殺於房中者二八。其母聞之，不肯哭也。相室曰：『焉有子死而不哭者乎？』其母曰：『孔子，賢人也，逐於魯，是人〔三〕不隨。今死，而婦人爲死者十六人〔四〕。若是者，其於長者薄，而於婦人厚？』故從母言之，之〔五〕爲賢母也；從婦言之，必不免爲妬婦也。

故其言一也，言者異，則人心變矣。今臣新從秦來，而言勿與，則非計也；言與之，則恐王以臣之爲秦也。故不敢對。使臣得爲王計之，不如予之。」王曰：「諾。」

〔一〕鮑本「講」作「媾」，又改作「講」。○史書此事在邯鄲圍解後。按邯鄲之圍，非秦德趙而解也，趙賴魏之力爾。何事朝秦而講以六城？此策以長平破，懼而賂之，是也。

〔二〕鮑本衍「人」字。札記丕烈案：史記、新序無。

〔三〕鮑本稱是人，不子之也。

〔四〕鮑本補曰：正義云，相室、傅姆之類。愚按，檀弓文伯之喪，敬姜據其床而不哭曰云云，與樓緩之言相出入。辯士之言或過。史及新序並作「二人」，是。上文「八」字，乃「人」字之訛。札記丕烈案：吳説非也。史記、新序「二人」，皆「二八」之訛。

〔五〕鮑本「之」字不重。○札記丕烈案：史記作「故從母言之，是爲賢母；從妻言之，是必不免爲妬妻」。新序有兩「是」字，無兩「之」字。此當「必」上脱一「之」字。

虞卿聞之，入見王，王以樓緩言告之。虞卿曰：「此飾説也〔一〕。」秦既解邯鄲之圍，而趙王入朝，使趙郝〔二〕約事於秦，割六縣而講〔三〕。王曰：「何謂也？」虞卿曰：「秦之攻趙也，倦而歸乎？王以〔四〕其力尚能進，愛王而不攻乎？」王曰：「秦之攻〔五〕我也，不遺餘力矣，必以倦而歸也。」虞卿曰：「秦以其力攻其所不能取，倦而歸。王又以其力之所不能攻以資之，是助秦自攻也。來年秦復攻王，王無以救矣。」

〔一〕鮑本猶飾辯。

〔二〕姚本音釋，作「赦」。

〔三〕鮑本原注衍「秦既解邯鄲之圍而趙王入朝使趙郝約事於秦割六縣而講」二十四字。○ 補曰：此二十四字脱簡誤在此，史以爲章首者。此策實非邯鄲圍解後事也。 札記丕烈案：史記以此篇列後秦趙戰長平趙不勝篇之下，首有此二十四字。此下至「其勢必無趙矣」，「樓緩」盡爲「趙郝」，列於前；下接「趙計未定」，至「此飾説也」；下接「王必無與」，至末。新序亦如此。考此，乃策文先後，本不與史記同，或就此間標史記文而誤入正文，遂致與「趙計未定」上文複出。吴氏以爲脱簡者，非是。當删此二十四字。其餘次序仍策文之舊。

〔四〕姚本錢、劉去「王以」字，添「亡」字。

〔五〕札記今本「攻」誤「伐」。

王又以虞卿之言告樓緩〔一〕。樓緩曰：「虞卿能盡知秦力之所至乎〔二〕？誠知秦力之不至〔三〕，此彈丸之地，猶不予也，令秦來年復攻王，得無割其內而媾乎？」王曰：「誠聽子割矣，子能必來年秦之不復攻我乎？」樓緩對曰：「此非臣之所敢任也。昔者三晉之交於秦，相善也。今秦釋韓、魏而獨攻王，王之所以事秦必不如韓、魏也。今臣爲足下解負親之攻〔四〕，啓關通敝〔五〕，齊交韓、魏〔六〕。至來年而王獨不取於秦〔七〕，王之所以事秦者，必在韓、魏之後也。此非臣之所敢任也。」

〔一〕鮑本史云樓緩事。正曰：史云趙郝，新序同，止「其勢必無趙矣」。 札記丕烈案：此策文與史記不同，策無趙郝。新序出史記，説見上。

〔二〕鮑本至，猶及也。虞卿言秦力倦而歸，謂秦力所及止是耳。秦力豈止是而已乎？

〔三〕**鮑本**「誠」下補「不」字，「之」下「不」作「所」。○ **札記**今本「誠」下有「不」字，「之」下有「所」字，乃誤涉鮑也。丕烈案：史記、新序作「誠知秦力之所不至」。

〔四〕**鮑本**趙嘗親秦而復負之，故秦攻之，今爲媾所以解也。

〔五〕**鮑本**「敝」作「弊」。○ 正曰：當作「幣」。 **札記**今本「敝」作「幣」，乃誤涉鮑也。丕烈案：新序作「幣」，史記作「弊」。

〔六〕**鮑本**使其交秦與韓、魏等。

〔七〕**鮑本**不爲秦所取。

王以樓緩之言告。虞卿曰〔一〕：「樓緩言不媾，來年秦復攻王，得無更割其內而媾。今媾，樓緩又不能必秦之不復攻也，雖割何益？來年復攻，又割其力之所不能取而媾也，此自盡之術也。不如無媾。秦雖善攻，不能取六城；趙雖不能守，而不至失六城〔二〕。秦倦而歸，兵必罷〔三〕。我以五城〔四〕收天下以攻罷秦，是我失之於天下，而取償於秦也。吾國尚利，孰與坐而割地，自弱以强秦？今樓緩曰：『秦善韓、魏而攻趙者，必王之事秦不如韓、魏也。』是使王歲以六城事秦也，即坐而地盡矣。來年秦復求割地，王將予之乎？不與，則是棄前貴〔五〕而挑秦禍也〔六〕；與之，則無地而給之。語曰：『强者善攻，而弱者不能自守。』今坐而聽秦，秦兵不敝而多得地，是强秦而弱趙也。以益愈〔七〕强之秦，而割愈弱之趙，其計固不止矣〔八〕。且秦虎狼之國也，無禮義之心。其求無已，而王之地有盡。以有盡之地，給無已之求，其勢必無趙矣。故曰：此飾說〔九〕也。王必勿與。」王曰：「諾。」

〔一〕**鮑本**「虞卿」下補「虞卿」二字。○　補曰：史此下復有「虞卿」二字。　**札記**丕烈案：新序有。
〔二〕**鮑本**上「媾」皆作「講」，「而」作「亦」。○　**札記**丕烈案：史記作「終不失」，新序作「亦不失」。
〔三〕**鮑本**並音疲。
〔四〕**鮑本**「五」作「六」。○　下同。正曰：此五城，與後「五城賂齊」、「得王五城」之「五」，且當從本文。　**札記**丕烈案：史記作「六城」，新序作「五縣」。考此，當策文作「城」，史記作「縣」，新序出史記。今本史記「城」「縣」錯出。新序後二處亦作「六城」。皆有誤。
〔五〕**鮑本**「貴」作「資」。○　補曰：恐作「資」。史作「功」。　**札記**今本「貴」作「資」，乃誤涉鮑也。丕烈案：新序作「功」。
〔六〕**鮑本**史注「挑戰」爲「致師」，則此言禍自我致也。
〔七〕**鮑本**衍「愈」字。正曰：新序同，史作「益强」，然有「愈」字亦通。益，謂增益之也。
〔八〕**鮑本**言割不止。
〔九〕**鮑本**補曰：按此「飾説」二字，與前相應，則文有亂脱無疑。　**札記**丕烈案：説見上。

樓緩聞之，入見於王，王又以虞卿言告之。樓緩曰：「不然，虞卿得其一，未知其二也。夫秦、趙構難，而天下皆説，何也？曰『我將因强而乘〔一〕弱』。今趙兵困於秦，天下之賀戰者〔二〕，則必盡〔三〕在於秦矣。故不若亟割地求和，以疑天下，慰秦心。不然，天下將因秦之怒，秦〔四〕趙之敝而瓜分之〔五〕。趙且亡，何秦之圖？王以此斷之，勿復計也。」

〔一〕**鮑本**乘，猶陵。
〔二〕**鮑本**「者」上補「勝」字。○　正曰：史有「勝」字。　**札記**丕烈案：新序有。

〔三〕鮑本無「盡」字。○ 札記丕烈案：史記、新序有。

〔四〕姚本一作「乘」。 鮑本「秦」作「乘」。○

〔五〕鮑本分其地如破瓜然。

虞卿聞之，又入見王曰：「危矣，樓子之爲秦也〔一〕！夫趙兵困於秦，又割地爲和，是愈疑天下，而何慰秦心哉？是不亦大示天下弱乎？且臣曰勿予者，非固勿予而已也。秦索六城於王，王以五城賂齊。齊，秦之深讎也〔二〕，得王五城，并力而西擊秦也〔三〕，齊之聽王，不待辭之畢也。是王失於齊而取償於秦〔四〕，一舉結三國之親〔五〕，而與秦易道也。」趙王曰：「善。」因發虞卿東見齊王〔六〕，與之謀秦。

〔一〕鮑本爲秦計深，而趙勢危。

〔二〕鮑本嘗爭爲帝。正曰：不特此。

〔三〕姚本劉本去「也」字。

〔四〕姚本孫本抹去此十字。

〔五〕鮑本韓、魏本趙與國，與齊爲三。

〔六〕鮑本王建。

虞卿未反，秦之使者已在趙矣。樓緩聞之，逃去。〔一〕

〔一〕鮑本虞卿傳有，次第不同。先云「秦既解邯鄲」，與今所衍二十四字同。次「虞卿謂趙王曰，秦之攻王也倦而歸乎」止

「勢必無趙矣」。次「趙王計未定，樓緩從秦來」止「此飾說也」。次「王必勿與，樓緩聞之」止「緩聞之逃去」。彪謂：虞卿可謂見善明者矣。當趙以四十萬覆於長平之下，凡在趙庭之臣，孰不魄奪氣喪，願講秦以偷須臾之寧？卿獨爲之延慮却顧，折樓緩之口，挫强秦之心，反使秦人先趙而講。於此亦足以見從者，天下之勢。七國辯士，策必中，計必得，而不失其正，唯卿與陳軫有焉。賢矣哉！正曰：大事記引蘇氏云，虞卿終始事趙，專持從說，非說客也。鮑以卿與陳軫並稱，軫料事明切，不下於卿，其勸懷王賂秦而取償於齊，意亦類此。他雖辯給可善，而言稍浮。至其往來秦、楚，争寵張儀，傲貴犀首，未離說客之習也！豈卿比哉？

秦攻趙平原君使人請救於魏

秦攻趙，平原君使人請救於魏。信陵君發兵至邯鄲城下，秦兵罷。虞卿爲平原君請益地，謂趙王曰：「夫不鬭一卒，不頓〔一〕一戟，而解二國患者，平原君之力也〔二〕。用人之力，而忘人之功，不可。」趙王曰：「善。」將益之地。公孫龍〔三〕聞之〔四〕，見平原君曰：「君無覆軍殺將之功〔五〕，而封以東武城。趙國豪傑之士，多在君之右〔六〕，而君爲相國者以親故〔七〕。夫君封以東武城不讓無功〔八〕，佩趙國相印不辭無能，一解國患，欲求益地，是親戚受封，而國人計功也〔九〕。爲君計者，不如勿受便。」平原君曰：「謹受令。」乃不受封。〔一〇〕

〔一〕**鮑本**頓劍之頓。正曰：頓，義見秦策。

〔二〕**鮑本**無「也」字。○　補曰：一本有「也」字。

〔三〕**鮑本**趙人，著守白論，莊子稱之。距是遠甚，豈同姓名如公孫弘者乎？正曰：莊子稱公孫龍之學「合同異，離堅白」。而史平原傳，稱公孫龍善爲堅白同異之辨。荀卿傳末以爲趙人。又見列子等書，同此人也。史稱莊子與梁惠、齊宣同時，楚威王欲以爲相。威王元年，當顯王三十年，故大事記以楚相之事附見。下至赧王十七年，趙勝封平原君，則周距平原未遠也。莊子書稱之、噲。之、噲事當宣王末年，赧王元年也。下至魏破秦軍邯鄲時，以爲赧王五十八年。則周之稱公孫龍，龍之在平原君門，皆相及也。惟以爲仲尼弟子公孫龍者，則誤。蓋相去遠爾。

〔四〕**姚本**劉添「聞」字。**鮑本**原無「聞」字，補「聞」字。○補曰：史有。

〔五〕**鮑本**言初封時以公子耳。

〔六〕**鮑本**右者，人道所尊。補曰：秦、漢以前，用右爲上，如云「位在廉頗右」。

〔七〕**鮑本**「親」下補「也」字。○正曰：「故」句。史作「親戚故也」。

〔八〕**鮑本**不以無功辭之。

〔九〕**鮑本**國人受封，必計其功，與平原異。補曰：勝本無功，向之受封也，已不當得，今又欲益地。是在親戚，則無功受封，國人則計功乃受賞，輕重不倫也。漢光武封陰識，識引此語。

〔一〇〕**鮑本**彪謂：平原失計於馮亭，以挑秦禍，幾喪趙國之半，馴致邯鄲之圍，何功之足論哉？然因人成事，亦有桑榆之收，不可忘也。虞卿之請，帝王懋賞之舉；公孫龍之辭，明哲讓功之誼。皆君子之善言也。正曰：趙勝功不贖罪，虞卿此爲失言。

秦趙戰於長平

秦、趙戰於長平，趙不勝〔一〕，亡一都尉〔二〕。趙王召樓昌與虞卿曰：「軍戰不勝，尉復死〔三〕，寡人使卷甲而趍之〔四〕，何如？」樓昌曰：「無益也，不如發重使而爲媾〔五〕。」虞卿曰：「夫言媾者，以爲不媾者軍必破，而制媾者在秦〔六〕。且王之論秦也，欲破王之軍乎？其不邪？」王曰：「秦不遺餘力矣，必且破趙軍。」虞卿曰：「王聊聽臣，發使出重寶以附楚、魏。楚、魏欲得王之重寶，必入吾使。趙使入楚、魏，秦必疑天下合從也，且必恐。如此，則媾乃可爲也。」

〔一〕**鮑本**無「不勝」二字。○　**札記**丕烈案：史記、新序有。

〔二〕**鮑本**軍尉也。

〔三〕**鮑本**「復」作「係」。○　係，尉名。正曰：史同。　**札記**新序作「係」。徐廣注史記云，「復」一作「係」。

〔四〕**鮑本**「趍」作「趨」。○　襲之也。

〔五〕**鮑本**「媾」作「講」。○　從女從冓，求和也，與「講」無異義。而此書兩字互用。今以御名，並作「講」。　**札記**丕烈案：史記作「媾」，新序作「構」。

〔六〕**鮑本**制，言聽否由之。

趙王不聽，與〔一〕平陽君爲媾，發鄭朱入秦，秦内之。趙王召虞卿曰：「寡人使平陽君媾秦，秦已内鄭朱矣，子以爲奚如？」虞卿曰：「王必不得媾，軍必破矣，天下之賀戰勝者皆在秦矣。鄭朱，趙之貴人也，而入於秦，秦王〔二〕與應侯必顯重以示天下。楚、魏以趙爲媾，必不救王。秦知〔三〕天下不救王，則媾不可得也〔四〕成。」趙卒不得媾，軍果大敗。王入秦，秦留

趙王而後許之媾。〔五〕

〔一〕**鮑本**與，從之也。

〔二〕**鮑本**昭。

〔三〕**姚本**一本去「秦知」字。

〔四〕**姚本**一無「成」字。

〔五〕**鮑本**虞卿傳有。

秦圍趙之邯鄲

秦圍趙之邯鄲〔一〕。魏安釐王使將軍晉鄙救趙。畏秦，止於蕩陰〔二〕，不進。魏王使客將軍新〔三〕垣衍〔四〕間〔五〕入邯鄲，因平原君謂趙王曰：「秦所以急圍趙者，前與齊湣王〔六〕爭强爲帝，已而復歸帝，以齊故〔七〕。今齊湣王已益弱〔八〕。方今唯秦雄天下，此非必貪邯鄲，其意欲求爲帝。趙誠發使尊秦昭王爲帝〔九〕，秦必喜，罷兵去。」平原君猶豫未有所決。

〔一〕**鮑本**此九年。

〔二〕**姚本**錢、劉改「蕩」作「湯」。　**鮑本**屬河内。補曰：正義云，蕩，天郎反。相州縣。

〔三〕**鮑本**「新」作「辛」。○　**札記**史記作「新」。此涉之而誤也。下文盡作「辛」。

〔四〕**鮑本**稱客，則衍他國人仕魏也。補曰：元和姓纂，衍，畢公高之後。

〔五〕鮑本間，謂微行。

〔六〕鮑本「湣」作「閔」。○ 札記丕烈案：史記作「湣」。此涉之而誤也。齊策作「閔」。

〔七〕鮑本由齊不稱，秦亦失之。

〔八〕鮑本無「已」字，原注衍「閔王」二字。○ 今乃襄王爾，史亦誤。正曰：謂今之齊，視閔王已益弱。札記丕烈案：史記作「今齊湣王已益弱」。

〔九〕鮑本稱謚，非當時語。補曰：追書之辭。

此時魯仲連適游趙，會秦圍趙。聞魏將欲令趙尊秦爲帝，乃見平原君曰：「事將奈何矣？」平原君曰：「勝也何敢言事？百萬之衆折於外，今又内圍邯鄲而不能〔一〕去。魏王使〔二〕將軍辛垣衍令趙帝秦。今其人在是，勝也何敢言事？」魯連曰：「始吾以君爲天下之賢公子也，吾乃今然後知君非天下之賢公子也。梁客辛垣衍安在？吾請爲君責而歸之。」平原君曰：「勝請召而見之於先生〔三〕。」平原君遂見辛垣衍曰：「東國有魯連先生〔四〕，其人在此，勝請爲紹介〔五〕而見之於將軍〔六〕。」辛垣衍曰：「吾聞魯連先生，齊國之高士也。衍，人臣也，使事有職。吾不願見魯連先生也。」平原君曰：「勝已泄之矣〔七〕。」辛垣衍許諾。

〔一〕姚本曾本添「能」字。鮑本無「能」字。○ 札記丕烈案：史記有。

〔二〕鮑本「使」下有「客」字。○ 札記丕烈案：史記有。

〔三〕姚本錢、劉作「爲召而見之」。鮑本「召」上有「爲」字。○ 札記丕烈案：史記作「請爲紹介」。

〔四〕鮑本東國，謂齊。補曰：一本「先生者」。札記丕烈案：史記有。

〔五〕**鮑本**郭璞曰，紹介，相佑助也。補曰：索隱曰，禮，賓至，必因介以傳辭。紹者，繼也。故禮云，介紹而傳命。

〔六〕**姚本**錢、劉作「請爲紹交之於將軍」。

〔七〕**鮑本**泄，言已白之。

魯連見辛垣衍而無言。辛垣衍曰：「吾視居北〔一〕圍城之中者，皆有求於平原君者也。今吾視先生之玉貌，非有求於平原君者，曷爲久居此〔二〕圍城之中而不去也？」魯連曰：「世以鮑焦〔三〕無從容而死者，皆非也〔四〕。今衆人不知，則爲一身〔五〕。彼秦者〔六〕，棄禮義而上首功之國也〔七〕。權使其士，虜使其民〔八〕。彼則肆然而爲帝，過而遂正於天下〔九〕，則連有赴東海而死矣〔一〇〕。吾不忍爲之民也！所爲見將軍者，欲以助趙也。」辛垣衍曰：「先生助之奈何？」魯連曰：「吾將使梁及燕助之。齊、楚則〔一一〕固助之矣。」辛垣衍曰：「燕則吾請以從矣。若乃梁，則吾乃梁人也，先生惡能使梁助之耶？」魯連曰：「梁未睹秦稱帝之害故也，使梁睹秦稱帝之害，則必助趙矣。」辛垣衍曰：「秦稱帝之害將奈何？」魯仲連曰：「昔齊威王嘗爲仁義矣，率天下諸侯而朝周。周貧且微，諸侯莫朝，而齊獨朝之。居歲餘，周烈王崩，諸侯皆弔，齊後往。周怒，赴於齊曰：『天崩地坼，天子下席。東藩之臣田嬰齊後至，則斮之。』威王勃然怒曰：『叱嗟〔一二〕，而母婢也〔一三〕。』卒爲天下笑。故生則朝周，死則叱之，誠不忍其求也。彼天子固然〔一四〕，其無足怪。」辛垣衍曰：「先生獨未見夫僕乎？十人而從一人者，寧力不勝，智不若耶？畏之也。」魯仲連曰：「然梁之比於秦若僕耶？」辛垣衍曰：「然。」魯仲連曰：「然吾將使秦王烹醢梁王〔一五〕。」辛垣衍怏然不悦曰：「噫，亦太甚矣，先生之言也〔一六〕！先生又惡能使秦王烹醢梁王？」

〔一〕鮑本「北」作「此」。○ 札記今本「北」作「此」。丕烈案：「此」字是也。史記作「此」。

〔二〕鮑本「此」原作「若」，又改作「此」。○ 補曰：「若」疑「居」字訛衍。史作「此」，無亦可。

〔三〕鮑本鮑焦，周之介士，見莊子。補曰：韓詩外傳云，周時隱者，無子胤，不臣天子，不友諸侯。

〔四〕鮑本其人介，故人謂之然。

〔五〕鮑本不知者，以其抱木死爲無以自養，不知其非世也。明己今亦然。

〔六〕鮑本無「者」字。○ 札記丕烈案：史記有。

〔七〕鮑本秦制爵二十等，戰獲首級者，計功受爵，時所尊上也。

〔八〕鮑本視民如所虜獲。

〔九〕鮑本過，猶不幸。補曰：正義云，舊讀「帝過」句，謂遍行天子之禮。過，失也。愚按，此句亦難通。過，即過甚之義。史作「過而爲政」。

〔一〇〕鮑本「矣」作「耳」。○ 補曰：史作「耳」。

〔一一〕鮑本無「則」字。○ 札記丕烈案：史記有。

〔一二〕鮑本嗟，咨也。

〔一三〕鮑本補曰：正義云，赴，告也。今文作「訃」。索隱云，下席，言其寢苦居廬，謂烈王太子安王驕也。正義云，「而母婢」，罵烈王后也。

〔一四〕鮑本固，猶必。

〔一五〕鮑本「然」下補「則」字。○醢，肉醬也。　札記丕烈案：史記無「然」字。凡古言「然」，與今言「然則」同。鮑本誤。

〔一六〕鮑本補曰：嘻，嘆；言也，句。

魯仲連曰：「固也，待吾言之。昔者，鬼侯〔一〕之〔二〕鄂侯〔三〕、文王，紂之三公也。鬼侯有子而好，故入之於紂，紂以爲惡，醢鬼侯。鄂侯爭之急，辨之疾，故脯鄂侯。文王聞之，喟然而嘆，故拘之於牖里〔四〕之車〔五〕，百日而欲舍〔六〕之死。曷爲與人俱稱帝王，卒就脯醢之地也？齊閔王將之魯，夷維子執策而從〔七〕，謂魯人曰：『子將何以待吾君？』魯人曰：『吾將以十太牢待子之君。』維子〔八〕曰：『子安取禮而來待吾君？彼吾君者，天子也。天子巡狩，諸侯辟舍，納於〔九〕筦鍵〔一〇〕，攝衽抱几〔一一〕，視膳於堂下，天子已食，退而聽朝也〔一二〕。』魯人投其籥〔一三〕，不果納。不得入於魯，將之薛，假塗於鄒。當是時，鄒君死，閔王欲入弔。夷維子謂鄒之孤曰：『天子弔，主人必將倍殯柩〔一四〕，設北面於南方，然後天子南面弔也。』鄒之群臣曰：『必若此，吾將伏劍而死。』故不敢入於鄒。鄒、魯之臣，生則不得事養〔一五〕，死則不得飯含〔一六〕。然且欲行天子之禮於鄒、魯之臣，不果納。今秦萬乘之國，梁亦萬乘之國。俱據萬乘之國〔一七〕，交有稱王之名，睹〔一八〕其一戰而勝，欲從而帝之，是使三晉之大臣不如鄒、魯之僕妾也。且秦無已而帝〔一九〕，則且變易諸侯之大臣。彼將奪其所謂不肖，而予其所謂〔二〇〕賢；奪其所憎，而與其所愛。彼又將使其子女讒妾爲諸侯妃姬，處梁之宮，梁王安得晏然而已乎？而將軍又何以得故寵乎？」

〔一〕鮑本徐曰，鄒縣有九侯城，「九」一作「鬼」。

〔二〕鮑本「鬼侯」下無「之」字。○札記丕烈案：史記無。

〔三〕鮑本鄂，屬江夏。正曰：左傳隱六年「納諸鄂」注，晉別邑。路史云，在大夏。世本云，叔虞居鄂。未知即此否？

〔四〕鮑本牖里，在蕩陰。

〔五〕鮑本「車」作「庫」。○札記丕烈案：史記作「庫」。

〔六〕姚本錢本添「舍」字。鮑本「舍」作「令」。○札記丕烈案：史記作「令」。

〔七〕鮑本策，馬策也。補曰：索隱云，維，東萊之邑。其居夷也，號夷維子。故晏子爲萊之夷維人。愚按，維即維地。志，維水出密州莒縣東北維山，北至今維州昌邑入海。萊夷，即今萊州也。

〔八〕鮑本「維」上有「夷」字。○札記丕烈案：史記有。

〔九〕鮑本衍「於」字。補曰：疑衍，史無。

〔一〇〕鮑本筦，鑰也。鍵，其牡。避納者，示不敢有其國。

〔一一〕鮑本几，所據也。

〔一二〕鮑本「退」在「聽」下。○補曰：一本「天子已食，退而聽朝也」。史同，「退」上有「乃」字。

〔一三〕鮑本「籥」，「鑰」同，關下牡也。投者，下其牡。

〔一四〕鮑本倍，言背之去。正曰：索隱云，主人不在殯東，將背其殯棺，立西階上，北面哭，是倍也。天子乃於阼階上，南面弔之也。

〔一五〕鮑本齊時强，二國不納，必見伐，國人不得養老事幼。正曰：索隱云，謂時君弱臣强，鄒、魯君生時，臣不得盡事養，死不得行賻襚之禮。然齊欲行天子禮於鄒、魯，其臣皆不果納之，是猶秉禮而有大體也。

〔一六〕**鮑本**以珠玉實死者之口曰含。此謂鄒。補曰：飯，扶晚反。含，胡紺反。

〔一七〕**鮑本**無「俱據萬乘之國」六字。○**札記**丕烈案：史記有。

〔一八〕**鮑本**「賭」作「睹」。○**札記**今本「賭」作「睹」。丕烈案：「睹」字是也。

〔一九〕**鮑本**無已，言無止之者。正曰：無已，必欲爲之而不止也。

〔二〇〕**鮑本**補曰：史無兩「謂」字。

於是，辛垣衍起，再拜謝曰：「始以先生爲庸人，吾乃今日而〔一〕知先生爲天下之士也。吾請去，不敢復言帝秦。」秦將聞之，爲郤軍五十里。

〔一〕**姚本**曾本無「而」字。

適會魏〔一〕公子無忌奪晉鄙軍以救趙擊秦，秦軍引而去〔二〕。於是平原君欲封魯仲連。魯仲連辭讓者三，終不肯受。平原君乃置酒，酒酣，起前以千金爲魯連壽。魯連笑曰：「所〔三〕貴於天下之士者，爲人排患、釋難、解紛亂而無所取也。即有所取者，是商賈之人也，仲連不忍爲也。」遂辭平原君而去，終身不復見。〔四〕

〔一〕**鮑本**無「魏」字。○**札記**丕烈案：史記有。

〔二〕**鮑本**補曰：秦將聞仲連之言，爲却軍五十里。說者以爲辯士夸辭，愚竊以爲信。蓋仲連毅然不肯帝秦，則魏救必至。聲天下之大義，以作三軍之氣，不戰而自倍矣。是時公子無忌且至，連之智，足以知其事之克濟。不然，則且有假儻非常之畫，以佐趙之急，彼秦將者，必聞其言而憚其謀故爾。不然，豈爲虛言却哉？

〔三〕鮑本「所」作「此」。○　補曰：史作「所」。

〔四〕鮑本仲連傳有。　彪謂：仲連，孔子之所謂逸民，非周衰辯者之囿也。太史公贊之貶矣。夫説人者不可一概，或委而順之若觸讋，或折而服之若仲連，然後濟天下之務。不然，諛且愎矣。正曰：史遷論仲連，謂指意不合大義，固未當。鮑以爲孔子所謂逸民，連雖貧賤肆志，然時出而救時，亦非逸也。大事記引蘇氏曰，辯過儀、秦，氣凌髡、衍，從横之利，不入於口，因事放言，切中機會，排難解紛，不終日而成功，逃避爵賞，脱屣而去，戰國一人而已。斯言蔑以加矣。愚謂，仲連事皆可稱，而不肯帝秦一節尤偉。戰國之士，皆以勢爲强弱，而連獨以義爲重輕，此其所以異爾。補曰：「請爲」、「所爲」、「爲却」之「爲」，去聲。

説張相國

説張相國〔一〕曰：「君安能少趙人，而令趙人多君〔二〕？君安能憎趙人，而令趙人愛君乎？夫膠漆，至勠也〔三〕，而不能合遠；鴻毛，至輕也，而不能自舉。夫飄於清風〔四〕，則横行四海。故事有簡而功成者，因也。今趙萬乘之强國也，前漳、滏〔五〕，右常山，左河間，北有代，帶甲百萬，嘗抑强齊〔六〕，四十餘年而秦不能得所欲〔七〕。由是觀之，趙之於天下也不輕。今君易萬乘之强趙，而慕思不可得之小梁〔八〕，臣竊爲君不取也。」君〔九〕曰：「善。」自是之後，衆人廣坐之中，未嘗不言趙人之長者也，未嘗不言趙俗之善者也。

〔一〕鮑本蓋梁人相趙，嘗懷梁而鄙趙者。正曰：無考。

〔二〕鮑本少多，猶薄厚。

〔三〕鮑本「翻」作「黏」。○　補曰：「黏」，一本作「翻」，女乙反。周禮注，翻，黏也。

〔四〕鮑本舉鴻毛以見膠漆。

〔五〕鮑本後志，滏水，在鄴。　札記今本「滏」作「釜」。丕烈案：此誤涉魏策「釜」字耳。

〔六〕鮑本「齊」作「秦」。○　此言蘇秦從時也。

〔七〕鮑本正曰：此不可知爲何時。考之史，自慎靚王四年，齊敗魏、趙觀津軍二事，在武靈九年。是後，趙伐齊則有之，惠文之世，而不聞齊伐趙也。所謂强齊，當是指閔王。蘇秦約從擯秦，不久而解。趙雖强，非秦敵。不得所欲，亦大言耳。然與抑强齊之言，不能無輕重矣。

〔八〕鮑本不可復得歸也。意者相國以罪亡梁歟？正曰：無考。

〔九〕鮑本「君」字誤。正曰：相國稱君。

鄭同北見趙王

鄭同〔一〕北見趙王。趙王曰：「子南方之傳士〔二〕也，何以教之？」鄭同曰：「臣南方草鄙之人也〔三〕，何足問〔四〕？雖然，王致之於前，安敢不對乎？臣少之時，親嘗教以兵。」趙王曰：「寡人不好兵〔五〕。」鄭同因撫手〔六〕仰天而笑之曰：「兵固天下之狙喜也〔七〕，臣故〔八〕意大王不好也。臣亦嘗以兵説魏昭王〔九〕，昭王亦曰：『寡人不喜。』臣曰：『王之行能如許由乎？許由無天下之累，故不受也〔一〇〕。今王既受先王之傳，欲宗廟之安，壤地不削，社稷之血食乎？』王曰：『然。』今〔一一〕有人操隨侯之珠，持丘之環〔一二〕，萬金之財，時〔一三〕宿於野，内無孟賁之威，荆慶之斷〔一四〕，外無弓弩之禦，不出宿夕〔一五〕，人必危之矣。今有强貪之國，臨王之境，索王之地，告以理則不可，説以義則不聽。王非戰國守圉之具〔一六〕，其將〔一七〕何以當之？王若無兵，鄰國得志矣。」趙王曰：「寡人請奉教。」〔一八〕

〔一〕**鮑本**同，鄭人。鄭在趙之南。

〔二〕**姚本**「傳」，一作「博」。　**鮑本**「傳」作「博」。○　博士，辯博之士。補曰：秦官有博士。或戰國儒士有此稱。

〔三〕**鮑本**鄙，猶野。

〔四〕**札記**今本「問」誤「間」。

〔五〕**鮑本**補曰：故爲反辭也。

〔六〕**鮑本**撫，摩也。

〔七〕**鮑本**狙，玃屬而狡黠，言兵家如之而可喜。正曰：狙，猶楊雄所謂狙詐也。言此固詐者之所喜。

〔八〕**姚本**「故」，一作「固」。　**鮑本**補曰：「故」，「固」通。

〔九〕**鮑本**昔日。

〔一〇〕**鮑本**「受」作「愛」。○　**札記**丕烈案：受堯天下也。鮑改誤甚。

〔一一〕**鮑本**此下同對。

〔一二〕**鮑本**「持」下脱一字。「丘之環」，未詳。　**札記**鮑「持」下云脱一字。丕烈案：非也。「持丘」不可考，二字與上「隋侯」爲對文。

〔一三〕**鮑本**補曰：一本標作「特」。　**札記**丕烈案：「特」字當是。特宿，謂獨宿。

〔一四〕鮑本荆，成荆。范雎傳注，古勇士。又「慶」、「卿」，古字通。道應訓，荆有佽非斬蛟，孔子聞之。博物志以爲荆軻，非也。又或是成荆、慶忌二人。説林訓曰，王子慶忌，足躡麋鹿，手博兕虎。補曰：吴越春秋，慶忌，吴王僚子。

〔一五〕鮑本一宿一夕。夕，初夜。

〔一六〕鮑本「圉」作「圄」。○ 圄，亦守。

〔一七〕鮑本無「將」字。○

〔一八〕鮑本彪謂：鄭同陳喻甚高，然自春秋至是，天下未嘗無兵。故孔、孟皆以兵爲諱。今舍俎豆之事，仁義之説，而專談兵，此益多之論也。

建信君貴於趙〔一〕

〔一〕此篇姚本與下篇衛靈公近雍疸彌子瑕連篇，列在趙策。鮑本分列兩篇，此篇在趙策，衛靈公近雍疸彌子瑕在衛策。今據鮑本分成兩篇，據姚本皆列在趙策。

建信君貴於趙。公子魏牟過趙，趙王迎之，顧反至坐〔一〕，前有尺帛，且令工以爲冠。工見客來也，因辟〔二〕。趙王曰：「公子乃驅後車，幸以臨寡人，願聞所以爲天下。」魏牟曰：「王能重王之國若此尺帛，則王之國大治矣。」趙王不説，形於顔色，曰：「先生〔三〕不知寡人不肖，使奉社稷，豈敢輕國若此？」魏牟曰：「王無怒，請爲王説之。」曰：「王有此尺帛，何不令前郎中以爲冠？」王曰：「郎中不知爲冠〔四〕。」魏牟曰：「爲冠而敗之，奚虧〔五〕於王之國？

而王必待工而後乃使之。今爲天下之工〔六〕，或非也，社稷爲虚戾〔七〕，先王不血食，而王不以予工，乃與幼艾〔八〕。且王之先帝〔九〕，駕犀首而驂馬服〔一〇〕，以與秦角逐〔一一〕。秦當時適其鋒〔一二〕。今王憧憧〔一三〕，乃輦建信以與强秦角逐，臣恐秦折王之椅〔一四〕也。」〔一五〕

〔一〕**鮑本**迎客面之，有顧則反。

〔二〕**鮑本**「辟」作「避」。○ 補曰：句。

〔三〕**姚本**一作「王」。　**鮑本**「生」作「王」。○

〔四〕**鮑本**補曰：郎中，官，不獨秦。

〔五〕**鮑本**虧，猶損。

〔六〕**鮑本**所與治國之人。

〔七〕**鮑本**補曰：虚戾，見秦策。

〔八〕**鮑本**趙岐曰：艾，美好。

〔九〕**鮑本**帝、王、皇，人君之尊稱，此與稱秦孝公爲先王者同也。

〔一〇〕**鮑本**駕，驂，以御馬喻也。陳軫傳言衍與燕、趙之王有故，蓋衍雖相魏，實趙任之爲外相也。

〔一一〕**鮑本**角，有鬬争意。

〔一二〕**鮑本**「適」作「避」。○ 補曰：「適」，恐當作「避」。　**札記**丕烈案：鮑改吴補皆非也。「適」即「敵」字。此以車爲喻，或「鋒」字有誤。

〔一三〕**鮑本**往來不絶貌。

〔一四〕**鮑本**「椅」作「輢」。○ 輢，車旁也。以輦喻，故云。補曰：詩「猗重較兮」。猗，隱綺反。注，依也。此「椅」字雖不同，然義亦當與「輢」通。餘見齊策王斗章。**札記**丕烈案：此以「椅」爲「輢」字耳。

〔一五〕**鮑本**正曰：舊本衛靈公近癰疽彌子瑕章，在此章之後，下章之前。今按二臣皆衛倖臣，亦建信之類，宜屬上下章，不應自爲章也。鮑以其章置之衛，非是。

衛靈公近雍疸彌子瑕〔一〕

〔一〕此篇姚本與上篇建信君貴於趙連篇，列在趙策。鮑本分列兩篇，此篇在衛策。

衛靈公近雍疸〔一〕、彌子瑕〔二〕。二人者，專君之勢以蔽左右。復塗偵〔三〕謂君曰：「昔日臣夢見君。」君曰：「子何夢？」曰：「夢見竈君。」君忿然作色曰：「吾聞夢見人君者，夢見日。今子曰夢見竈君而言君也，有説則可，無説則死。」對曰：「日，并燭天下者也，一物不能蔽也。若竈則不然，前之人煬〔四〕，則後之人無從見也。今臣疑人之有煬於君者也，是以夢見竈君。」君曰：「善。」於是，因廢雍疸、彌子瑕，而立司空狗。〔五〕

〔一〕**鮑本**「雍」作「癰」，「疸」作「疽」。○ 孟子有其人，蓋醫之幸者。補曰：癰疽，瘍醫。**札記**吴氏補曰，宜屬上下章。丕烈案：此公子牟引衛事以告王，宜連上。衛靈公未入戰國也。

〔二〕**鮑本**補曰：靈公倖臣，其妻與子路之妻兄弟，亦見孟子。

〔三〕**鮑本**衛人。補曰：韓非子亦有此文而稍異，云侏儒善假夢以見主道。恐此「復塗偵」字，或「侏儒」之訛。然彼以「癰疽」爲「雍鉏」，則誤也。**札記**丕烈案：「雍鉏」即「雍疸」，吴以爲誤，未是。

〔四〕鮑本煬，炙燥也。補曰：煬，餘亮反。莊子，煬者避竈。釋文，炊也，蓋炊而向竈者。
〔五〕鮑本元在趙策。正曰：宜從舊，説見趙策。

或謂建信君之所以事王者

或謂建信〔一〕：「君之所以事王者，色也。葺〔二〕之所以事王者，知也。色老而衰，知老而多。以日多之知，而逐衰惡之色，君必困矣。」建信君曰：「奈何？」曰：「並驥而走者，五里而罷〔三〕；乘驥而御之，不倦而取道多。君令葺乘獨斷之車〔四〕，御獨斷之勢，以居邯鄲；令之内治國事，外刺諸侯〔五〕，則葺之事有不言者矣〔六〕。君因言王而重責之，葺之軸今折矣〔七〕。」建信君再拜受命，入言於王，厚任葺以事能〔八〕，重責之。未期年而葺亡走矣。〔九〕

〔一〕鮑本「建信」下補「君」字。○　正曰：當有缺字。或曰「君」下有「曰」字。札記丕烈案：鮑補、吴正皆非也。此「謂建信」句絶，「君」下屬。建信即建信君也。上有「建信者，安能以無功惡秦哉」可證。
〔二〕姚本一作「葺」。　鮑本葺，趙人名。補曰：字書解「葺」字。蓋「葺」，儀禮注，「葺」，俗作「揖」。晉、唐人書「咠」多作「咠」。前章「盛氣胥之」，一本「揖之」。魏策「咠中」，一本「咠中」，一「咠亡」，一本「咠云」。韓策「咠夫」，一本「咠臣」。蓋「月」、「耳」字易混也。
〔三〕鮑本罷，音疲。
〔四〕鮑本不與之分治。

〔五〕**鮑本**刺，言探候其事。
〔六〕**鮑本**所治者多，不暇悉言於上。
〔七〕**鮑本**不勝多事之任。
〔八〕**鮑本**「能」作「而」。○　正曰：「能」字句，猶言爲。
〔九〕**鮑本**彪謂：姦人之不可知，甚矣！智知所無奈何。彼厚任以事，肯以爲不世之遇矣，殫力畢慮，恐不給焉，而不知建信之困之也。故國有姦人，賢智之得全者寡矣！

苦成常謂建信君

苦〔一〕成常〔二〕謂建信君曰：「天下合從〔三〕，而獨以趙惡秦〔四〕，何也？魏殺呂遺〔五〕，而天下交之〔六〕。今收河間〔七〕，於〔八〕是與殺呂遺何以異〔九〕？君唯釋〔一〇〕虛〔一一〕僞疾〔一二〕，文信〔一三〕猶且知之也〔一四〕。從而有功乎，何患不得收河間？從而無功乎，收河間何益也？」〔一五〕

〔一〕**鮑本**「苦」作「晉」。○
〔二〕**鮑本**未詳。
〔三〕**鮑本**「合」作「公」。○　公，猶同。補曰：一本「公」作「合」。
〔四〕**鮑本**言從者皆惡秦也，而世獨言趙。
〔五〕**鮑本**「遺」作「遼」。○　元作「遺」，從上文。正曰：上章作「遼」。未知孰是？**札記**今本「遺」作「遼」，乃誤涉鮑也。
〔六〕**鮑本**天下惡秦，秦重遼，故殺遼而諸國交之。然則秦惡魏深矣。補曰：「交」下當有缺字，即上章衛兵之事。

〔七〕**鮑本**不封文信。正曰：不韋欲攻趙以廣河間，趙欲收河間。

〔八〕**姚本**一無「於」字。

〔九〕**鮑本**文信亦秦所重，今不與地，秦必惡趙。

〔一〇〕**鮑本**「釋」作「飾」。○

〔一一〕**鮑本**懼秦覺也。

〔一二〕**鮑本**「疾」作「侯」。○　正曰：一本「侯」作「疾」，亦難通。疑「侯」字當在「文信」下，殽亂。上文從「僞」字句，意明。

札記今本「信」下有「侯」字。丕烈案：吴説未是，此以「疾」字句。文信，即文信侯也，上有「文信不得志」可證。

〔一三〕**鮑本**虚與之河間。

〔一四〕**鮑本**如是秦猶知其不善己，況收河間乎？

〔一五〕**鮑本**正曰：「君唯釋虚僞」，謂合從之國，虚僞難信，君獨釋而不合，則文信侯猶且知之也。上言天下合從，獨以趙惡秦，故此言文信侯知趙之不合，猶可以免攻也。補曰：從，皆七恭反。

希寫見建信君

希寫〔一〕見建信君。建信君曰：「文信侯之於僕也，甚無禮。秦使人來仕，僕官之丞相〔二〕，爵五大夫〔三〕。文信侯之於僕也，甚矣其無禮也〔四〕。」希寫曰：「臣以爲今世用事者，不如商賈。」建信君悖然曰：「足下卑用事者而高商賈乎？」曰：「不然。夫良商不與人爭買賣之賈，而謹司時〔五〕。時賤而買，雖貴已賤矣；時貴而賣，雖賤已貴矣。昔者，文王之〔六〕拘於牖里，而武王羈於玉門〔七〕，卒斷〔八〕紂之頭而縣於太白者〔九〕，是武王之功也。今君不能與文信侯相伉以權，而責文信侯少禮，臣竊爲君不取也。」

〔一〕鮑本趙人。
〔二〕鮑本使爲丞相官屬。
〔三〕鮑本補曰：秦武王二年，初置丞相。秦爵，五大夫第九。劉昭曰，軍吏也。據此策，則不特秦官，趙亦有之。戰國改制，遞相效也。
〔四〕鮑本言己待之厚，彼不宜無禮。
〔五〕鮑本「司」，「伺」同。
〔六〕鮑本衍「之」字。
〔七〕鮑本項羽紀注，成皋北門名玉門。此事不經見。
〔八〕鮑本「斷」作「斬」。〇
〔九〕鮑本太白，旗名。

魏魀謂建信君

魏魀〔一〕謂建信君曰：「人有置繫蹄者〔二〕而得虎。虎怒，決蹯而去〔三〕。虎之情，非不愛其蹯也。然而不以環寸之蹯，害七尺之軀者，權也。今有國，非直七尺軀也。而君之身於王，非環寸之蹯也〔四〕。願公之熟圖之也。」

〔一〕鮑本「魁」作「尬」。○ 尬，音介，字書無之。補曰：一本標或作「魁」。楚辭「九魁」，北斗星名。說文「尬」，尲尬，行不正貌。公介、公鎋二反，字亦不從允。
〔二〕鮑本用繩以繫獸蹄。
〔三〕鮑本蹯，獸足。補曰：蹯，音煩。
〔四〕鮑本言王且以愛國，故去之。

秦攻趙鼓鐸之音聞於北堂

秦攻趙，鼓鐸之音聞於北堂。希卑〔一〕曰：「夫秦之攻趙，不宜急如此。此召兵也〔二〕。必有大臣欲衡者耳〔三〕。王欲知其人，旦日贊〔四〕群臣而訪之，先言横者，則其人也。」建信君果先言横。〔五〕

〔一〕鮑本趙人。
〔二〕鮑本兵，趙兵，内應者，蓋以鼓鐸爲信。
〔三〕鮑本衡即横。
〔四〕鮑本贊者，美其事以開説者。
〔五〕鮑本補曰：魏牟謂趙王曰，王之先帝，駕犀首，驂馬服，今王乃輦建信君。則在孝成之時明矣。建信始欲合從，今先言横，爲國召兵，罪不容誅。然以嬖幸小人，委國聽之，罪在王爾。大事記謂，孝成雖有上黨將趙括之失，猶能用頗、牧以持國。李伯之事，猶能駕御豪杰。愚觀其時，秦兵日至，疆宇日蹙，客所謂賊在内者，切中其病。未有内治而國不强者也。

齊人李伯見孝成王

齊人李伯見孝成王。成王説之，以爲代郡守。而居無幾何，人告之反。孝成王方饋〔一〕，不墮食〔二〕。無幾何，告者復至，孝成王不應。已，乃使使者〔三〕言：「齊舉兵擊燕，恐其以擊燕爲名，而以兵襲趙，故發兵自備。今燕、齊已合，臣請要其敝〔四〕，而地可多割。」自是之後，爲孝成王從事於外者，無自疑於中者。

〔一〕**鮑本**「饋」，「餽」同。

〔二〕**鮑本**方食而祭，不墮失匕箸，異矣。正曰：大事記，不驚，故食不墮也。愚謂，墮祭食，猶放下也，見儀禮。墮，許規反。

〔三〕**鮑本**伯之使。

〔四〕**鮑本**兩國戰，必有一疲，因以兵邀擊之。

戰國策卷二十一

趙　四

爲齊獻書趙王

爲齊獻書趙王，使臣與復丑〔一〕曰：「臣一見，而能令王坐而天下致名寶〔二〕。而臣竊怪王之不試見臣，而窮〔三〕臣也。群臣必多以臣爲不能者，故王重〔四〕見臣也。以臣爲不能者非〔五〕他，欲用王之兵，成其私〔六〕者也。非然〔七〕，則交有所偏者也〔八〕；非然，則知不足者也；非然，則欲以天下之重恐王，而取行於王〔九〕者也〔一〇〕。臣以齊循〔一一〕事王，王能亡燕，能亡韓、魏，能攻秦，能孤秦。臣以爲〔一二〕齊致尊名於王，天下孰敢不致尊名於王？臣以齊致地於王，天下孰敢不致地於王？臣以齊爲王求名於燕及韓、魏，孰敢辭之？臣之能也，其前可見已〔一三〕。齊先重王，故天下盡重王〔一四〕；無齊，天下必盡輕王也。秦之彊，以無齊之〔一五〕故重王，燕〔一六〕、魏自以無齊故重王〔一七〕。今王無齊獨安得無重天下〔一八〕？故勸王無齊者，非知不足也〔一九〕，則不忠者也。非然，則欲用王之兵成其私者也；非然，則欲輕王以天下之重，取行於王者也；非然，則位尊而能卑者也〔二〇〕。願王之熟慮無齊之利害也。」〔二一〕

〔一〕**姚本**曾無此以上五字。**鮑本**無「使臣與復丑」五字。○補曰：愚按，其文未詳，恐他簡脱誤。

〔二〕**鮑本**「寶」作「實」。○即下「致地」。

〔三〕**鮑本**窮，猶困也。困於不得見。

〔四〕**鮑本**重，猶難。

〔五〕**鮑本**非，若無也。

〔六〕**鮑本**無「成其私」三字。○

〔七〕**鮑本**無「非然」二字。○

〔八〕**鮑本**言賣趙與諸國，爲私？

〔九〕**鮑本**無「於王」二字。○補曰：姚本云，「欲用王之兵，成其私者也。非然，則交有所偏者也；非然，則知不足者也；非然，則欲以天下之重恐王，而取行於王者也」。愚按，此文爲是。

〔一〇〕**鮑本**王畏懼之，必行其説。

〔一一〕**姚本**曾作「脩」。

〔一二〕**鮑本**衍「爲」字。

〔一三〕**鮑本**言可見於未效之前。

〔一四〕**鮑本**「王」下復有「重王」二字，原注「衍重字」。○

〔一五〕鮑本無「之」字。○

〔一六〕鮑本「燕」下補「韓」字。○

〔一七〕鮑本趙得齊，故四國無齊。

〔一八〕鮑本猶四國重趙。

〔一九〕鮑本無「也」字。○

〔二〇〕鮑本補曰：能卑者，才能卑下也。

〔二一〕鮑本此策時不可考。

齊欲攻宋

齊欲攻宋〔一〕，秦令起賈〔二〕禁之。齊乃捄〔三〕趙以伐宋〔四〕。秦王〔五〕怒，屬怨於趙。李兑約五國〔六〕以伐秦，無功，留天下之兵於成皋，而陰構〔七〕於秦。又欲與秦攻魏，以解其怨〔八〕而取封〔九〕焉。

〔一〕鮑本閔三十八年，此十三年。正曰：閔二十八年。

〔二〕鮑本人姓名。

〔三〕姚本一作「收」。鮑本「捄」作「援」。○補曰：姚云，「捄」一作「收」，大事記取。

〔四〕鮑本以趙自助。補曰：齊欲攻宋，乃收趙以助己，實未伐也，故趙李兑合五國以伐秦。大事記，赧王二十九年，先書趙李兑約五國伐秦，後書齊滅宋。解題云，此大事也，見於策者，前後非一章。史遺略不載，策亦不載伐秦之年，然兵端起於秦怨趙助齊伐宋，故附齊滅宋年。

〔五〕**鮑本**昭。

〔六〕**鮑本**韓、趙、魏、燕、齊也。史不書，獨趙策見之。補曰：大事記書楚、齊、趙、韓、魏。按魏策「五國約而攻秦，楚王爲從長，不能傷秦，兵罷而留成皋」，與此李兑約五國攻秦無功，留天下兵於成皋語合。又謂兑雖主謀，楚猶以大國爲從長，據此故也。按楚王爲從長，乃懷王十一年，蘇秦約楚、齊、趙、韓、魏、燕伐秦也。秦紀無楚，年表無齊，故以五國稱。楚世家書特詳。諸侯至函谷關，擊秦不勝而歸，其事又相類。兵罷留成皋一語，記者遂誤附之，非李兑合從時也。按兑伐秦時，當楚頃襄王十二年，十年楚迎婦於秦，十四年與秦昭王好會於宛，中間未嘗搆兵。大事記據下章書楚、齊、趙、韓、魏，又據魏策，因遂長楚。考之下章，雖有楚而不明言在五國之數，後亦屢言燕，是時固有燕矣。又此章勸齊劫天下，未及秦而後楚。下章云，齊將攻宋，秦、楚禁之，可見秦、楚方睦，必無楚伐秦之事矣。鮑以五國爲韓、趙、魏、燕、齊者得之，然趙當首書。

〔七〕**姚本**曾作「講」字。**鮑本**「搆」作「講」。○補曰：大事記同，以下有「已講」字故也。

〔八〕**鮑本**解秦怨。

〔九〕**鮑本**自封之封，非封地。正曰：下文言取陰定封。

魏王〔一〕不説。之齊〔二〕，謂齊王曰：「臣爲足下謂魏王曰：『三晉皆有秦患。今之攻秦也，爲趙也〔三〕。五國伐趙，趙必亡矣〔四〕。秦逐李兑〔五〕，李兑必死。今之伐秦也，以救李子之死也。今趙留天下之甲於成皋，而陰鬻之於秦，已講，則令秦攻魏以成其私封，王之事趙也何得矣？且王嘗濟於漳，而身朝於邯鄲，抱陰、成〔六〕，負蒿〔七〕、葛、薛〔八〕，以〔九〕爲趙蔽，而趙無爲王行也。今又以何〔一〇〕陽、姑密〔一一〕封其子〔一二〕，而乃令秦攻王，以便取陰〔一三〕。人比然而後如〔一四〕賢不，如王〔一五〕若用所以事趙之半收齊，天下有敢謀王者乎？王之事齊也，無入朝之辱，無割地之費。齊爲王之故，虛國〔一六〕於燕、趙之前，用兵於二千里之外，故攻城野戰，未嘗不爲王先被矢石也。得二都，割河東，盡效之於王。自是之後，秦攻魏，齊甲〔一七〕未〔一八〕嘗不歲至於王之境也。請問王之所以報齊者可乎？韓呡〔一九〕處於趙〔二〇〕，去齊三千里，王以此疑齊〔二一〕，曰有秦陰〔二二〕。今王又挾故薛公以爲相〔二三〕，善韓徐以爲上交，尊虞商以爲大〔二四〕客，王固可以反疑〔二五〕齊乎〔二六〕？』於〔二七〕魏王聽此言也甚詘〔二八〕，其欲事王〔二九〕也甚循〔三〇〕。其怨於趙〔三一〕。臣願王〔三二〕之曰〔三三〕聞魏〔三四〕而無庸見惡也，臣請爲王推其怨於趙〔三五〕，願王之陰重〔三六〕趙，而無使秦之見王之重趙也。秦見之且亦重趙〔三七〕。齊、秦交重趙，臣必見燕與韓、魏亦且重趙也，皆且無敢與趙治〔三八〕。五〔三九〕國事趙，趙從親以合於秦，必爲王高矣〔四〇〕。臣故欲王之偏劫天下，而皆私甘之也〔四一〕。王使臣以韓、魏與燕劫趙，使丹〔四二〕也甘之；以趙劫韓、魏〔四三〕，使臣〔四四〕也甘之；以三晉劫秦，使順也甘之；以天下劫楚，使呡也甘之。則天下皆偪秦以事王〔四五〕，而不敢相私也。交定，然〔四六〕後王擇焉。」〔四七〕

〔一〕**鮑本**昭。

〔二〕**鮑本**「齊」下補「人」字。〇　正曰：大事記，魏王不説，齊人謂王云云。愚謂，「之齊」上有缺文，當是人姓名。

〔三〕**鮑本**本以秦屬怨於趙故。

〔四〕**鮑本**此設辭也。言趙初約伐秦，今乃與秦講，若同伐趙，趙可亡也。

〔五〕鮑本「秦」作「齊」。◯ 講秦、背齊，不伐宋者，兑也。正曰：姚本作「秦逐」。大事記取。

〔六〕鮑本成屬涿郡。又孔子世家注，太山鉅平有武城。正曰：陰、成未詳，鮑注皆非魏地。

〔七〕鮑本地缺。

〔八〕鮑本「薛」作「薛」，又改作「孽」。◯ 趙記注，在馬丘。又葛城在高陰，屬涿郡。補曰：當作「孽」。正曰：抱、負言其勢。按魏策，葉陽君約魏，魏王將封其子，謂魏王曰，「王嘗身濟漳，朝邯鄲，抱葛、薛、陰、成以爲趙養邑」。據此文，則「蒿」字因「葛」而誤衍。四邑皆魏地。趙世家，「遇於葛孽」，則知此文「薛」字誤也。徐廣云者，在馬丘。正義引括地志云也□□□□□□魏縣西南。 札記丕烈案：「薛」即「孽」字也。

〔九〕鮑本無「以」字。◯

〔一〇〕鮑本「何」作「河」。◯ 屬河内。 札記今本「何」作「河」。

〔一一〕鮑本「密」，「蔑」同。魯卜縣有姑蔑城，地未詳。

〔一二〕鮑本兑子。正曰：説見後。

〔一三〕鮑本正曰：以下三章俱有。三其文，則時欲文木而取此乃宋地也。傳昭十九年，公尹赤遷陰於下陰，乃襄之□□□□□非此所指也。齊策，三子説齊王伐宋之三曰，有陰（陶）、平陸則梁門不啓。□□□□南陽則亦指在六成者誤矣。史記作陶、平陸。蓋平陸，兖州縣；定陶，今會州。皆大梁之東，時皆有宋也之定□□□□□□也。濟陰之名後出，抑□□□□□歟？按史□□□封陶，徐廣曰，「陶」一作□□□□□曰「陰必亡」，史作「陶邑必亡」。魏策「陰啓」，史作「陶人」。是云「陶」、「陰」字易惑。定陶見有魏冉冢。作陰者誤。是直以□字誤，此説是也。劉歆七略云，古文□□以「陶」爲「陰」，然則陰之爲陶信矣。（按：吴氏「正曰」主要説明：陰是宋地，陰即陶。但注文脱漏甚多，難以校清，只能根據現存文字，點其大意，僅供參考。）

〔一四〕鮑本「如」作「知」。◯ 言人必以類比乃可知。

〔一五〕鮑本言如今王者。正曰：下有「若」字，「如王若用」不成語，當以「王」字句。言人類相比，知賢以如王。札記丕烈案：吴説未是。此「如」、「若」二字，當衍其一。

〔一六〕鮑本虚國，謂悉出兵。

〔一七〕鮑本無「甲」字。○補曰：一本「齊甲」。

〔一八〕姚本曾、劉作「不」。

〔一九〕姚本劉「珉」一作「岷」。鮑本「珉」作「珉」。○從韓策，後并同。正曰：「珉」、「珉」未知孰訛，且當各依本文。

〔二〇〕姚本劉「趙」作「楚」。鮑本珉下皆齊人之去齊者。正曰：韓珉必韓人。韓策云，珉相齊。趙將有韓徐，趙世家惠文十三年。虞商無見。除薛公爲齊人，餘無考。

〔二一〕鮑本珉處趙，意別有謂。以其相趙，疑齊親趙。

〔二二〕鮑本疑齊親趙，因私於秦，以趙嘗講秦也。

〔二三〕鮑本史稱文去齊如魏，在閔王三十八年後。按此，則其如魏，以齊王驕也。伐宋前，已去齊矣。正曰：大事記，孟嘗君去齊相魏，在赧王二十九年齊滅宋前，説見東周策。

〔二四〕姚本劉「大」作「一」。

〔二五〕鮑本「固」作「顧」，「疑」下有「於」字。○

〔二六〕鮑本用齊之所不善，失在魏也，安可疑齊？補曰：此語大事記取。

〔二七〕鮑本補曰：此下恐當有「是」字。札記丕烈案：此當是「疑」下有「於」字，錯在「乎」下。

〔二八〕鮑本此下，此士自陳其説魏之效。詘，猶順。正曰：韻書，詘，辭塞也。

〔二九〕鮑本齊王。

〔三〇〕姚本曾「循」作「脩」。

〔三一〕鮑本言其事齊，比於怨趙則又順也。正曰：「循」，姚云曾作「脩」，則當屬上文。愚謂，以「甚循」句，文勢順。「於趙」下有缺文，或「其怨於趙」句因下文衍。札記丕烈案：吳說非也。此「其」字乃「甚」字之誤，四字爲一句。

〔三二〕鮑本「臣願王」之「王」，謂齊王。下並同。

〔三三〕鮑本「曰」作「亟」。〇　補曰：一本作「重」，是。

〔三四〕鮑本與魏相聞。

〔三五〕鮑本推，猶移。怨，魏怨。

〔三六〕鮑本元作「曰」，又改作「重」。〇　補曰：上例，字當是「重」。

〔三七〕鮑本天下得趙則强。使秦知齊重趙，恐齊强，亦必重之。

〔三八〕鮑本治，猶校。

〔三九〕鮑本「五」作「三」。〇

〔四〇〕鮑本言趙居齊上。

〔四一〕鮑本「偏」作「徧」。〇　私，則所謂無使見也。甘，言説之。補曰：徧劫者，衆脅之以威。私甘者，獨説之以言。

〔四二〕鮑本丹、順皆人名。

〔四三〕鮑本此下皆且甘且劫。

〔四四〕姚本一作「甘」。

〔四五〕鮑本自以見偪於秦也。秦於天下，有偪而已，不如齊之有劫有甘也。正曰：相與偪秦也。偪者，侵迫也。

〔四六〕鮑本「然」作「而」。〇

〔四七〕鮑本此章亦可爲齊，姑因舊。

齊將攻宋而秦楚禁之

齊將攻宋，而秦、楚〔一〕禁之。齊因欲與趙，趙不聽。齊乃令公孫衍說李兑〔二〕以攻宋而定封焉。李兑乃謂齊王〔三〕曰：「臣之所以堅三晉以攻秦者，非以爲齊得利秦之毁也〔四〕，欲以使攻宋也。而宋置太子以爲王，下親其上而守堅，臣是以欲足下之速歸休士民也。今太子走，諸善太子者，皆有死心〔五〕。若復攻之，其國必有亂，而太子在外，此亦舉宋之時也。

〔一〕**姚本**一作「陰」。

〔二〕**鮑本**正曰：下「李兑」二字必誤。下云「使公孫衍說奉陽君」，即述上文「令公孫衍說李兑」也。其下豈得爲兑言乎？又後有「循燕觀趙」語，以爲兑言，則不通。**札記**丕烈案：吴氏定奉陽君爲李兑，其説最確。元和顧氏廣圻曰：「此下皆當爲蘇代謂齊王語，當是李兑下有缺文也」。説詳其所著思適齋筆記。

〔三〕**鮑本**閔。

〔四〕**鮑本**不以毁秦爲齊之利。

〔五〕**鮑本**太子爲王及走，史不書。太子爲王矣，而走，必王之黨逐之，故太子之人，以死報之。

「臣爲足下使公孫衍說奉陽君〔一〕曰：『君之身老矣，封不可不早〔二〕定也。爲君慮封，莫若於宋，他國莫可。夫秦人貪，韓、魏危〔三〕，燕、楚辟〔四〕，中山〔五〕之地薄，莫如於陰。失今之時，不可復得已。宋之罪重，齊之怒深，殘亂宋，得〔六〕大齊，定身封，此百代之一時也。』以〔七〕

奉陽君甚食〔八〕之，唯〔九〕得大封，齊無大異〔一〇〕。臣願足下之大發攻宋之舉，而無庸致兵，姑待已耕〔一一〕，以觀奉陽君之應足下也。縣〔一二〕陰以甘之，循〔一三〕有燕以臨之，而臣待忠之封〔一四〕，事必大成。臣又願足下有地效於襄安君〔一五〕以資臣也。足下果殘宋，此兩地〔一六〕之時也，足下何愛焉？若足下不得志於宋，與國何敢望也〔一七〕。足下以此資臣也，臣循燕觀〔一八〕趙，則足下擊潰而決天下矣〔一九〕」。〔二〇〕

〔一〕**鮑本**蘇秦從時，已言奉陽死，豈或襲稱如馬服者乎？補曰：按史蘇秦傳，趙肅侯令其弟成爲相，號奉陽君。弗説秦，秦去之燕。奉陽君死，秦復説肅侯稱奉陽君捐館舍。而張儀之説武靈王，亦謂先王時奉陽君相，專權擅勢，蔽晦先王。然武靈胡服，請於公叔成，而成與李兑弑主父，則是肅侯之世，成未亡，何其前後相戾邪？故大事記從古史，定以奉陽君爲公子成，而削去「捐館」之語。考之策，屢言奉陽君，而趙策尤著，見於李兑約五國伐秦後謀取宋之時。蘇秦説趙，當肅侯十六年，而五國伐秦，在惠文十三年，相去五十年，公子成執國柄何久也！史、策明言捐館舍，豈得皆誤？武靈易服之請，猶惓惓敬事其答，張儀豈得公言其罪而無所諱哉？荀子以奉陽君爲篡臣，而楊倞注，亦疑非公子成，蘇秦所值者，必别一奉陽君，非公子成明矣。然則奉陽君果公子成乎？曰，謂奉陽君爲公子成，亦史遷之言，而策無明文也。五國攻秦時，成、兑方并用，以成爲奉陽君，其時則可矣。愚嘗反覆策文而有疑焉。趙策言「李兑約伐秦，無功，陰講於秦，欲與秦攻魏以解怨，取陰以定封」。又云「齊令公孫衍説李兑以攻宋定封」。又云「公孫衍説奉陽君，封地莫善於宋，莫如於陰」。又「蘇代謂齊王，臣爲足下説奉陽君，天下散而争秦，陰必不可得」。既言李兑取陰，又言奉陽君取陰，不應爲二人事。竊以爲李兑即奉陽君也。何以明之？趙策，説魏之辭曰「李兑留天下之甲於成皋，令秦攻魏，以成其私，王嘗身朝邯鄲，抱陰、成，負葛、蘖，爲趙蔽，今又以河陽、姑密封其子」。魏策則曰「葉陽君約魏，魏王將封其子，謂魏王曰」云云，正與前同。則知「葉陽」者「奉陽」之訛。奉陽君之爲李兑，其徵一也。

趙策，蘇代說奉陽之辭曰「五國願得趙，與韓氏大吏東勉，齊王必無召（原作『名』，有說，見本條）呡」。燕策，蘇代舉奉陽君之辭曰「齊王使公王（玉）曰（丹）命說曰，必不反韓呡，今召之矣」。其事亦同。奉陽自稱說，「說」者「兑」之訛。奉陽君之爲李兑，其徵二也。燕策又有「奉陽君李兑甚不取蘇秦」之言，奉陽君李兑者，并舉其封邑姓名言之也。其下誤以蘇代爲蘇秦，則亦因蘇秦所云而然，說見本條。奉陽君之爲李兑，其徵三也。按趙世家，公子成、李兑既殺公子章，田不禮而定王室，公子成爲相，號安平君，則安平乃成之封。史表「安平屬涿郡」，後志「青州有安平縣，原屬定州」，皆趙地也。奉陽則未有考而非奉陽矣。史遷不明奉陽君爲二人，又誤以爲公子成，是以紛紜殽舛，論者莫知所從。今以策文考之，而得其說如此。餘見各章，可參觀也。

〔二〕**鮑本**「早」上有「可」字。◯

〔三〕**鮑本**近秦故。

〔四〕**鮑本**「辟」作「僻」。◯　**札記**丕烈案：「辟」、「僻」同字，鮑改非。

〔五〕**鮑本**補曰：時中山已滅，此言其故地爾。

〔六〕**鮑本**「得」作「德」。◯　補曰：「得」字訛。

〔七〕**鮑本**「以」作「已」。◯

〔八〕**鮑本**「食」作「貪」。◯　補曰：恐「貪」字訛。

〔九〕**姚本**曾作「雖」。

〔一〇〕**鮑本**言奉陽欲得陰以大其封，而齊待之未有異數，不可。

〔一一〕**鮑本**無「姑待已耕」四字。◯

〔一二〕**鮑本**許之而未與，故曰「縣」。

〔一三〕**鮑本**循，言與燕順；臨，猶制也。不徒甘之，必或制之。

〔一四〕鮑本待，猶將。忠，猶實也。王待之封而已實之。正曰：勸之定封，故曰臣且將忠之以封。

〔一五〕鮑本蓋趙人。正曰：無考。

〔一六〕鮑本言有齊又得宋。正曰：兩地，言齊與趙可並得宋地。此謂齊王言，豈得言有齊乎？

〔一七〕鮑本與國，趙也。言奉陽、襄安不敢望封。正曰：上言兩得地，此言齊不得志，則趙不敢望。

〔一八〕鮑本觀，言其無所事。

〔一九〕鮑本潰，潰癰也。蓋喻其制天下之易也。決，猶制。正曰：潰，壞也。此喻宋。擊潰壞之宋，而決制天下矣。

〔二〇〕鮑本補曰：公孫衍爲秦相而逐，在秦武王四年，武靈王之十九年也。後爲魏所殺，雖不知何年，然去李兑合從時已遠，此公孫衍恐非犀首也。考之秦策，亦有「宋罪重，此百世之一時已」數語，彼以爲穰侯之言，亦此時事也。說見後。「爲足」、「爲君」之「爲」，去聲。

五國伐秦無功

五國伐秦無功，罷於成皋。趙欲搆〔一〕於秦，楚與魏、韓將應之，秦〔二〕弗欲。蘇代謂齊王〔三〕曰：「臣以〔四〕爲足下見奉陽君矣。臣謂奉陽君曰：『天下散而事〔五〕秦，秦必據宋。魏冉必妬君之有陰也。秦王貪，魏冉妬，則陰不可得已矣。君無搆，齊必攻宋。齊攻宋，則楚必攻宋，魏必攻宋，燕、趙助之。五國據宋，不至一二月，陰必得矣。得陰而搆，秦雖有變，則〔六〕君無患矣〔七〕。若不得已而必搆〔八〕，則願五國復堅約〔九〕。願〔一〇〕得趙〔一一〕，足下雄〔一二〕

飛，與韓氏大吏東免〔一三〕，齊王必無召〔一四〕呡〔一五〕也。使臣守約，若與〔一六〕有倍〔一七〕約者，以四國攻之。無倍約者，而秦侵約，五國復堅而賓〔一八〕之。今韓、魏與齊相疑也，若復不堅〔一九〕約而講〔二〇〕，臣恐與國之大亂也。齊、秦非復合也，必有踦重者矣〔二一〕。後合〔二二〕與踦重者，皆非趙之利也。且天下散而事秦，是秦制天下也。秦制天下，將何以天下爲〔二三〕？臣願君之蚤計也。

〔一〕**鮑本**「搆」作「講」。○　原從扌從冓。下同。正曰：本文惟「堅約而講」、「君必無講」二處作「講」字，今當悉從舊。

〔二〕**鮑本**「秦」作「齊」。○

〔三〕**鮑本**閔。

〔四〕**鮑本**「以」作「已」。○

〔五〕**鮑本**「事」作「争」。○　「争」一作「事」，争先事之。

〔六〕**鮑本**無「則」字。○

〔七〕**鮑本**趙非不可以與秦講，而不可獨講，獨講則示秦弱，秦必輕之。今助四國攻宋而得陰，是五國爲一也，不懼秦矣。

〔八〕**鮑本**據此時，趙可以無講，故云。正曰：不得已而必講，非可以無講也。疑此句「已」字誤，上句「得陰而講」，此句當云「不得陰而必講」，乃順。

〔九〕**鮑本**同伐秦也，先伐後講，則不示弱。

〔一〇〕**鮑本**「願」上補「五國」二字。○

〔一一〕**鮑本**時趙强故。

〔一二〕**鮑本**雄者，衆雌所從。

〔一三〕鮑本「免」作「勉」。○　補曰：「勉」即「免」，通。

〔一四〕鮑本「召」作「名」，「名」下補「禁」字。○　正曰：姚本「必無召呡也」，此「名」字訛，當作「召」。

〔一五〕鮑本「呡」作「珉」。○　下同。前齊嘗使韓珉處趙，有秦私也。今五國約講秦，勉齊同之，諸國必無辭止珉，使無私秦。正曰：燕策，蘇代説燕之辭曰「奉陽君告朱讙與趙足曰，齊王」云云，「必不反韓呡，今召之矣」。此「名」字，當作「召」無疑。前策言韓呡處趙，魏疑齊有秦私。韓策，秦王曰「韓呡與我交」，又云「韓呡相齊」。此下文云，「天下争秦，秦内韓呡於齊」。呡，蓋韓人之善於齊、秦者。今代勸奉陽君合諸侯，與韓氏大吏勉齊王共合從，則齊必不召呡也。

〔一六〕鮑本「與」下有「國」字。○　秦本非與，今講必使之如與也。正曰：與國，言五國也。故云有倍約者，則四國攻之；無倍約者，而秦侵敗約，則五國復堅擯之。　札記今本「與」下有「國」字。

〔一七〕鮑本倍，並音背。

〔一八〕鮑本「賓」作「儐」。○　補曰：「擯」通。莊子「賓於鄉里」。

〔一九〕姚本曾無「堅」字。

〔二〇〕鮑本此因舊。

〔二一〕鮑本「踦」作「觭」。○　下同。角一俯一仰曰觭，言有一重。正曰：公羊傳「踦閭」，何休説，開一扇，閉一扇，一人在内，一人在外，曰「踦」。説苑「切踦」即「倚」字。義皆訓偏。

〔二二〕鮑本補曰：「後合」，即上「復合」。　札記丕烈案：「後」乃「復」形近之訛耳。

〔二三〕鮑本天下自爲秦用，趙無所用之也。

「『天下争秦〔一〕有六舉，皆不利趙矣。天下争秦，秦王〔二〕受負海内之國〔三〕，合負親之交〔四〕，以據中國，而求利於三晉，是秦之一舉也。秦行是計，不利於趙，而君終不得陰，一矣。天下争秦，秦王内韓珉〔五〕於齊，内成陽君於韓，相魏懷於魏〔六〕，復合衍〔七〕交兩王〔八〕，王賁、韓他〔九〕之曹〔一〇〕，皆起而行事，是秦之一舉也。秦行是計也，不利於趙，而君又〔一一〕不得陰，二矣。天下争秦，秦王受齊受趙，三疆三親〔一二〕，以據〔一三〕魏而求〔一四〕安邑，是秦之一舉也。秦行是計，齊、趙應之，魏不待伐，抱安邑而信〔一五〕秦，秦〔一六〕得安邑之饒，魏爲上交，韓必入朝秦，過趙已安邑矣〔一七〕，是秦之一舉也〔一八〕。秦行是計，不利於趙，而君必不得陰，三矣。天下争秦，秦堅燕、趙之交，以伐齊收楚，與韓呡而攻魏〔一九〕，是秦之一舉也。秦行是計，而燕、趙應之。燕、趙伐齊，兵始用〔二〇〕，秦因收楚而攻魏〔二一〕，不至一二月，魏必破矣。秦舉安邑而塞女戟〔二二〕，韓之太原絶〔二三〕，下軹〔二四〕道、南陽、高〔二五〕，伐魏，絶韓，包二周，即趙自消爍〔二六〕矣。國燥〔二七〕於秦，兵分〔二八〕於齊，非趙之利也。而君終身不得陰，四矣。天下争秦，秦堅三晉之交攻齊，國破曹〔二九〕屈〔三〇〕，而兵東分〔三一〕於齊，秦桉兵攻魏〔三二〕，取安邑，是秦之一舉也。秦行是計也，君桉〔三三〕救魏，是以攻齊之已弊，救〔三四〕與秦争戰也；君不救也，韓、魏焉免西合〔三五〕？國在謀之中〔三六〕，而君有〔三七〕終身不得陰，五矣。天下争〔三八〕秦，秦按爲義，存亡繼絶，固危扶弱，定無罪之君，必起中山與勝〔三九〕焉。秦起中山與勝，而趙、宋同命〔四〇〕，何暇言陰？六矣。故曰君必無講，則陰必得矣。』

〔一〕**鮑本**補曰：「争秦」，一本此下皆作「事秦」。

〔二〕鮑本昭。

〔三〕鮑本衍「内」字。山東皆負海。正曰：三晉非負海也，恐「負」字因下文衍。

〔四〕鮑本天下嘗横而親秦矣。已而負之，今復合之。

〔五〕札記「珉」，鮑本作「呡」，改爲「珉」。

〔六〕鮑本此皆其國人之與秦事者，故秦納之。正曰：韓呡非齊人。

〔七〕姚本劉作「術」。鮑本公孫衍時相魏，雅不善秦。今相懷，因使合之。正曰：公孫衍非犀首，説見前。

〔八〕鮑本秦、魏。正曰：上言齊、韓、魏，此兩王謂燕、趙也。

〔九〕鮑本此皆秦人。正曰：韓他恐韓人，餘無考。

〔一〇〕鮑本「曹」作「楚」。○正曰：曹，輩也。下有「皆」字，文勢宜然。五國必無楚。

〔一一〕鮑本無「又」字。○

〔一二〕鮑本「疆」作「强」。○此三皆强國自相親。札記今本「疆」作「彊」。

〔一三〕鮑本據，猶臨之。

〔一四〕鮑本秦求之。

〔一五〕鮑本「信」作「倍」。○此倍益也。

〔一六〕姚本劉無下「秦」字。

〔一七〕鮑本過，猶勝也。言秦行此策，不論其他，止得安邑，已勝於趙矣。補曰：「已」、「以」通。言秦之勝趙，以得魏之安邑。按，魏獻安邑，在赧王二十九年。大事記書於五國伐秦之前。據此策，則伐秦後事也。

〔一八〕姚本一本無上六字。鮑本無「是秦之一舉也」六字。○

〔一九〕鮑本伐齊得之，則呡爲用。正曰：前言内韓呡於齊者，謀如此也。呡自善於秦者，前時魏疑有秦私，必不合於魏，故使之攻魏。

〔二〇〕**鮑本**交鋒之初。

〔二一〕**鮑本**三國交鋒，勢不得解，故得以此時收攻二國。

〔二二〕**鮑本**地缺。正曰：女戟，地名，在太行西。

〔二三〕**鮑本**補曰：太原，正義以爲太行，當是，説見燕策。 **札記**今本「絶」上誤衍「之」字。

〔二四〕**鮑本**「軹」作「咫」，又改爲「軹」。○ 補曰：説見前。 **札記**「軹」，鮑本作「咫」，改爲「軹」。

〔二五〕**鮑本**「高」作「而」。○ 補曰：疑字有誤。 **札記**今本「高」作「而」，乃誤涉鮑也。

〔二六〕**姚本**劉本無「爍」字。

〔二七〕**姚本**一作「爍」。 **鮑本**燥，猶爍。

〔二八〕**姚本**一作「孤」。

〔二九〕**鮑本**「曹」作「財」。○ 補曰：一本作「財」。 **札記**今本「曹」作「財」，乃誤涉鮑也。

〔三〇〕**鮑本**三晉破屈也。

〔三一〕**鮑本**兵分謂魏。正曰：謂三晉。

〔三二〕**鮑本**「桉」作「按」，下同。○ 此與上始用兵而攻收同。正曰：不同。

〔三三〕**鮑本**桉，謂安然。正曰：即上文「按兵」之「按」。

〔三四〕**鮑本**「救」下補「之而」二字。○ 補曰：一本無「救」字。「救」即「敝」字訛衍。 **札記**今本「救」下有「之而」二字，乃誤涉鮑也。

〔三五〕**鮑本**合，合秦。補曰：焉，於虔切。

〔三六〕**鮑本**在秦謀中。

〔三七〕姚本劉作「又」。　鮑本有，猶又。

〔三八〕姚本一作「事」。

〔三九〕鮑本勝，中山之後。正曰：無據。

〔四〇〕鮑本此時宋小弱。言趙失中山，聽命於秦，與宋同也。

「奉陽君曰：『善。』乃絶和於秦，而收齊、魏以成取陰。」〔一〕

〔一〕鮑本補曰：蘇代爲燕反間，勸齊伐宋，將以敝齊，其勸趙之共攻者，恐趙之合秦，而齊、秦方惡爾。然趙卒不合齊伐宋者，害齊之驕而止歟？抑别有故也？按燕策，蘇代説燕於趙以伐齊，奉陽君不聽，乃入齊惡趙，令齊絶於趙。又代謂燕昭王曰，「臣離齊、趙，齊、趙已孤矣」。趙之不合齊，其後竟合燕以破齊，殆以此歟？大事記，齊湣王與魏、楚滅宋，三分其地，魏得其梁、陳留；齊得其濟陰、東平；楚得其沛。考之史年表、齊、魏世家，皆止言齊滅宋。獨宋世家稱與楚、魏伐宋，三分其地。此大事記所據也。按蘇代説燕之辭曰，「齊王南攻楚，西困秦，又以其餘兵舉五千乘之勁宋」。謂秦之辭曰，「攻宋所以爲王也，齊强輔之以宋，楚、魏必恐，恐必西事秦」。使當時齊與楚、魏合，其言豈若是乎！史稱齊既滅宋，南割楚之淮北，西侵三晉，是其乘滅宋之强，併奪楚、魏地，而謂與之分宋地，豈其實哉？樂毅勸燕昭王約趙、楚、魏伐齊，其言曰，「主若欲攻齊，莫若結於趙，且又淮北、宋地，楚、魏之所欲也」。年表，燕破齊之年，書楚、趙取齊淮北。大事記因之。按此言則楚、魏分地，當是樂毅破齊後事，宋世家所記者，豈非誤邪？

樓緩將使伏事辭行

樓緩將使，伏事，辭行〔一〕，謂趙王曰：「臣雖盡力竭知，死不復見於王矣。」王曰：「是何言也？固且爲書而厚寄卿。」樓子曰：「王不聞公子牟夷〔二〕之於宋乎？非肉不食〔三〕。文張〔四〕善宋〔五〕，惡公子牟夷，寅然〔六〕。今臣之於王非宋之於公子牟夷也，而惡臣者過文張。故臣死不復見於王矣〔七〕。」王曰：「子勉行矣，寡人與子有誓言矣。」樓子遂行。

〔一〕鮑本伏，猶隱也。將出使，恐王疑之，於辭曰以隱伏之事要王，使信己也。正曰：「伏事」句，隱秘之事也。
〔二〕鮑本宋公子。
〔三〕鮑本言其貴。莊十年注，肉食，在位者。
〔四〕鮑本他國人。正曰：無考。
〔五〕鮑本宋王善之。正曰：此引前事。
〔六〕鮑本「寅」作「宋」，「然」下補「之」字。
〔七〕鮑本言牟夷之親，而文張以游客能使宋聽其説，况己乎？正曰：「寅然」上下有缺誤。〇

後以中牟反，入梁〔一〕。候者來言，而王弗聽，曰：「吾已與樓子有言矣〔二〕。」

〔一〕鮑本史不書。補曰：中牟，趙邑也，見前策。趙敗長平後欲割地搆秦，樓緩自秦來，趙王與之計云云。此章時不可考。以中牟反，入梁，或者秘謀之事歟？
〔二〕鮑本此言姦人不可盡信。

虞卿請趙王〔一〕

〔一〕此篇鮑本在魏策。

虞卿請〔一〕趙王〔二〕曰：「人之情，寧朝人乎？寧朝於人也〔三〕？」趙王曰：「人亦寧朝人耳，何故寧朝於人？」虞卿曰：「夫魏爲從主，而違者范座〔四〕也。今王能以百里之地，若萬户之都，請殺范座於魏。范座死，則從事可移於趙〔五〕。」趙王曰：「善。」乃使人以百里之地，請殺范座於魏。魏王許諾，使司徒〔六〕執范座，而未殺也。

〔一〕**姚本**一作「謂」。　**鮑本**「請」作「謂」。○

〔二〕**鮑本**惠文。

〔三〕**姚本**曾作「乎」。

〔四〕**鮑本**「座」作「痤」，下同。○　魏相。補曰：一本作「座」，史與此同。　**札記**丕烈案：古今人表中下亦作「座」。

〔五〕**鮑本**趙主從也。

〔六〕**姚本**曾、劉作「空」。　**鮑本**周卿，此時主徒隸者耳。

范座獻書魏王曰：「臣聞趙王以百里之地，請殺座之身。夫殺無罪范座，座〔一〕薄故也〔二〕；而得百里之地，大利也。臣竊爲大王美之。雖然，而有一焉，百里之地不可得，而死者不可復生也，則主〔三〕必爲天下笑矣！臣竊以爲與其以死人市，不若以生人市使〔四〕也。」

〔一〕**姚本**劉無下「座」字。　**鮑本**衍「痤」字。補曰：字衍。

〔二〕**鮑本**猶細事。

〔三〕**鮑本**「主」作「王」。○　**札記**今本「主」作「王」。

〔四〕**姚本**一本無「使」字。　**鮑本**「使」作「便」。○　補曰：史同。

又遺其後相信陵君書曰：「夫趙、魏，敵戰之國也。趙王以咫尺之書來，而魏王輕爲之殺無罪之座，座雖不肖，故魏之免相望〔一〕也。嘗以魏之故，得罪於趙。夫國內〔二〕無用臣〔三〕，外雖得地，勢不能守。然今能守魏者，莫如君矣。王聽趙殺座之後，强秦襲〔四〕趙之欲〔五〕，倍趙之割，則君將何以止之？此君之累也。」信陵君曰：「善。」遽言之王而出之。〔六〕

〔一〕姚本劉作「室」。　鮑本衍「望」字。補曰：姚云劉作「室」，史無。
〔二〕鮑本無「内」字。◯
〔三〕鮑本用，言可任者。補曰：一本「國内無用」，是。
〔四〕鮑本襲，言猶因趙之故態。
〔五〕姚本劉作「俗」。
〔六〕鮑本十一年有。「與其以死市」下，原在趙策。補曰：從舊在趙可。

燕封宋人榮蚠爲高陽君

燕封宋人榮蚠〔一〕爲高陽君，使將而攻趙。趙王因割濟東三城令〔二〕盧〔三〕、高唐〔四〕、平原〔五〕陵〔六〕地城邑市〔七〕五十七，命以與齊，而以求安平君而將之。馬服君謂平原君曰：「國奚無人甚哉！君致安平君而將之，乃割濟東三令〔八〕城市邑五十七以與齊，此夫〔九〕子〔一〇〕與敵國戰，覆軍殺將之所取、割地於敵國者也〔一一〕。今君以此與齊，而求安平君而將之，國奚無人甚也〔一二〕！且君奚不將奢也？奢嘗抵罪居燕，燕以奢爲上谷守，燕之通谷要塞，奢習知之。百日之内，天下之兵未聚，奢已舉燕矣。然則君奚求安平君而爲將〔一三〕乎？」平原君曰：「將軍釋之矣，僕已言之僕主矣。僕主幸以〔一四〕聽僕也。將軍無言已。」馬服君曰：「君過矣！君之所以求安平君者，以齊之於燕也，茹肝涉血之仇耶〔一五〕。其於奢〔一六〕不然〔一七〕。使安平君愚，固不能當榮蚠；使安平君知，又不肯與燕人戰。此兩言者，安平君必處一焉。雖然，兩〔一八〕者有一也。使安平君知，則奚以趙之强爲？趙强則齊不復霸矣。今得强趙之兵，以杜〔一九〕燕將，曠日持久〔二〇〕數歲，令士大夫餘子之力，盡於溝壘，車甲羽毛裂敝〔二一〕，府庫倉廩虚，兩國交以習〔二二〕之，乃引其兵而歸。夫盡兩國之兵，無明此者矣。」夏〔二三〕，軍也縣釜而炊〔二四〕。得三城也〔二五〕，城大無能過百雉者〔二六〕。果如馬服之言也。〔二七〕

〔一〕**鮑本**補曰：蚠，符分反。

〔二〕**鮑本**「令」作「合」。○ 下同。

〔三〕**鮑本**屬太山。

〔四〕**鮑本**屬平原。

〔五〕**鮑本**平原屬青州。

〔六〕**姚本**一本無「陵」字。

〔七〕**鮑本**「邑市」作「市邑」。○

〔八〕**姚本**一本無「令」字。　**鮑本**「三」下補「城」字，「令」作「合」。○　補曰：大事記去「令」字。
〔九〕**鮑本**夫，辭也。謂三城。
〔一〇〕**鮑本**「子」原作「予」，又改爲「子」。○　補曰：字誤。大事記並删「夫予」二字。
〔一一〕**鮑本**此取之，彼割之也。
〔一二〕**鮑本**「也」作「哉」。○　補曰：一本此作「甚也」，應上「甚哉」，蓋反復嘆惜之辭。
〔一三〕**姚本**劉本添「將」字。
〔一四〕**鮑本**「以」作「已」。
〔一五〕**鮑本**謂即墨之役。
〔一六〕**鮑本**「奢」下有「也」字。○
〔一七〕**鮑本**奢於燕非仇。正曰：奢以爲不然。
〔一八〕**姚本**曾、劉作「然」。
〔一九〕**鮑本**杜，猶拒。
〔二〇〕**鮑本**兵相持日久。
〔二一〕**鮑本**羽毛，謂箭。裂，即裂字。正曰：羽毛，即羽旄。
〔二二〕**姚本**曾、劉作「交敝」。　**鮑本**習，言玩其兵。
〔二三〕**鮑本**「夏」作「是」。○　補曰：未詳，恐上下文有缺誤。　**札記**今本「夏」作「是」，乃誤涉鮑也。
〔二四〕**鮑本**懸釜而炊，前章圍晉陽云。此時或有水害。大事記無「夏」至「炊」七字，云「已而得三城」。
〔二五〕**鮑本**衍「也」字。
〔二六〕**鮑本**隱元年注，方丈曰堵，三堵爲雉。

〔二七〕**鮑本**彪謂：馬服之請將，自知明也；其策安平，知彼明也。夫安平，齊宗也，其不强趙以奪齊之霸，人之情也。此言若易聽而不見聽，孰謂平原君智乎？

三國攻秦趙攻中山

三國攻秦〔一〕，趙攻中山，取扶柳〔二〕，五年以擅〔三〕呼沲。齊人戎郭、宋突〔四〕謂仇郝〔五〕曰：「不如盡歸中山之新埊〔六〕。中山案〔七〕此言於齊曰，四國〔八〕將假道於衛，以過章子之路〔九〕。齊聞此，必效〔一〇〕鼓〔一一〕。」

〔一〕**鮑本**魏哀二十一年，與齊、韓共攻秦，此元年。正曰：襄。

〔二〕**鮑本**屬信都。補曰：漢志，其地有扶澤，澤中多柳，故名。

〔三〕**鮑本**擅，言固有之。

〔四〕**鮑本**雖齊人而倍齊。

〔五〕**鮑本**「郝」作「赫」。○

〔六〕**姚本**續云：新唐史、集韻皆以爲武后所製字。竇苹作唐史釋音，乃云古「地」字，見戰國策，抑别有所據？今國策中「地」字甚多，間作「埊」字，安知非自武后時傳寫相承，如「臣」作「𢘑」？以謂曾、劉所校，亦未所喻。然古文「地」字乃作「坔」。又鶡冠子、亢倉子皆有「埊」字，姑存之，以俟博識。**鮑本**「埊」作「地」。○「埊」，武后時字耳，今並從古。地，謂扶柳。正曰：愚按鄭氏書略，籀文「地」作「坔」，武后蓋有所本。意本書「坔」而後轉從「埊」歟？後多此字，以義通，不復出。

〔七〕**鮑本**案，猶據。
〔八〕**鮑本**趙與上三。
〔九〕**鮑本**地缺。蓋章子以齊軍守此。正曰：無考。
〔一〇〕**姚本**曾、劉作「放」。
〔一一〕**鮑本**莒鼓里是也。齊南又有二鼓。

趙使趙莊合從

趙使趙莊合從，欲伐齊。齊請效地，趙因賤趙莊。齊明爲〔一〕謂趙王曰：「齊畏從人〔二〕之合也，故效地。今聞趙莊賤，張懃〔三〕貴，齊必不效地矣。」趙王曰：「善。」乃召趙莊〔四〕而貴之。〔五〕

〔一〕**姚本**劉本無「爲」字。
〔二〕**姚本**劉本無「人」字。
〔三〕**姚本**劉「懃」作「漢」。**鮑本**懃，蓋敗從者。
〔四〕**姚本**劉「莊」作「庀」。
〔五〕**鮑本**正曰：按史年表：「武靈王十三年，秦拔我藺，虜將趙莊。」此策必未虜之前，豈得爲孝成王將哉？

翟章從梁來

翟章從梁來，甚善趙王。趙王三延之以相，翟章辭不受。田駟謂柱國〔一〕韓向曰：「臣請爲卿刺之。客〔二〕若死，則王必怒而誅建信君〔三〕。建信君死，則卿必爲相矣。建信君不死，以爲交〔四〕，終身不敝，卿因以德建信君矣。」

〔一〕**鮑本**柱國，楚官。蓋趙亦有。

〔二〕**鮑本**客，謂章。

〔三〕**鮑本**疑其殺章，欲以專事。

〔四〕**鮑本**以殺章故，建信交之。

馮忌爲廬陵君謂趙王

馮忌〔一〕爲廬陵君〔二〕謂趙王曰：「王之逐廬陵君，爲燕也。」王曰：「吾所以重者，無燕、秦也〔三〕。」對曰：「秦三〔四〕以虞卿爲言，而王不逐也〔五〕。今燕一以廬陵君爲言，而王逐之。是王輕强秦而重弱燕也。」王曰：「吾非爲燕也，吾固將逐之。」「然則王逐廬陵君，又不爲燕也。行〔六〕逐愛弟，又兼無燕、秦，臣竊爲大王不取也。」

〔一〕姚本一本作「思」，曾本無此注。
〔二〕鮑本孝成母弟。見趙記。正曰：趙記未見。
〔三〕鮑本無如二國。正曰：言不畏之也。
〔四〕鮑本「三」作「王」。〇昭。正曰：一本「秦三以」。以下文「一以」字推之，當是「王」字誤。
〔五〕鮑本前事爾，非今。
〔六〕鮑本行，卉行。

馮忌請見趙王

馮忌請見趙王，行人見之。馮忌接手〔一〕免〔二〕首，欲言而不敢。王問其故，對曰：「客有見人於服子者〔三〕，已而請其罪。服子曰：『公之客獨有三罪：望我而笑，是狎也；談語而不稱師，是倍〔四〕也；交淺而言深，是亂也。』客曰：『不然。夫望人而笑，是和也；言而〔五〕不稱師，是庸説也〔六〕；交淺而言深，是忠也。昔者堯見舜於草茅之中，席〔七〕隴畝而廕庇桑〔八〕，陰移而授〔九〕天下傳〔一〇〕。伊尹負鼎俎而干湯，姓名未著而受三公〔一一〕。使夫交淺者不可以深談，則天下不傳，而三公不得也。』」趙王曰〔一二〕：「甚善。」馮忌曰〔一三〕：「今外臣交淺而欲深談可乎？」王曰：「請奉教。」於是馮忌乃談。〔一四〕

〔一〕鮑本交兩手。

〔二〕鮑本「免」作「俛」。○補曰：此書「俛」、「免」通。札記今本「免」作「俛」，乃誤涉鮑也。
〔三〕鮑本未詳。
〔四〕鮑本倍，言背其師。
〔五〕鮑本「而」作「是」。○
〔六〕鮑本言之常者，人所同稱，非必師矣。
〔七〕鮑本席，設席。
〔八〕鮑本桑之能庇人者，於之取廕。
〔九〕鮑本「授」作「受」。○札記丕烈案：「受」字是也。
〔一〇〕姚本劉去「傳」字。札記丕烈案：「傳」、「禪」同字。
〔一一〕鮑本補曰：伊尹負鼎俎干湯，孟子集注所謂戰國時有爲此説者，指此。説苑，堯、舜相見，不違桑陰。亦此類。
〔一二〕鮑本衍「趙王曰」三字。
〔一三〕姚本一本無此以上五字。
〔一四〕鮑本此忌初見之談也，應在平原謂馮忌之上，然亦得爲此，史本其初言之，故因舊。

客見趙王

客見趙王曰：「臣聞王之使人買馬也，有之乎？」王曰：「有之。」「何故至今不遣？」王曰：「未得相〔一〕馬之工也。」對曰：「王何不遣建信君乎？」王曰：「建信君有國事，又不知相馬。」曰：「王何不遣紀姬乎？」王曰：「紀姬婦人也，不知相馬。」對曰：「買馬而善，何補於國？」王曰：「無補於國。」「買馬而惡，何危於國？」王曰：「無危於國。」對曰：「然則買馬善而若惡，皆無危補於國。然而王之買馬也，必將待工。今治〔二〕天下，舉錯〔三〕非也，國家爲虛戾，而社稷不血食，然而王不待工，而與建信君，何也？」趙王未之應也。客曰：「燕郭之法〔四〕，有所謂桑〔五〕雍〔六〕者，王知之乎？」王曰：「未之聞也。」「所謂桑雍〔七〕者，便辟左右之近者〔八〕，及夫人優〔九〕愛孺子〔一〇〕也。此皆能乘王之醉昏，而求所欲於王者也。是能得之乎〔一一〕內，則大臣爲之枉法於外矣。故日月暉於外〔一二〕，其賊在於內，謹備其所憎，而禍在於所愛。」〔一三〕

〔一〕**鮑本**「相」作「買」。○　補曰：一本「相馬」。

〔二〕**鮑本**「治」作「將」。○

〔三〕**鮑本**舉置也，有舉有置。

〔四〕**姚本**劉作「法」，曾作「郭偃之淫」。　**鮑本**補曰：晉掌卜大夫郭偃，乃卜偃也。

〔五〕**姚本**曾作「柔」。

〔六〕**鮑本**「雍」，「癰」同。桑中有蠹，則外碨磈，如人之癰。　正曰：桑中有蠹，以膏腋流於外，如癰潰然。　姚云，曾、劉并作「柔雍」，下同。

〔七〕**姚本**劉作「柔癰」。

〔八〕**鮑本**「近者」作「人」。○　補曰：一本「便辟左右之近者」。

〔九〕**鮑本**優，饒也，言愛之甚。一曰倡。

〔一〇〕**鮑本**孺子，見秦、齊策。

〔一一〕**鮑本**「乎」作「於」。◯

〔一二〕**姚本**續云：東坡本「日月雕暉於外」。**鮑本**説林訓，「月照天下，食於蟾蠩」。補曰：朱子云，「晦朔而日月之合，東西同度，南北同道，則月揜日而日食；望而日月之對，同度同道，則月亢日而月食」。又謂，「蟾兔桂樹之説，其惑久矣」。然策政以此爲喻。

〔一三〕**鮑本**彪謂：王斗、魏牟及此三士，其言若出一口，所謂理義人心之所同然者歟？至於此章肆直而慈惠，尤可喜可愛。有國有家者，宜寘之座右。

秦攻魏取寧邑〔一〕

〔一〕姚本客見趙王與秦攻魏取寧邑連篇，鮑本另爲篇，據文義，從鮑本。

秦攻魏，取寧邑〔一〕，諸侯皆賀。趙王使往〔二〕賀，三反不得通。趙王憂之，謂左右曰：「以秦之强，得寧邑，以制齊、趙。諸侯皆賀，吾往賀而獨不得通，此必加兵我，爲之奈何？」左右曰：「使者三往不得通者，必所使者非其人也。曰〔三〕諒毅者，辨士也，大王可試使之。」

〔一〕**鮑本**秦昭五十年拔寧，魏地邑，徐以爲趙，非也。後志，朝歌有寧鄉。蓋秦圍邯鄲，魏信陵救之，秦怒，故解邯鄲而取寧。此九年。正曰：按秦紀，王齕取邯鄲，不拔，還奔汾，軍攻汾城。即從唐拔寧新中。寧新中更名安陽。正義云，今相州外城。年表止書「新中」，大事記因之。又書「韓、魏、楚救趙新中」。此策「秦攻魏，取寧邑」，非寧新中也。寧鄉在朝歌，屬魏，或如鮑所云。然以策文稱趙豹、平原君爲母弟推之，知爲惠文之世，而與孝成邯鄲圍後取寧新中事，不相涉也。秦昭王少，而魏冉爲政，葉陽、涇陽貴。四十一年，冉免而二貴衰。趙惠文王元年，平原始封。二十七年，豹封平陽君，此策不稱豹封，則在其未封之前。按魏策「秦拔寧邑，魏冉曰」云云，此策正冉用事時也。鮑誤次於孝成之世，而不察母弟之云，何也？

〔一〕鮑本無「往」字。○

〔二〕鮑本曰，猶有。

諒毅親〔一〕受命而往。至秦，獻書秦王〔二〕曰：「大王廣地寧邑，諸侯皆賀，敝邑寡君亦竊嘉之，不敢寧居，使下臣奉其幣物三至王廷，而使不得通。使若無罪，願大王無絶其歡；若使〔三〕有罪，願得請之。」秦王使使者報曰：「吾所使趙國者，小大皆聽吾言，則受書幣。若不從吾言，則使者歸矣。」諒毅對曰：「下臣之來，固願承大國之意也，豈敢有難？大王若有以令之，請奉而西〔四〕行之，無所敢疑。」

〔一〕姚本一本無「親」字。

〔二〕鮑本昭。

〔三〕鮑本「使」下有「者」字。○

〔四〕鮑本衍「西」字。補曰：疑「西」字訛或衍。

於是秦王乃見使者，曰：「趙豹、平原君，數欺弄寡人。趙能殺此二人，則可。若不能殺，請今率諸侯受命邯鄲城下〔一〕。」諒毅曰：「趙豹、平原君，親寡君之〔二〕母弟也，猶大王之有葉陽、涇陽君也〔三〕。大王以孝治聞於天下，衣服使〔四〕之便於體，膳啗使〔五〕之嗛於口〔六〕，未嘗不分於葉陽、涇陽君。葉陽君、涇陽君之車馬衣服，無非大王之服御者。臣聞之：『有覆巢毁卵，而鳳皇不翔；刳胎焚夭〔七〕，而騏驎〔八〕不至。』今使臣受大王之令以還報，敝邑之君，畏懼不敢不行，無乃傷葉陽君、涇陽君之心乎？」

〔一〕**鮑本**欲戰而言受命，謙辭也。

〔二〕**札記**今本脱「之」字。

〔三〕**鮑本**史注，「葉陽」一作「華陽」。華陽，羋戎也。此言葉陽爲主之母弟，則非戎矣。「葉」不可作「華」。補曰：葉陽，公子悝；涇陽，公子市。大事記謂范雎論四貴，王弟二人，曰高陵，曰涇陽，獨無所謂葉陽者。高陵或其别名。又按趙惠文王元年封公子勝爲平原君，二十七年封趙豹爲平陽君。魏公子傳稱勝爲惠文王弟，而豹無紀，其爲王弟，以策知之也。武靈王元年，陽文君趙豹相，彼又一趙豹歟？不然，則有舛誤也。大事記解題引此，而止云平原君親寡君之母弟，豈有所疑而則之歟？

〔四〕**姚本**劉本無「使」字。**鮑本**衍「使」字。正曰：姚本「膳啗」下亦有「使」字。

〔五〕**姚本**劉本無「使」字。**鮑本**無「使」字。○

〔六〕**鮑本**啗，食也。膳之可食者。集韻，慊，愜也。補曰：嗛，口簟反，口有所銜也。鳥獸頰貯食，通作慊。

〔七〕**鮑本**「夭」，「幺」同，小兒。正曰：王制「不殀夭」注，殀，斷殺，少長曰夭。夭，烏老反。少，詩照反。又「毋殺胎夭」疏，胎，腹中未出者；夭，胎已出者。正曰：麟鳳兩語，史孔子世家「將西見趙簡子，聞竇鳴犢、舜華之死」亦云。梅福書「鳶鵲遭害，則仁鳥增逝」，類此。

〔八〕鮑本「騏驎」作「麒麟」。○

秦王曰：「諾。勿使從政。」諒毅曰：「敝邑之君，有母弟不能教誨，以惡大國，請黜之，勿使與政事，以稱大國。」秦王乃喜，受其弊〔一〕而厚遇之。〔二〕

〔一〕鮑本「弊」作「幣」，無「其」字。○

〔二〕鮑本彪謂：諒毅可謂有專對之材矣。觀其辭令，如見晉叔向、鄭子産相與周旋於一堂之上，而折論豹、勝之事，何甚似蕭同叔子也。毅其深於春秋者乎？是舉也，不辱君命，不失秦之心，與觸讋同傳可也。正曰：惠文王之世，趙勢尚强，秦雖屢奪趙地，而趙亦屢伐秦。閼與之敗，秦終不能逞志於趙。當時之臣，外則廉頗、趙奢爲之禦侮，內則藺相如之徒，一璧之微，一鼓瑟之恥，爲之死爭。今而告其使曰，「必殺而二母弟以聽命」，則雖垂亡之國，猶有所不受，而秦豈能必趙之從哉？特大言以虛喝之耳！諒毅之對，婉而不迫，稱譬當於人心。秦知其不可奪，故轉而言曰，「勿使從政」，其情亦窮矣。毅因而順其意，則未免失辭。使毅應之曰，「敝邑之君之有母弟而授之以政也，亦惟先王之故，以共衛社稷。大國馮恃其威，日尋於兵，是以二子大懼殄滅之及，以與寡君周旋。其獲戾於大國，則職此之由。忠而不貳，臣之職也。討貳勸忠，大國之義也。今將討二子之忠，而使之釋敝邑之政，其何以爲勸？雖大國亦將有不利焉！臣不知所命」。以是告之，庶幾不失其對矣。蕭同叔子云云，此傳語。「所使」、「試使」、「王使」、「所使」、「今使」、「勿使」之「使」，如字。

趙使姚賈約韓魏

趙使姚賈約韓、魏〔一〕，韓、魏以〔二〕友〔三〕之。舉茅〔四〕爲姚賈謂趙王曰：「賈也，王之忠臣也。韓、魏欲得之，故友〔五〕之，將使王逐之，而已因受之。今王逐之，是韓、魏之欲得，而王之忠臣有罪也。故王不如勿逐，以明王之賢，而折韓、魏招之〔六〕。」

〔一〕**鮑本**正曰：姚賈，說見秦策。此章時不可考。
〔二〕**鮑本**衍「以」字。
〔三〕**姚本**劉作「反」。
〔四〕**鮑本**「舉茅」作「茅舉」。○趙人。**札記**今本「舉茅」作「茅舉」，乃誤涉鮑也。
〔五〕**姚本**劉作「反」。
〔六〕**姚本**劉點此二字。曾作「之招」。**鮑本**「招之」作「之招」。○

魏敗楚於陘山

魏敗楚於陘山，禽唐明〔一〕。楚王懼，令昭應奉太子以委和於薛公〔二〕。主父欲敗之，乃結秦連楚〔三〕、宋之交，令仇郝〔四〕相宋，樓緩相秦。楚王禽〔五〕趙、宋〔六〕，魏〔七〕之和卒敗〔八〕。

〔一〕**鮑本**楚威十一年，魏敗我陘山，時武靈未立。懷二十八年，秦、齊、韓、魏攻楚，殺唐昧，此三十五年。「明」豈「昧」之訛邪？
〔二〕**鮑本**懷二十九年，使太子質於齊。
〔三〕**姚本**曾去「楚」。

〔四〕**鮑本**「郝」作「赫」。○　下章同。補曰：即「赫」。

〔五〕**鮑本**「禽」作「合」。○　補曰：字恐訛。　**札記**今本「禽」作「合」，乃誤涉鮑也。

〔六〕**鮑本**楚與二國合。　正曰，無據。

〔七〕**鮑本**「魏」作「齊」。○

〔八〕**鮑本**楚得二國之援，故不與齊和。　正曰：「楚王禽」以下有缺誤。

秦召春平侯

秦召春平侯〔一〕，因留之。世〔二〕鈞〔三〕爲之謂〔四〕文信侯曰：「春平侯者，趙王之所甚愛也，而郎中甚妬之，故相與謀曰：『春平侯入秦，秦必留之。』故謀而入之秦。今君留之，是空絶趙，而郎中之計中也。故君不如遣春平侯而留平都侯。春平侯者言行於趙王，必厚割趙以事君，而贖平都侯。」文信侯曰：「善。」因與接意而遣之。〔五〕

〔一〕**鮑本**及平都皆趙人。　正曰：徐廣引年表云，太子從質秦歸。　正義云，太子即春平君也。

〔二〕**鮑本**「世」作「泄」。○　補曰：史作「泄」。　**札記**今本「世」作「泄」，乃誤涉鮑也。　丕烈案：「世」、「泄」同字。　韓非子云，「衛嗣君重如耳，愛世姬」。楊倞注荀子引作「泄姬」，可證也。　鮑改誤。

〔三〕**鮑本**秦人。

〔四〕**姚本**一作「請」。

〔五〕**鮑本**趙記二年有。

趙太后新用事

趙太后〔一〕新用事，秦急攻之。趙氏求救於齊。齊曰：「必以長安〔二〕君爲質，兵乃出。」太后不肯，大臣强諫。太后明謂左右：「有復言令長安君爲質者，老婦必唾其面。」

〔一〕**鮑本**惠文王威后。

〔二〕**鮑本**長安，孝成母弟。補曰：索隱云，趙亦有長安，今地缺。按趙世家，封長安君以饒。正義云，即饒陽也。明長安是號。　**札記**今本「長」誤「趙」。

左師〔一〕觸讋〔二〕願見太后。太后〔三〕盛氣而揖〔四〕之。入〔五〕而〔六〕徐趨，至而自謝，曰：「老臣病足，曾不能疾走，不得見久矣。竊自恕〔七〕，而〔八〕恐太后玉體之有所郄〔九〕也，故願望見太后。」太后〔一〇〕曰：「老婦恃輦而行。」曰：「日食飲得無衰乎？」曰：「恃鬻〔一一〕耳。」曰：「老臣今者殊不欲食，乃自强步，日三四里，少益耆〔一二〕食，和於身也。」太后〔一三〕曰：「老婦不能。」太后之色少解。

〔一〕**鮑本**官名。

〔二〕**姚本**一本無「言」字。　**鮑本**補曰：史亦作「龍」。按説苑，「魯哀公問孔子，夏桀之臣，有左師觸龍者，諂諛不正」。

人名或有同者。此當從「讋」以別之。札記丕烈案：吴説非也，當作「龍」。古今人表中下云「左師觸龍」，即此。「言」字本下屬「願見」讀，誤合二字爲一。史記云「觸龍言願見」，不誤。

〔三〕鮑本「太后」二字不重。○補曰：姚本復有「太后」字。史同。

〔四〕鮑本補曰：史云「胥之入，徐趨而坐」，「胥」字當是。

〔五〕札記丕烈案：「入」字句。

〔六〕姚本一本無「而」字。

〔七〕鮑本久不見，宜得罪。今自寬，而求見。

〔八〕鮑本無「而」字。○札記丕烈案：史記有。

〔九〕鮑本「郄」，「郤」同。以己病足，因恐後不能前，亦自恕以及人也。

〔一〇〕鮑本「太后」二字不重。○補曰：「望見太后」，姚本復有「太后」字。史同。

〔一一〕姚本一本去「鬲」字。鮑本「鬻」，「粥」同。

〔一二〕鮑本「耆」作「嗜」。○

〔一三〕鮑本無「也太后」三字。○札記丕烈案：史記有。

左師公曰：「老臣賤息舒祺〔一〕，最少，不肖。而臣衰，竊愛憐之。願令得〔二〕補黑衣〔三〕之數〔四〕，以衛王宫〔五〕，没〔六〕死以聞。」太后曰：「敬諾。年幾何矣？」對曰：「十五歲矣。雖少，願及未填溝壑〔七〕而託之。」太后曰：「丈夫亦愛憐其少子乎？」對曰：「甚於婦人。」太后笑〔八〕曰：「婦人異甚〔九〕。」對曰：「老臣竊以爲媪〔一〇〕之愛燕后賢於長安君。」曰：「君過矣，不若長安君之甚。」左師公曰：「父母之愛子，則爲之計深遠。媪之送燕后也，持其踵爲之泣，念悲其遠也〔一一〕，亦哀之矣。已行，非弗思也，祭祀必祝之，祝〔一二〕曰：『必勿使反〔一三〕。』豈非計久長，有〔一四〕子孫相繼爲王也哉？」太后曰：「然。」左師公曰：「今三世以前，至於趙之爲趙，趙主〔一五〕之子孫侯者，其繼有在者乎？」曰：「無有。」曰：「微〔一六〕獨趙，諸侯有在者乎？」曰：「老婦不聞也〔一七〕。」「此其近者禍及身，遠者及其子孫。豈人主之子孫〔一八〕則必不善哉？位尊而無功，奉厚而無勞，而挾重器〔一九〕多也。今媪尊長安君〔二〇〕之位，而封之〔二一〕以膏腴之地，多予之重器，而不及今令有功於國。一旦山陵崩，長安君何以自託於趙？老臣以媪爲長安君計短也，故以爲其愛不若燕后。」太后曰：「諾。恣君之所使之。」於是爲長安君約車百乘質於齊，齊兵乃出。

〔一〕**鮑本**息，其子。舒祺，名也。

〔二〕**鮑本**無「得」字。○補曰：「願令」，一本「願得」。**札記**丕烈案：史記作「願得」。

〔三〕**鮑本**尸祝之服，所謂袨服。又蕭望之傳注，「朝時皆着皂衣」。正曰：袨服，韻書，好衣也。按晉輿服志，秦人以袀玄爲祭服。鮑其誤以「袀」爲「袨」乎？增韻，黑衣，戎服。左氏，均服振振。「均」即「袀」。以下文「衛王官」推之，戎服是也。

〔四〕**鮑本**補曰：「數」，史作「缺」。

〔五〕**鮑本**「官」作「宫」。○**札記**丕烈案：史記作「宫」。

〔六〕**鮑本**没者，沉溺之辭。補曰：「没」，史作「眛」。

〔七〕**鮑本**死則填壑。

〔八〕**鮑本**無「笑」字。○ **札記**丕烈案：史記有。

〔九〕**鮑本**異於丈夫而有甚焉。

〔一〇〕**鮑本**媼，女老稱。后，太后女。補曰：一本標「媼」，一本作「太后」。「太后」稱「媼」非也。春秋後語并作「太后」。媼，烏老反。 **札記**丕烈案：吴説非也。史記并作「媼」。考高祖紀云，「母曰劉媼」。漢書孟康注引此，又云，禮樂志，地神曰「媼」。媼，母别名也。最爲得之。小司馬云，「近有人云母温氏」，此不達「媼」字義耳。其所云班固泗水亭長古碑，必出贋造。不然，固既云爾，何其撰漢書乃仍云「媼」也。

〔一一〕**姚本**劉作「而泣之甚」。悲念其遠也。 **鮑本**念且悲。

〔一二〕**札記**今本「祝」誤「甚」。

〔一三〕**鮑本**失意於燕乃反爾。

〔一四〕**姚本**曾作「爲」。

〔一五〕**鮑本**「主」作「王」。○ **札記**丕烈案：史記作「主」。

〔一六〕**鮑本**微，猶非。

〔一七〕**鮑本**此下左師對。補曰：史此下有「曰」字。

〔一八〕**鮑本**「孫」作「侯」。○ 補曰：一本作「孫」。 **札記**丕烈案：史記作「侯」。

〔一九〕**鮑本**重器，謂名位金玉。正曰：「位」字上下文可考。

〔二〇〕**鮑本**無「君」字。○ **札記**丕烈案：史記有。

〔二一〕**鮑本**無「之」字。○ **札記**丕烈案：史記有。

子義〔一〕聞之曰：「人主之子也，骨肉之親也，猶不能恃無功之尊，無勞之奉，而守金玉

之重也，而況人臣乎？」〔一〕

〔一〕鮑本趙之賢士。

〔二〕鮑本趙記元年有。彪謂：觸讋、諒毅，皆以從容納説而取成功，與夫强諫於廷，怒罵於坐，髮上衝冠，自待必死者，力少而功倍矣。元帝謂張猛曰，「曉人不當如是邪」？二士有焉。補曰：程子釋易「納約自牖」曰，「左師觸讋因其明而導之，故其聽也如響」，謂張良招四皓輔太子亦然。愚謂二事同傳可也。燕策陳翠説太后章與觸讋類，亦可并觀。諒毅事不同，後亦失對，辨説見後。

秦使王翦攻趙

秦使王翦攻趙，趙使李牧、司馬尚禦〔一〕之。李牧數破走秦軍，殺秦將桓齮〔二〕。王翦惡之，乃多與趙王寵臣郭開等金，使爲反間，曰：「李牧、司馬尚欲與秦反趙，以多取封於秦。」趙王疑之，使趙葱〔三〕及顔冣〔四〕代將，斬李牧，廢司馬尚。後三月〔五〕，王翦因急擊，大破趙，殺趙軍〔六〕，虜趙王遷及其將顔冣，遂滅趙。〔七〕

〔一〕鮑本原作「御」，又改作「禦」。○ 補曰：「禦」通。詩「亦以禦冬」。

〔二〕鮑本補曰：齮，音蟻。

〔三〕鮑本「蒸」作「葱」。○ 補曰：一本「葱」作「思」。注，一作「忩」。札記丕烈案：世家作「忽」，列傳作「葱」。

〔四〕鮑本史作「聚」。札記今本「冣」誤「最」。丕烈案：史記世家、列傳，皆作「聚」。「聚」、「冣」同字也。

〔五〕鮑本「三」作「五」。〇補曰：據司空馬云云，則當作「五」。札記丕烈案：鮑改吳補皆誤也。列傳亦云「後三月」，不得專據秦策。

〔六〕鮑本補曰：史作「趙葱」。

〔七〕鮑本牧傳有。

戰國策卷二十二

魏一

鮑本魏　自高陵以東，盡河東、河内；南有陳留及汝南之召陵、隱彊、新汲、西華、長平，潁川之舞陽、郾、許、傿陵，河南之開封、中牟、陽武、酸棗、卷。

知伯索地於魏桓子

知伯索地於魏桓子，魏桓子弗予。任章〔一〕曰：「何故弗予？」桓子曰：「無故索地，故弗予。」任章曰：「無故索地，鄰國必恐；重〔二〕欲無厭，天下必懼。君予之地，知伯必憍〔三〕。憍〔四〕而輕敵，鄰國懼而相親。以相親之兵，待輕敵之國，知氏之命不長矣！周書曰：『將欲敗之，必姑輔之；將欲取之，必姑與之〔五〕。』君不如與之，以驕知伯。君何釋〔六〕以天下圖知氏，而獨以吾國爲知氏質乎〔七〕？」君曰：「善。」乃與之萬家之邑一。知伯大說。因索蔡、皋梁〔八〕於趙，趙弗與，因圍晉陽。韓、魏反於外，趙氏應之於內，知氏遂亡。

〔一〕**鮑本**魏人。

〔二〕**鮑本**重，猶多。

〔三〕**鮑本**「憍」作「驕」。○**札記**丕烈案：韓子作「驕」。「憍」即「驕」字。下文「君不如與之，以驕知伯」，疑本亦是「憍」。

〔四〕**鮑本**「憍」上有「彼」字，「憍」作「驕」。○

〔五〕**鮑本**補曰：王應麟曰，周書云云，此豈蘇秦所讀周書陰符者歟？老氏之言出於此。朱子曰，老子爲柱下史，故見此書。

〔六〕**鮑本**釋，猶舍也。何舍此而不爲？

〔七〕**鮑本**「質」作「資」。○舍此不圖，適足爲智氏來伐之資。正曰：當音致。與之以地，猶質也。**札記**今本「質」下有「一作資」三小字，乃以鮑記於旁而誤入也。丕烈案：吳説亦未是。質，的也。下卷「兵爲招質」，與此同義。吳氏以爲「招質」未詳，非也。韓子有此文，亦作「質」。又存韓篇有「則秦必爲天下兵質矣」之語，皆可互證也。

〔八〕**鮑本**「梁」作「狼」。○補曰：趙策作「狼」。

韓趙相難〔一〕

〔一〕此篇姚本與知伯索地於魏桓子連篇，鮑本另列一篇。據文義，從鮑本。

韓、趙相難。韓索兵於魏曰：「願得借師以伐趙。」魏文侯曰：「寡人與趙兄弟，不敢從。」趙又索兵以攻韓，文侯曰：「寡人與韓兄弟，不敢從。」二國不得兵，怒而反。已乃知文侯以〔一〕講於己也〔二〕，皆朝魏。

〔一〕**鮑本**「以」作「已」。○　補曰：一本「以講」。　**札記**丕烈案：韓子作「以」。

〔二〕**鮑本**二國不伐，知魏和之。

樂羊爲魏將而攻中山

樂羊爲魏將而攻中山。其子在中山，中山之君烹其子而遺之羹，樂羊坐於幕下而啜〔一〕之，盡一盃。文侯謂覩師〔二〕贊曰：「樂羊以我之故，食其子之肉。」贊對曰：「其子之肉尚〔三〕食之，其〔四〕誰不食！」樂羊既罷中山，文侯賞其功而疑其心。〔五〕

〔一〕**鮑本**啜，飲也。

〔二〕**姚本**續云：後語作「堵」。　**鮑本**魏人。　補曰：姚云，後語作「堵師」。愚案，左傳，褚師段，宋共公子石，食采於褚。其後可師號褚師，後因氏焉。又有褚師比。「堵」亦姓也，鄭有堵汝父。但此作「堵師」，則恐字有訛。

〔三〕**姚本**一本無此以上三字。

〔四〕**姚本**一作「且」。

〔五〕**鮑本**彪謂：樂羊所謂隱忍以成就功名者也。子則既烹矣，敵人遺之羹，將以亂其心也。有如不忍而以慈愛沮其殺敵之心，則大事去矣，何救於亡子。故羊忍爲此以怒衆而成功，乃其情則非恝然無以天性爲者也。覩師贊之言，其謗書之渠乎？雖然，羊之義，視分羹爲有餘，比覆醢爲不足，使其投盃慷慨，一鼓而攄家國之憤，亦收功必矣。介冑之士，未可望之以聖人之地也。正曰：舜竊負而逃，林回棄千金之璧，輕重之分審矣。豈肯以彼易此哉？劉子政以此事與「西巴放麑」并載，而曰「巧詐不如拙誠」，真名言也。鮑雖爲之曲説萬端，奚救哉！項羽坐太公俎上，高祖杯羹一語，貽愧千古，亦幸而不殺爾！不然，何以自立於天下乎？

西門豹爲鄴令

西門豹爲鄴〔一〕令，而辭乎魏文侯。文侯曰：「子往矣〔二〕，必就子之功，而成子之名。」西門豹曰：「敢問就功成名，亦有術乎？」文侯曰：「有之。夫〔三〕鄉邑老者而先受坐之士〔四〕，子入而問其賢良之士而師事之，求其好掩人之美而揚人之醜者〔五〕而參驗之。夫物多相類而非也，幽莠之幼也似禾〔六〕，驪牛〔七〕之黄也似虎，白骨疑象，武夫類玉〔八〕，此皆似之而非者也。」〔九〕

〔一〕鮑本鄴，屬魏郡。

〔二〕鮑本補曰：一本「子往子往矣」。

〔三〕鮑本「夫」作「矣」。〇　補曰：一本「有之夫」，「夫」屬下句。

〔四〕鮑本老者坐先於衆。

〔五〕**姚本**曾、劉無「者」字。

〔六〕**鮑本**莠，禾下生草。幽，言其色茂。正曰：說文本云，禾粟下生莠，今狗尾也。

〔七〕**鮑本**「驪」作「黧」。○ 黧，黑黄色也。驪，乃深黑馬耳。正曰：驪牛，猶言犛牛、狸牛，不必拘以色論。黧，亦黑色也。爾雅，「倉庚，黧黄」，蓋言倉庚色黧黑而黄。增韻注，「黧黑而黄」，誤也。

〔八〕**鮑本**武夫石似玉。補曰：武夫即武砆。

〔九〕**鮑本**補曰：夫子曰，「不如鄉人之善者好之，其不善者惡之」，文侯之言亦此類。而曰，「求其好掩人之美而揚人之醜者參驗之」，則其好賢也不誠，而且將以來讒賊之徒，意則異矣。

文侯與虞人期獵

文侯與虞人〔一〕期獵。是日，飲酒樂，天雨。文侯將出，左右曰：「今日飲酒樂，天又雨，公將焉之？」文侯曰：「吾與虞人期獵，雖樂，豈可不〔二〕一會期哉〔三〕！」乃往，身自罷之。魏於是乎始强。

〔一〕**鮑本**虞人，掌山澤之官。正曰：孟子注，守苑囿之吏。鮑誤以書注「虞」言之。

〔二〕**姚本**曾作「無」。

〔三〕**鮑本**昔與之期，今往會之。

魏文侯與田子方飲酒而稱樂

魏文侯與田子方飲酒而稱樂〔一〕。文侯曰：「鐘聲不比〔二〕乎，左高〔三〕。」田子方笑。文侯曰：「奚笑？」子方曰：「臣聞之，君明則樂官〔四〕，不明則樂音。今君審於聲〔五〕，臣恐君之聾於官也。」文侯曰：「善，敬聞命。」〔六〕

〔一〕鮑本音岳。

〔二〕鮑本比，猶協。正曰：比，音毗。不比，言不和也。

〔三〕鮑本言左方之聲高。

〔四〕鮑本音洛，以治官爲樂。正曰：通鑑無兩「則」字。樂，仍音岳，下文二語甚明，可推。愚恐「則」乃「明」字訛衍。

札記丕烈案：此不誤。吴説非是。

〔五〕鮑本審，言聽之察。

〔六〕鮑本彪謂：周衰，世主無如魏文侯之賢者。夫其師友淵源，有子方、子夏之徒，誨誘規切之，雖欲無賢可得乎！然則用真儒無敵於天下，信矣！補曰：大事記，史以田子方爲文侯師。説苑載翟璜謂子方曰，「公孫成進子夏而君師之，進段干木而君友之，進先生而君敬之」，蓋得其實。故書曰，「晉魏斯好賢，師卜商，友段干木，敬田子方」。

魏武侯與諸大夫浮於西河

魏武侯與諸大夫浮於西河〔一〕，稱曰：「河山之險，豈〔二〕不亦信固哉！」王鍾〔三〕侍王〔四〕，曰：「此晉國之所以强也。若善脩之，則霸王之業具矣。」吴起對曰：「吾君之言，危國之道也；而子又附之，是〔五〕危也。」武侯忿然曰：「子之言有説乎？」

〔一〕鮑本補曰：正義云，西河，即龍門河也。
〔二〕鮑本無「豈」字。○
〔三〕姚本一作「錯」。
〔四〕鮑本「王」作「坐」。○
〔五〕鮑本「是」下補「重」字。○　札記丕烈案：有者當是。

吴起對曰：「河山之險，信〔一〕不足保也；是〔二〕伯王之業，不從此也。昔者，三苗之居，左〔三〕彭蠡〔四〕之波，右有〔五〕洞庭之水，文山〔六〕在其南，而衡山〔七〕在其北。恃此險也，爲政不善，而禹放逐之。夫〔八〕夏桀之國，左天門〔九〕之陰，而右天谿之陽〔一〇〕，廬〔一一〕、睪在其北，伊、洛〔一二〕出其南。有此險也，然爲政不善，而湯伐之。殷紂之國，左孟門〔一三〕而右漳、釜〔一四〕，前帶河，後被山。有此險也，然爲政不善，而武王伐之。且君親從臣而勝降城，城非不高也〔一五〕，人民非不衆也，然而可得并者，政惡故也。從是觀之，地形險阻，奚足以霸王矣！」

〔一〕姚本一本無「信」字。
〔二〕姚本一本無「是」字。
〔三〕鮑本「左」下補「有」字。○　正曰：姚云下句一本無「有」字，是。按史及下文可見。

〔四〕鮑本彭蠡湖在豫章彭澤。

〔五〕姚本一本無「有」字。

〔六〕鮑本「文」作「汶」。○　補曰：「文」未詳。史以「岷」作「汶」，此或遠言之。　札記丕烈案：文山即汶山，見管子、國語。又韓詩外傳云「岐山在北」，「岐」字訛。

〔七〕鮑本衡，南岳，在長沙湘南。

〔八〕鮑本衍「夫」字。

〔九〕鮑本後志，高都有天井關。注云，戰國策，桀居天門，即此關也。

〔一〇〕鮑本今按天門，即史太華、伊闕，彼言右，故此言左之陰。天谿即河、濟，彼言左，故此言右之陽。正曰：按史，左河、濟，右泰（即太）華，伊闕在其南，羊腸在其北。文不同。

〔一一〕姚本曾作「盧」。　鮑本「盧」作「盧」。○　地缺。補曰：一本「盧」作「盧」，未詳。

〔一二〕鮑本孔曰，伊水出陸渾，洛水之上洛。正曰：伊水出今商州上洛縣南熊耳山，至洛陽縣入洛。洛水出今商州洛南縣冢領山，至鞏縣入河。

〔一三〕鮑本太公世家注，晉山險。補曰：索隱云，在朝歌東北。

〔一四〕鮑本「釜」作「滏」。○　補曰：「滏」通借。

〔一五〕姚本劉本添「也」字。　鮑本無「也」字。○

武侯曰：「善。吾乃今日聞聖人之言也！西河之政，專委之子矣。」〔一〕

〔一〕鮑本起傳有，小異。補曰：起傳與說苑文同。末云，「由此觀之，在德不在險。君若不修德，舟中之人盡爲敵國也」。　史遷曰，吳起說武侯以形勢不如德，然行之於楚，以刻暴少恩亡其軀。楊雄曰，美哉言乎！使起之用兵每若斯，則太公何以加諸？二子論之當矣。然其言不可以人廢也。西河，龍門之河。地即同、華等州，魏之險厄也。一傳惠王，其地日削於秦，至納上郡之時盡矣。險豈足恃也哉？起之言於是乎驗矣。

魏公叔痤爲魏將

魏公叔痤爲魏將，而與韓、趙戰澮北〔一〕，禽樂祚〔二〕。魏王説，迎郊，以賞田百萬禄之〔三〕。公叔痤反走，再拜辭曰：「夫使士卒不崩，直而不倚〔四〕，撓揀而〔五〕不辟者，此吴起餘教也，臣不能爲也。前脉形埊〔六〕之險阻，決利害之備，使三軍之士不迷惑者，巴〔七〕寧、爨襄〔八〕之力也。縣賞罰於前，使民昭然信之於後者，王之明法也。見敵之可也鼓之，不敢怠倦者，臣也。王特爲臣之右手不倦賞臣，何也？若以臣之有功，臣何力之有乎？」王曰：「善。」於是索吴起之後，賜之田二十萬。巴〔九〕寧、爨襄田各十萬。

〔一〕**鮑本**説文，澮水出霍山西南，入汾。此二年，敗韓馬陵，敗趙於懷。補曰：痤，祖戈反。

〔二〕**鮑本**趙將。

〔三〕**鮑本**閑田以待賞有功者。

〔四〕**鮑本**直，直前。倚，邪行。

〔五〕**姚本**一本無「而」字。**鮑本**「撓揀」作「棟撓」。○撓，折也，喻敵之壓己。**札記**今本「撓揀」作「棟撓」。

〔六〕**鮑本**「形埊」作「地形」。○脉，見其幽。形，見其顯。**札記**今本「形埊」作「埊形」。

〔七〕姚本一作「已」。
〔八〕鮑本二人，乃所謂能士。
〔九〕姚本一作「已」。

王曰：「公叔豈非長者哉！既爲寡人勝强敵矣，又不遺賢者之後，不揜能士之迹，公叔何可無益乎？」故又與田四十萬，加之百萬之上，使百四十萬。故老子曰：「聖人無積，盡〔一〕以爲人，己愈有；既以與人，己愈多。」公叔當之矣。〔二〕

〔一〕姚本劉作「既」。　鮑本「既」，亦「盡」也。
〔二〕鮑本彪謂：公叔此言何其似魏絳也。方之郤至，驟稱其伐，彼已隘矣。補曰：按史，田文既死，公叔爲相，而害吳起，以計疑起於武侯，起懼得罪而去之楚。公叔即痤也。澮北之戰，痤乃歸功於起之餘教，而使其嗣受賞，何其前後之戾邪？大事記，顯王七年，魏公孫痤敗韓師、趙師於澮。秦庶長國伐澮，獲其將公孫痤。史記秦本紀及魏世家云，虜公孫痤。惟趙世家、秦魏年表云，虜太子痤。孟子，「梁惠王長子死焉」。蓋太子申戰没於齊者也。凡史記是年言秦虜太子痤者，非。

魏公叔痤病

魏公叔痤病，惠王往問之。曰：「公叔病，即不可諱〔一〕，將奈社稷何？」公叔痤對曰：「痤有御庶子〔二〕公孫鞅，願王以國事聽之也。爲弗能聽，勿使出竟。」王弗應，出而謂左右曰：「豈不悲哉！以公叔之賢，而謂寡人必以國事聽鞅，不亦悖〔三〕乎！」

〔一〕**鮑本**死者，人之所不能避，故云。

〔二〕**鮑本**此公族官，別於國官及太子官。正曰：公叔曰「痤有御庶子」，知爲痤之家臣。如甘羅爲文信侯少庶子之比。說又見秦、韓等策。

〔三〕**鮑本**補曰：史載鞅之言曰，「彼不能用君之言任臣，又安能用君之言殺臣乎」？由是觀之，公叔知鞅而不能進，將死之言，上不能量其君之聽否，下不能測鞅之去就，非悖而何？

公叔痤死，公孫鞅聞之，已葬〔一〕，西之秦，孝公受而用之。秦果日以强，魏日以削。此非公叔之悖也，惠王之悖也。悖者之患，固以不悖者爲悖。〔二〕

〔一〕**姚本**劉作「出奔」。**鮑本**補曰：大事記，顯王八年，公孫痤卒。解題，痤去年爲秦所獲，尋歸之，而終於相位也。今年衛鞅自魏適秦，則痤死必在今年。

〔二〕**鮑本**商君傳略同。

蘇子爲趙合從說魏王

蘇子爲趙合從，說魏王曰：「大王之埊，南有鴻溝〔一〕、陳、汝〔二〕南，有許、鄢、昆陽、邵陵、舞陽〔三〕、新郪〔四〕；東有淮、潁〔五〕、沂〔六〕、黄〔七〕、煮棗、海鹽、無疏〔八〕；西有長城之界〔九〕；北有河外、卷、衍、燕〔一〇〕、酸棗〔一一〕，埊方千里。埊〔一二〕名雖小，然而廬田廡舍〔一三〕，曾無所芻牧牛馬之地〔一四〕。人民之衆，車馬之多，日夜行不休已，無以異於三軍之衆〔一五〕。臣竊料之，大王之國，不下於楚。然横人謀〔一六〕王，外交强虎狼之秦，以侵天下，卒有國〔一七〕患，不被其禍〔一八〕。夫挾强秦之勢，以内劫其主，罪無過此者〔一九〕。且魏，天下之强國也；大王，天下之賢主〔二〇〕也。今乃有意西面而事秦，稱東藩，築帝宮〔二一〕，受冠帶〔二二〕，祠春秋〔二三〕，臣竊爲大王媿之。

〔一〕**鮑本**項羽紀注詳，在滎陽。補曰：蘇子，秦也。下「南有」字恐衍。

〔二〕**鮑本**汝水出弘農入淮。補曰：陳，宛丘，豫州界。「汝」恐連下「南」字，汝南郡也。而下衍「有」字。**札記**今本無「南有」二字。丕烈案：吴氏補曰恐衍者，非也。又曰，「汝」恐連下「南」字，汝南郡也，而下衍「有」字者，是也。史記正作陳、汝南、許，可證。今本誤依吴前一説而輒删耳。

〔三〕**鮑本**鄢下并屬潁川。正曰：鄢，史作郾。索隱云，潁川有許、郾二縣，又有鄢陵縣，故所稱多惑。昆水出南陽，昆陽、舞陽屬潁川，邵陵屬汝南。

〔四〕**鮑本**屬南陽。正曰：索隱云，屬汝南郡，即郪丘。郪，七思反，又音妻。史有「新都」字，新都屬南陽。鮑誤入。

〔五〕**鮑本**水出潁川陽城。補曰：淮，見前。**札記**今本「潁」作「穎」。丕烈案：史記作「潁」。

〔六〕**鮑本**水出泰山蓋縣。

〔七〕**鮑本**即陳留外黃。正曰：黃，説見秦策。大事記如鮑説。

〔八〕**姚本**曾作海鹽、無胥。**鮑本**無「海鹽」二字。〇補曰：姚本「煮棗」下有「海鹽」字。徐廣云，煮棗在濟陰宛句。正義云，冀州信都縣東北有煮棗田。宛句者，在河南。信都者，在河北。無疏，姚注，曾作無胥，史同。按蘇代曰，決宿胥之口，魏無虛、頓丘。徐廣云，紀年，魏救山塞集胥口。正義云，魏志武帝於淇口東，因宿胥故瀆開白溝，道清、淇二水入焉。　**札記**丕烈案：史記無此「海鹽」二字。

〔九〕**鮑本**滎陽、卷縣有長城經陽武到密。補曰：大事記，今開封陽武縣。魏惠王十二年，魏龍賈帥師築長城於西邊。長城即上所指。又十九年，魏築長城，塞固陽。正義云，自鄭濱洛，北達銀州至勝州固陽縣爲塞。固陽有連山，東至黄河，西南至夏、會等州。按蘇秦説合從，在惠王後二年。後七年納上郡地，則此時固陽之長城猶魏地也。

〔一〇〕**姚本**曾去「燕」字。

〔一一〕**鮑本**補曰：正義云，河外謂河南地。卷，丘權反，在鄭州原武縣北。衍、燕、酸棗，見秦策。史無「燕」字。按張儀説魏亦云，秦下兵攻河外，拔卷、衍、燕、酸棗。正義謂河外即其地也。

〔一二〕**鮑本**無「埊」字。○　**札記**丕烈案：史記有。

〔一三〕**姚本**曾作「田舍廬廡」。　**鮑本**廬，田間屋。廡，廊下周屋。

〔一四〕**鮑本**居人多故。

〔一五〕**鮑本**行人多故，如軍陣。

〔一六〕**鮑本**「謀」作「訹」。○史作「怵」。正曰：怵，音黜，恐也。訹，音恤，誘也。策字通，見前。然作「謀」，自可謂横人爲王謀。　**札記**今本「謀」作「訹」，乃誤涉鮑也。

〔一七〕**鮑本**國，謂魏。

〔一八〕**鮑本**謂横人。

〔一九〕**姚本**曾、集、劉無以上五字。

〔二〇〕**札記**今本「主」作「王」。丕烈案：史記作「王」。

〔二一〕**鮑本**爲秦築宫，備其巡幸。

〔一二〕鮑本受服於秦。

〔一三〕鮑本助秦祭。

「臣聞越王勾踐以散〔一〕卒三千，禽夫差於干遂〔二〕；武王卒三千人，革車三百乘，斬紂於牧之野。豈其士卒衆哉？誠能振其威也。今竊聞大王之卒，武力二十餘萬，蒼頭〔三〕二千〔四〕萬，奮擊二十萬，廝徒〔五〕十萬，車六百乘〔六〕，騎五千疋〔七〕。此其過越王勾踐、武王遠矣！今乃劫於辟〔八〕臣之說，而欲臣事秦。夫事秦必割地效質〔九〕，故兵未用而國已虧矣。凡群臣之言事秦者，皆奸臣，非忠臣也。夫爲人臣，割其主之埊以求〔一〇〕外交，偷〔一一〕取一旦之功而不顧其後，破公家而成私門，外挾强秦之勢以内劫其主以求割埊，願大王之熟察之也。

〔一〕鮑本散，則非梟勇。

〔二〕鮑本補曰：干遂見秦策。

〔三〕鮑本蓋以青帕首。項紀注，士卒皂巾。補曰：史記注，魏氏武卒衣三屬之甲，操十二石之弩，負矢五十，置戈其上，冠胄帶劍，贏三日之糧，日中而趨百里。大事記，荀卿所謂魏之武卒也。

〔四〕鮑本「千」作「十」。○札記丕烈案：「十」字是也。史記亦作「十」。

〔五〕鮑本補曰：正義云，廝徒，謂烹炊供養雜役。廝，音斯。

〔六〕姚本曾、劉無「乘」字。

〔七〕姚本曾、劉無「疋」字。

〔八〕**鮑本**「辟」作「群」。○　**札記**今本「辟」作「群」。丕烈案：史記作「群」，蓋不與策文同。
〔九〕**姚本**劉作「實」。
〔一〇〕**鮑本**無「求」字。○　**札記**丕烈案：史記有。
〔一一〕**鮑本**偷，苟且也。

「周書曰：『綿綿不絕〔一〕，縵縵奈何〔二〕；毫毛不拔〔三〕，將成斧柯〔四〕。』前慮不定，後有大患，將奈之何？大王誠能聽臣，六國從親，專心并力，則必無強秦之患。故敝邑趙王〔五〕使使臣獻愚計，奉明約，在大王詔之。」魏王曰：「寡人不肖，未嘗得聞明教。今主君以趙王之詔詔之，敬以國從。」〔六〕

〔一〕**鮑本**綿，薄弱也。正曰：詩，「綿綿瓜瓞」。傳，不絕貌。
〔二〕**鮑本**「縵」作「蔓」，「奈」作「若」。○　蔓，延也。若「縵」則無文之稱耳。「若何」言不可奈何。正曰：「蔓」、「縵」字通借。補曰：家語，孔子觀周廟金人之銘曰，「焰焰不滅，炎炎若何？涓涓不壅，終爲江河。綿綿不絕，或成網羅；豪末不札，將尋斧柯」云云。策謂周書，其指此歟？　**札記**丕烈案：史記作「蔓蔓奈何」。考此所引周書四句，乃和寤解文。吳氏以爲家語，非也。今本周書作「蔓蔓若何」。
〔三〕**鮑本**喻樹之萌。
〔四〕**鮑本**柯，斧柄。
〔五〕**鮑本**肅侯。
〔六〕**鮑本**秦傳有。

張儀爲秦連横説魏王

張儀爲秦連横，説魏王曰：「魏地方不至千里，卒不過三十萬人。埊四平，諸侯四通，條達輻湊〔一〕，無有名山大川之阻。從鄭至梁，不過百里；從陳至梁，二百餘里。馬馳人趨，不待倦而至梁〔二〕。南與楚境，西與韓境，北與趙境，東與齊境，卒戍四方〔三〕，守亭障者參列〔四〕。粟糧漕庾〔五〕，不下十萬。魏之埊勢，故戰場也。魏南與楚而不與齊，則齊攻其東；東與齊而不與趙，則趙攻其北；不合於韓，則韓攻其西；不親〔六〕於楚，則楚攻其南。此所謂四分五裂之道也。

〔一〕**鮑本**如木枝分布，而四方湊之，如輻於轂。
〔二〕**鮑本**言陳、鄭所至皆平地。
〔三〕**鮑本**他國境或有山川關塞，惟梁無之，皆以卒戍守。
〔四〕**鮑本**十里一亭。障，隔也，築城壘爲之。補曰：障，關塞邊候，開封有右夷門關。
〔五〕**鮑本**漕，水運。庾，水漕倉。　**札記**今本「漕庾」誤「糟庚」。
〔六〕**姚本**劉作「合」。

「且夫諸侯之爲從者，以安社稷、尊主、强兵、顯名也。合從者，一天下、約爲兄弟、刑白馬以盟於洹水之上以相堅也。夫親昆弟，〔一〕同父母，尚有争錢財。而欲恃詐僞反覆蘇秦之餘謀，其不可以成亦明矣。

〔一〕札記今本「昆」誤爲「兄」。

「大王不事秦，秦下兵攻河外，拔卷、衍、燕〔一〕、酸棗，劫衛取晉陽〔二〕，則趙不南；趙不南，則魏不北；魏不北，則從道絶〔三〕；從道絶〔四〕，則大王之國欲求無危不可得也。秦挾韓而攻魏，韓劫於秦，不敢不聽。秦、韓爲一國，魏之亡可立而須也，此臣之所以〔五〕爲大王患也。爲大王計，莫如事秦，事秦則楚、韓必不敢動；無楚、韓之患，則大王高枕而卧，國必無憂矣。

〔一〕姚本曾作「黠」。

〔二〕鮑本補曰：史作「陽晉」。正義云，陽晉故城在曹州乘氏縣西北。

〔三〕鮑本主從者趙，故不言其他。

〔四〕鮑本「從道絶」三字不重。〇補曰：一本復有「從道絶」三字，史同。

〔五〕鮑本無「以」字。〇札記丕烈案：史記無。

「且夫秦之所欲弱莫如楚，而能弱楚者莫若魏。楚雖有富大之名，其實空虛；其卒雖衆，多言〔一〕而輕走，易北，不敢堅戰。魏〔二〕之兵南面而伐，勝楚必矣。夫虧楚而益魏，攻楚而適〔三〕秦，内嫁禍安國，此善事也。大王不聽臣，秦甲出而東〔四〕，雖欲事秦而不可得也。

〔一〕鮑本「言」作「然」。○ 札記丕烈案：史記作「然」。詳策文，當讀「衆」字句絶，「多言」下屬。「多言」，謂囂也。史記不與策文同，鮑本誤。
〔二〕鮑本「魏」上補「患」字。○ 正曰：史作「悉」。
〔三〕鮑本適，猶歸。
〔四〕鮑本「東」下補「伐」字。○ 札記丕烈案：史記有。

「且夫從人多奮辭〔一〕而寡可信，説一諸侯之王，出而乘其車；約一國而反，成而〔二〕封侯之基。是故天下之游士，莫不日夜搤腕〔三〕瞋目〔四〕切齒〔五〕以言從之便，以説人主。人主覽其辭，牽其説，惡得無眩哉？臣聞積羽沉舟，群輕折軸，衆口鑠金〔六〕，故願大王之熟計之也。」

〔一〕鮑本猶大言。
〔二〕鮑本「反成」作「成反」，「而」下補「取」字。札記今本「而反成而」作「而成反而取」，乃誤涉鮑也。鮑本作「成反」，補「取」字。丕烈案：考史記，云「而成封侯」。可見「取」字係臆補，而今本又誤依之也。
〔三〕鮑本搤，把；腕，手也。
〔四〕鮑本瞋，張目也。
〔五〕鮑本言之力也。正曰：荆軻傳索隱云，齒相摩切，奮怒意。
〔六〕鮑本周語「衆口鑠金」注，「衆口所毁，雖金石猶可銷」。史下又有「積毁銷骨」一句。江淹書，「積毁銷金，積讒磨骨」。

魏王曰：「寡人蠢愚〔一〕，前計失之。請稱東藩，築帝宮，受冠帶，祠春秋，效河外。」〔二〕

〔一〕姚本曾、劉無「愚」字。

〔二〕鮑本儀傳在諸國之先。彪謂：魏遡秦而無阻固，凡橫人之辭，若可聽唯魏也。故儀先之魏，一搖而諸國動矣。敗從之約，魏其過歟！使魏而繹其說曰，「秦豈能有愛於我哉？兵來不除道，何爲以說客先之，是知其不可而訹我也。且我事秦，安得高枕而無憂哉？」如是展轉計之，則儀之辭屈矣。魏不搖，諸侯將又曰，「彼魏四達之國，又遡於秦，彼猶堅約不動，我何懼乎秦？」如是，則諸侯一矣。惜魏之不知出此也。補曰：史，張儀留魏四歲而襄王卒，實惠王；哀王立，實襄王。張儀復說王，王不聽，於是儀陰令秦伐魏。魏與秦戰，敗。明年，齊又敗魏觀津。秦復欲攻魏，先敗韓申差，諸侯震恐。張儀復說魏王云云，王乃倍從約而因儀請成於秦。事在襄王二年。正曰：顯王三十六年，蘇秦約六國合從。次年，秦使犀首欺齊、魏以伐趙，而從約解。慎靚王三年，蘇秦約六國伐秦，再申前約也。兵至函谷關，秦擊之而走。次年，齊敗魏、趙觀津，則齊敗約矣。既而韓與魏、趙伐秦而敗，張儀留魏六年，說而不聽。今因其兵敗從散而說之，得其隙矣，魏不得不聽也。魏非不知從之利而秦之不可信也，劫於秦之强而患於與國之不一。後三年，魏復背秦合從，其情可見矣。惜其自同連鷄中兄弟爭財之料，而相與以趨於亡。從之不可合，合之不可久，其勢則然矣。鮑之責魏，殆未深究夫事情也！補曰：搤，音厄。惷，愚也，書容、抽江、丑用、陟降四反，義並同。

齊魏約而伐楚

齊、魏約而伐楚，魏以董慶爲質於齊。楚攻齊，大敗之，而魏弗救。田嬰怒，將殺董慶。盱夷〔一〕爲董慶〔二〕謂田嬰曰：「楚攻齊，大敗之，而不敢深入者，以魏爲將內之於齊〔三〕而擊其後。今殺董慶，是示楚無魏也。魏怒合於楚，齊必危矣。不如貴〔四〕董慶以善魏，而疑之於楚也。」〔五〕

〔一〕姚本劉作「干夷」。　鮑本「盱」作「盰」。◯　皆魏人。補曰：一本「盰」作「吁」。　札記丕烈案：史記孟荀列傳有吁子，作「吁」亦可通。

〔二〕鮑本無「爲董慶」三字。◯

〔三〕鮑本言縱楚使深入乃擊之也。

〔四〕姚本一作「舍」。

〔五〕鮑本正曰：時不可考。

蘇秦拘於魏

蘇秦〔一〕拘於魏，欲走而之韓〔二〕，魏氏閉關而不通。齊使蘇厲爲之謂魏王曰：「齊請以宋地封涇陽君〔三〕，而秦不受也。夫秦非不利有齊而得宋埊也〔四〕，然其所以不受者，不信齊王〔五〕與蘇秦〔六〕也〔七〕。今秦見齊、魏之不合也〔八〕如此其甚也，則齊必不欺秦，而秦信齊矣。齊、秦合而涇陽君有宋地，則非魏之利也。故王不如復東蘇秦〔九〕，秦必疑齊而不聽也。夫齊、秦不合，天下無憂〔一〇〕，伐齊成，則埊廣矣〔一一〕。」

〔一〕鮑本「秦」作「代」。◯　下同。補曰：燕策及史作「代」。　札記今本「秦」作「代」，乃誤涉鮑也。

〔二〕鮑本「韓」作「齊」。◯　札記今本「韓」上有「齊」字，乃誤涉鮑也。丕烈案：今本并存「齊韓」二字，誤甚矣。

〔三〕鮑本時未舉宋，此侵伐所得耳。正曰：正義云，涇陽君，秦王弟悝也。齊蘇子告秦兵伐宋，以封涇陽君。然齊假設此策以救代。

〔四〕**鮑本**無「也」字。○ **札記**丕烈案：史記有。

〔五〕**鮑本**闕。

〔六〕**鮑本**補曰：燕策及史作「子」，下同。 **札記**今本「秦」作「代」。

〔七〕**鮑本**疑其善魏。

〔八〕**鮑本**衍「也」字。 **札記**丕烈案：史記無。

〔九〕**鮑本**使得之齊。

〔一〇〕**鮑本**補曰：一本標一作「變」。 **札記**丕烈案：史記作「無變」。

〔一一〕**鮑本**齊無秦而魏伐之，可以得地。蘇傳有，在齊伐宋之前。補曰：燕策及史曰，魏爲燕執代，齊使人謂魏王曰云云，於是出蘇代，代之宋。

陳軫爲秦使於齊

陳軫爲秦使於齊，過魏，求見犀首。犀首謝陳軫〔一〕。陳軫曰：「軫之所以來者，事也。公不見軫，軫且行，不得待異日矣。」犀首乃見之。陳軫曰：「公惡事乎？何爲飲食而無事？無事必來〔二〕。」犀首曰：「衍不肖，不能得事焉，何敢惡事？」陳軫曰：「請移天下之事於公。」犀首曰：「奈何？」陳軫曰：「魏王使李從〔三〕以車百乘使於楚，公可以居其中而疑之。公謂魏王曰〔四〕：『臣與燕、趙故矣〔五〕，數令人召臣也，曰無事必來。今臣無事，請謁而往。

無久〔六〕，旬、五之期〔七〕。』王必無辭以止公。公得行，因自言於廷曰：『臣急使燕、趙〔八〕，急約車爲行具〔九〕。』」犀首曰：「諾。」謁魏王，王許之，即明言使燕、趙。

〔一〕鮑本辭不之見。
〔二〕鮑本衍「無事必來」四字。補曰：四字恐因下文衍。札記丕烈案：史記作「公何好飲也？犀首曰，無事也」。此當有誤。
〔三〕鮑本諸多趙人。補曰：軫傳以李從爲田需。
〔四〕鮑本軫教衍。
〔五〕鮑本言與之故。
〔六〕鮑本言不久於彼。
〔七〕鮑本期以十日五日。
〔八〕鮑本言有急事出使。
〔九〕鮑本行所當具。

諸侯客聞之，皆使人告其王曰：「李從以車百乘使楚，犀首又以車三十乘〔一〕使燕、趙。」齊王〔二〕聞之，恐後天下得魏〔三〕，以事屬犀首，犀首受齊事。魏王止其行使〔四〕。燕、趙聞之，亦以事屬犀首。楚王〔五〕聞之，曰：「李從約寡人，今燕、齊、趙皆以事因犀首〔六〕，犀首必欲寡人，寡人欲之。」乃倍李從，而以事因犀首〔七〕。魏王曰：「所以不使犀首者，以爲不可〔八〕。令〔九〕四國屬以事，寡人亦以事因焉。」犀首遂主天下之事，復相魏。〔一〇〕

〔一〕札記今本「十」誤「千」。

〔二〕鮑本閔。

〔三〕鮑本恐得魏後於諸侯。

〔四〕鮑本無「行」字。○　初以無事請行。今有齊事，魏亦且任之，故止之。　札記今本無「使」字，鮑本無「行」字。丕烈案：二字當複，衍其一。

〔五〕鮑本懷。

〔六〕鮑本魏爲主約，故諸侯因衍以合魏。

〔七〕鮑本從與衍，皆爲魏約耳，而因衍者衆，故楚亦因之。背從者，欲專於衍也。

〔八〕鮑本不可任。

〔九〕鮑本「令」作「今」。○　札記今本「令」作「今」。丕烈案：「今」字是也。

〔一〇〕鮑本復，言得四國又相魏也，非已相罷而又復。衍傳有，在張儀初相之後。彪謂：軫之所立，唯此有七國捭闔風氣，不然，醇乎醇矣！正曰：陳軫過犀首而不見，宜若有憾焉，而必見之，又教之以收天下之事任，何也？二人皆不善於張儀者也。激犀首以重任，皆所以傾儀而已。鮑氏於軫深所歸重，此章知其失不可揜，則曰「不然，醇乎醇矣」！鮑因軫答秦王之楚之對，而亟加矜奬，曲爲之説。故愚亦屢摘其微，非好爲攻發也。犀首相在惠王時，説見下章。

張儀惡陳軫於魏王

張儀惡陳軫於魏王曰：「軫善事楚，爲求壤埊也，甚力之〔一〕。」左華〔二〕謂陳軫曰：「儀善於魏王，魏王甚愛之。公雖百説之，猶不聽也。公不如〔三〕儀之言爲資，而反於楚王〔四〕。」陳軫曰：「善。」因使人先言於楚王。〔五〕

〔一〕**鮑本**衍「之」字。**札記**今本無「之」字，乃誤涉鮑也，鮑衍「之」字。丕烈案：楚策無。

〔二〕**鮑本**未詳。補曰：楚策作「左爽」。

〔三〕**鮑本**「如」下補「以」字。○補曰：「如」下宜有「以」字，楚策有。**札記**今本「如」下有「以」字，乃誤涉鮑也。

〔四〕**鮑本**反，言報之。王，懷王。

〔五〕**鮑本**軫自是如楚。正曰：楚策云，楚王喜欲復之，未知即以此時如楚否？策云，儀善於魏王，王甚愛之，當是惠王時事。補曰：軫之答魏王曰，「子胥忠其君，天下皆欲以爲臣；孝己愛其親，天下皆欲以爲子。臣不忠於王，楚何以臣爲忠」？斯言宜若自信矣。今也因張儀謂其善事楚，爲求壤地，乃以爲資而反楚，則前日所云，一時口給禦人耳，豈其情哉？

張儀欲窮陳軫

張儀欲窮陳軫〔一〕，令〔二〕魏王召而相之，來將悟〔三〕之。將行，其子陳應止其公〔四〕之行，曰：「物之湛〔五〕者，不可不察也。鄭彊出秦〔六〕曰〔七〕，應爲知〔八〕。夫魏欲絶楚、齊，必重迎公〔九〕。郢中不善公者，欲公之去也，必勸王多公之車〔一〇〕。公至宋，道稱疾而毋行，使人謂齊王〔一一〕曰：『魏之所以迎我者，欲以絶齊、楚也。』」

〔一〕**鮑本**時在楚。

〔二〕**札記**今本「令」誤「今」。

〔三〕**姚本**曾作「梏」。　**鮑本**「悟」作「倍」。○　補曰：字誤。　**札記**丕烈案：此以「悟」爲「圄」字耳。

〔四〕**鮑本**公，翁同。　項羽紀注，謂父。

〔五〕**鮑本**湛，謂其謀之深。

〔六〕**鮑本**彊自秦出在楚。　補曰：韓策，鄭彊載金入秦，請伐韓。此云出秦也。

〔七〕**札記**「曰」，鮑本作「日」。

〔八〕**姚本**曾作「之」。　**鮑本**言能止其父。

〔九〕**鮑本**軫在楚，必合齊，而魏欲離之，故迎軫。

〔一〇〕**鮑本**王，楚懷。　補曰：「郢中」止「去也」讀，「車」字句。

〔一一〕**鮑本**閔。　正曰：大事記，張儀相魏，在惠王後十三年，尋以公孫衍代。襄王二年，因請成於秦，爲秦相。後八年，秦出之魏。次年死。其在位，多惠王時，與齊宣相涉。

齊王曰：「子果〔一〕無之魏而見寡人也，請封子。」因以魯侯之車迎之。

〔一〕**鮑本**「果」作「東」。○　使東來齊。　**札記**今本「果」作「東」。

張儀走之魏

張儀走之魏〔一〕，魏將迎之。張丑諫於王，欲勿內，不得於王〔二〕。張丑退，復諫於王曰：

「王亦聞老妾事其主婦者乎？子長色衰，重〔三〕家〔四〕而已。今臣之事王，若老妾之事其主婦者。」魏王因不納張儀。〔五〕

〔一〕**鮑本**傳言秦武元年，群臣惡之，乞之梁。此九年。正曰：按襄王九年，儀走魏，魏納而相之。此云不内，恐非是時事。
〔二〕**鮑本**王不聽也。
〔三〕**鮑本**重，猶再。
〔四〕**姚本**一本作「嫁」。**鮑本**「家」作「嫁」。○**札記**丕烈案：「嫁」字當是。
〔五〕**鮑本**彪謂：丑之自比若此，豈可望於士君子之行哉？哀王聽其所説，是亦魏媪之耄者耳。

張儀欲以魏合於秦韓

張儀欲以魏合於秦、韓而攻齊、楚。惠施欲以魏合於齊、楚以案兵。人多爲張子於王所〔一〕。惠子謂王曰：「小事也，謂可者謂不可者正半，況大事乎？以魏合於秦、韓而攻齊、楚，大事也，而王之群臣皆以爲可。不知是其可也，如是其明耶？而〔二〕群臣之知術也，如是其同耶？是其可也，未如是其明也，而群臣之知術也，又非皆同也，是有其半塞也〔三〕。所謂劫主〔四〕者，失其半者也。」〔五〕

〔一〕鮑本所，猶處。

〔二〕鮑本「而」作「亡」。○亡，得無也。正曰：下文有。　札記丕烈案：「亡」字當是，此不與下句同。秦策、趙策、韓策皆有此字，可證也。

〔三〕鮑本「有其」作「其有」。○塞，不明。

〔四〕鮑本「主」作「王」。○札記丕烈案：「王」字誤，韓子作「主」，可證。

〔五〕鮑本事不明而欲王必從，是劫王也；王而從之，失其半矣。正曰：此策言小事，人可否者且正半，而此大事，人皆同聲，必非皆知其可，而智術之皆同者，則明與不明者居半也。彼劫王以必從，失其明者之半也。此策云欲以魏合於秦、韓，亦當是惠王時。

張子儀以秦相魏

張子〔一〕儀以秦相魏，齊、楚怒而欲攻魏。雍沮〔二〕謂張子曰：「魏之所以相公者，以公相則國家安，而百姓無患。今公相而魏受兵，是魏計過也。齊、楚攻魏，公必危矣。」張子曰：「然則奈何？」雍沮曰：「請令齊、楚解攻。」雍沮謂齊、楚之君〔三〕曰：「王亦聞張儀之約秦王〔四〕乎？曰：『王若相儀於魏，齊、楚惡儀，必攻魏。魏戰而勝，是齊、楚之兵折，而儀固得魏矣；若不勝魏〔五〕，魏必事秦以持其國，必割地以賂王。若欲復攻〔六〕，其敝不足以應秦〔七〕。』此儀之所以與秦王陰相結也。今儀相魏而攻之，是使儀之計當於秦也，非所以窮儀

之道也。」齊、楚之王曰：「善。」乃遽〔八〕解攻於魏。〔九〕

〔一〕姚本劉去「子」字。　鮑本衍「子」字。
〔二〕鮑本魏人。
〔三〕鮑本閔、懷。
〔四〕鮑本惠。
〔五〕鮑本衍「魏」字。
〔六〕鮑本秦攻齊、楚。正曰：言魏割地合於秦，齊、楚復攻魏，而秦救之，則齊、楚罷敝，不足以應秦。此策亦當在惠王時。
〔七〕鮑本二國嘗戰，今必弊，故不能當秦。
〔八〕鮑本「遽」作「遂」。〇
〔九〕鮑本補曰：齊策，秦惠王死，儀乞之梁，以致齊伐。儀使馮喜說齊王云云，其言頗與雍沮類。

張儀欲并相秦魏

張儀欲并相秦、魏〔一〕，故謂魏王曰：「儀請以秦攻三川，王以其間約南陽，韓氏亡〔二〕。」史厭〔三〕謂趙獻〔四〕曰：「公何不以楚佐儀求相之於魏，韓恐亡，必南走〔五〕楚。儀兼相秦、魏，則公亦必并相楚、韓也〔六〕。」

〔一〕鮑本儀相魏在此十三年。正曰：秦惠後三年，魏惠後十三年。
〔二〕鮑本約，謂使韓以此與魏。韓氏必亡。
〔三〕鮑本史名厭。
〔四〕鮑本與厭俱在楚，正曰：無考。
〔五〕鮑本補曰：走，音奏。
〔六〕鮑本儀因獻得相，必德獻。楚得韓，儀必緩攻，韓亦德獻也。

魏王將相張儀

魏王將相張儀，犀首弗利〔一〕，故令人謂韓公叔曰：「張儀以〔二〕合秦、魏矣。其言曰：『魏攻南陽，秦攻三川，韓氏必亡。』且魏王所以貴張子者，欲得埊〔三〕，則韓之南陽舉矣。子盍少委焉〔四〕，以爲衍功〔五〕，則秦、魏之交可廢矣〔六〕。如此，則魏必圖秦而棄儀，收韓而相衍。」公叔以爲信〔七〕，因而委之，犀首以爲功，果相魏〔八〕。

〔一〕鮑本補曰：大事記，魏惠王後十三年，張儀相魏，魏不事秦，以公孫衍代相。
〔二〕姚本一作「已」。鮑本「以」作「已」。○札記丕烈案：史記作「已」。
〔三〕鮑本「埊」下有「也」字。○札記丕烈案：史記有。
〔四〕鮑本請以事委衍。

〔五〕鮑本有功，魏乃任之。正曰：大事記，令韓以與魏南陽，爲公孫衍之功。

〔六〕鮑本魏任衍，則聽其所爲。

〔七〕姚本曾作「便」，劉作「信」。鮑本「信」作「然」。○札記丕烈案：史記作「便」。

〔八〕鮑本衍傳有。補曰：大事記，魏王不聽儀者，公孫衍間之也。衍傳稱衍相魏，張儀去，則不然。以儀傳考之，儀慚無以歸報，留魏四歲而魏王卒，復説其嗣君，久之始去魏相秦爾。愚謂，儀説魏合秦，襄王久而後聽，惠王之崛强，猶未入其言，故公孫衍之間易爲力也。

楚許魏六城

楚許魏六城，與之伐齊而存燕。張儀欲敗之，謂魏王曰：「齊畏三國〔一〕之合也，必反燕埊〔二〕以下楚，楚、趙〔三〕必聽之，而不與魏六城。是王失謀於楚、趙〔四〕，而樹怨而〔五〕於齊、秦也。齊遂伐趙〔六〕，取乘丘〔七〕，收侵地，虛、頓丘〔八〕危。楚破南陽九夷〔九〕，内沛〔一〇〕，許、鄢陵危。王之所得者，新觀〔一一〕也。而道塗宋、衛爲制〔一二〕，事敗爲趙驅〔一三〕，事成功縣宋、衛〔一四〕。」魏王弗聽也〔一五〕。

〔一〕鮑本楚、魏、燕。

〔二〕鮑本此齊宣因喪伐燕所得。正曰：按史，易王初立，齊宣王因喪伐我，取十城。蘇秦説齊，使復歸燕十城，必非此時。策云伐齊存燕，蓋齊人破燕後事也。

〔三〕鮑本衍「趙」字。　正曰：姚本下句亦云失謀於楚、趙。

〔四〕鮑本無「趙」字。○

〔五〕鮑本衍「而」字。　補曰：疑衍。　札記今本無下「而」字，乃誤涉鮑也。

〔六〕鮑本趙，魏鄰也，伐之以動魏。

〔七〕鮑本屬泰山。　補曰：正義云，乘丘故城在兗州瑕丘縣西北。

〔八〕鮑本補曰：虛，謂殷虛，今相州所理。　頓丘故城，在魏州頓丘縣東北。　括地志，二城時屬魏。　餘見秦策。

〔九〕鮑本疑當爲九嶷。　正曰：此南陽堵赭，同陽屬荆州者，以下文連九嶷、許、鄢言之故也。　大事記，李斯書云，惠王用張儀計，南取漢中，包九夷，制鄢、郢。　九夷，即屬楚之夷方。　孔子在陳、蔡，相去不遠，所以有欲「居九夷」之言，此與集注異。　愚謂，此言破南陽之九夷也。

〔一〇〕鮑本豫州郡。「内」，言入其地。　正曰：「内沛」，地名，必非豫州者。

〔一一〕鮑本屬魏郡。　補曰：正義引括地志，觀津在冀州棗陽，一云武邑縣東南，本趙邑，今屬魏。　今詳名新觀者，恐以此。　大事記主屬清河。　又云，魏惠王三年，齊伐魏取觀津。　赧王四十二年，魏冉敗趙，魏取趙觀津，所屬不常。

〔一二〕鮑本言雖得新觀，路所從出，又限二國。

〔一三〕鮑本敗，謂楚不與也。　楚不與，則齊伐趙，亡將及魏，故奔走援之。

〔一四〕鮑本成，謂楚與之地。　受地必由二國。　縣，言輕重繫之。

〔一五〕姚本劉，連上。　曾，題。

張儀告公仲〔一〕

〔一〕此篇姚本與楚許魏六城分爲二篇，鮑本與楚許魏六城合爲一篇。　據文義，從姚本。

張儀告公仲，令以饑故，賞韓王以近河外〔一〕。魏王懼，問張子。張子曰：「秦欲救齊，韓欲攻南陽〔二〕，秦、韓合而欲攻南陽，無異也〔三〕。且以遇卜王〔四〕，王不遇秦，韓之卜也決矣〔五〕。」魏王遂尚〔六〕遇秦，信韓、廣〔七〕魏、救趙，尺〔八〕楚人，遽於萆下〔九〕。伐齊之事遂敗。

〔一〕**鮑本**賞，猶勸也。韓時饑，因勸之就粟於河外。河外近魏，故魏恐。韓王，宣惠也。正曰：此句不可解，恐「韓王」字當在「令」下，而衍一「以」字。謂公仲令韓王以饑故，賞賜近河外之民。

〔二〕**鮑本**補曰：此河内修武。

〔三〕**鮑本**言無他。

〔四〕**鮑本**兩君相遇，則講信修睦，故遇者，相好也。

〔五〕**鮑本**決，無他疑。韓以魏不與秦遇，知其惡我，必合秦而攻魏。

〔六〕**鮑本**尚，言欲之甚。

〔七〕**鮑本**廣，猶心廣體胖，云樂之也。此著書者述其遇秦之效，魏昔懼而今心廣，又豈能止齊伐趙也？正曰：寬廣也，寬魏之憂也。

〔八〕**鮑本**「尺」作「斥」。○　補曰：未詳。

〔九〕**鮑本**「萆」作「革」。○　地缺。「革」豈「鬲」邪？遽，傳遽。楚以傳來許地，魏斥之也。補曰：姚本「萆下」、「遽」未詳，恐有缺誤，「萆」疑「華」。

徐州之役

徐州之役〔一〕，犀首謂梁王曰：「何不陽與齊而陰結於楚？二國恃王，齊、楚〔二〕必戰。齊戰勝楚，而與乘之〔三〕，必取方城之外；楚戰勝齊敗〔四〕，而與乘之，是太子〔五〕之讎報矣。」

〔一〕**鮑本**「徐」作「徐」。○ 楚敗齊也。齊宣十年，此二年。正曰：惠王後二年。補曰：徐州，見齊策。

〔二〕**鮑本**「齊」下無「楚」字，原注「衍齊字」。○ 補曰：一本「齊」下有「楚」字。

〔三〕**鮑本**與齊乘楚。

〔四〕**姚本**一本無「敗」字。　**鮑本**衍「敗」字。正曰：即楚敗齊將申縛泗上之役，見秦策。

〔五〕**鮑本**太子申。

秦敗東周

秦敗東周，與魏戰於伊闕，殺犀武〔一〕。魏令公孫衍乘勝而留於境〔二〕，請卑辭割埊，以講於秦。爲竇屢〔三〕謂魏王曰：「臣不知衍之所以聽於秦之少多，然而臣能半衍之割，而令秦講於王。」王曰：「奈何？」對曰：「王不若與竇屢關内侯〔四〕，而令趙〔五〕。王重其行而厚奉之。因揚言曰：『聞周、魏令竇屢以割魏於奉陽君，而聽秦〔六〕矣。』夫周君、竇屢、奉陽君之與穰侯，貿首之仇也〔七〕。今行和者，竇屢也；制割者，奉陽君也。太后恐其不因穰侯〔八〕也，而欲敗之，必以少割請合於王，而和於東周與魏也。」

〔一〕**鮑本**此三年。

〔二〕鮑本乘，言因秦勝我，留而與之講。若秦既去，則無及已。補曰：公孫衍，說見前。
〔三〕鮑本魏人。
〔四〕鮑本侯於關内耳。此時未爲爵。補曰：關内侯之稱，不獨起於秦。
〔五〕鮑本「令」下有「之」字。○札記丕烈案：有者當是。此讀「趙」字句絶，「王重」以下别爲句。
〔六〕鮑本因地講秦。
〔七〕鮑本補曰：奉陽君即李兑，說見趙策。此言與穰侯貿首之仇，則二人欲陰取以定封之事也。
〔八〕鮑本后，穰侯之姊。

齊王將見燕趙楚之相於衛

齊王〔一〕將見燕、趙、楚之相於衛，約外魏〔二〕。魏王懼，恐其謀伐魏也，告公孫衍。公孫衍曰：「王與臣百金，臣請敗之。」王爲約車，載〔三〕百金。犀首期齊王至之曰〔四〕，先以車五十乘至衛間齊，行以百金〔五〕，以請先見齊王，乃得見。因久坐安，從容談三國之相怨。

〔一〕鮑本閔。
〔二〕鮑本不親之。
〔三〕姚本孫作「齎」。
〔四〕鮑本「曰」作「日」。○度其至衛之日。札記今本「曰」作「日」。
〔五〕鮑本無「車」字，「行」下補「人」字。○間，私見之。正曰：間，居諫反，投間隙也。行以百金，猶云行幾金於某。

札記今本「行」下有「人」字，乃誤涉鮑也。

謂齊王曰：「王與三國約外魏，魏使公孫衍來，今久與之談，是王謀三國也也〔一〕。」齊王曰：「魏王聞寡人來，使公孫子勞寡人，寡人無與之語也。」三國之不相〔二〕信齊王之遇，遇事遂敗〔三〕。

〔一〕**鮑本**「也」字不重。○　**札記**今本「也」字不重。丕烈案：下「也」字當是「已」字之誤，輒刪者未是。

〔二〕**鮑本**「不相」作「相不」。○　補曰：字殽次，當作「相不」。　**札記**今本「不相」作「相不」，乃誤涉鮑也。

〔三〕**鮑本**按上章，張儀將相魏，犀首以計去之，乃得相。而儀相魏四歲，則所謂以計去之，在儀欲相之初；衍得相，宜在儀復相秦之時也。　補曰：大事記書魏惠王後十三年，秦張儀免相相魏，魏不事秦，以公孫衍代相。解題云，衍傳稱衍相魏儀去則不然，儀慚無以歸報，留魏四歲，而惠王卒。後魏襄王二年，始去魏復相秦。

魏令公孫衍請和於秦

魏令公孫衍請和於秦，綦母恢教之語曰：「無多割〔一〕。曰，和成，固有秦重和〔二〕，以與王遇；和不成，則後必莫能以魏合於秦者矣〔三〕。」

〔一〕**鮑本**「割」下無「曰」字。○　補曰：一本此下有「曰」字，乃教衍說秦之辭。

〔二〕**鮑本**補曰：一本標孫本無「和」字。　**札記**丕烈案：無者是也。

〔三〕鮑本衍已相秦故。正曰：此策，惠、襄之世不可定。

公孫衍爲魏將

公孫衍爲魏將，與其相田繻〔一〕不善。季子〔二〕爲衍謂梁王曰：「王獨不見夫服牛驂驥乎？不可以行百步。今王以衍爲可使將，故用之也；而聽相之計，是服牛驂驥也〔三〕。牛馬俱死，而不能成其功，王之國必傷矣！願王察之。」〔四〕

〔一〕鮑本「繻」作「需」。〇從下章及史。補曰：「繻」即「需」。
〔二〕鮑本未詳。
〔三〕姚本一作「之道」。
〔四〕鮑本彪謂：此用賢而使不肖間之之説也，而衍也非其人也。補曰：此策若作魏將，則恐在襄王時。

戰國策卷二十三

魏　二

犀首田盼欲得齊魏之兵以伐趙

犀首、田盼欲得齊、魏之兵以伐趙，梁君與田侯[一]不欲。犀首曰：「請國出五萬人，不過五月而趙破。」田盼曰：「夫輕用其兵者，其國易危；易用其計者，其身易窮。公今言破趙大易，恐有後咎。」犀首曰：「公之不慧也。夫二君者，固已不欲矣。今公又言有[二]難以懼之，是趙不伐，而二士[三]之謀困也。且公直言易，而事已去矣。夫難構而兵結，田侯、梁君見其危，又安敢釋卒不我予乎？」田盼曰：「善。」遂勸兩君聽犀首。犀首[四]、田盼遂得齊、魏之兵。兵未出境，梁君、田侯恐其至而戰敗也，悉起兵從之，大敗趙氏。

[一] **鮑本**閔王。正曰：事在齊宣十一年，魏惠後三年，趙肅侯十八年。公孫衍欲敗從，田盼本非與謀，故其聞衍之説，猶

能以用兵難之。既而訹於其言，勸兩君以聽衍而身將齊、魏之兵，蓋狃於戰鬭之習，墮衍計中，以成其欺，以敗和好，快讎秦之欲，皆盼之爲也。觀馬陵之役，魏客之言，張丑説楚之辭，知盼爲鄰國所畏，百姓所服。今以此事觀之，盼亦優於勇而短於謀者也。

〔二〕**姚本**曾添「有」字。　**鮑本**無「有」字。○

〔三〕**姚本**一作「君」。　**鮑本**二士，衍、盼。

〔四〕**鮑本**「犀首」二字不重。○　補二字。

犀首見梁君

犀首見梁君曰：「臣盡力竭知，欲以爲王廣土取尊名，田需〔一〕從中敗君〔二〕，王又聽之，是臣終無成功也。需亡，臣將侍；需侍，臣請亡。」王曰：「需，寡人之股掌〔三〕之臣也。爲子之不便也，殺之亡之〔四〕，毋謂天下何，内之無若群臣何也〔五〕！今吾爲子外之，令毋敢入〔六〕子之事。入子之事者，吾爲子殺之亡之，胡〔七〕如？」犀首許諾。於是東見田嬰，與之約結；召文子〔八〕而相之魏，身相於韓。〔九〕

〔一〕**姚本**前作田繻，今直言需。

〔二〕**鮑本**補曰：一本標「君」一作「臣」，又作「之」。　**札記**今本「君」作「臣」。

〔三〕**鮑本**猶股肱。

〔四〕鮑本補曰：一本標云，有「外之」字。札記丕烈案：有者當是。此讀「外之毋謂天下何」七字爲一句，與下「内之」爲對文，涉「今吾爲子外之」而脱。

〔五〕鮑本内，謂親之。稱「群臣」，則衍與焉。正曰：言殺之亡之，天下之人與内之群臣，皆不以爲然也。

〔六〕姚本入，猶與也。曾、劉無此注。

〔七〕鮑本胡，猶何。

〔八〕鮑本田文。

〔九〕姚本曾題，劉連。（案：曾鞏本，另篇。劉敞本，此篇與下篇蘇代爲田需説魏王連篇，鮑本亦同。）鮑本補曰：田文爲魏相，蓋犀首約結於嬰，召其子而相之也。下章與此同。事宜在襄王時，非文奔魏相昭王事也。身相韓，衍欲相韓也。下言置田需以稽二人，則衍仍留魏矣。一本此下别爲一章。

蘇代爲田需説魏王

蘇代爲田需説魏王曰：「臣請問文之爲〔一〕魏，孰與其爲齊也？」王曰：「不如其爲齊也。」「衍之爲魏，孰與其爲韓也〔二〕？」王曰：「不如其爲韓也。」而〔三〕蘇代曰：「衍將右韓而左魏〔四〕，文將右齊而左魏。二人者，將用王之國，舉事於世，中道〔五〕而不可，王且無所聞之矣〔六〕。王之國雖滲〔七〕樂而從〔八〕之可也〔九〕。王不如舍〔一〇〕需於側，以稽二人者之所爲。二人者曰：『需非吾人也〔一一〕，吾舉事而不利於魏，需必挫我於王。』二人者必不敢有外心矣。

二人者之所爲之〔一二〕，利於魏與不利於魏，王厝〔一三〕需於側以稽之，臣以爲身利〔一四〕而〔一五〕便於事〔一六〕。」王曰：「善〔一七〕。」果厝需於側。〔一八〕

〔一〕**姚本**爲，助也。曾、劉無此注。

〔二〕**鮑本**衍，陰晉人，時屬韓，故下蘇代説昭魚亦云。正曰：陰晉，魏地，衍實魏人，其善韓非以此。

〔三〕**鮑本**衍「而」字。

〔四〕**姚本**右，近；左，遠。曾、劉無此注。　**鮑本**右，言助之力。正曰：時尚右，説見趙策。

〔五〕**鮑本**中道，猶中立也，言不能兩全二國。

〔六〕**鮑本**不聞所以救之。正曰：彼有外心，王不得而聞之。

〔七〕**鮑本**言浸微浸弱，如漏器然。

〔八〕**姚本**曾作「後」。

〔九〕**鮑本**言如漏器，尚足樂，雖從二子可也。然從二子必亟亡，不得如是也。補曰：「滲樂」未詳。**札記**丕烈案：此當作「操藥」，形近之訛也。言國病甚。鮑所讀非。

〔一〇〕**鮑本**舍，猶厝。

〔一一〕**鮑本**需非二人之黨。

〔一二〕**姚本**劉去「之」。

〔一三〕**鮑本**「厝」、「措」同。

〔一四〕**姚本**劉去「身利」字。　**鮑本**身，王身。

〔一五〕**姚本**一本無「而」字。

〔一六〕**鮑本**「而」下有「國」字。○　補曰：一本「而便於事」。又姚注云，劉去「身利」字，一無「而」字，似義長。

〔一七〕**札記**今本「善」誤「然」。

〔一八〕**鮑本**彪謂：哀王於是有人君之言，不亡需是也。惜其不旋踵，需不入衍之事，蘇代入之矣！待衍如是可也，如得賢而付之閫外，若此者不亦殆乎！正曰：魏王始聽犀首而欲外田需，復因蘇代而置需以稽二人。賢否之不知，用舍之不能，熒惑於游士之言，而拱手以聽之，其孱昏甚矣！

史舉非犀首於王

史舉〔一〕非犀首於王。犀首欲窮之，謂張儀曰：「請令王讓先生以國〔二〕，王爲堯、舜矣；而先生弗受，亦許由也。衍請〔三〕因令王致萬户邑於先生〔四〕。」張儀說，因令史舉數見犀首。王聞之而弗任也〔五〕，史舉不辭而去。〔六〕

〔一〕**鮑本**即甘茂所事。

〔二〕**鮑本**衍以此說儀，使之爲己解舉，故舉後見之。

〔三〕**鮑本**無「請」字。○

〔四〕**鮑本**弗受國，故致邑。

〔五〕**鮑本**任，猶信也。舉既非之，而數見之，故王疑之。

〔六〕**鮑本**補曰：據此，讓國之說，不特鹿毛壽之愚燕噲也。此恐惠王時事。

楚王攻梁南

楚王〔一〕攻梁南，韓氏因圍蕾〔二〕。成恢〔三〕爲犀首謂韓王〔四〕曰：「疾攻蕾，楚師必進矣。魏不能支，交臂而聽楚，韓氏必危，故王不如釋蕾。魏無韓患，必與楚戰，戰而不勝，大梁不能守，而又況存蕾乎？若戰而〔五〕勝，兵罷〔六〕敝，大王之攻蕾易矣。」〔七〕

〔一〕鮑本懷。

〔二〕姚本一本作「薔」。鮑本「蕾」作「黄」。○下同。補曰：未詳。一本作「薔」。札記今本「蕾」作「薔」。

〔三〕鮑本魏人。

〔四〕鮑本襄。

〔五〕姚本劉添「而」字。鮑本無「而」字。○

〔六〕鮑本罷，音疲。

〔七〕鮑本正曰：此策時不可考。

魏惠王死

魏惠王死，葬有日矣。天大雨雪，至於牛目〔一〕，壞城郭，且爲棧道而葬。群臣多諫太子者，曰：「雪甚如此而喪行，民必甚病之。官費又恐不給，請弛期〔二〕更日。」太子曰：「爲人子，而以民勞與官費用之故，而不行先王之喪，不義也〔三〕。子勿復言。」

〔一〕**鮑本**駕車用牛，故以及其目爲深候。

〔二〕**鮑本**弛，解也。昔約今解。

〔三〕**姚本**一本無「也」字。

群臣皆不敢言，而以告犀首。犀首曰：「吾未有以言之也〔一〕，是其唯惠公〔二〕乎！請告惠公〔三〕。」

〔一〕**鮑本**未得其說以說。

〔二〕**姚本**一作薛公。旁出云，一本皆惠子。然其後與此本皆直言惠子，恐惠子者是。　**鮑本**施也。

〔三〕**姚本**一作「子」。

惠公〔一〕曰：「諾。」駕而見太子曰：「葬有日矣。」太子曰：「然。」惠公曰：「昔王季歷葬於楚山〔二〕之〔三〕尾，欒水嚙其墓〔四〕，見棺之前和〔五〕。文王曰：『嘻！先君必欲一見群臣百姓也夫，故使欒水見之。』於是出而爲之張於朝〔六〕，百姓皆見之，三日而後更葬。此文王之義也。今葬有日矣，而雪甚，及牛目，難以行，太子爲及日之故，得毋嫌於欲亟葬乎？願太子更日。先王必欲少留而扶社稷、安黔首〔七〕也，故使雪甚。因弛期而更爲〔八〕日，此文王之義也。若此而弗爲，意者羞法文王乎？」太子曰：「甚善。敬弛期，更擇日。」

〔一〕姚本一作「子」。

〔二〕姚本續云：呂氏春秋作「惠公」、「渦山」。

〔三〕姚本一本無「之」字。

〔四〕姚本續云：後語作「蠻水」。注，盛弘之荆楚記曰，「宜都縣有蠻水，即烏水也。今襄州南有烏水」。按，古公亶父以修德爲百姓所附，遂杖策去之，與太姜逾梁山而止於岐山之陽。故詩曰：「率西水許，至於岐下。」是爲太王。太王生季歷，季歷卒，葬鄠縣之南，今之葬山名。而皇甫謐云，「楚山一名潏山，鄠縣之南山也」。縱有楚山之名，不宜得蠻水所嚙，雖惠子之書五車，未爲稽古也。續云：欒，音鸞。說文云，漏流也，一曰漬也。墓爲漏流所漬，故曰「欒水嚙其墓」，不必譏惠子也。鮑本補曰：呂氏春秋作「葬於渦水之尾」，後云「天故使明水見之」。初學記引一作「渦山」，論衡作「滑山」。札記丕烈案：「初學記引」四字乃吴氏自注語，吴本注中有注，今刻本多誤，說已見齊策。

〔五〕鮑本和，棺兩頭木。補曰：玉篇作「秝」，胡戈、户卧二反；廣韻作「胅」，皆云棺頭也。此作「和」，蓋音通。

〔六〕姚本後語，「張帳以朝」。鮑本無「於」字。〇張幕帟如朝廷然。補曰：姚本「張於朝」注，後語，「張帳以朝」。按周禮，「掌次以待張事」。札記「於」，鮑本無。丕烈案：呂氏春秋、論衡作「張朝」。

〔七〕鮑本秦稱民「黔首」，非此時語也。正曰：禮祭義亦有「黔首」字，非始於秦。

〔八〕鮑本爲，猶撰。正曰：下文有。

惠子非徒行其說也，又令魏太子未葬其先王而因又〔一〕說文王之義。說文王之義以示天下，豈小功也哉！〔二〕

〔一〕鮑本「因又」作「又因」。〇札記丕烈案：呂氏春秋作「因有」。

〔二〕鮑本補曰：雨，去聲。「爲之」、「爲及」之「爲」，去聲。張，之亮反。

五國伐秦

五國伐秦〔一〕，無功而還。其後，齊欲伐宋，而秦禁之。齊令宋郭之秦，請合而以伐宋。秦王〔二〕許之。魏王畏齊、秦之合也，欲講於秦。

〔一〕鮑本成皋之役。此十年。

〔二〕鮑本昭。

謂魏王曰：「秦王謂宋郭曰：『分宋之城，服宋之强者，六國也。乘宋之敝，而與王〔一〕争得者，楚、魏也。請爲王毋禁楚之伐魏也，而王獨舉宋。王之伐宋也，請剛柔而皆用之〔二〕。如宋者，欺之不爲逆者〔三〕，殺之不爲〔四〕讎者也。王無與之講以取埊，既已得埊矣〔五〕，又以力攻之，期於啗宋而已矣。』

〔一〕鮑本王，齊閔。

〔二〕鮑本宋强、宋弱，皆必伐之。

〔三〕姚本曾添「者」字。鮑本無「者」字。〇

〔四〕姚本曾作「而無」。

〔五〕**姚本**劉添「矣」字。　**鮑本**無「矣」字。○

「臣聞此言，而竊爲王悲〔一〕，秦必且用此於王矣〔二〕。又必且曰王以〔三〕求埊，既已得埊，又且以力攻王。又必謂王曰〔四〕使王輕齊，齊、魏之交已醜〔五〕，又且收齊以更〔六〕索於王。秦嘗用此於楚矣，又嘗用此於韓矣，願王之深計之也。秦善魏不可知也已〔七〕。故爲王計，太上伐秦，其次賓秦，其次堅約而詳講，與國無相離也〔八〕。秦、齊合，國不可爲也已。王其聽臣也，必無與講〔九〕。

〔一〕**鮑本**「悲」作「患」。○

〔二〕**鮑本**用楚伐魏。

〔三〕**鮑本**「以」作「必」，「曰」作「劫」。○　**札記**丕烈案：「曰」當作「因」，形近之訛也，鮑改非。

〔四〕**鮑本**衍「曰」字。　**札記**丕烈案：「謂」當作「講」，「曰」當作「因」，形近之訛也。

〔五〕**鮑本**惡也。

〔六〕**鮑本**「更」作「東」。○　補曰：一本「更索」。

〔七〕**鮑本**言不可信。

〔八〕**鮑本**「離」作「讎」。○　補曰：「詳」，「佯」通，史多有。「媾」字句。佯媾於秦，此即趙策所謂不得已而必媾，則願五國復堅約者。此「賓」即「擯」。「讎」，一本作「離」。　**札記**今本「離」作「讎」。

〔九〕**鮑本**與秦講。

「秦權重魏，魏再明孰〔一〕，是故又爲〔二〕足下傷〔三〕秦者，不敢顯也〔四〕。天下可令伐秦，則陰勸而弗敢圖也。見天下之傷秦也，則先鬻與國而以自解也〔五〕。天下可令賓秦，則爲劫於與國而不得已者。天下不可，則先去〔六〕，而以秦爲上交以自重也。如是人者，鬻王以爲資者也，而焉能免國於患？免國於患〔七〕者，必窮三節〔八〕，而行其上。上不可，則行其中；中不可，則行其下；下不可，則明不與秦。而〔九〕生以殘秦〔一〇〕，使秦皆無百怨百利，唯已之曾安〔一一〕。令足下鬻之以合於秦〔一二〕，是免國於患者之計也。臣何足以當之？雖然，願足下之論臣之計也。

〔一〕**鮑本**「再」作「冉」，「孰」作「熟」。○ 言此明且熟。補曰：即「熟」。**札記**丕烈案：此當讀「秦權重」爲一句，「魏冉明」爲一句。「魏」字誤複，「孰」字亦有誤。「是」字屬下句讀。鮑、吴皆非也。

〔二〕**鮑本**「又爲」作「有謂」。○ 或人謂魏王當如下。補曰：「又」、「有」通。**札記**丕烈案：「爲」，當去聲讀，鮑所改誤甚。

〔三〕**鮑本**傷，猶。

〔四〕**鮑本**恐秦覺之。

〔五〕**鮑本**言與國爲之，非我也。

〔六〕**鮑本**背諸國也。

〔七〕**姚本**曾、劉無此以上四字。

〔八〕**鮑本**補曰：三節，即上文太上、其次之説。

〔九〕**姚本**一作「兩」。

〔一〇〕**鮑本**生，猶進，言伐之不已。正曰：不能伐，不能擯，又不能媾，必爲秦所伐，則誓鬭而必死，不與秦俱生以殘秦。

〔一一〕鮑本已，止。曾，則也。言使秦見殘，不擇利害，唯務止魏之殘以自安也。

〔一二〕鮑本「令」上補「無」字，「足」作「天」。○ 所謂鬻王以秦爲上交者。補曰：「令」字上恐有缺誤。札記今本「令」誤「今」。

「燕，齊讎國也〔一〕；秦，兄弟之交也〔二〕。合讎國以伐婚姻〔三〕，臣爲之苦矣〔四〕。黃帝戰於涿鹿之野，而西戎之兵不至；禹攻三苗，而東夷之民不起〔五〕。以燕伐秦〔六〕，黃帝之所難也，而臣以致燕甲而起齊兵矣。

〔一〕鮑本兩國自宣閔、易昭再世相讎。

〔二〕鮑本燕、齊與秦。

〔三〕鮑本猶兄弟也。此士欲爲魏合燕、齊以伐秦。

〔四〕鮑本言伐秦之難而已爲之。

〔五〕鮑本「起」作「赴」。○ 言帝王用兵，猶有不從者。不經見。札記今本「起」作「赴」，乃誤涉鮑也。

〔六〕鮑本「燕」下補「齊」字。○ 札記丕烈案：上策文云，「燕，齊讎國也；秦，兄弟之交也」。「燕」字逗，乃總下二句，故此云，「以燕伐秦，黃帝之所難也」。下云，「而臣以致燕甲而起齊兵矣」，以見其能使燕忘齊爲讎國之意耳。鮑讀之不審，乃以「燕齊」二字爲連文，説「秦兄弟之交也」，云燕、齊與秦，遂於此補「齊」字，其誤甚矣。吳氏不正，亦非。

「臣又偏事三晉之吏，奉陽君、孟嘗君、韓呡〔一〕、周冣〔二〕、周、韓餘爲徒〔三〕從而下之〔四〕，恐其伐秦之疑也。又身自醜於秦〔五〕，扮〔六〕之請焚天下之秦符者，臣也；次傳〔七〕焚符之約者，臣也；欲使五國約閉秦關者，臣也〔八〕。奉陽君、韓餘爲既和矣，蘇脩、朱嬰〔九〕既皆陰在邯鄲，臣又説齊王而往敗之〔一〇〕。天下共講，因使蘇脩游〔一一〕天下之語，而以齊爲上交〔一二〕，兵〔一三〕請伐魏，臣又爭之以死。而果西因蘇脩重報〔一四〕。臣非不知秦勸〔一五〕之重也，然而所以爲之者，爲足下也。」〔一六〕

〔一〕**鮑本**「偏」作「徧」，「呡」作「珉」。〇

〔二〕**札記**今本「冣」誤「最」。

〔三〕**鮑本**與爲徒友。

〔四〕**鮑本**補曰：韓餘，疑即趙策韓徐。「周」「韓」之間有脱字，不然衍「周」字。「爲徒從而下之」句，謂徒黨合從也。又恐「從」，「徒」字訛衍。**札記**丕烈案：吴説未是。當云，「徒爲從而下之」。徒，但也；從，合從。

〔五〕**鮑本**與秦惡。

〔六〕**姚本**扮，博幻切，握也。**鮑本**扮，并也，握也。言合諸國。補曰：扮，撫吻反。

〔七〕**鮑本**傳之諸國。

〔八〕**鮑本**「欲」作「次」。〇不通秦。補曰：燕策，蘇代謂焚天下之秦符，上計破秦，其次長賓之，皆與此合。**札記**今本「使」誤「伐」。丕烈案：上策文云，「扮之請焚天下之秦符者，臣也；次傳焚符之約者，臣也」。「扮」當作「初」，形近之訛也。二句是一事，上云「初」，下云「次」，自爲對文。鮑不審，乃并改此。姚讀扮，博幻切，吴讀撫吻反，皆未是。

〔九〕**鮑本**此皆三晉之吏也。

〔一〇〕**鮑本**敗宋郭合秦之約。

〔一一〕**鮑本**游，揄揚之。

〔一二〕鮑本蓋詐。

〔一三〕鮑本兵，齊兵。

〔一四〕鮑本脩，在邯鄲，齊之西也。報以齊不伐魏。

〔一五〕鮑本「勸」作「權」。○補曰：恐作「權」，上有。

〔一六〕鮑本彪謂：此非蘇代不能也。故史言代復約從親如蘇秦時，獨所謂行其上不可，則行其中，下爲不可用也。夫伐秦不勝，竄走求成之不給，安能賓之？諸侯見其敗，輕之矣，豈有聽其堅約之説哉？蓋代之計，專以伐之爲上，而游辭見其多策耳，計不出於此也。正曰：按趙策五國伐秦章，蘇代説奉陽君云云，中有與此章出入者，知此必代之辭也。三策并陳，上則伐之，中則擯之，下則媾之，未及伐之敗也，鮑説謬矣。

魏文子田需周宵相善

魏文子〔一〕、田〔二〕需、周宵〔三〕相善，欲罪犀首。犀首患之，謂魏王曰：「今所患者，齊也。嬰子言行於齊王〔四〕，王欲得齊，則胡不召文子而相之？彼必務以齊事王。」王曰：「善。」因召文子而相之。犀首以倍田需、周宵〔五〕。

〔一〕鮑本衍「魏」字。田文。正曰：提魏事也。

〔二〕札記今本「田」誤「曰」。

〔三〕鮑本「宵」作「霄」。○孟子時有此人，至是三十年矣。正曰：田文前相魏，當襄王時，孟子見梁襄王相去不遠也。

〔四〕鮑本閔。

〔五〕鮑本二人雖善文，今衍薦文，文必善衍，善衍則復背其所善。

魏王令惠施之楚

魏王令惠施〔一〕之楚，令犀首之齊。鈞二子者〔二〕，乘數鈞〔三〕，將測交也〔四〕。楚王聞之〔五〕，施因令人〔六〕先之楚，言曰：「魏王令犀首之齊，惠施之楚，鈞二子者，將測交也〔七〕。」楚王聞之，因郊迎惠施。

〔一〕鮑本施自孟子時至此亦三十餘年。正曰：施屢見策文，蓋惠、襄時人。此策不可考。
〔二〕鮑本言恩禮之等。
〔三〕鮑本車乘之。
〔四〕鮑本測，猶卜也。視何國厚吾使，因知其厚我。下衍「楚王聞之」四字。
〔五〕鮑本補曰：四字恐因下文衍。
〔六〕札記「人」，鮑本作「之」。
〔七〕鮑本施欲楚之厚己。

魏惠王起境内衆

魏惠王起境内衆，將太子申而攻齊。客謂公子理〔一〕之傳〔二〕曰：「何不令公子泣王太后，止太子之行？事成則樹德，不成則爲王矣。太子年少，不習於兵。田朌〔三〕宿將也，而孫子〔四〕善用兵。戰必不勝，不勝必禽。公子爭之於王，王聽公子，公子不〔五〕封；不聽公子，太子必敗；敗，公子必立；立，必爲王也。」〔六〕

〔一〕**鮑本**申弟也。正曰：注以下説推之，無明徵。

〔二〕**鮑本**「傳」作「傅」。○ **札記**丕烈案：「傅」字是也。

〔三〕**鮑本**「朌」作「盼」。○ **札記**今本「朌」作「盼」。

〔四〕**姚本**孫臏也。

〔五〕**鮑本**「不」作「必」。○ **札記**今本「不」作「必」。

〔六〕**鮑本**彪謂：止太子之行，正誼也；而志於樹德、爲王，則譎矣。故夫譎正之間不容髮，人議論豈以或出於正言未卒而譎隨之，惟其心之不正故也。

齊魏戰於馬陵

齊、魏戰於馬陵，齊大勝魏，殺太子申，覆十萬之軍。魏王召惠施而告之曰：「夫齊，寡人之讎也，怨之至死不忘。國雖小，吾常欲悉起兵而攻之，何如？」對曰：「不可。臣聞之，王者得度〔一〕，而霸者知計。今王所以告臣者，疏於度而遠於計。王固先屬怨於趙〔二〕，而後與齊戰。今戰不勝，國無守戰之備，王又欲悉起而攻齊，此非臣之所謂〔三〕也。王若欲報齊乎，則不如因變服〔四〕折節而朝齊，楚王〔五〕必怒矣。王游〔六〕人而合其鬬，則楚必伐齊。以休楚而伐罷〔七〕齊，則必爲楚禽矣。是王以楚毁齊也。」魏王曰：「善。」乃使人報於齊，願臣畜〔八〕而朝。

〔一〕鮑本法度。

〔二〕鮑本記，三十年伐趙，趙告急於齊，齊救趙伐魏。正曰：按魏伐趙，趙告急於齊，齊救趙伐魏，乃惠王十八年敗於桂陵時事。此三十年，魏龐涓伐韓，齊田忌、孫臏伐魏以救韓。魏大發兵，使太子申將，與龐涓合軍拒之，戰於馬陵，魏師大敗，殺太子申、龐涓。「魏龐」以下，并大事記文，從孫臏傳。記又見秦、齊策。

〔三〕鮑本謂，謂得度知計。

〔四〕鮑本「因」作「固」。○　不爲人君服。

〔五〕鮑本威王。

〔六〕鮑本游，謂使人游二國之間也。

〔七〕鮑本罷，音疲。

〔八〕鮑本畜，自比犬馬也。

田嬰許諾。張丑曰：「不可。戰不勝魏〔一〕，而得朝禮，與魏和而下楚，此可以大勝也〔二〕。今戰勝魏，覆十萬之軍，而禽太子申；臣萬乘之魏，而卑秦、楚〔三〕，此其暴於〔四〕戾定矣〔五〕。且楚王之爲人也，好用兵而甚務名，終爲齊患者，必楚也。」田嬰不聽，遂内魏王，而與之并朝齊侯再三。

〔一〕鮑本此設辭也。

〔二〕鮑本勝，謂不敗耳，非戰勝。○居二國之上。

〔三〕鮑本「卑」作「甲」。○

〔四〕姚本曾添「於」字。鮑本無「於」字。○

〔五〕鮑本言二國謂齊暴戾決矣。正曰：定，止也，謂齊之怒止。

趙氏醜之。楚王怒，自將而伐齊，趙應之，大敗齊於徐州。〔一〕

〔一〕鮑本「徐」作「俆」。○彪謂：施之策齊、楚，如視白黑、數一二，可謂明矣。而不能止太子之將，何邪？豈言之而不聽邪？以施之智，其於策馬陵之戰不勞慮矣。張丑者，亦施之倫歟？

惠施爲韓魏交

惠施爲〔一〕韓〔二〕、魏交，令太子鳴〔三〕爲質於齊。王〔四〕欲見之，朱倉〔五〕謂王曰：「何不稱病？臣請説嬰子曰：『魏王之年長矣，今有疾，公不如歸太子以德之。不然，公子高在楚，楚將内而立之，是齊抱空質而行不義也。』」

〔一〕鮑本爲，猶合。札記今本「爲」誤「謂」。

〔二〕鮑本「韓」作「齊」。○

〔三〕鮑本魏記唯申及赫名，餘不名。

〔四〕鮑本魏王。

〔五〕鮑本魏人。

田需貴於魏王

田需貴於魏王，惠子曰：「子必善左右。今夫楊，橫樹之則生，倒〔一〕樹之則生，折而樹之又生。然使十人樹楊，一人拔之，則無生楊矣。故以十人之衆，樹易生之物，然而不勝一人者，何也？樹之難而去之易也。今子雖自樹於王，而欲去子者衆，則〔二〕子必危矣。」〔三〕

〔一〕姚本劉作「側」。鮑本正曰：姚云，「倒」劉作「側」。愚謂「倒」字勝。

〔二〕姚本曾去「則」字。

〔三〕鮑本補曰：此與孟子「雖有天下易生之物」云云，語相類，而意在自樹。又云「子必善左右」，則君子小人之用心可見矣。

田需死

田需死。昭魚謂蘇代曰：「田需死，吾恐張儀、薛公〔一〕、犀首之有一人相魏者。」代曰：「然則相者以〔二〕誰而君便之也？」昭魚曰：「吾欲太子之自相也。」代曰：「請爲君北見梁王，必相之矣。」昭魚曰：「奈何？」代曰：「君〔三〕其爲梁王，代請說君。」昭魚曰：「奈何？」對曰：「代也從楚來，昭魚甚憂。代曰：『君何憂？』曰：『田需死，吾恐張儀、薛公、犀首有一人相魏者。』代曰：『勿憂也。梁王，長主也，必不相張儀。張儀相魏，必右秦而左魏。薛公相魏，必右齊而左魏。犀首相魏，必右韓而左魏〔四〕。梁王，長主也，必不使相也〔五〕。』代曰：『莫如太子之自相。是三人皆以〔六〕太子爲非固〔七〕相也，皆將務以其國事魏，而欲丞相之璽〔八〕。以魏之强，而持〔九〕三萬乘之國輔之，魏必安矣。故曰，不如太子之自相也。』」遂北見梁王，以此語告之，太子果自相。〔一〇〕

〔一〕**鮑本**嬰。正曰：史索隱以爲田文。按嬰卒於閔王之世。大事記附見於閔元年，此事在四年後。

〔二〕**姚本**一本無「者以」字。

〔三〕**鮑本**「君」作「若」。○　若，汝也。補曰：一本「君其爲」。考下文是。**札記**今本「君」作「若」。丕烈案：史記作「君」。

〔四〕**姚本**右，親也。左，疏外也。

〔五〕**鮑本**「也」下補「王曰然則寡人孰相」八字。○　正曰：史有此八字。按此乃蘇代請昭魚爲王，而設爲說王之辭，無此句可也。**札記**丕烈案：史亦設辭，但不必與策文同耳。

〔六〕**鮑本**「皆以」作「不以」。○　補曰：「不以」，一本作「皆以」。史同。

〔七〕**姚本**固，猶久。

〔八〕**鮑本**印也。補曰：秦武王初置丞相，用樗里子、甘茂，在張儀死後。此云丞相璽，則魏已有此名。

〔九〕**姚本**一本無「持」字。

〔一〇〕**鮑本**魏記九年有。補曰：大事記，赧王八年書秦逐公孫衍，謂衍既去秦，事不復見。韓非子載犀首與張壽爲怨，陳需新入，不善犀首，因使人微殺張壽。魏王以爲犀首也，乃誅之。然則衍去秦後，終爲魏所殺也。愚按，陳需即策中田需，而策以田需死後，魏欲相犀首，其説不同，當考。又赧王二十二年，伊闕之敗，策云公孫衍割地和秦。大事記猶著其名，豈别一人耶？李兑約五國攻秦時亦有公孫衍，去此又九年。上距犀首爲秦大良造時幾五十年，嘗疑其甚遠。説見趙策。

秦召魏相信安君

秦召魏相信安君〔一〕，信安君不欲往。蘇代爲説秦王〔二〕曰：「臣聞之，忠不必當〔三〕，當必不忠。今臣願〔四〕大王陳臣之愚意，恐其不忠於下吏，自使有要領〔五〕之罪。願大王察之。今大王令人執事於魏〔六〕，以完其交，臣恐魏交之益疑也。將以塞趙也〔七〕，臣又恐趙之益勁也〔八〕。夫魏王之愛習魏信〔九〕也，甚矣；其智能而任用之也，厚矣；其畏惡〔一〇〕嚴尊秦也，明矣。今〔一一〕王之使人入魏而不用，則王之使人入魏無益也。若用〔一二〕，魏必舍所愛習而用所畏惡，此魏王之所以〔一三〕不安也。夫舍萬乘之事而退〔一四〕，此魏信之所難行也。夫令人之君處所不安，令人之相行所不能，以此爲親，則難久矣。臣故恐魏交之益疑也。且魏信舍事〔一五〕，則趙〔一六〕之謀者必曰：『舍於秦〔一七〕，秦必令其所愛信者用趙。』是趙存而我亡也〔一八〕，趙安而我危也。則上有野戰之氣〔一九〕，下有堅守之心，臣故恐趙之益勁也〔二〇〕。

〔一〕**鮑本**史不書。

〔二〕**鮑本**武或昭。正曰：無考。

〔三〕**姚本**一本作「黨」。　**鮑本**「當」作「黨」。〇爲信安說，疑於黨之。

〔四〕**鮑本**「願」下補「爲」字。〇補曰：「願」下有缺字。

〔五〕**鮑本**要領，斬刑也。

〔六〕**鮑本**謂別置相，以代信安。

〔七〕**鮑本**信安必右趙者，秦召而伐之，欲魏不通趙。

〔八〕**鮑本**交魏益堅。

〔九〕**鮑本**魏信即信安，省言之。

〔一〇〕**鮑本**惡，猶憚。

〔一一〕**姚本**曾作「令」。

〔一二〕**鮑本**用秦所使。

〔一三〕**姚本**劉添「以」字。　**鮑本**無「以」字。〇

〔一四〕**鮑本**謂去相位。

〔一五〕**鮑本**亦去信也。

〔一六〕**鮑本**「趙」作「魏」。〇

〔一七〕**鮑本**此舍，猶棄。奪其愛習，是秦棄魏也。

〔一八〕**鮑本**我，魏也。秦本欲塞趙而云然，此魏自疑之辭，非必秦意。

〔一九〕**鮑本**將與秦戰。

〔二〇〕**鮑本**魏不能獨抗秦，必結趙。正曰：趙之謀事者曰，魏信見舍於秦，秦亦將易置趙之臣，令其所愛信者用於趙，我之權去勢奪，是趙存而我已亡，趙安而我獨危，則必戰必守，不聽秦命，是趙益以强。

「大王欲完魏〔一〕之交，而使趙小心乎？不如用魏信而尊之以名。魏信事王，國安而名尊；離王〔二〕，國危而權輕。然則魏信之事主〔三〕也，上所以爲其主者忠矣，下所以自爲者厚矣，彼其事王必完矣。趙之用事者必曰：『魏氏之名族不高於我，土地之實不厚於我。魏信以韓〔四〕、魏事秦，秦甚善之，國得安焉，身取尊焉。今我講〔五〕難於秦兵爲招質〔六〕，國處削危之形，非得計也。結怨於外，主〔七〕患於中，身處死亡之埊，非完事也。』彼將傷其前事，而悔其過〔八〕行；冀其利，必多割埊以深下〔九〕王。則是大王垂拱之〔一〇〕割埊以爲利重〔一一〕，堯、舜之所求而不能得也。臣願大王察之〔一二〕。」

〔一〕**鮑本**無「魏」字，「完」下補「魏」字。○

〔二〕**鮑本**不事之。

〔三〕**鮑本**「主」作「王」。○　**札記**丕烈案：「王」字是也。

〔四〕**鮑本**衍「韓」字。補曰：疑衍。　**札記**丕烈案：此「韓」當作「輔」，形近之訛也。

〔五〕**鮑本**「講」作「搆」。○　補曰：宜從「搆」讀。　**札記**今本「講」作「搆」，乃誤涉鮑也。

〔六〕**鮑本**言於用兵爲招爲質。招，言召兵；質，猶本也，爲之張本。正曰：「招質」未詳。

〔七〕**鮑本**「主」作「生」。〇

〔八〕**鮑本**「其過」作「過其」。〇

〔九〕**鮑本**下，亦事也。

〔一〇〕**姚本**一作「多」。　**鮑本**「之」作「多」。〇

〔一一〕**鮑本**得地則益重。

〔一二〕**鮑本**彪謂：堯、舜讓天下而何愛於地！此特辯士欲重其事而言之過，若此者不一也。正曰：此類注，不必辨。

秦楚攻魏圍皮氏

秦、楚攻魏，圍皮氏〔一〕。爲魏謂楚王〔二〕曰：「秦、楚勝魏，魏王之恐也〔三〕見亡矣〔四〕，必舍〔五〕於秦，王何不倍秦而與魏王？魏王喜，必內太子〔六〕。秦恐失楚，必效〔七〕城地於王，王雖復與之攻魏可也。」楚王曰：「善。」乃倍秦而與魏。魏內太子於楚。

〔一〕**鮑本**無「魏」字。〇　亦十三年。補曰：一本「攻魏，圍皮氏」。屬河東。

〔二〕**鮑本**懷。

〔三〕**鮑本**衍「也」字。正曰：下章有此句法。　**札記**丕烈案：下卷策文云「魏王之懼也見亡」，吳據此也。

〔四〕**鮑本**「矣」作「也」。〇

〔五〕**姚本**一作「合」。　**鮑本**「舍」作「合」。〇

〔六〕鮑本豈秦歸太子而攻耶？正曰：說見前章。

〔七〕札記今本「效」誤「攻」。

秦恐，許楚城埊，欲與之復攻魏。樗里疾怒，欲與魏攻楚，恐魏之以太子在楚不肯也。爲疾謂楚王曰：「外臣疾使臣謁之，曰：『敝邑之王〔一〕欲效城埊〔二〕，而爲魏太子之尚在楚也，是以未敢。王出魏質，臣〔三〕請效之，而復固秦、楚之交，以疾〔四〕攻魏。』」楚王曰：「諾。」乃出魏太子。秦因合魏以攻楚。〔五〕

〔一〕鮑本昭。

〔二〕鮑本前許之，未入也。

〔三〕姚本曾作「太子」。

〔四〕鮑本此疾，速也，非名。正曰：作名，通。

〔五〕鮑本補曰：大事記，赧王九年，秦甘茂、樗里疾伐魏皮氏，未拔，甘茂棄軍奔齊，樗里疾與魏和，罷兵。按茂傳，茂言秦昭王以武遂歸韓，向壽、公孫衍怨，讒茂，茂輟伐魏云。

龐葱與太子質於邯鄲

龐葱〔一〕與太子〔二〕質於邯鄲，謂魏王曰：「今一人言市有虎，王信之乎？」王曰：「否。」「二人言市有虎，王信之乎？」王曰：「寡人疑之矣。」「三人言市有虎，王信之乎？」王曰：

「寡人信之矣。」龐葱曰：「夫市之無虎明矣，然而三人言而成虎。今邯鄲去大梁也遠於市，而議臣者過於三人矣。願王察之矣〔三〕。」王曰：「寡人自爲知〔四〕。」於是辭行，而讒言先至。後太子罷質，果不得見。〔五〕

〔一〕姚本孫作「恭」。
〔二〕鮑本魏太子。
〔三〕鮑本「矣」作「也」。○
〔四〕鮑本言不信人。
〔五〕姚本曾作「於是辭行，而讒言先至，後果不得見魏君矣」。劉作「於是辭行，而讒言先至，後果不見龐君。王曰：『寡人自爲知』。太子罷質，果不得見」。鮑本史不書太子質事。以下章年時，因舊次之於此。正曰：此策言邯鄲去大梁也遠，則徙都大梁以後事。惠王三十一年，秦虜公子卬，後徙梁，而韓、宋、魯、衛之朝，乃惠王十五年也，舊次恐不以此。

梁王魏嬰觴諸侯於范臺

梁王魏嬰〔一〕觴諸侯於范臺〔二〕。酒酣，請魯君舉觴〔三〕。魯君興，避席擇言〔四〕曰：「昔者，帝女〔五〕令〔六〕儀狄〔七〕作酒而美，進之禹，禹飲而甘之，遂疏儀狄，絶旨酒，曰：『後世必有以酒亡其國者。』齊桓公夜半不嗛〔八〕，易牙〔九〕乃煎敖〔一〇〕燔炙〔一一〕，和調五味而進之，桓公食之而飽，至旦不覺〔一二〕，曰：『後世必有以味亡其國者。』晉文公得南之威〔一三〕，三日不聽朝，遂推南之威而遠之，曰：『後世必有以色亡其國者。』楚王登强臺〔一四〕而望崩山〔一五〕，左江而右湖，以臨彷徨〔一六〕，其樂忘死〔一七〕，遂盟强臺而弗登，曰：『後世必有以高臺陂池〔一八〕亡其國者〔一九〕。』今主君之尊，儀狄之酒也；主君之味，易牙之調也；左白臺而右閭須〔二〇〕，南威之美也；前夾林而後蘭臺〔二一〕，强臺之樂也。有一於此，足以亡其國。今主君兼此四者，可無戒與！」梁王稱善相屬。〔二二〕

〔一〕**鮑本**史作「罃」，音相近。

〔二〕**鮑本**此十五年，魯、衛、宋、鄭君來朝。補曰：大事記書韓、宋、魯、衛爲序。解題云，是時魏惠王方强，諸侯相率而朝之也。索隱，按紀年，魯恭侯、宋桓侯、衛成侯、鄭釐侯。桓侯即公剔成，釐侯即昭侯。

〔三〕**鮑本**魯共公。補曰：李善注文選引戰國策皆作「舉觴」。大事記，魯君舉觴，古者於旅也，語於是道古，即晉所謂杜舉也。**札記**丕烈案：此七啓注。

〔四〕**鮑本**擇善而言。

〔五〕**鮑本**蓋堯、舜女。正曰：無考。

〔六〕**姚本**一本無「令」字。

〔七〕**鮑本**博物志言禹時人。

〔八〕**姚本**快也。**鮑本**嗛，口有所銜也，言不善食。補曰：嗛，苦簟反。高注快也，則當苦劫反。

〔九〕**鮑本**太公世家注，雍巫字。補曰：知味者。

〔一〇〕**鮑本**「敖」作「熬」。○補曰：熬，古字通。**札記**今本「敖」作「熬」，乃誤涉鮑也。

〔一一〕**鮑本**燔，火爇物。補曰：有汁而乾曰煎，乾煎曰熬，肉爇之曰燔，近火曰炙。

〔一二〕**鮑本**飽而寢安。補曰：覺，居效反。

〔一三〕**姚本**一本無「之」字。**鮑本**未詳。

〔一四〕**姚本**一作「荆」。**鮑本**補曰：説苑，「楚昭王欲之荆臺」。後漢邊讓游章華臺賦，「息於荆臺之上」。荆臺即章華也。淮南子云，「昭王曰，吾聞子樂於强臺」。**札記**丕烈案：「荆」、「强」聲之轉也。

〔一五〕**姚本**一作「崇山」，藝文類聚引。**鮑本**補曰：説苑，「南望獵山」。游章華臺賦，「南眺巫山之阿」。淮南子，「南望料山」。**札記**丕烈案：「獵」、「料」聲之轉也。

〔一六〕**姚本**一作「方湟」，藝文類聚引。**鮑本**自上觀下曰臨。集韻，彷徨，彷佯，仿佯，徙倚也。補曰：説苑，「下臨方淮」。游章華臺賦，「前方淮之水」。淮南子，「以臨方皇」。**札記**丕烈案：二「淮」字皆當作「湟」，形近之訛也。「徨」、「皇」、「湟」同字耳。

〔一七〕**鮑本**補曰：説苑云，「楚昭王欲之荆臺。司馬子綦進諫曰，『荆臺之游，左洞庭之波，右彭蠡之水，南望獵山，下臨方淮，其地使人遺老而忘死，王不可游也』」。後漢邊讓游章華臺賦云，「楚王遊雲夢之澤，息於荆臺之上，前方淮之水，左洞庭之波，右顧彭蠡之隩，南眺巫山之阿，延目廣坐，騁觀終日，顧謂左史倚相曰，『盛哉斯樂，可以遺老而忘死也』」。荆臺即章華也。淮南子云，「令尹子佩請飲莊王，莊王許諾云云。莊王曰，吾聞子樂於强臺，强臺者，南望料山以臨方皇，左江而右淮，其樂忘死。若吾薄陋之人，不可以當此樂也」。注，料山，山名；方皇，水名。右三説聊記以廣聞。

〔一八〕**鮑本**書注，澤障曰陂，停水曰池。

〔一九〕**鮑本**蓋莊王云。

〔二〇〕**鮑本**皆美人。補曰：閭須，見荀子。

〔二一〕鮑本臺、林，地缺，各在其國。

〔二二〕鮑本彪謂：魯，周公之後也，其教澤存焉。故齊仲孫湫曰，「猶秉周禮」。韓起亦云，「周禮盡在魯矣」。仲尼氏作，縉紳先生萃焉。於是特爲中國禮義之邦。觀魯君之所稱説，則周、孔之澤深矣。擧觴一時，而爲天下萬世之明戒，魯君豈非賢君哉！補曰：「觀魯」至「深矣」二語，大事記取。

戰國策卷二十四

魏　三

秦趙約而伐魏

秦、趙約而伐魏〔一〕，魏王患之。芒卯〔二〕曰：「王勿憂也。臣請發張倚〔三〕使謂趙王〔四〕曰，夫鄴，寡人固刑〔五〕弗有也。今大王收秦而攻魏，寡人請以鄴事大王。」趙〔六〕王喜，召相國而命之曰：「魏王請以鄴〔七〕事寡人，使寡人絶秦。」相國曰：「收秦攻魏，利不過鄴。今不用兵而得鄴，請許魏。」

〔一〕鮑本「趙約」作「約趙」。○

〔二〕姚本淮南子注，孟卯，齊人也，戰國策作「芒卯」。

〔三〕鮑本魏人。

〔四〕**鮑本**惠文。

〔五〕**姚本**一作「形」。　**鮑本**「刑」作「形」。○　形，猶勢也。　高注爲刑法，雖通，而此書多作「形」。　補曰：此書「刑」、「形」字通。

〔六〕**姚本**一本無「趙」字。

〔七〕**姚本**曾、劉一作「國」。

張倚因謂趙王曰：「敝邑之吏效城者，已在鄴矣。大王且何以報魏？」趙王因令閉關絶秦。秦、趙大惡。

芒卯應趙使曰：「敝邑所以事大王者，爲完鄴也。今郊〔一〕鄴者，使者之罪也，卯不知也。」趙王恐魏承秦之怒，遽割五城以合於魏而支秦。〔二〕

〔一〕**姚本**孫一作「效」。　**鮑本**「郊」作「效」。○　補曰：當從上文。　**札記**今本「郊」作「效」，乃誤涉鮑也。　丕烈案：作「效」自是，但與姚氏校語矛盾也。

〔二〕**鮑本**此六年，書卯以詐重者此也。　彪謂：此馮亭上黨之事也，惠文失之於魏，孝成失之於韓，雖所喪敗有多寡之差，其貪而不明，真父子也。

芒卯謂秦王

芒卯謂秦王〔一〕曰：「王之士未有爲之中〔二〕者也。臣聞明王不胥〔三〕中而行。王之所欲於魏者，長羊〔四〕、王屋〔五〕、洛林〔六〕之地也。王能使臣爲魏之司徒〔七〕，則臣能使魏獻之。」秦王曰：「善。」因任之〔八〕以爲魏之司徒。

〔一〕**鮑本**昭。
〔二〕**鮑本**中，謂用事於諸國之中，猶内應云。
〔三〕**鮑本**「胥」作「咠」，又改作「背」。○　補曰：一本作「胥」，俱未詳。「胥」，説見趙策。　**札記**今本「胥」作「背」，乃誤涉鮑也。
〔四〕**鮑本**「羊」作「平」。○　下同，屬汝南。補曰：地未詳，或字誤。
〔五〕**鮑本**在河東垣縣東北。
〔六〕**鮑本**即蘇代所謂林中，河南宛陵林鄉也。
〔七〕**鮑本**本周官，此所謂爲之中。
〔八〕**鮑本**無「之」字。○

謂魏王曰：「王所患者上地〔一〕也。秦之所欲於魏者，長羊、王屋、洛林之地也。王獻之秦，則上地無憂患。因請以下兵東擊齊，攘地必〔二〕遠矣。」魏王曰：「善。」因獻之秦。

〔一〕**鮑本**上流之地，近秦。　正曰：未知所指。
〔二〕**鮑本**「必」下有「不」字。○

地入數月，而秦兵不下。魏王謂芒卯曰：「地已入數月，而秦兵不下，何也？」芒卯曰：

「臣有死罪。雖然，臣死，則契折於秦〔一〕，王無以責秦。王因赦其罪，臣爲王責約於秦。」

〔一〕**鮑本**折，毁也，言不可有責於秦。

乃之秦，謂秦王曰：「魏之所以獻長羊、王屋、洛林之地者，有意〔一〕欲以下大王之兵東擊齊也。今地已入，而秦兵不可下，臣則死人也。雖然，後山東之士，無以利事王者矣。」秦王戄〔二〕然曰：「國有事，未澹〔三〕下兵也，今以兵從。」後十日，秦兵下。芒卯并將秦、魏之兵，以東擊齊，啓地二十二縣。

〔一〕**鮑本**無「有意」二字。○

〔二〕**鮑本**「戄」作「懼」。○ 補曰：姚本作「戄」。**札記**丕烈案：「懼」、「瞿」同字，作懼亦可通。

〔三〕**鮑本**「澹」作「贍」。○ 贍，給也。補曰：即贍。前漢志「澹」用□。

秦敗魏於華走芒卯而圍大梁

秦敗魏於華〔一〕，走芒卯而圍大梁。須賈〔二〕爲魏謂穰侯曰：「臣聞魏氏大臣父兄皆謂魏王曰：『初〔三〕時惠王伐趙，戰勝乎三梁〔四〕，十萬之軍拔邯鄲〔五〕，趙氏不割，而邯鄲復歸。齊人攻燕，殺子之，破故國〔六〕，燕不割，而燕國復歸。燕、趙之所以國全兵勁，而地不并乎諸侯者，以其能忍難而重出地也。宋、中山數伐數割，而隨以亡。臣〔七〕以爲燕、趙可法，而宋、中山可無爲也。夫秦貪戾之國而無親，蠶食魏，盡晉國，戰勝睾子〔八〕，割八縣，地未畢入而兵復出矣。夫秦何厭之有哉！今又走芒卯，入北地〔九〕，此非但攻梁也，且劫王以多割也，王必勿聽也。今王循楚、趙而講〔一〇〕，楚、趙怒而與王爭事秦，秦必受之。秦挾楚、趙之兵以復攻，則國救亡不可得也〔一一〕已。願王之必無講也。王若欲講，必少割而有質〔一二〕；不然必欺〔一三〕。』是臣之所聞於魏也，願君之以是慮事也。

〔一〕**鮑本**華山。在弘農華陰。秦紀作華陽。注，亭名，在密縣。事在此二年。正曰：華陰之「華」，去聲。華下、華陽，史無音。

〔二〕**鮑本**魏人。

〔三〕**札記**今本「初」誤「幼」。

〔四〕**鮑本**春秋，秦取梁，漢夏陽也。河内有梁，周小邑也。陳留、浚儀、大梁爲三，皆魏地。正曰：索隱云云，梁即南梁，又説見齊策。

〔五〕**鮑本**秦十二年攻趙，虜莊賈。正曰：魏惠王十八年拔趙邯鄲，二十年歸趙邯鄲。

〔六〕**鮑本**補曰：通鑑、大事記在宣王二十九年。

〔七〕**姚本**曾本無「臣」字。**鮑本**此臣，魏大臣所稱。

〔八〕**姚本**史記作「暴子」。**鮑本**「睾」作「罼」。○地缺。正曰：皋，上刀反；罼，羊益反。又「滜」作「澤」。古書三字皆通，此未有據。史「睾」作「暴」，下同。徐廣云，暴鳶也。大事記作「暴吏」。未詳。

〔九〕**鮑本**梁之北，非郡。正曰：史記作「宅」，策字訛，下同。正義引竹書云，宅陽一名北宅。括地志云，故城在鄭州滎陽縣西。　**札記**丕烈案：北宅，徐廣云，宅陽也。張守節同。

〔一〇〕**鮑本**循，猶順也。以下文考之，秦時蓋合楚、趙共攻魏，魏見二國爲秦用，遂欲講秦，不反覆思之也。正曰：「循」即「徇」。

札記丕烈案：吴説未是也。史記「循」作「有」，謂魏方有楚、趙之救，此當與之同意。「循」必誤字也。下句「楚趙怒而與王爭事秦」，史記「而」下多「去王」二字，意尤明。鮑説則更誤矣。

〔一一〕**鮑本**衍「也」字。

〔一二〕**鮑本**亦事驗也。正曰：索隱云，少割地而求秦質子。

〔一三〕**鮑本**補曰：索隱云，必稱秦欺。

「周書曰：『維命不於常。』此言幸之不可數也。夫戰勝睾子，而割八縣，此非兵力之精，非計之工〔一〕也，天幸〔二〕爲多矣。今又走芒卯，入北地，以攻大梁，是以天幸自爲常也。知者不然。

〔一〕**鮑本**「工」作「功」。○

〔二〕**鮑本**漢史「天幸」語，本此。

「臣聞魏氏悉其百縣〔一〕勝兵，以止戍大梁，臣以爲不下三十萬。以三十萬之衆，守十仞之城，臣以爲雖湯、武復生，弗易攻也。夫輕信楚、趙之兵，陵十仞之城，戴〔二〕三十萬之衆，而志必舉之，臣以爲自天下之始分以至於今，未嘗有之也。攻而不能拔，秦兵必罷〔三〕，陰〔四〕必亡，則前功必棄矣。今魏方疑，可以少割收也。願〔五〕之及楚、趙之兵未任於大梁也〔六〕，亟以少割收。魏〔七〕方疑，而得以少割爲和，必欲之，則君得所欲矣。楚、趙怒於魏之先己講也〔八〕，必爭事秦。從〔九〕是以散，而君後擇焉〔一〇〕。且君之嘗割晉國取地也，何必以兵哉〔一一〕？夫兵不用，而魏效絳、安邑，又爲陰啓〔一二〕兩機，盡〔一三〕故宋，衛效尤憚〔一四〕。秦兵〔一五〕已令〔一六〕，而君制之，何求而不得？何爲而不成？臣願君之熟計而無行危也。」

〔一〕**姚本**曾本作「姓」。

〔二〕**鮑本**補曰：一本標孫作「戰」。**札記**丕烈案：作「戴」者誤也。史記作「戰」。

〔三〕**鮑本**音疲。

〔四〕**鮑本**陰，穰侯別邑。正曰：陰即陶，説見趙策。**札記**丕烈案：史記作陶邑。

〔五〕**鮑本**「願」下補「君」字。○補曰：史，願君逮楚、趙。**札記**今本「願」下有「君」字，乃誤涉鮑也。

〔六〕**鮑本**未以攻梁自任。

〔七〕**鮑本**「魏」字重。○**札記**丕烈案：重者當是。

〔八〕**鮑本**已兵未至，而與秦講。

〔九〕**鮑本**從横之「從」。

〔一〇〕**鮑本**擇其所與於散從之後。

〔一一〕**鮑本**先割取時不用兵。

〔一二〕**鮑本**言得亡國以拓陰之封地。補曰：「又爲」止「已令」，策文有脱誤，見後。

〔一三〕**鮑本**兩，謂得縣啓封。盡，無遺也。

〔一四〕**鮑本**「尤憚」作「憚尤」。○魏自比小國，二國，小國也。

〔一五〕**鮑本**出地而小，故愈畏秦。

〔一六〕**姚本**續云：史，衛效單父，秦兵已全。**鮑本**「令」作「合」。○魏合秦。補曰：史云，「又爲陶開兩道，幾盡故宋，衛必效單父，秦兵可全」云云。按此文明順，姚注亦宜引從之。正義云，「故宋及單父，是陶南道；魏安邑及絳，是陶北道」。索隱云，「穰侯封陶，魏效絳、安邑，是得河東地，言從秦通陶，開河西、河東之兩道」。此時宋已滅，是秦將盡得宋地也。愚謂「可全」，即上言不用之意。

穰侯曰：「善。」乃罷梁圍。〔一〕

〔一〕**鮑本**彪謂：賈之説，不足以已秦也，爲其爲魏也過深，而説秦者不切。夫以秦爲天幸，而欲其無行危也，秦豈信之哉！秦行是何危之有？且其爲魏之過深也，適足以疑秦，豈沮於是哉！梁圍之解，將別有故，非賈力也。正曰：大事記略載此章及穰侯攻大梁章，謂同一術。愚謂，魏利於少割，穰侯喜得此地而罷兵，亦無不可。大事記，周赧王四十年，秦昭三十二，魏安釐二，韓釐二十一，趙惠文二十四年，秦以魏冉爲相國，伐韓，暴鳶救魏，魏冉破之，斬首四萬，鳶走開封，魏割八縣以和。魏冉復伐魏，走芒卯，入北宅，遂圍大梁，魏割温以和。四十一年，魏背秦與齊從親，秦魏冉伐魏，拔四城，斬首四萬。四十二年，趙、魏伐韓華陽，秦魏冉、白起、客卿胡傷救韓，敗魏將芒卯華陽，斬首十三萬，取卷、蔡陽、長社。又敗趙將賈偃，沉其卒二萬於河，取觀津。魏予秦南陽以和。以其地爲南陽郡，遷免臣居之。通鑑綱目書略同，不著暴鳶、芒卯等及以地爲南陽郡一節。補曰：按史，魏安釐王二年、三年、四年，連歲魏冉將兵來伐。二年之戰，韓暴鳶救魏敗走。年表、秦紀、魏世家、魏冉傳皆云兵至大梁。次年之戰不地。最後華陽之戰，趙、魏伐韓，秦救韓，敗趙、魏，走芒卯。但史所載有差互，紀以擊芒卯華陽，傳以走暴鳶，并爲次年事。華陽之戰，或云得三晉將，或云攻趙、韓、魏。八縣、三縣之殊，十萬、十五萬之舛。故大事紀參定書之。今考此策，須賈之辭，謂戰勝暴子，割八縣，地未畢而兵復出。此大事記所以書此役繼於走暴鳶之後。但策首書秦敗魏於華，恐「於華」二字因下章誤衍也。又按秦紀，昭王三十四年，書秦與魏韓上庸地爲一郡南陽，免臣遷居之。三十五年初，置南陽郡。大事記於魏予秦南陽後，書以其地爲南陽郡，遷免臣居之，即以此爲是年事。按南陽凡二，其一河南之脩武，其一鄧州之堵陽。免臣者，以罪免，遷守新邊。秦不信敵國之民，故徙其國人使錯居之。前此二十七年，攻楚，赦罪人遷之南陽。大事記必謂前已備楚，故今以新得之南陽，而不知紀書乃謂秦與魏韓上庸地爲一郡於南陽。上庸屬漢中，今房州竹山縣，則正鄧之南陽也。次年乃書置南陽郡。秦南陽郡即鄧，而脩武更置河内郡，不聞兩南陽也。昭王四十四年，秦白起攻韓取南陽，絶大行道，使秦已置郡，不應復云爾。大事記亦書之矣。此條蓋因魏入南陽以和，偶與下文南陽免臣相次，而致誤爾。因上論大事記文附於此。

秦敗魏於華魏王且入朝於秦

秦敗魏於華，魏王且入朝於秦。周訢〔一〕謂王曰：「宋人有學者，三年反而名其母。其母曰：『子學三年，反而名我者，何也？』其子曰：『吾所賢者，無過堯、舜，堯、舜名。吾所大者，無大天地，天地名。今母賢不過堯、舜，母大不過天地，是以名母也。』其母曰：『子之於學者〔二〕，將盡行之乎？願子之有以易名母也。子之於學也，將有所不行乎〔三〕？願子之且以名母爲後也。』今王之事秦，尚有可以易入朝者乎？願王之有以易之，而以入朝爲後。」魏王曰：「子患寡人入而不出邪？許綰爲我祝曰：『入而不出，請殉寡人以頭。』」周訢對曰：「如臣之賤也，今人有謂臣曰，入不測之淵而必出，不出，請以一鼠首爲女殉者，臣必不爲也。今秦不可知之國也，猶不測之淵也；而許綰之首，猶鼠首也。內王於不可知之秦，而殉王以鼠首，臣竊爲王不取也。且無梁孰與無河内急？」王曰：「梁急。」「無梁孰與無身急？」王曰：「身急。」曰：「以三者，身，上也；河内，其下也。秦未索其下，而王效其上，可乎？」

〔一〕**鮑本**「訢」作「訴」。補曰：一本「訴」作「訢」，是，下同。
〔二〕**鮑本**於其所學。
〔三〕**鮑本**「乎」作「也」。○

王尚未聽也。支期曰：「王視楚王〔一〕。楚王入秦〔二〕，王以三乘先之〔三〕；楚王不入，楚、魏爲一，尚足以捍秦。」王乃止。王謂支期曰：「吾始已諾於應侯矣，今不行者欺之矣。」支期曰：「王勿憂也。臣使長信侯〔四〕請無内王，王待臣也。」

〔一〕**鮑本**頃襄。
〔二〕**鮑本**絶句。
〔三〕**鮑本**先楚至秦。
〔四〕**鮑本**魏相之善應侯者。

支期説於長信侯曰：「王命召相國。」長信侯曰：「王何以臣爲？」支期曰：「臣不知也，王急召君。」長信侯曰：「吾内王於秦者，寧以爲秦邪？吾以爲魏也。」支期曰：「君無爲魏計，君其自爲計。且安〔一〕死乎？安生乎？安窮乎？安貴乎？君其先自爲計，後爲魏計。」長信侯曰：「樓公將入矣〔二〕，臣今從。」支期曰：「王急召君，君不行，血濺君襟矣！」

〔一〕鮑本問何所安。

〔二〕鮑本緩也。俟其入欲與之議。正曰：無考。樓緩、樓鼻，韓策并見樓梧，皆此時人。

長信侯行，支期隨其後。且見王，支期先入謂王曰：「僞病者乎而見之〔一〕，臣已恐之矣。」長信侯入見王，王曰：「病甚奈何！吾始已諾於應侯矣，意雖道死〔二〕，行乎〔三〕？」長信侯曰：「王毋行矣！臣〔四〕能得之於應侯〔五〕，願王無憂。」〔六〕

〔一〕鮑本令王見而辭疾。

〔二〕姚本曾本作「雖欲道死」，劉本作「意雖死」。

〔三〕鮑本雖死於路，猶將行。

〔四〕姚本劉本作「且」。

〔五〕鮑本「侯」下有「矣」字。〇 能使應侯止王之行。

〔六〕鮑本彪謂：周訢之愛王也甚忠，其論王也甚切，賢智人也。釐王不能聽而聽支期，期豈賢於訢哉？蓋期之所效者事，而訢之所諭者理，庸人固可示以事，而難以理諭也。微二臣者釐其爲楚懷與！補曰：「爲我」、「爲王」、「以爲秦」、「以爲魏」之「爲」，去聲。

華軍之戰

華〔一〕軍之戰，魏不勝秦。明年，將使段干崇割地而講。

〔一〕**姚本**一本有「陽」字。**鮑本**「軍」作「陽」。〇

孫臣〔一〕謂魏王曰：「魏不以敗之上〔二〕割，可謂善用不勝矣；而秦不以勝之上割，可謂不能〔三〕用勝矣。今處期年乃欲割，是群臣之私〔四〕而王不知也。且夫欲璽者〔五〕，段干子也，王因使之割地；欲地者，秦也，而王因使之受〔六〕璽。夫欲璽者制地，而欲地者制璽，其勢必無魏矣。且夫奸臣〔七〕固皆欲以地事秦。以地事秦，譬猶抱薪而救火也。薪不盡，則火不止。今王之地有盡，而秦之求〔八〕無窮，是薪火之説也。」

〔一〕**鮑本**并魏人。

〔二〕**鮑本**上，謂當其時。

〔三〕**鮑本**「能」作「善」。〇

〔四〕**鮑本**計不及也。

〔五〕**鮑本**得秦封，受其璽。

〔六〕**鮑本**「受」作「授」。〇

〔七〕**鮑本**「臣」作「人」。〇

〔八〕**鮑本**「之求」作「求之」。〇

魏王曰：「善。雖然，吾已〔一〕許秦矣，不可以革〔二〕也。」對曰：「王獨不見夫博者之用梟邪〔三〕？欲食則食，欲握則握〔四〕。今君劫於群臣而許秦，因曰不可革，何用智之不若梟也？」

魏王〔五〕曰：「善。」乃案其行〔六〕。

〔一〕鮑本「已」作「以」。○

〔二〕鮑本革，更也。

〔三〕鮑本猶上善用勝矣。補曰：正義云，博頭有刻爲梟鳥形者，擲得梟者，合食其子。若不便，則爲餘行也。

〔四〕鮑本握，不食也。食者行棋，握不行也，故史曰，「便則行，不便則止」。

〔五〕札記今本脱「王」字。

〔六〕鮑本按，猶止。記四年有。補曰：史，安釐王四年，華陽戰敗後，段干子請予南陽以和。此策云「按其行」。通鑑綱目云，「王不聽，卒以南陽爲和」。

齊欲伐魏〔一〕

〔一〕此篇鮑本在齊策。

齊欲伐魏，魏使人謂淳于髡曰：「齊欲伐魏，能解魏患，唯先生也。敝邑有寶璧二雙，文馬二駟〔二〕，請致之先生。」淳于髡曰：「諾。」入説齊王曰：「楚，齊之仇敵也；魏，齊之與國也〔三〕。夫伐與國，使仇敵制其餘敝〔三〕，名醜而實危〔四〕，爲王弗取也。」齊王曰：「善。」乃不伐魏。

〔一〕**鮑本**文，毛色成文。馬四匹爲駟。

〔二〕**鮑本**魏策，馬陵之敗，魏請臣畜朝齊，楚王怒，伐齊，則此所言也。

〔三〕**鮑本**言楚將因齊兵勢而伐之。

〔四〕**鮑本**伐與國，醜也，而有楚伐之危。

客謂齊王曰：「淳于髡言不伐魏者，受魏之璧、馬也。」王以謂淳于髡曰：「聞先生受魏之璧、馬，有諸？」曰：「有之。」「然則先生之爲寡人計之何如？」淳于髡曰：「伐魏之事不便〔一〕，魏雖刺髡，於王何益？若誠不〔二〕便，魏〔三〕雖封髡，於王何損？且夫王無伐與國之誹，魏無見亡之危，百姓無被兵之患，髡有璧、馬之寶，於王何傷乎？」〔四〕

〔一〕**鮑本**伐魏不便，魏所欲也，而髡止之，故魏刺之。雖刺髡而齊實不便，非益也。此設辭也。正曰：强注終不通，説見下。

〔二〕**姚本**劉無「不」字。　**鮑本**補曰：姚云，「若誠」下劉本無「不」字。愚案，上句當無「不」字，義乃通，恐有訛舛。

〔三〕**姚本**曾無「魏」字。

〔四〕**鮑本**原在魏策。正曰：爲魏而説，當從舊。

秦將伐魏

秦將伐魏。魏王聞之，夜見孟嘗君〔一〕，告之曰：「秦且攻魏，子爲寡人謀，奈何？」孟嘗君曰：「有諸侯之救，則國可存也。」王曰：「寡人願子之行也。」重爲之約車百乘。

〔一〕鮑本本傳，齊閔驕，故奔魏，魏相之。此十一年。正曰：見後。

孟嘗君之趙，謂趙王〔一〕曰：「文願借兵以救魏。」趙王曰：「寡人不能。」孟嘗君曰：「夫敢借兵者，以忠王也。」王曰：「可得聞乎？」孟嘗君曰：「夫趙之兵，非能〔二〕强於魏之兵；魏之兵，非能〔三〕弱於趙也。然而趙之地不歲危，而民不歲死；而魏之地歲危，而民歲死者，何也？以其西爲趙蔽〔四〕也。今趙不救魏，魏歃〔五〕盟於秦，是趙與强秦爲界也，地亦且歲危，民亦且歲死矣。此文之所以忠於大王也。」趙王許諾，爲起兵十萬，車三百乘。

〔一〕鮑本惠文。
〔二〕姚本曾無「能」字。
〔三〕姚本曾無「能」字。
〔四〕鮑本魏在趙西，爲之蔽秦。
〔五〕鮑本歃之血也。

又北見燕王〔一〕曰：「先日公子〔二〕常約兩王〔三〕之交矣。今秦且攻魏，願大王之救之。」燕王曰：「吾歲不熟二年矣，今又行數千里而以助魏，且奈何？」田文曰：「夫行數千里而救人者，此國之利也。今魏王出國門而望見軍，雖欲行數千里而助人，可得乎？」燕王尚未許也。田文曰：「臣效便計於王，王不用臣之忠計，文〔四〕請行矣。恐天下之將有大變也。」王曰：

「大變可得聞乎？」曰：「秦攻魏未能克之也，而臺已燔，游已奪矣〔五〕。而燕不救魏，魏王折節割地，以國之半與秦，秦必去矣。秦已去魏，魏王悉韓、魏之兵，又西借秦兵，以因趙之衆〔六〕，以四國攻燕，王且何利？利行數千里而助人乎？利出燕南門而望見軍乎？則道里近而輸〔七〕又易矣，王何利〔八〕？」燕王曰：「子行矣，寡人聽子。」乃爲之起兵八萬，車二〔九〕百乘，以從〔一〇〕田文。

〔一〕鮑本昭。
〔二〕鮑本稱其父嬰。
〔三〕鮑本「王」作「主」。○
〔四〕札記今本「文」誤「臣」。
〔五〕鮑本不暇游觀。
〔六〕札記今本「趙之」誤「之趙」。
〔七〕鮑本輸以餉軍。
〔八〕姚本曾添「入乎」字。
〔九〕鮑本「二」作「三」。○
〔一〇〕姚本一本無「從」字。

魏王大説，曰：「君得燕、趙之兵甚衆且亟矣。」秦王〔一〕大恐，割地請講於魏〔二〕。因歸燕、趙之兵，而封田文。〔三〕

〔一〕**鮑本**昭。
〔二〕**姚本**一本添「魏」字。
〔三〕**鮑本**彪謂：田文可謂善言者矣。其説趙也，邇而不偪。其説燕也，直而不倨。與夫嚂口虚喝者，異矣。補曰：孟嘗相魏，在齊滅宋前。大事記附見於昭王十年，詳見周策。此事實昭王十三年。秦紀，秦昭二十四年取魏安城至大梁，燕、趙救之，秦軍去。

魏將與秦攻韓

魏將與秦攻韓，朱已〔一〕謂魏王曰：「秦與戎、翟同俗，有虎狼之心，貪戾好利而無信，不識禮義德行。苟有利焉，不顧親戚兄弟，若禽獸耳。此天下之所同知也，非所施厚〔二〕積德也。故太后母也，而以憂死〔三〕；穰侯舅也，功莫大焉，而竟逐之；兩弟無罪，而再奪之國。此於其親戚兄弟若此，而又況於仇讎之敵國也〔四〕。

〔一〕**鮑本**史作無忌。補曰：史，魏王以秦救之故，欲親秦而伐韓，以求故地，無忌謂魏王曰云云。大事記據之。以其辭云秦太后母也，以憂死，故附載於宣太后之薨之後，在赧王五十年。按朱己，即無忌，字訛也。**札記**丕烈案：策文「無」多作「无」，故形近而訛也。「己」、「忌」同字。
〔二〕**姚本**劉作「惠」。
〔三〕**鮑本**秦昭四十二年，此十二年。

〔四〕鮑本補曰：一本標「也」作「乎」。　札記丕烈案：史記作「乎」。

「今大王與秦伐韓而益近秦，臣甚或〔一〕之，而王弗識也，則不明矣。群臣知之，而莫以此諫，則不忠矣。今夫韓氏以一女子承一弱主〔二〕，内有大亂，外安能支强秦、魏之兵，王以爲不破乎？韓亡，秦盡〔三〕有鄭地〔四〕，與大梁鄰，王以爲安乎？王〔五〕欲得故地〔六〕，而今負强秦之禍也〔七〕，王以爲利乎？

〔一〕鮑本「或」作「惑」。○　札記丕烈案：史記作「惑」。「或」、「惑」同字。

〔二〕鮑本此十二年，桓惠立八年矣。補曰：大事記云，韓世家不載其事，必是時韓王少，母后用事也。愚按，是時秦宣太后、趙惠文后、齊君王后皆專政，韓亦然也。

〔三〕鮑本無「盡」字。○　札記丕烈案：史記無。

〔四〕鮑本時鄭亡，屬韓。

〔五〕鮑本無「王」字。　札記丕烈案：史記無。

〔六〕鮑本蓋嘗喪地於韓，今欲取之。

〔七〕鮑本正曰：史，「負强秦之説」。據此，則「負」當從「恃」訓。從策文，則負任在背以爲喻也。史義長。　札記丕烈案：吴説未是，此不與策文同耳。下文「然而無與强秦鄰之禍」語相應，當各依本書。

「秦非無事之國也，韓亡之後，必且便事；便事〔一〕，必就易與利；就易與利，必不伐楚與趙矣。是何也？夫越山逾河，絶韓之上黨〔二〕而攻强趙，則是復閼與之事也〔三〕，秦必不爲也。若道河内，倍〔四〕鄴、朝歌，絶漳、滏之水，而以與趙兵決勝於邯鄲之郊，是受智伯之禍也，秦又不敢。伐楚，道涉而〔五〕谷，行三十里而攻危隘之塞〔六〕，所行者甚遠，而所攻者甚難，秦又弗爲也。若道河外，背大梁，而右上蔡、召陵，以與楚兵決於陳郊〔七〕，秦又不敢也。故曰，秦必不伐楚與趙矣，又不攻衛與齊矣〔八〕。韓亡之後，兵出之日，非魏無攻矣。

〔一〕**鮑本**補曰：「便事」，史并作「更事」。

〔二〕**鮑本**補曰：史作「絶上黨」。正義云，韓上黨，從太行山西北澤、潞等州是也。　**札記**丕烈案：史記有「韓」字，吴誤。

〔三〕**鮑本**先時趙奢敗秦於此。補曰：復，扶又反。閼與，音遏豫。

〔四〕**鮑本**倍，音背。

〔五〕**鮑本**「而」作「山」。○　**札記**今本「而」作「山」，乃誤涉鮑也。丕烈案：今史記作「伐楚，道涉山谷」。衍「山」字也。索隱作「道涉谷」云。道，猶行也。涉谷是往楚之險路。策文亦本云「道涉谷」，衍「而」字。鮑乃依今史記改，誤甚。今本初刻「道」誤「趙」，改刻不誤。

〔六〕**姚本**劉作「國」。　**鮑本**正曰：「三十」，史作「三千」者是。「危隘」，史作「冥阨」，即「黽阨」也。說見楚策。大事記，秦向楚有兩道，涉山谷是西道，河外是東道。此是採索隱、正義之文。按二家本文，以「涉谷」爲地名，當考。正義云，從褒斜入梁州，即東南至申州，攻石城山險阨之塞也。　**札記**丕烈案：「危」即「黽」字形近之訛。

〔七〕**鮑本**正曰：大事記引正義云，從河外出函谷關，歷同州，南至鄭州，東向陳州，則背大梁也。大事記今本作「東向鄭州者」，恐因上文訛。史「右蔡左召陵」，正義云，上蔡縣在豫州北，邵陵故城在豫州郾城縣東，并在陳州西。從汴州南行向陳州之西郊，則上蔡、召陵在南面，向東皆身之右，定無左字也。

〔八〕**鮑本**正曰：衛、齊皆在趙、韓、魏之東。

「秦故有懷地刑丘〔一〕、之城、垝津〔二〕，而以之臨河内，河内之共、汲莫不危矣〔三〕。秦有鄭地，得垣雍〔四〕，決熒澤〔五〕，而水大梁，大梁必亡矣〔六〕。王之使者大過矣，乃惡安陵氏於秦〔七〕，秦之欲許之久矣〔八〕。然而秦之葉陽、昆陽與舞陽、高陵鄰〔九〕，聽使者之惡也，隨安陵氏而欲亡之。秦繞舞陽之北，以東臨許，則南國〔一〇〕必危矣。南國雖無危，則魏國豈得安哉〔一一〕？且夫憎韓不受安陵氏可也，夫不患秦之不愛南國非也〔一二〕。

〔一〕**鮑本**「刑」作「邢」。○

〔二〕**鮑本**地缺。

〔三〕**鮑本**正曰：史作「秦固有懷茅」。「固」、「故」通。正義云，懷州武陵縣西故懷城。括地志云，懷州獲嘉縣東北有茅亭，即蘇忿生邑攢茅。邢丘，見秦策。史「城、垝津」，索隱引策云「邢丘、安城」。今本無「安」字，恐「之」字即「安」訛也。史此段後有「安城」字。正義云，在鄭州原武縣東南。垝津，索隱云在河北。垝，九毀反。正義引杜預以爲汲郡城南延津。愚按，安釐王十一年，秦拔我廩丘，或作邢丘、鄆丘。餘無見。蓋地皆懷界也。索隱云，共、汲皆縣名，屬河內。共，居庸反。又見下。劉辰翁以爲共、汲、河者謬。

〔四〕**鮑本**秦紀注，河內卷有垣雍城。正曰：正義引括地志云，垣雍故城在鄭州原武縣西北。雍，於用反。

〔五〕**鮑本**「熒」作「滎」。○屬滎陽，書注在敖倉東南。補曰：史作「熒」，一本同。

〔六〕**鮑本**補曰：正義云，言韓亡後，秦有鄭地，得垣雍城，從滎澤決溝，歷雍灌大梁也。大事記云，始皇滅魏，果用此策。

〔七〕**鮑本**安陵，魏之不欲攻韓者，與群臣異，故惡之。

〔八〕**鮑本**許，言聽之久，言秦之先自惡之。正曰：史作「王之使者出，過而惡安陵氏於秦」。大事記引策文，則以策爲明順。「許」，史作「誅」。正義引括地志云，安陵在鄢陵縣西北。詳見前。大事記，按策安陵君曰，「吾先君成侯受詔襄王，以守此地」。蓋安陵，趙襄子所封，其後遠別爲十國，附庸於魏，今魏反令使者惡之於秦。

〔九〕**鮑本**高陵，屬琅邪。此二縣安陵封地，以與昆陽、葉陽鄰，故秦久惡安陵。正曰：高陵屬京兆，與下文地不相近。史無「高陵」字，策或誤也。注尤非。正義云，葉陽今許州葉縣，昆陽故城在葉縣北，舞陽故城在葉縣東。此時葉陽、昆陽屬秦，舞陽屬魏。大事記，葉陽今屬汝州。**札記**丕烈案：史記「舞」作「武」。

〔一〇〕**鮑本**周紀注，南國，江、漢之間，又曰南陽也。今詳此時屬韓。正曰：正義云，南國，今許州許昌縣南西許昌故城。此時屬韓，在魏之南，故言南國。大事記，安陵在鄢陵縣西北。則去許、汝不遠矣。愚按，韓公云，繞舞陽、葉、襄城，其地皆壤界也，故曰南國。

〔一一〕**鮑本**正曰：「魏國豈得安哉」，史作「國無害」。大事記注引策文，當從策。

〔一二〕**鮑本**補曰：史，「不愛安陵氏」。下文可推。大事記，秦得南國，則諸侯之勢危矣，魏不可以爲非己地而不恤也。

「異〔一〕日者，秦乃在河西，晉國之去梁也，千里有餘，河〔二〕山以蘭〔三〕之，有周、韓而間之。從林軍〔四〕以至於今，秦十攻魏，五入國中，邊城盡拔。文臺墮，垂都焚〔五〕，林木伐，麋鹿盡，而國繼以圍〔六〕。又長驅梁北，東至陶、衛之郊〔七〕，北至乎闞〔八〕，所亡乎秦者，山北〔九〕、河外、河内〔一〇〕，大縣數百，名都數十〔一一〕。秦乃在河西，晉國之去大梁也尚千里，而禍若是矣。又況於使秦無韓而有鄭地，無河山以蘭之，無周、韓以間之，去大梁百里，禍必百此〔一二〕矣。異日者，從之不成矣〔一三〕，楚、魏疑而韓不可得而約也。今韓受兵〔一四〕三年矣，秦撓之以講〔一五〕，韓知〔一六〕亡，猶弗聽，投質〔一七〕於趙，而請爲天下雁行〔一八〕頓刃。以臣之觀〔一九〕之，則楚、趙必與之攻矣。此何也？則皆知秦〔二〇〕之無窮也，非盡亡天下之兵，而臣海内之民，必不休矣。是故臣願以從事乎〔二一〕王，王速受楚、趙之約，而挾韓、魏〔二二〕之質，以存韓爲務，因求故地於韓，韓必效之。如此則士民不勞而故地得，其功多於與秦共伐韓，然而無與强秦鄰之禍。

〔一〕**鮑本**異，猶他。

〔二〕**鮑本**「河」上補「有」字。○ 言都絳、安邑時。補曰：史無上文「餘」字，即以「有」字屬「河山」云云。策文則當有「有」字。**札記**丕烈案：此當是策文衍「餘」字，以千里與百里相較也。下文云「尚千里」，亦無「餘」之證。

〔三〕**鮑本**「蘭」作「闌」。○ 下同。闌入之闌。正曰：按字書，闌，門遮也。攔，閉也，牢也。通作蘭。王莽傳「牛馬同蘭」。師古云，蘭，謂遮蘭，則「闌」亦可通。闌入之「闌」，本作「𨷻」，亦作「蘭」，於此義不切。**札記**丕烈案：史記作「闌」。「蘭」、「闌」同字也。

〔四〕**鮑本**「林」作「横」。○ 横之軍。正曰：史作「林鄉軍」。林鄉，地名，見芒卯謂秦王章。大事記，自秦伐林鄉以來至於今也。**札記**丕烈案：今史記作「林鄉軍」。考索隱引劉氏云，林，地名。是史記亦本無「鄉」字。徐廣曰「林鄉在宛縣」者，以林鄉解「林」也。後人因注改正文耳。

〔五〕**鮑本**勾陽有垂都亭。正曰：此引徐廣説，彼文原無「都」字。補曰：索隱云，有廟曰都。正義引括地志云，文臺在曹州冤句縣。索隱云，文臺，臺名。大事記不取者，豈以他策有「臺已燔，游已奪」之云，與此類，特泛言之邪！墮，許規反。

〔六〕**鮑本**正曰：大事記，赧王四十年，穰侯圍大梁。

〔七〕**鮑本**衛在河、淇之間，與陶接，故范蠡亦云。

〔八〕**鮑本**魏記注，在東平須昌。補曰：史，北至平、監。正義云，平即兖州平陸，監即故闞城，在平陸縣西南。**札記**丕烈案：「監」、「闞」同字，見徐廣注也。

〔九〕**鮑本**山，吳華之屬。正曰：史，「山南，山北」。策無「山南」字，疑缺文。正義云，山，華山也。華山之東南，七國時，鄧州屬韓，汝州屬魏。華山之北，同、華、銀、綏並魏地也。

〔一〇〕**鮑本**補曰：河外，謂華州以東至陝、虢。河内，謂蒲州以東至懷、衛。

〔一一〕**鮑本**補曰：史，大縣數十，名都數百。

〔一二〕**鮑本**補曰：史作「由此」。大事記從策文改。

〔一三〕**姚本**劉作「也」。　**鮑本**「矣」作「也」。◯　補曰：「也」，史同。

〔一四〕**鮑本**受秦兵。

〔一五〕**鮑本**以求地擿撓之。

〔一六〕**鮑本**補曰：史「識亡」。宜從策。　**札記**丕烈案：吳説非也，「識」即「知」，見索隱。上文此天下之所同知也，下文則皆知秦之無窮也，史記亦皆云「識」，是其證矣。

〔一七〕**鮑本**質，約也。見下。

〔一八〕**鮑本**雁行，言以次進。補曰：爲，去聲。

〔一九〕**鮑本**「觀」上補「愚」字。◯

〔二〇〕**鮑本**「秦」下補「欲」字。◯　補曰：史「之」下有「欲」字。大事記從之。

〔二一〕**鮑本**史無「乎」字。大事記從策補。　**札記**丕烈案：從，合從也，見索隱。

〔二二〕**鮑本**衍「魏」字。補曰：字衍，史無。大事記以策補「而」字。　**札記**丕烈案：史記作「趙挾韓之質」，與策文不同也。

「夫存韓安魏而利天下，此亦王之大時〔一〕已。通韓之上黨於共、莫，使〔二〕道已通，因而闕之，出入者賦〔三〕之，是魏重質韓以其上黨也〔四〕。共有其賦〔五〕，足以富國，韓必德魏、愛魏、重魏、畏魏，韓必不敢反魏。韓是魏之縣也。魏得韓以爲縣，則衛〔六〕、大梁、河外必安矣。今不存韓，則二周必危，安陵必易〔七〕。楚、趙楚〔八〕大破，衛、齊甚畏〔九〕，天下之西鄉而馳秦，入朝爲臣之日不久。」〔一〇〕

〔一〕**鮑本**補曰：史作「天時」。大事記從策。

〔二〕**鮑本**使，去音。通其道，不通他使，將爲關也。正曰：「莫」句。補曰：史作「共、甯」。下云「使道安城，出入賦之」云云，大事記從之。正義云，共，衛州共城縣；甯，懷州修武縣。解題云，是時秦欲取韓上黨，故蠶食其地，使與韓國中絶。故勸魏假道，使韓得與上黨往來，豈專爲韓而已哉。韓不失上黨，則三晉之勢猶完也。

〔三〕**鮑本**賦，徵取。

〔四〕**鮑本**質，有要也。正曰：質，猶贄。韓以上黨爲質也。

〔五〕**鮑本**韓、魏共之。補曰：史作「今有」，當從策。

〔六〕**鮑本**衛，時已附梁。

〔七〕**鮑本**秦輕之也。正曰：易，改易也。

〔八〕**鮑本**衍「楚」字。補曰：字衍，史無。大事記從。**札記**今本無下「楚」字，乃誤涉鮑也。

〔九〕**鮑本**皆爲秦所勝制。

〔一〇〕**姚本**集本有「矣」字。**鮑本**記有，與上二章相次。彪謂：言秦之情者衆矣，無白於此者也。補曰：大事記云，信陵君之諫，世家不載，其從違亦不書，與秦同伐韓，取故地，必以其言而止也。信陵之言，深切綜練，識天下之大勢，使魏能用其計，糾率楚、趙，竭力助韓，則韓不至失上黨，趙不至敗長平，六國不至爲秦所吞矣！謀既不用，又以矯殺晉鄙，流落於外。六國垂亡，魏始再用之，猶能收合諸侯，折强秦之鋒。若用之於上黨、長平未敗之前，天下雌雄之勢，未可量也！此章大事記據史文具載，又以策文易史之難通者，注釋甚詳，而於信陵尤惓惓歸重焉。太史公謂，說者皆以魏不用信陵君，故國削弱至於亡，天方令秦平海內，魏雖得阿衡之佐，曷益乎！劉知幾譏其舍人事而言天。大事記之言，殆爲還發也。愚謂，戰國四公子并稱，特以好士之故。黄歇亂人，其事惡矣。趙勝不能用趙奢、廉頗，而割地以召田單，受馮亭之嫁禍，幾至亡國。田文怒小丈夫之譏，而滅一縣，不忍呂禮之嫉害，而爲宗國召兵，尚奚足言哉？若其合從難秦，歇既敗衄，勝僅合楚、趙之交，以佐魏救。獨孟嘗、信陵，兩戰敗秦。文臨函谷，無攻以求楚東國，而名義索然。信陵存趙却秦，義烈甚高，河外之戰，威震天下。且退讓不伐，聞過能悔，其才與智，皆非餘子比也。因大事記稱惜之言，輒附著之。

葉陽君約魏

葉陽君〔一〕約魏，魏王將封其子，謂魏王曰：「王嘗身濟漳，朝邯鄲，抱葛、薜〔二〕、陰、成以爲趙養邑〔三〕，而趙無爲王有也。王能又封其子問〔四〕陽姑〔五〕衣〔六〕乎〔七〕？臣爲王不取也。」魏王乃止。〔八〕

〔一〕**鮑本**趙人。補曰：「葉」即「奉」之訛，李兑也。說見趙策。

〔二〕**姚本**曾作「薛」。**鮑本**「薜」作「薛」，又改作「孽」。○補曰：趙世家作「孽」者是，一本作「薛」亦非。**札記**丕烈案：吴說未是。「薜」即「孽」字之省；「薛」，形近之訛也。

〔三〕**鮑本**供養之邑。

〔四〕鮑本「問」作「河」。○ 補曰：字訛，趙策作「河」。
〔五〕姚本曾作「茹」。
〔六〕鮑本「衣」作「密」。○ 補曰：字訛，趙策作「密」。 札記今本「問」作「河」，「衣」作「密」，乃誤涉鮑也。
〔七〕鮑本趙惠文十三年有，與此語同，云封李兑子，則葉陽君兑之封乎？
〔八〕鮑本惠之十三年，此十年。

秦使趙攻魏

秦使趙攻魏，魏謂趙王〔一〕曰：「攻魏者，亡趙之始也。昔者〔二〕，晉人欲亡虞而伐虢，伐虢者，亡虞之始也。故荀息以馬與璧假道於虞，宫之奇諫而不聽，卒假晉道。晉人伐虢，反而取虞。故春秋書之，以罪虞公。今國莫强於趙，而并齊〔三〕、秦，王〔四〕賢而有聲者相之〔五〕，所以爲腹心〔六〕之疾者，趙也〔七〕。魏者，趙之虢也；趙者，魏之虞也。聽秦而攻魏者，虞之爲也。願王之熟計之也。」

〔一〕鮑本惠文。正曰：無考。
〔二〕姚本曾作「也」。
〔三〕鮑本衍「齊」字。正曰：見下。
〔四〕鮑本昭。正曰：見下。

〔五〕**鮑本**并，猶兼。聲，威聲。相，助也。言趙强矣，兼得秦助。正曰：「今國莫强於趙而兼齊、秦」句，「王賢而有聲者相之」句。言趙强兼齊、秦，王既賢而又有聲望者相之，所以爲秦腹心之疾也。如此乃協。此士引喻明切，謂春秋罪虞，亦不悖。秦使趙攻魏之事無見，或因其言而止歟？**札記**丕烈案：「而并齊、秦」四字，當爲一句，「而」即「能」字，言所能并於二國也。

〔六〕**鮑本**「腹心」作「心腹」。○

〔七〕**鮑本**言秦以趙爲疾。

魏太子在楚〔一〕

〔一〕此篇姚本與秦使趙攻魏連篇，鮑本另列一篇。據文義，從鮑本。

魏太子在楚。謂〔二〕樓子〔三〕於鄢陵〔四〕曰：「公必且待齊、楚之合也，以救皮氏。今齊、楚之理，必不合矣。彼翟子〔五〕之所惡於國者，無公矣〔六〕。其人〔七〕皆欲合齊、秦外楚以輕公，公必謂齊王〔八〕曰：『魏之受兵，非秦實首伐之也，楚惡魏之事王也，故勸秦攻魏。』齊王故欲伐楚〔九〕，而又怒其不己善也，必令魏以地聽秦而爲和。以張子之强〔一〇〕，有秦、韓之重，齊王惡之，而魏王不敢據也〔一一〕。今以齊、秦之重，外楚以輕公，臣爲公患之。鈞〔一二〕之出地，以爲和於秦也，豈若由楚乎？秦疾攻楚，楚〔一三〕還兵，魏王必懼〔一四〕，公因寄〔一五〕汾北以予秦而爲和〔一六〕，合親以孤齊〔一七〕，秦、楚重公，公必爲相矣。臣意秦王〔一八〕與樗里疾之欲之也，臣請爲公説之。」

〔一〕**鮑本**「謂」作「爲」。○

〔二〕**鮑本**庳也，從太子爲質，而楚任之。

〔三〕**鮑本**楚用事者所封。正曰：此語本記其人與樓子言於鄢陵之地。鄢，楚别都，在宜城。此鄢陵，即策所謂許、鄢陵者，魏地也。樓庳主合楚之謀，非從太子而楚任之也。

〔四〕**鮑本**强也，魏人，仕齊。正曰：魏王所用，下文甚明。楚策，魏相翟强死。

〔五〕**鮑本**無如鄢陵。正曰：公，指樓庳。

〔六〕**鮑本**人，翟之人。

〔七〕**鮑本**闋。

〔八〕**鮑本**此士言齊本自欲爾。補曰：故，固通。

〔九〕**鮑本**言儀往日。

〔一〇〕**鮑本**言魏襄爲齊逐儀。正曰：策謂齊王不如資韓朋與之逐張儀於魏者，謀如此耳。魏襄之時，不聞逐儀也。且此語本謂以儀有秦、韓之重，而齊王惡之，魏王不敢據之以爲安，二國之於儀，猶如此也。

〔一一〕**鮑本**鈞，言齊與楚。

〔一二〕**鮑本**衍「楚」字。

〔一三〕**鮑本**正曰：楚還兵者，復兵與秦合攻魏也，故魏王懼。

〔一四〕**鮑本**「寄」作「割」。○　補曰：恐字有訛。

〔一五〕**鮑本**汾北，魏地鄢陵。宜因其懼，使割予秦，此所謂由楚。

〔一六〕**鮑本**秦、楚、魏合。

〔一七〕鮑本昭。

乃請樗里子曰：「攻皮氏，此王之首事也〔一〕，而不能拔，天下且以此輕秦。且有皮氏，於以攻韓、魏，利也。」樗里子曰：「吾已合魏矣，無所用之〔二〕。」對曰：「臣願以鄙心意〔三〕公，公無以爲罪。有皮氏，國之〔四〕大利也，而以與魏，公終自以爲不能守也，故以與魏。今公〔五〕之力有餘守之〔六〕，何故而弗有也？」樗里子曰：「奈何？」曰：「魏王之所恃者，齊、楚也；所用者，樓鼻、翟强〔七〕也。今齊王謂魏王曰：『欲講攻於齊王兵之辭也〔八〕，是弗救矣〔九〕。』楚王〔一〇〕怒於魏之不用樓子，而使翟强爲和也〔一一〕，怨顔已絶之矣〔一二〕。魏王之懼也見亡〔一三〕，翟强欲合齊、秦外楚，以輕樓鼻〔一四〕；樓鼻欲合秦、楚外齊，以輕翟强〔一五〕。公不如按〔一六〕魏〔一七〕之和，使人謂樓子曰：『子能以汾北與我乎？請合於楚外齊，以重公也，此吾事也。〔一八〕』樓子與楚王必疾矣〔一九〕。又謂翟子〔二〇〕：『子能以汾北與我乎？必爲〔二一〕合於齊外於〔二二〕楚，以重公也。』翟强與齊王必疾矣。是公外得齊、楚以爲用，内得樓鼻、翟强以爲佐〔二三〕，何故不能有地於河東乎？」〔二四〕

〔一〕**鮑本**「請」作「謂」。○　首，言出兵。正曰：首事，猶言第一事也。

〔二〕**鮑本**故史書未拔而解。

〔三〕**鮑本**意，猶度。

〔四〕**鮑本**「之」下有「所」字。○

〔五〕姚本曾作「攻」。

〔六〕鮑本於守爲有餘。

〔七〕鮑本「⿸广鼻」,字書無此字。韓策作「鼻」,即「⿸广鼻」也。策又有「管鼻之令翟强與秦事」云云,與此事合,疑樓⿸广鼻即管鼻也。

札記今本「⿸广鼻」作「⿸疒鼻」。

〔八〕鮑本「王」作「主」。○　言欲講秦、攻秦皆於我。夫魏求救,欲講而已,而齊兼言攻,故下言「主兵」。正曰:「講」當作「搆」。講攻,猶言搆兵。

〔九〕鮑本「矣」作「也」。○

〔一〇〕鮑本懷。

〔一一〕鮑本和齊、秦。

〔一二〕鮑本怨魏欲絶之,見於顔色。

〔一三〕鮑本以有亡形而懼。

〔一四〕鮑本此强之和。

〔一五〕鮑本補曰:此二語當時事情也。

〔一六〕鮑本按,謂主之。正曰:按,止也。

〔一七〕姚本曾作「親」。

〔一八〕鮑本疾言此事吾所欲爲。

〔一九〕鮑本言應之速。

〔二〇〕鮑本强。亦魏人。

〔二一〕札記今本「爲」誤「不」。

〔二二〕鮑本衍「於」字。

〔二三〕鮑本主魏言之，故言內。

〔二四〕鮑本言且得皮氏。按，此蓋樓庳在楚，欲因楚和秦以息攻鄢陵，不順也，故此士説之，又説樗里。凡其辭兩言齊楚、翟樓，示無所偏也。而於楚，獨曰「吾事」，則是爲樓子也。

戰國策卷二十五

魏 四

獻書秦王

闕文獻書秦王〔一〕曰：「昔竊聞大王之謀出事於梁〔二〕，謀恐不出於計矣〔三〕，願大王之熟計之也。梁者，山東之要〔四〕也。有蛇於此〔五〕，擊其尾，其首救；擊其首，其尾救；擊其中身，首尾皆救。今梁王，天下之中身也〔六〕。秦〔七〕攻梁者，是示天下要斷山東之脊也〔八〕，是山東首尾皆救中身之時也。山東見亡必恐，恐必大合，山東尚强，臣見秦之必大憂可立而待也。臣竊爲大王計，不如南出。事於南方〔九〕，其兵弱，天下必能救〔一〇〕，地可廣大〔一一〕，國可富，兵可强，主可尊。王不聞湯之伐桀乎？試之弱密須氏〔一二〕以爲武教，得密須氏而湯之〔一三〕服桀矣。今秦國〔一四〕與山東爲讎，不先以弱爲武教，兵必大挫，國必大憂。」秦果南攻藍田、鄢、郢〔一五〕。

〔一〕**鮑本**昭。正曰：無考。

〔二〕**鮑本**「昔」作「臣」。○　謂攻之。

〔三〕**鮑本**非得計也。

〔四〕**鮑本**腰。人身之中。

〔五〕**鮑本**兵法所謂「率然」。補曰：見孫武書及李靖問答。

〔六〕**鮑本**「皆」作「俱」，「王」作「者」，「中身」作「脊」。○　補曰：一本「今梁王，天下之中身也」。

〔七〕**鮑本**「秦」上有「夫」字。○

〔八〕**鮑本**要，猶欲。正曰：要，同上義。「山東脊」、「天下要」，與上互言之。示者，顯取之之意。

〔九〕**鮑本**謂楚。

〔一〇〕**鮑本**「必」上補「不」字。○　補曰：作「必不」語順。又「必」字，恐當作「不」。

〔一一〕**姚本**曾無「大」字。　**鮑本**言秦地。

〔一二〕**鮑本**試，謂先之以其弱，可必克也。周紀注，密須在安定陰密。補曰：密，姞姓國，在今寧州。史周紀「西伯伐密須」，詩所謂「密人不恭」者也。此誤以爲湯，又云「試之於弱」。戰國游士言聖賢事多妄謬，此尤顯然者也。

〔一三〕**鮑本**「之」作「知」。○　**札記**丕烈案：「知」字當是。

〔一四〕**鮑本**「國」作「欲」。○　**札記**丕烈案：「欲」字當是。

〔一五〕**鮑本**藍田，秦地，疑衍文。彪謂：徵伐先後，理正應爾。故司馬爲秦議，以伐蜀爲先。而我藝祖欲平太原諸國，亦先平蜀。正曰：秦之攻楚，多道藍田、武關以出攻，如敗楚藍田之云。秦人善遠交近攻之策，蠶食諸侯，先三晉而後齊、楚，卒以成功，其用兵之序可考矣。此策，魏畏秦攻，移禍於楚，故飾爲之辭。而鮑謂「徵伐先後，理正應爾」，夫豈識當時大勢哉！又以司馬錯先伐蜀，宋欲平太原，亦先平蜀，爲試於弱之徵，謬矣。

八年謂魏王

八年〔一〕，闕文 謂魏王曰：「昔曹〔二〕恃齊而輕晉，齊伐釐、莒〔三〕而晉人亡曹〔四〕。繒恃齊以悍越〔五〕，齊和子〔六〕亂而越人亡繒〔七〕。鄭恃魏以輕韓，伐〔八〕榆關〔九〕而韓氏亡鄭。原恃秦、翟以輕晉，秦、翟年穀大凶而晉人亡原〔一〇〕。中山恃齊、魏以輕趙，齊、魏伐楚而趙亡中山〔一一〕。此五國所以亡者，皆其〔一二〕所恃也。非獨此五國爲然而已也，天下之亡國皆然矣。夫國之所以不可恃者多，其變不可勝數也。或以政教不脩，上下不輯，而不可恃者；或有諸侯鄰國之虞，而不可恃者；或以年穀不登，稸〔一三〕積竭盡，而不可恃者；或化〔一四〕於利，比〔一五〕於患。臣以此知國之不可必恃也。今王恃楚之强，而信春申君之言，以是質〔一六〕秦，而久〔一七〕不可知。即春申君有變，是王獨受秦患也。即〔一八〕王有萬乘之國，而以一人之心爲命也。臣以此爲不完，願王之熟計之也。」

〔一〕**鮑本**「八」上補「十」字。○ 此八年，春申未到。正曰：追稱之辭。

〔二〕**鮑本**曹，今定陶。

〔三〕**鮑本**釐，疑扶風漦。正曰：此不相涉。齊策，「昔者萊、莒好謀，陳、蔡好詐，莒恃越而滅，蔡恃晉而亡」。此「釐」字即「萊」。左傳，「公會鄭伯於郲」，杜注，「釐城」。劉向引「來牟」作「釐牟」。古字通。

〔四〕**鮑本**史，曹伯陽十五年背晉，宋滅之。哀公八年。正曰：即僖二十八年晉侯伐曹，分曹、衛田事。凡言亡，非必國滅也。

〔五〕鮑本「以悍」作「而輕」。○ 繒，禹後，屬東海。補曰：姚本「恃齊以捍越」。春秋「鄫」，穀梁作「繒」。杜注，「今琅邪鄫縣」。

〔六〕鮑本太公田和。正曰：恐非。

〔七〕鮑本哀六年，莒人滅鄫，與此異。補曰：左氏，「莒人滅鄫，鄫恃賂也」。注，「鄫有貢賦之賂在魯，恃之而慢莒」。此或訛爲「齊」。

〔八〕鮑本「伐」上補「魏」字。○ 補曰：此宜有「魏」字。札記今本「伐」上有「魏」字，乃誤涉鮑也。丕烈案：此因即説本國事，故不更云「魏」，取便文也，補者非是。

〔九〕鮑本九域圖，在平州界。正曰：大事記，安王三年，楚歸鄭榆關。十一年，魏、韓、趙敗楚師於大梁榆關。正義云，榆關在鄭之南，大梁西。

〔一〇〕鮑本僖二十五年，原降，使趙衰處原。

〔一一〕鮑本補曰：周策，宫他謂周君曰云云，略同。齊、魏伐楚而趙亡中山，此襄王十八年秦、韓、魏、齊共敗楚將唐眛事。大事記謂史稱趙與燕、齊滅中山，齊非中山與國者，亦未然，説見燕、趙等策。

〔一二〕鮑本「其」作「有」。○ 札記今本「其」作「有」，乃誤涉鮑也。丕烈案：其者，其五國也。鮑改誤甚。

〔一三〕鮑本「稸」作「畜」。○ 補曰：一本「畜」作「稸」，此書多作「稸」。

〔一四〕鮑本化，猶移。

〔一五〕鮑本比，猶近。

〔一六〕鮑本「質」作「賓」。○ 補曰：未詳。

〔一七〕鮑本久，猶後。

〔一八〕鮑本即，猶是。

魏王問張旄

魏王問張旄曰：「吾欲與秦攻韓，何如？」張旄對曰：「韓且坐而胥〔一〕亡乎？且割而從天下乎？」王曰：「韓且割而從天下。」張旄曰：「韓怨魏乎？怨秦乎？」王曰：「怨魏。」張旄曰：「韓强秦乎？强魏乎〔二〕？」王曰：「强秦。」張旄曰：「韓且割而從其所强，與所不怨乎？且割而從其所不强，與其所怨乎？」王曰：「韓將割而從其所强，與其所不怨。」張旄曰：「攻韓之事，王自知矣。〔三〕」

〔一〕鮑本「胥」作「咠」。〇「咠」，「胥」同，待也。補曰：一本「咠」作「胥」。

〔二〕鮑本問以何國爲强。

〔三〕鮑本補曰：此恐與信陵所諫同一事。

客謂司馬食其

客謂司馬食其〔一〕曰：「慮久〔二〕以天下爲可一者，是不知天下者也。欲獨以魏支秦者，是又不知魏者也。謂茲公〔三〕不知此兩者，又不知茲公者也。然而茲公爲從，其説何也？從則茲公重，不從則茲公輕，茲公之處重也，不〔四〕實爲期〔五〕。子何不疾及三國方堅也，自賣於秦〔六〕，秦必受子。不然，横者將圖子以合於秦，是取子之資〔七〕，而以資子之讎也〔八〕。」

〔一〕**鮑本**魏人，音異基。補曰：索隱云，酈、審、趙三人，并以六國時魏有司馬食其，慕其名也。

〔二〕**姚本**劉無「久」字。　**鮑本**慮久，熟慮也。

〔三〕**鮑本**指合從之人。補曰：「茲公」未詳。史，夏侯嬰食茲氏，注，太原縣名。春秋昭五年注「莒邑」者，又地不相涉。

〔四〕**姚本**一本添「以」字。

〔五〕**鮑本**言期約不實。

〔六〕**鮑本**謂陰倍從，以收秦利。

〔七〕**鮑本**資，謂從。食其所資者，從也。

〔八〕**鮑本**謂横人將以食其之從惡之於秦。讎，秦也。正曰：時與人不可考。

魏秦伐楚

魏、秦〔一〕伐楚〔二〕，魏王不欲。樓緩謂魏王曰：「王不與秦攻楚，楚且與秦攻王。王不如令秦、楚戰，王交制之〔三〕也〔四〕。」

〔一〕**姚本**劉作「秦、魏」。

〔二〕**鮑本**秦昭六年與韓、魏共攻楚，此十八年。

〔三〕**鮑本**緩時爲秦計耳，故明年相秦。

〔四〕鮑本無「也」字。○

穰侯攻大梁

穰侯攻大梁〔一〕，乘北郢〔二〕，魏王且從〔三〕。謂穰侯曰：「君攻楚得宛、穰以廣陶，攻齊得剛、博〔四〕以廣陶，得許〔五〕、鄢陵以廣陶，秦王〔六〕不問者，何也？以大梁之未亡也。今日大梁亡，許、鄢陵必議〔七〕，議則君必窮。爲君計者，勿攻便。」〔八〕

〔一〕**鮑本**秦昭二十四年，攻魏至大梁，此十三年。

〔二〕**鮑本**「北郢」作「郢北」。○　郢，楚別邑，其北近魏。正曰：北郢乃楚之宜城，即郡也。史魏冉傳，「入北宅，遂圍大梁」。此訛爲「乘北郢」也。又策作「入北地」，亦字訛。

〔三〕**鮑本**從，順服也。

〔四〕**鮑本**并屬泰山。補曰：正義引括地志云，故剛城在兖州龔丘縣界。愚謂，剛博當即是剛壽。正義云，壽，鄆州縣。

〔五〕**鮑本**補曰：「得許」上當有「攻魏」字，缺脱。

〔六〕**鮑本**昭。

〔七〕**鮑本**議其不當得。

〔八〕**鮑本**補曰：魏昭王十三年秦兵至大梁，即取魏安城之役。安釐王二年，秦魏冉伐魏，走芒卯，入北宅，遂圍大梁，魏割温以和。二役皆冉相時，而敗芒卯則冉將以伐。此策當在其時。大事記載須賈説穰侯云云，「攻而不拔，秦兵必罷，陶邑必亡，前功必棄矣」，下注此章，謂與須賈同一術，亦以爲此年事矣。然秦攻取剛壽，在秦昭三十六、七年，後此數年。而策已云得剛壽，而又不可曉也。當考。宛、穰廣陶，説見趙策。許、鄢陵，魏地，見前。秦得其地，不知何時。

白珪謂新城君

白珪〔一〕謂新城君曰：「夜行者能無〔二〕爲姦，不能禁狗使無吠己也。故臣能無議君於王〔三〕，不能禁人議臣〔四〕於君也。」〔五〕

〔一〕姚本劉作「圭」。鮑本魏人，孟子稱之。趙岐以爲周人，非也。蓋至是三、四十年矣。正曰：秦昭王初年，魏冉已用事，則芈戎之貴已久。十二年而當魏昭元年，則其初年猶與魏襄相及，正孟子時也。趙岐以爲周人，何以知其非也？但戰國人姓名多偶同者。鮑以在魏策中而即爲魏人，謬矣。又按燕策，白珪逃於秦，則嘗仕秦。新序孟嘗君問白珪，恐亦此時。史白珪傳首云，當魏文侯時，李克務盡地力，而白珪樂觀時變。後復引圭之言曰，「吾治生産，如孫、吴用兵，商鞅行法」，則其人在鞅後。首句特與李克對論，非言其世也。以「二十取一」語，孟子正欲以其貨殖之術施之國家者也。又新序記白珪戰，亡六城，爲魏取中山，白珪顯於中山，中山人惡之於魏文侯，投以夜光之璧。則文侯時又一白珪歟？或因史所書而訛舛歟？

〔二〕姚本劉作「不」。

〔三〕鮑本戎貴於秦。王，宜爲秦王。今珪説之，豈非珪使魏，戎來魏。

〔四〕鮑本無「臣」字。○

〔五〕鮑本秦策段産語同。正曰：段産，策本在韓，鮑以史注新城君爲芈戎，故曲爲之説，未知即是此人否？

秦攻韓之管

秦攻韓之管〔一〕，魏王發兵救之。昭忌曰：「夫秦强國也，而韓、魏壤梁〔二〕，不出攻則已，若出攻，非於韓也必〔三〕魏也。今幸而〔四〕於韓，此魏之福也。王若救之，夫解攻者，必韓之管也；致攻者，必魏之梁也。」魏王不聽，曰：「若不因〔五〕救韓，韓怨魏，西合於秦，秦、韓爲一，則魏危。」遂救之。

〔一〕鮑本後志河南管城注，在京縣東北。補曰：鄭州管城縣。
〔二〕姚本劉作「秦」。　鮑本「梁」作「秦」。○　言地與秦接。
〔三〕鮑本「必」下有「於」字。○
〔四〕姚本曾添「歸」字。
〔五〕姚本劉無「因」字。

秦果釋管而攻魏。魏王大恐，謂昭忌曰：「不用子之計而禍至，爲之奈何？」昭忌乃爲之見秦王〔一〕曰：「臣聞明主之聽也，不以挾私爲政〔二〕，是參行〔三〕也。願大王無攻魏，聽臣也。」秦王曰：「何也？」昭忌曰：「山東之從，時合時離，何也哉〔四〕？」秦王曰：「不識也。」曰：「天下之合也〔五〕，以王之不必〔六〕也；其離也，以王之必也〔七〕。今攻韓之管，國危矣，未卒而移兵於梁，合天下之從，無精〔八〕於此者矣。以爲秦之求索，必不可支也。故爲王計者，

不如齊〔九〕趙。秦已制趙，則燕不敢不事秦，荆、齊〔一〇〕不能獨從。天下爭敵於秦，則弱矣〔一一〕。」秦王乃止。〔一二〕

〔一〕**鮑本**昭。正曰：時不可考。
〔二〕**鮑本**與「正」同。
〔三〕**鮑本**以諸國參考而行，言參彼己也。
〔四〕**鮑本**無「哉」字。◯
〔五〕**鮑本**無「也」字。◯　補曰：一本此下有「也」字。
〔六〕**鮑本**猶言不可測也，方攻韓又攻魏是也。
〔七〕**鮑本**伐一不移伐，則諸國知免，不急於從也。
〔八〕**鮑本**精，猶明。
〔九〕**鮑本**「齊」作「制」。◯　補曰：疑字誤，或上有缺文。
〔一〇〕**鮑本**「齊」作「濟」。◯　荆，楚；濟，齊。正曰：一本「荆、齊」，是。未有稱「齊」爲「濟」者，字多傍水。
〔一一〕**鮑本**言諸國合而競與秦敵，則秦弱。
〔一二〕**鮑本**彪謂：鄰國有兵，救之，恤鄰之義，昭王言是也。秦伐韓而魏救之，挑秦之禍，昭忌之言亦是也。要之，從約堅則宜救，猶救同室之鬭也。無從約而救之，則是鄉鄰有鬭，被髮纓冠而往，是豈不可已乎？

秦趙搆難而戰

秦、趙搆難而戰〔一〕。謂魏王曰：「不如齊〔二〕、趙而構之秦〔三〕。王不構趙，趙不以毀構矣〔四〕；而構之秦，趙必復鬬〔五〕，必重魏；是并制秦、趙之事也。王欲〔六〕焉而收齊、趙攻荆，欲焉而收荆、趙攻齊，欲王之東長〔七〕之待〔八〕之也〔九〕。」

〔一〕**鮑本**長平之役。此十七年。正曰：秦、趙之戰多矣，此策時不可考。

〔二〕**鮑本**「齊」作「收」。○　正曰：「齊」上有脱字，下文言齊可推。

〔三〕**鮑本**構者，合其戰也。收趙而助之，趙必與秦合戰。

〔四〕**鮑本**毁，折也。言不收趙，趙不能以毁折之兵獨與秦合戰。

〔五〕**鮑本**「鬬」下復有「鬬」字。○

〔六〕**鮑本**欲，意或欲也。

〔七〕**鮑本**荆、齊在魏東，不樂屬秦，而欲魏爲之長。

〔八〕**姚本**曾作「待」。　**鮑本**「待」上有「也」字。○

〔九〕**鮑本**待魏之東。正曰：荆、齊、趙皆在魏東。長之，爲之長也。待之，待其事也。欲王者，此士願之之辭，與上「王欲焉」不同也。

長平之役

長平之役，平都君〔一〕説魏王曰：「王胡不爲從？」魏王曰：「秦許吾以垣雍〔二〕。」平都君曰：「臣以垣雍爲空割也。」魏王曰：「何謂也？」平都君曰：「秦、趙久相持於長平之下而無〔三〕決。天下合於秦，則無趙；合於趙，則無秦。秦恐王之變也，故以垣雍餌王也。秦戰勝趙，王敢責垣雍之割乎？王曰『不敢』。秦戰不勝趙，王能令韓出垣雍之割乎〔四〕？王曰『不能』。臣故曰，垣雍空割也。」魏王曰：「善。」

〔一〕**鮑本**田單。正曰：注非，說見趙策。
〔二〕**鮑本**韓所得魏地。補曰：垣雍見前。
〔三〕**姚本**一本添「大」字。
〔四〕**鮑本**韓不畏秦故。

樓梧約秦魏

樓梧約秦、魏〔一〕，將令秦王〔二〕遇於境。謂魏王曰〔三〕：「遇而無相〔四〕，秦必置相。不聽之〔五〕，則交惡於秦；聽之，則後王之臣，將皆務事諸侯之能令於王之上者〔六〕。且遇於秦而相秦者〔七〕，是無齊也〔八〕，秦必輕王之强矣〔九〕。有齊者〔一〇〕，不〔一一〕若相之，齊必喜，是以有雍者〔一二〕與秦遇，秦必重王矣。」〔一三〕

〔一〕**姚本**一作「郚」。**鮑本**補曰：前有樓梧約秦、魏，即此人此時事也。
〔二〕**鮑本**昭。正曰：無據。「將令」之「令」，平聲。

〔三〕**鮑本**或謂非梧。正曰：未見非梧。

〔四〕**鮑本**無相魏者。

〔五〕**姚本**一本無「之」字。

〔六〕**鮑本**「王」下無「之」字。〇 言處魏上，而能使之從令若秦者。補曰：一本「王之上者」。

〔七〕**鮑本**相，秦所置。

〔八〕**鮑本**獨言齊者，時君王后賢，與齊敵也。正曰：注謬甚。

〔九〕**鮑本**無齊助故。

〔一〇〕**鮑本**群臣能得齊事者。

〔一一〕**鮑本**「不」上有「王」字。〇

〔一二〕**鮑本**「雍」作「齊」。〇 **札記**今本「雍」作「齊」。

〔一三〕**鮑本**補曰：此時必魏合於齊。

芮宋欲絶秦趙之交

芮宋〔一〕欲絶秦、趙之交，故令魏氏收秦太后〔二〕之養地秦王〔三〕於秦〔四〕。芮宋謂秦王曰：「魏委〔五〕國於王，而王不受，故委國於趙也。李郝〔六〕謂臣曰：『子言無秦，而養秦太后以地，是欺我也，故敝邑收之。』」秦王怒，遂絶趙也〔七〕。

〔一〕**鮑本**魏人。

〔二〕鮑本宣太后。

〔三〕鮑本昭。

〔四〕鮑本「於秦」二字作「怒」。○補曰：姚本「收秦太后之養地秦王於秦，芮宋」云云，與此文有誤，當云「收秦太后之養地於秦，芮宋謂」云云。札記今本「於秦」二字作「怒」。

〔五〕鮑本委，與之。

〔六〕鮑本趙人。

〔七〕鮑本無「也」字。○

爲魏謂楚王〔一〕

〔一〕此篇姚本與芮宋欲絶秦趙之交連篇，鮑本另列一篇。據文義，從鮑本。

爲魏謂楚王〔一〕曰：「索攻魏於秦〔二〕，秦必不聽王矣，是智困於秦，而交疏於魏也。楚、魏有怨，則秦重矣。故王不如順天下〔三〕，遂伐齊，與魏便地〔四〕，兵不傷，交不變，所欲必得矣。」

〔一〕鮑本頃襄。正曰：無考。

〔二〕鮑本楚以攻魏索於秦。

〔三〕鮑本天下不欲秦伐魏。

〔四〕鮑本言以所得齊地與魏，易兩便也。

管鼻之令翟强與秦事

管鼻之〔一〕令翟强與秦事〔二〕，謂〔三〕魏王曰：「鼻之與强，猶晉人之與楚人也。晉人見楚人之急，帶劍而緩之；楚人惡其緩而急之。令〔四〕鼻之入秦之傳舍〔五〕，舍不足以舍之〔六〕。强之入，無蔽於秦者〔七〕。强，王貴臣也，而秦若此其甚，安可？」〔八〕

〔一〕鮑本魏人。正曰：注作「鼻之」名，謬。下兩「之」字亦語助。管鼻恐即樓鼻，說見前。

〔二〕鮑本鼻之不欲，故推之於强。

〔三〕鮑本鼻之謂之。

〔四〕鮑本「令」作「今」。〇

〔五〕鮑本酈食其傳注，「止息傳置之舍」。

〔六〕鮑本侍衛之盛，舍不能容。

〔七〕鮑本「蔽」作「蘇」。〇 言秦輕之，無與爲樵蘇者。正曰：一本「蘇」作「蔽」，是。言無人從之。札記丕烈案：史記刺客傳「跪而蔽席」，索隱曰，「蔽，匹結反，猶拂也」。此字與彼同。

〔八〕鮑本秦待己已厚，可以不與秦事。秦輕强矣，欲其重之，必令與秦事乃可。正曰：翟强欲合齊、秦外楚，以輕樓鼻；樓鼻欲合秦、楚外齊，以輕翟强。鼻、强不合，而謂鼻令强與秦事者，鼻容强爲之。秦入鼻言，故輕强。此士蓋爲强言，以激魏王者也。此當在襄王時。

成陽君欲以韓魏聽秦

成陽君〔一〕欲以韓、魏聽秦，魏王弗利。白圭謂魏王曰：「王不如陰侯〔二〕人説成陽君曰：『君入秦，秦必留君，而以多割於韓矣。韓不聽，秦必留君，而伐韓矣。故君不如安〔三〕行求質〔四〕於秦。』成陽君必不入秦，秦、韓不敢〔五〕合，則王重矣。」

〔一〕鮑本秦昭十七年入朝者，於此知爲韓人不疑。

〔二〕姚本一作「使」。　鮑本「圭」作「珪」，「侯」作「使」。○

〔三〕鮑本安，猶徐。

〔四〕鮑本質，事。有不留之驗，乃可入。正曰：「質子」之「質」。

〔五〕鮑本衍「敢」字。

秦拔寧邑

秦拔寧邑〔一〕，魏王令之〔二〕謂秦王〔三〕曰：「王歸寧邑，吾請先天下構〔四〕。」魏〔五〕魏王〔六〕曰：「王無聽〔七〕。魏王見天下之不足恃也，故欲先構。夫亡寧者，宜割二寧以求構；夫得寧者，安能歸寧乎？」

〔一〕鮑本此二十年。正曰：秦昭王四十一年，魏冉已免相。此十一年。餘説見趙策。
〔二〕鮑本「之」作「人」。○
〔三〕鮑本昭。
〔四〕鮑本「構」作「搆」，又改作「講」。○下同。謂與秦講。
〔五〕鮑本衍「魏」字。補曰：衍。
〔六〕鮑本「王」作「冉」。○札記丕烈案：「冉」字當是。
〔七〕鮑本無聽其講。

秦罷邯鄲

秦罷邯鄲，攻魏，取寧邑〔一〕。吴慶〔二〕恐魏王之構〔三〕於秦也，謂魏王曰：「秦之〔四〕攻王也，王知其故乎？天下皆曰王近也〔五〕。王不近秦，秦之所去〔六〕。皆曰王弱也〔七〕。王不弱二周〔八〕，秦人去邯鄲，過二周而攻王者，以王爲易制也。王亦知弱之召攻乎〔九〕？」

〔一〕鮑本正曰：邯鄲，趙都。凡攻趙皆言邯鄲。此策罷邯鄲，必非赧王五十八年解邯鄲圍時事。且秦紀書拔寧、新中。次年，赧王五十九年。年表，韓、魏、楚救趙新中，而秦兵罷，不聞卒拔也。是歲赧王入秦，而此云過二周攻王，是二周無恙時也，決爲在前無疑。寧、新中，非寧邑，詳見趙策。
〔二〕鮑本吴人。正曰：無考。
〔三〕鮑本「構」作「搆」，又改作「講」。○原從扌從冓。

〔四〕姚本曾無「之」字。
〔五〕鮑本近，親也。天下以魏爲親秦，故外之，秦因攻之。
〔六〕鮑本去，猶遠。正曰：王非親秦，乃秦之所欲攻去者。
〔七〕鮑本無秦之助。
〔八〕鮑本言實不弱，視二周猶强也。
〔九〕鮑本若講於秦，復示弱也。

魏王欲攻邯鄲

魏王欲攻邯鄲，季梁〔一〕聞之，中道而反，衣焦不申，頭塵不去〔二〕，往見王曰：「今者〔三〕臣來，見人於大行〔四〕，方北面而持其駕，告臣曰：『我欲之楚。』臣曰：『君之楚，將奚爲北面？』曰：『吾馬良。』臣曰：『馬雖良，此非楚之路也。』曰：『吾用〔五〕多。』臣曰：『用雖多，此非楚之路也。』曰：『吾御者善。』『此數者愈善，而離楚愈遠耳。』今王動欲成霸王，舉欲信於天下。恃王國之大，兵之精鋭，而攻邯鄲，以廣地尊名，王之動愈數，而離王愈遠耳。猶至楚而北行也。」

〔一〕鮑本魏人，非莊子所稱。正曰：不可考，亦不知何時。
〔二〕鮑本此於行路，犯風日，故焦；焦故不申。需潤乃申耳。皆以欲見之速，故不暇。補曰：焦，卷也。申，舒也。文選

「申」作「信」，「去」作「浴」。札記丕烈案：此咏懷詩注也。

〔三〕札記今本「者」誤「之」。

〔四〕鮑本補曰：行，道也。

〔五〕姚本用，資也。鮑本用，所資也。

周肖謂宮他

周肖〔一〕謂宮他曰：「子爲肖謂齊王〔二〕曰，肖願爲外臣。令齊資我於魏。」宮他曰：「不可，是示齊輕也〔三〕。夫齊不以無魏者以害有魏者〔四〕，故公不如示有魏。公曰〔五〕：『王〔六〕之所求於魏者，臣請以魏聽。』齊必資公矣，是公有齊，以齊有魏也〔七〕。」

〔一〕鮑本疑即胥。正曰：孟子注，魏人。若以爲此人，則非安釐之世矣。

〔二〕鮑本王庭。正曰：無據，事必在前。

〔三〕鮑本肖，魏臣，而假重於外，是示齊以無魏之重。

〔四〕鮑本所不重，爲無肖是也。正曰：齊必不以無魏重者而害有魏重者，不可示以無魏重也。

〔五〕鮑本令肖以此説齊。

〔六〕鮑本齊。

〔七〕鮑本因齊之資以得魏重。「肖」，當作「胥」。

周冣善齊

周冣〔一〕善齊，翟强善楚。二子者，欲傷張儀於魏。張子聞之，因使其人〔二〕爲見者嗇夫〔三〕聞〔四〕見者，因無敢傷張子。〔五〕

〔一〕鮑本「冣」作「最」。○ 札記今本「冣」作「最」。丕烈案：「冣」字是，見前。

〔二〕鮑本儀之人。

〔三〕鮑本見者，冣與强見王也。正曰：見，賢遍反。見者，謂引見傳命之臣。儀使其臣爲見者之嗇夫，以間伺之。補曰：嗇夫，書注，「主幣之官」。秦制，鄉有嗇夫，職獄訟，收賦稅。漢有虎圈嗇夫。所職不同，皆小臣之名。

〔四〕鮑本「聞」作「間」。○ 間以候伺之。

〔五〕鮑本此九年，儀再相魏時。正曰：無考。

周冣入齊

周冣入齊〔一〕，秦王〔二〕怒，令姚賈讓魏王〔三〕。魏王爲之〔四〕謂秦王曰：「魏之所以爲王通天下者，以周冣也。今周冣遁寡人入齊，齊無通〔五〕於天下矣〔六〕。敝邑之事王，亦無齊累矣〔七〕。大國欲急兵〔八〕，則趣趙而已。」〔九〕

〔一〕鮑本魏不善之。正曰：周策，爲最謂魏王曰，「王不去周最，合與收齊」；又謂最曰，「魏貴合秦伐齊，而公修虛信」云云，「不如謂王曰，請入齊」。此語在田文相魏昭王時，是最先見逐於齊，今復自魏入齊。詳周策所載，必最後欲之齊，而魏聽之，非不善之故也。

〔二〕鮑本武。正曰：昭。

〔三〕鮑本最蓋秦所置以相魏者。正曰：此因下文「爲王通天下」一語生説，無據。

〔四〕鮑本爲最。蓋秦亦怒最之去魏。正曰：是時齊、秦交惡，而秦欲合魏。冣自齊走魏，人言其不忍背齊，而今復之齊，必復爲齊所厚者。魏雖欲合秦，而猶牽於收齊之説。其入齊，蓋魏聽之，故爲之言於秦，其辭亦婉。

〔五〕姚本一本添「端」字。

〔六〕鮑本齊、秦爲敵，魏既以最通天下於秦，則外齊矣。今冣入齊，天下不知，以謂魏使之齊，敗齊事，因不通齊矣。正曰：齊、秦爲敵，齊逐最而魏收之，天下信魏之不與齊，故曰爲王通天下。今最逌入齊，則天下知魏絶最，而齊收之，齊何以通於天下乎？

〔七〕鮑本齊納魏所不善，則可以絶之。正曰：最逌魏入齊，而齊收之，則齊、魏之絶明矣。秦可以不疑魏之與齊也。

〔八〕鮑本伐齊。

〔九〕鮑本促使應秦也。魏不善最，而言爲最，所以自爲也。按此姚賈與始皇所問之人，相去八十餘年。高誘欲以爲陳賈，若此人者可也。蓋陳，舜後，得爲姚姓。而孟子與秦武、魏哀時猶相及，獨以最，韓非相毀之人，爲此人，則年時相絶太遠矣，可乎哉？補曰：趣趙，説見周策。正曰：姚賈，説見秦策。

秦魏爲與國

秦、魏爲與國〔一〕。齊、楚約而欲攻魏，魏使人求救於秦，冠蓋相望，秦救不出。

〔一〕姚本相與同禍福之國也。

魏人有唐且〔一〕者，年九十餘，謂魏王曰：「老臣請出西説秦，令兵先臣出可乎？」魏王曰：「敬諾。」遂約車而遣之。唐且見秦王〔二〕，秦王曰：「丈人芒然乃遠至此，甚苦矣。魏來求救數矣，寡人知魏之急矣。」唐且對曰：「大王已知魏之急而救不至者，是大王籌筴之臣無任矣〔三〕。且夫魏一萬乘之國，稱東藩，受冠帶，祠春秋者，以爲秦之强足以爲與也。今齊、楚之兵已在魏郊矣，大王之救不至，魏急則且割地而約齊、楚，王雖欲救之，豈有及哉？是亡一萬乘之魏，而强二敵之齊、楚〔四〕也。竊以爲大王籌筴之臣無任矣。」

〔一〕鮑本「且」作「雎」。○　下同。補曰：新序同。史作「雎」。　札記丕烈案：「且」、「雎」字同。
〔二〕鮑本昭。
〔三〕姚本任，能也。　鮑本不堪其事。
〔四〕札記今本「楚」誤「强」。

秦王喟然愁悟，遽〔一〕發兵，日夜赴魏。齊、楚聞之，乃引兵而去。魏氏復全，唐且之説也。〔二〕

〔一〕姚本一作「遂」。
〔二〕鮑本記十年有。

信陵君殺晉鄙

信陵君殺晉鄙，救邯鄲，破秦人，存趙國，趙王〔一〕自郊迎。唐且〔二〕謂信陵君曰：「臣聞之曰，事有不可知者，有不可不知者；有不可忘者，有不可不忘者。」信陵君曰：「何謂也？」對曰：「人之憎我也，不可不知也；吾憎人也，不可得而知也〔三〕。人之有德於我也，不可忘也；吾有德於人也，不可不忘也〔四〕。今君殺晉鄙，救邯鄲，破秦人，存趙國，此大德也。今趙王自郊迎，卒〔五〕然見趙王，臣願君之忘之也。」信陵君曰：「無忌謹受教。」〔六〕

〔一〕**鮑本**孝成。

〔二〕**鮑本**「且」作「雎」。○　正曰：史不云唐且，恐有訛舛。說又見後章。

〔三〕**鮑本**人不能知。

〔四〕**鮑本**補曰：史云，「物有不可忘，或有不可不忘。夫人有德於公子，不可忘也；公子有德於人，願公子忘之也」。語尤簡潔。

〔五〕**鮑本**「卒」，「猝」同。

〔六〕**鮑本**彪謂：唐雎比十一年求救，年已九十餘，至是又十年，其陳誼益高，所謂耄期稱道不亂者歟？賢矣！

魏攻管而不下

魏攻管〔一〕而不下。安陵〔二〕人縮高，其子爲管守〔三〕。信陵君使人謂安陵君曰：「君〔四〕其遣縮高，吾將仕之以五大夫，使爲持節尉〔五〕。」安陵君曰：「安陵，小國也，不能必使其民。使者自往，請使道使〔六〕者〔七〕至縞〔八〕高之所，復信陵君之命〔九〕。」縮高曰：「君之幸高也，將使高攻管也。夫以〔一〇〕父攻子守，人大笑也〔一一〕。是臣而下，是倍主〔一二〕也。父教子倍，亦非君之所喜也。敢再拜辭。」

〔一〕鮑本補曰：管見前策。
〔二〕鮑本魏記注，召陵有安陵。
〔三〕鮑本補曰：秦攻韓管而得之。縮高之子爲秦守者也。通鑑綱目，縮高之子仕於秦。
〔四〕姚本一本無「君」字。
〔五〕鮑本尉之持節者。
〔六〕姚本一本添「吏」字。
〔七〕鮑本使人道之。
〔八〕鮑本「縞」作「縮」。○札記今本「縞」作「縮」。丕烈案：「縮」字是也。古今人表中上有「縮高」。
〔九〕鮑本復，猶重也。信陵君言之矣，今申之。
〔一〇〕姚本一本無「以」字。

〔一一〕**鮑本**守人，其子之人。正曰：「守」字句。補曰：一本標一作「人之所大笑」。

〔一二〕**鮑本**「是」作「見」，「倍」作「背」，「主」作「王」。○王，魏王。正曰：秦王。

使者以報信陵君，信陵君大怒，遣大使之安陵曰：「安陵之地，亦猶魏也〔一〕。今吾攻管而不下，則秦兵及我〔二〕，社稷必危矣。願君之生束縮高而致之。若君弗致也〔三〕，無忌將發十萬之師，以造〔四〕安陵之城。」安陵君曰：「吾先君成侯〔五〕，受詔襄王〔六〕以守此地也，手受大府之憲〔七〕。憲之上篇曰：『子弑父，臣弑君，有常〔八〕不赦。國雖大赦，降城亡子〔九〕不得與焉。』今縮高謹解〔一〇〕大位，以全父子之義，而君曰『必生致之』，是使我負襄王詔〔一一〕而廢大府之憲也，雖死終不敢行。」

〔一〕**鮑本**正曰：説見下。

〔二〕**鮑本**管在秦東，可以捍魏。正曰：不得秦地，必受秦攻。

〔三〕**鮑本**無「也」字。○

〔四〕**鮑本**「造」作「告」。○

〔五〕**鮑本**趙主也。安陵屬召陵，召陵屬魏。而此謂成侯爲先君，蓋先時兩屬趙、魏，故上曰「猶魏」。

〔六〕**鮑本**趙襄子。補曰：大事記引作「襄主」。見上。

〔七〕**鮑本**大府，謂魏受詔襄子而受魏之憲，則此兩屬明矣。憲，法令也。正曰：大府之憲，即受詔於襄子者。上篇，猶言第一篇也。

〔八〕**鮑本**「常」下補「刑」字。○正曰：有常，即常刑也。

〔九〕鮑本以城降人，及亡人之子。正曰：亡人。

〔一〇〕鮑本「解」作「雖辭」二字。○補曰：一本無「謹」字。姚本「謹解」。則「雖」乃「謹」之訛。

〔一一〕鮑本「詔」上有「之」字。○

縮高聞之曰：「信陵君爲人，悍而自用也。此辭反，必爲國禍。吾已全己，無〔一〕爲〔二〕人臣之義矣〔三〕，豈可使吾君有魏患也。」乃之使者之舍，刎頸而死。

〔一〕姚本一本作「己之」。

〔二〕鮑本「爲」作「違」。○

〔三〕鮑本正曰：無違人臣者，不事二君之義。

信陵君聞縮高死，素〔一〕服縞素辟舍，使使者謝安陵君曰：「無忌，小人也，困〔二〕於思慮，失言於君，敢再拜釋罪〔三〕。」

〔一〕鮑本衍「素」字。補曰：字衍。

〔二〕鮑本困，猶不通。

〔三〕鮑本拜，所以謝也。以安陵釋其罪，故謝。彪謂：縮高之義直，而善處死。夫以信陵之愎而好遂，高不死，必加兵安陵，城破之日，固不免死，而以此死易一國之命，可不謂仁乎？正曰：信陵君賢而服義，使其再聞安陵之辭，亦將翻然而悔矣。師不以直，是欲殘民，決不爲也。縮高不忍須臾之死，而成其過，惜哉！補曰，按上章無忌書，謂王之使者譖安陵於秦，而此策云云，未詳。「管守」、「子守」之「守」，「使者」、「大使」之「使」，皆去聲。

魏王與龍陽君共船而釣

魏王與龍陽君〔一〕共船而釣，龍陽君得十餘魚而涕下。王曰：「有所不安乎？如是，何不相告也？」對曰：「臣無敢不安也。」王曰：「然則何爲涕出？」曰：「臣爲王之所得魚也〔二〕。」王曰：「何謂也？」對曰：「臣之始得魚也，臣甚喜，後得又益大，今臣直欲棄臣前之所得矣。今以臣凶惡〔三〕，而得爲王拂枕席。今臣爵至人君，走人於庭〔四〕，辟人於途〔五〕。四海之内〔六〕，美人亦甚多矣，聞臣之得幸於王也，必褰〔七〕裳而趨王〔八〕。臣亦猶曩臣之前所得魚也，臣亦將棄矣，臣安能無涕出乎？」魏王曰：「誤〔九〕！有是心也，何不相告也？」於是布令於四境之内曰：「有敢言美人者族〔一〇〕。」

〔一〕鮑本魏之倖臣。正曰：幸姬也。策言美人，又云拂枕席，此非楚安陵君、鄢陵君、壽陵君、趙建信君之比。長孫佐輔于武陵等詩用「前魚」字，皆以宮人言之。

〔二〕鮑本「王」作「臣」。〇　正曰：以己之得魚，推言王。

〔三〕鮑本「臣」下有「之」字。〇　補曰：一本「今以臣凶惡」。按孟子「惡人」注，謂醜貌人。此疑衍「凶」字，或「之」字訛。

〔四〕鮑本在庭則人爲之趨走。

〔五〕鮑本「辟」作「避」。〇　在途則行者避。補曰：「避」，一本作「辟」，宜音闢。

〔六〕姚本一本添「其」字。

〔七〕鮑本褰，揭也。

〔八〕**鮑本**「王」上有「大」字。○

〔九〕**鮑本**以不告爲誤。正曰：誤，猶言誤矣，當句。然恐是「譆」字訛。

〔一○〕**鮑本**死及其族。

由是觀之，近習之人，其摯〔一〕諂也固矣，其自纂繁〔二〕也完矣〔三〕。今由千里之外，欲進美人，所效者庸必得幸乎？假之得幸，庸必爲我用乎〔四〕？而近習之人相與怨，我見有禍，未見有福；見有怨，未見有德，非用知之術也。〔五〕

〔一〕**鮑本**摯，猶進。正曰：摯，説文，握持也。又字同「摯」、「質」，義亦可同。

〔二〕**鮑本**「纂」作「冪」，「繁」作「系」。○補曰：恐當作「繫」。**札記**今本「纂」作「冪」，「繁」作「繫」，乃誤涉鮑也。

〔三〕**姚本**謂帽覆也。**鮑本**冪，覆也。言自芘自結於王。正曰：高注「帽覆」，似亦作「冪」義。按，纂，組類，固結之義。

〔四〕**鮑本**我，謂欲進之人。正曰：爲我用，猶言如我寵。上句言未必得幸，此句言假使得幸，未必如我也。

〔五〕**鮑本**正曰：此策不知何王，未可以安釐、哀、襄之世，遂附之也。

秦攻魏急

秦攻魏急〔一〕。或謂魏王曰〔二〕：「棄之不如用之之易也〔三〕，死〔四〕之不如棄之之易也。能棄之弗能用之〔五〕，能死之弗能棄之〔六〕，此人之大過也〔七〕。今王亡地數百里，亡城數十，而國患不解，是王棄之，非用之也。今秦之强也，天下無敵，而魏之弱也甚，而王以是質〔八〕秦，王又能死而弗能棄之〔九〕，此重過也。今王能用臣之計，虧地不足以傷國，卑體不足以苦身，解患而怨〔一〇〕報。

〔一〕**鮑本**始皇五年攻魏，取二十城。此元年。正曰：說見後。

〔二〕**鮑本**補曰：孔叢子云，「秦急攻魏，魏王恐。或謂子順曰，『如之何』？答曰，『吾私其計，然豈能賢於執政，故無言焉』。魏王聞之，駕如孔氏親問焉，曰，『國亡矣，如之何』？對曰」云云。下文并同。

〔三〕**鮑本**棄，謂戰而喪地。用，謂割地賂之。正曰：見下。

〔四〕**鮑本**死，謂敗死。

〔五〕**姚本**一本無「之」字。

〔六〕**姚本**劉無「之」字。

〔七〕**鮑本**補曰：孔叢子注，言棄其地不如用其地，以攻守爲易；死其地不如棄其地，以圖存爲易。蓋當計其勢如何爾，在棄之用之得其宜。

〔八〕**鮑本**「質」作「賓」。○　正曰：孔叢子注云，景閔爲太子時，嘗質於秦。**札記**丕烈案：「質秦」字，前有。

〔九〕**姚本**一本作「也」字。

〔一〇〕**鮑本**怨，謂不韋主攻者也。

「秦自四境之內，執法以下〔一〕至於長輓者〔二〕，故畢〔三〕曰：『與嫪氏〔四〕乎？與呂氏〔五〕乎？』雖至於門閭之下，廊廟之上，猶之如是也。今王割地以〔六〕賂秦，以爲嫪毐功〔七〕；卑體以尊秦，以因嫪毐。王以國贊嫪毐〔八〕，以嫪毐勝〔九〕矣。王以國贊嫪氏〔一〇〕，太后之德王也，深於骨髓，王之交最爲天下上矣〔一一〕。秦、魏百相交也，百相欺也〔一二〕。今由嫪氏善秦而交爲天下上，天下孰不棄呂氏而從嫪氏〔一三〕？天下必合〔一四〕呂氏而從嫪氏，則王之怨報矣。」〔一五〕

〔一〕鮑本執政之臣。
〔二〕鮑本長爲輓車之人。
〔三〕鮑本畢，猶盡。
〔四〕鮑本嫪毐，秦太后私人。
〔五〕鮑本不韋也。此言與嫪氏耳。
〔六〕札記今本「以」誤「王」。
〔七〕鮑本因毐而割，故功在毐。
〔八〕鮑本毐貴矣，今又因之以割，是以魏助之也。
〔九〕鮑本以不敗爲勝。
〔一〇〕鮑本「氏」作「毐」。〇
〔一一〕鮑本補曰：孔叢子注，言太后德王，則秦不加兵，是乃王以此交秦，爲天下之上矣。
〔一二〕鮑本言昔之交，皆卒歸於欺。
〔一三〕鮑本時二人已惡。
〔一四〕姚本一作「舍」。　鮑本「合」作「舍」。〇　補曰：恐「合」字訛，大事記作「舍」。
〔一五〕鮑本正曰：大事記以此章附見於始皇八年封嫪毐長信侯之下，謂嫪、呂爭權，略見於此。景閔元年，秦拔二十城，策言亡地數百里，亡城數十，則此在後矣。二年，拔朝歌，三年，拔汲。大事記所書，則拔汲之年。所謂秦攻魏急者，蓋其時矣。補曰：大事記曰，子順進退有聖賢之風，寧忍出此乎？

秦王使人謂安陵君

秦王〔一〕使人謂安陵君曰：「寡人欲以五百里之地易安陵，安陵君其許寡人？」安陵君曰：「大王加惠，以大易小，甚善。雖然，受地於先生〔二〕，願終守之，弗敢易。」秦王不說。安陵君因使唐且〔三〕使於秦。秦王謂唐且曰：「寡人以五百里之地易安陵，安陵君不聽寡人，何也？且秦滅韓〔四〕亡魏〔五〕，而君以五十里之地存者，以君爲長者，故不錯〔六〕意也。今吾以十倍之地，請廣於君〔七〕，而君逆寡人者，輕寡人與？」唐且對曰：「否，非若是也。安陵君受地於先生而守之，雖千里不敢易也，豈直五百里哉？」秦王怫然怒，謂唐且曰：「公亦嘗聞天子之怒乎？」唐且對曰：「臣未嘗聞也。」秦王曰：「天子之怒，伏尸百萬，流血千里。」唐且曰：「大王嘗聞布衣之怒乎？」秦王曰：「布衣之怒，亦免冠徒跣，以頭搶地爾〔八〕。」唐且曰：「此庸夫之怒也，非士之怒也。夫專諸之刺王僚〔九〕也，彗星襲月；聶政之刺韓傀〔一〇〕也，白虹貫日；要離之刺慶忌也〔一一〕，倉〔一二〕鷹擊於殿上。此三子者〔一三〕，皆布衣之士也，懷怒未發，休祲〔一四〕降於天〔一五〕，與臣而將四矣。若士必怒，伏尸二人，流血五步，天下縞素，今日是也。」挺劍而起。秦王色撓〔一六〕，長跪而謝之曰：「先生坐，何至於此，寡人諭〔一七〕矣。夫韓、魏滅亡，而安陵以五十里之地存者，徒以有先生也。」〔一八〕

〔一〕鮑本始皇。

〔二〕鮑本「生」作「王」，下同。○

〔三〕鮑本「且」作「睢」。○下同。札記丕烈案：説苑作「且」。古今人表中中「安陵君唐睢」，即此也。吴氏正曰，唐且之名，見於策者不一，其論是矣，唯引新序「司馬唐且」，誤。此乃司馬唐，衍「且」字。

〔四〕鮑本十八年。

〔五〕鮑本二十二年。

〔六〕鮑本補曰：錯，置也。

〔七〕鮑本廣其地。正曰：設辭易地，實欲得之，當識其意。

〔八〕鮑本「爾」作「耳」。○搶，突也。補曰：太史公語本此。説苑作「顙地」。師古曰，搶，千羊反。札記丕烈案：今説苑作「頓地耳」，「頓」疑訛字。

〔九〕鮑本僚，吴王。昭二十七年。

〔一〇〕鮑本傀，韓相，見韓策及刺客傳。

〔一一〕鮑本吴越春秋，「要離，吴人。吴王闔閭欲殺王子慶忌，要離詐以罪亡，令吴王焚其妻子，走見慶忌，以劍刺之」。

〔一二〕鮑本補曰：倉，即蒼。

〔一三〕鮑本無「者」字。○札記丕烈案：説苑無。

〔一四〕鮑本休，吉徵。祲，戾氣。自三子言之爲吉。正曰：説文，祲，精氣感祥也。此「休」字，猶言祥。

〔一五〕姚本曾、劉作「休烈隆於天」。

〔一六〕鮑本撓，擾也。正曰：撓，屈也，奴效反。

〔一七〕鮑本諭，曉也。

〔一八〕鮑本睢自釐十一年請救，至是五十餘年矣。彪謂：諸刺劫之士，自曹沫以至荆軻，皆不聞道，惟若唐睢者可也。爲其激而發，不專志於此也。正曰：唐且之名，見於策者不一。秦策，應侯遺唐且載金之武安，散天下士。魏安釐王十一年，唐且説秦，是時應侯始相，睢老於魏，不應復爲秦用，又一唐且也。且爲魏説秦時，九十餘，至與信陵君語，相去十年，已百歲。爲安陵君使秦，有滅韓亡魏之言，魏亡在始皇二十二年，上去説秦凡四十二年，決不存矣，又一唐且也。楚策，唐且見春申君，又一唐且也。新序，秦攻魏，司馬唐且諫曰段干木云云，當文侯時，又一唐且也。愚謂，此策文甚明，而事多難言。以始皇之兵威，何憚於安陵而易以五百里地？是特爲之辭而使之納地耳！唐且之使愚矣。雖抗言不屈，豈終能沮之乎？荆軻之見也，匿匕首於圖。秦法，侍者不得操兵，此云「挺劍而起」，何也？其辭固多誇矣！

戰國策卷二十六

自此卷復有錢本。

韓一

鮑本韓　分晉得南陽及潁川之父城、定襄、襄城、潁陽、潁陰、長社、陽翟。東接汝南，西接弘農。得新安、宜陽。正曰：鄭，今河南之新鄭及成皋、滎陽，潁川之崇高、城陽。鮑引漢地理志爲言，鄭亦韓地，而獨遺不取，誤矣。

三晉已破智氏

三晉已破智氏，將分其地。段規謂韓王曰：「分地必取成皋〔一〕。」韓王曰：「成皋，石溜〔二〕之地也，寡人無所用之。」段規曰：「不然，臣聞一里之厚，而動千里之權者，地利也。萬人之衆，而破三軍者，不意〔三〕也。王用臣言，則韓必取鄭矣〔四〕。」王〔五〕曰：「善。」果取成皋。至韓之取鄭也，果從成皋始。

〔一〕鮑本補曰：見秦策。
〔二〕鮑本溜，言其無積潤。補曰：溜，言多山石，水所溜也。
〔三〕鮑本言地薄，鄭人不備。正曰：言地險，寡足破衆。
〔四〕鮑本正曰：取鄭在哀侯二年。
〔五〕鮑本諸稱王，皆非當時語。

大成午從趙來〔一〕

〔一〕此篇姚本與三晉已破智氏連篇，鮑本另列一篇。據文義，從鮑本。

大成午〔一〕從趙來，謂申不害〔二〕於韓曰：「子以韓重我於趙，請以趙重子於韓，是子有兩韓，而我〔三〕有兩趙也。」

〔一〕鮑本「大」字在上篇三晉已破智氏末「果從成皋始」下。○札記丕烈案：吳讀亦如此，然誤也。當以「大」字下別爲一章。此策文亦見韓子内儲說下，可證也。大成午又見趙世家、古今人表。
〔二〕鮑本補曰：史，申不害者，荆人也。故鄭之賤臣，學術以干韓昭侯，用爲相。
〔三〕札記今本「我」誤「子」。

魏之圍邯鄲

魏之圍邯鄲也，申不害始合於韓王，然未知王之所欲也，恐言而未必中於王也。王問申子曰：「吾誰與而可〔一〕？」對曰：「此安危之要，國家之大事也。臣請深惟〔二〕而苦思之。」乃微謂趙卓、韓鼂曰：「子皆國之辯士也，夫爲人臣者，言可〔三〕必用，盡忠而已矣。」二人各進〔四〕議於王以事。申子微視王之所説以言於王，王大説之。〔五〕

〔一〕鮑本與魏耶，趙耶？

〔二〕鮑本惟，亦思。

〔三〕鮑本可，豈可。

〔四〕鮑本「各」上補「因」字。○補曰：一本「各進」。謂以事議於王。

〔五〕鮑本補曰：此術之最下者。

申子請仕其從兄官

申子請仕其從兄官〔一〕，昭侯不許也。申子有怨色。昭侯曰：「非所謂〔二〕學於子者也。聽子之謁，而廢子之道乎？又亡其行子之術，而廢子之謁〔三〕乎？子嘗教寡人循功勞，視次第。今有所求，此〔四〕我將奚聽乎？」申子乃辟舍請罪，曰：「君真其人也！」

〔一〕鮑本仕其從父兄以官。正曰：注贅。

〔二〕姚本劉無「謂」字。

〔三〕鮑本「謁」作「請」。○

〔四〕鮑本此，如此。補曰：「此」當屬下句讀。

蘇秦爲楚合從説韓王

蘇秦爲楚〔一〕合從説韓王曰：「韓北有鞏、洛〔二〕、成皋之固，西有宜陽、常阪〔三〕之塞，東有宛、穰、洧水〔四〕，南有陘山〔五〕，地方千里，帶甲數十萬。天下之强弓勁弩，皆自韓出。谿子、少府〔六〕時力、距來〔七〕，皆射六百步之外。韓卒超〔八〕足而射〔九〕，百發不暇止，遠者達胸，近者掩心〔一〇〕。韓卒之劍戟，皆出於冥山、棠谿、墨陽、合伯〔一一〕膊〔一二〕。鄧師、宛馮〔一三〕、龍淵、大阿〔一四〕，皆陸斷馬牛，水擊鵠鴈〔一五〕，當敵即斬堅。甲、盾、鞮、鍪〔一六〕、鐵幕、革抉、㕽〔一七〕芮〔一八〕，無不畢具。以韓卒之勇，被堅甲，蹠勁弩，帶利劍，一人當百，不足言也。夫以韓之勁，與大王之賢，乃欲西面事秦，稱東藩，築帝宮，受冠帶，祠春秋，交臂而服焉。夫羞社稷而爲天下笑，無過此者矣。是故願大王之熟計之也。大王事秦，秦必求宜陽、成皋。今兹效之，明年又益求割地。與之，即無地以給之；不與，則棄前功而後更受其禍。且夫大王之地有盡，而秦之求無已。夫以有盡之地，而逆無已之求，此所謂市怨而買禍者也，不戰而地已削矣。臣聞鄙語曰：『寧爲鷄口，無爲牛後〔一九〕。』今大王西面交臂而臣事秦，何以異於牛後乎？夫以大王之賢，挾强韓之兵，而有牛後之名，臣竊爲大王羞之。」

〔一〕**鮑本**「楚」作「趙」。○　補曰：字誤，恐當作「趙」。

〔二〕**鮑本**并屬河南。

〔三〕**鮑本**「常」，史作「商」。殷紀注，商，今上洛是也。補曰：正義云，商坂即商山，在商洛縣南，亦曰楚山，武關在焉。

〔四〕**鮑本**穰屬南陽。淯水出潁川陽城。

〔五〕**鮑本**補曰：見前。

〔六〕**鮑本**下皆弩名。俶真訓注，谿子，國名，夷名。又谿子陽，匠名。徐注，少府所造。

〔七〕**鮑本**徐注，作之得時，力倍於常，其勁足以距來敵。正曰：徐注「距來」者，謂弩勢勁利，足以云云。

〔八〕**姚本**劉作「跕」，錢作「帖」。

〔九〕**鮑本**舉蹠踏弩。

〔一〇〕**鮑本**箭中心上，如掩。

〔一一〕**姚本**曾無「伯」字。

〔一二〕**鮑本**無「膊」字。○　正曰：「合伯」，史作「合膊」。**札記**丕烈案：考無者當是。索隱曰，按戰國策作「合伯」，春秋後語作「合相」，可證。「伯」、「膊」聲之轉也。「相」當作「柏」，「柏」、「伯」同字，形近之譌耳。此或用史記注「膊」於旁，乃誤入正文。

〔一三〕鮑本司馬彪注，冥山在相州北，汝南吴房有棠谿亭。脩務訓注，墨陽，美劍名。合伯，地缺。鄧師，豈南陽鄧耶？猶云洛師。滎陽有馮池。正曰：相州北非韓地，餘見下。

〔一四〕鮑本吴越春秋，「楚王召風胡子曰：『吴有干將，越有歐冶，寡人欲因子請此二人作劍。』風胡見二人，作劍二」，其名云。以上類言以地名。正曰：脩務訓文云，「墨陽之莫邪」，則墨陽地名。「合伯」，史作「合膊」。姚本「合伯膊」，注，曾無「伯」字。索隱云，鄧國有工鑄劍，因名「鄧師」。宛人於馮池鑄劍，故名「宛馮」。晉太康地理記，汝南西平有龍泉，可淬刀劍。今按上説，冥山、棠谿、龍淵，地名。「鄧師、宛馮」人名兼地。太阿，劍名。合膊等未詳。

〔一五〕札記今本「鴈」誤「雁」。

〔一六〕鮑本盾，櫓。鞮，革履。鍪，兜鍪。説文，鍪，鍑屬。鍑，大口釜，蓋鍪如之。補曰：韻書，鞮鍪，首鎧也。

〔一七〕鮑本「吠」作「吷」。○音筏。札記丕烈案：史記作「吷」。

〔一八〕鮑本史並不注。補曰：索隱云，鐵幕，謂以鐵爲臂脛之衣，以革爲射決。決，射韝也。按詩「決拾」，傳，決，以象骨爲之，著右手大指，以鈎弦闓體。拾，以皮爲之，著於左臂，以遂弦。恐此革，即拾；抉，即決也。索隱即以爲一物，蓋據説文「韝射臂決」之文也，亦通。索隱云，吷與瞂同，謂楯也；芮，音如字，謂繫楯之紛綏也。愚按，瞂，音伐，即詩所謂「蒙伐」者，字皆通借。史云，「當敵則斬堅甲，鐵幕、革援，吷芮，無不畢具」。故説者上文以「甲」字句，謂其劍皆能斬之。策文不可從此讀，當以「斬堅」句，而「甲盾」以下，屬「無不具」之文。

〔一九〕姚本續云：顔氏家訓引作「寧爲鷄尸，不爲牛從」。鮑本補曰：正義云，鷄口雖小，乃進食；牛後雖大，乃出糞。大事記取。正曰：索隱引延篤云，寧爲鷄尸，不爲牛從。尸，鷄中主；從，牛子也。沈説亦有所本也。札記丕烈案：顔氏家訓書證云，延篤戰國策音義也，姚已引，但不云延篤，非。鮑以爲沈括辨，更非矣。

韓王忿然作色，攘臂按劍，仰天太息曰：「寡人雖死，必不能事秦。今主君以楚〔一〕王之

教詔之，敬奉社稷以從。」〔一二〕

〔一一〕鮑本補曰：字誤，史正作「趙」。

〔一二〕鮑本傳在燕、趙後，云宣惠王。今按合從在燕文公二十八年，趙肅侯十六年。此二十五年。又蘇秦傳説六國後去趙，而從約解，是歲燕易王立。徐注云，自初說燕至此三年，宣惠之元年也。此時從已解，則説從時非宣惠明矣。沈括辨以爲鷄尸、牛從。今按秦稱牛後，蓋以惡語侵韓，故昭侯怒而從之。鷄尸、牛從，謬誤也。正曰：大事記，顯王三十五年，蘇秦説燕與趙合從，燕文公納之趙。三十六年，蘇秦説趙肅侯以六國合從。按史年表，是歲韓昭侯二十六年，高門成而昭侯卒，子宣惠王立。蘇秦説宣惠王，蓋昭侯卒後爾。鮑序次非。

張儀爲秦連横説韓王

張儀爲秦連横説韓王曰〔一〕：「韓地險惡，山居，五穀所生，非麥而豆〔二〕；民之所食，大抵豆飯〔三〕藿羹〔四〕；一歲不收，民不饜糟糠；地方不滿九百里，無二歲之所食。料大王之卒，悉之不過三十萬，而厮徒負養〔五〕在其中矣，爲除守徼亭鄣塞〔六〕，見卒不過二十萬而已矣〔七〕。秦帶甲百餘萬，車千乘，騎萬匹，虎摯〔八〕之士，跿跔〔九〕科頭〔一〇〕，貫頤〔一一〕奮戟者，至不可勝計也。秦馬之良，戎兵之衆，探前趹〔一二〕後，蹄間三尋〔一三〕者，不可稱數也。山東之卒，被甲冒胄〔一四〕以會戰，秦人捐甲徒裎〔一五〕以趨敵，左挈人頭，右挾生虜。夫秦卒之與山東之卒也，猶孟賁之與怯夫也；以重力相壓，猶烏獲之與嬰兒也。夫戰孟賁、烏獲之士，以攻不服之弱國，無以異於墮千鈞之重，集於鳥卵之上，必無幸矣〔一六〕。諸侯不料兵之弱，食之寡，而聽從人之甘言好辭，比周以相飾也，皆言曰：『聽吾計則可以强霸天下。』夫不顧社稷之長利，而聽須臾之説，詿誤〔一七〕人主者，無過於此者矣。大王不事秦，秦下甲據宜陽，斷絶韓之上地；東取成皋、宜陽，則鴻臺之宫，桑林之菀〔一八〕，非王之有已。夫塞成皋，絶上地，則王之國分矣。先事秦則安矣，不事〔一九〕秦則危矣。夫造禍而求福，計淺而怨深，逆秦而順楚〔二〇〕，雖欲無亡，不可得也。故爲大王計，莫如事秦。秦之所欲，莫如弱楚，而能弱楚者莫如韓。非以韓能强於楚也，其地勢然也。今王西面而事秦以攻楚，爲敝邑〔二一〕，秦王〔二二〕必喜。夫攻楚而私其地，轉禍而説秦，計無便於此者也。是故秦王使使臣獻書大王御史，須以決事。」

〔一〕**鮑本**補曰：此元年。
〔二〕**姚本**史記、後語作「非菽而麥」。
〔三〕**姚本**續云：古語只稱菽，漢以後方呼豆。史記，飯菽。後語，菽飯。
〔四〕**鮑本**藿，菽之少者。補曰：按此非麥即豆也，麥少又以豆飯。
〔五〕**鮑本**負荷養牧之人。正曰：索隱云，負養者，負擔以給養公家。厮徒，見魏策。
〔六〕**鮑本**徼，巡也。亦關境上。補曰：漢書「徼外」。顔云，徼，塞也，取徼遮之義，字音叫。
〔七〕**鮑本**無「矣」字。〇　**札記**丕烈案：史記有。
〔八〕**鮑本**「摯」作「鷙」。〇　鷙，擊鳥。正曰：「鷙」，「摯」通。禮記，「蚤摯」，「摯獸」。凡鳥之勇，獸之猛，皆曰摯。**札**

記丕烈案：「摯」，史記作「贄」。

〔九〕鮑本跿音徒，跔音俱。說文，天寒足跔，與此不合。史注，跳躍也。補曰：跿，猶下文徒裎。此謂徒跣也，義與科頭協。

〔一〇〕鮑本不著兜鍪。

〔一一〕鮑本貫人之頤。正曰：此說似與上文不類。索隱曰，兩手捧頤而直入敵，言其勇。「貫」與「捧」亦不通。劉辰翁云，貫頤，謂見射猶奮戟，不顧死也。則此連下文「奮戟」爲義。

〔一二〕鮑本「趹」作「蹶」。○字書無「趹」字。蹶，跳也。正曰：說文，趹，馬行貌。西都賦，要趹追蹤。字古穴反。索隱云，謂馬前足探向前，後足趹於後。趹，謂抉地，言馬走勢疾，前後蹄間一擲而過三尋也。八尺曰尋。

〔一三〕姚本曾添「騰者」二字。鮑本補曰：一本此有「騰」字。札記今本脫「者」字。丕烈案：史記作「騰者」。

〔一四〕鮑本冑，兜鍪。

〔一五〕鮑本裎，裸也。

〔一六〕鮑本幸其不破碎，無是理也。

〔一七〕鮑本詿，亦誤也。補曰：漢語「詿誤」本此。

〔一八〕鮑本桑林，在亳。修務訓言，湯禱於桑山之林，則似指言多桑之山，非地名也。正曰：鴻臺、桑林，韓臺苑，非湯所禱者也。太平御覽作「樂林」。札記丕烈案：史記作「桑林」。徐廣曰，「桑」一作「栗」。索隱曰，亦見戰國策，當指徐注「栗」字言之。今國策作「桑」，當是後人用史記文所改。御覽作「樂」，亦譌字也。

〔一九〕札記「事」，鮑本作「成」。丕烈案：史記作「事」。

〔二〇〕鮑本「楚」作「趙」。○札記丕烈案：史記作「楚」。下文自可見。鮑改誤甚。

〔二一〕鮑本衍「爲」字。補曰：一本無。札記丕烈案：史記無「爲敝邑」三字，策文不同，當以此三字別爲句。「爲」，讀去聲。鮑云衍者非，一本亦誤。

〔一二〕**鮑本**惠文。

韓王曰：「客幸而教之，請比郡縣，築帝宮，祠春秋，稱東藩，效宜陽。」〔一〕

〔一〕**鮑本**彪謂：横人之辭，真所謂虚喝者。韓之兵信弱，食信寡矣，獨不曰從合則能以弱爲强，以寡爲多乎？惜乎世主不少察於此也。補曰：甘茂攻宜陽在後，此云效者，請效之也。儀歸而約敗矣。

宣王謂摎留〔一〕

〔一〕此篇姚本與張儀爲秦連横説韓王連篇，鮑本另列一篇。據文義，從鮑本。

宣〔一〕王謂摎留〔二〕曰：「吾欲兩用公仲、公叔，其可乎？」對曰：「不可。晉用六卿而國分，簡公用田成、監止〔三〕而簡公弑〔四〕，魏兩〔五〕用犀首、張儀而西河之外亡〔六〕。今王兩用之，其多力者内樹其黨，其寡力者籍外權。群臣或内樹其黨以擅〔七〕其主〔八〕，或外爲交以裂其地，則王之國必危矣。」〔九〕

〔一〕**姚本**一作「韓」。

〔二〕**鮑本**韓人。補曰：摎，居尤反。漢有摎氏。通鑑、大事記作「繆」。**札記**丕烈案：韓子兩見此事，皆作「韓宣王謂樛留」。樛、摎同字也。

〔三〕**鮑本**補曰：「監」即「闞」。魏策「闞」，史作「監」。田齊世家亦作「監止」。**札記**丕烈案：韓子作「監」。「闞止」見左氏傳。

〔四〕**鮑本**齊。事見哀十四年。

〔五〕**姚本**劉無「兩」字。

〔六〕**鮑本**秦惠八年，魏納河西，儀時爲秦客卿，未相魏也。後至魏襄十三年相儀，儀留四年去而衍相，未嘗兩用，未嘗亡也。此豈爲秦良造儀爲客卿時，魏以事聽之邪？正曰：大事記，魏惠後十三年張儀相魏，魏不事秦，秦以公孫衍代相。儀留衛四歲，後説襄王，久之乃去。二人更迭用，衍相，儀留，猶兩用也。魏亡河西地，大概言之，不必兩人爲相時也。大事記，魏惠後五年，以少梁與秦，引此策云，秦至是盡得河西地，則犀首、張儀之力，是時二人皆信用於秦云云。

〔七〕**鮑本**補曰：韓子作「驕」。

〔八〕**札記**丕烈案：韓子作「以驕主」，無「其」字。

〔九〕**鮑本**彪謂：此非天下之公議也，顧所用如何耳。使得人如周、召，兩用之，庸何傷？若公仲、公叔也，一之謂甚，何必兩。補曰：胡氏管見，謂摎留之論，似是而非，不可遂以爲法。使所用而賢，則一人而足，不虞其專擅；左右參副，不虞其比黨。使其不賢，則一人足以喪國，又況二三其衆乎！意者留於仲、叔陰有所附，欲國柄歸一而不分，故危言以動其君耳。大事記云，韓雖兩用仲、叔，以戰國策考之，仲實專政，叔亦間用事，終不若仲之權寵也。愚按，鮑説有與胡氏合者，而不得留之情，故引以著之。按此策，宣惠欲兩用，非已用也。當時叔之事不著，意其止於用仲，而仲、叔并用，實襄王之世。以其争主幾瑟、公子咎知之也。公仲卒不勝公叔，則公叔又重矣。二人争權，摎留之言遂驗。是以帝王之要，知人而後官人，九經之序，尊賢而後敬大臣，則無患乎此矣。

張儀謂齊王〔一〕

張儀〔二〕謂齊〔三〕王曰：「王不如資韓朋，與之逐張儀於魏。魏因相犀首〔四〕，因以齊、魏廢韓朋，而相公叔以伐秦。公仲聞之，必不入於齊。據公於魏〔五〕，是公無患。」〔六〕

〔一〕此篇鮑本在魏策。

〔二〕鮑本「張」上補「謂」字，「儀」下補「臣」字。〇補曰：章首有缺文。

〔三〕札記今本「齊」誤「秦」。

〔四〕鮑本閔。正曰：見前。

〔五〕鮑本齊使相之。

〔六〕鮑本此士言其效也。齊廢公仲而逐儀，故公仲據儀不合齊。

鮑本此士計，非先逐張儀，不能得衍合魏；非合魏，不能廢朋；朋怒，則復善儀矣。於此，然後知公仲之名朋也。原在韓策。正曰：事與公仲、公叔相涉，當從舊策。有「魏因相犀首」之語，當是惠王時，説見下章。

楚昭獻相韓

楚昭獻相韓。秦且攻韓，韓廢昭獻。昭獻令人謂公叔曰：「不如貴昭〔一〕獻以固楚，秦必曰楚、韓合矣。」〔二〕

〔一〕姚本一本無「昭」字。

〔二〕鮑本正曰：此策未知何時。按策有云，幾瑟，公叔之讎；而昭獻，公叔之人也。又甘茂與昭獻遇於境，在先圍雍氏時。其相韓，見周策，必在宣惠之後。

秦攻陘

秦攻陘〔一〕，韓〔二〕使人馳〔三〕南陽之地。秦已馳〔四〕，又攻陘，韓因割南陽之地。秦受地，又攻陘。陳軫謂秦王〔五〕曰：「國形不便故馳，交不親故割。今割矣而交不親，馳矣而兵不止，臣恐山東之無以馳割〔六〕事王者矣。且王求百金於三川而不可得，求千金於韓，一旦而具。今王攻韓，是絶上交而固私府也〔七〕，竊爲王弗〔八〕取也。」

〔一〕鮑本此時史不書。後至桓惠九年，秦拔我陘。然陳軫、張儀同時，儀死至桓惠九年，四十六年矣，軫必不存。故因舊。

〔二〕姚本曾無「韓」字。

〔三〕鮑本馳，反走示服也。

〔四〕鮑本馳，進也。韓避之，而秦進也。

〔五〕鮑本惠。

〔六〕札記今本「馳割」誤「割地」。

〔七〕**鮑本**言利移於下。正曰：即所謂「無以馳割事王者矣」。

〔八〕**鮑本**「弗」作「不」。〇

五國約而攻秦

五國約而攻秦〔一〕，楚王爲從長〔二〕，不能傷秦，兵罷而留於成皋。魏順謂市〔三〕丘君〔四〕曰：「五國罷，必攻市丘〔五〕，以償兵費。君〔六〕資臣，臣請爲君止天下之攻市丘。」市丘君曰：「善。」因遣之。

〔一〕**鮑本**趙惠文十三年，此十年。正曰：説誤，見下。

〔二〕**鮑本**頃襄。補曰：此懷王爲從長，合齊、趙、韓、魏、燕及匈奴伐秦時，事在懷王十一年，韓宣惠王十五年。説見趙策。此策文見孔叢子，以爲子順之言，其注謂魏公子無忌率五國兵敗蒙恬，爲尤誤。

〔三〕**鮑本**「市」作「沛」。〇下同。正曰：孔叢子作「市」，大事記作「沛」。**札記**丕烈案：此策文，吴氏以爲見孔叢子，其實孔叢依此以作僞耳。

〔四〕**鮑本**太公世家，君，其長也。

〔五〕**鮑本**注，沛丘爲「貝」，曰貝丘，屬清河。正曰：成皋與清河絶遠，恐非。

〔六〕**鮑本**「君」作「若」，又改作「君」。〇

魏順南見楚王曰：「王約五國而西伐秦，不能傷秦，天下且以是輕王而重秦，故王胡不

卜交乎？」楚王曰：「奈何？」魏順曰：「天下罷，必攻市丘以償兵費。王令之勿攻市丘。五國重王〔一〕，且聽王之言而不攻市丘；不重王，且反王之言而攻市丘。然則王之輕重必明矣。」故楚王卜交而市丘存。〔二〕

〔一〕鮑本「五」當作「四」。正曰：是役本六國，言五國重王，則楚在外。史年表等書五國，故因此稱五國。此明是楚約從時事，大事記改「五」作「四」，遂以此策附注李兑約五國伐秦之年，亦誤。其曰，合五國之衆，一籌不畫，逡巡而卻，乃欲攻一小邑以償費。楚王爲從長，不知諸侯與己之深淺，始欲卜交，宜乎秦以折箠笞之。此言移以論懷王，尤爲切中者也。

〔二〕鮑本補曰：留成皋而將攻市丘，市丘必韓地。不然，則策當在楚，不在韓。

鄭彊載八百金入秦

鄭彊載〔一〕八百金入秦，請〔二〕以伐韓〔三〕。泠向〔四〕謂鄭彊曰：「公以八百金請伐人之與國〔五〕，秦必不聽公。公不如令秦王〔六〕疑公叔。」鄭彊曰：「何如？」曰：「公叔之攻楚也，以幾瑟〔七〕之存焉，故言先楚〔八〕也。今已令楚王〔九〕奉幾瑟以車百乘居陽翟，令昭獻轉而與之處〔一〇〕，旬有餘，彼已覺〔一一〕。而幾瑟，公叔之讎也；而昭獻，公叔之人也。秦王聞之，必疑公叔爲楚也。」〔一二〕

〔一〕**鮑本**「載」作「以」。○

〔二〕**鮑本**無「請」字。○

〔三〕**鮑本**彊以韓滅故。正曰：無據。補曰：一本并作「彊」。一本「載八百金入秦請以伐韓」。

〔四〕**鮑本**「泠」作「冷」。○ 補曰：冷向即冷壽。秦策高以爲秦臣，詳此章爲信。**札記**今本「泠」作「冷」。

〔五〕**鮑本**韓，秦之與。

〔六〕**鮑本**昭。

〔七〕**鮑本**幾瑟，太子嬰弟，時質楚，公叔所不善。補曰：幾瑟，史作「幾虱」，後并同。

〔八〕**鮑本**「先」作「伐」。○ 正曰：以攻楚。**札記**今本「先」作「伐」，乃誤涉鮑也。

〔九〕**鮑本**懷。

〔一〇〕**鮑本**獻本不善幾瑟，令之回心相善。

〔一一〕**鮑本**「覺」作「角」。○ 角，言二人均禮。補曰：姚本「角」作「覺」，是。

〔一二〕**鮑本**幾瑟，韓愛子，而在楚，秦固疑其合楚。公叔與幾瑟讎，故秦不疑。今叔所善與之處而禮均，然則秦安得不疑其爲楚？楚，秦所惡也，其伐韓不待請矣。

鄭彊之走張儀於秦

鄭彊〔一〕之走張儀於秦〔二〕，曰儀之使者，必之楚矣。故謂大宰〔三〕曰：「公留儀之使者〔四〕，彊請西圖儀於秦。」故因而〔五〕請秦王〔六〕曰：「張儀使人致上庸之地〔七〕，故使使臣再拜謁〔八〕秦

王。」秦王怒，張儀走。〔九〕

〔一〕**鮑本**鄭公族，韓滅鄭，故爲韓人。補曰：此人嘗請秦伐韓，魏策亦有其人，蓋游説秦、楚之間者。此豈以爲韓而走儀，故次之韓歟？

〔二〕**鮑本**譖之於秦，使逐之。

〔三〕**鮑本**楚官。彊謂之。　**札記**今本「謂」誤「爲」。

〔四〕**鮑本**留之者，欲詐爲儀使之致地。

〔五〕**姚本**一本作「西」。　**鮑本**「而」作「西」。〇

〔六〕**鮑本**武。

〔七〕**鮑本**秦惠十三年取上庸，今言儀致之楚，欲以怒秦。

〔八〕**鮑本**彊僞爲楚使白此於秦。下衍「秦王」字。　**札記**鮑衍「秦王」字。丕烈案：此當是涉下而衍「秦」字耳，鮑説非也。

〔九〕**鮑本**武元年，此二年。

宜陽之役〔一〕

〔一〕此篇姚本原在韓策。鮑本則一策二載，一在韓策，一在秦策。但在韓策的注解與在秦策的注解不同，現將在秦策的注解，按注碼位置，列載如後。

宜陽之役〔一〕，楊達〔二〕謂公孫顯曰：「請爲公以五萬攻西周，得之，是以九鼎印〔三〕甘茂也〔四〕。不然，秦攻西周，天下惡之，其救韓必疾，則茂事敗矣。」〔五〕

〔一〕**鮑本**秦三年，此四年。

〔二〕**鮑本**「達」作「侹」。○ 秦人。補曰：「侹」即「達」字訛。姚本正作「達」。餘說并見秦策。

〔三〕**姚本**錢、劉作「卬」。 **鮑本**「印」作「市」。○

〔四〕**鮑本**茂與顯爭國，顯得九鼎，其功大，秦必棄茂用顯。

〔五〕**鮑本**補曰：宜依此舊次，刊去秦策所增。

按以下爲秦策注：

〔二〕**鮑本**秦人。正曰：無據。

〔三〕**鮑本**「印」作「抑」。補曰：大事記引作「市」者是。

〔四〕**鮑本**顯，與茂爭國者，見惠王策。抑，按也。正曰：按惠王策李讎云云，顯乃張儀仇，無與茂爭國事。

〔五〕**鮑本**言攻而不勝，亦足以敗茂。原在韓策。補曰：鮑既改從秦策，今韓策仍出此章。「楊達」作「楊侹」，「印」作「市」，注亦異。大事記所取鮑氏云「顯得」止「用顯」，亦今韓策注文。高注此章，無作「侹」字者，豈別本有之，而鮑又重見於此乎？宜陽之役，策公孫衍，史并作公孫奭，又有公孫顯、公孫郝、公孫赫。其云「挾韓」而議云「善韓」，皆仕秦而黨韓者。大事記謂，郝、顯、奭（郝在奭音）爲一人。愚謂，赫即郝也，然其事亦多與衍類，又恐衍即顯之訛也。今且當各從本文。

秦圍宜陽

秦圍宜陽〔一〕，游騰謂公仲曰：「公何不與趙藺、離石、祁〔二〕，以質許〔三〕地，則樓緩必敗矣〔四〕。收韓、趙之兵〔五〕以臨魏，樓鼻必敗矣〔六〕。韓爲一〔七〕，魏必倍〔八〕秦，甘茂必敗矣〔九〕。以成陽資翟强於齊，楚必敗之〔一〇〕。須秦必敗〔一一〕，秦失魏〔一二〕，宜陽必不拔矣。」

〔一〕**鮑本**秦三年，此四年。

〔二〕**鮑本**趙地。韓嘗取之，今使歸之。

〔三〕**鮑本**韓地，趙嘗取之。質，易地也。正曰：藺、離石、祁見周、趙策。宜陽之役，去秦前取藺六年，藺、離石、祁不聞屬韓，許亦與趙遠，恐「與趙」下有缺文。「以質許地」者，以質（音贄）子而許之地也。　**札記**今本「藺」誤「蘭」。

〔四〕**鮑本**緩，害韓者。趙、韓合，故緩敗。

〔五〕**鮑本**「兵」作「地」。○　補曰：一本「地」作「兵」。

〔六〕**鮑本**「鼻」作「廪」。○　亦以魏害韓者。正曰：説見魏策。

〔七〕**姚本**一本作「韓、趙爲一」。　**鮑本**「韓」下補「趙」字。○

〔八〕**鮑本**倍，音背。

〔九〕**鮑本**茂攻宜陽，韓得趙、魏，則不易拔，故茂敗。補曰：一本「茂」作「戊」，後章多同，不復出。

〔一〇〕**鮑本**「之」作「矣」。○　齊，楚敵也，齊得地則益强，可以敗楚，時楚助秦，故必敗。正曰：樓緩欲以趙合秦，嘗勸趙割地事秦，見趙策。樓鼻爲魏合秦，楚外齊，翟强爲魏合齊、秦外楚，見魏策。皆有事於秦者，故策云然。

〔一一〕**鮑本**須，言少待。以趙、魏救至，而楚不助，故敗。

〔一二〕**鮑本**秦，魏鄰也，失魏之害重於趙，故獨言魏。

公仲以宜陽之故仇甘茂〔一〕

〔一〕此篇姚本與秦圍宜陽連篇。鮑本另列一篇。據文義，從鮑本。

公仲以宜陽之故，仇甘茂。其後，秦歸武遂於韓〔一〕，已而，秦王〔二〕固疑甘茂之以武遂解於公仲也。杜赫〔三〕爲公仲謂秦王曰：「明〔四〕也願因茂以事王〔五〕。」秦王大怒於甘茂，故樗里疾大説杜聊。

〔一〕**鮑本**此五年。補曰：史甘茂傳，蘇代謂向壽曰，韓氏委國於甘茂，茂許公仲以武遂，反宜陽之民。既而甘茂竟言秦王以武遂復歸之韓，向壽、公孫奭争之不得，由此怨讒茂。此九年，秦復取武遂。

〔二〕**鮑本**昭。

〔三〕**鮑本**「赫」作「聊」。〇 韓人。補曰：姚本上「聊」字作「赫」，疑「聊」字誤。

〔四〕**鮑本**「明」作「朋」。〇 補曰：當作「朋」。

〔五〕**鮑本**若公仲與茂善，以實秦王之疑。

秦韓戰於濁澤

秦、韓戰於濁澤〔一〕，韓氏急。公仲明〔二〕謂韓王曰：「與國〔三〕不可恃。今秦之心欲伐楚，王不如因張儀爲和於秦，賂之以一名都，與之伐楚。此以一易二之計也。」韓王曰：「善。」乃儆〔四〕公仲之行，將西講於秦。

〔一〕**鮑本**長社濁澤。補曰：大事記，韓與趙、魏伐秦，秦使庶長樗里疾與戰脩魚，虜韓將申差。解題云，濁澤即脩魚之戰。

〔二〕**鮑本**「明」作「朋」。○　補曰：當作「朋」。大事記，顯王三年，魏公子景賈伐韓，與韓將韓明戰於陽。此人在公仲前。**札記**丕烈案：史記無「明」字。索隱曰，韓相國，名侈。考韓子十過有此文，正作「朋」。吴説是矣。

〔三〕**鮑本**與，謂山東。

〔四〕**鮑本**儆，猶戒。

楚王〔一〕聞之大恐，召陳軫而告之。陳軫曰：「秦之欲伐我久矣，今又得韓之名都一而具甲〔二〕，秦、韓并兵南鄉，此秦所以廟祠而求也。今已得之矣，楚國必伐矣〔三〕。王聽臣，爲之儆四境之内選師，言救韓，令戰車滿道路；發信臣，多其車，重其幣，使信王之救己也。縱韓爲不能聽我〔四〕，韓必德王也〔五〕，必不爲鴈行以來。是秦、韓不和，兵雖至，楚國不大病矣。爲能聽我絶和於秦，秦必大怒，以厚怨於韓。韓得楚救，必輕秦。輕秦，其應秦必不敬。是我困〔六〕秦、韓之兵，而免楚國之患也。」

〔一〕**鮑本**懷。

〔二〕**鮑本**以一都之賦爲兵備。

〔三〕鮑本「伐」下無「矣」字。○ 補曰：一本「伐矣」。 札記丕烈案：史記有。

〔四〕鮑本「救己」下無「也縱」二字。○ 使其或不能從我以與秦戰。補曰：一本「救己也縱韓」。 札記丕烈案：今史記有「也縱」二字。以索隱考之，其本亦無「縱」字。

〔五〕鮑本「必」作「之」。○ 恩救我。補曰：一本「韓必德王」。此以上，姚同，文勝。 札記丕烈案：史記作「必」。考索隱，其本是「之」字。

〔六〕鮑本「困」作「因」。○ 札記丕烈案：史記作「因」。

楚王大說，乃儆四境之内選師，言救韓，發信臣，多其車，重其幣〔一〕。謂韓王曰：「弊邑雖小，已悉起之矣。願大國遂肆意於秦，弊邑將以楚殉〔二〕韓。」

〔一〕鮑本「多其車，重其幣」作「多車幣」。○ 補曰：一本復作「多其車，重其幣」。 札記丕烈案：史記有「其」字及「重其」二字。

〔二〕鮑本殉，言以死從之。

韓王大說，乃止公仲。公仲曰：「不可，夫以實告〔一〕我者，秦也；以虛名救我者，楚也。恃楚之虛名，輕絕强秦之敵，必爲天下笑矣。且楚、韓非兄弟之國也，又非素約而謀伐秦矣〔二〕。秦欲伐楚，楚因〔三〕以起師言救韓，此必陳軫之謀也。且王以〔四〕使人報於秦矣，今弗行，是欺秦也。夫輕强秦之禍，而信楚之謀臣，王必悔之矣。」韓王弗聽，遂絕和於秦。秦果大怒，興師與韓氏戰於岸門〔五〕，楚救不至，韓氏大敗。

〔一〕姚本一作「困」。

〔二〕姚本劉作「也」。　札記吴補一本「矣」作「也」。丕烈案：史記作「也」。

〔三〕鮑本無「因」字。○　札記丕烈案：史記作「已有伐形，因發兵」。此當有誤。

〔四〕鮑本「以」作「已」。○　札記丕烈案：史記作「已」。

〔五〕鮑本後志，潁陰有岸亭。事在十九年，此要終言之也。補曰：徐廣云，岸門即岸亭。正義引括地志云，在許州長社縣西北。又韓世家，太子倉入質於秦，以和魏。年表又書秦走犀首岸門。蓋救韓而敗也。

韓氏之兵非削弱也，民非蒙愚也，兵爲秦禽，智爲楚笑，過聽於陳軫，失計於韓明〔一〕也。〔二〕

〔一〕鮑本「明」作「朋」。○　補曰：「朋。」

〔二〕鮑本記十六年有。彪謂：二子皆億中之材也，宣惠訹於其言，惑於重幣，雖有公仲之謀，固難以入。至於非兄弟，非素約，而以虛名救我，此言豈不明著矣乎！如之何弗聽也？正曰：鮑嘗謂陳軫少捭闔風氣，故此以億中稱之，此策非捭闔而何？

顔率見公仲

顔率見公仲，公仲不見。顔率謂公仲之謁者曰：「公仲必以率爲陽〔一〕也，故不見率也。公仲好内〔二〕，率曰好士；仲〔三〕嗇於財，率曰散施；公仲無行，率曰好義〔四〕。自今以來，率且

正言之而已矣。」公仲之謁者以告公仲，公仲遽起而見之。〔五〕

〔一〕**姚本**劉作「傷」。　**鮑本**「陽」，「佯」同，不實也。補曰：一本「陽」作「傷」。

〔二〕**鮑本**齊世家注，内，婦官也。

〔三〕**鮑本**「仲」上有「公」字。○

〔四〕**鮑本**所謂不實。

〔五〕**鮑本**彪謂：顔率此言，可行公仲而已。誠有是人，雖陽言何益於德？苟無是也，正言之，吾何懼。以是知公仲非躬行者也。

韓公仲謂向壽〔一〕

〔一〕鮑本此篇與秦圍宜陽連篇。

韓〔一〕公仲謂向壽曰：「禽〔二〕困覆車。公破韓，辱公仲，公仲收國復事秦，自以爲必可以封〔三〕。今公與楚解〔四〕，中封小令尹以桂陽〔五〕。秦、楚合，復攻韓，韓必亡。公仲躬率其私徒以鬬於秦〔六〕，願公之熟計之也。」向壽曰：「吾合秦、楚，非以當韓也，子爲我謁之。」

〔一〕**鮑本**「韓」作「爲」。○　正曰：一本章首「韓公仲」。據史，韓公仲使蘇代謂向壽。此章首及「仲」字下，或有缺文。當云「蘇代爲」，或云「使蘇代」。　**札記**丕烈案：吴説未是，此不誤。實使蘇代，而策文但云「韓公仲謂」者，省也。

〔二〕**鮑本**禽，所獲獸也，能覆獵者之車，不可忽。正曰：逐獸困急，猶能奔觸傾覆人車。

〔三〕鮑本正曰：史注，公仲自以爲必可得秦封。

〔四〕鮑本解，言復好。補曰：見下。

〔五〕鮑本中，言使楚自封之國中。桂陽，荆州郡。補曰：史與楚辭，楚地。索隱云，秦地名，近韓。「桂」，史作「杜」。索隱云，又封楚之小令尹以杜陽。杜陽，秦地。今以封楚令尹，是相合也。今按策文「中」字，恐是「曰」字訛。

〔六〕鮑本謂且賊壽於秦。

公仲曰：「秦、韓之交可合也。」對曰：「願有復〔一〕於公。諺曰：『貴其所以貴者貴〔二〕。』今王之愛習公也，不如公孫郝〔三〕；其知能公也，不如甘茂。今二人者，皆不得親於事矣，而公獨與王主斷於國者，彼有以失之也。公孫郝黨於韓，而甘戊〔四〕黨於魏，故王不信也。今秦、楚爭强，而公黨於楚，是與公孫郝、甘茂〔五〕同道也。公何以異之？人皆言楚之多〔六〕變也，而公必之，是自爲貴也〔七〕。公不如與王謀其變也，善韓以備之，若此，則無禍矣。韓氏先以國從公孫郝，而後委國於甘茂，是韓，公之讎也〔八〕。今公言善韓以備楚〔九〕，是外舉不辟讎也。」

〔一〕鮑本復，重言之。

〔二〕鮑本所以貴，人所同貴。正曰：所以得貴也。

〔三〕鮑本原作「赫」，下同。補曰：一本作「郝」，史作「奭」，說見秦策。

〔四〕鮑本「戊」作「茂」。○札記今本「戊」作「茂」。

〔五〕札記今本誤作「甘茂、公孫郝」。

〔六〕姚本劉作「多」，舊作「若」。
〔七〕鮑本非貴所同貴。
〔八〕鮑本言以韓爲仇。
〔九〕鮑本「備」作「待」。○ 補曰：一本「今公善韓以備楚」。 札記丕烈案：史記作「備」，有「言」字。

向壽曰：「吾甚欲韓合。」對曰：「甘茂許公仲以武遂，反宜陽之民〔一〕，今公徒〔二〕令〔三〕收之，甚難。」向子曰：「然則奈何？武遂終不可得已〔四〕。」對曰：「公何不以秦爲韓求潁川於楚，此乃韓之寄地也〔五〕。公求而得之，是令行於楚而以其地德韓也。公求而弗得，是韓、楚之怨不解，而交走〔六〕秦也。秦、楚爭强，而公過楚以攻韓〔七〕，此利於秦。」向子曰：「奈何？」對曰：「此善事也。甘茂欲以魏取齊，公孫郝欲以韓取齊，今公取宜陽以爲功〔八〕，收楚、韓以安之〔九〕，而誅齊、魏之罪〔一〇〕，是以〔一一〕公孫郝、甘茂之〔一二〕無事也。」〔一三〕

〔一〕鮑本補曰：取其地而還其民也。
〔二〕鮑本徒，言無地與之。
〔三〕鮑本「徒」下無「令」字。○ 札記丕烈案：史記無。
〔四〕鮑本與韓地，宜以其所得於韓，若武遂者可也。茂已許之已，無以易之也。
〔五〕鮑本此本韓地，楚取之，故云。
〔六〕鮑本補曰：走音奏。
〔七〕鮑本過，謂以攻韓爲楚罪。補曰：姚本「收韓」，史同。 札記丕烈案：此當是鮑本作「收」而誤互。

〔八〕**鮑本**宜陽，蓋壽議攻，而甘茂攻之。

〔九〕**鮑本**使楚歸潁川，則楚、韓講，故曰安。

〔一〇〕**鮑本**誅，猶求也。求其過失，以爲郝、茂之罪。正曰：誅，責也。正義云，公孫奭、甘茂皆欲以秦挾韓、魏而取齊，今向壽取宜陽以爲功，收楚、韓以事秦，而責齊、魏之罪。

〔一一〕**鮑本**衍「以」字。

〔一二〕**鮑本**衍「之」字。**札記**鮑衍「以」字、「之」字。丕烈案：史記有「以」字，無「之」字。

〔一三〕**鮑本**言其失權。正曰：正義云，二子不得合韓、魏以伐齊也。補曰：按史甘茂傳，秦拔宜陽，韓與秦平，向壽爲秦守宜陽，將伐韓，公仲使蘇代謂壽云云，甘茂竟言昭王以武遂歸韓，由是壽、奭怨讒茂。

或謂公仲曰聽者聽國

或〔一〕謂公仲曰：「聽者聽國〔二〕，非必聽實〔三〕也。故先王聽諺言於市，願公之聽臣言也。公求中立於秦〔四〕，而弗能得也，善公孫郝以難甘茂，勸〔五〕齊兵以勸止魏〔六〕，楚、趙皆公之仇也〔七〕。臣恐國之以此爲患也，願公之復求中立於秦也。」

〔一〕**姚本**錢有「或」字。

〔二〕**鮑本**謂聽於衆。

〔三〕**鮑本**實，謂見事。

〔四〕**鮑本**立，謂立於齊、魏之間，此章實右魏。

〔五〕**鮑本**「勸」作「歡」。○

〔六〕**鮑本**郝善齊，故善郝則喜於齊之攻魏；茂善魏，故難茂則可以止魏之攻齊。勸，言茂欲爲之。補曰：一本「勸齊兵」。

〔七〕**鮑本**詳此，則公仲與齊者也。二國不善齊，故仇公仲。

公仲曰：「奈何？」對曰：「秦王〔一〕以公孫郝〔二〕爲黨於公而弗之聽，甘茂不善於公而弗爲公言，公何不因行願〔三〕以與秦王語？行願之爲秦王臣也公〔四〕，臣請爲公謂秦王曰〔五〕：『齊、魏合與離，於秦孰利？齊、魏別與合〔六〕，於秦孰强？』秦王必曰：『齊、魏離，則秦重；合，則秦輕。齊、魏別，則秦强；合，則秦弱。』臣即曰：『今王聽公孫郝以韓、秦之兵應齊而攻魏，魏不敢戰，歸地而合於齊，是秦輕也，臣以公孫郝爲不忠。今王聽甘茂，以韓、秦之兵據魏而攻齊，齊不敢戰，不〔七〕求割地而合於魏，是秦輕也，臣以甘茂爲不忠。故王〔八〕不如令韓中立以攻齊，齊王〔九〕言救魏以勁之〔一〇〕，齊、魏不能相聽〔一一〕，久離兵史〔一二〕。王欲〔一三〕，則信公孫郝於齊，爲韓取南陽，易穀川〔一四〕以歸，此惠王之願也。王欲，則信甘茂於魏，以韓、秦之兵據魏以郄〔一五〕齊，此武王之願也。臣以爲令韓以〔一六〕中立以勁〔一七〕齊，最秦之大急也。公孫郝黨於齊而不肯言，甘茂薄〔一八〕而不敢謁也，此二人，王之大患也。願王之熟計之也。』」

〔一〕**鮑本**補曰：秦王當是昭，下文言惠、武。

〔一〕**鮑本**「郝」作「赫」，又改爲「郝」。〇

〔三〕**鮑本**行願，人姓名。

〔四〕**鮑本**無私，秦王信之，故可因。

〔五〕**鮑本**補曰：請行願爲公仲言於秦王。

〔六〕**鮑本**離以交言，别以兵言。正曰：合離、别合，反復言之。

〔七〕**鮑本**「不」作「亦」。〇　補曰：疑衍。或「求」本「亦」字。　**札記**今本「不」作「亦」，乃誤涉鮑也。丕烈案：吴説亦未是，此不誤。言齊不求魏割地也。蒙上句爲文。

〔八〕**鮑本**無「王」字。〇

〔九〕**鮑本**「王」上衍「齊」字。〇　補曰：疑衍。

〔一〇〕**鮑本**齊時先以伐魏，故令秦王聲言救魏，以勁韓之攻齊。

〔一一〕**鮑本**秦救魏，則魏不憚齊，亦不合於齊。

〔一二〕**鮑本**「久」作「必」，「史」作「交」。〇　補曰：字誤，未詳。　**札記**今本「久」作「必」，「史」作「交」，乃誤涉鮑也。

〔一三〕**鮑本**欲，言或欲此或欲彼。

〔一四〕**鮑本**穀水。出澠池。

〔一五〕**姚本**曾一作「欲」，一作「郤」。　**鮑本**「郄」作「拒」。〇

〔一六〕**姚本**劉無「以」字。

〔一七〕**鮑本**「勁」作「攻」。〇　補曰：恐當作「攻」，從上文。

〔一八〕**鮑本**茂，羈旅之臣，故言「薄」。此欲攻齊，故其辭與茂。正曰：「薄」，即上文「不善於公」。「薄」下或有缺字。

韓公仲相〔一〕

韓公仲相〔二〕。齊、楚之交善秦。秦〔二〕、魏遇，且以善齊而絶齊乎楚。王〔三〕使景鯉之秦，鯉與於秦、魏之遇〔四〕。楚王怒景鯉，恐齊以楚遇〔五〕爲有陰於秦、魏也〔六〕，且罪景鯉。〔七〕

〔一〕此篇鮑本在楚策。

〔一〕**鮑本**衍「韓公仲相」四字，章内初不涉韓也。補曰：此四字必錯簡。

〔二〕**鮑本**「秦」下補「與」字，無上「秦」字。○

〔三〕**鮑本**「王」上補「楚」字。○

〔四〕**鮑本**於其遇時與焉。秦策有。其事在惠九年後，懷王初也。

〔五〕**鮑本**補曰：楚謂鯉。

〔六〕**鮑本**恐齊以此謂楚有私於二國。

〔七〕**鮑本**補曰：「與魏」之「與」、「爲有」之「爲」如字。

爲謂楚王曰：「臣賀鯉之與於遇也。秦、魏之遇也，將以合齊、秦而絶齊〔一〕於楚也。今鯉與於遇，齊無以信魏之合己於秦而攻於楚也〔二〕，齊又畏楚之有陰於秦、魏也，必重楚。故鯉之與於遇，王之大資也。今鯉不與於遇，魏之絶齊於楚明〔三〕矣。齊、楚〔四〕信之，必輕王，故王不如無罪景鯉，以視齊於有秦、魏〔五〕，齊必重楚，而且疑〔六〕秦、魏於齊。」王曰：「諾。」因不罪而益其列〔七〕。

〔一〕姚本劉作「和」。
〔二〕鮑本將絶齊於楚，而楚使與焉，故齊疑之。
〔三〕鮑本「明」上有「信」字。〇
〔四〕鮑本衍「楚」字。補曰：疑衍。
〔五〕鮑本視，示同。示齊以楚有二國。
〔六〕鮑本疑，楚使之疑。
〔七〕鮑本列，亦次也。下衍「王曰向也」止「孰便也」凡九十字。原在韓策。

王曰向也子曰天下無道〔一〕

〔一〕鮑本此篇與韓公仲相連篇，且一并移入楚策。姚本則與韓公仲相分爲兩篇，均在韓策。據文義，從姚本仍分兩篇，歸韓策。又鮑本在上篇韓公仲相「因不罪而益其列」句注中云，「下衍『王曰向也』止『熟便也』凡九十字」，今鮑本實有九十七字。王曰向也子曰天下無道篇中吴氏正曰又云，「姚本凡九十七字」，今姚本實有九十八字。鮑本「若越趙魏而鬬兵於燕」，姚本作「若夫越趙魏而鬬兵於燕」，姚本比鮑本多一「夫」字。

王曰：「向也子曰『天下無道』，今也子曰『乃且攻燕』者，何也？」對曰：「今謂馬多力則有矣，若曰勝千鈞則不然者，何也？夫千鈞，非馬之任也。今謂楚强大則有矣，若夫越趙、魏

而鬬兵於燕，則豈楚之任也哉？且非楚之任，而楚爲之，是弊楚也。强楚、弊楚，其於王孰便也？」〔一〕

〔一〕鮑本正曰：姚本凡九十七字，在韓策自爲一章，乃楚策虞卿謂春申之文脱簡誤衍，略有不同。鮑於韓策既删去，全不見其文，而於此復不明言在楚策後章。札記丕烈案：下文「觀鞅謂春申曰」云云，吴氏補曰，今詳其文，當屬楚，其説是也。當是自此策文「王曰向也」以下連「或謂魏王」云云，皆本在楚策尾，誤錯入韓策中也。

或謂魏王王儆四彊之内〔一〕

〔一〕此篇鮑本在魏策。

或謂魏王：「王儆〔二〕四彊之内〔二〕，其從於王者〔三〕，十日之内，備不具者死。王因取其游〔四〕之舟上擊〔五〕之〔六〕。臣爲王之楚，王胥臣〔七〕反，乃行〔八〕。」春申君聞之，謂使者〔九〕曰：「子爲我反，無見王矣〔一〇〕。十日之内，數萬之衆，今涉魏境。」秦使聞之，以告秦王〔一一〕。秦王謂魏王〔一二〕曰：「大國有意，必來以是而足矣。」〔一三〕

〔一〕姚本錢無「儆」字。鮑本「儆」作「警」。〇

〔二〕鮑本「彊」作「疆」。〇　將出兵，先令以警之。

〔三〕鮑本凡兵械當從者。

〔四〕**鮑本**旃旗之旒。

〔五〕**鮑本**「擊」作「繫」。○

〔六〕**鮑本**之，猶於也。亦以楚攻秦。

〔七〕**鮑本**「肙」作「咠」，「臣」下補「之」字。○　補曰：一本作「胄」。

〔八〕**鮑本**行兵。

〔九〕**鮑本**即此説者。

〔一〇〕**鮑本**欲其亟反，不必見考烈。

〔一一〕**鮑本**莊襄。

〔一二〕**札記**今本下「王」字誤「主」。

〔一三〕**鮑本**秦恐楚、魏合，故言魏兵自足，不待楚也。今詳春申在時，魏歲受秦兵，惟此三十年，無忌率五國攻秦，可當此語。此及下二章元在韓策。正曰：事證未明。

觀鞅謂春申〔一〕

〔一〕此篇鮑本在魏策。

觀〔一〕鞅〔二〕謂春申曰：「人皆以楚爲强，而君用之弱〔三〕，其於鞅也不然。先君者〔四〕，二十餘年未嘗見攻。今秦欲踰兵於澠〔五〕隘之塞〔六〕，不使〔七〕；假道兩周倍韓以攻楚〔八〕，不可。今則不然，魏且旦暮亡矣，不能愛其許、鄢陵與梧〔九〕，割以予秦，去〔一〇〕百六十里〔一一〕。臣之所

見者，秦、楚鬭之日也〔一二〕已。」〔一三〕

〔一〕姚本一作「魏」。

〔二〕鮑本「觀」作「魏」。○魏人，爲魏説。正曰：一本「觀鞅」。史作「觀津人朱英」，見楚策。史，楚考烈王二十二年，諸侯合從西伐秦，楚王爲從長，春申君用事。至函谷關，秦出兵攻，諸侯兵皆敗走。考烈王以咎春申君，以此益疏。客有云云。於是去陳，徙壽春。札記丕烈案：觀，觀津也，「鞅」即「英」字，作「魏」者訛。鮑從之，誤甚。

〔三〕鮑本「弱」下有「也」字。○札記史記無。

〔四〕鮑本先春申用事之人。

〔五〕鮑本「澠」作「鄳」。○補曰：「澠」即「鄳」。札記丕烈案：史記作「黽」。

〔六〕鮑本魏記所謂冥阸。注，楚險塞，或以爲江夏鄳縣。補曰：詳見楚策注。

〔七〕鮑本補曰：史作「便」，是。「不便」句絶。下與「不可」對文。

〔八〕鮑本倍音背。此昔者所以未嘗見攻。

〔九〕鮑本梧屬楚國，此時爲魏。正曰：漢侯國。梧屬彭城，與許、鄢陵不相接。左傳襄十年「晉師城梧及制」，杜注，皆鄭舊地。制即虎牢，梧必相近。此時鄭爲韓。按史云，不能愛許、鄢陵，其許魏割以予秦，秦兵去陳百六十里。以此參較，則策有缺誤。徐廣云，陳在許東南，蓋此時楚徙都陳也。札記丕烈案：策文與史記當皆有誤。

〔一〇〕鮑本「去」上補「相」字。○

〔一一〕鮑本言秦伐楚之近，不須假道。

〔一二〕鮑本「也」作「近」。○正曰：史作「秦、楚之日鬭也」。此策「鬭」字殽次在「之日」上。

〔一三〕鮑本補曰：原在韓策。今詳其文，當屬楚。

公仲數不信於諸侯

公仲數不信於諸侯，諸侯〔一〕錮之〔二〕。南委國於楚〔三〕，楚王〔四〕弗聽。蘇代爲〔五〕楚王曰：「不若聽而備於其反也〔六〕。明〔七〕之反也，常仗〔八〕趙而畔楚〔九〕，仗齊而畔秦。今四國錮之，而無所入矣，亦甚患之〔一〇〕。此方其爲尾生之時也。」〔一一〕

〔一〕**鮑本**「諸侯」二字不重。○　補曰：一本復有此二字。

〔二〕**鮑本**不行其説。

〔三〕**鮑本**以國事聽之。

〔四〕**鮑本**懷。

〔五〕**姚本**劉添「謂」字。　**鮑本**「爲」下有「謂」字。○

〔六〕**鮑本**反，亦謂不信。

〔七〕**鮑本**「明」作「朋」。○

〔八〕**鮑本**「仗」作「杖」。○　下同。補曰：仗，倚也，字與「杖」通。

〔九〕**札記**今本「楚」下衍「楚」字。

〔一〇〕**鮑本**公仲甚患。

〔一一〕**鮑本**言公仲自患其反之不利，故欲爲信。尾生，再見燕策蘇代言，名高。蓋論語「微生」。汎論訓亦云。補曰：莊子，「尾生與女子期於梁下，水至不去，抱梁柱而死」。與燕策所載同。一本「微生」。釋文引高誘注，魯人。今注本無。或謂即論語「微生」。古今人表作「尾生高」。

戰國策卷二十七

韓　二

楚圍雍氏五月

楚圍雍氏[一]五月。韓令使者求救於秦，冠蓋相望也，秦師不下殽。韓又令尚靳使秦，謂秦王[二]曰：「韓之於秦也，居爲隱蔽，出爲雁行。今韓已病矣，秦師不下殽。臣聞之，脣揭[三]者其齒寒，願大王之熟計之。」宣太后曰：「使者來者衆矣，獨尚子之言是。」召尚子入。宣太后謂尚子曰：「妾事先王也[四]，先王以其髀[五]加妾之身，妾困不疲[六]也；盡置其身妾之上，而妾弗重也，何也？以其少有利焉[七]。今佐韓，兵不衆，糧不多，則不足以救韓。夫救韓之危，日費千金，獨不可使妾少有利焉。」

〔一〕**鮑本**此十二年。補曰：圍雍氏，見周策。

〔二〕鮑本昭。

〔三〕鮑本揭，猶反。

〔四〕鮑本「也」作「日」。〇　補曰：一本「日」作「也」。

〔五〕鮑本股也。

〔六〕姚本錢、劉本作「支」。　鮑本「疲」作「支」。〇

〔七〕鮑本補曰：宣太后之言汙鄙甚矣！以愛魏醜夫欲使爲殉觀之，則此言不以爲耻，可知秦母后之惡，有自來矣！

尚靳歸書〔一〕報韓王，韓王遣張翠。張翠稱病，日行一縣。張翠至，甘茂曰：「韓急矣，先生病而來。」張翠曰：「韓未急也，且急矣。」甘茂曰：「秦重國知〔二〕王也，韓之急緩〔三〕莫不知。今先生言不急，可乎？」張翠曰：「韓急則折而入於楚矣，臣安敢來？」甘茂曰：「先生毋復言也。」

〔一〕鮑本以書歸。

〔二〕姚本錢改作「之」。　鮑本「知」作「智」。〇　補曰：一本「智」作「知」。　札記丕烈案：凡「知」音「智」者，鮑本多即作「智」，此非有異本。

〔三〕鮑本「急緩」作「緩急」。〇

甘茂入言秦王曰：「公仲柄得秦師〔一〕，故敢捍楚。今雍氏圍，而秦師不下殽，是無韓也。公仲且抑首而不朝〔二〕，公叔且以國南合於楚。楚、韓爲一，魏氏不敢不聽，是楚以三國謀秦也。如此則伐秦之形成矣。不識坐而待伐〔三〕，孰與伐人之利？」秦王曰：「善。」果下

師於殽以救韓。〔四〕

〔一〕**鮑本**柄，猶持。補曰：史記「枋有得秦」。按字書「枋」與「柄」同，此恐字訛。

〔二〕**鮑本**抑首，不意貌。

〔三〕**札記**今本「伐」誤「我」。

〔四〕**鮑本**甘茂傳有「茂入言」下。補曰：大事記，赧王十五年，楚圍雍氏，引此章云，此即周紀所載之事。楚前圍雍氏，在赧王三年，秦惠王猶在位，安得有宣太后？楚後圍雍氏，甘茂出奔已數年，兩者皆不合。

楚圍雍氏韓令冷向借救於秦

楚圍雍氏，韓令冷向借救於秦，秦爲發使公孫昧〔一〕入韓。公仲曰：「子以秦爲將救韓乎？其不乎？」對曰：「秦王〔二〕之言曰，請道於南鄭〔三〕、藍田以入攻楚，出兵於三川以待公，殆不合，軍於南鄭矣〔四〕。」公仲曰：「奈何？」對曰：「秦王必祖張儀之故謀〔五〕。楚威王攻梁，張儀謂秦王〔六〕曰：『與楚攻梁，魏折而入於楚。韓固其與國〔七〕也，是秦孤也。故不如出兵以勁魏〔八〕。』於是攻皮氏〔九〕。魏氏勁，威王怒，楚與魏大戰，秦取西河之外以歸〔一〇〕。今也其將揚〔一一〕言救韓，而陰善楚，公恃〔一二〕秦而勁，必輕與楚戰。楚陰得秦之不用也〔一三〕，必易與公相支也。公戰勝楚，遂與公乘〔一四〕楚，易三川而歸。公戰不勝楚〔一五〕，塞三川而守之，公不能救也。臣甚惡其事。司馬康〔一六〕三反之郢矣，甘茂與昭獻遇於境，其言曰收璽〔一七〕，其實猶有約也〔一八〕。」公仲恐曰：「然則奈何？」對曰：「公必先韓而後秦，先身而後張儀〔一九〕。以〔二〇〕公不如亟以國合於齊、楚，秦必委國於公以解伐。是公之所以外者儀而已〔二一〕，其實猶之不失秦也。」〔二二〕

〔一〕**鮑本**補曰：昧，當音莫葛反。公子昧、唐昧皆然。

〔二〕**鮑本**昭。

〔三〕**鮑本**屬漢中。

〔四〕**鮑本**不與楚戰。正曰：正義云，南鄭，梁州縣。藍田，雍州縣。秦王言或出雍州西南至鄭，或出雍東南歷藍田出嶢關，俱繞楚北境以待韓使而東救雍氏。如此遲緩，殆不合於楚矣。按史止作「殆不合矣」，無「軍於南鄭」四字。竊謂史爲是。蓋雍氏在陽翟，而此言合軍南鄭，殊不相涉。且上文請道南鄭，而此曰「不合軍於南鄭」，豈非誤乎？**札記**丕烈案：索隱曰「殆不合於南鄭」，依策文爲説也。詳史記，與策文不同。此當讀「殆不合」爲一句，「軍於南鄭矣」爲一句，言待楚、韓之勝也。

〔五〕**鮑本**昔者所謀。補曰：秦策有，説見本條。

〔六〕**鮑本**惠。

〔七〕**鮑本**「與」下無「國」字。〇韓，魏之與。補曰：一本「固其與國也」。**札記**丕烈案：史記有。

〔八〕**鮑本**陽爲助魏，實欲其與楚戰。

〔九〕**鮑本**楚攻之。

〔一〇〕**鮑本**惠八年。補曰：説亦見秦策。

〔一一〕**鮑本**「揚」作「陽」。○ **札記**丕烈案：史記「將揚」作「狀陽」。

〔一二〕**札記**「恃」，鮑本作「待」。丕烈案：史記作「待」。

〔一三〕**鮑本**不爲韓用。

〔一四〕**鮑本**乘，因取之也。

〔一五〕**鮑本**「楚」下復有「楚」字。○ **札記**丕烈案：史記有，然實衍字。此謂秦塞三川也。鮑本當是誤依史記添入耳。

〔一六〕**鮑本**秦人。補曰：「康」，史作「庚」。 **札記**丕烈案：徐廣曰，一作「唐」。

〔一七〕**鮑本**璽，軍符。收之者，言欲止楚之攻韓。正曰：收，取也；璽，印也。如楚置相璽之云。索隱以爲昭獻欲得秦官之印璽。

〔一八〕**鮑本**疑秦、楚約攻韓。

〔一九〕**鮑本**先己所見，後儀之故智。言欲秦之救己，而不欲其勁韓也。徐注欲以爲儀在之日而云，非也。正曰：先韓者，急圖其國；後秦者，不望其救。先身者，善己之謀；後儀者，不墮人之詐。徐説見後。

〔二〇〕**姚本**劉去「以」字。 **鮑本**「以」上補「臣」字。○ **札記**丕烈案：史記無「以」字。

〔二一〕**鮑本**外，猶後也。此言不恃秦耳。承上故言儀。正曰：不墮儀之故智，爲外於儀耳。

〔二二〕**鮑本**雖合齊、楚，圖國事耳，秦無辭怨之。記十二年有。正曰：即上文秦委國於公云云。補曰：徐廣云，秦紀惠王後十三年，楚圍雍氏。紀年於此亦説楚景翠圍雍氏，韓宣惠王卒，秦助韓共敗楚屈匄。又云齊、宋圍煮棗。皆與史記年表及田完世家符同。此是前圍雍氏事也。後圍雍氏，是赧王十五年事。大事記書楚景翠圍韓雍氏，秦樗里疾帥師救韓敗楚，解題具載。徐説謂世家合而爲一者，誤。又按正義云，徐見張儀尚存，生此前後之見，此是公孫昧，却述張儀時事。愚謂，此策雖曰「祖張儀故謀」，其下云「先身後儀」，又云「所外者儀」，似非儀死後之辭。然楚圍之解，實以秦救，公孫昧之言，爲不可信耳。此章宜在前，鮑序次誤。又按大事記云，韓年表書秦助我攻楚，圍景痤。楚將之名與紀年不同，蓋紀年云屈匄也。愚按，韓、楚世家並云敗楚將屈匄丹陽。夫丹陽之與雍氏相去遠矣。景痤恐即景翠，聲轉而訛。景痤之敗，雍氏之戰也。屈匄之敗，丹陽之戰也。丹陽之役，其雍氏之後歟？大事記首書丹陽之役，後書景翠圍韓。且丹陽大敗之餘，楚力未蘇，何暇於圍韓哉？

公仲爲韓魏易地

公仲爲韓、魏易地，公叔争之而不聽，且亡。史惕〔一〕謂公叔曰：「公亡，則易必可成矣。公無辭以後〔二〕反，且示天下輕公，公不若順之。夫韓地易於上〔三〕，則害於趙〔四〕；魏地〔五〕易於下〔六〕，則害於楚。公不如告楚、趙。楚、趙惡之。趙聞之，起兵臨羊腸，楚聞之，發兵臨方城，而易必敗矣。」

〔一〕**鮑本**韓史。正曰：或姓。

〔二〕**姚本**錢、劉一作「復」。　**鮑本**「後」作「復」。○

〔三〕**鮑本**上，上流，魏之上。正曰：上，謂魏。

〔四〕**鮑本**趙，魏鄰也。魏地廣，趙之害也。

〔五〕**鮑本**「魏」下無「地」字。○　補曰：一本「魏地易」。

〔六〕**鮑本**下，謂韓。

錡宣之教韓王取秦

錡宣〔一〕之教韓王取秦〔二〕，曰：「爲公叔具車百乘，言之楚，易三川。因令公仲謂秦王〔三〕曰：『三川之言曰，秦王必取我〔四〕。韓王之心，不可解矣〔五〕。王何不試以襄子〔六〕爲質於韓，令韓王知〔七〕王之不取三川也〔八〕。』因以出襄子而德太子。」

〔一〕鮑本韓人。

〔二〕鮑本取，言與之合。

〔三〕鮑本昭。

〔四〕鮑本我，三川也。

〔五〕鮑本言其聞三川之言，恐空失地，故來與楚易。補曰：三川，見秦策。

〔六〕鮑本王，秦王。襄子，秦諸公子不善太子者。正曰：無考。

〔七〕鮑本「知」下原注「衍之字」。〇補曰：一本無。姚同。

〔八〕鮑本韓之易地，畏秦取之也，今秦入質，則不取可知。

襄陵之役

襄陵之役〔一〕，畢長謂公叔曰：「謂毋用兵，而楚、魏皆德公之國矣。夫楚欲置公子高〔二〕，必以兵臨魏〔三〕。公何不令人説昭子〔四〕曰：『戰未必勝，請爲子起兵以之魏〔五〕。』子有辭以毋戰〔六〕，於是以〔七〕太子扁〔八〕、昭揚〔九〕、梁王皆德公矣〔一〇〕。」

〔一〕**鮑本**史不書。補曰：襄陵，見齊策。

〔二〕**鮑本**「高」作「咎」。○原作「高」，從史。後并同。此書亦或作「咎」。置，不立也。事見十二年。補曰：「咎」與「皋」通，「皋陶」作「咎繇」。此爲「高」，音同也。**札記**丕烈案：此未必即韓公子咎也。吴説亦未是。

〔三〕**鮑本**魏欲立咎故。

〔四〕**鮑本**陽也。

〔五〕**鮑本**韓起兵。

〔六〕**鮑本**楚臨魏，欲置咎也。韓令順之，故可以無戰。

〔七〕**鮑本**衍「以」字。

〔八〕**鮑本**「扁」作「與」。○幾瑟也。補曰：此「高」字訛。**札記**丕烈案：吴説亦未是。上文高稱公子，此稱太子，必别一人。

〔九〕**鮑本**「揚」作「陽」。○補曰：即「陽」。音同而訛。

〔一〇〕**鮑本**陽得毋戰，梁得免兵。補曰：大事記，韓世家襄王十二年，太子嬰死，公子咎、公子蟣虱争爲太子。時蟣虱質於楚，楚欲内之，遂圍雍氏。蟣虱竟不得歸韓，韓立咎爲太子。戰國策與世家所載，參錯重復，不可詳考。大略二公子各有所主，公仲主蟣虱，公叔主咎。愚按，楚策，韓公叔有齊、魏，而太子有楚、秦。據此，則公叔挾齊、魏以主咎，公仲挾秦、楚以主蟣虱也。

公叔使馮君於秦

公叔使馮君於秦，恐留，教陽向〔一〕說秦王〔二〕曰：「留馮君以善韓臣〔三〕，非上知也。主君不如善馮君，而資之以秦。馮君廣王〔四〕而不聽公叔，以與太子爭〔五〕，則王澤布，而害於韓矣〔六〕。」

〔一〕**鮑本**並韓人。正曰：陽向未必韓人。
〔二〕**鮑本**昭。
〔三〕**姚本**集、錢、劉、曾作「辰」。**鮑本**韓之嫉馮者，以留之爲善。
〔四〕**鮑本**恃秦以自大。補曰：「廣」字未詳，疑有誤。
〔五〕**鮑本**太子爭也。時未定所立，故幾瑟、咎、嬰更稱之。補曰：此太子，指咎也。秦主幾瑟者，此設爲順秦之辭。按大事記云，國策中庶子强謂太子云云。史，蘇代謂韓咎曰，幾瑟亡在楚，楚王欲内之甚。然則幾瑟嘗立爲太子，不勝公子咎之徒，乃出奔也。索隱曰，伯嬰即太子嬰。嬰前死，故咎與幾瑟爭立。愚謂，此大事記所謂不可考者。
〔六〕**鮑本**國不和故。補曰：「害」疑「善」字。

謂公叔曰公欲得武遂於秦

謂公叔曰：「公欲得武遂於秦，而不患楚之能揚〔一〕河外也。公不如令人恐楚王〔二〕，而令人爲公求武遂於秦。謂楚王曰：『發重使爲韓求武遂於秦。秦王〔三〕聽，是令得行於萬乘之主也。韓得武遂以恨〔四〕秦，毋〔五〕秦患而得〔六〕楚。韓，楚之縣而已。〔七〕秦不聽，是秦、韓之怨深，而交〔八〕楚也。』」

〔一〕**鮑本**揚，猶動。補曰：年表，襄王五年，秦拔宜陽，涉河城武遂；六年，秦復與我武遂；九年，秦復取之。正義云，武遂，韓邑也，近平陽，非堯都。楚昭雎曰，秦破韓宜陽，而韓猶復事秦者，以先王墓在平陽，而秦之武遂去之七十里，以故尤畏秦。「揚」疑「傷」字訛。

〔二〕**鮑本**懷。

〔三〕**鮑本**昭。

〔四〕**鮑本**「恨」作「限」。〇　補曰：疑「限」。

〔五〕**鮑本**「毋」作「無」。〇　補曰：「無」通。

〔六〕**鮑本**「得」作「德」。〇　補曰：當作「德」。

〔七〕**鮑本**言役屬於楚。

〔八〕**鮑本**「交」下補「事」字。〇　補曰：恐「交」字下有缺字。　**札記**今本「交」下有「事」字，乃誤涉鮑也。

謂公叔曰乘舟

謂公叔曰：「乘舟，舟漏而弗塞，則舟沉矣。塞漏舟，而輕陽侯之波〔一〕，則舟覆矣。今公自以〔一〕辯於薛公〔二〕而輕秦，是塞漏舟而輕陽侯之波也，願公之察也。」

〔一〕**鮑本**説陽侯多矣。今按四八目，伏羲六佐，一曰「陽侯」，爲江海。蓋因此爲波神歟？補曰：此出陶潛聖賢群輔録。「侯」一作「使」。博物志，晉陽國侯溺水，因爲大海之神。

〔二〕**鮑本**「以」下有「爲」字。○

〔三〕**鮑本**「辯」作「辨」。○ 辨，猶治也。猶言治於高傒。薛公，田嬰。

齊令周最使鄭

齊令周最使鄭〔一〕，立韓擾〔二〕而廢公叔。周最患之，曰：「公叔之與周君交也〔三〕，令〔四〕我使鄭，立韓擾而廢公叔。語曰：『怒於室者色〔五〕於市。』今公叔怨齊，無奈何也，必〔六〕周君而深怨我矣。」史舍曰：「公行矣，請令公叔必重公。」

〔一〕**鮑本**韓滅鄭，有其地，故多稱鄭。補曰：韓滅鄭，徙都之，故稱鄭。猶魏都大梁稱梁。

〔二〕**鮑本**韓公子，蓋立爲相。正曰：無據。

〔三〕**鮑本**交，言其相善，已不可以廢之。

〔四〕**鮑本**「令」作「今」。○ 補曰：一本「令我」，從上文。

〔五〕**鮑本**色，作色也。

〔六〕**鮑本**「必」下有「絶」字。○ **札記**今本「必」下有「絶」字。

周最行至鄭，公叔大怒。史舍〔一〕入見〔二〕曰：「周最固不欲來使，臣竊强之。周最不欲來，以爲公也；臣之强之也〔三〕，亦以爲公也。」公叔曰：「請聞其説。」對曰：「齊大夫諸子有犬，犬猛不可叱，叱之必噬人。客有請叱之者，疾視而徐叱之，犬不動；復叱之，犬遂無噬人之心。今周最固得事足下，而以不得已之故來使，彼將禮陳其辭〔四〕而緩其言，鄭王必以齊王〔五〕爲不急，必不許也。今周最不來，他人必來。來使者無交於公，而欲德於韓擾，其使之必疾，言之必急，則鄭王必許之矣。」公叔曰：「善。」遂重周最。王果不許韓擾。

〔一〕鮑本舍，齊、韓史，與最同使。正曰：史，或姓。
〔二〕鮑本見公叔。
〔三〕鮑本「臣」上有「使」字。○補曰：「最固不欲來使」句，下亦有「來使」文。一本「臣之强之也」上無「使」字，是。
〔四〕鮑本以禮陳説，不急也。
〔五〕鮑本閔。

韓公叔與幾瑟争國鄭强爲楚王使於韓

韓公叔與幾瑟争國〔一〕。鄭彊爲楚王〔二〕使於韓，矯〔三〕以新城、陽人合〔四〕世子〔五〕，以與公叔争國。楚怒，將罪之。鄭彊曰：「臣之矯與之，以爲國也。臣曰〔六〕，世子得新城、陽人，以與公叔爭國，而得全，魏必急韓氏〔七〕；韓氏急，必縣命於楚，又何新城、陽人敢索？若戰而不勝，走〔八〕而不死，今且以至〔九〕，又安敢言地？」楚王曰：「善。」乃弗罪。〔一〇〕

〔一〕**鮑本**爭立爲相。見後。

〔二〕**鮑本**懷。

〔三〕**姚本**劉改「橋」作「矯」。

〔四〕**鮑本**「合」作「命」。◯

〔五〕**鮑本**幾瑟也。

〔六〕**鮑本**言其言然。

〔七〕**鮑本**魏欲立咎，故急攻之。

〔八〕**鮑本**「走」作「幸」。◯

〔九〕**鮑本**言歸楚。

〔一〇〕**鮑本**楚策有，大同。「强」作「申」。

韓公叔與幾瑟爭國中庶子强謂太子

韓公叔與幾瑟爭國。中庶子强〔一〕謂太子曰：「不若及齊師未入〔二〕，急擊公叔。」太子曰：「不可。戰之於國中必〔三〕分。」對曰：「事不成，身必危，尚何足以圖國之〔四〕全爲？」太

子弗聽，齊師果入，太子出走。〔五〕

〔一〕鮑本庶子，本周官，秦置中庶子，爲太子官。補曰：新序楚莊王涖政云云，中庶子聞之，跪而泣曰，「臣尚衣冠御即十三年矣」。燕策有。秦王寵臣中庶子蒙嘉，衛鞅爲公叔痤庶子，甘羅事呂不韋爲庶子。則中庶子者，侍御左右之臣，而當時家臣亦有此名，非復周制矣。秦官，太子、庶子、中庶子。此云「中庶子强謂太子」，豈亦太子之官歟？强或是鄭强。

〔二〕鮑本齊助公叔。

〔三〕鮑本「必」上有「國」字。〇

〔四〕姚本曾作「尚之」。

〔五〕鮑本彪謂：幾瑟之及此言也，義嗣也，而卒不得立，小人勝故也。正曰：幾瑟之不欲戰，慮國之分耳，非有息民全民之意、退讓之美也，何義嗣之足稱乎？

齊明謂公叔

齊明謂公叔曰：「齊逐幾瑟，楚善之。今楚欲善齊甚，公何不令齊王〔一〕謂楚王〔二〕：『王爲我逐幾瑟以窮之。』楚聽，是齊、楚合，而幾瑟走也；楚王不聽，是有陰〔三〕於韓也。」

〔一〕鮑本閔。

〔二〕鮑本懷。

〔三〕**鮑本**陰，言私厚之，然則公叔不可不備。

公叔將殺幾瑟

公叔將殺幾瑟也。謂公叔曰：「太子〔一〕之重公也，畏幾瑟也。今幾瑟死，太子無患，必輕公。韓大夫見王老，冀太子之用事也，固欲事之。太子外無幾瑟之患〔二〕，而內收諸大夫以自輔也，公必輕矣。不如無殺幾瑟，以恐太子，太子必終身重公矣。」

〔一〕**鮑本**太子咎。

〔二〕**鮑本**時在楚，故言外。

公叔且殺幾瑟

公叔且殺幾瑟也，宋赫爲謂公叔曰：「幾瑟之能爲亂也，內得父兄〔一〕，而外得秦、楚也。今公殺之，太子無患，必輕公。韓大夫知王之老而太子定，必陰事之。秦、楚若無韓〔二〕，必陰事伯嬰〔三〕。伯嬰亦幾瑟也。公不如勿殺〔四〕。伯嬰恐〔五〕，必〔六〕保於公。韓大夫不能必其不入也〔七〕，必不敢輔伯嬰以爲亂。秦、楚挾幾瑟以塞伯嬰〔八〕，伯嬰外無秦、楚之權，內無父

兄之衆，必不能爲亂矣。此使於公。」〔九〕

〔一〕鮑本補曰：大事記云，内得父兄，指公仲也。

〔二〕鮑本言小國不之有。補曰：未詳。

〔三〕鮑本秦、楚有韓，則事太子。太子，韓嗣故也。無韓乃事嬰。

〔四〕鮑本絶句。

〔五〕鮑本嬰與太子在韓，皆幾瑟之仇。幾瑟在，故嬰恐。

〔六〕鮑本「必」下有「陰」字。○

〔七〕鮑本幾瑟入。

〔八〕鮑本塞，障也。不使與事。

〔九〕鮑本十二年書太子嬰死，因言公仲、伯嬰六事。六事豈與太子同名歟？正曰：索隱説伯嬰云云，見前。

謂新城君曰

謂新城君曰：「公叔、伯嬰恐秦、楚之内幾瑟也，公何不爲韓求質子於楚〔一〕？楚王〔二〕聽而入質子於韓，則公叔、伯嬰必知秦、楚之不以幾瑟爲事也，必以韓合於秦、楚矣。秦、楚挾韓以窘魏，魏氏不敢東〔三〕，是齊孤也。公又令秦求質子於楚〔四〕，楚不聽，則怨結於韓〔五〕。韓挾齊、魏以眄〔六〕楚，楚王必重公矣〔七〕。公挾秦、楚之重，以積德於韓，則公叔、伯嬰必以國事

公矣。」〔八〕

〔一〕鮑本楚不主幾瑟，則必入質，以此卜之。

〔二〕鮑本懷。

〔三〕鮑本不合齊。

〔四〕鮑本卜其與秦同否也。

〔五〕鮑本此韓，皆主公叔、伯嬰爲言。

〔六〕鮑本「眄」作「盻」。〇 盻，睥睨也。正曰：盻，恨視也，五禮反。　札記今本「眄」作「盼」，乃因鮑注而誤其字也。丕烈案：依吳，當作「盻」。

〔七〕鮑本新城貴於秦，楚欲秦援之，故重新城。

〔八〕鮑本記十二年有，在楚圍雍氏下。補曰：史以此爲蘇代之言。新城君，羋戎也。

胡衍之出幾瑟於楚

胡衍〔一〕之出幾瑟於楚也〔二〕，教〔三〕公仲謂魏王〔四〕曰：「太子在楚，韓不敢離楚也〔五〕。公〔六〕何不試奉公子咎〔七〕，而爲之請太子〔八〕。因令人謂楚王〔九〕曰：『韓立公子咎而棄幾瑟，是王抱虛質也。王不如亟歸幾瑟。幾瑟入，必以韓權報讎於魏，而德王〔一〇〕矣。』」〔一一〕

〔一〕鮑本韓人。

〔二〕鮑本出而歸韓。

〔三〕鮑本衍「教」字。

〔四〕鮑本哀。正曰：襄。

〔五〕鮑本懼其爲幾瑟伐韓。

〔六〕鮑本「公」作「王」。〇　正曰：謂魏王之言，止上二句，言韓所以不敢離楚之故，以解於魏也。「公何不試奉公子咎，而爲之請太子」，此勸公仲之辭，「試」字可見。大事記引此，亦去「公」字，反不若存之之明也。札記丕烈案：此當「公」字下有缺文，吴説亦未是。

〔七〕鮑本此後并因舊字。

〔八〕鮑本請韓立之。

〔九〕鮑本懷。幾瑟聞魏欲立咎故。

〔一〇〕鮑本正曰：「德王」之「王」，謂楚王。

〔一一〕鮑本正曰：大事記謂，公仲始主幾瑟，後持兩端。幾瑟既不得入，遂改主咎。以此章爲證。愚謂，勸仲試奉咎者，將以行其謂楚之謀，激楚王之早入幾瑟耳，非果有奉咎之心也。楚既敗雍氏，幾瑟卒不得入，公仲直以勢窮力竭而遂止耳。

幾瑟亡之楚

幾瑟亡之楚，楚將收秦而復之。謂芈戎曰：「廢公叔而相〔一〕幾瑟者楚也。今幾瑟亡之楚，楚又收秦而復之，幾瑟入鄭之日，韓，楚之縣邑〔二〕。公不如令秦王賀伯嬰之立也。韓絶於楚〔三〕，其事秦必疾，秦挾韓親魏，齊、楚後至者先亡。此王業也。」

〔一〕鮑本相，謂昔日。正曰：相，助也。

〔二〕鮑本「邑」作「已」。〇補曰：策文如此句者，每作「已」。然「邑」字自通。札記丕烈案：吴氏補曰，策文如此句者，每作「已」，是也。又曰，然「邑」字自通，非。

〔三〕鮑本楚主幾瑟，而今立嬰，故絶韓。

冷向謂韓咎

冷向謂韓咎〔一〕曰：「幾瑟亡在楚，楚王〔二〕欲復之甚，令楚兵十餘萬在方城之外。臣請令楚築萬家之都於雍氏之旁，韓必起兵以禁之，公必將矣。公因以楚、韓之兵奉幾瑟而内之鄭〔三〕，幾瑟得入而德公，必以韓、楚奉公矣〔四〕。」

〔一〕鮑本史有公子咎，有韓咎。補曰：史，「冷向」作「蘇代」。愚謂，咎即太子咎，豈有内幾瑟之理？當是謂公仲之辭。此大事記所謂不可考者。

〔二〕鮑本懷。

〔三〕鮑本「之」下無「鄭」字。〇札記丕烈案：鄭即韓也。無者，必不知而誤删之。

〔四〕鮑本記十二年有。

楚令景鯉入韓

楚令景鯉入韓，韓且内伯嬰於秦，景鯉患之〔一〕。冷向謂伯嬰曰：「太子〔二〕入秦，秦必留太子而合楚，以復幾瑟也，是太子反棄之。」〔三〕

〔一〕鮑本楚欲立幾瑟，怨秦立嬰故。

〔二〕鮑本謂伯嬰。

〔三〕鮑本言已得立而棄之，向蓋爲鯉者。彪謂：太子，國子之本也，而紛紛不定若此，韓置相，其皆何事耶？正曰：已若入秦，而秦與楚復幾瑟，反爲自棄也。大事記云，置嗣不定，大臣外連敵國，相與爲市，國之不亡者幸也！愚觀咎與幾瑟争立，實大臣輔之争，而鮑謂「置相何事」，獨弗考乎？

韓咎立爲君而未定〔一〕

韓咎〔二〕立爲君而未定也〔三〕，其弟在周，周欲以〔三〕車百乘重〔四〕而送之，恐韓咎入韓之不立也。綦母恢曰：「不如以百金從之，韓咎立，因〔五〕也〔六〕以爲戒〔七〕；不立，則曰來效賊也〔八〕。」

〔一〕姚本冷向謂韓咎楚令景鯉入韓和韓咎立爲君而未定三篇連篇，鮑本分爲三篇。據文義，從鮑本。

〔一〕**鮑本**太子咎。即釐王。

〔二〕**鮑本**幾瑟、伯嬰難之。補曰：韓襄王十二年，公子咎、公子幾瑟争立，楚圍雍氏。次年，魏襄王與齊閔王會於韓，立咎爲太子。此策必其争立之時，若既即位，則何未定之有？

〔三〕**鮑本**「以」作「立」。○

〔四〕**鮑本**「乘」下無「重」字。○

〔五〕**姚本**劉改「因」作「曰」。

〔六〕**姚本**一本添「也」字。　**鮑本**「因」下無「也」字。○

〔七〕**鮑本**所謂兵餽。

〔八〕**鮑本**得立者以咎弟爲賊。正曰：公叔、公仲之用事，仲先而叔後。韓咎既立，則公仲之權寵衰矣。伯嬰、幾瑟、咎之争立，伯嬰必先死，鮑序次錯亂，非是。

史疾爲韓使楚〔一〕

〔一〕此篇鮑本列在楚策。

史疾爲韓使楚，楚王問曰：「客何方所循〔二〕？」曰：「治列子圉〔三〕寇之言。」曰：「何貴？」曰：「貴正。」王曰：「正亦可爲國乎？」曰：「可。」王曰：「楚國多盜，正可以圉盜乎？」曰：「可。」曰：「以正圉盜，奈何？」頃間〔四〕有鵲止於屋上者，曰：「請問楚人謂此烏〔四〕何？」王曰：「謂之鵲。」曰〔五〕：「謂之烏，可乎？」曰：「不可。」曰：「今王之國有柱國、令尹、司馬、典令〔六〕，其任官置吏，必曰廉潔勝任。今盜賊公行，而弗能禁也，此烏不爲烏，鵲不爲鵲也。」〔七〕

〔一〕**鮑本**方，術也。
〔二〕**鮑本**「圉」，「禦」同。
〔三〕**姚本**曾作「聞」。
〔四〕**鮑本**「此烏」二字作「之」。○
〔五〕**鮑本**無「曰」字。○
〔六〕**鮑本**皆楚官。
〔七〕**鮑本**原在韓策。正曰：爲韓使楚，故有韓，從舊可。按，此言循名，有申、韓之意，而以爲列圉寇所治，何歟？抑申、韓原於道德，本不異歟？補曰：「爲韓」之「爲」，去聲。

韓傀相韓

韓傀〔一〕相韓，嚴遂重於君，二人相害也。嚴遂政〔二〕議直指，舉韓傀之過。韓傀以之〔三〕叱之於朝。嚴遂拔劍趨之，以救解〔四〕。於是嚴遂懼誅，亡去，游求人可以報韓傀者。

〔一〕**鮑本**補曰：史作「韓相俠累」。索隱引高誘云，韓傀，俠累也。今注本無。俠，古狹反。累，力追反。韓非子「傀」作

「廆」。藝文類聚引作「韓傫」。今按「傀」字，呼乖、徒回、姑回、姖鮪、户賄等反不一。「傀」與「俠累」，字音有差互訛轉。説又見後。札記丕烈案：「傀」、「廆」同字，「累」、「傫」同字。考索隱在韓世家，單刻本「俠」下有「侯」字，疑「俠侯」是其爵號。「傀」、「累」爲聲之轉也。

〔二〕鮑本「政」，「正」同。

〔三〕鮑本猶以此。

〔四〕鮑本以救至得解。

至齊，齊人或言：「軹深井里〔一〕聶政，勇敢士也，避仇隱於屠者之間。」嚴遂陰交於聶政，以意厚之。聶政問〔二〕曰：「子欲安用我乎？」嚴遂曰：「吾得爲役之日淺，事今薄〔三〕，奚敢有請？」於是嚴遂乃具酒，觴〔四〕聶政母前。仲子〔五〕奉黄金百鎰，前爲聶政母壽。聶政驚，愈怪其厚，固謝〔六〕嚴仲子。仲子固進，而聶政謝曰：「臣有老母，家貧，客游以爲狗屠，可旦夕得甘脆〔七〕以養親。親供養備，義不敢當仲子之賜。」嚴仲子辟人〔八〕，因爲聶政語曰：「臣有仇，而行游諸侯衆矣。然至齊，聞足下義甚高。故直進百金者，特以爲夫人粗糲〔九〕之費，以交〔一〇〕足下之歡，豈敢以有求邪？」聶政曰：「臣所以降志辱身，居市井者〔一一〕，徒幸〔一二〕而〔一三〕養老母〔一四〕。老母在〔一五〕，政身未敢以許人也。」嚴仲子固讓，聶政竟不肯受。然仲子卒備賓主之禮而去。

〔一〕鮑本軹之里名深井。補曰：軹，即河内軹。正義云，深井里，在懷州濟源縣南三十里。政時客游齊。

〔二〕鮑本「問」下有「之」字。○ 補曰：一本「問曰」。

〔三〕**鮑本**薄，猶迫。

〔四〕**鮑本**「觴」上有「自」字。○ 補曰：一本「具酒觴」。**札記**丕烈案：史記作「自暢」。徐廣曰，一作「賜」。索隱曰，作「觴」近爲得也。

〔五〕**鮑本**仲子，遂字。補曰：索隱引高誘云，嚴遂，字仲子。今本無。

〔六〕**鮑本**補曰：一本「固謝」。史、姚同。**札記**「固」，鮑本作「因」。吳補一本「固謝」，史同。丕烈案：今鮑本誤爲「固」，即與吳校矛盾也。

〔七〕**鮑本**肉之肥美者。正曰：説文，甘，美也；脆，小耎物易斷也。

〔八〕**鮑本**辟，猶屏闢去之。

〔九〕**鮑本**「夫」作「丈」。○ 丈人，亦尊稱政也。粟十六斗爲一秉，舂米一斛曰糲。補曰：一本「夫人」。史、姚同。韋昭云，古者，尊大嫗爲夫人，又或作「大人」。糲，落蓋反，又力制、郎達二反。**札記**丕烈案：「丈」字當是。顔氏家訓有説。

〔一〇〕**鮑本**「交」作「反」。○ 補曰：一本「交足下」。史、姚同。「反」字必誤。

〔一一〕**鮑本**「者」上有「屠」字。○

〔一二〕**鮑本**「幸」上無「徒」字。○

〔一三〕**鮑本**「而」作「以」。○ **札記**丕烈案：史記「而」作「以」。

〔一四〕**鮑本**以有養爲幸。

〔一五〕**鮑本**「在」下有「前」字。○ 在未死前。補曰：一本「居市井者，徒幸而養老母，老母在」。史、姚同，無「前」字。

久之，聶政母死，既葬，除服。聶政曰：「嗟乎！政乃市井之人，鼓刀以屠，而嚴仲子乃諸侯之卿相也，不遠千里，枉車騎而交臣，臣之所以待之至淺鮮〔一〕矣，未有大功可以稱者，而嚴仲子舉百金爲親壽，我雖〔二〕不受，然是深知政也。夫賢者以感忿睚眦之意〔三〕，而親信窮僻之人，而政獨安可嘿然而止乎？且前日要政，政徒以老母。老母今以天年終，政將爲知己者用。」

〔一〕**鮑本**無「鮮」字。○　補曰：一本「至淺鮮矣」。史、姚同。

〔二〕**鮑本**「雖」作「義」。○　補曰：一本「我雖不受」。史、姚同。

〔三〕**鮑本**感，言動心。睚眦，怒視也。補曰：師古曰，睚，音厓，舉眼也；眦，即眥字，謂目匡也。言舉眼相忤者，即殺之也。一説，睚，五懈反；眦，士懈反。瞋目貌。

遂西至濮陽〔一〕，見嚴仲子曰：「前所以不許仲子者，徒以親在。今親不幸〔二〕，仲子所欲報仇者爲誰〔三〕？」嚴仲子具告曰：「臣之仇韓相傀〔四〕。傀又韓君之季父也，宗族盛，兵衛設〔五〕，臣使人刺之，終莫能就。今足下幸而不棄，請益具車騎壯士，以爲羽翼。」政曰：「韓與衛，中間不遠〔六〕，今殺人之相，相又國君之親，此其勢不可以多人。多人不能無生得失〔七〕，生得失則語泄〔八〕，語泄則韓舉國而與仲子爲讎也，豈不殆哉！」遂謝車騎人徒，辭，獨行仗劍〔九〕至韓。

〔一〕**鮑本**補曰：漢濮陽縣屬東郡，春秋時帝丘也。

〔二〕**鮑本**「幸」下有「而死」二字。○　補曰：一本無「而死」二字。　**札記**丕烈案：史記作「今不幸而母以天年終」。

〔三〕**鮑本**「者」下無「爲誰」二字，有「請得從事焉」五字。○ 補曰：一本「仇者爲誰」。史、姚同。一本無「請得從事焉」五字。史有。

〔四〕**鮑本**「傀」上有「韓」字。○ 補曰：一本「韓相傀」。**札記**丕烈案：史記「韓相俠累」。

〔五〕**鮑本**「盛」下有「多居處」三字，「設」上有「甚」字。○ 設，陳也。補曰：一本無「多居處甚」四字。史有。

〔六〕**鮑本**「衛」下有「相去」二字。○ 事泄易聞。補曰：一本「韓與衛中間不遠」，無「相去」二字。姚同，史有。司馬貞引高誘云，韓都潁川陽翟，衛都東郡濮陽，故云云。今注本無。

〔七〕**鮑本**謂相可否。

〔八〕**鮑本**補曰：索隱云，策作「無生情」，言所將人多，或生異情，故語泄。今本無此文。**札記**丕烈案：考索隱云，此云「生得」，言將多人往殺俠累後，又被生擒而語泄，亦兩俱通也。是史記本作「生得」，策文本作「生情」。今本皆誤。

〔九〕**鮑本**仗，兵器也。蓋以劍爲兵。正曰：仗，執持也。

韓適有東孟〔一〕之會，韓王及相皆在焉，持兵戟而衛〔二〕者甚衆。聶政直入，上階刺〔三〕韓傀。韓傀走而抱哀侯〔四〕，聶政刺之，兼中哀侯，左右大亂。聶政大呼，所〔五〕殺者數十人。因自皮面〔六〕抉〔七〕眼，自屠出腸〔八〕，遂以死。韓取聶政屍〔九〕於市，縣購之千金〔一〇〕。久之莫知誰子〔一一〕。

〔一〕**鮑本**東孟，地缺。補曰：索隱引高注，東孟，地名。今本無。

〔二〕**鮑本**「衛」下有「侍」字。○ 補曰：一本無「侍」字。史、姚同。**札記**丕烈案：今史記有。

〔三〕**鮑本**「刺」下有「殺」字。○ **札記**丕烈案：史記「刺殺俠累」。索隱引戰國策「刺韓傀」，無「殺」字。鮑本當是誤用史記添入耳。

〔四〕**鮑本**「哀」作「列」。○　下同。按釐侯，策及傳皆言哀侯，而記及年表皆書列侯。策、傳可爲誤，年不可移也。補曰：説見後。　**札記**鮑改「哀」爲「列」，下同。丕烈案：此即世家之列侯，策文謂之哀侯，一人耳。世本又作武侯，引見索隱，非世家所謂「韓嚴弒其君哀侯者也」。吴氏補以爲二事，是矣。其必謂之列侯，未審於史記、策文本不同也。

〔五〕**鮑本**「所」下有「擊」字。○　補曰：一本無「擊」字。姚同，史有。　**札記**丕烈案：劉向列女傳無。

〔六〕**鮑本**「皮面」作「面皮」。○　去面之皮。補曰：索隱云，以刀刺其面皮，欲令人不識。列女傳作「披」，蓋以刀剺面而去其皮也。　**札記**丕烈案：「皮」、「披」同字，「抉」、「決」同字，作「面皮」者誤。列女傳是「自披其面」也。

〔七〕**鮑本**抉，挑也。補曰：史作「決」。

〔八〕**鮑本**「自屠出腸」作「屠腸」。○　一本「自屠出腸」。史、姚同。　**札記**丕烈案：列女傳作「自屠剔」。

〔九〕**鮑本**「屍」下有「暴」字。○　**札記**丕烈案：史記有。列女傳，「韓暴其屍於市」。

〔一〇〕**鮑本**縣金募知者。

〔一一〕**鮑本**「誰」下無「子」字。○　補曰：一本「誰子」。史、姚同。　**札記**丕烈案：列女傳，「莫知爲誰」。

政姊〔一〕聞之，曰：「弟〔二〕至賢，不可愛妾之軀，滅吾弟之名，非弟意也〔三〕。」乃之韓。視之曰：「勇哉！氣矜〔四〕之隆。是其軼〔五〕賁、育而〔六〕高成荆矣〔七〕。今死而無名〔八〕，父母既殁矣，兄弟無有，此爲我故也〔九〕。夫愛身不揚弟之名，吾不忍也。」乃抱屍而哭之曰：「此吾弟軹深井里聶政也。」亦自殺於屍下。

〔一〕**姚本**劉有「嫈」字。　**鮑本**「姊」下有「嫈」字。○　補曰：一本無「嫈」字。嫈，么莖反。史作「榮」。　**札記**丕烈案：索隱云，戰國策無「榮」字，有者當是誤用史記添入耳。列女傳亦無。

〔二〕鮑本「弟」上有「吾」字。○ 札記丕烈案：列女傳無。
〔三〕鮑本言往哭自吾意耳。
〔四〕鮑本矜，自持也。
〔五〕鮑本軼，車相出也。
〔六〕鮑本「高」上無「而」字。○ 補曰：姚本「而高」。
〔七〕鮑本説文，成荆，古之勇士。今對賁、育，復似兩人。補曰：呂氏春秋，「豫讓必死於襄子，而趙氏皆恐；成荆致死於韓王，而周人皆畏」。按此對豫讓言，則一人也。
〔八〕鮑本不顯其人。
〔九〕鮑本不顯其名，恐累及姊。

晉、楚、齊、衛聞之曰：「非獨政之能，乃其姊者，亦列女也〔一〕。」聶政之所以名施於後世者，其姊不避菹醢〔二〕之誅，以揚其名也。〔三〕

〔一〕鮑本「政」上有「聶」字，「者」下無「亦」字。○ 列，義烈可陳。正曰：「列」、「烈」通。補曰：一本「非獨政之能，乃其姊者，亦列女也」。姚同。 札記丕烈案：史記，「非獨政能也，乃其姊亦烈女也」。列女傳，「非獨聶政之勇，乃其姊者烈女也」。
〔二〕鮑本「菹醢」作「葅酢」。○ 葅酢，菜也。言剉斮之如此。補曰：周禮注疏，薤葅之類，菜肉通稱。全物若牒爲葅。記文，醢，肉醬。
〔三〕鮑本此三年書政殺韓相俠累，刺客傳有。彪謂：政之始終於其親，孝矣。其臨財也，義矣。嘗欲評其死，感其義烈，不忍下筆。獨以謂人之居世，不可不知人，亦不可妄爲人知也。遂唯知政，故得行其志。惜乎，遂褊狷細人耳，政不幸謬爲所知，故死於是！使其受知明主與賢相，則其所成就，豈不有萬萬於此者乎？哀哉！補曰：大事記，按史記韓世家，烈侯三年，聶政殺韓相俠累；十一年，烈侯卒；子文侯立，十年卒；子哀侯立，六年，韓嚴弒其君哀侯。聶政之刺俠累，與哀侯之弒，相去遠矣，而聶政傳乃謂嚴仲子事哀侯，與韓相俠累有郤，使政刺累。與世家不合。蓋其氏偶同，故刺客傳誤以爲哀侯之時。策曰，東孟之會，韓王及相皆在焉，聶政刺韓傀兼中哀侯。又曰，聶政刺相，兼中哀侯，許異蹴哀侯而殪之，是故哀侯爲君而許異終身相焉。考之世家，哀侯既弒，其子懿侯即立，許異將誰相哉？俠累既死，烈侯猶在位十年，謂之終身相可也。則此乃烈侯三年之事，但戰國策誤以爲哀侯耳。又烈王五年，韓嚴遂弒哀侯，解題引索隱云，紀年，晉桓公邑哀侯於鄭，韓山堅賊其君哀侯而立韓若山。山堅即韓嚴也，若山即懿侯也。愚按，此事，國策誤合二事爲一，司馬遷兩存而不決，故温公與劉道原書、蘇氏古史皆疑之。大事記考之未盡，且史記年表、世家兩書韓嚴，是聶政之事乃嚴遂；而弒哀侯者，乃韓嚴。大事記謂氏偶同，又不知韓嚴遂、韓嚴，國、氏、名交混也。通鑑書嚴遂弒哀侯，大事記因之未改，當從史書韓嚴。綱目書「廢遂」下注，哀侯以韓廆爲相，而愛韓遂，二人相害，遂刺廆於朝，并中哀侯，亦仍誤也。正曰：史遷作刺客傳，失在奬盜，而年表書盜殺韓相俠累，獨爲得春秋書法。綱目、大事記不能易也。父母遺體不敢毁傷，以不義而滅其身得爲孝乎？非有夙昔之遇，如智伯之於豫讓；非有累世之恩，如韓之於子房，以欲報仇之故，厚己而使爲不義，得爲知己乎？鮑陳説區區，陋矣。補曰：姊嫈之死，蓋兄弟之義，策述其言，以爲不愛身以揚弟之名，而説者徒知論名，而不及義，此皆戰國之習也。史記云，「使政知姊無濡忍之志，不重暴骸之難，必絶險千里以列其名，姊弟俱僇於韓市者，亦未必敢以身許仲子也」。列女傳云，「嫈仁而有勇，不怯死以滅名。詩云，『死喪之威，兄弟孔懷』云云，此之謂也。」愚謂，子長得政之情，子政得嫈之志，然一則曰列其名，一則曰不滅名，猶未免世俗之失也。

戰國策卷二十八

韓　三

或謂韓公仲

或謂韓公仲〔一〕曰：「夫孿〔二〕子之相似者，唯其母知之而已；利害〔三〕之相似者，唯智者知之而已。今公國，其利害之相似，正如孿子之相似也。得以〔四〕其道爲之，則主尊而身安；不得其道，則主卑而身危。今秦、魏之和成〔五〕，而非公適〔六〕束〔七〕之，則韓必謀〔八〕矣。若韓隨魏以善秦，是爲魏從也〔九〕，則韓輕矣〔一〇〕，主卑矣。秦已善韓，必將欲〔一一〕置其所愛信者，令用事於韓以完之〔一二〕，是公危矣。今公與安成君〔一三〕爲秦、魏之和，成固爲福，不成亦爲福。秦、魏之和成，而公適〔一四〕束之，是韓爲秦、魏之門户也〔一五〕，是韓重而主尊矣。安成君東重於魏，而西貴於秦，操右契〔一六〕而爲公責德於秦、魏之主〔一七〕，裂地而爲諸侯，公之事也〔一八〕。若夫安韓、魏而終身相，公之下服〔一九〕，此主尊而身安矣。秦、魏不終相聽者也〔二〇〕。齊怒於不得魏，必欲善韓以塞魏；魏不聽秦，必務善韓以備秦，是公擇布而割也〔二一〕。秦、魏和，則兩國德公；不和，則兩國争事公。所謂成爲福，不成亦爲福者也。願公之無疑也。」

〔一〕**姚本**曾作「中」。
〔二〕**鮑本**攣，一乳兩子。補曰：攣，來戀、力員二反。
〔三〕**鮑本**「利」上有「夫」字。〇 補曰：一本「利害」，無「夫」字。
〔四〕**鮑本**無「以」字。〇
〔五〕**鮑本**轉則二國和。
〔六〕**鮑本**「適」下有「兩」字。〇 **札記**今本「適」下有「兩」字。
〔七〕**鮑本**束，猶約。
〔八〕**鮑本**謀，謂和不堅而復議之。
〔九〕**鮑本**從人而已，非自約也。
〔一〇〕**鮑本**無「矣」字。〇 補曰：一本「韓輕矣」。
〔一一〕**鮑本**無「欲」字。〇
〔一二〕**鮑本**全秦之事。
〔一三〕**鮑本**韓人。
〔一四〕**鮑本**「適」下有「兩」字。〇 **札記**今本「適」下有「兩」字。
〔一五〕**鮑本**喻兩國由之。

〔一六〕鮑本左契，待合而已；右契，可以責取。
〔一七〕鮑本「主」作「王」。○公仲制和，爲德於秦，今責其報。
〔一八〕鮑本言當務此。
〔一九〕鮑本服，猶事。以侯國爲上，則相猶爲下也。
〔二〇〕姚本劉有「者」字。鮑本後必有違。
〔二一〕姚本錢作「擇豨而割之」，曾、劉作「擇布」。鮑本布，喻齊、魏。割，喻制之。補曰：「齊怒」，詳文意當作「秦怒」。

或謂公仲

或謂公仲曰：「今有一舉而可以忠於主，便於國，利於身，願公之行之也。今天下散而事秦，則韓最輕矣；天〔一〕下合而離秦，則韓最弱矣；合離之相續，則韓最先危矣。此君國長民之大患也。今公以韓先合於秦，天下隨之，是韓以天下事〔二〕秦，秦之德韓也厚矣。韓與天下朝秦，而獨厚取德焉，公行之〔三〕計，是其於主也至忠矣。天下不合秦，秦令而不聽，秦必起兵以誅不服。秦久與天下結怨構〔四〕難，而兵不決，韓息士民以待其舋〔五〕，公行之計，是其於國也，大便也。昔者，周佼以西周善於秦，而封於梗陽〔六〕；周啓以東周善於秦，而封於平原。今公以韓善秦，韓之重於兩周也無計〔七〕，而秦之爭機也〔八〕，萬於周之時。今公以韓爲天下先合於秦，秦必以公爲諸侯，以明示天下，公行之計，是其於身大利也。願公之加務也。」

〔一〕鮑本「天」上有「今」字。○

〔二〕姚本錢作「予」。

〔三〕鮑本之，猶此。

〔四〕鮑本「構」作「搆」。○ 御名。

〔五〕鮑本亹，罅也。

〔六〕鮑本太原榆次有梗陽鄉。

〔七〕鮑本「無」下有「先」字。○ 札記丕烈案：策文「無」多作「无」，而誤復衍也。

〔八〕鮑本在己之計，無先於此。在秦則爲爭，言欲之急。機，言不可失。

韓人攻宋

韓人攻宋〔一〕，秦王〔二〕大怒曰：「吾愛宋，與新城、陽晉〔三〕同也。韓珉與我交，而攻我甚所愛，何也？」蘇秦〔四〕爲韓説秦王曰：「韓珉之攻宋，所以爲王也。以韓之强，輔之以宋，楚、魏必恐。恐，必西面事秦。王不折一兵，不殺一人，無事而割安邑，此韓珉之所以禱於秦也〔五〕。」秦王曰：「吾固患韓之難知，一從一横，此其説何也〔六〕？」對曰：「天下固令韓可知也〔七〕。韓故〔八〕已攻宋矣，其西面〔九〕事秦，以萬乘〔一〇〕自輔；不西事秦，則宋地不安矣〔一一〕。

中國白頭游敖〔一二〕之士，皆積智欲離秦、韓之交。伏軾結靷〔一三〕西馳者，未有一人言善韓者也；伏軾結靷東馳者，未有一人言善秦者也。皆不欲韓、秦之合者何也？則晉、楚智而韓、秦愚也。晉、楚合，必伺〔一四〕韓、秦；韓、秦合，必圖晉、楚。請以決事。」秦王曰：「善。」〔一五〕

〔一〕**鮑本**齊記閔三十八年，書韓爲齊攻。今從史，定爲此十年。

〔二〕**鮑本**昭。

〔三〕**鮑本**補曰：正義引括地志云，新城故城，在宋州宋城縣界。陽晉故城，在曹州乘氏縣西北。又見楚策。

〔四〕**鮑本**「秦」作「代」。○　原作「秦」，今從史。　補曰：當作「代」。

〔五〕**鮑本**禱，言以此求事秦。

〔六〕**鮑本**韓難知，而代説如此，何也？

〔七〕**鮑本**「也」作「矣」。○　言非獨代知之。

〔八〕**鮑本**「故」作「固」。○

〔九〕**鮑本**無「面」字。○

〔一〇〕**鮑本**萬乘，秦也。

〔一一〕**鮑本**雖得宋地，不能自安。

〔一二〕**鮑本**敖，出游也。

〔一三〕**鮑本**靷，駕牛具，在胸者。

〔一四〕**鮑本**伺，亦圖也，小言之。正曰：伺，窺也。

〔一五〕**鮑本**齊記有，「韓」字並作「齊」。補曰：趙策，謂魏王曰「韓珉處於趙，去齊三千里」，王以此疑齊曰「有秦陰」；五國伐秦無功，蘇代謂齊王畢説奉陽君之辭曰，「天下争秦，秦内韓珉於齊」，又云「與韓氏大吏東勉，齊王必無召珉」。而韓策云「韓珉相齊」。蓋韓珉爲齊伐宋也。首句不云「韓攻宋」，而云「韓人」，疑「人」即「珉」之訛。蘇代爲燕反間，勸齊伐宋，將以敝齊而爲燕，恐秦之敗其事，故游説以止之爾。史記恐有所據，當考。札記丕烈案：鮑氏引史記齊世家，此下「韓」字皆作「齊」。考此策文必本亦作「齊」。史記索隱引此策文異同，不及「韓」、「齊」字，可證。因韓珉而在韓策，後人乃誤改之耳。

或謂韓王

或〔一〕謂韓王曰：「秦王〔二〕欲出事於梁，而欲攻絳、安邑，韓計將安出〔三〕矣？秦之欲伐韓，以東闚周室，甚唯寐忘之。今韓不察，因欲與秦，必爲山東大禍矣。秦之欲攻梁也，欲得梁以臨韓，恐梁之不聽也，故欲病〔四〕之以固交也。王不察，因欲中立〔五〕，梁必怒於韓之不與己，必折爲秦用，韓必舉矣。願王熟慮之也。不如急發重使之趙、梁，約復爲兄弟，使山東皆以鋭師戍韓、梁之西邊，非爲此也，山東無以救亡，此萬世之計也。秦之欲并天下而王之也，不與古同。事之雖如子之事父，猶將亡之也。行雖〔六〕如伯夷，猶將亡之也。行雖如桀、紂，猶將亡之也〔七〕。雖善事之無益也。不可以爲存，適足以自令亟亡也。然則山東非能從親，合而相堅如一者，必皆亡矣。」〔八〕

〔一〕姚本錢添「或」字。

〔二〕鮑本昭。
〔三〕鮑本謂有齒寒之憂。
〔四〕姚本錢、劉作「痛」。　鮑本「病」作「痛」。○　攻之深，使之懲創，不敢離秦。補曰：一本「固欲病之」。姚同。
〔五〕鮑本不助秦，亦不救魏。
〔六〕姚本錢添此「雖」字。
〔七〕鮑本言志於亡之而已，無擇也。
〔八〕鮑本彪謂：秦之大情，此士陳之無餘藴矣，非蘇氏兄弟不能也。說之著明如此，而聽之者藐藐，豈天亡之邪？蓋漢運將興，而秦爲之鸇獺也。補曰：大事記引此策自「秦之」止「益也」，謂論秦最得其情。附見於赧王二十九年，魏獻安邑之後。愚以齊、趙、燕策考之，宜附赧王十六年。說見齊策秦伐魏陳軫合三晉而東一章。

謂鄭王〔一〕

〔一〕姚本「謂鄭王曰」至「我將爲爾求火也」爲一篇，從「東孟之會」至「聖人之計也」爲另一篇。鮑本將以上兩篇合爲一篇。據文義，從鮑本合爲一篇。

謂鄭王曰：「昭釐侯，一世之明君也；申不害，一世之賢士也。韓與魏敵侔之國也，申不害與昭釐侯執珪而見梁君，非好卑而惡尊也，非慮過而議失也。申不害之計事，曰：『我執珪於魏，魏君必得志於韓，必外靡〔一〕於天下矣，是魏弊矣。諸侯惡魏必事韓，是我免〔二〕於一人之下，而信〔三〕於萬人之上也。夫弱魏之兵，而重韓之權，莫如朝魏。』昭釐侯聽而行之，明君也；申不害慮事而言之，忠臣也。今之韓弱於始之韓，而今之秦强於始之秦〔四〕。今秦有梁君之心矣，而王與諸臣不事爲尊秦〔五〕以定韓者，臣竊以爲王之明爲不如昭釐侯，而王之諸臣忠莫如申不害也。

〔一〕**鮑本**靡，蔑視之。正曰：靡，散也，忙皮反。補曰：昭釐侯朝魏，見魏策。

〔二〕**鮑本**「免」作「俛」。○　補曰：此書「免」、「俛」通。

〔三〕**鮑本**平。

〔四〕**鮑本**補曰：孔叢子，「韓與魏有隙，子順謂韓王曰：『昭釐侯，一世之明君也；申不害，一世之賢相也。韓與魏敵侔之國，而釐侯執珪見梁君者，非好卑而惡尊，慮過而計失也。與嚴敵爲鄰而動有滅亡之憂，獨動不能支二難，故降心以相從，屈己以求存也。申不害慮事而言，忠臣也。昭釐侯聽而行之，明君也。今韓弱於始之韓，魏均於始之魏，秦强於始之秦，而背先人之舊好，以區區之衆，居二敵之間，非良策也。齊、楚遠而難恃，秦、魏呼吸而至，捨近而求遠，是以虛名自累，而不免近敵之困者也。爲王計者，莫如除小忿，全大好也。吳、越之人，同舟濟江，中流遇風波，其相救如左右手者，所患同也。今不恤所同之患，是不如吳、越之舟人也。』韓王曰：『善。』」按此文與策上文略同，其下則異。子順之言，主除忿全好，策文主尊秦，非子順意也。今全録以俟考者。

〔五〕**鮑本**不以尊秦爲事。

「昔者，穆〔一〕公一勝於韓原〔二〕而霸西州〔三〕，晉文公一勝於城濮而定天下〔四〕，此以一勝立尊〔五〕令〔六〕，成功名於天下。今秦數世强矣，大勝以千〔七〕數，小勝以百數，大之不王，小之不霸，名尊無所立，制令無所行〔八〕，然而春秋用兵者，非以求主尊成名〔九〕於天下也〔一〇〕。昔先王之攻，有爲名者，有爲實者。爲名者攻其心〔一一〕，爲實者攻其形〔一二〕。昔者，吴與越戰，越人大敗，保於會稽之上。吴人入越而户撫之〔一三〕。越王使大夫種行成於吴，請男爲臣，女爲妾，身執禽〔一四〕而隨諸御〔一五〕。吴人果聽其辭，與成而不盟，此攻其心者也。其後越與吴戰，吴人大敗，亦請〔一六〕男爲臣，女爲妾，反以越事吴之禮事越。越人不聽也，遂殘吴國而禽夫差，此攻其形者也。今將攻其心乎，宜使如吴；攻其形乎，宜使如越。夫攻形不如越，而攻心不如吴，而君臣、上下、少長、貴賤，畢呼霸王，臣竊以爲猶之井中而謂曰：『我將爲爾求火也。』

〔一〕鮑本「穆」上補「秦」字。○

〔二〕鮑本晉記「斃於原」注，晉韓原。後志，在馮翊夏陽。補曰：左氏僖十五年傳，在同州韓城。

〔三〕鮑本猶言西方。

〔四〕姚本曾改「子」作「下」。　鮑本「下」作「子」。○　僖二十八年。

〔五〕鮑本尊，謂霸。

〔六〕鮑本令，謂使。正曰：「立尊令」句。

〔七〕鮑本「千」作「十」。○　札記丕烈案：「十」字是也。

〔八〕鮑本諸侯不從其令。

〔九〕鮑本「名」作「王」。○

〔一〇〕鮑本言志於尊王而已。

〔一一〕鮑本使其心服而已。

〔一二〕鮑本形，在外者，謂地與民。

〔一三〕鮑本遍至其家撫安之。

〔一四〕鮑本禽，鳥，小鷙也。正曰：執禽鳥服役。

〔一五〕鮑本吳之執事者。

〔一六〕鮑本「請」作「謂」。○

「東孟之會〔一〕，聶政、陽堅〔二〕刺相兼君。許異〔三〕蹴〔四〕哀〔五〕侯而殪之，立以爲鄭君。韓氏之衆無不聽令者，則許異爲之先也。是故哀侯爲君，而許異終身相焉〔六〕。而韓氏之尊許異也，猶其尊哀侯也。今日〔七〕鄭君不可得而爲〔八〕也，雖終身相之焉，然而吾弗爲云者，豈不爲過謀哉〔九〕！昔齊桓公九合諸侯，未嘗不以周襄王之命。然則雖尊襄王，桓公亦定霸矣。九合之尊桓公也〔一〇〕，猶其尊襄王也。今日天子不可得而爲也，雖爲桓公吾〔一一〕弗爲云者，豈不爲過謀而不知尊哉〔一二〕！韓氏之士數十萬，皆戴哀侯以爲君，而許異獨取相焉者，無他〔一三〕；諸侯之君，無不任事於周室也，而桓公獨取霸者，亦無他也〔一四〕。今强國將有帝王之亹〔一五〕，而以國先者，此桓公、許異之類也。豈可不謂善謀哉？夫先與强國之利，强國能王，則我必爲之霸；强國不能王，則可以辟〔一六〕其兵，使之無伐我。然則强國事成，則我立〔一七〕帝而霸；强國之事不成，猶之厚德我也。今〔一八〕與强國，强國〔一九〕之事成則有福，不成則無患，然則先與强國者，聖人之計也。」〔二〇〕

〔一〕鮑本補曰：姚及一本自爲一章，恐非。

〔二〕鮑本堅，政之副，猶秦舞陽。正曰：説見前。　札記丕烈案：此在東周策。

〔三〕鮑本韓人。

〔四〕鮑本「蹴」作「蹙」。〇　蹙，猶留侯躡漢王足，蓋使之佯死。補曰：「蹙」，一本作「蹴」，字通。説文，蹴，躡也；躡，蹈也。

〔五〕鮑本「哀」作「列」。〇　下同。補曰：「哀」、「列」二字，訛舛不明，且從本文讀之而已。　札記丕烈案：鮑改非也，吴補亦未是。説在前。

〔六〕鮑本補曰：按哀侯既弑，則無終身相之事。以爲列侯，則又非陽堅爲賊之事。

〔七〕鮑本補曰：一本「日」作「曰」。

〔八〕鮑本「爲」，去音，謂蹙之。正曰：下文「天子不可得而爲」與此仝，則「爲」當如字。

〔九〕鮑本言無前日之難而可以久相，而曰不爲者，過也。

〔一〇〕鮑本侯之與九合者。

〔一一〕鮑本「吾」上補「然而」二字。〇

〔一二〕鮑本此欲其尊秦。

〔一三〕鮑本「他」下有「也」字。〇

〔一四〕鮑本知所尊而已。

〔一五〕鮑本謂秦。

〔一六〕鮑本「辟」作「避」。〇　補曰：一本「避」作「辟」，當音闢。　札記丕烈案：凡「辟」音「避」者，鮑本多作「避」。此非異本，亦不音闢，吴説皆未是。

〔一七〕鮑本立，言彼爲帝，由我尊之。
〔一八〕鮑本今，謂韓。
〔一九〕姚本曾、劉無下「强國」兩字。
〔二〇〕鮑本正曰：此策時不可考。其説雖多，務尊强國而已，非善謀也。「爲名」、「爲實」、「爲爾」、「爲之先」之「爲」，去聲。

韓陽役於三川而欲歸

韓陽役於三川〔一〕而欲歸，足强〔二〕爲之説韓王曰：「三川服矣，王亦知之乎？役且共貴公子〔三〕。」王於是召諸公子役於三川者而歸之。〔四〕

〔一〕鮑本征伐之役。
〔二〕鮑本韓人。
〔三〕鮑本役，役人。公子，謂陽等輩。貴，言立之爲君。
〔四〕鮑本正曰：時不可考。

秦大國

秦，大國也。韓，小國也。韓甚疏秦。然而見親秦，計之〔一〕，非金無以〔二〕也〔三〕，故賣美人。美人之賈貴，諸侯不能買，故秦買之三千金。韓因以其金事秦，秦反得其金與韓之美人。韓之美人因言於秦曰：「韓甚疏秦〔四〕。」從是觀之，韓亡〔五〕美人與金〔六〕，其疏秦乃始〔七〕益明。故客有説韓者曰：「不如止淫〔八〕用，以是爲金以事秦，是金必行，而韓之疏秦不明。美人知内行者也〔九〕，故善爲計者，不見〔一〇〕内行。」

〔一〕**鮑本**「而」上無「然」字，「計」上補「韓」字。○ 爲秦所親。補曰：一本「然而」。正曰：「然而」止「以也」句。「計之」恐當作「之計」，謂見親於秦之計，非金無以爲親。　**札記**今本「計」上有「韓」字，乃誤涉鮑也，鮑補「韓」字。丕烈案：依文自通，鮑補、吴正皆非。

〔二〕**姚本**曾作「已」。

〔三〕**鮑本**金以事秦。

〔四〕**鮑本**美人怨韓賣之，又知韓之情。

〔五〕**鮑本**「亡」作「之」。○

〔六〕**鮑本**此兩者。

〔七〕**鮑本**「始」下衍「於」字。○ 補曰：一本無，姚同。

〔八〕**鮑本**淫，侈也。

〔九〕**鮑本**謂國中隱事。

〔一〇〕**鮑本**見，顯示之。補曰：見，賢遍反。正曰：時不可考。

張丑之合齊楚講於魏

張丑之合齊、楚講於魏也，謂韓公仲曰：「今公疾攻魏之運〔一〕，魏急，則必以地和於齊、楚，故公不如勿攻也。魏緩則必戰〔二〕。戰勝，攻運而取之易矣〔三〕。戰不勝，則魏且内之〔四〕。」公仲曰：「諾。」張丑因謂齊、楚曰：「韓已與魏矣〔五〕。以爲不然，則蓋〔六〕觀公仲之攻也。」公仲不攻〔七〕，齊、楚恐〔八〕，因講於魏，而不告韓。

〔一〕鮑本「運」作「鄆」。○　下同。後志，琅邪東莞有鄆亭。正曰：非魏地。運，未詳。
〔二〕鮑本與齊、楚戰。
〔三〕鮑本勝則兵敝，又無齊、楚之助，韓可取運。
〔四〕鮑本内運於韓。
〔五〕鮑本與之講。正曰：公仲事，當附襄王時。
〔六〕姚本三本同作「蓋」，一本作「盍」。　鮑本「蓋」作「盍」。○
〔七〕鮑本從丑之言。
〔八〕鮑本恐韓、魏合。

或謂韓相國

或〔一〕謂韓相國〔二〕曰：「人之所以善扁鵲者，爲有臃腫也；使善扁鵲而無臃腫也，則人莫之爲之也〔三〕。今君以所事〔四〕善平原君者，爲惡於秦也〔五〕；而善平原君乃所以惡於秦也〔六〕。願君之熟計之也。」

〔一〕姚本錢添「或」字。鮑本無「或」字。○
〔二〕鮑本公仲也。正曰：無考。未必釐王時。
〔三〕鮑本無爲善之。
〔四〕鮑本謂王。
〔五〕鮑本以見惡於秦，故善之以支秦。
〔六〕鮑本秦以平原君難之，故惡之；而韓與之善，故亦惡韓。

公仲使韓珉之秦求武隧〔一〕

〔一〕姚本公仲使韓珉之秦求武隧韓相公仲珉使韓侈之秦和客卿爲韓謂秦王連篇，鮑本分爲三篇。據文義，從鮑本。

公仲使韓珉之秦求武隧〔一〕，而恐楚之怒也。唐客〔二〕謂公仲曰：「韓之事秦也，且以求武隧也，非弊邑之所憎也。韓已得武隧，其形乃可以善楚。臣願有言，而不敢爲楚計。今韓之父兄得衆者毋相，韓不能獨立，勢必不〔三〕善楚。王曰〔四〕：『吾欲以國輔韓珉而相之可乎？父兄惡珉，珉必以國保楚。』」公仲說〔五〕，士〔六〕唐客於諸公〔七〕，而使之主韓、楚之事。

〔一〕鮑本「隧」作「遂」。○　札記丕烈案：「隧」、「遂」同字。
〔二〕鮑本楚人。
〔三〕鮑本衍「不」字。補曰：疑衍。
〔四〕鮑本唐客以楚懷言告公仲。
〔五〕鮑本初恐楚怒己使珉，今欲相珉，則不怒也。
〔六〕姚本錢作「仕」字。　鮑本「士」作「仕」。○
〔七〕鮑本蓋薦之於韓之大臣乃得仕。

韓相公仲珉使韓侈之秦

韓相公仲珉〔一〕使韓侈之秦，請攻魏，秦王〔二〕説之。韓侈在唐〔三〕，公仲珉死。韓侈謂秦王曰：「魏之使者謂後相韓辰曰：『公必爲魏罪韓侈。』韓辰曰：『不可。秦王仕之，又與約事〔四〕。』使者曰：『秦之仕韓侈也，以重公仲也。今公仲死，韓侈之秦，秦必弗入。入〔五〕，又奚爲挾之以恨魏王〔六〕乎？』韓辰患之，將聽之矣。今王不召韓侈，韓侈且伏於山中矣〔七〕。」秦王曰：「何意寡人如是之權〔八〕也！令安伏〔九〕？」召韓侈而仕之。

〔一〕鮑本衍「珉」字，下同。補曰：公仲、珉，策屢各見。此兩言公仲珉，不可曉。公仲即公仲侈，此云公仲死，後韓侈云云，則韓侈别是一人也。文亦多難通，宜缺。　札記今本無「珉」字，乃誤涉鮑也。

〔二〕鮑本昭。

〔三〕鮑本晉陽注，詩唐國。正曰：唐，未詳。

〔四〕鮑本言約攻魏。

〔五〕姚本曾有下「入」字。鮑本無「入」字。○補曰：一本復有「入」字。

〔六〕鮑本昭。

〔七〕鮑本懼罪。

〔八〕鮑本權，猶變也。始説侈而今不入，是變也。補曰：權，未詳，字疑有誤。

〔九〕鮑本秦人。正曰：無考。札記丕烈案：「令」當作「今」。上文云且伏於山中，故此問其今者方安所伏也。鮑以爲秦人，吴云「無考」，皆誤甚。

客卿爲韓謂秦王

客卿〔一〕爲韓謂秦王〔二〕曰：「韓珉之議，知其君不知異君，知其國不知異國。彼公仲者，秦勢能詘〔三〕之。秦〔四〕之强，首〔五〕之者，珉爲疾矣〔六〕。進齊、宋之兵至首坦〔七〕，遠薄梁郭，所以不及〔八〕魏者，以爲成〔九〕而過南陽之道，欲以四國〔一〇〕西首也。所以不者〔一一〕，皆曰以〔一二〕燕亡於齊〔一三〕，魏亡於秦〔一四〕，陳、蔡亡於楚〔一五〕，此皆絶地形〔一六〕，群臣比周以蔽其上，大臣爲諸侯輕國也。今王位正〔一七〕，張儀之貴，不得議公孫郝〔一八〕，是從臣不事大臣也〔一九〕；公孫郝之貴，不得議甘戊〔二〇〕，則大臣不得事近臣〔二一〕矣〔二二〕。貴賤不相事，各得其位，輻凑以事其上，則群臣之賢不肖，可得而知也。王之明一也。公孫郝嘗疾齊、韓〔二三〕而不加貴〔二四〕，則爲大臣不敢爲諸侯輕國矣。齊、韓嘗因公孫郝而不受，則諸侯不敢因群臣以爲能矣。外内不相爲，則諸侯之情僞可得而知也。王之明二也〔二五〕。公孫郝、樗里疾請無攻韓，陳四辟去〔二六〕，王猶攻之也〔二七〕。甘茂約楚、趙〔二八〕而反敬魏〔二九〕，是其講我〔三〇〕，茂且攻宜陽，王猶校之也〔三一〕。群臣之知，無幾〔三二〕於王之明者，臣故願公仲之國以〔三三〕侍〔三四〕於王，而無自左右也〔三五〕。」

〔一〕**鮑本**韓。

〔二〕**鮑本**武。

〔三〕**鮑本**詘，貶下也。

〔四〕**鮑本**「秦」上補「以」字。〇

〔五〕**鮑本**首，言以兵向之。

〔六〕**鮑本**珉者，公仲所善。公仲受兵，則珉病。正曰：珉之議爲其國之病也。

〔七〕**姚本**曾作「垣」。**鮑本**「坦」作「垣」。〇韓進之。補曰：首垣，魏地。見秦策。

〔八〕**鮑本**「及」作「反」。〇反，不合也。兵薄梁郭，疑於不合而合。補曰：一本「不及魏」，姚同，似義長。

〔九〕**姚本**劉作「戍」。**鮑本**成，平也，猶和。

〔一〇〕**鮑本**韓、宋、齊、魏。

〔一一〕**鮑本**言欲攻秦而不果者。正曰：見下。

〔一二〕**鮑本**衍「以」字。

〔一三〕鮑本亡，謂喪地。補曰：前此四年，齊破燕。

〔一四〕鮑本孟子曰，西喪地。

〔一五〕鮑本此亡國也。

〔一六〕鮑本言其大小相絶，而四國輕以小敵大，故亡。正曰：「所以不者」，再申「不及魏」之説。燕、魏亡地於齊、秦，陳、蔡亡國於楚，則地形已絶，不可復通。韓、齊、宋之於魏，則不然。「絶地形」以下，當有缺文，引言秦事。

〔一七〕鮑本言武王能正貴賤之位。

〔一八〕鮑本「郝」作「赫」，又改作「郝」。○元作「赫」。下同。補曰：姚作「郝」。

〔一九〕鮑本從臣，謂儀；大臣，郝也。事，言不得干其事。正曰：見下。

〔二〇〕鮑本「戊」作「茂」。○**札記**今本「戊」作「茂」。

〔二一〕鮑本近臣，謂茂。正曰：大事記，此秦武王未逐張儀前時事也。大臣、從臣之名，始見於此。大臣者，張儀、甘茂也；從臣者，公孫郝也。秦武不過防其交通，使之互相伺察而已。

〔二二〕姚本劉本作「也」。

〔二三〕鮑本言急於得二國。補曰：「疾」字恐有誤。

〔二四〕鮑本貴，言不厚二國。正曰：言郝不加厚也。

〔二五〕鮑本補曰：王之明一也，申群臣比周蔽上之説；王之明二也，申大臣爲諸侯輕國之説。

〔二六〕鮑本陳，軍陳。以不攻，故解散。補曰：「四」，疑當作「而」。

〔二七〕鮑本宜陽之役。

〔二八〕鮑本欲攻魏。

〔二九〕鮑本違其初約。

〔三〇〕**鮑本**「反」作「攻」，「其講」作「且搆」。〇 初約攻而反敬之，是欲與三國難我也。 **札記**丕烈案：此有誤字，鮑强爲之説，吴亦然，皆未是也。

〔三一〕**鮑本**茂攻宜陽，可以贖前，若他人則置不檢校。 正曰：按史「茂攻宜陽，請約於魏」，此言在未攻宜陽之時，茂黨魏者。楚、趙當時蓋與魏不合，茂約結楚、趙而反其敬，魏且將搆難於我，其欲攻宜陽，王猶檢察之。以此二事，稱王之明智。

〔三二〕**鮑本**幾，猶近。

〔三三〕**鮑本**「國以」作「以國」。〇 補曰：當作「以國」。

〔三四〕**鮑本**「待」作「侍」。〇 侍，待其命。 **札記**今本「待」誤「侍」。

〔三五〕**鮑本**自，猶由也。欲秦王聽己，勿用左右之説。 正曰：謂公仲一心聽王，不由左右。 補曰：大事記引此策在韓襄二年、秦武元年。解題云，韓客謂向壽曰，「今王之愛習公也，不如公孫郝」。當時所謂從臣，指愛習而侍從者也。秦用其愛習爲人主私人，其權至與大臣相抗，古無是也。愚謂，公孫郝挾韓而議大臣，必不得與而争於中，故此士欲王自聽。公仲之待事而不由左右陳駕御之術，以稔强明猜忌之見爾。張儀出走，毁者固非一人，而茂攻宜陽，亦以爽爲憂。大臣卒爲從臣所勝，愛習真可畏哉。

韓珉相齊

韓珉相齊，令吏逐公疇竪〔一〕，大〔二〕怒於周之留成陽君〔三〕也〔四〕。謂韓珉曰：「公以二人者爲賢人也，所入之國，因用之乎？則不如其處小國〔五〕。何也？成陽君爲秦去韓，公疇竪，楚王〔六〕善之。今公因逐之，二人者必入秦、楚，必爲公患。且明公之不善於天下〔七〕。天下之不善公者，與欲有求於齊者，且收之，以臨齊而市公。」

〔一〕**鮑本**齊人。正曰：無考。
〔二〕**鮑本**「大」作「又」。○
〔三〕**鮑本**君本在齊，爲秦善之，珉欲使之之秦，過周，周人留之，故怒。正曰：成陽君，韓人。鮑於魏策已言之。今因此言韓珉相齊而怒之，故又云君本在齊。又因魏策成陽君欲以韓、魏聽秦，故生此説，皆非。
〔四〕**鮑本**無「也」字。○
〔五〕**鮑本**謂周。
〔六〕**鮑本**頃襄。正曰：無據。
〔七〕**鮑本**明，猶顯示。二大國惡之，天下不能善也。

或謂山陽君

或〔一〕謂山陽君〔二〕曰：「秦封君以山陽〔三〕，齊封君以莒。齊、秦非重韓則賢君之行也。今楚攻齊取莒，上及〔四〕不交齊，次弗納於君〔五〕，是棘齊、秦之威而輕韓也〔六〕。」山陽君因使之楚。

〔一〕**姚本**錢添入「或」字。　**鮑本**無「或」字。○

〔一〕鮑本韓人。

〔二〕鮑本兖州郡。

〔四〕鮑本無「及」字。○

〔五〕鮑本弗使入莒。

〔六〕鮑本棘，猶難也。楚攻齊，而不納秦之所封，山陽又韓人，故云。正曰：「棘」義未詳，詩、傳多訓「急」。「楚攻」以下，本文自明。其時不可考。

趙魏攻華陽

趙、魏攻華陽，韓謁急於秦〔一〕。冠蓋相望，秦不救〔二〕。韓相國〔三〕謂田苓曰：「事急，願公雖疾，爲一宿之行。」田苓見穰侯，穰侯曰：「韓急乎？何故使公來？」田苓對曰：「未急也。」穰侯怒曰：「是何以爲公〔四〕之王使乎〔五〕？冠蓋相望，告弊邑甚急，公曰未急，何也？」田苓曰：「彼韓急，則將變矣。」穰侯曰：「公無見王矣，臣請令發兵救韓。」八日中，大敗趙、魏於華陽之下。〔六〕

〔一〕鮑本以急告也。

〔二〕鮑本補曰：攻華陽事，見魏策。

〔三〕鮑本辰也。正曰：無考。

〔四〕**鮑本**公，猶國也，言其不任。
〔五〕**鮑本**「王」作「主」。○　**札記**丕烈案：史記作「主」。
〔六〕**鮑本**記二十三年有。補曰：與前章張翠説同。

秦招楚而伐齊〔一〕

〔一〕此篇鮑本在楚策。

秦招楚而伐齊，冷向〔一〕謂陳軫曰：「秦王〔二〕必外向〔三〕。楚之齊者〔四〕知西不合於秦，必且務以楚合於齊。齊、楚合，燕、趙不敢不聽。齊以四國〔五〕敵秦，是齊不窮也〔六〕。」向曰：「秦王誠必欲伐齊乎？不如先收於楚之齊者，楚之齊者先務以楚合於齊，則楚必即秦矣〔七〕。以强秦而有晉〔八〕、楚，則燕、趙不敢不聽，是齊孤矣。向請爲公説秦王。」〔九〕

〔一〕**鮑本**補曰：冷，平聲。冷倫氏之後。
〔二〕**鮑本**惠。
〔三〕**鮑本**言合他國，不一於楚。
〔四〕**鮑本**與齊善者。
〔五〕**姚本**三本同去「國」字。
〔六〕**鮑本**兵力不屈。

〔七〕**鮑本**秦能收楚之善齊者，則其初雖欲合齊、楚，今必背齊合秦。

〔八〕**鮑本**衍「晉」字。

〔九〕**鮑本**原在韓策。

韓氏逐向晉於周

韓氏逐向晉〔一〕於周，周〔二〕成恢爲之謂魏王〔三〕曰：「周必寬而反〔四〕之，王何不爲之先言，是王有〔五〕向晉於周也。」魏王曰：「諾。」成恢因爲謂韓王曰：「逐向晉者韓也，而還之者魏也，豈如道〔六〕韓反之哉！是魏有向晉於周，而韓王失之也〔七〕。」韓王曰：「善。」亦因請復之。

〔一〕**鮑本**晉，周人，使周逐之。正曰：無據。

〔二〕**鮑本**「周」下有「使」字。○

〔三〕**鮑本**安釐。正曰：無據。時不可考。

〔四〕**鮑本**反，謂還。

〔五〕**鮑本**有，言得其用。

〔六〕**鮑本**道，猶由。

〔七〕**鮑本**不反之則然。

張登請費緤

張登[一]請[二]費緤[三]曰：「請令公子年[四]謂韓王曰：『費緤，西周讎之，東周寶之。此其家萬金，王何不召之，以爲三川之守。是緤以三川與西周戒也[五]，必盡其家以事王。西周惡之，必效先王之器以止王[六]。』韓王必爲之[七]。西周聞之，必解子之罪，以止子之事。」[八]

〔一〕**鮑本**中山人。見其策。

〔二〕**鮑本**「請」作「謂」。○

〔三〕**鮑本**韓人。

〔四〕**鮑本**「年」作「牟」。○　補曰：一本「牟」作「年」。　**札記**今本「年」作「牟」。

〔五〕**鮑本**三川近西，西讎之，故緤有戒心。

〔六〕**鮑本**止韓勿使爲守。

〔七〕**鮑本**此下登言其效也。

〔八〕**鮑本**守三川非緤之欲，登云云，解其罪耳。正曰：韓釐王元年，趙滅中山。大事記載韓、燕、中山稱王，在周顯王四十六年，當宣惠王十年。中山策有張登，去此時甚遠。然此策本不可定爲何王之世，鮑强附之。

安邑之御史死〔校一〕

〔校一〕此篇鮑本在魏策。

安邑之御史死，其次恐不得也。輸〔一〕人爲之謂〔二〕安〔三〕令曰：「公孫綦爲人請御史於王，王曰：『彼固有次乎〔四〕？吾難敗其法〔五〕。』」因遽置之。〔六〕

〔一〕**鮑本**輸，安邑里名。

〔二〕**姚本**三本同，無「謂」字。

〔三〕**鮑本**「安」下補「邑」字。○　補曰：宜有「邑」字。大事記有。

〔四〕**鮑本**無「乎」字。○　補曰：一本「有次乎？吾難敗其法，因遽置之。」

〔五〕**鮑本**「其法」二字作「之」字。○

〔六〕**鮑本**令聞王言，故立其次。大事記、前漢百官表，監御史，秦官，掌監郡。此策云云，六國已遣御史監掌矣，非獨秦也。正曰：魏都安邑，在惠王未徙大梁前，昭王十年獻安邑於秦，章次不當在此。

魏王爲九里之盟

魏王〔一〕爲九里之盟〔二〕，且復天子〔三〕。房喜〔四〕謂韓王曰：「勿聽之也，大國惡有〔五〕天子，而小國利之。王與大國弗聽〔六〕，魏安能與小國立之。」

〔一〕**鮑本**安釐。

〔二〕**鮑本**「里」作「重」。○　九重，謂王城。欲城之，先盟其衆。正曰：一本「九里」，大事記引之，姚同，說見後。

〔三〕**鮑本**赧四十二年，馬犯請梁城周，有「復之」之語。正此二十三年。復，復其尊。正曰：按周紀「復之」之文，謂許梁以鼎事。正義：復，一音扶又反，非謂復王。大事記：按韓非子，魏惠公爲臼里之盟，將復立天子，彭喜謂鄭君曰：「君勿聽」云云。戰國策所載與此同，但止言魏王而不言惠王，以臼里爲九里，以彭喜爲房喜，以鄭君爲韓王。所謂將復立天子者，是時七國既稱王，不以周爲天子也。或者猶咎孟子勸諸侯行王道，何哉？盟不知何年，附載於慎靚王三年，魏惠王薨之前。按此策當屬惠王。札記丕烈案：「九」、「臼」，「彭」、「房」，皆聲之轉也。「鄭君」、「韓王」仝此。魏王，依彼知爲惠王。

〔四〕鮑本韓人。

〔五〕姚本曾本作「惡有」。

〔六〕鮑本此言韓亦大國。

建信君輕韓熙

建信君〔一〕輕韓熙，趙敖爲謂建信侯〔二〕曰：「國形有之而存，無之而亡者，魏也〔三〕。不可無而從者，韓也〔四〕。今君之輕韓熙者，交善楚、魏也〔五〕。秦見君之交反善〔六〕於楚、魏也，其收韓必重矣。從則韓輕〔七〕，横則韓重〔八〕，則無從輕矣〔九〕。秦出兵於三川，則南圍鄗，蔡、邵〔一〇〕之道不通矣。魏急〔一一〕，其救趙必緩矣。秦舉兵破邯鄲，趙必亡矣。故君收韓，可以無亹。」

〔一〕鮑本趙人。

〔二〕鮑本「侯」作「君」。〇
〔三〕鮑本趙、魏爲鄰，故其勢如此。
〔四〕鮑本欲爲從，必得韓。
〔五〕鮑本此爲從者説也。從宜善韓，而善此二國者，非也。正曰：初無此意，但謂今君之輕韓熙，因交善於楚、魏故也。
〔六〕鮑本秦之志，常反諸國。補曰：一本「之交之善」。
〔七〕鮑本從必得韓，而反輕者，國小不得主從。
〔八〕鮑本最近秦故。
〔九〕鮑本韓以爲輕。正曰：無從者輕，指趙言也。
〔一〇〕鮑本謂潁川鄢陵，汝南二蔡、邵陵。
〔一一〕鮑本上三邑皆近魏。正曰：鄢、許屬魏者，策於魏多言許、鄢陵。

段産謂新城君〔一〕

〔一〕此篇鮑本在秦策。

段産〔二〕謂新城君〔三〕曰：「夫宵行者能無爲姦，而不能令狗無吠己。今臣處郎中〔三〕，能無議君於王，而不能令人毋議臣於君。願君察之也。」〔四〕

〔二〕鮑本秦人。

〔二〕鮑本韓襄十二年注，芈戎也。

〔三〕鮑本「郎」，「廊」同。漢官表注，主郎内諸官。正曰：「廊」字通作「郎」，不謂「郎」爲「廊」。郎中令，秦官，郎乃其屬。此注在「郎中令」下，非郎職也。大事記謂是時郎中職已親近。

〔四〕鮑本原在韓策。魏昭策白圭語同。正曰：見下。

段干越人謂新城君〔一〕

〔一〕此篇鮑本在秦策。

段干〔一〕越人謂新城君曰：「王良之弟子駕〔二〕，云取千里〔三〕馬〔四〕，遇造父之弟子〔五〕。造父之弟子曰：『馬不千里〔六〕。』王良弟子曰：『馬，千里之馬也；服，千里之服也〔七〕。』而不能取千里，何也？』曰：『子纆〔八〕牽長。故纆牽於事，萬分之一也，而難〔九〕千里之行。』今臣雖不肖，於秦亦萬分之一也，而相國見臣〔一〇〕不釋塞者〔一一〕，是纆牽長也。」〔一二〕

〔一〕鮑本凡段干皆魏人，今在秦。補曰：史注，段干，魏邑。路史，段干，李姓邑。初邑段，後邑干，因邑而氏。

〔二〕鮑本良，趙簡子御。駕，馬在車下負軛。

〔三〕鮑本其言然。

〔四〕姚本一無此字。

〔五〕鮑本造父，周穆王之御，不得與王良同時。然學出於造父者，得稱爲其弟子，非必與之同時也。

〔六〕**鮑本**不能然。

〔七〕**鮑本**駕車，馬四，兩服在中央夾轅，兩驂在旁。見太叔于田言馬言服。馬，豈驂耶？

〔八〕**鮑本**纆，索也，以牽馬。

〔九〕**姚本**曾作「維」。

〔一〇〕**鮑本**戎未嘗相，以其傳國事稱之。

〔一一〕**鮑本**言障之於下，不解。

〔一二〕**鮑本**亦在韓策。詳二臣之言，則戎之寵少衰矣，故范睢得而間之。正曰：上章爲議己者言，下章言相國之短於用己，皆不見芈戎寵衰之意，爲秦亦無明徵，當從舊次。難，去聲。

戰國策卷二十九

燕一

鮑本燕　東有漁陽、右北平、遼西、遼東；西有上谷、代郡、雁門；南有涿郡之易、容城、范陽；北有新城、故安、涿縣、良鄉、新昌，及勃海之安次。樂浪、玄菟亦屬焉。

蘇秦將爲從北説燕文侯

蘇秦將爲從〔一〕，北説燕文侯曰：「燕東有朝鮮〔二〕、遼東〔三〕，北有林胡、樓煩〔四〕，西有雲中、九原〔五〕，南有呼沱、易水〔六〕。地方二千餘〔七〕里，帶甲數十萬，車七百乘，騎六千疋，粟支十年〔八〕。南有碣石、雁門〔九〕之饒，北有棗粟〔一〇〕之利，民雖不由田作，棗粟之實，足食於民矣。此所謂天府也。夫安樂無事，不見覆軍殺將之憂，無過燕矣。大王知其所以然乎？夫燕之所以不犯寇被兵者，以趙之爲蔽於南也。秦、趙五戰〔一一〕，秦再勝而趙三勝。秦、趙相弊，而王以全燕制其後，此燕之所以不犯難也。且夫秦之攻燕也，逾雲中、九原，過代、上谷，彌埊踵道〔一二〕數千里，雖得燕城，秦計固不能守也。秦之不能害燕亦明矣。今趙之攻燕也，發興號令〔一三〕，不至十日，而數十萬之衆，軍於東垣矣〔一四〕。度呼沱，涉易水，不至四五日，距國都矣。故曰，秦之攻燕也，戰於千里之外；趙之攻燕也，戰於百里之內。夫不憂百里之患，而重千里之外，計無過於此者。是故願大王與趙從親，天下爲一，則國必無患矣。」

〔一〕**鮑本**此二十八年。

〔二〕**鮑本**屬樂浪。補曰：朝鮮，箕子所封，今高麗國。索隱云，音潮仙。

〔三〕**鮑本**并州郡。

〔四〕**鮑本**補曰：見趙策。

〔五〕**鮑本**屬五原。補曰：正義云，雲中郡城在林榆縣東北。九原郡城在林榆縣西界。二郡皆在勝州。

〔六〕**鮑本**出涿故安。補曰：呼淹。見前。正義云，易水源出易縣西谷中之東，東南流與滹沱河合。水經，易水出涿郡故安縣良鄉西山。大事記引此二條。

〔七〕**鮑本**無「餘」字。○ **札記**丕烈案：史記有。

〔八〕**鮑本**「十」作「二」。○ **札記**丕烈案：史記作「數」。索隱引戰國策「十年」，「二」字誤。

〔九〕**鮑本**并州郡。補曰：正義云，碣石山在平州，燕東南；雁門山在代，燕西南。

〔一〇〕**鮑本**「粟」作「栗」。○ **札記**今本「粟」作「栗」。丕烈案：「粟」字是也。

〔一一〕**鮑本**補曰：設辭也。

〔一二〕**鮑本**彌，猶亘。踵，猶繫。正曰：踵，足後也。徐曰，猶言繼踵也。

〔一三〕**鮑本**「興號」作「號出」。○ **札記**丕烈案：史記作「號出」。

〔一四〕**鮑本**垣，謂城。正曰：正義云，東垣，趙之東邑，在恒州真定縣南，故常山城。

燕王曰：「寡人國小，西迫强秦，南近齊、趙〔一〕。齊、趙，强國也〔二〕，今主君幸教詔之，合從以安燕，敬以國從。」於是齎蘇秦車馬金帛以至趙。〔三〕

〔一〕**鮑本**「南」作「促」。○ 補曰：一本「南近齊、魏」。 **札記**丕烈案：史記云，迫强趙，南近齊。此策文當有誤。

〔二〕**鮑本**無「也」字。○ 補曰：一本有「也」字。

〔三〕**鮑本**傳在説諸國之初。

奉陽君李兑甚不取於蘇秦

奉陽君李兑〔一〕甚不取於蘇秦。蘇秦在燕，李兑因爲蘇秦謂奉陽君〔二〕曰：「齊、燕離則趙重，齊、燕合則趙輕。今君之齊〔三〕，非趙之利也。臣竊爲君不取也。」

〔一〕**鮑本**衍「李兑」二字。

〔二〕**鮑本**傳亦云。正曰：奉陽君李兑者，通封邑姓名言之也。蘇秦當作蘇代，因蘇秦稱奉陽君不説之語而訛也。此策有蘇代爲奉陽君説燕於趙以伐齊，奉陽君不聽，乃入齊。即奉陽君不取蘇秦之事也。李兑因爲蘇秦云云，此李兑二字誤羨也。大事記以此章備載於蘇秦説燕與趙合從之下。又據古史，謂肅侯時，奉陽君公子成實未亡，削去「捐館」

之語。愚嘗辨蘇秦所稱奉陽君必別爲一人。奉陽君實李兑，非公子成也。且此章知決爲蘇代者，其言曰，「燕弱國也，東不如齊，西不如趙」。又曰，「燕亡國之餘」。此言正之、噲之役，昭王未破齊之時也。文公據全燕之盛，何得若此言哉？史遷謂，世言蘇秦事多異，異時事有類者皆附之秦，則此類也。

〔三〕**鮑本**謂以燕合齊。

奉陽君曰：「何吾合燕於齊〔一〕？」

〔一〕**鮑本**問何以言然。

對曰：「夫制於燕者蘇子〔一〕也。而燕弱國也，東不如齊，西不如趙，豈能東無齊、西無趙哉？而君甚不善蘇秦，蘇秦能抱弱燕而孤於天下哉？是驅燕而使合於齊也。且燕亡國之餘也〔二〕，其以權〔三〕立，以重外，以事貴〔四〕。故爲君計，善蘇秦則取〔五〕，不善亦取之，以疑燕、齊〔六〕。燕、齊疑，則趙重矣。齊王〔七〕疑蘇秦，則君多資〔八〕。」

〔一〕**鮑本**言其制燕。

〔二〕**鮑本**惠公六年，大夫誅其姬，而惠公奔齊。齊、晉入之，至而卒。正曰：史年表，燕惠公欲殺公卿立倖臣，公卿誅倖臣，公恐，出奔齊。此事在周景王六年，至燕文公二十八年蘇秦説燕之歲，爲二百有五年，不應遠舉此事。此必齊破燕，昭王既立之時也。以此言知非蘇秦約從時事。説亦見趙策。

〔三〕**鮑本**權，謂外與貴也。

〔四〕**鮑本**并謂齊、趙。正曰：「以權立」者，謂燕破亡之餘，太子平以權宜立。其勢微弱，必重外，必事貴。外與貴，謂他國，齊、趙之屬也。

〔五〕**鮑本**「取」下有「之」字。○ 取，言與之交。

〔六〕**鮑本**齊不善蘇子，蘇子在燕，而趙人取之，則齊疑燕合趙而外己。齊疑燕，燕亦不能信齊矣。

〔七〕**鮑本**宣。正曰：滑。

〔八〕**鮑本**疑其合燕於趙。

奉陽君曰：「善。」乃使使與蘇秦結交。〔一〕

〔一〕**鮑本**正曰：此策非文公時。

權之難燕再戰不勝

權之難〔一〕，燕再戰不勝，趙弗救。噲子〔二〕謂文公曰：「不如以埊請合於齊，趙必救我。若不吾救，不得不事〔三〕。」文公曰：「善。」令郭任以埊請講於齊。趙〔四〕聞之，遂出兵救燕。〔五〕

〔一〕**鮑本**與齊戰也。

〔二〕**鮑本**文公孫子噲。

〔三〕**鮑本**燕、齊合，則趙輕。雖不救我，後必事我。

〔四〕**姚本**曾本更添「齊趙」二字。

〔五〕**鮑本**齊策此役言及魏冉，知爲文公末年。補曰：大事記從鮑說。

燕文公時

燕文公時，秦惠王以其女爲燕太子婦〔一〕。文公卒，易王立。齊宣王因燕喪攻之，取十城。

〔一〕**鮑本**文公二十年。正曰：史，二十八年。

武安君蘇秦爲燕説齊王，再拜而賀，因仰而弔〔一〕。齊王桉戈而却〔二〕曰：「此一何慶弔相隨之速也？」

〔一〕**鮑本**補曰：索隱曰，當時慶弔應有其辭，史不録耳。
〔二〕**鮑本**却秦使退。

對曰：「人之饑所以不食烏喙〔一〕者，以爲雖偷充腹，而與死同患也。今燕雖弱小，强秦之少婿也。王利其十城，而深與强秦爲仇。今使弱燕爲雁行，而强秦制其後，以招天下之精兵〔二〕，此食烏喙之類也。」

〔一〕**鮑本**本草，烏頭，一名「天雄」。
〔二〕**鮑本**此言秦兵爲天下精。

齊王曰：「然則奈何〔一〕？」

〔一〕鮑本「何」下有「乎」字。○

對曰：「聖人之制事也，轉禍而爲福，因敗而爲功。故桓公負婦人而名益尊〔一〕，韓獻開罪而交愈固〔二〕，此皆轉禍而爲福，因敗而爲功者也。王能聽臣，莫如歸燕之十城，卑辭以謝秦。秦知王以己之故歸燕城也，秦必德王。燕無故而得十城，燕亦德王。是棄强仇而立厚交也。且夫燕、秦之俱事齊，則大王號令天下皆從。是王以虛辭附秦，而以十城取天下也。此霸王之業矣〔三〕。所謂轉禍爲福，因敗成功者也。」

〔一〕鮑本齊桓公也，好内而霸。正曰：齊伐宋章，蘇代曰，智者之舉事也，轉禍而爲福，因敗而成功。齊人紫敗素也，而賈十倍。正義引韓子云，齊桓公好服紫，一國盡服紫，當時十素不得一紫，取惡素帛染爲紫，其賈十倍。按二章所稱，文意正同。蓋紫者婦人之服，紫敗素得厚利，所謂名益尊也。

〔二〕鮑本宣十二年，楚伐鄭，許之平。晉救之。荀桓子欲還，彘子不可。韓獻子謂桓子，「彘子以偏師陷，子罪大矣，不如進也」。戰於邲，晉敗績。成十三年，獻子將下軍，孟獻子曰，「晉師乘和，必有大功」。十六年，戰於鄢陵，楚敗績。

〔三〕鮑本衍「矣」字。

齊王大說，乃歸燕城。以金千斤謝其後，頓首塗中〔一〕，願爲兄弟而請罪於秦。〔二〕

〔一〕鮑本塗，泥也。自卑之甚。

〔二〕鮑本傳有。

人有惡蘇秦於燕王者

人有惡蘇秦於燕王者，曰：「武安君，天下不信人也。王以萬乘下之，尊之於廷，示天下與小人群也。」

武安君從齊來，而燕王不館〔一〕也。謂燕王曰：「臣東周之鄙人也，見足下〔二〕身無咫尺之功，而足下迎臣於郊，顯臣於廷。今臣爲足下使，利得十城，功存危燕，足下不聽臣者，人必有言臣不信，傷臣於王者。臣〔三〕之不信，是足下之福也。使臣信如尾生，廉如伯夷，孝如曾參，三者天下之高行，而以事足下，不〔四〕可乎？」燕王曰：「可。」曰：「有此，臣亦不事足下矣。」

〔一〕**姚本**曾本云，史作「不官」。
〔二〕**鮑本**初見時。
〔三〕**鮑本**「臣」上有「且」字。○
〔四〕**鮑本**無「不」字。○

蘇秦曰〔一〕：「且夫孝如曾參，義不離親一夕宿於外，足下安得使之之齊？廉如伯夷，不取素〔二〕飡〔三〕，污武王之義而不臣焉〔四〕，辭孤竹〔五〕之君，餓而死於首陽之山〔六〕。廉如此者，何肯步行數千里，而事弱燕之危主乎？信如尾生，期而不來〔七〕，抱梁柱而死〔八〕。信至如此，何肯楊〔九〕燕、秦〔一〇〕之威於齊而取大功乎哉？且夫信行者，所以自爲也，非所以爲人也。皆自覆〔一一〕之術，非進取之道也。且夫三王代興，五霸迭盛，皆不自覆也。君以自覆爲可乎？則齊不益於營丘〔一二〕，足下不踰楚境〔一三〕，不窺於邊城之外。且臣有老母於周，離老母而事足下，去自覆之術，而謀進取之道，臣之趣固不與足下合者。足下皆自覆之君也，僕者進取之臣也，所謂以忠信得罪於君者也。」

〔一〕**鮑本**衍「蘇秦曰」三字。

〔二〕**鮑本**詩注，素，空也。

〔三〕**鮑本**「湌」作「飧」。○

〔四〕**鮑本**無「焉」字。○ **札記**丕烈案：焉，於也，屬下讀，鮑無者非。

〔五〕**鮑本**爾雅，孤竹，四荒中北國。漢屬遼西令支。

〔六〕**鮑本**伯夷傳注，在蒲坂華山之北，河曲之中。

〔七〕**鮑本**傳言與女子期。

〔八〕**姚本**史記，「信如尾生，與女子期於梁下，女子不來，水至不去，抱柱而死」。

〔九〕**鮑本**「楊」作「揚」。○ **札記**今本「楊」作「揚」。

〔一〇〕**鮑本**補曰：燕，秦，「秦」字疑衍。 **札記**丕烈案：上文有其事，吴説誤也。

〔一一〕**鮑本**覆，猶庇護也，自護其名。

〔一二〕**鮑本**即北海營陵。太公所封。

〔一三〕**鮑本**衍「楚」字。正曰：此正以燕、楚相違言之。

燕王曰：「夫忠信，又何罪之有也？」

對曰：「足下不知也。臣鄰家有遠爲吏者，其妻私人。其夫且歸，其私之者憂之。其妻曰：『公勿憂也，吾已爲藥酒以待之矣。』後二日，夫至。妻使妾奉卮酒進之。妾知其〔一〕藥酒也，進之則殺主父，言之則逐主母，乃陽僵棄酒。主父大怒而笞〔二〕之。故妾一僵而棄酒〔三〕，上以活主父，下以存主母也〔四〕。忠至如此，然不免於笞，此以忠信得罪者也。臣之事，適不幸而有類妾之棄酒也。且臣之事足下，亢義〔五〕益國，今乃得罪，臣恐天下後事足下者，莫敢自必也。且臣之説齊，曾不欺之也。使之〔六〕説齊者，莫如臣之言也，雖堯、舜之智，不敢取也〔七〕。」

〔一〕**鮑本**「其」下有「爲」字。〇

〔二〕**鮑本**笞，擊也。

〔三〕**鮑本**「故妾一僵而棄酒」作「妾之棄酒」。〇　**札記**丕烈案：史記作「故妾一僵而覆酒」。

〔四〕**鮑本**補曰：陽僵覆酒事，亦見列女傳，云周室大夫妻。一本「故妾一僵而棄酒」。

〔五〕**鮑本**亢，高極也。言高其義。

〔六〕**鮑本**衍「之」字。

〔七〕**鮑本**言無成功者，雖聖智不足取也。按，秦傳有而略。補曰：此與後章蘇代謂燕昭王章同。惟中一段，彼言燕欲伐齊事爲異，記者或有差互，不可考也。人言秦不信，故秦言己之不信，乃足下之福，如尾生亦無益，謂守行義不成功名者之不足貴也。又曰，僕所謂以忠信得罪，則又以信自待公爲反覆，以誑時君而莫有詰之者也。

張儀爲秦破從連横謂燕王

張儀爲秦破從連横，謂燕王曰〔一〕：「大王之所親，莫如趙。昔趙王〔二〕以其姊爲代王妻，欲并代，約與代王遇於句注〔三〕之塞。乃令工人作爲金斗，長其尾〔四〕，令之可以擊人。與代王飲，而陰告厨人曰：『即酒酣樂，進熱歠〔五〕，即因反斗擊之。』於是酒酣樂進取熱歠。厨人進斟羹〔六〕，因反斗〔七〕而擊之〔八〕，代王〔九〕腦塗地〔一〇〕。其姊聞之，摩笄〔一一〕以自刺也。故至今有摩笄之山〔一二〕，天下莫不聞。〔一三〕

〔一〕鮑本補曰：儀説在昭元年。

〔二〕鮑本「王」作「主」。○　襄子也。正曰：魏策稱襄子謂「襄王」，即此類。　札記丕烈案：史記作「襄子」。

〔三〕鮑本補曰：句注，見趙策。

〔四〕鮑本補曰：索隱云，凡方者爲斗，若安長柄則名枓。尾即斗之柄，其形若刀者是也。按韻書，「枓」、「斗」音同。索隱皆云斗。

〔五〕鮑本歠也。

〔六〕鮑本斟，注也。補曰：即酒酣樂，讀；進熱歠，句。於是酒酣樂進取熱歠，句。正曰：索隱云，熱而啜之，是羹也。斟，謂羹汁，故名汁曰「斟」。

〔七〕鮑本補曰：正義云，反斗，倒柄擊也。

〔八〕鮑本無「之」字。○

〔九〕**鮑本**「代王」下有「殺之王」三字。〇 **札記**丕烈案：史記作「以擊代王，殺之，王腦塗地」。

〔一〇〕**鮑本**塗，猶污。補曰：一本「反斗而擊之，代王腦塗地」。

〔一一〕**鮑本**笄，簪也。

〔一二〕**鮑本**補曰：正義云，摩笄山在蔚州飛狐縣東北百五十里。

〔一三〕**鮑本**補曰：事亦見趙世家。大事記，元王元年，晉趙無恤滅代。解題，代，北狄之别種也，其國在今蔚州。史記誤以簡子卒在貞定王十一年，十二年滅代，今從外紀。古史又云，襄子夏屋之役（見史記），行如虎狼，蓋生於兼并無親之國，而承簡子貪暴之規，遂以爲臨大利，決大計，非用仁義之所也。

「夫趙王〔一〕之狼戾無親〔二〕，大王之所明見知也。且以趙王爲可親邪？趙興兵而攻燕，再圍燕都而劫大王〔三〕，大王割十城乃郄以謝。今〔四〕趙王已入朝澠池，效河間以事秦。大〔五〕王不事秦，秦下甲雲中、九原，驅趙而攻燕，則易水、長城非王之有也〔六〕。且今時趙之於秦，猶郡縣也，不敢妄興師以徵伐。今大王事秦，秦王〔七〕必喜，而趙不敢妄動矣。是西有强秦之援，而南無齊、趙之患，是故願大王之熟計之也。」

〔一〕**鮑本**武靈。

〔二〕**鮑本**暴戾如狼。

〔三〕**鮑本**趙、燕記皆不書。

〔四〕**鮑本**無「今」字。〇 補曰：一本「今趙王」。**札記**丕烈案：史記有。

〔五〕**鮑本**「大」上有「今」字。〇 補曰：一本此句無「今」字。**札記**丕烈案：史記有。

〔六〕鮑本濟北盧注云，東至海，蓋亦距燕云。正曰：易水見前章。正義云，長城在易州界。

〔七〕鮑本昭。

燕王曰：「寡人蠻夷辟處，雖大男子，裁〔一〕如嬰兒，言不足以求正，謀不足以決事。今大客幸而教之，請奉社稷西面而事秦，獻常山之尾〔二〕五城。」〔三〕

〔一〕鮑本補曰：裁，史註音在，僅也。

〔二〕鮑本補曰：尾，猶末也。恒山之東。

〔三〕鮑本傳有，在楚、韓、齊、趙後。彪謂：燕昭，賢智主也，非儀此説能震動。且人之性稟，有父子不相肖者，自襄至武靈七八傳矣，而欲以其狼戾無親例之，人豈信之哉？然而燕昭之聽之也，卑甚。蓋拊摩新附之民，勢未可以有事，又諸國從之者衆，故爲卑辭以紓其國，是儀之横有天幸也。加之數年，收集繕治有其緒，則若云者固昭王之所乘而棄者。史言蘇代復重燕，燕使約從如初，此昭王之素所畜積也。

宫他爲燕使魏

宫他爲燕使魏，魏不聽，留之數月。客謂魏王〔一〕曰：「不聽燕使何也？」曰：「以其亂也。」對曰：「湯之伐桀，欲其亂也。故大亂者可得其埊，小亂者可得其寶。今燕客〔二〕之言曰：『事苟可聽〔三〕，雖盡寶、地，猶爲之也。』王何爲不見？」魏王説，因見燕客而遣之。〔四〕

〔一〕**鮑本**哀。正曰：無考。

〔二〕**鮑本**客，即他。

〔三〕**鮑本**補曰：西周等策有宫他，未知即此人否？「事苟可聽」云云，語燕客之言，以利誘王，使見之也。

〔四〕**鮑本**彪謂：是客也，以鄰國爲壐者也，彼惡知所謂天下爲度者乎？

蘇秦死其弟蘇代欲繼之

蘇秦死，其弟蘇代欲繼之，乃北見燕王噲曰〔一〕：「臣東周之鄙人也，竊聞王義甚高甚順，鄙人不敏，竊釋鉏耨而干大王。至於邯鄲，所聞於邯鄲者，又高於所聞東周。臣竊負其志，乃至燕廷，觀王之群臣下吏，大王天下之明主也〔二〕。」

〔一〕**札記**吴氏正曰，大事記云，皆説昭王之辭也。按史記誤同。丕烈案：此策文本如此，今未可專輒。「奉陽君甚不取於蘇秦」，亦然。

〔二〕**鮑本**觀其臣，知其主。

王曰：「子之所謂天下之明主者，何如者也？」

對曰：「臣聞之，明主者務聞其過，不欲聞其善。臣請謁王之過。夫齊、趙者，王之仇讎也；楚、魏者，王之援國也。今王奉仇讎以伐援國，非所以利燕也。王自慮此則計過。無以諫者，非忠臣也。」

王曰：「寡人之於齊、趙也，非所敢欲伐也〔一〕。」

〔一〕**鮑本**言雖知其讎，以其强，故奉之不敢伐。

曰：「夫無謀人之心，而令人疑之，殆；有謀人之心，而令人知之，拙；謀未發而聞於外，則危。今臣聞王居處不安，食飲不甘，思念報齊〔一〕，身自削甲扎〔二〕，曰有大數矣〔三〕，妻自組甲絣〔四〕，曰有大數矣〔五〕，有之乎？」

〔一〕**鮑本**「念」作「齊」。○　因喪見伐之怨。正曰：説誤。見後。

〔二〕**鮑本**札，牒也。甲之革緣如之。正曰：札，木簡，牒之薄者。甲，用革緣之。左成十六年，養由基蹲甲而射之，徹七札焉。注，言能陷堅。札，側滑反。

〔三〕**鮑本**無「曰有大數矣」五字。○　**札記**今本無「曰有大數矣」五字。今本乃誤依鮑本删去也。

〔四〕**鮑本**絣，綿也。治之爲組以穿札。正曰：景帝詔「纂組」注，組，今綬絲條也。韻書，以繩直物曰絣。此謂編組穿甲之繩也。絣，悲萌反。鮑因莊子「洴澼絖」之文生義，不知彼字與此不同。

〔五〕**鮑本**補曰：一本「身自削甲扎，曰有大數矣」，與下文同。大事記引此。姚本同。　**札記**丕烈案：兩「曰」字，皆讀人質切。

王曰：「子聞之，寡人不敢隱也。我有深怨積怒於齊，而欲報之二年〔一〕矣。齊者，我讎國也，故寡人之所欲伐也。直患國弊，力不足矣。子能以燕敵〔二〕齊，則寡人奉國而委之於子矣。」

〔一〕鮑本自即位至是。正曰：「二年」字必誤。

〔二〕鮑本上「伐」作「報」，此「敵」作「報」。○　札記丕烈案：史記作「伐」。

對曰：「凡天下之戰國七，而燕處弱焉。獨戰則不能，有所附則無不重。南附楚則楚重，西附秦則秦重，中附韓、魏則韓、魏重。且苟所附之國重，此必使王重矣。今夫齊王〔一〕，長主也〔二〕，而自用也〔三〕。南攻楚五年，稸〔四〕積散。西困秦三年〔五〕，民憔瘁，士罷〔六〕弊。北與燕戰，覆三軍，獲二將〔七〕。而又以其餘兵南面而〔八〕舉五千乘之勁宋〔九〕，而包十二諸侯。此其君之欲得也〔一〇〕，其民力竭也，安猶取哉〔一一〕？且臣聞之，數戰則民勞，久師〔一二〕則兵弊。」

〔一〕鮑本閔。

〔二〕鮑本補曰：司馬貞云，年長也。或謂齊强，故稱長主。

〔三〕鮑本不如燕之附人。正曰：自恃其强也。

〔四〕鮑本稸，亦「積」。

〔五〕鮑本爲秦所困。正曰：秦爲齊困。

〔六〕鮑本罷，音疲。

〔七〕鮑本史并不書。

〔八〕鮑本「而」作「西」。○　札記丕烈案：史記無。

〔九〕鮑本舉宋在齊閔二十八年、燕昭王二十六年，此時未舉也。而下十一章，亦言齊以宋地封涇陽，蓋宋策齊宣也，所拔五城。正曰：此言舉五千乘之宋，非僅得其城邑而已，蓋在滅宋之後明矣。下章包十二諸侯，即史所謂泗上諸侯、鄒魯之君皆稱臣者。

〔一〇〕**鮑本**得其欲。

〔一一〕**鮑本**言齊不可復攻取。

〔一二〕**鮑本**師，兼不戰言之。

王曰：「吾聞齊有清濟、濁河，可以爲固；有長城、鉅防，足以爲塞〔一〕。誠有之乎？」

〔一〕**鮑本**補曰：「清濟」以下，説見秦策。

對曰：「天時不與，雖有清濟、濁河，何足以爲固？民力窮弊，雖有長城、鉅防，何足以爲塞？且異日也，濟西不役〔一〕，所以備趙也；河北不師，所以備燕也〔二〕。今濟西、河北，盡以役矣，封内弊矣。夫驕主必不好計，而亡國之臣貪於財。王誠能毋愛寵子、母弟以爲質，寶珠玉帛以事其左右，彼且德燕而輕亡宋〔三〕，則齊可亡已。」

〔一〕**鮑本**不役者，養兵以備敵。

〔二〕**鮑本**補曰：濟西，濟州以西也；河北，謂滄、博等州，在漯河之北者。正義云。

〔三〕**鮑本**輕者，易爲之。然則前言舉，未亡也。

王曰：「吾終以子〔一〕受命於天矣！」

〔一〕**鮑本**補「子」字。○補曰：一本有「子」字。姚同。**札記**丕烈案：史記有。

曰：「内寇不與〔一〕，外敵不可距〔二〕。王自治其外〔三〕，臣自報其〔四〕内，此乃亡之之勢也。」〔五〕

〔一〕**鮑本**寇，猶亂。與，猶和。

〔二〕**鮑本**「距」作「拒」。○言不能制内，則不可以拒外。

〔三〕**鮑本**謂謀敵齊。

〔四〕**鮑本**謂亂於内。補曰：爲燕間齊，敝其内也。

〔五〕**鮑本**彪謂：燕昭之舉，實自代發之。正曰：大事記云，戰國策載蘇代説燕之辭，誤以爲噲，使噲能有志如是，豈至覆國乎？論其世，考其事，皆説昭王之辭也。按，史記誤同。

燕王噲既立

燕王噲既立，蘇秦死於齊。蘇秦之在燕也，與其相子之爲婚，而蘇代與子之交。及蘇秦死，而齊宣王〔一〕復用蘇代。

〔一〕**鮑本**「宣」作「閔」。○下并同。正曰：通鑑、大事記，赧王二年，齊湣王元年，齊伐燕。子之、子噲死，在赧王元年，正宣王時事。策與孟子合，甚明。辨見秦策。**札記**丕烈案：史記亦是「宣」字。

燕噲三年，與楚、三晉攻秦，不勝而還。子之相燕，貴重主斷。蘇代爲齊使於燕，燕王問之曰：「齊〔一〕宣王何如？」對曰：「必不霸。」燕王曰：「何也？」對曰：「不信其臣。」蘇代欲以激燕王以厚任子之也。於是燕王大信子之。子之因遺蘇代百金，聽其所使。

〔一〕**鮑本**衍「宣」字。　**札記**丕烈案：此追稱，群書多矣。史記無，然不必衍。

鹿毛壽〔一〕謂燕王曰：「不如以國讓子之。人謂堯賢者，以其讓天下於許由，由必不受，有讓天下之名，實不失天下。今王以國讓相子之，子之必不敢受，是王與堯同行也。」燕王因舉國屬〔二〕子之，子之大重。

〔一〕**鮑本**鹿，蓋鉅鹿，壽之所居。補曰：徐廣云，一作「厝毛」。甘陵縣本名厝，音昔。索隱云，春秋後語亦作「厝」。韓子作潘壽。

〔二〕**鮑本**屬，猶付與。

或曰：「禹授益而以啓爲吏〔一〕，及老，而以啓爲不足任天下，傳之益也。啓與支〔二〕黨攻益而奪之天下，是禹名傳天下於益〔三〕，其實令啓自取之。今王言屬國子之，而吏無非太子人者，是名屬子之，而太子用事。」王因收印自三百石〔四〕吏而效之子之。子之南面行王事，而噲老〔五〕不聽政，顧爲臣，國事皆決子之。

〔一〕**鮑本**「啓」下有「人」字。○以啓臣爲益吏。　**札記**丕烈案：有者當是。韓子、史記正有「人」字。索隱曰，人，猶臣也。下文「而吏無非太子人者」可證。

〔二〕鮑本「支」作「友」。○ 札記丕烈案：韓子作「友」，史記作「交」。
〔三〕鮑本「益」下有「也」字。○ 補曰：一本無「也」字。札記丕烈案：韓子、史記無。
〔四〕鮑本「石」上有「里」字。○ 補曰：大事記，以石計祿，始見於此。
〔五〕鮑本以老自休。

子之三年，燕國大亂，百姓恫怨。將軍市被、太子平謀，將攻子之。儲子〔一〕謂齊宣王：「因而仆之，破燕必矣。」王因令人謂太子平曰：「寡人聞太子之義，將廢私而立公，飭〔二〕君臣之義，正父子之位。寡人之國小，不足先後〔三〕。雖然，則唯太子所以令之。」

〔一〕鮑本見離婁下。正曰：何以知即此人？
〔二〕鮑本飭，戒也，猶正。
〔三〕鮑本補曰：正義云，「先後」並去聲。

太子因數黨聚衆，將軍市被圍公宮，攻子之，不克；將軍市被及百姓乃反攻太子平。將軍市被死已〔一〕殉，國構難數月，死者數萬衆，燕人恫怨〔二〕，百姓離意。

〔一〕鮑本「已」作「以」。○
〔二〕鮑本「怨」作「恐」，又改作「怨」。○ 札記丕烈案：史記作「恐」。

孟軻謂齊宣王曰：「今伐燕，此文、武之時，不可失也〔一〕。」王因令章子將五都〔二〕之兵，以因北地〔三〕之衆以伐燕。士卒不戰，城門不閉，燕王噲死。齊大勝燕，子之亡。二年〔四〕，燕

人立公〔五〕子平，是爲燕昭王。〔六〕

〔一〕鮑本補曰：此當時所謂孟子勸齊伐燕者也。使無孟子之書，則人將此言之信乎？要之聖賢決無是事也。推此，則凡後世之誣罔聖賢而無徵者可知。

〔二〕鮑本都，大邑。補曰：索隱云，五都，即齊也。臨淄是五都之一。

〔三〕鮑本齊之北，近燕。

〔四〕鮑本「年」下有「而」字。〇　札記丕烈案：史記有「而」字。

〔五〕鮑本「公」作「太」。〇　補曰：當作「太」，史有。

〔六〕鮑本記三年有。彪謂：王噲，七國之愚主也，惑蘇代之淺説，貪堯之名，惡禹之實，自令身死國破，蓋無足算。齊閔所以請太子者，近於興滅繼絶矣。而天下不以其言信其心，蓋名實者天下之公器也，豈可以虚稱矯舉而得哉？故齊閔之勝，適足以動天下之兵，而速臨淄之敗也。正曰：大事記云，之、噲安知所謂堯、舜者哉？彼子之之徒，借是名以篡國。子噲特爲説客所愚耳。方子之之未得國也，則説以堯讓許由，由不受，有讓天下之名，實不失天下。噲於是乎以燕讓。及子之既得國也，則又説以禹不如堯，薦益而以啓人爲吏，已而攻益奪其國。噲於是乎收三百石吏以上而效之。其愚至此，尚足論乎？後世因此，遂有不可慕虚名受實禍之論。是論肆行，則利禄之外，無非虚名；妨吾利禄者，無非實禍，人紀滅矣！此君子之所懼也！欲不惑者，其唯知實理乎？

初蘇秦弟厲因燕質子而求見齊王〔一〕

〔一〕姚本此篇與燕王噲既立連篇，鮑本則分爲兩篇。而文中蘇代過魏下，姚本另分一篇，鮑本則與此篇合爲一篇。據文義，均從鮑本。

初，蘇秦弟厲因燕質子而求見齊王〔一〕。齊王怨蘇秦〔二〕，欲囚厲，燕質子爲謝乃已，遂委質爲臣。

〔一〕鮑本閔。

〔二〕鮑本秦爲燕謀齊故。

燕相子之與蘇代婚，而欲得燕權，乃使蘇代持〔一〕質子於齊。齊使代報燕，燕王噲問曰：「齊王其伯也〔二〕乎？」曰：「不能。」曰：「何也？」曰：「不信其臣。」於是燕王專任子之，已而讓位，燕大亂。齊伐燕，殺王噲、子之。燕立昭王。而蘇代、厲遂不敢入燕，皆終歸齊，齊善待之。

〔一〕鮑本「持」作「侍」。○　補曰：史作「侍」。　札記丕烈案：世家索隱引此策文正作「侍」。

〔二〕鮑本無「也」字。○

蘇代過魏，魏爲燕執代。齊使人謂魏王〔一〕曰：「齊請以宋封涇陽君，秦不受。秦非不利有齊而得宋埊也，不信齊王與蘇子也。今齊、魏不和，如此其甚，則齊不欺秦〔二〕。秦信齊，齊、秦合，涇陽君有宋地，非魏之利也。故王不如東蘇子〔三〕，秦必疑而不信蘇子矣〔四〕。齊、秦不合，天下無變〔五〕，伐齊之形成矣〔六〕。」於是出蘇代〔七〕之宋，宋善待之。〔八〕

〔一〕鮑本哀。正曰：襄。
〔二〕鮑本秦所以不信齊，疑其合魏也。
〔三〕鮑本使歸齊。
〔四〕鮑本疑其合齊、魏。
〔五〕鮑本五國無秦之兵。
〔六〕鮑本時齊、魏相惡，故云。
〔七〕鮑本「伐」作「代」，「代」下又補「代」字。○補曰：史復有「代」字。札記今本「伐」作「代」。
〔八〕鮑本補曰：此策自「蘇代過魏」以下，又見魏策，疑自爲一章而復出，姚本別提行。

燕昭王收破燕後即位

燕昭王收破燕後即位，卑身厚幣，以招賢者，欲將以〔一〕報讎。故往見郭隗〔二〕先生曰：「齊因孤國之亂，而襲破燕。孤極知燕小力少〔三〕，不足以報。然得賢士與共國，以雪先王之耻，孤之願也〔四〕。敢問以國報讎者奈何？」

〔一〕鮑本無「以」字。○補曰：一本此有「以」字。姚同。
〔二〕鮑本補曰：五罪反。
〔三〕鮑本無「少」字。○補曰：一本此有「少」字。姚同。
〔四〕鮑本記有此文。

郭隗先生對曰：「帝者與師處，王者與友處，霸者與臣處，亡國與役〔一〕處。詘指〔二〕而事之，北面而受學，則百己者至。先趨而後息〔三〕，先問而後嘿，則什己者至。人趨己趨〔四〕，則若己者至。馮〔五〕几據杖，眄視指使，則廝〔六〕役之人至。若恣睢〔七〕奮擊，呴籍叱咄〔八〕，則徒隸之人至矣。此古服〔九〕道致士之法也。王誠博選國中之賢者，而朝其門下，天下聞王朝其賢臣，天下之士必趨於燕矣。」

〔一〕**鮑本**役，僕役。

〔二〕**鮑本**屈指也。正曰：屈指，猶言折節。

〔三〕**鮑本**先彼而趨，後之而息。

〔四〕**鮑本**無「己趨」二字。○補曰：一本「人趨己趨」，是。姚同。

〔五〕**鮑本**馮，據也。

〔六〕**鮑本**補曰：音斯。

〔七〕**鮑本**睢，仰目。正曰：恣睢，暴戾也。後荀彧傳注，暴怒貌。睢，呼回反。唐史，音錐。

〔八〕**鮑本**呴，呵；藉，踐也。當從足。集韻，咄，呵也。正曰：呴，呼俱、呼具二反。咄，都活反。下言叱咄，上有呴字爲復。呴藉，義亦不類，當是「跔藉」。見韓策，釋爲跳躍。此謂跳躍蹈藉也。

〔九〕**鮑本**服，猶事，事有道者。

昭王曰：「寡人將誰朝而可？」郭隗先生曰：「臣聞古之君人，有以千金求千里馬者，三年不能得。涓人〔一〕言於君曰：『請求之。』君遣之。三月得千里馬，馬已死，買其首五百金，反以報君。君大怒曰：『所求者生馬，安事死馬而捐五百金？』涓人對曰：『死馬且買之五百金，况生馬乎？天下必以王爲能市馬，馬今至矣。』於是不能期年，千里之馬至者三〔一〕。今王誠欲致士，先從隗始；隗且見事，况賢於隗者乎？豈遠千里哉？」

〔一〕**鮑本**謁者也。正曰：楚世家，鋗人。見國語。韋昭云，今之中涓。漢書顔注，中涓，官名，居中而涓潔也。如淳云，主通書謁出入命也。

〔二〕**鮑本**記無之。

於是昭王爲隗築宮而師之。樂毅自魏往，鄒衍自齊往，劇辛自趙往，士爭湊燕。燕王弔死問生，與〔一〕百姓同其甘苦。二十八年，燕國〔二〕殷富，士卒樂佚輕戰。於是遂以樂毅爲上將軍，與秦、楚、三晉合謀以伐齊。齊兵敗，閔王出走於外。燕兵獨追北入至臨淄，盡取齊寶，燒其宮室宗廟。齊城之不下者，唯獨莒、即墨。〔三〕

〔一〕**姚本**曾、錢作「於」。劉作「與」。

〔二〕**鮑本**「國」上無「燕」字。〇

〔三〕**鮑本**記同。彪謂：燕昭、郭隗皆三代人也，欲爲國雪耻，君臣問對無他言，專欲得賢士而事之，此「無競惟人」之誼也，欲無興，得乎哉？臣役之對，天下之格言；市馬之喻，萬世之美談。太史公獨何爲削之，亦異於孔氏刪修之法矣。正曰：立國用賢，固三代之道，未可即以爲三代之人。太史公固爲疏略，然孔氏刪修之法，則不係此。補曰：大事記解題引國策、説苑云云。今按説苑文小異，鶡冠子博選篇亦用隗言，此則柳宗元所謂僞書取以充入者也。

齊伐宋宋急

齊伐宋〔一〕，宋急。蘇代乃遺燕昭王書曰：「夫列在萬乘，而寄〔二〕質於齊，名卑而權輕。秦〔三〕齊助之伐宋，民勞而實費。破宋，殘楚淮北〔四〕，肥〔五〕大齊，讎强而國弱也。此三者，皆國之大敗也，而足下行之，將欲以除害取信於齊也〔六〕。而齊未加信於足下，而忌燕也愈甚矣。然則足下之事齊也，失所爲矣。夫民勞而實費，又無尺寸之功，破宋肥讎，而世負〔七〕其禍矣。足下以宋加淮北，强萬乘之國也〔八〕，而齊并之，是益一齊也。北夷〔九〕方七百里，加之以魯、衛〔一〇〕，此所謂强萬乘之國也，而齊并之，是益二齊也。夫一齊之强，而燕猶不能支也，今乃以三齊臨燕，其禍必大矣。

〔一〕鮑本此二十七年。

〔二〕鮑本寄，猶委也。一説，如質子寄寓。

〔三〕鮑本「秦」作「奉」。○史作「奉萬乘助齊」。

〔四〕鮑本楚之淮北，宋鄰也。宋破則此地殘。補曰：此已取淮北明矣。下文又曰，必反宋地而歸楚之淮北。

〔五〕鮑本肥，亦大也。

〔六〕鮑本宋者，齊之害。

〔七〕鮑本負，猶荷。

〔八〕鮑本宋，五千乘國也，又加之淮北，則萬乘而强。

〔九〕鮑本齊之北國。正曰：索隱云，北夷，謂山戎狄附齊者。正義云，齊桓公伐山戎。

〔一〇〕鮑本言齊因舉宋，且并此數國。

「雖然，臣聞知者之舉事也，轉禍而爲福，因敗而成功者也。齊人紫敗素也〔一〕，而賈十倍。越王勾踐栖於會稽，而後殘吴霸天下。此皆轉禍而爲福，因敗而爲功者也。今王若欲轉禍而爲福，因敗而爲功乎？則莫如遥伯齊而厚尊之，使使盟於〔二〕周室，盡焚天下之秦符，約曰：『夫上計破秦，其次長賓〔三〕之〔四〕秦。』秦挾賓客以待破〔五〕，秦王〔六〕必患之。秦五世以結諸侯，今爲齊下；秦王之志，苟得窮齊，不憚以一國都爲功〔七〕。然而王何不使布衣之人，以窮齊之說說秦，謂秦王曰：『燕、趙破宋肥齊尊齊而爲之下者，燕、趙非利之也。弗利而勢爲之者，何也？以不信秦王也。今王何不使可以信者接收燕、趙。今〔八〕涇陽君若高陵君〔九〕先於燕、趙，秦有變〔一〇〕，因以爲質，則燕、趙信秦矣。秦爲西帝，趙爲中帝，燕爲北帝，立爲三帝而以令諸侯。韓、魏不聽，則秦伐之。齊不聽，則燕、趙伐之。天下孰敢不聽？天下服聽〔一一〕，因驅〔一二〕韓、魏以攻齊，曰，必反宋地，而歸楚之淮北。夫反宋地，歸〔一三〕楚之淮北，燕、趙之所同利也。并立三帝，燕、趙之所同願也。夫實得所利，名得所願，則燕、趙之棄齊也，猶釋弊躧〔一四〕。今王之不收燕、趙，則齊伯必成矣。諸侯戴齊，而王獨弗從也，是國伐〔一五〕也。諸侯戴齊，而王從之，是名卑也。王不收燕、趙，名卑而國危；王收燕、趙，名尊而國寧。夫去尊寧而就卑危，知者不爲也。』秦王聞若說也，必如刺心〔一六〕然〔一七〕，則王何不務使知士以若此〔一八〕言説秦？秦伐齊必矣。夫取秦，上交也；伐齊，正利也。尊上交，務正利，聖王之事也。」

〔一〕**鮑本**敗，猶惡也。素，白繒，染爲紫。

〔二〕**鮑本**下「使」字作「之」。○ 背秦而從，使齊主盟。補曰：一本「使使盟於」。**札記**丕烈案：史記作「使使盟於」。

〔三〕**鮑本**正曰：賓即「擯」。

〔四〕**鮑本**「之」作「客」。○

〔五〕**鮑本**挾，如挾長之挾。秦挾賓客，本欲并天下，而反見破，故必患。正曰：姚本「長賓之秦」，史「長賓之秦，挾賓以待破」。史文爲是。按魏策有此文法。二「客」字，因「賓」字誤衍。

〔六〕**鮑本**昭。

〔七〕**鮑本**將割以賂與國。

〔八〕**鮑本**「令」作「令」。○ **札記**丕烈案：「令」字是也。史記作「令」。

〔九〕**鮑本**二君秦所重，天下信之。

〔一〇〕**鮑本**謂背二國。

〔一一〕**姚本**一作「德」。

〔一二〕**姚本**一作「馳」。

〔一三〕**鮑本**「歸」上有「而」字。○ 丕烈案：史記無。

〔一四〕**姚本**一云「脱屣也」。鮑本革履也，當作「蹝」。正曰：躧，所綺反。説文，舞履也。徐云，謂足根不正納履也。引漢志「邯鄲女跕」。「躧」字與「蹝」、「屣」通。

〔一五〕**姚本**曾改作「代」。　**鮑本**秦受齊伐。
〔一六〕**鮑本**言其切己。　正曰：心痛如刺。
〔一七〕**鮑本**補曰：「然」字句，可。
〔一八〕**姚本**劉去「此」字。

燕昭王善其書，曰：「先人嘗有德蘇氏〔一〕，子之之亂，而蘇氏去燕。燕欲報仇於齊，非蘇氏莫可。」乃召蘇氏〔二〕，復善待之。與謀伐齊，竟破齊，閔王出走。〔三〕

〔一〕**鮑本**資秦合從。
〔二〕**鮑本**王噲。　策言，魏出之，之宋，宋善待之，今在宋也。　正曰：按此策文，蓋齊已滅宋，取楚淮北之後。勸之尊齊擯秦，而説秦以伐齊，非將伐宋時事也。　策云，蘇代過魏，魏爲燕執之，齊使人説魏出代，代之宋，宋善待之。史遂以此策首語接其下。且史紀代事前後固多誤，如舉五千乘云云，以爲説子噲之類。代爲燕間齊，勸之伐宋，見於策者可考矣。是宋未滅時，代已至燕，豈至此時尚留宋而爲之説燕哉？此策不能無舛，而史尤失之也。
〔三〕**鮑本**代傳有。

蘇代謂燕昭王

蘇代謂燕昭王曰：「今有人於此，孝如曾參、孝己，信如尾生高，廉如鮑焦、史鰌〔一〕，兼此三行以事王，奚如？」王曰：「如是足矣。」對曰：「足下以爲足，則臣不事足下矣。臣且處無爲之事，歸耕乎周之上埊，耕而食之，織而衣之。」王曰：「何故也？」對曰：「孝如曾參、孝己，則不過養其親其[二]。信如尾生高，則不過不欺人耳。廉如鮑焦、史鰌，則不過不竊人之財耳。今臣爲進取者也。臣以爲廉不與身俱達[三]，義不與生俱立。仁義者，自完之道也，非進取之術也。」

〔一〕鮑本衛卿子魚。

〔二〕鮑本下「其」字作「耳」。○札記丕烈案：「耳」字是也。

〔三〕鮑本不苟取，故多窮。

王曰：「自憂[一]不足乎？」對曰：「以自憂爲足，則秦不出殽塞，齊不出營丘，楚不出疏章[二]。三王代位，五伯改政，皆以不自憂故也。若自憂而足，則臣亦之周負籠[三]耳，何爲煩[四]大王之廷耶？昔者楚取章武[五]，諸侯北面而朝。秦取西山，諸侯西面而朝。曩者使燕毋去周室之上[六]，則諸侯不爲別馬[七]而朝矣[八]。臣聞之，善爲事者，先量其國之大小，而揆[九]其兵之强弱，故功可成，而名可立也。不能爲[一〇]事者，不先量其國之大小，不揆其兵之强弱，故功不可成而名不可立也。今王有東嚮伐齊之心，而愚臣知之。」

〔一〕鮑本憂，亦完也。不完則憂，故曰完，又曰憂。

〔二〕鮑本地缺。

〔三〕鮑本籠，竹器。

〔四〕鮑本煩，浼也。
〔五〕鮑本屬渤海。
〔六〕鮑本去，猶失也。上，上地。燕嘗攻得而不取也。正曰：此句未詳，恐注非。
〔七〕鮑本「馬」作「駕」。○
〔八〕鮑本言同軌，而朝燕與朝秦、楚同。
〔九〕鮑本揆，度也。
〔一〇〕姚本曾作「其」。

王曰：「子何以知之？」對曰：「矝戟砥劍〔一〕，登丘東嚮而嘆，是以愚臣知之。今夫烏獲舉千鈞之重，行年八十，而求扶持。故齊雖强國也，西勞於宋，南罷於楚，則齊軍可敗，而河間可取。」

〔一〕鮑本矝，矛柄。戟，蓋爲矝施戟。砥，柔石，所以礪也。

燕王曰：「善。吾請拜子爲上卿，奉子車百乘，子以此爲寡人東游於齊〔一〕，何如？」對曰：「足下以愛之故與〔二〕，則〔三〕何不與愛子與諸舅、叔父、負床〔四〕之孫，不得〔五〕，而乃以與無能之臣，何也？王之論臣，何如人哉？今臣之所以事足下者，忠信也。恐以忠信之故，見罪於左右。」

〔一〕鮑本爲燕間齊。

〔二〕**鮑本**補曰：與，平聲。

〔三〕**鮑本**無「則」字。○

〔四〕**鮑本**負，言背。倚床立，未能行。

〔五〕**鮑本**此屬皆不得，不得與車。

王曰：「安有爲人臣盡其力，竭其能，而得罪者乎？」對曰：「臣請爲王譬。昔周之上埊嘗有之。其丈夫官〔一〕三年不歸，其妻愛人。其所愛者曰：『子之丈夫來，則且奈何乎？』其妻曰：『勿憂也，吾已爲藥酒而待其來矣。』已而其丈夫果來，於是因令其妾酌藥酒而進之。其妾知之，半道而立。慮曰：『吾以此飲吾主父，則殺吾主父；以此事告吾主父，則逐吾主母。與殺吾〔二〕父、逐吾主母者，寧佯躓〔三〕而覆之。』於是因佯僵而仆之。其妻曰：『爲子之遠行來之，故爲美酒，今妾奉而仆之。』其丈夫不知，縛其妾而笞之。故妾所以笞者，忠信也。今臣爲足下使於齊，恐忠信不諭於左右也。臣聞之曰：萬乘之主，不制於人臣。十乘之家，不制於衆人。疋夫徒步之士，不制於妻妾。而又況於當世之賢主乎？臣請行矣，願足下之無制於群臣也。」〔四〕

〔一〕**鮑本**「官」作「宦」。○ **札記**丕烈案：「宦」字是也。

〔二〕**鮑本**「父」上補「主」字。○ 補曰：此宜有「主」字。

〔三〕**鮑本**躓，跲也。

〔四〕**鮑本**補曰：此策説見前蘇秦章。

燕王謂蘇代

燕王謂蘇代曰：「寡人甚不喜訑〔一〕者言也。」蘇代對曰：「周埊賤媒，爲〔二〕其兩譽也。之男家曰『女美』，之女家曰『男富』。然而〔三〕周之俗，不自爲取妻。且夫處女無媒，老且不嫁；舍媒而自衒，弊〔四〕而不售。順而無敗，售而不弊者，唯媒而已矣。且事非權不立，非勢不成。夫使人坐受成事者，唯訑者耳。」王曰：「善矣。」〔五〕

〔一〕**鮑本**沇州謂「欺」曰訑。補曰：訑，徒案反，或作誕。

〔二〕**札記**今本「爲」誤「謂」。

〔三〕**姚本**舊作「乎」。劉又改作「而」。

〔四〕**鮑本**「弊」作「敝」。○ 敝，猶敗，無成事也。

〔五〕**鮑本**彪謂：訑亦君所惡，而實不可廢。古者使功、使過、使智、使愚，蓋用人可也，處己則否。正曰：利誕謾之人以爲用，此不正之論也。使過之道，不類使愚、使貪、使勇，亦謂御得其道耳，非此之謂也。

戰國策卷三十

燕　二

秦召燕王

秦召燕王，燕王欲往。蘇代約〔一〕燕王曰：「楚得枳〔二〕而國亡〔三〕，齊得宋而國亡〔四〕，齊、楚不得以有枳、宋事秦者，何也？是則有功者，秦之深讎也〔五〕。秦取天下，非行義也，暴也。

〔一〕鮑本約，猶止。
〔二〕鮑本屬巴郡。
〔三〕鮑本皆謂失地。秦昭廿七、八、九年，連拔楚郡。
〔四〕鮑本即此二十八年入臨淄，三十二年下七十城。
〔五〕鮑本言此以見克齊者，秦之所惡也。

「秦之行暴於天下，正告楚曰〔一〕：『蜀地之甲，輕舟浮於汶〔二〕，乘夏水〔三〕而下江，五日而至郢。漢中之甲，乘舟出於巴，乘夏水而〔四〕下漢，四日而至五渚〔五〕。寡人積甲宛，東下隨〔六〕，知者不及謀，勇者不及怒，寡人如射隼矣〔七〕。王乃待天下之攻函谷，不亦遠乎？』楚王爲是之故，十七年事秦。

〔一〕**鮑本**無「於」字，「正告楚曰」作「正告天下告楚曰」。◯ **札記**丕烈案：史記作「秦之行暴，正告天下，告楚曰」，或鮑本依之改耳。

〔二〕**鮑本**汶江水出岷山。補曰：汶，眉貧反，即岷。

〔三〕**鮑本**江夏注，沔水自江別至南郡華容，爲夏水。正曰：索隱云，夏音暇，謂夏潦之水盛漲時也。下文「乘夏水」兩出，可見。

〔四〕**鮑本**無「而」字。◯ 補曰：一本「而下」。姚同。**札記**丕烈案：史記有。

〔五〕**鮑本**史注，在洞庭。正曰：今詳本文「下漢而至五渚」，則五渚乃漢水下流。洞庭在江之南，非其地也。

〔六〕**鮑本**屬南陽。

〔七〕**鮑本**隼，祝鳩，喻易也。正曰：射隼，見易解卦。正義云，隼，今之鶻也。

「秦正告韓曰：『我起乎少曲〔一〕，一日而斷太行〔二〕。我起乎宜陽而觸平陽〔三〕，二日而莫不盡繇〔四〕。我離兩周而觸鄭，五日而國舉。』韓氏以爲然，故事秦。

〔一〕**鮑本**韓地。范睢傳，「伐韓少曲」。補曰：本文少曲，高平。正義云，相近高平，在懷州河陽縣西北。

〔二〕**鮑本**補曰：正義云，太行山羊腸坂道北過韓上黨也。

〔三〕鮑本補曰：宜陽，見前。平陽，即近武遂，韓墳墓所在者。
〔四〕鮑本「繇」，「由」同。正曰：索隱云，繇，音摇，摇動也。「我」屬下句。

「秦正告魏曰：『我舉安邑，塞女戟，韓氏、太原卷〔一〕。我〔二〕下枳，道〔三〕南陽、封、冀〔四〕，包兩周，乘夏水，浮輕舟，强弩在前，銛戈〔五〕在後，決滎口〔六〕，魏無大梁；決白馬之口，魏無濟陽；決宿胥之口〔七〕，魏無虚、頓丘〔八〕。陸攻則擊河内，水攻則滅大梁。』魏氏以爲然，故事秦。

〔一〕鮑本不通此四處。正曰：安邑、女戟見前。太原在河東，時屬趙。卷，見魏策。正義云，卷，猶斷絶，軌免反。太原當爲太行。蓋曰秦舉魏之安邑，塞魏之女戟，則韓氏、太行斷絶也。按趙策，秦舉安邑而塞女戟，韓氏、太原絶。正義以「卷」爲「絶」，據此。
〔二〕姚本舊無「我」字，曾有。　鮑本無「我」字。〇
〔三〕鮑本「枳」作「軹」，「道」下復有「道」字。〇　道，道所由也。補曰：按枳道即河内軹。「枳」、「軹」字通。札記丕烈案：史記作「我下軹，道南陽」。索隱以爲言「道」者，衍字。今詳其文，乃「下枳」句絶，「道」字下屬，復有者誤。
〔四〕鮑本後志，河東皮氏有冀亭，注引此。補曰：南陽即修武。封，封陵，杜預云，在蒲州。
〔五〕鮑本「包」上有「兼」字，「戈」作「戟」。〇　札記丕烈案：史記作「錟戈」。
〔六〕姚本一作「滎陽之口」。鮑本「滎」作「熒」。〇　滎澤之口。補曰：索隱曰，滎澤口與今汴河口通，其水深，可以灌大梁。公子無忌亦云然。大事記，灌大梁之策，戰國以來，人皆知之，秦卒用此策。
〔七〕鮑本徐注，紀年曰，魏救山塞集胥口。
〔八〕鮑本補曰：大事記云，水經注，河水舊在白馬縣南，決通濟陽、黄溝。白馬，本衛之曹邑，今滑州縣。史作「外黄、濟

陽」。大事記作「黄、濟陽」。説又見秦策。宿胥、虚、頓丘，並見秦、魏策。

「秦欲攻安邑，恐齊救之〔一〕，則以宋委於齊，曰：『宋王無道，爲木人以寫〔二〕寡人，射其面。寡人地絶兵遠，不能攻也。王苟能破宋有之，寡人如自得之。』已得安邑，塞女戟，因以破宋爲齊罪。

〔一〕鮑本「救」作「據」。○札記丕烈案：史記作「救」。

〔二〕鮑本「寫」作「象」。○補曰：一本作「寫」，蓋古「象」字作「舄」訛也。札記丕烈案：史記作「寫」，「寫」字是。

「秦欲攻齊〔一〕，恐天下救之，則以齊委於天下曰：『齊王〔二〕四與寡人約，四欺寡人，必〔三〕率天下以攻寡人者三。有齊無秦，無齊有秦，必伐〔四〕之，必亡之！』已得宜陽、少曲，致藺、石〔五〕，因以破齊爲天下罪。

〔一〕鮑本「齊」作「韓」。○

〔二〕鮑本「王」作「人」。○補曰：一本「人」作「王」。姚同。札記丕烈案：史記作「王」。

〔三〕鮑本必，言攻之決。

〔四〕姚本劉作「代」。

〔五〕姚本三本同作「君」。鮑本「石」上補「離」字。○補曰：「藺、離石」見前。據文恐有「離」字。姚注，「石」字三本同作「君」，詳此當缺。札記丕烈案：史記作「致藺、石」。

「秦欲攻魏，重楚〔一〕，則以南陽〔二〕委於楚曰：『寡人固與韓且絶矣！殘均陵〔三〕，塞鄳隘〔四〕，苟利於楚，寡人如自有之。』魏棄與國而合於秦，因以塞鄳隘爲楚罪。

〔一〕鮑本恐楚擊其後。
〔二〕鮑本補曰：鄧之南陽。
〔三〕鮑本地缺。正曰：正義云，均州故城在隨州西南，蓋均陵也。
〔四〕鮑本「鄳」作「黽」。○ 補曰：見楚策。 札記丕烈案：史記作「鄳」，下同。

「兵困於林中〔一〕，重燕、趙，以膠東〔二〕委於燕，以濟西委於趙。趙〔三〕得講於魏，至〔四〕公子延〔五〕，因犀首屬行而〔六〕攻趙。兵傷於離石〔七〕，遇敗於馬陵，而重魏，則以葉、蔡〔八〕委於魏。已得講於趙，則劫魏，魏不爲割。困則使太后、穰侯爲和，嬴則兼欺舅〔九〕與母。適〔一〇〕燕者曰：『以膠東。』適趙者曰：『以濟西。』適魏者曰：『以葉、蔡。』適楚者曰：『以塞鄳隘〔一一〕。』適齊者曰：『以宋。』此〔一二〕必令其言如循環〔一三〕，用兵如刺蜚繡〔一四〕，母不能制〔一五〕，舅不能約。龍賈之戰〔一六〕，岸門之戰，封陸之戰〔一七〕，高商之戰〔一八〕，趙莊之戰〔一九〕，秦之所殺三晉之民數百萬。今其生者，皆死秦之孤也〔二〇〕。西河之外、上雒之塞、三川，晉國之禍，三晉之半〔二一〕。秦禍如此其大，而燕、趙之〔二二〕秦者，皆以爭事秦說〔二三〕其主，此臣之所大患。」

〔一〕鮑本補曰：見魏策。
〔二〕鮑本膠東國。故齊國。項紀注，即墨也。
〔三〕鮑本「趙」作「已」。○ 札記丕烈案：史記作「趙」。

〔四〕**鮑本**「至」作「質」。○　補曰：索隱云，當改「質」。

〔五〕**鮑本**秦子。正曰：魏子。

〔六〕**鮑本**無「屬行而」三字。○　補曰：一本「首」下有「屬行而」三字，史、姚同。索隱曰，謂連兵相屬也。行，胡郎反。

〔七〕**鮑本**史「離石」作「譙石」。

〔八〕**姚本**曾改「馬陵」作「陽馬」。曾改「葉、蔡」作「南陽」。**鮑本**馬陵，葉、蔡，并見前。史「馬陵」作「陽馬」。索隱云，並趙地名。

〔九〕**鮑本**「嬴」作「贏」。○　贏，謂勝。舅，謂穰侯。**札記**丕烈案：史記作「嬴」。

〔一〇〕**鮑本**「適」，「謫」同。補曰：適，即上所謂因以爲罪者。

〔一一〕**鮑本**「隘」作「阸」。○　**札記**丕烈案：史記作「阸」。

〔一二〕**鮑本**無「此」字。○　**札記**丕烈案：史記有。

〔一三〕**鮑本**補曰：言其無窮不可致詰也。

〔一四〕**姚本**錢本添入「蜚」字。**鮑本**「蜚」下無「繡」字。○　蜚，集韻，蟲名。喻易也。補曰：蜚，匪微反，又上、去二音。一本「刺繡」。**札記**今本脱「繡」字。丕烈案：史記作「刺蜚」，此必策文作「繡」，史記作「蜚」，遂兩存也。今本删去「繡」字者誤。

〔一五〕**鮑本**「制」作「知」。○　補曰：一本「知」作「制」。**札記**丕烈案：史記作「制」。

〔一六〕**鮑本**魏襄五年，秦拔我龍賈軍。補曰：此據世家、年表在二年。大事記從年表，云魏惠王後二年。

〔一七〕**鮑本**「陸」作「陵」。○　魏哀十六年，秦敗我封陵。恐岸亭在潁。韓記注，岸門，封陵，亭名。然則封陵亦屬潁川。正曰：哀當作襄。封陵，見封丘注。補曰：岸門之戰，赧王元年，當韓宣惠王十九年。**札記**丕烈案：史記作「陵」。

〔一八〕**姚本**錢本無此上八字。　**鮑本**史不書。

〔一九〕**鮑本**趙肅侯十三年，趙莊與秦戰，死河西。

〔二〇〕**鮑本**補曰：死於秦者之孤。

〔二一〕**鮑本**言上三地被禍，居晉國之半。正曰：西河、上雒，魏地。三川，韓地。言秦已得三晉之半也。

〔二二〕**鮑本**補曰：「之」下恐有缺字。　**札記**丕烈案：史記文正同，吴氏説未是。

〔二三〕**姚本**舊本作「議」。

燕昭王不行，蘇代復重於燕。燕反約諸侯從親，如蘇秦時，或從或不〔一〕，而天下由此宗蘇氏之從約。代、厲皆以壽死，名顯諸侯。〔二〕

〔一〕**鮑本**「不」作「否」。○　**札記**今本「不」作「否」。丕烈案：史記作「不」。

〔二〕**鮑本**代傳有，在伐齊事後。彪謂：秦之所以正告諸侯及其用詐，皆愚弄之也。而諸侯莫省，獨一燕昭知之，然亦不久死矣。彪故曰，秦横之成，天幸也。補曰：文甚明快。

蘇代爲奉陽君説燕於趙以伐齊〔一〕

〔一〕姚本蘇代爲奉陽君説燕於趙以伐齊與奉陽君告朱讙與趙足分列二篇，鮑本合爲一篇。據文義，從鮑本。

蘇代爲〔一〕奉陽君〔二〕説燕於趙以伐齊，奉陽君不聽。乃入齊〔三〕惡趙，令齊絶於趙。齊已絶於趙，因之燕，謂昭王曰：「韓爲謂臣曰：『人告奉陽君曰：使齊不信趙者，蘇子也；

今〔四〕齊王〔五〕召蜀子〔六〕使不伐宋〔七〕，蘇子也；與齊王謀〔八〕道取秦以謀趙者，蘇子也；令齊守趙之質子以甲者，又蘇子也。請告子〔九〕以請齊，果〔一〇〕以守趙之質子以甲，吾必守子以甲〔一一〕。』其言惡矣。雖然，王勿患也〔一二〕。臣故知入齊之有趙累也〔一三〕。出爲之以成所欲〔一四〕，臣死而齊大惡於趙，臣猶生也。令〔一五〕齊、趙絶，可大紛已〔一六〕。持〔一七〕臣非張孟談也，使臣也如張孟談也，齊、趙必有爲智伯者矣。

〔一〕鮑本「爲」作「謂」。○

〔二〕鮑本此亦其後襲稱。正曰：説見趙策。

〔三〕鮑本代入。

〔四〕鮑本「今」作「令」。○

〔五〕鮑本閔。

〔六〕鮑本齊將。正曰：無考。

〔七〕鮑本「宋」下補「者」字。○

〔八〕鮑本「道」作「逌」。○逌，逃去也，言避秦兵。取，言與之合。正曰：即此策下文所云，「臣以爲不若逃而去之，以韓、魏循自齊，而爲之取秦，深結趙以勸之」。

〔九〕鮑本告子，名不害，代請之使爲己請齊。正曰：無據，妄引。韓爲謂代舉或人告奉陽君之言。請者，或人之請，爲趙言於齊也。

〔一〇〕鮑本果者，必欲告子如是。

〔一一〕鮑本言告子不聽則然。正曰：謂告子，齊果守趙質子以甲，則吾將守子以甲。

〔一二〕鮑本人所告奉陽之言，於代爲惡，燕王善代，必患之。故代告王以無患，爲其亂齊、趙，所以利燕。

〔一三〕鮑本言趙惡代。

〔一四〕鮑本出者，奮不顧也，言知其有累而奮爲之。欲，謂利燕。

〔一五〕鮑本「令」作「今」。〇

〔一六〕鮑本紛，亂也。

〔一七〕鮑本持，猶使。補曰：「持」字疑「特」。

「奉陽君告朱讙與趙足曰〔一〕：『齊王使公王曰〔二〕命說〔三〕曰，必不反韓珉，今召之矣〔四〕。必不任蘇子以事，今封而相之。令〔五〕不合燕，今以燕爲上交。吾所恃者順也〔六〕，今其言變有甚於其父，順始與蘇子爲讎。見之知〔七〕無厲〔八〕，今賢之兩之〔九〕，已矣，吾無齊矣〔一〇〕！』

〔一〕鮑本代稱奉陽之言，然二皆趙人。

〔二〕鮑本「王」作「玉」。〇 齊人姓名。正曰：一本「公王」。按字書，三畫中近上者，於方反；三畫匀者，虞欲反。隸始加點，以別王字。新序有公玉丹，史公玉帶，則公玉，姓也。此疑有缺誤。札記丕烈案：誤字，此字是其名。

〔三〕鮑本奉陽君。補曰：「說」即「兑」之訛。說見趙策。

〔四〕鮑本言故反前。下類此。

〔五〕鮑本「令」作「必」。〇 札記「令」，今本誤「今」。

〔六〕鮑本公玉父名。正曰：無考。鮑因下言「有甚於其父」，遂云爾。按趙策齊欲攻宋章，以三晉劫秦，使順也甘之，恐即此人。

〔七〕鮑本「知」作「如」。〇 札記丕烈案：此當有訛。

〔八〕鮑本補曰：無害也。
〔九〕鮑本兩，謂封與相。正曰：賢之，謂以代爲賢。兩之，謂與之並處。
〔一〇〕鮑本並述奉陽之言。

「奉陽君之怒甚矣〔一〕。如齊王王〔二〕之不信趙，而小人奉陽君也〔三〕，因是而倍〔四〕之。不以今時大紛之，解而復合，則後不可奈何也。故齊、趙之合苟可循〔五〕也，死不足以爲臣患〔六〕；逃不足以爲臣耻；爲諸侯，不足以爲臣榮；被髮自漆爲厲，不足以爲臣辱〔七〕。然而臣有患也，臣死而齊、趙不循，惡交分於臣也〔八〕，而後相效〔九〕，是臣之患也〔一〇〕。若臣死而必相攻也〔一一〕，臣必勉之而求死焉。堯、舜之賢而死，禹、湯之知而死，孟賁之勇而死，烏獲之力而死，生之物固有不死者乎？在必然之物〔一二〕以成所欲，王何疑焉？

〔一〕鮑本此代自言。
〔二〕鮑本衍「王」字。補曰：衍字。
〔三〕鮑本待之爲小人。
〔四〕鮑本音背，言燕宜然。正曰：言齊因是倍趙。
〔五〕姚本錢一作「脩」。鮑本循，言順燕。
〔六〕鮑本代本以二國之合，必不順燕。今乃合而順之，故有死、逃之罪。正曰：言二國之合，必害於燕，苟順而無害，國之利也，故己之死、逃、榮、辱，皆不足論。
〔七〕鮑本補曰：厲，史音賴，見秦策。「死不足以爲臣患」及「堯、舜之賢而死」兩節，與秦策范雎説同。

〔八〕鮑本燕以二國可因，而代不欲，則三國皆惡代矣。然二國卒不可因，則代之惡，皆有所分。交，猶皆。
〔九〕鮑本「效」作「効」。○ 効，後人見其不可因而効己。
〔一〇〕鮑本患其後時。
〔一一〕鮑本齊、趙相攻。
〔一二〕鮑本死者，人之必然。

「臣以爲不若逃而去之〔一〕。臣以韓、魏循自〔二〕齊〔三〕，而爲之取秦〔四〕，深結趙以勁之〔五〕。如是則近於相攻〔六〕。臣雖爲之累燕〔七〕，奉陽君告朱讙〔八〕曰：『蘇子怒於燕王之不以吾故〔九〕，弗予相，又不予卿也〔一〇〕，殆無燕矣。』其疑至於此〔一一〕，故臣雖爲之不累燕〔一二〕，又不欲〔一三〕王。伊尹再逃湯而之桀〔一四〕，再逃桀而之湯，果與鳴條之戰，而以湯爲天子。伍子胥逃楚而之吴，果與伯〔一五〕舉之戰，而報其父之讎。今臣逃而紛齊、趙，始可著於春秋。且舉大事者，孰不逃？桓公之難，管仲逃於魯；陽虎之難，孔子逃於衛〔一六〕；張儀逃於楚〔一七〕；白珪逃於秦〔一八〕；望諸〔一九〕相中山也使趙，趙劫之求埊，望諸攻關而出逃〔二〇〕；外孫之難〔二一〕，薛公釋戴〔二二〕逃出於關〔二三〕，三晉稱以爲士〔二四〕。故舉大事，逃不足以爲辱矣。」

〔一〕鮑本無「爲」字。○ 詐以罪逃去。補曰：一本此有「爲」字。
〔二〕姚本一作「日」。
〔三〕鮑本言逃燕，則自韓、魏順行至齊。
〔四〕鮑本言勁齊以怒趙。

〔五〕**鮑本**「勁」作「勤」。○　此勁趙以怒齊也。結，亦以韓、魏、趙自燕結之。勤，猶厚。

〔六〕**鮑本**「攻」下有「也」字。○

〔七〕**鮑本**「累」上補「不」字。○　正曰：「臣雖爲之累燕」，下文引奉陽君之言而釋之曰，臣雖爲之不累燕。

〔八〕**鮑本**亦代稱之。

〔九〕**鮑本**以，用也。吾，指奉陽君。

〔一〇〕**鮑本**兩「予」字作「子」。○　子，謂讙。正曰：子，謂代。補曰：一本「不予相，又不予卿也」。予，亦爲蘇子自予也。

〔一一〕**鮑本**燕王善代，而奉陽謂其怒燕者，疑也。

〔一二〕**鮑本**疑代怒燕，故代雖爲燕紛二國，二國不怨燕也。

〔一三〕**鮑本**欲，猶須也。言其自相攻，不須燕。

〔一四〕**姚本**舊無「再逃湯而之桀」六字。曾、錢有。　**鮑本**無「再逃湯而之桀」六字。○　補曰：一本此句上有「再逃湯而之桀」六字，姚本同。

〔一五〕**鮑本**「伯」作「柏」。○　正曰：古字通。古今人表柏虎、柏益、柏樂之類。

〔一六〕**鮑本**定八年，陽虎作難，十四年，孔子乃適衞，不如此所云。　**札記**今本「虎」誤「貨」。

〔一七〕**鮑本**傳不書。正曰：即儀至楚之事。

〔一八〕**鮑本**未詳。

〔一九〕**鮑本**此與樂毅同號。

〔二〇〕**鮑本**無「逃」字。○

〔二一〕**鮑本**未詳。

〔二二〕鮑本「戴」作「載」。○ 不乘車也。

〔二三〕鮑本齊湣二十五年，田文入秦，秦因欲殺之，因秦幸姬得出，馳去，變姓名出關。

〔二四〕鮑本「士」上補「好」字。○ 太史公曰，好客自喜。補曰：「士」上恐有缺字。札記丕烈案：此無缺字，吳説非。

卒絶齊於趙，趙合於燕以攻齊，敗之。〔一〕

〔一〕鮑本補曰：此策文多未詳，注多未妥。

蘇代爲燕説齊

蘇代爲燕説齊，未見齊王〔一〕，先説淳于髡曰：「人有賣駿馬者，比〔二〕三旦立市，人莫之知。往見伯樂曰：『臣有駿馬，欲賣之，比三旦立於市，人莫與言，願〔三〕子還而視之，去而顧之〔四〕，臣請獻一朝之賈〔五〕。』伯樂乃還而視之，去而顧之，一旦而馬價十倍。今臣〔六〕欲以駿馬〔七〕見於王，莫爲臣先後者〔八〕，足下有意爲臣伯樂乎？臣請獻白璧一雙，黄金千鎰，以爲馬食〔九〕。」淳于髡曰：「謹聞命矣。」入言之王而見之，齊王大説蘇子。

〔一〕鮑本閔。

〔二〕鮑本比，猶連。

〔三〕鮑本無「願」字。○

〔四〕鮑本顧，反視。補曰：還，當音旋，義同。
〔五〕鮑本「賈」作「費」。○補曰：疑「費」字。
〔六〕鮑本「臣」下有「之」字。○補曰：一本無。姚同。
〔七〕鮑本馬，自喻也。
〔八〕鮑本爲之助也。
〔九〕鮑本自喻爲馬，則此所獻，馬之食也。正曰：獻此以爲馬之食。

蘇代自齊使人謂燕昭王

蘇代自齊使人謂燕昭王曰：「臣聞〔一〕離齊、趙，齊、趙已孤矣，王何不出兵以攻齊？臣請王弱之。」燕乃伐齊攻晉〔二〕。

〔一〕鮑本「聞」作「間」。○間，猶傾也。補曰：當作「間」。正曰：間，去聲，致隙曰間。間，隔也。
〔二〕鮑本疑兵也，實合魏而陽攻以疑齊。正曰：晉，地名，下文云「晉下」，可見。

令人〔一〕謂閔王曰：「燕之攻齊也，欲以復振古〔二〕埊也。燕兵在晉而不進，則是兵弱而計疑也。王何不令蘇子將而應燕乎？夫以蘇子之賢，將而應弱燕，燕破必矣。燕破則趙不敢不聽，是王破燕而服趙也。」閔王曰：「善。」乃謂蘇子曰：「燕兵在晉，今寡人發兵應之，願子爲寡人爲之將。」對曰：「臣之於兵，何足以當之，王其改舉〔三〕。王使臣也，是敗王之兵，而以臣遺燕也。戰不勝，不可振〔四〕也。」王曰：「行，寡人知子矣。」

〔一〕鮑本代令之。
〔二〕鮑本「古」作「故」。○ 振，舉也。蓋欲復王噲所失。
〔三〕鮑本別用他將。
〔四〕鮑本振，救也。

蘇子遂將，而與燕人戰於晉下〔一〕，齊軍敗。燕得甲首二萬人。蘇子收〔二〕其餘兵，以守陽城，而報於閔王曰：「王過舉，令臣應燕。今軍敗亡二萬人，臣有斧質之罪，請自歸於吏以戮。」閔王曰：「此寡人之過也，子無以爲罪。」

〔一〕鮑本晉之下地。
〔二〕鮑本「收」作「以」。○

明日又使燕攻陽城及狸〔一〕。又使人謂閔王曰：「日者齊不勝於晉下，此非兵之過，齊不幸而燕有〔二〕天幸也。今燕又攻陽城及狸，是以天幸自爲功也。王復使蘇子應之，蘇子先敗王之兵，其後必務以勝報王矣。」王曰：「善。」乃復使蘇子，蘇子固辭，王不聽。遂將以與燕戰於陽城。燕人大勝，得首三萬。齊君臣不親，百姓離心。燕因使樂毅大起兵伐齊，破之。〔三〕

〔一〕鮑本燕地也。趙悼襄九年，攻燕取貍、陽城。正曰：據此策，則燕取之於齊者也。大事記引正義云，燕無貍陽，疑字誤，當作漁陽。按此文兩云陽城及貍，則正義亦未可據。

〔二〕姚本曾作「有」。

〔三〕鮑本彪謂：蘇代之於燕、齊，皆嘗隙而復善，其情禮均也。而獨爲燕圖齊之深，何哉？昭王賢也。雖然，糜爛人之民人以行其說，而奉其所賢，仁者不爲也，獨不念嘗委質於齊乎？補曰：蘇代傾詐不義，一至於此，其罪浮於張儀矣。

蘇代自齊獻書於燕王

蘇代自齊獻書於燕王曰：「臣之行也，固知將有口事〔一〕，故獻御書而行〔二〕，曰：『臣貴於齊，燕大夫將不信臣；臣賤，將輕臣；臣用，將多望〔三〕於臣；齊有不善〔四〕，將歸罪於臣；天下不攻齊，將曰善爲齊謀；天下攻齊，將與齊兼鄮〔五〕臣。臣之所重處重卯也〔六〕。』王謂臣曰：『吾必不聽衆口與讒言，吾信汝也，猶剗刈者〔七〕也。上可以得用於齊，次可以得信於下，苟無死，女無不爲也，以〔八〕女自信可也。』與之言曰〔九〕：『去燕之齊可也，期〔一〇〕於成事而已。』臣受令以任齊〔一一〕，及五年。齊數出兵，未嘗謀燕。齊、趙之交，一合一離，燕王〔一二〕不〔一三〕與齊謀趙，則與趙謀齊〔一四〕。齊之信燕也，至於虛北埊〔一五〕行其兵〔一六〕。今王信田伐與參、去疾之言〔一七〕，且〔一八〕攻齊，使齊犬馬駿〔一九〕而不言燕。今王又使慶〔二〇〕令臣曰：『吾欲用所善。』王苟欲用之〔二一〕，則臣請爲王事之。王欲醳〔二二〕臣剸〔二三〕任所善，則臣請歸醳事。

臣苟得見，則盈願。」〔二四〕

〔一〕鮑本言人譖之。

〔二〕鮑本獻侍御者以書。

〔三〕鮑本望，猶責。

〔四〕鮑本謂惡燕。

〔五〕鮑本「鄮」作「貿」。◯ 貿，猶賣。補曰：貿，當作買，互易也。字增「邑」，訛。

〔六〕鮑本「卯」作「留」。◯ 重，猶難也。留，謂處於齊爲難。正曰：一本「卯」作「卵」。據此，則「重」當平聲。重卵，猶言累卵，謂己處危也。上文恐多「重」字。

〔七〕鮑本「剗刈者」作「列眉」。◯ 言無可疑。補曰：「列眉」，未詳。一本「猶剗刈者也」。龍龕手鑒，「刈」，古「剗」字。愚謂，即刈字也。剗刈者，斬斷果決之意。

〔八〕鮑本以，猶由。

〔九〕鮑本王與之。

〔一〇〕鮑本「期」作「其」。◯ 補曰：當作「期」字，通借。

〔一一〕鮑本得任於齊。正曰：以齊爲任。

〔一二〕鮑本衍「王」字。

〔一三〕鮑本無「不」字。◯ 正曰：一本「不與齊謀趙，則與趙謀齊」，疑「王」即「不」字之訛。

〔一四〕鮑本燕與齊謀趙，實欲離齊於趙，代因與趙謀齊，以成燕之謀。正曰：見上。

〔一五〕鮑本虛，言不設備。齊北近燕。

〔一六〕鮑本以北兵伐他國。

〔一七〕**鮑本**三人譏代者。

〔一八〕**鮑本**且，辭也。

〔一九〕**鮑本**無「騃」字。○　犬馬，言已賤齊爲之也，又不泄燕之謀。補曰：一本「犬馬騃」，姚同。字書無「騃」字，恐即「賤」。

〔二〇〕**鮑本**燕臣名。

〔二一〕**鮑本**「王苟欲」下有「用所善王欲」五字。○　補曰：姚本「王苟欲用之」，無中間五字，文義爲勝。

〔二二〕**鮑本**「醳」，「釋」同，見鄒忌説琴。補曰：魏世家，如耳云，「以秦醳衛」。張儀傳，「醳之」。索隱云，古「釋」字。

〔二三〕**鮑本**「剸」作「專」。○　補曰：「專」字訛。**札記**丕烈案：「剸」、「專」同字，猶「醳」、「釋」同字也。

〔二四〕**鮑本**彪謂：爲人間者，均有此六患，非燕昭之明，代其危哉！功成矣，猶不能爲此者，況他人乎？代之謀齊，亦異乎豫讓之於趙矣。彼哉！彼哉！補曰：此策蓋代在齊，而或有疑之於王者，故代以書自白，文多未詳。燕昭即位，志復齊讎，非一日矣。樂毅以趙亂適衛至燕，在十七年之後。又十年，始合五國以破齊。方其患齊之强，志未逞也。蘇代之徒，爲之間齊離趙之交，激秦之怒，勸之以伐宋，驕其兵而罷其師，齊卒以亡，代有力焉，而世不數何也？蓋毅之爲燕約結，信義服人，卒用此以勝，何假乎代之爲哉？代之傾詐反覆，效用於燕，亦昭王之賢明有以御之，非倚以成功也。

陳翠合齊燕

陳翠合齊、燕，將令燕王之弟爲質於齊〔一〕，燕王許諾。太后聞之大怒曰：「陳公不能爲人之國，亦則〔一〕已矣，焉有離人子母者，老婦欲得志焉〔二〕。」

〔一〕鮑本代傳，説王噲已，乃使一子質齊。正曰：鮑因此指爲王噲事。然史云一子質齊，而此云燕王之弟，則不合矣。其時未可定。

〔二〕鮑本「亦則」作「則亦」。○

〔三〕鮑本以殺辱之爲快。

陳翠欲見太后，王曰：「太后方怒子，子其待之。」陳翠曰：「無害也。」遂入見太后曰：「何臞〔一〕也？」太后曰：「賴得先王〔二〕雁鶩之餘食，不宜臞〔三〕。臞者，憂公子之且爲質於齊也。」

〔一〕鮑本臞，少肉。

〔二〕札記今本「王」誤「生」。

〔三〕鮑本「臞」下有「者」字。○　補曰：姚本無「者」字。

陳翠曰：「人主之愛子也，不如布衣之甚也。非徒不愛子也，又不愛丈夫子獨甚。」太后曰：「何也？」對曰：「太后嫁女諸侯，奉以千金，齎埊百里，以爲人之終也〔一〕。今王願封公子，百官持職〔二〕，群臣效忠，曰：『公子無功不當封。』今王之以公子爲質也，且以爲公子功而封之〔三〕也。太〔四〕后弗聽，臣是以知人主之不愛丈夫子獨甚也。且太后與王幸而在，故公子貴；太后千秋之後，王棄國家，而太子即位，公子賤於布衣。故非及太后與王封公子，則公子終身不封矣！」

〔一〕鮑本嫁則女之事畢矣，封亦公子之終也。

〔二〕鮑本持，猶守也。封無功者，爭之職也。

〔三〕鮑本無「而封之」三字。○ 補曰：一本「且以爲公子功而封之也」。姚同。

〔四〕鮑本「太」上有「而」字。○

太后曰：「老婦不知長者之計。」乃命公子束車制衣爲行具。〔一〕

〔一〕鮑本補曰：此與觸讐諫趙威后同。戰國所載事多如此，然觸讐言尤婉切，所以人多稱之。

燕昭王且與天下伐齊

燕昭王且與天下伐齊，而有齊人仕於燕者，昭王召而謂之曰：「寡人且與天下伐齊，旦暮出令矣。子必爭之，爭之而不聽，子因去而之齊。寡人有時復合和也〔一〕，且以因子而事齊。」當此〔二〕之時也，燕、齊不兩立，然而常獨欲有復收〔三〕之之志若此也。〔四〕

〔一〕鮑本無「和也」二字。○ 預言不勝與齊合。補曰：一本「復合和也」。

〔二〕鮑本補曰：「當此」以下，紀述者之辭。

〔三〕鮑本收，猶合。不兩立，則不可復合，而不能無合之之志。

〔四〕**鮑本**彪謂：此少年狡獪之行，小人患失之類，而燕昭爲之，此其所以不王也。

燕饑趙將伐之

燕饑，趙將伐之。楚使將軍之燕，過魏，見趙恢。趙恢曰：「使除患無至〔一〕，易於救患。伍子胥、宫之奇不用〔二〕，燭之武〔三〕、張孟談〔四〕受大賞。是故謀者皆從事於除患之道〔五〕，而先〔六〕使除患無至者。今予〔七〕以百金送公〔八〕也，不如以言。公聽吾言而説趙王〔九〕曰：『昔者吴伐齊，爲其饑也，伐齊未必勝也，而弱越乘其弊以霸。今王之伐燕也，亦爲其饑也，伐之未必勝，而强秦將以兵承〔一〇〕王之西〔一一〕，是使弱趙居强吴之處，而使强秦處弱越之所以霸也。願王之熟計之也。』」

〔一〕**鮑本**除之使不至。

〔二〕**鮑本**此除患者。

〔三〕**鮑本**僖三十年，晉、秦圍鄭，佚之狐言於鄭伯曰，「國危矣，若使燭之武見秦君，師必退」。之武見秦伯曰，「鄭知亡矣，而有益於君，敢以煩執事。越國以鄙遠，君知其難也，焉用亡鄭以倍鄰？鄰之厚，君之薄也」。秦伯説，乃還。

〔四〕**鮑本**皆救患者。

〔五〕**鮑本**「道」作「遺」，下有「者」字。○　謂救患者。補曰：一本「遺」作「道」，下無「者」字。姚同，義是。

〔六〕**鮑本**「先」作「無」。○　補曰：上疑有闕文。

〔七〕**鮑本**「予」作「與」。○　補曰：一本作「予」。姚同。

〔八〕**鮑本**公，謂楚使。

〔九〕**鮑本**惠文。

〔一〇〕**鮑本**「承」作「乘」。○　正曰：此書「乘」、「承」通。後昌國君章有。

〔一一〕**姚本**曾、劉改「西」作「北」。

使者乃以説趙王，趙王大悦，乃止。燕昭王聞之，乃封之以地〔一〕。

〔一〕**鮑本**封恢也。恢蓋趙之仕魏而爲燕者，爲燕亦所以爲魏也。正曰：無據。

昌國君樂毅爲燕昭王合五國之兵而攻齊

昌國君樂毅爲燕昭王合五國之兵〔一〕而攻齊，下七十餘城，盡郡縣之以屬燕。三城未下〔二〕，而燕昭王死。惠王即位，用齊人反間，疑樂毅，而使騎劫代之將。樂毅奔趙，趙封以爲望諸君〔三〕。齊田單欺〔四〕詐騎劫，卒敗燕軍，復收七十城以復齊。燕王悔，懼趙用樂毅承〔五〕燕之弊以伐燕。

〔一〕**鮑本**傳云，并合趙、楚、韓、魏、燕之兵。補曰：正義云，故昌城在淄州淄川縣東北。

〔二〕**姚本**聊、即墨、莒。**鮑本**補曰：毅傳，唯莒、即墨未下。燕世家云，聊、莒、即墨未下。蓋因燕將守聊城不下之事而誤。說見齊策。

〔三〕鮑本補曰：史，趙封毅於觀津，號望諸君。索隱云，望諸，澤名，在齊，蓋趙有之，故號焉。

〔四〕鮑本無「欺」字。〇 丕烈案：無者當是。

〔五〕鮑本「承」作「乘」。〇 正曰：說見上。　札記丕烈案：史記作「乘」。

燕王乃使人讓樂毅，且謝之曰：「先王舉國而委將軍，將軍爲燕破齊，報先王之讎，天下莫不振動，寡人豈敢一日而忘將軍之功哉！會先王棄群臣，寡人新即位，左右誤寡人。寡人之使騎劫代將軍者〔一〕，爲將軍久暴〔二〕露於外，故召將軍且休計事。將軍過聽，以與寡人有郄〔三〕，遂捐燕而歸趙。將軍自爲計則可矣，而亦何以報先王之所以遇將軍之意乎？」〔四〕

〔一〕姚本曾本添「者」字。　鮑本無「者」字。〇 札記丕烈案：史記無。

〔二〕鮑本「暴」，「曝」同。

〔三〕鮑本「郄」作「隙」。〇 隙，不合也。　札記丕烈案：史記作「隙」。

〔四〕鮑本補曰：自「先王舉國」止此一節，恐當在後章燕王書「寡人不佞」云云之上。餘說見彼章。

望諸君乃使人獻書報燕王曰：「臣不佞，不能奉承先王之教，以順左右之心，恐抵斧質之罪，以傷先王之明，而又害於足下之義〔一〕，故遁逃奔趙。自負〔二〕以不肖之罪，故不敢爲辭說。今王使使者數之罪，臣恐侍御者之不察先王之所以畜幸〔三〕臣之理，而又不白〔四〕於臣之所以事先王之心，故敢以書對。

〔一〕鮑本無罪而殺毅，非義也。
〔二〕鮑本負，言苟罪在身。
〔三〕鮑本畜，養也。幸，親愛之。
〔四〕鮑本白，猶明。

「臣聞賢聖之君，不以祿私其親，功多者授之；不以官隨其愛，能當之〔一〕者處之。故察能而授官者，成功之君也；論行而結交者，立名之士也。臣以所學者觀之，先王之舉錯，有高世之心，故假節於魏王〔二〕，而以身得察於燕〔三〕。先王過舉，擢之乎賓客之中，而立之乎群臣之上，不謀於父兄，而使臣爲亞〔四〕卿。臣自以爲奉令承教，可以幸無罪矣，故受命而不辭。

〔一〕鮑本無「之」字。○
〔二〕鮑本時諸侯不通，出關則以節假之，故上言毅自魏往見王。正曰：毅傳，毅爲魏昭王使燕，燕王以客禮待之。毅辭讓，遂委質爲臣。正義云，假魏節使燕。
〔三〕鮑本補曰：毅傳，趙人，因沙丘之亂，適魏至燕，故大事記附見於燕昭王十七年。
〔四〕鮑本亞，次也。

「先王命之曰：『我有積怨深怒於齊，不量輕弱，而欲以齊爲事。』臣對曰：『夫齊霸國之餘教也〔一〕，而驟勝之遺事也，閑於兵甲，習於戰攻。王若欲攻之，則必舉天下而圖之。舉天下而圖之，莫徑〔二〕於結趙矣。且又淮北、宋地〔三〕，楚、魏之所同願也。趙若許〔四〕，約楚、魏，宋盡力，四國攻之〔五〕，齊可大破也。』先王曰：『善。』臣乃口受令，具符節，南使臣於趙。顧〔六〕反命，起兵隨而攻齊。以天之道，先王之靈，河北之地，隨先王舉而有之於濟上。濟上之軍，奉令擊齊，大勝之。輕卒鋭兵，長驅至國〔七〕。齊王〔八〕逃遁走莒，僅以身免。珠玉財寶，車甲珍器，盡收入燕〔九〕。大吕陳於元英〔一〇〕，故鼎反於曆室〔一一〕，齊器設於寧臺〔一二〕。薊丘之植〔一三〕，植於汶皇〔一四〕。自五伯以來，功未有及先王者也。先王以爲慊其志〔一五〕，以臣爲不頓〔一六〕命，故裂地而封之〔一七〕，使之得比乎小國諸侯。臣不佞，自以爲奉令承教，可以幸無罪矣，故受命而弗辭。

〔一〕**鮑本**無「也」字。◯ **札記**丕烈案：史記、新序此皆無「也」字。

〔二〕**鮑本**「徑」作「勁」，又改作「徑」。◯ 補曰：一本作「徑」。 **札記**丕烈案：新序云，「莫若徑結趙」。史記云，「莫若於結趙」。

〔三〕**鮑本**楚欲得淮北，魏欲得宋，時皆屬齊。

〔四〕**鮑本**許燕。

〔五〕**鮑本**「魏」作「趙」。◯ 宋雖已舉，其遺民怨之。補曰：一本「約楚、魏，宋盡力」。史云，「趙若許而約四國攻之」，其文爲明。 **札記**丕烈案：史記與策文不同，考新序校此，但無「宋」字，此當衍「宋」也。

〔六〕**鮑本**回顧而反，言其速。

〔七〕**姚本**錢作「齊」。

〔八〕**鮑本**閔。

〔九〕**鮑本**補曰：此數語，毅罪狀也。

〔一〇〕**鮑本**大呂，律名。元英，燕樂名。正曰：索隱云，大呂，齊鐘名。元英，燕宮殿名。

〔一一〕**鮑本**「於」作「乎」。○故鼎，齊所得燕鼎。凡鼎以占休咎，故歸之律歷之室。正曰：「曆」，史作「磿」。周禮，「遂師抱磿」，音歷。又，史表「磿侯」，漢表作「曆」，古字通用。說見秦策。正義引括地志云，元英、磿室，燕二宮名，在幽州薊縣西四里寧臺之下。高誘云，燕噲亂，齊伐燕，殺噲，得鼎，今反歸故鼎。今注本無。**札記**丕烈案：新序作「歷」。索隱引此同。

〔一二〕**鮑本**燕臺。

〔一三〕**鮑本**薊，幽州國。植，旗幟之屬。

〔一四〕**鮑本**「皇」作「篁」。○汶水，出泰山萊蕪原。竹田曰篁。言燕以齊爲塞。正曰：索隱云，薊丘，燕所都。言燕薊丘之所植，植齊王汶上之竹。徐注謂燕之疆界移於齊之汶水，非此之謂。此言燕薊丘之所植，移植於汶上之竹田。索隱云亦然。樓助集古今文以毅書爲首，有策問云，「夷門之植，植爲燕雲」。蓋用毅語也。愚謂，左氏以太宮之椽，歸爲盧門之椽，句法正同。補曰：一本「汶皇」。**札記**丕烈案：史記、新序作「篁」。

〔一五〕**鮑本**「愜」作「順」，下有「於」字。○補曰：一本「以爲愜於志」。丕烈案：史記作「慊於志」，新序「快其志」。

〔一六〕**鮑本**頓，猶墜。

〔一七〕**鮑本**補曰：謂封昌國君也。

「臣聞賢明之君，功立而不廢，故著於春秋；蚤知〔一〕之士，名成而不毀，故稱於後世。若先王之報怨雪耻，夷萬乘之强國，收八百歲之蓄積〔二〕，及至棄群臣之日，餘令詔後嗣之遺義，執政任事之臣，所以能循法令，順庶孽〔三〕者，施及萌〔四〕隸，皆可以教於後世。

〔一〕鮑本蚤知，先見也。

〔二〕鮑本通太公數之。

〔三〕鮑本新立之君皆患庶孽之亂，昭王能預順之。

〔四〕鮑本「萌」，「氓」同。

「臣聞善作者，不必善成；善始者，不必善終。昔者五子胥〔一〕説聽乎闔閭，故吳王遠迹至於郢。夫差弗是也〔二〕，賜之鴟夷〔三〕而浮之江。故吳王夫差不悟〔四〕先論之可以立功，故沉子胥而不〔五〕悔。子胥不蚤見主之不同量，故入江而不改〔六〕。夫免身全功，以明先王之迹者，臣之上計也。離〔七〕毀辱之非，墮先王之名者，臣之所大恐也。臨不測之罪，以幸爲利者，義之所不敢出也。

〔一〕鮑本「五」作「伍」。〇札記今本「五」作「伍」。丕烈案：「五」、「伍」同字。史記、新序作「伍」。

〔二〕鮑本不然子胥之説。

〔三〕鮑本鴟夷，榼名。馬革爲其形，以歛骸骨。正曰：史，乃取子胥尸，盛以鴟夷革。應劭云，取馬革爲鴟夷榼形。

〔四〕鮑本「悟」作「悮」。〇札記丕烈案：史記作「寤」，新序作「計」。

〔五〕鮑本「不」作「弗」。〇札記丕烈案：史記、新序作「不」。

〔六〕鮑本補曰：史，「不化」。索隱云，言子胥怨恨，故雖投江而神不化，猶爲波濤之神也。札記丕烈案：新序亦作「化」。

〔七〕鮑本離，麗也，猶遭。正曰：「離」、「罹」通，遭也。

「臣聞古之君子，交絶不出惡聲〔一〕；忠臣之去也，不潔其名〔二〕。臣雖不佞〔三〕，數奉教於

君子矣。恐侍御者之親左右之説，而不察疏遠之行也。故敢以書報，唯君之留意焉。」〔四〕

〔一〕**鮑本**補曰：正義曰，不説己長而談彼短。

〔二〕**鮑本**毁其君而自潔。

〔三〕**鮑本**「佞」下有「乎」字。○　補曰：一本無「乎」字，蓋衍。　**札記**丕烈案：史記、新序，此無「乎」字。

〔四〕**鮑本**傳有。　補曰：大事記，延平陳氏曰，樂毅之下齊也，止侵略，寬賦斂，除暴令，脩舊政，求逸民顯而禮之，祀桓公、管仲於郊，表賢者之閭，封王蠋之墓，凡可以悦其民者，無不爲之。此孟子所以教齊者，齊王不能用之於燕，而樂毅能用之於齊。呂子讀書記曰樂毅伐齊云云，曰，「若不遂乘之，待彼悔前之非，改過恤下，而撫其民，則難慮也」。推此言，則世之論毅者，豈其然乎？朱子曰，「樂毅亦戰國之士，何嘗是王者之師」？又曰，「毅初合秦、魏之師，又因人怨湣王之暴，故一舉下齊七十餘城。湣王死，人心之怒已解，恐三國分功，故急遣之，以燕之力亦止於此。況田單忠義死節，堅守二城，自不可攻，非不欲取，蓋力不能爾。毅在當時亦恣意虜掠，正孟子所謂毁其宗廟，遷其重器者爾」！　愚謂，樂毅之伐齊，取寶器，燒宮室，見於田齊、燕世家，毅傳、國策皆然。徵以毅之自言，蓋不誣矣。陳氏首以止侵掠爲美，似未察其實也。齊以燕伐燕，燕以齊伐齊，孟子所以教齊王者，毅實違之，是尚爲能用之乎？雖有寬賦、除暴、反政、禮賢數端，不足以揜其罪也。故愚著朱子説，併記呂子他日之論，以見其不滿於毅如此。而取陳氏者，特一時之見，未爲定論也。

或獻書燕王

或〔一〕獻書燕王：「王〔二〕而不能自恃〔三〕，不惡卑名以事强，事强可以令國安長久，萬世之善計〔四〕。以事强而不可以爲萬世，則不如合弱。將奈何合弱而不能如一〔五〕，此臣之所爲山東苦也。

〔一〕姚本錢本添「或」字。

〔二〕鮑本「王」上有「燕」字。○　補曰：一本無此「燕」字。姚同。

〔三〕鮑本弱國必得援。

〔四〕鮑本「計」下補「也」字。○

〔五〕鮑本以不一爲無如之何。

「比目之魚〔一〕，不相得則不能行，故古之〔二〕人稱之，以其合兩而如一也。今山東合弱而不能如一，是山東之知不如魚也。又譬如車士之引車也，三人不能行，索二人，五人而車因行矣。今山東三國〔三〕弱而不能敵秦，索二國，因能勝秦矣。然而山東不知相索〔四〕，智固不如車士矣。胡與越人，言語不相知，志意不相通，同舟而凌波，至其相救助如一也。今山東之相與也，如同舟而濟，秦之兵至，不能相救助如一，智又不如胡、越之人矣。三物者〔五〕，人之所能爲也，山東之〔六〕主遂不悟，此臣之所爲山東苦也。願大王之熟慮之也。

〔一〕鮑本爾雅，東方有比目魚，不比不行，謂之鰈。

〔二〕鮑本無「之」字。○

〔三〕鮑本蓋韓、魏、趙也。

〔四〕鮑本「索」下有「者」字。○

〔五〕鮑本物，猶事。

〔六〕鮑本無「之」字。○　補曰：一本「主」上有「之」字。

「山東相合，之主者不〔一〕卑名，之國者可長存〔二〕，之卒者〔三〕出士以戍韓、梁之西邊，此燕之上計也。不急爲此，國必危矣，主〔四〕必大憂。今韓、梁、趙三國以合矣，秦見三晉之堅也，必南伐楚。趙見秦之伐楚也，必北攻燕〔五〕。物固有勢異而患同者。秦久〔六〕伐韓，故中山亡〔七〕；今久〔八〕伐楚，燕必亡〔九〕。臣竊爲王計，不如以兵南合三晉，約戍韓、梁之西邊。山東不能堅爲此，此必皆亡。」

〔一〕鮑本「不」下補「惡」字。○　札記丕烈案：此所補誤甚。「之主者不卑名」爲一句，下文「之國者可長存」爲一句，二者對文，皆山東相合之效也。之，此也。此，山東相合，主也，國也。吳氏讀亦非，見下。

〔二〕鮑本言山東欲存，惟不羞自卑者可也。

〔三〕鮑本之，猶其也。「卒」、「猝」同。　補曰：疑當以三「者」字句，不然，「卒者」下有缺文。　札記吳氏補曰，疑當以三「者」字句。丕烈案：此非也。見上。又曰，不然，卒者下有缺文。是矣。

〔四〕鮑本「主」作「王」。○

〔五〕鮑本無「北」字。○　補曰：一本「必北攻」。姚同。

〔六〕鮑本「久」作「之」。○　補曰：一本「之伐」作「久伐」，下句同。姚並同。

〔七〕鮑本秦不暇救，故趙亡之。正曰：秦非助中山者。補曰：按趙策，蘇厲曰，楚人久伐而中山亡。魏策曰，中山恃齊、魏以輕趙，齊、魏伐楚而趙亡中山。大事記謂楚與魏連兵，中山失助而亡。史稱主父與齊、燕共滅中山。則齊非中山與國也。愚謂，中山近魏，二國相善，信矣。趙與齊、燕滅中山，乃年表惠文四年所書，已與世家差一年，且趙之有事中山久矣，自武靈十九年胡服以來，攻城略地，無歲無之，何至此而始合齊、燕滅之邪？而秦、韓、齊、魏伐楚，敗唐眜重丘，當武靈二十五年，是年趙年表書攻中山，通鑑綱目書中山君奔齊，齊策稱中山君臣於齊。蓋四國伐楚而趙不與，趙得以攻中山而亡之，其君遂出奔也。史所載與策合者，莫明於此。中山君且奔齊，則與齊共滅之言未可據。秦、韓、齊、魏共伐楚，則所謂楚、魏連兵非此年。齊策曰，齊、燕戰而趙氏兼中山，則史記之言有誤，大事記或未察也。今燕策又謂秦伐韓，故中山亡，則韓亦助中山者。是年，秦伐韓取穰，豈其事歟？愚嘗因此策與齊策陳軫合三晉事同，而辨中山非至惠文三年始亡，特遷其王爾。以此數策觀之，尤信。

〔八〕鮑本「久」作「秦之」二字。○

〔九〕鮑本趙亡之。

燕果以兵南合三晉也。〔一〕

〔一〕鮑本此三年，與楚、三晉攻秦。彪謂：此三物喻從之精者也，故雖子噲庸主亦能感動。惜乎言猶在耳，而諸侯之心已變矣，此豈非天亡之哉！正曰：此章當是昭王時，説見齊策秦伐魏章下。

客謂燕王〔一〕

〔一〕鮑本客謂燕王與燕昭王收破燕後即位合爲一篇，姚本分爲兩篇。據文義，從姚本。

客謂燕王曰：「齊南破楚，西屈秦，用韓、魏之兵，燕、趙之衆，猶鞭筴也〔一〕。使齊北面伐燕，即雖五燕不能當。王何不陰出使〔二〕，散游士，頓〔三〕齊兵，弊其衆，使世世無患。」燕王曰：「假寡人五年，寡人得其志矣。」蘇子曰：「請假王十年。」燕王說，奉蘇子車五十乘〔四〕，南使於齊。

〔一〕鮑本御諸國如馬。
〔二〕鮑本密遣使者。
〔三〕鮑本頓，勞敝之也。
〔四〕鮑本「五十」作「十五」。○　補曰：姚本「五十乘」，是。

謂齊王〔一〕曰：「齊南破楚，西屈秦，用韓、魏之兵，燕、趙之衆，猶鞭筴也。臣聞當世之舉王〔二〕，必誅暴正亂，舉無道〔三〕，攻不義。今宋王〔四〕射天笞埊，鑄諸侯之象，使侍屏匽〔五〕，展其臂，彈其鼻，此天下之無道不義，而王不伐，王名終不成〔六〕。且夫宋，中國膏腴之地，鄰民之所處也〔七〕，與其得百里於燕，不如得十里於宋。伐之，名則義，實則利，王何爲弗爲？」齊王曰：「善。」遂與〔八〕兵伐宋，三覆宋，宋遂舉。

〔一〕鮑本閔。
〔二〕鮑本興起之王。補曰：「舉」字恐因下誤衍。
〔三〕鮑本五句舉之之舉。

〔四〕**鮑本**君偃。

〔五〕**鮑本**屏，厠也。當作井匽，路厠。補曰：周禮，「宮人爲井匽」注，井，漏井，所以受水潦。鄭司農云，匽，路厠也。鑄諸侯之象，即後章秦王所謂宋王無道，爲木人以象寡人，射其面者。

〔六〕**鮑本**補曰：大事記云，齊之伐宋也，蘇代實啓之，引策云，今宋王無道云云。

〔七〕**鮑本**齊民鄰宋者處之。

〔八〕**鮑本**「與」作「興」。○

燕王聞之，絶交於齊，率天下之兵以伐齊，大戰一，小戰再，頓齊國，成其名。故曰：因其强而强之，乃可折也；因其廣而廣之，乃可缺也。〔一〕

〔一〕**鮑本**彪謂：聽言亦難矣。蘇子所以告齊王，天下之正誼也，齊用之，不旋踵而招天下之兵。故有事於天下者，不可以人之言，求諸己而已。己無罪，而後可以誅人之罪；己無釁，而後可以乘人之釁。正曰：宋固可伐矣，齊之伐宋，猶孟子所謂以燕伐燕，不行仁政，動天下之兵者也。蘇代曰，王不伐，王名終不成；伐之，名則義，實則利。此豈天下之正誼哉？

趙且伐燕

趙且伐燕，蘇代爲燕謂惠王〔一〕曰：「今者臣來，過易水，蚌〔二〕方出曝，而鷸〔三〕啄其肉，蚌合而拑〔四〕其喙〔五〕。鷸曰：『今日不雨，明日不雨，即有死蚌。』蚌亦謂鷸曰：『今日不出，明日不出，即有死鷸。』兩者不肯相舍，漁者得而并禽之〔六〕。今趙且伐燕，燕、趙久相支，以弊大衆，臣恐强秦之爲漁父也。故願王之〔七〕熟計之也。」惠王曰：「善。」乃止。〔八〕

〔一〕**鮑本**趙惠文。

〔二〕**鮑本**蚌，蠯。

〔三〕**鮑本**鷸，知天將雨鳥。補曰：鷸，音聿，亦有術音。

〔四〕**鮑本**「拑」作「箝」。○ 箝，籋也。補曰：一本「箝」作「拑」，字通。

〔五〕**札記**「喙」，今本誤「啄」。

〔六〕**姚本**續云：謡語、諺語皆叶。後語「必見死蚌脯」，即多一字。藝文類聚引云，「蚌將爲脯」，如此則叶韻。然不聞蚌、鷸得雨則解也。陸農師乃云，「今日不兩，明日不兩，必有死蚌」。「兩」謂闢口。一今作「雨」，非是。恐别有所據。

鮑本補曰：愚按韻補，蚌，叶彼五反。鷸知將雨，雨即解去爾。

〔七〕**鮑本**無「故」字、「之」字。○

〔八〕**鮑本**燕惠、武、成皆與趙惠王相及，此策時不可考。

齊魏争燕

齊、魏争燕。齊謂燕王曰：「吾得趙矣。」魏亦謂燕王曰：「吾得趙矣。」燕無以決之，而未有適〔一〕予也。蘇子〔二〕謂燕相曰：「臣聞辭卑而幣重者，失天下者也；辭倨而幣薄者，得

天下者也。今魏之辭倨而幣薄。」燕因合於魏，得〔三〕趙〔四〕，齊遂北矣。〔五〕

〔一〕**鮑本**補曰：音的。

〔二〕**姚本**一作「代」，曾作「子」。　**鮑本**「子」作「代」。〇

〔三〕**鮑本**「得」上補「魏」字。〇　補曰：姚本有此字。

〔四〕**鮑本**「趙」作「燕」。〇　正曰：魏曰得趙，燕因合於魏而得趙也。

〔五〕**鮑本**魏昭十二年，與秦、趙、韓、燕伐齊，敗之，燕獨入臨淄。此二十八年。

戰國策卷三十一

燕 三

齊韓魏共攻燕〔一〕

〔一〕鮑本此篇在楚策。

齊、韓、魏共攻燕〔二〕，燕使太子請救於楚。楚王使景陽將而救之〔三〕。暮舍，使左右司馬各營壁〔三〕地，已，稙〔四〕表〔五〕。景陽怒曰：「女所營者，水皆至滅〔六〕表。此焉可以舍！」乃令徙。明日大雨，山水大出，所營者，水皆滅表。軍吏乃服。於是遂不救燕，而攻魏雝丘〔七〕，取之以與宋〔八〕。三國懼，乃罷兵。魏軍其西，齊軍其東，楚軍欲還不可得也。景陽乃開西和門，晝以車騎，暮以燭見〔九〕，通〔一〇〕使於魏。齊師怪之，以爲燕、楚與魏謀之，乃引兵而去。齊兵已去，魏失其與國，無與共擊楚，乃夜遁。楚師乃還。〔一一〕

〔一〕鮑本燕惠七年書韓、魏、楚共伐燕，他不書，則楚當是齊。此二十七年。正曰：策有宋，蓋宋未滅時，豈得改楚爲齊？

〔二〕鮑本景陽後至考烈六年猶爲將，見史。補曰：楚世家。景陽救楚，齊滅宋，當頃襄十三年，至考烈王六年，凡三十年，猶相及。唐裴行儉討突厥徙營事，類此。

〔三〕鮑本壁，軍壘。

〔四〕鮑本「稙」作「植」。○札記今本「稙」作「植」。

〔五〕鮑本如華表，以別所舍。

〔六〕鮑本滅，猶没也。此欲用其衆，因以示神。

〔七〕鮑本「雝」，「雍」同。屬陳留。

〔八〕鮑本宋時已爲齊，未曉。

〔九〕鮑本無「見」字。○補曰：姚本「車」作「軍」。

〔一〇〕鮑本補曰：姚本「通」作「見」。

〔一一〕鮑本元在燕策。正曰：以救燕，故在燕。補曰：「雝」及通使之「使」，去聲。

張丑爲質於燕

張丑爲質於燕〔一〕，燕王欲殺之，走且出境，境吏得丑。丑曰：「燕王所爲將殺我者，人有言我有寶珠也，王欲得之。今我已亡之矣，而燕王不我信。今子且致我，我且言子之奪我珠而吞之，燕王必當殺子，刳〔二〕子腹及子之腸〔三〕矣。夫欲得之君，不可説以利。吾要且死，子腸亦且寸絶。」境吏恐而赦之。〔四〕

〔一〕**鮑本**正曰：丑，見齊、韓、魏、中山等策，與楚威王、田嬰、公仲、張儀相涉，恐非惠王之世。

〔二〕**鮑本**刳，判也。

〔三〕**姚本**續云：别本作「反子之腸」。**鮑本**補曰：姚本作「反」。

〔四〕**鮑本**補曰：韓非子記子胥語楚邊候，同此。

燕王喜使栗腹以百金爲趙孝成王壽

燕王喜使栗腹以百金爲趙孝成王壽，酒三日，反報曰：「趙民其壯者皆死於長平，其孤未壯，可伐也。」王乃召昌國君樂間〔一〕而問曰：「何如？」對曰：「趙，四達之國也，其民皆習於兵，不可與戰。」王曰：「吾以倍攻之，可乎？」曰：「不可。」曰：「以三，可乎？」曰：「不可。」王大怒。左右皆以爲趙可伐，遽起六十萬以攻趙。令栗腹以四十萬攻鄗，使慶秦〔二〕以二十萬攻代。趙使廉頗以八萬遇栗腹於鄗，使樂乘〔三〕以五萬遇慶秦於代。燕人大敗。樂間入趙〔四〕。

〔一〕**鮑本**毅子。補曰：史，毅奔趙後，燕王復以其子樂間爲昌國君。索隱云，間，紀閑反。

〔二〕**鮑本**補曰：史作「卿秦」。一本標後語作「慶奉」。

〔三〕**鮑本**毅之族。

〔四〕**鮑本**燕記元年有。正曰：史在王喜四年，餘説見下。

燕王以書且謝焉，曰：「寡人不佞，不能奉順君意，故君捐國而去，則寡人之不肖明矣。敢端其願〔一〕，而君不肯聽，故使使者陳愚意，君試論之。語曰：『仁不輕絶，智不輕怨。』君之於先王也，世之所明知也。寡人望有非則君掩蓋之〔二〕，不虞〔三〕君之明罪之也；望有過則君教誨之，不虞君之明罪之也〔四〕。且寡人之罪，國人莫不知，天下莫不聞，君微出明怨〔五〕以棄寡人，寡人必有罪矣。雖然，恐君之未盡厚也。諺曰：『厚者不毀人以自益也，仁者不危人以要名。』以〔六〕故掩人之邪者，厚人之行也；救人之過者，仁者之道也。世有掩寡人之邪，救寡人之過，非君心所望之〔七〕？今君厚受位於先王以成尊，輕棄寡人以快心，則掩邪救過，難得於君矣。且世有薄於故厚施〔八〕，行有失而故惠用〔九〕。今使寡人任〔一〇〕不肖之罪，而君有失厚之累，於爲君擇〔一一〕之也，無所取之。國之有封疆，猶〔一二〕家之有垣墻，所以合好掩惡也〔一三〕。室不能相和，出語鄰家，未爲通計也。怨惡未見而明棄之，未〔一四〕盡厚也。寡人雖不肖乎，未如殷紂之亂也；君雖不得意乎，未如商容、箕子之累也。然則不内蓋〔一五〕寡人，而明怨於外，恐其適足以傷於高而薄於行也，非然也。苟可以明君之義，成君之高，雖任惡名〔一六〕，不難受也。本欲以爲明寡人之薄，而君不得厚；揚寡人之辱，而君不得榮，此一舉而兩失也。義者不虧人以自益，况傷人以自損乎！願君無以寡人不肖，累往事之美。昔者，柳下惠吏於魯，三黜而不去。或謂之曰：『可以去。』柳下惠曰：『苟與人之異，惡往而不黜乎？猶且黜乎，寧於故國爾〔一七〕。』柳下惠不以三黜自累，故前業不忘；不以去爲心，故遠近無議。今寡人之罪，國人未知，而議寡人者遍天下。語曰：『論不修心，議不累物〔一八〕，仁不輕絶，智不簡〔一九〕功。』棄〔二〇〕大功者，輟也〔二一〕；輕絶厚利者，怨也。輟而棄之，怨而累之，宜在遠者〔二二〕，不望之乎君也。今以寡人無罪，君豈怨之乎？願君捐怨，追惟先王，復以教寡人！意君曰〔二三〕，余且慝心〔二四〕以成而過，不顧先王以明而惡，使寡人進不得修功，退不得改過，君之所揣〔二五〕也，唯君圖之！此寡人之愚意也。敬以書謁之。」

〔一〕**鮑本**端，猶專也。願，欲復用之。

〔二〕**鮑本**有非而蔽覆之，王喜所望也。

〔三〕**鮑本**虞，猶圖。

〔四〕**鮑本**「罪」作「棄」。○ **札記**丕烈案：「棄」字當是，異於上句也。新序上句作「棄」，此句作「罪」，互易。

〔五〕**鮑本**言間雖無出之趙，以明有怨於我，人亦知之。

〔六〕**鮑本**無「以」字。○ 補曰：此當有「也」字。姚本作「以」，訛。**札記**丕烈案：吴説非也。考新序無「也」字，亦無「以」字，「以故」即「故」耳。

〔七〕**鮑本**「心」作「恐」，又改作「孰」，無「所」字。○ 補曰：字有誤。一本「心所」。**札記**丕烈案：考新序作「惡」字。「心」即「惡」之壞。

〔八〕鮑本「於」作「而」。○　世雖薄我，我反厚施之。　札記丕烈案：此及下句，新序文全異。

〔九〕鮑本行與我不合，反惠愛任用之。正曰：有過失，當棄，反順用之。

〔一〇〕鮑本任，猶負。

〔一一〕鮑本擇其所處。

〔一二〕鮑本無「猶」字。○　補曰：一本此有「猶」字。姚同。　札記丕烈案：新序有。

〔一三〕鮑本補曰：惡如字。

〔一四〕鮑本「未」下有「爲」字。○　札記丕烈案：新序有。

〔一五〕鮑本「蓋」一作「盡」。　札記丕烈案：新序作「盡」。

〔一六〕鮑本所謂任不肖之罪。

〔一七〕鮑本補曰：此論語所記便不及。

〔一八〕鮑本凡有修者，先必有失，而善論者不然。補曰：「修」字必有誤。　札記丕烈案：新序無此二句，「修」或「循」字訛也。

〔一九〕鮑本簡，與附反，猶棄也。

〔二〇〕鮑本「棄」上有「簡」字。○　札記丕烈案：新序作「簡功棄大者，仇也」。全異。

〔二一〕鮑本輟，止也。

〔二二〕鮑本疏遠之臣可爾。

〔二三〕鮑本意度其然。

〔二四〕鮑本待之以不善之心。

〔二五〕姚本曾作「剬」。　鮑本言間量我也。

樂閒、樂〔一〕乘怨不用其計，二人卒留趙，不報。〔二〕

〔一〕鮑本無「樂」字。○

〔二〕鮑本彪謂：過而不改，然後爲過。燕王喜過在於愎諫伐趙，其於閒未見其有可絶之處，而能悔如此。禮不云乎，「其嗟也可去，其謝也可食」。何閒絶之深也？抑其書辭條達明麗婉乎，孰復天下之偉文也。正曰：責其出奔以明怨，薄己而揚過，悔文懲創之意少，未見其果可以釋憾而反國也。補曰：新序以此爲燕惠王遺樂毅書。考之毅答惠王書云，「今足下使人數之以罪」，而史所載惠王讓毅，無數罪之語。前章燕王使人讓毅，且謝之曰云云，當是此章之首，蓋錯簡也。且策以此爲樂閒答書，而末云「閒、乘怨不用其計」，於乘何與？史趙世家，孝成王十五年，廉頗破殺栗腹，虜卿秦、樂閒，則是閒爲將而被虜。燕世家則云奔趙。又趙孝成王十六年，廉頗圍燕，以樂乘爲武襄君。二十一年孝成王卒，廉頗將，攻繁陽，取之，使樂乘代之，頗攻乘，乘走。據策，史所記多舛，故知此書非樂閒事，而新序之説爲是云。札記丕烈案：策文與史記樂毅傳事同，新序當係别記，吴氏所説未是。

秦并趙北向迎燕

秦并趙，北向迎燕〔一〕。燕王聞之，使人賀秦王〔二〕。使者過趙，趙王〔三〕繫之。使者曰：「秦、趙爲一，而天下服矣。茲〔四〕之所以受命於趙者，爲秦也〔五〕。今臣使秦，而趙繫之，是秦、趙有郄〔六〕。秦、趙有郄，天下必不服，而燕不受命矣。且臣之使秦，無妨於趙之伐燕也。」趙王以爲然而遣之。

〔一〕鮑本并，合也。迎，以兵迎之。

〔二〕鮑本始皇。

〔三〕鮑本悼襄。

〔四〕鮑本「兹」作「燕」。○補曰：恐「燕」字訛。

〔五〕鮑本言燕先時服趙者，以秦與趙合。

〔六〕鮑本「郄」作「隙」。○補曰：一本并作「郄」。姚同。

使者見秦王曰：「燕王竊聞秦并趙，燕王使使者賀千金。」秦王曰：「夫燕無道，吾使趙有之，子何賀？」使者曰：「臣聞全趙之時，南鄰爲秦，北下曲陽〔一〕爲燕，趙廣三百里，而與秦相距五十餘年矣，所以不能反〔二〕勝秦者，國小而地無所取。今王使趙北并〔三〕燕，燕、趙同力，必不復受〔四〕於秦矣。臣切〔五〕爲王患之。」秦王以爲然，起兵而救〔六〕燕。〔七〕

〔一〕鮑本下曲陽，屬鉅鹿。

〔二〕鮑本反，猶報也。言數爲秦敗，不能報而勝之。

〔三〕鮑本北并，謂兼有之。

〔四〕鮑本「受」下補「命」字。○

〔五〕鮑本「切」作「竊」。○札記今本「切」作「竊」。

〔六〕姚本曾作「攻」。

〔七〕鮑本趙悼襄九年攻燕，取狸陽城。兵未罷，秦攻鄴，拔之。此十九年。

燕太子丹質於秦亡歸

燕太子丹質於秦，亡歸。見秦且滅六國，兵以〔一〕臨易水〔二〕，恐其禍至。太子丹患之，謂其太傅鞫〔三〕武曰：「燕、秦不兩立，願太傅幸而圖之。」武對曰：「秦地遍天下，威脅韓、魏、趙氏，則易水以北，未有所定也。奈何以見陵之怨〔四〕，欲排〔五〕其逆鱗哉？」太子曰：「然則何由？」太傅曰：「請入，圖之〔六〕。」

〔一〕**鮑本**「以」作「已」。○

〔二〕**札記**今本「水」誤「未」，下「則易水以北」，「水」誤「人」。

〔三〕**鮑本**「鞫」作「鞠」。○　補曰：一本「鞠」作「鞫」。下同。索隱云，音麴，又如字。**札記**丕烈案：史記作「鞠」。

〔四〕**鮑本**傳言，丹質秦，秦遇之不善。

〔五〕**姚本**一作「批」。曾、錢作「排」。**鮑本**「排」作「批」。○　批，白結切，擊也。說難，龍可擾而騎也，然喉下有逆鱗徑尺，人有嬰之，則必殺人，人主亦有。補曰：一本「批」作「排」。**札記**丕烈案：史記作「批」。

〔六〕**鮑本**請太子入息，已乃圖之。

居之有間，樊將軍亡秦之燕，太子容之〔一〕。太傅鞫武諫曰：「不可。夫秦王〔二〕之暴，而積怨於燕〔三〕，足爲寒心〔四〕，又況聞樊將軍之在乎！是以〔五〕委肉當餓虎之蹊〔六〕，禍必不振〔七〕矣！雖有管、晏，不能爲謀〔八〕。願太子急遣樊將軍入匈奴以滅口。請西約三晉，南連齊、楚，北講於單于，然後乃可圖也。」太子丹曰：「太傅之計，曠日彌久，心惛然，恐不能須臾〔九〕。且非獨於此也。夫樊將軍困窮於天下，歸身於丹，丹終不迫於强秦，而棄所哀憐之交置之匈奴，是丹命固卒之時也〔一〇〕。願太傅更慮之。」鞫武曰：「燕有田光先生者，其智深，其勇沉〔一一〕，可與之謀也。」太子曰：「願因太傅交於田先生，可乎？」鞫武曰：「敬諾。」出見田光，道太子曰〔一二〕：「願圖國事於先生。」田光曰：「敬奉教。」乃造焉。

〔一〕**鮑本**「容」作「客」。○ 補曰：姚本「容之」。 **札記**丕烈案：史記作「舍」。

〔二〕**鮑本**始皇。

〔三〕**鮑本**怨其亡歸。

〔四〕**鮑本**補曰：凡人寒甚則心戰，恐懼亦戰。

〔五〕**鮑本**「以」作「謂」。○ 補曰：史作「謂」，然「以」義亦通。

〔六〕**鮑本**蹊，徑也。

〔七〕**鮑本**振，救也。

〔八〕**鮑本**「不能爲謀」作「不能爲之謀也」。○ 丕烈案：史記有「之」字、「也」字。

〔九〕**鮑本**言己憂思昏瞀且死，須臾不可待。

〔一〇〕**鮑本**知禍且至，而猶爲之，自疑命止於此。

〔一一〕**鮑本**「其勇」作「而慮」。○ 沉，猶深。補曰：一本「其智深，其勇沉」。史、姚同。

〔一二〕**鮑本**衍「曰」字。 **札記**丕烈案：史記無。

太子跪而逢迎，却行爲道〔一〕，跪而拂席。田先生坐定，左右無人，太子避席而請曰：「燕、秦不兩立，願先生留意也。」田光曰：「臣聞騏驥盛壯之時，一日而馳千里。至其衰也，駑馬先之。今太子聞光壯盛之時，不知吾精已消亡矣。雖然，光不敢以乏國事也〔二〕。所善荆軻，可使也。」太子曰：「願因先生得願〔三〕交於〔四〕荆軻，可乎？」田光曰：「敬諾。」即〔五〕起，趨出。太子送之至門，曰〔六〕：「丹所報，先生所言者，國大事也，願先生勿泄也。」田光俛〔七〕而笑曰：「諾。」

〔一〕**鮑本**不敢背之。

〔二〕**鮑本**不令太子所圖有闕。

〔三〕**鮑本**衍「願」字。

〔四〕**鮑本**無「於」字。○**札記**丕烈案：史記作「結交於」。

〔五〕**鮑本**「即」作「則」。○補曰：一本「即趨出」，姚本「即起」。**札記**丕烈案：史記作「即起」。

〔六〕**鮑本**「曰」上有「戒」字。○**札記**丕烈案：史記有。

〔七〕**鮑本**補曰：正義曰，俛，音俯。按「俛」即「俯」字。漢書晁錯傳「俛仰」、韓信「俛出」、東方朔「俛啄」，顏注，即「俯」。

僂〔一〕行見荆軻，曰：「光與子相善，燕國莫不知。今太子聞光壯盛之時，不知吾形已不逮也，幸而教之曰：『燕、秦不兩立，願先生留意也。』光竊不自外〔二〕，言足下於太子，願足下過太子於宮。」荆軻曰：「謹奉教。」田光曰：「光聞長者之行〔三〕，不使人疑之，今太子約光曰：『所言者，國之大事也，願先生勿泄也。』是太子疑光也。夫爲行使人疑之，非節俠士也〔四〕。」欲自殺以激荆軻〔五〕，曰：「願足下急過太子，言光已死，明不言也。」遂自剄而死。

〔一〕鮑本僂，致敬貌。禮，一命而僂。

〔二〕鮑本言不自疏於軻。

〔三〕鮑本「之」作「爲」。○ 補曰：一本「長者之行」。札記丕烈案：史記作「爲」。

〔四〕鮑本荀悦曰，立氣勢，作威福，結私交，以立强於世者，謂之俠。

〔五〕鮑本言其死非爲泄，欲厲勉軻，使死之耳。

軻見太子，言田光已死，明不言也〔一〕。太子再拜而跪，膝下行〔二〕流涕，有頃而後言曰：「丹所請田先生無言者，欲以成大事之謀，今田先生以死明不泄言，豈丹之心哉？」荆軻坐定，太子避席頓首曰：「田先生不知丹不肖，使得至前，願有所道，此天所以哀燕不〔三〕棄其孤也〔四〕。今秦有貪饕〔五〕之心，而欲不可足也。非盡天下之地，臣海内之王者〔六〕，其意不饜。今秦已虜韓王〔七〕，盡納其地，又舉兵南伐楚，北臨趙。王翦將〔八〕數十萬之衆臨漳、鄴，而李信出太原、雲中。趙不能〔九〕支秦，必入臣。入臣，則禍至燕。燕小弱，數困於兵，今計舉國不足以當秦。諸侯服秦，莫敢合從。丹之私計，愚以爲誠得天下之勇士，使於秦，窺以重利〔一〇〕，秦王貪其贄，必得所願矣。誠得劫秦王，使悉反諸侯之侵地，若曹沫之與齊桓公，則大善矣；則不可，因而刺殺之。彼大將擅兵於外，而内有大亂，則君臣相疑。以其間諸侯，諸侯得合從，其償破〔一一〕秦必矣。此丹之上願，而〔一二〕不知所以委命〔一三〕，唯荆〔一四〕卿留意焉。」久之，荆軻曰：「此國之大事〔一五〕，臣駑下，恐不足任使。」太子前頓首，固請無讓。然後許諾。於是尊荆軻爲上卿，舍上舍，太子日日造問〔一六〕，供太牢異物〔一七〕，間進車騎美女，恣荆軻所欲，以順適其意。

〔一〕**鮑本**「明不言也」作「致光之言」。○　補曰：一本此四字作「明不言也」。姚同。史同今本。

〔二〕**鮑本**以膝行，不立行，故言下。

〔三〕**鮑本**「不」上有「而」字。○　**札記**丕烈案：史記有。

〔四〕**鮑本**補曰：索隱云，無父曰孤，時燕王尚在，或記者失辭，或諸侯嫡子亦僭稱孤也。又劉向曰，燕王喜之太子。

〔五〕**鮑本**「饕」作「利」。○　**札記**丕烈案：史記作「利」。

〔六〕**鮑本**補曰：荀子注引策作「牢天下之王」。

〔七〕**鮑本**秦十七年虜王安。

〔八〕**鮑本**無「將」字。○　**札記**丕烈案：史記有。

〔九〕**鮑本**無「能」字。○　補曰：一本此有「能」字。　**札記**丕烈案：史記有。

〔一〇〕**鮑本**窺，言示之以利，使之見而欲也。

〔一一〕**鮑本**無「破」字。○　補曰：一本此有「破」字。　**札記**丕烈案：史記有「破」無「償」，此當是策文作「償」，史記作「破」，因兩存也。

〔一二〕**鮑本**無「而」字。○　**札記**丕烈案：史記有。

〔一三〕**鮑本**委棄性命，猶言不知死所。

〔一四〕姚本曾本無「荆」字。

〔一五〕鮑本「事」下有「也」字。○ 札記丕烈案：史記有。

〔一六〕鮑本「太子日日造問」作「太子日造門下」。○ 札記丕烈案：史記作「太子日造門下」。

〔一七〕鮑本「異」上有「具」字。○ 札記丕烈案：史記有。

久之，荆卿未有行意。秦將王翦破趙，虜趙王〔一〕，盡收其地，進兵北略〔二〕地，至燕南界。太子丹恐懼，乃請荆卿曰：「秦兵旦暮渡易水，則雖欲長侍足下，豈可得哉？」荆卿曰：「微太子言，臣願得謁之。今行而無信，則秦未可親也。夫今〔三〕樊將軍，秦王購之金〔四〕千斤，邑萬家。誠能得樊將軍首，與燕督亢之地圖〔五〕獻秦王，秦王必説見臣，臣乃得有以報太子。」太子曰：「樊將軍以窮困來歸丹，丹不忍以己之私，而傷長者之意，願足下更慮之。」

〔一〕鮑本「王」下有「遷」字。○ 十九年。札記丕烈案：史記無。上韓王安，不名，此有者誤。

〔二〕鮑本略，經略之。

〔三〕鮑本衍「今」字。 札記丕烈案：史記無。

〔四〕姚本曾、錢作「秦王懸金」。

〔五〕鮑本後志，涿郡方城縣有督亭，注引此。補曰：正義云，督亢坡在幽州范陽縣東南，今固安縣南有督亢陌，幽州南界。劉向别録云，督亢，膏腴之地。蓋欲獻之，故畫圖。

荆軻知太子不忍，乃遂私見樊於期〔一〕曰：「秦之遇將軍，可謂深矣。父母宗族，皆爲戮没。今聞購將軍之首，金千斤，邑萬家，將奈何？」樊將軍仰天太息流涕曰：「吾每念，常痛於骨髓，顧計不知所出耳。」軻曰：「今有一言，可以解燕國之患，而報將軍之仇者，何如？」樊於期乃前曰：「爲之〔二〕奈何？」荆軻曰：「願得將軍之首以獻秦，秦王必喜而善見臣，臣左手把其袖，而右手揕抗〔三〕其胸，然則將軍之仇報，而燕國見陵之耻除矣。將軍豈有意乎？」樊於期偏袒扼腕而進曰：「此臣日夜切齒拊心也〔四〕，乃今得聞教。」遂自刎〔五〕。太子聞之，馳往，伏尸而哭，極哀。既已，無可奈何，乃遂收〔六〕盛樊於期之首，函封之。

〔一〕**鮑本**將軍名。

〔二〕**鮑本**無「爲之」二字。○　補曰：一本「爲之奈何」。姚同。　**札記**丕烈案：史記有。

〔三〕**姚本**一無「抗」字。曾、錢作「揕抗」。　**鮑本**無「而」字、「抗」字。○　揕，刺也，知鴆反。補曰：揕，一作「抗」，故他本連有二字，下文同。索隱云，抗，拒也，義非。　**札記**丕烈案：史記云，「右手揕其胸」。徐廣曰，揕，音張鴆反，一作「抗」。索隱曰，「抗」，苦浪反，言抗，拒也，其義非。考小司馬讀誤也。史記字作「揕」，戰國策作「抌」，故徐廣曰，一作「抌」。「抌」、「揕」同字，亦丁鴆反。作「抗」，是形近之訛。吴依小司馬讀，并誤。

〔四〕**鮑本**「臣」下有「之」字，「拊」作「腐」。○　腐者，痛之極。補曰：勇者奮厲，必以左手扼右腕也。切齒，前見。一本「拊心」。　**札記**丕烈案：史記作「腐」，有「之」字。

〔五〕**鮑本**刎，斷也。

〔六〕**鮑本**無「收」字。○　**札記**丕烈案：史記無。

於是，太子預求天下之利匕首，得趙人徐夫人〔一〕之匕首，取之百金，使工以藥淬〔二〕之以試人，血濡縷〔三〕，人無不立死者。乃爲裝〔四〕遣荆軻。燕國有勇士秦武陽，年十二〔五〕，殺人，人不敢與忤〔六〕視。乃令秦武陽爲副。荆軻有所待，欲與俱，其人居遠未來，而爲留待。頃之未〔七〕發。太子遲之，疑其有〔八〕改悔，乃復請之曰：「日以〔九〕盡矣，荆卿豈無意哉？丹請先遣秦武陽。」荆軻怒，叱太子曰：「今日往而不反者，豎子也！今提一匕首入不測之强秦，僕所以留者，待吾客與俱。今太子遲之，請辭決矣！」遂發。

〔一〕**鮑本**補曰：索隱云，徐，姓；夫人，名。男子也。

〔二〕**鮑本**「淬」，當從火，堅刀刃也。若「淬」，則滅火器爾。正曰：「淬」、「淬」通，取内反。説文，徐云，淬，劍燒而入水也。此謂以毒藥染鍔而淬之也。後語注云，以藥水鑒匕首爲淬。鑒，古電反。

〔三〕**鮑本**沾濡衣之一縷。

〔四〕**鮑本**行具也。

〔五〕**鮑本**「二」作「三」。○**札記**今本「二」誤「一」。丕烈案：史記作「三」。

〔六〕**鮑本**無「與」字，「忤」作「悟」，又改作「牾」。○正曰：「悟」、「忤」通，説見魏策。忤，逆也。札記丕烈案：史記作「忤」，無「與」字。

〔七〕**姚本**曾作「不」。

〔八〕**鮑本**無「有」字。○**札記**丕烈案：史記無。

〔九〕**鮑本**「以」作「已」。○**札記**丕烈案：今本「以」作「已」。史記作「已」。

太子及〔一〕賓客知其事者，皆白衣冠以送之。至易水上，既祖〔二〕，取道。高漸離擊筑，荆軻和而〔三〕歌，爲變徵〔四〕之聲〔五〕，士皆垂淚涕泣。又前而爲歌曰：「風蕭蕭兮易水寒，壯士一去兮不復還！」復〔六〕爲忼慨羽聲〔七〕，士皆瞋目，髮盡上指冠。於是荆軻遂就車而去，終已不顧。

〔一〕**鮑本**無「及」字。○　**札記**丕烈案：史記有。

〔二〕**鮑本**祖，行祭。補曰：詩毛傳，祖而舍軷，飲酒於其側曰餞。疏，軷，謂祭道路之神，封土爲山象，伏牲其上，既祭，處者餞之，飲畢，乘車轢之而去。

〔三〕**姚本**曾無「而」字。

〔四〕**姚本**一作「濮上」。

〔五〕**鮑本**地形訓云，變徵爲商，蓋悲音。補曰：應劭云，筑似琴而大，頭安弦，以竹擊之，故名。按，劉子云，荆軻如秦，宋意擊筑。文選，高漸離擊筑，荆軻歌，宋如意和之。　**札記**丕烈案：文選所云，出燕丹子耳，與史記及此策文不同。

〔六〕**鮑本**曾作「後」。

〔七〕**鮑本**「復爲忼慨羽聲」作「復爲羽聲忼慷」。○　羽聲，其音怒。忼慷，壯士不得志也。補曰：一本「慷慨羽聲」。朱子楚辭後語作「羽聲慷慨」。　**札記**丕烈案：史記「羽聲忼慨」。風俗通載此，亦作「羽聲忼慨」。「忼」即「慷」字，連有者非。

既至秦，持千金之資幣物，厚遺秦王寵臣中庶子蒙嘉〔一〕。嘉爲先言於秦王曰：「燕王誠振〔二〕畏慕〔三〕大王之威，不敢興兵以拒大王〔四〕，願舉國爲内臣，比諸侯之列，給貢職如郡縣，而得奉守先王之宗廟。恐懼不敢自陳，謹斬樊於期頭，及獻燕之督亢之地圖，函封，燕王拜送於庭，使使以聞大王。唯大王命之。」

〔一〕**鮑本**補曰：中庶子，説見前。新序鄒陽書作「蒙恬」，蓋誤。後語蒙類注云，蒙恬弟也。
〔二〕**鮑本**「振」，「震」同。下同。
〔三〕**鮑本**「畏慕」二字作「怖」。○**札記**丕烈案：史記作「怖」。
〔四〕**姚本**「拒大王」一作「逆軍吏」。**鮑本**「拒大王」作「逆軍吏」。○補曰：一本「以拒大王」。札記丕烈案：史記作「逆軍吏」。

秦王聞之，大喜。乃朝服，設九賓〔一〕，見燕使者咸陽宮〔二〕。荆軻奉樊於期頭函，而秦武陽奉地圖匣，以次進至陛下〔三〕。秦武陽色變振恐，群臣怪之，荆軻顧笑武陽〔四〕，前爲謝曰：「北蠻夷之鄙人，未嘗見天子，故振慴〔五〕，願大王少假借之，使〔六〕畢使於前。」秦王謂軻曰〔七〕：「起，取武陽所持圖。」軻既取圖奉之〔八〕，發圖，圖窮而匕首見。因左手把秦王之袖，而右手持匕首揕抗〔九〕之。未至身，秦王驚，自引而起，絶袖〔一〇〕。拔劍，劍長，摻其室〔一一〕。時怨〔一二〕急，劍堅〔一三〕，故不可立拔。荆軻逐秦王，秦王還〔一四〕柱而走。群臣驚愕〔一五〕，卒〔一六〕起不意，盡失其度。而秦法，群臣侍殿上者，不得持尺〔一七〕兵。諸郎中執兵，皆陳〔一八〕殿下，非有詔不得上。方急時，不及召下兵，以故荆軻逐秦王，而卒惶急無以擊軻，而乃以手共搏〔一九〕之。是時侍醫夏無且，以其所奉藥囊提〔二〇〕軻。秦王之〔二一〕方還柱走，卒惶急不知所爲，左右乃曰：「王負劍！王負劍！」遂拔以擊荆軻，斷其左股。荆軻廢，乃引其匕首〔二二〕提〔二三〕秦王，不中，中柱。秦王復擊軻〔二四〕，被八創。軻自知事不就，倚柱而笑，箕踞〔二五〕以罵曰：「事所以不成者，乃欲以生劫之，必得約契〔二六〕以報太子也。」左右既前斬荆軻，秦王目眩良久。而〔二七〕論功賞群臣及當坐者〔二八〕，各有差。而賜夏無且黄金二百鎰，曰：「無且愛我，乃以藥囊提〔二九〕軻也。」

〔一〕**鮑本**禮，大小行人，以九儀掌賓客之禮。正曰：大事記，相如奉璧入秦，秦王齋五日後，乃設九賓禮於庭。注引正義韋昭云，九賓，則周禮九儀也。劉伯莊云，九賓者，周王之備禮，天子臨軒，九服同會，秦、趙安得九賓？但亦陳設車輅文物爾，不得以周禮九賓義爲釋。愚按，漢書，大行設九賓，恐即秦儀也。

〔二〕**鮑本**補曰：關中記云，孝公都咸陽，今渭城是。山南水北曰陽，其地在渭水之北，九嵕諸山之南，故曰咸陽。自始皇至胡亥，皆都此。

〔三〕**鮑本**無「下」字。〇　升高陛也。　**札記**丕烈案：史記無。

〔四〕**鮑本**顧武陽而笑。

〔五〕**鮑本**慴，懼也。

〔六〕**鮑本**「使」下有「得」字。〇　**札記**丕烈案：史記有。

〔七〕**鮑本**無「曰」字。〇　**札記**丕烈案：史記有，無「起」字。

〔八〕**鮑本**「之」下有「秦王」二字。〇　**札記**丕烈案：史記有。

〔九〕**鮑本**無「抗」字。〇　**札記**丕烈案：史記無。見上。

〔一〇〕**鮑本**「絶袖」作「袖絶」。〇　**札記**丕烈案：史記作「袖絶」。

〔一一〕**鮑本**摻，把持也，與「操」同。晉人多然如。室，劍鞘。補曰：索隱云，古者帶劍上長，拔之不出室，欲王推之於背，令前短易拔，故曰「王負劍」。

〔一二〕姚本曾作「恐」。 鮑本「怨」作「惶」。○ 惶，恐也。 札記丕烈案：史記作「惶」。

〔一三〕姚本曾本無「劍」字。 鮑本堅，在室牢也。

〔一四〕鮑本「還」作「環」，下同。○ 札記丕烈案：史記作「環」。「環」、「還」同字。

〔一五〕鮑本愕，相逐驚也。

〔一六〕鮑本「卒」、「猝」同。下同。

〔一七〕鮑本「尺」下有「寸之」二字。○ 札記丕烈案：史記有。

〔一八〕鮑本「陳」下有「於」字。○ 札記丕烈案：史記有。

〔一九〕鮑本搏，擊也。

〔二〇〕鮑本「提」下有「荆」字。○ 提，擿也。補曰：且，即於反。提，侄帝反。史，「提文帝」、「提吳太子」，語同此。 札記丕烈案：史記作「提荆軻」也。

〔二一〕鮑本無「之」字。○ 札記丕烈案：史記無。

〔二二〕鮑本「首」下有「以」字。○

〔二三〕鮑本衍「擿」字，本注字也。補曰：姚本無「擿」字。史無「提」字。二字即上「揕」、「抗」并存之類。索隱云，「擿」與「擲」，古字同，持益反，亦「提」義。 札記丕烈案：當是史記作「擿」，策文作「提」。論衡作「擿」，出史記。

〔二四〕鮑本「軻」下復有「軻」字。○ 札記丕烈案：史記有。

〔二五〕鮑本踞，坐，展兩足如箕。補曰：既斷左股，何云展兩足？ 札記今本「踞」誤「倨」。

〔二六〕鮑本復地之契。

〔二七〕鮑本「而」上有「已」字。○ 札記丕烈案：史記有。

〔二八〕鮑本罪所當坐。

〔二九〕**鮑本**「提」下有「荆」字。〇　**札記**丕烈案：史記有。

於是，秦大怒燕，益發兵詣趙，詔王翦軍以伐燕。十月而拔燕薊城〔一〕。燕王喜、太子丹等，皆率其精兵東保於遼東。秦將李信追擊燕王，王急，用代王嘉計，殺太子丹，欲獻之秦。秦復進兵攻之。五歲而卒滅燕國〔二〕，而虜燕王喜。秦兼天下。

〔一〕**鮑本**并此二十九年。

〔二〕**鮑本**秦二十五年，此三十三年。

其後荆軻客高漸離以擊筑見秦皇帝，而以筑擊秦皇帝，爲燕報仇，不中而死。〔一〕

〔一〕**鮑本**刺客傳有。　彪謂：太子丹不忍一朝之憤，輕亡其國，其謀悖矣。夫以二夫行劫刺於大國，出於倉卒不意，或幸以中，而欲從容質責，使悉反侵地，取契以歸，此豈持匕首之所可待？鞠武初謀似矣，太子不用，不能力争，妾婦之明也。數士之死，燕國之亡，皆武實爲之。荆軻之事，甚似曹劌，其所不可者，劌發憤於一朝，而軻畜謀於積歲。且白衣祖送者係路，其不漏露而先敗，抑已幸矣。軻不足道也。厥後留侯亦袖椎竊發，此其人豈愚哉？蓋積志仇秦，不知所不可。使其不逢漢帝，則亦死以爲期，不能一日而忘秦也。豫子、高漸離、張留侯三人者，皆孝子忠臣至一之行也，唯軻於此則無處焉。　補曰：胡氏謂，「秦皇狙詐之智，虎狼之威，千騎萬乘之衆，揮椎奮擊既無覺者，大索天下又不能得，良非獨免，并免力士，其智略之妙，固已視呂政如罝中兔，何敗獲之憂」？鮑以三人并論，愚謂三人報仇之志則同，以智略言之則異，胡説當矣。　朱子曰，「軻匹夫之勇，其事無足言，然於此可以見秦政之無道，燕丹之淺謀，而天下之勢已至於此，雖聖賢復生，亦未知其何以安之也」！

戰國策卷三十二

宋　衛

鮑本宋　沛、梁、楚、山陽、濟陰、東平及東郡之須昌、壽張。補曰：漢志，壽張下有「今之睢陽」四字。

鮑本衛　東郡及魏郡黎陽，河北之野王、朝歌。後文公徙楚丘，黎陽是也。

齊攻宋宋使臧子索救於荆

齊攻宋，宋使臧子索救於荆。荆王〔一〕大説，許救甚勸〔二〕。臧子憂而反。其御曰：「索救而得，有憂色何也？」臧子曰：「宋小而齊大。夫救於小宋而惡於大齊，此王之所憂也；而荆王説甚，必以堅我。我堅而齊弊，荆之利也。」臧子乃歸。齊王〔三〕果〔四〕攻，拔宋五城，而荆王不至。〔五〕

〔一〕鮑本威。

〔二〕姚本勸，力也。

〔三〕鮑本宣。

〔四〕鮑本「果」下無「攻」字。○

〔五〕鮑本此四章有蘇秦語，得爲君偃？而君偃弑立怒鄰，宜不能曲折如此，故繫之剔成。然則孟子所稱，審亦皆剔成也。正曰：此章時不可考，缺之可也。鮑妄爲傅會，至謂孟子所稱皆剔成。孟子謂戴不勝「子之王」、「薛居州居王所」，王非偃而誰？

公輸般爲楚設機

公輸般〔一〕爲楚設機〔二〕，將以攻宋。墨子〔三〕聞之，百舍重繭〔四〕，往見公輸般，謂之曰：「吾自宋聞子〔五〕。吾欲藉子殺王〔六〕。」公輸般曰：「吾義固不殺王。」墨子曰：「聞公爲雲梯〔七〕，將以攻宋。宋何罪之有〔八〕？義不殺王而攻國，是不殺少而殺衆。敢問攻宋何義也？」公輸般服焉，請見之王〔九〕。

〔一〕姚本公輸般，魯班之號也。鮑本魯之巧人。補曰：它書或作「班」，古字通。漢書，班師。

〔二〕姚本機，械。雲梯之屬也。鮑本天地疏，機關也。雲梯之屬。補曰：索隱云，械者，飛梯、撞車、飛石、車弩之具。

〔三〕姚本墨子，墨翟也。鮑本宋人，名翟。

〔四〕姚本百舍，百里一舍也。重繭，累胝也。鮑本補曰：莊子「百舍」注，百日止宿也。按，繭即趼字，吉典反。增韻，謂足胝起如繭，胝音支。

〔五〕鮑本聞其善。

〔六〕鮑本正曰：一本三「殺王」并作「殺𤯔」，云人、𤯔并而鄰反。集韻云，唐武后字作「𤯔」，如臣字作「𢘑」，「𤯔」即人也。札記丕烈案：下文「吾義固不殺王」，墨子公輸篇正作「人」，此句云「北方有侮臣，請借子殺之」，可證「𤯔」字是也。

〔七〕姚本梯長而高，上至於雲，故曰雲梯也。鮑本梯之高上如雲。

〔八〕姚本楚欲廣土，而起伐宋，宋非有罪也，故曰宋何罪之有乎？

〔九〕鮑本見翟於王。

墨子見楚王〔一〕曰：「今有人於此，舍其文軒〔二〕，鄰有弊輿而欲竊之；舍其錦繡，鄰有短〔三〕褐而欲竊之；舍其粱肉，鄰有糟糠而欲竊之。此爲何若人也〔四〕？」王曰：「必爲有竊疾〔五〕矣。」

〔一〕鮑本非昭即惠。正曰：當缺。

〔二〕姚本文軒，文錯之車也。鮑本車有雕飾者。

〔三〕姚本一作「裋」。鮑本「短」作「裋」。○豎使之衣。補曰：一本「短褐」。姚本注，「短」一作「裋」。韓文考異云，「裋褐」一作「短」。方云，貨殖傳用「裋」字。董彥遠、洪慶善皆辨古無「短褐」字。按「裋褐」字，賈誼、貢禹、貨殖傳，班彪、劉平、張衡傳凡六見。班彪論、漢書作「裋」。文選則用丁管切。是唐儒兩用之。故少陵以長纓短褐爲對，而史記孟嘗傳、國策墨子語皆傳寫之訛。今按國策「短」一作「裋」，史「安不得短褐」，司馬貞亦音豎。班彪王命論「短」字，韋昭云當作「裋」，襦也。又淮南子，「巫馬期絻衣短褐」，而高誘無説，未必皆傳寫之訛。柳子厚亦嘗用之，安知韓公之必不然乎？兩存以俟知者。

〔四〕姚本言名此爲何等人也。

〔五〕鮑本疾，猶癖。

墨子曰：「荆之地方五千里，宋方五百里，此猶文軒之與弊輿也。荆有雲夢，犀兕麋鹿盈之，江、漢魚鱉黿鼉爲天下〔一〕饒，宋所謂無雉兔鮒〔二〕魚者也，此猶粱肉之與糟糠也。荆有長松、文梓、楩、柟、豫樟〔三〕，宋無長木，此猶錦繡之與短褐也。惡〔四〕以王吏之攻宋，爲與此同類也。」王曰：「善哉！請無攻宋。」〔五〕

〔一〕姚本下民也。

〔二〕鮑本鮒，魚之小者。正曰：爾雅翼，鮒，鱝也。今作鯽。

〔三〕姚本皆大木也。鮑本「柟」作「楠」，「樟」作「章」。○大小凡五。補曰：楩、楠、豫章，書注，楩，梓。一本「楠」作「柟」，「章」作「樟」。姚同。「楠」即「柟」。

〔四〕鮑本「惡」作「臣」。○補曰：疑字誤。札記今本「惡」作「臣」，乃誤涉鮑也。丕烈案：此「恶」字耳。

〔五〕鮑本彪謂：翟之説美矣。然此時諸侯固有竊疾，强吞弱，大并小，直患其力不給爾，豈爲若説止攻哉？意者，墨守之嚴，輸般服病焉。假此説以縮兵則有之，彼楚國非止足而無有竊疾者也！補曰：墨子云，公輸般爲雲梯之械成，將以攻宋。墨子聞之，至於郢，見，公輸般之攻械盡，墨子之守固有餘。般詘而言曰，「吾知所以距子矣，吾不言」。墨子亦曰，「吾知子之所以距我者，吾不言」。楚王問其故，墨子曰，「公輸子之意，不過欲殺臣，殺臣，宋莫能守。雖然，臣之弟子禽滑釐等三百人，已持臣守圉之器，在宋城上而待楚寇矣。雖殺臣，不能絶也」。楚王曰，「善哉。吾請無攻宋城矣」。史云，墨翟，宋之大夫，或云并孔子時，或云在其後。索隱云，按别録，墨翟書有文子。文子，子夏弟子，問於墨子。如此，則墨子在七十子後。愚按，孔子以敬王四十一年卒，景公以元王七年卒，相去十一年。檀弓，季康子母死，般請以機封，則般亦與孔子相及。大事記云，揚、墨之説，肆行於天下，必在春秋後。蓋異端之説，非王教盡廢，不能興也。

犀首伐黃

犀首〔一〕伐黃〔二〕，過衛，使人謂衛君〔三〕曰：「弊邑之師過大國之郊，曾無一介之使以存之乎？敢請其罪。今黃城將下矣，已〔四〕，將移兵而造大國之城下〔五〕。」衛君懼，束組三百緄〔六〕，黃金三百鎰，以隨使者。南文子〔七〕止之曰：「是勝黃城，必不敢來；不勝，亦不敢來〔八〕。是勝黃城，則功大名美，内臨其倫〔九〕。夫在中者〔一〇〕惡臨，議其事〔一一〕。蒙〔一二〕大名，挾成功，坐御〔一三〕以待中之議，犀首雖愚，必不爲也。是不勝黃城，破心〔一四〕而走，歸，恐不免於罪矣！彼安敢攻衛以重其不勝之罪哉？」果勝黃城，帥師而歸，遂不敢過衛。

〔一〕**鮑本**魏官也，非公孫衍。正曰：據左傳，南文子相衛悼公。悼公與智伯并時，則犀首非公孫衍矣。司馬彪謂「犀首」爲魏官。以此策考之，悼公元年，當貞定王元年，至威烈王二十三年，三晉始爲諸侯時六十餘年。是時已有犀首，非魏官矣。意嘗其爲姓名或號，説見秦策。然則此犀首者，亦三晉之臣歟？

〔二〕**姚本**黃，國名也。　**鮑本**補曰：舊注，黃，國名。按策言黃不一處，此未詳。

〔三〕**鮑本**此策以南文子與智伯同時，知爲悼公。補曰：左傳，「公之入也，奪南氏邑」，杜注，子南之子公孫彌牟。彌牟與褚師比等逐公，越皋如等將納公，文子致衆而問曰「彌牟亡有益」云云，遂立悼公，南氏相之，事在哀公二十五年、二十六年。

〔四〕鮑本已，言已下黃城。

〔五〕姚本造，詣也。言至衛國之城下。

〔六〕姚本組，斜文紛綬之屬也。十首爲一緄也。　鮑本補曰：組，屢見前。緄，古本反，說文，帶也。詩，緄縢。傳，繩也。皆與此不協。鮑引高注。

〔七〕姚本南文子，衛大夫。

〔八〕姚本來，敢移兵來至城也。

〔九〕姚本倫，等。　鮑本臨，言以功處其上；倫，其輩類。

〔一〇〕鮑本國中之臣。

〔一一〕姚本惡其臨己，故將議其事也。　鮑本議，謂譖短之。

〔一二〕鮑本蒙，冒處之也。

〔一三〕鮑本坐其御。言不營爲。

〔一四〕鮑本破心，懼罪也。

梁王伐邯鄲

梁王〔一〕伐邯鄲，而徵〔二〕師於宋。宋君使使者請於趙王〔三〕曰：「夫梁兵勁〔四〕而權重，今徵師於弊邑，弊邑不從，則恐危社稷；若扶〔五〕梁伐趙，以害趙國，則寡人不忍也。願王之有以命弊邑〔六〕。」

〔一〕**鮑本**襄。正曰：惠。

〔二〕**姚本**徵，召也。

〔三〕**鮑本**武靈。正曰：成侯。

〔四〕**姚本**勁，强也。

〔五〕**姚本**扶，助也。　**鮑本**扶，謂助之。

〔六〕**姚本**弊邑，宋也。

趙王曰：「然。夫宋之不足如〔一〕梁也，寡人知之矣。弱趙以强梁，宋必不利也〔二〕。則吾何以告子而可乎〔三〕？」使者曰：「臣〔四〕請受邊城〔五〕，徐其攻而留其日〔六〕，以待下吏之有城而已〔七〕。」趙王曰：「善。」

〔一〕**姚本**如，當也。　**鮑本**「不」下無「足」字。○補曰：一本「不足如梁」。

〔二〕**姚本**梁必兼宋，故宋不利之矣。

〔三〕**鮑本**雖知宋不助梁，然無辭使宋不聽梁。

〔四〕**姚本**曾、錢作「恧」。自此至卷尾，曾本皆作「恧」。

〔五〕**鮑本**請得攻一城應梁。

〔六〕**姚本**徐，緩。留其日，稽留其日也。

〔七〕鮑本攻之不力，使趙無失城。

宋人因遂舉兵入趙境，而圍一城焉。梁王甚説，曰：「宋人助我攻〔一〕矣。」趙王亦説曰〔二〕：「宋人止於此矣〔三〕。」故兵退難解，德施於梁而無怨於趙。故名有所加而實有所歸。〔四〕

〔一〕姚本以宋人圍趙一城，故云「助我攻」。

〔二〕鮑本「曰」上無「説」字。○補曰：一本「趙王亦説曰」。

〔三〕姚本以宋使者言徐攻留其日，趙王亦説，言宋人止於此。

〔四〕鮑本君偃宜無此善。以在犀首伐黄下，蘇秦論攻宋前，故次之此。正曰：大事記，周顯王十五年，梁惠十七年，宋公剔成十六年，宋伐趙圍一城。解題曰，梁惠王伐邯鄲，引策云云。又按史世家，景公六十四年卒。左傳，景公在位四十八年卒。大事記定從左氏。景公卒當元王七年。鮑以此次之景公，繆甚。

謂大尹曰

謂大尹〔一〕曰：「君〔二〕日長矣，自知政〔三〕，則公無事。公不如令楚賀君之孝，則君不奪太后之事矣〔四〕，則公常用宋矣〔五〕。」

〔一〕姚本大尹，宋卿也。　鮑本宋卿。正曰：左傳哀二十六年，宋景公無子，取得與啓畜諸公宮，於是云云，六卿三族降聽政，因大尹以達。杜注，近官有寵者。鮑因「大尹」字，遂傅會爲景公時，蓋無稽之言也。

〔二〕鮑本君，宋君。

〔三〕姚本言宋王年日長大，自能制法布政也，則大尹無復有專政之事也。鮑本言親國事。

〔四〕姚本事，政事也。鮑本后時與政。

〔五〕姚本太后，尹母也。與后共爲政。太后不見奪政，則大尹亦不見廢也，故云「常用於宋也」。鮑本見用於宋，尹蓋太后之人。正曰：皆無考。

宋與楚爲兄弟

宋與楚爲兄弟。齊攻宋，楚王〔一〕言救宋。宋因賣〔二〕楚重以求講於齊〔三〕，齊不聽。蘇秦爲宋謂齊相曰：「不如與之〔四〕，以明宋之賣〔五〕楚重於齊也。楚怒〔六〕，必絶於宋而事齊，齊、楚合，則攻宋易矣。」〔七〕

〔一〕鮑本威。

〔二〕鮑本賣，謂衒鬻之。

〔三〕姚本齊伐宋，楚將救宋，宋恃楚之重求和於齊者。

〔四〕姚本不如與之和也。鮑本聽其講。

〔五〕鮑本「賣」作「資」，又改作「賣」。○補曰：一本作「賣」。

〔六〕鮑本怒其背己而與齊講。

〔七〕鮑本蘇秦與剔成、齊宣同時，知非閔時。正曰：此必非景公時。

魏太子自將過宋外黄〔一〕

〔一〕此篇姚本與宋與楚爲兄弟連篇，鮑本分爲兩篇，將此篇置於魏策。現據文義，從鮑本分爲兩篇，仍將此篇歸入宋衛策。

魏太子〔二〕自將，過宋外黄〔三〕。外黄徐子〔三〕曰：「臣有百戰百勝之術，太子能聽臣乎？」太子曰：「願聞之。」客〔四〕曰：「固願效之。今太子自將攻齊，大勝并莒，則富不過有魏，而貴不益爲王〔五〕。若戰不勝，則萬世無魏〔六〕。此臣之百戰百勝之術也。」太子曰：「諾。請必從公之言而還。」客曰：「太子雖欲還，不得矣。彼利太子之戰攻，而欲滿其意者衆〔七〕，太子雖欲還，恐不得矣。」太子上車請還。其御曰：「將出而還，與北同〔八〕，不如遂行。」遂行〔九〕。與齊人戰而死，卒不得魏〔一〇〕。〔一一〕

〔一〕姚本魏惠王太子申也，自將攻齊。

〔二〕姚本外黄，今陳留外黄，故宋城也，後徙睢陽也。

〔三〕鮑本劉向別録，徐子，外黄人。

〔四〕姚本客，徐子也。

〔五〕姚本益，亦過也。　鮑本爲王之外，無加也。

〔六〕**姚本**不勝，則太子滅，復何魏之有？故云「萬世無魏」也。

〔七〕**姚本**彼，謂魏戰士也。欲使太子戰，得其利，以盈滿其志意。衆，多也。**鮑本**希賞也。

〔八〕**姚本**北，退走也。與退走者同罪。

〔九〕**札記**今本脱「遂行」二字。

〔一〇〕**姚本**齊人敗之馬陵，虜龐涓，而殺太子申。故云「卒不得魏」也。

〔一一〕**鮑本**原在宋策。魏記三十年有。彪謂：此申生伐皋落之例，晉國之覆轍也。里克之諫，惠王非忘之而忍爲之，故孟子以爲不仁。補曰：以過宋而徐子言之，從舊可。

宋康王之時有雀生鸇

宋康王〔一〕之時，有雀生鸇〔二〕於城之陬〔三〕。使史占之，曰：「小而生巨，必霸天下〔四〕。」康王大喜。於是滅滕〔五〕伐薛，取淮北之地，乃愈自信，欲霸之亟〔六〕成，故射天笞地，斬社稷而焚滅之，曰：「威服天下鬼神。」罵國老諫曰〔七〕，爲無顔之冠〔八〕，以示勇。剖〔九〕傴之背，鍥朝涉之脛〔一〇〕，而國人大駭〔一一〕。齊聞而伐之，民散，城不守。王乃逃倪侯〔一二〕之館，遂得而死〔一三〕。見祥而不爲祥，反爲禍〔一四〕。〔一五〕

〔一〕**姚本**康王，辟公之子，剔成之弟。**鮑本**衍「康」字，下同。按史，君偃在年表、世家、傳并不書謚。正曰：索隱云，戰國策、呂氏春秋皆以偃謚康王。**札記**丕烈案：新序亦作「康」也。

〔二〕**姚本**䳢，王鵰也，羽蟲之孽也。續云：新序，爵生鸇，通鑑作䳢。**鮑本**集韻音欺。今江東呼鵂鶹爲鵋鶀。正曰：此與爾雅「鵅，鵋鶀」注同文。鵅音格，鵋音忌，鶀音欺。按史記，「好射鶀雁」。鶀，小雁也，音期。愚按，策文云「小而生巨」，以雀生雁言可也；云「見祥而不祥」，鵂鶹，非祥也。黃公紹韻會「鶀」、「䳢」并爲一字，音期者非。新序作「鸇」，所載比策文爲詳，今通鑑作「䳢」。**札記**丕烈案：新序云，鸇，黑色，食爵，大於爵，害爵也。爲「鸇」明甚。此必本作「⿰鳥旃」，「⿰鳥旃」、「鸇」同字也。作「䳢」者，形近之訛。

〔三〕**姚本**陬，隅也。五行傳，「思心之不容，是謂不聖，時則有黃眚」。黃，祥也。

〔四〕**姚本**史，太史。曰能辨吉凶之妖祥。康王無道，不敢正對，故云「必霸天下」。危行言遜，太史有焉。**鮑本**蓋言遜也。

〔五〕**鮑本**隱七年注，在沛國公丘縣。補曰：大事記云，杜氏世族譜，滕爲齊滅。觀孟子所載滕定公、文公，則杜説誤，策所記是也。

〔六〕**姚本**亟，速也。**鮑本**「亟」作「速」。○　**札記**丕烈案：鮑本誤，高注其證也，新序亦作「亟」。

〔七〕**鮑本**「曰」作「臣」。○　補曰：疑字誤。**札記**今本「曰」作「臣」，乃誤涉鮑也。丕烈案：新序作「罵國老之諫者」。「曰」即「者」壞字耳。

〔八〕**鮑本**冠不覆額。補曰：史，王偃盛血以革囊，縣而射之，命曰射天。淫於酒、婦人，群臣諫者，輒射之。諸侯皆曰桀宋。

〔九〕**姚本**剖，劈也。

〔一〇〕**鮑本**鍥，刻。脛，胻也。

〔一一〕**姚本**駭，亂憂也。

〔一二〕**鮑本**侯，其臣也。正曰：無稽。

〔一三〕**鮑本**補曰：世家云，殺王偃。年表云，死於温。温，魏地。新序「得」下有「病」字。**札記**丕烈案：新序誤衍也。得，獲也，即世家殺王偃事。

〔一四〕**姚本**禍，謂齊湣王與魏、楚共伐宋，殺康王而滅國，三分其地也。

〔一五〕**鮑本**補曰：家語，「昔者殷王帝辛之世，有雀生大鳥於城隅，占之曰，『凡以小生大，則國家必正而名益昌』。於是帝辛介雀之德，不修國政，亢暴無極，朝臣莫救，外寇乃至，殷國以亡」。又說苑，孔子曰昔者殷王帝辛云云一段，亦同。愚按，宋，殷後也。疑即此一事，而記者不同。

智伯欲伐衛

智伯欲伐衛，遺衛君野馬四百，白璧一〔一〕。衛君大悦，群臣皆賀，南文子有憂色。衛君曰：「大國大歡，而子有憂色何？」文子曰：「無功之賞，無力之禮，不可不察也。野馬四，百璧一，此小國之禮也〔二〕，而大國致之，君其圖之。」衛君以其言告邊境。智伯果起兵而襲衛，至境而反〔三〕曰：「衛有賢人，先知吾謀也。」〔四〕

〔一〕**姚本**野馬，騊駼也。四百乘也。璧，玉環也。肉倍好曰璧。**鮑本**「璧」上無「白」字。○ 補曰：一本「白璧」。**札記**丕烈案：此當以「野馬四」爲句，「白璧一」爲句，「百」即「白」字誤衍。下文「野馬四，百璧一」，誤同。考其注云，「四百，乘也」，「百」是「一」字誤。說苑有此事，作「智伯欲襲衛，故遺之乘馬，先之一璧」，與此可相證明。

〔二〕**鮑本**「禮」下無「也」字。○ 補曰：一本有「也」字。

〔三〕**姚本**反，還。

〔四〕**鮑本**補曰：説苑，吴赤市使智氏及趙簡子以乘璧遺衛事相類。

智伯欲襲衛〔一〕

〔一〕此篇姚本與智伯欲伐衛連篇，鮑本分爲兩篇。據文義，從鮑本。

智伯欲襲衛，乃佯亡其太子，使奔衛。南文子曰：「太子顔〔一〕爲君〔二〕子也，甚愛而有寵〔三〕，非有大罪而亡，必有故〔四〕。」使人迎之於境，曰：「車過五乘，慎勿納也。」智伯聞之，乃止〔五〕。〔六〕

〔一〕**鮑本**顔，太子名。

〔二〕**鮑本**君，謂智伯。

〔三〕**姚本**智伯甚愛顔而寵禄之。

〔四〕**姚本**不有大罪而亡來，必有他故者也。

〔五〕**姚本**止太子顔也。

〔六〕**鮑本**彪謂：南文子，衛之賢智人也，慮無遺算。補曰：大事記，貞定王十二年，晉荀瑶襲衛。解題曰，失其年。國語序「藍臺之宴」云，還自衛。姑載於此，未必果此年也。戰國策云云，并載此二年。

秦攻衛之蒲

秦攻衛之蒲〔一〕。胡衍謂樗里疾曰：「公之伐蒲，以爲秦乎？以爲魏乎？爲魏則善，爲秦則不賴〔二〕矣。衛所以爲衛者，以有蒲也。今蒲入於魏，衛必折於魏〔三〕。魏亡西河之外〔四〕，而弗能復取者〔五〕，弱也。今并衛於魏，魏必强。魏强之日，西河之外必危〔六〕。且秦王〔七〕亦將觀公之事。害秦以善〔八〕魏，秦王必怨公。」樗里疾曰：「奈何？」胡衍曰：「公釋蒲勿攻，臣請爲公入戒蒲守〔九〕，以德衛君。」樗里疾曰：「善。」

〔一〕**姚本**蒲，衛邑也。　**鮑本**秦昭四年，取蒲坂。此二十三年。正曰：年表、世家，拔魏蒲坂。蒲坂在河東，非衛地。世家，衛嗣君時獨有濮陽。按史，秦昭王元年，樗里子伐蒲。索隱云，樗里疾圍蒲，不克，而秦惠王薨。事與此合。正義云，蒲故城在滑州匡城縣，此即子路作宰地。

〔二〕**姚本**賴，利也。

〔三〕**姚本**衛知必失蒲，必自入於魏，以求救也。　**鮑本**衛恐秦取蒲，必自入之魏。補曰：一本「蒲入於秦」。司馬貞引策云，「今蒲入於秦，衛必折而入於魏」。樗里疾傳有，亦作「入於秦」。　**札記**丕烈案：索隱曰相反也。今吴校未「魏」字作「秦」，乃誤刊。

〔四〕**鮑本**秦惠六年。正曰：秦惠八年，魏納河西地。後二年，魏入上郡於秦，而河西濱洛之地盡。

〔五〕**姚本**西河，魏邑也，秦兼取之。魏弱於秦，故云「不能取」。　**鮑本**「能」下無「復」字。○　補曰：一本有「復」字。

〔六〕**姚本**魏得衛而强，必更取西河之外，故云「西河之外必危」。

〔七〕**鮑本**昭。

〔八〕**鮑本**「善」作「害」，又改爲「善」。○補曰：一本作「善」。

〔九〕**鮑本**戒告之以釋攻。

胡衍因入蒲，謂其守曰：「樗里子知蒲之病也〔一〕，其言曰：『吾必取蒲。』今臣能使釋蒲勿攻。」蒲守再拜，因效金三百鎰〔二〕焉，曰：「秦兵誠去，請厚子於衛君。」胡衍取金於蒲，以自重於衛。樗里子亦得三百金而歸，又以德衛君也。〔三〕

〔一〕**姚本**病，困也。

〔二〕**鮑本**「鎰」作「溢」，又改爲「鎰」。○補曰：鎰通。

〔三〕**鮑本**補曰：史樗里子傳有。

衛使客事魏

衛使客事魏，三年不得見。衛客患之，乃見梧下先生〔一〕，許之以百金。梧下先生曰：「諾。」乃見魏王〔二〕曰：「臣聞秦出〔三〕兵，未知其所之。秦、魏交而不修〔四〕之日久矣。願王博〔五〕事秦，無有佗計。」魏王曰：「諾。」

〔一〕**姚本**先生，長者有德者稱。家有大梧樹，因以爲號，若柳下惠。**鮑本**蓋以所居爲號。補曰：藝文類聚作「梧丘」。

〔二〕**鮑本**哀。正曰：無考。

〔三〕**鮑本**「出」作「入」，又改爲「出」。○正曰：一本作「人」，「兵」下有「出」字。

〔四〕**姚本**温故曰修。

〔五〕**鮑本**「博」作「專」。○補曰：字當作「專」。**札記**丕烈案：此以「摶」爲「專」，因訛爲「博」也。

客〔一〕趨出，至郎門〔二〕而反曰：「臣恐王事秦之晚〔三〕。」王曰：「何也？」先生曰：「夫人於事己者過急〔四〕，於事人者過緩。今王緩於事己者，安能急於事人。」「奚以知之〔五〕？」「衛客〔六〕曰，事王三年不得見。臣以是〔七〕知王緩也。」魏王趨見衛客。〔八〕

〔一〕**姚本**客，梧下先生也。

〔二〕**姚本**續：作「郭門」。**鮑本**補曰：按韓非子，「使郎中日聞道於郎門之内」。愚恐「郎」即「廊」，見秦策。

〔三〕**姚本**出、反，乃説事者而以亦不故爲此事秦也，若偶思念得之，故還而言也。**鮑本**佯若不爲衛客，偶思念得之。

〔四〕**鮑本**過，猶多。

〔五〕**鮑本**王問。

〔六〕**鮑本**梧下稱之。

〔七〕**札記**今本「以是」誤「是以」。

〔八〕**鮑本**彪謂：此一時氣俗，無不没於利者。以先生稱於世，其人不薄矣！而以百金諸人，爲之行狡獪之計，况小子乎？彼哉，彼哉！正曰：此策時不可考，何得附之嗣君？

衛嗣君病

衛嗣君〔一〕病。富術謂殷順且〔二〕曰：「子聽吾言也以説君，勿益損也〔三〕，君必善子〔四〕。人生之所行，與死之心異。始君之所行於世者，食高麗也〔五〕；所用者，緤錯、挐薄也。群臣盡以爲君輕國而好高麗〔六〕，必無與君言國事者。子謂君〔七〕：『君之所行天下者甚謬。緤錯主斷於國，而挐薄輔之，自今以往者，公孫氏〔八〕必不血食矣。』」

〔一〕**姚本**嗣君，衛平侯之子也。秦王貶其號爲君也。

〔二〕**鮑本**皆衛人。正曰：古人以「且」名者，皆子餘反。如夏無且、唐且、龍且之類是也。

〔三〕**鮑本**使之一如其教。

〔四〕**姚本**子，殷順且者也。

〔五〕**姚本**食，用也。麗，美也。諸所行爲者，務用高美觀目而已，不務用德也。**鮑本**凡有養於口體，皆得言食。補曰：「食高麗」，疑人名。

〔六〕**姚本**緤錯、挐薄，之二人，君所幸，非賢也。長曰不肖，國必危，故群臣盡以君爲輕國也。**鮑本**二臣名。補曰：緤，先結反。挐，女居反。

〔七〕**鮑本**補曰：「子謂君」以下，今教之以説君也。上言「死之心異」，故言此可以動之。

〔八〕**姚本**公孫氏，謂嗣君也。衛鞅之孫，故云公孫氏。**鮑本**衛國姓也。故商君，衛之庶孽公子也，姓公孫氏。正曰：商君，説見秦策。

君曰：「善。」與之相印，曰：「我死，子制之。」嗣君死，殷順且以君令相公〔一〕期〔二〕。緤錯、挐薄之族皆逐〔三〕也。〔四〕

〔一〕**鮑本**「公」下補「子」字。○

〔二〕**姚本**公期，嗣君子也。

〔三〕**鮑本**「逐」下有「之」字。○

〔四〕**鮑本**彪謂：嗣君，賢君也，富術稱之貶矣。蓋諫者之言，多務爲深切詭激之辭。使嗣君不賢，安能受其言而委之以二臣乎？正曰：鮑誤釋胥靡之事，遂以衛君爲賢，其實非也。然能從順且之諫，使制二子，猶愈於迷復者也。

衛嗣君時胥靡逃之魏

衛嗣君時，胥靡〔一〕逃之魏，衛贖之百金，不與。乃請〔二〕以左氏〔三〕。群臣諫曰：「以百金之地，贖一胥靡，無乃不可乎？」君曰：「治無小，亂無大〔四〕。教化喻於民，三百之城〔五〕，足以爲治；民無廉耻，雖有十左氏，將何以用之？」〔六〕

〔一〕**姚本**胥靡，有罪之賢人也。**鮑本**有罪人。蓋賢者也。正曰：此本高注，竊以爲不然。有罪而逃，何以知其賢？此慕傅説之事而誤説者也。衛君以金贖之者，耻其失政廢刑爾。觀其言可見。補曰：靡，忙皮反。晉灼曰，「胥，相也。靡，隨也。」顔曰，「連繫相隨而服役之，猶今之囚徒」。莊子注，「以鐵鎖相連繫」。

〔二〕**鮑本**請，亦贖也。

〔三〕姚本左氏，衛邑也。

〔四〕鮑本大、小，謂國。

〔五〕鮑本補曰：三百，或言家。

〔六〕鮑本彪謂：衛君之言及此，足以興起，而不得霸，豈輔之者無其人乎？以群臣之所諫，知不及其君遠矣。然享國四十餘年，不受外兵，則三百爲治之言，允蹈之者歟？正曰：罪人而逃，可謂無政矣。割地以求胥靡，可謂無謀矣。其言雖善，事則戾矣。補曰：韓非子有，略同。

衛人迎新婦〔一〕

〔一〕此篇姚本與衛嗣君時胥靡逃之魏連篇，鮑本分爲兩篇。據文義，從鮑本。

衛人迎新婦，婦上車，問：「驂馬，誰馬也？」御曰：「借之。」新婦謂僕曰：「拊驂，無笞服〔一〕。」車至門，扶〔二〕，教送母〔三〕：「滅竈，將失火。」入室見臼，曰：「徙之牖下，妨往來者。」主人笑之。此三言者，皆要〔四〕言也，然而不免爲笑者，蚤晚之時失也〔五〕。

〔一〕姚本拊，擊也。兩旁曰驂，轅中曰服。擊其驂，則中兩服馬不勞笞也。鮑本皆言愛也，拊尤愛之。正曰：鮑以爲借馬，故曰愛之，非是。

〔二〕姚本扶，謂下車。鮑本人扶婦下。

〔三〕鮑本「母」下有「曰」字。○母，送婦者。將還，故戒之。

〔四〕**鮑本**「要」作「至」。○

〔五〕**姚本**雖要指，非新婦所宜言也。以喻忠臣可以言而不言，失忠；未可以言而言，危身。故云「蚤晚之時失也」。**鮑本**初爲婦而云然，失之蚤也。正曰：此策時不可考。補曰：呂氏春秋，白圭新與惠子相見，惠子說之以疆，惠子出，白圭告人曰云云，與此相類。

戰國策卷三十三

中山

鮑本中山　漢爲國，有盧奴、北平、北新城、唐、深澤、苦陘、安國、曲逆、望都、新市。補曰：索隱云，中山，故鮮虞國，姬姓也。路史，杜佑云，常山靈壽，中山國，有故城，城中有山，故號中山。漢中山王靖始移居盧奴。大事記，威烈王十二年，中山武公初立。又按左傳，昭公十二年，晉荀吳假道於鮮虞，滅肥。是冬，晉復伐鮮虞。杜預云，鮮虞，白狄別種，在中山新市縣。中山名始見定公四年。晉合諸侯召陵，謀爲蔡伐楚，荀寅曰，諸侯方貳，中山不服，無損於楚，而失中山，不如辭蔡侯。則是時勢已漸强，能爲晉之輕重矣。史趙世家是年書中山武公初立。意者其國益强，遂建國備諸侯之制，與中夏伉歟？

魏文侯欲殘中山

魏文侯〔一〕欲殘〔二〕中山。常莊談〔三〕謂趙襄子〔四〕曰：「魏并中山，必無趙矣〔五〕。公何不請公子傾以爲正妻，因封之中山，是中山復立也〔六〕。」

〔一〕**姚本**文侯，魏桓子之孫也。

〔二〕**姚本**殘，滅之也。

〔三〕**姚本**襄子臣也。　**鮑本**趙人。

〔四〕**鮑本**「襄」作「桓」。○　正曰：按大事記，威烈王元年，趙襄子卒，以兄伯魯之孫獻子浣爲後。襄子之弟桓子逐浣自立。二年，桓子卒，獻子復位。魏桓子卒，子斯立，亦在威烈王元年。十七年獻子卒，子籍立，是年文侯使樂羊伐中山，克之。此策云文侯欲殘中山，必在前，恐是獻子之時，桓子止下年，未可定爲其時也。

〔五〕**姚本**并，兼也。兼有中山，必復以次取趙。

〔六〕**姚本**公子傾，魏君之女，封之於中山以爲邑，是則中山不殘也。故云「中山復立」，猶存也。

犀首立五王

犀首立五王〔一〕，而中山後持〔二〕。齊謂趙、魏曰：「寡人羞與中山并爲王，願與大國伐之，以廢其王。」中山聞之，大恐。召張登〔三〕而告之曰：「寡人且王，齊謂趙、魏曰，羞與寡人并爲王，而欲伐寡人。恐亡其國，不在索王〔四〕。非子莫能吾救。」登對曰：「君爲臣多車重幣，臣請見田嬰。」中山之君遣之齊。見嬰子曰：「臣聞君欲廢中山之王，將與趙、魏伐之，過矣。以中山之小，而三國伐之，中山雖益廢王，猶且聽也〔五〕。且中山恐，必爲趙、魏廢其王而務附焉〔六〕。是君爲趙、魏驅羊也〔七〕，非齊之利也。豈若中山廢其王而事齊哉？」

〔一〕**姚本**立五國使稱王，齊、趙、魏、燕、中山也。　**鮑本**秦、韓、燕、宋、中山也。楚，春秋時王。齊宣、魏惠，顯王三十五年王。趙武靈獨不王。其後秦惠十二年，韓宣惠、燕易王王。明年，秦惠始王。秦惠改元之七年，宋偃始王。故武靈八年書五國相王，即秦七年也。正曰：大事記，周顯王四十六年，韓、燕、中山皆稱王，趙獨稱君，其後亦稱王。解題按，戰國策犀首立五王，高氏以爲齊、趙、魏、燕、中山，鮑氏以爲秦、韓、燕、宋、中山，二家之説皆非也。齊、魏王已久，秦之王出於張儀，宋、中山俱小國。使宋是時稱王，齊何爲獨怒中山？況偃之稱王，又在慎靚之三年乎？然則犀首所立五王，其可考者，韓、燕、趙、中山，其一則不可考也。趙武靈王初稱君，世家十一年書王召公子職於韓，則是時已稱王矣。七國惟楚僭王，遠在春秋之世。其餘六國，魏最先，趙最後。又顯王三十五年，齊宣王、魏惠王與諸侯會於徐州以相王。解題云齊、魏之王，以國策考之，蓋在魏拔邯鄲之歲，顯王十六年。而秦紀今年又書齊、魏爲王，未知孰是？然策所載，似得其實。蓋魏以邯鄲之勝，齊以桂陵之勝，各僭稱王。若今歲魏方衰弱，齊亦未有大功，何爲驟稱王乎？今年書相王者，齊、魏僭王已久，至是共會諸侯，欲其皆王，以同己之僭也。秦紀所書，或者齊、魏前此稱王於其國，至此名號始通於諸侯乎？又顯王四十四年，秦初稱王，解題云，張儀之請也。秦紀書魏君稱王，衍一「魏」字。愚按，趙世家武靈王十年，五國相王，趙獨否曰，無其實，敢處其名乎？令國人謂己曰君。十一年始云王召公子職也。然則云五國相王者，謂五國皆稱王，非謂在此年也。鮑誤。

〔二〕**姚本**持中山小，故後立之。　**鮑本**持，猶疑也，立之後而復疑。

〔三〕**姚本**張登，中山臣也。

〔四〕**鮑本**今所謀者救亡爾，不求爲王。

〔五〕**姚本**益，大也。猶，尚也。雖大，廢之，尚且聽命，不敢貳也。　**鮑本**益，猶甚也，言事有甚於此者。

〔六〕**姚本**務附，親也。必爲趙、魏不敢稱王，而親附趙、魏以自昵也。　**鮑本**附趙、魏也。主廢者齊，故不附之。

〔七〕**姚本**言君以趙、魏伐中山，中山恐亡，必受命於趙、魏，是君爲趙、魏驅羊，而使得食之。

田嬰曰：「奈何？」張登曰：「今君召中山，與之遇而許之王，中山必喜而絕趙、魏。趙、魏怒而攻中山，中山急而爲君難其王〔一〕，則中山必恐，爲君廢王事齊〔二〕。彼患亡其國，是君廢其王而亡〔三〕其國，賢於爲趙、魏驅羊也。」田嬰曰：「諾。」張丑曰：「不可。臣聞之，同欲者相憎，同憂者相親。今五國相與王也，負海不與焉〔四〕。此是欲皆在爲王，而憂在負海〔五〕。今召中山，與之遇而許之王，是奪五〔六〕國而益負海也〔七〕。致中山而塞四國，四國寒心。必先與之王而故親之，是君臨中山而失四國也。且張登之爲人也，善以微計薦中山之君久矣〔八〕，難信以爲利〔九〕。」

〔一〕**鮑本**難，則所謂「羞與爲王」。

〔二〕**鮑本**不王中山，齊志也。今爲廢之，所以事齊。

〔三〕**鮑本**「亡」作「立」。○

〔四〕**姚本**負海，齊也。五國之中，齊不欲與之同王也。　**鮑本**負海，齊也，先已王。補曰：高注「齊不欲與之同王」，則「與」如字。

〔五〕**鮑本**憂齊廢之。

〔六〕**鮑本**「五」作「四」。○　下同。正曰：一本下三處作「四」，姚同。疑此有誤。

〔七〕**鮑本**中山與四國同欲，今與齊遇，是奪彼而益我也。

〔八〕**姚本**薦，進也。張登善以微計進其君也。

〔九〕姚本不可信其言以爲己利也。

田嬰不聽〔一〕。果召中山君而許之王。張登因謂趙、魏曰：「齊欲伐河東〔二〕。何以知之？齊羞與中山之〔三〕爲王甚矣，今召中山，與之遇而許之王，是欲用其兵也。豈若令大國先與之王，以止其遇哉？」趙、魏許諾，果與中山王而親之。中山果絶齊而從趙、魏。

〔一〕姚本不聽張丑之言也。
〔二〕鮑本河東，魏地。
〔三〕鮑本「之」作「并」。○

中山與燕趙爲王

中山與燕、趙爲王，齊閉關不通中山之使，其言曰：「我萬乘之國也，中山千〔一〕乘之國也，何侔〔二〕名於我？」欲割平邑〔三〕以賂燕、趙，出兵以攻中山。

〔一〕鮑本「千」作「百」。○　補曰：一本作「千」。
〔二〕姚本侔，等。
〔三〕姚本平邑，燕邑。　鮑本屬代郡。正曰：正義引括地志，平邑故城在魏州昌樂縣東北。見趙世家。

藍諸君〔一〕患之。張登謂藍諸君曰：「公何患於齊？」藍諸君曰：「齊强，萬乘之國，耻與中山侔名，不憚割地以賂燕、趙，出兵以攻中山。燕、趙好位〔二〕而貪地，吾恐其不吾據也。大者危國，次者廢王，奈何吾弗患也？」張登曰：「請令燕、趙固〔三〕輔中山而成其王，事遂定。公欲之乎？」藍諸君曰：「此所欲也。」曰：「請以公爲齊王〔四〕而登試說公。可，乃行之。」藍諸君曰：「願聞其說。」

〔一〕鮑本中山相也。補曰：索隱云，戰國策「望諸」作「藍諸」。愚按，燕策，「望諸相中山」，恐即此人，與樂毅同號者。索隱指爲毅，則誤矣。

〔二〕姚本一作「倍」。曾作「位」。　鮑本「位」作「倍」。○　倍，謂背約。

〔三〕鮑本固，言輔之堅。

〔四〕鮑本閔。

登曰：「王之所以不憚割地以賂燕、趙，出兵以攻中山者，其實欲廢中山之王也。王曰：『然。』然則王之爲費且危。夫割地以賂燕、趙，是强敵也；出兵以攻中山，首〔一〕難也。王行二者，所求中山未必得。王如用臣之道，地不虧而兵不用，中山可廢也。王必曰：『子之道奈何？』」藍諸君曰：「然則子之道奈何？」張登曰：「王發重使，使告中山君曰：『寡人所以閉關不通使者，爲中山之獨與燕、趙爲王，而寡人不與聞焉〔二〕，是以隘〔三〕之。王苟舉趾〔四〕以見寡人，請亦佐君。』中山恐燕、趙之不己據也，今齊之辭云『即佐王』，中山必遁燕、趙，與王相見〔五〕。燕、趙聞之，怒絶之〔六〕，王亦絶之，是中山孤，孤何得無廢。以此說齊王，齊王聽乎？」藍諸君曰：「是則必聽矣，此所以廢之，何在其所存之矣〔七〕。」張登曰：「此王〔八〕所以存者也。齊以是辭來，因言告燕、趙而無往〔九〕，以積厚於燕、趙。燕、趙必曰：『齊之欲割平邑以賂我者，非欲廢中山之王也；徒欲以離我於中山，而己親之也。』雖百平邑，燕、趙必不受也。」藍諸君曰：「善。」

〔一〕姚本首，始也。鮑本首爲攻伐之難。
〔二〕鮑本此王此君皆中山。正曰：「王發重使」之王，指齊王。
〔三〕鮑本隘，亦不通也。補曰：隘，當讀作「阨」。
〔四〕鮑本「趾」上補「玉」字。○
〔五〕鮑本此并齊王。補曰：「王苟舉趾」與「即佐王」之王，指中山王。
〔六〕姚本絶中山也。鮑本「怒」上有「必」字。○
〔七〕姚本言以此説齊，齊必從。然適足廢其王耳，何所以存之利。鮑本「所」下有「以」字。○札記今本「所」下有「以」字。
〔八〕鮑本此王，中山。
〔九〕鮑本以齊王言告之，而不往齊。

遣張登往，果以是辭來。中山因告燕、趙而不往，燕、趙果俱輔中山而使其王。事遂定。〔一〕

〔一〕鮑本彪謂：張登億則屢中，言之必可行者也。雖其用智有捭闔風氣，而文無害，亦狡獪可喜，非君子之所排也。正曰：捭闔狡獪，豈非君子之所排者？因其文之可喜，而謂其術之無害，悖矣！

司馬憙使趙

司馬憙使趙，爲己求相中山〔一〕。公孫弘陰知之〔二〕。中山君出，司馬憙御，公孫弘參乘。弘曰：「爲人臣，招大國之威，以爲己求相，於君何如？」君曰：「吾食其肉，不以分人。」司馬憙頓首於軾曰：「臣自知死至矣！」君曰：「何也？」「臣〔三〕抵罪〔四〕。」君曰：「行，吾知之矣〔五〕。」居頃之，趙使來，爲司馬憙求相。中山君大疑公孫弘，公孫弘走出。〔六〕

〔一〕姚本憙，中山臣也。使於趙爲之求相於中山也。鮑本「憙」作「喜」。○札記丕烈案：「憙」、「喜」同字。吳氏補引徐廣注史記及鄒陽書作「喜」字也。

〔二〕姚本知其因趙求爲相也。

〔三〕鮑本「臣」上補「曰」字。○補曰：恐缺「曰」字。

〔四〕姚本抵，當也。

〔五〕鮑本行，使之行車。二人雅不相善，弘無故云然，似欲中喜者，故知。

〔六〕鮑本補曰：太史公自序，司馬氏其在衞者，相中山。徐廣云，名喜。鄒陽書，司馬喜臏於宋而相中山。按戰國有兩公孫弘，一在齊，爲孟嘗君見秦昭王，一即此人。與漢平津爲三。韓子云，公孫弘斷髮而爲越王騎，又一人也。

司馬憙三相中山

司馬憙三相中山，陰簡難之〔一〕。田簡謂司馬憙曰：「趙使者來屬耳〔二〕，獨不可語陰簡之美乎〔三〕？趙必請之，君與之，即公無内難矣。君弗與趙，公因勸君立之以爲正妻。陰簡之德公，無所窮矣。」果令趙請〔四〕，君弗與。司馬憙曰：「君弗與趙，趙王〔五〕必大怒；大怒則君必危矣。然則立以爲妻，固無請人之妻不得而怨人者也。」

〔一〕**姚本**陰簡，中山君美人也。難，惡也。**鮑本**陰簡，姬名也。難，謂忌之。

〔二〕**鮑本**霍光傳注，屬，近也。正曰：詩，「屬耳於垣」。史記注，屬，猶注也。言趙使屬耳中山之事。

〔三〕**鮑本**趙使近至宜有報，可因報使言之趙也。

〔四〕**鮑本**「請」下補「之」字。○**札記**今本「請」下有「之」字，乃誤涉鮑也。

〔五〕**鮑本**武靈。

田簡自謂取使〔一〕，可以爲司馬憙，可以爲陰簡，可以令趙勿請也。〔二〕

〔一〕**鮑本**「謂」作「爲」。○取，請爲使也。正曰：自謂可以取趙使。此書取字如此者，多爲與之善，而得其心之義。

〔二〕**鮑本**簡請使耳，實喜自使。見下。正曰：此章以爲語趙使，下章以爲司馬喜使説趙王，此正記所傳之異。兩「可以爲」之「爲」，去聲。

陰姬與江姬爭爲后

陰姬與江姬爭爲后。司馬憙謂陰姬公〔一〕曰：「事成，則有土子民〔二〕；不成，則恐無身。欲成之，何不見臣乎〔三〕？」陰姬公稽首〔四〕曰：「誠如君言，事何可豫道者〔五〕。」司馬憙即奏書中山王〔六〕曰：「臣聞弱趙强中山。」中山王悅而見之曰：「願聞弱趙强中山之説。」司馬憙曰：「臣願之趙，觀其地形險阻，人民貧富，君臣賢不肖，商〔七〕敵爲資，未可豫陳也。」中山王遣之。

〔一〕**鮑本**姬父也。
〔二〕**鮑本**「子」作「得」。○　言公得封。補曰：一本「子民」。姚同。
〔三〕**鮑本**怪其不來謀。
〔四〕**鮑本**首至地也。
〔五〕**鮑本**言將厚報之，未可先言。
〔六〕**鮑本**補「王」字。○
〔七〕**鮑本**商，較之。

見趙王〔一〕曰：「臣聞趙，天下善爲音，佳麗〔二〕人之所出也。今者，臣來至境，入都邑，觀人民謠俗〔三〕，容貌顏色，殊無佳麗好美者。以臣所行多矣，周流無所不通〔四〕，未嘗見人如中山陰姬者也。不知者，特以爲神，力〔五〕言不能及也。其容貌顔色，固已過絶人矣。若乃其眉目準頞權衡〔六〕，犀角偃月〔七〕，彼乃帝王之后，非諸侯之姬也。」趙王意移，大悦曰：「吾願請之，何如？」司馬憙曰：「臣竊見其佳麗，口不能無道爾。即欲請之，是非臣所敢議，願王無泄也。」

〔一〕**鮑本**武靈。
〔二〕**姚本**佳，大。麗，美。
〔三〕**鮑本**徒歌曰謡。
〔四〕**鮑本**「通」作「至」。○
〔五〕**鮑本**「力」作「人」。○ 正曰：盡力言之。　**札記**今本「力」作「人」，乃誤涉鮑也。丕烈案：「神」字句絶。楚策「非知而見之者以爲神」，可證。
〔六〕**鮑本**準，鼻。頞，鼻莖。權，輔骨，當作顴。衡，眉上。正曰：準，鼻頭。頞，額也。見孟子「蹙頞」注。蔡澤傳「蹙齃」，索隱云，鼻蹙眉。
〔七〕**鮑本**犀角，首骨。偃月，額骨。

司馬憙辭去，歸報中山王曰：「趙王非賢王也。不好道德，而好聲色；不好仁義，而好勇力。臣聞其乃欲請所謂陰姬者。」中山王作色不悦。司馬喜曰：「趙强國也，其請之必矣。王如不與，即社稷危矣；與之，即爲諸侯笑。」中山王曰：「爲將奈何？」司馬憙曰：「王立爲后，以絶趙王之意。世無請后者。雖欲得請之，鄰國不與也。〔一〕」中山王遂立以爲后，趙王

亦無請言也。〔二〕

〔一〕**姚本**禮無請后之義，鄰國必責之而不與。

〔二〕**鮑本**此兩章一事爾，而曲折小差。著書者，自以所聞駁異也。然則此書之作，亦至慎矣。補曰：司馬喜繩陰姬以語趙王，而脅君以行詐取寵，視張儀於鄭袖，其惡尤甚。記者好夸，何慎之有。

主父欲伐中山

主父〔一〕欲伐中山，使李疵〔二〕觀之。李疵曰：「可伐也。君弗攻，恐後天下。」主父曰：「何以？」對曰：「中山之君，所傾蓋與車〔三〕而朝窮閭隘巷之士者〔四〕，七十家。」主父曰：「是賢君也，安可伐？」李疵曰：「不然。舉士，則民務名不存本〔五〕；朝賢，則耕者惰而戰士懦〔六〕。若此不亡者，未之有也。」〔七〕

〔一〕**姚本**主父，趙武靈王也。

〔二〕**姚本**疵，趙臣也。

〔三〕**鮑本**「車」下有「者」字。○ 傾者，却不御也。與之同車。皆所尊禮者。補曰：一本「車」下無「者」字。

〔四〕**鮑本**君而朝士，亦尊禮也。

〔五〕**鮑本**本，謂農業。

〔六〕**鮑本**皆不强力也，以賢者不耕戰故。

〔七〕**鮑本**彪謂：李疵小人也，乃欲使人君廢賢而置士。夫賢者在位，將使耕者愈力，戰士愈奮，而誰敢惰懦？且不賢而耕且戰，民之分也，何敢與賢者并。民惟不務名耳，豈有務名而不趨於善者乎？若疵者，小人之無忌憚者也。補曰：韓非子有，末云，舉兵而伐中山，遂滅也。嘗讀商君之言曰，國之所以興者，農戰也。民求官爵不以農戰，而巧言虛道者，其國必削。詩、書、禮、樂、善、修、仁、廉、辯、慧，國有十者，上無使守戰，敵至必削，下民必貧。此商君所以遺禮義，上首功，而富國强兵之術也。武靈胡服騎射，一反先王之教，其桀驁之志，使卒不死而獲逞，有以異於秦乎？李疵者，窺見其所大欲，故以舍士急耕戰之説導之。當時風聲氣習，不約而合，其悖繆固不足辨也。抑其所稱中山之事者，殆未必然。大事記據吕氏春秋，「晉太史屠黍謂周威公曰，天生民而令有别。有别，人之義也，所以異於禽獸麋鹿也，君臣上下之所以立也。中山之俗，以晝爲夜，以夜繼日，男女切倚，固無休息，其主弗之惡，此亡國之風也。居二休，中山果亡」。其亡之故可考矣。使賢俊盛多，尊禮無失，則當時風俗，安得至此乎。

中山君饗都士〔一〕

〔一〕此篇姚本與主父欲伐中山連篇，鮑本分爲兩篇。據文義，從鮑本。

中山君〔二〕饗都士〔三〕，大夫司馬子期〔三〕在焉。羊羹不遍，司馬子期怒而走於楚，説楚王〔四〕伐中山，中山君亡〔五〕。有二人挈戈而隨其後者，中山君顧謂二人：「子奚爲者也？」二人對曰：「臣有父，嘗餓且死，君下壺飡〔六〕餌之〔七〕。臣父且死，曰：『中山有事〔八〕，汝必死之。』故來死君〔九〕也。」中山君喟然而仰嘆曰：「與不期衆少，其於當厄〔一〇〕；怨不期深淺，其於傷心〔一一〕。吾以一杯羊羹亡國，以一壺飡得士二人〔一二〕。」

〔一〕鮑本史不出，不名謚。正曰：中山武公。見世家、年表。此策則時不可考。

〔二〕鮑本霍光傳「都士」注，都，試也。此言已試而饗之。正曰：按光傳「都肄郎羽林」，孟康云，都，試也；師古，謂總閱試習。此都邑之都，與彼義不類。

〔三〕鮑本中山人，後爲楚昭卿。正曰：左氏定四年昭王出走，「子期似王」注，「昭王兄，公子結也」。後爲司馬。惠王時，白公殺之。説苑屢稱司馬子期。「司馬」，官名。此自一人，「司馬」則姓也。

〔四〕鮑本昭，正曰：妄引。

〔五〕姚本亡，走也。鮑本亡，去國也。

〔六〕鮑本下，以與之。飡，小食。

〔七〕鮑本「餌之」作「臣父」。○補曰：一本「壺飡餌之」，「臣父」字不重出。姚同。

〔八〕鮑本戎事。

〔九〕鮑本將爲君死。

〔一〇〕姚本言人之施與，不期多少，當其厄之時而惠及之，必厚德己也。一飡之施，而有二子之報。鮑本其，指物辭，猶在也。言施與當在厄時。

〔一一〕姚本人之相怨，不在深淺也。苟傷其心，則怨重也。羊羹不遍，而有出亡之患也。鮑本傷人之心雖淺，怨也。

〔一二〕姚本詩云，「無言不讎，無德不報」，此之謂也。鮑本補曰：此章與左傳華元饗士、趙宣子食翳桑餓人事類，似合爲一也。集韻，「飧」亦作「飡」，蘇昆反。熟食曰「飧」。

樂羊爲魏將

樂羊爲魏將，攻中山。其子時在中山，中山君烹之，作羹致於樂羊。樂羊〔一〕食之。古今稱之〔二〕：樂羊食子以自信，明害父以求法〔三〕。

〔一〕鮑本「樂」下無「羊」字。○
〔二〕鮑本「稱之」下補「曰」字。○
〔三〕鮑本此害於父道，而羊爲之，求爲殉國之法也。補曰：説見趙策。

昭王既息民繕兵〔一〕

〔一〕鮑本此篇在秦策。

昭王既息民繕兵，復欲伐趙〔一〕。武安君曰：「不可。」王曰：「前年國虛民饑，君不量百姓之力，求益軍糧以滅趙。今寡人息民以養士，蓄積糧食〔二〕，三軍之俸〔三〕有倍於前，而曰『不可』，其説何也？」

〔一〕鮑本圍邯鄲也。
〔二〕鮑本「食」作「實」。○

〔三〕鮑本集韻，俸，秩禄也。

武安君曰：「長平〔一〕之事，秦軍大尅〔二〕，趙軍大破；秦人歡喜，趙人畏懼。秦民之死者厚葬，傷者厚養，勞者相饗〔三〕，飲食餔餽〔四〕，以靡〔五〕其財；趙人之死者不得收，傷者不得療〔六〕，涕泣相哀，勠力〔七〕同憂，耕田疾作，以生其財。今王發軍，雖倍其前，臣料趙國守備，亦以十倍矣。趙自長平已來，君臣憂懼，早朝晏退〔八〕，卑辭重幣，四面出嫁，結親燕、魏，連好齊、楚，積慮并心，備秦爲務。其國内實，其交外成。當今之時，趙未可伐也。」

〔一〕鮑本後志，泫氏有長平亭，在上黨郡南山中百二十里。事在此四十七年。補曰：正義云，長平，在澤州高平縣西。

〔二〕鮑本「尅」作「克」。○徐鉉曰，勝此物謂之克；若尅，則殺也。正曰：「克」、「尅」字通。

〔三〕鮑本鄉人飲酒也。

〔四〕姚本吴謂食爲餽，祭鬼亦爲餽。古文通用，讀與「饋」同。鮑本餔，申時食。正曰：以食食之曰餔餽，即餽餉也。祭鬼本高注，非。

〔五〕姚本靡，猶濃麗也。若靡依之比。鮑本集韻，「靡」，「糜」通，壞也。

〔六〕鮑本治也。

〔七〕姚本勠力，勉力也。其字從力。鮑本勠，并力。

〔八〕鮑本「退」作「罷」。○

王曰：「寡人既以興師矣。」乃使五校〔一〕大夫王陵將而伐趙。陵戰失利，亡五校〔二〕。王欲使武安君，武安君稱疾不行。王乃使應侯往見武安君，責之曰：「楚，地方五千里，持戟百萬。君前率數萬之衆入楚，拔鄢、郢，焚其廟，東至竟陵〔三〕，楚人震恐〔四〕，東徙〔五〕而不敢西向。韓、魏相率，興兵甚衆，君所將之〔六〕不能半之，而與戰之〔七〕於伊闕〔八〕，大破二國之軍，流血漂鹵〔九〕，斬首二十四萬。韓、魏以故至今〔一〇〕稱東藩。此君之功，天下莫不聞。今趙卒之死於長平者已十七八〔一一〕，其國虛弱，是以寡人〔一二〕大發軍，人數倍〔一三〕於趙國之衆，願使君將，必欲滅之矣。君嘗以寡擊衆，取勝如神，況以强擊弱，以衆擊寡乎？」

〔一〕**姚本**五校，軍營也。校，音明孝反。　**鮑本**衍「五」字。集韻，校，木爲欄格也。軍部及養馬用之。故軍尉、馬官以爲號。　**札記**鮑衍「五」字。丕烈案：此誤甚也，當衍「校」字。秦本紀云，「五大夫陵攻趙邯鄲」。白起傳云，「使五大夫王陵攻趙邯鄲」。是其證矣。五大夫，秦爵。下「亡五校」云云，今誤截其半入此句下。

〔二〕**姚本**蓋亡其營校之部也。

〔三〕**鮑本**後志，屬江夏。起此二十八年取鄢，二十九年取郢。補曰：竟陵在郢州長壽縣南，今復州亦其地。焚其廟，即所謂燒夷陵先王之墓也。

〔四〕**鮑本**震，劈靂震動也，故爲恐。

〔五〕**鮑本**徙陳。

〔六〕**鮑本**「之」下補「卒」字。〇　補曰：當有「卒」字。大事記補。

〔七〕**鮑本**補曰：當是「之戰」。

〔八〕**鮑本**十四年。

〔九〕**姚本**鹵，大漂也。言殺人多而流血漂浮鹵也。　**鮑本**「鹵」，「櫓」同，大盾也。

〔一〇〕**鮑本**無「至今」二字。〇

〔一一〕**姚本**言十分死其七八分也。
〔一二〕**鮑本**雎稱王命，故云。
〔一三〕**鮑本**「倍」作「君」，又改爲「倍」。○

武安君曰：「是時楚王〔一〕恃其國大，不恤其政，而群臣相妬以功，諂諛〔二〕用事，良臣斥疏〔三〕，百姓心離，城池不修，既無良臣，又無守備。故起所以得引兵深入，多倍城邑〔四〕，發梁焚舟以專民〔五〕，以掠〔六〕於郊野，以足軍食。當此之時，秦中士卒，以軍中爲家，將帥爲父母，不約而親，不謀而信，一心同功，死不旋踵〔七〕。楚人自戰其地，咸顧其家，各有散心〔八〕，莫有鬥志。是以能有功也。伊闕之戰，韓孤〔九〕顧魏，不欲先用其衆。魏恃韓之鋭〔一〇〕，欲推以爲鋒〔一一〕。二軍争便之力不同，是以臣得設疑兵，以待〔一二〕韓陣〔一三〕，專軍并鋭，觸魏之不意。魏軍既敗，韓軍自潰，乘勝逐北〔一四〕，以是之故能立功。皆計利形勢〔一五〕，自然之理，何神之有哉！今秦破趙軍於長平，不遂以時乘其振懼而滅之，畏而釋之〔一六〕，使得耕稼以益蓄積，養孤長幼〔一七〕以益其衆，繕治兵甲以益其强，增城浚池以益其固。主折節〔一八〕以下其臣，臣推體〔一九〕以下死士。至於平原君〔二〇〕之屬，皆令妻妾補縫於行伍之間。臣人一心，上下同力，猶勾踐困於會稽之時〔二一〕也。以合〔二二〕伐之，趙必固守。挑其軍戰，〔二三〕必不肯出。圍其國都，必不可克。攻其列城，必未可拔。掠其郊野，必無所得。兵出無功，諸侯生心，外救必至。臣見其害，未睹其利。又病，未能行。」

〔一〕鮑本頃襄。

〔二〕鮑本「諂諛」作「諛諂」。○

〔三〕鮑本集韻，斥亦疏。

〔四〕鮑本兵深入，城邑在後，故言倍。「倍」，「背」同。正曰：倍，如字。言深入所過城邑多也。

〔五〕鮑本梁，橋也。此皆示以不還，使民專於戰也。下衍「以」字。補曰：大事記去此作「心」字。札記今本「以」作「心」。丕烈案：吴氏補曰，大事記去此作「心」字，今本乃因吴說而誤改也。

〔六〕鮑本掠，奪取。

〔七〕姚本戰亡必死，無還踵者。鮑本不反走也。

〔八〕姚本諸侯自戰其地，爲散地也。

〔九〕鮑本時韓僖侯立三年耳，故稱曰孤。正曰：韓勢孤也。

〔一〇〕鮑本時韓主兵，故韓記言率周、魏攻秦，魏記言佐韓也。

〔一一〕鮑本鋒，軍之先。

〔一二〕鮑本「待」作「持」。○札記今本「待」作「持」，乃誤涉鮑也。

〔一三〕鮑本持不決戰也。

〔一四〕鮑本戰敗曰北。

〔一五〕鮑本謂人謀、地利、軍之形勢。

〔一六〕鮑本「振」，「震」同。以趙畏服，遂釋攻。

〔一七〕鮑本補曰：長其幼小者。

〔一八〕鮑本屈折肢節。

〔一九〕鮑本推體，猶委質。正曰：推體，猶委身，謂以身與之也。

〔二〇〕鮑本「平原」下無「君」字。○

〔二一〕姚本越王勾踐爲吴所逼，栖於會稽，卒成霸功。

〔二二〕鮑本「合」作「今」。○　札記今本「合」作「今」。

〔二三〕鮑本挑，摧撓也，撓敵求戰。正曰：漢書，擿挑敵以求戰。左傳謂之致師。

應侯慚而退，以言於王。王曰：「微白起，吾不能滅趙乎？」復益發軍，更使王齕代王陵伐趙。圍邯鄲八、九月，死傷者衆，而弗下。趙王〔一〕出輕鋭以寇其後，秦數不利。武安君曰：「不聽臣計，今果何如〔二〕？」王聞之怒，因見武安君，强起之，曰：「君雖病，强爲寡人卧而將之。有功，寡人之願，將加重於君。如君不行，寡人恨君。」武安君頓首曰：「臣知行雖無功，得免於罪。雖不行無罪，不免於誅。然惟願大王覽臣愚計，釋趙養民，以〔三〕諸侯之變。撫其恐懼，伐其憍慢，誅滅無道，以令諸侯，天下可定，何必以趙爲先乎？此所謂爲一臣屈而勝天下也。大王若不察臣愚計，必欲快心於趙，以致臣罪，此亦所謂勝一臣而爲天下屈者也。夫勝一臣之嚴〔四〕焉，孰若勝天下之威大耶〔五〕？臣聞明主愛其國，忠臣愛其名。破國不可復完，死卒不可復生。臣寧伏受重誅而死，不忍爲辱軍之將〔六〕。願大王察之。」王不答而去。〔七〕

〔一〕鮑本孝成。

〔二〕**鮑本**「何如」作「如何」。○　**札記**丕烈案：史記作「今如何矣」。

〔三〕**鮑本**補曰：「以」字下疑有缺。

〔四〕**鮑本**嚴，猶威。

〔五〕**姚本**言不能爲起屈，欲以勝爲嚴，則不若屈於起之言，而以勝天下爲威之大。

〔六〕**鮑本**軍敗則辱，此所謂愛名。

〔七〕**姚本**子由古史云戰國策文并收入。　**鮑本**事在四十八年及五十年。元在中山策之末。彪謂：起之策秦、楚、三晉，可謂明切。然人臣無以有己，故孔子不俟駕行矣。長平之敗屬耳，趙何遽能益强？以起之材智，知己知彼而得筭多，不幸至於無功極矣，何破國辱軍之有？三請不行，此自抽杜郵之劍也。正曰：應侯納蘇之説，許韓、趙割地以和，由是起與之有隙。不從伐趙者爲此也。大事記謂，起之死，皆雎之力。鮑可謂不探其心者矣。所引孔子不俟駕行，蓋當仕有官職而以其官召之，此不類也。

附録

相關序跋資料輯録

劉向書録

護左都水使者光禄大夫臣向言：所校中戰國策書，中書餘卷，錯亂相糅莒。又有國别者八篇，少不足。臣向因國别者，略以時次之，分别不以序者以相補，除複重，得三十三篇。本字多誤脱爲半字，以「趙」爲「肖」，以「齊」爲「立」，如此字〔一〕者多。中書本號，或曰國策，或曰國事，或曰短長，或曰事語，或曰長書，或曰修書。臣向以爲戰國時，游士輔所用之國，爲之策謀，宜爲戰國策。其事繼春秋以後，訖楚、漢之起，二百四十五年間之事，皆定以殺青，書可繕寫。

〔一〕姚本「字」，一本作「類」字。

叙曰〔一〕：周室自文、武始興，崇道德，隆禮義，設辟雍泮宫庠序之教，陳禮樂弦歌移風之化。叙人倫，正夫婦，天下莫不曉然。論孝悌之義，惇篤之行，故仁義之道滿乎天下，卒致之刑錯四十餘年。遠方慕義，莫不賓服，雅頌歌咏，以思其德。下及〔二〕康、昭之後，雖有衰德，其綱紀尚明。及春秋時，已四五百載矣，然其餘業遺烈，流而未滅。五伯之起，尊事周室。五伯之後，時君雖無德，人臣輔其君者，若鄭之子產，晉之叔向，齊之晏嬰，挾君輔政，以并立於中國，猶以義相支持，歌説以相感，聘覲以相交，期會〔三〕以相一，盟誓以相救。天子之命，猶有所行。會享之國，猶有所耻。小國得有所依，百姓得有所息。故孔子曰：「能以禮讓爲國乎何有？」周之流化，豈不大哉！及春秋之後，衆賢輔國者既没，而禮義衰矣。孔子雖論詩、書，定禮、樂，王道粲然分明，以匹夫無勢，化之者七十二人而已，皆天下之俊也，時君莫尚之。是以王道遂用不興。故曰：「非威不立，非勢不行。」

〔一〕姚本集，「曰」下有「夫」字。

〔二〕姚本劉作「其德下及」。曾作「德下及」。錢作「以思其德下及」。集作「其恩德下及」。鮑本「以思其德」，一作「恩德其上」。「下及」，一無「下」字。

〔三〕姚本集作「朝會」。

仲尼既没之後，田氏取齊，六卿分晉，道德大廢，上下失序。至秦孝公，捐禮讓而貴戰争，棄仁義而用詐譎，苟以取强而已矣。夫篡盗之人，列〔一〕爲侯〔二〕王；詐譎之國，興立〔三〕爲强。是以傳〔四〕相放效，後生師之，遂相吞滅，并大兼小，暴師經歲，流血滿野，父子不相親，兄弟不相安，夫婦離散，莫保其命，湣然道德絶矣。晚世益甚，萬乘之國七，千乘之國五，敵侔争權，蓋〔五〕爲戰國。貪饕無耻，競進無厭；國異政教，各自制斷；上無天子，下無方伯；力功〔六〕争强，勝者爲右；兵革不休，詐僞并起。當此之時，雖有道德，不得施謀；有設之强〔七〕，負阻而恃固；連與交質，重約結誓，以守其國。故孟子、孫卿儒術之士，棄捐於世，而游説權謀之徒，見貴於俗。是以蘇秦、張儀、公孫衍、陳軫、代、厲之屬，生從横短長之説，左右傾側。蘇秦爲從，張儀爲横；横則秦帝，從則楚王；所在國重，所去國輕。

〔一〕**姚本**錢、劉同。曾作「例」。

〔二〕**札記**今本誤重「侯」字。

〔三〕**姚本**錢、集作「立」。曾作「兵」。

〔四〕**姚本**一作「轉」。**鮑本**「傳」作「轉」。○

〔五〕**鮑本**「蓋」作「盡」。○

〔六〕**姚本**曾、集作「巧」。劉作「功」。

〔七〕**鮑本**「不得施謀，有設之强」作「不得施設，有謀之强」。○

然當此之時，秦國最雄，諸侯方弱〔一〕，蘇秦結〔二〕之，時六國爲一，以儐背秦。秦人恐懼，不敢闚兵於關中，天下不交兵者，二十有九年。然秦國勢便形利，權謀之士，咸先馳之。蘇秦初欲横，秦弗用，故東合從。及蘇秦死後，張儀連横，諸侯聽之，西向事秦。是故始皇因四塞之固〔三〕，據崤、函之阻，跨隴、蜀之饒，聽衆人之策，乘六世之烈，以蠶食六國，兼諸侯〔四〕，并有天下。杖於謀詐〔五〕之弊，終於〔六〕信篤之誠，無道德之教，仁義之化，以綴天下之心。任刑罰以爲治，信小術以爲道。遂燔燒詩書，坑殺儒士，上小堯、舜，下邈三王。二世愈甚，惠不下施，情不上達；君臣相疑，骨肉相疏；化道淺薄，綱紀壞敗；民不見義，而懸於不寧。撫天下十四歲，天下大潰，詐僞之弊也。其比王德，豈不遠哉！孔子曰：「道之以政，齊之以刑，民免而無耻；道之以德，齊之以禮，有耻且格〔七〕。」夫使天下有所耻，故化可致也。苟以詐僞偷活取容，自上爲之，何以率下？秦之敗也，不亦宜乎！

〔一〕**姚本**集、曾無「弱」字。
〔二〕**姚本**錢、劉，「結」下有「從」字。
〔三〕**鮑本**「固」作「國」。○
〔四〕**姚本**一本下有「而」字。
〔五〕**鮑本**「謀詐」作「詐謀」。○
〔六〕**鮑本**「於」作「無」。○**札記**今本「於」作「無」。丕烈案：「無」字是也。
〔七〕**札記**今本「格」誤「假」。

戰國之時，君德淺薄，爲之謀策者，不得不因勢而爲資，據時而爲〔一〕。故其謀，扶急持傾，爲一切之權，雖不可以臨國〔二〕教化，兵革〔三〕救急之勢也。皆高才秀士，度時君之所能行，出奇策異智，轉危爲安，運亡爲存，亦可喜，皆可觀。護左都水使者光祿大夫臣向所校戰國策書録。

〔一〕姚本脱字。

〔二〕鮑本無「國」字。○

〔三〕姚本錢，「革」下有「亦」字。

曾子固序

劉向所定著戰國策三十三篇，崇文總目稱十一篇者闕。臣訪之士大夫家，始盡得其書，正其誤謬，而疑其不可考者，然後戰國策三十三篇復完。

叙曰：向叙此書，言周之先，明教化，修法度，所以大治。及其後，詐謀用而仁義之路塞，所以大亂。其説既美矣。率〔一〕以謂此書，戰國之謀士，度時君之所能行，不得不然，則可謂惑於流俗而不篤於自信者也。

〔一〕鮑本「率」作「卒」。○

夫孔、孟之時，去周之初，已數百歲，其舊法已亡，其舊俗已熄久矣。二子乃獨明先王之道，以爲不可改者，豈將强天下之主以後世之所不可爲哉？亦將因其所遇之時，所遭之變，而爲當世之法，使不失乎先王之意而已也〔一〕。二帝三王之治，其變固殊，其法固異，而其爲國家天下之意，本末先後未嘗不同也。二子之道，如是而已。蓋法者所以適變也，不必盡同；道者所以立本也，不可不一。此理之不易者也。故二子者守此，豈好爲異論哉？能勿苟而已矣。可謂不惑於流俗而篤於自信者也。

〔一〕鮑本無「也」字。○

戰國之游士則不然，不知道之可信，而樂於説之易合。其設心注意，偷爲一切之計而已。故論詐之便而諱其敗，言戰之善而蔽其患。其相率而爲之者，莫不有利焉而不勝其害也，有得焉而不勝其失也。卒至蘇秦、商鞅、孫臏、吳起、李斯之徒以亡其身，而諸侯及秦用之，亦滅其國。其爲世之大禍明矣，而俗猶莫之悟也。惟先王之道，因時適變，法〔一〕不同而考之無疵，用之無敝，故古之聖賢，未有以此而易彼也。

〔一〕鮑本「法」上有「爲」字。○

或曰，邪説之害正也，宜放而絶之。則此書之不泯，不泯〔一〕其可乎？對曰，君子之禁邪説也，固將明其説於天下。使當世之人，皆知其説之不可從，然後以禁則齊；使後世之人，皆知其説之不可爲，然後以戒則明。豈必滅其籍哉？放而絶之，莫善於是。故孟子之書，有爲神農之言者，有爲墨子之言者，皆著而非之。至於此書之作，則上繼春秋，下至秦、漢之起，二百四五十年之間，載其行事，固不得而廢也。

〔一〕鮑本「不泯」兩字不重。○　札記今本「不泯」兩字不重。

此書有高誘注者二十一篇，或曰三十二篇。崇文總目存者八篇，今存者十篇云。編校史館書籍臣曾鞏序。〔一〕

〔一〕札記今本在首，鮑本在劉向序録下。吴氏識此序後云：「國策劉向校定本，高誘注，曾鞏重校，凡浙、建、括蒼本，皆據曾所定。剡川姚宏續校注最後出。予見姚注凡兩本，其一冠以目録、劉序，而置曾序於卷末；其一冠以曾序，而劉序次之。蓋先劉氏者，元本也；先曾氏者，重校本也。」丕烈案：當在此與下李文叔諸跋連者爲是。今本在首，影抄梁溪安氏本如此。據吴氏云，知爲姚氏一本，然亦非鮑本，尤誤。

孫元忠書閣〔一〕本戰國策後

臣自元祐元年十二月入館，即取曾鞏三次所校定本，及蘇頌、錢藻等不足本。又借劉敞手校書肆印賣本參考。比鞏所校，補去是正凡三百五十四字。八年，再用諸本及集賢院新本校，又得一百九十六字，共五伯〔二〕五十籤。遂爲定本，可以修寫黄本入秘閣。集賢本最脱漏〔三〕，然亦間得一兩字。癸酉歲臣朴校定。

右十一月十六日書閣本後。　孫元忠

〔一〕札記今本「閣」誤「閤」。下同。吴引不誤。

〔二〕札記今本「伯」作「百」。吴引作「百」。

〔三〕札記今本「漏」誤「誤」。吴引不誤。

孫元忠記劉原〔一〕父語

此書舛誤特多，率一歲再三讀，略以意屬之而已。比劉原父云：「吾老當得定本正之否耶？」

〔一〕札記今本「原」誤「元」。吴引不誤。

姚宏題

右戰國策，隋經籍志：三十四卷，劉向録；高誘注，止二十一卷；漢京兆尹延篤論一卷。唐藝文志，劉向所録已闕二卷，高誘注乃增十一卷，延叔堅之論尚存。今世所傳三十三卷。崇文總目高誘注八篇，今十篇，第一、第五闕。前八卷，後三十二、三十三，通有十篇。武安君事，在中山卷末，不知所謂。叔堅之論，今他書時見一二。舊本有未經曾南豐校定者，舛誤尤不可讀。南豐所校，乃今所行。都下建陽刻本，皆祖南豐，互有失得。

余頃於會稽得孫元忠所校於其族子慤，殊爲疏略。後再扣〔一〕之，復出一本，有元忠跋，并標出錢、劉諸公手校字，比前本雖加詳，然不能無疑焉。如用「埊」、「恧」字，皆武后字，恐唐人傳寫相承如此。諸公校書，改用此字，殊所不解。竇苹作唐史釋音，釋武后字，内「埊」字云，古字，見戰國策。不知何所據后然？然「埊」乃古「地」字。又「埊」字，見亢倉子、鶡冠子，或有自來；至於「恧」字，亦豈出於古歟？幽州僧行均切韻訓詁，以此二字皆古文，豈別有所見耶？孫舊云五百五十籤，數字雖過之，然間有謬誤，似非元書也。括蒼所刊，因舊無甚增損〔二〕。余萃諸本，校定離次之，總四百八十餘條。太史公所採，九十餘條，其事異者，止五、六條。太史公用字〔三〕，每篇間有異〔四〕者，或見於他書，可以是正，悉注於旁。辨「灓水」之爲「潰水」，「案」字之爲語助，與夫不題校人，并題「續注」者，皆余所益也。正文遺逸，如司馬貞引「馬犯謂周君」、徐廣引「韓兵入西周」、李善引「吕不韋言周三十七王」、歐陽詢引「蘇秦謂元戎以鐵爲矢」、史記正義「竭石九門，本有宫室以居」、春秋後語「武靈王游大陵夢處女鼓瑟」之類，略可見者如此，今本所無也。至如「張儀説惠王」乃韓非初見秦，「厲憐王」引詩乃韓嬰外傳，後人不可得而質矣。先〔五〕秦古書，見於世者無幾。而余居窮鄉，無書可檢閲，訪春秋後語，數年方得之，然不爲無補。尚覬博採，老得定本，無劉公之遺恨。紹興丙寅中秋，剡川姚宏伯聲父題。〔六〕

〔一〕**札記**今本「扣」誤「叩」。吴引不誤。

〔二〕**札記**今本「損」誤「採」。吴引不誤。

〔三〕札記今本「字」誤「事」。吴引不誤。

〔四〕札記今本脱「異」字。吴引不誤。

〔五〕札記吴引無「先」字。丕烈案：無者誤脱也。

〔六〕札記今本此後有跋云，戰國策經鮑彪殽亂，非復高誘原本，而剡川姚宏較正本，博採春秋後語諸書，吴正傳駁正鮑注，最後得此本，嘆其絶佳。且謂於時蓄之者鮮矣。此本乃伯聲較本，又經前輩勘對疑誤，採正傳補注，標舉行間。天啓中，以二十千購之梁溪安氏，不啻獲一珍珠船也。無何，又得善本於梁溪高氏，楮墨精好，此本遂次而居乙。每一摩抄，不免以積薪自哂。要之此兩本，實爲雙璧，闕一固不可也。崇禎庚午七月曝書於榮木樓。□翁謹識。又有跋云，戰國策世傳鮑彪注者，求吴師道駁正本，已屬希有，况古本哉！錢遵王假余此本，係姚宏較刻，高誘注，蓋得之於□翁宗伯者。不特開卷便有東、西周之異，全本篇次前後，章句煩簡，亦與今本迥不相侔，真奇書也。因命友印録此册。原本經前輩勘對疑誤，采正傳補注，標舉行間，宜并存之，一時未遑也。□翁云，天啓中得此於梁溪安氏，無何，又得善本於梁溪高氏。今此本具在，已出尋常百倍，不知高氏本又復何如耳？戊戌孟春六日録校并識，虞山陸貽典。庚寅冬，□翁絳雲樓灾，其所藏書，俱盡於咸陽之炬。不謂高氏本尚在人間？林宗葉君印録一本，假余，較此頗多是正，而摹寫訛字，猝未深辨，并一一校入，尚擬借原本更一訂定也。戊戌季冬六日校畢記。己亥春，從錢氏借高氏原本，校前十九弓。孟冬暇日，過毛氏目耕樓，借印録高氏本，校畢，此書始爲全璧云。敕先。丕烈案：此雅雨堂本之原委也，覽之而與宋槧不同之故憭然矣。

姚寬書

右戰國策，隋經籍志：三十四卷，劉向録；高誘注，止二十卷；漢京兆尹延篤論一卷。

唐藝文志，劉向録已闕二卷，高誘注乃增十一卷，延篤論時尚存。今所傳三十三卷。崇文總目高誘注八篇，印本存者有十篇。武安君事在中山卷末，不詳所謂。延篤論今亡矣。其未曾經曾南豐校定者，舛誤尤不可讀。其浙、建原小字刊行者，皆南豐所校本也。括蒼耿氏所刊〔一〕，鹵莽尤甚。宣和間，得館中孫固、孫覺、錢藻、曾鞏、劉敞、蘇頌、集賢院共七本〔二〕，晚得晁以道本，并校之，所得十二焉。如用「埊」、「𢘑」字，皆武后字，恐唐人相承如此。諸公校書，改用此字，殊不可解。竇苹作唐書，釋武后用「埊」字，云古字，字見戰國策。不知何所據而云然？「坔」乃古地字。又「埊」字，見亢倉子、鶡冠子，或有自來；至於「𢘑」字，幽州僧行均作切韻訓詁，以此二字云古文，豈别有所見耶？太史公所採九十三事，内不同者五〔三〕。韓非子十五事，説苑六事，新序九事，吕氏春秋一事，韓詩外傳一事，皇甫謐高士傳三事，越絶書記李園一事，甚異。如正文遺逸引戰國策者，司馬貞隱五事〔四〕，廣韻七事〔五〕，玉篇一事〔六〕，太平御覽二事〔七〕，元和姓纂一事〔八〕，春秋後語二事〔九〕，後漢地理志一事〔一〇〕，後漢第八贊一事〔一一〕，藝文類聚一事〔一二〕，北堂書鈔一事〔一三〕，徐廣注史記一事〔一四〕，張守節正義一事〔一五〕，舊戰國策一事〔一六〕，李善注文選一事〔一七〕，皆今本所無也。至如「張儀説惠王」乃韓非子初見秦書，「厲憐王」引詩乃韓詩外傳，既無古書可以考證，第嘆息而已。某以所聞見，以爲集注，補高誘之亡云。上章執徐仲冬朔日，會稽姚寬書。

〔一〕**札記**丕烈案：紹興四年十月，耿延禧百順刻吴本，附其序，今不列。

〔二〕札記丕烈案：此有互異，今不可考。
〔三〕札記丕烈案：以下所列事數，今數之，多不合者，未詳姚意何云也。
〔四〕札記自注云：「豫讓擊襄子之衣，衣盡血」；「呂不韋言周凡三十七王」；「白圭爲中山將，亡六城，還拔中山」；「馬犯謂周君」；「馬犯謂梁王，云王病愈（作「瘉」字）」。
〔五〕札記自注云：「晉有大夫芬質（音撫文切）、芈千者，著書顯名」；「安陵丑」；「雍門周」；「中山大夫藍諸」；「晉有亥唐」；「趙有大夫庫賈（音肇，訓門也）」；「齊威王時，有左執法公旗番」。
〔六〕札記自注云：「驥仰而噴，鼓鼻也」。
〔七〕札記自注云：「涸若耶以取銅，破恧山而出錫」；「廊廟之椽，非一木之枝；先王之法，非一士之智」。
〔八〕札記自注云：引風俗通云，「晉大夫芸賢」。
〔九〕札記自注云：「趙武靈王游大陵，夢處女鼓瑟」；「平原君躄者（注云，躄，攣跛之名）」。
〔一〇〕札記自注云：「東城九門（注云，碣石山在縣界）」。
〔一一〕札記自注云：「廉頗爲人勇鷙而好士」。
〔一二〕札記自注云：「蘇秦爲楚合從，元戎以鐵爲矢，長八寸，一弩十矢俱發」。
〔一三〕札記自注云：「楚人以弱弓微繳，加歸雁之上者」。
〔一四〕札記自注云：「韓兵入西周，令成君辨説秦求救」。
〔一五〕札記自注云：「碣石九門，本有宮室以居」。
〔一六〕札記自注云：「羅尚見秦王曰，秦四塞之險，利於守，不利於戰」。
〔一七〕札記自注云：「蘇秦説孟嘗君曰，秦四塞之國（高誘注云，四面有山關之固，故曰四塞之國也）」。

右此序題姚寬撰，有手寫附於姚注本者，文皆與宏序同。特疏列逸文加詳。考其歲月

則在後，乃知姚氏兄弟皆嘗用意此書。寬所注者，今未之見，不知視宏又何如也？因全録著之左方，以俟博考者。吴師道識。〔一〕

〔一〕札記丕烈案：兩序大同小異，此即伯聲所撰，而令威曾書之耳。當是有人見其本而寫附也。未詳兩稿孰爲先後？要非令威撰，末題姚寬書，而吴氏遽云題姚寬撰，是其誤。又云，乃知姚氏兄弟皆嘗用意此書云云，亦不然。假使令威自有注，不容此序中不及伯聲校一字也。所録逸文雖加詳，然不及刻本之謹嚴，往往有非策文而沿他書之誤者，亦有在今策文中而失檢者，或其初稿與！今仍全録，并吴氏跋語而辨之，庶有考焉。

鮑彪序附兩則

國策，史家流也。其文辯博，有焕而明，有婉而微，有約而深，太史公之所考本也。自漢稱爲戰國策，雜以短長之號，而有蘇、張縱横之説。學者諱之置不論，非也。夫史氏之法，具記一時事辭，善惡必書，初無所決擇。楚曰檮杌，書惡也。魯曰春秋，善惡兼也。司馬史記，班固漢書，有佞幸等列傳，學者豈以是爲不正，一舉而棄之哉？矧此書，若張孟談、魯仲連發策之慷慨，諒毅、觸讋納説之從容，養叔之息射，保功莫大焉；越人之投石，謀賢莫尚焉；王斗之愛縠，憂國莫重焉。諸如此類不一，皆有合先王正道，孔、孟之所不能違也。若之何置之？曾鞏之序美矣，而謂禁邪説者，固將明其説於天下，則亦求其故而爲之説，非此書指也。

起秦迄今千四百歲，由學者不習，或衍或脱，或後先失次，故「肖」、「立」半字，時次相糅，劉向已病之矣。舊有高誘注，既疏略無所稽據，注又不全，浸微浸滅，殆於不存。彪於是考史記諸書爲之注，定其章條，正其衍説，而存其舊，慎之也。地理本之漢志，無則缺；字訓本之説文，無則稱猶。雜出諸書，亦别名之。人姓名多不傳見，欲顯其所説，故系之一國。亦時有論説，以翊宣教化，可以正一史之謬，備七略之缺。以之論是非，辨得失，而考興亡，亦有補於世。紹興十七年丁卯仲冬二十有一日辛巳冬至縉雲鮑彪序。

劉氏定著三十三篇，東周一、西周一、秦五、齊六、楚四、趙四、魏四、韓三、燕三、宋衛一、中山一。今按，西周，正統也，不得後於東周，定爲首卷。

彪校此書，四易稿而後繕寫。己巳仲春重校，始知東周策「嚴氏之賊，陽竪與焉」爲韓策嚴遂、陽竪〔一〕也。先哲言，校書如塵埃風葉，隨掃隨有。豈不信哉？尚有舛謬，以俟君子。十一日書。

〔一〕鮑本正曰：嚴遂、陽竪事有差互，説見周、韓策。

吴師道序

先秦之書，惟戰國策最古，文最訛舛，自劉向校定已病之。南豐曾鞏再校，亦疑其不可考者。後漢高誘爲注，宋尚書郎括蒼鮑彪詆其疏略繆妄，乃序次章條，補正脱誤，時出己見論説，其用意甚勤。愚嘗并取而讀之，高氏之疏略信矣，若繆妄，則鮑氏自謂也。東萊吕子大事記，間取鮑説而序次之，世亦或從之。若其繆誤，雖未嘗顯列，而因此考彼，居然自見，遂益得其詳焉。蓋鮑專以史記爲據，馬遷之作，固採之是書，不同者當互相正，史安得全是哉？事莫大於存古，學莫善於闕疑。夫子作春秋，仍夏五殘文；漢儒校經，未嘗去本字，但云「某當作某，某讀如某」，示謹重也。古書字多假借，音亦相通。鮑直去本文，徑加改字，豈傳疑存舊之意哉？比事次時，當有明徵，其不可定知者，闕焉可也，豈必强爲傅會乎？

又其所引書，止於淮南子、後漢志、説文、集韻，多摭彼書之見聞，不問本字之當否。史注自裴、徐氏外，索隱、正義皆不之引，而通鑑諸書亦莫考。淺陋如是，其致誤固宜。顧乃極詆高氏以陳賈爲孟子書所稱，以伐燕爲齊宣，用是發憤更注；不思宣王伐燕，乃孟子明文，宣、閔之年，通鑑謂史失其次也。鮑以赧王爲西周君，而指爲正統，此開卷大誤，不知河南爲西周，洛陽爲東周。韓非子説秦王以爲何人，魏惠王盟臼里以爲他事，以魯連約矢之書爲後人所補，以魏幾、鄢陵爲人名，以公子牟非魏牟，以中山司馬子期爲楚昭王卿，此類甚多，尚安得詆高氏哉？其論説自謂「翊宣教化」，則尤可議。謂張儀之誑齊、梁爲將死之言善，周人詐以免難爲君子所恕，張登狡獪非君子所排，蘇代之訑爲不可廢，陳軫爲絶類離群，蔡澤爲明哲保身，聶政爲孝，樂羊爲隱忍，君王后爲賢智婦人，韓幾瑟爲義嗣，衛嗣君爲賢君，皆悖義害正之甚者。其視名物、人、地之差失，又不足論也。

鮑之成書，當紹興丁卯。同時剡川姚宏，亦注是書，云得會稽孫朴所校，以閣本標出錢藻、劉敞校字，又見晉孔衍春秋後語，參校補注，是正存疑，具有典則。大事記亦頗引之，而世罕傳，知有鮑氏而已。近時，浚儀王應麟嘗斥鮑失數端，而廬陵劉辰翁盛有所稱許。以王之博洽，知其未暇悉數，而劉特愛其文采，他固弗之察也。吕子有云，觀戰國之事，取其大旨，不必字字爲據。蓋以游士增飾之詞多，矧重以訛舛乎？輒因鮑注，正以姚本，參之諸書，而質之大事記，存其是而正其非，庶幾明事迹之實，求義理之當焉！

或曰，戰國策者，六經之棄也。予深辨而詳究之，何其戾？鮑彪之區區，又不足攻也。夫人患理之不明耳！知至而識融，則異端雜説，皆吾進德之助，而不足以爲病也。曾氏之論是書曰：「君子之禁邪説者，固將明其説於天下，使皆知其不可爲，然後以禁則齊，以戒則明。」愚有取焉爾。是非之在人心，天下之公也。是，雖芻蕘不遺；非，雖大儒必斥。愚何擇於鮑氏哉！特寡學謏聞，謬誤復恐類之。世之君子有正焉，固所願也。泰定二年歲乙丑八月日金華吴師道序。

國策之書，自劉向第録，逮南豐曾氏，皆有序論以著其大旨。向謂戰國謀士，度時君所能行，不得不然。曾氏譏之，以爲「惑流俗而不篤於自信」。故因之推言先王之道，聖賢之法，而終謂「禁邪説者，固將明其説於天下」。其論正矣。而鮑氏以爲是，特求其故而爲之説者。策乃史家者流，善惡兼書，初無決擇，其善者孔、孟之所不能違，若之何置之？鮑之言，殆後出者求備邪？

夫天下之道，王伯二端而已。伯者猶知假義以爲名，仗正以爲功。戰國名義蕩然，攻鬭并吞，相詐相傾，機變之謀，唯恐其不深；捭闔之辭，唯恐其不工；風聲氣習，舉一世而皆然。間有持論立言不戾乎正，殆千百而一二爾。若魯仲連蓋絶出者，然其排難解紛，忼慨激烈，每因事而發，而亦未聞其反正明本，超乎事變之外也，況其下者乎？當是之時，本仁祖義，稱述唐、虞三代，卓然不爲世俗之說者，孟子一人而已。求之是書無有也。荀卿亦宗王者，今唯載其絶春申之書，而不及其他。田子方接聞孔氏之徒，其存者僅僅一言。又何略於此而詳於彼邪？史莫大於春秋，春秋善惡兼書，而聖人之心，則欲寓褒貶以示大訓。是書善惡無所是非，而作者又時出所見，不但記載之，爲談季子之金多位高，則沾沾動色；語安陵嬖人之固寵，則以江乙爲善謀，此其最陋者。夸從親之利，以爲秦兵不出函谷十五年，諸侯二十九年不相攻，雖甚失實，不顧也。厠雅於鄭，則音不純；置薰於蕕，則氣必奪。善言之少，不足以勝不善之多。君子所以舉而謂之邪說者，蓋通論當時習俗之敝，舉其重而名之也。近代晁子讀書志，列於縱横家，亦有見者。且其所列，固有忠臣義士之行，不係於言者。而其繼春秋，抵秦、漢，載其行事，不得而廢，曾氏固已言之，是豈不知其爲史也哉？

竊謂天下之說，有正有邪。其正焉者主於一，而其非正者，君子小人各有得焉。君子之於是書也，考事變，究情僞，則守益以堅，知益以明。小人之於是書也，見其始利而終害，小得而大喪，則悔悟懲創之心生。世之小人多矣，固有未嘗知是書，而其心術行事無不合者。使其得是書而究之，則將有不爲者矣。然則所謂明其説於天下，爲放絶之善者，詎可訾乎？

吴師道識

頃歲，予辨正鮑彪戰國策注，讀吕子大事記引剡川姚宏，知其亦注是書。考近時諸家書録皆不載，則世罕有蓄者。後得於一舊士人家，卷末載李文叔、王覺、孫朴、劉敞語。其自序云，嘗得本於孫朴之子慤〔一〕。朴元祐初在館中，取南豐曾鞏本，參以蘇頌、錢藻、劉敞所傳，并集賢院新本，上標錢、劉校字，而姚又會稡諸本定之。每篇有異及他書可正者，悉注於下。因高誘注，間有增續，簡質謹重，深得古人論撰之意，大與鮑氏率意竄改者不同。又云，訪得春秋後語，不爲無補。蓋晉孔衍所著者，今尤不可得〔二〕，尚賴此而見其一二，詎可廢耶？考其書成，當紹興丙寅，而鮑注出丁卯，實同時。鮑能分次章條，詳述注説，讀者眩於浮文，往往喜稱道之；而姚氏殆絶，無足怪也。

〔一〕札記丕烈案：此誤，當云族子也。

〔二〕札記丕烈案：吴仍引春秋後語數條，見前。此所云未詳。

宏字令聲，今題伯聲甫，待制舜明廷輝之子，爲删定官，忤秦檜，死大理獄。弟寬令威、憲令則，皆顯於時。其人尤當傳也。

余所得本，背紙有寶慶字，已百餘年物，時有碎爛處。既據以校鮑誤，因序其説於此。異時當廣傳寫，使學者猶及見前輩典則，可仰可慕云。至順二年癸酉七月吴師道識。〔一〕

〔一〕札記丕烈案：吴氏此跋可作姚本發明，今附録於後。

重刻剡川姚氏本戰國策并札記序

曩者顧千里爲予言，曾見宋槧剡川姚氏本戰國策，予心識之。厥後遂得諸鮑緑飲所，楮墨精好，蓋所謂梁溪高氏本也。千里爲予校盧氏雅雨堂刻本一過，取而細讀，始知盧本雖據陸敕先抄校姚氏本所刻，而實失其真，往往反從鮑彪所改及加字并抹除者，未知盧、陸誰爲之也。夫鮑之率意竄改，其謬妄固不待言，乃更援而入諸姚氏本之中，是爲厚誣古人矣。金華吴正傳氏重校此書，其自序有曰：「事莫大於存古，學莫大於闕疑。」知言也哉！後之君子，未能用此爲藥石，可一慨已！

今年，命工纖悉影橅宋槧而重刊焉。并用家藏至正乙巳吴氏本互勘，爲之札記，凡三卷。詳列異同，推原盧本致誤之由，訂其失，兼存吴氏重校語之涉於字句者，亦下己意，以益姚氏之未備。大旨專主師法，乎闕疑存古，不欲苟取文從字順，願貽諸好學深思之士。吴氏校每云「一本」，謂其所見浙、建、括蒼本也。今皆不可復得，故悉載之。宋槧更有所謂梁溪安氏本，今未見。見其影鈔者，在千里之從兄抱沖家。其云，經前輩勘對疑誤，採正傳補注，標舉行間。惜乎不并存也。非一刻小小有異，然皆較高氏本爲遜，故不復論。嘉慶八年八月八日吴縣黄丕烈撰。

戰國策注三十三卷孔昭焕家藏本提要

舊本題漢高誘注。今考其書，實宋姚宏校本也。文獻通考引崇文總目曰：「戰國策篇卷亡闕，第二至第十、第三十一至第三十三闕。又有後漢高誘注本二十卷，今闕第一、第五、第十一至二十，止存八卷。」曾鞏校定序曰：「此書有高誘注者二十一篇，或曰三十二篇。崇文總目存者八篇，今存者十篇。」此爲毛晉汲古閣影宋鈔本。雖三十三卷皆題曰高誘注，而有誘注者僅二卷至四卷、六卷至十卷，與崇文總目八篇數合。又最末三十二、三十三兩卷，合前八卷，與曾鞏序十篇數合。而其餘二十三卷，則但有考異而無注。其有注者多冠以「續」字。其偶遺「續」字者，如趙策一「郄疵」注、「雒陽」注，皆引唐林寶元和姓纂；趙策二「甌越」注，引魏孔衍春秋後語；魏策三「芒卯」注，引淮南子注。衍與實在誘後，而淮南子注即誘所自作，其非誘注，可無庸置辨。蓋鞏校書之時，官本所少之十二篇，誘書適有其十，惟闕第五、第三十一。誘書所闕，則官書悉有之，亦惟闕第五、第三十一。意必以誘書足官書，而又於他家書内摭二卷補之。此官書、誘書合爲一本之由。

然鞏不言校誘注，則所取惟正文也。迨姚宏重校之時，乃并所存誘注入之。故其自序稱，「不題校人并題「續注」者，皆余所益」。知爲先載誘注，故以「續」爲别。且凡有誘注復加校正者，并於夾行之中又爲夾行，與無注之卷不同。知校正之時，注已與正文并列矣。

卷端曾鞏、李格、王覺、孫朴諸序跋，皆前列標題，各題其字。而宏序獨空一行，列於末，前無標題。序中所言體例，又一一與書合。其爲宏校本無疑。其卷卷題高誘名者，殆傳寫所增，以贋古書耳。

書中校正稱曾者，曾鞏本也；稱錢者，錢藻本也；稱劉者，劉敞本也；稱集者，集賢院本也；無姓名者，即宏序所謂不題校人爲所加入者也。其點勘頗爲精密。吴師道作戰國策鮑注補正，亦稱爲善本。是元時猶知注出於宏。不知毛氏宋本，何以全題高誘？考周密癸辛雜識，稱賈似道嘗刊是書。豈其門客廖瑩中等皆媟褻下流，昧於檢校，一時誤題，毛氏適從其本影鈔歟？近時揚州所刊，即從此本録出，而仍題誘名，殊爲沿誤。今於原有注之卷題高誘注，姚宏校正續注原注已佚之卷，則惟題姚宏校正續注，而不列誘名。庶幾各存其真。

宏字令聲，一曰伯聲，剡川人。嘗爲删定官，以伉直忤秦檜，瘐死大理獄中。蓋亦志節之士，不但其書足重也。

案漢藝文志，戰國策與史記爲一類，歷代史志因之。晁公武讀書志始改入子部縱横家，文獻通考因之。案班固稱司馬遷作史記，據左氏、國語，採世本、戰國策，述楚漢春秋，接其後事，迄於天漢。則戰國策當爲史類，更無疑義。且子之爲名，本以稱人，因以稱其所著，必爲一家之言，乃當此目。戰國策乃劉向裒合諸記并爲一編，作者既非一人，又均不得其主名，所謂子者安指乎？公武改隸「子部」，是以記事之書爲立言之書，以雜編之書爲一家之書，殊爲未允。今仍歸之「史部」中。

鮑氏戰國策注十卷内府藏本提要

宋鮑彪撰。案黄鶴杜詩補注，郭知達集注九家杜詩引彪之語，皆稱爲鮑文虎説，則其字爲文虎也。縉雲人，官尚書郎。

戰國策一書，編自劉向，注自高誘。至宋而誘注殘闕，曾鞏始合諸家之本校之，而於注文無所增損。姚宏始稍補誘注之闕，而校正者多，訓釋者少。彪此注成於紹興丁卯，其序中一字不及姚本。蓋二人同時，宏又因忤秦檜死，其書尚未盛行於世，故彪未見也。

彪書雖首載劉向、曾鞏二序，而其篇次先後，則自以己意改移，非復向、鞏之舊。是書竄亂古本，實自彪始。然向序稱：「中書餘卷，錯亂相糅莒。（案：「莒」字未詳，今仍原本録之。）又有國別者八篇，少不足。臣向因國別者，略以時次之，分別不以序者以相補，除重複，得三十三篇。」又稱，「中書本號，或曰國策，或曰國事，或曰短長，或曰事語，或曰長書，或曰修書」云云。則向編此書，本裒合諸國之記，删并重複，排比成帙。所謂三十三篇者，實非其本來次第。彪核其事迹年月而移之，尚與妄改古書者有間。其更定東、西二周，自以爲考據之特筆，元吴師道作補正，極議其誤。

考趙與峕賓退録曰：「戰國策舊傳高誘注，殘闕疏略，殊不足觀。姚令威寬補注，（案：補注乃姚寬之兄姚宏所作，此作姚寬，殊誤，謹附訂於此。）亦未周盡。獨縉雲鮑氏校注爲優。雖間有小疵，殊不害大體。惟東、西二周一節，極其舛謬，深誤學者，反不若二氏之説」。是則南宋人已先言之矣。

師道注中所謂「補」者，即補彪注。所謂「正」者，亦即正彪注。其精核實勝於彪。然彪注疏通詮解，實亦殫一生之力。故其自記稱，四易稿後，始悟周策之嚴氏、陽竪，即韓策之嚴遂、陽堅，而有校書如塵埃風葉之嘆。雖踵事者益密，正不得遽没創始之功矣。

戰國策校注十卷紀昀家藏本提要（四庫全書總目）

元吴師道撰。師道字正傳，蘭溪人。至始元年進士。仕至國子博士，致仕。後授禮部郎中。事迹具元史儒學傳。師道以鮑彪注戰國策，雖云糾高誘之訛漏，然仍多未善。乃取姚宏續注與彪注參校，而雜引諸書考正之。其篇第注文，一仍鮑氏之舊。每條之下，凡增其所闕者，謂之「補」，凡糾其所失者，謂之「正」。各以「補曰」、「正曰」別之。復取劉向、曾鞏所校三十三篇四百八十六首舊第爲彪所改竄者，别存於首。蓋既用彪注爲稿本，如更其次第，則端緒益棼，節目皆不相應。如泯其變亂之迹，置之不論，又恐古本遂亡。故附録原次以存其舊。孔穎達禮記正義，每篇之下，附著别録第幾。林億等新校素問，亦每篇之下，附著全元起本第幾。即其例也。

前有師道自序，撮舉彪注之大紕繆者凡十九條，議論皆極精審。其他隨文駁正，亦具有條理。古來注是書者，固當以師道爲最善矣。舊有曲阜孔氏刊本，頗未是正。此本猶元時舊刻，較孔本多爲可據云。

于鬯戰國策年表*

*按：于鬯的戰國策年表，既有戰國時代的各個國家和各國君王的紀年，又有戰國策文章中所記述的歷史事件具體時間。在讀戰國策時可作爲參考資料；研究戰國紀年、紀事時可作爲一家之説。因此，從上海圖書館館藏的于鬯戰國策注釋手稿本中，選出來作爲本書附録。除對原表中個別錯漏字句作了補正外，餘均按原文照録。但爲了查考方便，我們在表中增加了公元紀年一項。由於采用了這個年表，故删去了鮑本注中的各國君王注。

公元前	周	秦	齊	楚	趙	魏	韓	燕	宋	衛	中山
455	周貞定王十四年	秦厲共公二十二年	田襄子	楚惠王三十四年	趙襄子三年 知伯索蔡、皋狼於趙，趙弗與，結韓、魏圍晉陽。	魏桓子 知伯索地於魏，魏致萬家之邑一。	韓康子 知伯索地於韓，韓致萬家之邑一。	燕孝公十年	宋景公六十二年	衛悼公元年	中山
454	十五年	二十三年		三十五年	四年 知、韓、魏圍晉陽。			十一年	六十三年	二年	
453	十六年	二十四年	知伯遺郗疵於齊。	三十六年。	五年 知伯決晉水，灌晉陽城。張孟談陰約韓、魏，決水灌知伯軍，禽知伯。張孟談納地釋事，耕於負親之丘。豫讓遁逃山中。	反知伯。	反知伯。三晉已破知氏，韓分地，取成皋。	十二年	六十四年	三年	

續表

公元前	周	秦	齊	楚	趙	魏	韓	燕	宋	衛	中山
452	十七年	二十五年	田莊子	三十七年	六年			十三年	宋昭公元年	四年	
451	十八年	二十六年	趙張孟談使少子之齊。	三十八年 趙張孟談使其妻之楚。	七年 韓、魏、齊、楚謀。趙張孟談使妻子之四國，敗其謀。	趙張孟談使次子之魏。	趙張孟談使長子之韓。	十四年	二年	五年	
450	十九年	二十七年		三十九年	八年			十五年	三年	衛敬公元年	
449	二十年	二十八年		四十年	九年			燕成公元年	四年	二年	
448	二十一年	二十九年		四十一年	十年			二年	五年	三年	
447	二十二年	三十年		四十二年	十一年			三年	六年	四年	
446	二十三年	三十一年		四十三年	十二年	魏文侯元年		四年	七年	五年	
445	二十四年	三十二年		四十四年	十三年	二年		五年	八年	六年	
444	二十五年	三十三年		四十五年	十四年	三年		六年	九年	七年	
443	二十六年	三十四年		四十六年	十五年	四年		七年	十年	八年	
442	二十七年	秦躁公元年		四十七年	十六年	五年		八年	十一年	九年	
441	二十八年	二年		四十八年	十七年	六年		九年	十二年	十年	
440	周考王元年 西周桓公元年	三年		四十九年	十八年	七年		十年	十三年	十一年	
439	二年	四年		五十年	十九年	八年		十一年	十四年	十二年	
438	三年	五年		五十一年	二十年	九年		十二年	十五年	十三年	
437	四年	六年		五十二年	二十一年	十年		十三年	十六年	十四年	
436	五年	七年		五十三年	二十二年	十一年		十四年	十七年	十五年	
435	六年	八年		五十四年	二十三年	十二年		十五年	十八年	十六年	
434	七年	九年		五十五年	二十四年	十三年		十六年	十九年	十七年	
433	八年	十年		五十六年	二十五年	十四年		燕湣公元年	二十年	十八年	
432	九年	十一年		五十七年	二十六年 魏借道於趙，攻中山。	十五年 樂羊爲將		二年	二十一年	十九年	魏攻中山。
431	十年	十二年		楚簡王元年	二十七年	十六年		三年	二十二年	衛昭公元年	魏攻中山。

續表

公元前	周	秦	齊	楚	趙	魏	韓	燕	宋	衛	中山
430	十一年	十三年		二年	二十八年	十七年 樂羊既罷中山，文侯賞其功，疑其心。		四年	二十三年	二年	魏拔中山。
429	十二年	十四年		三年	二十九年	十八年		五年	二十四年	三年	
428	十三年	秦懷公元年		四年	三十年	十九年		六年	二十五年	四年	
427	十四年	二年		五年	三十一年	二十年		七年	二十六年	五年	
426	十五年	三年		六年	三十二年	二十一年		八年	二十七年	六年	
425	周威烈王元年	四年		七年	三十三年 豫讓爲知伯報讎，死。	二十二年		九年	二十八年	衛懷公元年	
424	二年	秦靈公元年		八年	趙桓子元年	二十三年	韓武子元年	十年	二十九年	二年	
423	三年	二年		九年	趙獻侯元年	二十四年	二年	十一年	三十年	三年	
422	四年	三年		十年	二年	二十五年	三年	十二年	三十一年	四年	
421	五年	四年		十一年	三年	二十六年	四年	十三年	三十二年	五年	
420	六年	五年		十二年	四年	二十七年	五年	十四年	三十三年	六年	
419	七年	六年		十三年	五年	二十八年	六年	十五年	三十四年	七年	
418	八年	七年		十四年	六年	二十九年	七年	十六年	三十五年	八年	
417	九年	八年		十五年	七年	三十年	八年	十七年	三十六年	九年	
416	十年	九年		十六年	八年	三十一年	九年	十八年	三十七年	十年	

續表

公元前	周	秦	齊	楚	趙	魏	韓	燕	宋	衛	中山
415	十一年	十年		十七年	九年	三十二年	十年	十九年	三十八年	十一年	
414	十二年	秦簡公元年		十八年	十年	三十三年	十一年	二十年	三十九年	衛慎公元年	中山武公
413	十三年 西周威公元年	二年		十九年	十一年	三十四年	十二年	二十一年	四十年	二年	
412	十四年	三年		二十年	十二年	三十五年	十三年	二十二年	四十一年	三年	
411	十五年	四年		二十一年	十三年	三十六年	十四年	二十三年	四十二年	四年	
410	十六年	五年	田悼子	二十二年	十四年	三十七年	十五年	二十四年	四十三年	五年	
409	十七年	六年		二十三年	十五年	三十八年	十六年	二十五年	四十四年	六年	
408	十八年	七年	田和太公	二十四年	趙烈侯元年	三十九年	韓景侯元年	二十六年	四十五年	七年	
407	十九年	八年		楚聲王元年	二年	四十年	二年	二十七年	四十六年	八年	
406	二十年	九年		二年	三年	四十一年	三年	二十八年	四十七年	九年	
405	二十一年	十年		三年	四年	四十二年	四年	二十九年	四十八年	十年	
404	二十二年	十一年		四年	五年	四十三年	五年	三十年	四十九年	十一年	
403	二十三年	十二年		五年	六年	四十四年	六年	三十一年	宋悼公元年	十二年	
402	二十四年	十三年		六年	七年	四十五年	七年	燕釐公元年	二年	十三年	
401	周安王元年	十四年		楚悼王元年	八年	四十六年	八年	二年	三年	十四年	
400	二年	十五年		二年	九年	四十七年	九年	三年	四年	十五年	
399	三年	秦惠公元年		三年	趙武公元年	四十八年	韓列侯元年	四年	五年	十六年	
398	四年	二年		四年	二年	四十九年	二年	五年	六年	十七年	

續表

公元前	周	秦	齊	楚	趙	魏	韓	燕	宋	衛	中山
397	五年	三年		五年	三年	五十年	三年	六年	七年	十八年	
396	六年	四年		六年	四年	魏武侯元年與諸大夫浮於西河。	四年	七年	八年	十九年	
395	七年	五年		七年	五年	二年	五年	八年	宋休公元年	二十年	
394	八年	六年		八年	六年	三年	六年	九年	二年	二十一年	
393	九年	七年		九年	七年	四年	七年	十年	三年	二十二年	
392	十年	八年		十年	八年	五年	八年	十一年	四年	二十三年	
391	十一年	九年		十一年	九年	六年	九年	十二年	五年	二十四年	
390	十二年	十年		十二年	十年	七年	十年	十三年	六年	二十五年	
389	十三年	十一年		十三年	十一年	八年	十一年	十四年	七年	二十六年	
388	十四年	十二年		十四年	十二年	九年	十二年	十五年	八年	二十七年	
387	十五年	十三年		十五年	十三年	十年	十三年	十六年	九年	二十八年	
386	十六年	秦出子元年	田和元年	十六年	趙敬侯元年	十一年	韓文侯元年	十七年	十年	二十九年	
385	十七年	二年	二年	十七年	二年	十二年	二年	十八年	十一年	三十年	
384	十八年	秦獻公元年	田侯剡元年	十八年	三年	十三年	三年	十九年	十二年	三十一年	
383	十九年	二年	二年	十九年	四年	十四年	四年	二十年	十三年	三十二年趙襲衛，城剛平。	
382	二十年	三年	三年	二十年	五年魏救衛，挑趙索戰。	十五年	五年	二十一年	十四年	三十三年衛藉力魏而有河東之地。	

續表

公元前	周	秦	齊	楚	趙	魏	韓	燕	宋	衛	中山
381	二十一年	四年	四年	二十一年	六年	十六年 楚救趙伐魏，戰於州西。趙籍襲魏河北。	六年	二十二年	十五年	三十四年	
380	二十二年	五年	五年	楚肅王元年	七年	十七年	七年	二十三年	十六年	三十五年	
379	二十三年	六年	六年	二年	八年	十八年 趙墜魏黄城。	八年	二十四年	十七年	三十六年	
378	二十四年	七年	七年	三年	九年	十九年	九年	二十五年	十八年	三十七年	
377	二十五年	八年	八年	四年	十年	二十年	十年	二十六年	十九年	三十八年	
376	二十六年	九年	九年	五年	十一年	二十一年	韓哀侯元年	二十七年	二十年	三十九年	
375	周烈王元年	十年	田桓公元年	六年	十二年	二十二年	二年 韓從成皋取鄭。	二十八年	二十一年	四十年	
374	二年	十一年	二年	七年	趙成侯元年	二十三年	三年	二十九年	二十二年	四十一年	
373	三年	十二年	三年	八年	二年	二十四年	四年	三十年	二十三年	四十二年	
372	四年	十三年	四年	九年	三年	二十五年	五年	燕桓公元年	宋辟公元年	衛聲公元年	
371	五年 韓陽堅道周，周君留之。	十四年	五年	十年	四年	二十六年	六年 東孟之會，聶政、陽堅刺相韓傀，兼中哀侯。	二年	二年	二年	
370	六年	十五年	六年	十一年	五年	魏惠王元年	韓懿侯元年	三年	三年	三年	

續表

公元前	周	秦	齊	楚	趙	魏	韓	燕	宋	衛	中山
369	七年	十六年	七年	楚宣王元年	六年	二年	二年	四年	宋剔成元年	四年	
368	周顯王元年	十七年	八年	二年	七年	三年	三年	五年	二年	五年	
367	二年 東周惠公元年	十八年	九年	三年	八年	四年	四年	六年	三年	六年	
366	三年 西周惠公元年	十九年	十年	四年	九年	五年	五年	七年	四年	七年	
365	四年	二十年	十一年	五年	十年	六年	六年	八年	五年	八年	
364	五年	二十一年	十二年	六年	十一年	七年	七年	九年	六年	九年	
363	六年	二十二年	十三年	七年	十二年	八年	八年	十年	七年	十年	
362	七年	二十三年	十四年	八年	十三年	九年 公叔痤與韓、趙戰澮北，禽樂祚，辭賞田。	九年	十一年	八年	十一年	
361	八年	秦孝公元年 衛鞅亡魏入秦。	十五年	九年	十四年	十年 公叔痤死。	十年	燕文公元年	九年	衛成侯元年	
360	九年	二年	十六年	十年	十五年	十一年	十一年	二年	十年	二年	
359	十年 東周文君元年	三年	十七年	十一年	十六年	十二年	十二年	三年	十一年	三年	
358	十一年	四年	十八年	十二年	十七年	十三年	韓昭侯元年	四年	十二年	四年	
357	十二年	五年	十九年	十三年	十八年	十四年	二年	五年	十三年	五年	

續表

公元前	周	秦	齊	楚	趙	魏	韓	燕	宋	衛	中山
356	十三年	六年	齊威王元年	十四年	十九年	十五年 觴諸侯於范臺。	三年	六年	十四年	六年	
355	十四年	七年	二年 燕、趙、韓、魏皆朝於齊。	十五年	二十年	十六年	四年	七年	十五年	七年	
354	十五年	八年	三年	十六年	二十一年	十七年 韓侯執珪而見梁君。	五年 申不害始合於韓王。	八年	十六年	八年	
353	十六年	九年	四年 邯鄲之難，趙求救於齊。	十七年 江乙爲魏使於楚。	二十二年	十八年 齊救趙，南攻襄陵，大敗魏於桂陵。	六年	九年	十七年	九年	
352	十七年	十年	五年	十八年 江乙與山陽君共惡昭奚恤。昭奚恤與彭城君議於王前。	二十三年	十九年	七年	十年	十八年	十年	
351	十八年	十一年	六年	十九年	二十四年	二十年	八年 大成午從趙來。申子請仕其從兄官，昭侯不許。	十一年	十九年	十一年	
350	十九年	十二年	七年	二十年	二十五年	二十一年	九年	十二年	二十年	十二年	
349	二十年	十三年	八年	二十一年	趙肅侯元年	二十二年	十年	十三年	二十一年	十三年	

續表

公元前	周	秦	齊	楚	趙	魏	韓	燕	宋	衛	中山
348	二十一年	十四年	九年	二十二年	二年	二十三年	十一年	十四年	二十二年	十四年	
347	二十二年	十五年	十年	二十三年	三年	二十四年	十二年	十五年	二十三年	十五年	
346	二十三年	十六年	十一年	二十四年	四年	二十五年	十三年	十六年	二十四年	十六年	
345	二十四年	十七年 以衛鞅爲相。	十二年	二十五年	五年	二十六年	十四年	十七年	二十五年	十七年	
344	二十五年	十八年	十三年	二十六年	六年	二十七年	十五年	十八年	二十六年	十八年	
343	二十六年	十九年	十四年	二十七年	七年	二十八年	十六年	十九年	二十七年	十九年	
342	二十七年 梁君驅十二諸侯以朝天子於孟津。	二十年	十五年	二十八年	八年	二十九年 魏王爲九里之盟。衛鞅説魏王伐齊、楚，行王服，稱夏王。	十七年	二十年	二十八年	二十年	
341	二十八年	二十一年	十六年 南梁之難，韓求救於齊。田忌爲齊將，繫太子申，禽龐涓。孫子説田忌無解兵，不聽。鄒忌、田忌不相説，田忌遂走。	二十九年 田忌亡齊之楚，楚對之江南。	九年	三十年 齊救韓擊魏，大破之馬陵。惠王悉起境內衆，將太子申，與齊人戰死。	十八年	二十一年	二十九年 魏太子自將，過宋外黃。	二十一年	

續表

公元前	周	秦	齊	楚	趙	魏	韓	燕	宋	衛	中山
340	二十九年	二十二年 封衛鞅於商，號曰商君。秦王受魏西河之外。	十七年	三十年 威王問於莫敖子華。	十年	三十一年	十九年	二十二年	三十年	二十二年	
339	三十年	二十三年	十八年	楚威王元年	十一年	三十二年	二十年	二十三年	三十一年	二十三年	
338	三十一年	二十四年 商君告歸，還，惠王車裂之。蘇秦說秦連橫。	十九年	二年	十二年 趙送蘇秦珠璧裘金，西入秦。蘇秦使於秦，反，三日不得見。	三十三年	二十一年	二十四年	三十二年	二十四年	
337	三十二年	秦惠文王元年	二十年	三年	十三年	三十四年	二十二年	二十五年	三十三年	二十五年	
336	三十三年	二年	二十一年 魏太子鳴質於齊。韓、魏之君因田嬰朝齊。	四年 魏公子高在楚。	十四年 魏龐葱與太子質邯鄲。	三十五年 惠施說惠王朝齊。	二十三年	二十六年	三十四年	二十六年	
335	三十四年	三年	二十二年 魏再朝齊。	五年	十五年	改一年	二十四年	二十七年	三十五年	二十七年	
334	三十五年 楚兵在山南。楚請道二周間以臨韓、魏。	四年	二十三年 魏三朝齊，趙氏醜之，楚王怒。秦攻齊，章子敗之，秦王拜西藩之臣。	六年	十六年 蘇秦從燕之趙，說趙王華屋之下。趙封蘇秦爲武安君。	二年 秦假道攻齊。	二十五年 秦假道攻齊。	二十八年 蘇秦將爲從，北說燕文侯，文侯齎蘇秦車馬金帛至趙。秦惠王以其女爲燕太子婦。	三十六年	二十八年	

續表

公元前	周	秦	齊	楚	趙	魏	韓	燕	宋	衛	中山
333	三十六年 免工師籍，相呂倉。呂倉見客於周君。杜赫欲重景翠於周。蘇秦過洛陽。	五年	二十四年 齊、魏約伐楚，魏以董慶爲質於齊。楚伐齊，趙應之，大敗於徐州。魏王令犀首之齊。權之難，齊、燕戰。齊欲伐魏，淳于髡說止。蘇秦合從說齊。	七年 楚將伐齊，魯親之。魏王令惠施之楚，楚王郊迎。蘇秦之楚，三月不得見王。蘇秦合從說楚。	十七年 秦使魏冉之趙，出兵助燕攻齊。薛公使魏處之趙，說李向案兵勿出。犀首、田盼得齊，魏之兵伐趙，大敗趙氏。	三年 徐州之役，犀首謂梁王，陽與齊而陰結楚。齊欲伐魏，魏以璧馬致淳于髡。蘇秦合從說魏。	二十六年 蘇秦合從說韓。	二十九年 權之難，燕再戰不勝，令郭任以地請講於齊。趙出兵救燕。文公卒，齊因燕喪，伐取十城。蘇秦說齊歸燕城。人有惡蘇秦於燕王，蘇秦從齊來，燕王不館。	三十七年	二十九年	
332	三十七年	六年	二十五年	八年	十八年	四年	韓宣惠王元年	燕易王元年	三十八年	衛平侯元年	
331	三十八年	七年	二十六年	九年	十九年	五年	二年	二年	三十九年	二年	
330	三十九年	八年 魏獻西河之外。	二十七年	十年	二十年	六年 楚攻魏，魏犀首戰勝楚。	三年	三年	四十年	三年	
329	四十年	九年	二十八年	十一年 楚、魏戰於陘山。	二十一年	七年	四年	四年	四十一年	四年	
328	四十一年	十年 寒泉子請使客卿張儀於諸侯。魏效上洛於秦。	二十九年	楚懷王元年	二十二年	八年	五年	五年	宋君偃元年	五年	
327	四十二年	十一年	三十年	二年	二十三年	九年	六年	六年	二年	六年	

續表

公元前	周	秦	齊	楚	趙	魏	韓	燕	宋	衛	中山
326	四十三年	十二年	三十一年	三年	二十四年	十年	七年	七年	三年	七年	
325	四十四年	十三年	三十二年	四年	趙武靈王元年	十一年	八年	八年	四年	八年	
324	四十五年	改元年	三十三年 犀首之齊。	五年	二年	十二年 魏王外田需，召田文爲相。蘇代説魏王厝田需於側。	九年 犀首相韓。	九年	五年	衛嗣君元年	
323	四十六年	二年	三十四年 陳軫爲秦使於齊。楚昭陽移兵攻齊，陳軫説止。封田嬰於薛。靖郭君將城薛，客諫遂輟。中山與燕、趙爲王。齊閉關不通中山之使。張登説齊。齊王夫人死。	六年 公孫閈爲齊田嬰封薛説楚。	三年	十三年 楚昭陽伐魏，得八城。韓氏因圍薔。陳軫過魏，求見犀首。田需死，太子相。	十年	十年	六年	二年	犀首立五王，而中山後持。司馬憙使趙，爲己求相中山，公孫宏走。
322	四十七年	三年	三十五年 或説齊王，資韓朋而逐張儀於魏。	七年 陳軫棄秦事楚。陳軫諫楚王逐張儀於魏。	四年	十四年 張儀欲并相秦、魏。魏將相張儀，公孫衍弗利。魏相衍。	十一年	十一年	七年	三年 齊王將見燕、趙、楚之相於衛。公孫衍敗遇事。	

續表

公元前	周	秦	齊	楚	趙	魏	韓	燕	宋	衛	中山
321	四十八年	四年	三十六年	八年	五年	十五年	十二年	十二年	八年	四年	
320	周慎靚王元年	五年	齊宣王元年 鄒忌仕人衆，晏首仕人寡。靖郭君不善於宣王，辭而至薛。齊貌辨説宣王迎靖郭君。王相靖郭君。靖郭君辭相。	九年	六年	十六年	十三年	燕王噲元年	九年	五年	
319	二年	六年	二年 蘇秦死於齊。蘇代爲燕説齊，先説淳于髡。蘇厲因燕質子求見齊王。	十年	七年	十七年 惠王死，葬，大雨雪，馳期。	十四年	二年 蘇代北見燕王。	十年	六年	
318	三年	七年 五國伐秦，魏欲和。義渠敗秦李帛之下。	三年	十一年 魏使惠施之楚。	八年	魏襄王元年 張儀欲以魏合秦、韓而攻齊、楚。惠施欲以魏合於齊、楚案兵。義渠君之魏。	十五年	三年 燕王專任子之。	十一年 滅滕伐薛，取淮北之地。	七年	

續表

公元前	周	秦	齊	楚	趙	魏	韓	燕	宋	衛	中山
317	四年	八年	四年 五國約以伐齊。張儀以秦、梁之齊，合横親，犀首敗之。	十二年	九年	二年 犀首以梁與齊戰於承匡而不勝。張儀爲秦連横親說魏王。張儀走之魏，張丑說王不納儀。梧下先生爲衛客說魏王。	十六年 楚王命大公事說韓公仲	四年	十二年	八年 犀首、張儀參坐於衛君前，犀首跪行，爲儀千秋之祝。	
316	五年	九年 張儀西并巴蜀，更蜀主爲侯。	五年 周、韓、齊爲與國。	十三年	十年	三年	十七年	燕子之元年。子之南面行王事，噲老，願爲臣。	十三年	九年	
315	六年 共太子死。	十年	六年	十四年	十一年 爲齊獻書趙王。	四年	十八年 張儀以秦、魏伐韓。秦、韓戰於濁澤。	二年	十四年	十年	
314	周赧王元年 秦與師求九鼎，齊使陳臣思救周。	十一年 使陳莊相蜀。	七年 周顔率至齊。	十五年	十二年 楚、魏令淖滑、惠施之趙，請伐齊而存燕。	五年 楚許魏六城，與之伐齊存燕，張儀敗之。	十九年 秦、韓戰岸門，韓大敗。	三年 將軍市被、太子平謀攻子之，不克，搆難數月。齊章子伐燕，殺噲，子之亡。三十日而舉燕國。蘇氏去燕。	十五年	十一年	

公元前	313	312	311
周	二年	三年	四年
秦	十二年 楚使景鯉如秦，秦留鯉。鯉使人說秦王，乃出之。楚伐秦，秦與齊合。	十三年 張儀殘樗里疾，疾出走。秦取楚漢中。	十四年 張儀欲以漢中與楚。秦惠王死，公孫衍欲窮張儀。
齊	八年 楚絶齊。	九年 濮上之事，贅子死，章子走。趙欲存燕，以河東易燕地於齊。	十年 張儀連横說齊。
楚	十六年 秦招楚伐齊，冷向請爲陳軫說秦王。秦使張儀見楚王，以商於之地六百里欺楚。	十七年 楚、秦搆難，楚不勝，亡漢中。又戰藍田，又却。韓、魏聞楚之困，襲楚至鄧。齊伐楚，楚使陳軫之秦。	十八年 拘張儀，鄭袖出之。張儀之楚，貧。南后、鄭袖進金。張儀連横說楚。張儀欲逐昭雎、陳軫於楚。
趙	十三年	十四年	十五年 張儀連横說趙。
魏	六年 楚景鯉從秦王與魏王遇。	七年 宫他爲燕使魏。	八年
韓	二十年	二十一年 楚圍雍氏，冷向借救於秦。	韓襄王元年 張儀連横說韓。
燕			燕昭王元年 張儀連横說燕。
宋	十六年	十七年 齊、楚搆難，宋請中立，子象謂宋王。	十八年
衛	十二年	十三年	十四年
中山			

續表

公元前	周	秦	齊	楚	趙	魏	韓	燕	宋	衛	中山
310	五年	秦武王元年 左右惡張儀，齊讓又至。鄭彊走張儀於秦。楚王令昭雎之秦。	十一年 馮喜自楚之齊，說齊罷伐梁。	十九年 魏張旄令人殺靳尚。桓臧爲昭雎說王。張儀舍人馮喜自魏之楚。魏惠施因儀逐之楚。	十六年	九年 齊因張儀伐梁。又相魏。雍沮爲張儀解齊、楚攻魏。周最、翟强欲傷張儀，儀使其人爲見者嗇夫，間見者。張儀逐惠施。	二年	二年	十九年 楚奉惠施納之宋。	十五年	
309	六年	二年 甘茂相秦。	十二年	二十年	十七年	十年	三年	三年	二十年	十六年	司馬憙三相中山。陰姬、江姬争后，立陰姬。
308	七年	三年 逐犀首。王與甘茂盟息壤。楊達謂公孫顯，請以五萬攻西周。	十三年	二十一年 齊明說卓滑。宜陽之役，楚畔秦而合於韓。陳軫說楚王舍韓勿據。	十八年 甘茂約魏，又北之趙。冷向說强國拘茂。	十一年 甘茂之魏。約伐韓，向壽輔行。	四年 秦攻宜陽，游騰說公仲。宜陽五月不能拔。	四年	二十一年	十七年	
307	八年 東周、西周戰。東周欲爲稻，西周不下水。秦假道伐韓。秦令樗里疾以車百乘入周。雍氏之役，韓徵甲與粟於周。秦召周君。	四年 或說秦王去驕忿。爲韓謂秦王，願以韓國侍於王。雍氏之役，韓求救於秦。韓公仲使韓珉之秦，求武遂。醫扁鵲見武王。	十四年	二十二年 秦使馮章許漢中以懼楚。	十九年 王平晝閒居，肥義侍坐，議胡服。趙燕後胡服，王讓之。	十二年	五年 楚景翠救韓。甘茂攻宜陽，欲息兵，左成說茂進兵。秦悉起兵，復使甘茂攻宜陽，遂拔。楚圍雍氏，秦師下殽救韓。韓欲得武遂於秦。	五年	二十二年	十八年	趙使李疵觀中山。

續表

公元前	周	秦	齊	楚	趙	魏	韓	燕	宋	衛	中山
306	九年 辛戌亡於楚，在東周。	秦昭襄王元年 爲韓公仲謂向壽善韓備楚。甘茂亡秦。獻則謂公孫消。	十五年	二十三年 秦與楚解中，封小令尹以杜陽。魏內太子於楚，樗里疾使說楚王出走。魏太子在楚，客說樓瘴，又說樗里疾。衛視伐楚。昭睢勝秦於重丘。	二十年 破原陽以爲騎邑。王入胡，至榆中，辟地千里。	十三年 秦、楚攻魏，圍皮氏。楚倍秦而與魏。秦令魏攻楚。魏王不欲伐楚，樓緩說魏。管鼻令翟强與秦事。	六年 或謂公仲復求中立於秦。秦歸武遂於韓。	六年	二十三年	十九年 秦樗里疾攻蒲，得三百金而歸。	
305	十年	二年 魏冉東行，欲如楚。魏文說冉反國。	十六年	二十四年 楚王問於范環。齊、韓、魏攻楚。	二十一年	十四年 魏相翟强死。	七年	七年	二十四年	二十年	
304	十一年 楚兵在山南，吾得將屬怒於周。楚請道兩周之間，臨韓、魏。	三年	十七年	二十五年 齊、韓、魏、攻楚。	二十二年	十五年	八年	八年	二十五年	二十一年	
303	十二年	四年 謂魏冉，楚破，秦不能與齊縣衡。	十八年	二十六年 齊、韓、魏攻楚。	二十三年	十六年	九年	九年	二十六年	二十二年	
302	十三年	五年	十九年	二十七年 齊、韓、魏攻楚。	二十四年	十七年	十年	十年	二十七年	二十三年	

續表

公元前	周	秦	齊	楚	趙	魏	韓	燕	宋	衛	中山
301	十四年	六年 秦益趙甲四萬伐齊。蘇代爲齊獻書穰侯。	齊閔王元年 陘山之事，趙且與秦伐齊。楚王令昭應奉太子以委和於薛公。楚王令景翠以六城賂齊，太子爲質。	二十八年 齊、韓、魏攻楚五年，取宛葉以北。魏敗楚於陘山，禽唐明。	二十五年 王立周紹爲傅。齊令田章以修武合於趙，順子爲質，秦王使公子他之趙。	十八年	十一年	十一年	二十八年	二十四年	趙攻中山，中山君臣於齊。中山君亡，有二人挈戈隨其後。
300	十五年 昭獻在陽翟，周君將令相國往，蘇厲說止。	七年 鄭彊載八百金入秦。公叔使馮君於秦。謂芈戎，令秦王賀韓立伯嬰。孟嘗君使公孫宏之秦。樓緩相秦。	二年 孟嘗君將入秦，因諫止。孟嘗君爲從。	二十九年 韓幾瑟亡之楚。胡衍出幾瑟於楚。齊孟嘗君出行國，楚獻象牀不受。	二十六年	十九年 襄陵之役。	十二年 楚昭獻相韓，秦且攻韓。韓公叔與幾瑟爭國，鄭彊爲楚王使於韓。齊師入韓，幾瑟走。冷向謂韓咎。楚令景鯉入韓。	十二年	二十九年 仇赫相宋。	二十五年	趙攻中山。
299	十六年	八年 楚王入秦，秦留之。	三年 陳軫合三晉而東謂齊王，齊果以兵合於三晉。	三十年	二十七年 謂趙王，三晉合而秦弱，離而秦强。趙王起兵戍韓、梁之邊。	二十年 秦伐魏。	十三年 韓咎立爲君，周送其弟入韓。謂韓王，秦欲出事於梁。	十三年 或獻書燕王。燕以兵南合三晉。	三十年	二十六年	趙攻中山。

續表

公元前	周	秦	齊	楚	趙	魏	韓	燕	宋	衛	中山
298	十七年 齊薛公藉兵乞食於西周。	九年 三國攻秦。	四年 薛公以韓、魏攻秦，韓慶説薛公。	三十一年	趙惠文王元年 富丁欲以趙合齊、魏，樓緩欲合秦、楚。	二十一年 魏因富丁且合秦，趙請效地於魏。	十四年	十四年	三十一年	二十七年	趙攻中山。
297	十八年	十年 三國攻秦。	五年	三十二年	二年	二十二年	十五年	十五年	三十二年	二十八年	趙攻中山。
296	十九年 三國攻秦，反，西周恐魏借道，謂魏王令軍速東。	十一年 三國攻秦，入函谷，秦以三城講。	六年 馮諼屬孟嘗君寄食門下。楚太子辭於齊王而歸。	三十三年 楚王死。女阿謂蘇子。	三年	二十三年	十六年	十六年	三十三年	二十九年	趙攻中山五年，擅呼沲。
295	二十年	十二年 趙使仇郝之秦。	七年 馮諼爲孟嘗君收責於薛。	楚頃襄王元年	四年 李兑用趙，減食主父，百日餓死。	魏昭王元年	韓釐王元年	十七年	三十四年	三十年	
294	二十一年	十三年 孟嘗君就國於薛而復反。	八年	二年	五年	二年 梁聘孟嘗君，使三反。	二年	十八年	三十五年	三十一年	
293	二十二年 秦攻魏，進兵攻周。	十四年 周使周冣之秦。	九年	三年	六年 爲周冣謂李兑，禁秦攻周。	三年 秦與魏戰於伊闕，殺犀武。魏令公孫衍請和於秦。爲寶屢謂魏王，能半衍之割，與秦講。周君之魏求救。	三年 謂公仲，秦、魏和成固爲福，不成亦爲福。	十九年	三十六年	三十二年	

續表

公元前	周	秦	齊	楚	趙	魏	韓	燕	宋	衛	中山
292	二十三年	十五年	十年	四年	七年	四年	四年	二十年	三十七年	三十三年	
291	二十四年	十六年	十一年	五年	八年	五年	五年	二十一年	三十八年	三十四年	
290	二十五年	十七年 魏獻秦長羊、王屋、洛林之地。	十二年 魏芒卯并將秦、魏兵擊齊，啓地二十二縣。	六年	九年 秦、趙約攻魏，芒卯詐以鄴事趙，趙絶秦。魏謂趙王，魏者趙之虢，趙者魏之虞。	六年	六年 成陽君欲以韓、魏聽秦。	二十二年	三十九年	三十五年	
289	二十六年	十八年	十三年	七年	十年	七年	七年	二十三年	四十年	三十六年	
288	二十七年	十九年 冷向謂秦王，欲以齊事王，使攻宋。李兑約五國伐秦。	十四年 秦使魏冉致帝。燕王奉蘇子車五十乘，南使於齊。蘇代見齊王於章華南門，説王釋帝。説閔王后起遠怨。齊欲攻宋，秦令起賈禁之。	八年	十一年 蘇代説奉陽君伐齊不聽。	八年 蘇代過魏，魏拘之。葉陽君約魏。	八年	二十四年 蘇代遺燕昭王書。燕王召蘇代，與謀伐齊。	四十一年 齊説魏出蘇代，代之宋。齊伐宋，宋急。	三十七年	
287	二十八年	二十年 李兑約五國伐秦。	十五年	九年	十二年	九年	九年	二十五年	四十二年 齊伐宋。	三十八年	

續表

公元前	周	秦	齊	楚	趙	魏	韓	燕	宋	衛	中山
286	二十九年	二十一年 五國伐秦無功。齊令宋郭之秦，合以伐宋。薛公爲魏謂魏冉。趙使諒毅之秦。	十六年 周冣入齊。韓珉爲相。	十年 魏順爲市丘君說楚。	十三年 或爲周冣謂金投。周冣謂金投。齊令公孫衍說李兌以攻宋定封。	十年 爲周冣謂魏王。薛公入魏，出齊女。秦攻魏，取安邑。	十年 五國兵罷，留成皋。秦王欲爲成陽君求相韓、魏，韓、魏不聽。	二十六年	四十三年 宋置太子爲王，太子走，齊復攻宋。	三十九年	
285	三十年	二十二年	十七年 斮狐咺，殺陳舉、司馬穰苴。	十一年	十四年 燕使樂毅於趙。	十一年	十一年	二十七年 樂毅自魏往燕。		四十年	
284	三十一年	二十三年	十八年 燕伐齊攻晉，蘇代戰敗。又攻陽城及狸，代又敗。楚攻南陽。魏攻平陸。閔王出走，燕兵追北入臨淄。淖齒殺閔王。閔王子法章爲莒太史家庸夫。	十二年 爲魏謂楚王。順天下，遂伐齊。	十五年	十二年	十二年	二十八年 蘇代自齊獻書。蘇代自齊使人謂昭王。齊、魏爭燕。以樂毅爲上將軍，與秦、楚、三晉合謀伐齊。		四十一年	

續表

公元前	周	秦	齊	楚	趙	魏	韓	燕	宋	衛	中山
283	三十二年	二十四年 魏昭忌説秦王，止攻魏。兵困於魏林中。	齊襄王元年 王孫賈誅淖齒。	十三年	十六年 趙收天下，且以伐齊。蘇厲爲齊説趙。	十三年 秦釋管攻魏。秦伐魏，田文説燕、趙救魏。魏封田文。	十三年 秦攻韓之管，魏發兵救之。秦、韓圍梁，燕、趙救之。謂山陽君。	二十九年 燕饑，趙將伐之，楚使説止。昭王封之以地。		四十二年 嗣君病死，殷順且相公期。	
282	三十三年	二十五年	二年	十四年	十七年 秦攻趙，藺、祁拔。	十四年	十四年	三十年		衛懷君元年	
281	三十四年	二十六年	三年	十五年	十八年 秦拔離石。	十五年 秦白起攻魏。	十五年	三十一年		二年	
280	三十五年	二十七年	四年 燕下齊七十餘城，唯莒、即墨不下。	十六年 莊辛請辟於趙。	十九年	十六年	十六年	三十二年 燕下齊七十餘城，盡郡縣屬之燕。		三年	
279	三十六年	二十八年	五年 田單守即墨，紿騎劫，敗燕軍，復收七十餘城，復齊。	十七年 事秦十七年，秦攻鄢、郢。	二十年	十七年	十七年 秦召燕王，蘇代約燕王，不行。昭王死，惠王立，使騎劫代樂毅將。毅奔趙，趙封爲望諸君。樂毅報燕王書。	三十三年		四年	

續表

公元前	周	秦	齊	楚	趙	魏	韓	燕	宋	衛	中山
278	三十七年	二十九年周君之秦。謂周冣不如以應爲太后養地。	六年田單攻聊城，歲餘不下。魯連以書射城中，遺燕將，燕將罷兵去。	十八年白起與楚戰，一戰舉鄢、郢，再戰燒夷陵。襄王流揜於城陽。	二十一年	十八年	十八年	燕惠王元年		五年	
277	三十八年	三十年	七年貂勃惡田單。	十九年齊貂勃使楚。莊辛至，封陽陵侯。	二十二年楚使人徵莊辛於趙。	十九年	十九年	二年		六年	
276	三十九年	三十一年	八年田單攻狄，見魯連子。	二十年	二十三年	魏安釐王元年	二十年	三年		七年	
275	四十年	三十二年	九年	二十一年	二十四年	二年秦戰勝暴子，割八縣。	二十一年	四年		八年	
274	四十一年	三十三年昭王謂左右，中期推琴對。	十年	二十二年	二十五年	三年秦敗魏於華，走芒卯，圍大梁。	二十二年趙、魏攻華陽。	五年		九年	
273	四十二年	三十四年韓田苓見穰侯。	十一年	二十三年	二十六年	四年須賈爲魏謂穰侯，罷梁圍。將使段干崇割地講秦，孫臣説止。	二十三年秦穰侯救韓，大敗趙、魏華陽。	六年		十年	

續表

公元前	周	秦	齊	楚	趙	魏	韓	燕	宋	衛	中山
272	四十三年	三十五年 范子因王稽入秦。	十二年	二十四年	二十七年	五年	韓桓惠王元年	七年		十一年	
271	四十四年	三十六年 客卿造謂穰侯。范子獻書，王謝王稽，使人持車召雎。范雎至，王庭迎。	十三年	二十五年	二十八年	六年	二年	燕武成王元年		十二年	
270	四十五年 秦欲攻周。	三十七年 秦欲攻周。周取謂秦王。	十四年	二十六年	二十九年 秦令衛胡易伐趙，攻閼與。趙奢救之，秦敗。	七年	三年	二年		十三年	
269	四十六年	三十八年	十五年	二十七年	三十年 燕使宋人榮蚠攻趙，趙求齊安平君將。	八年 秦攻魏幾，趙廉頗救幾。大敗秦師。	四年	三年		十四年	
268	四十七年	三十九年	十六年	二十八年	三十一年	九年	五年	四年		十五年	
267	四十八年	四十年	十七年	二十九年	三十二年	十年	六年	五年		十六年	
266	四十九年	四十一年 范雎說秦王，廢太后，逐穰侯。秦王與中期爭論。	十八年	三十年	三十三年	十一年 秦攻魏邢丘。樓啎約秦、魏。秦、魏爲與國。齊、楚約而攻魏，魏唐且說秦，秦救魏。趙請殺范痤，王使執痤，信陵君出之。	七年	六年		十七年	

續表

公元前	周	秦	齊	楚	趙	魏	韓	燕	宋	衛	中山
265	五十年	四十二年 宣太后病，庸芮爲魏醜夫說太后。	十九年	三十一年	趙孝成王元年 趙太后新用事，秦急攻之，趙求救齊，長安君質，齊兵出。齊安平君爲趙當燕榮蚠數歲，得三城。	十二年	八年	七年		十八年	
264	五十一年	四十三年	齊王建元年	三十二年	二年 相都平君田單。齊使問趙威后。	十三年	九年 秦攻韓圍陘。	八年		十九年	
263	五十二年	四十四年 韓使陽城君入謝於秦。	二年	三十三年	三年	十四年	十年 秦起兵，一軍臨熒陽，一軍臨太行。	九年		二十年	
262	五十三年	四十五年	三年	楚考烈王元年 汗明見春申君。	四年 韓馮亭守上黨，陰使人內之趙，趙使趙勝受地。	十五年 魏將與秦攻韓，朱己謂魏王。魏王問張旄。	十一年	十年		二十一年	
261	五十四年	四十六年	四年	二年	五年 秦令公孫起、王齮以兵遇趙於長平。	十六年	十二年	十一年		二十二年	

續表

公元前	周	秦	齊	楚	趙	魏	韓	燕	宋	衛	中山
260	五十五年	四十七年	五年 秦攻趙長平，趙請粟於齊。	三年	六年 秦、趙戰長平，趙亡一都尉，使鄭朱入秦。趙軍大敗，王入秦。	十七年 長平之役，平都君說魏王。	十三年	十二年		二十三年	
259	五十六年	四十八年 謂應侯割趙，因以爲武安功。秦攻趙，蘇子謂秦王解兵。昭王既息民繕兵，使王陵伐趙。	六年 趙發虞卿東見齊王謀秦。趙足之齊。	四年	七年 秦使人索六城而講，樓緩從秦來，逃去。	十八年 魏王且朝秦，周訢、支期說止。秦召魏相信安君。	十四年	十三年		二十四年	
258	五十七年	四十九年 更使王齕代王陵圍邯鄲。	七年	五年	八年	十九年	十五年	十四年		二十五年	
257	五十八年	五十年 應侯失韓之汝南。鄭安平負重罪。絞殺武安君於杜郵。軍吏惡王稽、杜摯以反。	八年	六年	九年 秦攻邯鄲，十七月不下。魏晉鄙救趙，公子無忌奪晉鄙軍擊秦，秦去。公孫龍說平原君不受封。趙王郊迎信陵君。平原君欲封魯仲連，不受，去，終身不復見。	二十年 秦攻趙，平原君使人請救於魏信陵君。秦罷邯鄲，攻魏，取甯邑。	十六年	燕孝王元年		二十六年	

續表

公元前	周	秦	齊	楚	趙	魏	韓	燕	宋	衛	中山
256	五十九年	五十一年 說秦王所以破天下之從，舉趙亡韓，臣荆、魏，親齊、燕，以成伯王之名。	九年	七年	十年 天下之士合從，唐雎載金居武安，高會。平原君請馮忌。	二十一年	十七年	二年		二十七年	
255	東周	五十二年 蔡澤西入秦，拜爲客卿。范雎免相，澤遂爲相。數月，謝病歸相印。	十年	八年 客説春申君謝孫子。	十一年 蔡澤見逐於趙。孫子去楚之趙。	二十二年	十八年	三年		二十八年	
254	東周	秦孝文王元年	十一年	九年 客又説春申君請孫子，孫子爲書謝春申君。	十二年 趙以孫子爲上卿。魏使人因平原君請從於趙。	二十三年	十九年	燕王喜元年		二十九年	
253	東周	二年	十二年	十年	十三年	二十四年	二十年	二年		三十年	
252	東周	三年	十三年	十一年	十四年	二十五年	二十一年	三年		衛元君元年	
251	東周	四年	十四年	十二年	十五年 燕使栗腹以百金爲趙王壽。燕栗腹攻鄗，慶秦攻代。	二十六年	二十二年	四年 栗腹使趙，反報趙可伐燕。遽起六十萬攻趙。		二年	

續表

公元前	周	秦	齊	楚	趙	魏	韓	燕	宋	衛	中山
250	東周	五年 秦子異人質於趙，歸，立爲太子。既立，以呂不韋爲相。	十五年	十三年	十六年 趙使廉頗遇栗腹，樂乘遇慶秦，燕人大敗，樂入趙。	二十七年	二十三年	五年		三年	
249	東周	秦莊襄王元年	十六年	十四年	十七年	二十八年	二十四年 韓陽役於三川，王召歸。	六年		四年	
248		二年	十七年	十五年 虞卿説春申君定封地。	十八年	二十九年	二十五年	七年		五年	
247		三年	十八年	十六年 趙人李園持女弟進之春申君，春申君進之王，遂生子，立爲太子，立李園女弟爲王后，園用事。	十九年	三十年 魏攻管不下，信陵君求縮高於安陵，高刎頸而死。	二十六年	八年		六年	
246		秦始皇元年	十九年	十七年	二十年	三十一年	二十七年	九年		七年	
245		二年	二十年	十八年	二十一年	三十二年	二十八年	十年		八年	
244		三年	二十一年	十九年	趙悼襄王元年	三十三年	二十九年	十一年		九年	
243		四年 趙春平侯留秦。世鈞爲之謂文信侯，遣春平侯而留平都侯。	二十二年	二十年	二年	三十四年	三十年	十二年		十年	

續表

公元前	周	秦	齊	楚	趙	魏	韓	燕	宋	衛	中山
242		五年	二十三年	二十一年	三年	魏景湣王元年 秦攻魏，杜大梁之門，拔燕、酸棗、虛、桃人。	三十一年	十三年		十一年	
241		六年	二十四年 齊不從，或謂皮相國。	二十二年 天下合從，趙使魏加見春申君。或謂楚王，從者欲令天下以朝大王。唐且謂春申君。觀鞅謂春申君。	四年 苦成常謂建信君。趙敖爲韓熙謂建信君。	二年 秦舉魏河內。謂魏王恃楚之强，而信春申君之言。客謂司馬食其。	三十二年 趙建信君輕韓熙。	十四年 蔡澤爲秦使燕。		十二年	
240		七年	二十五年	二十三年	五年	三年 秦攻魏急，或謂魏王割地以爲嫪毐功。	三十三年	十五年		十三年	
239		八年 文信侯請張唐相燕，不肯行，甘羅説張唐行。趙割五城以廣河間。	二十六年	二十四年	六年 甘羅爲張唐先報趙，趙王郊迎。	四年	三十四年	十六年 蔡澤事燕三年，太子丹質於秦。		十四年	

續表

公元前	周	秦	齊	楚	趙	魏	韓	燕	宋	衛	中山
238		九年 説秦善楚臨韓、魏，要絶天下。嫪毐爲亂，夷三族。頓弱説秦王，王資以萬金，使東游。	二十七年	二十五年 朱英説春申君，不聽，亡去。王崩，李園置死士棘門内，夾刺春申君，遂滅春申君家。	七年	五年 秦息衆二年，又取魏蒲、衍、首垣。	韓王安元年	十七年		十五年	
237		十年 呂不韋廢。	二十八年	楚幽王元年	八年	六年	二年	十八年		十六年	
236		十一年 燕使人賀秦王千金。文信侯出走。	二十九年	二年	九年 燕使過趙，趙王繫之。秦攻趙，鼓鐸之音，聞於北堂。	七年	三年	十九年 秦并趙，北向迎燕。燕使使秦，秦救燕。		十七年	
235		十二年 四國爲一，將攻秦。姚賈出使四國。	三十年	三年	趙王遷元年	八年	四年	二十年		十八年	
234		十三年	三十一年	四年	二年	九年	五年	二十一年		十九年	
233		十四年 韓非短姚賈。誅韓非。	三十二年	五年	三年	十年	六年	二十二年		二十年	
232		十五年	三十三年	六年	四年	十一年	七年	二十三年 太子丹自秦亡歸。		二十一年	

續表

公元前	周	秦	齊	楚	趙	魏	韓	燕	宋	衛	中山
231		十六年	三十四年	七年	五年	十二年	八年	二十四年		二十二年	
230		十七年	三十五年 齊、秦伐趙、魏，或謂齊王。國子論趙、魏危，非齊利。	八年	六年	十三年	九年 秦虜韓王，盡納其地。	二十五年		二十三年	
229		十八年	三十六年	九年	七年 秦使王翦攻趙，趙李牧、司馬尚禦之。翦多遺郭開等金使反閒。趙王使趙蔥、顏冣代將。殺李牧，廢司馬尚。司空馬説趙王，不用。平原津令郭遺勞問。	十四年		二十六年		衛君角元年	
228		十九年	三十七年	十年	八年 王翦大破趙，虜王遷及將顏冣，遂滅趙。	十五年		二十七年 樊於期自刎，荊軻辭太子入秦。		二年	

續表

公元前	周	秦	齊	楚	趙	魏	韓	燕	宋	衛	中山
227		二十年 秦王見荆軻咸陽宫，刺秦王不中，斬軻。	三十八年	楚王負芻元年	代王嘉元年	魏王假元年		二十八年		三年	
226		二十一年	三十九年	二年	二年	二年		二十九年 秦王翦伐燕，拔薊城。燕王東保遼東，殺太子丹。		四年	
225		二十二年 安陵君使唐且於秦。	四十年	三年	三年	三年 秦使人謂安陵，以五百里地易安陵，安陵君弗易。		三十年		五年	
224		二十三年	四十一年	四年	四年			三十一年		六年	
223		二十四年	四十二年	五年	五年			三十二年		七年	
222		二十五年	四十三年		六年			三十三年 秦滅燕，虜王喜。		八年	
221		二十六年 齊王入朝於秦。處共松柏之間，餓死。	四十四年							九年	

戰國策年表者，表其事之見於戰國策者也。策不見，雖大事不表；見於策者，雖稱述亦表之。如安王十九年，趙襲衛；二十年，魏救衛戰趙；二十一年，楚救趙戰魏：皆齊策説齊閔王語也。魏救衛，有齊在，而策不及表，亦不及齊。

兩周統於周格，表周王，著綱領也。

西周桓、威之年略可見，西周策首已言之。惠公以下不可見。東周惠公以下亦不可見。故皆止表其元年。

黄式三編略威烈王十二年，云是年中山武公初立，西周威公初立。今即於是年表中山武公，若西周公仍於明年表元年。武公復國，説見中山策首。

桂陵、馬陵兩役，以當時策士之言考之，竟似一役。而傳聞異辭，説已屢詳於策注。今於周顯王十六年，齊格表邯鄲之難，魏格表齊救趙。兩條之外，如楚策邯鄲之難，楚使景舍救趙，取睢、濊之間；魏策魏王欲攻邯鄲，季梁聞之，中道而反；須賈言惠王伐趙，戰勝乎三梁；宋策梁王伐邯鄲，而徵師於宋，宋兵入趙，圍一城。皆當在其時，概削不表，疑之也。

戰國策人名索引

（一）本索引所列人名以正文中戰國時人名爲主，排列以筆劃爲序。

（二）一個人見於兩篇以上的，列出兩篇以上的篇名。

（三）一個人有兩個以上不同名字或稱呼的，首列本姓本名或較通用的名字，另外的名字或稱呼則一併列在它的下面。如「公孫鞅　商　商君　衛鞅」。

（四）一個人有兩個以上不同名字或稱呼的，篇名俱記在本姓本名或較通用的名字下面，另外的名字或稱呼仍按筆劃列出，但只書互見於某條。如在「商」、「商君」以及「衛鞅」條下，分別注明「見公孫鞅」。

（五）同名異人的，篇名分別列出。

（六）少數不同名字，是一人，還是兩人以上，姚本、鮑本說法不一，仍按原名分別列出，并各注篇名。

三劃　士、大、女、子、山、工

士倉　秦五・濮陽人呂不韋賈於邯鄲
士尉　齊一・靖郭君善齊貌辨
大公事　楚一・五國約以伐齊
大成午　韓一・大成午從趙來
女阿　楚二・女阿謂蘇子
子之　齊二・韓齊爲與國
魏三・秦敗魏於華走芒卯而圍大梁
燕一・燕王噲既立
燕一・初蘇秦弟厲因燕質子而求見齊王
燕一・齊伐宋宋急

子　良　秦五・四國爲一將以攻秦
　　　　楚二・楚襄王爲太子之時
子　奢　楚四・客説春申君
子　傒　秦五・濮陽人吕不韋賈於邯鄲
子　發　楚四・莊辛謂楚襄王
子　華　楚一・威王問於莫敖子華
子　象　楚一・齊楚搆難
子　義　趙四・趙太后新用事
子　楚　見莊襄王
子　噲　見燕王噲
山陽君　楚一・江尹欲惡昭奚恤於楚王
　　　　趙一・秦韓圍梁燕趙救之
　　　　韓三・或謂山陽君
工師藉　東周・周相吕倉見客於周君
　　　　東周・周文君免士工師籍
工陳藉　楚一・張儀相秦

四劃　中、仇、公、太、尹、巴、支、文、毋、牛、王

中　期　秦四・秦昭王謂左右
　　　　秦五・秦王與中期争論
中行氏　秦五・謂秦王
　　　　齊五・蘇秦説齊閔王
　　　　趙一・知伯帥趙韓魏而伐范中行氏
　　　　趙一・晉畢陽之孫豫讓
仇　郝　仇赫
　　　　東周・謂周最曰仇赫之相宋
　　　　趙四・三國攻秦趙攻中山
　　　　趙四・魏敗楚於陘山
公　中　公仲　公仲侈　韓侈
　　　　西周・雍氏之役
　　　　秦二・秦武王謂甘茂
　　　　秦二・甘茂攻宜陽

秦二・宜陽未得
楚三・秦伐宜陽
韓三・韓相公仲珉使韓侈之秦
公仲　公仲明　明　韓公仲
東周・秦攻宜陽
楚一・五國約以伐齊
魏一・張儀告公仲
韓一・宣王謂摎留
韓一・張儀謂齊王
韓一・秦圍宜陽
韓一・公仲以宜陽之故仇甘茂
韓一・秦韓戰於濁澤
韓一・顔率見公仲
韓一・韓公仲謂向壽
韓一・或謂公仲曰聽者聽國
韓一・韓公仲相
韓一・公仲數不信於諸侯
韓二・楚圍雍氏五月
韓二・楚圍雍氏韓令冷向借救於秦
韓二・公仲爲韓魏易地
韓二・錡宣之教韓王取秦
韓二・胡衍之出幾瑟於楚
韓三・或謂韓公仲
韓三・或謂公仲
韓三・張丑之合齊楚講於魏
韓三・公仲使韓珉之秦求武隧
韓三・客卿爲韓謂秦王
公叔　韓公叔
東周・秦假道於周以伐韓
秦三・魏謂魏冉
楚一・韓公叔有齊魏
魏一・魏王將相張儀
韓一・張儀謂齊王
韓一・楚昭獻相韓

韓一・鄭彊載八百金入秦
韓一・宣王謂摎留
韓二・楚圍雍氏五月
韓二・公仲爲韓魏易地
韓二・錡宣之教韓王取秦
韓二・襄陵之役
韓二・公叔使馮君於秦
韓二・謂公叔曰公欲得武遂於秦
韓二・謂公叔曰乘舟
韓二・齊令周最使鄭
韓二・韓公叔與幾瑟爭國鄭强爲楚王使於韓
韓二・韓公叔與幾瑟爭國中庶子强謂太子
韓二・齊明謂公叔
韓二・公叔將殺幾瑟
韓二・公叔且殺幾瑟

韓二・謂新城君曰
韓二・幾瑟亡之楚
公　期　宋衛・衛嗣君病
公子卬　秦三・蔡澤見逐於趙
公子他　秦二・陘山之事
秦四・三國攻秦入函谷
趙一・秦王謂公子他
公子牟　趙三・平原君謂平陽君
公子年　韓三・張登請費緤
公子成　趙二・武靈王平晝閒居
公子咎　見韓咎
公子延　燕二・秦召燕王
公子勁　楚二・魏相翟强死
公子許　趙三・秦攻趙藺離石祁拔
公子高　魏二・惠施爲韓魏交
韓二・襄陵之役
公子理　魏二・魏惠王起境内衆

公子傾　中山・魏文侯欲殘中山
公子繒　趙三・秦攻趙藺離石祁拔
公王曰　燕二・蘇代爲奉陽君説燕於趙以伐齊
公仲侈　見公中
公仲明　見公仲
公仲珉　韓珉　韓岷
秦四・薛公入魏而出齊女
趙四・齊欲攻宋
趙四・五國伐秦無功
魏二・五國伐秦
韓三・韓人攻宋
韓三・公仲使韓珉之秦求武隧
韓三・韓相公仲珉使韓侈之秦
韓三・客卿爲韓謂秦王
韓三・韓珉相齊
燕二・蘇代爲奉陽君説燕於趙以伐齊
公叔痤　魏一・魏公叔痤爲魏將
魏一・魏公叔痤病
公孫子　齊六・貂勃常惡田單
公孫氏　衛嗣君
宋衛・衛嗣君病
宋衛・衛嗣君時胥靡逃之魏
公孫弘　齊四・孟嘗君爲從
中山・司馬憙使趙
公孫戍　齊三・孟嘗君出行國至楚
公孫衍　衍　犀首
秦一・楚攻魏張儀謂秦王
秦二・秦惠王死公孫衍欲窮張儀
秦二・義渠君之魏
秦二・秦武王謂甘茂
秦二・甘茂攻宜陽
秦二・宜陽未得
秦二・甘茂相秦
齊二・犀首以粱爲齊戰於承匡而不勝

趙三・建信君貴於趙
趙四・齊欲攻宋
趙四・五國伐秦無功
魏一・陳軫爲秦使於齊
魏一・魏王將相張儀
魏一・徐州之役
魏一・秦敗東周
魏一・齊王將見燕趙楚之相於衛
魏一・魏令公孫衍請和於秦
魏一・公孫衍爲魏將
魏二・犀首田盼欲得齊魏之兵以伐趙
魏二・犀首見梁君
魏二・蘇代爲田需説魏王
魏二・史舉非犀首於王
魏二・楚王攻梁南
魏二・魏惠王死
魏二・魏文子田需周霄相善
魏二・魏王令惠施之楚
魏二・田需死
韓一・宣王謂摎留
韓一・張儀謂齊王
燕二・秦召燕王
公孫消　秦五・獻則謂公孫消
公孫昧　韓二・楚圍雍氏韓令冷向借救於秦
公孫郝　公孫赫
楚一・楚王問於范環
楚三・楚王令昭睢之秦重張儀
趙一・甘茂爲秦約魏以攻韓宜陽
韓一・韓公仲謂向壽
韓一・或謂公仲曰聽者聽國
韓三・客卿爲韓謂秦王
公孫起　見白起
公孫閈　齊一・齊將封田嬰於薛
齊一・成侯鄒忌爲齊相

公孫鞅　鞅　商君　衛鞅
　秦一・衛鞅亡魏入秦
　秦三・蔡澤見逐於趙
　齊四・孟嘗君爲從
　齊五・蘇秦説齊閔王
　楚四・虞卿謂春申君
　魏一・魏公叔痤病
公孫綦　韓三・安邑之御史死
公孫龍　趙三・秦攻趙平原君請救於魏
公孫顯　秦二・秦惠王死公孫衍欲窮張儀
　韓一・宜陽之役
公輸般　宋衛・公輸般爲楚設機
公疇竪　韓三・韓珉相齊
公子牟夷　趙四・樓緩將使伏事辭行
公子無忌　見魏公子無忌
公甫文伯　趙三・秦攻趙於長平
太子丹　見燕太子丹
太子平　燕一・燕王噲既立
太子申　齊一・田忌爲齊將
　魏二・魏惠王起境内衆
　魏二・齊魏戰於馬陵
太子扁　韓二・襄陵之役
太子嗚　魏二・惠施爲韓魏交
太子顔　宋衛・智伯欲襲衛
太史敫　齊六・齊閔王之遇殺
尹　澤　趙一・知伯帥趙韓魏而伐范中行氏
巴　寧　魏一・魏公叔痤爲魏將
支　期　魏三・秦敗魏於華魏王且入朝於秦
文　子　見田文
文　張　趙四・樓緩將使伏事辭行
文信侯　見呂不韋
毋　澤　秦三・魏謂魏冉
牛　贊　趙二・王破原陽
王　斗　齊四・先生王斗造門而欲見齊宣王

王良　韓三・段干越人謂新城君
王陵　中山・昭王既息民繕兵
王賁　趙四・五國伐秦無功
王翦　趙四・秦使王翦攻趙
燕三・燕太子丹質於秦亡歸
王稽　秦三・范子因王稽入秦
秦三・秦攻邯鄲
秦三・蔡澤見逐於趙
王齕　中山・昭王既息民繕兵
王鍾　魏一・魏武侯與諸大夫浮於西河
王觭　趙一・秦王謂公子他
王孫賈　齊六・王孫賈年十五事閔王

五劃　世、主、代、冉、去、史、司、左、市、平、甘、田、申、白、皮、石

世鈞　趙四・秦召春平侯
主父　見武靈王
代王　燕一・張儀爲秦破從連横謂燕王
代王嘉　燕三・燕太子丹質於秦亡歸
冉子　楚四・虞卿謂春申君
去疾　燕二・蘇代自齊獻書於燕王
史舍　韓二・齊令周最使鄭
史疾　韓二・史疾爲韓使楚
史惕　韓二・公仲爲韓魏易地
史厭　史黶
東周・秦假道於周以伐韓
魏一・張儀欲并相秦魏
史舉　楚一・楚王問於范環
魏二・史舉非犀首於王
史鰌　燕一・蘇代謂燕昭王
司空狗　趙三・衛靈公近雍疸彌子瑕
司馬空　秦五・文信侯出走
司馬尚　趙四・秦使王翦攻趙
司馬悍　西周・謂齊王

司馬康　韓二・楚圍雍氏韓令冷向借救於秦
司馬淺　趙三・富丁欲以趙合齊魏
司馬翦　東周・周共太子死
司馬熹　中山・司馬熹使趙
　　中山・司馬熹三相中山
　　中山・陰姬與江姬爭爲后
司馬錯　秦一・司馬錯與張儀爭論於秦惠王前
司寇布　西周・司寇布爲周最謂周君
司馬子期　中山・中山君饗都士
司馬食其　魏四・客謂司馬食其
司馬穰苴　齊六・齊負郭之民有孤狐咺者
左　成　東周・周共太子死
　　秦一・張儀欲假秦兵以救魏
　　秦二・宜陽未得
左　尚　西周・謂齊王
左　爽　楚三・陳軫告楚之魏
左　華　魏一・張儀惡陳軫於魏王
左師公　見觸讋
市　被　燕一・燕王噲既立
市丘君　韓一・五國約而攻秦
平原君　見趙勝
平陽君　見趙豹
平都君　魏四・長平之役
平都侯　趙四・秦召春平侯
甘　茂　東周・秦攻宜陽
　　秦一・張儀欲假秦兵以救魏
　　秦一・張儀欲以漢中與楚
　　秦二・秦惠王死公孫衍欲窮張儀
　　秦二・秦武王謂甘茂
　　秦二・甘茂攻宜陽
　　秦二・宜陽未得
　　秦二・宜陽之役楚畔秦合於韓
　　秦二・秦王謂甘茂
　　秦二・甘茂亡秦且之齊

秦二・甘茂相秦
秦二・甘茂約秦魏而攻楚
楚一・楚王問於范環
楚二・魏相翟强死
楚三・楚王令昭雎之秦重張儀
趙一・甘茂爲秦約魏以攻韓宜陽
韓一・宜陽之役
韓一・秦圍宜陽
韓一・公仲以宜陽之故仇甘茂
韓一・韓公仲謂向壽
韓一・或謂公仲曰聽者聽國
韓二・楚圍雍氏五月
韓二・楚圍雍氏韓令冷向借救於秦
韓三・客卿爲韓謂秦王

甘　羅
秦五・文信侯欲攻趙以廣河間

田　文
文　文子　薛公　孟嘗　孟嘗君
東周・謂薛公
東周・謂周最曰魏王以國與先生
秦三・薛公爲魏謂魏冉
秦四・秦取楚漢中
秦四・薛公入魏而出齊女
秦四・秦昭王謂左右
齊一・靖郭君善齊貌辨
齊三・楚王死
齊三・孟嘗君將入秦
齊三・孟嘗君在薛
齊三・孟嘗君奉夏侯章
齊三・孟嘗君讌坐
齊三・孟嘗君舍人有與君之夫人相愛者
齊三・孟嘗君有舍人而弗悦
齊三・孟嘗君出行國至楚
齊四・齊人有馮諼者
齊四・孟嘗君爲從
齊四・魯仲連謂孟嘗

齊四・孟嘗君逐於齊而復反
楚四・長沙之難
趙一・趙王封孟嘗君以武城
趙三・魏因富丁且合於秦
趙四・齊欲攻宋
趙四・魏敗楚於陘山
魏二・犀首見梁君
魏二・蘇代爲田需説魏王
魏二・五國伐秦
魏三・秦將伐魏
燕二・蘇代爲奉陽君説燕於趙以伐齊

田伐　燕二・蘇代自齊獻書於燕王

田光　燕三・燕太子丹質於秦亡歸

田成　韓一・宣王謂摎留

田忌　齊一・成侯鄒忌爲齊相
齊一・田忌爲齊將
齊一・田忌亡齊而之楚

田侯　齊一・邯鄲之難
齊一・南梁之難
魏二・犀首田盼欲得齊魏之兵以伐趙

田盼　盼子
齊一・楚威王戰勝於徐州
齊六・濮上之事
魏二・犀首田盼欲得齊魏之兵以伐趙
魏二・魏惠王起境内衆

田苓　韓三・趙魏攻華陽

田章　秦二・徑山之事

田莘　秦一・田莘之爲陳軫説秦惠王

田單　安平君　都平君
秦三・范睢至秦
齊六・齊負郭之民有孤狐咺者
齊六・燕攻齊取七十餘城
齊六・燕攻齊齊破
齊六・貂勃常惡田單

齊六・田單將攻狄
趙二・秦攻趙
趙三・趙惠文王三十年
趙四・燕封宋人榮蚠爲高陽君
燕二・昌國君樂毅爲燕昭王合五國之兵
而攻齊

田晳
齊三・孟嘗君讌坐

田需
齊四・管燕得罪齊王
魏二・犀首見梁君
魏二・蘇代爲田需説魏王
魏二・魏文子田需周霄相善
魏二・田需貴於魏王
魏二・田需死

田駟
趙四・翟章從梁來

田嬰
嬰子　薛公　靖郭君
西周・薛公以齊爲韓魏攻楚
秦三・魏謂魏冉
齊一・楚威王戰勝於徐州
齊一・齊將封田嬰於薛
齊一・靖郭君將城薛
齊一・靖郭君謂齊王
齊一・靖郭君善齊貌辨
齊一・南梁之難
齊二・權之難齊燕戰
齊三・齊王夫人死
趙三・秦圍趙之邯鄲
魏一・齊魏約而伐楚
魏二・犀首見梁君
魏二・魏文子田需周霄相善
魏二・齊魏戰於馬陵
魏二・惠施爲韓魏交
魏二・田需死
韓二・謂公叔曰乘舟
中山・犀首立五王

田簡　中山・司馬憙三相中山
田駢　齊四・齊人見田駢
田繻　魏一・公孫衍爲魏將
田子方　齊三・孟嘗君讌坐
　魏一・魏文侯與田子方飲酒而稱樂
田臣思　齊一・南梁之難
　齊二・韓齊爲與國
申縛　秦四・或爲六國説秦王
　齊一・楚威王戰勝於徐州
申不害　申子
　韓一・魏之圍邯鄲
　韓一・申子請仕其從兄官
　韓一・大成午自趙來
　韓三・謂鄭王
白圭　白珪
　魏四・白珪謂新城君
　魏四・成陽君欲以韓魏聽秦
　燕二・蘇代爲奉陽君説燕於趙以伐齊
白起　公孫起　武安君
　西周・蘇厲謂周君
　秦三・謂魏冉曰和不成
　秦三・謂應侯曰君禽馬服乎
　秦三・蔡澤見逐於趙
　秦四・頃襄王二十年
　秦五・文信侯欲攻趙以廣河間
　趙一・秦王謂公子他
　趙三・平原君請馮忌
　中山・昭王既息民繕兵
皮相國　趙一・謂皮相國
　趙一・或謂皮相國
石禮　東周・周最謂石禮
石行秦　東周・石行秦謂大梁造

六劃　任、共、列、后、向、夷、如、安、州、行、戎、成、朱、汗、江、机、西

任　固　齊六・齊以淖君之亂
任　章　魏一・智伯索地於魏桓子
共太子　東周・周共太子死
列子圉寇　韓二・史疾爲韓使楚
后　勝　齊六・齊閔王之遇殺
向　子　齊六・齊負郭之民有孤狐咺者
向　公　東周・昭獻在陽翟
向　晉　韓三・韓氏逐向晉於周
向　壽　秦二・秦武王謂甘茂
　　　韓一・韓公仲謂向壽
夷維子　趙三・秦圍趙之邯鄲
如　耳　秦四・秦昭王謂左右
　　　趙二・秦攻趙
安平君　見田單
安成君　韓三・或謂韓公仲
安陵君　楚一・江乙説於安陵君
　　　魏三・魏將與齊攻韓
　　　魏四・魏攻管而不下
　　　魏四・秦王使人謂安陵君
州　侯　楚四・莊辛謂楚襄王
行　願　韓一・或謂公仲曰聽者聽國
戎　郭　趙四・三國攻秦趙攻中山
成　侯　見鄒忌
成　荆　韓二・韓傀相韓
成　恢　魏二・楚王攻梁南
　　　韓三・韓氏逐向晉於周
成陽君　秦三・五國罷成睪
　　　趙四・五國伐秦無功
　　　魏四・成陽君欲以韓魏聽秦
　　　韓三・韓珉相齊

朱己 魏三・魏將與秦攻韓
朱英 楚四・楚考烈王無子
朱倉 魏二・惠施爲韓魏交
朱嬰 魏二・五國伐秦
朱讙 燕二・蘇代爲奉陽君説燕於趙以伐齊
汗明 楚四・汗明見春申君
江一 江乙 江尹
楚一・荆宣王問群臣
楚一・昭奚恤與彭城君議於王前
楚一・江尹欲惡昭奚恤於楚王
楚一・江乙惡昭奚恤
楚一・江乙欲惡昭奚恤於楚
楚一・江乙説於安陵君
楚一・江乙爲魏使於楚
江姬 中山・陰姬與江姬争爲后
机郝 趙三・趙使机郝之秦
西門豹 魏一・西門豹爲鄴令

七劃

伯、冷、吴、吾、告、吕、宋、延、孝、希、旰、更、李、杜、芈、芒、足、辛

伯嬰 韓二・公叔且殺幾瑟
韓二・謂新城君曰
韓二・幾瑟亡之楚
韓二・楚令景鯉入韓
冷向 泠向
秦一・泠向謂秦王
趙一・甘茂爲秦約魏以攻韓宜陽
韓一・鄭彊載八百金入秦
韓二・楚圍雍氏韓令冷向借救於秦
韓二・冷向謂韓咎
韓二・楚令景鯉入韓
韓三・秦招楚而伐齊
吴起 秦三・蔡澤見逐於趙

齊五・蘇秦説齊閔王
齊六・燕攻齊取七十餘城
魏一・魏武侯與諸大夫浮於西河
魏一・魏公叔痤爲魏將

吴　慶　魏四・秦罷邯鄲

吾　得　西周・楚兵在山南

告　子　燕二・蘇代爲奉陽君説燕於趙以伐齊

吕　倉　東周・周相吕倉見客於周君
東周・周文君免士工師籍

吕　遼　趙一・或謂皮相國

吕　遺　趙三・苦成常謂建信君

吕　禮　東周・謂薛公
東周・齊聽祝弗
秦三・薛公爲魏謂魏冉

吕不韋　文信侯
秦五・濮陽人吕不韋賈於邯鄲
秦五・文信侯欲攻趙以廣河間
秦五・文信侯出走
楚四・楚考烈王無子
趙一・或謂皮相國
趙三・苦成常謂建信君
趙三・希寫見建信君
趙四・秦召春平侯

宋　突　趙三・趙使机郝之秦
趙四・三國攻秦趙攻中山

宋　郭　魏二・五國伐秦

宋　赫　韓二・公叔且殺幾瑟

宋康王　宋衛・宋康王之時有雀生鸇

延陵王　趙一・知伯帥趙韓魏而伐范中行氏

孝文王　秦三・蔡澤見逐於趙

希　卑　趙三・秦攻趙鼓鐸之音聞於北堂

希　寫　趙三・希寫見建信君

盱　夷　魏一・齊魏約而伐楚

更　嬴　楚四・天下合從

李向　齊二·權之難齊燕戰
李伯　趙三·齊人李伯見孝成王
李兑　奉陽君　説
　西周·秦攻魏將犀武軍於伊闕
　秦三·范睢至秦
　楚四·客説春申君
　趙一·蘇秦説李兑
　趙一·齊攻宋奉陽君不欲
　趙二·蘇秦從燕之趙始合從
　趙二·張儀爲秦連横説趙王
　趙三·魏因富丁且合於秦
　趙四·齊欲攻宋
　趙四·齊將攻宋而秦楚禁之
　趙四·五國伐秦無功
　趙四·秦召春平侯
　魏一·秦敗東周
　魏二·五國伐秦
　魏四·秦攻魏急
　燕一·奉陽君李兑甚不取於蘇秦
　燕二·蘇代爲奉陽君説燕於趙以伐齊
李牧　緼　武安君
　秦四·秦王欲見頓弱
　秦五·文信侯出走
　趙四·秦使王翦攻趙
李信　燕三·燕太子丹質於秦亡歸
李郝　魏四·芮宋欲絶秦魏之交
李疵　中山·主父欲伐中山
李從　魏一·陳軫爲秦使於齊
李園　楚四·楚考烈王無子
李讎　秦二·秦惠王死公孫衍欲窮張儀
杜聊　韓一·公仲以宜陽之故仇甘茂
杜赫　東周·杜赫欲重景翠於周
　齊一·田忌亡齊而之楚
　楚一·楚杜赫説楚王以取趙

楚三·五國伐秦
杜　摯　韓一·公仲以宜陽之故仇甘茂
　　　　秦三·秦攻邯鄲
芈　戎　辛戎
　　　　秦五·獻則謂公孫消
　　　　楚二·術視伐楚
　　　　楚四·長沙之難
　　　　韓二·幾瑟亡之楚
芒　卯　秦四·秦昭王謂左右
　　　　魏三·秦趙約而伐魏
　　　　魏三·芒卯謂秦王
　　　　魏三·秦敗魏於華走芒卯而圍大梁
足　强　韓三·韓陽役於三川而欲歸
辛　戎　見芈戎
辛垣衍　趙三·秦圍趙之邯鄲

八劃

函、卓、周、和、奉、孟、季、孤、宓、尚、屈、建、昌、易、服、房、於、東、武、法、泠、知、肥、芮、金、長

函冶氏　西周·司寇布爲周最謂周君
卓　滑　見淖滑
周　肖　魏四·周肖謂宫他
周　佼　韓三·或謂公仲
周　霄　魏二·魏文子田需周霄相善
周　啓　韓三·或謂公仲
周　紹　趙二·王立周紹爲傅
周　訢　魏三·秦敗魏於華魏王且入朝於秦
周　最　東周·周最謂石禮
　　　　東周·或謂周最謂金投
　　　　東周·周最謂金投
　　　　東周·謂薛公

東周・齊聽祝弗
東周・蘇厲爲周最謂蘇秦
東周・謂周最曰仇赫之相宋
東周・爲周最謂魏王
東周・謂周最曰魏王以國與先生
西周・秦攻魏將犀武軍於伊闕
西周・周君之秦
西周・司寇布爲周最謂周君
西周・秦欲攻周
西周・宮他謂周君
西周・謂齊王
秦四・楚使者景鯉在秦
趙三・魏因富丁且合於秦
魏二・五國伐秦
魏四・周冣善齊
魏四・周冣入齊
韓二・齊令周冣使鄭

周文君　東周・周文君免士工師藉
周烈王　趙三・秦圍趙之邯鄲
和　子　魏四・八年謂魏王
奉陽君　見李兑
孟　卯　西周・犀武敗於伊闕
孟　軻　燕一・燕王噲既立
孟　賁　賁
　　　　秦三・范雎至秦
　　　　齊五・蘇秦説齊閔王
　　　　楚三・唐且見春申君
　　　　趙三・鄭同北見趙王
　　　　韓一・張儀爲秦連横説韓王
　　　　韓二・韓傀相韓
　　　　燕二・蘇代爲奉陽君説燕於趙以伐齊
孟　嘗　見田文
孟嘗君　見田文
季　子　魏一・公孫衍爲魏將

季　梁　魏四・魏王欲攻邯鄲
孤狐咺　齊六・齊負郭之民有孤狐咺者
宓　戲　趙二・武靈王平晝閒居
尚　靳　韓二・楚圍雍氏五月
屈　署　楚四・長沙之難
屈　蓋　秦二・甘茂約秦魏而攻楚
建信君　趙一・謂皮相國
　趙三・建信君貴於趙
　趙三・或謂建信君之所以事王者
　趙三・苦成常謂建信君
　趙三・希寫見建信君
　趙三・魏魀謂建信君
　趙三・秦攻趙鼓鐸之音聞於北堂
　趙四・翟章從梁來
　趙四・客見趙王
　韓三・建信君輕韓熙
昌　他　東周・昌他亡西周
昌國君　見樂毅
易　王　燕一・燕文公時
服　子　趙四・馮忌請見趙王
房　喜　韓三・魏王爲九里之盟
於陵子仲　齊四・齊王使使者問趙威后
東門吴　秦三・應侯失韓之汝南
武安子　秦一・秦惠王謂寒泉子
武安君　見白起
武安君　見李牧
武安君　見蘇秦
武靈王　主父
　秦三・范雎至秦
　秦三・應侯曰鄭人謂玉未理者璞
　楚四・客説春申君
　趙一・蘇秦説李兑
　趙二・武靈王平晝閒居
　趙三・富丁欲以趙合齊魏

　　趙四・魏敗楚於陘山
　　中山・主父欲伐中山
法章　齊六・齊閔王之遇殺
泠向　見泠向
知伯　智伯　智氏　智伯瑶
　　西周・秦令樗里疾以車百乘入周
　　秦一・張儀説秦王
　　秦四・秦昭王謂左右
　　秦四・頃襄王二十年
　　秦五・謂秦王
　　齊五・蘇秦説齊閔王
　　趙一・知伯從韓魏兵以攻趙
　　趙一・知伯帥趙韓魏而伐范中行氏
　　趙一・晉畢陽之孫豫讓
　　魏一・智伯索地於魏桓子
　　魏三・魏將與秦攻韓
　　燕二・蘇代爲奉陽君説燕於趙以伐齊
　　宋衛・智伯欲伐衛
　　宋衛・智伯欲襲衛
知過　趙一・知伯帥趙韓魏而伐范中行氏
肥義　趙二・武靈王平晝閒居
芮宋　魏四・芮宋欲絶秦魏之交
金投　東周・或爲周最謂金投
　　東周・周最謂金投
長安君　趙四・趙太后新用事
長信侯　見嫪毐

九劃　信、南、段、哀、姚、宣、扁、春、昭、盼、紀、胡、苦、范、郊、負

信安君　魏二・秦召魏相信安君
信陵君　見魏公子無忌
南后　楚三・張儀之楚貧
南文子　宋衛・犀首伐黄
　　宋衛・智伯欲伐衛

宋衛・智伯欲襲衛
段　産　韓三・段産謂新城君
段　規　趙一・知伯帥趙韓魏而伐范中行氏
韓一・三晉已破智氏
段干木　齊三・孟嘗君讌坐
段干崇　段干子
魏三・華軍之戰
段干綸　齊一・邯鄲之難
段干越人　韓三・段干越人謂新城君
哀　侯　韓二・韓傀相韓
韓三・謂鄭王
姚　賈　秦五・四國爲一將以攻秦
趙四・趙使姚賈約韓魏
魏四・周冣入齊
宣　王　楚四・莊辛謂楚襄王
宣太后　見秦宣太后
扁　鵲　秦二・醫扁鵲見秦武王

韓三・或謂韓相國
春　申　見黃歇
春平侯　趙四・秦召春平侯
春申君　見黃歇
昭　王　楚一・威王問於莫敖子華
昭　忌　魏四・秦攻韓之管
昭　侯　韓一・申子請仕其從兄官
昭　衍　秦五・樓啎約秦魏
昭　魚　魏二・田需死
楚四・楚王后死
昭　常　楚二・楚襄王爲太子之時
昭　陽　昭楊　昭子
秦一・陳軫去楚之秦
齊一・靖郭君善齊貌辨
齊二・昭陽爲楚伐魏
楚一・五國約以伐齊
楚三・五國伐秦

昭　雎　韓二・襄陵之役
楚一・張儀相秦
楚二・齊秦約攻楚
楚二・術視伐楚
楚二・四國伐楚
楚三・楚王令昭雎之秦重張儀
昭　鼠　楚二・術視伐楚
昭　蓋　楚四・長沙之難
昭　翦　東周・昭翦與東周惡
昭　應　西周・雍氏之役
趙四・魏敗楚於陘山
昭　獻　東周・昭獻在陽翟
韓一・楚昭獻相韓
韓一・鄭彊載八百金入秦
韓二・楚圍雍氏韓令冷向借救於秦
昭奚恤　楚一・荊宣王問群臣
楚一・昭奚恤與彭城君議於王前
楚一・邯鄲之難
楚一・江尹欲惡昭奚恤於楚王
楚一・魏氏惡昭奚恤於楚王
楚一・江乙惡昭奚恤
楚一・江乙欲惡昭奚恤於楚
楚一・郢人有獄三年不決
昭釐侯　韓三・謂鄭王
盼　子　見田盼
紀　姬　趙四・客見趙王
胡　衍　韓二・胡衍之出幾瑟於楚
宋衛・秦攻衛之蒲
苦成常　趙三・苦成常謂建信君
范　子　見范雎
范　氏　秦四・秦昭王謂左右
秦五・謂秦王
齊五・蘇秦説齊閔王
趙一・知伯帥趙韓魏而伐范中行氏

趙一・晉畢陽之孫豫讓
范座　趙四・虞卿請趙王
范睢　范子　應侯
秦三・范子因王稽入秦
秦三・范睢至秦
秦三・應侯謂昭王
秦三・秦攻韓圍陘
秦三・應侯曰鄭人謂玉未理者璞
秦三・天下之士合從相聚於趙
秦三・謂應侯曰君禽馬服乎
秦三・應侯失韓之汝南
秦三・秦攻邯鄲
秦三・蔡澤見逐於趙
秦五・文信侯欲攻趙以廣河間
趙一・秦王謂公子他
趙三・平原君謂平陽君
趙三・秦趙戰於長平
魏三・秦敗魏於華魏王且入朝於秦
中山・昭王既息民繕兵
范環　楚一・楚王問於范環
郊師　齊一・靖國君善齊貌辨
負蒭　秦四・薛公入魏而出齊女

十劃　倪、剛、荊、城、夏、孫、宮、展、唐、徐、挐、晉、晏、栗、桓、涇、殷、祝、秦、紛、起、郗、郢、馬、高

倪侯　宋衛・宋康王之時有雀生䲶
剛成君　見蔡澤
荊王　楚四・有獻不死之藥於荊王者
荊敢　趙一・腹擊爲室而鉅
荊慶　趙三・鄭同北見趙王
荊軻　燕三・燕太子丹質於秦亡歸
荊宣王　楚一・荊宣王問群臣

城　渾　楚一・城渾出周
夏　侯　楚四・莊辛謂楚襄王
夏無且　燕三・燕太子丹質於秦亡歸
夏侯章　齊三・孟嘗君奉夏侯章
孫　臣　魏三・華軍之戰
孫　臏　孫子
　　　　齊一・田忌爲齊將
　　　　齊六・燕攻齊取七十餘城
　　　　楚四・客説春申君
　　　　魏二・魏惠王起境内衆
宫　他　西周・宫他謂周君
　　　　魏四・周肖謂宫他
　　　　燕一・宫他爲燕使魏
展　子　東周・周共太子死
唐　且　楚三・唐且見春申君
　　　　魏四・秦魏爲與國
　　　　魏四・信陵君殺晉鄙
　　　　魏四・秦王使人謂安陵君
唐　明　趙四・魏敗楚於陘山
唐　客　韓三・公仲使韓珉之秦求武隧
唐　雎　秦三・天下之士合從相聚於趙
徐　子　齊六・貂勃常惡田單
　　　　宋衛・魏太子自將過宋外黄
徐　公　齊一・鄒忌脩八尺有餘
徐夫人　燕三・燕太子丹質於秦亡歸
挐　薄　宋衛・衛嗣君病
晉　鄙　齊三・國子曰秦破馬服君之師
　　　　趙三・秦圍趙之邯鄲
　　　　魏四・信陵君殺晉鄙
晏　首　齊一・鄒忌事宣王
栗　腹　燕三・燕王喜使栗腹以百金爲趙孝成王壽
桓　臧　楚二・四國伐楚
　　　　楚三・楚王令昭雎之秦重張儀

桓齮　趙四・秦使王翦攻趙
涇陽　秦三・范雎至秦
涇陽君　趙四・秦攻魏取寧邑
　魏一・蘇秦拘於魏
　燕一・初蘇秦弟厲因燕質子而求見齊王
　燕一・齊伐宋宋急
殷順且　秦五・樓許約秦魏
　宋衛・衛嗣君病
祝弗　東周・謂薛公
　東周・齊聽祝弗
秦孝公　孝公
　秦一・衛鞅亡魏入秦
　秦三・蔡澤見逐於趙
　楚四・虞卿謂春申君
　魏一・魏公叔痤病
秦始皇　秦三・蔡澤見逐於趙
　楚四・楚考烈王無子

秦武王　秦二・醫扁鵲見秦武王
　秦二・秦武王謂甘茂
　齊二・張儀事秦惠王
　楚三・楚王令昭雎之秦重張儀
　韓一・或謂公仲曰聽者聽國
秦武陽　燕三・燕太子丹質於秦亡歸
秦昭王　昭王
　秦三・范子因王稽入秦
　秦三・范雎至秦
　秦三・應侯謂昭王
　秦三・秦攻韓圍陘
　秦三・應侯失韓之汝南
　秦三・蔡澤見逐於趙
　秦四・秦昭王謂左右
　秦四・頃襄王二十年
　趙三・秦圍趙之邯鄲
　中山・昭王既息民繕兵

秦惠王　惠王
秦一・衛鞅亡魏入秦
秦一・蘇秦始將連橫
秦一・秦惠王謂寒泉子
秦一・司馬錯與張儀爭論於秦惠王前
秦一・田莘之爲陳軫説秦惠王
秦二・齊助楚攻秦
秦二・秦惠王死公孫衍欲窮張儀
齊二・張儀事秦惠王
楚一・楚王問於范環
楚三・楚王令昭雎之秦重張儀
楚四・虞卿謂春申君
韓一・或謂公仲曰聽者聽國
燕一・燕文公時
秦宣太后　宣太后　秦太后
秦二・秦宣太后愛魏醜夫
秦三・五國罷成睪

魏四・芮宋欲絶秦趙之交
韓二・楚圍雍氏五月
紛　强　秦五・樓許約秦魏
起　賈　趙四・齊欲攻宋
郗　疵　趙一・知伯從韓魏兵以攻趙
郢威王　見楚威王
馬服君　見趙奢
高陵君　高陵
秦三・范雎至秦
燕一・齊伐宋宋急
高陽君　見榮蚠
高漸離　燕三・燕太子丹質於秦亡歸

十一劃　商、國、常、庸、張、悼、教、望、梧、淖、淳、畢、異、盛、章、莊、術、許、郭、陰、陳、頃

商　君　見公孫鞅

國子　齊三・國子曰秦破馬服君之師
國地君　趙一・張孟談既固趙宗
常莊談　中山・魏文侯欲殘中山
庸芮　秦二・秦宣太后愛魏醜夫
張子　見張儀
張丐　齊一・南梁之難
齊一・楚將伐齊
張丑　齊一・楚威王戰勝於徐州
魏一・張儀走之魏
魏二・齊魏戰於馬陵
韓三・張丑之合齊楚講於魏
燕三・張丑爲質於燕
中山・犀首立五王
張倚　魏三・秦趙約而伐魏
張唐　秦五・文信侯欲攻趙以廣河間
張旄　楚二・楚王將出張子
魏四・魏王問張旄
張登　韓三・張登請費緤
中山・犀首立五王
中山・中山與燕趙爲王
張翠　韓二・楚圍雍氏五月
張儀　張子　張子儀
秦一・秦惠王謂寒泉子
秦一・張儀説秦王
秦一・張儀欲假秦兵以救魏
秦一・司馬錯與張儀争論於秦王前
秦一・張儀之殘樗里疾
秦一・張儀欲以漢中與楚
秦一・楚攻魏張儀謂秦王
秦一・田莘之爲陳軫説秦惠王
秦一・張儀又惡陳軫於秦王
秦一・陳軫去楚之秦
秦二・齊助楚攻秦
秦二・秦惠王死公孫衍欲窮張儀

秦二・秦武王謂甘茂
秦三・魏謂魏冉
秦三・秦攻韓圍陘
齊一・張儀爲秦連横齊王
齊二・韓齊爲與國
齊二・張儀事秦惠王
齊二・犀首以梁爲齊戰於承匡而不勝
楚一・楚王問於范環
楚一・張儀爲秦破從連横
楚一・張儀相秦
楚二・楚懷王拘張儀
楚二・楚王將出張子
楚三・楚王逐張儀於魏
楚三・張儀之楚貧
楚三・楚王令昭雎之秦重張儀
楚三・張儀逐惠施於魏
楚三・陳軫告楚之魏
趙二・張儀爲秦連横説趙王
魏一・張儀爲秦連横説魏王
魏一・張儀惡陳軫於魏王
魏一・張儀欲窮陳軫
魏一・張儀走之魏
魏一・張儀欲以魏合於秦韓
魏一・張子儀以秦相魏
魏一・張儀欲并相秦魏
魏一・魏王將相張儀
魏一・楚許魏六城
魏一・張儀告公仲
魏二・史舉非犀首於王
魏二・田需死
魏三・魏太子在楚
魏四・周冣善齊
韓一・張儀爲秦連横説韓王
韓一・宣王謂摎留

韓一・張儀謂齊王
韓一・鄭彊之走張儀於秦
韓一・秦韓戰於濁澤
韓二・楚圍雍氏韓令冷向借救於秦
韓三・客卿爲韓謂秦王
燕一・張儀爲秦破從連横謂燕王
燕二・蘇代爲奉陽君説燕於趙以伐齊
張　勲　趙四・趙使趙莊合從
張子儀　見張儀
張孟談　秦一・張儀説秦王
趙一・知伯帥趙韓魏而伐范中行氏
趙一・張孟談既固趙宗
燕二・蘇代爲奉陽君説燕於趙以伐齊
燕二・燕饑趙將伐之
張相國　趙三・説張相國
悼　王　秦三・蔡澤見逐於趙
教子欬　趙三・魏因富丁且合於秦

望　諸　燕二・蘇代爲奉陽君説燕於趙以伐齊
望諸君　見樂毅
梧下先生　宋衛・衛使客事魏
淖　君　齊六・齊以淖君之亂
淖　滑　卓滑
楚一・楚王問於范環
楚四・齊明説卓滑以伐秦
趙三・齊破燕趙欲存之
淖　齒　秦三・范雎至秦
齊六・齊負郭之民有孤狐咺者
齊六・王孫賈年十五事閔王
齊六・燕攻齊齊破
楚四・客説春申君
淳于髡　齊三・孟嘗君在薛
齊三・淳于髡一日而見七人於宣王
齊三・齊欲伐魏
魏三・齊欲伐魏

畢長　燕二·蘇代爲燕説齊
　　　韓二·襄陵之役
畢陽　趙一·晉畢陽之孫豫讓
異人　見莊襄王
盛橋　秦四·頃襄王二十年
章子　齊一·秦假道韓魏以攻齊
　　　齊六·濮上之事
　　　趙四·三國攻秦趙攻中山
　　　燕一·燕王噲既立
莊辛　陽陵君
　　　楚四·莊辛謂楚襄王
莊襄王　異人　莊王　子楚　楚
　　　秦三·蔡澤見逐於趙
　　　秦四·頃襄王二十年
　　　秦五·濮陽人呂不韋賈於邯鄲
術視　楚二·術視伐楚
許公　東周·昭獻在陽翟
許異　韓三·謂鄭王
許綰　魏三·秦敗魏於華魏王且入朝於秦
郭任　燕一·權之難燕再戰不勝
郭開　趙四·秦使王翦攻趙
郭隗　燕一·燕昭王收破燕後即位
郭遺　秦五·文信侯出走
陰姬　中山·陰姬與姜姬爭爲后
陰簡　中山·司馬熹三相中山
陳毛　秦四·或爲六國説秦王
陳封　東周·昭獻在陽翟
陳莊　秦一·司馬錯與張儀爭論於秦惠王前
陳軫　秦一·田莘之爲陳軫説秦惠王
　　　秦一·張儀又惡陳軫於秦王
　　　秦一·陳軫去楚之秦
　　　秦二·齊助楚攻秦
　　　秦二·楚絶齊齊舉兵伐楚
　　　秦二·義渠君之魏

齊一・秦伐魏
齊二・昭陽爲楚伐魏
楚一・楚杜赫説楚王以取趙
楚一・張儀相秦
楚三・楚王逐張儀於魏
楚三・陳軫告楚之魏
楚三・秦伐宜陽
魏一・陳軫爲秦使於齊
魏一・張儀惡陳軫於魏王
魏一・張儀欲窮陳軫
韓一・秦攻陘
韓一・秦韓戰於濁澤
韓三・秦招楚而伐齊

陳　馳　齊六・齊王建入朝於秦

陳　翠　燕二・陳翠合齊燕

陳　應　魏一・張儀欲窮陳軫

陳　舉　齊六・齊負郭之民有孤狐咺者

陳臣思　東周・秦興師臨周而求九鼎

頃襄王　見楚襄王

十二劃　富、寒、幾、强、彭、復、惠、智、景、勝、椒、游、犀、舒、華、費、貂、陽、都、順、須、鹿、馮、黃

富　丁　趙三・富丁欲以趙合齊魏

富　術　宋衛・衛嗣君病

富　摯　楚四・或謂楚王

寒泉子　秦一・秦惠王謂寒泉子

幾　瑟　韓一・鄭彊載八百金入秦
韓二・韓公叔與幾瑟爭國鄭强爲楚王使於韓
韓二・韓公叔與幾瑟爭國中庶子强謂太子
韓二・齊明謂公叔

韓二・公叔將殺幾瑟
韓二・公叔且殺幾瑟
韓二・謂新城君曰
韓二・胡衍之出幾瑟於楚
韓二・幾瑟亡之楚
韓二・冷向謂韓咎
韓二・楚令景鯉入韓
强國　趙一・甘茂爲秦約魏以攻韓宜陽
彭城君　楚一・昭奚恤與彭城君議於王前
復丑　趙四・爲齊獻書趙王
復塗偵　趙三・衛靈公近雍疸彌子瑕
惠子　見惠施
惠公　見惠施
惠王　秦三・秦客卿造謂穰侯
燕二・昌國君樂毅爲燕昭王合五國之兵而攻齊
惠施　惠公　惠子
楚三・張儀逐惠施於魏
楚三・五國伐秦
趙三・齊破燕趙欲存之
魏一・張儀欲以魏合於秦韓
魏二・魏惠王死
魏二・魏王令惠施之楚
魏二・齊魏戰於馬陵
魏三・惠施爲韓魏交
魏二・田需貴於魏王
智氏　見知伯
智伯瑶　見知伯
景舍　楚一・邯鄲之難
景陽　燕三・齊韓魏共攻燕
景翠　東周・秦攻宜陽
東周・杜赫欲重景翠於周
楚二・齊秦約攻楚
景鯉　秦四・楚使者景鯉在秦

秦四・楚王使景鯉如秦
齊三・楚王死
楚二・齊秦約攻楚
楚二・楚襄王爲太子之時
韓一・韓公仲相
韓二・楚令景鯉入韓
勝瞀　齊三・孟嘗君讌坐
椒亦　齊四・魯仲連謂孟嘗
游騰　西周・秦令樗里疾以車百乘入周
楚二・秦敗楚漢中
韓一・秦圍宜陽
犀武　西周・秦攻魏將犀武軍於伊闕
西周・蘇厲謂周君
西周・犀武敗於伊闕
西周・犀武敗
魏一・秦敗東周
犀首　見公孫衍

犀首　宋衛・犀首伐黄
中山・犀首立五王
舒祺　趙四・趙太后新用事
華陽　秦三・范睢至秦
秦三・應侯謂昭王
華陽太后　秦五・濮陽人呂不韋賈於邯鄲
費緤　韓三・張登請費緤
貂勃　齊六・貂勃常惡田單
陽向　韓二・公叔使馮君於秦
陽堅　韓三・謂鄭王
陽豎　東周・嚴氏爲賊
陽得子　齊四・魯仲連謂孟嘗
陽泉君　秦五・濮陽人呂不韋賈於邯鄲
陽城君　趙一・秦王謂公子他
陽陵君　見莊辛
都平君　見田單
順子　秦二・徑山之事

須賈　魏三・秦敗魏於華走芒卯而圍大梁
鹿毛壽　燕一・燕王噲既立
馮且　東周・昌他亡西周
馮君　韓二・公叔使馮君於秦
馮忌　趙三・平原君請馮忌
　趙四・馮忌爲盧陵君謂趙王
　趙四・馮忌請見趙王
馮亭　趙一・秦王謂公子他
馮郝　楚三・張儀逐惠施於魏
馮章　秦二・宜陽之役馮章謂秦王
馮喜　齊二・張儀事秦惠王
馮諼　齊四・齊人有馮諼者
黄齊　楚四・或謂黄齊
黄歇　春申君
　秦四・頃襄王二十年
　楚三・唐且見春申君
　楚四・客説春申君
　楚四・天下合從
　楚四・汗明見春申君
　楚四・楚考烈王無子
　楚四・虞卿謂春申君
　趙一・謂皮相國
　魏四・八年謂魏王
　韓一・或謂魏王王儆四强之内
　韓一・觀鞅謂春申

十三劃　廉、愼、新、楊、楚、義、腹、葉、董、虞、蜀、達、鄒、雍、靖、靳、頓、睪

廉頗　趙三・秦攻趙藺離石祁拔
　燕三・燕王喜使栗腹以百金爲趙孝成王壽
愼子　楚二・楚襄王爲太子之時
新城公　楚一・城渾出周

新城君　魏四・白珪謂新城君
韓二・謂新城君曰
韓三・段産謂新城君
韓三・段干越人謂新城君
楊　達　韓一・宜陽之役
楚威王　威王　郢威王
秦一・楚攻魏張儀謂秦王
秦四・或爲六國説秦王
齊一・楚威王戰勝於徐州
楚一・蘇秦爲趙合從説楚威王
楚一・威王問於莫敖子華
韓二・楚圍雍氏韓令冷向借救於秦
楚幽王　楚四・楚考烈王無子
楚襄王　頃襄王
秦四・頃襄王二十年
楚二・楚襄王爲太子之時
楚四・莊辛謂楚襄王
楚懷王　懷王
楚二・楚懷王拘張儀
楚二・楚襄王爲太子之時
楚太子横　楚四・長沙之難
楚考烈王　考烈王
楚四・楚考烈王無子
義渠君　秦二・義渠君之魏
腹　擊　趙一・腹擊爲室而鉅
葉陽子　齊四・齊王使使者問趙威后
葉陽君　趙四・秦攻魏取寧邑
魏三・葉陽君約魏
董　慶　魏一・齊魏約而伐楚
董閼安于　趙一・知伯帥趙韓魏而伐范中行氏
虞　商　趙四・齊欲攻宋
虞　卿　楚四・虞卿謂春申君
趙三・魏使人因平原君請從於趙
趙三・秦攻趙於長平

趙三・秦攻趙平原君使人請救於魏
趙三・秦趙戰於長平
趙四・虞卿請趙王
趙四・馮忌爲盧陵君謂趙王
蜀　子　燕二・蘇代爲奉陽君説燕於趙以伐齊
達　子　齊六・齊負郭之民有孤狐咺者
鄒　忌　鄒子　成侯
齊一・邯鄲之難
齊一・成侯鄒忌爲齊相
齊一・田忌爲齊將
齊一・田忌亡齊而之楚
齊一・鄒忌事宣王
齊一・鄒忌脩八尺有餘
鄒　衍　燕一・燕昭王收破燕後即位
雍　沮　魏一・張子儀以秦相魏
雍　疽　趙三・衛靈公近雍疽彌子瑕
雍門司馬　齊六・齊王建入朝於秦
靖郭君　見田嬰
靳　尚　楚二・楚懷王拘張儀
楚二・楚王將出張子
靳　黈　趙一・秦王謂公子他
頓　弱　秦四・秦王欲見頓弱
睪　子　魏三・秦敗魏於華走芒卯而圍大梁

十四劃　壽、嫪、摎、榮、臧、管、綦、翟、蒙、趙、鄢、齊

壽陵君　楚四・莊辛謂楚襄王
嫪　毐　長信侯
楚四・楚考烈王無子
魏三・秦敗魏於華魏王且入朝於秦
魏四・秦攻魏急
摎　留　韓一・宣王謂摎留
榮　蚠　趙四・燕封宋人榮蚠爲高陽君
臧　子　宋衛・齊攻宋宋使臧子索救於荊

管莊子　秦二・楚絶齊齊舉兵伐楚
管　燕　齊四・管燕得罪齊王
管　鼻　魏四・管鼻之令翟强與秦事
綦母恢　西周・犀武敗於伊闕
　　　　楚一・張儀相秦
　　　　魏一・魏令公孫衍請和於秦
　　　　韓二・韓咎立爲君而未定
翟　强　楚二・魏相翟强死
　　　　魏三・魏太子在楚
　　　　魏四・管鼻之令翟强與秦事
　　　　魏四・周冣善齊
翟　章　趙四・翟章從梁來
蒙　傲　秦三・應侯失韓之汝南
蒙　嘉　燕三・燕太子丹質於秦亡歸
趙　文　趙二・武靈王平晝閒居
趙　利　趙一・魏文侯借道於趙攻中山
趙　足　燕二・蘇代爲奉陽君説燕於趙以伐齊

趙　卓　韓一・魏之圍邯鄲
趙　恢　燕二・燕饑趙將伐之
趙　禹　趙一・秦王謂公子他
趙　郝　趙三・秦攻趙於長平
趙　敖　韓三・建信君輕韓熙
趙　豹　平陽君
　　　　趙一・秦王謂公子他
　　　　趙三・平原君謂平陽君
　　　　趙三・秦趙戰於長平
　　　　趙四・秦攻魏取寧邑
趙　造　趙二・武靈王平晝閒居
趙　奢　馬服君　馬　服
　　　　秦三・謂應侯曰君禽馬服乎
　　　　齊三・國子曰秦破馬服君之師
　　　　趙二・秦攻趙
　　　　趙三・趙惠文王三十年
　　　　趙三・秦攻趙藺離石祁拔

趙三・平原君請馮忌
趙三・建信君貴於趙
趙四・燕封宋人榮蚠爲高陽君
趙　累　東周・秦攻宜陽
趙　莊　趙四・趙使趙莊合從
趙　勝　平原君
秦三・應侯曰鄭人謂玉未理者璞
趙一・秦王謂公子他
趙三・魏使人因平原君請從於趙
趙三・平原君請馮忌
趙三・平原君謂平陽君
趙三・秦攻趙平原君使人求救於魏
趙三・秦圍趙之邯鄲
趙四・燕封宋人榮蚠爲高陽君
趙四・秦攻魏取寧邑
韓三・或謂韓相國
中山・昭王既息民繕兵
趙　葱　趙四・秦使王翦攻趙
趙　葭　趙一・知伯帥趙韓魏而伐范中行氏
趙　燕　趙二・趙燕後胡服
趙　獻　魏一・張儀欲并相秦魏
趙太卜　東周・趙取周之祭地
趙太后　見趙威后
趙王遷　趙四・秦使王翦攻趙
趙威后　趙太后
齊四・齊王使使者問趙威后
趙四・趙太后新用事
趙襄主　襄　主　趙襄子　襄　子
秦一・張儀説秦王
秦四・秦昭王謂左右
趙一・知伯帥趙韓魏而伐范中行氏
趙一・張孟談既固趙宗
趙一・晉畢陽之孫豫讓
趙二・武靈王平晝閒居

趙二・王破原陽
魏四・魏攻管而不下
韓二・錡宣之教韓王取秦
中山・魏文侯欲殘中山

趙孝成王　孝成王
趙三・齊人李伯見孝成王
燕三・燕王喜使栗腹以百金爲趙孝成王壽

趙惠文王　惠王
趙三・趙惠文王三十年
燕二・趙且伐燕

鄢陵君　楚四・莊辛謂楚襄王

齊　明　東周・東周與西周爭
齊六・齊以淖君之亂
楚四・齊明説卓滑以伐秦
趙四・趙使趙莊合從
韓二・齊明謂公叔

齊太公　西周・司寇布爲周最謂周君
秦四・或爲六國説秦王

齊王建　齊六・齊負郭之民有孤狐咺者
齊六・齊閔王之遇殺
齊六・齊王建入朝於秦

齊宣王　齊一・鄒忌事宣王
齊三・淳于髡一日而見七人於宣王
齊四・齊宣王見顏斶
齊四・先生王斗造門而欲見齊宣王
趙二・秦攻趙
燕一・燕文公時
燕一・燕王噲既立

齊威王　齊一・鄒忌脩八尺有餘
齊一・秦假道韓魏以攻齊
趙二・秦攻趙
趙三・秦圍趙之邯鄲

齊湣王　齊閔王　閔王

秦三・范雎至秦
齊五・蘇秦説齊閔王
齊六・齊負郭之民有孤狐咺者
齊六・王孫賈年十五事閔王
齊六・燕攻齊齊破
齊六・齊閔王之遇殺
趙三・秦圍趙之邯鄲
楚四・客説春申君
燕一・燕昭王收破燕後即位
燕一・齊伐宋宋急
燕二・蘇代自齊使人謂燕昭王
齊貌辨　齊一・靖郭君善齊貌辨

十五劃　劇、墨、嬰、慶、樂、樊、樓、樗、蔡、鄭、監、緤、靚、諒、魯

劇　辛　燕一・燕昭王收破燕後即位
墨　翟　墨子
宋衛・公輸般爲楚設機
齊六・燕攻齊取七十餘城
嬰　子　見田嬰
慶　秦　燕三・燕王喜使栗腹以百金爲趙孝成王壽
樂　羊　秦二・秦武王謂甘茂
魏一・樂羊爲魏將而攻中山
中山・樂羊爲魏將
樂　祚　魏一・魏公叔痤爲魏將
樂　乘　燕三・燕王喜使栗腹以百金爲趙孝成王壽
樂　間　燕三・燕王喜使栗腹以百金爲趙孝成王壽
樂　毅　昌國君　望諸君
趙三・齊破燕趙欲存之
齊六・齊負郭之民有孤狐咺者

燕一・燕昭王收破燕後即位
燕二・蘇代自齊使人謂燕昭王
燕二・昌國君樂毅爲燕昭王合五國之兵而攻齊
燕三・燕王喜使栗腹以百金爲趙孝成王壽

樊餘　西周・韓魏易地

樊於期　燕三・燕太子丹質於秦亡歸

樓公　魏三・秦敗魏於華魏王且入朝於秦

樓昌　趙三・秦趙戰於長平

樓許　秦五・樓許約秦魏

樓梧　魏四・樓梧約秦魏

樓鼻　樓子
魏三・魏太子在楚
韓一・秦圍宜陽

樓緩　秦四・三國攻秦入函谷
齊二・秦攻趙
趙三・趙使机郝之秦
趙三・富丁欲以趙合齊魏
趙三・秦攻趙於長平
趙四・樓緩將使伏事辭行
趙四・魏敗楚於陘山
魏四・魏秦伐楚
韓一・秦圍宜陽

樗里疾　樗里子
西周・秦令樗里疾以車百乘入周
秦一・張儀之殘樗里疾
秦二・秦惠王死公孫衍欲窮張儀
秦二・秦武王謂甘茂
秦二・甘茂攻宜陽
秦二・宜陽未得
楚二・魏相翟强死
楚四・齊明説卓滑以伐秦
趙一・甘茂爲秦約魏以攻韓宜陽

魏二・秦楚攻魏圍皮氏
魏三・魏太子在楚
韓一・公仲以宜陽之故仇甘茂
韓三・客卿爲韓謂秦王
宋衛・秦攻衛之蒲

蔡　澤　秦三・蔡澤見逐於趙
秦五・文信侯欲攻趙以廣河間

蔡聖侯　楚四・莊辛謂楚襄王

鄭　申　楚一・韓公叔有齊魏

鄭　同　趙三・鄭同北見趙王

鄭　朱　趙三・秦攻趙藺離石祁拔
趙三・秦趙戰於長平

鄭　强　見鄭彊

鄭　朝　東周・趙取周之祭地

鄭　褏　楚二・楚懷王拘張儀
楚三・張儀之楚貧
楚四・魏王遺楚王美人

鄭　彊　魏一・張儀欲窮陳軫
韓一・鄭彊載八百金入秦
韓一・鄭彊之走張儀於秦
韓二・韓公叔與幾瑟争國鄭强(彊)爲楚王使於韓

鄭安平　秦三・蔡澤見逐於趙

監　止　韓一・宣王謂摎留

緤　錯　宋衛・衛嗣君病

覩師贊　魏一・樂羊爲魏將而攻中山

諒　毅　趙四・秦攻魏取寧邑

魯仲連　魯仲子　魯連
齊三・孟嘗君有舍人而弗悦
齊四・魯仲連謂孟嘗
齊六・燕攻齊取七十餘城
齊六・田單將攻狄
趙三・秦圍趙之邯鄲

十六劃　噲、橫、燕、盧、衛、豫、錡、鮑、龍

噲子　見燕王噲
橫門君　秦一・田莘之爲陳軫説秦惠王
燕后　趙四・趙太后新用事
燕文公　文公
　燕一・權之難燕再戰不勝
　燕一・燕文公時
燕文侯　燕一・蘇秦將爲從北説燕文侯
燕王喜　燕三・燕王喜使栗腹以百金爲趙孝成王壽
　燕三・燕太子丹質於秦亡歸
燕王噲　子噲　噲子
　齊二・韓齊爲與國
　燕一・權之難燕再戰不勝
　燕一・蘇秦死其弟蘇代欲繼之
　燕一・燕王噲既立
　燕一・初蘇秦弟厲因燕質子而求見齊王
燕昭王　燕一・燕王噲既立
　燕一・初蘇秦弟厲因燕質子而求見齊王
　燕一・燕昭王收破燕後即位
　燕一・齊伐宋宋急
　燕一・蘇代謂燕昭王
　燕二・秦召燕王
　燕二・蘇代爲奉陽君説燕於趙以伐齊
　燕二・蘇代自齊使人謂燕昭王
　燕二・燕昭王且與天下伐齊
　燕二・昌國君樂毅爲燕昭王合五國之兵而攻齊
燕太子丹　太子丹
　秦三・蔡澤見逐於趙
　秦五・文信侯欲攻趙以廣河間
　燕三・燕太子丹質於秦亡歸

盧陵君　趙四・馮忌爲盧陵君謂趙王
衛　姬　齊一・靖郭君善齊貌辨
衛　鞅　見公孫鞅
衛胡易　趙三・秦攻趙藺離石祁拔
衛嗣君　見公孫氏
衛靈公　趙三・衛靈公近雍疸彌子瑕
豫　讓　趙一・晉畢陽之孫豫讓
錡　宣　韓二・錡宣之教韓王取秦
鮑　佞　趙二・秦攻趙
龍陽君　魏四・魏王與龍陽君共船而釣

十七劃　嬰、彌、應、營、縮、繁、臨、舉、薛、襄、鍾、韓

嬰　子　見田嬰
彌子瑕　趙三・衛靈公近雍疸彌子瑕
應　侯　見范雎
營　淺　秦四・楚魏戰於陘山
縮　高　魏四・魏攻管而不下
繁　菁　齊三・孟嘗君奉夏侯章
臨武君　楚四・天下合從
舉　茅　趙四・趙使姚賈約韓魏
薛　公　見田文
薛　公　見田嬰
襄　子　見趙襄主
襄　主　見趙襄主
襄安君　趙四・齊將攻宋而秦楚禁之
鍾離子　齊四・齊王使使者問趙威后
韓　他　趙四・五國伐秦無功
韓　向　趙四・翟章從梁來
韓　辰　韓三・韓相公仲珉使韓侈之秦
韓　臣　韓二・公叔使馮君於秦
韓　侈　見公中
韓　珉　見公仲珉
韓　咎　公子咎

韓　非　東周・周共太子死
趙三・秦攻趙藺離石祁拔
韓二・胡衍之出幾瑟於楚
韓二・冷向謂韓咎
韓二・韓咎立爲君而未定
秦五・四國爲一將以攻秦
韓　朋　韓一・張儀謂齊王
韓　春　秦四・薛公入魏而出齊女
韓　珉　見公仲珉
韓　爲　燕二・蘇代爲奉陽君說燕於趙以伐齊
韓　倉　秦五・文信侯出走
韓　徐　趙四・齊欲攻宋
韓　陽　趙一・秦王謂公子他
韓三・韓陽役於三川而欲歸
韓　熙　韓三・建信君輕韓熙
韓　傀　魏四・秦王使人謂安陵君
韓二・韓傀相韓
韓　慶　西周・薛公以齊爲韓魏攻楚
韓　晁　韓一・魏之圍邯鄲
韓　餘　魏二・五國伐秦
韓　擾　韓二・齊令周最使鄭
韓　獻　燕一・燕文公時
韓公仲　見公仲
韓公叔　見公叔
韓康子　秦四・秦昭王謂左右
趙一・知伯帥趙韓魏而伐范中行氏

十八劃　儲、聶、藍、贅、鞫、顔、騎、魏

儲　子　燕一・燕王噲既立
聶　政　魏四・秦王使人謂安陵君
韓二・韓傀相韓
韓三・謂鄭王
藍諸君　中山・中山與燕趙爲王
贅　子　齊六・濮上之事

鞠武　燕三·燕太子丹質於秦亡歸
顏最　趙四·秦使王翦攻趙
顏率　東周·秦興師臨周而求九鼎
　　韓一·顏率見公仲
顏斶　齊四·齊宣王見顏斶
騎劫　齊六·齊負郭之民有孤狐咺者
　　齊六·燕攻齊取七十餘城
　　燕二·昌國君樂毅爲燕昭王合五國之兵而攻齊
魏冉　穰侯　秦一·張儀說秦王
　　秦二·陘山之事
　　秦三·薛公爲魏謂魏冉
　　秦三·秦客卿造謂穰侯
　　秦三·魏謂魏冉
　　秦三·謂魏冉曰和不成
　　秦三·謂穰侯
　　秦三·謂魏冉曰楚破秦
　　秦三·五國罷成睪
　　秦三·范雎至秦
　　秦三·應侯謂昭王
　　秦三·秦攻韓圍陘
　　齊二·權之難齊燕戰
　　齊四·蘇秦自燕之齊
　　楚四·莊辛謂楚襄王
　　趙三·趙使机郝之秦
　　趙四·五國伐秦無功
　　魏一·秦敗東周
　　魏三·秦敗魏於華走芒卯而圍大梁
　　魏三·魏將與秦攻韓
　　魏四·穰侯攻大梁
　　韓三·趙魏攻華陽
　　燕二·秦召燕王
魏加　楚四·天下合從

魏牟　趙三・建信君貴於趙
魏信　魏二・秦召魏相信安君
魏處　齊二・權之難齊燕戰
魏順　韓一・五國約而攻秦
魏魀　趙三・魏魀謂建信君
魏齊　秦四・秦昭王謂左右
魏懷　趙四・五國伐秦無功
魏嬰　魏二・梁王魏嬰觴諸侯於范臺
魏文子　魏二・魏文子田需周霄相善
魏文侯　秦二・秦王謂甘茂
　齊三・孟嘗君讌坐
　趙一・魏文侯借道於趙攻中山
　魏一・韓趙相難
　魏一・樂羊爲魏將而攻中山
　魏一・西門豹爲鄴令
　魏一・文侯與虞人期獵
　魏一・魏文侯與田子方飲酒而稱樂
　中山・魏文侯欲殘中山
魏武侯　魏一・魏武侯與諸大夫浮於西河
魏昭王　趙三・鄭同北見趙王
魏宣子　趙一・知伯帥趙韓魏而伐范中行氏
魏桓子　秦四・秦昭王謂左右
　魏一・智伯索地於魏桓子
魏惠王　魏二・魏惠王死
　魏二・魏惠王起境内衆
魏醜夫　秦二・秦宣太后愛魏醜夫
魏安釐王　趙三・秦圍趙之邯鄲
魏公子無忌　公子無忌　信陵君
　齊三・國子曰秦破馬服君之師
　趙三・秦攻趙平原君使人請救於魏
　趙三・秦圍趙之邯鄲
　趙四・虞卿請趙王
　魏四・信陵君殺晉鄙
　魏四・魏攻管而不下

十九劃　譚、龐

譚拾子　齊四・孟嘗君逐於齊而復反
龐　涓　齊一・田忌爲齊將
龐　葱　魏二・龐葱與太子質於邯鄲

二十劃　嚴、獻、竇、蘇、觸

嚴　遂　嚴氏　嚴仲子
　東周・嚴氏爲賊
　韓二・韓傀相韓
獻　則　秦五・獻則謂公孫消
竇　屢　魏一・秦敗東周
蘇　子　楚二・女阿謂蘇子
蘇　代　蘇子
　西周・雍氏之役
　秦二・甘茂亡秦且之齊
　秦二・徑山之事

　趙四・五國伐秦無功
　魏二・蘇代爲田需説魏王
　魏二・田需死
　魏二・秦召魏相信安君
　韓一・公仲數不信於諸侯
　燕一・蘇秦死其弟蘇代欲繼之
　燕一・燕王噲既立
　燕一・初蘇秦弟厲因燕質子而求見齊王
　燕一・齊伐宋宋急
　燕一・蘇代謂燕昭王
　燕一・燕王謂蘇代
　燕二・秦召燕王
　燕二・蘇代爲奉陽君説燕於趙以伐齊
　燕二・蘇代爲燕説齊
　燕二・蘇代自齊使人謂燕昭王
　燕二・蘇代自齊獻書於燕王
　燕二・客謂燕王

蘇修
燕二・趙且伐燕
燕二・齊魏争燕
魏二・五國伐秦

蘇涓
齊六・齊以淖君之亂

蘇秦
蘇子　武安君
東周・蘇厲爲周最謂蘇秦
西周・楚請道於二周之間
秦一・蘇秦始將連横
秦一・秦惠王謂寒泉子
齊一・蘇秦爲趙合從説齊宣王
齊二・秦攻趙長平
齊三・楚王死
齊三・孟嘗君將入秦
齊四・蘇秦自燕之齊
齊四・蘇秦謂齊王
齊五・蘇秦説齊閔王
楚一・蘇秦爲趙合從説楚威王
楚一・張儀爲秦破從連横
楚三・蘇子謂楚王
楚三・蘇秦之楚三日
趙一・蘇秦説李兑
趙一・趙收天下且以伐齊
趙一・蘇秦爲趙王使於秦
趙二・蘇秦從燕之趙始合從
趙二・秦攻趙
趙二・張儀爲秦連横説趙王
魏一・蘇子爲趙合從説魏王
魏一・張儀爲秦連横説魏王
魏一・蘇秦拘於魏
韓一・蘇秦爲楚合從説韓王
韓三・韓人攻宋
燕一・蘇秦將爲從北説燕文侯
燕一・奉陽君李兑甚不取於蘇秦
燕一・燕文公時

燕一·人有惡蘇秦於燕王者
燕一·蘇秦死其弟蘇代欲繼之
燕一·燕王噲既立
燕一·初蘇秦弟厲因燕質子而求見齊王
燕二·秦召燕王
宋衛·宋與楚爲兄弟
中山·昭王既息民繕兵

蘇厲　厲
東周·昭獻在陽翟
東周·蘇厲爲周最謂蘇秦
西周·蘇厲謂周君
楚二·齊秦約攻楚
楚二·術視伐楚
魏一·蘇秦拘於魏
燕一·初蘇秦弟厲因燕質子而求見齊王
燕二·秦召燕王

觸讋　左師公
趙四·趙太后新用事

二十二劃　穰

穰侯　見魏冉

二十五劃　觀

觀鞅　韓一·觀鞅謂春申

二十九劃　爨

爨襄　魏一·魏公叔痤爲魏將

戰國策部分篇章通用篇名與本書篇名對照一覽

通用篇名	本書篇名	卷名
秦求周之九鼎	秦興師臨周而求九鼎	卷一　東周
商鞅治秦	衛鞅亡魏入秦	卷三　秦一
蘇秦以連横説秦	蘇秦始將連横	卷三　秦一
張儀説秦王舉趙亡韓	張儀説秦王	卷三　秦一
司馬錯論伐蜀	司馬錯與張儀争論於秦惠王前	卷三　秦一
張儀以獻商於之地六百里説楚懷王	齊助楚攻秦	卷四　秦二
一舉而兼兩虎	楚絶齊齊舉兵伐楚	卷四　秦二
三人告曰曾參殺人	宜陽之役馮章謂秦王	卷四　秦二
秦拔宜陽	甘茂攻宜陽	卷四　秦二
范雎説秦王遠交近攻	范雎至秦	卷五　秦三
以骨投狗士相與鬭	天下之士合從相聚於趙	卷五　秦三
蔡澤代范雎相秦	蔡澤見逐於趙	卷五　秦三
横成則秦帝從成則楚王	秦王欲見頓弱	卷六　秦四

通用篇名	本書篇名	卷名
黄歇使秦説昭王	頃襄王二十年	卷六　秦四
吕不韋相秦	濮陽人吕不韋賈於邯鄲	卷七　秦五
甘羅十二出使	文信侯欲攻趙以廣河間	卷七　秦五
韓非之死	四國爲一將以攻秦	卷七　秦五
鄒忌諷齊王納諫	鄒忌脩八尺有餘	卷八　齊一
畫蛇添足	昭陽爲楚伐魏	卷九　齊二
韓子盧逐東郭逡	齊欲伐魏	卷十　齊三
馮諼客孟嘗君	齊人有馮諼者	卷十一　齊四
顔斶説齊宣王	齊宣王見顔斶	卷十一　齊四
趙威后問齊使	齊王使使者問趙威后	卷十一　齊四
蘇秦説齊王釋帝伐宋	蘇秦謂齊王	卷十一　齊四
淖齒殺齊湣王於鼓里	齊負郭之民有孤狐咺者	卷十三　齊六
王孫賈殺淖齒	王孫賈年十五事閔王	卷十三　齊六
田單之善亦襄王之善	燕攻齊齊破	卷十三　齊六
田單厲志循城	田單將攻狄	卷十三　齊六
君王后解玉連環	齊閔王之遇殺	卷十三　齊六

秦滅齊	齊王建入朝於秦	卷十三　齊六
狐假虎威	荊宣王問群臣	卷十四　楚一
寡人願兩聞之	江乙欲惡昭奚恤於楚	卷十四　楚一
鄭袖説楚王出張儀	楚懷王拘張儀	卷十五　楚二
愼子全東地五百里	楚襄王爲太子之時	卷十五　楚二
楚國食貴於玉	蘇子謂楚王	卷十六　楚三
莊辛論倖臣	莊辛謂楚襄王	卷十七　楚四
爲書春申君	客説春申君	卷十七　楚四
驚弓之鳥	天下合從	卷十七　楚四
春申君滅族	楚考烈王無子	卷十七　楚四
韓魏反知伯	知伯從韓魏兵以攻趙	卷十八　趙一
韓魏趙三家滅知伯	知伯帥趙韓魏而伐范中行氏	卷十八　趙一
豫讓刺趙襄子	晉畢陽之孫豫讓	卷十八　趙一
韓效上黨以和秦	秦王謂公子他	卷十八　趙一
趙武靈王胡服騎射	武靈王平晝閒居	卷十九　趙二
魯仲連不帝秦	秦圍趙之邯鄲	卷二十　趙三
趙王買馬	客見趙王	卷二十一　趙四

通用篇名	本書篇名	卷名
觸讋説趙太后	趙太后新用事	卷二十一　趙四
秦王翦滅趙	秦使王翦攻趙	卷二十一　趙四
桓子予地以驕智伯	智伯索地於魏桓子	卷二十二　魏一
韓趙皆朝魏文侯	韓趙相難	卷二十二　魏一
魏文侯與西門豹論物多相類而非	西門豹爲鄴令	卷二十二　魏一
西河之政專委吴起	魏武侯與諸大夫浮於西河	卷二十二　魏一
公叔痤引吴起餘教	魏公叔痤爲魏將	卷二十二　魏一
公叔痤進公孫鞅於惠王	魏公叔痤病	卷二十二　魏一
施惠告魏王變服折節而朝齊	齊戰魏於馬陵	卷二十三　魏二
三人言而市有虎	龐葱與太子質於邯鄲	卷二十三　魏二
魯共公擇言	梁王魏嬰觴諸侯於范臺	卷二十三　魏二
南轅北轍	魏王欲攻邯鄲	卷二十五　魏四
唐雎説信陵君	信陵君殺晉鄙	卷二十五　魏四
唐雎不辱使命	秦王使人謂安陵君	卷二十五　魏四
韓取成皋	三晉已破智氏	卷二十六　韓一
申不害相韓昭侯	申子請仕其從兄官	卷二十六　韓一

聶政刺韓傀	韓傀相韓	卷二十七　韓二
燕王噲以國讓子之	燕王噲既立	卷二十九　燕一
燕昭王招賢謀伐齊	燕昭王收破燕後即位	卷二十九　燕一
樂毅報燕王書	昌國君樂毅爲燕昭王合五國之兵而攻齊	卷三十　燕二
鷸蚌相爭	趙且伐燕	卷三十　燕二
荊軻刺秦王	燕太子丹質於秦亡歸	卷三十一　燕三
墨子救宋	公輸般爲楚設機	卷三十二　宋衛
齊滅宋	宋康王之時有雀生䲴	卷三十二　宋衛
以一都城買一胥靡	衛嗣君時胥靡逃之魏	卷三十二　宋衛
要言失時	衛人迎新婦	卷三十二　宋衛
李疵曰中山可伐	主父欲伐中山	卷三十三　中山
中山君饗士	中山君饗都士	卷三十三　中山
樂羊食子明法	樂羊爲魏將	卷三十三　中山
武安君白起與昭王論伐趙	昭王既息民繕兵	卷三十三　中山

馬王堆漢墓出土帛書戰國策釋文

馬王堆漢墓帛書整理小組

長沙馬王堆三號漢墓出土的帛書中，有一種類似於今本戰國策的書。全書二十七篇，一萬七千多字。其中十一篇的内容見於今本戰國策和史記，文字也大體相同，另外十六篇則爲佚書。原書未標書名，爲便於稱引，我們暫時稱之爲帛書戰國策。這裏發表的是這一種書的釋文。

爲了便於閱讀，釋文盡可能用今體字排印。假借字下加圓括號註明是今之某字。原文明顯的錯字，下加尖括號註明本字。缺文以方框爲記；如所缺過多，用小注説明所缺字數。缺文可以補出的，以方括號爲記。釋文中加圓括號的號碼爲原件行次。個别錯簡處於行内加小字夾注加以説明。

一

自趙獻書燕王曰：始臣甚惡事。恐趙足缺二十餘字（一）臣之所惡也，故冒趙而欲説丹與得，事非□缺五六字臣也。今奉陽[君]缺十餘字（二）封秦也，任秦也，比燕於趙。令秦與莌（兑）缺五六字宋不可信，若□□□我其從徐□□□□□□（三）制事，齊必不信趙矣。王毋憂事，務自樂也。臣聞王之不安，臣甚願□□□□之中重齊□□□□（四）齊，秦毋惡燕粱（梁）以自持（恃）也。今與臣約，五和，入秦使，使齊韓粱（梁）缺七八字約御（却）軍之日無伐齊、外齊焉。（五）事之上，齊趙大惡；中，五和，不外燕；下，趙循合齊秦以謀燕。今臣欲以齊大[惡趙]而去趙，胃(謂)齊王，趙之禾(和)也，陰(六)外齊、謀齊，齊趙必大惡矣。奉陽君徐爲不信臣，甚不欲臣之之齊也，有(又)不欲臣之之韓梁(梁)也，燕事小大之諍(爭)，(七)必且美矣。臣甚患趙之不出臣也。知(智)能免國，未能免身。願王之爲臣故此也。使田伐若使使孫疾召(八)臣，自辭於臣也。爲予趙甲因在梁(梁)者。

二

·使韓山獻書燕王曰：臣使慶報之後，徐爲之與臣言甚惡。死亦(九)大物已。不快於心而死，臣甚難之。故臣使辛謁大之。王使慶謂臣不利於國，且我憂之，臣爲此無敢去之。(一〇)王之賜使使孫與弘來，甚善已。言臣之後，奉陽君徐爲之視臣益善，有遺臣之語矣。今齊王使李終之(一一)勺(趙)，怒於勺(趙)之止臣也，且告奉陽君，相橋於宋，與宋通關。奉陽君甚怒於齊，使勺(趙)足問之臣，臣對以弗知(一二)也。臣之所患，齊勺(趙)之惡日益，奉陽君盡以爲臣罪，恐久而後不可□救也。齊王之言臣，反不如已。願(一三)王之使人反復言臣，必毋使臣久於勺(趙)也。

三

·使盛慶獻書於[燕王曰]□□胃(謂)雖未功(攻)齊，事(一四)必□者，以齊之任臣，以不功(攻)宋，欲從韓梁(梁)取秦，以謹〈謀〉勺(趙)。勺(趙)以(已)用薛公徐爲之缺八九字(一五)相□也。今齊王使宋竅謂臣，曰：「奉陽君使周納告寡人曰：『燕王請毋任蘇秦以事』，信□□□(一六)奉陽君使周納言之曰：『欲謀齊』，寡人弗信也。周納言：燕勹（趙）循善矣，皆不任子以事。奉陽［君］□□□（一七）丹若得也，曰筍毋任子講，請以齊爲上交。天下有謀齊者請功（攻）之。」蘇修在齊，使□□□□（一八）□□□□中齊勹（趙）矣。今［齊］王使宋竅詔臣曰：「魚（吾）將與子□有謀也。」臣之所缺八九字（一九）不功（攻）齊，全於□。所見於薛公徐爲，其功（攻）齊益疾。王必勹（趙）之功（攻）齊，若以天下缺五六字（二〇）焉。外齊於禾（和），必不合齊秦以謀燕，則臣請爲免於齊而歸矣。爲趙擇□□韓□□□□（二一）必趙之不合齊秦以謀燕也，齊王雖歸臣，臣將不歸。諸可以惡齊勹（趙）［者］，將□□之。以□可［也］，以蓐（辱）可（二二）也，以與勹（趙）爲大讎可也。今王曰：「必善勹（趙），利於國。」臣與不知其故。奉陽君之所欲，循［善］齊秦（二三）以定其封，此其上計也。次循善齊以安其國。齊勹（趙）循善，燕之大過（禍）。［將］養勹（趙）而美之齊乎，害於（二四）燕，惡之齊乎，奉陽君怨臣，臣將何處焉？臣以齊善勹（趙），必容焉，以爲不利國故也。勹（趙）非可與功（攻）齊（二五）也，無所用。勹（趙）毋惡於齊爲上。齊勹（趙）不惡，國不可得而安，功不可得而成也。齊趙之惡從已，（二六）願王之定慮而羽鑽（贊）臣也。勹（趙）止臣而它（他）人取齊，必害於燕。臣止於勹（趙）而侍（待）其魚肉，臣□不利於（二七）身。

四

·自齊獻書於燕王曰：燕齊之惡也久矣。臣處於燕齊之交，固知必將不信。臣之計曰：齊（二八）必爲燕大患。臣循用於齊，大者可以使齊毋謀燕，次可以惡齊勹（趙）之交，以便王之大事，是（二九）王之所與臣期也。臣受教任齊交五年，齊兵數出，未嘗謀燕。齊勹（趙）之交，壹美壹（三〇）惡，壹合壹離。

燕非與齊謀勺（趙），則與趙謀齊。齊之信燕，［至於虛］北地［行］其甲。王信田代繰去［疾］之（三一）言功（攻）齊，使齊大戒而不信燕，臣秦捧（拜）辭事。王怒而不敢强。勺（趙）疑燕而不功（攻）齊，王使襄安君東，（三二）以便事也。臣豈敢强王戈（哉）。齊勺（趙）遇於阿，王憂之。臣與於遇，約功（攻）秦去帝。雖費，毋齊趙之患，除（三三）群臣之醜（恥）。齊殺張庫，臣請屬事，辭爲臣於齊。王使慶謂臣，「不之齊危國」，臣以死之（三四）圍，治齊燕之交。後薛公乾（韓）徐爲與王約功（攻）齊，奉陽君鬻臣，歸罪於燕，以定其封於齊。公（三五）玉丹之勺（趙）致蒙，奉陽君受之。王憂之，故强臣之齊。臣之齊，惡齊勺（趙）之交，使毋予蒙而通宋使。故王能（三六）材（裁）之，臣以死任事。之後，秦受兵矣，齊勺（趙）皆嘗謀。齊勺（趙）未嘗謀燕，而俱諍（争）王於天下。臣（三七）雖無大功，自以爲免於罪矣。今齊有過辭，王不諭齊王多不忍（仁）也，而以爲臣罪，臣甚懼。庫之死（三八）也，王辱之。襄安君之不歸哭也，王苦之。齊改葬其后而召臣，臣欲毋往，使齊棄臣。王曰：「齊王之多（三九）不忍（仁）也，殺妻逐子，不以其罪，何可怨也」，故强臣之齊。二者大物也，而王以赦臣，臣受賜矣。臣之行也，（四〇）固知必將有口，故獻御書而行。曰：「臣貴於齊，燕大夫將不信臣。臣賤，將輕臣。臣用，將多望於臣，齊（四一）有不善，將歸罪於臣。天下不功（攻）齊，將曰善與齊謀。天下功（攻）齊，將與齊兼棄臣。臣之所處者重卵（四二）也。」王謂臣曰：「魚（吾）必不聽衆口與造言，魚（吾）信若遒（猶）齕也。大可以得用於齊，次可以得信，下笱（苟）毋死，若無（四三）不爲也。以奴自信可，與言去燕之齊可，甚者與謀燕可，期於成事而已。」臣恃之詔，是故無不以口齊（四四）王而得用焉。今王以衆口與造言罪臣，臣甚懼。王之於臣也，賤而貴之，蓐（辱）而顯之，臣未有以報王。以求卿（四五）與封不中意，王爲臣有之兩，臣舉天下使臣之封不塹（慚）。臣止於勺（趙），王謂韓徐爲：「止某不道，逎（猶）免寡人之冠也。」以（四六）振（拯）臣之死。臣之德王，罙（深）於骨隨（髓）。臣甘死蓐（辱），可以報王，願爲之。今王使慶令（命）臣曰：「魚（吾）欲用所善。」王笱（苟）有所善（四七）而欲用之，臣請爲王事之。王若欲剸舍臣而摶任所善，臣請歸，擇（釋）事，句（苟）得時見，盈願矣。

五

•謂燕王（四八）曰：「今日願耤（藉）於王前。叚（假）臣孝如增（曾）參，信如犀（尾）星（生），廉如相（伯）夷，節（即）有惡臣者可毋摲（慚）乎。」王曰：「可矣。」「臣有三資（四九）者以事王，足乎？」王曰：「足矣。」「王足之，臣不事王矣。孝如增（曾）參，乃不離親，不足而（以）益國。信如犀（尾）星（生），乃不延（誕），不足而（以）益國。（五〇）廉如相（伯）夷，乃不竊，不足以益國。臣以信不與仁俱徹，義不與王皆（偕）立。」王曰：「然則仁義不可爲與？」對曰：「胡爲不（五一）可。人無信則不徹，國無義則不王。仁義所以自爲也，非所以爲人也。自復之術，非進取之道也。三王代立，五相（伯）蛇（五二）正（政），皆以不復亓（其）掌（常）。若以復亓（其）掌（常）爲可王，治官之主，自復之術也，非進取之路也。臣進取之臣也，不事無爲之主。（五三）臣願辭而之周，負籠操首，毋辱大王之廷。」王曰：「自復不足乎？」對曰：「自復而足，楚將不出雎（沮）章（漳），秦將不出（五四）商閹（於），齊不出呂遂（隧），燕將不出屋注，晉將不蓊（逾）泰（太）行，此皆以不復亓（其）常爲進者。」

六

•[自]粱（梁）獻書於燕王曰：齊使（五五）宋竅侯濡謂臣曰：「寡人與子謀功（攻）宋，寡人恃燕勺

（趙）也。今燕王與群臣謀破齊於宋而功（攻）齊甚急，兵衛（五六）有子循而不知寡人得地於宋，亦以八月歸兵，不得地亦以八月歸兵。」今有（又）告薛公之使者田林，薛公以告臣，而（五七）不欲亓（其）從已聞也。願王之陰知之而毋有告也。王告人，天下之欲傷燕者與群臣之欲害臣者，將成（五八）之。臣請疾之齊觀之，而以報。王毋憂，齊雖欲功（攻）燕，未能，未敢。燕南方之交完，臣將令陳臣許翦以（五九）韓粱（梁）問之齊。足下雖怒於齊，請養之以便事。不然，臣之苦齊王也，不樂生矣。

七

•自粱（梁）獻書於燕王曰：薛（六〇）公未得所欲於晉國，欲齊之先變以謀晉國也。臣故令遂恐齊王曰：「天下不能功（攻）秦□□□齊人取秦□。」（六一）［齊］王懼而欲先天下，慮從楚取秦，慮反乾（韓）量，有（又）慮從勺（趙）取秦。今粱勺（趙）韓［秦］□□□□□（六二）薛公、徐爲有辭，言勸晉國變矣。齊先鬻勺（趙）以取秦，後賣秦以取勺（趙）而功（攻）宋，今有（又）鬻天下以取秦。（六三）如是而薛公徐爲不能以天下爲亓（其）所欲，則天下故（固）不能謀齊矣。願王之使勺（趙）弘急守徐爲，令田賢急守（六四）薛公，非是毋有使於薛公徐之所，它（他）人將非之以敗臣。毋與奉陽君言事，非於齊，一言毋舍也。事必□（六五）南方强，燕毋首。有（又）慎毋非令群臣衆義（議）功（攻）齊。齊王以燕爲必侍（待）亓（其）獘（敝）而功（攻）齊，未可解（懈）也。言者以臣□（六六）賤而邈於王矣。

八

•謂齊王曰：薛公相青〈齊〉也，伐楚，九歲，功（攻）秦，三年，欲以殘宋，取進（淮）北，宋不殘，進（淮）

北不得。以齊封(六七)奉陽君，使粱(梁)乾(韓)皆效地，欲以取勺(趙)，勺(趙)是(氏)不得。身衛(率)粱(梁)王與成陽君，北面而朝奉陽君於邯鄲而勺(趙)氏不(六八)得。王棄薛公，身斷事，立帝、帝立，伐秦、秦伐，謀取勺(趙)、得，功(攻)宋、宋殘，是則王之明也。雖然，願王之察之也。是無(六九)它(他)故，臣之以燕事王循也。量謂臣曰：「傷齊者必勺(趙)也。秦雖强，終不敢出塞涑河，絶中國而功(攻)齊。楚、越(七〇)遠，宋魯弱，燕人承，干(韓)粱(梁)有秦患，傷齊者必勺(趙)，勺(趙)氏終不可得已。爲之若何？」臣謂量曰：「請劫之。子以齊(七一)大重秦，秦將以燕事齊，齊燕爲一，乾(韓)粱(梁)必從。勺(趙)悍則伐之，願則摯(執)而功(攻)宋。」量以爲善。臣以車百五十乘(七二)入齊，量逆於高閭，身御臣以入。事曲當臣之言，是則王之教也，然臣亦見亓(其)必可也。猶量不知變事(七三)以功(攻)宋也，不然，量之所與臣前約者善矣。今三晉之敢據薛公與不敢據，臣未之識。雖使據之，臣保燕而事王，(七四)三晉必不敢變。齊燕爲一，三晉有變，事乃時爲也。是故當今之時，臣之爲王守燕，百它(他)日之節。雖然，成(七五)臣之事者在王之循甘燕也。王雖疑燕，亦甘之，不疑亦甘之。王明視(示)天下以有燕，而臣不能使王得志於三(七六)晉，臣亦不足事也。

九

·謂齊王曰：始也燕累臣以求摯(質)，臣爲是未欲來，亦未可爲王爲也。今南方之事齊者(七七)多故矣，是王有憂也，臣何可以不亟來。南方之事齊者，欲得燕與天下之師，而入之秦與宋以謀齊，臣諍(争)之於燕(七八)王，燕王必弗聽矣。臣有(又)來則大夫之謀齊者大解(懈)矣。臣爲是，雖無燕，必將來。繒（管）子之請，貴循也，非以自爲也。□□（七九）公聽之。臣賢王於桓□，臣不敢忘（妄）請，□□□□王誠重御臣，則天下必曰：燕不應天下以師，有（又）使蘇□（八〇）□□□□貴□缺十八九字□齊□量之□□□□之車也。王□□□□（八一）知□可以百五十乘，王以諸侯御臣。若不欲□□□請以五[十]乘來。請貴重之□缺約十字（八二）高賢足下，故敢以聞也。

十

·謂齊王：燕王□於王之不信己也則有之，若慮大惡焉則無之。燕大□□□（八三）臣必以死諍（争）之，不能，必令王先知之。必毋聽天下之惡燕交者。以臣所□□□魯甚□，□臣大□□（八四）息士民，毋庸發怒於宋魯也。爲王不能，則完天下之交，復與粱（梁）王遇。□□宋之事，士民句（苟）可復用，臣必（八五）王之無外患也。若燕，臣必以死必之。臣以燕重事齊，天下必無敢東。□□□兄（況）臣能以天下功（攻）秦，疾與（八六）秦相萃也而不解，王欲復功（攻）宋而復之，不而舍之，王爲制矣。

十一

·自勺（趙）獻書於齊王曰：臣暨（既）從燕之粱（梁）矣（八七），臣至勺（趙），所聞於干（韓）粱（梁）之功（攻）秦，無變志矣。以雨，未得遫（速）也。臣之所得於奉陽君者，乾（韓）粱（梁）合，勺（趙）氏將（八八）悉上黨以功（攻）秦。奉陽君謂臣：楚無秦事，不敢與齊遇。齊楚果遇，是王收秦已。亓（其）不欲甚。（八九）欲王之赦粱（梁）王而復見之。勺（趙）氏之慮，以爲齊秦復合，必爲兩啇（敵）以功（攻）勺（趙），若出一口。若楚遇不必，雖（九〇）必，不爲功，願王之以毋遇喜奉陽君也。臣以足下之所與臣約者告燕王，臣以（已）好處於齊。齊王（九一）終臣之身不謀燕燕。臣得用於燕，終臣之身不謀齊。燕王甚兑（悦），亓（其）於齊循善。事卬（昂）曲盡從（九二）王。王賢（堅）三晉亦從王，王取秦楚亦從王。然而燕王亦有苦。天下惡燕而王信之。以燕之事齊也爲盡矣。（九三）先爲王絶秦摯（質）子宦二萬甲自食以功（攻）宋，二萬甲自食以功（攻）秦，乾（韓）粱（梁）豈能得此於燕戋（哉）。盡以爲齊。王猶（猶）聽（九四）惡燕者（九五）上此下四十九字錯簡移後燕王甚苦之。願王之爲臣甚安燕王之心也。燕齊循善，爲（九六）王何患無天下。

十二

·自勺（趙）獻書於齊王曰：臣以令告奉陽君曰：「寡人之所以有講慮者有，寡人之所爲功（攻）（九七）秦者，爲粱（梁）爲多。粱（梁）氏留齊兵於觀，數月不逆，寡人失望，一。擇齊兵於熒陽成皋，數月不從而功（九八）上以下錯簡在前宋，再。寡人之□功（攻）宋也，請於粱（梁），閉關於宋而不許。寡人已舉宋，講矣，乃來諍（争）得，三。今燕勺（趙）原錯在（九五）行下之兵皆至矣，俞（愈）疾功（攻）菑，四。寡人有（又）聞粱（梁）原錯在（九六）行上入兩使陰成於秦，且君嘗曰：吾縣免於粱（梁）是（氏），不能原錯在（一〇一）行下辭已。雖乾（韓）亦然。寡人恐粱（梁）氏之棄與國而獨取秦也，是以有講慮。今曰不原錯在（一〇二）行上女（如）□（九八）下之疾之，請從。功（攻）秦、寡人之上計；講最寡人之大（太）下也。粱（梁）氏不恃寡人，樹寡人曰：齊道楚取秦，蘇修在齊矣。（九九）故天下汹汹然，曰：寡人將反量也。寡人無之。乃量固於齊，使人於齊大夫之所，而俞（偷）語則有之。寡人不見使者（一〇〇）□□對（懟）也。寡人有反量之慮，必先與君謀之。寡人(一〇一)上以下錯簡四十八字已移前與韋非約曰：若與楚遇，將與(一〇二)下乾(韓)粱(梁)四遇，以約功(攻)秦。若楚不遇，將與粱(梁)王復遇於圍地，收秦等，遂(遂)明功(攻)秦，大(太)上破之，其[次]賓(擯)之，亓(其)下完交而□(一〇三)講，與國毋相離也。此寡人之約也。韋非以粱(梁)王之令(命)欲以平陵蛇(貤)薛，以陶封君。平陵雖(惟)城而已，亓(其)鄙(鄙)盡(一〇四)入粱(梁)氏矣。寡人許之已。」臣以□告奉陽君，奉陽君甚兑(悦)，曰：「王有(又)使周濕、長駟重令(命)挩(兑)，挩(兑)也敬受令(命)。」奉陽君合(答)臣曰：「篠(彗)(一〇五)有私義(議)，與國不先反而天下有功(攻)之者，雖知不利，必據之。與國有先反者，雖知不利，必怨之。」今齊勺(趙)燕(一〇六)循相善也。王不棄與國而先取秦，不棄篠(彗)而反量也，王何患於不得所欲。粱(梁)氏先反，齊勺(趙)功(攻)粱(梁)，齊(一〇七)必取大粱(梁)以東，勺(趙)必取河内，秦案不約而應，王何患於粱(梁)。粱(梁)、乾(韓)無變，三晉與燕爲王功(攻)秦，以便王之功(攻)(一〇八)宋也，王何不利焉。今王棄三晉而收秦反量也，是王破三晉而復臣天下也。天下將入地與重摯(質)於秦而獨爲(一〇九)秦臣以怨王。臣以爲不利於足不下，願王之完三晉之交，與燕也講亦以是。疾以取止。

十三

·乾(韓)量獻書於齊曰：「秦悔(一一〇)不聽王以先事而後名。今秦王請侍(待)王以三四年。齊不收秦，秦焉□晉國。齊秦複合，使量反(返)，且復故事，秦(一一一)印曲盡聽王。齊取宋，請令楚粱(梁)毋敢有尺地於宋，盡以爲齊。秦取粱(梁)之上黨。乾(韓)粱(梁)從，以功(攻)勺(趙)，秦(一一二)

取勺（趙）之上地，齊取河東。勺（趙）從，秦取干（韓）之上地，齊取燕之陽地。三晉大破，而□□，秦取鄢田雲夢，齊取東國下（一一三）蔡。使從親之國如帶而□。齊秦雖立百帝，天下孰能禁之。」

十四

•謂齊王曰：臣恐楚王之勤豎之死也。（一一四）王不可以宋故解（懈）之。臣使蘇厲告楚王曰：「豎之死也，非齊之令（命）也。泚子之私也。殺人之母而不爲亓（其）子禮，豎（一一五）之罪固當死。宋以淮北與齊講，王功（攻）之，毄（擊）勺（趙）信。齊不以爲怨，反爲王誅勺（趙）信，以亓（其）無禮於王之邊吏（一一六）也。王必毋以豎之私怨，敗齊之德。」前事願王之盡加之於豎也，毋與它（他）人矣，以安夫薛公之心。王尚（嘗）與（一一七）臣言甘薛公以就事。臣甚善之。今爽也、强得也，皆言王之不信薛公，薛公甚懼。此不便於事。非薛公之信（一一八）莫能合三晉以功（攻）秦，願王之甘之也。臣負齊燕以司（伺）薛公，薛公必不敢反王。薛公有變，臣必絶之。臣請終事（一一九）而與王勿計，願王之固爲終事也。功（攻）秦之事成，三晉之交完於齊，齊事從横盡利。講而歸亦利，圍而（一二〇）勿舍亦利，歸息士民而復之，使如中山，亦利。功（攻）秦之事敗，三晉之約散而静（争）秦，事卬曲盡害。是故臣以王（一二一）令曰：「薛公驕（矯）敬（檠）三晉，勸之爲一，以疾功（攻）秦，必破之。不然則賓（擯）之。不則與齊共講，欲而復之。三晉以王爲愛己（一二二）忠己。今功（攻）秦之兵方始合，王有（又）欲得兵以功（攻）平陵，是害功（攻）秦也。天下之兵皆去秦而與齊静（争）宋地，此亓（其）爲（一二三）□不難矣。願王之毋以此畏三晉也。獨以甘楚。楚雖毋伐宋，宋必聽。王以（已）和三晉伐秦，秦必不敢言救宋。□（一二四）弱宋服則王事遬（速）夬（決）矣。夏后堅欲爲先薛公得平陵，願王之勿聽也。臣欲王以平陵予薛公，然而不欲王（一二五）之無事予之也。欲王之縣陶平陵於薛公奉陽君之上以勉之，終事然後予之，則王多資矣。御〈御〉事者必曰：三晉（一二六）相竪（堅）也而傷秦，必以其餘驕王，願王之勿聽也。三晉伐秦，秦未至舌而王已盡宋息民矣。臣保燕（一二七）而循事王，三晉必無變。三晉若願乎，王遂（遂）伇（役）之。三晉若不願乎，王收秦而齊（劑）亓（其）後。三晉豈敢爲王驕。若三晉相竪（堅）也（一二八）以功（攻）秦，案以負（倍）王而取秦，則臣必先智（知）之。王收燕循楚而啗秦以晉國，三晉必破。是故臣在事中，三晉必不敢反。（一二九）臣之所以備患者百餘。王句（苟）爲臣安燕王之心而毋聽傷事者之言，請毋至三月而王不見王天下之業，臣請（一三〇）死。臣之出死以要事也，非獨以爲王也，亦自爲也。王以不謀燕爲臣賜，臣有以德燕王矣。王舉霸王之業而以臣爲三公，臣（一三一）有以矜於世矣。是故事句（苟）成，臣雖死不丑。」

十五

・䔢（華）軍，秦戰勝魏，走孟卯，攻大粱（梁）。須賈説穰侯曰：「臣聞魏長（一三二）吏胃（謂）魏王曰：『初時者，惠王伐趙，戰勝三粱（梁），拔邯鄲，趙氏不割而邯鄲復歸。齊人攻燕，拔故國，殺子之，（一三三）燕人不割而故國復反。燕趙之所以國大兵强而地兼諸侯者，以亓（其）能忍難而重出地也。宋中山數伐（一三四）數割，而國隋（隨）以亡。臣以爲燕趙可法而宋中山可毋爲也。秦貪戾之國也而無親，蠶食魏氏，盡晉（一三五）國，勝暴子，割八縣，地未畢入而兵復出矣。夫秦何厭之有戋（哉）。今有（又）走孟卯，入北宅，此非敢（一三六）梁（梁）也，且劫王以多割，王必勿聽也。今王循楚趙而講，楚趙怒而與王爭秦，秦必受之。秦挾楚趙（一三七）之兵以復攻，則國求毋亡，不可得已。願王之必毋講也。王若欲講，必小（少）割而有質，不然必欺。』此臣（一三八）之所聞於魏也，願君之以氏（是）慮事也。周書曰：『唯命不爲常』，此言幸之不可數也。夫戰勝暴子，割八縣之（一三九）地，此非兵力之請（精）也，非計慮之攻（工）也，夫天幸爲多。今有（又）走孟卯，入北宅，以攻大梁（梁），是以天幸自爲常也。（一四〇）知（智）者不然。臣聞魏氏悉亓（其）百縣勝甲以上，以戎（戍）大梁（梁），臣以爲不下卅萬。以卅萬之衆，守七仞之城，臣以爲湯武（一四一）復生，弗易攻也。夫輕信楚趙之兵，陵七刃之城，犯卅萬之衆而必舉之，臣以爲自天地始分，以至於今（一四二）未之嘗有也。攻而弗拔，秦兵必罷（疲），陶必亡，則前功有必棄矣。今魏方疑，可以小（少）割而收也。願君（一四三）遝（逮）楚趙之兵未至於梁（梁）也，亟以小（少）割收魏，魏方疑而得以小（少）割爲和，必欲之，則君得所欲矣。楚趙（一四四）怒於魏之先己也，必爭事秦，從已散而君後擇焉。且君之得地也，豈必以兵戋（哉）。□晉國也，秦兵不功（攻）（一四五）而魏效降（絳），安邑，有（又）爲陶啓兩，幾盡故宋，而衛（衛）效蠹尤。秦兵笱（苟）全而君制之，何索而不得，奚爲[而（一四六）不可]。願君之孰（熟）慮之而毋行危也。」君曰：「善」，乃罷梁（梁）圍。・五百七十。

十六

・謂魏王曰：秦與戎翟同俗，有□□（一四七）[之]心，貪戾好利，無親，不試（識）禮義德行。笱（苟）有利焉，不顧親戚弟兄，若禽守（獸）耳。此天下之所試（識）也。非□□（一四八）厚積德也。故大（太）后母也，而以憂死。穰侯咎（舅）也，功莫多焉，而諒（竟）逐之。兩弟無罪而再挩（奪）之國。此於［親］（一四九）戚若此而兄（況）仇讎之國乎。今王與秦共伐韓而近秦患，臣甚惑之。而王弗試（識），則不明。群臣莫以□（一五〇）則不忠。今韓氏以一女子奉一弱主，内有大亂（亂），外支秦魏之兵，王以爲不亡乎。韓亡，秦有「鄭」（一五一）地，與大粱（梁）僯（鄰），王以爲安乎。王欲得故地而今負强秦之禍，王以爲利乎。秦非無事之國也，韓亡之後（一五二）必將更事，更事必就易與利，就易與利，必不伐楚與趙矣。是何也，夫［越山與河，絶］韓上黨而攻强趙，（一五三）氏（是）復閼與之事也，秦必弗爲也。若道河内，倍鄴、朝歌，絶漳、鋪（滏）約缺五六字邯鄲之鄗（郊），氏（是）知伯之（一五四）過（禍）也，秦有（又）不敢。伐楚，道涉谷，行三千里而攻冥眘（阸）之塞，所行甚遠，所攻甚難，秦有（又）弗爲也。若道河（一五五）外，倍大粱（梁），右蔡、召，與楚兵夬（決）於陳鄗（郊），秦有（又）不敢。故曰：秦必不伐楚與趙矣。有（又）不攻燕與齊矣。韓亡之後，（一五六）兵出之日，非魏無攻已。秦固有壞（懷）、茅、刑（邢）丘，城垝津以臨河内，河内共墓必危。有鄭地，得垣壢（雍），决熒澤，大粱（梁）（一五七）必亡。王之使者大過而惡安陵是（氏）於秦，秦之欲許久矣。秦有葉、昆陽，與舞陽鄰，聽使者之惡，隨（墮）安陵是（氏）而亡（一五八）之。繚舞陽之北以東臨許，南國必危。國先害已。夫增（憎）韓，不愛安陵氏，可也。夫不患秦，不愛南國，非也。異日者，秦（一五九）在河西，晉國去粱（梁）千里，有河山以闌之，有周韓而間之。從林軍以至於今，秦七攻魏，五入囿中，槫（邊）城盡拔，文臺（一六〇）隨（墮），垂都然（燃），林木伐，麋鹿盡，而國續以圍。有（又）長毆（驅）粱（梁）北，東至虖（乎）陶衛之［郊，北至乎］監。所亡秦者，山南、山北、河（一六一）外、河内，大縣數十，名都數百。秦乃在河西，晉國去粱（梁）千里而過（禍）若是矣。［又況於使］秦無韓，有鄭地，無［河］（一六二）

山而闌之，無周韓而間之，去梁（梁）百里，［禍］必百此矣。異日者，從［縱］之不［成］也，［楚］魏疑而韓不［可得也］。（一六三）今韓受兵三年，秦撓以講，識亡不聽。投質於趙，請爲天［下雁］行頓［刃］，□□□疾□。［皆］識秦□□［無］（一六四）躬（窮）也，非盡亡天下之兵而臣海内，必不休。是故臣願以從事王，王□□□□□偃韓之質，以存韓而（一六五）求故地，韓必效之。此士民不勞而故地盡反矣。亓（其）功多於與秦共伐韓，［而］必無與强秦鄰（鄰）之禍。（一六六）夫存韓安魏而利天下，此亦王之大時已。通韓上黨於共寧，使道安成之□，出入賦之，是魏重質（一六七）韓以亓（其）上黨也。合有亓（其）賦，足以富國，韓必德魏，重魏，畏魏，韓必不敢反魏，是韓，魏之縣也。魏（一六八）得韓以爲縣，以衛（衛）大梁（梁），河北必安矣。今不存韓，貳（二）周安陵必貤（弛），楚趙大破，燕齊甚卑，天下西舟而馳（一六九）秦，而入朝爲臣不久矣。·八百五十八

十七

·胃（謂）起賈曰：私心以公爲爲天下伐齊，共約而不同慮。齊秦相伐，（一一〇）利在晉國。齊晉相伐，重在秦。是以晉國之慮奉秦，以重虞秦。破齊，秦不妬得，晉之上也。秦食（一七一）晉以齊，齊毀，晉敝，餘齊不足以爲晉國主矣。晉國不敢倍秦伐齊，有（又）不敢倍秦收齊，秦兩縣（懸）齊晉（一七二）以持大重，秦之上也。是以秦晉皆倲（策）若計以相笥（伺）也。古之爲利者養人□□立重，立重者畜人以（一七三）利。重立而爲利者卑，利成而立重者輕。故古之人患利、重之自奪□□□唯賢者能以重□，察（一七四）於見反，故能制天下。願御史之孰（熟）慮之也。且使燕盡陽地，以河爲竟（境），燕齊毋□難矣。以

燕王之賢，(一七五)伐齊，足以㑥(刷)先王之餌(耻)，利擅河山之間，執(勢)無齊患，交以趙爲死友，地不與秦攘(壤)介(界)，燕畢□□(一七六)之事，難聽尊矣。趙取濟西，以方河東，燕、趙共相，二國爲一，兵全以臨齊，則秦不能與燕、趙争□□□(一七七)□亡宋，得南陽，傷於魯，北地歸於燕，濟西破於趙，餘齊弱於晉國矣。爲齊計者不逾强□□□□(一七八)□秦□□不合，莫尊秦矣。魏亡晉國猷(猶)重秦也。與之攻齊，攻齊已，魏爲□國重楚爲□□□□，(一七九)重不在粱(梁)西矣。一死生於趙，毁齊，不敢怨魏，魏，公之魏已。楚割淮北，以爲下蔡啓□，得(一八〇)雖近越，實必利郢。天下且功(攻)齊，且屬從，爲傳棼(焚)之約。終齊事，備患於秦，□(一八一)是秦重攻齊也，國必慮。意齊毁未當於秦心也。盧(慮)齊(劑)齊而□事於□□□與天下交長，秦無(一八二)過(禍)矣。天下齊(劑)齊不侍(待)夏，近慮周，周必半歲，上黨寧陽非一舉之事也。然則韓□一年有餘矣。天下休(一八三)，秦兵適敝，秦有慮矣。非是猶不倍齊也，畏齊大(太)甚也。公孫鞅之欺魏卬也，公孫鞅之罪也。身在(一八四)於秦，請以其母質，襄疵弗受也。魏至今然者，襄子之過也。今事來矣，此齊之以母質之時也，而武(一八五)安君之棄禍存身之夬(訣)也。・五百六十三

十八

・趙大(太)后規用事。秦急攻之，求救於齊，齊曰：必[以]大(太)后(一八六)少子長安君來質，兵乃出。大(太)后不肯，大臣强之。大(太)后明胃(謂)左右曰：「有復言令長安君質者，老婦(一八七)必唾亓(其)面。」左師觸龍言，願見。大(太)后盛氣而胥之。入而徐趨，至而自[謝]曰：「老臣病足，曾不能

疾走。（一八八）不得見久矣。竊自□老輿（與），恐玉體（體）之有所谻（郄）也，故願望見大（太）后。」曰：「老婦持（恃）連（輦）而睘（還）。」曰：「食歙（飲）得（一八九）毋衰乎？」曰：「持（恃）鬻鬻（粥）耳。」曰：「老臣間者殊不欲食，乃自强步，日三四里，少益耆（嗜）食，替於身。」曰：「老婦不（一九〇）能。」大（太）后之色少解。左師觸龍曰：「老臣賤息□□，冣（最）少，不宵（肖），而衰竊愛憐之。願令得補黑衣之數，（一九一）以衛〈衛〉王宮。昧死以聞。」大（太）后曰：「敬若（諾）。年幾何矣？」曰：「十五歲矣。雖少，願及未寘（填）叡（壑）谷而託之。」曰：「丈夫（一九二）亦愛憐少子乎？」曰：「甚於婦人。」曰：「婦人異甚。」曰：「老臣竊以爲媪之愛燕后賢長安君。」曰：「君過矣。（一九三）不若長安君甚。」左師觸龍曰：「父母愛子則爲之計深遠。媪之送燕后也，攀亓（其）𨇤（踵）爲之泣，念亓（其）遠（一九四）也。亦哀矣。已行，非弗思也。祭祀則祝之曰：必不使反。剴（豈）非計長久子孫相繼爲王也𢦏（哉）。」大（太）后曰：（一九五）「然。」左師觸龍曰：「今三世以前，至於趙之爲趙，趙主之子侯者，亓（其）繼有在者乎？」曰：「無有。」曰：「微獨趙，諸侯有（一九六）在者乎？」曰：「老婦弗聞。」曰：「此亓（其）近者，禍及亓（其）身，遠者及亓（其）孫。剴（豈）人主之子侯則必不善𢦏（哉），位尊而無功，奉（一九七）厚而無勞，而挾重器多也。今媪尊長安之位，而封之膏腴之地，多予之重器，而不汲（及）今令有功於國（一九八），山陵堋（崩），長安君何以自託於趙？老臣以媪爲長安君計之短也。故以爲亓（其）愛也不若燕后。」大（太）后曰：「若（諾）。次（恣）（一九九）君之所使之。」於氏（是）爲長安君約車百乘，質於齊，兵乃出。子義聞之曰：「人主子也，骨肉之親也，猷（猶）不能持無（二〇〇）功之尊，不勞之奉，而守金玉之重也。然兄（況）人臣乎。」•五百六十九

十九

・胃(謂)穰侯：「秦封君以陶，假君天下數(二〇一)年矣。攻齊之事成，陶爲萬乘長，小國衛(率)以朝，天下必聽，五伯之事也。攻齊不成，陶爲廉監而莫[之](二〇二)據。故攻齊之於陶也，存亡之幾也。君欲成之，侯不使人胃(謂)燕相國曰：『聖人不能爲時，時至亦弗失也。舜(二〇三)雖賢，非適禺(遇)堯，不王也。湯武雖賢，不當桀紂，不王天下。三王者皆賢矣，不曹(遭)時不王。今天下攻齊，(二〇四)此君之大時也。因天下之力，伐仇國之齊，報惠王之醜(耻)，成昭襄王之功，除萬世之害，此燕之利也，而(二〇五)君之大名也。詩曰，樹德者莫如兹(滋)，除怨者莫如盡。吴不亡越，越故亡吴。齊不亡燕，燕故亡齊。吴亡於越，齊亡(二〇六)於燕，餘(除)疾不盡也。非以此時也成君之功，除萬世之害，秦有它(他)事而從齊，齊趙親，其仇君必深矣。挾(二〇七)君之仇，以於燕，後雖悔之，不可得矣。君悉燕兵而疾贊之，天下之從於君也，如報父子之仇。誠爲粼(鄰)，世世(二〇八)無患。願君之剸(專)志於攻齊而無有它(他)慮也。』」・三百

・大凡二千八百七十

二十

・胃(謂)燕王曰：「列在萬乘，奇(寄)質(二〇九)於齊，名卑而權輕。奉萬乘助齊伐宋，民勞而實費。夫以宋加之淮北，强萬乘之國也，而齊(二一〇)兼之，是益齊也。九夷方一百里，加以魯衛，强萬乘

之國也，而齊兼之，是益二齊也。夫一齊之强，（二一一）燕猶弗能支。今以三齊臨燕，亓（其）過（禍）必大。雖然，夫知（智）者之[舉]事，因過（禍）[而爲]福，轉敗而爲功。齊紫敗（二一二）素也，賈十倍。句淺栖會稽，亓（其）後殘吴，霸天下。此皆因過（禍）爲福，轉敗而爲功。今王若欲因過（禍）而爲福，（二一三）轉敗而爲功，則莫若招（遥）霸齊而尊之，使明（盟）周室而棼（焚）秦符，曰：『大（太）上破秦，亓（其）次必長毖之。』秦□毖（二一四）以侍（待）破，秦王必患之。秦五世伐諸侯，今爲齊下。秦王之心苟得窮齊，不難以國壹栖（接）。然則王何（二一五）不使辯士以若説説秦王曰：『燕趙破宋，肥齊，尊之，爲之下者，燕趙非利之也。燕趙弗利而埶（勢）爲者，以不（二一六）信秦王也。然則王何不使可信者，栖（接）收燕趙，如經（涇）陽君，如高陵君，先於燕趙，曰，秦有變。（二一七）因以爲質，則燕趙信秦。秦爲西帝，燕爲北帝，趙爲中帝，立三帝以令於天下。韓魏不聽則秦伐，（二一八）齊不聽則燕趙伐，天下孰敢不聽？天下服聽，因迿（驅）韓魏以伐齊，曰，必反宋，歸楚淮北。反宋、歸楚淮北，燕趙（二一九）之所利也。并立三王，燕趙之所願也。夫實得所利，尊得所願，燕趙之棄齊説（脱）沙（屣）也。今不收燕趙，齊伯（二二〇）必成。諸侯贊齊而王弗從，是國伐也。諸侯伐齊而王從之，是名卑也。今收燕趙，國安、名尊，不收燕（二二一）趙，國危而名卑。夫去尊安，取卑危，知（智）者弗爲。』秦王聞若説必如諫（刺）心。然則[王]何不使辯士以如説[説]（二二二）秦，秦必取，齊必伐矣，夫取秦上交也，伐齊正利也，尊上交，務正利，聖王之事也。」

二十一

·獻書趙王：臣聞（二二三）[甘]洛（露）降，時雨至，禾谷絳（豐）盈，衆人喜之，賢君惡之。今足下功力非數加於秦也，怨竺（毒）積怒，非深於齊，下吏（二二四）皆以秦爲憂趙而曾（憎）齊。臣竊以事觀之，秦幾（豈）憂趙而曾（憎）齊戋（哉），欲以亡韓呻（吞）兩周，故以齊餌天下。（二二五）恐事之不誠（成），故出兵以割革趙魏。恐天下之疑己，故出摯（質）以爲信。聲德與國，實伐鄭韓。□（二二六）以秦之計，必出於此。且說士之計，皆曰韓亡參（三）川，魏亡晉國，市朝未罷，過（禍）及於趙。且物固［有事］（二二七）異而患同者。昔者楚久伐，中山亡。今燕盡齊之河南，距莎（沙）丘鉅鹿之囿三百里，距麇關北至於□□（二二八）者千五百里。秦盡韓魏之上黨則地與王布屬壤芥（界）者七百里。秦以强弩坐羊腸之道則地去（二二九）邯鄲百廿里，秦以三軍功（攻）王之上常（黨）而包其北，則注之西非王之有也。今增注茾恒山而守三百里（二三〇）過〈通〉燕陽曲逆，此代馬胡狗（駒）不東，綸（侖）山之玉不出，此三葆（寶）者或非王之有也。今從强秦久伐（二三一）齊，臣恐亓（其）過（禍）出於此也。且五國之主嘗合衡謀伐趙，疏分趙壤，箸之鈑（盤）竽（盂），屬之祀譜，五國之兵（二三二），兵出有日矣。齊乃西師，以唫（禁）强秦，史（使）秦廢令疏服而聽，反温、軹、高平於魏，反王、公符逾於趙，此（二三三）天下所明知也。夫齊之事趙，宜正爲上交，乃以柢（抵）罪取伐，臣恐後事王者不敢自必也。今王收（二三四）齊，天下必以王爲義矣，齊抹（保）社稷事王，天下必重王。然則齊義，王以天下就之。齊逆，王以天下□（二三五）之，是一世之命制於王也。臣願王與下吏羊（詳）計某言而竺（篤）慮之也。

二十二

•齊宋攻魏，楚回（圍）翁（雍）是（氏），秦敗屈（二三六）丐。胃（謂）陳軫曰：「願有謁於公，其爲事甚完，便楚利公，成則爲福，不成則爲福。今者秦立於（二二三七）門，客有言曰：『魏王胃（謂）韓佣、張義（儀）：煮棘（棗）將榆（逾），齊兵有（又）進，子來救［寡］人可也，不救寡人，寡人弗（二二三八）能枝（支）。』榑（轉）辭也。秦韓之兵毋東，旬餘，魏是（氏）榑（轉），韓是（氏）從，秦逐張義（儀），交臂而事楚，此公事成也。」（二二三九）陳軫曰：「若何史（使）毋東？」合（答）曰：「韓佣之救魏之辭，必不胃（謂）鄭王曰：『佣以爲魏。』必將曰：『佣將榑（摶）三國（二二四〇）之兵，乘屈丐之敝，南割於楚，故地必盡。』張義（儀）之救魏之辭，必［不］胃（謂）秦王曰：『義（儀）以爲魏。』［必將］（二二四一）曰：『義（儀）且以韓秦之兵，東巨（拒）齊宋，義（儀）［將］榑（摶）三國之兵，乘屈丐之敝，［南割於］楚，名存亡［國］，□□（二二四二）□□而歸，此王業也。』公令楚［王與韓氏地，使］秦制和。胃（謂）秦曰缺七字施三（二二四三）□［韓］是（氏）之兵不用而得地［於楚］缺二十餘字（二二四四）□魏，魏是（氏）不敢不聽。韓欲地而兵案聲［威發］於魏，魏是（氏）缺八九字魏氏［轉］，（二二四五）秦韓爭事齊，楚王欲毋予地，公令秦韓之兵不［用而得地，有一大］德。秦韓之（二二四六）王劫於韓佣、張義（儀）而東兵以服魏，公常操□□□責於秦缺四五字公□□［張］（二二四七）義（儀）多資矣。」

二十三

·胃（謂）春申君曰：「臣聞之，於安思危，危則慮安。今楚王之春秋高矣，□□□（二二四八）地不可不蚤定。爲君慮封，莫若遠楚。秦孝王死，公孫鞅殺。惠王死，襄子殺。公孫（二二四九）央（鞅）功臣也，襄子親因（姻）也，皆不免，封近故也。太公望封齊，召公奭封於燕，欲遠王室（二二五〇）也。今燕之罪大，趙之怒深，君不如北兵以德趙，淺（踐）亂（亂）燕國，以定身封，此百世一時也。」「所（二二五一）道攻燕，非齊則魏，齊魏新惡楚，唯（雖）欲攻燕，將何道戈（哉）？」對曰：「請令魏王可。」君曰（二五二）：「何？」曰：「臣至魏，便所以言之。」乃胃（謂）魏王曰：「今胃（謂）馬多力則有。言曰勝千鈞，則不然者，何（二五三）也？千鈞非馬之任也。今胃（謂）楚强大則有矣。若夫越趙魏，關甲於燕，幾（豈）楚之任戈（哉）？（二五四）非楚之任而爲之，是敝楚也。敝楚强楚，亓（其）於王孰便？」

二十四

·秦韓戰於蜀潢，韓是（氏）急。（二五五）公中（仲）倗胃（謂）韓王曰：「治（與）國非可持（恃）也。今秦之心欲伐楚，王不若因張義（儀）而和於（二五六）秦，洛（賂）之以一名縣，與之南伐楚，此以一爲二之計也。」韓王曰：「善。」乃警公中（仲）倗，將使（二五七）西講於秦。楚王聞之，大恐。召陳軫而告之。陳軫曰：「夫秦之欲伐王久矣。今或（二五八）得韓一名縣具甲，秦韓并兵南鄉（向）楚，此秦之所廟祠而求也，今已得之，楚（二五九）國必伐。王聽臣之爲之，警四竟（境）之内，興師救韓，名（命）戰車，盈夏路，發信[臣，多]（二六〇）亓（其）車，重亓（其）敝（幣），史（使）信王之救己也。韓爲不能聽我，韓之德王也，必不爲逆以來，是[秦]（二六一）韓不和也。[兵雖]至，楚國不大病矣。爲能聽我，絶和於秦，□必大怒，以厚怨韓。韓南（二六二）□□必輕秦，輕秦，亓（其）應必不敬矣。是我困秦韓之兵，免楚國楚國之患也。」楚（二六三）之〈王〉若（諾）。乃警四竟（境）之内，興師，言救韓，發信臣，多車，厚亓（其）敝（幣），使之韓，胃（謂）韓（二六四）王曰：「不穀唯（雖）小，已悉起之矣。願大國肆意於秦，不穀將以楚□韓。」[韓王]（二六五）説（悦），止公中（仲）之行。公中（仲）曰：「不可。夫以實苦我者秦也。以虛名救[我]者楚也。□（二六六）楚之虛名，輕絶强秦之適（敵），天下必苾〈笑〉王。且楚韓非兄弟之國也，有（又）非素（二六七）謀伐秦也。已伐刑（形），因興師言救韓，此必陳軫之謀也。夫輕絶强秦而强□（二六八）楚之謀臣，王必悔之。」韓王弗聽，遂絶和於秦。秦因大怒，益師，與韓是（氏）戰於岸（二六九）門。楚救不至，韓是（氏）大敗。故韓是（氏）之兵非弱也，亓（其）民非愚蒙也，兵爲秦禽，知（智）（二七〇）爲楚芙（笑）者，過聽於陳軫，失計韓傰。故曰：「計聽知順逆，唯（雖）王可。」

二十五

・秦使辛（二七一）梧據粱（梁），合秦粱（梁）而攻楚。李園憂之。兵未出，謂辛梧：「以秦之强，有粱（梁）之勁，東面而伐（二七二）楚。於臣也，楚不侍（待）伐割摯馬兔而西走，秦餘（與）楚爲上交，秦禍案環（還）中粱（梁）矣。（二七三）將軍必逐於粱（梁），恐誅於秦。將軍不見井忌乎？爲秦據趙而攻燕，拔二城。燕使蔡（二七四）鳥股符胠璧，姦（間）趙入秦。以河間十城封秦相文信侯。文信侯弗敢受，曰：『我無功。』蔡鳥（二七五）明日見，帶長劍，案（按）其劍，舉其末，視（示）文信侯曰：『君曰我無功，君無功，胡不解君之璽，以（二七六）佩蒙勢、王齮也？秦王以君爲賢，故加君二人之上。今燕獻地。此非秦之地也。君弗（二七七）受，不忠。』文信侯敬若（諾）。言之秦王，秦王令受之。餘（與）燕爲上交，秦禍案環（還）歸於趙矣。秦（二七八）大舉兵東面而齎趙，言毋攻燕。以秦之强，有燕之怒，割勺（趙）必突（深）。趙不能聽，逐井忌，誅於（二七九）秦。今臣竊爲將軍私計，不如少案（按）之，毋庸出兵，秦未得志於楚，必重粱（梁），粱（梁）（二八〇）未得志於楚，必重秦，是將軍兩重。天下人無不死者，久者壽。願將軍之察（二八一)之也。梁(梁)兵未出，楚見梁(梁)之未出兵也，走秦必緩。秦王怒於楚之緩也，怨(怨)必深。(二八二)是將軍有(又)重矣。」梁(梁)兵果六月乃出。

二十六

·見田併於梁(梁)南，曰：「秦攻鄢陵幾拔矣。梁(梁)(二八三)計將奈何？」田併曰：「在楚之救梁(梁)。」對曰：「不然。在梁(梁)之計，必有以自恃也。無自恃計，(二八四)傳(專)恃楚之救則梁(梁)必危矣。」田併曰：「爲自恃計，奈何？」曰：「梁(梁)之東地，尚方五(二八五)百餘里而與梁(梁)千丈之城，萬家之邑，大縣十七，小縣有市者卅有餘。將軍(二八六)皆令縣急急爲守備，譔(選)擇賢者，令之堅守，將以救亡。令梁(梁)中都尉□□(二八七)大將，其有親戚父母妻子，皆令從梁(梁)王葆(保)之東地單父，善爲守備。」田併[曰]：(二八八)「梁(梁)之群臣皆曰：梁(梁)守百萬，秦人無奈梁(梁)何也。梁(梁)王出，顧危。」對曰：「梁(梁)之群(二八九)臣必大過矣，國必大危矣。梁(梁)王自守，一舉而地畢，固秦之上計也。今梁(梁)王居(二九〇)東地，其危何也？秦必不倍(背)梁(梁)而東，是何也？多之則危，少則傷。所說謀者爲之(二九一)而秦無所關其計矣。危弗能安，亡弗能存，則奚貴於智矣。願將軍之察(二九二)也。梁(梁)王出梁(梁)，秦必不攻梁(梁)，必歸休兵，則是非以危爲安、以亡爲存邪，是計一得(二九三)也。若秦拔鄢陵，必不能掊(背)梁(梁)、黄、濟陽、陶、睢陽而攻單父，是計二得也。若欲出楚(二九四)地而東攻單父，則可以轉禍爲福矣，是計三得也。若秦拔鄢陵而不能東攻(二九五)單父，欲攻梁(梁)，此梁(梁)楚齊之大福已。梁(梁)王在單父，以萬丈之城，百萬之守，五年之(二九六)食，以梁

(梁)餌秦，以東地之兵爲齊楚爲前行，出之必死，擊其不意，萬必勝。齊楚見(二九七)亡不叚，爲梁(梁)賜矣。將軍必聽臣，必破秦於梁(梁)下矣。臣請爲將軍言秦之可(二九八)可破之理，願將軍察聽之[也]。今者秦之攻梁(梁)□□□將□以□□行幾二千里，至(二九九)，與楚梁(梁)大戰長社，楚梁(梁)不勝，秦攻鄢陵，秦兵之□□死傷也，天下之□□□□□也。(三〇〇)秦兵戰勝，必收地千里，今戰勝不能倍(背)鄢陵而攻梁(梁)者少也。鄢陵之□□守，□□丈，卒(三〇一)一萬。今梁(梁)守，城萬丈，卒百萬。臣聞之也，兵者弗什弗圍，弗□□□軍。今梁(梁)守百萬，梁(梁)(三〇二)王有(又)出居單父。秦拔鄢陵，必歸休兵。若不休兵而攻□梁(梁)，守必堅。是[何]也？王(三〇三)在外，大臣則有爲守，士卒則有爲死，東地民有爲勉，諸侯有爲救梁(梁)，秦必可(三〇四)破梁(梁)下矣。若梁(梁)王不出梁(梁)，秦拔鄢陵，必攻梁(梁)，必急。將卒必□□，守必不(三〇五)固。是何也？之王則不能自植士卒；之將則以王在梁(梁)中也，必輕；之武則□□如不□(三〇六)梁(梁)中必亂(亂)；之東地則死。王更有大慮，之諸侯則兩心□□□無□□□地；之(三〇七)梁(梁)將則死王有兩心，無以出死救梁(梁)，無以救東地而□□□□□□□王不出(三〇八)梁(梁)之禍也。」田併曰：「請使宜信君載先生見缺十二三字不責(三〇九)於臣，不自處危。今王之東地尚方五百餘里缺十二三字責於臣(三一〇)。若王□□，秦必攻梁(梁)，是梁(梁)無東地憂而王缺十二三字(三一一)梁(梁)中，[王]不出，攻梁(梁)必急。王出，則秦之攻梁(梁)必缺十二三字(三一二)□□□□則秦□□大破缺二十餘字(三一三)□□□□臣來獻□□□□王弗用臣則缺三至六七字。」

二十七

•[邯]鄲缺八九字(三一四)□□□也。工君(尹)奚(奚)洫□□□□□將請師邪?皮(彼)將□□□重此□毋北兼邯鄲,南必□□□□(三一五)□□□城必危,□□□□□則吾將悉興□□□□吾非敢以爲邯鄲賜也。吾將以救吾□□□(三一六)□曰:「主君若有賜,興□□以救敝邑,則使臣□□□其日以復於□君乎。」工君(尹)奚(奚)洫曰:「大(太)緩,救邯鄲,邯鄲□□□(三一七)鄲,進兵於楚,非國之利也。子擇亓(其)日歸而已矣,□今從子之後。」曹皮歸,復令(命)於邯鄲君。曰:「□□□□□□(三一八)和於魏,楚兵不足侍(恃)也。」邯鄲君曰:「子使,未將令(命)也,人許子兵甚俞,何爲而不足恃[也]?」曹皮曰:「臣之□□□(三一九)恃者,以亓(其)□也。彼亓(其)應臣甚辨(辯),女(如)似有理。皮(彼)非卒(猝)然之應也。皮(彼)笥(伺)齊□□□□□守亓(其)□□□□□矣。□□□□(三二〇)兵之日,不肯告臣。□然如進亓(其)左耳而後亓(其)右耳,台乎亓(其)所後者,必亓(其)也與□□□□□□許我兵,我必列(裂)地以和(三二一)於魏,魏必不敝,得地於趙,非楚之利也。故俞許我兵者,所勁吾國。吾國勁而魏氏敝,□人然後舉兵,兼承吾(三二二)國之敝。主君何爲亡邯鄲以敝魏氏,而兼爲楚人禽戈(哉)。故蔞(數)和爲可矣。」邯鄲君榣(搖)於楚人之許己兵(三二三)而不肯和。三年,邯鄲□,楚人然後舉兵,兼爲正(徵)乎兩國。若由是觀之,楚國之口雖急乎,亓(其)實未也。故(三二四)□□應,且曾聞亓(其)音以知亓(其)心。夫頮然見於左耳,曹皮已計之矣。

姚本鮑本篇目分合對照表

姚本

卷一　東周

東周與西周戰

昭獻在陽翟

周相呂倉見客於周君

或爲周最謂金投

石行秦謂大梁造

爲周最謂魏王

鮑本

卷二　東周

東周與西周戰

東周與西周争

昭獻在陽翟

秦假道以周以伐韓

周相呂倉見客於周君

周文君免士工師籍

或爲周最謂金投

周最謂金投

石行秦謂大梁造

謂薛公

齊聽祝弗

爲周最謂魏王

周共太子死
嚴氏爲賊
卷二　西周
卷三　秦一
秦惠王謂寒泉子
田莘之爲陳軫説秦惠王
卷四　秦二
甘茂亡秦且之秦
卷六　秦四
秦取楚漢中
三國攻秦入函谷

謂周最曰魏王以國與先王
鮑本列在西周策
鮑本列在西周策
卷一　西周
卷二　秦
秦惠王謂寒泉子
冷向謂秦王
田莘之爲陳軫説秦惠王
張儀又惡陳軫於秦王
卷三　秦
甘茂亡秦且之齊
甘茂相秦
卷三　秦
秦取楚漢中
薛公入魏而出齊女
三國攻秦入函谷
秦昭王謂左右

楚魏戰於陘山

卷七　秦五

樓許約秦魏

文信侯出走

卷八　齊一

卷十　齊三

齊欲伐魏

卷十一　齊四

孟嘗君逐於齊而復反

蘇秦自燕之齊

卷十三　齊六

濮上之事

楚魏戰於陘山

楚使者景鯉在秦

卷三　秦

鮑本列在魏策

鮑本列在趙策

卷四　齊

齊欲伐魏

國子曰秦破馬服君之師

卷四　齊

孟嘗君逐於齊而復反

齊宣王見顏斶

蘇秦自燕之齊

蘇秦謂齊王

卷四　齊

濮上之事

齊閔王之被殺

齊以淖君之亂	（鮑本在楚策）
卷十四　楚一	卷五　楚
江尹欲惡昭奚恤於楚王	江尹欲惡昭奚恤於楚王
	魏氏惡昭奚恤於楚王
卷十五　楚二	卷五　楚
術視伐楚	術視伐楚
	四國伐楚
卷十八　趙一	卷六　趙
張孟談既固趙宗	張孟談既固趙宗
	晉畢陽之孫豫讓
秦韓圍梁燕趙救之	（鮑本在魏策）
卷十九　趙二	卷六　趙
秦攻趙	（鮑本在秦策）
卷二十　趙三	卷六　趙
富丁欲以趙合齊魏	富丁欲以趙合齊魏
	魏因富丁且合於秦
建信君貴於趙	建信君貴於趙

卷二十一　趙四

虞卿請趙王

客見趙王

秦攻魏取寧邑

卷二十二　魏一

知伯索地於魏桓子

楚許魏六城

張儀告公仲

卷二十四　魏三

齊欲伐魏

秦使趙攻魏

卷二十五　魏四

芮宋欲絕秦趙之交

衛靈公近雍疸彌子瑕　鮑本在衛策

卷六　趙

鮑本在魏策

客見趙王

卷七　魏

知伯索地於魏桓子

韓趙相難

楚許魏六城

卷七　魏

鮑本在齊策

秦使趙攻魏

魏太子在楚

卷七　魏

芮宋欲絕秦趙之交

爲魏謂楚王

卷二十六　韓一	卷八　韓
三晉已破智氏	三晉已破智氏
	大成午從趙來
張儀爲秦連橫説韓王	張儀爲秦連橫説韓王
	宣王謂摎留
張儀謂齊王	鮑本在魏策
宜陽之役	宜陽之役　鮑本一策二載，一在韓策，一在秦策。
秦圍宜陽	秦圍宜陽
	公仲以宜陽之故仇甘茂
韓公仲謂向壽	鮑本與秦圍宜陽連篇。
韓公仲相	鮑本在楚策
王曰向也子曰天下無道	鮑本此策與韓公仲相連篇，一并在楚策。
或謂魏王王儆四彊之內	鮑本在魏策
觀鞅謂春申	鮑本在魏策
卷二十七　韓二	卷八　韓
冷向謂韓咎	冷向謂韓谷
	楚令景鯉入韓

史疾爲韓使楚
卷二十八　韓三
謂鄭王
東孟之會
公仲使韓珉之秦求武隧
秦招楚而伐齊
安邑之御史死
段産謂新城君
段干越人謂新城君
卷二十九　燕一
燕王噲既立
蘇代過魏鮑本與初蘇秦弟厲因燕質子而求見齊王連篇。
燕昭王收破燕後即位

韓咎立爲君而未定
鮑本列在楚策
卷八　韓
謂鄭王
公仲使韓珉之秦求武隧
韓相公仲珉使韓侈之秦
客卿爲韓謂秦王
鮑本在楚策
鮑本在魏策
鮑本在秦策
鮑本在秦策
卷九　燕
燕王噲既立
初蘇秦弟厲因燕質子而求見齊王
燕昭王收破燕後即位

卷三十　燕二

蘇代爲奉陽君説燕於趙以伐齊

奉陽君告朱讙與趙足

客謂燕王（鮑本與燕昭王收破燕後即位連篇。）

卷三十一　燕三

齊韓魏共攻燕

卷三十二　宋衛

宋與楚爲兄弟

智伯欲伐衛

衛嗣君時胥靡逃之魏

卷三十三　中山

主父欲伐中山

昭王既息民繕兵

卷九　燕

蘇代爲奉陽君説燕於趙以伐齊

卷九　燕

（鮑本在楚策）

卷十　宋衛中山

宋與楚爲兄弟

魏太子自將過宋外黄（鮑本此篇在魏策）

智伯欲伐衛

智伯欲襲衛

衛嗣君時胥靡逃之魏

衛人迎新婦

卷十　宋衛中山

主父欲伐中山

中山君饗都士

（鮑本在秦策）

鮑本戰國策篇目次序表

卷一　西周

安王

嚴氏爲賊

周共太子死

謂齊王

司寇布爲周最謂周君

秦令樗里疾以車百乘入周

雍氏之役

薛公以齊爲韓魏攻楚

三國攻秦反

韓魏易地

秦攻魏將犀武軍於伊闕

犀武敗於伊闕

犀武敗

蘇厲謂周君

楚兵在山南

楚請道於二周之間

秦召周君

周君之秦

秦欲攻周

宫他謂周君

卷二　東周

惠公

秦興師臨周而求九鼎

秦攻宜陽

東周與西周戰

東周與西周爭

東周欲爲稻

昭獻在陽翟
秦假道於周以伐韓
楚攻雍氏
蘇厲爲周最謂蘇秦
謂周最曰仇赫之相宋
爲周最謂魏王
謂周最曰魏王以國與先生
趙取周之祭地
杜赫欲重景翠於周
三國隘秦
昌他亡西周
昭翦與東周惡
周最謂吕禮
謂薛公
齊聽祝弗
周相吕倉見客於周君
周文君免士工師籍
温人之周
或爲周最謂金投
周最謂金投
石行秦謂大梁造

卷三 秦

孝公

衛鞅亡魏入秦

惠文君

蘇秦始將連横
秦惠王謂寒泉子
楚魏戰於陘山
楚使者景鯉在秦
楚王使景鯉如秦
楚攻魏張儀謂秦王
田華之爲陳軫
張儀又惡陳軫於秦王
陳軫去楚之秦

義渠君之魏
司馬錯與張儀爭論於秦惠王前
齊助楚攻秦
楚絶齊齊舉兵伐楚
秦惠王死公孫衍欲窮張儀
武王
張儀欲假秦兵以救魏
張儀之殘樗里疾
張儀欲以漢中與楚
魏謂魏冉
醫扁鵲見秦武王
秦武王謂甘茂
宜陽之役馮章謂秦王
甘茂攻宜陽
宜陽未得
宜陽之役楚畔秦而合於韓
宜陽之役楊達謂公孫顯
秦王謂甘茂
甘茂相秦
甘茂約秦魏而攻楚
謂秦王
秦王與中期爭論
昭襄王
甘茂亡秦且之齊
獻則謂公孫消
三國攻秦入函谷
薛公爲魏謂魏冉
冷向謂秦王
謂穰侯
謂魏冉曰楚破秦
王國罷成皋
秦取楚漢中
薛公入魏而出齊女
謂魏冉曰和不成

陘山之事
秦客卿造謂穰侯
説秦王曰
段産謂新城君
段干越人謂新城君
范子因王稽入秦
范雎至秦
范雎曰臣居山東
應侯謂昭王
秦昭王謂左右
秦宣太后愛魏醜夫
秦攻韓國陘
應侯曰鄭人謂玉未理者璞
天下之士合從相聚於趙
謂應侯曰君禽馬服君乎
應侯失韓之汝南
昭王既息民繕兵
秦攻邯鄲
秦攻趙蘇子謂秦王
蔡澤見逐於趙
孝文王
濮陽人吕不韋賈於邯鄲
莊襄王
始皇帝
文信侯欲攻趙以廣河間
秦王欲見頓弱
或爲六國説秦王
四國爲一將以攻秦

卷四　齊

威王
濮上之事
邯鄲之難
秦假道韓魏以攻齊
楚將伐齊

成侯鄒忌爲齊相
鄒忌脩八尺有餘

宣王

南梁之難
田忌爲齊將
田忌亡齊而之楚
鄒忌事宣王
楚威王戰勝於徐州
權之難齊燕戰
蘇秦爲趙合從
淳于髡一日而見七人於宣王
齊欲伐魏淳于髡爲齊王曰
齊欲伐魏魏使人謂淳于髡曰
齊宣王見顏斶
先生王斗造門而欲見齊宣王
齊人見田駢
管燕得罪齊王

閔王

昭陽爲楚伐魏
秦攻趙
齊將封田嬰於薛
靖郭君將城薛
靖郭君謂齊王
靖郭君善齊貌辯
秦伐魏
韓齊爲與國
張儀爲秦連横
張儀事秦惠王
犀首以梁與齊戰於承匡而不勝
楚王死
齊王夫人死
孟嘗君將入秦
孟嘗君在薛
孟嘗君奉夏侯章

孟嘗君讌坐
孟嘗君舍人有與君之夫人相愛者
孟嘗君有舍人而弗説
孟嘗君出行國至楚
齊人有馮煖者
孟嘗君逐於齊而復反
蘇秦自燕之齊
蘇秦謂秦王
蘇秦説齊閔王
齊負郭之民有孤狐咺者
王孫賈年十五事閔王
襄王
燕攻齊取七十餘城
燕攻齊齊破
貂勃常惡田單
田單將攻狄
孟嘗君爲從
魯仲連謂孟嘗君
王建
秦攻趙長平
或謂齊王
國子曰秦破馬服君之師
齊王使使者問趙威后
齊閔王之遇殺
齊王建入朝於秦

卷五　楚

宣王
齊楚構難
邯鄲之難
江乙爲魏使於楚
荆宣王問群臣
昭奚恤與彭城君議於王前
江尹欲惡昭奚恤於楚王
魏氏惡昭奚恤於楚王

江乙惡昭奚恤
江乙欲惡昭奚恤於楚
江乙説於安陵君
郢人有獄三年不決
威王
蘇秦之楚三日
蘇秦爲趙合從
威王問於莫敖子華
蘇子謂楚王
懷王
韓公仲相
楚王逐張儀於魏
五國約以伐齊
王國伐秦
秦招楚而伐齊
張儀之楚貧
楚懷王拘張儀
楚王將出張子
張儀爲秦破從連横
張儀相秦
楚王令昭雎之秦重張儀
張儀逐惠施於魏
陳軫告楚之魏
魏王遺楚王美人
楚王后死
齊明説卓滑以伐秦
或謂黄齊
秦伐宜陽
四國伐楚
城渾出周
韓公叔有齊魏
楚杜赫説楚王以取趙
楚王問於范環
魏相翟强死

齊秦約攻楚
術視伐楚
秦敗楚漢中
頃襄王
楚襄王爲太子之時
女阿謂蘇子
長沙之難
有獻不死之藥於荆王者
齊以淖君之亂
莊辛謂楚襄王
齊韓魏共攻燕
考烈王
唐睢見春申君
客説春申君
虞卿謂春申君
或謂楚王
天下合從
汗明見春申君
楚考烈王無子
史疾爲韓使楚

卷六　趙

襄子
智伯帥趙韓魏而伐范中行氏
智伯從韓魏兵以攻趙
張孟談既固趙宗
晉畢陽之孫豫讓
烈侯
魏文侯借道於趙攻中山
肅侯
蘇秦從燕之趙
蘇秦爲趙王使於秦
武靈王
齊破燕趙欲存之
張儀爲秦連横説趙王

甘茂爲秦約魏以攻韓宜陽
武靈王平晝閒居
王立周紹爲傅
趙燕後胡服
王破原陽
魏敗楚於陘山
趙使仇郝之秦
謂趙王曰三晉合而秦弱
富丁欲以趙合齊魏
魏因富丁且合於秦
惠文王
三國攻秦趙攻中山
腹擊爲室而鉅
蘇秦説李兑
趙王封孟嘗君以武城
齊欲攻宋
齊將攻宋而秦楚禁之
齊攻宋奉陽君不欲
五國伐秦無功
趙收天下且以伐齊
秦攻趙
鄭同北見趙王
樓緩將使伏事辭行
燕封宋人榮蚠爲高陽君
趙惠文王三十年
孝成王
趙太后新用事
秦王謂公子他
秦趙戰於長平
秦攻趙於長平
秦圍趙之邯鄲
秦攻趙平原君使人請救於魏
秦攻魏取寧邑
趙使姚賈約韓魏

謂皮相國曰以趙之弱
謂皮相國曰魏殺呂遼
魏使人因平原君請從於趙
平原君謂馮忌
平原君謂平陽君
説張相國
建信君貴於趙
或謂建信君之所以事王者
晉成常謂建信君
希寫見建信君
魏魀謂建信君
秦攻趙鼓鐸之音聞於北堂
齊人李伯見孝成王
爲齊獻書趙王
趙使趙莊合從
翟章從梁來
馮忌爲廬陵君謂趙王
馮忌請見趙王
客見趙王
悼襄王
秦召春平侯
幽王
文信侯出走
秦使王翦攻趙

卷七　魏

桓子
智伯索地於魏桓子
文侯
韓趙相難
樂羊爲魏將而攻中山
西門豹爲鄴令
文侯與虞人期獵

魏文侯與田子方飲酒而稱樂
武侯
魏武侯與諸大夫浮於西河
惠王
魏公叔痤爲魏將
魏公叔痤病
秦韓圍梁
龐葱與太子質於邯鄲
梁王魏嬰觴諸侯於范臺
魏惠王起境内衆
魏太子自將過宋外黄
齊魏戰於馬陵
惠施爲韓魏交
襄王
魏惠王死
徐州之役
蘇子爲趙合從説魏王
張儀欲并相秦魏
魏王將相張儀
楚許魏六城
張儀惡陳軫於魏王
張儀欲窮陳軫
張儀欲以魏合於秦韓
張子儀以秦相魏
哀王
張儀謂齊王
陳軫爲秦使於齊
齊王將見燕趙楚之相於衛
魏令公孫衍請和於秦
公孫衍爲魏將
犀首田盼欲得齊魏之兵以伐趙
犀首見梁君
史舉非犀首於王
楚王攻梁南

張儀爲秦連横説魏王
齊魏約而伐楚
張儀走之魏
魏文子田需周霄相善
魏王令惠施之楚
田需貴於魏王
田需死
周最善齊
周最入齊
秦召魏相信安君
樓梧約秦魏魏太子爲質
秦楚攻圍皮氏
魏太子在楚
獻書秦王
魏秦伐楚

昭王

秦敗東周

秦約趙而伐魏
芒卯謂秦王
蘇秦拘於魏
五國伐秦
葉陽君約魏
秦使趙攻魏
秦將伐魏
穰侯攻大梁
白珪謂新城君
秦攻韓之管
芮宋欲絶秦趙之交
爲魏謂楚王
管鼻之令翟强與秦事
成陽君欲以韓魏聽秦

安釐王

秦敗魏於華走芒卯而圍大梁
秦敗魏於華魏王且入朝於秦

華陽之戰
秦魏爲與國
虞卿謂趙王
魏將與秦攻韓
秦趙搆難而戰
長平之役
樓梧約秦魏
八年謂魏王
魏王問張旄
客謂司馬食其
秦拔寧邑
秦罷邯鄲
魏王欲攻邯鄲
周肖謂宫他
信陵君殺晉鄙
魏攻管而不下
魏王與龍陽君共船而釣
或謂魏王
魏鞅謂春申
安邑之御史死
景閔王
秦攻魏急
秦王使人謂安陵君

卷八　韓

康子
三晉已破智氏
烈侯
韓傀相韓
昭侯
成午從趙來
魏之圍邯鄲
申子請仕其從兄官

蘇秦爲楚合從説韓王

宣惠王

宣王謂摎留

楚昭獻相韓

秦攻陘

秦韓戰於濁澤

顔率見公仲

襄王

張儀爲秦連横説韓王

鄭彊之走張儀於秦

宜陽之役

秦圍宜陽

客卿爲韓謂秦王

或謂公仲曰聽者聽國

公仲數不信於諸侯

謂公叔曰公欲得武遂於秦

謂公叔曰乘舟

齊令周最使鄭

公仲使韓珉之秦求武遂

公仲以宜陽之故仇甘茂

鄭彊以金八百入秦

公仲爲韓魏易地

錡宣之教韓王取秦

襄陵之役

公叔使馮君於秦

韓公叔與幾瑟争國鄭强爲楚王使於韓

韓公叔與幾瑟争國中庶子强謂太子

齊明謂公叔曰

公叔將殺幾瑟

公叔且殺幾瑟

謂新城君曰

胡衍之出幾瑟於楚

幾瑟亡之楚

冷向謂韓咎

楚令景鯉入韓
楚圍雍氏五月
楚圍雍氏韓令冷向借救於秦
或謂韓公仲
或謂公仲

釐王

韓咎立爲君而未定也
五國約而攻秦
韓人攻宋
或謂韓王
謂鄭王
韓陽役於三川而欲歸
秦大國
張丑之合齊楚講於魏
謂韓相國
韓相公仲珉使韓侈之秦
韓珉相齊
謂山陽君
趙魏攻華陽
韓氏逐向晉於周
張登謂費緤
魏王爲九重之盟

桓惠王

建信君輕韓熙

卷九　燕

文公

奉陽君李兑甚不取於蘇秦
蘇秦將爲從北說燕文侯
權之難燕再戰不勝

易王

燕文公時
人有惡蘇秦於燕王者

王噲

蘇秦死其弟蘇代欲繼之

蘇代爲燕説齊
陳翠合齊燕
或獻書燕王
燕王噲既立
初蘇秦弟厲因燕質子而求見齊王
昭王
張儀爲秦破從連横謂燕王
宮他爲燕使魏
燕昭王收破燕後即位
齊伐宋宋急
蘇代謂燕昭王
燕王謂蘇代
蘇代爲奉陽君説燕於趙以伐齊
燕昭王且與天下伐齊
齊魏争燕
蘇代自齊使人謂燕昭王
蘇代自齊獻書於燕王

秦召燕王
燕饑趙將伐之
趙且伐燕
惠王
昌國君樂毅爲燕昭王合五國之兵而攻齊
張丑爲質於燕
王喜
燕王喜使栗腹以百金爲趙孝成王壽
秦并趙北向迎燕
燕太子丹質於秦

卷十　宋衛中山

宋
景公
公輸般爲楚設機
梁王伐邯鄲
謂大尹曰
宋與楚爲兄弟

剔成
齊攻宋宋使臧子索救於荆
君偃
宋康王之時有雀生鸇
衛
靈公
衛靈公近癰疽彌子瑕
悼公
犀首伐黄
智伯欲伐衛
智伯欲襲衛
嗣君
秦攻衛之蒲
衛使客事魏
衛嗣君時胥靡逃之魏
衛嗣君病
衛人迎新婦
中山
中山君饗都士
魏文侯欲殘中山
樂羊爲魏將
犀首立五王
中山與燕趙爲王
司馬喜使趙
司馬喜三相中山
陰姬與江姬爭爲后
主父欲伐中山